2014

北京教育年鉴

□ 北京市教育委员会

□ 华艺出版社

北京教育年鉴编纂委员会

主　　任　线联平

副 主 任　刘建　罗洁　郑萼　付志峰　何劲松　郑登文　叶茂林
李奕　黄侃　张永凯（常务）　李鋆（常务）

委　　员　（按姓氏笔画排序）
王东江　王达品（常务）　王栋（常务）　刘占军
吴武（常务）　张小红（常务）　张凤华（常务）
张永凯（常务）　张龙　李开发　李奕（常务）
李晓秋（常务）　李艳春　杨江林　沈聪伟
邱晓平　邵和平（常务）　周彤（常务）　赵清
耿申（常务）　黄侃（常务）　葛巨众（常务）
熊红（常务）

（2014 年 10 月 20 日，根据中共北京市委教育工委委员 2014 年第 20 次会议决定，2014 卷北京教育年鉴编纂委员会组成人员名单如下）

主　　任　线联平

副 主 任　刘建　唐立军　郑萼　罗洁　付志峰　何劲松　郑登文
叶茂林　王文生　陈江华　王定东　李奕　黄侃
张永凯（常务）　李鋆（常务）

委　　员　（按姓氏笔画排序）
王军　王栋（常务）　王东江（常务）　王达品（常务）
卢向红　刘占军　刘新军　吴武（常务）　张小红（常务）
张凤华（常务）　张龙　张健　李丽辉　李晓秋（常务）
李艳春　杨江林　沈聪伟　邱晓平　陈清浦　周彤（常务）
易容　郑立波　姚林修（常务）　贺宏志　赵清
徐建姝（常务）　耿申（常务）　曹永模　葛巨众（常务）
韩宝来　熊红（常务）

《北京教育年鉴》2014卷工作人员名录

主　　编　李晓秋

副 主 编　华蕾

责任编辑（按姓氏笔画排序）

马志鹏　王永刚　华蕾　张驰　张晓兰　张晓白　李涵婧
邱小培　林业　胡雨　彭艳波　董素宅

特约编辑（按姓氏笔画排序）

勾庆祥　孔凡娟　王天红　王仕龙　王彦彦　王虹　王振华
王振清　王晓辉　王婷　王媛　王媛媛　王微　王德峰
车庆珍　邓杰　邓鸿　付佳　史建伟　田列朋　田婷
白聪　任婉君　刘旭　刘江霞　刘玮　刘晖　刘琳
刘锦震　刘静暄　刘霄　向姣姣　孙明博　毕娟　衣彩天
许亮　许博　邢怡　何小莉　何伶　吴玉仙　吴昊
吴洁　吴梦楠　宋亚甫　宋慧宇　张兰　张永宽　张华
张志华　张怡然　张金晓　张洁　张海涛　张斌　李丹阳
李文鸾　李艾晶　李宇鹏　李守德　李红兵　李凯　李国荣
李苗　李金艳　李胜华　李绝君　李跃谦　李银姬　李媛媛
李强　李晶华　李新影　李蔓　杨苏　杨洋　杨晓靖
杨晖　杨海蓉　杨跃辉　杨嵩松　肖兵　苏欢　邱瑀璐
陆英明　陈玉玉　陈勇　陈晓燕　陈莹峰　周月　周东妹
周兴君　周君姝　周诩兰　周晓宇　罗芳　罗茜　苑媛
范安娜　侯文磊　姚转珍　姜颖　段洁　段蕾　胡少诚
胡以伦　荆枝　贺晶　赵文娜　赵光　赵园园　钟占蓉
倪永娟　徐励　徐锦拓　聂荣　郭宏伟　郭海涛　高玉英
高国庆　高杰　高斌　黄小丽　黄灵燕　黄维国　曾丽
焦园媛　程敏　缐金秋　蒋来　韩永涛　简尔贤　谭栩
阚四进　魏莉

图片编辑　任彧　汪玥

录　　排　王子辰　汪玥

编　辑　说　明

一、《北京教育年鉴》是一部大型专业性资料工具书。在中共北京市委教育工委、北京市教委领导下，由北京教育年鉴编纂委员会（北京教育年鉴编辑部）主持编纂。

二、本年鉴以文章和条目为基本体裁，条目为主，使用规范的语体文、记述体，直陈其事，文字力求言简意赅。文前配有彩色图片，文内配有彩色随文图片，文后附有主题词索引、单位名称索引和人名索引。

三、本年鉴从1997年开始逐年编纂。当年出版的年鉴，记述上一年内北京教育事业各个方面发生的新情况，为领导决策提供依据，为教育规划发展提供资料，为国内外各方面人士了解、研究北京教育事业提供最新的信息。

四、本年鉴除记述北京市属教育部门情况外，对北京行政区划内中央部委所属各级各类教育单位的情况也全面记述，力求反映北京教育事业的全貌。

五、2014卷年鉴按教育管理、教育教学、教育服务支撑三大系统布局结构，采用分类编纂法，设文献、专文与纪实、调研与报告、北京教育总述、综合管理、教育督导、学前教育、基础教育、普通高等教育、职业与成人教育、民办教育、德育体育美育、科学研究、师资建设、学生管理、招生与考试、交流与合作、区县教育、社会团体、市教委直属单位、统计表、附录22个类目，各类目下的条目以事件发生时间为序排列。

六、文献收录中共北京市委、北京市政府和北京市教委等政府机关有关教育的重大战略决策和方针、政策的公文。本卷收录《北京市中小学融合教育行动计划》和《建设学习型城市北京宣言》。

七、调研与报告收录北京教育典型情况、重大问题和热点社会现象的调查研究报告，综合反映调查事实并归纳出观点和结论。

八、专文与纪实收录专论文章、特稿和专题报道，以及北京市领导和北京市教委领导上年度有关教育的重要讲话。本卷收录《市委教育工委市教委党的群众路线教育实践活动总结报告》和《北京市第一期学前教育三年行动计划实施情况汇报》。

九、北京教育总述由北京教育简况和北京教育大事记组成。

十、本年鉴附录部分，通过图表记述北京行政区划内教育事业发展基本情况，便于读者查询相关信息。

十一、本年鉴收录单位在收录时限内更名的，以原名称为正名，新名称用括号附在正名后。由于版面限制，年鉴中党政机关单位名称原则上使用规范简称，具体见附录《部分党政机关全称简称对照表》。

十二、本年鉴收录北京各级教育行政部门主要负责人名录，所列均以2013年内任职为限，其中任免情况分别予以注明。

十三、本年鉴收录的文章和条目均由各级教育行政部门和各级各类教育单位专人提供，并经部门和单位主要负责人审核。北京市教育事业统计资料由北京市教委发展规划处提供。

十四、本年鉴记述货币名称中，人民币直书“元”，其他货币采用通用名称。

十五、本年鉴涉及各项年度数据以2013年12月31日为统计口径，其他非年度数据以统计部门或业务主管部门的统计口径为准。

十六、本年鉴反映2013年1月1日至12月31日期间情况（部分内容依据实际情况时限向前略有延伸）。

Editor's Remarks

1. Beijing Education Yearbook is a large - scale specialized reference book. Under the instructions of Education Commission of Beijing Municipal Committee of CPC and Beijing Municipal Education Committee, it is Compiling Committee of Beijing Education Yearbook (Beijing Education Yearbook Editorial Office) who is responsible for compiling this book.

2. With articles and entries as the basic literature type, this yearbook is mainly consists of entries. It uses narratives, making efforts to be brief and to the point. There are color pictures before and in the articles. There are index at the back of the article.

3. This Yearbook has been keeping published annually since 1997. Each yearbook records previous year's new incidents and events happened in Beijing educational system, which offers both references for decision - making and information for educational planning and development. In addition, it also helps people from both home and abroad to understand and doing research about the status quo of Beijing education.

4. This Yearbook embodies the panorama of Beijing education situation, including not only those educational departments directly under Beijing Municipal, but also all - level all kinds of educational sections of different districts under central education ministry.

5. The 2014 Education Yearbook was compiled by categories, which has Education Management, Education Schooling and Education Support three major sections. Specifically, this yearbook contains 22 categories, chronologically including bibliography, special articles and on - the - spot reports, generality of Beijing education, research and report, comprehensive administration, education supervision, preschool education, basic education, higher education, vocational and adult education, private education, moral physical and aesthetic education, scientific research, the construction of teaching staff, student management, enrolling and testing, communication and cooperation, district and county education, social groups, istitution directly under municipal commission of education, statistics and appendix.

6. The yearbook records significant official documents on educational policies and strategies of Beijing Municipal Committee, Municipal Government and Municipal Education Committee, etc. It includes *The Action Plan of Integrated education of Beijing Primary* and *Secondary Schools and Beijing Declaration on Building Learning Cities*.

7. The Research and Report Section records analyzed reports on recent typical education situations, problems and social phenomena and it gives conclusion after carefully studying the facts.

8. The Special Articles and On - spot Reports section records monographs, special articles, features and

important addresses given by municipal officials and education committee officials on education last year. It includes *A summarized report on the 'Mass Line' Campaign of Beijing Municipal Education Work Committee and Education Committee* and *A report on the first 'Three—year' action plan implementation of Beijing pre—school education*.

9. Generality of Beijing Education Section is consists of Brief Introduction of Beijing education and Chronicles of Beijing education in 2013.

10. The Appendix Section uses chart to indicate the basic educational development of Beijing different districts for the readers' convenience.

11. In this Yearbook, those working units included which have changed their names during the editing period would still be referred to as their primitive names with the new names in the following brackets. Due to layout limitations, abbreviations are used in referring to party and government institutions in the yearbook. Details could be found in the Appendix Full name & Abbreviation table of some party and government offices.

12. This Yearbook contains a name – list of chief leaders of Beijing Educational Administrative sections at various levels, all of whom held office in 2013 and the appointment and dismissal are noted separately.

13. All the articles and entries in this yearbook are provided by specialized staff from all types of educational administrative sections and examined carefully by their managers and people in charge. The Statistical Materials of Beijing Education is provided by Development Planning Department of Beijing Municipal Education Committee.

14. In terms of the currency in this yearbook, RMB is referred to as Yuan and the common names are used in referring to other currencies.

15. Every annual statistic involved in this yearbook takes the statistical criteria of 31st December 2013 as standard and other non – annual statistics take the ones from statistical or operating departments as standard.

16. This Yearbook describes educational happenings between 1st January 2013 and 31st December 2013. Some of its content may dated back a minor deal according to its practical circumstance.

领导关怀

5月29日，习近平参加“快乐童年 放飞希望”主题队日活动 （李学仁 摄）

9月2日，刘延东考察北京市盲人学校　　（熊洪帅　摄）

10月21日，袁贵仁参加首届国际学习型城市大会　　（丁柏明　摄）

5 月 13 日，苟仲文到北京交通大学附属中学密云分校调研

（密云教委 提供）

9 月 26 日，杨晓超检查东城区史家胡同小学校园安全工作

（市教委后勤处 提供）

改革创新

①12 月 26 日，北京工业大学成立城市交通学院（北工大 提供）

②5 月 16 日，北京建筑大学举行揭牌仪式（北建大 提供）

③6 月 7 日，清华大学与上海电气（集团）总公司合作签约（清华 提供）

④6 月 3 日，朝阳区教委与首都师范大学合作办学签约，成立首都师范大学附属朝阳实验小学（朝阳教委 提供）

⑤5 月 15 日，北京教育学院附属丰台实验学校成立（云凯杰 摄）

① 10月15日，清华大学附属小学承办北京市小学语文“减负增效”现场会。学校教师展示课程改革成果。（海淀教委 提供）

② 10月29日，北京大学附属小学承办海淀区“课程整合、自主排课”实验校开放活动。（海淀教委 提供）

③ 9月1日，平谷区第六中学组建美术、体育特色班（平谷教委 提供）

④ 3月27日，密云县新城子镇中心学校开展“智能平板教学”实验活动（密云教委 提供）

⑤ 12月12日，全国新课程有效教学观摩研讨会在昌平区召开（赵飞 摄）

人才培养

—— 学前教育

①5月20日，通州区东里幼儿园举办庆"六一"亲情伞活动　　（通州教委　提供）

②6月18日，昌平区工业幼儿园开展"童真园土"教育实践活动　　（李迎春　摄）

③10月，北京市东华门幼儿园开设"游戏共享日"活动　　（东城教委　提供）

④7月8日，大兴区十一建华实验幼儿园大班幼儿到小学"留学"　　（大兴教委　提供）

⑤4月23日，空军直属机关蓝天幼儿园开展阳光体育活动　　（市教委学前处　提供）

中小学教育
德育

①4月3日，首都少年先锋岗活动在人民英雄纪念碑前启动　　（教育新闻中心　提供）
②4月22日，东城区史家胡同小学师生为雅安灾区同胞默默祈福　　（东城教委　提供）
③11月22日，北京市古城中学举办北京市中学毒品预防教育交流培训活动（市教委基教一处　提供）
④3月28日，怀柔区第三小学开展“参与林业碳汇，应对气候变化”活动　　（怀柔教委　提供）
⑤10月31日，顺义区西辛小学举办模拟法庭现场展示活动　　（市教委法规处　提供）

智育

① 9月9日至11月18日，延庆县第三小学聘请专家进行习作指导　（延庆教委　提供）

② 12月，北京理工大学附属中学有效开展“减负增效”工作，初中数学组开展“数学论坛”活动　（海淀教委　提供）

③ 4月12日，北京市第一中学15个“大清年间”鸟类标本成为学生学习鸟类知识的教材　（教育新闻中心　提供）

④ 6月20日，北京市进行义务教育质量监测测试　（市教委基教二处　提供）

⑤ 12月20日，海淀区外国语实验学校评选课外活动优秀学员　（海淀教委　提供）

体育

①10月18至20日，顺义区中小学生秋季田径运动会在顺义牛栏山第一中学举行　　（朱志敏　摄）

②3月15日，平谷区举办阳光体育中小学生踢毽跳绳比赛　　（平谷教委　提供）

③10至11月，北京市中芯学校小学足球队参加北京市中小学足球联赛　　（大兴教委　提供）

④5月2至3日，延庆县第二小学召开春季运动会　　（延庆教委　提供）

⑤6月2日，西城区中小学生参加天安门广场万名青少年展示活动　　（西城教委　提供）

美育

①2月23日，北京市第二中学金帆舞蹈团舞蹈《阳光》获全国第四届中小学生艺术展演活动舞蹈类金奖和优秀创作奖　　　　（东城教委　提供）

②4月2日，朝阳区举办第六届儿童阅读日主题活动　　　　（朝阳教委　提供）

③11月23日，北京市八一中学银帆京剧团在第四届“国戏杯”学生戏曲大赛中获得一等奖　　　　（海淀教委　提供）

④5月30日，东城区举办国际儿童节主题活动　　　　（东城教委　提供）

劳技

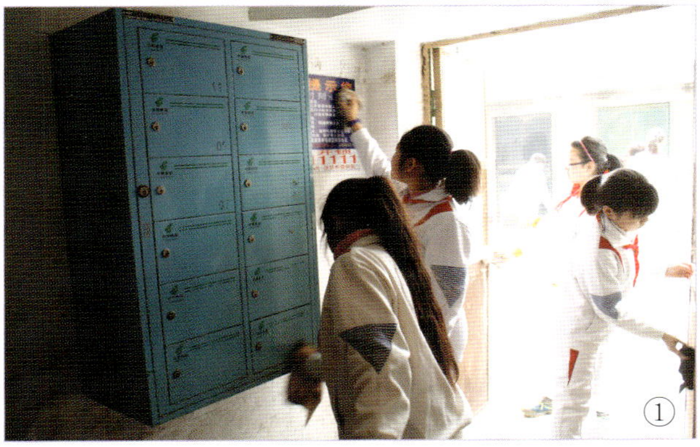

① 2月27日，平谷区第四小学学生正在清洁居民楼卫生（平谷教委　提供）

② 11月3日，北京学生活动管理中心邀请消防员为学生讲解消防器材的使用（学生活动中心　提供）

③ 3月23日，北京市第五中学分校师生义卖筹款购买树苗赴京郊开展爱心植树活动（东城教委　提供）

④ 5月21日，延庆县十一学校开展亲子种植实践活动（延庆教委　提供）

① 5 月 23 日，北京市初中生道德赋能教育实验项目交流研讨会在北京市回民学校召开 （万长有 摄）

② 5 月 31 日，东城区回民小学学生参加文化节活动，表演民族歌曲《欢乐的跳吧》 （东城教委 提供）

③ 12 月 27 日，昌平区西贯市回民小学召开“实现心中梦想 成就精彩人生”主题班会展示活动 （昌平教委 提供）

④ 4 月 17 日，北京市召开落实《学校民族团结教育指导纲要（试行）》小学干部教师培训班 （市教委基教一处 提供）

5 月 23 日，东城区回民实验小学举办“播撒艺术阳光 放飞民族梦想”民族艺术展演季活动 （东城教委 提供）

—— 特殊教育

①12月3日，怀柔区培智学校与怀柔一幼举办“普特融合”主题教育活动（怀柔教委 提供）

②3月28日，昌平区特殊儿童教育学校开展“小小旅行家”乘车购物实践活动（张涛 摄）

③4月8日，顺义区特殊教育学校开展北京首届农业嘉年华体验活动（武红静 摄）

④2月25日，顺义区特殊教育学校举行新学期“开学典礼暨彩虹读书”启动仪式（武红静 摄）

4月11日，宣武培智学校建立学生职业教育实践基地（赵立军 摄）

—职业教育

①4月28日，密云县职业学校举办第五届体育节活动，学生在进行跳绳比赛
（密云教委　提供）

②11月18至22日，北京市黄庄职业高中学生在园博园进行义务讲解　　（文昌敏　摄）

③4月27日，北京市举办中等职业学校美容美发与形象设计专业技能大赛　　（丁柏明　摄）

④4月11日，延庆县第一职业学校与北京现代汽车有限公司举行校企合作“车教助学”捐赠仪式
（延庆教委　提供）

⑤6月20日，大兴区第一职业学校举办专业技能大赛　　（大兴教委　提供）

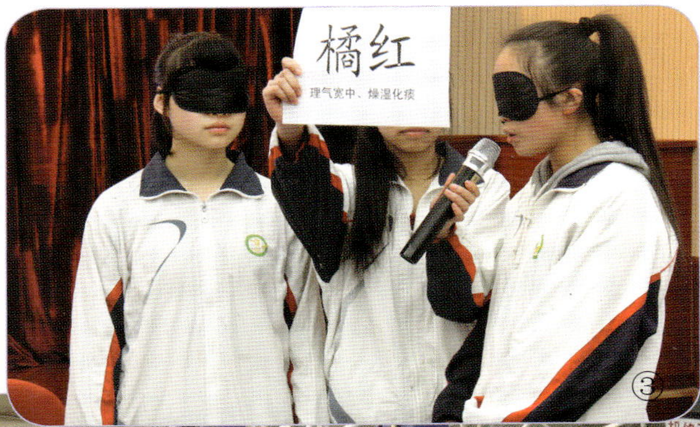

① 3 月 25 日，延庆县第一职业学校邀请大董烤鸭店行政总厨给学生上甜品课 （延庆教委　提供）

② 5 月 7 日，北京市外事学校承办北京市中职酒店专业技能大赛 （西城教委　提供）

③ 12 月 20 日，北京市实验职业学校在西城区科研月职教专场活动中，学生展示蒙眼认药 （袁业建　摄）

④ 3 至 6 月，通州区新城职业学校组织毕业生实习 （通州教委　提供）

5 月 8 日，北京市园林学校学生参加北京市中等职业学校农林技术技能比赛 （园林学校 提供）

4 月 25 日，北京金隅科技学校组织学生进行计算机芯片维修
（金隅科技学校 提供）

北京市商业学校举办书香校园活动 （商业学校 提供）

10 月 15 日，北京城市建设学校探索专业课程与职业标准对接平台
（城市建设学校 提供）

9 月 4 日，北京京北职业技术学院欢送新兵

（京北职院　提供）

1 月 14 日，北京市自动化工程学校开展“职业技能成就人生理想，职业素养铸就一生辉煌”主题班会展示活动

（张铁成　摄）

7 月 9 日，北京政法职业学院在中国商务随卫国际交流研讨上展示防卫技能（政法职院　提供）

10 月 29 日，北京电子科技职业学院学生参加德国工商业联合会组织的切削机械师（IHK）实操考试

（电科职院　提供）

6 月 27 日，北京卫生职业学院名师工作室教师向学生传授中药调剂操作技能

（卫生职院　提供）

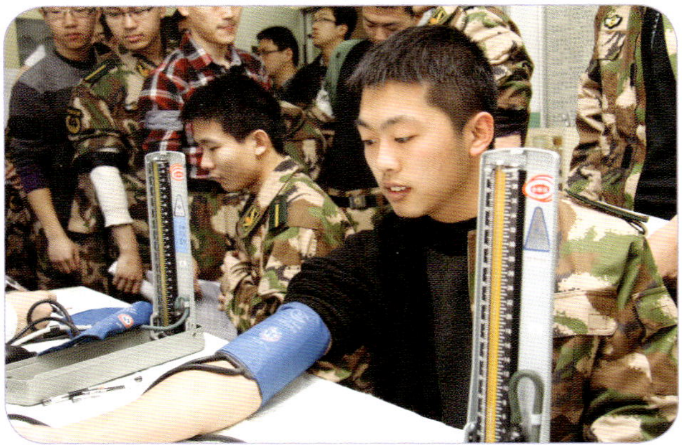

3月4至6日，中国政法大学在昌平校区开展义务献血活动　　　　（法大　提供）

3月2日，北京市总工会职工大学农民工大学生获得资助　　　　（总工会职大　提供）

5至11月，中国农业大学学生参与第九届中国（北京）国际园林博览会志愿服务　　　　（农大　提供）

9月27日，中央财经大学举行军训成果汇报展演　　　　（中央财大　提供）

7月26日，北京农学院教师向学生讲解竹荪栽培技术　　（农学院　提供）

9月3日，中国科学院大学校长向学生讲述火箭发射基地的故事　　（杨天鹏　摄）

5月3至5日，外交学院举办“全球共治·2013北京模拟联合国大会”
（外交学院　提供）

中国地质大学（北京）学生参加暑期爱心天使支教活动　　（地大　提供）

10 月 21 日，北京理工大学仿生机器人与系统实验室通过验收

（郭强　摄）

11 月，北京理工大学学生参加第五届中国智能车未来挑战赛

（理工大学　提供）

12 月 19 日，北京科技大学蔡美峰院士对学生进行学术指导

（北科大　提供）

7 月 4 日，中国农业大学研究生院举行学位授予仪式

（农大　提供）

北京舞蹈学院

第六届艺术院校舞台艺术精品展演

人才强教

① 3 月 16 日，北京市召开中小学名师发展工程启动会　　（市教委人事处　提供）

② 8 月 30 日至 9 月 2 日，北京教育学院开展“最美乡村教师走进教育学院”大型师德教育和研修活动　　（丁柏明　摄）

③ 3 月 16 日，北京教育学院启动第十批京郊教师“绿色耕耘”培训　　（刘月艳　摄）

④ 12 月 16 日，北京市“特级教师京郊行动计划”延庆项目启动，北京特级教师在延庆学校做示范课　　（市教委人事处　提供）

① 8 月 29 至 30 日，顺义区举办幼儿教师绘画与手工基本功比赛　　（黄杰　摄）

② 12 月 4 至 13 日，中国人民大学附属小学举办第四届“彩虹杯”教师基本功大赛　　（海淀教委　提供）

③ 12 月 13 日，北京学生活动管理中心举办校外教师民乐培训活动　　（学生活动中心　提供）

④ 4 月 19 日，朝阳区实验小学校长与学生们一起“悦读”　　（朝阳教委　提供）

①

②

③

④

① 10 月 21 日，北京市电气工程学校教师冯佳获得全国职业院校信息化教学大赛一等奖（电气工程学校　提供）

② 12 月 4 日，北京市昌平职业学校开展专家听评课活动，推进“三有”课堂建设（昌平职校　提供）

③ 5 月 24 日，北京市实验职业学校举办教职工礼仪风采展示活动（实验职校　提供）

④ 1 月 28 日，北京市外事学校英语教师参加英语口语培训（外事学校　提供）

⑤ 10 月，北京现代职业学校组织顶岗实习教师汇报交流活动（现代职校　提供）

⑤

①3月16日，北京语言大学举办第五届青年教师基本功教学大赛　（北语　提供）

②12月19日，中国地质大学（北京）王成善当选中国科学院院士　（地大　提供）

③6月5日，华北电力大学聘任国家“千人计划”特聘专家王海风、黄永章教授　（电力大学　提供）

④7月3日，北京高校新上岗辅导员培训在北京工业大学开班　（北工大　提供）

⑤12月19日，清华大学教授施一公入选中国科学院院士　（清华　提供）

学校建设

①3月1日，延庆县第一幼儿园回迁新教学楼（延庆教委　提供）
②9月1日，大兴区第十二幼儿园建成并投入使用（大兴教委　提供）
③9月1日，昌平区教工幼儿园教学楼投入使用（昌平教委　提供）
④8月18日，燕山地区小天使幼儿园改造完工（燕山教委　提供）

5月29日，北京市少年宫落成并投入使用
（市少年宫　提供）

①9月1日，通州区西集小学新建教学楼落成　　　　　（通州教委　提供）
②9月1日，海淀区中小学心理健康教育指导中心建成　（海淀教委　提供）
③9月3日，首都师范大学附属中学大兴北校区落成并投入使用
（大兴教委　提供）
④8月26日，北京师范大学附属中学平谷第一分校落成（平谷教委　提供）

9月9日，北京电子科技职业学院亦庄校区新图书馆开馆
（电科职院　提供）

3月1日，北京邮电大学世纪学院新校区图书馆正式启用
（北邮世纪学院　提供）

北京林业大学校园新貌　　　（北林大　提供）

11月5日，北京工业大学教学科研楼和实验楼竣工
（北工大 提供）

9月，北方工业大学学生服务楼投入使用 （北方工大 提供）

交流合作

5 月 31 日，朝阳区芳草地国际学校富力分校举办“中国梦 · 富力梦 · 我的梦”第三届文化节活动　　（朝阳教委　提供）

11 月 11 日，美国马萨诸塞州韦兰高中交换生在北京景山学校远洋分校上书法课　　（石景山教委　提供）

9 月 12 日，国际安徒生奖评委会主席到朝阳区师范学校附属小学参加学生阅读活动　　（朝阳教委　提供）

9 月 27 日，北京市海嘉双语学校举办一年一度的“国际日”活动　　（刘晓菲　摄）

3 月 9 日，北京师范大学附属中学大兴分校开设外籍教师口语课（大兴教委　提供）

7 月 21 日，北京学生活动管理中心参加国际交流与合作活动

（学生活动中心　提供）

4 月 9 日，澳大利亚总理朱莉亚·吉拉德访问北京市陈经纶中学　（朝阳教委　提供）

7 月 8 至 12 日，怀柔区举办第四届阳光少年英语嘉年华活动，美国卡士其大学学生与怀柔光明小学学生进行口语交流　（怀柔教委　提供）

6 月 5 日，中国农业大学与新西兰梅西大学签署框架合作协议　　（农大　提供）

10 月 8 日，北京市举办高校留学生中国文化大课堂活动

（国际教育交流中心　提供）

9 月 27 日，北京工业大学与荷兰阿姆斯特丹自由大学签署合作协议（北工大　提供）

7 月 7 至 20 日，北京高校汉语国际教育专业学生赴马来西亚、新加坡开展教学实习

（国际教育交流中心　提供）

10 月 18 日，华北电力大学国际教育学院留学生在校园学习交流

（电力大学　提供）

目　录

编辑说明

政策法规

组织干部工作

宣传与思想教育

统一战线与群众工作

纪检·监察

教育督导

学前教育

基础教育

普通高等教育

学位与研究生教育

本专科教育

普通高等学校

·北京大学·

·中国人民大学·

职业与成人教育

民办中小学幼儿园

德育体育美育

科学研究

师资建设

学生管理

招生与考试

交流与合作

港澳台侨交流与合作

区域交流与合作

对口支援

区县教育

东城区

西城区

燕山地区

社会团体

学术团体

市教委直属单位

统计表

附 录

基础教育

高等教育

职业与成人教育

科学研究

师资管理

学生管理

其他

索引

CONTENTS

EDUCATION SUPERVISION

PRESCHOOL EDUCATION

BASIC EDUCATION

HIGHER EDUCATION

VOCATIONAL AND ADULT EDUCATION

PRIVATE EDUCATION

MORAL PHYSICAL AND AESTHETIC EDUCATION

SCIENTIFIC RESEARCH

THE CONSTRUCTION OF TEACHING STAFF

STUDENT MANAGEMENT

ENROLLING AND TESTING

COMMUNICATION AND COOPERATION

DISTRICT AND COUNTY EDUCATION

SOCIAL GROUPS

INSTITUTION DIRECTLY UNDER MUNICIPAL COMMISSION OF EDUCATION

STATISTICS

APPENDIX

文　献

首届国际学习型城市大会
INTERNATIONAL CONFERENCE ON LEARNING CITIES
CONFERENCE INTERNATIONALE SUR LES VILLES APPRENANTES

北京市中小学融合教育行动计划

北京市人民政府办公厅
关于印发北京市中小学融合教育行动计划的通知

京政办函〔2013〕24号

各区、县人民政府，市政府各委、办、局，各市属机构：

《北京市中小学融合教育行动计划》已经市政府同意，现印发给你们，请认真贯彻执行。

北京市人民政府办公厅

2013年3月25日

为进一步加快首都特殊教育事业发展，尊重并保障残疾儿童少年拥有平等享受基本公共教育服务的权利，使他们更好地融入社会，推进首都基本公共教育服务均等化，促进和谐社会首善之区建设，依据《中华人民共和国义务教育法》、《国家中长期教育改革和发展规划纲要（2010～2020年）》和《国务院关于深入推进义务教育均衡发展的意见》（国发〔2012〕48号），特制定本行动计划。

一、制定背景

（一）发展现状

“十一五”时期以来，首都特殊教育事业快速发展，整体水平显著提高，特殊教育类别不断增加，学校特色日益凸显，残疾儿童少年入学率始终保持全国领先水平，残疾儿童少年受教育权益得到较好保障。特别是培智教育得到较快发展，视力、听力、智力残疾儿童少年义务教育基本得到满足。以特殊教育学校为骨干，以随班就读为主体、以送教上门为补充的特殊教育办学体系在我市基本形成；特殊教育质量在全国处于领先地位。截止到目前，我市共有基础教育阶段特殊教育学校22所，在校生2988名（其中285名重度和多重残疾学生接受送教上门服务），另有5682名残疾学生在1093所普通中小学随班就读。

（二）面临的问题

随着首都经济社会的快速发展和特殊教育体系的日渐完善，本市特殊教育面临新的问题：一是医疗筛查技术不断提高，残疾分类更加精细，特殊教育学校就读需求明显增加，现有特殊教育学校资源总量明显不足。二是在残疾儿童少年分类增加的背景下，义务教育阶段入学率相对较低，融合教育水平不高。三是全市所有特殊教育学校办学条件无一达到《特殊教育学校建设标准》（建标156—2011）。四是特殊教育学校教师无专门编制标准，仍参照普通中小学编制标准，不适应特殊教育学校发展需求。五是随班就读学生就学质量和规模有待进一步提高。六是全市中小学无障碍环境亟待改善。

（三）政策依据

1.《中华人民共和国义务教育法》明确提出：县级以上地方人民政府根据需要设置相应的实施特殊教育的学校（班）。普通学校应当接收具有接受普通教育能力的残疾适龄儿童、少年随班就读，并为其学习、康复提供帮助。

2.《国家中长期教育改革和发展规划纲要（2010～2020年）》提出：关心和支持特殊教育，完善特殊教育体系，健全特殊教育保障机制。

3.《国务院关于深入推进义务教育均衡发展的意见》（国发〔2012〕48号）要求：重视发展义务教育阶段特殊教育。

4.《北京市实施〈中华人民共和国残疾人保障法〉办法》明确规定：市和区、县人民政府应当将残疾人教育作为本市教育事业的组成部分，统一规划，采取措施，完善残疾人教育体系，加强残疾人学前教育、高级中等以上教育机构建设，开展教育督导和评估，保障残疾人享有平等接受教育的权利。

二、工作原则和建设目标

（一）工作原则

深入贯彻落实党的十八大精神，把握“十二五”时期教育发展趋势，尊重残疾学生的身心特点和特殊需求，尊重特殊教育规律，坚持以人为本、促进融合，落实责任、政策倾斜，项目带动、分步实施的原则，实现首都特殊教育事业科学发展。

1.以人为本、实现融合。积极创造条件满足残疾学生多样化、个性化需求，实现组织管理常态化、教育教学个性化、支持保障社会化。推进融合教育，实现医教结合、康教结合、社教结合、普特结合。

2. 落实责任、政策倾斜。明确政府在特殊教育中的主体地位，在特殊教育学校建设标准、特殊教育师资保障、特殊教育资金保障、残疾儿童少年受教育权保障和救济等政策制定和落实过程中，加大支持保障力度，实现对残疾儿童少年的特别扶助和支持。

3. 项目带动、分步实施。制定明确目标，抓住重点和关键环节，以项目为引领，分年度实施，集中财力精力办大事。重点是保障残疾儿童少年依法接受义务教育，关键是促进残疾学生融入主流、融入社会，享有快乐童年、幸福生活。

（二）建设目标

到2015年，进一步完善以特殊支持教育中心为指导，以特殊教育学校为骨干，以随班就读为主体，以送教上门为补充的特殊教育办学体系，全面建设符合首都地位的现代化特殊教育。

1. 切实保障残疾儿童少年受教育机会。在全国率先实现残疾儿童"普九"目标，各类残疾儿童少年义务教育入学率达99%以上；对义务教育阶段不能入校就读的重度和多重残疾儿童少年实施送教上门，制定《北京市残疾儿童少年送教上门管理办法》，力争做到零拒绝、全覆盖；通过学校教育、社区教育和社会教育为非义务教育阶段残疾人提供教育服务。

2. 继续加强特殊教育硬件建设。实现特殊教育学校办学条件主要项目达标，加强普通学校资源教室建设和通用无障碍环境建设。

3. 不断提高残疾儿童少年教育质量。以融合教育为指导，以提高素质教育为目标，提高特殊教育的科学性、针对性和实效性。做好残疾学生医疗、康复和教育结合工作。

三、重点工作

（一）特殊支持教育中心引领工程

工作目标：加强北京市特殊支持教育中心建设，各区县至少建1所符合残疾儿童少年身心特点，具有示范性的特殊支持教育中心，引领区域内特殊教育发展。

主要内容：

1. 加大市级特殊支持教育中心建设力度，明确工作职责，合理配备人员编制，充实高素质教科研人员，充分发挥其教学、科研、师资培训和资源开发等功能。

2. 各区县依托原有特殊教育学校建立特殊支持教育中心，明确专兼职工作人员，有条件的区县可根据实际工作需要，在编制总额内为特殊支持教育中心明确专职管理人员和教科研人员。加强对本区域随班就读工作的管理和指导。健全以特殊支持教育中心为核心的随班就读管理体系和服务机制，完善特殊支持教育中心的教学、科研、资源开发和教师培训职能。

3. 保障特殊教育学校达到办学条件标准，远郊区县特殊教育学校应结合实际情况设置寄宿部。

4. 贯彻教育部颁布的《盲、聋、培智学校义务教育课程设置方案（试行）》，编写适合北京地区的特殊教育教材，积极开展特殊教育教学模式、教学策略和方法的改革，加强各类重度残疾儿童少年的个性化教育，努力推进特殊教育与各类康复训练（物理治疗、作业治疗、语言治疗和心理咨询与治疗）的结合，全面提高残疾儿童少年的教育和康复水平。利用现代信息技术，注重潜能开发和缺陷补偿，积极开发优质特殊教育课程资源，建设北京市特殊教育资源库。

5. 实施特殊教育学校学生双学籍制度。学生具有特殊教育学校学籍和户籍所在地就近入学学校学籍。确保每名学生每月至少半天参加普通学校活动。

（二）随班就读主体工程

工作目标：促进全市每一所公办义务教育学校接收随班就读学生，使义务教育阶段有能力的残疾儿童少年均可就近进入普通学校学习。拓展残疾儿童少年义务教育年限，稳步扩大残疾少年高中阶段随班就读规模。积极为逐步实现"同班就读"创造条件。

主要内容：

1. 把发展随班就读教育作为提高残疾儿童少年教育水平的主要形式和重点工作，统筹规划，加强领导，规范建设，强化管理，提升质量，使有能力在普通学校就读的残疾学生能够平等接受义务教育。

2. 本着合理便利、通用设计的原则，对全市所有公办义务教育学校进行无障碍环境改造。开展融合教育示范学校和示范区创建工作，三年内市级支持100所随班就读工作突出的义务教育学校建立软、硬件完备的示范性资源教室，创建20所市级融合教育示范学校。

3. 促进融合教育，提高随班就读教育质量。注重残疾儿童少年生活自理、与人交往、融入社会、劳动和就业等能力的培养，积极发展以职业教育为主的残疾学生高中阶段教育，形成专业特色，打造品牌专业。对随班就读学生的鉴定、教学、考评和管理提出要求，开展发展性评估。为每个随班就读学生建立就学档案、进行有针对性的教育教学和康复训练。

（三）送教上门辅助工程

工作目标：通过送教上门工作，对到校就读有困难的重度和多重残疾儿童少年实施送教上门，力争做到零拒绝、全覆盖。

主要内容：

1. 为有无障碍改造需要的送教上门残疾儿童少年家庭进行必要的无障碍改造。

2. 针对不同残疾类型制定送教上门指导手册，针对每一个残疾儿童少年特点制定个性化送教上门工作方案，通过北京数字学校为残疾儿童少年提供需要的教育资源。

（四）学前特殊教育服务工程

工作目标：积极开展特殊儿童随园就读工作，基本满足残疾儿童接受学前教育的需求。

主要内容：

以幼儿园为依托，建立60个特殊儿童随园就读康复资源中心。每个康复资源中心一般应配备专业教师1名，同时可在特殊教育学校开设学前班，确保特殊儿童及家长的教育与指导。

（五）特殊教育教师队伍建设工程

工作目标：进一步加强特殊教育队伍建设，全面提升特教教师的综合素质和专业化水平。

主要内容：

1. 加强特殊教育教师队伍建设。依托高等学校，推进特殊教育教师师范专业建设，加大特殊教育教师培养。探索特殊教育教师专业证书制度。探索特殊教育教师医教结合、康教结合双学历职前培训制度。研制特殊教育教师基本功标准，开展特殊教育、康复理论知识和专业技能培训，提高特殊教育教师专业水平和综合素养。实施特殊教育名校长、名教师培养工程，培养造就一批具有创新教育思想、教育模式和教育方法的高水平特殊教育师资队伍。按新颁办学条件标准实施特殊教育学校教师编制标准，特殊教育教师中应有一定比例的康复训练教师。

2. 推进巡回指导教师队伍建设。特殊支持教育中心设立专门巡回指导教师，指导区域内随班就读和送教上门等工作。制定岗位条件，加强巡回指导教师培训和定期考核。巡回指导教师享受特教津贴。

3. 加快资源教师队伍建设。建立资源教室的学校配备资源教师，加强特殊教育和医疗康复等方面的培训，促进随班就读工作实现医教结合、康教结合。资源教师享受特教津贴。

4. 完善随班就读教师队伍建设。把随班就读教师的培训纳入教师继续教育培训计划，实施市、区分层培训制度，市特殊支持教育中心组织重点培训，区县负责对随班就读教师全员培训，不断提高随班就读干部教师的专业化水平。完善随班就读教师专业发展标准体系。将承担随班就读教学人员的工作列入岗位绩效考核内容，承担随班就读工作的教师给予一定岗位补助。在现有北京市优秀教师、优秀教育工作者等评选表彰和特级教师、骨干教师、学科带头人评选和职称评定方面对从事随班就读的干部教师给予适当倾斜。

5. 促进送教上门教师队伍建设。送教上门队伍以巡回指导教师为指导，以特殊教育教师为骨干，以热心特殊教育事业的志愿者为补充。制定送教上门志愿者选拔标准和培训标准，发展志愿者参与送教上门工作，做好志愿者培训工作。

（六）特殊教育社会支持工程

工作目标：营造全社会关心、重视和支持特殊教育的浓厚氛围，形成全社会关心、重视和支持特殊教育的良好局面。

主要内容：

1. 建立北京市特殊教育专家咨询委员会，聘请相关领域专家，为本市特殊教育重大决策和重点工作提供咨询。

2. 建立残疾儿童少年定点定标准医学检测制度，各区县成立残疾儿童少年入学咨询委员会，聘请相关领域专家和各界代表，依据全市标准对残疾儿童少年进行检测评估，根据结果建议接受义务教育形式。

3. 依托信息技术，建立残疾儿童少年信息平台和资料库，实施随访和跟踪服务，做好医教结合工作。鼓励企业、个人、社会组织对残疾儿童少年参加融合教育所需的辅助器具进行研发、引进、推广和应用。

4. 逐步对现有社区实施无障碍改造。社区活动室、阅览室等为残疾儿童少年参与活动提供必要的设备设施。

5. 街道、乡镇等有针对性地加强残疾儿童少年文化、卫生、体育和美育工作，根据残疾儿童的个体差异和潜力，广泛开展适合其特点的、多种形式的活动，为残疾儿童少年融入社会提供广阔平台。

四、保障措施

（一）落实政府责任

各级政府要从落实科学发展观、构建和谐社会首善之区的高度，充分认识发展特殊教育事业的重要意义，把各级各类特殊教育纳入经济和社会发展整体规划，把特殊教育发展列入议事日程。确立特殊教育优先发展的地位，强化发展特殊教育的责任。将办好特殊教育作为贯彻落实《中华人民共和国义务教育法》和《北京市实施〈中华人民共和国义务教育法〉办法》，促进义务教育高标准、高质量均衡发展的重要措施。一是要依法保障残疾儿童少年接受义务教育。二是要推进融合教育，支持残疾儿童少年融入社会。三是提高残疾学生生活技能和职业技能水平。

（二）明确部门职责

1. 建立特殊教育联席会议制度，在市政府领导下，建立由市教育、发展改革、民政、财政、人力社保、卫生、机构编制、规划、住房城乡建设、残联等相关部门组成的特殊教育联席会议制度，落实相关责任，定期研究特殊教育发展的重大问题。各区县也应建立相应的联席会议制度。

2. 市教育部门统筹制定本市特殊教育事业发展规划，落实学校教育工作，对家庭教育、社区教育、社会教育进行指导，促进融合教育，加强教师队伍建设。根据全市无障碍设施建设工作的职责分工，在市规划委等有关部门指导下，依据有关规定，由市教育部门牵头会同有关部门共同制定特殊教育学校、普通学校无障碍设施工程的实施方案、年度工作计划，并由涉及的产权主体具体实施，所需资金按照各涉及主体的资金原渠道予以保障。市发展改革部门将特殊教育事业纳入本市国民经济和社会发展战略和中长期规划统筹考虑，大力支持。

3. 民政部门做好社会福利机构内残疾儿童少年特殊教育工作。

4. 财政部门为特殊教育事业发展提供经费保障。

5. 人力社保部门为特殊教育教师待遇、职称评定等方面提供支持。

6. 卫生部门做好残疾儿童少年的检测、筛查、医疗和康复工作，建立信息平台和资料库。

7. 机构编制部门根据有关规定和特殊教育的工作实际，合理确定机构职责和教职工编制。

8. 规划部门配合教育部门做好特殊教育学校建设规划。

9. 住房城乡建设部门做好特殊教育学校、普通学校无障碍设施工程建设管理工作，建设工程质量和施工安全监管工作。

10. 残联配合教育、民政、卫生、人力社保等部门做好残疾儿童少年的筛查、医疗、康复、社会救助及信息平台和资源库建设工作；监测统计义务教育阶段适龄残疾儿童少年的就学情况，适时监控残疾人教育发展的需求，做好残疾儿童少年的入学、康复、毕业就业安置等服务。积极推进、督促，并协助做好无障碍改造工作，切实维护残疾儿童少年教育的合法权益。为有需求的残疾儿童少年提供个性化辅助器具服务和支持。

（三）加大经费投入

将特殊教育全面纳入财政保障范围。各级财政部门应加大对特殊教育的投入力度，按照“市区县政府分担、管理以区县为主”的原则，市本级财政进一步加大对区县特殊教育发展的转移支付力度，强化对特殊教育领域重点支出事项的保障力度。加大市级统筹，新增教育经费主要向农村地区、财力薄弱地区及城市发展新区倾斜，不断缩小区县间教育经费投入水平的差距。区县政府要把特殊教育作为教育支出重点领域予以优先保障，确保各种专项经费的落实，确保生均教育经费水平不低于全市基本标准，满足特殊教育学校正常运转、专项设备、教师培训、课题研究等需求。

根据特殊教育发展需求逐步加大投入规模。按照特殊教育学校实际需求和高于同级普通中小学校生均公用经费的定额标准适时调整生均公用经费定额标准；随班就读、特教班和送教上门学生的生均公用经费定额标准参照特殊教育学校学生标准拨付；落实义务教育阶段残疾学生“三免两补”政策，即免杂费、免教科书费、免住宿生的住宿费，发放伙食补助和助学补助。

进一步拓宽特殊教育经费来源渠道。按照彩票公益金使用宗旨，结合实际情况，支持残疾儿童少年特殊教育。残疾人就业保障金对残疾人参加特殊教育给予适当补贴。积极鼓励企业、个人、社会团体对特殊教育的捐赠和出资举办特殊教育学校及残疾人康复培训机构。

（四）强化督导评价

建立健全对特殊教育的督导和评价制度。对区县政府特殊教育工作进行督导，督促区县政府及其相关部门落实发展特殊教育的职责。对特殊教育学校全面实施素质教育情况进行督导评价，不断提高特殊教育学校办学水平和教育质量。进一步完善对中小学随班就读教育工作的督导检查，督促落实随班就读教育工作的相关规定。逐步建立健全特殊教育质量评价制度。将对区县政府特殊教育工作的督导结果、特殊教育办学水平和教育质量作为评价考核区县教育工作的重要内容；将对特教学校的督导评价结果作为评价考核特教学校工作的重要依据。

建设学习型城市北京宣言

——全民终身学习：城市的包容、繁荣与可持续发展

前言

我们，作为由联合国教科文组织、中国教育部和北京市政府联合举办的“国际学习型城市大会”（北京，2013年10月21～23日）的参会人员，发出以下宣言：

我们认识到，人们生活在一个复杂的、快速变化的世界。在这个世界里，社会、经济和政治规范不断重新定义。经济增长和就业、城市化和人口结构变化、科学和技术进步、文化多样性和公共安全已经成为社会治理和可持续发展所面临的一些挑战。

我们确信，要增强我们城市和社区的公民（包括所有居民）的能力，我们必须努力为他们提供并鼓励他们利用广泛多样的终身学习机会。

我们相信，学习能够提高公民的生活质量，提高他们应对新挑战的能力，建设更美好、更可持续发展的社会。

我们承认，终身学习的概念并不是新近出现的，它一直是人类发展不可或缺的部分，深深植根于所有文化和文明当中。

我们坚持，终身学习无论是对个人的学习还是对社会都会带来社会、经济和文化利益。因此，它应该是各个城市、地区、国家和国际社会的主要关注焦点。

我们知道，全世界的大多数人口目前居住在城市及城市地区，而且这种趋势正在加速。因此，城市和城市地区在国家和全球发展中具有前所未有的重要作用。

我们认识到，“学习型社区”、“学习型城市”和“学习型地区”是可持续发展的支柱之一。

我们承认，国际组织、地区组织和各国政府在发展学习型社会中发挥着至关重要的作用。然而，我们知道这种愿景必须扎根在地区、城市和社区，因此，只能通过一个一个省、一个一个城市、一个一个社区来建设学习型社会。

我们知道，城市和城市地区能够在促进社会包容、经济增长、公共安全和环境保护中发挥重要作用。因此，城市应该是终身学习和可持续发展战略的设计师和践行者。

我们承认，不同城市在文化和民族构成、文化遗产和社会结构方面存在差异。然而，学习型城市的许多基本特征共同的。学习型城市调配和利用其资源，促进从基础教育到高等教育的包容性学习，活跃家庭和社区学习，促进工作场所学习，推广运用现代学习技术，提高学习质量，并培育终身学习文化。

我们预见，学习型城市能够增强个人能力、增强社会包容性、培养积极公民，促进经济和文化繁荣，并为可持续发展奠定基础。

承诺

我们承诺，将采取以下措施和具体行动，使我们的城市发展成为学习型城市。

1. 增强个人能力和社会包容

现代城市中，个人能力和社会包容对市民的幸福、增强参与意识、信任感、互通和公民责任至关重要。为帮助市民能够预见和应对城市化进程中的挑战，城市应该更重视个人能力的发展和社会包容。

在发展学习型城市过程中，我们通过以下做法增强个人能力和社会包容：

·确保每个公民有机会接受教育并获得基本能力；

·鼓励并让每一个人能够积极参与所在城市的公共生活；

·保障性别平等；

·创造安全、和谐和包容的社区。

2. 促进经济发展和文化繁荣

尽管经济的发展在提高人民生活水平、保持城市的经济健康方面起着至关重要的作用，但文化的繁荣对人民生活质量的提高具有重大贡献。作为汇集了知识、生命意义和价值观的资源库，文化决定了人们的生活方式和社区范围内的互动。

在发展学习型城市过程中，我们将通过下列做法促进经济发展和文化繁荣：

·刺激包容的可持续的经济增长；

·减少生活在贫困中的公民的比例；

·为所有公民创造就业机会；

·积极支持科学、技术和创新；

·确保文化活动的多样性；

·鼓励积极参与休闲和体育锻炼。

3. 促进可持续发展

为了确保我们城市社区在未来的生存能力，我们在利用自然资源时，不能损害我们的后代应有的幸福生活。可持续发展不能只通过技术手段、政治制度或财政机制来实现，它要求人们的思维和行为方式进行根本性转变。全民终身学习将大大有助于实现这一变化。

在发展学习型城市过程中，我们将通过下列做法促进可持续发展：

·减少经济和人类活动对自然环境的负面影响；

·保护自然环境，提高城市的宜居性；

·通过积极学习促进可持续发展。

4. 促进教育体系内的包容性学习

所有的公民，不论能力、性别、社会背景、语言、种族、宗教或文化，都应有平等的学习机会。如果有人被排除在教育和学习体系之外，那么他们自身的发展和对所在社区的贡献将大受影响。

在发展学习型城市过程中，我们将通过下列做法促进教育体系内的包容性学习：

·扩大儿童早期教育的机会；

·扩大从初等到高等教育入学率；

·扩大成人教育和职业技术教育和培训的参与度；

·提高终身学习体系的灵活性，以便提供多样化的学习机会，满足不同水平的学习需求；

·帮助边缘群体包括流动人口、确保其享有受教育机会。

5. 活跃的家庭和社区学习

终身学习并不局限于教育或工商业领域，它融入到了整个城市的生活。事实上，在很多的社会里，家庭是一个特别重要的学习场所。在家庭和社区里的学习能够建立社会资本，提高生活质量。

在发展学习型城市过程中，我们将通过以下做法重振家庭和社区学习活力：

·建立以社区为基础的学习场所并为家庭学习和社区学习提供资源；

·确保社区教育和学习项目满足市民的实际需求；

·鼓励公民和居民参与家庭和社区学习，特别关注弱势群体，例如有需要的家庭、流动人口、残障人士、少数民族和老年退休学习者；

·将社区历史、文化和本地的传统视为独特、宝贵的资源。

6. 有效的为工作和在工作中的学习

由于全球化、技术进步和知识型经济的发展，多数成年人都需要定期提升他们的知识和技能。同样，各种组织，包括私营机构和公共组织，都需要成为学习型组织。

在发展学习型城市过程中，我们将通过下列做法促进为工作和在工作中的学习：

·帮助公共和私营组织成为学习型组织；

·确保所有员工（包括流动工人）有广泛的学习机会；

·鼓励雇主和工会支持工作场所中的学习；

·为失业青年和成年人提供合适的培训机会。

7. 拓展现代学习技术的应用

信息和通信技术（ICT），特别是互联网，为学习和教育开辟了新的可能性。现代城市必须有能力让所有公民利用信息和通信技术的巨大潜力来进行学习和自我提升。

在发展学习型城市的过程中，我们将通过下列做法拓展现代学习技术的应用：

·发展对学习中使用信息和通信技术有利的政策环境；

·培训管理者、教师和教育工作者，使他们运用信息和通信技术来促进学习；

·扩展市民利用信息通讯技术和学习项目的途径；

·开发高质量的电子学习资源。

8. 改善并优化学习质量

要增加学习参与者的数量，仅仅关注终身学习政策与实施还远远不够。在许多城市，参与教育和学习的人数与成功掌握适合的、可迁移的技能和能力的人数之间还很不一致。因此学习质量至关重要，特别是迫切需要培养技能、价值观和态度，这些将使人们克服宗教、语言和文化的差异而和平共存，并找到可以共享的人性、道德和伦理原则。

在发展学习型城市过程中，我们通过下列做法高度重视提高学习质量：

·推动从重视“教育”到重视“学习”的观念转变，从简单获取信息到开发创造力和学习能力的转变；

·提高公民分享道德观、民族和文化价值以及容忍不同意见的意识；

·录用经过适当培训的管理人员、教师和教育工作者；

·创造对学习者友好的学习环境，并使学习者尽可能拥有适合他/她自己的学习过程的掌控权；

·对有特殊需要的学习者提供支持，特别是对学习困难者提供支持。

9. 培育终身学习文化

如今大部分人涉足各种学习环境。当个人学习的成果得到城市的重视、奖励和庆祝时，就会提高学习者的社会地位，并激励他们进一步学习。这样的机制应当获得更多的支持，为学习提供全面的信息和建议，帮助他们做出明智的选择。

在发展学习型城市过程中，我们将通过以下做法培育充满活力的终身学习文化：

・承认通信媒体、图书馆、博物馆、宗教机构、体育文化中心、社区中心和公园以及其它相关设施作为学习场所的作用；

・组织和支持鼓励和庆祝学习的公共活动；

・为所有公民提供足够的信息、指导和支持，激励他们通过不同的途径开展学习；

・承认非正规和无一定形式学习的重要性并发展各种形式学习成果的认可和奖励机制。

10. 加强政治意愿和承诺

学习型城市的建设必须要有强烈的政治意愿和承诺。因此，政治家和管理者负有使用政治资源实现全民终身学习愿景的主要责任。

在发展学习型城市过程中，我们将通过下列做法加强政治意愿和承诺：

・展示强大的政治领导力和坚定的承诺，努力把我们的城市转变成学习型城市；

・发展和实施经过认真斟酌和广泛参与的推进全民终身学习的策略，促进所有公民的终身学习；

・经常性地监测学习型城市的发展进程。

11. 改善治理和各利益攸关方的参与

社会各个领域在学习和教育中都扮演重要角色并应参与学习型城市的建设。然而，只有让各个利益攸关方和市民参与政策的制定过程，他们才更有可能为建设学习型城市做出贡献。

在发展学习型城市的过程中，我们将通过下列做法改善治理和各利益攸关方的参与：

・建立部门间的协调机制，让政府机构、非政府组织和私营部门都参与建设学习型城市；

・发展部门之间的双边或多边合作伙伴关系，以便共享资源，扩大学习机会；

・鼓励所有利益攸关方提供优质的学习机会，让他们为建设学习型城市做出独特的贡献。

12. 调动和利用资源

已经提供全民终身学习的城市和社区，在公共卫生、经济增长、减少犯罪、提高民主参与方面已经看到显著改善。终身学习的这些更广泛的益处为增加建设学习型城市的投资提供了强有力的论据。

在发展学习型城市过程中，我们将通过下列做法调动和利用资源：

・鼓励政府、民间团体、私营部门和个人加大终身学习的资金投入；

・有效利用所有利益攸关方的学习资源，开发创新性的经费支持机制，支持全民终身学习；

・去除学习的结构性障碍，采取扶贫政策，为弱势群体提供各种特殊支持；

・鼓励公民自愿贡献自己的才华、能力、知识和经验；

・鼓励不同城市的组织之间进行思想、经验和最佳实践模式的交流。

行动呼吁

全世界的很多城市和城市地区已经声称自己为学习型城市和学习型地区，他们期待参与国际政策对话、行动研究、能力建设和同行学习并从中受益，同时采用各种成功的措施促进终身学习。为此，

1. 我们呼吁联合国教科文组织建立全球学习型城市网络，支持和促进世界城市社区的终身学习实践。这个网络应该促进政策对话和各成员城市的同行学习，促进联系，建立合作伙伴关系，提供能力建设，并开发监测手段以鼓励和认可在学习型城市建设中所取得的进步。

2. 我们呼吁世界各地的城市和城市地区加入这个网络，在他们的城市开发和实施终身学习战略。

3. 我们呼吁国际和区域组织成为这个网络的积极合作伙伴。

4. 我们呼吁各国政府鼓励地方政府努力建设学习型城市、学习型地区和学习型社区，并支持他们参与同行间的国际学习活动。

5. 我们呼吁相关基金会、私营企业和社会团体借鉴一些私营部门建立城市合作项目的成功经验，成为全球学习型城市网络的积极合作伙伴。

致谢

我们深深感谢中国教育部和北京市政府为本次大会提供的盛情款待和坚强领导！借此机会，我们也赞扬北京市政府在把一个充满活力的中国首都进一步建设成为学习型城市过程中所取得的显著成就。

我们感谢中国联合国教科文组织全国委员会、FESTO 教学系统、DVV 国际、Kings 集团、伊比利亚美洲国家组织（OEI）、瑞士发展与合作署（SDC）为低收入国家代表参加本次大会提供资金支持。

（2013 年 10 月 21 至 23 日在
首届国际学习型城市大会通过）

（本栏责任编校　华蕾　李涵婧）

专文与纪实

市委教育工委市教委党的群众路线教育实践活动总结报告

刘晓明

按照中央和市委统一部署，自7月开始，市委教育工委市教委（以下简称“两委”）参加北京市第一批党的群众路线教育实践活动。在市委第五督导组的指导帮助下，两委紧紧围绕保持党的先进性和纯洁性，按照“照镜子、正衣冠、洗洗澡、治治病”的总要求，以为民务实清廉为主要内容，聚焦形式主义、官僚主义、享乐主义和奢靡之风，坚持不虚、不空、不偏、不走过场，以整风精神认真开展教育实践活动，达到了党员和干部思想进一步提高、作风进一步转变、党群干群关系进一步密切、为民务实清廉形象进一步确立的预期目标，在转作风、强组织、促发展上取得了积极成效。

一、基本情况和主要做法

两委以党的十八大、十八届三中全会和习近平总书记一系列重要讲话精神为指导，以处级以上领导班子和领导干部为重点，以“转变作风、完善制度，加强服务型、创新型、廉洁型机关建设，促进首都教育科学发展”为抓手，分层次、分类别扎实开展党的群众路线教育实践活动。两委领导班子党员领导干部20人（不包括党外局级领导），机关和直属单位处级党员领导干部203人，机关处室党支部29个，直属单位党组织21个，共1837名党员全程认真参与，严格按照学习教育、听取意见，查摆问题、开展批评，整改落实、建章立制三个环节循序推进，体现了鲜明的教育特色。

（一）领导带头组织参与，为活动深入开展提供强有力的组织保障。市委、市政府主管教育领导和市委教育工委、市教委各级领导带头学习，深入研究，严密组织，务实推进，为广大党员干部参与活动做示范。一是市领导率先垂范。市委常委赵凤桐牵头完善活动组织架构，研究制订工作方案，亲自作动员部署；市委常委、教育工委书记苟仲文亲自作群众路线专题党课和贯彻党的十八届三中全会精神推进首都教育改革发展专题报告，主持召开多个征求两委班子作风问题意见座谈会，带头对照检查，参加民主生活会，亲自抓中高考改革、义务教育均衡发展等人民群众反映强烈的热点难点问题的解决。副市长杨晓超多次到市教委指导检查工作，提出要求。二是班子成员积极参与，把教育实践活动作为下半年的重点任务，按要求扎扎实实开展学习教育、征求意见、查摆问题、谈心谈话、撰写对照检查材料、开展批评和自我批评、立行立改等，尤其是对个人对照检查材料进行反复修改并进行深刻剖析。三是加强基层活动指导，两委班子成员结合工作分工，按一对多的方式，在机关处室、直属单位、高校中建立了联系点，经常深入联系点指导工作，为活动深入开展提供强有力的保障。

（二）分层分类部署推进，充分调动领导干部和普通党员两个积极性。坚持以处级以上领导干部为重点和党员全员覆盖相结合，深入扎实推进教育实践活动。一是做好总体部署，精心制定活动实施方案和各个环节具体工作方案，分层次对局级、处级和普通党员干部参加活动做出规定，分类别对机关处室和直属单位开展活动提出要求。充分发挥机关党委作用，结合机关处室和直属单位实际，分别研究制定工作流程图和材料模板，召开3次机关党委全体会、3次基层党组织负责人工作部署会和2次专题交流会，进行分类指导。二是加强直属单位督导，组建3个直属单位督导组，由退休的分管过高校组织工作的局级领导任组长，直接进驻直属单位，每个环节每个步骤严格把关，指导推进各项工作。三是强化宣传引导，开通教育实践活动专题网页，组织编发网络信息145期、工作简报21期、学习摘编6期，以及大事记、学习体会、学习资料等，宣传基层特色，引导工作进展。

（三）学习教育入脑入心，做到全覆盖、得实效。紧

紧抓住世界观、人生观、价值观这个“总开关”，以中央和北京市有关精神、习近平总书记一系列重要讲话、党的光辉历史和优良传统等为主要内容，紧密结合活动推进需要，组织开展一系列学习教育活动：一是理论阐释与工作指导相结合，先后组织6次共计1400余人次专题机关大讲堂，既深入学习党的群众路线理论，学习郭金龙、苟仲文关于群众路线的专题党课和党建专家关于群众路线的理论宣讲，又紧密结合时势，先后组织学习习近平总书记在全国宣传思想工作会上的讲话精神、党的十八届三中全会精神、北京高校“我的梦·中国梦”师生宣讲团专题宣讲和刘利民、苟仲文关于教育改革的专题报告等。二是集中培训与实地学习相结合，组织领导班子集中3天开展中心组理论学习，分两期共5天举办机关和直属单位处级干部培训班，读原著、听讲座、看教育片，把处级以上干部200余人轮训一遍；先后组织参观北京市反腐倡廉警示教育基地，观看影片《周恩来的四个昼夜》，参观《复兴之路》展览和党的群众路线档案展览，通过实地实物教学和演职员现身说法加深学习理解。三是自学提升与交流促进相结合，及时印发学习摘编6期、学习光盘5张，开辟网络学习园地，发挥各级党组织作用，开展党员集中学习或自学；根据学习进展情况，先后组织两委领导、机关处长、直属单位处级干部200余人次交流研讨学习心得体会，把党员干部的思想统一到贯彻中央精神、践行群众路线、推进教育改革上来。

（四）广泛征求意见，深入查摆问题。两委坚持把找准问题作为开展教育实践活动取得实效的重要前提。一是广开言路群众提，通过召开13个座谈会、发放165份调查问卷、设置网络意见箱、开通热线电话、到基层调研、参加联系点活动等多种方式广泛征求党员群众、机关离退休老同志、大中小幼学校负责人、区县教育领导、兄弟委办局、“两代表一委员”等的意见建议，经过原汁原味汇总、分类梳理、专题会研讨凝练，形成《“四风”问题在市委教育工委市教委机关的具体表现》共19条，另外反映工作问题34条，教育实践活动本身问题4条。二是虚心听取上级点，及时召开督导组反馈意见会，虚心听取督导组结合动员大会民主评议、个别谈话、实地走访座谈等方面情况对两委提出的意见，共有“四风”方面问题19条。三是深刻剖析自己找，全面对照党章、廉政准则、改进作风要求、群众期盼和先进典型，参照中央、教育部和市委查找出的“四风”问题，各级班子和党员领导干部认真查找深刻剖析自己存在的问题，领导班子成员共查找问题123条；机关处室查找问题239条，处级干部个人查找问题736条；直属单位领导班子查找问题209条，处级干部个人查找问题606条。在此基础上，认真撰写对照检查材料，两委领导班子对照检查材料反复修改达7次，班子成员个人对照检查材料至少修改3次以上；机关和直属单位处级干部个人材料至少修改3次，直属单位班子材料至少修改4次；两委领导班子和不少党员领导干部在民主生活会后再次对对照检查材料进行了修改完善；抓住整改落实“回头看”契机，对存在问题进行再梳理、再分类，干部个人还对班子存在的问题主动认领，积极担当。四是敞开心扉互相帮，领导班子采取先分散、后集中的方式，深入开展一对一、面对面谈心活动，成员间谈心每人20人次，对拟在民主生活会上开展批评的问题充分沟通，取得共识。同时班子成员主动与分管部门负责人开展谈心征求意见。机关处室和直属单位处级干部之间也敞开心扉进行了谈心，深入开展批评和自我批评。在专题民主生活会上，两委领导班子成员逐一进行认真的自我批评，同时本着对事业、对同志高度负责的态度，坚持不放空炮、哑炮、礼炮，相互间开展积极诚恳的批评，班子成员之间相互批评达96人次，提出的批评意见共104条；机关处室党员干部间相互批评每个支部平均达到20人次；直属单位班子成员间相互批评达180人次，提出的批评意见达240条。

（五）始终坚持以群众满意为标准，把解决问题贯穿到活动全过程。坚持边学边改、边查边改，以群众满意不满意作为活动是否取得实效的根本标准，根据征求来的意见建议和群众反映强烈的教育突出问题，本着能够解决的立即解决的原则，扎实推进立行立改，把解决问题贯穿到活动全过程。一是强化整改落实和建章立制，领导班子多次召开专题会议，成立专项整治工作领导小组，研究制定《两委党的群众路线教育实践活动整改工作方案》《北京市教委专项整治工作方案》《两委改进作风制度建设计划及责任分解》等，每项工作都明确牵头领导和负责部门，分工研究制定详细的整改措施。二是加强督查力度，将落实中央八项规定和市委要求，改进工作作风作为2013年两委督查工作的重点，将落实情况列入2013年党风廉政建设和反腐败工作主要任务，对相关决策、领导批示和工作进展进行专项督查督办。三是扎实推进解决“四风”问题，领导班子和班子成员对北京市干部群众反映强烈的“10个突出问题”和《关于在正风肃纪专项整治中严明若干纪律规定的意见》中“七个严禁”进行逐一对照检查；坚决反对“车轮上的铺张”“人情消费”“三公经费开支过大”“违规占用住房和办公用房”；大力精简会议和文件简报、深入基层调查研究、压缩“三公”经费、清理个人会员卡、清查办公用房；加强对家属子女和身边工作人员的管理，没有发生违反规定的情况。

二、主要成效

（一）党员干部的思想认识进一步提高。通过深入开展学习教育活动，广大党员干部进一步增强政治意识，坚定走中国特色社会主义道路、实现中华民族伟大复兴“中国梦”的信心和决心，提高遵守党的政治纪律、组织纪律、廉政准则的自觉性，在思想上、政治上、行动上与党中央始终保持高度一致。进一步坚定宗旨意识，提高对改进工作作风、密切联系群众的重要性、紧迫性和必要性的认识，加深对新形势下党的群众路线内涵和特点的理解，坚持从维护人民群众的切身利益出发，进一步转变作风，主动研究解决人民群众反映强烈的热点难点问题，积极回应社会关切，着力解决人民群众最关心、最直接、最现实的利益问题，不断提升人民群众对首都教育的满意度。进一步增强改革创新精神，提高对首都教育深化改革紧迫性的认识，加大改革力度，用改革创新来推进解决“四风”问题和事业发展问题。

（二）干部队伍的战斗力和凝聚力进一步增强。通过学习教育实践活动，广大党员干部增强了看齐意识、大局意识和责任意识，自觉维护中央权威，坚决贯彻执行市委市政府决定和两委部署；主动承担班子存在的问题，勇于负责、善于负责；主动协调各方面关系，调动一切可以调动的积极因素，大力推进解决难点热点问题。两委领导班子、机关处室、直属单位领导班子内部加强了交流沟通，进一步凝聚共识和力量，形成良好的工作合力。在开门搞活动中，转变工作作风、增强服务意识蔚然成风，干群关系更加紧密。两委机关和直属单位整体的战斗力和凝聚力明显增强。

（三）为民务实清廉的工作作风进一步形成。两委机关和直属单位本着正党风、促政风、助发展的原则，对照“四风”，一项一项整改，一步一步推进，切实改进工作作风，扎实提升服务管理水平。修订完善两委调研制度和委托课题管理办法，切实发挥调研工作在决策前、决策中和决策后的全程支撑作用。协助落实市领导联系高校制度，落实两委领导联系基层制度，领导干部深入基层现场办公，推动各级各类教育协调发展。大力压缩会议数量及规模，2013 年较上年同期精简会议共计 56 个。积极为文件简报“瘦身”，减少红头文件制发件次，对机关的信息刊物进行了整合，2013 年较上年同期精简文件 100 个。大力压缩一般性出访团组，2013 年共压缩出访和培训团组 58 个，压缩出访人数 686 人，压缩出访天数 712 天。压缩和控制“三公经费”，市教委 2013 年 1 至 10 月“三公经费”财政拨款支出比上年同期减少 549.45 万多元，其中机关本级减少 95.14 万多元。研究制定公务接待清单，所有公务接待都要明示接待对象、活动项目和使用经费数额等，严格限定公务活动经费的开支范围和开支标准。严控行政审批和行政许可，清理后拟保留行政许可事项 15 项、非行政许可审批事项 4 项，比原有减少 19 项。开展专项清理，20 名局级领导、机关和直属单位共 570 人做出个人会员卡零持有报告，处级以上党员领导干部主动在“车轮上的浪费”、“人情消费”等九个方面进行明示，20 名局级领导做出不出入私人会所、不接受或持有私人会所会员卡、接受党和群众监督的承诺。严格执行办公用房规定，市委教育工委搬回市委大楼后，根据市委统一要求安排办公用房，市教委因在奥运大厦临时办公，相关情况已与市政府有关部门沟通，两委均不存在需要即时清理的情况。

（四）群众反映强烈的教育民生问题得到推进解决。以办好人民群众满意的教育为出发点和落脚点，寓改进作风于破解发展难题、解决民生关注之中，在进一步扩大普惠性学前教育资源、均衡配置义务教育资源、稳步推进考试招生改革、推进高校协作创新发展、构建现代职业教育体系、进一步规范办学行为、保障来京务工人员随迁子女受教育权利、提高特殊教育服务水平、完善学生资助体系、强化学校后勤服务保障、促进高校毕业生就业以及全面实施素质教育等方面取得成效。比如，2013 年总体完成学前教育三年行动计划，投入专项经费 35 亿元，新建改扩建和办园条件达标 1000 余所幼儿园，增加学位 10 万个，补充专任教师超过 5000 人，培训园长教师 3 万人次；在城乡结合部和郊区新增 30 所一体化学校和 2.4 万个优质教育学位，完成“北京数字学校”覆盖义务教育阶段全学科 13000 节数字化名师授课资源建设，投入 3.07 亿元继续实施农村学校办学条件提升工程，大力推进优质教育资源供给；投入 6.5 亿元改善随迁子女就读中小学校办学条件，首次开展随迁子女参加中等职业学校招生考试工作，2843 名申请学生中 740 人通过审核，录取 497 人；投入 8634 万元用于 15 所特教学校办学条件改善；制定了《北京市推进中小学校体育工作三年行动计划》，明确了 2015 年 100%中小学校落实学生每天一小时体育活动，85%以上的中小学生达到国家标准及格等级以上，并掌握至少两项体育技能目标等等。

（五）作风建设长效机制进一步健全。针对两委“四风”方面存在的突出问题，根据中央和市委的统一要求，在整理汇总已有相关工作制度和规定的基础上，按照于法周延、于事简便的原则，坚持刚性约束和可操作性相结合，完善已有制度，制定新的制度，废止不适用的制度。废止《市委教育工委市教委关于进一步精简会议和文件的通知》《机关工作人员学习、培训的规定》等 8 个文件，保留《两委一室领导同志基层联系点制度》《市委教育工委市教委市政府督导室关于改进工作作风、密切联系群众的实施办法》等 22 个文件，着手修订《市委教育工委市教委领导班子落实“三重一大”制度的实施办法（试行）》《市委教育工委市教委关于进一步加强机关处级干部队伍建设的意见》等 16 个文件，研究起草《关于精简会议、文件、简报的规定》《领导干部定期谈心制度》等 8 个文件，为作风建设科学化、长效化提供了制度保障。

11 月 27 日，中央第八督导组到两委检查指导教育实践活动，对两委工作给予充分肯定。两委教育实践活动成效的取得，与市委第五督导组的辛勤工作密不可分。在活动开展过程中，市委第五督导组全程指导，严格把关，认真反馈意见和建议，逐段逐句审核对照检查材料，全程参加民主生活会并做出深刻点评，扎实组织“回头看”，积极推进整改落实，为两委教育实践活动取得进展给予了及时明确的指导和帮助。

三、经验和体会

（一）领导带头，层层示范，是教育实践活动取得实效的组织保障。习近平总书记指出，领导带头、层层示范，是我们做好各项工作的重要方法。领导干部是教育实践活动的重点，也是推进首都教育改革的中坚。加强领导班子建设，领导干部率先垂范，通过一级带一级，一级督一级，教育实践活动就能取得实效，首都教育改革发展就有强有力的组织保障。

（二）明确首都定位，突出教育特色，是教育实践活动取得实效的出发点。苟仲文在民主生活会通报会上指出，要以首善标准、首都精神，大力推进首都教育的改革发展。北京作为首都，是全国的政治中心、文化中心，首都教育也要走在全国的前列，这既是市委、市政府的要求，全市人民的期盼，也是两委领导班子义不容辞的责任。进一步明确首都教育定位，紧密结合机关和直属单位实际，突出教育特色，教育实践活动的成效才更明显。

（三）统一思想，达成共识，是教育实践活动取得实效的思想基础。深入开展教育实践活动，就是首先要把思想和认识统一到党的十八大、十八届三中全会和习近平总书记一系列重要讲话精神上来，统一到中央和市委一系列决策部署上来。通过教育实践活动，广大党员干部在践行群众路线、坚决反对“四风”，以及事关首都教育改革发展的一些重大问题上的认识进一步统一，提高对首都教育深化改革紧迫性的认识，要从办好人民满意教育的高度正确对待群众的呼声，要提高尊重教育规律的意识和按照教育规律办事的能力，要提高对一些利益链容易导致腐败链的认知，要从转变政府职能的角度认真处理好加强行政管理和服务人民群众的关系，这为教育实践活动见实效奠定了坚实的思想基础。

（四）坚持严的标准，破解发展难题，是教育实践活动取得实效的根本方向。中央和市委对深入开展群众路线教育实践活动高度重视，要求非常高，标准非常严，明确提出思想认识上不去的不放过，查摆问题不聚焦的不放过，自我剖析不深刻的不放过，整改措施不到位的不放过，群众不满意的不放过。因此，群众满意不满意是教育实践活动能否取得实效的最终标准。当前人民群众最为关注的首都教育热点难点问题，主要集中在均衡、减负和公平、质量这些方面，必须像习近平总书记强调的那样，“逐项研究，一个一个加以整改”，以大无畏和勇于担当的精神推进改革创新，教育实践活动才能取得实效。

（五）健全完善制度，建立长效机制，是教育实践活动取得实效的根本保障。制度管长远、管根本。中央和市委强调，要深入分析产生“四风”问题的深层次原因，把制度建设作为解决问题的治本之策。党的十八届三中全会进一步明确了健全改进作风常态化制度的要求，中央先后制定《党政机关厉行节约反对浪费条例》《党政机关国内公务接待管理规定》等新的规定。要以此为指针，按照体现群众意愿、体现改进作风、体现提高效率、体现工作规律的要求，以改革创新的精神建制度、立规矩，坚持在科学化、制度化、长效化上狠下工夫，确保反对“四风”落到实处。

四、存在的问题和不足

（一）在深入开展教育实践活动过程中，党的十八届三中全会《决定》对加强党的作风建设提出新要求，中央先后制定《关于开展“四风”突出问题专项整治和加强制度建设的通知》《党政机关厉行节约反对浪费条例》《党政机关国内公务接待管理规定》等系列新规定，两委对这些新精神的学习贯彻还不够系统、全面、深入，还需要不断学习，不断加强，不断深化。

（二）虽然两委针对“四风”问题进行深入查摆，对能够立即整改的问题进行立行立改，但整改只取得阶段性成果，在建章立制、完善体制机制、推进改革的系统性、协调性、整体性等深层次方面还不够，需要进一步加强顶层设计，加大统筹协调和改革创新力度，完善督导落实机制。

下一步，市教委要在教育实践活动前期成果的基础上，以永葆党的先进性和纯洁性为目标，进一步加大工作力度，把作风建设贯穿到教育事业改革发展的全过程。

（本文作者为北京市委教育工作委员会、北京市教育委员会机关党委副书记、机关纪委书记、机关工会专职副主席）

北京市第一期学前教育三年行动计划实施情况汇报

张小红

2010年国务院颁布《关于当前发展学前教育的若干意见》，按照国务院要求，2011年北京市制定《北京市学前教育三年行动计划》，2011～2013年连续三年将学前教育发展项目列入市政府为市民办实事项目，按照“政府主导、社会参与，保证基本、广泛覆盖，公益普惠、优质多样，保教结合、科学育儿，依托社区、就近就便”的原则。通过新建改扩建项目、改造达标项目、教师培养培训三项工程，采取多种形式扩大公办学前教育资源等六项措施圆满完成三年行动计划的任务。

一、资源不断扩大，有效缓解入园难。

2011～2013年，全市新建改扩建和办园条件达标1460所幼儿园，其中，新建376所幼儿园、改扩建（含扩班）503所幼儿园、办园条件达标改造581所幼儿园。

2011～2013年，全市新增学位10万余个，在一定程度上缓解“入园难”问题。到2013年，北京市独立法人幼儿园达到1384所，分园达到479所，增加法人单位139个，增加幼儿园所600余所。在园幼儿达到34.9万人，教职工达到5.3万人，专职教师达到2.9万人，增加教职工1.6万人，增加专任教师7000余人。

二、完善管理机制，逐渐形成长效保障机制。

在三年间，市教委不断完善各项管理机制，推动学前教育管理的规范化。

一是规范居住区配套幼儿园规划建设和管理。2011年，市教委联合市发展改革委、市规划委、市财政局、市

国土局、市住建委制定《北京市关于加强居住区配套幼儿园规划建设和管理的意见》，对小区配套幼儿园的规划、建设、交付、使用等环节做出明确规定。住宅小区配套幼儿园作为公共教育资源，由区县政府统筹安排，举办公办幼儿园或者委托办成普惠性民办幼儿园，确保小区适龄儿童有幼儿园上、上得起幼儿园，确保居住区配套幼儿园规划建设达标。三年的时间我市共计新建小区配套幼儿园125所，全部建成公办园或者普惠性民办园。

二是规范幼儿园收费。1997年以来，北京市幼儿园收费制度一直没有变化，但是北京市城乡经济社会发展水平、办园成本都在提高，15年不变的收费价格成为影响幼儿园健康发展的重要因素，为贯彻落实教育部、国家发展改革委、财政部《关于幼儿园收费管理暂行办法》，按照非义务教育阶段家庭合理分担教育成本的原则，市教委组织开展690所公办幼儿园收费情况调研，对49所幼儿园运行成本进行监审；配合北京市社情民意调查中心，开展对1044名在园幼儿家长和777名社会公众的调查，取得关于幼儿园收费现状以及幼儿家长和社会公众对调整收费标准的意见等基础数据；组织召开70余个座谈会，认真听取包括人大代表、政协委员，价格、教育、管理等不同方面专家学者，幼儿园园长、幼儿家长等利益相关方面的意见和建议，面对面听取意见人数超过1000余人。至2012年8月由市发展改革委、市财政局、市教委制定《关于规范北京市幼儿园收费有关问题的通知》，制定幼儿园收费管理实施细则（试行），调整收费标准。同时，进一步加强民办幼儿园收费管理，完善民办幼儿园收费价格备案程序。在全市幼儿园中实行幼儿园收费公示制度，加强幼儿园收费监管，规范幼儿园收费行为。

三是加大学前教育投入，不断完善学前教育经费管理办法。2011年制定《北京市扶持学前教育事业发展项目经费管理办法》，2013年对该办法进行修订。按照“预算有科目、增量有倾斜、投入有比例、拨款有标准、资助有制度”的要求，大幅增加学前教育投入。按照经费管理办法，北京市提高教育部门生均经费，在2011年首先实现从200元至1200元的突破，到2013年提高至2000元。同时实现对非教育部门公办幼儿园和民办幼儿园的扶持的零突破，对公办非教育部门办园给予生均定额补助，并根据发展情况从2011年的1200元提高至2012年的3600元，对年度考核优秀的民办园给予奖励扶持。三年来，学前教育经费投入不断增长，共计投入市级专项经费38亿元，各区县投入19.96亿元。

四是制定学前资助制度。2012年制定并实施《北京市学前教育资助管理办法》，2012～2013年共计投入874万元，对符合市低保条件家庭的幼儿、烈士子女、孤儿和残疾儿童等免交保教费，对家庭临时困难的幼儿免交50%的保教费。

三、创新工作方式，不断破解教育难题。

一是制定《北京市举办小规模幼儿园暂行规定》，鼓励多种形式办园，适应社会对多种形式学前教育的需求，制定小规模幼儿园办园标准，满足社会多样化需求。三年行动计划期间，北京市新设小规模办园31个。

二是制定《关于进一步加强社区儿童早期教育示范基地建设的意见》，转变市级社区儿童早期教育示范基地的服务方式，将社区早教服务扩展到更广阔的社区，并提供免费服务。社区早教数量400个，市级的340个。三年来投入845万元为社区儿童提供免费早教服务。

三是制定《关于加强北京市学前教育三年行动计划中村办园建设工程项目的管理指导意见》，对村办幼儿园的办园性质、人员管理、经费管理、业务管理、安全管理和督导考核等内容作相应规定，促进村办园健康持续发展。2012年投入2.392亿元，建设105所村办园，2013年投入3.5亿元，建设151所村办园。

四、拓宽培养培训渠道，加强干部教师队伍建设。

随着园所学位的增加，带来的一个迫切的问题就是教师不足，三年来采取多种方式，拓宽渠道，多渠道培养培训教师。

一是拓宽师资来源。通过加强市属师范院校学前教育专业的建设力度，办好大专及以上层次的幼儿教师培养院校，建立首都师范大学学前教育学院，扩大招生规模。同时，通过公开招聘幼儿教师、中小学教师转岗等途径拓宽师资来源。

二是创新培训模式，加大培训力度。采取分层、分类和重点项目结合的方式，做好各类幼儿园管理者及教师的在职继续教育培训，包括园长高级研修班、新任教师培训、非师范类幼儿教师上岗培训、农村富余中小学教师转岗为幼儿教师培训、民办幼儿园管理者和教师培训、特殊教育师资培训、骨干教师及学科带头人培训、以园为本教研制度建设培训、学前教育科研课题研究培训等，满足幼儿教师多样化的学习和发展需求。培训教师3万人次。

三是推进学前教育教师培养工作室工作。“十一五”

期间，北京市开始创建学前教育教师培养工作室，由具备市级及以上称号的优秀园长、特级教师、学科带头人等在某一领域有突出建树且师德高尚、有奉献精神的专家担任工作室主持人，为一线教师提供有效的支持与指导，培养一大批优秀的幼儿教育管理者与教育者。2010年以来，为进一步培养优秀幼儿教育管理者和教师，在全市范围内进一步增加工作室数量，加大市级经费扶持力度，同时及时调整经费使用方向和方式，促进工作室更灵活有效地开展工作。目前名师工作室共有200余名教师。

四是开展挂职锻炼、手拉手活动，加大对学前教育发展薄弱地区幼儿园管理者和教师的培训力度。专门制定相关文件，充分发挥市级示范幼儿园的辐射带动作用，市级示范幼儿园与发展薄弱的幼儿园“1对1”开展手拉手结对活动，一级一类以上园所承担发展薄弱幼儿园管理者与教师来园挂职锻炼任务，不断促进全市城乡、区域学前教育均衡发展。共有100余所幼儿园参加活动，培训2000余名园长和教师。

五、强化质量评估，确保办园水平提高。

从上个世纪80年代开始，北京市就开始幼儿园质量评估和年度考核的工作，并多次修订《北京市托幼园所分级分类标准》，严格对各类正规园所进行质量考核和等级认定。加强教育行政部门对各类学前教育机构的质量管理与指导，促进幼儿园的标准化、规范化建设，使幼儿园在办园条件、队伍建设、管理水平和保教质量等方面上新的台阶。一级以上幼儿园达到564所，占公办园所总数67%。为促进幼儿园不断提高办园质量，鼓励幼儿园发挥辐射作用，近年来北京市又从一级一类园中评选出121所市级示范幼儿园。这些幼儿园从园长和骨干教师培养、社区学前教育、园所保教质量、教育科研等方面在区域内发挥了积极的推动作用。同时，制定《关于在幼儿园中开展残障幼儿随班就读试点工作的通知》，先后投入500余万元建成37个特殊学前教育基地，制定《关于进一步加强信息化基地建设的通知》，先后投入近400万元建成40个学前教育信息化基地。

六、贯彻纲要和指南，实施素质教育，防止“小学化”倾向。

在扩大资源的过程中重视内涵发展，开展园本教研的行动研究促进幼儿园教育教学改革，同时为引导教师关注一日生活，关注儿童，2009年到2010年开展全市教师基本功展评活动，2011至2012年开展教师半日评优活动。通过学习、研讨和展评活动，广大园长和教师的教育观念发生较大的变化，树立正确的儿童观和教育观，推动素质教育的实施。2012至2013年北京市开展3～6岁儿童学习与发展指南的学习培训和贯彻落实。进行全市范围的分层次、分类别、分专题的培训。为推动幼儿园课程发展，推动素质教育的深入开展，目前已投入300万元用于各区县五大领域课程的实践研究。

七、完善管理网络，加强宏观管理。

针对北京市办园主体多元的特点，首先加强对全市学前教育的宏观管理。成立学前教育联席会议制度，由市政府授权市教委作为召集单位，研究学前教育规划及发展中的重点和难点问题。各区县都成立学前教育领导小组，由主管区县长任组长，教育卫生、财政、物价等相关部门领导组成。近年来尽管各级政府机构经历较大力度的精简和改革，但市、区县教委在机构设置中始终保留负责学前教育的专门处室和人员编制。目前，市区两级共计有学前教育行政管理人员63人、教研人员60人，构建较为完善的学前教育管理网络。此外，一些远郊区县的乡镇政府和部分城区街道办事处也加强对学前教育工作的领导，选派专人负责本地区学前教育工作。据统计，在街道、乡镇一级政府中共有200余名专、兼职幼教干部，他们直接面向各村或社区组织开展学前教育工作，为促进本地区学前教育事业发挥重要作用。

党的十八届三中全会对全面深化改革做出了战略部署，明确提出“推进学前教育改革发展”的要求。在新的历史时期，我市社会经济的发展对学前教育提出了新的要求，人口生育高峰及“单独两孩”的政策也对学前教育提出更大的挑战，为推动学前教育快速发展，我们将进一步更新观念，推动学前教育体制机制创新，完善学前教育各项保障机制建设，促进学前教育可持续发展。

（本文作者为北京市教育委员会学前教育处处长）

（本栏责任编校　华蕾　李涵婧）

北京教育总述

2013年北京教育简况

一、基本情况

（一）基础教育

北京市共有普通中学638所，比上年增加8所。其中，高中291所（包括示范性普通高中68所），比上年增加2所；初中347所，比上年增加6所。小学1093所，比上年增加12所。

基础教育在校学生128.75万人，其中，普通高中18.76万人（包括示范性普通高中在校生7.89万人），普通高中在校生中本市户籍16.62万人、非本市户籍2.14万人；初中31.06万人，初中在校生中本市户籍20.71万人、非本市户籍10.35万人；小学78.93万人，小学在校生中本市户籍41.97万人、非本市户籍36.96万人。

北京市有幼儿园1384所，比上年增加118所；另外，经过幼儿园新建、改扩建工程建设，增加设置479个分园。特殊教育学校22所；工读学校6所。

幼儿园在园幼儿34.87万人，特殊教育学校在校生8348人，工读学校在校生748人。

（二）中等职业教育

北京市共有中等职业学校119所，其中，中等专业学校31所、成人中专11所、职业高中55所、技工学校22所。

中等职业学校在校学生20.87万人，比上年减少2.47万人。其中，中等专业学校5.63万人，比上年减少0.36万人；成人中专学校5.99万人，比上年减少0.50万人；职业高中在校生4.93万人，比上年减少1.57万人；技工学校4.32万人，比上年减少0.03万人。

（三）研究生教育

北京市有56所普通高校和80个科研机构培养研究生，共有在学研究生26.57万人，比上年增加1.35万人。其中，博士生7.22万人，比上年增加0.35万人；硕士生19.35万人，比上年增加1.00万人。2013年招收研究生9.14万人，比上年增加0.44万人。在56所普通高校中，中央部委所属高校35所，研究生在校生22.03万人，招生7.52万人；21所市属高校（含民办高校），研究生在校生2.90万人，招生1.06万人。

（四）普通本专科教育

北京市共有普通高等学校89所，普通本专科在校生58.92万人。其中，市属普通高校54所（含民办高校），普通本专科在校生28.51万人。全市普通高校本专科招生16.31万人。

（五）成人教育

北京市共有独立设置成人高校19所，成人高等学历教育在校生25.83万人（含普通高校举办的函授、业余、脱产班在校生23.47万人），招生10.17万人（含普通高校举办的函授、业余、脱产班招生9.25万人）。

培训机构3595所，注册学生292.89万人。

（六）民办教育情况

北京市有民办普通高校15所，民办高等教育机构69所，民办中学76所，民办中等职业学校23所，民办小学61所，民办幼儿园518所。

二、教育资源状况

（一）北京市高等教育设施情况

单位：万平方米

		学校产权占地面积	学校产权校舍面积	学校产权教室	学校产权图书馆面积
普通高校	计	4179	3353	328	134
	市属	1559	1009	165	47
成人高校		128	87	24	5
民办高等教育机构		77	43	13	2

		学校产权实验实习场地面积	学校产权学生宿舍面积	学校产权在建校舍面积	非学校产权独立使用占地面积	非学校产权独立使用校舍
普通高校	计	537	758	301	1296	245
	市属	160	247	116	1121	191
成人高校		6	13	4	8	1
民办高等教育机构		1	15	0	227	143

（二）北京市高等教育设备情况（学校产权）

		固定资产（万元）	教科仪器（万元）	图书（万册）
普通高校	计	11647182	4083775	10650
	市属	3306593	1236204	3833
成人高校		284870	29862	220
民办高等教育机构		126479	22289	264

		教学用计算机（台）	教室（间）	网络多媒体教室数（个）
普通高校	计	388706	17947	11961
	市属	190509	10260	6360
成人高校		10105	982	592
民办高等教育机构		15178	1377	174

注：表（一）、表（二）中市属普通高校办学条件包含民办普通高校数据。

（三）北京市基础教育设施情况

单位：万平方米

	占地面积	校舍建筑面积	教室面积	实验室面积	图书室面积
普通中学	2263	1214	256	76	33
小学	1418	654	234	22	15

（四）北京市基础教育设备情况

	固定资产（万元）	仪器设备（万元）	计算机（台）	图书（万册）	电子图书（GB）
普通中学	2362585	557657	242938	2732	150265
小学	1310917	439952	203772	2656	107038

（五）师资队伍状况

北京市小学教职工共计 5.78 万人，其中，专任教师 4.87 万人，生师比为 14.4∶1；普通中学教职工共计 8.05 万人，其中，专任教师 5.90 万人，生师比为 9.5∶1。普通高校教职工共计 13.78 万人，其中，专任教师 6.60 万人。

（孙运科）

2013 年北京教育大事记

1 月

5 至 7 日　北京地区 2013 年全国硕士研究生统一入学考试举行。应试考生 107860 人，比上年减少 174 人。北京 143 所高等学校、科研机构共招收硕士生 73919 人，比上年增加 3804 人。

11 日　市教委、市教育督导室、市残联联合印发《关于进一步加强随班就读工作的意见》，保障残疾儿童少年受教育权利。

17 日　2013 年寒假北京高校领导干部会议暨北京高校党建工作会议召开。

18 日　教育部与市政府签署协议，共建中国人民大学、北京师范大学、北京交通大学、北京中医药大学、北京化工大学在京教育部直属高校新校区。

△　北京高校 31 项成果（通用项目）以第一完成单位（人）获得 2012 年度国家科学技术奖励，其中，2 所高校 5 个项目获得自然科学奖二等奖，1 所高校 2 个项目获得科学技术发明奖一等奖、7 所高校 11 个项目获得科学技术发明奖二等奖，9 所高校 13 个项目获得科学技术进步奖二等奖。

24 日　北京大学教授、哲学家、哲学史家、哲学教育家，中国马克思主义哲学史、中国人学学科开创者黄枬森在北京因病逝世，享年 92 岁。

△　北京高校（含医学院附属医院）作为第一完成单位的 83 个项目获得教育部 2012 年度高等学校科学研究优秀成果奖（科学技术），其中，6 所高校 10 个项目获得自然科学奖一等奖、9 所高校 18 个项目获得自然科学奖二等奖，4 所高校 7 个项目获得技术发明奖一等奖、4 所高校 5 个项目获得技术发明奖二等奖，8 所高校 12 个项目获得科技进步奖一等奖、12 所高校 28 个项目获得科技进步奖二等奖，2 所高校 2 个项目获得科技进步奖（推广类）一等奖、1 所高校 1 个项目获得科技进步奖（推广类）二等奖。

2 月

3 日　“平凡的感动——2012 首都十大教育新闻人物”在北京电视台揭晓并举办颁奖仪式。

7 日　教育部公布 2011 年度长江学者特聘教授、讲座教授名单，北京高校 81 人入选，其中，特聘教授 72 人、讲座教授 9 人。

19 日　市教委和市教育督导室联合印发《关于切实减轻中小学过重课业负担的通知》，加大减负工作力度。

△　市教委印发《北京市属高等学校高层次人才引进与培养三年行动计划（2013 年～2015 年）项目管理办法》。

21 日　在北京市科学技术奖励大会上，北京高校（含医学院附属医院）54 个项目以第一完成单位（人）获得北京市科学技术奖，其中，5 所学校 7 个项目获得一等奖、10 所学校 14 个项目获得二等奖、15 所学校 33 个项目获得三等奖。

3 月

4 日和 11 月 7 日　市教委分别公布第二批和第三批北京市中小学数字校园实验校建设单位名单，第二批 38 所、第三批 33 所。

13 日　市教委召开北京村办幼儿园建设工作推进会。

16 日　市教委召开北京市中小学名师发展工程启动会。至年底，71 名中小学名师培养对象进入基地研修。

20 日　市委教育工委、市教委联合印发《关于实施北京高等学校“青年英才计划”的通知》，从本年开始，3 年为一周期，每周期一次性遴选 2000 余名 35 岁（含）以下的优秀青年教师给予重点支持。

△　北京地区 36 所高校获批教育部“高等学校本科教学质量与教学改革工程”2013 年建设项目。

21 至 24 日　市科协、市教委、市科委、市知识产权局、顺义区政府联合主办第 33 届北京汽车北京青少年科技创新大赛。

25 日　市政府办公厅印发《北京市中小学融合教育行动计划》，到 2015 年，进一步完善以特殊支持教育中心为指导，以特殊教育学校为骨干，以随班就读为主体，以送教上门为补充的特殊教育办学体系，全面建设符合首都地位的现代化特殊教育。

△　北京外国语大学接待阿拉伯联合酋长国国民议会议长穆罕默德·艾哈迈德·莫尔访问。

△ 市教委公布第11届北京青少年科技创新市长奖评选结果，10人获奖。该评选由市教委、市科委和市科协共同组织，经市政府批准，该届“市长奖”不再单独设立“提名奖”，并将市长奖名额增至10人。

27日 市委教育工委启动北京高校“我的中国梦”主题教育活动。

28日 市教委召开北京市学生资助工作会议。

28日至4月13日 北京市首次批准符合条件的进城务工人员随迁子女在京参加中等职业学校招生考试和录取。提出升学申请考生2850人，通过资格审核705人，录取531人，占符合条件考生75.32%。

4月

3日 市教委、市人力社保局联合发布《北京市公开招聘农村中小学音体美等学科教师三年行动计划（2013年～2015年）》，解决北京市农村中小学音、体、美等学科教师紧缺问题。

9日 北京市陈经纶中学接待澳大利亚总理茱莉亚·吉拉德访问。

10日 北京市总工会公布2013年首都劳动奖状、首都劳动奖章获奖名单，北京教育系统37人获首都劳动奖章，中国政法大学和北京农学院获首都劳动奖状。

△ 市教委认定15人为2012～2013年度北京市优秀学生。

11日 新西兰总理约翰·基访问北京大学并发表演讲。

△ 清华大学建成世界首套3万吨/年甲醇进料的流化床甲醇制芳烃全流程工业试验装置，各项指标均达国际领先水平。

12日 经教育部批准，北京建筑工程学院更名为北京建筑大学，同时撤销北京建筑工程学院建制。5月16日，学校召开更名大会。

14日 清华大学首创的世界最大容量600MW超临界循环流化床锅炉顺利通过168小时考核运行。

21日 北京师范大学顾明远教授主编的《中国教育大百科全书》出版发行。

△ 清华大学苏世民学者项目启动，习近平、奥巴马分别致信祝贺。

23日 中华全国总工会公布2013年全国五一劳动奖章、奖状及全国工人先锋号名单，北京教育系统4人获全国五一劳动奖章。

26日 市编办印发《关于同意重新组建北京学生活动管理中心的函》，在整合原北京学生活动管理中心（北京市少年宫、北京市青少年科技馆）和北京教学植物园的基础上，重新组建北京学生活动管理中心，挂牌北京市少年宫、北京市青少年科技馆、北京教学植物园，为市教委所属相当正处级全额拨款事业单位，不再单独保留北京教学植物园。11月18至28日，学生活动管理中心（市少年宫）完成从西城区景山后街11号迁入新址工作，宣布新少年宫正式启用。

是月 北京市完成2013年度高职自主招生考试试点工作。共有18所高职院校参加自主招生试点工作，计划招生4480人，实际录取5024人，比计划增加544人。

△ 市教委启动实施首批“市属高校创新能力提升计划项目”，确定2013年度提升计划资助项目53个，实施周期3年，总投入1.28亿元。

5月

2日 习近平回信鼓励北京大学考古文博学院2009级本科团支部全体学生。

3日 原北京农业大学校长，中国家畜繁殖科技建立和实践的奠基人之一，动物繁殖学家安民在京逝世，享年91岁。

5日 清华大学电子系卫星导航技术研究室在北京利用自行研制的全频段多系统实时GNSS软件接收机成功接收欧洲伽利略（Galileo）4颗在轨卫星信号，并实现三维定位。这是国内首次成功利用Galileo卫星实现独立定位，定位精度达10米左右，标志着中国在Galileo接收机技术研究方面取得重要进展。

24至25日 市教委举办2013年首届北京地区高校大学生创业展。

26日 北京地区2013年同等学力人员申请硕士学位外国语水平和学科综合水平全国统一考试举行。北京市报名考生26059人，比上年增加3791人；报考41076科次，比上年增加5747科次。

27日 北京外国语大学接待乌拉圭总统何塞·穆希卡来访。

29日 习近平在北京市少年宫参加“快乐童年放飞希望”主题队日活动，以一个“大朋友”的名义，向全国少年儿童祝贺“六一”国际儿童节。

30日 中国驻外外交人员随居子女数字学校启动。

6月

4日 袁贵仁到北京检查高考准备工作。

5日 市教委批准3所高校牵头建设北京实验室，3个实验室分别是北京航空航天大学牵头的“通用航空技术北京实验室”、北京化工大学牵头的“生物医用材料北京实验室”和清华大学牵头的“生物医学检测技术及仪器北京实验室”。

6日 市教委、市财政局联合印发《北京市城乡新区一体化学校经费使用细则（试行）》。

7至8日 2013年北京市普通高等学校招生考试举行，67730名考生参加考试。北京市招生考试委员会第二次会议确定北京市普通高校招生各批次录取最低控制分数线，本科一批录取最低控制分数线：文科549分、理科550分；本科二批录取最低控制分数线：文科494分、理科505分；本科三批录取控制分数线：文科454分、理科475分。艺术类本科录取控制分数线：文科321分、理科328分。体育专业（体育成绩75分）：文科350分、理科370分。高职专科：文科150分、理科180分。艺术类高职：文科105分、理科126分。高职单招分数线为150分；艺术高职分数线为105分。至9月，北京市完成高招录取工作，其中，统考统招部分计划招生52018人，实际录取56887人。高考升学率达80%以上。

8日　市教委和首都师范大学共同召开“北京市中小学特级教师研修工作室项目”启动大会。工作室主要面向特级教师，通过多种形式进行指导。首批17名学员参加为期3年的研修学习。

14日　北京外国语大学接待埃塞俄比亚总理海尔马里亚姆·德萨莱尼来访。

△　市委教育工委市教委直属机关工会第一届会员代表大会召开，宣布两委直属机关工会正式成立。

20日10：04至10：55　人类历史上首次太空授课活动在中国人民大学附属中学举行。少数民族学生、进城务工人员随迁子女代表等20所学校300名中小学生，现场参加太空授课地面课堂活动，全市60万名中学生在各自教室同步收看。

21日　清华大学教授、水利水电工程专家、工程教育家，中国水利水电事业的主要开拓者，中国科学院、中国工程院院士张光斗在京逝世，享年101岁。

24至26日　2013年北京市高级中等学校招生文化课考试举行，85686人参加考试。7月28至30日，招生录取审批工作完成，参加统一招生的学校356所，录取考生58735人，其中，普通高中录取48859人、职技类学校和五年高职学校录取9876人。

28日　中国载人航天工程办公室、市教委共同举办中小学生“少年天宫猜想”大型主题教育活动。

29日　清华大学接待韩国总统朴槿惠访问。

是月　国家留学基金委批准北京26所高校101名留学生获得中国政府奖学金全额奖学金——支持地方奖学金。获奖学生来自30个国家，其中，硕士生60人、博士生41人。

7月

4日　市政府办公厅转发市教委、市编办等部门的《北京市关于推进中小学校体育工作三年行动计划（2013～2015年）》。计划提出通过3年左右的时间，确保北京市100%的中小学校落实学生每天1小时校园体育活动，确保85%以上的中小学生达到《国家学生体质健康标准》的目标。

12至21日　市教委举办2013国际学生北京夏令营。

15日　清华大学公共管理硕士（MPA）项目通过公共管理院校联合会（NASPAA）国际认证。

16日　教育部公布首批来华留学示范基地名单，北京7所高校入选。

17日　北京教育考试院公告终止北京英语水平考试（BETS）项目。

△　习近平在中国科学院大学同中国科学院负责人和科技人员代表、学生代表座谈。

18日　市教委认定11个区县的32所幼儿园为第八批北京市示范幼儿园。

19日　市委教育工委、市教委召开群众路线教育实践活动动员部署大会。

△　市教委认定2013年北京市中等职业学校示范专业，13所学校15个专业入选。

31日　97名教师获得第九届北京市高等学校教学名师奖。

△　市教委、市发展改革委、市财政局、市人力社保局、市国土局、市卫生局、市规划委、市编办、市教育督导室、市残联十个部门研究制定《北京市特殊教育学校办学条件标准》。

是月　清华大学在《美国化学会纳米》在线发表论文，报道成功制备出世界上最长的、单根长度达半米以上的碳纳米管。这是目前所有一维纳米材料长度的最高值。

8月

9日　市教委公布21家北京市中小学生社会大课堂第四批市级资源单位以及6家退出北京市中小学生社会大课堂市级资源单位名单。

15日　市教委、首都精神文明办、市财政局联合印发《北京市乡镇校外活动站及乡村学校少年宫管理办法（暂行）》，旨在加强北京市农村地区未成年人校外活动场所管理，实现每个乡镇建有一个校外活动站、普及校外教育活动的工作目标。

20日　市委教育工委、市教委、市人力社保局、市财政局、市教育工会联合印发《关于表彰北京市优秀教师北京市优秀教育工作者的决定》，638人获得2013年度“北京市优秀教师”称号、79人获得“北京市优秀教育工作者”称号。

△　市教委、市发展改革委、市财政局、市审计局、市新闻出版局联合印发《关于2013年北京市进一步规范教育收费工作的意见》，明确2013年北京市规范教育收费主要任务。

25日　中国政法大学首任校长刘复之因病医治无效在北京逝世，享年96岁。

30日　59篇论文入选2013年北京市优秀博士学位论文。

是月　北京市2013年博士生录取工作完成，北京高等学校、科研机构（不含解放军在京单位）共招收博士生21195人，比上年增加722人。

9月

2日　刘延东考察北京市盲人学校。

10日　中国人民大学接待芬兰共和国总理于尔基·卡泰宁访问。

11日　市教委、市人力社保局、市财政局公布表彰北京市教育教学成果奖的决定，表彰第七届北京市高等教育教学成果奖、第一届北京市中等职业教育教学成果奖、第四届北京市基础教育教学成果奖。高等教育教学成果奖特等奖 8 项、一等奖 274 项、二等奖 381 项；中等职业教育教学成果奖一等奖 29 项、二等奖 38 项；基础教育教学成果奖一等奖 40 项、二等奖 120 项。

27 日　北京市招生考试委员会公布《2014 年进城务工人员随迁子女在京参加高等职业学校招生考试实施办法》，规定进城务工人员随迁子女满足五项条件可在京参加高等职业学校招生考试。

29 日　10 月 23 日和 12 月 6 日　市教委、外交部新闻司共同主办大使进校园“听大使讲故事”系列活动。

是月　市委教育工委启动首届北京高校“十佳美丽校园”推选活动，10 所高校入选。

△　中国地质大学（北京）科学研究院 6 月提交的两种新矿物氟钙烧绿石和氟钠烧绿石获得国际矿物学会新矿物及矿物分类命名委员会（IMA－CNMNC）批准。

10 月

1 日　习近平给中央民族大学附属中学全体学生回信，向学校建校 100 周年表示热烈祝贺，并引文“学如弓弩，才如箭镞”。

17 日　北京 11 所高校 27 个专业入选教育部卓越工程师教育培养计划第三批学科专业名单，其中，8 所学校 15 个专业入选本科专业名单，6 所学校 12 个专业入选研究生层次学科领域名单，全部为工程领域。

21 至 23 日　首届国际学习型城市大会在北京召开。会议由联合国教科文组织、教育部、市政府联合主办。

22 日　北京大学教授、历史地理学家、中国科学院资深院士侯仁之在北京逝世，享年 102 岁。

26 日　北京市第九届全民终身学习活动周开幕，活动表彰 20 个首都市民学习品牌和 100 名首都市民学习之星。

26 至 27 日　北京市举行成人高校招生全国统一考试。12 月 10 至 26 日，北京市完成成人高校招生考试录取工作，实考考生 76861 人，实际录取 70579 人（不含单考单招），录取率 91.83％，比上年有所增长。其中，高中起点本科及专升本专业共录取新生 39630 人、高中起点专科专业共录取新生 30949 人。

27 日　市教委认定首批 18 名中小学教师为正高级专业技术职称，其中，中学 10 人、小学 3 人、学前教育 1 人、教育研究中心及教育学院 4 人。

29 日　北京外国语大学接待伊朗伊斯兰议会议长阿里·拉里贾尼博士来访。

31 日　市教委印发《北京市教育委员会空气重污染应急预案（试行）》，明确重污染预警级别应采取的应急措施。

是月　市委教育工委举办 4 场“部长进校园”形势政策报告会。

△　市教委与市财政局联合印发《关于完善研究生奖助政策体系的通知》和《关于印发〈北京市研究生国家奖学金、学业奖学金、国家助学金管理暂行办法〉的通知》。从 2014 年秋季学期起，将研究生普通奖学金和学生生活物价补贴合并调整为研究生国家助学金，硕士研究生补助标准由 200～240 元/月/人调整至 700 元/月/人、博士研究生补助标准由 1000 元/月/人调整至 1200 元/月/人。

11 月

1 日　市财政局、市教委、市人力社保局联合印发新修订的《北京中等职业学校学生资助资金管理办法》，规定中等职业学校学生资助资金包括北京市中等职业学校政府奖学金、免学费补助资金和国家助学金，实行资金分担的原则。

7 日　市教委与北京银行全面战略合作暨“紫禁杯”教育奖励基金捐赠仪式举行。捐赠仪式现场，表彰第 26 届北京市中小学“紫禁杯”获奖班主任。

△　教育部公布 2013 年度“创新团队发展计划”入选名单，北京地区 20 个团队入选。

14 日　市财政局、市教委调整内地民族班生均综合定额补助标准，2014 年 1 月 1 日开始，市级财政对内地民族班生均综合定额补助标准由原来每年 17000 元/生调整为每年 25060 元/生。

△　市教委印发 2014 年度北京市属高等学校高层次人才引进与培养及创新团队建设计划资助名单，其中，市属高等学校高层次人才引进计划 3 人、特聘教授 36 人、长城学者 31 人、青年拔尖人才 198 人、创新团队 15 个。

△　市教委公布 2013 年北京市职业院校特聘专家、名师、专业带头人、专业创新团队和优秀青年骨干教师名单，共评选出职业院校特聘专家 20 人、职教名师 26 人、专业带头人 50 人、创新团队 29 个、优秀青年骨干教师 180 人。

△　市发展改革委、市教委举办“绿纽扣计划进校园北京市启动仪式”。活动通过在各中小学校园铺设盈创智能回收机，让学生将空饮料瓶、废旧书本等固废垃圾自觉投入智能回收机，帮助和教育学生树立安全回收的意识。

17 日　清华大学在国际上首次证明热休克蛋白 90α（Hsp90α）为肿瘤标志物。该校生命科学院教授罗永章研究组自主研发的 Hsp90α 定量检测试剂盒已通过临床试验验证，获得国家第三类（最高类别）医疗器械证书，并通过欧盟认证，获准进入中国和欧盟市场，是人 Hsp90α 被发现 24 年来，全球首个将其用于临床的产品，对于提高肿瘤患者的病情监测和疗效评价水平、实现肿瘤个体化治疗具有重要推动作用。Hsp90α 也是中国自主研发成功并拥有完全自主知识产权，被国际认可的首个肿瘤标志物。

22 日　市发展改革委、市财政局、市教委联合印发《关于北京地区研究生教育学费标准等有关问题的通知》，全日制研究生学费标准：学术学位硕士研究生学费每生每学年不超过 8000 元，学术学位博士研究生学费每生每学年不超过 10000 元；专业学位硕士研究生学费、专业学位博士研究生学费按不高于各校 2013 年同专业（同一专业代码）研究生学费标准收取。非全日制研究生学费标准由高校自行制定。

26日　教育系统10个单位入选首批北京市法治文化建设示范点。

28日　《中国人民大学章程》发布，是教育部核准的首批高校章程。

是月　市教委印发《关于组织申报2014年度中央在京高校重大成果转化项目的通知》，启动面向中央在京高校的重大成果转化项目。15项2014年度中央在京高校重大成果转化项目给予支持，实施周期3年，总投入2.38亿元。

12月

16日　教育部公布2012年度长江学者特聘教授、讲座教授名单。北京高校54人入选，其中，特聘教授45人、讲座教授9人。

19日　中国工程院公布新增院士名单，北京高校新增中国工程院院士9人。

△　中国科学院公布新增院士名单，北京高校新增中国科学院院士13人。

20日　市教委举行2013年度北京市中小学生金银帆奖颁奖典礼，表彰第27届北京市中小学生金银帆奖获得者177人，其中，金帆奖23人、银帆奖154人。

△　北京航空航天大学成立北京学院，首批课程于2014年9月启动。该学院是北京高等教育重点推动建设项目之一，由中央高校牵头联合其他名校共同建设，接收北京地区高校学生长期访学或参加辅修专业学习。

是月　北京市汉语国际推广中心首次开展中小学国际汉语教师资格考试，共有相关专业学生350人参加培训，257人参加考试，141人获得证书。

本年

是年　市教委投入专项资金1500万元实施北京市高校学生境外学习奖学金项目，资助20所市属高校的1000名学生赴境外进行课程学习、课题研究以及参加国际竞赛、学术及文化交流活动。

△　北京市完成《北京市学前教育三年行动计划（2011～2013年）》第一期工作任务。3年中，新建改扩建和办园条件达标1460所幼儿园，其中，新建376所幼儿园、改扩建（含扩班）503所幼儿园，办园条件达标改造581所幼儿园。全市新增学位10万余个，在一定程度上缓解“入园难”问题。

△　市教委完成30所城乡一体化学校建设，新建学校覆盖东城、朝阳、丰台等13个区县，总学位41610个，包括新增学位数24881个，市财政总投入6.18亿元。30所学校重点选择在学位紧张、优质资源紧缺的城乡结合部、中心城市人口疏解区及城市功能拓展区建设。

△　北京地区6所高校参与建设2012年度“2011协同创新中心”。2012年度全国共有14个协同创新中心入选，其中，北京高校作为协同单位的有8个，涉及6所高校。

△　市教委投入3.82亿元奖补幼儿园，其中，投入3.66亿元用于各部门办园生均补贴，经费覆盖329所幼儿园的10万名儿童；投入1559万元奖补129所普惠性民办幼儿园。

△　市教委投入6.56亿元随迁子女义务教育专项资金，改善接收随迁子女入学学校的基本办学条件和教育质量，对在民办学校和民办随迁子女学校就读的学生按每人1000元标准予以补助。市教委扩大公办中小学接收随迁子女就读能力，全年进入公办中小学就读随迁子女占人员总数比例上升至75.80%。

△　北京市新增孔子学院13所、孔子课堂3所。

△　市教委完成10所市属高校特色教育资源库建设项目验收。至此，市属高校特色教育资源库建设项目共建成396个，涵盖服装、电影等11个领域的主题资源包，整合图片208.4万张、音视频8.3万个、文字3620.6万字、网页设计14.4万个。

（本栏责任编校　华蕾　张晓兰）

调研与报告

北京市2013年基础教育法律法规执行情况督导检查报告

北京市人民政府教育督导室根据《中华人民共和国义务教育法》《北京市实施〈中华人民共和国义务教育法〉办法》《中共中央、国务院关于加强青少年体育增强青少年体质的意见》等教育法律法规有关条目规定和相关文件的规定，按照《关于开展2013年教育法律法规执行情况督导检查的通知》和《关于开展2013年教育法律法规执行情况督导检查工作安排的通知》的具体部署，主要针对“学校要积极组织学生开展体育、文艺、科技和其他社会实践活动”“社会公共文化体育设施要为学校开展各项活动提供条件和便利”的要求，并结合当前各方十分关注的提高学生体质健康水平的教育热点问题，以加强学校体育工作为重点，对各区县执行教育法律法规和规范性文件要求的情况进行了督导检查。

2013年教育法律法规执行情况督导检查依然坚持市政府教育督导室督导检查与区县政府自查相结合、全市普遍督导检查与重点区县实地督导检查相结合、对区县政府督导检查与到基层学校实际考察印证相结合的做法。市政府教育督导室在认真审阅各区县落实相关教育法律法规情况自查报告的基础上，与市教委联合组成督导检查组，对密云县、延庆县、门头沟区教育法律法规执行情况进行了实地督导检查。督导检查组通过听取领导汇报、查阅相关资料、召开座谈会、下校考察等途径，在广泛收集信息的基础上，经过研究讨论，对督导检查结果形成了一致意见。现将2013年教育法律法规执行情况督导检查结果报告如下：

一、总体评价

各区县政府对教育法律法规执行情况督导检查高度重视，成立了以主管区长为组长，发改、财政、教委、体委、文委、科委等相关部门主要领导为成员的自查领导小组，按照市政府教育督导室的文件要求，召开专门会议明确工作任务和各部门职责，具体部署自查工作，并由区县政府教育督导室协调督促指导落实，全市16个区县及燕山地区的自查报告全部按时上交。

各区县政府坚持依法行政，履行教育管理职责，贯彻落实《义务教育法》《北京市实施〈中华人民共和国义务教育法〉办法》《中共中央、国务院关于加强青少年体育增强青少年体质的意见》等教育法律法规和文件的相关规定，建立了有效的工作机制，保证了教育经费的投入，制定了督促检查措施，保证了学生体育、文艺、科技和社会实践等各项教育活动的落实。各区县立足本区县实际，开展了学生喜闻乐见、丰富多彩的各项教育活动，促进学生整体素质和健康水平的提高，不仅工作效果明显，而且形成了区域教育活动的特色。

二、主要成绩

（一）各区县建立了学生体育、文艺、科技和社会实践等各项教育活动的长效工作机制和管理体制

区县政府自觉增强履行义务教育法律法规的职责意识，按照教育法律法规的规定和文件要求，高度重视学生体育、文艺、科技和社会实践等各项教育活动的开展，把提高学生身心健康水平、增强学生科技、艺术素质和社会实践活动能力作为实施素质教育不可或缺的重要组成部分。各区县制定了《关于加强青少年体育增强青少年体质的意见》、《推进中小学校体育工作三年行动计划》等相关文件，并将有关教育内容纳入区县“十二五”教育发展规划，建立了相关委办局参与的局际联席会工作机制，形成了政府统筹管理、教委具体负责、相关部门参与、督导室监督检查、学校具体实施的管理体制和运行机制，保证了学生体育、文艺、科技和社会实践等各项教育活动落实到位，开创了全面实施素质教育的新局面。朝阳区认真贯彻教育法律法规和文件要求，逐步完善学校体育工作机制，健全了领导协调、投入保障、检测评价和督导考核等四项机制，有力推进了学校的体育工作。通州、延庆等区县的体育、卫生、文委、科委等部门积极配合和大力支持教委及学校开展体育、文艺、科技等教育活动，为学校召开运动会提供场地和裁判服务，出资为学校聘请专业教练指导运动队，为学校搭建文艺演出的平台等。在区县政府的统一领导下，各相关部门按照职责规定，与教委、学校密切配合，将学生体育、文艺、科技和社会实践等各项教育活动纳入本单位的常规工作范畴，实行常态化管理，已经形成了长效工作机制。

（二）各区县不断完善学生体育、文艺、科技和社会实践等各项教育活动的经费保障机制

各区县在教育经费投入当中，根据学生体育、文艺、科技和社会实践等各项教育活动开展的需要，设有专项资金作为保障。各区县抓住实施初中建设工程、小学规范化建设工程、校安工程等契机，在大力推进义务教育均衡发展的进程中，依据《北京市中小学校办学条件标准》的有关规定，加大教育经费投入，设立专项资金，为学校修建音乐、美术等专用教室，改造操场及体育馆，添置各类体育、文艺、科技教学器材，利用社会大课堂开展多种形式的社会实践活动。密云县自2005年以来，投入10412万元，为学校修建了61个塑胶操场，实现了中小学全部建成塑胶操场的目标。2012年，丰台区统筹市区两级资金782.1万元用于学校更新添置体育器材。通

过各区县的努力，学生体育、文艺、科技和社会实践等各项教育活动的经费保障机制不断完善，使学校能够专心致志地开展学生体育、文艺、科技和社会实践等各项教育活动，不必再为谋划经费来源而着急，从而得到学校领导、教师、学生和学生家长的肯定和欢迎。

（三）各区县积极贯彻落实《推进中小学校体育工作三年行动计划》，依法大力加强学校体育工作

自2007年《中共中央、国务院关于加强青少年体育增强青少年体质的意见》颁布以来，提高学生体质健康水平引起了各界的高度关注，大力推动学校体育工作，促进学生健康成长，成为全面实施素质教育的突出热点。市教委制定并颁布了《北京市推进中小学校体育工作三年行动计划（2013～2015年）》之后，各区县认真贯彻落实，把提升中小学生体质健康水平作为政府公共服务的重要内容，确定了“学校体育工作的管理水平明显提高，青少年体质健康的基本公共服务水平明显提高，体育与健康教育教学水平明显提高；确保本市100％的中小学校落实学生每天一小时校园体育活动，确保85％以上的中小学生达到《国家学生体质健康标准》及格等级以上，并掌握至少两项体育技能；全市中小学生视力低下和肥胖检出率的增长幅度有所下降”的工作目标，不仅结合本区县实际制定了本区县的《推进中小学校体育工作三年行动计划》，而且努力贯彻实施，大力推进学校体育工作。

1. 各区县把贯彻“健康第一”的思想，推进学校体育工作，促进学生身心健康发展作为一项系统工程，列为学校管理的一个重要方面。各区县成立了推进学校体育工作的领导小组，建立相关委办局参加的体育工作联席会制度，明确校长是学校体育工作的第一责任人。各校建立了由学校主管领导、体育教师、班主任老师共同参与的工作机制，保证学校体育各项工作落实到位。门头沟区通过与有关部门合作开展课题研究，对学生近视新发率和肥胖率的干预效果进行评价，并由体育老师、班主任、校医与家长协同配合，为学生开出科学营养和督促锻炼的个体处方，引导和督促学生将在学校的锻炼成果有效地延伸到家庭之中。

2. 各区县坚持开足开齐体育课，努力提高体育课的质量。绝大多数学校严格执行北京市课程设置和周课时安排，开齐开足体育课时，并认真落实体育课程标准，通过加强体育教师培训、考核，组织观摩课、研讨课等形式，加强体育课监控力度，不断促进体育课堂教学质量的提高，使体育课成为推动学校体育工作的主渠道之一。海淀区坚持“好课导向、典型引路”的思路，制定了优质体育课要做到的“教学有法、学练有量、师生有情、身心有得”的“四有”标准，形成了看课有记录、观后有研讨、课后写心得的体育课教研制度，不断促进体育课质量的提高。

3. 各区县认真落实中小学生每天一小时校园体育活动，努力提高课外体育活动的实效。学校抓好体育常规活动，寄宿制学校坚持每天出早操，春夏秋季每天做好规定的课间操和学校自编操，冬季组织集体跑步活动。学校还立足实际，开发和挖掘各种体育活动资源，建立体育社团和青少年体育俱乐部。同时，学校将中小学生每天一小时校园体育活动纳入教学计划，列入学校作息时间，在学生没有体育课的当天下午组织学生开展30分钟的大课间体育活动，通过跑步、跳绳、踢毽、游戏、小型竞赛等活动，适当增加运动负荷，提高体育锻炼的实效性。怀柔区对课外体育活动提出了时间、内容、人员、场地的“四落实”，以及做到有计划、有组织、有器材、有指导、有记录、有安全措施的“六有”要求。

4. 各区县逐步完善阳光体育联赛机制。区县教委与体育部门协同配合，立足本区县实际，组织不同类别、不同规模、不同层级的学生体育比赛，促进学校阳光体育活动的开展。通过组织足球、篮球、乒乓球、跆拳道等各类比赛和召开中小学运动会、体育节等活动，各区县引导学校积极开展丰富多彩的阳光体育运动，展现学校的体育活动特色，鼓励学生学会和掌握1～2项体育技能，对推动学校体育工作起到了重要作用。顺义区教委和体育局合作，利用假期组织学生参加篮球、游泳、体操、拳击、散打、羽毛球等体育技能培训，组织“后沙峪杯”春季环城赛跑，积极推进青少年阳光体育活动。

5. 各区县建立学校体育工作督导评估机制，加大督导检查力度。区县教育督导室和教委协同配合，在学校督导评估指标体系中，将开齐开足体育课、保证学生每天一小时校园体育活动、实施《国家学生体质健康标准》等列为重点督导评估指标，对于学校落实学校体育工作起到了督促和保证作用。房山区对于不能按规定开齐开足体育课时的学校试行年终评比一票否决制。

（四）各区县将学生体育、文艺、科技和社会实践等各项教育活动与校本课程建设有机结合

学校组织学生开展体育、文艺、科技和社会实践活动，从表面看来更多的是落实到学校日常工作和学生活动之中，但是随着课程改革的不断深入，很多学校在教委的指导下，自觉将开展学生体育、文艺、科技和社会实践活动与学校文化建设、校本课程建设、创建办学特色等有机结合起来，逐步深化，整体推进，稳步发展。密云县每天半小时学生集体跑步活动在全市、全国都产生积极的影响，得到学生和家长的认可，已经初步形成具有密云特色的一种体育文化。东城区推进艺术教育“宝塔计划”、科技教育“章鱼计划”，筹建“少年艺术学院”“少年科技学院”，整合优质教育资源，组建专家导师团、专业教师导师团，不仅为学生体育、文艺、科技和社会实践活动注入新的活力，而且赋予了各项教育活动以新的内涵。

三、问题与建议

认真履行教育法律法规相关要求，积极开展学生体育、文艺、科技和社会实践活动，是全面实施素质教育的应有之意，是促进学生全面发展的重要途径，是实现教育基本公共服务均等化的具体体现。为了进一步促进各区县全面贯彻执行教育法律法规和相关文件要求，就存在的问题提出如下建议：

（一）各区县相关部门，在区县政府领导下，紧密结

合自身工作职责，继续增强履行教育法律法规职责的意识，积极配合、大力支持教育部门和学校的工作，高质量推进教育基本公共服务均等化方面，有待进一步提高。

建议：结合区县实际，围绕重点工作，加大有关教育法律法规和文件要求的宣传力度，明确相关部门在实现教育基本公共服务均等化方面的法定职责，进一步增强相关部门履行教育法律法规职责自觉性。

（二）在贯彻实施《推进中小学校体育工作三年行动计划》的进程中，要预防和纠正短视行为。

建议：首先要提高认识。提高中小学生体质健康水平是全社会关注的重点话题，是关系到千家万户、子孙后代的大事。实行三年行动计划只是学校体育工作新起点，不是例行公事，到2015年结束完成。其次是建立加强学校体育工作的长效机制，坚持不懈、扎扎实实地抓下去，做到常规工作有创新、重点工作有突破，大力提高学校体育工作的实效。

（三）在积极开展学生体育、文艺、科技和社会实践活动过程中，需要进一步加大统筹协调的力度。

建议：当前开展学生体育、文艺、科技和社会实践活动，落实学校体育三年行动计划，走进社会大课堂，开展课外活动等项工作都在积极推进，需要教委和学校等方面把握全局，统筹协调，妥善安排，注重实效。

北京市人民政府教育督导室

关于本市2013年教育经费执行情况的公告

《中华人民共和国教育法》第五十五条规定："各级人民政府教育财政拨款的增长应当高于财政经常性收入的增长，并使按在校学生人数平均的教育费用逐步增长，保证教师工资和学生人均公用经费逐步增长"。根据北京市教育经费执行情况监测制度（试行）的规定，现将2013年北京市教育经费执行情况公告如下：

一、教育经费执行总体情况

2013年，本市地方国家财政性教育经费（包括：公共财政预算教育经费、各级政府征收用于教育的税费、企业办学中的企业拨款、校办产业和社会服务收入用于教育的经费等）894.19亿元，占全市地区生产总值19500.6亿元的4.59%，比上年增长0.36个百分点。

根据财政部、教育部新口径，本市地方各级政府公共财政教育支出（包括公共财政预算教育事业费拨款、基建拨款、教育费附加）699.14亿元，比上年增长14.25%。财政部于2004年1月印发了《关于统一界定地方经常性收入口径的意见》（财预〔2004〕20号），对财政经常性收入口径做出了界定，按此口径调整2013年财政经常性收入2978.46亿元，比上年增长6.61%，公共财政教育支出增长比例高于财政经常性收入增长比例7.64个百分点。

2013年公共财政支出4173.66亿元，公共财政教育支出占公共财政支出的比例为16.75%，比上年增长0.15个百分点。

二、各级教育生均公共财政预算教育事业费支出增长情况

（一）普通小学：生均公共财政预算教育事业费支出21727.88元，比上年的20407.62元增长6.47%。

（二）普通初中：生均公共财政预算教育事业费支出32544.37元，比上年的28822.01元增长12.91%。

（三）普通高中：生均公共财政预算教育事业费支出36763.03元，比上年的31883.79元增长15.30%。

（四）职业高中：生均公共财政预算教育事业费支出20211.24元，比上年的18981.26元增长6.48%。

（五）普通高等学校：生均公共财政预算教育事业费支出47629.14元，比上年的47623.53元增长0.01%。

（六）中等职业学校：生均公共财政预算教育事业费支出23635.72元，比上年的21700.90元增长8.92 %。

三、各级教育生均公共财政预算公用经费支出增长情况

（一）普通小学：生均公共财政预算公用经费支出9938.97元，比上年的8731.79元增长13.83%。

（二）普通初中：生均公共财政预算公用经费支出13747.01元，比上年的11268.46元增长22%。

（三）普通高中：生均公共财政预算公用经费支出16644.28元，比上年的13660.11元增长21.85%。

（四）职业高中：生均公共财政预算公用经费支出6498.51元，比上年的6247.56元增长4.02%。

（五）普通高等学校：生均公共财政预算公用经费支出27058.65元，比上年的26618.30元增长1.65%。

（六）中等职业学校：生均公共财政预算公用经费支出11108.66元，比上年的9149.75元增长21.41%。

特此公告。

北京市教育委员会
北京市财政局
北京市统计局
北京市发展和改革委员会
北京市科学技术委员会

北京市学前教育资源分布状况调查研究报告

一、调查背景分析

为贯彻落实《国家中长期教育改革和发展规划纲要（2010～2020）》和《国务院关于当前发展学前教育的若干意见》，促进地方人民政府及相关部门切实履行发展学前教育的职责，全面实施学前教育三年行动计划，有效缓解“入园难”问题，满足适龄儿童入园需求，推进学前教育事业加快发展，教育部颁发了《关于印发〈学前教育督导评估暂行办法〉的通知》（教督〔2012〕5号）（以下简称《暂行办法》）和《国家教育督导团关于开展学前教育自查工作的通知》（国教督〔2012〕2号）（以下简称《通知》），国家教育督导团将依据《暂行办法》对地方人民政府发展学前教育情况进行督导评估和监测，提出明确的工作任务和要求：

一是要求各省级政府要建立学前教育发展督导评估与年度监测制度。省级人民政府教育督导机构负责每年对所辖市（地）、县学前教育发展状况进行监测统计，并组织对所辖市（地）、县人民政府落实学前教育三年行动计划情况进行督导检查。

二是各地要按照《暂行办法》规定和《通知》要求，认真部署本行政区域内各县（市、区、旗）全面开展自查，完成自查报告。各省级教育行政部门要组织抽查，并汇总各地的自查报告，形成本省（区、市）的全面自查报告和《学前教育发展状况监测统计表》《学前教育督导评估自评报告单》，于5月20日以前将自查报告分别报送教育部督导团办公室和基础教育二司，同时将《学前教育发展状况监测统计表》《学前教育督导评估自评报告单》报送教育部。

三是国家教育督导团将对各省（区、市）每年报送的《学前教育发展状况监测统计表》和《学前教育督导评估自评报告单》进行综合分析，撰写全国学前教育发展情况年度监测报告。定期对省（区、市）学前教育三年行动计划实施情况进行专项督导检查，并结合年度监测结果，发布全国学前教育督导报告。

四是各省（区、市）要建立学前教育工作表彰与问责机制。把学前教育督导评估和监测结果作为评价政府教育工作成效的重要内容，并作为表彰发展学前教育成绩突出地区的重要依据。要建立学前教育督导评估结果通报和公布制度。地方人民政府教育督导机构要向本级人民政府报告督导评估与监测结果，并向社会公布。

二、调查目的

为贯彻落实《教育部关于印发〈学前教育督导评估暂行办法〉的通知》（教督〔2012〕5号）提出的省级人民政府教育督导机构负责每年对所辖市（地）、县学前教育发展状况进行监测统计的工作要求。北京市政府教育督导室和北京市教委于2012年建立了北京市区县学前教育发展状况的监测统计制度，制发了《关于做好北京市区县学前教育发展状况监测统计工作的通知》（京教督〔2012〕3号）《北京市区县学前教育发展状况监测统计表》（京统函〔2012〕73号）等文件和监测工具，连续三年对各区县完成学前教育三年行动计划的情况和学前教育发展状况进行了监测统计，经过综合分析三年学前教育资源分布状况的监测统计数据，形成调查报告。

三、调查数据来源

本调查报告所采用的数据来自《北京市区县学前教育发展状况监测统计表》中的《北京市区县幼儿园分布情况统计表》（见表1，略）。在北京市人民政府教育督导室对各区县学前教育发展状况进行监测统计过程中，连续三年采集到全市各区县范围内共计316个街道、乡镇的有关学前教育学位供给和户籍人口、常住人口的原始数据，为分析检验各区县内部以街道、乡镇为行政单位的区域中学前教育资源的区域分布合理性提供了重要依据。同时根据《北京市教育事业统计资料》对同期数据进行了检验。

四、调查分析方法

本报告引用统计学中的差异系数来评价学前教育资源供给的分布适宜状况。差异系数，也称离散系数，用CV表示。它是一组数据的标准差与其均值之比，是测算数据离散程度的相对指标，表示样本与其均值之间的离散程度的大小。差异系数通常用标准差计算，因此，差异系数也被称为标准差系数。其计算公式为：$CV=[SQR(\sum (X_i-X_{均})^2/n)]/X_{均}$。结合北京市的实际情况，做出如下基本判断：CV≤0.50（合理）；0.5＜CV≤1.00（比较合理）；1.00＜CV≤1.50（基本合理）；1.50＜CV≤2.00（不够合理）；CV＞2.00（不合理）。

通过SPSS统计软件分析检验，分别计算出三年的户

籍人口学位比、常住人口学位比、户籍人口园所比、常住人口园所比的均值、标准差和差异系数。各区县的原始数据（见表 2～4）。

表 2. 2011～2012 学年度北京市区县学前教育学位分布（以街乡镇为单位）离散度检验表

区县名称	户籍人口 | 学位 | 比		
	均值	标准差	差异系数
东城	0.01243	0.01279	1.02893
西城	0.0106	0.00577	0.54438
朝阳	0.03038	0.01582	0.5205
海淀	0.02313	0.01726	0.74596
石景山	0.02729	0.01419	0.52019
丰台	0.03198	0.01753	0.54801
房山	0.02266	0.01425	0.62862
燕山	0.02655	0.01017	0.38306
通州	0.04296	0.0802	1.86696
顺义	0.0337	0.03163	0.93879
昌平	0.02798	0.02515	0.89877
大兴	0.02785	0.02722	0.97756
门头沟	0.01739	0.00818	0.47027
怀柔	0.02163	0.02131	0.98517
平谷	0.01546	0.01348	0.87204
密云	0.01937	0.01216	0.62797
延庆	0.01904	0.01914	1.00542
全市	0.02487	0.02582	1.03833

续表

区县名称	常住人口 | 学位 | 比		
	均值	标准差	差异系数
东城	0.01001	0.01028	1.0272
西城	0.01182	0.00678	0.57374
朝阳	0.01676	0.00952	0.56821
海淀	0.02078	0.02707	1.3029
丰台	0.0209	0.01303	0.62337
石景山	0.01812	0.00746	0.41178
房山	0.01733	0.00807	0.4653
燕山	0.02314	0.00605	0.26158
通州	0.02505	0.0491	1.96033
顺义	0.01937	0.01887	0.97436
昌平	0.01208	0.00831	0.68762
大兴	0.01475	0.01501	1.01772
门头沟	0.01402	0.00669	0.47694
怀柔	0.01628	0.01352	0.83027
平谷	0.01437	0.00889	0.6189
密云	0.01735	0.01068	0.61565
延庆	0.01535	0.01062	0.69209
全市	0.01692	0.01708	1.00935

表 3 2012～2013 学年度北京市区县学前教育学位分布（以街乡镇为单位）离散度检验表

区县名称	户籍人口 | 学位 | 比		
	均值	标准差	差异系数
东城	0.01227	0.01188	0.96843
西城	0.01420	0.00997	0.70219
朝阳	0.03147	0.01585	0.50374
海淀	0.02745	0.02983	1.08645
丰台	0.03569	0.02659	0.74487
石景山	0.02681	0.00961	0.35862
房山	0.02395	0.01240	0.51767
燕山	0.02817	0.00640	0.22725
通州	0.02983	0.01989	0.66678
顺义	0.03171	0.02826	0.89122
昌平	0.02996	0.02319	0.77405
大兴	0.02731	0.01864	0.68239
门头沟	0.01029	0.0094	0.91285
怀柔	0.02386	0.02142	0.89763
平谷	0.01420	0.01237	0.87090
密云	0.02470	0.01790	0.72482
延庆	0.02187	0.02150	0.98336
全市	0.02528	0.02071	0.81930

续表

区县名称	常住人口 | 学位 | 比		
	均值	标准差	差异系数
东城	0.01226	0.01186	0.96722
西城	0.01476	0.00964	0.65350
朝阳	0.01742	0.00955	0.54831
海淀	0.02148	0.03222	1.49991
丰台	0.03611	0.06654	1.84304
石景山	0.01795	0.00590	0.32877
房山	0.01991	0.01028	0.51628
燕山	0.02241	0.00449	0.20050
通州	0.01593	0.01263	0.79276
顺义	0.01944	0.01486	0.76477
昌平	0.03645	0.04541	1.24589
大兴	0.01459	0.01202	0.82403
门头沟	0.00897	0.00708	0.78898
怀柔	0.01843	0.01275	0.69173
平谷	0.01263	0.01027	0.81260
密云	0.02132	0.01385	0.64931
延庆	0.01823	0.01597	0.87618
全市	0.01955	0.02504	1.28076

表4　2013～2014学年度北京市区县学前教育学位分布（以街乡镇为单位）离散度检验表

区县名称	户籍人口 | 学位 | 比		
	均值	标准差	差异系数
东城	0.01409	0.01272	0.90273
西城	0.01226	0.00624	0.50851
朝阳	0.03361	0.01832	0.54516
海淀	0.02916	0.02994	1.02687
丰台	0.03919	0.02669	0.68101
石景山	0.03397	0.01506	0.44354
房山	0.03666	0.03337	0.91014
燕山	0.02848	0.00651	0.22855
通州	0.03154	0.02407	0.76295
顺义	0.03886	0.03039	0.78202
昌平	0.04116	0.02876	0.69871
大兴	0.03743	0.03304	0.88254
门头沟	0.02076	0.01238	0.59625
怀柔	0.03472	0.04084	1.17616
平谷	0.02064	0.01608	0.77897
密云	0.02702	0.01837	0.67988
延庆	0.02872	0.02784	0.96935
全市	0.03086	0.026032	0.84355

续表

区县名称	常住人口 | 学位 | 比		
	均值	标准差	差异系数
东城	0.01111	0.01026	0.92301
西城	0.01422	0.00788	0.55438
朝阳	0.01921	0.01104	0.57477
海淀	0.02117	0.03207	1.51525
丰台	0.02232	0.01091	0.48887
石景山	0.02184	0.00849	0.38881
房山	0.02758	0.02261	0.81995
燕山	0.02252	0.00446	0.19782
通州	0.02071	0.02608	1.25889
顺义	0.02325	0.01607	0.69102
昌平	0.01393	0.00705	0.5060
大兴	0.06887	0.06891	1.00057
门头沟	0.01887	0.00718	0.38050
怀柔	0.02599	0.02001	0.77015
平谷	0.01835	0.01290	0.70308
密云	0.02375	0.01098	0.46216
延庆	0.02523	0.02223	0.88113
全市	0.02347	0.02609	1.11153

五、北京市学前教育资源分布状况

（一）北京市区县园所分布状况

综合分析三年户籍人口园所比差异系数可以看出（见表5）：2013～2014学年度全市户籍人口园所比的差异系数为0.75，介于0.5～1.0之间，且比2011～2012学年度（1.03）降低了0.28，全市园所分布达到比较合理水平。其中燕山地区、朝阳区、西城区和平谷县达到合理水平；其他各区县均达到比较合理水平；另外，燕山地区、朝阳区、西城区、平谷区、昌平区、延庆县、东城区、大兴区、通州区、顺义区10个区县和地区的2013年的差异系数比2011年有所降低，学前教育资源分布的合理程度在提升。

全市常住人口园所比的差异系数为0.88，介于0.5～1.0之间，且比2011～2012学年度（1.01）降低了0.13，也达到比较合理水平。其中，燕山地区、密云县、西城区、通州区和平谷区达到合理水平；石景山区、门头沟区、朝阳区、延庆县、东城区、顺义区、怀柔区、房山区、丰台区、大兴区和昌平区11个区县达到比较合理水平；燕山地区、西城区、通州区、平谷县、朝阳区、延庆县、东城区、顺义区、怀柔区、丰台区、大兴区、昌平区12个区县和地区的2013年的差异系数比2011年有所降低，学前教育资源分布的合理程度在提升。

表5：2011～2013年北京市区县幼儿园分布离散度检验表

区县名称	户籍人口 | 园所 | 比差异系数				
	2011	2012	2013	13—11	状况
燕山	0.45	0.34	0.35	-0.1	合理
朝阳	0.49	0.48	0.47	-0.02	
西城	0.53	0.82	0.48	-0.05	
平谷	0.54	0.53	0.48	-0.06	
密云	0.31	0.65	0.51	0.2	比较合理
昌平	0.77	0.68	0.52	-0.25	
石景山	0.48	0.48	0.54	0.06	
门头沟	0.31	0.78	0.58	0.27	
延庆	0.82	0.63	0.61	-0.21	
东城	0.73	0.65	0.62	-0.11	
大兴	0.91	0.64	0.69	-0.22	
通州	1.98	0.52	0.7	-1.28	
丰台	0.53	0.78	0.75	0.22	
房山	0.56	0.64	0.76	0.2	
顺义	0.97	0.95	0.78	-0.19	
怀柔	0.77	1.08	0.79	0.02	
海淀	0.79	0.98	0.97	0.18	
平均	1.03	0.82	0.75	-0.28	

续表

区县名称	常住人口｜园所｜比差异系数				
	2011	2012	2013	13—11	状况
燕山	0.33	0.29	0.29	-0.04	合理
密云	0.33	0.43	0.38	0.05	
西城	0.43	0.69	0.41	-0.02	
通州	2.07	0.61	0.49	-1.58	
平谷	0.57	0.56	0.49	-0.08	
石景山	0.49	0.42	0.51	0.02	比较合理
门头沟	0.32	0.88	0.51	0.19	
朝阳	0.58	0.52	0.52	-0.06	
延庆	0.61	0.55	0.55	-0.06	
东城	0.72	0.65	0.63	-0.09	
顺义	0.97	0.74	0.64	-0.33	
怀柔	0.73	1.08	0.66	-0.07	
房山	0.52	0.73	0.67	0.15	
丰台	0.82	1.58	0.72	-0.1	
大兴	0.85	0.59	0.84	-0.01	
昌平	1.28	1.93	0.96	-0.32	
海淀	1.12	1.43	1.49	0.37	基本合理
平均	1.01	1.58	0.88	-0.13	比较合理

（二）北京市区县幼儿园学位分布状况

综合分析三年户籍人口学位比差异系数可以看出（见表6）：2013～2014学年度全市户籍人口学位比的差异系数为0.84，介于0.5～1.0之间，且比2011～2012学年度（1.04）降低了0.2，学位分布达到比较合理程度。其中燕山地区、石景山区达到比较合理水平；西城区、朝阳区、门头沟区、丰台区、密云县、昌平区、通州区、顺义区、平谷区、大兴区、东城区、房山区和延庆县13个区县达到比较合理水平；另有燕山地区、石景山区、西城区、昌平区、通州区、顺义区、平谷区、大兴区、东城区和延庆县10个区县和地区学位资源分布的合理程度在提升。

2013～2014学年度全市常住人口学位比的差异系数为1.11，介于1.0～1.5之间，且比2011～2012学年度（1.01）提高了0.1，学位分布达到基本合理程度。其中燕山地区、门头沟区、石景山区、密云县、丰台区达到比较合理水平；昌平区、西城区、朝阳区、顺义区、平谷区、怀柔区、房山区、延庆县、东城区9个区县达到比较合理水平；密云县、昌平区、通州区、大兴区等13个区县达到比较合理水平；另有燕山地区、门头沟区、石景山区、密云县、丰台区、昌平区、西城区、顺义区、怀柔区、东城区、大兴区、通州区12个区县和地区学位资源分布的合理程度在提升。（见下图）

幼儿园分布差异系数变化图

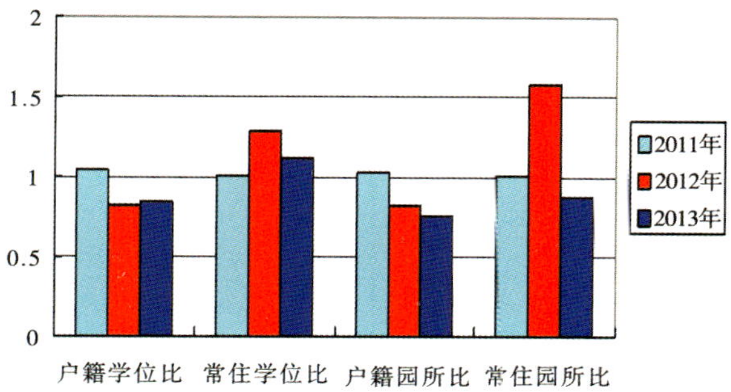

表6：2011～2013年北京市区县幼儿园分布离散度检验表

区县名称	户籍人口｜学位｜北差异系数				
	2011	2012	2013	13—11	状况
燕山	0.38	0.23	0.23	-0.15	合理
石景山	0.52	0.36	0.44	-0.08	
西城	0.54	0.70	0.51	-0.03	比较合理
朝阳	0.52	0.50	0.55	0.03	
门头沟	0.47	0.91	0.60	0.13	
丰台	0.55	0.74	0.68	0.13	
密云	0.63	0.72	0.68	0.05	
昌平	0.90	0.77	0.70	-0.2	
通州	1.87	0.67	0.76	-1.11	
顺义	0.94	0.89	0.78	-0.16	
平谷	0.87	0.87	0.78	-0.09	
大兴	0.98	0.68	0.88	-0.1	
东城	1.03	0.97	0.90	-0.13	
房山	0.63	0.52	0.91	0.28	
延庆	1.01	0.98	0.97	-0.04	
海淀	0.75	1.09	1.03	C.28	基本合理
怀柔	0.99	0.9	1.18	0.19	
平均	1.04	0.82	0.84	-0.2	比较合理

续表

区县名称	常住人口｜学位｜比差异系数				
	2011	2012	2013	13—11	状况
燕山	0.26	0.20	0.20	-0.06	合理
门头沟	0.48	0.79	0.38	-0.1	
石景山	0.41	0.33	0.39	-0.02	
密云	0.62	0.65	0.46	-0.16	
丰台	0.62	1.84	0.49	-0.13	

续表

区县名称	常住人口丨学位丨比差异系数				
	2011	2012	2013	13—11	状况
昌平	0.69	1.25	0.51	-0.18	比较合理
西城	0.57	0.65	0.55	-0.02	
朝阳	0.57	0.55	0.57	0	
顺义	0.97	0.76	0.69	-0.28	
平谷	0.62	0.81	0.70	0.08	
怀柔	0.83	0.69	0.77	-0.06	
房山	0.47	0.52	0.82	0.35	
延庆	0.69	0.88	0.88	0.19	
东城	1.03	0.97	0.92	-0.11	
大兴	1.02	0.82	1.00	-0.02	基本合理
通州	1.96	0.79	1.26	-0.7	
海淀	1.30	1.50	1.52	0.22	不够合理
平均	1.01	1.28	1.11	0.10	基本合理

（三）北京市区县学前教育千人学位数变化情况

从统计全市各区县学前教育千人学位数变化情况可以看出（见表7）：2013年全市户籍人口千人学位数均值达到31个，比2011年增加了6个，除个别区县以外，其他各区县和地区均有提高，充分说明学前教育学位供给情况明显改善。

2013年常住人口千人学位数均值23个，比2011年增加了7个，除个别区县以外，其他各区县和地区均有提高，也充分说明学前教育学位供给情况明显改善。

表7：2011～2013年北京市区县户籍（常住）人口学位比均值变化情况统计表

区县名称	户籍人口丨学位丨比均值				
	2011	2012	2013	13—11	状况
昌平	0.028	0.030	0.041	0.013	达标
石景山	0.027	0.036	0.039	0.012	
顺义	0.034	0.032	0.039	0.005	
房山	0.023	0.024	0.037	0.014	
大兴	0.028	0.027	0.037	0.010	
怀柔	0.022	0.024	0.035	0.013	
朝阳	0.03	0.031	0.034	0.003	
丰台	0.032	0.027	0.034	0.002	
通州	0.043	0.03	0.032	-0.011	
海淀	0.023	0.027	0.029	0.006	未达标
延庆	0.019	0.022	0.029	0.010	

续表

区县名称	户籍人口丨学位丨比均值				
	2011	2012	2013	13—11	状况
燕山	0.027	0.028	0.028	0.002	
密云	0.019	0.025	0.027	0.008	
门头沟	0.017	0.010	0.021	0.003	
平谷	0.015	0.014	0.021	0.005	
东城	0.012	0.012	0.014	0.002	
西城	0.011	0.014	0.012	0.002	
全市	0.025	0.025	0.031	0.006	

续表

区县名称	常住人口丨学位丨比均值				
	2011	2012	2013	13—11	状况
大兴	0.015	0.015	0.069	0.054	达标
房山	0.017	0.02	0.028	0.010	未达标
怀柔	0.016	0.018	0.026	0.010	
延庆	0.015	0.018	0.025	0.010	
密云	0.017	0.021	0.024	0.006	
燕山	0.023	0.022	0.023	-0.001	
顺义	0.019	0.019	0.023	0.004	
丰台	0.021	0.036	0.022	0.001	
石景山	0.018	0.018	0.022	0.004	
海淀	0.021	0.021	0.021	0.000	
通州	0.025	0.016	0.021	-0.004	
朝阳	0.017	0.017	0.019	0.002	
门头沟	0.014	0.009	0.019	0.005	
平谷	0.014	0.013	0.018	0.004	
西城	0.012	0.015	0.014	0.002	
昌平	0.012	0.036	0.014	0.002	
东城	0.01	0.012	0.011	0.001	
全市	0.017	0.02	0.023	0.007	

说明：根据《北京市居住公共服务设施规划设计指标》（2006）的要求，在考虑10%的外来人口因素下，核定学前教育学位数指标为30/千人。

（四）北京市优质学前教育资源分布状况

从全市区县优质幼儿园分别情况统计分析看（见表8）：2013年，全市市级示范园达到114所，比2011年增加了25所，其中，城区（东城区、西城区、朝阳区、海淀区、丰台区和石景山区）达到85所，占全市市级示范园总数的75%；一级园达到341所，占全市一级园总数的65%；一级一类园达到287所，占全市一级一类园的70%，全市优质学前教育资源相对集中在城区。

表8：2011～2013年北京市区县优质幼儿园分布情况统计分析表

区县	市级示范园				一级一类幼儿园个数				一级幼儿园个数			
甲	2011	2012	2013	13—11	2011	2012	2013	13—11	2011	2012	2013	13—11
东城区	14	14	16	2	37	36	37	0	38	37	38	0
西城区	14	14	17	3	37	39	43	6	44	48	49	5
朝阳区	10	10	14	4	69	88	74	5	88	109	97	9
海淀区	16	16	21	5	68	71	69	1	89	93	87	-2
丰台区	9	9	12	3	43	45	49	6	49	51	55	6
石景山	5	5	5	0	16	17	15	-1	16	17	15	-1
房山区	2	2	2	0	8	10	13	5	17	21	30	13
燕山	0	0	0	0	1	1	2	1	7	7	7	0
通州区	1	1	1	0	10	10	10	0	12	12	13	1
顺义区	5	5	7	2	29	28	26	-3	34	34	36	2
昌平区	3	3	4	1	14	16	20	6	16	17	20	4
大兴区	3	3	4	1	12	12	15	3	18	24	27	9
门头沟	1	1	1	0	3	3	2	-1	4	4	3	-1
怀柔区	2	2	2	0	6	6	6	0	6	6	6	0
平谷区	2	2	4	2	5	5	4	-1	5	5	9	4
密云县	0	0	1	1	15	19	19	4	16	19	20	4
延庆县	2	2	3	1	6	7	7	1	7	10	12	5
合计	89	89	114	25	379	413	411	32	466	514	524	58

（五）存在的主要问题

一是2013年全市常住人口千人学位数均值23个，未达到核定学前教育学位数指标为30/千人的标准，各区县也基本未达到核定标准。

二是全市常住人口学位比的差异系数为1.11，介于1.0～1.5之间，学位分布未达到比较合理程度。

三是优质学前教育资源相对集中在城区，其他区县优质学前教育资源相对比较少。

四是东城区、朝阳区和海淀区各有一个街道目前还没有幼儿园，三个街道共有户籍人口84572人，常住人口188377人。

六、政策建议

（一）建立北京市适龄儿童少年人口监测统计的长效机制。市、区两级政府都要明确主责部门，其他相关部门和街乡相互配合，明确各自的职责和任务。借鉴西城区新街口街道的监测统计经验，以街道和乡镇为基本单位实施制度化、常态化的监测统计，统一口径，摸清底数，对未来可预见的入园需求进行前瞻性的预测，科学规划学前教育发展规模，合理布局学前教育资源，实现学前教育科学发展。

（二）继续加强园所建设。各区县在全面总结第一个三年行动计划完成情况的基础上，进一步深入调研，全面掌握学前教育资源的分布和供给与未来适龄儿童入园需求变化，统筹资源、科学规划、优化结构、合理布局，加强园所建设，有效满足适龄儿童入园需求。

（承担单位：北京市人民政府教育督导室
执笔人：杨江林　叶奕民）

关于北京市初中毕业会考工作的调研

一、初中毕业会考工作及初中毕业证管理总体情况

（一）初中毕业会考组织实施

北京市各区县初中毕业会考组织实施分为两种类型：一是所有会考科目均统一组织命题和考试。初中阶段14个学科不分考试、考查科目，均由区县统一命题，统一时间考试和阅卷，目前有3个区县采用该方式。二是区分考试、考查科目分别命题和考试。会考考试科目由全区统一命题、考试和阅卷，会考考查科目由学校自行组织命题、考试和阅卷，目前有13个区县及燕山地区采用该方式。考试科目一般为：语文、数学、英语、物理、化学、思想品德、历史、地理、生物等。考查科目一般为：音乐、美术、体育、劳动技术以及物理实验操作、化学实验操作、英语口语等。

在具体考试安排上：有6个区县为减轻考试负担，将语文、数学、英语、物理、化学5个中考科目的毕业会考与初三“一模”考试合并进行，由全区统一命题、组织实施考试和阅卷。

（二）初中毕业会考成绩的确定

大多数区县将考试成绩与平时成绩综合形成初中毕业会考成绩，将实验技能、口语测试成绩按比例计入物理、化学和英语成绩。一些区县采取折合实际分数为优、良、及格、不及格四个等级的方式，对学生学业进行评价。会考成绩不合格学生的补考均由各学校自行组织。

（三）初中毕（结）业证书的管理和发放

根据《北京市中小学校学生学籍管理办法》规定：学生在学校规定年限内，修完教育教学计划规定内容，达到毕业要求，准予毕业。学生学习期满，未达到毕业要求，又不符合留级条件的，准予结业。现行的中学、小学学生学业成绩考核办法对毕业分别做了细化的要求。为更好适应形势发展，市教委正在对中小学生学业成绩考核管理办法进行修订。

初中学生毕（结）业的具体标准：现行的《北京市中学学生学业成绩考核办法》规定：学生修业期满，各学科毕业成绩及格，或有不及格科目经补考后及格，操行、体育成绩等也符合毕业要求者（免修、免试科目除外），准予毕业，发给毕业证书。学生修业期满、毕业成绩有不及格科目，经补考后仍有一科或一科以上不及格者，准予结业，发给结业证书。

修订后的标准拟规定为：学生修业期满，各学科毕业成绩合格，或有不合格学科经补考后合格，综合素质符合毕业要求（免修、免试学科除外），准予毕业，发给毕业证书。学生修业期满、毕业成绩有不及格学科，经补考后仍有一科或一科以上不及格者（免修、免试学科除外），准予结业，发给结业证书。

初中毕（结）业证书的制作和发放：市教委负责证书规格、样式和内容的设计，各区县教委负责证书制作与发放。毕（结）业证书要使用北京市中小学管理信息系统（CMIS）中的学生学籍数据和专用证书纸印制。小学在照片骑缝处加盖校印，初中、高中由区县教委核验后在照片骑缝处加盖钢印。证书制作所需费用从学校经费中列支。

初中毕业证书制发流程：1. 学校审核整理学科毕业成绩、体育成绩和社会实践符合毕业条件的学生名单，从CMIS中打印初中毕业生名册；2. 学校对符合毕业条件的学生签署意见，毕业生名册加盖学校印章；3. 区县教委会考管理部门和体育管理部门审核学校上报的毕业生名册，对于符合条件的加盖审核章；4. 区县教委学籍管理部门核验学校上报的毕业生名册和毕业证，对于符合条件的加盖审核章，在符合条件毕业证的照片骑缝处加盖钢印。5. 学校将毕业证发放给学生。

二、当前初中毕业会考工作存在的问题

目前实施的初中毕业会考制度，对于实施素质教育、提高义务教育质量发挥积极的作用。但是在各区县初中毕业会考的具体制度设计和实施中，还存在一些明显的问题：

一是初中毕业会考存在弱化和边缘化的趋势。由于制度设计不够完善和升学导向的影响，初中学校、教师和学生普遍更重视中考，毕业会考处境尴尬。历史、地理、思想品德等非中考学科的教学水平受到一定程度影响。二是少数学校利用初中毕业会考和毕业证分流学生。一些学校为保证中考成绩和升学率，通过组织会考的便利，以控制发放初中毕业证的方式，要求学习较差学生提前分流到职业学校。还有一些学校以此要求优秀生源直升本校。三是目前的初中毕业会考一定程度上加重学生负担。中考科目在初三的会考与“一模”考试时间接近，使中考复习期间考试密度过大，加重学生负担。部分区县采取中考科目在初三的会考与“一模”考试合并的方式，但是两种考试目标不同，“一模”考试突出选拔性目的，影响会考的学业水平测试功能，基础薄弱学生较难满足考试要求。

三、建议建立全市统一管理的初中学业水平考试制度

考虑到两考合一（会考、中考）不易兼顾两种考试的不同目的、性质和功能，且会直接影响义务教育阶段面向课程标准的教学要求和毕业要求。两考合一，一方面会增加中考科目的教学难度，增加学生负担；另一方面会弱化非中考科目教学，背离义务教育本质。为深化素质教育的实施，理顺会考与中考关系，进一步推进考试评价制度改革，建议结合实际，基于目前已有的学业水平监测工作，建立全市统一管理的初中学业水平考试制度，在具体制度设计中体现以下几个原则：

一是明确区分会考、中考的不同性质。初中学业水平考试检测学生是否完成义务教育阶段国家规定的初中课程目标，其成绩将作为评价学生初中阶段学业完成质量、获得初中毕业证书的主要依据。中考则作为学生升入高一级学校而进行的选拔性考试，强化区分度和选择性。

二是考试科目覆盖初中全学科。除中考科目外，历史、地理、生物、音体美、劳动技术等学科将得到切实加强，以促进学生的全面发展。

三是促进义务教育阶段均衡与公平。市级负责初中学业水平考试的命题和考试时间安排，区县或学校具体组织考试、阅卷和成绩评定，形成市级统筹指导，区县或学校具体落实的工作格局，既统一全市义务教育阶段最终的毕业及学业考核要求，又大大减轻区县和学校的负担。

四是采取书面考试与过程性测试相结合的方式。考试设计应体现过程性和激励性。对音乐、体育、美术和劳动技术等实践性科目的考察，要能够促进学生实践技能的培养。

（承担单位：北京市教育委员会基础教育二处
执笔人：马可）

北京市特殊教育学校教育康复实践研究

一、研究的价值与意义

（一）教育康复是残疾人参与并融入社会的重要保障条件

根据世界卫生组织（WHO）的定义，“康复”指“应用各种有用的措施以减轻残疾的影响和使残疾人重返社会，康复不仅是指训练残疾人使其适应周围的环境，而且也指调整残疾人周围的环境和社会条件，以利于他们重返社会”①，既是一种理念，也是残疾人教育和支持的重要内容和方式。教育康复是残疾人全面康复的重要领域和基本途径，通过教育与训练的手段，最大限度地发挥个体的潜能和补偿能力，使机体功能达到最好的发展水平，尽最大可能帮助残疾人参与社会。

特殊教育学校是对残障学生实施教育康复的重要场所，特殊教育不仅是向残疾儿童传授知识和技能，影响特殊儿童的思想品德，增进特殊儿童体质活动，而且是一种教育干预措施，用于改变或矫正他们的缺陷或行为的活动。特教学校发挥其康复功能是特殊教育自身的本质特征，也是适应残疾人身体机能发展关键期需要的内在要求。

（二）做好特殊教育学校教育康复工作是国家及北京市相关政策的要求

中国一贯重视特殊教育学校的教育康复工作。教育部早在1998年12月发布的《特殊教育学校暂行规程》第二十八条即明确规定，“特殊教育学校要把学生的身心康复作为教育教学的重要内容，根据学生的残疾类别和程度，有针对性地进行康复训练，提高训练质量。要指导学生正确运用康复设备和器具”②。2002年国务院办公厅转发卫生部、民政部、中国残联等六部门《关于进一步加强残疾人康复工作的意见》，提出残疾人康复工作的总体目标：到2015年，实现残疾人“人人享有康复服务”③。2007年2月教育部颁布《培智学校义务教育课程设置实验方案》提出“教育与康复相结合”课程设置原则，明确提出“针对学生智力残障的成因，以及运动技能障碍、精细动作能力缺陷，言语和语言障碍、注意力缺陷和情绪障碍，课程注意吸收现代医学和康复技术的新成果，融入物理治疗、言语治疗、心理咨询和辅导、职业康复和社会康复等相关的知识，促进学生健康”④。2014年1月，国务院转发教育部等部门共同制定的《特殊教育提升计划（2014～2016年）》，要求“改革教育教学方法。加强个别化教育，增强教育的针对性与有效性。开展‘医教结合’实验，提升残疾学生的康复水平和知识接受能力”⑤。这些政策，都对特殊教育学校实施好教育康复提出要求。

北京市高度重视残疾人的康复工作，注重在特殊教育学校教育与康复的结合，陆续出台政策提出明确要求。2002年12月，市政府办公厅转发市教委、市残联等部门《关于进一步加强北京市残疾人康复工作的意见》，明确提出“教育部门要将各类残疾儿童的康复纳入幼儿教育、学前教育和特殊教育的工作计划，加强特殊教育学院（校）康复学系的建设，参与其他相关工作”⑥。2008年10月，市残联、市教委等多个部门又联合公布《北京市残疾儿童少年康复补助暂行办法》及实施细则，保障残疾少年儿童康复工作的有效落实和推进。2009年，市教委、市教育督导室等九个部门联合推出《关于贯彻落实第四次全国特殊教育工作会议精神，进一步加快首都特殊教育事业发展的意见》，提出“构建和完善特殊教育新课程体系”，要求“建设与新课程体系相适应的、多学科专业整合的教育教学模式，全面提高教育教学质量”“积极开展特殊教育教学模式、教学策略和方法的改革，加强各类重度残疾儿童少年的个别化教育，努力推进特殊教育与各类康复训练的结合，全面提高残疾儿童少年的教育和康复水平”。2013年3月，市政府办公厅发布《北京市中小学融合教育行动计划》，将“做好残疾学生医疗、康复和教育结合工作”列入建设目标，作为提高残疾儿童少年教育质量的重要工作内容，再次强调“努力推进特殊教育与各类康复训练的结合，全面提高残疾儿童少年的教育和康复水平”，明确要求“探索特殊教育教师医教结合、康教结合双学历职前培训制度；研制特殊教育教师基本功标准，开展特殊教育、康复理论知识和专业技能培训，提高特殊教育教师专业水平和综合素养”，康复知识和技能列入特殊教育教师的核心专业素质，并强调

---

①朴永馨，顾定倩．特殊教育辞典〔Z〕．华夏出版社，2006：64.

②教育部网站，http://www.moe.edu.cn/publicfiles/business/htmlfiles/moe/moe_621/201001/81870.html，2014-2.-25。

③中华人民共和国中央人民政府网站，http://www.gov.cn/gongbao/content/2002/content_61743.htm，2014-2-25.

④中国教育新闻网，http://www.jyb.cn/jyzl/jyzc/jcjy/tsjy/t20070208_65196_2.htm，2014-2-25.

⑤中华人民共和国国务院办公厅，http://www.gov.cn/xxgk/pub/govpublic/mrlm/201401/t20140118_66612.html，2014-2-25.

⑥法律教育网，http://www.chinalawedu.com/news/1200/21752/21759/21818/21824/2006/3/ru2372017302913600238400-0.htm，2014-2-26.

“特殊教育教师中应有一定比例的康复训练教师”①。

（三）北京市特殊教育学校生源变化对教育康复提出迫切要求

北京市近年来加大力度推进融合教育，北京市特殊教育形成以特殊教育学校为骨干、以随班就读为主体、以送教上门为补充的教育格局。根据市特殊教育中心的统计数据，2013 年北京市 8736 名在读残疾学生中，有 5621 人（约占 64.34%）在普通中小学随班就读，有 3115 人（约占 35.66%）在特殊教育学校就读。

在特殊教育学校就读的 3115 名残疾学生中，视力残疾学生 251 人（约占 8%），听力残疾学生 632 人（约占 20%），言语残疾学生 47 人（约占 1%），智力残疾学生 1264 人（约占 41%），精神残疾（含自闭症）学生 467 人（约占 15%），肢体残疾（含脑瘫）学生 208 人（约占 7%），多重残疾学生 246 人（约占 8%），具体情况如图 1 所示。全市特教学校接收的残疾学生以中、重度残疾为主，多重残疾比例增高，残疾程度重，传统的教育模式和方法已然不能满足残疾儿童少年的发展需求，因此有针对性地开展教育康复工作是亟待解决的问题和提升教育质量的突破口。

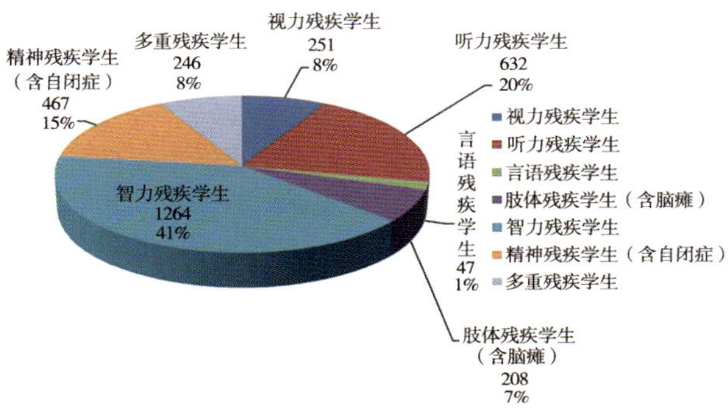

图 1　北京市 2013 年特殊教育学校学生残疾类型分布图

二、北京市特殊教育学校教育康复实践情况分析

（一）教育康复理念

1. 盲校

北京市盲人学校的办学理念为“以德立校，以爱育心，教育康复，个性发展”，其教育目标涵括几个层次：培养学生健康的心理与自强自立的精神；掌握基本的科学文化知识和技能，从而成为能够融入社会的合格公民。这一目标决定教育康复成为该校的核心工作，即：通过对视障学生采取各种干预措施，为其提供补偿缺陷，矫正行为与挖掘潜能的途径及方法，以满足学生终身发展的需求。在这一理念下，盲校形成以定向行走训练为基本核心技能的三维康复模式。这一模式的特点为：以定向行走训练为基本技能，以满足视障生的生理特点需要；以“发展日常生活技能——视觉康复训练——心理健康教育”为三个维度，相互补充。该模式自 1985 年起实行，于 2010 年形成较为完备的体系。

2. 聋校

北京市三所聋校的办学理念为“面对教育对象听力与言语的缺陷，通过有效的教学组织和针对性训练，帮助受训者提高听能、语能，以期使之综合素养得到全面提升”。这一目标决定教育康复成为聋校的核心工作维度之一。在启喑实验学校提出的三棱锥形聋教育教学体系中可以看出：以人为本，育人为本，发展为本构成了体系内核，知识能力、过程方法、情感价值与补偿发展构成体系的四个维度。在满足听障生生理特点需要的同时，遵循“察知——分辨——识别——理解”的听觉能力发展路径，培养学生的沟通交往技能及学习能力，最终使学生掌握一技之长，并实现顺利融入社会的目标。该模式的实施以北京启喑实验学校、东城特殊教育学校和北京市第三聋人学校为代表，自 20 世纪 50 年代起逐步试验并实行，于本世纪初形成较为完备的体系。

3. 培智学校

形成“以学校—社会—家庭三维合作，针对学生特点，进行适合的个别化教育与康复联合渗透型”模式。这一模式的核心技能是在对学生进行恰当评估的基础上，满足其独特的生理特点及教育需要，培养学生的基本生活能力，最终使学生掌握一技之长，并实现顺利融入社会的目标。该模式基于“校内康复、送教上门和社区康复”三种形式，通过“评估人员和训练人员”两类人员具体实施，以康复课程作为载体，针对智力障碍、脑瘫和自闭症及多重残疾等不同类型的学生进行全面康复。以宣武培智学校、海淀培智学校和西城区培智中心学校为代表，自 20 世纪 90 年代起逐步试验并实行，于本世纪初形成较为完备的体系。

（二）教育康复课程的设置与实施

1. 盲校

主要课程包括五大类：定向行走，生活技能，心理健康教育，视力康复训练与感觉统合训练。其中，（1）“定向行走课程”为盲校小学一年级至初中三年级学生提供了一对一的定向行走训练指导。在 2010 年进行校内持杖行走训练试点工作，通过随行技巧、独行技巧、盲杖技巧的教学，使学生真正实现在各种环境中的安全行走。（2）“生活技能课程”教学团队尝试采用“分层走班”教学模式，科学地把学生分成几组各自水平相近的群体并区别对待。形成盲校小学阶段日常生活技能校本课程，为每位小学生建立日常生活技能成长档案；制定了盲校小学阶段日常生活技能评估内容及评估标准。（3）“视力康复训练课程”的对象主要集中在学前阶段和小学一、二、三年级光感以上的学生。对学生从教育训练的角度进行测量和评估，制订训练计划和配发辅助用具；并依据评估结果给学生配备适合的助视器，进行使用训练；开设低视力训练课，利用学生的课外活动时间及体育课时间对学生进行康复训练，改善学生功能视力。（4）“心理健康课程”设置了分阶段心理课程；组建“心苑”心

①北京市人民政府办公厅．北京市中小学融合教育行动计划（京政办函〔2013〕24 号），5～9.

理健康维护工作站；建立心理咨询室。

康复类课时比例在该校整体课时中约占24.9%。教师队伍中涉及相关专业的教师比例为12%，涉及专业包括：特殊教育、定向行走、运动康复、心理健康教育与眼科。

2. 聋校

康复课程包括五大类：课程引导式、课堂渗透式、个训补偿式、实践体验式及家校合作式。其中，（1）课程引导式。尝试通过多元课程的构建实现教育课程与康复课程的联动，例如东城特殊教育学校开设的言语治疗校本课程与启喑实验学校开设的沟通与交流课，将语训、叙述与作文整合在同一门课中，培养学生口语、书面语与手语的应用能力。（2）课堂渗透式。课堂教学是学生学习和康复的基本形式，针对听障学生的学科教学既是学习知识的过程，也是习得语言的过程。东城特殊教育学校编辑了《学科专业用语手册》和《班主任日常会话手册》作为教师完成学科教学任务和语言教学任务的纲要。北京启喑实验学校周一至周五每天安排晨读，由语训教师通过闭路电视系统组织各年级进行语训，同时教师在课堂教学注重发展学生的语言。（3）个别训练补偿式。个别训练的形式有“一对一”和“一对n”两种。学校要求教师对学生进行期初和期末评估，并制定个别训练计划、撰写训练记录、填写家长练习册。每学期召开不少于2次的个训教师会。

3. 培智学校

海淀培智学校针对不同年龄阶段学生开设不同课程，例如针对低龄学生的模式训练、运动训练、感统训练、语言训练和游戏训练等早期发展课程；针对义务教育阶段学生开设的游戏康复课、书法康复课、艺术康复课、运动康复课、语言康复课和生活康复课等适应性课程。

西城区培智中心学校针对中、重度学生编写校本教材，开设物理治疗课、语言康复课、心理辅导课和劳动康复课等，其中，语言康复课教材中每个单元都设计了“说一说，练一练，读一读”内容，教师根据学生的实际情况和需要进行发音、气息和唇舌方面的训练。心理辅导课针对高年级智障学生的心理、生理特点，编写了《我们要这样》《健康的年轻人》等内容；在劳动康复课程中设计生活自理、生活技能和劳动技能的内容。

宣武培智学校针对目前学生残疾程度趋于中、重度，残疾类型多样化的现实，设计了独特而有效的康复训练课程体系，例如针对自闭症儿童的音乐治疗课程；针对脑瘫儿童的心理康复课程；针对重度智障儿童有意注意培养的康复课程；促进智障学生情感体验的律动康复课程；以及针对大龄智障学生的职业教育康复课程等。

（三）教育康复教材开发

1. 盲校

“定向行走课程”教学团队编制《北京市盲人学校定向行走训练评估内容纲要》，对个别教育计划和教案模式进行规范；同时，参与国家盲杖标准的修订，并编著了《视障人士定向行走训练》。“生活技能课程”教学团队制定《盲校小学阶段日常生活技能评估内容及评估标准》“盲校小学阶段日常生活技能校本课程”及“盲校小学阶段日常生活技能校本课程”教案集。“视力康复训练课程”教学团队编制《视觉康复指南》教材。

2. 聋校

启喑实验学校制定《北京第二聋人学校课程标准汇编》，规定语文、沟通、数学等13科教学目标。东城特殊教育学校编辑《学科专业用语手册》和《班主任日常会话手册》两本手册，涉及各年级、各学科专业词汇和语句，成为教师完成学科教学任务与语言教学任务的纲要，课堂教学评价及各科学习效果考察均包含了语言学习的指标。

3. 培智学校

各校均根据学生情况编写校本教材。

（四）教育康复的社区辐射

特教学校是残障儿童家长获取教育资源的主要途径，帮助家长正确认识孩子的特殊性，树立正确教育思想，培训家长学习和掌握教育康复的方法，是特教学校的重要社会功能之一。

1. 盲校

通过编辑家教简报《心桥》和定期开办家长课堂，从家校合作的渠道促进学生心理健康发展。

2. 聋校

东城特殊教育学校建立家校合作的良好模式，通过家长会、学校开放日、家长培训、家长协同教学、家校手册、亲子活动等方式建立家校沟通，形成互动机制。

3. 培智学校

培智学校的社区辐射功能主要通过三种途径实现，即学生对社区生活进行学习、成年学生进入社区工作，建立以社区为导向的职业康复模式和以各种形式为家长普及相关知识。同时，培智学校还开展送教上门与康复巡回指导课程。前者包括感知、生活语文、生活数学、生活适应、动作学习；后者主要针对家长开设，包括正确抱姿、睡姿、坐姿，以及简单的动作指导等。

（五）教师的自觉研究

教师是实现教育质量的最具有能动性的保障条件。在残疾程度日益加深、残疾类型日趋多样的生源情况变化下，康复与教育相结合对特殊教育学校的教师提出了很高的要求。立足于本职工作，继而对科学、系统、有效的教育康复工作模式、方法和技能的探索，正成为老师们的自觉行为和专业生长点。

（1）教育和康复相结合的范围正日益扩大，理念不断深化

从康复的范围看，教育康复服务正在从学校向社区（社会）辐射，突破义务教育阶段学龄儿童的范围，向两端延伸。学前康复正成为多所特殊教育学校康复部的重点康复对象，成年残疾人士的社区康复——在社区康复、分散训练、社区和家庭训练、工作能力培训等领域，特殊教育学校也日益发挥着越来越重要的功能。家庭、社区、专业康复机构、社会等康复力量在特殊教育学校的推动下正被有效整合，使整个社会得到康复”的理念已被特殊教育学校接受和实践。

（2）广大一线教师表现出高度的研究自觉性

面对教育康复的强烈需求，除市、区组织的相关培

训外，广大教师还积极寻求国内外相关科研单位的专业支持，通过网络、电话、会议、讲学等多种方式请教专家指导。如东城区特殊教育学校与台湾物理治疗所叶仓甫教授建立联系，在其“平衡理论”的指导下多年来坚持对脑瘫学生进行康复训练，取得显著效果；海淀区培智中心学校与北京师范大学特殊教育系合作建立自闭症研究机构，开展相关康复训练；顺义区特殊教育学校邀请德国、瑞典及美国的感统康复师、物理治疗师和职业治疗师等康复专家对研究情况进行现场指导。

（3）对残疾类型的关注逐步趋于广泛，智力残疾、自闭症成为研究的热点

从近几年的研究中可以看出，研究对象逐步趋于广泛，从传统的三类残疾（盲、聋、弱智）扩展到视力残疾、听力残疾、智力残疾、自闭症（孤独症）、脑瘫、言语残疾、肢体残疾、多重残疾和其他残疾类型等，覆盖面广。其中，对智力残疾学生以及对自闭症学生的研究关注度最高，在2012～2013学年度北京市教育康复论文评选中，对这三类学生的获奖研究论文分别占到全部获奖论文的32.7%、23.6%和8.7%（N=208）。

（4）研究点丰富，覆盖面广

传统的康复领域包括医学、教育、职业、社区四个领域，现有实践中涉及“运动、感知、认知、语言、生活自理、社会适应”等领域；训练模式包括“物理治疗、言语治疗、音乐治疗、作业治疗”等；康复方法包括“动作平衡疗法、角色扮演游戏、绘画疗法、肌力训练”等。此外，在具体实践中，教师自行研制出很多因地制宜，简便易行的训练方法，并制定测查量表、观察记录表和训练操。

（5）研究方法多样

个案研究、行动研究、行为观察、实验研究等研究方法得到广泛应用。对科学、系统、有效教育康复工作模式、方法、技能的探索，正成为老师们重要的专业生长点。

（6）学校在研究中日益发挥主动作用

在北京市特教教师较为超前的发展意识、创造性工作和自觉行动的基础上，有些特殊教育学校探索总结出较为系统、健全有效的教育康复工作运行体制机制。通过这些根植于教育实际并在“以学生需要为本”的思想指导下，构建相应的课程体系、不断加强师资队伍建设与培训、改善校园环境改造与文化建设，不断探索教育康复的新途径。

三、问题与建议

（一）存在的问题

1. 推进教育康复工作缺少顶层制度设计，各方力量协调和参与尚待加强

残疾学生的康复，并非某一方的责任，也并非一己之力所能完成，而是全社会的共同责任，应集学校、医院、社区和家庭等多方之力。现有制度下特殊教育学校是残疾学生教育康复的实施主体，尚缺少顶层制度设计，不能有效整合各部门力量参与。虽然现在各区县多数成立有主管区长（县长）牵头，教育、残联、卫生等相关系统参加的特殊教育联席会议制度，协调各方参与特殊教育。但在实践中，会议频次和工作力度难以满足实际需要，不同部门的资源和专业力量整合不够。

2. 专业师资配备不足，教师对教育康复认识不足，理论和技能尚待提高

相对于残疾学生的数量和残疾程度，特殊教育学校严重缺乏教育康复的专业师资力量，康复教师专业类型和数量配比不足。特殊教育学校教师对教育康复的认识也参差不一，有的认识不足，忽视教育手段的康复，甚至把康复和教育分开来看，没有真正认识到教育康复的作用；部分教师认为教育康复只是几个专任康复课程的教师的责任，与学科教学毫无关系，所以学与不学康复方面的知识和技能，与自己无关。而且，多数教师毕业于普通院校，对康复理论、知识和技能掌握不足。

3. 课程设置具有被动性和随意性的特点，缺少相应的课程评估机制，实施效果难以保证

由于目前特教学校的康复课程主要以针对学生特点，满足学生实际需要为主，尚未建立起具有内在逻辑性与系统性的课程体系与相应的评估机制，因此在课程设置上具有鲜明特色的校本课程也同时具有被动设置与随意设置的特点，缺乏内在的理论指导与逻辑依据，难以建立与统合出一种既具有代表性又具有针对性的课程体系。同时，学校与家庭、社区之间的康复合作仍需加强，有效的监督与评估机制尚未建立。

4. 教育康复研究水平有待提高

尽管很多学校教育康复工作在实践的基础上做出有益的探索，但多尚处在经验探索阶段，规范的实验研究和行动研究较少，理论化程度还有待提高；研究的机制尚不成熟，专业科研机构未能有效参与。

5. 区域发展不均衡，校际间差距大

尽管教育康复理念在特殊教育学校的教育教学中被校长和教师们认识，并在实践中有一定实施。但是在各区县及各学校之间，实施力度和科学化水平差距较大。以2012～2013学年度全市教育康复论文评选为例，有的学校获奖论文达到20余篇，有的学校则一篇没有。

（二）对策与建议

1. 提高认识，统筹规划，加强顶层制度设计，汇聚教育、卫生、残联等相关系统的合力

推进此项工作，加强顶层制度设计，切实发挥政府责任，充分发挥特殊教育联席会议的作用，有效整合教育、卫生、残联等系统的资源与专业力量；推进多学科团队的合作机制建设，给予长期稳定的政策支持和领导监督；创建有效机制，搭建“学校—家庭—社会”多维度立体式康复模式，综合发挥教育康复的作用。

2. 增设师范培养专业，合力配备师资，加强培训，优化特教学校康复教师比例，提高教师教育康复水平

建议在北京联合大学特殊教育学院、首都体育学院、首都医科大学等相关市属高校增设教育康复专业，增加教育康复专业人才的培养数量，提高其专业化水平；根据特殊教育学校的实际需求，加大康复教师的配备力度，积极引进专业类型康复师；加强教育康复培训，全面提高特教教师的康复认识和理论素养，提高专业化水平。

3. 加大对教育康复类课程的开发与研究，创新实施

模式，深化科学研究，增强教育康复的实效

教育康复应落实到日常教育教学之中，从课程设置和实施、教材的研发和编写等角度得以体现，应加强研究和校际间的合作，加大相关课程及实施模式的开发；拓展康复功能，加强学校和社区的康复合作，发挥好特殊教育学校的作用，积极构建残疾人终身康复服务体系。

4. 推进标准化配置，优化机制，推进各区县教育康复工作均衡发展

大力加强教育康复薄弱学校的硬件设的标准化配备，做好专业教师的建设与评估工作；重点加强薄弱学校教育康复专业力量的培养培训工作，通过交流学习、专门培养等多种方式，提升教师教育康复的素养和技能水平；推动区县及校级之间的均衡发展。

（承担单位：北京市教育委员会基础教育二处
执笔人：李奕　徐建姝　周凯）

北京高校校内创新实践基地建设调研报告

一、调研背景和目的

2011年，教育部、财政部联合印发《关于“十二五”期间实施“高等学校本科教学质量与教学改革工程”的意见》，明确指出：实施“本科教学工程”旨在针对高等教育人才培养还不完全适应经济社会发展需要的突出问题，特别是要在大学生实践能力和创新创业能力不强等关键领域和薄弱环节上，通过一段时间的改革建设，力争取得明显成效，更好地满足经济社会发展对应用型人才、复合型人才和拔尖创新人才的需要。

2011年11月，市教委印发《关于开展北京高等学校校内创新实践基地建设的通知》，文件要求“建设北京高等学校校内创新实践基地，旨在深化各高校创新性人才培养模式改革，通过整合现有学生创新实践资源，丰富创新教育内涵，为广大学生开展创新性实验、科学研究、发明创造、学科竞赛、社会实践等活动提供平台和环境”，要按照“突出创新、注重特色、开放共享”的原则，把校内创新实践基地建设成为学生课外自主实践研发的主要平台。

为充分了解各高校在建设过程中的实际情况，分析北京高校校内创新实践基地建设情况，以便制定有力措施，更好地开展工作。

二、调研方法和模式

调研工作采取资料分析、数据统计、实地考察等方式相结合进行，先后组织到4所高校考察校内创新实践基地建设工作，对50所高校提交的建设报告及申请报告进行资料分析和数据统计。

同时，利用市教委开展北京高等学校示范性校内创新实践基地建设工作契机，对50所高校提交申请书进行整理分析。

三、调研结果

（一）校内创新实践基地条件

在校内创新实践基地建设过程中，多数高校对于学生开展创新实践活动在场地、设备、人员、经费等方面均大力投入。学生的创新活动开展得有声有色，取得良好的效果。

初步统计，50所学校基地使用面积达到361660平方米，开设创新实践项目数12433个，面向专业数800余个，年受益学生数达8万余人。各学校的数据统计情况可见附件1（略）中所示。

（二）校内创新实践基地活动内容

各高校在建设过程中，依托学校现有资源条件，不断加大对校内实践创新基地建设力度，以大学生创新创业训练活动、学科竞赛活动、校内实习实训活动、学生自主创业孵化活动等内容为引领，不断丰富实践活动内容。

1. 大学生创新创业训练活动

根据教育部、财政部《关于“十二五”期间实施“高等学校本科教学质量与教学改革工程”的意见》和教育部《关于批准实施“十二五”期间“高等学校本科教学质量与教学改革工程”2012年建设项目的通知》，各高校均从多个层面开展大学生创新创业训练活动。创新实践基地的建设适时地为大学生创新创业活动提供平台。项目层级涵盖国家级、北京市级、校级乃至院级。近几年开设的大学生创新创业训练计划项目成为校内创新实践基地的重要活动。

2. 学科竞赛训练活动

学科竞赛是展示学生创新实践活动成果的重要平台，各个高校根据专业特点参与、组织丰富多彩的学科竞赛活动。如传统理工科类的如计算机应用创新设计竞赛、结构设计大赛、大学生挑战杯竞赛、数学建模竞赛、大学生电子设计竞赛、全国软件人才程序设计大赛、北京市物理竞赛、ACM程序设计大赛、校内电子设计竞赛、工程训练技能大赛、单片机竞赛、PLC竞赛、电子专业人才大赛、集成电路设计大赛、原创作品大赛、影视剧大赛、计算机应用能力大赛、机器人足球大赛、智能车大赛、地质技能大赛、广告艺术大赛等等。这些竞赛成为校内创新实践基地的活动抓手，提高学生积极性，带动创新实践氛围。

3. 校内学生实习实训活动

基地活动内容与学生的专业和就业方向相结合，提供模拟平台供学生实习。

如中国传媒大学在专业电视制作设备设施以及强大的教师队伍支持下，中传网络电视台制定模拟专业电视台的

固定节目播出制度，学生在栏目中的实践模拟专业电视台，实现层级管理、分工明确的岗位设置与管理制度，针对栏目制作环节及学生专业特点，分设制片人、主编、责编、编导、主持人、后期包装、化妆、舞美设计等多个岗位，使学生不仅集中锻炼专业实践能力，而且能够体验专业电视制作的氛围，培养团队精神与职业精神。

4. 学生自主创新活动

利用创新基地资源，保障开放自主的场所，鼓励学生利用课余时间进行自主创新活动也是创新实践基地的主要内容。各高校每年支持自主创新活动数量若干项，提高学生学科竞赛的参与率、科研项目的参与度以及成果的转化率。

如北京工业大学设立大学生星火科技基金，组成博士、硕士、本科不同层次，不同专业的学生共同组成团队，开展自主创新活动。北京理工大学建设有基础性综合型创新实践基地、工作坊式自由实践基地、学科特色鲜明的专业创新实践基地，可提供从一至四不同年级不同专业的“菜单式”自选创新活动项目。中国地质大学从2008年开始设立的教学实验室开放基金项目，以学生为主体、教师为主导，依托实验室资源平台，开设实验室自设类或学生自由探索类创新项目。

5. 学生自主创业孵化活动

有些基地为初始创业的学生提供共享服务空间、经营场地、政策指导、咨询策划、项目顾问、人才培训等多类创业的服务。有的基地配套有创业培训室、创业模拟实验室、职业生涯测评室等服务性功能区域，每年可以吸纳、培养在校生见习或模拟创业，体现作为学生自主创业孵化器的积极作用。

6. 创新创业沙龙活动

利用基地资源，定期举办“创新创业”沙龙活动，通过举办竞赛、讨论会、讲座、学术周等，以兴趣爱好为纽带，不断吸引学生参与。

如北京邮电大学开展各类讲座培训、头脑风暴、咖啡沙龙等创新实践活动。北京城市学院开设与信息类大学生校内创新实践活动相关的专题讲座及选修课。专题讲座内容丰富、形式灵活多样，包括科研基础方法和探索、模拟电路动手制作要点、电子线路设计的注意事项、常用传感器知识、物联网、云计算、移动互联网等。选修课包括与创新思维训练相关的批判性思维、创新思维等课程，也包括公共能力培养相关的沟通与表达、组织管理等课程。

（三）校内创新实践基地管理体制及运行模式

各高校基地管理体制既有共性，又各具特色。采取学生自主管理模式，促进基地可持续发展。其模式主要有以下：

1. 采用三级管理，综合各级力量，提供制度保障

多数院校采用三级管理体制，由校级主管部门、依托学院、学生自主管理组成三级管理体系。这一模式有利于综合各方面力量，形成建立校级领导、部门协同、教师支持、学生参与、专家指导五力合一的支撑机制，为实践创新基地运行的可行性、长效性提供制度和可行性的保障。主管部门负责统筹论证建设布局，调配各项可利用的建设经费；依托学院负责基地的建设内容规划、建设实施和配套经费支持；子基地负责学生创新实践项目实施、仪器设备管理、实验人员管理、指导教师安排和安全责任。

2. 采用主管部门统一管理，统一调配

为充分利用资源，实现最大程度的资源共享，部分院校建立专门的实践教学管理部统一管理校内实践创新基地，各学院可以充分利用校内所有的资源开展创新实践教学活动，包括创新实践基地及开放实验室。如北京工业大学耿丹学院，将纳入教学计划外的创新项目、个人制作、独立创新实践活动、科研项目等由实践教学管理部统一安排开放实验室和金工车间，同时安排指导教师现场指导，以保证学生安全操作提高效率。

3. 引导学生自主管理，促进基地提高利用率

多形式的学生管理模式在基地日常运行维护中充当着重要角色。基地要达到最大使用效率，单单依靠教师和基地管理人员的精力是远远不够的，学生积极参与管理为实践创新基地的开放和效益的充分发挥提供了时间保障。基地的运行中突出学生自我管理，由学生自行组织。有的学校在基地依托学院成立学生创新工作办公室，采用聘用制聘请学生来管理活动中心的日常运行，如北科大、中央民族大学等。有的主要由各类学生社团负责基地的日常管理，组织学科知识竞赛和创新实践活动的宣传、动员等。

四、调研结果分析

（一）基地建设规模大，学科类别及学生层次覆盖面广

50所高校包括教育部直属高校、行业部委属高校、北京市属高校，涵盖理、工、文、管、经济、艺术、医学等学科范围，创新实践基地可提供各种层次学生的实践活动，在满足各年级本科生需求的基础上鼓励建立本科生、硕士生、博士生合作的创新团队。

如北京理工大学基地以大学生创新实践训练计划活动为牵引，充分发挥各类创新实践子基地的作用，制定实践创新活动的各类激励政策，形成各种实践教育平台优势互补的完整体系，已建成的各类型创新实践子基地达16个，部分针对基础教育阶段面向一二年级开放，部分针对专业教育阶段面向三四年级开放（如图一）。

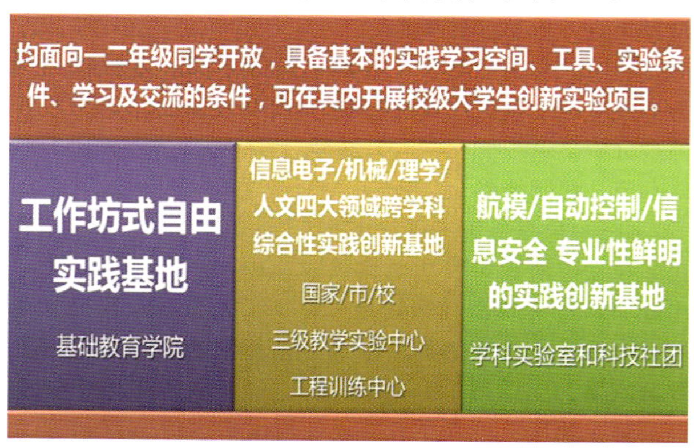

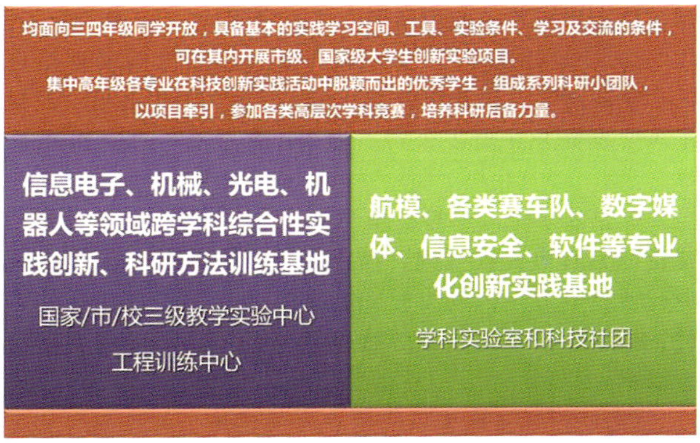

图一：北京理工大学基础和专业教育阶段科技创新基地布局示意图

北京工业大学借助校内各专业实验室，重点建设一批创新实践基地。包括“本科生创新实践成果展室”“专业创新实验室”“研究生综合实训平台”等几大类，针对不同层次、不同创新实践活动的学生提供立体式培养构架（如图二）。

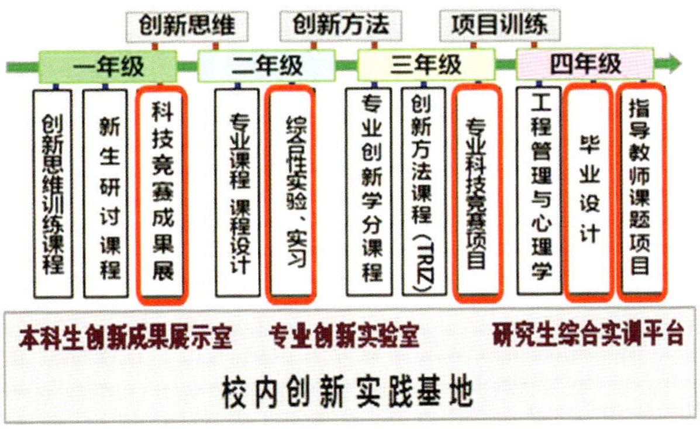

图二：北京工业大学校内创新实践基地构架图

北京联合大学基地中的创新实践专用实验室必须面向所有学生全天开放。学校设立实验室开放基金，要求每个实验室开发适合不同专业学生参与的实验项目并对学生开放。学生申请到相应项目或确定自主实践内容后，通过预约的方式，使用实验场地和设备进行创新实践活动。学院安排专业老师负责指导学生实验或研究项目的实施；基地管理人员负责安排实验设备，保证实验设施和实践教学设备正常使用。

（二）构建多层次、多维度、多样化的创新实践体系

北京邮电大学崇尚“小鱼前导，大鱼护航”的创新教育理念，在整体探索中紧扣“基础”与“创新”两个关键点，在实践探索中力求将基础教育的理性诉求与创新教育的感性特质有机融合——即重视培育学生的基本功，亦重视培育学生的创新意识。按照“1234”模式的指导思想（见图三），即突出一个意识——学生创新意识培养；瞄准两个目标——创新人才培养与师资队伍提升；解决三个问题——体系优化问题、教学互动问题、同专并举问题；做好四项工作——形成创新文化、实施一条龙式创新体系、实施目标驱动式创新模式、构建多位一体支撑环境。形成了“校级领导力、部门协同力、教师支持力、学生参与力、专家指导力”五力合一的开放型创新实践基地建设模式。

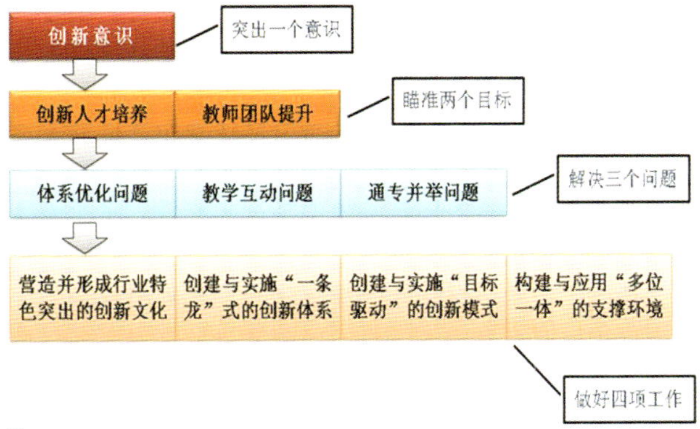

图三：北京邮电大学创新基地建设指导思想框图

北京理工大学在探索创新型人才培养的过程中，逐步形成了特色鲜明的本科创新实践教学模式，提出了基础教育阶段“三一创新教育”理念，形成了以跨学科创新基地为依托，以“大科研”课题方向为牵引，以梯队式创新指导教师团队为指导，以学生社团活动为载体的科技创新实践模式。

（三）承担丰富的创新活动，拓展基地建设的内涵

北京石油化工学院为培养学生的创新精神和创业能力，1999年就设立大学生研究训练计划（Undergraduates Research Training Program，简称URT计划），2000年以承担教育部“理工科大学生创新教育体系及实践基地建设的研究与实践”项目为契机，构建“以URT项目和学科竞赛为引导，以校内资源开放共享为保障，专业训练与跨学科综合训练相结合”的校内创新实践基地。在此基础上，学校将重点建设三类创新实践项目：第一类为大学生研究训练计划项目，主要有国家级大学生创新创业计划项目、北京市大学生科学研究与创业行动计划项目、校级大学生研究训练（URT）计划项目等；第二类为各类学科竞赛、科技竞赛等，主要有电子设计大赛、机械创新设计大赛、化工设计竞赛、数学建模竞赛、人文知识竞赛、“飞思卡尔”智能车比赛、物理竞赛、数学竞赛、智能机器人竞赛、化学实验竞赛、物理实验竞赛、大学生英语演讲比赛等；第三类为其他类的创新实践项目，如发明创造等。

总之，该校将充分发挥学校开展应用研究和行业办学背景的优势，以学生为主体，通过创新实践基地建设，开展一系列URT计划等大学生创新实践项目，带动广大学生在本科阶段得到科学研究、创新创业精神和能力素质的训练，营造鼓励创新、宽容失败的创新文化氛围。

（四）学生社团成为学生进行自主实践的主要组织形式

学生自主实践活动是创新实践基地的一项重要活动内容，学生社团成为学生创新实践的重要组织模式。各类型学生社团有效的组织形式使学生的创新活动常态化，创造一种使学生产生强烈的自我发展意识的环境。学生在兴趣驱动的自主实践中，变被动地接受知识为主动地

获取知识，为学生创新意识转化为创新实践能力提供了活动的空间和锻炼的机会，有效地激发学生的求知欲和创新实践的热情，在各项赛事中取得较大成绩。如中国地质大学（北京）依托信息技术创新实践基地成立的机器人队、程序设计队，近年来在亚太机器人、ACM国际大学生程序设计大赛等各级各类学科竞赛中连续获得多个奖项。

北京邮电大学的创新基地实现全年开放，学生自主成立的物联网俱乐部、嵌入式俱乐部、移动互联网俱乐部及其活动开展也以这些基地作支撑。参加俱乐部的学生的研究与创新实践能力得到迅速提升，在各类竞赛中崭露头角，取得很好的成绩。各个创新基地目前还承担电子设计、数学建模、高等数学、大学物理、物理实验、信息安全、电子商务、模拟法庭、“飞思卡尔”智能车、亚太机器人、ACM国际大学生程序设计大赛等各级各类30多项学科竞赛和综合类科技竞赛的培训工作。

（五）大学生创新创业训练计划项目发挥了凝心聚力作用

大学生创新性实验计划项目与创新实践基地的实践项目形成有效互补。实践创新基地为大学生创新创业项目的顺利实施提供平台，为学生自主创新活动提供场地、设备、经费、师资等各方面的保障；大学生创新性实验计划项目为创新实践活动赋予了丰富内容，提供了有效载体，也使大学生创新实践活动真正有内容、有组织、有收获、有成果。大学生创新创业计划实施数年以来，利用这一载体，为很多高校高素质创新性人才培养起到桥梁和纽带作用，成绩斐然。创新创业项目在基地运行中具有很大的凝聚力和号召力。

（六）基地形式多样，学科交叉的综合性实践基地得到重视

就北京高校创新基地建设的形式来看，分为三类：一类为学校将创新活动资源进行有效整合，建立服务于全校学生的校建校管创新实践基地，如北京交通大学在“大实践观”理念的指导下，积极打造教学和科研相结合，课内和课外相融合，校内和校外相配合的学生实践创新平台，系统打造学生实践创新的完整平台体系。另一类为以某个学科为依托，以早期建设的开放实验室为基础，建立专业实践基地，通过资源共享，建设综合性大学科的创新实践基地。大多数高校的创新实践基地属于此类。还有一类是名义上的资源整合，实际上就是实验教学中心的翻版，各基地独立运行，做到了信息共享，医科类院校建设的基地大多数属于此类，这是整合最不彻底的、形式大于内容的一类实践基地。

（七）创新实践基地校企合作加强，具有社会效益和影响力

对于一些应用性强的学科来说，创新实践基地不能脱离社会单独来实现人才素质的提升。实践创新基地的建设为发挥学校科研智力优势，并有效利用企业的人力、财力和物力优势，培养学生创新能力提供良好的切入点。在实际生产情境中，在激活学生原有知识和技能的基础上，发展应用创新能力和可持续发展的学习能力，培养满足社会发展要求的创新型人才。

如北京科技大学“勤敏轩”学生创新实践基地培育的“秋菠网”、“教育资源共享kejian.tv”等创业项目获得了风险投资并注册了公司，进入实际创业，市场前景良好。

北京农学院大学科技园吸引17家合作企业加入基地建设，为基地提供空间、物质条件和技术支撑，提高企业行业竞争力；企业为教师和学生开展科研提供合作条件，满足学校“试验式”合作教学的需要，最终实现校企双赢。

（八）创新基地为区域经济发展起到了助推剂和催化剂作用

北京电影学院在多年的电影创作创新实践的教学中逐渐形成高低搭配，专业互补的4个实践基地和实验室，在过去五年中，实训基地支持本科生拍摄学生作业近1000部，产生一批优秀的学生作品。“十二五”期间，学校将继续加强创新实践基地的建设，基地资源将对外开放，分享学院一流实践条件，扩大电影学院的社会影响和社会效益。

北京服装学院根据纺织服装材料产业链现状，结合北京市级实践教学示范中心建设要求，采用校企合作形式，逐步构建服装、高分子材料和文化创意产业等方面的校内基地。紧紧围绕行业特色和区域经济发展，提高学生实践创新能力。

五、总结和建议

（一）普遍缺乏激励机制，高水平教师参与指导积极性不高

由于创新实践基地的对外开放时间长，且倾向于基础训练，指导教师和实验管理人员费时费力却往往拿不出高精尖的成果，对于个人的发展和职称晋升没太大帮助，因而积极性不高，尤其是高水平教授参与兴趣及精力投入有限。要做好这件事情，需要从学校层面上有一定的激励机制和政策倾向。比如学校推荐免试研究生，采用学分兼顾创新实践成绩的办法；优先对实践基地骨干教师进行科研基金的立项支持，对优秀指导教师评职称给予加分等。

（二）创新实践基地功能不明确，基地与实验中心区分度不大

有些院校实践创新基地、实验教学示范中心、教学实验室功能区分不清。其原因有些是专门用于基地建设的条件有限，如缺乏专门的场地、管理人员、经费、政策支持等；有些是对基地的概念及作用理解模糊。创新实践基地依托于学校现有的各级各类平台建设，但应有灵活的机制，以保障基地正常运行。基地应为学校人才培养模式改革的“特区”，对基地的运行也应给与足够的政策自由度，不应与其他平台等同看待。加强对校内实践创新基地建设的分类指导，出台可操作性强的指导性意见，督促学校重视基地的建设工作。

（三）发挥基地建设的指挥棒作用，引导高校做好基地建设

各高校在对创新实践基地的建设上存在不同的误区。

第一，对于基地的内涵与外延混淆，认为整个学校就是基地，建与不建并无多大区别。第二，过于追求规模效应，贪多求大，动辄几千平方米的场地、几千万设备、几百个教师，把基地扮装得臃肿不堪，但忽视创新基地的真正内涵和精髓。第三，对基地建设的判别标准认识不一。基地的资源均应有利于创新人才的培养、创新活动的开展，实行空间、时间、内容、形式、面向对象上的全开放应是基地运行的基本要求。基地应朝着实现学生完全自主管理的目标迈进。

建议加强对全国省市创新基地开展情况的全面调研，设立调研专题，组织专门人员，形成一定借鉴意义和参考价值的调研报告。加强对基地建设的宏观指导、政策指引和措施激励，发挥好创新实践基地建设的指挥棒作用，引导高校做好基地建设。

六、结语

创新实践基地建设是实现人才培养模式创新，增强大学生实践能力、创新精神和团队协作意识，深化实践教学改革的重要途径和有效抓手。

基地在运行过程中应建设和总结共抓，积累与宣传并行。采取多种措施和形式，加强对创新基地建设成果的凝练和推广，推出典型，推广经验。注重示范效应和辐射作用的发挥，为利用好这一平台，发挥更多学生的创新自主性打下坚实基础。

（承担单位：北京市教育委员会高等教育处
执笔人：付兴锋　佘红莲）

北京市郊区乡镇成人学校发展调研报告

北京郊区乡镇成人学校（以下简称“乡校”）是建设学习型社会的重要组成部分，是成人教育的重要载体，是实现农村居民学者有其校的重要保障，是农民就近便利接受科技知识、文化信息的重要学习场所。近年来，随着社会公共管理事业的不断改革深化，北京市郊区乡镇成人学校发展出现了新的变化。这需要及时了解新情况，发现新问题，出台新政策，推动这项事业的不断发展。

北京市郊区范围包括延庆县、怀柔区、密云县、昌平区、顺义区、平谷区、门头沟区、通州区、房山区、大兴区10个区县，在功能划分上为生态涵养区和城市发展新区。郊区共有乡镇182个，其中，142个镇、35个乡、5个民族乡。

一、近年来北京乡镇成人学校发展的特点和经验

（一）部分区县的乡镇成人学校在管理体制上取得突破

乡校早期出现时并不是一级独立办学组织，而是附属于乡镇政府设立的，承担着农民技术培训、成人教育等功能的非正规成人教育机构。所以乡校一般随着乡镇行政机构的存在而存在，随着乡镇政府的合并或撤销而消失。

1988年，北京市转发1987年国家教委、农牧渔业部、财政部《关于颁发乡（镇）农民文化技术学校暂行规定的通知》。陆宇澄副市长在当年的市教育工作会上提出：1990年底以前，全市实现“乡乡建校”的要求。到1988年底，全市已有187个乡镇建立成人学校，占当时乡镇总数的64%；在1994年底，全市共有乡校277所，全市乡校管理人员372人，教师209人①；基本上达到乡乡建校的目标。后来随着北京市乡镇行政区划的调整，乡镇成人学校随着乡镇总数的下降而下降。

进入21世纪以来，随着新农村建设的提出，以及北京市建设学习型城市的全面深化，对于提升农民素质、培养新型农民的要求越来越迫切，这也对乡校的建设提出更高的要求。2004年全市郊区农村教育工作会议提出关于大力发展郊区农村成人教育的要求，北京市教育委员会也陆续印发《关于加强乡镇、村成人文化技术学校建设的意见》《关于加强“三教统筹”推进郊区农村成人教育服务社会主义新农村建设工作的意见》等文件。明确提出“乡（镇）、村成人文化技术学校是郊区农村开展农村教育的重要阵地，是郊区农村宣传党的方针、政策，普及科学文化知识，破除封建迷信，加强精神文明建设，构建农民终身教育体系，促进学习型社会建设的重要基地；是农村劳动者接受教育、培训的重要场所。”并且指出乡（镇）、村成人文化技术学校是由县、乡（镇）政府主办、教育行政部门主管的具有独立法人资格的事业单位和办学实体。这就从性质上规定北京乡校发展的方向是独立的办学实体。推动乡校成为独立法人单位、具有独立编制成为一个重要的工作目标。

虽然在文件中写明如此，但是在实际工作中，推动乡校成为独立办学实体并非易事。因为在历次政府机构精简，成人教育机构往往会成为精简撤销的对象。近年来，在各级成人教育工作者的努力下，乡校取得独立设置法人资格的事业单位首先在一些区县出现突破。

大兴区在2004年12月由区编办印发《关于区教委设置镇成人学校的批复》解决辖区内17所乡镇成人学校的法人地位，规定镇成人学校为区教委下属全额拨款事业单位，待遇参照中学标准执行；2008年，大兴区编办正式印发《关于核定区教委下属镇成人学校编制的批复》：

①文教亨：李淑清：建设好乡镇成人学校为首都农村两个文明建设作贡献．北京成人教育1995年10期

按照各镇户籍人口2万人以下核定编制7人，2万～3万人核定编制9人，3万人以上核定编制11人。全区14所镇成人学校，共给编制138人。

2009年，房山区政府印发《关于进一步加强职业教育和成人教育的意见》（房政发〔2009〕22号），正式确认乡镇成人学校的法人资质。随后，区编办、区财政局、区教委联合印发《关于成立乡镇（街道）社区成人职业学校的通知》，以文件的形式明确乡校的单位性质和管理体制。规定：乡校是区教委所属的、具有独立法人资格的全额拨款事业单位，相当于正科级建制。根据各乡镇人口和经济发展状况，各乡校人员按4至8人配备。

通州区2009年8月11日由机构编制委员会在“通编〔2009〕13号”文件中明确全区11所乡镇成人文化技术学校的法人地位。目前，11所镇成人学校都是独立法人、独立财务账号、独立校舍的全额拨款事业单位。以乡镇域内人口多少为依据，乡镇成人学校分别被给予3～5人编制，11所乡镇学校共有编制43人。

目前，全市取得独立法人办学资格的乡校共有48所，占全市182所乡镇总数的26%。其中大兴14所，房山23所，通州11所。

（二）乡校的教育服务能力显著提高

乡校独立设置的主要意义在于：首先能够具有独立的人员队伍从事教育教学工作，其次是能够取得稳定的办学经费。这是保证乡校教育教学服务能力的关键。从这些取得乡校办学独立设置的学校情况来看，面向区域开展的教育种类和培训数量大为增加。例如：大兴区共有14个乡镇成人学校，2012年区财政拨付的运转经费为720万元，主要用于各乡镇成人学校的日常运转，包括办公经费、修缮费用、取暖费用、公车费用；专项农民培训经费为150万元。黄村镇成人学校共有11个人员编制，2012年全年办公费用60万元，培训经费75万元，在辖区内开展从学历教育到岗位技能培训、农民观念提升等多层次多类型的教育培训工作，办学能力大大提升；房山区建立区、乡两级成人教育经费投入机制，区财政按照年人均1元的标准拨付，乡校办公经费由区财政核拨，各乡镇政府每年向乡校拨付专项培训经费。阎村镇社区成人职业学校目前在岗13人。2012年办学经费投入总额20万元，常年开班了5个学历班，另外还举办24门培训课程及讲座的课程，总课时1500学时，参加培训1387人次。

同时，其他区县的乡校在培训模式和质量上也有提升。密云和延庆县乡校面向农民的“田间课堂”培训模式颇有成效。例如，密云县河南寨镇套里村改变以往单纯在教室里讲授技术知识的培训模式，将培训课堂放在蔬菜种植园区，请县蔬菜办的专家、农艺师常年到种植园区现场为菜农上课，实地讲解蔬菜种植的科学知识、技术方法，及时解决种植过程中出现的问题，提高菜农增产增收的能力。实施“田间课堂”培训模式以来，河南寨镇套里村蔬菜种植园区无公害蔬菜年产量上升至400万公斤，年产值上升至450万元。目前，全县已有64个行政村实行“田间课堂”培训模式，整体提升实用技术培训水平。

（三）乡校的师资队伍和办学场地有明显的改善

随着全市中小学布局调整，撤并学校的校舍用于举办镇、村成人学校，改善了乡校的办学条件，进一步优化教育资源配置，完善农村地区的社区教育网络。

同时，很多区县选派中小学教师到成人学校担任教师和管理者，充实了乡校的干部教师队伍。在顺义：选派65名思想素质好、工作能力强、具有较高敬业精神、热心社区教育工作的中小学教师到镇、街道，负责社区教育的组织、管理、教学等工作。在密云，县教委统一调配普、职、成教的教师，对普教系统中专业对口、适合社区教育工作的教师进行转岗，为每个乡镇、街道配备2～3名专职管理人员和专职教师。各镇、街积极吸收辖区内的行业人才，利用中小学师资，组建5～10人的社区教育兼职队伍。在大兴区，各镇成人学校建立兼职教师的“师资库”，560名兼职教师由市、区大专院校，科研院所的专家和教师以及区内“土专家”组成，学校给每位教师发放聘书。这些措施改善基层乡校办学的软硬件，强化成人教育师资队伍，提高乡校的办学水平。

（四）在办学方面，乡校从传统单一的培训模式向多元化办学转变

传统的乡校主要围绕本区域的主导产业，以面向农民进行技能培训为主。而随着郊区农民生活方式和就业方式的转变，学习需求多元化的趋势日益明显，许多乡校不仅开始了中等学历教育，同时也开始与高校联合办学，提供高等学历教育。例如，大兴区黄村镇与中国农业大学和中国地质大学联合办学，引进这些高校网络高等教育，在校学生达到2000多人。

密云的镇成人学校与县职业学校、电大分校、农广校联合办学，举办农民学历培训班，开设果树种植、旅游管理、计算机等10个专业，提高农民的文化素养和致富技能。2011年，为响应党的十七届六中全会提出的实现文化大发展、大繁荣的号召，在溪翁庄镇、穆家峪镇等4个乡镇举办文艺中专班，加强农村文艺骨干培养。为支持农民参加各类学历培训班，部分乡镇制定奖励政策，如河南寨镇规定：凡列入镇成人学校招生计划的农民学员的学费，镇政府补贴40%、村委会补贴40%、学员个人只负担20%，充分调动农民学习的积极性。3年来，全县实现“镇镇办班”的工作局面，农民学历班共毕业1219人，其中，中专530人、大专576人、本科113人。

（五）乡校成为创建学习型社会的重要组成部分，承担了实现农村居民学者有其校的功能

在各区县开展的创建学习型城区工作中，乡校作为一支扎根农村基层力量积极承担着本辖区内创建学习型社会的任务。乡校作为距离农民最近的一级办学组织承担着上联下辐射的重要功能。对上来自于教委、农委、人力社保局、科委、团委、妇联等多部门的培训任务都会集中到乡校来承担；对下，乡校负责本辖区内各村庄农民的指导培训任务。乡校是基层农民接受农业技术推广、政策宣传、学历教育、岗位培训的重要场所，是政府保证农村居民实现学者有其校的重要一环。在一些区

县，乡校还承担学习型组织的创建工作，例如，在房山区，各乡校负责辖区内各类学习型组织建设的统筹协调和业务指导工作。南窖乡、阎村镇将“学习型阎村创建工作领导小组办公室”设在镇成人学校。

（六）乡校成为孵化社区居民自我学习组织的主场地

很多乡校在学习型社会建设过程中也成为当地居民的文化活动中心，乡校的教师积极组织居民中的积极分子成立各种活动社团，带动更多的居民参与到学习和各种教育活动之中。房山区阎村镇成人学校围绕阎村“文化名镇”建设的目标，组织梓萌书社，创办梓萌杂志，成立阎村文联、农民合唱团等社区群众型组织。这些组织成为组织群众参与文化生活的骨干网络。

（七）乡校的课程和教材开发能力得到提升

近年来，在北京教科院职成所和职成教研中心的科研带领下，各区县纷纷组织人员开发乡土教材，提升乡校的办学能力和水平。例如，密云县社区教育中心编印的《密云水库鱼致富经》乡土教材；顺义区编写了《外地来京务工须知》《再就业优惠政策汇编》《农村职务犯罪问答》等社区教育教材近100种。大兴、房山等乡镇的乡土教材更是不胜枚举。

二、乡校发展中存在的问题

（一）各区县的发展不平衡

由于各区县的经济社会发展水平不同，加上各地方领导对乡镇成人学校的重视不同，各区县乡校发展水平存在很大差异。大兴、房山、通州3个区县的乡校由于已经成为了独立法人事业编制，相对而言发展水平较高，而其他区县乡校整体而言还处于非正规办学的状态。没有法人地位，没有独立的办学队伍，甚至相当部分的乡校没有独立的办学场地，与镇政府的其他机构合署办公，或者仅仅是在会议室挂个牌子而已。将近40%的乡校没有独立的校舍，或借中小学或借乡（镇）属其他单位或者就在乡（镇）政府里办学①。

多数没有独立法人地位的乡校面临的困境是缺乏经费和没有专门人员队伍办学。这些学校的校长和教师往往都是镇教委或者社会事务科的工作人员兼任，平时要承担很多乡镇政府的行政工作，很难有专门的时间和精力开展居民的教育培训工作。所以这些乡校培训力度非常弱，甚至有相当部分的有名无实。

（二）有些领导不重视乡校的建设，其场地设施经常被占用

乡校在很多乡镇机构中处于弱势地位，对一些领导而言，甚至认为乡校仅仅是点缀和装饰的作用。由于很多乡校是利用撤并中小学的遗留校址，反而这些场地往往成某些企业或领导眼中的唐僧肉。由于那些附属于乡镇政府的乡校缺乏法律地位保证，往往成为在开发规划中最容易被挤占挪用的对象。北部山区的一个山区乡镇的成人学校曾经被评为市级学习型乡镇和市级示范校，但是在该镇进行旅游开发中其校舍就被占用，至今未还；中部一个平原乡镇的成人学校曾经是市级示范乡校，但是在镇政府搬迁中，场地被撤销，至今仍未恢复。这种挤占挪用乡校办学场地现象具有一定的普遍性。

（三）乡校的办学经费总体上十分缺乏

乡校的经费保障机制在大多数区县没有任何保障，费用主要来自各镇和街道活动经费。目前经费主要采用的是“政府拨一点、单位出一点、社会筹一点、个人摊一点”的方式，经费不稳定，常会挤占，资金的缺乏是阻碍开展教育培训活动的重要因素。

（四）队伍建设缺乏制度保证

乡镇成人学校的专职管理人员和教师多来自普教，从事成人教育经验不足，专业性不强；学校教师编制已经批准，但是组织关系尚未转入各学校，属于借调教师，组织关系仍在原来学校，工资和职称仍按照原来学校系统发放，一定程度上影响到教师的职称评定、工资待遇，从而积极性受挫。后续教师退休待遇问题也是亟待解决的问题。

各镇聘请培训师资时针对性不强，难度较大，随机性较大，人员变动大，师资队伍不稳定。由于缺乏专项资金的支持，乡校又通常又无力聘请高水平的优秀教师，培训效果不明显，师资队伍的素质有待提高，稳定的专兼职师资队伍建设迫在眉睫。

（五）专业服务能力还比较弱

乡校总体而言，面向居民提供教育服务的专业能力还较弱，这种能力包括课程开设种类、宣传动员能力、聘请教师能力、组织教学管理教学等等。这是同长期以来，乡校没有成为一级正规办学机构有关系。对于一个只有两个兼职教师的非独立的乡校而言，确实很难用专业能力对其提要求。

对于大兴、房山、通州3个区已经取得独立法人单位的乡校而言，目前已经具备事业单位办学资质、初步解决经费、人员队伍等基本问题，如何提升这些学校的面向居民的专业服务能力就成为努力发展的方向。

三、政策建议

在调研中发现，乡校的基本功能应该是统筹利用辖区内外的一切资源面向居民的生产生活需要组织各种教育文化活动，所以乡校应该发挥的是调研、聘请教师、宣传招生等主要功能，要了解本地居民的需求，聘请专业教师开课，组织宣传招生。未来乡校的队伍应该是以社区教育和成人教育管理人员为主，同时以大量的外聘兼职教师为辅的办学机制。衡量乡校办学成效的重要指标应该是开设课程和动员能力。乡校其实是一种农村地区社区教育中心类型。对于首都这样的以城市发展为核心的区域而言，未来乡镇成人学校应该逐渐转变为社区教育中心或者社区学习中心。

（一）出台社区教育发展的专门规划文件，保证城乡社区教育机构的均衡发展

乡校是农村地区承担着社区教育功能的基本单位。建设乡校是建设首都学习型城市的重要组成部分，是实

①吉利、孙孟侠：北京郊区成人教育学校建设与评价研究项目研究报告（2009年北京教科院财政专项）

现农村地区公共教育服务体制全覆盖的重要保证。所以从未来社会发展趋势来看，居民对社区教育服务的需求越来越强烈，所以乡校的功能只能加强，不能削弱。但是乡校的功能要随着本区域人口和产业的发展进行不断的调整变化。但是目前北京市在统筹发展社区教育、成人教育上还缺乏一个可操作性的工作规划。基层社区教育中心、基层乡镇成人学校的发展没有一个事业的纲领，这些单位的建设也缺乏一个统一的法律保障。目前急需出台相关的文件对这项事业发展进行统筹规划，规范乡校的建设，推动农村地区学习型社会的建设。

（二）加强对各区县社区教育成人教育事业发展的督导评价，推动各级政府领导重视农村成人教育事业

发展农村成人教育，提高农村劳动力素质，培养新型农民，建设新农村是北京市政府相关文件的规定。市教委也有相关的文件规定农村成人教育事业发展的规模、投入比例。这是对一个地区进行教育督导的法律依据。为推动各级政府对此项工作的重视，需要加强对社区教育成人教育的督导工作，并将基层乡校的建设作为督导评价的重要内容。

同时推动更多的各区县解决乡校的独立设置问题，建立支持乡校发展的长效投入机制。

（三）在大兴、房山设立农村社区教育改革试验区，探索基层乡校建设发展的模式，取得经验后再逐步推广

乡校的建设是一个长期摸索的过程，可以设立京郊农村社区教育改革试验项目（试验区），给予试验区一些政策，探索改革乡校办学模式和办学体制，以克服那种在财政供养下容易形成的办学惰性，更好的激发社区内各种参与办学的因素。

（四）研究制定符合社区教育成人教育规律的队伍建设问题，解决乡校教师队伍的职称评定问题

目前，国内还没有专门针对社区教育、成人教育工作人员的职称评定系列，从长远来看随着从业人员的增多，这方面的需求越来越强烈。但是短期时间内，不可能得到解决，这就需要在实践中探索，提出合适的职称解决方案，来逐步建立起社区教育成人教育的专业人员队伍。

（五）加强对乡校专职人员队伍的培训，提升专业服务能力

设立专项培训计划，开展对基层乡校校长、管理人员、教师的开展成人教育、社区教育方面的专业能力的培训，逐步提高其专业服务水平。

（承担单位：北京市人民政府教育督导室
执笔人：卫宏）

（本栏责任编校　李涵婧）

综合管理

2013年暑期基础教育领导干部工作会
暨北京市小学规范化建设工程总结会
先进集体
先进集体
先进集体
先进集体

综 述

2013年，北京教育系统认真学习贯彻党的十八大和习近平总书记系列讲话精神，在市委市政府的领导下，团结一致，砥砺前行，狠抓计划落实，狠抓改革创新，狠抓师资队伍，狠抓作风建设，各项事业全面推进。

一、全力推动学校建设三个“三年行动计划”，办学条件进一步改善

学前教育三年行动计划总体完成。《北京市学前教育三年行动计划(2011～2013年)》启动3年来，实施“三项工程”和六项措施，新建改扩建和办园条件达标1000余所幼儿园，新增学位10万余个，补充幼儿教师5000余人，培训园长教师30000余人次。教育部门办园公用经费定额标准提高10倍，由200元增至2000元，补贴各部门和单位集体办园惠及10万余名儿童，专门对普惠性民办幼儿园给予奖励和补贴，通过近三年的不懈努力，一定程度上缓解“入园难”问题。

中小学建设三年行动计划深入推进。《北京市中小学建设三年行动计划（2012～2014年）》深入推进，准备3年内在全市建设中小学200余所，新增学位不少于16万个。2013年重点支持城市功能拓展区和城市发展新区等新增人口聚集区学校、小学及九年一贯制学校、城乡一体化学校，进一步优化教育资源布局，促进基础教育均衡发展。开工建设59个项目，接收小区配套中小学39所，新增学位4万个。

特别是在城乡一体化学校建设方面又有新进展，在上一年建设15所学校基础上，又新增建设30所城乡一体化学校，已增加优质教育学位2.4万个。这些城乡新区学校实行一体化管理，资源输出学校原校区和新校区实行“一个法人，一体化管理”，两个校区的办学经费、教师编制融通共享，不是简单的建设一批优质学校，而是要探索和建立一套城乡新区一体化学校建设发展的长效机制，带动区域义务教育优质均衡发展。

市属高校三年建设规划顺利实施。规划涉及的57个单体项目中49个项目完成立项审批，20个项目竣工交付使用。高校三年规划建设任务完成后，市属高校生均校舍面积将由规划实施前的27平方米增至32平方米，生均增长18%，基本可以达到办学标准，实现改善办学条件，提升办学质量的目标。此外，高校新校区建设继续加快推进，中国人民大学等5所部属高校、北京信息科技大学等7所市属高校的新校区建设已经启动。

二、持续推进教育领域改革，教育发展活力进一步增强

中高考改革稳步推进。为进一步减轻学生课业负担、促进学生全面发展，推动基础教育优质均衡发展，积极回应人民群众关心、关注的热点难点问题，经过广泛调研研究，提出2014～2016年中考高考招生考试改革框架方案。2013年适度调整高考试题难度，较好发挥高考的正确导向作用。

专项教育改革平稳落地。2013年，北京市承担的20项国家教育改革试点项目取得显著进展，其中“普通高中特色发展实验”等5项改革试点转为示范项目，典型经验向全国推广。在北京市首次开展随迁子女在京参加中职和高职考试的录取资格审核工作，2843人提出申请参加中职考试，740人通过审核，录取495人。

积极探索创新基本公共教育服务方式。制定《北京市2013～2015年基本公共教育服务行动计划》。扎实推进“北京数字学校”体制机制建设，完成覆盖义务教育阶段全学科13000余节数字化名师授课资源，基本建成优质视频资源库，月点击量保持在300万次以上。首次开展全市学龄人口信息采集工作，利用网络平台管理义务教育入学工作，既能有效预测本年度适龄儿童入学总体数量和区域分布，为经费、教学等管理工作科学决策发挥作用，又能对控制跨区跨片无序流动起到限制作用。

教育对外交流与合作继续深化。全面实施“留学北京行动计划”，将外国留学生奖学金投入额度提高到7000万元，在北京市高校和中小学就读的来华留学生达到11万人。加快推进高水平中外合作办学，2013年中外合作办学机构和项目达到149个。开展友好城市汉语教师和外国驻华使馆教育官员培训，近3700人参加。北京市学校在外建设孔子学院和孔子课堂达到210个。深化高校学生赴外交流项目和中华文化小使者项目，选派1000多名高校学生和700多名中小学生赴国外开展交流活动。组织开展国际学生北京夏令营等多项学生交流活动。

三、努力促进教育公平，热点难点问题进一步化解

持续推进义务教育均衡发展。落实推进义务教育均衡发展备忘录和责任书。制定落实中小学减负工作“八项规定”，开展专项督导，持续推动“减负”工作落实，2013年下半年监测显示，全市中小学生的课业负担明显降低。在2011年、2012年国家基础教育质量监测中，北京市小学生成绩均大幅度高于全国均值，优势明显。依法保障随迁子女受教育权利，继续改善随迁子女就读学校办学条件，通过委托办学和购买服务等方式进一步扶持和规范流动人口自办学校办学，推动随迁子女融入北京教育。

进一步规范办学行为。规范义务教育入学工作，严格控制跨区、跨片择校。开展专项检查，严禁公办学校通过考试培训班、奥数竞赛成绩与入学挂钩、私自招生等形式选拔学生。继续降低普通高中招收择校生的比例，将示范高中招生名额分配到初中的比例提高到12%～15%，名额分配招生计划增加457人。组织春秋两季教育收费专项督查，乱收费现象得到有效遏制。加强对高校招生录取工作的监督检查，对部分院校艺术、体育类专业招生考试工作进行巡视检查。

提高特殊教育和民族教育服务水

平。制定中小学融合教育行动计划、特殊教育学校办学条件标准以及进一步加强随班就读工作意见，进一步保障残疾儿童少年受教育权利。为11个区县的43所特殊教育学校建设示范性资源教室，集中改善15所特教学校办学条件，争取部分学校率先达标，引导专门学校实现专业化发展。投入专项经费为12所内地民族班学校和2所民族学校改善办学条件。

做好大学毕业生就业工作。2013年，北京地区高校毕业生22.9万人，比上年增加6000人。市教委通过优化就业指导服务、推广就业特色项目、加强就业调研、开展困难群体就业援助、推进创业教育和实施等措施，力促毕业生就业。按教育部统计口径，毕业生就业率96.04%，与上年同期基本持平。

强化学校后勤服务保障。进一步规范北京高校后勤工作，市级财政和高校继续共同建立学生食堂价格平抑资金，不断加大农校对接直供基地建设力度，直供基地增至51家，参与采购的高校78所。制定节约型高校建设评价标准。调整完善中小学生营养餐管理工作，管理重心下移，强化区县管理职责，在全国率先设立学生餐食品安全险。开展节能减排主题系列活动，通过多种形式增强大中小学生的环保意识。

四、始终坚持育人为本，教育质量和特色进一步显现

积极开展“我的中国梦”主题教育活动。推动社会主义核心价值体系教育，在高校组织开展“我的梦中国梦”系列主题教育活动，推出中小学生时事大讲堂、“美丽中国可爱北京”电子报设计、历史写作大赛等8项系列活动，现场组织全市60余万名中学生在教室同步收看神舟十号太空授课。推进社会大课堂常态化应用，继续推进学生教育计划书。深入开展“走基层、看变化”主题实践活动和寒暑期大学生“三下乡”社会实践活动。

学校体育、卫生和美育工作进一步加强。制定实施中小学体育工作三年行动计划，针对学校体育卫生工作长期存在的难点问题，提出中小学体育工作的目标和保障措施。广泛开展阳光体育运动，举办百余个市级大中小学生体育竞赛。在农村地区建设39个乡镇校外活动站，为未成年人参加校外体育艺术科技活动提供服务。开展艺术课程改革，在中小学试点“素质教育舞蹈课”，促进普通学生全面发展。参加全国第四届中小学生艺术展演活动，19个节目获得一等奖。新北京市少年宫正式落成并启用，为中小学生参加校外教育活动提供更加丰富的资源。

高中多样化发展效果显现。在高中课程、招生考试制度、学校评价、学校管理体制、办学体制等方面寻求创新突破。修订普通高中办学条件标准细则。持续推进45所国家级高中特色试验校建设，重点建设30所开放式重点实验室。加强高中学校自主课程建设实验，完成首批实验学校复审工作。加强高中实验班办学监控与评价，积极探索创新人才培养模式。

高等教育质量日益提升。重点建设10个专业群，立项支持295项教学改革，评选经典教材14项、精品教材400余项。完善中央高校与市属高校结对共建机制，在北京航空航天大学率先启动“北京学院”项目，支持市属高校学生到中央高校访学，共享优质资源。目前正在形成中央高校与市属高校结对共建、建设学院路教学共同体、北京高校专业群等6种共建模式。在原有基础上，又增设5个高校专业群，提高市属高校专业建设水平。同时，推动16所中央高校与市属高校共同建设“北京市卓越工程师教育培养计划高校联盟”，针对高等工程人才培养，相互开放实验室、工程实验中心，开办暑期学校，共同提高工程人才培养质量。

高校科研创新和服务能力不断提高。总结提炼北京市学科群三年建设成果，实施市属高校科技创新能力提升计划，在节能环保、高端装备制造等领域遴选资助53项产学研合作项目，服务北京战略性新兴产业发展。面向中央高校启动重大成果转化项目，充分发挥中央高校的资源优势，促使其重大成果在京实现转化和产业化。新增一批北京市哲学社会科学研究基础，鼓励研究基地为政府决策服务。建设15个市属高校协同创新中心和7个北京实验室，在人才培养、科学研究、服务社会方面均取得良好成绩。配合中关村起草并发布《加快推进高等学校科技成果转化和科技协同创新若干意见（试行）》（简称“京校十条”），为高校科技成果转化营造良好的政策环境。

职业教育创新发展步伐加快。继续开展中高职衔接和职业教育分级制试验，扩大“3＋2”中高职衔接试点学校和专业范围。组织开展职业技能竞赛，共计1.2万名学生参加。积极参与新型农民培养工作，年内共培训农民30万人次。同时，职业教育资源建设进展明显，分三批推动21所中职学校参与国家级中职示范校建设，在中职学校新设数字媒体技术应用、物联网技术应用等26个专业，重点支持旅游服务与管理专业等15个示范专业建设，职业教育服务首都经济社会发展的水平和能力进一步增强。

学习型城市建设不断深化。承办首届国际学习型城市大会，并参与起草大会《建设学习型城市北京宣言》。进一步拓展北京学习型城市网的功能，自主开发中华文化、科学普及等系列课程。指导区县开展数字化学习社区建设，充分利用信息技术改进和服务市民终身学习。总结推广创建学习型城区工作经验，开展学习成果认证试验。健全示范性社区学院建设标准和评价体系。

促进民办教育健康发展。研究制定实施意见，鼓励和引导民间资金进入教育领域促进民办教育健康发展，进一步完善民办高校法人治理结构，促进民办教育健康发展。持续推动民办高校发展促进项目，专项资助27所学校的94个项目，引导民办高校特色发展。开展民办高校办学状况评估，以及民办高校招生简章、广告备案及监测工作，督促学校整改，引导民办学校规范办学。

五、实施人才强教战略，教师队伍建设进一步加强

加大骨干教师和学科带头人培养力度。抓好高层次人才队伍建设，启动高等学校青年英才计划，支持青年教师开展教学科研项目，同时促进市属高校高层次人才引进与培养和创新团队建设，加大人才引进和资助力度。实施中小学名师名校长发展工作，支

持建设3个市级名校长工作室。评选表彰“北京市教育教学成果奖”890项，其中高等教育663项，中等职业教育67项，基础教育160项。

重点加强农村教师队伍建设。通过建设农村中小学教师研修工作站、京郊教师“绿色耕耘”培训等项目，培训农村教师6000多人次。设立200个农村骨干教师专项指标，补充农村中小学教师队伍的不足。研究制定《关于公开招聘北京市农村中小学音体美等学科教师三年行动计划》，设立专项进京指标，公开招聘农村中小学音体美等学科教师237人，有效缓解教师紧缺的状况。

积极改善教师待遇。深化中小学教师职称制度改革，三个试点区县35000多名教师完成过渡工作。出台《市属高校、市教委直属事业单位实施绩效工资指导意见》。同时，启动高校教师保障房建设，沙河高教园区保障房规划建设公租房、安置房23万平方米、良乡高教园区保障房规划建设13.2万平方米公租房已基本确定，计划在望京花园东区建设高校教师人才公租房，解决教师住房困难问题，

六、坚持依法治教，教育管理和督导水平进一步提升

全面加强教育督导。开展教育法律法规执行情况督导检查，重点检查房山区、门头沟区和密云县等区县的教育法律法规执行情况。全面完成义务教育均衡发展市级督导评估，做好接受国家督导评估的各项前期准备工作。委派50名市政府督学深入到117所中小学校督导监测“减负”工作。组织开展小学规范化建设工程全面督导评价和总结验收。全面改进和加强职业教育专项督导评价，对部分中等职业学校进行新一轮综合督导。完成5个区县学前教育工作的专项督导和各区县学前教育发展状况的督导监测工作，积极促进区县政府落实“学前教育三年行动计划”年度目标任务。对部分区县校外教育、特殊教育和教育督导工作开展专项督导。完成2013年区县教育工作满意度入户调查工作。

切实推进依法治教。开展终身教育促进条例、督导条例立法调研和学前教育条例修法调研。加强对中外合作办学协议、重大合同等合法性审查，严格落实行政规范性文件的合法性审查和备案，开展规章和规范性文件清理。深化行政审批制度改革，开展教育行政许可和审批项目清理。开展市属高校章程建设试点，督促高校健全组织领导。加强青少年法制宣传教育，优化北京市青少年法制资源网，积极推广中小学模拟法庭教育形式，不断提升教育效果。

完善教育经费保障政策和制度。优化各级各类教育投入结构，确保重点项目的实施，重点加大对农村地区、城镇薄弱学校和城市发展新区教育事业的投入。适时调整市属高校、中专、直属单位基本经费定额标准，以及内地高中新疆班学生定额标准。设立市属高校基础设施改造定额管理项目，扩大学校项目经费分配使用的自主权。进一步改革直属单位和市教委业务处室下达项目的管理模式，建立定额标准与专项经费相结合的预算管理方式。组织实施市拨教育专项经费管理和使用情况审计调查，对部分直属单位进行内部控制审计调查，切实发挥内部审计作用。

（聂荣）

【高校领导干部会议召开】　1月17日，2013年寒假北京高校领导干部会议暨北京高校党建工作会议召开。会议传达中央关于学习贯彻党的十八大精神相关要求，及第21次全国高校党建工作会议主要精神，对高校贯彻落实党的十八大精神、领导干部带头改进作风提出要求，部署增强高校科技创新能力、缓解青年教职工住房困难、办好高校后勤等工作。会议印发《北京高校党的建设2013～2017年工作规划（征求意见稿）》《关于进一步加强北京高校辅导员队伍建设的若干意见（征求意见稿）》及2013年两委一室工作要点。会议听取北京大学、清华大学、北京师范大学等7所高校的党政负责人交流发言。市委组织部、市委宣传部、市教育工会、团市委等有关部门及两委一室领导，各高校党委书记、校长，高校党建专家、民办高校督导专员兼党建工作联络员共230人参加会议。

（何加纯）

【两委机关贯彻厉行节约反对浪费精神】　1月21日和23日，市委教育工委、市教委学习贯彻中央“厉行勤俭节约反对铺张浪费”重要精神。21日，两委召开机关全体党员干部会议，传达《中共中央办公厅印发习近平同志关于厉行勤俭节约反对铺张浪费重要批示的通知》精神，对下一步机关贯彻落实中央、市委文件精神做出部署。23日，两委机关各处室党支部、各直属单位党组织、机关离退休党总支分别召开以“厉行勤俭节约、反对铺张浪费”为主题的专题组织生活会。与会党员反思并查找本人、本部门、本单位在厉行勤俭节约、反对铺张浪费方面存在的问题和差距。

（吴洁）

【袁贵仁到昌平五中调研】　3月4日，袁贵仁到昌平区第五中学考察调研。袁贵仁询问学校师资队伍建设、德育工作、学生课业减负、体育活动时间及学生体质监测、校园安全措施、教师负担和需求。对学校各项管理及教育教学工作表示满意，特别对学校校园文化建设、体育活动、校园安全等工作给予认可。

（王辉）

【制定中小学融合教育行动计划】　3月25日，市政府办公厅印发《北京市中小学融合教育行动计划》。该计划是为进一步加快首都特殊教育事业发展，尊重并保障残疾儿童少年拥有平等享受基本公共教育服务的权利，

推进首都基本公共教育服务均等化，促进和谐社会首善之区建设。计划依据“以人为本、实现融合，落实责任、政策倾斜，项目带动、分步实施”工作原则，完善以特殊支持教育中心为指导，以特殊教育学校为骨干，以随班就读为主体，以送教上门为补充的特殊教育办学体系，全面建设符合首都地位的现代化特殊教育。重点工作包括特殊支持教育中心引领工程、随班就读主体工程、送教上门辅助工程、学前特殊教育服务工程、特殊教育教师队伍建设工程、特殊教育社会支持工程6项。截至2012年，全市基础教育阶段特殊教育学校22所，在校生2988人（其中285名重度和多重残疾学生接受送教上门服务），另有5682名残疾学生在1093所普通中小学随班就读。

（张晓兰）

【首次批准随迁子女参加中职考试】 3月28日至4月13日，北京市首次批准符合条件的进城务工人员随迁子女在京参加中等职业学校招生考试和录取。提出升学申请考生2850人，通过资格审核705人，录取531人，占符合条件考生75.32%。根据《进城务工人员随迁子女接受义务教育后在京参加升学考试工作方案》规定，自本年起，凡进城务工人员持有有效北京市居住证明，有合法稳定的住所，合法稳定职业已满3年，在京连续缴纳社会保险已满3年，其随迁子女具有本市学籍且已在京连续就读初中3年学习年限的，可以参加北京市中等职业学校的考试录取。

（郭振铎　姚林修）

【组织学生参加大型活动】 4月2日和

10月1日，市教委分别组织学生参加中央领导义务植树和向人民英雄纪念碑敬献花篮活动。朝阳区、丰台区共遴选30名少先队员陪同习近平、李克强、张德江、俞正声、刘云山、王岐山、张高丽到丰台区永定河畔参加首都义务植树。市教委协调各学校组织720名大学、中学师生参加向人民英雄纪念碑敬献花篮活动，其中，北京市第一七一中学、东城区灯市口小学、北京小学、西城区展览路第一小学、海淀区实验小学5所金帆合唱团240名学生现场演唱歌曲。

（王力志）

【制定农村音体美教师招聘三年行动计划】 4月3日，市教委、市人力社保局联合发布《北京市公开招聘农村中小学音体美等学科教师三年行动计划（2013～2015年）》。该计划目的是解决北京市农村中小学音、体、美等学科教师紧缺问题。计划实施范围包括门头沟、房山（含燕山）、通州、顺义、昌平、大兴、平谷、怀柔、密云、延庆10个远郊区县（含城镇中小学）以及朝阳区、海淀区、丰台区的农村地区中小学。预计在2013年至2015年间，累计招聘中小学音乐、体育、美术、历史、地理学科教师1000人，重点招聘小学相关学科教师。招聘面向北京地区全日制普通高等学校应届本科及以上学历毕业生，其中，非北京生源毕业生引进工作列入专项计划，按照现行引进渠道办理。受聘毕业生服务期不少于5年，具体服务期限由各区县教委根据实际情况确定。

（吴武　房卫青）

【中美两国元首祝贺清华苏世民项目启动】 4月21日，清华大学苏世民

学者项目启动，习近平、奥巴马分别致信祝贺。习近平在贺信强调，今天的世界是各国共同组成的命运共同体。战胜人类发展面临的各种挑战，需要各国人民同舟共济、携手努力。奥巴马在贺信中表示，教育交流对于塑造学生全面人格、推动国家间的深入理解和相互尊重，发挥着重要的作用。刘延东、澳大利亚前总理陆克文、加拿大前总理马尔罗尼等参加启动仪式。清华大学苏世民学者项目由清华大学和美国黑石集团主席施瓦茨曼（苏世民）合作设立，旨在立足中国，面向世界，借鉴国际先进教育理念，在全球范围选聘优秀师资，为世界各国优秀大学生提供专项教育培训。首期设置公共政策、工商管理、国际关系三个领域，未来增设工程科技领域。第一期招生100人，以后扩大到200人。

（何加纯）

【开展学生资助档案管理专项培训】 4月21日，市教委举办北京市学生资助档案管理专题培训。培训围绕各级各类教育开展多元化学生资助过程中形成大量档案的问题，从加强资助档案统筹管理、实现途径等方面作专题讲解。市属各高校、区县、中等专业学校等学生资助档案管理相关人员120人参加培训。

（王薇）

【重新组建学生活动管理中心】 4月

26日，市编办印发《北京市机构编制委员会办公室关于同意重新组建北京学生活动管理中心的函》。在整合原北京学生活动管理中心（北京市少年宫、北京市青少年科技馆）和北京教学植物园的基础上，重新组建北京学生活动管理中心，挂牌北京市少年宫、北京市青少年科技馆、北京教学植物园，为市教委所属相当正处级全额拨款事业单位，不再单独保留北京教学植物园。活动中心重组后主要职

责是承担北京地区学生活动组织管理的事务性工作；面向全市未成年人开展校外教育活动；负责本市校外教育的教科研工作；负责本市植物与环境教育实验基地建设，为全市中小学校开展植物科学、综合实践等相关学科教育教学实践活动提供支持。5月17日，市教委召开重新组建北京学生活动管理中心大会，宣布《北京学生活动管理中心与北京教学植物园合并方案》，确定新学生活动管理中心领导班子，核定全额拨款事业编制232人，包括处级领导职数为1正4副。11月18至28日，学生活动管理中心（少年宫）完成从西城区景山后街11号迁入新址工作，宣布新少年宫正式启用。

（祁国章）

【高校参与四川雅安抗震救灾】 4月，北京高校积极参与四川雅安市芦山县抗震救灾工作。根据统一部署，各高校及时了解掌握家庭受灾师生情况，积极做好家庭受灾师生的心理疏导工作。部分高校充分发挥优势，组织专业力量参与救援工作。北京大学第三医院27名医护人员组成北京首批国家医疗队奔赴抗震救灾第一线。清华大学土木工程系专家学者随住建部首批专家组前往灾区，对重点建筑安全情况进行应急排查。市委教育工委、市教委及各高校号召师生以实际行动支援灾区奉献爱心。4月20日8时02分，四川省雅安市芦山县发生7.0级地震。

（吴洁）

【习近平回信鼓励北大学生】 5月2日，习近平回信鼓励北京大学考古文博学院2009级本科团支部全体学生。习近平回信中写到："中国梦是国家的梦、民族的梦，也是包括广大青年在内的每个中国人的梦。'得其大者可以兼其小。'只有把人生理想融入国家和民族的事业中，才能最终成就一番事业。希望你们珍惜韶华、奋发有为，勇做走在时代前面的奋进者、开拓者、奉献者，努力使自己成为祖国建设的有用之才、栋梁之材，为实现中国梦奉献智慧和力量。"在五四青年节到来之际，习近平同时向支部全体同学致以节日的问候。习近平2012年6月19日在北大调研高校党建工作时，勉励考古文博学院2009级学生学好专业，为中华民族文化传承和祖国建设多做贡献。2013年4月28日考古文博学院2009级团支部全体学生给习近平写信，汇报他们近一年来的学习、生活、思想情况特别是关于中国梦的认识和体会。

（何加纯 孙启明）

【召开第四届著名大学中学校长峰会】

5月27日，第四届著名大学中学校长峰会在北京工业大学召开。会议讨论高等教育与高中教育的衔接以及探讨创新人才的选拔和培养等问题，认为基础教育的改革与发展，特别是高中教育从终结性教育到预备性教育的转型，以及由此带来的大学与高中教育关系的变化，已经对高等教育的改革与发展形成新的挑战与机遇；大学与高中的关系，已经逐步从过去的"选拔模式"转变为一种"共生模式"，两者之间也正在形成一种相互约束、相互促进的互动关系。会议听取清华、北工大和人大附中校长主题发言。会议由中国教育报主办，北工大和北京交大承办，来自北京大学、南开大学、上海交大以及人大附中、清华附中、复旦附中等数十家国内知名大学中学校长参加峰会。

（刘玮）

【习近平参加少年宫主题队日活动】 5月29日，习近平在北京市少年宫参加"快乐童年放飞希望"主题队日活动，以一个"大朋友"的名义，向全国少年儿童祝贺"六一"儿童节。主题队日包括"趣味足球""植物园农作区种植活动""阅读木化石"等活动。习近平参观新落成的北京市少年宫，看望在这里参加第三届"全国各族少年儿童交流体验活动"的少年儿童，观看"手拉手心连心"联欢活动，与少年儿童互动游戏。习近平对孩子们说，少年儿童从小就要立志向，有梦想，爱学习、爱劳动、爱祖国，德智体美全面发展，长大后做对祖国建设有用的人才。习近平强调，孩子们成长得更好，是我们最大的心愿。党和政府要始终关心各族少年儿童，努力为他们学习成长创造更好的条件。老师、家长要承担起教育引导少年儿童成长成才的责任。少先队组织要更好地为少年儿童服务。全社会都要关心少年儿童成长，支持少年儿童工作。来自全国56个民族的革命老区、灾区、患有先天性心脏病少年儿童和农民工子女，以及首都城乡少年儿童代表1600人参加活动。教育部、共青团中央、北京市领导陪同参加活动。

（何家纯 王力志 卢凤霞）

【袁贵仁检查高考准备情况】 6月4日，袁贵仁到北京检查高考准备工作。袁贵仁检查北京师范大学第二附属中学和北京市中关村中学考点的保密室、考务室、电子巡查监控室，并慰问工作人员。通过国家教育考试考务指挥平台，袁贵仁提出重点排查和打击利用通讯工具进行团伙舞弊，对涉嫌窃密、团伙舞弊等行为，要一查到底，坚决打击；强调落实2013年全国普通高校招生考试安全工作电视电话会议精神，实现责任落实到位、监督管理到位、协调配合到位、服务考生到位，确保高考平安有序和谐稳定的目标。市政府和市招考委相关人员陪同检查。

（卢杰）

【组织开展"国际档案日"主题活动】 6月9日，市教委在北京工业大学举办"国际档案日"主题活动。活动以"档案的作用与信息化管理"为主题，采取专题讲座、实地参观、业务研讨相结合，促进市教委各直属单位、各普通高等学校档案管理业务的交流和经验分享。市教委各直属单位，北京工业大学、首都体育学院、首都师范大学等30余所高校办公室主任和档案部门负责人参加活动。

（王薇）

【太空授课地面课堂在人大附中举行】 6月20日10：04至10：55，人类历史上首次太空授课活动在人大附中举

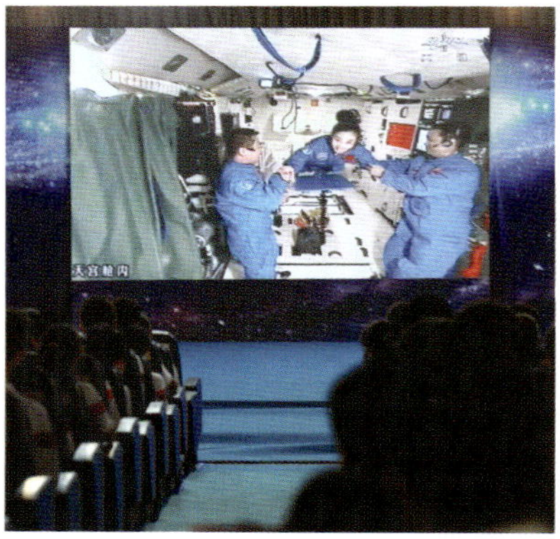

行。人大附中物理教师宓奇、一零一中学物理教师史艺作为地面课堂教师，配合“神舟十号”航天员王亚平共同给学生上1节科普课。王亚平在神舟飞船上演示弹簧、陀螺、单摆、质量测量、水膜和水球6个实验，并与聂海胜分别回答学生提出太空中如何保持肌肉力量、规避太空垃圾、太空资源再生等问题。少数民族学生、进城务工人员随迁子女代表等20所学校300名中小学生，现场参加太空授课地面课堂活动，全市60万名中学生在各自教室同步收看。活动由教育部、中国载人航天办、中国科协举办，市教委具体负责授课活动中地面课堂的组织管理工作。

（宋亚甫　周晓宇）

【颁布中小学体育工作三年行动计划】 7月4日，市政府办公厅转发市教委、市编办等部门的《北京市关于推进中小学校体育工作三年行动计划（2013～2015年）》。计划阐述北京中小学校体育工作的现状和面临的挑战，提出通过3年左右的时间，确保北京市100%的中小学校落实学生每天1小时校园体育活动，确保85%以上的中小学生达到《国家学生体质健康标准》的目标。该计划明确，三年中要重点实施师资队伍配备与提高、学生体质健康监测与干预、体育场馆设施共享与建设、体育工作督导与评估四项工程，推进中小学体育工作。计划提出要在做好中小学校及幼儿园校方责任保险的基础上，从2013年秋季学期开始，以每生每学年5元的标准，为学校投保校方无过失责任保险，控制学校组织学生参加校内外体育锻炼和实践活动的风险。同时制定并实施学校体育安全管理规范，健全安全应急工作预案，降低学校体育工作安全风险。

（张晓兰）

【召开小学规范化建设工程总结会】

7月15日，北京市召开2013年暑期基础教育领导干部工作会暨北京市小学规范化建设工程总结会。会议总结五年来北京市小学规范化建设工程实施情况，明确今后一个时期全市小学发展方向，并部署下一阶段基础教育重点工作。会议表扬112个先进集体和329名先进个人，并向获奖代表颁发奖牌和证书。市教委有关处室、直属、直管单位的负责人，各区县主管区县长、区县教育工委、区县教委、区县教育督导室的主要负责人，部分人大代表、政协委员以及中小学校长、幼儿园园长和教师代表500余人参加会议。北京市小学规范化建设工程2007年启动，2012年底结束。其间，累计投入资金192.5亿元。共有648所小学762个校址完成加固改造，新增专业教室3267个，教育教学设施、音体美器材、图书资料等办学条件主要项目达标率为94.07%。本科毕业的小学教师人数比2008年增长49%，小学管理干部大学本科及以上学历的比例从2008年的59.5%上升到87.3%，正职校长具有本科及以上学历占95.5%。2009年，市教育督导室每年对北京市小学规范化建设工程实施情况进行专项督导，2012年9月，市教育督导室与市教委共同开展对全市各区县“小学规范化建设工程”的综合督导。

（张士佐　向姣姣　熊红帅）

【习近平到中国科学院考察工作】 7月17日，习近平在中国科学院大学同中国科学院负责人和科技人员代表、学生代表座谈。习近平在讲话中要求中科院牢记责任，率先实现科学技术跨越发展，率先建成国家创新人才高地，率先建成国家高水平科技智库，率先建设国际一流科研机构。临别时习近平总书记与国科大学生握手交谈，希望他们立志报效祖国、服务人民。

（张怡然）

【召开群众路线教育实践活动动员会】

7月19日，市委教育工委、市教委召开群众路线教育实践活动动员部署大会。与会人员学习中央和市委开展群众路线教育实践活动的精神，提出以“转变作风、完善制度，加强服务型、创新型、廉洁型机关建设，促进首都教育科学发展”为抓手，开展教育实践活动。会上，组织对两委领导班子及成员开展民主评议。按照市委统一部署，两委参加全市第一批教育实践活动，时间从7月中旬开始，到11月上旬基本完成，参加范围包括两委机关及直属单位全体党员，重点是处级以上领导班子和领导干部。两委领导班子全体成员、部分离退休干部，两委机关全体党员、直属单位主要负责人260人参加会议。

（吴小红　熊红帅）

【刘延东考察盲人学校】 9月2日，刘延东考察北京市盲人学校。刘延东听取该校关于学校建设、办学功能、办学定位以及师资队伍建设、学生招生就业等情况的介绍，参观校史馆、体育馆和图书馆。观摩课堂教学后，刘延东充分肯定学校办学成绩，希望学校勇担使命，不断提升办学质量和水平，发挥好示范带动作用，努力为残疾少年儿童提供更好的教育服务。她指出并强调，特殊教育是促进残疾人全面发展、帮助残疾人更好融入社会的基本途径，是推进教育公平、改善民生重要领域和体现社会文明重要标准。要进一步加大支持力度，特教特办，努力完善特殊教育体系，健全保障机制，改善办学条件，不断满足残疾学生的学习需求。

（何加纯）

【刘延东看望徐光宪院士】 9月8日，刘延东看望国家最高科技奖获得者徐光宪院士。刘延东代表习近平、李克强和党中央、国务院向徐光宪致以诚挚的祝福和节日的问候，听取他对建设创新型国家、人力资源强国的意见和建议。她强调，我们要继承和发扬徐老几十年如一日甘于寂寞、潜心治学的精神，要以徐老为榜样，学习他教书育人的品格，培养更多的拔尖创新人才，出更多尖端科研成果，为国家进步、社会繁荣、人民幸福做出更大贡献。徐光宪对国家给予他的崇高荣誉表示感激，也感谢中央和学校领导对他的关怀和关心，并向刘延东等领导赠送《举重若重：徐光宪传》一书。国务院、教育部领导及北大党委书记、校长陪同看望。

（张妙妙）

【市委市政府召开教师代表座谈会】 9月9日，市委、市政府召开教师代表座谈会。会议听取来自高校、中小学、幼教和职教等各个领域的优秀教师代表对首都教育改革的意见建议。郭金龙、王安顺参加座谈会并讲话。北京各级各类教育优秀教师代表近30人参加会议。

（何加纯）

【苟仲文到北京大学调研】 9月25日，苟仲文到北京大学就人才培养、科学研究等工作调研。苟仲文表示，希望北大充分发挥在的领头作用，大力开展校地合作和资源整合，支持北京市属高校发展，与北京城市各方面的建设融为一体。朱善璐、傅华、刘建等陪同调研。

（吴洁）

【公布随迁子女参加高职招生考试办法】 9月27日，北京市招生考试委员会公布《2014年进城务工人员随迁子女在京参加高等职业学校招生考试实施办法》。根据规定，进城务工人员随迁子女满足五项条件可在京参加高等职业学校招生考试。五项条件分别是：进城务工人员持有在有效期内的北京市暂住证或工作居住证；在京有合法稳定住所；有合法稳定职业已满6年；连续缴纳社会保险已满6年（不含补缴）；随迁子女具有本市学籍且已在京连续就读高中阶段教育3年学习年限。北京教育考试院汇总网上申请信息、各区县考试中心高招办汇总进城务工人员随迁子女申请材料后，报请相关部门进行审查。其中，市公安局负责进城务工人员在京办理暂住证情况的审核；市人力社保局负责工作居住证的审核；街道、乡镇政府负责进城务工人员住所、职业情况的审核；市社保中心负责进城务工人员在京连续缴纳社保情况的审核；市教委、市人力社保局负责随迁子女考生学籍情况的审核。随迁子女考生通过申请条件审核及完成现场确认后，可参加2014年高等职业学校招生考试。未提出申请、未通过申请条件审核或未通过报名资格现场确认的考生不能在京参加高职招生考试。

（姚林修）

【习近平给民大附中学生回信】 10月1日，习近平给民大附中全体学生回信。回信全文454个字，向学校建校100周年表示热烈祝贺，并引文“学如弓弩，才如箭镞”。习近平希望同学们珍惜美好时光，砥砺品德，陶冶情操，刻苦学习，全面发展，掌握真才实学，努力成为建设伟大祖国、建设美丽家乡的有用之才、栋梁之材，为促进民族团结进步、实现共同繁荣发展做出应有贡献。5月20日，学校各民族学生50人代表全校1800名学生给习近平写信，向习主席汇报学校百年发展历程和新中国成立后学校发生的变化，期盼他来到中央民族大学附中做客并参加学校百年校庆。

（孙立清）

【首届国际学习型城市大会召开】 10月21至23日，首届国际学习型城市大会在北京召开。会议以“全民终身学习：城市的包容、繁荣及可持续发展”为主题，由联合国教科文组织、教育部和市政府联合主办。袁贵仁主持开幕式，刘延东、王安顺、联合国教科文组织总干事伊琳娜·博科娃参加会议并致辞。会议听取题为《建设学习型城市，促进全民终身学

习》主旨发言，就学习型城市的基本特征、建设学习型城市的意义和基本战略讨论交流，审议并通过《建设学习型城市北京宣言》和《学习型城市的主要特征》两个成果文件。会议同时举办“全民终身学习是城市的未来”主题市长论坛。会议由联合国教科文组织终身学习研究所、中国联合国教科文组织全国委员会、市教委共同承办，联合国教科文组织会员国代表、企业代表及专家学者、教育部、北京市政府等300名国际代表、200名国内城市代表参加会议。

（何加纯　熊红帅）

【制定空气污染应急预案】 10月31日，市教委印发《北京市教育委员会空气重污染应急预案（试行）》。预案明确重污染预警级别应采取的应急措施。空气污染预警四级时，小学、幼儿园减少户外运动。预警三级（黄色）时，小学、幼儿园避免户外运动；中学减少体育课等户外运动。预警二级（橙色）时，小学、幼儿园停止户外运动；中学可以停止室外体育课、早操、课间操、课外体育活动、业余训练；停止校级、区县级、市级组织的体育考试和运动会，并延期举行。在持续橙色预警期间，允许中小学校根据区域空气质量状况和学生、家长的要求，经市、区县教委批准后弹性安排教学活动。预警一级（红色）时，中小学、幼儿园停课，停止露天体育比赛活动。预案同时明确适用范围、预警发布与解除程序、市教委各个处室及区县教委职责及应急领导小组成员。

（武怀海）

【第十届北京论坛举行】 11月1至3日，第十届北京论坛举行。论坛以

“文明的和谐与共同繁荣——回顾与展望”为主题，下设“构建新型大国关系：机遇与挑战”“高等教育的全球参与与知识共享”“地区合作与冲突：多元文化的视角”“中国与世界环境保护四十年：回顾、展望与创新”“城镇化：可持续发展与多样性”5个分论坛，以及“保护的新希望”学生论坛。论坛同时举办“水与可持续文明”圆桌会议等对话活动。联合国副秘书长约瑟夫里德，澳大利亚前总理陆克文参加开幕式，联合国秘书长潘基文及美国前总统比尔·克林顿，通过视频表达对北京论坛十年历程的肯定和祝福。来自中国、英国、美国等多个国家的300余名专家学者参加论坛讨论。北京论坛（Beijing Forum）2004年创立，是经国务院和教育部批准，在北京市政府的指导与支持下，由北京大学、北京市教育委员会和韩国高等教育财团联合主办的国际性学术会，每年举办一次。至本年，累计有来自70余个国家和地区的3700名政要和学者参加北京论坛。

（李喆）

【温家宝向十二中赠签名新书】　11月14日，受温家宝委托，人民教育出版社教材中心向十二中转赠温家宝亲笔签名的著作《温家宝谈教育》。在书籍第461页上，记录温家宝2003年9月9日到十二中视察情景。全文如下：温家宝来到北京市第十二中学。这是北京市的一所重点中学。温家宝参观学校的体育场、教学楼、图书馆和生态馆，看到这些先进的教学设施，他十分高兴。在图书馆，温家宝同教师们进行座谈，感慨地说，中学是一个人世界观形成的关键时期，也是打好知识基础的重要时期，中学教育会影响人的一生。要把教书和育人结合起来。老师们要不断提高自身的素质，为人师表，做到有德、有范。他鼓励在座的教师要立志做一辈子老师，做青少年的表率。

（王连东）

【升级改造机关电子政务综合办公平台】　11月，市教委改造完成机关电子政务综合办公平台。改造完成信息资源共享平台（OA系统）、档案管理系统、教育信息文件传输系统、视频会议系统、教委电子政务邮箱系统，通

过电子政务综合办公（OA）系统与档案对接，进一步完善公文流转和档案归档功能。至年底，机关电子政务综合办公平台实现各类公文流转1301次；组织教育系统各级单位召开网络视频会议14次，组织应急视频会议52次；领导决策平台内容更新内容50余条；收录1996年以来档案条目52900条。

（姜振泉）

【改版市教委政务网站】　12月8日，市教委新改版的政务网站正式开通。新网站在研究首都之窗网站考核要求的基础上，梳理处室、直属直管单位的政务服务职能，面向社会推出便捷服务面板、招考时间轴、教育资源查询等教育服务事项，提高公众对整个网站的服务体验。改版技术工作包括服务器部署、数据迁移、日志同步等内容。至年底，网站累计点击量58477209次、浏览量8364078次。

（姜振泉）

【苟仲文调研西城区基础教育改革工作】　12月13日，苟仲文到西城区就基础教育改革综合情况调研。苟仲文先后来到长安小学和三十一中考察学校办学情况，并在随后召开的座谈会上听取西城区政府关于教育情况汇报。苟仲文强调，西城区要在缓解择校、就近入学、减负三个社会关注的问题上探索出更行之有效办法，为全国创造经验。市教委、西城区领导陪同调研。

（吴洁）

【完成学前教育三年行动计划任务】至年底，北京市完成《北京市学前教育三年行动计划（2011～2013年）》任务。三年中，市、区（县）两级财政投入12.06亿元，完成新建园133所、改扩建73所幼儿园、村办园建设项目100余所、办园条件达标项目138所，增加学位3.20万个。规范公办幼儿园收费，非教育部门公办园生均补贴由1200元提高至3600元。学前教育三年行动计划由市政府于2011年5月26日印发，目的是有效缓解适龄人口“入园难”等问题，内容包括实施幼儿园新建改扩建工程、幼儿园条件达标工程、幼儿教师培养培训工程，具体包括扩大公办学前教育资源，做好小区配套幼儿园的规划、建设、接受、使用和管理，鼓励规范民办幼儿园等6项措施。

（郭春彦　徐达　张晓兰）

【建设30所城乡一体化学校】　至年底，市教委完成30所城乡一体化学校建设。新建学校覆盖东城、朝阳、丰台等13个区县，总学位数41610个，包括新增学位数24881个。市财政总投入6.18亿元。30所学校重点选择在学位紧张、优质资源紧缺的城乡结合部、中心城市人口疏解区及城市功能拓展区建设。根据规定，资源输出学校原校区和新校区实行“一个法人、一体化管理”模式，两个校区的办学经费、教师编制通融共享。校长在两个校区拥有同等的人事、财务、教育教学安排、校园文化建设等各项权力。

（王雪青）

2013年市级支持城乡一体化学校建设名单

北京市东城区东四七条小学
（北京市东城区史家胡同小学）
北京光明小学城南校区
（北京光明小学）
清华大学附属中学永丰学校
（清华大学附属中学）
北京市海淀区翠微小学温泉校区
（北京市海淀区翠微小学）
府学胡同小学朝阳学校
（北京市东城区府学胡同小学）
北京师范大学三帆中学朝阳学校
（北京市三帆中学）
北京市陈经纶中学保利分校
（北京市陈经纶中学）
北京市第八十中学实验学校康营分校
（北京市第八十中学）
中国人民大学附属中学朝阳学校
（中国人民大学附属中学）
北京朝阳芳草地国际学校丽泽分校
（北京市朝阳区芳草地国际学校）
北京市第十二中学科丰校区

（北京市第十二中学）
北京市丰台区丰台第二中学小屯校区
（北京市丰台区丰台第二中学）
北京市丰台区第五小学鸿业兴园校区
（北京市丰台区丰台第五小学）
北京市第九中学分校
（北京市第九中学）
首都师范大学附属中学大兴南校区
（首都师范大学附属中学）
北京市大兴区兴华中学金地仰山校区
（北京市大兴区兴华中学）
北京市大兴区第一中学兴康家园校区
（北京市大兴区第一中学）
北京市顺义区仁和中学
（北京市顺义区第一中学）
北京市顺义区杨镇第二中学
（北京市顺义区杨镇第一中学）
北京市房山区石楼中学
（北京市广渠门中学）
北京市房山区岳各庄中学
（北京市育才学校）
北京市房山区葫芦堡中学
（北京市第三十五中学）
首都师范大学附属中学昌平分校
（首都师范大学附属中学）
北京市第十五中学昌平陈庄（南口）分校
（北京市第十五中学）
北京市怀柔区第六小学
（北京市西城区育民小学）
北京市怀柔区北房镇中心小学
（北京第二实验小学）
北京市怀柔区杨宋镇中心小学
（北京第一实验小学）
中国人民大学附属小学京西分校
（中国人民大学附属小学）
北京师范大学附属平谷中学
（北京师范大学附属中学）
北京市延庆县十一学校
（北京市育英学校）

（王雪青）

【源头预防和减少信访问题】 至年底，市教委多措施畅通群众诉求表达渠道，从源头预防和减少信访问题。市教委通过加强教育信访舆情分析、工作预警研判、加大委领导批阅群众来信和接访下访工作力度等措施，进一步畅通群众诉求表达渠道，从源头预防和减少信访纠纷和矛盾。至年底，96391首都教育服务热线解答群众咨询近7.5万件，群众通过热线反映的诉求类问题851件，比2012年略有下降。至年底，信访部门受理群众信访事项1899件，其中，办理来信1559件，包括市长信箱458件；接待来访340批次，包括接待集体访50批次970人次。市委教育工委、市教委领导批阅群众信件103件，比上年增加2.6倍。妥善化解和处置昌平瑞旗家园业主反映子女入学问题、非京籍人员要求在京参加中高考等集体访事项。办理市纠风办政风行风转办件78件，群众满意率为99%。

（聂荣）

【按期办结人大代表建议政协提案】 至年底，市教委全部按期办结市委市政府交办的建议和提案共224件。其中，人大代表建议99件、政协提案125件。内容涵盖大中小幼所有学段，涉及基础教育均衡发展及布局调整、中小学德育及创新人才培养、课程建设、升学考试、高校建设发展及人才培养、师资队伍建设及福利待遇、学前教育管理及经费收费调整、中小学生体质健康及学校后勤方面。

（付浩奎）

【推进政府信息公开工作】 至年底，市教委继续健全完善政府信息公开工作，按规定公开相关政务信息。市教委主动公开政府信息365条，全文电子化率100%。受理依申请公开事项14件（含18项内容），均按程序予以答复，其中，同意公开8项、不予公开1项（第三方不同意公开）、非本机关信息4项、信息不存在2项、部分公开1项，接受公众咨询67622人次。没有针对市教委政府信息公开工作的行政诉讼和行政复议案件以及申诉案（信访、投诉）。

（钱进军）

【受理全程办事代理制事项8427件】 至年底，市教委受理“行政许可”类全程办事代理制事项8427件。其中，高等职业院校院长变更项目1件，民办高校聘任校长核准项目2件，民办高校举办者变更核准项目1件；春季中小学地方教材接受立项、初审、重新送审、审定18件，其中，初审16件、重新送审1件、审定1件，秋季中小学地方教材接受立项、初审、重新送审11件，其中，初审6件、重新送审5件；受理教师资格申请8349人。因国家教育部行政许可事项下放，市教委行政办事事项由13项调整为17项。

（钱进军）

【督促落实市委市政府重大决策任务】 至年底，市教委督促落实市委市政府有关重大决策任务。市教委按照任务征集、重点挂账、全程跟踪、节点协调、定期反馈、效果运用的工作机制，共督促落实市政府实事和折子工程等政府重大决策任务12项，其中，市政府折子工程10项、政府实事2项。承办市领导批示督办件17件，完成15件。

（刘转林）

【开展区县绩效管理评价】 至年底，市教委完成2013年区县绩效管理评价。区县绩效管理评价指标以2012年基础教育发展水平考评考核指标为基础，包括义务教育阶段小学、初中学校办学条件标准达标数量；学前教育新增入园名额数；中小学达到国家体质健康标准及格等级以上的比例等，总分值1.5分。经过综合考评，各区县绩效管理评分均在1.47～1.49分之间。

（刘转林）

【完善机关档案工作】 至年底，市教委完善机关档案工作。本年度机关增加档案5361件，提供利用244卷次、183人次。至年底，市教委机关室藏档案1.73万卷；室藏纸质档案数字化2.45万件，共15.76万页；室藏机读档案目录7万条。共提供档案数据在线利用90余万条，满足用户终端在线查阅电子文档、视频、电子书、照片等需求。市教委机关档案工作同时通过市档案局、市法制办的档案行政执法检查和《北京市“十二五”时期档案事业发展规划》中期检查，并获得好评。

（姜振泉）

【完善机关涉密机保密防护系统】 至年底，市教委机关制定措施完善涉密计算机保密防护系统。市教委机关通过安装单向导入装置，加强机关涉密管理。同时开展涉密设备、非涉密载体全面检查。至年底，检查机关处室涉密计算机设备26台、非涉密计算机设备176台。

（姜振泉）

政　策　法　规

【概况】　2013年，市委教育工委、市教委围绕教育中心工作加强和改进政策研究工作，积极推进首都教育领域综合改革，大力推进依法行政、依法治校，全面开展“六五”普法中期检查评估。完成上年42项委托课题结题验收，组织开展本年调研课题111项，其中，委级课题65项（包括委托课题47项、自行或合作研究课题18项）、处级课题46项。完成2011至2012年市委教育工委、市教委、市政府教育督导室机关优秀调研成果和优秀“好建议”评选及奖励资助工作。继续推进《北京市终身学习促进条例》《北京教育督导条例》等教育法规性文件的立法调研。印发《北京市教育委员会行政复议工作规范化建设实施方案》等依法行政规范性文件。完成《北京市机动车停车管理办法》等30件法律法规及规范性文件的意见征询工作。进一步规范市教委行政规范性文件合法性审查备案工作，全年共报送规范性文件备案16件。组织首都经济贸易大学等5所高校完成高校章程制订试点工作。全年办理学生申诉案件4件、教师申诉案件3件、行政复议案件2件、考试复核案件1件。协助办理信访件5件，参与办理政府信息公开疑难案件2件。年内，市委教育工委、市教委1人获得司法部、全国普法办“六五”普法工作中期先进个人称号。

（黄灵燕）

【市属高校章程建设工作启动】　1月11日，市委教育工委、市教委、市教育督导室组织召开市属高校章程建设工作培训会。会议宣布启动市属高校章程建设工作，介绍高等学校章程建设的意义、背景、当前工作现状和问题、推进章程制定工作中需要注意的问题及下一步工作建议和要求。邀请北京师范大学介绍该校章程建设工作的历史沿革、思考及实效。会议强调，要切实增强推进大学章程建设的紧迫性、实效性，各市属高校要充分发挥高校主体作用，从全局和长远出发，扎实开展章程建设工作。各市属高校章程工作负责人150人参加培训。至年底，北京第二外国语学院、北京信息科技大学、北京工业大学、首都经济贸易大学、北京农业职业学院5所试点高校完成章程初稿起草工作，市教委研究制定《北京市市属高校章程建设计划（2014～2015年）》。

（薛闻喆）

【印发两委一室工作要点】　1月16日，市委教育工委、市教委、市教育督导室印发2013年工作要点。文件明确2013年全市教育工作的总体要求，从把立德树人作为教育的根本任务，全面推进素质教育；着力加强教育资源建设，继续提高教育供给能力；完善基本公共教育服务体系，全面提高各级各类教育质量；努力促进教育公平，积极化解热点难点问题；深化教育领域综合改革，充分激发教育发展活力；落实全国教师工作会议精神，努力打造高素质专业化教师队伍；坚持服务导向，进一步加强教育管理和督导；加强教育系统党的建设，为推进首都教育现代化提供坚强保障八个方面部署本年重点工作。

（安晶晶）

【开展中小学模拟法庭观摩展示活动】

5月15日至11月26日，市委教育工委、市教委、市教育督导室组织开展中小学优秀模拟法庭观摩展示活动。活动旨在推广优秀模拟法庭教育成果、交流区县开展青少年法制教育工作经验，通过让学生参与校园、家庭和社会生活中的涉法案例，激发学法兴趣和法律知识水平及运用能力。该项活动先后在东城、朝阳、丰台、海淀、顺义、燕山区举办优秀模拟法庭观摩现场会6场，组织各区县教委主管教育法制工作的主任、科长、一线从事法制教育工作的部分中小学教师700人次现场观摩交流。

（朱迎）

【评选优秀调研成果】　5月20日，

市委教育工委、市教委公布2011～2012年度机关优秀调研成果。各处室共提交参评调研成果124项，其中，党建类52项、教育事业发展类72项。经过来自教育部、市委市政府研究室、高校的领导、专家初评和终审，共评出一等奖7项、二等奖13项、三等奖18项、优秀奖27项。

（黄灵燕）

【印发法治工作要点】　5月20日，市教委印发年度法治工作要点。全市教育法治工作总体要求是以服务保障首都教育科学发展为主题，以全面提高教育法治化水平为目标，以宪法和法律为政府工作的根本准则，发挥法律的引导和推动作用，以制度建设、机制健全、工作规范为着力点，全面推进依法行政，大力推进依法治校，深入推进“六五”普法规划的落实。工作要点对加强领导干部和公务员培训学习，加强规范性文件全过程管理，加强教育制度建设，做好教育行政审批项目清理，依法化解教育矛盾纠纷，加强教育行政执法工作，推进政务公开，推进依法治校，推进“六五”普法规划实施，加强教育法治工作研究与交流10个方面重点工作进行部署。

（黄灵燕）

【举办理论中心组法制学习报告会】 5月22日，市委教育工委、市教委、市教育督导室举行理论中心组学习报告会。报告会邀请清华大学教授王晨光以《领导干部的法治思维和法治方式》为题，从法治是社会治理的最佳模式、法治思维与法治方式及其基本要求、如何在实践中运用法治思维和法治方式等方面，阐释依法治国内在指引和基本形式。报告运用大量案例数据，内容丰富，条理清晰。两委一室领导及各处室处长参加学习。

（朱迎）

【部署教育系统法制宣传教育工作】 5月24日，市委教育工委、市教委、市教育督导室印发2013年法制宣传教育工作要点。文件明确全年法制宣传教育工作的总体要求，从推进中小学“法律进校园”“法律进课堂”，开展大学生法治教育活动，加强和改进中职学生法制宣传教育工作，提升领导干部和公务员依法行政能力，加强教师法制宣传教育能力建设，丰富法制宣传教育资源平台，完善法制宣传教育工作保障机制等八个方面部署北京教育系统法制宣传重点工作。

（黄灵燕）

【召开机关调研工作会议】 6月21日，市委教育工委、市教委、市教育督导室召开机关调研工作会议。会议贯彻落实中央、市委有关密切联系群众、改进工作作风的规定及精神，总结部署机关调研工作，表彰2011年、2012年机关优秀调研成果和2012年“好建议”奖。会议同时邀请安全稳定处、高等教育处、督导二处代表就开展调研工作的主要做法、经验和体会做交流发言。两委一室领导及工作人员共40余人参加会议。

（黄灵燕）

【举办教育系统依法行政培训班】 6

月27至28日，市委教育工委、市教委、市教育督导室举办全市教育系统依法行政、依法治教第二期培训班。培训坚持学习基本理论和了解法律实务、专题法律讲座和重点案例解析、强化责任意识和提升服务水平三结合的原则，通过专家专题讲座、模拟法庭观摩、观看依法行政教学片等形式，学习依法行政基本理论知识，查找教育系统依法行政工作中的热点、难点问题，提出推进教育管理部门依法行政工作的对策。市区两级教育系统公务员、市教委直属单位党政工作负责人80人参加培训。

（朱迎）

【部署行政复议工作规范化建设工作】 8月20日，市教委印发《北京市教育委员会行政复议工作规范化建设实施方案》。方案旨在提升市教委行政复议工作水平，发挥行政复议在建设法治政府、维护首都教育和谐稳定中的重要作用。方案就畅通受理渠道、依法公正审理案件、加强和规范基础性工作三方面提出具体工作要求，包括规范行政复议案件受理工作、落实行政复议权利告知制度、规范接待行为增强服务意识等14项内容。

（马乐）

【10个单位入选首批法治文化建设示范点】 11月26日，教育系统10个单位入选首批北京市法治文化建设示范点。经过单位自荐、专家评分、市教委申报推荐、市法宣领导小组办公室和市司法局终审，东城区教委、中国石油大学（北京）、北京联合大学、北京市宏志中学、北京市第七十一中学、大兴区孙村中学、丰台区右安门第一小学、北京市上地实验学校、海淀区青少年法制教育基地、石景山区青少年法制教育基地10家教育单位入选。该评选由市法宣领导小组办公室和市司法局举办。

（朱迎）

【举办首轮法制教育骨干教师培训】 11月26至28日，市委教育工委、市教委在中国政法大学举办首轮中小学骨干教师培训。培训班邀请中国政法大学、中国人民大学等单位法学教授及法律专家就宪法与宪法意识、国家法制建设进程等为培训教师授课，强化教师的宪法意识、培养法治思维。同

时，围绕法制课堂实践教学，培训班设置“法制教育知识点梳理”“学生法制教育实践”等课程，邀请北京市第一六一中学、中国人民大学附属中学、海淀区中关村第二小学等学校交流学生法制教育经验。全市各中小学500名法制教育骨干教师参加培训。此次培训标志全市中小学法制教育骨干教师培训工作全面启动。两委自本年起分批组织中小学法制教育骨干教师培训，计划到2015年实现每所中小学至少有1名法制骨干教师参加市级以上培训。

（朱迎）

【首个高校章程正式发布】 11月28日，《中国人民大学章程》发布。该章程包括9章74条，共8269字。章程包括序言，总则，学生，教职员工，管理体制和组织机构，教学科研机构，财务、资产、后勤，学校与社会，学校标识和附则。该章程由教育部最终核准并发布。9月22日，教育部制订《中央部委所属高等学校章程建设行动计划（2013～2015年）》，明确中央部门所属高等学校章程建设的目标任务与时间要求，自2013年9月至2015年底，教育部及中央部门所属的114所高等学校，分批全部完成章程制定和核准工作。教育部首批共核准人民大学、东南大学、东华大学、上海外国语大学、武汉理工大学、华中师范大学6所高校章程。根据要求，经核准的学校章程未经法定程序不得修改。

（张驰 段蕾）

【完成规范性文件清理工作】 11月，市教委完成行政规范性文件清理工作。清理工作按照市政府关于行政规范性文件清理工作总体要求和具体部署展开。市教委以政策已调整、阶段性工作、已过适用期、工作已完成为工作原则，清理文件359项，其中，

保留 282 项（含拟修改 5 项）、废止 77 项。同时协助市政府清理规范性文件 45 项，其中，保留 35 项、废止 10 项；清理规章 3 项，全部保留。

（李群伟）

【举办高校优秀法制短剧作品展演】

12 月 4 日，市委教育工委、市教委在中华女子学院举办“法系青春、筑梦未来——‘12·4’北京高校优秀法制短剧作品展演”。展演活动中，两委表彰“首都高校优秀法制短剧作品征集评选表彰活动”获奖作品，部分获奖作品现场展示并接受专家点评。来自教育部、市委教育工委、市教委、市人大等领导与全市各高校法制宣传教育工作负责人及中华女子学院部分师生代表 800 人参加活动。该评选由市委教育工委、市教委主办，北京教育音像报刊总社承办，面向首都高校大学生公开征集评选法制短剧，要求作品类型为舞台短剧或微电影形式，长度不超过 20 分钟。经过作品征集、专家评审，共评出一等奖作品 2 部、二等奖 6 部、三等奖 9 部、最具校园普法意义奖 5 部。活动共收到 20 所高校法制短剧作品 30 余部。

（朱迎）

【举办“宪法进课堂”活动】 12 月 4

日，“宪法进课堂”活动在北京宏志中学举办。活动由司法部、教育部、团中央、全国普法办主办，邀请北京市“青春船长·法治启航”法制宣传志愿者为学生讲授宪法课。授课结束后，主办方启动“名家普法进课堂”活动，为中国社会科学院法学研究所研究员莫纪宏、中国人民大学法学院教授胡锦光、北京师范大学法学院教授张远煌等“名家普法进课堂”主讲专家代表颁发聘书。司法部、全国普法办、共青团中央领导致辞并讲话，市教委、市司法局相关人员及北京市宏志中学师生参加活动。

（朱迎）

【开展行政审批事项清理工作】 至 12 月，市教委开展行政审批事项清理工作。清理工作按照合法、合理、效能、责任和监督的原则，对接国务院第六批取消和调整的行政审批项目，对市教委现有 13 项行政许可事项和 25 项非许可审批事项，逐项开展依据、实体、程序、责任等方面的审核论证。清理后，保留行政许可事项 14 项、非许可审批事项 4 项。

（马乐）

组织干部工作

【概况】 2013 年，党的关系隶属于北京市委、归口市委教育工委管理的高等院校和事业单位共有 61 个，校级党委 61 个，院（系）级党委 457 个、党总支 667 个，党支部 14588 个（其中直属党支部 423 个）。高校系统共有共产党员 277991 人，占高校系统总人数的 28.66%，大学生党员 157623 人，占大学生总人数的 21.46%（其中研究生党员 106224 人，占研究生总人数的 49.31%；本科生党员 50487 人，占本科生总人数的 10.97%）。全年发展党员 31588 人，其中，发展大学生党员 30585 人。本年，注重高校与地方党委政府、企事业单位之间的交流任职，注重从党政工作部门、区县选拔优秀干部到高校工作。调配北京高校校级领导干部 138 人次，其中，双管高校干部 49 人次，市属高校 89 人次；调配党政正职领导干部 28 人，其中，双管高校 9 人，市属高校 19 人。完成 7 人次领导干部试用期满考察或跟踪考察工作。本年，市属高校领导班子平均年龄 52 岁，50 岁以下的占 43%；具有研究生学历 72%、正高职称 64%、女性占 23%。共收到高校领导干部理论学习文章 485 篇，上交率 91.5%。在市委教育工委评选中，10 篇论文获一等奖、20 篇获二等奖、40 篇获三等奖，6 个单位获优秀组织奖。

（窦海超　张波）

【完成年度干部考核】 1 至 3 月，市委教育工委完成上年度市属高校领导班子和领导干部、两委机关和直属单位处级干部年度考核工作。其中，30 所市属高校共有 264 名校级领导干部参加年度考核，经过民主测评、学校党委研究、上级组织认定，最终核定 51 人考核等次为优秀，5 人记三等功、51 人嘉奖。同时，结合年度考核，各高校组织召开专题民主生活会。市委教育工委与市委组织部召开 2012 年年度考核、“一报告两评议”情况通报暨组织工作满意度讲评分析会，讲评相关情况，并提出整改要求。

（张波）

【召开高校组织部长会】 2 月 25 日，市委教育工委召开北京高校组织部长会议。会议肯定上年北京高校组织工作，从四个方面总结回顾上年北京高校组织工作。会议部署本年高校组织工作，印发《2013 年北京高校组织工作要点》，邀请清华大学、中国人民大学等 6 所高校代表交流发言。市委教育工委领导、北京高校主管书记和组织部长 120 人参加会议。

（窦海超）

【评选基层党支部活动创新案例】 3 至 6 月，市委教育工委开展北京高校基层党支部活动创新案例征集评选活动。活动旨在及时总结推广基层党支部活动的创新实践和新鲜经验，公开征集各高校基层党组织活动创新案例，要求特色鲜明、成效明显、突出创新、便于推广。各高校共上报案例

220个，经专家评审，共评选出一等奖10个、二等奖30个、三等奖60个，并推荐11个案例参加教育部思政司全国高校基层党支部活动创新案例征集评选活动。

（窦海超）

【举办高校优秀教师党支部书记示范培训班】 4月17至19日和10月9至11日，市委教育工委分别举办第八期、第九期北京高校优秀教师党支部书记示范培训班。培训班邀请市委教育工委、市教育督导室及中央党校、北京舞蹈学院、中国社会科学院美国研究所的领导及专家作专题辅导报告。培训内容涵盖党的十八大精神、新修订的《中国共产党章程》、党的群众路线教育实践活动有关精神、首都高等教育改革发展现状和高校党建工作新要求等。61所高校372名教师党支部书记参加培训。

（窦海超）

【评选高校积极分子“精品一课”】 4至10月，市委教育工委开展第三届北京高校入党积极分子“精品一课”征集评选。活动面向各高等学校，要求参评课程是面向大学生入党培训开设的课程或讲座，时间应不少于45分钟，任课教师应为本校专职教师。经过各学校申报、专家评审等程序，北京大学马克思主义学院教授孙熙国主讲“共产党员的修养”等14门课程成为北京高校入党积极分子“精品一课”。活动共收到参评课程34门。

（窦海超）

【开展直属单位处级领导职位竞争上岗】 5至8月，市委教育工委、市教委组织开展机关及直属单位10个处级领导职位竞争上岗工作。机关职位竞争上岗在机关处室范围内进行，直属单位职位竞争上岗在教育系统范围内进行。经过报名、资格审查、笔试、面试、组织考察、讨论决定，顺利完成竞争上岗工作。共有119人报名，110人参加笔试，51人进入面试，9人进入考察，8人正式任职。

（张波）

【召开北京高校学生党建工作会】 6月6日，市委教育工委召开北京高校学生党建工作会。会议总结近年来北京高校学生党建工作的主要做法和工作成效，概括北京高校学生党建工作经验，分析党建工作面临新形势、新任务和新挑战，明确要坚持不懈地抓好理论武装、加强大学生党支部建设、加强大学生党员队伍建设和不断强化学生党建工作的条件保障四项重点任务。来自北京大学、清华大学、北京理工大学、北京科技大学、北京交通大学、首都师范大学6所学校代表作大会交流发言。会议印发市委《关于进一步加强和改进高校学生党的建设的若干意见》《关于进一步做好在大学生中发展党员工作的若干意见》和《北京高校学生党员先锋工程实施方案》。北京各高校党委组织工作和学生工作的主管书记、党委组织部部长、学生工作部部长、研究生工作部部长和离退休工作部门负责人300人参加会议。

（窦海超）

【召开高校建党92周年座谈会】 6月25日，市委教育工委召开北京高校纪念中国共产党成立92周年座谈会。座谈会以“深入贯彻落实党的十八大精神，加快推进首都高等教育事业科学发展，为实现中华民族伟大复兴的‘中国梦’努力奋斗”为主题，邀请清华大学、北京理工大学、北京航空航天大学师生代表作交流发言。会议同时表彰北京大学、首都师范大学、北京航空航天大学等高校党支部创新案例。会议强调，北京高校党员干部要统一思想、提高认识，落实好中央各项工作部署；要以良好的作风抓好高校改革发展各项工作，推动教育质量提高，加强和健全工作体系和基础建设，着力消除影响高校安全的各类风险隐患。要充分发挥高校党组织和党员的示范表率作用，把党建工作的重点放在抓好基层、打牢基础上，优化党组织设置，引导广大党员充分发挥先锋模范作用。各高校党委书记、主管书记和组织部部长共200人参加会议。

（窦海超）

【组织“三个一百”干部交流工作】 6月，市委教育工委协助市委组织部开展高校“三个一百”干部交流遴选工作。该项工作要求交流任职人选应具备较好的政治素质，有较强的工作能力和岗位适应性。工作形式包括挂职锻炼和交流任职两种，具体人选应是具有发展潜力，任职经历相对单一，需要培养锻炼的优秀处级干部，或在干部人事、纪检监察、财务审计、项目审批等岗位担任正处级领导职务满5年的干部。经自愿报名、学校推荐、组织遴选等程序，共提出各高校交流任职人选18人、挂职锻炼人选32人。市委组织部“三个一百”工程旨在通过每年组织全市100名干部交流任职、100名干部轮岗、100名干部挂职锻炼，为干部成长提高搭建平台。

（张波）

【召开市属高校群众路线教育活动务虚会】 7月6日，市委教育工委召开北京市属高校党的群众路线教育实践活动务虚会。会议就《北京市属高校深入开展党的群众路线教育实践活动实施方案》（征求意见稿）征求意见建议，研讨形式主义、官僚主义、享乐主义和奢靡之风“四风”问题在高校的表现形式、共性问题和解决措施。赵凤桐参加会议并讲话，要求各高校把开展教育实践活动作为首要政治任务，高度重视，扎实推进各项工作，把开展教育实践活动与学校实际工作紧密结合起来，防止铺张浪费，不搞文山会海，杜绝形式主义，以求真务实的作风推动教育实践活动取得实效。会议同时就市属高校如何开展好教育实践活动进行研究。市委教育工委、市教委领导及31所市属高校及事业单位党委书记、校长和北京市属高校党的群众路线教育实践活动领导小组办公室成员80人参加会议。

（窦海超）

【部署市属高校群众路线教育】 7月10日，市委教育工委召开北京市属高校党的群众路线教育实践活动部署会。会议部署市属高校党的群众路线教育实践活动，要求各高校党委要以高度的政治责任感、良好的精神状态和扎实的工作作风，把教育实践活动组织好、开展好，为推动首都高等教育事业科学发展提供有力保障。市委、市委教育工委领导，市委督导组成员、31所市属高校党委主管书记参加会议。教育实践活动面向全体党员开展，重点是处级以上领导班子和党员领导干部，对处级以上非中共党员领导干部，要求参加领导班子和领导干部的集体学习，列席领导班子专题民主生活会。市属高校教育实践活动时间是7至11月底，内容包括动员部署、学习教育听取意见、查摆问题开展批评、整改落实建章立制、活动总结。市委委派4个督导组负责督导30家市属高校和事业单位教育实践活动，每个督导组5人。8至12月，市委教育工委4次召开市属高校党的群众路线教育实践活动工作会，两次召开北京市属高校党的群众路线教育实践活动督导工作交流会，并于10月定稿印发《"四风"问题在北京市属高校的具体表现》文件。

（窦海超）

【高校党员集中捐款327万元】　7月，北京高校开展"共产党员献爱心"集中捐献活动。北京各高校共78216名共产党员、入党积极分子和热心群众参加活动，累计捐款327万元。该活动由市委组织部、市委宣传部、市慈善协会联合发起，所募集款项用于市慈善协会开展的救助项目。

（窦海超）

【开展人才专项工作】　至年底，市委教育工委开展"博士服务团"和"京郊人才行"人才专项工作。经高校推荐、组织审核等程序，来自北京信息科技大学、北京联合大学、北京建筑大学的3名教师入选14批"博士服务团"，分别赴新疆、甘肃、重庆，服务期一年。"博士服务团"工作由中组部和团中央联合组织实施。至年底，北京市共委派98人参加该项目。此外，经推荐、审核等程序，来自北方工业大学、北京物资学院、北京印刷学院、北京工业大学、北京建筑大学、北京教育学院的6名教师入选第六批"京郊人才行"，分别被派至昌平区、平谷区、延庆县、通州区、门头沟区、房山区挂职。按照相关要求，市委教育工委同时开展高校、两委机关等政工职称评定工作，按规定程序共评定政工职称30人。

（张波）

【完成上级干部调训任务】　至年底，市委教育工委协调组织上级干部调训任务。组织协调9名校级领导干部参加中央党校、国家行政学院举办的培训班，37名校级领导干部、14名后备干部参加市委组织部举办的主体班，14名校级领导干部、4名中青年干部参加国家教育行政学院举办的培训班学习。推荐2名校级干部参加市委组织部境外培训班，组织推荐17名高校干部参加市委组织部组织的"中国国际化人才外语考试"培训班。

（张波）

【举办各类干部专题培训】　至年底，

市委教育工委举办各类干部专题培训。举办市属高校正职领导干部专题研修班、高校领导干部赴英国教育管理研修班，来自市属高校领导干部88人次参培训。举办"中国国际化人才外语考试"培训班，来自各高校领导干部及后备领导干部42人参加培训，其中，校级干部19人、校级后备干部23人。在高校基地开设9个班次主题班、专题班等，两委一室和直属单位处级干部189人参加培训。同时组织两委一室机关全体干部和直属单位处级干部，通过北京干部教育网在线学习40学时、中国教育干部培训网在线学习30学时。

（张波）

【6所高校完成党委纪委换届】　至年底，北京6所高校完成党委纪委换届工作，选举产生新一届党的委员会和纪律检查委员会。6所高校分别是中国地质大学（北京）（1月完成换届）、北京财贸职业学院（7月完成换届）、北京电影学院（9月完成换届）、北京体育大学（9月完成换届）、北京服装学院（11月完成换届）、北京工业职业技术学院（12月完成换届）。

（窦海超）

【完成高校领导班子调配工作】　至年底，市委教育工委完成年度高校校级领导干部调配工作。调配北京高校校级领导干部138人次，其中，双管高校干部49人次、市属高校89人次；调配党政正职领导干部28人，其中，双管高校9人、市属高校19人。同时完成7人次领导干部试用期满考察或跟踪考察工作。

（张波）

【落实干部监督管理措施】　至年底，市委教育工委落实中央和北京干部监督管理各项措施。完成市属高校校级干部264人、两委机关处级干部105人、直属单位处级干部81人2012年度个人收入申报，完成配偶、子女移居国外情况申报工作。配合市审计局、委托市教委审计处完成1名高校领导干部、2名直属单位处级领导干部离任经济审计工作。

（张波）

宣传与思想教育

【概况】　2013年，市委教育工委组织开展"中国梦"主题宣讲，全市各高校成立校级宣讲团436个，选拔校级宣讲员1108人，组织开展宣讲活动848场，高校师生118000人次参加宣讲活动。开展红色"1+1"学生党支部共建活动，各高校800余个学生支部与学校、农村、社区等基层支部结对。开展学生基层组织创建工作，248个班级参加"我的班级我的家"优秀班集体创建。组织首届北京高校心理素质教育教学技能比赛，开办专业技能培训班9期。建设市级辅导员培训研修基地9个，累计开展新上岗培训和专题培训共计1200余人次。开展高校哲学社会科学教学科研骨干研修专题培训班13期，累计培训

1500余人次。同时组织300名高校宣传思想工作干部和青年教师赴井冈山、昆山学习实践。划拨经费200万元支持一线专职辅导员开展课题研究，为100个北京高校青年教师社会实践基地提供建设经费共计200万元。

（赵国伟）

【探望寒假高校留校学生】 2月1至8日，市委教育工委、市教委、市教育督导室组织探望北京高校寒假留校学生。苟仲文、姜沛民、刘建等市政府及两委一室领导分别到北京大学、中国人民大学、中国农业大学等20所高校探望慰问家庭经济困难的寒假留校大学生。慰问人员通过座谈、走访等形式，了解各校寒假留校大学生情况和工作安排，要求各高校关心和帮助假期留校学生，安排好学生寒假、春节期间的学习生活。本年，北京高校寒假留校大学生9000余人，市教委及各高校分别组织慰问联欢活动丰富学生寒假及春节学习生活。

（赵国伟）

【年度十大教育新闻人物揭晓】 2月3日，“平凡的感动——2012首都十大教育新闻人物”在北京电视台揭晓并举办颁奖仪式。来自朝阳区劲松第四小学舞蹈教师韩洁、北京师范大学教授何克抗等10名教师当选。刘建、线联平等领导参加活动并为获奖代表颁奖。该活动由市委教育工委、市教委主办，由北京教育新闻中心联合人民网、新浪网、北京日报等新闻媒体，通过学校推荐、风采展示、专家评审、网络投票方式开展，要求入选师生在平凡的岗位上，默默奉献，用行动将不平凡化作温暖。

（赵国伟）

2012首都十大教育新闻人物

韩洁　朝阳区劲松第四小学
陈玉芬　北京市育才学校
史春旭　平谷区黄松峪学区
李林英　北京理工大学
陆明心　中国矿业大学（已逝）
王大伟　中国人民公安大学
何克抗　北京师范大学教授
西洛卓玛　北京体育大学
魏发团　东城区广渠门中学
张洁　石景山区培智中心学校

（赵国伟）

【召开高校宣传教育工作会议】 2月22日，市委教育工委召开北京高校宣传教育工作会议。会议全面总结上年北京高校宣传教育工作，表彰年度北京高校党建和思想政治工作先进集体、先进个人和特色项目，部署本年宣传教育工作，邀请北京师范大学、中国农业大学、北京工业大学等5所高校代表就高校就思想政治理论课建设、研究生思想政治教育、网络思想政治教育、宣传思想工作和教师德育工作做大会交流发言。市委教育工委领导，61所高校主管校领导、党委宣传部长、学工部长、研工部长和理论课负责人300人参加会议。

（赵国伟）

【召开高校学雷锋座谈会】 3月4日，市委教育工委召开北京高校学雷锋座谈会。会议主题是“以社会主义核心价值观为引领，大力弘扬雷锋精神，构建学雷锋志愿服务长效机制，把北京高校师生学雷锋活动推向深入，为建设美丽北京做出贡献”。会上，北京部分高校相关负责人及学生代表作交流发言，中国人民大学学生代表首都大学生宣读“学习雷锋精神、开展志愿服务”的倡议书。刘建参加会议并讲话。首都高校主管领导和师生代表30人参加会议。

（于海）

【举办哲学社会科学骨干研修班】 3月25日，市委教育工委举办的北京市哲学社会科学教学科研骨干研修班开班。研修班采用集中授课、专题研讨、异地教学的方式，提高哲学社会科学骨干教师队伍综合素质。至年底，研究班共举办13期，研修专题涵盖宗教、大学生网络思政、心理健康课程教学等方面内容，举办专家现场报告153场、分组讨论28次、现场教学8次、学员论坛12次、异地教学10次，学员提交论文1000余篇。北京61所高校的学工部、研工部负责人，基层院系党委书记，思政理论课教师及高校和各区县委宣传部、市属社科理论单位科研骨干共计1567人参加研修。

（王燕俊）

【成立教育新闻宣传专家咨询委员会】 4月11日，市委教育工委、市教委、市教育督导室召开首都教育新闻宣传专家咨询委员会成立大会暨首次咨询会。会议交流研讨首都教育新闻宣传工作，聘任首都知名教育专家、主流新闻单位负责人、大中小学校长55人为首批首都教育新闻宣传专家咨询委员会委员。委员会主要职责是建立首都教育新闻宣传工作专家咨询机制，针对首都教育重点工作、热点问题以及突发事件，研讨策划、提出建议、配合媒体采访，同时撰写相关文章，参与教育决策和解读。两委一室领导及专家咨询委员会委员参加会议。

（赵国伟）

【召开教育新闻宣传工作会】 4月11日，市委教育工委、市教委召开2013年北京教育新闻宣传工作会。会议要求本年北京教育新闻宣传工作要健全新闻发布的流程和制度，完善新闻发言人制度和突发事件新闻发布预案，进一步健全教育舆情监测工作体系。会议邀请市政府新闻办主任就如何做好新闻发布工作作专题报告。各区县教育部门、各高校、各直管单位新闻宣传工作主管领导、新闻发言人及各直属单位负责人、两委一室处室负责人共200人参加会议。

（赵国伟）

【开展机关专题理论学习】 4月22日，市委教育工委、市教委、市教育督导室举办理论中心组扩大学习暨机关大讲堂报告会。报告会邀请国防大学教授郭凤海以《中国梦·民族复兴之梦》为题，从中国古代“千年国家梦”、近代“现代中国梦”和当代“民族复兴梦”三个层面阐释“中国梦”的历史和内涵。会议强调，组织开展好“中国梦”宣传教育工作，是当前首都教育系统一项重要任务。两委一室及教育系统各部门、各单位要全面部署，周密组织，确保主题教育活动取得实效；广大干部要认真学习领会“中国梦”的内涵和要求，立足岗位，坚定信念，积极投身实现“中国梦”的伟大实践。两委一室领导、直属单位党政领导班子成员、机关全体干部130余人参加学习。

（杜建峰）

【开展“我的梦·中国梦”主题宣讲活动】 4至10月，市委教育工委举办“我的梦·中国梦”主题宣讲活动。

宣讲活动选题要求主题鲜明，内容兼具真实性、典型性、教育性、故事性，通过"身边人讲身边事"，解读"中国梦"的历史底蕴和时代内涵。要求各高校按照三级宣讲体系，分别组建学校宣讲团、院系宣讲团、班级（支部）宣讲团，成员包括学校领导、教师、学生。活动中，市委教育工委成立市级宣讲团 2 个，包括宣讲员 20 人，开展宣讲活动 30 余场，高校教职工 1 万人次参加宣讲会；各高校成立校级宣讲团 436 个，组建辅导员、学生理论骨干、少数民族师生特色宣讲团 300 个，选拔校级宣讲员 1108 人，组织开展宣讲活动 848 场，高校师生 118000 人次参加宣讲活动；高校院系、班级、支部、社团成立宣讲团 1000 余个，拥有师生宣讲员 5000 人，举办宣讲活动 5000 场，高校师生 60 万人次参加宣讲活动。

（杜建峰）

【举办理论名家讲堂】　5月3日，首都

高校"理论名家讲堂"启动仪式暨首场讲座在北京大学举办。市委教育工委、北京大学领导分别致辞。会议邀请北京大学教授郭建宁以《文化强国与中国梦》为题，结合中国近现代史从"变器物"到"变制度"再到"变文化"的发展历程，对文化的战略地位和重要作用进行深入解读。北京大学、北京科技大学、北京语言大学等高校 300 名学生代表听取报告。"理论名家讲堂"作为"思想引领工程"的重要组成部分，全年共举办 3 讲，其中，5 月 28 日和 11 月 15 日，市委教育工委分别邀请市委宣传部副部长崔耀中和前驻法国大使吴建民在清华大学、北京化工大学以《社会主义 500 年》和《世界潮流与中国梦》为题作专题讲座。

（杜建峰）

【召开习近平"五四"讲话精神座谈会】　5 月 7 日，市委教育工委召开北京高校学习习近平"五四"讲话精神座谈会。会议学习 5 月 4 日习近平在中国空间技术研究院同各界优秀青年代表座谈时的讲话精神，以及给北京大学考古文博学院 2009 级本科团支部全体同学的回信。来自首都师范大学、北京航空航天大学、北京大学等单位教师、学生分别从不同角度阐述对习近平"五四"重要讲话和给北大学生的回信精神的思考体会。会议要求高校师生深刻领会，提高认识，全面把握总书记讲话的精神内涵和重要意义，要精心部署，营造氛围，要把学习、宣传、贯彻总书记"五四"重要讲话精神作为当前和今后一段时间的重要政治任务。赵凤桐及市委教育工委领导，北京高校领导、宣传部长、学工部长、研工部长、团委书记、师生代表等 30 余人参加座谈。

（于海）

【举办辅导员职业能力大赛】　5 月 19 日，北京高校辅导员职业能力大赛决赛及颁奖典礼在北京师范大学举行。比赛分为初赛和复赛，包括院校推荐、笔试选拔、现场决赛等环节。决赛通过主题演讲、案例分析、深度辅导等，主要考察辅导员的语言表达能力、逻辑思维水平、应急管理能力以及深度辅导能力。经过评委综合评定，共评出一等奖 1 人、二等奖 2 人、三等奖 3 人，高校优秀组织奖 8 个。比赛由市委教育工委主办、北京高校辅导员培训研修基地（北京师范大学）承办，来自各高校的辅导员和学生代表共 200 人参加颁奖典礼。

（于海）

【召开高校青年教师思想政治工作座谈会】　6 月 27 日，市委教育工委举办北京高校青年教师思想政治工作座谈会。会议总结交流上年北京高校青年教师思想政治工作成绩，对本年高校青年教师思想政治工作提出要求，表彰"北京高校青年教师思想政治工作优秀项目评选活动"获奖项目。该评选由市委教育工委组织，旨在总结工作、交流经验，推出一批参与度高、效果好、可推广的好项目、好做法。全市 40 个高校 100 个项目参加评选，50 个项目获奖。各高校主管领导、宣传部长、人事处长、青年教师代表及青年教师社会实践基地代表 280 人参加会议。

（刘娟）

【举办部长形势政策报告会】　6至10

月，市委教育工委举办 4 场"部长进校园"形势政策报告会。6 月 17 日，人力社保部部长尹蔚民在北京外国语大学作《当前我国的就业形势和就业政策》报告；9 月 17 日，文化部部长蔡武在北京化工大学作《为中华文化的伟大复兴而努力》报告；10 月 17 日，国家工商行政管理总局党组书记、局长张茅在对外经济贸易大学作《加强市场监管，完善社会主义市场经济体制》报告；10 月 25 日，公安部党委副书记、常务副部长杨焕宁在中国矿业大学（北京）作当前《我国社会稳定形势》报告。

（赵国伟）

【开展高校青年教师暑期社会实践】　7 月 13 至 19 日和 8 月 18 至 24 日，市委教育工委分两批组织高校青年教师 300 人赴长三角地区和井冈山开展学习实践活动。其间，通过集中授课、现场教学、专题研讨、重走革命等方式，重温革命斗争历史，进一步坚定理想信念。

（杜建峰）

【学习全国宣传思想工作会议精神】　8 月 28 至 29 日，市委教育工委举办北京高校学习贯彻全国宣传思想工作会议精神研讨班。研讨班传达全国宣传思想工作会议重要精神，明确新形

势下宣传思想工作的方向目标、重点任务和基本原则。苟仲文参加会议并讲话，市委教育工委，北京高校党委宣传部长、思想政治理论课教学负责人140余人参加会议。

（杜建峰）

【举办高校十佳校园评选活动】 9月，市委教育工委启动首届北京高校“十佳美丽校园”推选活动。活动面向首都高校师生，以“我的美丽校园我的青春梦想”为主题，旨在宣传贯彻美丽中国，展示高校历史底蕴、精神文化、办学特色、发展成就及广大师生精神风貌。经过前期筹备、各校申报、资格审查等环节，共有36所高校成为候选高校。经过材料评审、实地体验、微博展示、网络投票及专家评审等环节，北京大学、清华大学、中国人民大学、北京师范大学、中国农业大学、北京交通大学、北京林业大学、北京航空航天大学、北方工业大学、北京工业大学10所高校成为首届北京高校“十佳美丽校园”。

（丁贞栋）

【评选大学生思想政治教育实效奖】 12月31日，市委教育工委举办第三届首都大学生思想政治教育工作实效奖终评暨交流展示会。展示会要求各参评项目完成7分钟成果汇报，经过专家及现场群众综合评审，3项成果

获得特等奖，7项成果获得一等奖，13项成果获得二等奖，另有34项成果获得优秀奖。52所高校107项成果参加初评。各高校主管校领导、学生工作部、思政治理论课教学部门负责人共200人参加交流会。

（杜建峰）

统一战线与群众工作

【概况】 2013年，北京高校统战工作以邓小平理论、“三个代表”重要思想和科学发展观为指导，认真学习贯彻党的十八大、全国及北京市统战会议精神，充分发挥高校统战工作优势，着力增进政治共识，全面提高高校党外代表人士队伍建设水平，促进高校科学发展和社会和谐。统战工作得到中央和市委统战部肯定，市委教育工委“民族一家亲”活动获得2013年度中央统战部实践创新表彰；市委教育工委被授予2013年度北京市统一战线理论研究和调查研究优秀组织单位，“统筹规划抓好高校党外代表人士队伍建设”经验入选《北京市统战工作创新成果汇编》，“新形势下北京高校党外代表人士队伍建设工作研究”“北京高校归国留学人员统战工作研究”分别获得北京市统一战线理论研究和调查研究优秀成果二等奖、三等奖。

（张健）

【召开民盟民进对口联系新春座谈会】 2月21日，市委教育工委、市教委召开民盟、民进市委对口联系座谈会。会议介绍市教委上年工作情况和本年工作要点。民盟民进市委就“科学制定首都教育发展规划”“优化调整文化创新”“完善产学研机制”等问题提出意见和建议。赵凤桐、线联平以及民盟北京市委、民进北京市委领导参加座谈会。

（相京）

【召开高校统战部长会议】 2月25日，市委教育工委召开2013年北京高校统战部长会议。会议听取北京高校统战工作报告，印发《北京高校2013年统战工作要点》以及北京高校2012年统战工作总结汇编和创新成果汇编等材料。市委教育工委领导及各高校统战工作主管书记、党委统战部部长110人参加会议。

（相京）

【为社会发展建言献策】 3月，北京高校的党外全国人大代表、全国政协委员100余人参加全国人大和全国政协会议。党外人大代表和政协委员认真履行职责，积极参政议政，围绕国家经济社会发展的热点难点问题，针对“自主创新能力建设”“推进教育、文化发展”“医疗卫生、社会保障制度建设”等，建言献策，切实履行人大代表、政协委员职责。

（相京）

【统战理论与实践研究会换届】 5月21日，市委教育工委召开北京高校统战理论与实践研究会换届大会暨高校统一战线工作创新与发展论坛。会议以“深入学习贯彻党的十八大精神，进一步做好高校统战工作”为主题，表彰为研究会工作及北京高校统战理论与实践研究工作做出贡献的会员及会员代表。会议表决通过新修订的研究会章程，选举产生研究会第五届理事会。清华大学成为新一届研究会会长单位，清华大学党委副书记韩景阳担任新一届研究会会长。会议邀请北京航空航天大学党委副书记、中国人民大学党委统战部部长、中国农业大学党委统战部部长分别作“高校统一战线工作创新与发展论坛”主题报告，介绍高校统一战线工作创新发展实践。市委教育工委领导及各高校统战工作主管书记、党委统战部部长110人参加会议。

（相京）

【举办高校党外代表人士培训班】 6月25至29日，市委教育工委举办2013年北京高校党外代表人士培训班。培训班以深入学习贯彻十八大精神，进一步加强统战干部队伍建设，不断提升北京高校统战工作科学化水平为主题，旨在加强北京高校党外代表人士队伍建设。培训班学员听取“新时期统战工作的形势与任务”“中国道路与中国梦”“北京高校党建工作整体情况”等专题报告，参观考察天津大学、南开大学等高校。培训班面向北京高校党外代表人士，通过学

校推荐方式报名，各高校74名党外人士参加培训。

（相京）

【举办科研骨干宗教专题研修班】 7月14日，市委教育工委举办第四期北京高校哲学社会科学教学科研骨干宗教工作专题研修班。研修班学习党的十八大和北京市第十一次党代会精神，研修中国特色社会主义理论、高校意识形态与哲学社会科学理论热点、教育改革发展问题、马克思主义宗教观教育及宗教政策与形势。来自北京高校的哲学社会科学教学科研骨干教师，组织、宣传、统战、保卫等部门工作人员，以及院系党总支书记、辅导员等共92人参加研修。

（相京）

【召开高校党外干部挂职锻炼座谈会】 9月25日，市委教育工委召开北京高校党外干部挂职锻炼座谈会。与会人员围绕挂职锻炼一年的主要工作、收获体会和意见建议等问题交流探讨，刘建参加会议并讲话强调，挂职锻炼是培养党外代表人士的重要平台，要进一步加强沟通协调，做好挂职锻炼的前期培训、中期沟通交流和后期跟踪培养工作，努力为党外干部成长成才创造良好条件。至2013年底，高校有党外处级干部1095人，约占处级干部总数13%；60所高校有47名党外校级领导干部，其中，正校长1人。有关领导和参加2012年度全市“三个一百”挂职锻炼的高校党外干部及相关高校统战部部长20余人参加座谈会。

（相京）

【发放“爱心成就未来”助学款】 10月25日，市委教育工委、市教委、北京市慈善协会联合举办2013年“爱心成就未来”助学款发放仪式。与会领导向学生代表发放助学款。北京25所高校2200名品学兼优的贫困家庭大学生，共获得助学款660万元。该款项要求学校按照每月300元标准，分10个月按时足额发放。市政协、市慈善协会、市委教育工委、市民政局领导及部分高校、企业以及受助生代表500人参加大会。

（冯英）

【召开高校统战大讲堂研讨会】 12月10至11日，市委教育工委召开北京高校统战大讲堂暨2013年度统战课题研讨会。与会代表就提升统战科技化水平、统战成员和统战干部理论学习需求等问题发表意见和建议。会议认为高校统战工作要以社会主义核心价值观和中华民族伟大复兴中国梦为引领，努力探索用个性化服务满足多样化需求，团结一切可以团结的力量，共同为中国特色社会主义建设事业而奋斗。各高校党委统战部部长、专职副部长70余人参加会议。

（相京　冯英）

纪检·监察

【概况】 2013年，北京高校纪检监察机构共有61个。纪检监察专兼职干部381人，其中，大学及以上学历369人，占96.9%；35岁及以下干部53人，占13.9%；56岁以上干部72人，占18.9%；妇女干部183人，占48.0%；少数民族干部31人，占8.1%。获得过省部级奖的人员11人。北京高校纪检监察部门新立案10件，结案11件，处分11人。全年，教育系统纪检监察机构共受理群众信访举报1459件次，其中，市教育纪工委受理175件次，比上年的204件减少14.2%。

（钟巍盛）

【举办首届高校廉政招贴画设计赛】 1月11日，市教育纪工委举行首届北京高校廉政招贴画设计大赛。比赛以“倡廉政、扬清风”为主题，共收到17所高校的1239份作品。经过评审组匿名评选，共评出一等奖20个、二等奖40个、三等奖60个、鼓励奖80个。比赛由市教育纪工委主办，北京第二外国语学院承办。

（钟巍盛）

【印发艺术类专业招生监察工作通知】 1月21日，市教委印发《关于做好2013年北京普通高校艺术类专业招生监察工作的通知》。通知就北京高校艺术类专业招生监察工作提出四点要求：一是加强领导，高度重视艺术类专业招生监察工作；二是完善制度，强化自我约束和监督制约；三是加强监督，确保艺术类专业招生考试顺利进行；四是提高实效，切实加强艺术类专业招生监察工作。为加强对招生监察工作的指导，市教委将组成艺术类专业招生考试巡视组，对部分高校的专业考试以及招生监察工作进行巡视检查。

（张华　于静）

【开展党风廉政建设责任制检查】 1月，市委教育工委、市教委党风廉政建设领导小组检查10所高校落实党风廉政建设责任制和推进惩防体系建设任务完成情况。党风廉政建设领导小组组成5个检查组，通过听取汇报、召开座谈会、查阅资料方式检查各高校落实党风廉政建设责任制、惩防体系建设、深化廉政风险防控管理、校务公开党务公开、专项治理、信访案件查办工作、纪检监察工作共七个方面。检查组认为，各高校能够深入落实党风廉政建设责任制，并结合自身实际推进惩防体系建设，工作成效明显、亮点突出。

（钟巍盛）

【检查高校艺术类专业招生考试工作】 2月26日至3月12日，市教育纪工委检查高校艺术类专业招生考试工作。检查组通过听取学校招生和监察部门汇报、巡视考试现场、查看有关材料等方式分别对中央戏剧学院、中央音乐学院、北京电影学院、首都体育学院4所高校的艺术类专业招生考试情况进行现场巡视和检查指导。检查组认为从整体情况看，各校领导高度重视招生考试工作，能够认真贯彻执行国家招生政策、法规及市教委《关于做好2013年北京普通高等学校艺术类专业招生监察工作的通知》要求，监管机构健全，组织严密，制度完善。

（张华　于静）

【召开党风廉政建设工作会议】　3月

14日，北京教育系统党风廉政建设工作会议召开。会议总结上年系统党风廉政建设情况，强调本年主要工作包括：严明党的政治纪律、加强监督检查；加强作风建设，严格落实中央八项规定；深化治理工作，促进科研经费管理、高校招生“阳光工程”、规范学校办学收费行为等重点专项任务的落实。赵凤桐要求教育系统严格落实中央“八项规定”和教育部、北京市的实施意见，严明政治纪律、狠抓作风建设，密切联系群众、厉行勤俭节约，完善惩防体系，加强监督检查、纠风治理、查办案件等工作，保证反腐倡廉重点任务的落实。市委教育工委、市教委、市政府教育督导室，各高校、各区县、各直属单位党政负责人等360人参加会议。

（钟巍盛）

【开展教育系统收费春季检查】　3月25日，北京市治理教育乱收费联席会议办公室印发《关于认真做好2013年春季教育收费检查工作的通知》。文件要求各区县及高校治理办高度重视春季收费检查工作，协调相关部门，抓住春季开学收费的关口，有组织有计划开展收费自查和检查工作，对发现的问题积极进行整改。至4月底，全市普教系统组织1896所中小学进行教育收费自查工作，自查率100%。在自查基础上，各区县组织检查组62个，参检人员269人，抽查教育单位443个，其中，高中56所、初中113所、小学199所、幼儿园75所。查出违规收费问题29个，清退违规收费金额11.41万元。各高校组织1827个部门进行自查，在自查的基础上，全市高校组织检查组120个，参检人员658人，对742个部门的收费情况进行检查。

（张华　于静）

【专项检查区县春季教育收费情况】　4月20日至5月16日，北京市治理教育乱收费联席会议办公室对房山、怀柔等7个区县2013年春季教育收费情况开展专项检查。检查组听取区县教委本年春季教育收费自查自纠工作情况汇报，复查上年度秋季教育收费检查发现问题整改落实情况。检查组认为，各区县教委都能够认真贯彻落实《关于开展2013年春季教育收费检查工作的通知》等文件精神，同时结合各区县实际情况，制定相关实施方案并开展收费自查自纠工作，能够对自查自纠过程中发现的问题及时处理。检查期间，检查组调研3所中小学补课乱收费、学校组织集体补课、公办学校教师在校外培训机构兼职补课等情况。

（张华　于静）

【召开廉政文化建设工作会】　5月17

日，市委教育工委、市教委召开北京教育系统廉政文化建设工作会。会议对开展廉政文化建设活动提出指导意见，要求进一步加强组织领导和工作保障，探索建立廉政文化的长效机制。会议印发《2013年北京教育系统深入开展廉政文化建设活动的实施方案》，表彰在2012年廉政文化创建各项活动中的获奖单位和个人。市委教育工委、市纪委领导，各高校纪委书记、区县教育纪工委书记及高校首届“倡廉政、扬清风”招贴创意设计大赛一等奖获奖代表200人参加会议。

（钟巍盛）

【召开治理教育乱收费局际联席会议】　6月14日，北京市治理教育乱收费局际联席会会议在市教委召开。会议从“出台多项规定，建立治理长效机制；积极组织实施，确保各项政策贯彻落实；加强专项督导检查，坚决查处乱收费行为”三个方面对上年度有关规范教育收费情况以及上半年主要工作做简要汇报，介绍下一步治理教育乱收费的工作思路。市监察局负责人通报市纠风办机构调整情况，与会人员审议《关于2013年北京市进一步规范教育收费工作的意见》。市教委、市监察局、市发展改革委等单位相关领导参加会议。

（张华　于静）

【督查高校招生提前批次录取工作】　7月6至11日，北京市高校招生监察办公室全程督查普通高校招生提前批次录取工作。高校招生监察办公室由市纪委监察局执法监察室、市教委监察处、北京教育考试院监察处负责人组成，对高校招录试行“全程参与，全心服务，全面监督，重点督查”。各军事、公安、武警部队院校，艺术类、体育类院校以及国际关系学院、外交学院共计91所院校参加提前批次录取工作。录取期间，监察办公室通过招生录取系统网上监察窗口，实时监察网上投档、审核、退档等情况，重点检查国家招生政策、法规的贯彻执行情况。到各个学校检查录取现场秩序，在录取现场内外设立信访接待室、接待站，开通专项举报电话和举报信箱，24小时专人负责。本年提前批次院校在京共录取1896人。

（张华　于静）

【召开高校重点领域廉政风险防控交流会】　7月11至12日，市教育纪工委召开首都高校重点领域廉政风险防控难点与对策交流会。11所高校纪委领导及重点领域廉政风险防控研究负责人，交流高校廉政风险防控管理工作实践中经验、问题和成果。研讨范围涉及基建、物资采购、招生等廉政风险防控管理重点领域，同时包括信息化防控、廉政文化建设等具体内容。市委教育工委领导及部分高校纪委负责人30余人参加交流会。

（钟巍盛）

【加强廉政风险防控管理】　8月5日，市委教育工委、市教委印发《关于做好机关2013年廉政风险防控管理工作的通知》。文件提出本年两委机关廉政风险防控管理的工作目标是进一步清理确认涉权事项、分解细化办理流程、分解落实防控责任，建立完善分权制约、程序制约和标准制约机制，切实提高风险防控的实效性。工作内容一是推进权力结构科学化配置体系建设；二是推进权力运行规范化监督体系建设；三是推进廉政风险信息化防控体系建设。通知要求两委机关各处室负责人是本处室廉政风险防范管理工作第一责任人，负责组织干部认真学习文件精神，落实各项具体工作，按时、按质完成各项任务。

（张华　于静）

【规范教育收费工作】　8月20日，市教委、市发展改革委、市财政局、市审计局、市新闻出版局联合印发《关于2013年北京市进一步规范教育收费工作的意见》。文件明确2013年北京市规范教育收费主要任务。要求深入治理义务教育阶段择校乱收费；坚决治理中小学补课乱收费；严格执行公办高中招收择校生“三限”政策；加强中小学教辅材料管理；进一步规范高校招生及收费行为；加强对幼儿园收费行为的监管。主要措施包括加大教育投入，积极推进义务教育均衡发展；加强财务管理，严格财经纪律；进一步规范教育收费公示行为，确保收费行为公开透明；加强监督检查，加大案件查办和责任追究力度；强化责任落实，完善长效机制。

（张华　于静）

【召开规范教育收费工作培训会】　8月28日，市教委召开2013年规范教育收费工作培训会。会议解读《关于2013年北京市进一步规范教育收费工作的意见》，通报上年度国家七部委对北京教育收费专项督查情况、市治理教育乱收费联席会议办公室秋季教育收费检查中发现的问题，通报本年群众反映学校乱收费问题的举报情况。培训会就服务性收费代收费、教育收费公示、学校食堂管理以及学校收费政策、规定及相关的财务管理制度进行培训。会议要求各单位深刻认识当前规范教育收费工作的形势和任务，切实增强责任感和紧迫感；突出重点，狠抓各项规范收费措施的落实；做好调查研究，加强源头治理；发挥好舆论的作用，营造良好的氛围。各区县教委主管主任、教育纪工委书记，财务、监察负责人，部分高校财务处长、监察处长和大学附中附小的主管校长参加会议。

（张华　于静）

【督查秋季教育收费情况】　9至12月，北京市治理教育乱收费联席会议办公室督查秋季规范教育收费情况。9月市治理办印发《关于开展2013年秋季教育收费自查自纠工作的通知》，要求各区县及高校治理部门协调相关部门，有组织有计划开展检查工作。检查内容主要是贯彻落实2012、2013年市规范教育收费工作意见的情况，要求重点围绕治理义务教育阶段择校乱收费情况、中小学及教师补课乱收费情况、高校实施招生“阳光工程”等内容进行。在区县、高校自查自纠的基础上，市治理办10月协调相关委办局，抽调25人组成4个督查组，即幼儿园组、义务教育阶段组、高中组和高校组，分别对东城、西城、朝阳、海淀、石景山5个区的17所中小学校、6所幼儿园和北京语言大学、北京第二外国语学院、北京开放大学、北京农业职业技术学院和北京教育学院5所高校开展督查，发现部分学校存在超范围收费、代收费管理不规范、收取捐资助学款等10类50个方面问题。在2013年秋季教育收费督查情况反馈会中，市治理办通报秋季教育收费督查中发现的问题，要求区县教育行政部门、各级各类学校和幼儿园，要克服推一推、动一动的思想，进一步加大对本区县教育收费工作的监督检查和宣传教育的力度，积极主动开展工作，杜绝各类违规收费行为的发生。

（张华　于静）

【座谈市属高校科研经费使用管理情况】　12月12日和13日，市教委召

开市属高等学校科研经费使用管理情况座谈会。会议了解各高校对加强科研经费管理的意见和建议，交流学校科研经费使用管理经验。会议认为各高校要提高对科研经费使用管理紧迫性、严峻性的认识，了解政策、熟悉政策、执行政策、落实政策。25所市属高校主管财务、主管科研的副校长以及科研、财务、监察处负责人参加会议。

（张华　于静）

【概况】　2013年，市教委发展规划方面重点完成四方面工作。一是规划教育体制改革试点工作。牵头组织北京市参加国家教育体制改革试点项目阶段总结工作。北京承担的20项改革试点都取得显著进展，其中，5项改革试点申请转为示范项目。完成市属21所本科院校“十二五”规划的审核、批复工作。牵头制定《北京市2013～2015年基本公共教育服务行动计划》。完成“十二五”规划中期评估监测工作。组织启动《北京市国民经济和社会发展第十二个五年规划》中期评估工作。参与完成《北京市“十二五”时期人文北京发展建设规划》《健康北京“十二五”发展建设规划》《北京市“十二五”时期社会建设规划纲要》等规划的中期评估工作。二是学校设置工作。完成北京建筑工程学院更名为北京建筑大学的协调工作。受理北京培黎职业学院升格为本科普通高校的请示，并按照高校设置程序做好组织专家考察等各项工

作。办理北京工商大学嘉华学院、北京工业大学耿丹学院2所独立学院的转设工作。批准北京经贸职业学院变更院长。组织专家到北京新圆明职业学院就更名进行实地考察。批准北京美术职业学院延长筹建期一年。完成普通民办高校年检工作。三是各级各类教育事业发展计划工作。组织研究来京务工人员随迁子女参加中、高考问题，实施随迁子女参加中等职业学校招生考试工作，制定《2014年进城务工人员随迁子女在京参加高等职业学校招生考试实施办法》。完成研究生教育招生计划、普通高等教育招生计划、成人高等教育招生计划、中等教育招生计划编制。四是教育事业统计工作。完成2012学年度北京市教育事业统计信息编辑和发布工作。编辑、印刷《北京市教育事业统计资料(2012～2013学年度)》。根据《政府信息公开条例》规定，公布2012/2013学年度北京市教育事业统计数据。全面开展质量评估，提高统计数据质量。完成北京市宏观经济与社会发展基础数据库维护和数据提供工作。向北京市宏观经济与社会发展基础数据库提交2012年度北京市教育事业发展统计数据。研究编制北京市教育事业统计工作手册。

（周彤）

【提高示范高中招生“名额分配”比例】 2月7日，市教委公布《关于做好2013年高级中等学校考试招生工作的意见》。意见要求示范高中提高示范高中招生计划分配到初中校比例。各示范高中以学校为单位，将当年12%～15%的招生计划用于“名额分配”。同时，鼓励各示范高中校将12%～15%以外的部分计划用于跨区县或“手拉手”对口支援学校。至5月，全市68所示范高中共编制“名额分配”招生计划3021人，比上年增加457人。文件同时规定以学校为单位招收择校生比例从上年的15%降为10%，鼓励有条件的区县探索试点取消公办普通高中招收择校生政策。全市普通高中共编制择校生计划3154人，比上年减少1922人。

（姚林修）

【完成“十二五”规划中期评估监测】 3至7月，市教委开展“十二五”时期教育改革和发展规划中期评估工作，完成《北京市“十二五”时期教育改革和发展规划中期评估报告》。市教委细分“十二五”规划内容为21个项目，协调相关业务部门，通过建立工作机制、进行任务分工、广泛征求意见等环节，对规划目标任务完成和执行情况、政策落实情况以及存在的问题总结和分析，编制完成中期评估报告。报告从规划文本涉及的目标、重点任务出发，着重梳理和总结基础教育、职业教育、高等教育、学习型城市建设、机制体制改革、考试招生制度改革以及党的建设方面规划实施情况，分析未来两年首都教育面临的形势与问题，同时提出进一步做好规划实施的建议。

（张晓玲）

【批准北京建筑工程学院更名】 4月

12日，经教育部批准，北京建筑工程学院更名为北京建筑大学，同时撤销北京建筑工程学院建制。该校是北京市属高校中唯一的建筑类高等学校，主要开展本科教育，同时承担研究生培养任务。

（丁建）

【审核21校“十二五”规划】 4月，市教委完成21所市属高校“十二五”规划审核批复工作。市教委研究本科院校上报的“十二五”规划文本，会同市发展改革委、市财政局，从各学校办学定位、发展目标、发展规模、发展任务及实施措施方面，逐一提出审核批复意见。

（张晓玲）

【制定基本公共教育服务行动计划】 4至10月，市教委研究制定《北京市2013～2015年基本公共教育服务行动计划》。该计划是为贯彻落实市发展改

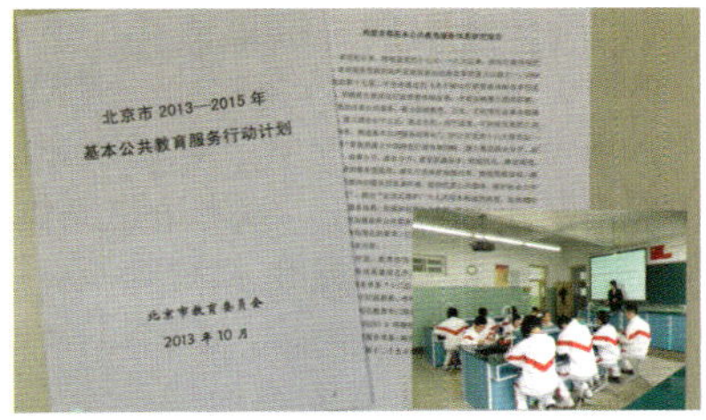

革委提出“关于编制本市基本公共服务体系行动计划”有关工作而制定，目的是筹划好全市未来基本公共教育服务建设发展。文件明确基本公共教育服务的主要目标、发展任务和重要保障措施，提出到2015年北京市将建成基本公共教育服务体系，保障市民依法享有受教育的权利，强化各级政府的公共教育服务职能，公平配置公共教育资源，推进区域基本公共教育服务均等化的建设目标。

（张晓玲）

【表彰教育事业统计工作先进】 6月17日，市教委通报表彰2012年度教育事业统计工作优秀集体和优秀个人。该评选依据2012至2013学年度教育事业统计工作质量评估结果，面向2012年从事教育事业统计工作的区县教育行政部门、普通高等学校、成人高等学校、普通中等专业学校，要求参评单位及个人能够积极推进教育事业统计工作制度化建设，不断提高教育事业统计能力，为办好人民满意的教育提供科学管理和宏观决策支持。北京教育系统50个单位和50名个人获得奖励。

（赵琦　孙运科）

【市属高校稳定招生规模】 至9月，北京市属高校普通高等教育招生规模总体稳定。市属高校普通高等教育计划招生83000人，实际招生83856人，比上年增长0.23%。其中，本科招生49160人，比上年减少0.07%；高职招生34696人，比上年增长0.64%。

（姚林修）

【高考录取比例继续超过80%】 至9月，北京完成高考录取工作，升学率继续保持在80%以上。北京地区参加统考人数67368人，比上年减少981人。全国高校在京计划招生54295人，实际录取58832人。升学率84.4%。

（姚林修）

【继续开展高职自主招生试点工作】　至9月，北京市推进高等职业教育自主招生试点工作。按照“高端多元，中间稳定，低端放开”高考改革总体思路，参加试点的招生院校增至18所，分别是首钢工学院、北京电子科技职业学院、北京劳动保障职业学院、北京信息职业技术学院、北京工业职业技术学院、北京农业职业学院、北京财贸职业学院、北京经济管理职业学院、北京政法职业学院、北京体育职业学院、北京北大方正软件职业技术学院、北京汇佳职业学院、北京培黎职业学院、北京京北职业技术学院、北京交通运输职业学院、北京交通职业技术学院、北京现代职业技术学院和北京社会管理职业学院。计划招生总计4480人，其中，计划招收农村户籍考生2183人。

（姚林修）

【高级中等学校招生97892人】　至9月，北京市各类高级中等学校招生97892人。其中，普通高中招生59983人、普通中专招生14029人、职业高中招生7162人、技工学校招生16718人。

（姚林修）

【市属成人高等教育招生规模减少】　至9月，北京市属成人高等教育招生规模减少。市属成人高等教育实际招生30638人，比上年减少5.1%，其中，本科（含高中起点本科和专科起点本科）实际招生12831人，比上年增长1.6%；专科（高职）实际招生17807人，比上年减少9.5%。

（卜薇）

【市属高校研究生招生继续保持适度增长】　至9月，北京市属高校完成年度研究生招生录取工作。研究生招生增长速度继续稳步增长。市属高校实际录取研究生10561人，比上年增长7.7%。其中，博士768人，比上年增长7.3%；硕士9793人，比上年增长7.7%。按照教育部安排，本年市属高校研究生招生计划10428人，其中，国家计划8902人，委托培养和自筹经费招生计划1526人。招生计划中，博士生752人、硕士生9676人。全日制专业学位硕士4260人。同时，市属高校承担“少数民族高层次骨干人才”研究生培养任务，招生规模150人，其中博士研究生6人、硕士研究生144人。

（卜薇）

【概况】　2013年，市教委财务工作按照市委、市政府确定的教育重点投入方向，严格落实教育经费法定增长要求，确保教育经费持续增长，提高教育经费使用效益。建立定额管理项目，扩大学校经费自主权。加强重点问题调查研究，出台改革政策，优化投入结构，加强经费监管，全面推进绩效管理。2013年全年财政拨款预算330.32亿元，其中，市本级单位172.47亿元，市对区县教育补助157.85亿元。完成2012年全国教育经费统计汇总工作。年内，市教委本级及所属预算单位61个，其中，行政单位1个（市教委本级），事业单位60个。事业单位包括25所市属高等院校，11所中等职业学校（北京幼儿师范学校并入首都师范大学），24个直属单位（新增北京学校后勤事务中心）。

（孔凡娟）

【完成决算工作】　1至2月，市教委完成所属预算单位2012年决算数据审核、汇总、上报工作。决算数据包括市教委机关事业及所属59个事业单位（含24所市属高等院校、12所中等专业学校、23个直属单位）。数据显示，2012年决算全年收入2540022.60万元，其中，财政拨款2157078.16万元；支出2407101.65万元。市教委于8月印发关于2012年度部门决算的批复，批复各预算单位2012年度部门决算。

（李奇）

【规范市属高校科研经费管理】　3月29日，市教委、市财政局联合印发《关于加强市属高校科研经费管理的意见》。该意见旨在加强市属高校科研经费管理，促进高校建立健全内部科研经费管理体制和运行机制，提升科研经费管理服务水平，提高资金使用效益。文件提出“提高认识，切实加强科研经费管理”“明确责任主体，建立健全科研经费管理责任制”“完善工作机制，提升管理服务能力”等7个方面共26条具体意见。要求各学校针对当前科研经费使用和管理中出现的问题，根据国家有关规定，参照意见精神，完善科研经费管理制度，并报市教委备案。该意见自6月1日起施行。

（李奇）

【实行预决算公开】　3至11月，市教委完成相关财务预算公开工作。市教委3月公开2013年“三公经费”和部门预算，8月公开2012年“三公经费”和部门决算，9月公开2012年度预算执行和其他财政收支审计结果。市教委制定相关公开文件，严格把关，加强数据材料审核，确保公开数据真实可靠。

（李奇）

【完成教育项目绩效评价工作】　4至8月，市教委完成82个教育项目绩效评价工作。其中，25所市属高校的实验室、实训基地建设项目50个；32个中专直属单位项目32个。市教委在原有评价体系的基础上修订部门评价指标体系，把现场考评方式比重由原来的14%提至72%。经过会议考评、现场考评、评审答辩等环节，共评出市属高校优秀项目16个，良好项目30个，一般项目4个；中专直属单位优秀项目10个，良好项目19个，一般项目3个。

（时阳）

【开展中小学校财务制度培训】　6月4日，市教委与市财政局联合开展中小学校财务制度培训。培训邀请市财政局业务处室负责人解读财政部、教育部重新修订的《中小学校财务制度》，重点就修订背景与主要内容进行讲解，要求各中小学认真学习并贯彻落实。

（刘伟）

【举办市属高校财务人员专题培训】 6月4日和25日，市教委与市财政局联合举办两期北京市属高校财务人员专题培训班。培训班邀请市财政局相关业务处室和市教委高校财务制度课题组解读2012年财政部、教育部新修订的《高等学校财务制度》，要求各高校认真学习领会制度精神，结合实际加以落实。

（李奇）

【编制一体化学校经费使用细则】 6月6日，市教委、市财政局联合印发《北京市城乡新区一体化学校经费使用细则（试行）》。细则适用于《北京市中小学建设三年行动计划》实施中按照推进城乡新区一体化学校建设“一个法人、一体化管理”运行的学校，对建设内容和资金分配原则、职责分工、经费管理、监督检查做出相关规定。其中，对优质资源输出学校每校每年市财政给予200万元经费支持，对输出学校派出教师给予交通补贴和通讯补贴。其中，对区县内或城六区之间输出学校派出教师交通补助每人每月不超过600元、通讯补助每人每月200元；对城六区向远郊区县输出校外派教师交通补助每人每月不超过1000元、通讯补助每人每月200元。细则6月10日起施行。

（张晓兰）

【扩大幼儿园补助范围】 9月4日，市财政局、市教委联合印发《北京市扶持学前教育事业发展项目经费管理办法（修订稿）》。修订文件取消原管理办法中新建、改扩建幼儿园补助、办园标准达标补助及村办园超过10个班按照300万元补助的规定，要求按照实际班额予以补助。同时，扩大普惠性及考核合格民办幼儿园的补助范围。

（徐达）

【调整高校定额标准】 9月，北京市调整市属高等学校基本支出预算定额标准。按照定额正常增长机制，保持学科定额正常增长，主要体现在公用经费定额和退休人员经费定额上。主要内容包括：职工福利费增长、新增大型设备引起的维持费增长、通货膨胀因素、退休人员的政策性增资因素。修订后市属高校学科定额一般院校财政拨款额度平均增长1000元左右，艺术类院校财政拨款定额增长1400元，独立设置高职院校定额财政拨款定额增长700元。退休人员经费人均增长7010元。本次调整内容2014财年起施行。

（李奇）

【改革下达项目经费管理方式】 9月，市教委调整各直属单位及业务处室承担的下达任务财政经费支持方式，建立行业定额标准和专项经费相结合的预算管理方式。此举旨在进一步规范市教委直属单位预算管理，提高财政资金供给的力度，强化资金监管。市教委依据单位职能和承担的下达任务，结合原有教育直属单位行业定额标准重新修订并完善。修订后的文件规定，单位年度预算经费采取定额或专项拨款方式解决，列入单位年度预算总额。其中，新增北京教育科学研究院基础研究经费行业定额标准，即高级职称4万元/人·年，中级职称2.5万元/人·年，初级职称1万元/人·年，按照单位研究人员的人数，以单位基础科研经费的方式计入单位的基本经费；新增北京教育学院非学历教育培训行业定额标准，干部培训每课时26元，教师培训每课时17元，按照两委下达的培训任务编报下年度预算，纳入单位基本经费管理；调整北京教育考试院现行行业定额标准。新的定额标准自编制2014年预算实行。

（孔凡娟）

【组织预算项目评审】 10月，市教委开展2014年预算评审工作。本年预算评审取消市教委与市财政评审中心、市财政局教育处联合评审方式，保留财政评审中心评审和市教委部门评审方式。部门评审项目共涉及26个项目大类3047个项目，评审金额54.68亿元。其中，市教委本级项目3016个，评审金额54.35亿元；市财政局教育处项目31个，评审金额0.33亿元。部门评审工作在历年部门评审工作基础上，进一步优化评审流程，对于信息化内容项目、城乡一体化项目等特殊事项制定评审机制，并在不违背市评审相关政策前提下结合业务处室意见，细化评审方案，使评审结果更具科学性，更加贴合教学、科研规律。评审过程中，市教委财务处安排专人负责评审质量监控工作，共计抽查项目62个。12月底，部门评审工作全部完成。

（李高远）

【组织预算编制工作】 10至12月，市

教委完成所属预算单位2014年预算审核、汇总、上报工作。预算数据包括市教委机关事业及所属59个事业单位（含25所市属高等院校、11所中等专业学校、23个直属单位），2014全年预算收入2805615.70万元，包括财政拨款2398543.23万元；全年支出2805615.70万元。

（李奇 熊红帅）

【建立定额管理项目】 10至12月，市教委2014年预算设立基础改造定额项目和促进人才培养综合改革项目。市教委综合考虑学校面积、在校学生人数、办学层次等因素，按照一定分配标准，以定额经费形式向各市属高校分配经费预算。市属高校根据实际需求，在遵守国家和北京市相关政策要求下，通过校内专项经费管理方式使用定额管理经费。一方面扩大学校项目经费分配使用的自主权，解决群众教育实践活动中反映的问题。另一方面提高预算编制、评审等工作效率，提高年初预算下达率，增加预算执行期。两项改革资金共计20亿元。

（李奇）

【规范研究生教育学费标准】 11月22日，市发展改革委、市财政局、市教委联合印发《关于北京地区研究生教育学费标准等有关问题的通知》。通知规定，2014年秋季学期起，高等学校向所有纳入全国研究生招生计划

的新入学研究生收取学费。全日制研究生学费标准：学术学位硕士研究生学费每生每学年不超过8000元，学术学位博士研究生学费每生每学年不超过10000元；专业学位硕士研究生学费、专业学位博士研究生学费按不高于各校2013年同专业（同一专业代码）研究生学费标准收取。非全日制研究生学费标准由高校自行制定。文件同时对研究生教育收费标准的其他事项做出规定。通知自2014年秋季学期起执行。至年底，市教委、市财政局制定《关于完善研究生奖助政策体系的通知》等研究生助学金、奖学金和财政拨款政策，确保研究生培养机制改革顺利进行。

（刘伟）

【化解市属高校债务】　至年底，市教委、市财政局制定《市属高校债务化解工作实施方案》，多渠道化解市属高校债务。市教委、市财政局通过安排财政专项方式，化解北京工业大学、首都师范大学、首都经济贸易大学债务共计7.64亿元。

（李奇）

【投入5.5亿元补助随迁子女】　至年底，市级专项资金投入5.5亿元用于接收来京务工人员随迁子女的市级补助。此专项资金主要用于接收来京务工人员随迁子女较多的公办学校和民办学校改善办学条件、提升校园安全水平。

（徐达）

审　计

【概况】　2013年，北京市教育系统内部审计机构73个，包括独立设置机构30个；内部审计人员545人，包括专职审计人员143人。全年完成审计项目5522项，其中，财务收支审计335项、预算执行与决算审计95项、基本建设项目审计190项、修缮项目审计2078项、经济责任审计512项、经济效益审计14项、专项资金审计716项、其他项目审计1582项。审计资金共计729.44亿元。查出有问题资金39832万元，其中，财务处理不当资金38593万元、损失浪费资金799.79万元、违纪违规资金438.78万元。促进增收节支26396.04万元。完成审计调查项目158项，提交审计调查报告149篇。完成科研立项3个，撰写论文40篇，公开发表23篇。

（李新影）

【召开审计工作会议】　3月12日，市教委召开北京市教育系统审计工作会。会议主要任务是为贯彻全国审计工作电视电话会议精神，加强本市教育系统内部审计工作。会议听取《求真务实，进一步提高教育内部审计工作水平》工作报告，肯定上年北京市教育系统内部审计工作，并对本年全市教育系统内部审计工作提出三点具体要求：一要切实抓好基础，保证各项内部审计工作落实；二要认真抓好审计整改，实行单位行政“一把手”负责制；三要着力抓好审计质量，不断提升内部审计工作水平。各区县教委、市属高校和市教委直属单位主要负责人以及各单位审计、财务、基建部门负责人240人参加会议。

（李新影）

【完成区县市拨教育专项经费自查】　3至8月，市教委组织完成区县市拨教育专项经费自查工作。市教委要求各区县教委通过自查了解市拨教育专项预算的执行情况和项目实施的效益效果，查找市拨教育专项管理过程中存在的薄弱环节和突出问题，保证市拨教育专项经费专用，保障各项重点工作的推进及其目标的实现，提高市拨教育专项的绩效。16个区县教委和燕山教委从经费的管理情况、收支情况和使用绩效三个方面，对上年度以及2012年初转入的以前年度的市拨教育专项经费完成自查工作，涉及经费163亿元。

（穆鑫然）

【完成14家教育单位后续审计】　4至5月，市教委完成14家市级教育单位后续审计工作。主要包括北京农学院、北京服装学院、北京工业大学、中国音乐学院及其附属中等音乐专科学校、北京财贸职业学院5所市属高校2011年科研计划、设备购置项目预算执行情况的后续审计；首都师范大学、首都经济贸易大学、北京电子科技职业学院、北京工商大学、北京舞蹈学院5所市属高校2011年专业建设、图书馆建设项目预算执行情况后续审计；北京市商务科技学校、首都铁路卫生学校、北京城市建设学校、北京铁路电气化学校4所中专校2011年预算执行与决算情况后续审计。后续审计跟踪检查被审计单位采纳审计建议、落实审计意见、进行审计整改情况，涉及资金2454.38万元，提出审计建议35条。

（张未）

【完成两人经济责任审计】　4至6月，根据市委教育工委干部部门提请，市教委审计部门先后完成市委教育工委市教委机关服务中心、北京市教育技术设备中心两家单位有关领导干部经济责任审计。审计部门向市委教育工委干部部门提交审计结果报告，同时针对被审单位存在的财务管理方面问题出具审计意见书，提出整改要求。审计总金额1.41亿元，查出问题资金590.43万元，提出审计意见和建议7条。

（李新影）

【举办审计机构负责人学习班】　7月4至5日，市教委举办2013年北京市教育系统内部审计机构负责人学习班。学习班根据教育内部审计进一步实现规范化的实际需要，本着务实高效、学以致用的原则，组织学习市审计局《北京市内部审计基础工作规范（试行）》、市财政部《行政事业单位内部控制规范（试行）》、财政部与教育部重新修订的《高等学校财务制度》和《中小学财务制度》，帮助内部审计骨干全面理解和掌握与内部审计工作密切相关的新制度。各区县教委、市属高校和市教委直属单位审计机构主要负责人和内部审计骨干90人参加学习。

（李新影）

【完成市拨教育专项审计调查】 9至12月，市教委审计部门完成10个远郊区县市拨教育专项经费的审计调查工作。市教委重点抽查10个远郊区县各类学校和单位99个，涉及基建修缮类项目、大额设备采购、政府实事（15所新区中小学建设）、城乡中小学建设和学前教育五大类数百个具体项目，审计调查资金逾111亿元。同时针对经费结存较大的突出问题，提出审计建议55条。

（穆鑫然）

【开展市属高校内审工作检查】 10至

11月，市教委检查25所市属高校内部审计工作。市教委组织部分市属高校审计部门负责人成立3个检查组，采取听取情况介绍、召开座谈会、查阅档案资料等方式，重点检查学校内部审计基础工作情况和主要业务开展情况。经检查，大部分学校落实单位主要领导主管内部审计工作的要求，设置独立的内部审计机构，加大对内部审计专项经费的保障力度，推进内部审计信息化建设，内部审计制度体系较完善，日常审计业务流程比较规范。多数学校能够按有关文件要求，开展预算执行审计、工程项目审计，同时重视审计成果运用。根据检查结果，检查组分别对每所学校出具检查报告，并针对个别学校尚未落实“一把手”主管内部审计工作的制度、未独立设置内部审计机构和少数学校内部审计工作不到位、业务规范化水平有待提高的问题，提出具体整改意见和建议。

（张未）

【完成直属单位内部控制审计调查】

10至11月，市教委完成10家直属单位内部控制审计调查。市教委组织直属单位部分内部审计人员20人，组成10个审计小组，先后对北京教育考试院、北京教育科学研究院、北京教育学院等10家直属单位的内部控制情况开展审计调查。重点检查单位的预算执行业务控制、收支业务控制、固定资产业务控制和基建修缮项目控制4个方面的情况。调查组认为10家直属单位会计、出纳、资产管理等岗位，明确职责，制订岗位责任制，内部控制情况总体较为完善，制度执行基本有效。但个别单位在制度完善、岗位牵制、规范管理流程等方面仍需加强。

（李新影）

【完成3项专项审计】 11至12月，市教委根据财务检查需要完成3项专项审计。分别是“北京市义务教育阶段名师同步课程资源建设工程项目”经费管理和使用情况专项检查审计、市教委所属基层单位公务卡自查情况专项复查审计、中央财政支持的北京市职业教育实训基地建设项目实地检查审计。3项审计涉及资金2.57亿元，共提出审计建议11条。

（张未）

【召开内部审计业务会】 12月18日，市教委召开教育系统内部审计业务会。会议通报本年市教委内部审计工作情况及审计发现的主要问题，提出整改要求；布置年度教育内部审计工作总结任务。线联平到会并讲话，要求各级领导和教育内部审计工作者一定要认清形势，搞好内部审计监督，促进管理水平的提高，同时强调四个方面内容。一是落实好“一把手”抓审计的工作机制，增强领导的法制意识和对审计工作的领导作用；二是审计部门要积极参与本单位的预算编制工作，全面、深入、充分了解有关情况，为单位领导决策提供合理、有效的审计建议；三是对重点项目经费进行全过程审计，加强对重点项目投入方向、实施进度、支出额度、实现目标等方面的监督；四是畅通审计信息的反馈渠道，加强各单位和市教委内部审计信息的沟通与反馈，营造良好的审计氛围，提高审计工作效率。各区县教委、市属高校和市教委直属单位的审计机构负责人90人参加会议。

（穆鑫然）

【实施综合服务中心项目过程审计】 至年底，市教委在2012年工作基础上，继续委托社会中介机构对市教委新建教育系统综合服务中心等项目实施过程审计。先后完成88个审计事项，内容涉及招标文件与合同、工程进度款、精装修与“智能照明、楼宇自控、综合布线系统”招标控制价、工程洽商，以及装饰板、地毯、装饰门及防火门五金等材料询价和断桥铝合金窗等相关材料认价。中介机构出具审计意见咨询和审计意见书，提出审计意见和建议164条。根据审计意见，市教委审减工程洽商项目金额411万元。

（李新影）

【完成2268项基建修缮项目审计】 至年底，北京市教育系统完成2268项基建修缮项目审计。项目共计送审金额412996.58万元，审减金额23784.27万元，审减率5.76%。其中，自审项目送审金额15238.52万元，审减金额779.25万元，审减率5.11%；委托中介机构审计送审金额397758.06万元，审减金额23005.02万元，审减率5.78%。

（李新影）

【完成调研报告和论文5篇】 至年底，市教委完成审计业务调研报告和论文共5篇。市教委审计部门结合日常审计工作一手材料，针对市属高校内部审计信息化建设情况、市教委直属单位内部控制审计环境情况，通过问卷、访谈等方式，在进一步了解基础上，完成《北京市属高校内部审计信息化建设情况的调研》和《关于北京市教委直属单位内部控制情况审计调查报告》等调研报告2篇。部门人员撰写的《教育系统内部审计信息化发展现状与趋势》《教育系统内部审计信息化建设的现状及思考》《浅议审计信息化人才队伍建设》3篇论文分获北京市内部审计协会论文征集一、二、三等奖。

（李新影）

基本建设

【概况】　2013年，北京市各级各类学校基本建设完成投资649296.4万元。其中，国家投资594288.9万元（中央安排17254.6万元、北京市地方安排388966.7万元、区县安排188067.6万元）、自筹资金55007.5万元。在施建筑面积2472838平方米，其中，本年新开工面积1219722平方米。竣工建筑面积800814平方米，其中，教学及辅助用房450260平方米、行政办公用房57269平方米、生活服务用房246159平方米、其他用房47126平方米。本年新增固定资产237736.4万元。

（黄莹莹）

【检查在施基建项目】　5至6月和10至11月，市教委联合市住房和城乡建设委、市建设工程质量监督总站对全市教育系统在施基本建设项目开展安全和质量检查。检查组分四批次检查7所市属高等学校的8个“高校三年规划项目”和11个区县教委的14个“中小学三年行动计划”项目，通过实地考察和座谈方式重点检查在施项目单位的施工管理、建筑质量、安全风险、诚信系统建设和合同履约情况。检查结果显示：所检查项目都能按照国家及本市建筑施工质量、安全等规范实施，基本做到人员到位、技术到位、力量到位，检查过程中未发现重大安全及质量问题。

（马骏）

【完成市本级基建投资17.2亿元】　至年底，市本级学校和单位共完成基本建设投资17.2亿元。其中，市政府固定资产投资4.2亿元、市财政教育经费安排13亿元。市教委所属高校和单位共有34个在建项目，总建筑面积863623平方米。其中，竣工验收项目14个，总建筑面积332954平方米，分别为北京联合大学旅游学院综合实训楼35000平方米、北京联合大学文理学院大学生公寓11023平方米、北京财贸职业学院图书馆改扩建项目8979平方米、北京工业大学实验楼47601平方米、北京工业大学教学科研楼31956平方米、北京建筑大学图书馆综合楼35000平方米、首都医科大学右安门校区教学楼31669平方米、北京印刷学院实验楼18800平方米、北方工业大学第十学生公寓12830平方米、北京联合大学校本部体育活动中心16000平方米、北京第二外国语学院大学生公寓及附属用房34985平方米、首都医科大学右安门校区风雨操场6915平方米、北京工业职业技术学院征地及实训楼25640平方米、北京物资学院图书馆16556平方米。续建项目8个，总建筑面积184419平方米；本年度新开工项目12个，总建筑面积346290平方米。

（王虹）

【批复中小学三年行动计划建设项目33个】　至年底，市教委批复中小学三年行动计划市级支持项目专项建设任务书33个。33个建设项目总建筑面积63万平方米，计划总投资36亿元，其中，市级支持资金22亿元，已下达14.3亿元。至12月，中小学建设三年行动计划共完成审批项目110个，总建筑面积205万平方米，计划总投资120亿元。其中，市级资金支持项目67个，建筑面积139万平方米，计划总投资78亿元，市级支持资金48.8亿元。已交付使用项目35个，在施项目37个，累计完成建筑面积80万平方米，新增学位5万余个。接收小区配套学校已交付使用项目40个，在施项目18个，累计完成建筑面积81万平方米，新增学位5万余个。

（黄莹莹）

【落实市属高校建设实施规划】　至年底，市教委推动“市属高校2010～2012年建设实施规划”项目建设实施。市教委审批完成项目54个。各市属高校全年开复工建设项目34个，总面积86万平方米。其中，竣工使用项目14个、续建项目8个、新开工建设项目12个。另有4个项目待批立项，2个项目暂不实施。

（王虹）

【市属高校开展新校区建设】　至年底，北京市属高校积极开展新校区立项建设。北京工商大学良乡校区二期、北京电影学院通州新校区取得立项批复；北京信息科技大学新校区完成东坨村80%宅基地拆迁，取得国土资源部征地批复；北京建筑大学大兴新校区二期包括图书馆、学生公寓和4栋学科楼开工建设；首都医科大学认建认养绿地丽泽地块完成60%拆迁任务，累计下达市级资金2亿元；首都经济贸易大学确定周边征地方案。

（王虹）

后　勤　管　理

【概况】　2013 年，北京市学校后勤工作紧密围绕《北京市中长期教育改革和发展规划纲要》《北京市“十二五”教育改革和发展规划》，以改革创新的精神，着力解决热点难点问题；以创建“平安校园”为抓手，维护校园安全，保障校园秩序；以服务为宗旨，为学校改革发展稳定提供有力的后勤保障；以师生需求为导向，不断改善后勤服务校园民生项目；以建设节约型学校为目标，使学校从单纯资源消耗单位向节能减排示范基地转变。

（常勇）

【开展高校学生公寓安全夜查】　3 月 7 至 8 日，市教委于“两会”期间开展高校学生公寓安全夜查。市教委组织高校公寓专业委员会成员组成两个夜查组，每组 4 人，在未预先通知学校且无学校人员陪同的情况下，对 10 所高校学生公寓进行安全管理突击夜查，重点检查高层学生公寓消防安全管理。经检查，10 所高校学生公寓消防中控室及公寓夜间值班人员在岗值守到位，校内各部门联动通讯畅通；值班记录、设备故障记录、故障排除记录、物品出入登记记录、来客访问记录齐全；大部分应急车道、安全出口畅通；消防报警系统、消防器材、标识完好有效，设备设施运行正常；消防巡查到位；学生公寓内控烟情况良好。少数学校公寓内有存放或使用违章电器现象，学生的相关消防知识和疏散演练培训欠缺。检查组针对检查过程中出现的问题提出整改意见。

（常勇）

【节能减排培训千人】　3 月 29 日、4 月 11 至 12 日、9 月 26 至 27 日，市教委分别举办三期教育系统节约型学校建设工作专题培训会。三次培训的内容包括“创建节约型校园——节能设备在教学中的开发与应用”“能源计量管理”“我国能源发展形势与建

筑节能政策”“促进节约型学校建设”“生态文明建设与循环经济”“‘LED 高效照明’进校园”“教育系统节水宣传”。普通高等学校主管校领导、各区县教委领导，幼儿园、中小学、中等职业学校主要负责人及相关教师代表 1100 人参加培训。节能减排专题培训是市教委落实绿色北京建设折子工程、完成 2013 年专项工作千人培训任务的重要内容。

（李华勇　王鹏）

【举办高校学生公寓用品展】　4 月 19 日，市教委举办北京高校 2013 年学生公寓用品展。参会展品包括学生公寓床上用品和学生公寓用品两大类，其中，公寓用品主要包括公寓信息化管理、消防安全、门禁系统、饮水装置、自助洗衣设备、售货机、节电、节水、保洁、灭蟑、灭虫用品。为引导参展企业不断提高学生床品设计水平，设计产品更贴近学生需求，展会组织“学生最喜爱的床上用品”大赛。经过学生评审团现场打分，公布 18 个参赛企业床品比赛名次。市质监局纤检所为展览提供技术指导。来自 60 所高校 300 人次参观展览。

（常勇）

【调整中小学营养餐管理工作】　5 月 15 日，市政府召开关于完善北京市中小学生营养餐管理工作的电话会议，部署中小学营养餐管理重心下移相关工作。会议指出，按照政府转变职能、管理重心下移的原则，决定将营养餐服务单位的准入工作由市学生营养餐工作办公室调整到区县学生营养

餐工作办公室。市政府、市教委相关领导，各区县学生营养餐工作负责人 100 人参加会议。市学生营养餐工作办公室同时印发《关于调整完善本市中小学生营养餐管理工作的通知》。通知明确全市校外供餐管理的责任主体和职责，实行以区县为主的市、区县、学校三级管理营养餐管理体制。其中，市学生营养餐工作办公室负责开展政策研究，进行统筹协调和工作检查指导。区县政府建立健全本区县的学生营养餐工作领导机构，负责制定本区县校外供餐管理办法，统筹学生营养餐管理工作，协调本区县教育、食品安全、卫生、工商、质监、财政、商委和公安交管相关部门工作。学校成立以校长任组长的学生在校就餐工作领导小组，择优选择供餐单位，公布每周食谱，定期公开相关财务收支状况等相关信息。同时要求学生在校就餐工作实行民主管理和社会监督。各中小学家长委员会代表参与确定供餐单位、餐费标准、配餐食谱及对供餐单位的服务和供餐质量进行监督。

（杨晖　熊红帅）

【召开中小学后勤管理研究会年会】　6 月 18 日，北京市中小学后勤管理研究会第十二届年会在牛栏山一中召开。会议总结全市中小学 2012 年后勤管理工作，部署 2013 年重点任务，表彰北京教育学会中小学后勤管理研究会第五届优秀论文评选获奖的单位和个人，顺义区牛栏山一中、尹家府中心小学和东城区光明幼儿园分别作典型发言。与会人员观看顺义区《“四园”教育筑梦顺义》专题片。市教委、市中小学后勤管理研究会领导，各区县后勤管理工作人员 300 人参加会议。

（刘普　韩晓景）

【节能减排主题系列活动启动】　6 月 19 日，“绿色北京——2013年北京市教

育系统节能减排主题系列活动”在中国人民大学附属小学启动。启动仪式上，人大附小介绍该校节能校园建设的系列工作及成果，市教委、国务院机关事务管理局领导参加启动仪式并讲话。活动由市教委、市发展改革委共同主办，北京教育科学研究院可持续发展教育研究中心承办。国务院机关事务管理局、教育部、中国节能协会、环保部宣传教育中心、市教委、市发展改革委、北京教科院单位领导及全市各区县教委及大中学校师生代表300人参加启动仪式。6至12月，市教委、市发展改革委面向全市各高等学校、中等职业学校、中小学校、幼儿园全体师生及北京市属、区县属相关教育机构开展节能减排创新成果征集、节能减排知识友谊赛、节能减排文艺作品展演三项系列活动。其中，节能减排知识友谊赛10月16至17日北京师范大学举行，全市15所高等院校、各区县24所中小学校参加，大学组、中学组、小学组共决出一等奖7个、二等奖14个、三等奖18个。节能减排文艺展演活动11月29日在北京第二实验小学举行，来自各区县大、中、小学及幼儿园20所学校的300余名学生通过小品、歌曲、诗歌创作与朗诵、快板、舞蹈等形式，展示学生在课堂、生活中对节能环保问题的新探索、新发现、新思考、新行动和新收获。节能减排创新成果征集活动年底结束，包括节能减排征文、节能减排优秀方案征集、节能减排创意作品征集三项内容。共收到各高等学校、中小学、幼儿园教职员工、学生提交作品1300份，评出优秀文章261篇、节能减排优秀方案28个、节能创意作品59个。

（李华勇　王鹏）

【召开伙食原材料联合采购招标会】6月21日，北京高校联合采购中心在北京建筑大学召开第15届北京高校食品原材料联合采购招标大会。会议招标品种共9大类，包括粮油类、肉类、禽蛋类、清真食品类、熟食类、水产类、速冻食品类、副食调料类及蔬菜类，涉及商品数量1200个。会议以“公开、透明、规范”为原则，全市所有高校采购代表在会议现场招标采购。共有100余家企业参加招标会，当日商品成交额5000万元。

（常勇）

【举办高校后勤第三届文化艺术节】6至12月，北京高校后勤第三届文化艺术节举行。艺术节由北京高校后勤研究会举办，包括书画、摄影、卡拉OK、演讲、舞蹈、合唱、DV、曲艺项目，要求以学校为单位，组织后勤职工开展文化艺术活动。12月26日在华北电力大学举办北京高校后勤第三届文化艺术节“最炫后勤梦”文艺汇演，全市高校后勤干部员工共1300人观看演出。

（常勇）

【召开高校食堂工作会议】7月4日，

市教委召开北京高校2013年食堂工作会议。会议通报市教委检查组对各校外包食堂准入、监管和安全卫生检查结果，并结合当前形势部署工作，要求各学校加强对本校清真餐厅、清真窗口、清真灶原材料采购、贮存，饭菜加工和售卖的管理，按有关规定做好清真餐工作。针对夏季和暑期特点，严格操作流程，消除食品安全隐患，做好食品安全和食堂安全生产。严格高校食堂食品原材料“直供基地”的准入、定价、质检与验收、结算操作程序，实现阳光采购、质量采购，深化“直供基地”工作。合法用工，加强队伍建设和业务培训，采取有效措施提高食堂工作水平，以满足学校和师生需求为导向，不断提高饭菜质量和服务水平。全市83所高校餐饮管理负责人共217人参加会议。

（常勇）

【制定高校食堂平抑资金管理办法】7月12日，市教委、市财政局联合印发《北京高校学生食堂价格平抑资金管理使用办法》。文件明确，设立北京高校学生食堂价格平抑资金目的在于根据价格上涨情况适时对学生食堂基本伙食进行补贴，解决因食堂原材料及用工成本在短期内大幅上涨导致的食堂成本亏损情况，抑制饭菜价格过快上涨。文件对平抑资金组织管理、资金来源、资金开支范围、资金使用管理方面做出规定，提出市教委、市财政局共同负责“平抑资金”管理，资金来源由财政拨款和学校自筹经费组成，主要用于补贴学生食堂“基本伙”，包括学生食堂“基本伙”原材料采购环节及人工成本。

（李异军）

【审核高校新建学生公寓收费标准】7月，市教委、市发展改革委、市财政局共同开展2013年高校新建学生公寓住宿收费标准审核工作。审核工作在现场勘查核验的基础上，批准12所高校23栋新建学生公寓的住宿收费标准。其中，单元式学生公寓每生每学年不超过1200元，非单元式学生公寓每生每学年不超过900元。

（常勇）

【开展高校食堂检查】7至9月，市教委开展高校食堂检查。市教委依托高校食堂行业组织，主要检查全市有外包食堂的57所高校111个食堂的卫生安全情况，包括第一轮普查和第二轮复查。经检查，21所高校中19个社会餐饮企业承办的29个食堂在日常监管和服务质量方面表现较好，市教委印发《2013年高校引入社会餐饮企业承办食堂卫生安全检查成绩前列名单》，供各校后勤管理部门参考和交流；要求15所高校18个食堂进行整改，并对整改情况进行复查。

（常勇）

【规范高校食堂原材料采购】9月17日，市教委印发《关于进一步规范北京高校食堂原材料采购工作的通知》。文件规范高校食堂原材料采购工作，要求实现采购食品的可追溯，确保食品卫生安全。要求各高校食堂原材料采购必须来自正规渠道，索证取票，严禁“三无”及不合格产品进入食堂；把包括引入社会餐饮企业承办的食堂在内的所有本校食堂的原材料采购纳入学校统一监管范围；通过价格、质量和服务，积极引导高校食堂将米、面、油、肉、蛋、菜等原材料参加“农校对接”采购。

（常勇）

【开展首批百所节约型示范学校年检】 10月28日至11月8日，市教委开展首批百所节约型示范校首次年检工作。年检面向2010年市教委评选并授牌首批100所节约型示范学校，由年检评估组通过听取汇报、提问与实地考察，检查各学校落实《北京市节约型中小学校考核评价标准》情况，以及近三年开展节约型示范学校建设的新思路、新经验、新成果。经过评估组专家集体评定，首批百所节约型示范学校全部通过验收。

（李华勇　王鹏）

【规范社会力量承办高校食堂】 10月30日，市教委印发《关于进一步规范高校引入社会餐饮企业承办学生食堂管理的意见》。文件明确学校的主体责任，严禁学校对学生食堂以包代管，同时要求学校加强对食堂的日常监管。意见进一步规范外包食堂管理，要求各高校对承办学生食堂的社会餐饮企业依法实行准入退出机制。5月，市教委调查全市高校社会力量承办学生食堂情况。结果显示，全市共有57所高校111个食堂引入社会企业承办，加上风味档口，承办面积占全市高校学生食堂总面积的57.65%。北京社会企业承办高校食堂面积占全市高校学生食堂总面积57.65%。

（常勇）

【举办高校清真餐饮管理培训会】 11月15日，市教委、北京高校伙食专业委员会联合举办高校清真餐饮管理培训会。培训会邀请中央民族大学民族学与社会学学院教授丁宏，从宗教人类学视角阐述穆斯林饮食禁忌。全市87所高校餐饮部门负责人、监管人员及清真食堂负责人240人参加培训。

（常勇）

【联合采购网络平台启用】 11月，北京高校食堂原材料联合采购网络平台正式启动。平台在实现“集中招标、集中配送、集中结算”的基础上，高校参加“农校对接”和食堂联合采购的全部原材料实行网上签约、订货和下单，简化交易程序，提高效率，订货数据实时准确显示，实现过程监控，增强透明度。高校食堂联合采购工作进一步规范化和信息化。

（李异军）

【总结中小学就餐规范管理工作】 12月14日，北京市学生营养餐工作办公室在北京润丰学校举行市中小学生就餐规范管理工作总结暨学生餐展示现场会。会议总结2013年全市中小学校学生在校就餐管理工作情况，部署2014年的学生营养改善和学校食堂规范管理工作。朝阳区、顺义区教委和北京市第二中学、北京润丰学校代表交流学生就餐管理经验和做法。与会人员观摩朝阳区教委在北京润丰学校食堂举办的学校食堂厨艺展示交流活动。各区县教委主管领导、主管科室负责人及中小学代表260人参加会议。

（杨晖）

【开展高校高层公寓检查】 12月16至20日，市教委和北京高校学生公寓专业委员会对全市高校开展7层以上高层公寓安全卫生抽查。市教委与公寓专委会组成5个检查小组，采取实地检查、现场询问和发放问卷方式，共检查21校29栋高层公寓。市教委与公寓专委会向各学校反馈检查结果，并督促学校时刻重视学生公寓火灾和安全隐患，保证技防设备完好有效，安全管理措施落实到位，确保师生人身财产安全。

（常勇）

【召开高校后勤年度工作会】 12月26日，北京高校后勤2013年年度工作会在华北电力大学召开。市教委领导总结2013年全市高校后勤工作，对2014年学校后勤各项工作提出要求。大会为北京高校2013年度标准化达标学校授牌，宣读对高校后勤思想政治工作、物业工作、节能工作先进集体和先进个人的表彰决定，并为先进代表颁奖。市教委相关人员及全市高校主管后勤校领导、后勤部门相关负责人以及部分先进代表共计310人参加会议。

（常勇）

【开展高校后勤标准化评估验收】 至年底，市教委完成北京高校后勤标准化学生公寓、标准化食堂、标准化物业三个标准化评估验收工作。全年共有1所学校5栋学生公寓，1所学校3个食堂，7所学校7个物业服务项目分别通过三个标准化达标验收。至年底，39所高校159栋学生公寓、40所高校96个学生食堂、16所高校28个物业项目通过标准化达标验收。

（常勇）

【扩大“农校对接”规模】 至年底，北京高校食堂原材料采购扩大“农校对接”规模。食堂原材料采购“农校对接”参与高校81所，直供基地55个，采购额2.58亿元。北京高校米、面、油总需求量80%来自“农校对接”。市政府连续两年持续补贴“农校对接”仓储物流费用，本年补贴额增至1800万元。

（李异军）

安全稳定工作

【概况】 2013年，市委教育工委、市教委和各高校围绕全市工作大局和首都教育改革发展稳定中心任务，以推进“平安校园”创建工作为主线，以维护高校稳定、防范化解各类涉校矛盾纠纷、推动解决校园及周边突出安全隐患为重点，以强化校园网格化综合防控体系建设为保障，不断增强维护安全稳定工作的规范性、系统性、创新性和实效性，实现首都高校系统持续稳定。

（韩婷婷）

【召开年度安全稳定工作会议】 2月28日，首都综治委校园及周边治安综合治理专项组全体扩大会议暨首都高校安全稳定工作会议在北京工业大学召开。会议听取市委教育工委、市教委工作报告，总结上年首都教育系统综治维稳工作，部署本年校园及周边治安综合治理工作和首都高校安全稳定工作。印发《2014年首都校园及周边治安综合治理工作要点》《2014年首都高校维护安全稳定工作任务书》，以及关于开展涉校矛盾纠纷、校园及周边安全隐患排查整治等工作的通知。苟仲文参加会议并讲话。综治委专项组各成员单位主管领导、专项组办公室成员，各区县专项组组长及教育、综治部门负责人，各高校主管安全稳定工作领导、保卫部门和学生工作部门负责人等400人参加会议。

（韩婷婷）

【安全教育日主题活动举行】　3月25

日，第18个全国中小学安全教育日活动在北京市宣武师范学校第一附属小学启动。活动以“普及安全知识，确保生命安全”为主题，教育部领导向演员李冰冰颁发全国中小学生安全教育形象大使聘书。与会各主办单位代表观摩宣师一附小的应急疏散演练，共同启动全国中小学生安全知识网络竞赛，参加宣师一附小学生主题安全实践活动。教育部发布《中小学校岗位安全工作指导手册》，公安部、国家质检总局、国家林业局等主办单位向全国中小学生代表赠送图书、光盘、画册等安全教育资源。活动由教育部、公安部、铁道部、国家质检总局、国家安监总局、林业部、共青团中央、全国少工委、国务院妇儿工委办公室、中国地震局、中国气象局、国务院应急办、北京市政府主办，市教委和西城区政府共同承办。

（战先政　吕迎国　熊红帅）

【完成高校平安校园创建验收回查】
5月14至17日，市委教育工委、市教委对北京大学、北京林业大学、北京工业大学、首都师范大学首批“平安校园”创建试点学校开展验收回查。工作组听取学校工作汇报、审阅相关材料，实地察看学校监控中心、实验室、保密办等相关重点部门及设施。工作组认为，4所学校基础工作扎实、建设成效显著，创新管理工作有、整改工作有力度，“平安校园”创建工作达到新的水平，为首都高校安全稳定工作做出示范。

（韩婷婷）

【完成16所学校平安校园检查验收】
5月28日至6月5日，11月20日至12月24日，市委教育工委、市教委分两批对16所学校完成“平安校园”进校检查验收。检查组分别听取各学校专题汇报，检查学校组织领导与条件保障、维稳、安全管理与防范三个方面的“平安校园”创建支撑材料，走访并实地考察食堂、监控中心、保密办等部门和设施，与部分分部处和学院负责人、教师、学生举行座谈并现场观摩消防逃生疏散演练。检查组经过分组评审和全体合议，就检查结果与各高校沟通并反馈。

（韩婷婷）

【投保校方责任保险882万元】　至6月，全市中小学、幼儿园及中专在校生2012～2013学年度共投保校方责任保险882万元。全市共166.4万名中小学学生、幼儿园幼儿投保该保险。该保险在有效转移办学风险，保障学校、家长及学生的合法权益方面起到重要作用。

（战先政）

【召开“平安校园”创建总结推进会】

9月12日，市委教育工委、市教委、首都综治委和市公安局联合召开“首都高校‘平安校园’创建总结推进会”。会议向北京大学、北京航空航天大学、北京化工大学、北京交通大学、北京林业大学、国际关系学院、北京工业大学、首都师范大学、北京工业职业技术学院和北京青年政治学院授予“平安校园”铭牌，每校拨付“平安校园”专项引导资金50万元，用于进一步夯实工作基础，深化创建成效。苟仲文参加会议并讲话强调，首都高校系统“平安校园”创建工作有力提升高校安全稳定工作水平，各高校要确保平安校园创建真正成为民生工程、民心工程。市委教育工委、市教委、首都综治委、市公安局相关人员及各高校主管领导、保卫处长、学工部长300人参加会议。

（韩婷婷　熊红帅）

【配发小学生交通安全帽】　9月，市教委为全市新入学一年级小学生配发小学生夜光型交通安全帽（小黄帽）。市财政投入资金680万元，共配发安全帽17万套。同时，市教委以小黄帽路队制工作为载体，广泛开展多种形式交通安全教育，保障小学生道路交通安全。

（战先政）

【为公办中学投保无过失责任险】　9月，北京试行在公办中小学投保校方责任保险附加无过失责任保险。此举旨在控制学校组织校内外体育锻炼和实践活动的风险。市教委以每生每学年5元的标准，2013至2014学年度共计为117.84万名中小学学生投入保费589.22万元。

（战先政）

【发放《大学生安全知识手册》】　9月，市委教育工委为各高校入校新生发放《大学生安全知识手册》。该手册共7章49节，内容涉及消防安全、交通安全、治安防范等方面，旨在为各高校深入开展大学生安全教育给予支持，切实提高大学生安全意识和自救、自护、救人素质及能力。该手册免费发放，本学年度共发放32万册。

（韩婷婷）

【召开校园安全工作现场会】　12月19至20日，全市中小学校园安全工作现场会在首都师范大学附属红螺寺中学召开。会议听取怀柔区教委不同学段学生安全教育课程体系开发进展情况，以及创建“平安校园”工作情况汇报；参观红螺寺中学化学实验室、学校门卫监控设施等重点安全防控地点；观看红螺寺中学安全教育宣传片，听取学校领导关于校园安全工作的汇报。会议对新推行的校方责任保险附加无过失保险进行培训，与会人员围绕学校校园安全标准化管理情况进行交流，并共同探讨教育系统安全防控问题。市教委领导、各区县教委相关人员参加现场会。

（战先政）

【整治校园安全隐患】　至年底，北京市、区两级校园及周边综治专项组协调有关部门整治校园安全隐患。市、区两级共整治校园安全隐患551处、周边治安乱点269处，校园周边群众举报较上年同期下降18%。市校园及周边综治专项组同时加强统筹协调与调查研究，先后组织综治、公安、城管、交管等部门组成调研组深入房山、昌平、大兴等区县开展专题调研，对良乡、沙河高教园以及北京第二外国语学院中瑞酒店管理学院、北京建筑大学等位于城乡结合部的重点区域进行摸排、专题研究和专项治理。经过多次协调，有效解决北京体育大学周边环境秩序问题等一批突出隐患。

（韩婷婷）

【完成重大活动及节假日专项维稳】　至年底，市委教育工委、市教委组织完成全国“两会”、十八届三中全会、国庆等重大活动和节假日的安保维稳工作。两委抓住形势研判、工作部署、督导检查、应急处置四个关键环节，推动高校进一步完善工作机制和综合防控体系，顺利完成系列重大活动和节假日的安保维稳工作。

（韩婷婷）

【开展重大事项社会稳定风险评估】　至年底，市委教育工委、市教委开展重大事项社会稳定风险评估工作。两委组织协调相关机关处室对进城务工人员随迁子女在京参加升学考试问题、制定义务教育入学指导意见等重大决策开展风险评估。通过制定评估方案、广泛听取意见、分析预测稳定风险等方式，为重大决策提供风险预警及方案，保障两委重大决策项目顺利实施。

（韩婷婷）

离退休干部与关心下一代工作

【概况】　2013年，北京市属高校、市委教育工委、市教委机关及直属单位共有离休干部1156人，平均年龄84.5岁。其中，中共党员978人；第二次国内革命战争时期参加革命工作的3人；抗战时期参加革命工作的205人；解放战争时期参加革命工作的948人。退休干部16806人，其中，中共党员9692人。离退休干部分党委5个，离退休干部党总支28个，离退休干部党支部459个。全年，北京高校共举办离退休老同志学习班、读书班431期，1.3万多人次参加；举办各类报告会589场，4.8万人次参加；组织外出参观266批，1.7万人次参加。年内，共走访慰问老同志3.4万人次，发放慰问金2000余万元；为近900名离休干部和近4000名退休干部发放困难补助共计930余万元。

（杨旭）

【召开第24次老干部座谈会】　1月18日，市委教育工委、市教委召开北京教育系统第24次老干部座谈会。会议通报首都教育工作情况，传达北京市第26次老干部座谈会精神，部署本年教育系统离退休干部工作，强调要以深入学习宣传贯彻党的十八大精神为重点，大力加强离退休干部思想政治建设。北京第二外国语学院党委、北京林业大学离退休工作处、中国农业大学退休教师分别作交流发言。北京教育系统离退休干部代表，高校离退休干部工作主管领导和部门负责人140人参加会议。

（杨旭）

【关心下一代工作会议召开】　3月25日，2013年北京教育系统关心下一代工作会议召开。会议总结关工委上年工作情况，部署本年工作，宣读《北京教育系统关工委关于表彰“关心下一代优秀读物”的决定》并表彰优秀读物。北京农学院关工委、西城区委教育工委、北京农业职业学院关工委分别作大会交流发言。教育部关工委、市关工委、市委教育工委、市教委、北京教育系统关工委领导，关工委委员及各高校、区县、高职中专院校关工委负责人200人参加会议。

（张兴华）

【举办关工委骨干培训班】　4月11日，北京教育系统关工委举办关工委骨干培训班。培训班邀请理论家、北京教育系统“五老”报告团成员、中国人民大学教授周新城作社会主义理想信念教育专题报告。报告从党的十八大对理想信念的高度重视和习近平对理想信念教育及“中国梦”的系列阐述出发，结合当前社会现象和苏联东欧的历史演变教训，深刻阐述坚定社会主义理想信念的意义，提出应加强理想信念教育。各高校、区县、高职中专院校关工委负责人、高校特邀党建组织员和思想政治理论课教学信息员200人参加培训班。

（张兴华）

【举办两委机关离退休干部运动会】　5月8日，市委教育工委、市教委机关、北京教育老干部活动中心举办第七届机关离退休老同志运动会。北京教育系统老领导李晨、陈大白及两委机关200余名老同志参加猜谜、飞镖、踢球射门等12个趣味运动项目。运动会期间，主办方邀请心血管、骨科、营养保健等医学专家及理发师、盲人按摩师等为老同志提供免费健康咨询和理发、按摩服务。

（张浩）

【举办高校老同志健身项目展示】　5月22日，市委教育工委、市教委在北京石油化工学院体育馆举办北京高校老同志健身项目展示活动。活动以“共筑中国梦、健身奔小康”为主题，

要求各高校展示各类老年综合健身集体项目，包括健身操类、武术类、交谊舞等，反映北京高校老同志积极乐观的生活状态，时间不超过5分钟。来自清华大学、北京工业大学等28所高校的千余名老同志表演展示。

（杨旭　张浩）

【举办主题教育读书活动演讲比赛】 6月28日，北京教育系统关工委举办“复兴中华从我做起”主题教育读书活动演讲比赛决赛。区县初赛选拔后，共有18名中小学生进入决赛。经过评委打分，来自通州区潞河中学和房山区四零一学校的学生分别获得中学组、小学组一等奖。教育部关工委、北京教育系统关工委、全国青少年主题教育读书活动组委会办公室领导，各区县教育关工委负责人及全市中小学生代表400人观看比赛。读书活动2012年8月启动，全市20万名中小学生参加活动。

（张兴华）

【高校老干部大讲堂启动】 7月2日，

“同心共筑中国梦”——北京高校老干部大讲堂启动仪式暨首场专题报告会在北京外国语大学举办。仪式上，市委教育工委、北京教育老干部党校、北京外国语大学领导共同为“北京高校老干部大讲堂”揭牌。大讲堂邀请党的十八大精神中央宣讲团成员、北京外国语大学校长韩震作《中国道路与“中国梦”》主题报告。市委教育工委相关人员及北京高校200名离退休干部听取报告。至10月，大讲堂分别邀请北京林业大学原校长贺庆棠、经济学家宋晓梧以《生态文明建设》和《坚持社会主义市场经济的改革方向》为题在北京林业大学、北京工业大学作两场主题报告。

（杨旭）

【召开高校离退休干部党建座谈会】

7月9日，市委教育工委召开“同心共筑中国梦”——北京高校离退休干部党建工作座谈会。会议表彰北京高校离退休干部“学习之星”“健康之星”“乐为之星”各10人，“学习标兵”“健康标兵”“乐为标兵”各25人。表彰的离退休干部代表和离退休党组织负责人，分别介绍如何加强学习、保持身心健康、发挥老党员先锋模范作用、保持共产党先进性和加强党支部建设的做法和经验。各高校离退休工作主管校领导、离退休干部处负责人以及受表彰代表150余人参加会议。

（杨旭）

【举办高校离退休干部工作培训班】 7月15至17日，市委教育工委、市教委、北京教育老干部活动中心举办2013年北京高校离退休干部工作人员培训班。培训班邀请中国政法大学、北京大学第六医院、北京市老干部局专家就老年人家庭矛盾化解与维权、老年期常见心理障碍识别与处理等举办专题讲座，以及《老干部生活待遇相关政策解读》和《关于离退休干部政治待遇的有关问题》专题报告。培训组织“离退休工作者应具备的素质能力”“如何做好新形势下高校离退休干部工作”专题讨论。来自北京各高校的70余名离退休干部工作人员参加学习。

（张浩）

【开展退休教师支教活动】 9月11日，北京教育系统关工委与房山区教委签订城乡助学支教协议。根据协议，北京教育系统关工委统筹协调北京市三帆中学、北京师范大学关工委、首都师范大学关工委对房山区昊天学校开展为期3年支教活动。支教期间，三帆中学、北师大、首师大采取结对帮扶协、开展教师培训、开设讲座等形式帮助学校提高教育教学水平；昊天学校为参与助学活动的教师提供必要的交通、住宿、饮食等服务，同时给予适当工作补助。至年底，关工委与北京市老教协合作，组织退休教师开展对密云县、平谷区支教活动。

（张兴华　姜爱林）

【举办高校老同志书画作品展】 11月5至25日，市委教育工委举办北京高校老同志书画作品展。参展作品围绕“共筑中国梦笔墨绘小康”的主题，着重抒发北京高校老同志对“中国梦”的情怀，展现老同志积极参与小康社会建设的精神风貌和幸福安康的晚年生活，内容题材以书法、绘画为主，具有一定思想性、艺术性。来自44个单位离退休人员的264幅作品参加展览。各高校离退休干部教师2000人参观展览。

（杨旭　张浩）

【开展军训服装捐赠活动】 11月21

日、22日，北京教育系统关工委军训服装捐赠仪式分别在河北省承德和张家口举行。捐赠仪式上，北京高校关工委代表和大学生代表把募集的军训服装捐赠给贫困地区学生。教育部关工委、北京教育系统关工委、河北省教育系统关工委领导，高校关工委相关人员和大学生代表共80人参加活动。该项活动于6月正式启动，北京5所高校大学生参与捐赠，共募集军训服装1.26万套。

（张兴华）

【开展老少共话“中国梦”教育活动】 12月，北京教育系统关工委“老少共话中国梦”征文活动结束。征文活动以“中国梦”为主题，采取老同志对学生征文点评、青年学生访谈老同志、老同志对青少年寄语和感言等形式，帮助青少年理解“中国梦”，并引导他们投身实践“中国梦”。活动历时6个月，收到征文444篇，经专家遴选，66篇文章编入“关心下一代丛书”。

（张兴华）

【举办老教育工作者文艺演出】 至年底，市委教育工委、市教委、北京老教育工作者总会联合举办6场“共筑中国梦欢歌乐晚年”系列文艺演出。该系列演出分别在石景山区、昌平区、中国农业大学、中国石油大学、对外经济贸易大学、中央民族大学等区县和高校举办。演出包括歌曲、舞蹈、乐器演奏等节目。北京高校及16个区县的2000多名老同志参加表演。

（杨旭）

机　关　党　建

【概况】 2013年，市委教育工委、市教委机关党委共有直属二级党委7个、党总支7个、党支部35个（不含二级党委、党总支辖属的党支部），党员1831人，其中，在岗职工党员1153人、离退休党员642人、流动党员36人。发展新党员21人，转正预备党员15人，转入组织关系102人，转出组织关系114人，组织入党积极分子17人参加市直机关专项考核与培训。办结违纪案件1个，出党1人。批准成立直属单位党委1个，增设直属单位党支部1个。1个直属单位党组织完成换届，4个机关处室党支部完成改选。两委直属机关工会拥有基层工会18个，工会小组34个，其中，机关处室工会小组30个，直属单位工会小组4个，共有工会会员2086人。直属机关团委基层团委7个、基层团总支3个、基层团支部9个，团员6000余人，市青联委员1人、市级青年文明号集体3个。

（刘锦震　邹美凤）

【开展“送文化”活动】 2至11月，市委教育工委市教委直属机关工会开展“送文化”活动。工会组织干部职工举办2013年新春团拜会、“缘聚元宵书香你我”机关干部交流会，参与大众有奖荐书活动和中央电视台公益青年电视公开课《开讲啦》现场录制，参观园博园，发放莫言小说《蛙》，以及《北京市直机关第一届青年技能大赛优秀作品集》《温家宝谈教育》等书籍，在奥运大厦工作楼层安装教育事业发展、机关文体活动宣传栏等，为机关和直属单位营造良好文化氛围。工会在2013“书香北京”活动中获市直机关“优秀组织奖”。

（邹美凤）

【开展青少年志愿服务进社区活动】 3至9月，市委教育工委市教委直属机关团委开展青少年志愿服务进社区活动。北京西藏中学与朝阳区小关街道高原街社区签订《北京社区志愿服务帮扶协议》，西藏中学对社区居民进行西藏民族文化宣传，并积极参与社区环境保护及各种宣传活动，朝阳区小关街道高原街社区为学生提供社会实践基地和必要的设备设施，对学生进行环保、社会公德等教育。北京自动化工程学校与北沙滩社区、奥运城管大队合作开展拣拾白色垃圾、清除小广告、清扫绿化带等日常志愿服务。首都铁路卫生学校组织开展志愿服务进肿瘤医院、儿童医院、园博园系列活动。两委直属机关团委开展“青春致敬重阳敬老”志愿服务活动，走进敬老院，为老人“送上一个灿烂的微笑、一句温暖的问候、一件贴心的实事”。

（邹美凤）

【召开机关党委第三次代表大会】 4月19日，中共北京市委教育工委市教委机关第三次代表大会召开。会议审议通过第二届机关党委工作报告和机关纪委工作报告，明确今后工作任务，选举产生第三届机关党委委员11

人、机关纪委委员7人。第三届机关党委会第一次全体会选举书记1人，副书记3人，包括专职副书记1人。新一届机关纪委第一次全体会选举书记1人，副书记2人。两委机关党员代表134人，离退休干部、非正式代表正处职干部、党外人士代表20人参加大会。

（吴小红　熊红帅）

【开展“送健康”活动】 4至12月，市委教育工委市教委直属机关工会开展“送健康”活动。组织近200人参加北京鹫峰森林公园春季徒步长走健身活动，100人参加体质健康测试，20人参加市直机关乒乓球比赛，180人在奥林匹克森林公园参加机关首届定向越野比赛，200人开展元旦迎新年健身长走和跳绳踢毽比赛。

（邹美凤）

【举办机关公文写作比赛】 5月22日，市委教育工委市教委直属机关工会举办“岗位建新功共筑中国梦”机关公文写作比赛。比赛共收到10大类文种69篇作品，邀请教育部办公厅、市委办公厅、市政府办公厅、中国人民大学相关专家进行评审，评选出一等奖10篇、二等奖9篇、三等奖11篇、优秀奖3篇，优秀组织奖10个。经推优上报，2篇获评市直机关第一届青年技能大赛公文写作竞赛三等奖。

（邹美凤）

【两委直属机关工会成立】　6月14

日，中共北京市委教育工委市教委直属机关工会第一届会员代表大会召开，两委直属机关工会正式成立。会议审议通过工会工作报告，选举产生第一届工会委员会委员13人、经费审查委员会委员3人、女工委员会委员3人。会后，第一届工会委员会第一次全体会选举主席1人，副主席2人，其中1人任专职副主席。经费审查委员会选举主任1人、女工委员会选举主任1人。

（邹美凤　熊红帅）

【举办党风廉政专题学习】　6月27日，市委教育工委市教委机关纪委组织党风廉政专题学习。两委机关纪委邀请市纪委副书记作“八不准”廉政专题报告，解读《中国共产党党员领导干部廉洁从政若干准则》，并结合机关违纪违法案件开展警示教育。两委一室机关全体人员及直属单位党政负责人200人参加学习。

（吴小红）

【举办纪念建党92周年主题党日】

6月28日，市委教育工委市教委机关党委在毛主席纪念堂举行纪念中国共产党成立92周年暨毛主席诞辰120周年主题党日活动。参加活动人员在北大厅毛主席汉白玉坐像前敬献花篮并三鞠躬，瞻仰毛主席遗容，听取纪念堂基本情况介绍和《廉政风范律己楷模》《思念的河》主题宣讲，观看文献纪录片《怀念》，举行预备党员入党宣誓和老党员重温入党誓词仪式，参观毛主席、邓小平纪念室和毛主席纪念堂收藏精品陈列室。两委相关领导、机关和直属单位党员代表、预备党员及入党积极分子共160人参加活动。

（吴小红）

【开展“中国梦”主题宣传教育活动】　6月，市委教育工委市教委直属机关团委开展“中国梦”主题宣传教育活动。参加市直机关团工委“我的中国梦”主题宣讲，讲述首都教育人关于实现梦想的故事。举办“永远跟党走共筑中国梦”主题团日活动，参观老爷车博物馆，重温入团誓词，与怀北镇团委开展共建座谈，引导青年坚定永远跟党走的理想信念。组织近1000名团员青年开展“我的中国梦”主题征文和“中国梦我的梦”主题团日观摩活动，参观“永远的雷锋”展览。

（邹美凤）

【组建兴趣小组】　7月，市委教育工

委市教委直属机关工会组建兴趣小组开展文体活动。两委按照机关工会主导大型活动、兴趣小组开展多样化活动的工作思路，研究制定《两委直属机关工会兴趣小组管理办法》和《两委机关工会兴趣小组实施方案》，发挥工会委员会和基层工会负责人的作用，组建舞蹈、篮球、乒乓球、羽毛球、足球、棋牌、摄影、书法绘画、合唱团9个机关文体兴趣小组。至年底，工会依托兴趣小组开展经常性活动和专题学习培训共计180次，满足干部职工多元化的精神文化需求。

（邹美凤）

【开展教育实践活动宣传工作】　7至12月，市委教育工委市教委机关开展教育实践活动宣传工作。两委机关通过开通专题网页，开设最新动态、通知通告、基层活动、工作简报等栏目，跟踪报道两委教育实践活动开展情况。共组织编发网络信息145期、工作简报21期、学习摘编6期，同时编印大事记、学习体会、学习资料等资料。

（刘锦震）

【开展党的群众路线教育实践活动】　7至12月，市委教育工委市教委机关组织开展党的群众路线教育实践活动。先后组织6次共计1400余人次专题讲座，组织领导班子集中三天开展中心组理论学习，分两期共5天举办机关和直属单位处级干部200多人专题培训班。组织参观北京市反腐倡廉警示教育基地，观看影片《周恩来的四个昼夜》，参观《复兴之路》展览和党的群众路线档案展览。印发学习摘编6期、学习光盘5张，开辟网络学习园地，并根据学习进展情况，先后组织两委领导、机关处长、直属单位处级干部200多人次交流研讨学习心得体会。

（刘锦震）

【查找“四风”问题】　7至12月，在群众路线教育实践活动中，市委教育工委市教委机关查找“四风”问题。两委分别召开座谈会13次，向各区县教育主管领导，区县教育工委、教委负责人，教育系统党代表、人大代表、政协委员，各级各类学校负责人，两委机关干部征求意见。同时通过发放调查问卷、设置网络意见箱、开通热线电话、深入基层调研、参加联系点活动方式，征求群众对两委“四风”问题意见建议。经过汇总、分类梳理、专题会研讨凝练，形成《“四风”问题在市委教育工委市教委机关的具体表现》，收集两委机关“四风”问题19条、工作问题意见34条、教育实践活动本身问题4条。根据市委第五督导组向两委领导班子通报作风建设情况，对照“四风”问题在两委机关的具体表现，两委领导班子成员查找问题123条；机关处室查找问题239条，处级干部个人736条；直属单位领导班子查找问题209条，处级干部个人606条。各级领导班子及干部针对问题撰写对照检查材料，其中，两委领导班子对照检查材料反复修改 7 次，班子成员个人对照检查材料平均修改 3 次以上；机关和直属单位处级干部个人材料平均修改 3 次以上；直属单位班子材料平均修改 4 次以上。

（吴小红）

【召开专题民主生活会】 10至12月，

市委教育工委市教委领导班子，直属单位领导班子，机关处室党支部分别召开群众路线教育实践活动专题民主生活会和专题组织生活会，开展批评和自我批评。其中，两委领导班子专题民主生活会班子成员之间相互批评 96 人次，提出批评意见 104 条；两委 21 家直属单位领导班子专题民主生活会班子成员间相互批评 180 人次，提出批评意见 240 条；机关处室党支部专题组织生活会支部党员干部间相互批评平均 20 人次。12 月 2 日，两委召开群众路线教育实践活动领导班子专题民主生活会情况通报会，通报专题民主生活会情况。两委领导班子成员、部分离退休干部、两委机关中的市党代会代表、人大代表、政协委员，机关全体干部，直属单位主要负责人 260 人参加会议。

（刘锦震　吴小红）

【召开直属机关团委第二次代表大会】

12 月 10 日，共青团北京市委教育工委市教委直属机关第二次代表大会召开。会议审议通过共青团工作报告，确定今后工作任务，选举产生直属机关第二届团委委员 9 人。第二届委员会第一次全体会议选举书记 1 人、副书记 2 人。

（邹美凤）

【召开“回头看”专题交流会】 12 月 23 日，市委教育工委、市教委召开领导班子党的群众路线教育实践活动“回头看”专题交流会。会上，线联平代表领导班子作“回头看”自查情况报告，班子成员结合自身思想和工作实际，围绕“回头六看”、整改情况和个人体会三方面内容，依次交流发言。苟仲文、市委第五督导组成员及两委一室领导班子成员参加会议。按照中央和市委统一部署，在市委第五督导组的指导下，市委教育工委、市教委 7 月起开展党的群众路线教育实践活动。按照“照镜子、正衣冠、洗洗澡、治治病”的总要求，以处级以上领导班子和领导干部为重点，以“转变作风、完善制度，加强服务型、创新型、廉洁型机关建设，促进首都教育科学发展”为抓手，两委领导班子党员领导干部 20 人（不包括党外局级领导），机关和直属单位处级党员领导干部 203 人，机关处室党支部 29 个，直属单位党组织 21 个，共 1831 名党员全程参与。按照学习教育、听取意见，查摆问题、开展批评，整改落实、建章立制三个环节分层次、分类别扎实推进，体现鲜明的教育特色，达到党员和干部思想进一步提高、作风进一步转变、党群干群关系进一步密切、为民务实清廉形象进一步确立的预期目标，在转作风、强组织、促发展上取得积极成效。市领导全程指导两委教育实践活动。

（刘锦震）

【开展教育实践专项整治和整改落实】 12 月，市委教育工委、市教委开展群众路线教育实践活动专项整治和整改落实工作。两委成立专项整治工作领导小组，由主要领导任组长，制定专门工作方案，通过组织基层自查、开展抽查、召开座谈会、走访调研等方式，认真查找职称评定、科研经费使用、研究生名额分配、教辅材料选用、基建工程、校办企业、招标采购 7 个领域管理工作中存在的不规范、不合理的方面以及区县、学校在具体操作中存在的问题。共查找出相关问题 26 项，制定整改措施 29 条。两委研究制定《两委党的群众路线教育实践活动整改工作方案》《北京市教委专项整治工作方案》《两委改进作风制度建设计划及责任分解》等，明确每项工作牵头领导和负责部门，分工研究制定整改措施，把落实情况作为 2013 年两委督查工作重点，并纳入 2013 年党风廉政建设和反腐败工作主要任务进行专项督查督办。两委同时在加强基层调研制度建设、大力压缩文件会议数量、压缩和控制“三公经费”、加大简政放权力度、坚决制止铺张浪费和奢侈享乐行为、推进解决人民群众关注的教育热点难点问题等方面立行立改，取得初步成效。

（刘锦震）

【推进青少年公益服务和权益维护】 至年底，市委教育工委市教委直属机关团委推进青少年公益服务和权益保护工作。设立“华育奖助学金”，20 万元助学金资助 8 所直属中专学校家庭经济困难学生 225 人。开展“珍爱生命远离毒品”主题宣传活动，组织展板宣传、发放宣传材料。与市检二分院机关青年工作委员会协调，联合举办市检二分院与辖区内首都铁路卫生学校、北京商务科技学校共建座谈会，推进法制副校长聘任和法制宣传进校园工作。

（邹美凤）

【开展“送温暖”活动】 至年底，市委教育工委市教委直属机关工会开展“送温暖”活动。工会利用人事信息平台，为每名机关干部建立贫病困苦、婚丧嫁娶、生老离退信息台账。抓住重点时段、重要人群开展慰问。在元旦、春节期间慰问经济困难或家有突发事件的干部职工 30 余人次，慰问复转军人、现役军人家属 20 余人，慰问两委机关和直属单位劳模 29 人、援疆援藏干部 3 人、统战人员 6 人；元宵节慰问机关青年干部；国际妇女节、儿童节拨付经费 6 万元慰问在职女职工和干部职工子女；联合机关福利委员会，坚持职工生日、生子送祝福，职工患病、父母去世勤慰问，拨付相关慰问资金 1.8 万元。为干部职工补办“京卡・互助卡”，积极办理职工重大疾病保险、在职女职工特殊疾病保险及相应赔付，先后为 3 名职工办理赔付 2.7 万元。拨付

2.6万元为机关干部办理公园年票，拨付3.9万元组织干部及其家属100余人参加暑期休养。申请“华育奖助学金”40万元资助直属中专学校和新疆、西藏援建地区中小学家庭经济困难优秀学生625人。

（邹美凤）

【开展妇女专题活动】 至年底，市委教育工委市教委直属机关工会组织开展妇女专题活动，加强机关和直属单位妇女工作。工会组织50余名女干部职工参加“阳光心态幸福人生”主题女性健康知识系列讲座，组织30余名女干部职工到市妇女儿童活动中心参观巧娘手工艺作品展，现场学习制作中国结。开展“巾帼建功”活动，市教委财务处获市三八红旗集体，北京西藏中学张梅获三八红旗奖章。

（邹美凤）

【开展直属单位廉政风险防控】 至年底，市委教育工委市教委机关纪委开展系列措施，加强直属单位廉政风险防控工作。机关纪委开展直属单位领导干部诫勉谈话、述职述廉，分上半年和下半年对直属单位党风廉政建设摸底排查。同时推进党务公开和政务公开，落实直属单位“三重一大”制度，坚持年初明确年度“三重一大”具体内容，推进群众监督。全年，与直属单位一把手诫勉谈话4人次，结合2012年工作绩效考核，组织直属单位党政领导述职述廉37人次。

（吴小红）

【组织机关大讲堂专题学习】 至年底，市委教育工委市教委机关党委组织9次专题机关大讲堂专题学习。大讲堂分别邀请教育部、财政部、清华大学等单位领导专家，围绕学习贯彻党的十八大和十八届三中全会精神、习近平系列重要讲话精神、深化教育综合改革、提升领导干部法治思维等作专题报告。两委一室领导班子成员、机关全体党员干部、直属单位主要负责人共2000人次参加学习。

（吴小红）

语言文字工作

【概况】 2013年，北京市语言文字工作加强法制建设，印发《北京市实施〈国家中长期语言文字事业改革和发展规划纲要（2012～2020年）〉的意见》，启动《中小学语言文字工作纳入素质教育综合督导工作实施办法》制定工作；加强宣传教育，开展推普周活动，组织开展语言文字工作系统、高校和市语委委员单位相关人员语言文字工作政策法规学习培训和骨干测试员、测试管理人员继续教育培训；加强示范单位创建，认定北京市语言文字规范化第三批示范街道乡镇50个、第七批语言文字规范化示范校40所，表彰奖励2010至2012年度北京市语言文字工作“先进集体”120个、“先进个人”200人；加强应用科研，举办首届语言文化建设学术论坛，全面展开北京语言文化资源数据库建设，组织专家制作《中华经典诵写讲资源库第一期北京地方篇目》，指导北京语言文化建设促进会研制教育、商贸、医疗、旅游等四个行业语言文化建设标准；加强信息化建设，完善北京语言文字网、北京语言文字测试网和各区县语言文字网站建设，完成语言文字法律法规、规范标准和语言文化常识在线测试系统扩容；加强测试工作，全年测试量68390人。汉字应用水平测试试点单位增至11个，共设考点18个，考生报名人数增至9195人。

（邓鸿）

【召开年度工作会议】 1月23至24日，市语委办召开2013年度工作会议。会议总结上年全市语言文字及测试中心工作，部署本年语言文字工作。会议听取《国家中长期语言文字事业改革和发展规划纲要（2012～2020年）》专题辅导报告和《新中国语言文化建设重大成就和北京市语言文字工作概要》学习报告；听取昌平区、石景山区、怀柔区、房山区交流发言。会议同时总结和布置信息宣传工作和语言资源数据库建设工作。部分区县语委负责人，各区县语委办、各测试分中心和研究中心负责人50余人参加会议。

（邓鸿）

【成立语言文化建设促进会】 1月30日，北京语言文化建设促进会成立。成立大会上，国家语委、市教委等领导共同为促进会揭牌。会议宣读促进会成立的批复文件和行政许可决

定书，听取市语委筹备工作报告。会议审议并表决通过《北京语言文化建设促进会章程》《北京语言文化建设促进会会费收取办法》和《北京语言文化建设促进会选举办法》，选举产生第一届理事会、监事会。其中，理事会共46人，包括会长1人、副会长7人、常务理事16人；监事会3人，包括监事长1人。聘任陶西平、段炳仁、徐锡安、王伟、欧阳中石5人为促进会顾问。该促进会由北京市语言文字工作委员会领导，拥有单位会员近50家，个人会员100余人，旨在构建一个连接政府、语言行业及相关企事业单位、社会相关资源、业内专业人士及其他有关参与者的交流平台，促进首都语言事业的繁荣和语言产业的发展。

（邓鸿）

【公布语言文字网站评审结果】 1月，市语委公布各区县语言文字网站建设评审结果。评审专家组对照《北京市语言文字网站建设评比标准》，对各区县语言文字网站建设水平综合打分，得分从高到低依次是丰台区、通州区、石景山区、西城区、顺义区、平谷区、海淀区、延庆县、朝阳

区、怀柔区、门头沟区、大兴区、昌平区、密云县、房山区、东城区。

（邓鸿）

【推进公务员和教师语言文字测试】 5月13日，市教委、市语委印发《关于加强区县公务员和教师队伍语言文字培训测试工作的意见》。文件要求加大在区县公务员和教师队伍中推广普及国家通用语言文字的力度，推进公务员和教师的普通话水平测试、汉字应用水平测试、汉语能力综合测试等工作。各有关单位要积极支持和有效开展语言文字测试工作，要加强领导和部门协调，加大宣传力度，搞好测前培训，落实测试机构和经费，确保语言文字测试工作有效开展。

（邓鸿）

【印发语言文字发展纲要实施意见】 5月21日，市教委、市语委联合印发《关于北京市实施〈国家中长期语言文字事业改革与发展规划纲要（2012～2020年）〉的意见》。文件总结近几年全市语言文字工作成绩，明确下一个时期语言文字工作努力方向，从指导思想、工作目标、主要任务、保障措施四个方面提出具体要求。其中，明确提出“组建200人的社会用字监督员队伍和100人的专家级普通话水平测试员队伍”等10项具体目标，列出“丰富教育形式”“新增130所示范校”“拓展测试规模”等11项主要任务。3月市语委召开实施《关于北京市实施〈国家中长期语言文字事业改革与发展规划纲要（2012～2020年）〉的意见》论证会。就该文件的制定向教育部领导、首都各界语言文字专家征求意见建议。

（邓鸿）

【推进高校语言文字测试工作】 5月22日，市教委、市语委印发《关于进一步推进高等学校语言文字水平测试工作的意见》。文件明确高等学校语言文字水平测试对象、测试范围、测试条件、测试程序、测试要求、测试保障及其实施细则。规定设有语言文字测试分中心的高校可根据规定，自行安排组织测试；未设立测试分支机构的高校，可以学校为单位联系高校所在区县的语言文字测试分中心或直接联系北京市语言文字测试中心统一调配测试。拟建立测试分支机构的高等院校，可按相关办法申报或直接联系市语委办公室。

（邓鸿）

【举办语言文字规划纲要培训】 6月19至21日、7月11至13日，市语委分两批开展语言文字规划纲要及规范标准培训。培训举办《国家中长期语言文字事业改革和发展规划纲要（2012～2020年）》辅导报告和《北京市实施〈国家中长期语言文字事业改革和发展规划纲要（2012～2020年）〉的意见》解读报告。邀请市政府办公厅、中国社会科学院、北京大学等单位相关人员就《党政机关公文格式》《党政机关公文工作条例》和《汉语拼音正词法基本规则》等举办专题培训。培训会印发《学习资料汇编》《北京市语言文字工作手册（2013年版）》《国家通用语言文字标准规范手册》。各区县语委办工作人员、市语委成员单位、高校语言文字工作人员、测试机构工作人员、社会用字监督员共310人参加培训。

（邓鸿）

【《通用规范汉字表》发布】 9月，北京师范大学王宁教授主持研制的《通用规范汉字表》由国务院发布。《通用规范汉字表》是在50年来发布诸多汉字规范基础上，根据当代社会用字状况和信息时代需要研制的，是继1986年国务院批准重新发布《简化字总表》后的又一重大汉字规范。同时发布出版的还有《通用规范汉字字典》和《〈通用规范汉字表〉解读》。

（王鹏皓）

【成立盲人学校测试中心】 11月1日，北京市盲人学校语言文字测试分中心成立。成立仪式上，市语委代表宣读批准成立文件并向该中心授牌。市语委、市教委相关人员及盲人学校教职工参加成立仪式。盲校语言文字测试分中心主要职责是在市语言文字测试中心的业务指导下，开展本市视障人员语言文字培训测试工作，同时加强与中国盲文手语推广服务中心的联系。分中心成立后，盲人学校按要求安排测试场地和设施，同时选派人员参加普通话水平测试员的通用培训、面向视障人员进行普通话水平测试专项业务培训。

（邓鸿）

【举办骨干测试员培训班】 11月9日，市语言文字测试中心举办第七、八期普通话水平测试骨干测试员培训班。培训重点是计算机辅助普通话水平测试背景下的评分操作与测试管理，面向具有多年一线测试经验的测试员，要求各测试分中心选送参训人员。培训班邀请有关专家从理论上讲解普通话培训中的发声及吐字归音问题，从实操层面讲解机辅测试说话项打分问题，结合实例示范机辅测试管理操作流程。34名参训人员全部获得骨干测试员聘任证书，可上岗参加普通话水平测试评分工作。

（赵晴）

【举办首届语言文化建设论坛】 11月

30日，首届语言文化建设学术论坛在北京语言大学举行。论坛以贯彻十八届三中全会精神，大力加强语言文化建设为主题，听取北语党委书记作大会主题发言，各专家、领导分别以新时期语言文字事业发展的新视点、语言文字管理服务理念、语言文化建设内涵等为主题作交流发言。会议认为加强语言文化建设的价值目标在于提高国民语言能力、构建和谐语言生活、维护国家语言安全、促进语言国际传播，是繁荣语言事业、发展语言产业、建设语言强国的必由之路。本届学术论坛是全国以“语言文化建设”为主题的首次学术会议。《语言文化建设导论》在论坛期间出版发行。论坛由北语承办，教育部、市语委领导及来自北京、上海、天津等地高校、语言文字工作部门及相关企业50名专家学者参加论坛。

（邓鸿）

【开展语言文字示范单位创建工作】 11至12月，市语委组织开展第三批北京市语言文字规范化示范街道、乡镇和第七批北京市语言文字规范化示范校创建工作。通过各单位自主申报、市语委调研走访、专家评审等程序，批准东城区安定门街道等50个街道、乡镇为第三批北京市语言文字规范化示范街道、乡镇，北京景山学校等40所学校为第七批北京市语言文字规范化示范校。至年底，语言文字规范化示范街道、乡镇100个，占全市街道乡镇总数30%，已完成市语委规划示范街道乡镇创建目标；语言文字规范化示范校210所，计划到2016年完成30%的创建目标。

（邓鸿）

【修订普通话及汉字应用测试指南】 至年底，市语委完成《普通话水平测试应试指南》和《汉字应用水平测试应试指南》改编修订工作。其中，《普通话水平测试应试指南》修订后内容贴合“机测”实际，于2014年1月1日正式启用。普通话及汉字应用测试指南修订完成后，北京市常规语言测试均有自编应试教材，实现由“测试带动科研”向“科研促进测试”发展转变。

（赵晴）

中共北京市委教育工作委员会
书记、副书记、委员

书　　记　赵凤桐（7月免）　苟仲文（7月任）
常务副书记　刘建
副 书 记　姜沛民（7月免）　线联平　唐立军
刘勇（11月任）
委　　员　罗洁　郑萼　何劲松　郑登文（7月任）
叶茂林（7月任）　刘勇（11月免）
李中水　王文生

北京市教育委员会
主任、副主任、委员

主　任　姜沛民（7月免）　线联平（7月任）
副主任　罗洁（6月免）　郑萼　付志峰　何劲松
郑登文（8月任）　叶茂林（8月任）
委　员　罗洁（6月任）　王定东　王文生
郑登文（8月免）　曹秀云（12月免）
叶茂林（8月免）　李奕　黄侃（9月任）
张永凯（9月任）

中共北京市委教育工作委员会
北京市教育委员会
处室负责人

市委教育工委（市教委）办公室主任　葛巨众
市教委（市委教育工委）办公室主任　张永凯（兼）
政策研究与法制工作处处长　熊红
机关党委办公室主任　王栋
机关工会专职副主席　刘晓明
离退休工作处处长　张健
组织处处长　陈江华（12月免）
干部处处长　刘勇（兼，12月免）　陈江华（12月任）
宣教处处长　王达品
统一战线与群众工作处处长　钱卫（3月免）
张健（兼，3月任）
基层联络处处长　解江凌（3月免）　易容（8月任）
安全稳定工作处处长　卢向红
发展规划处处长　周彤
人事处处长　吴武
财务处处长　李艳春
基本建设处处长　刘占军
学前教育处处长　张小红
基础教育一处处长　张凤华
基础教育二处处长　李奕（兼）
职业教育与成人教育处处长　邵和平（11月免）
高等教育处处长　黄侃（兼）
学生处处长　沈聪伟
科学技术与研究生工作处处长　赵清
体育卫生与艺术教育处处长　王东江
国际合作与交流处处长　邱晓平
学校后勤处处长　张龙
审计处处长　曹永模
民办教育处处长　李开发
语言文字工作处处长　贺宏志
北京市监察局驻北京市教育委员会
监察处处长　陈清浦（1月任）

中共北京市纪律检查委员会
教育工作委员会
书记、副书记

书　记　王文生
副书记　郑立波　陈清浦（1月任）

（本栏责任编校　张晓兰　林业）

教育督导

综　述

2013年，市政府教育督导室认真学习党的十八大和十八届三中全会精神，依据“两委一室”工作要点，立足教育督导重点任务、拓展教育督导领域，全面增强教育督导工作实效，推动首都教育事业科学健康发展，取得显著成绩。

继续开展教育法律法规执行情况督导检查。印发《关于开展2013年教育法律法规执行情况督导检查的通知》，确定对行业（企业）执法检查重点内容，对纺织控股有限责任公司和隆达集团进行随访指导，对北京公共交通控股（集团）有限公司的职工教育工作进行督导回访。在全市各区县自查基础上，重点检查房山区、门头沟区和密云县的教育法律法规执行情况，通过听取汇报、实地考察等方式，全面了解区县执行教育法律法规情况，进一步督促区县执行好教育法律法规，落实好教育公共政策。

以义务教育督导为重点，促进义务教育均衡发展。开展义务教育均衡发展状况督导评估，完成丰台、昌平、平谷、怀柔、房山5个区督导评估验收工作和小学规范化建设工程专项督导评估和总结验收工作。12月27日，召开北京市义务教育均衡发展国家评估工作动员会，会议明确要求，对当前及今后一段时间，全市推进义务教育优质均衡发展的重点任务进行再部署，明确提出要按照党的十八届三中全会提出加快教育领域综合改革的要求，进一步推进区域义务教育优质均衡发展，重点加强市、区两级统筹，深入推进城乡教育一体化，扩大优质教育资源的供给，构建扩大优质教育资源覆盖面的有效机制，缩小区域、城乡、校际差距。

以提升职业教育质量为核心，加强和改进职业与成人教育督导工作。完成新修订的职业学校全面实施素质教育督评指标体系在北京自动化工程学校的试评工作。完成对北京电子信息高级技工学校、北京市供销学校、中央美术学院附属中等美术学校、水利水电学校等4所中等职业学校新一轮综合督导。创新和完善专项督导机制，围绕职业教育发展的重点和热点问题，开展针对性强，能够切实促进督导对象专项发展的专项督导工作。实施对北京城建学校进行德育专项督导，对密云县职业学校进行实习实训基地专项督导。

进一步完善社区教育随访督导工作，配合市教委相关处室修订和完善《创建国家级农村职业教育和成人教育示范区（县）评估指标》，并将对房山区19所农村乡校中的典型学校开展社区教育相关工作的随访督导。

开展专项督导，不断扩展督导工作领域。一是开展学前教育专项督导。召开区县学前教育发展状况监测统计工作会，完成对海淀区、朝阳区、西城区、通州区和房山区的学前教育专项督导，并完成对东城区等10个区县学前教育工作的实地督导。

二是开展校外教育专项督导。建立校外教育工作督导评价制度。完成东城区等10个区县校外教育工作的督导评价，对延庆、石景山、燕山和东城4个区县和地区开展专项督导。督导检查结果表明，各区县和地区注重明确政府职责，加强制度建设，加大经费投入；注重整合区域资源，积极构建校外教育活动场所网络；注重校外机构队伍建设；注重彰显区域校外教育特色。

三是开展特殊教育专项督导。建立特殊教育工作督导评价制度。完成对大兴区特殊教育工作的督导评价。督导检查结果表明，大兴区政府建立随班就读学校的管理网络和教研指导网络，成立领导小组和指导小组，加强随班就读工作管理；建立助残助学、送教上门等工作机制；在按标准保证教师培训经费的基础上，每年增加投入30万元，加强特殊教育师资培训，促进教师专业发展。

四是继续开展北京市区县教育工作满意度调查。2009年开始，市教育督导室委托社会专业机构，每年走进全市11600户学生家庭开展教育满意度入户调查工作。综合分析近五年的满意度调查结果可以看出，学生家长对各区县教育工作均持比较满意的态度。2013年全市家长对区县教育工作满意度综合得分达到84.3分，连续5年实现逐年增长，各学段家长的满意度均高于往年。

立足基础建设，继续加强教育督导基础工作与调研工作。一是进一步加强督学队伍专业化发展。依托北京市督学研修中心，举办“北京督学大讲堂”，组织新任督学岗位培训和专职督学轮训，对教育督导评价工作业务技能进行专题培训，开设督导室主任高级研修班；开展督学专业发展和督学资格认定研究，开发督学培训课程；建设和维护北京市督学专业发展数据库、培训课程库、案例库等，完善督学培训体系，促进教育督导队伍专业化发展。二是推进督导评价方案修订工作。在全面征求各方意见的基础上，进一步完善综合督导评价方案，为开展对区县政府素质教育工作的第四轮综合督导评价做好准备。目前已经初步完成《北京市区县政府、教委、学校（教育机构）全面实施素质教育评价方案》的修订工作，在履行公文管理程序后，正式印发。

三是加强减负督导调研工作进展。市教育督导室研究制定《减轻中小学生课业负担督导调研方案（试行）》，全面启动督学入校对中小学生过重课业负担督导监测。通过督学常态化到校的经常性督导，建立完善减轻中小学生课业负担长效机制。

四是继续开展督导评价工作。在总结去年对朝阳区教育督导工作督导评价试点经验的基础上，进一步完善区县教育督导工作督导评价体系，并开展对顺义区教育督导工作的督导评价工作。

五是推进两个国家教育体制改革试点项目实施。推进“探索有效履行教育督导职能的体制机制”和“研究制定北京市义务教育阶段中小学生综合素质督导评价方案”等国家教育体制改革试点项目的实施；围绕基础教育、职业与成人教育、特殊教育、校外教育等领域的重点、难点、热点问题，开展教育督导科研，加强教育督导理论建设，促进教育督导工作的专业化发展。

六是建立和完善督学责任区制度。印发《关于建立和完善督学责任区制度的意见》。召开区县督学责任区建设工作交流会，听取区县推进督学责任区建设工作的成功做法和典型经验，通过研究部署全市中小学校挂牌督导工作，深化督学责任区建设。

七是积极做好教育督导室日常政务工作。做好市人大代表建议和市政协提案回复、发文管理、预算管理、政务信息公开、会务管理、督导网站维护、督导信息宣传等各项工作，确保机关政务工作正常进行。

（李强）

总　　类

【召开寒假教育督导会议】 1月30日，市教育督导室召开2013年寒假北京市教育督导领导干部工作会，会议总结上年市教育督导工作，部署本年工作。朝阳、海淀、石景山、门头沟、房山、顺义6个区县分别作主题发言。市教育督导室和各区县政府教育督导室相关人员参加会议。

（李强）

【召开区县教育督导信息宣传工作会】 4月8日，市教育督导室召开2013年区县教育督导信息宣传工作会。会议总结上年教育督导宣传工作，部署本年工作安排，并专题培训教育督导信息宣传工作业务技能。会议点评各区县上报教育督导信息情况，通报本年教育督导信息宣传重点工作。教育督导信息宣传工作先进区代表朝阳区、顺义区分别作重点发言。市督导室相关领导和处室、各区县督导室宣传工作人员共20人参加会议。

（李强）

【通报教育工作满意度调查结果】 4月12日，市教育督导室召开专题会议，通报2012年北京市区县教育工作满意度入户调查情况。会议听取北京教育科学研究院从问卷设计、问卷调查和结果分析及报告撰写等方面，介绍北京市区县教育工作满意度入户调查的基本情况。各区县教委主任、区政府教育督导室主任，市教育督导室相关处室负责人共40人参加会议。自2009年，市教育督导室委托社会专业机构，每年对全市11600户学生家庭开展教育满意度入户调查工作。北京市家长对区县教育工作的满意度连续四年逐年提高。

（李强）

【开展社区教育随访督导工作】 5月，市教育督导室开展社区教育随访督导工作。督导室组织专家对房山区、通州区典型农村乡校开展社区教育和成人教育相关工作的调研和随访督导，总结试行《北京市区（县）政府社区教育工作督导评价指标体系》的经验，提出改进建议；配合市教委相关处室，修订和完善《创建国家级农村职业教育和成人教育示范区（县）评估指标》，并完成对房山和大兴两个区的国家级农村职业教育和成人教育示范区评审工作。

（全意）

【召开教育督导与评价研讨会】 6月14日，市教委召开北京2013教育督导与评价研讨会。会议围绕“教师队伍建设与督导评价”主题，听取上海、青岛和北京市海淀区负责人介绍本地教师队伍建设与督导评价的探索与实践，分享教师队伍建设的理论研究、政策设计与实践探索，以及教师队伍建设与督导评价的思想和理念、评价内容和标准、评价技术和工具、评价方法和结果的使用等成果。北京十一学校作为学校代表以《让教师成为自己的CEO》为题做演讲。来自北京、上海、吉林、山东等地的教育行政官员、督学、专家学者200人参加会议。北京教育督导与评价研讨会自2009年起每年举办一届。

（李强）

【召开专家延聘座谈会】 7月18日，市督学研修中心召开专家延聘暨成立一周年座谈会。会议宣布10名顾问委员会名单、27名专家委员会名单。北京师范大学教授、北京教育学院党委书记、海淀区政府教育督导室主任做现场发言。市教育督导室副主任，督学研究中心顾问、专家，及各区县督导室主任、副主任共40人参加座谈会。

（李强）

【举办首届区县督导室主任高级研修班】 10月9至11日，市教育督导室举办首届北京市区县教育督导室主任高级研修班。研修班通过专题讲座，与教育部、市教委领导高端对话，与相关教育、督导领域专家深入研讨等形式，就师德现状与督导、减负现状与督导、北京市“十二五”中期教育发展与改革等问题，结合所在区县实际情况和工作经历进行研讨。来自14个区县的督导室主任、副主任19人参加研修班。

（李强）

【开展中职学校综合督导】 10至11月，市教育督导室开展中职学校综合督导。督导室组织评估专家组对北京市供销学校、北京水利水电学校、中央美术学院附属中等美术学校和北京电子信息高级技工学校全面实施素质教育进行综合督导，并联合怀柔区督导室对怀柔职业学校进行综合督导。通过联合督导工作，市区两级督学在实际工作中学习交流。

（全意）

【召开中小学校挂牌督导工作推进会】

12 月 27 日，市教育督导室召开北京市义务教育均衡发展国家级评估暨中小学校挂牌督导工作推进会。北京市副市长杨晓超作讲话，要求重点要加强市、区两级统筹，深入推进城乡教育一体化，扩大优质教育资源的供给，构建扩大优质教育资源覆盖面的有效机制，缩小区域、城乡、校际差距。市教委主任线联平对做好义务教育均衡发展国家评估和中小学校挂牌督导工作进行部署。各区县主管区县长、政府办主任、教委主任、政府教育督导室主任及相关科室人员参加会议。会后，杨晓超及相关领导共同为朝阳区实验小学“责任督学公示牌”挂牌。挂牌督导是区县人民政府教育督导部门以标牌形式向社会公布责任督学的相关信息，并组织责任督学依法对学校办学行为进行经常性的监督与指导。

（李强）

督　导　检　查

【召开职成教育督导工作会】 4 月 3 日，市教育督导室召开北京市 2013 年职成教育督导工作会议。会议部署 2013 年督导工作任务，并以《北京市中长期教育改革和发展规划纲要（2010～2020 年）》为题，开展专题讲座。区县教育督导室负责人，高职院校、中专学校、技工学校和职高学校负责人及教育督导人员等近 200 人参加会议。

（全意）

【开展区县校外教育督导评价】 5 月 29 日至 11 月 7 日，市教育督导室开展对东城区、石景山区、延庆县和燕山办事处校外教育工作情况进行专项督导检查。督导组通过查阅资料、听取汇报、集中座谈、实地考察、调查问卷等检查形式，全面了解区县和地区校外教育工作情况。校外教育督导评价坚持依法督导、实事求是、促进发展和因地制宜四个原则。各区县通过自评和督评，查找工作中存在的困难和问题，及时调整和改进工作方法，达到以评促建、以评促改、以评促发展的目的。

（李强）

【督导五区学前教育工作】 5至10月，市教育督导室完成对西城区、海淀区、朝阳区、通州区和房山区 5 个区学前教育专项督导。各区县落实学前教育三年行动计划表现在五个方面：一是各区县切实加强体制机制建设，为加快学前教育发展提供制度保障。二是不断增加学前教育财政投入，为加快学前教育发展提供财政保障。三

是持续增强园所建设力度，超额完成园所建设和新增学位数年度目标任务，为加快学前教育发展提供硬件保障。四是切实加强教师队伍建设，为加快学前教育发展提供人才保障。五是各区县加强园所规范管理，依法办园水平得到提高。

（李强）

【开展区县教育法律法规执行情况督导检查工作】 6 月 20 日至 11 月 25 日，市教育督导室开展对各区县涉及执行体育工作和职业教育工作的教育法律法规执行情况进行督导检查。在各区县自查的基础上，重点检查门头沟区、密云县和延庆县的教育法律法规执行情况。督导检查组通过听取汇报、实地考察等方式，进一步督促区县执行教育法律法规，落实教育公共政策。督导组认为，各区县对学校体育工作重视程度普遍提高，学生体育锻炼一小时工作得到落实；职业教育师资水平有所提升，职业教育投入逐年加强。

（李强）

【开展教育法律法规情况督导检查】 10 月 14 日和 25 日，市教育督导室开展行业企业落实教育法律法规情况督导检查。检查分别对北京纺织控股有限责任公司和北京隆达轻工控股有限责任公司进行职业教育法律法规执行情况督导检查，督促行业企业切实贯彻教育法律法规的要求，依法履行职业教育与职工培训等法律职责，加强行业企业人才培养与培训工作，保证职业教育与培训的投入，查找工作不足并积极改进，落实教育优先发展的战略地位。

（全意）

【督导区县特殊教育工作】 11月20至

21 日，市教育督导室对大兴区特殊教育工作情况进行专项督导。督导室联合市教委，组成特殊教育专项督导组，通过查阅资料、听取报告、集中座谈、实地考察、个别访谈等多种形式，全方位了解大兴区随班就读、助残助学、送教上门等特殊教育工作的开展情况，完成对大兴区特殊教育工作的督导评价。

（李强）

【督导检查高等职业学校】 11 至 12 月，市教育督导室督导检查高等职业学校。督导室组建高职督导调研课题组，专题调研北京金隅科技学校、北京市商业学校、北京商贸学校、北京电子科技职业学院、北京工业职业技术学院、北京财贸职业学院。深入了解中、高职院校发展情况，并就高职督导的内容、形式、时间等方面工作听取学校意见。

（全意）

督　导　调　研

【调研通州区教育发展情况】　4月8日，市教育督导室赴通州区调研整体教育发展情况和区教育督导工作。调研组听取区教委关于通州区首都城市副中心建设对教育发展提出新要求和教育发展面临新问题情况的汇报，考察台湖中心小学和次渠中学，听取校长关于学校办学汇报，查看学校图书馆、音乐教室等教育教学设施设备。调研组对通州教育发展给予肯定，建议通州区教委继续保持良好的发展势头，加强沟通，积极争取市政府对通州教育发展的政策支持；发挥首都城市副中心建设领导小组的机制作用，协调各方为教育发展创造良好的外部环境，同时努力形成有通州区特色的教育。

（董迎春）

【督导评估义务教育均衡发展状况】　6至11月，市教育督导室完成区县义务教育均衡发展督导评估。督导涉及16个区县，评估主要内容包括：政府落实义务教育发展责任、办学条件达标、综合差异系数和人民群众满意度四个方面。评估义务教育发展工作成效：一是各级政府坚持教育优先发展战略，促进区域义务教育均衡发展。二是依法保证教育经费投入，做到教育经费向办学相对困难的学校和特殊教育学校倾斜。2010～2012年，义务教育经费投入797亿元，各区县均实现教育经费的“三个增长”，且新增教育经费主要用于义务教育。三是学校办学条件显著提升，城乡教育差距明显缩小。2010～2013年，新建小学和初中98所，新建改建教学用房2890万平方米，仪器设备和图书经费投入62.57亿元，办学条件得到改善。四是通过教师交流制度等方式促进优质师资共享，有效推进义务教育均衡发展。目前，全市小学市、区级骨干教师（含学科带头人）8349人，占专任教师17.23%，全市初中市、区级骨干教师（含学科带头人）5176人，占专任教师16.01%，同时，义务教育阶段学校有区级以上骨干教师的比例达93%以上，比初中建设工程、小学规范建设工程启动前提高40%。五是学生家长对区县政府在推进义务教育均衡发展方面的努力程度、减小义务教育学校间办学条件差距的努力程度、减小义务教育学校间教师队伍差距的努力程度、缓解义务教育择校问题的努力程度等四个方面的满意度均有明显提升。

（张士佐）

【开展下校监测调研减负工作】　9月17日，市教育督导室开展下校监测、调研减负工作。根据《减轻中小学生课业负担督导调研方案（试行）》，50名督学深入117所中小学校，对中小学生过重课业负担督导监测。通过开展3～5年的经常性督导，建立完善减轻中小学生课业负担长效机制，检查学生课业负担情况，发现学校“减负提质”好的案例加以宣传推介；对存在的问题，提出政策建议，督促学校改进和提高。

（张士佐　宋亚甫）

【交流初中综合素质评价经验】　12月27日，2013年北京市初中学生综合素质评价交流研讨会在通州三中举行。会议由市教委、市教育督导与评价研究中心主办，通州区教委承办。会议交流通州区初中学生综合素质评价电子平台、《综合素质评价报告册》使用情况和高中综合素质评价的有效做法。会议肯定通州区在初中学生综合素质评价工作方面的成绩，认为通州区在区级层面形成比较好的专业支撑机制。市教委、市教育督导与评价研究中心、通州区教委领导，各区县代表，全市初中校主管副校长600人参加会议。

（勾庆祥）

北京市人民政府教育督导室主任、副主任

主　　任　线联平（7月免）
　　　　　　唐立军（11月任）
副 主 任　刘莉　关国珍
　　　　　　张军（8月任）

北京市人民政府教育督导室处室负责人

综合处处长　杨江林
督导一处处长　张士佐
督导二处处长　龙梅

（本栏责任编校　邱小培　董素宅）

学前教育

综　述

2013 年，全市有各类幼儿园（所）1863 所，其中，分园 479 所。年内新建幼儿园 133 所，改扩建幼儿园 73 所，建设村办园 100 余所。全市公办性质幼儿园占比 65%；在园幼儿总数 348681 人，比上年增加 17157 人，同比增长 5.20%。

全市各类幼儿园共有教职工 53049 人，比上年增加 4969 人，同比增长 10.30%。其中，专任教师 28806 人，比上年增加 2476 人，同比增长 9.0%。

2013 年，学前教育工作着力于扩大学前教育资源，改善办园条件，提高师资水平和办园质量，加大对幼儿园质量监管，不断促进学前教育的发展与提高。

继续扩大学前教育资源，入园难问题得到有效缓解。推动新建改扩建工程的有效实施，不断扩大学前教育资源总量，提高幼儿园接收能力。一是将幼儿园新建、改扩建工程列入 2013 年政府实事工程和折子工程，完成新建园 133 所、改扩建幼儿园 73 所；二是加大调研检查指导力度，确保新建园、改扩建、村办园建设项目顺利实施，尤其是在村办园建设中，建立和完善县、乡、村三级学前教育服务网络，制定并印发《关于加强北京市学前教育三年行动计划中村办园建设工程项目的管理指导意见》，召开北京市村办园建设项目推进会，完成村办园建设项目 100 余个；三是全年用于新建改扩建、办园条件达标、村办园建设工程资金 8.54 亿元，保障 2013 年全市新增学位 3.20 万个。2011～2013 年，北京市完成第一期学前教育三年行动计划，共新建改扩建和办园条件达标 1460 所幼儿园；全市增加学前教育学位 10 万余个；户籍适龄儿童学前三年学位供给实现基本覆盖，入园率接近 95%；常住人口适龄儿童学前三年学位供给覆盖率和入园率达 90%，“入园难”得到有效缓解。

加强园所建设，提高办园水平。改善办园条件，强化幼儿园升级上类工作，整体提升幼儿园办园质量。2013 年继续实施办园条件达标工程，投入 2.84 亿元对 138 所幼儿园进行办园条件改造，幼儿园环境有明显改善和提高；年内对全市各区县申报的 32 所市级示范园、106 所一级一类园、11 个市级早教基地进行质量评估验收，其中，申报的示范园、早教基地均通过验收，66 所幼儿园的办园条件、管理水平和保教工作质量达到一级一类标准。至此，全市优质幼儿园已达到 564 所，其中，市级示范幼儿园 121 所、一级一类幼儿园 449 所、市级早教示范基地 341 个。

开展《3～6 岁儿童学习与发展指南》培训，提高保教质量。印发《关于学习研究实践〈3～6 岁儿童学习与发展指南〉的通知》，建立市级学习共同体，全面指导全市学前系统学习贯彻落实指南工作。组织开展指南培训会，邀请指南编写组的 7 名专家为 700 多名幼教行政人员、教研员、园长、教师等进行培训指导，对全面理解和把握指南的精神实质，了解 3～6 岁幼儿学习与发展的基本规律和特点，提高科学保教水平起到推动作用。市级学习共同体组织召开学习贯彻落实指南座谈会，深入 7 个区县调研了解情况。1000 余所各级各类幼儿园开展指南学习工作，并就学习过程中的困惑和问题进行广泛而深入的研讨，有效促进保教质量的提高。

加强队伍建设，不断提高队伍的整体水平。开展 2013 年学前教育培训工作。委托北京市二十一世纪国际学校和北京二十一世纪实验幼儿园首次举办民办幼儿园举办者培训，培训方案和形式得到广泛称赞与认同，共 354 所幼儿园的举办者参加培训，295 人取得结业证书。委托北京汇佳职业学院在暑期分批培训民办幼儿园管理者和骨干教师 470 人，培训效果良好。委托北京汇佳职业学院利用暑假举办北京市第 11 期新任教师培训，对 2800 名新任幼儿教师进行岗前培训，内容涉及幼儿园五大领域教育活动设计与指导、教师职业生涯规划、幼儿园卫生保健知识和国际视野下的学前教育等。9 至 12 月举办五期北京市幼儿园卫生保健培训，印发《2013 年北京市幼儿园保健医培训手册》，收集学员收获体会 900 余篇，获得结业证书近 1000 人，来自 1000 所各级各类幼儿园的 1100 人参加培训。

发挥信息网络作用，加强学前教育行政科学化管理和宣传工作。指导各区县完成学前教育管理信息系统填报工作，16 个区县 1000 余所幼儿园建成学前教育管理信息系统，推进和提高学前教育管理的科学性和有效性，为学前教育发展提供重要管理平台。为全面展示落实《北京市学前教育三年行动计划》的成果，组织各区县对三年行动计划的实施情况进行总结，采用图片、录像、文字等多种形式展示学前教育的重大工程及措施，并参加教育部举办的“学前教育三年行动计划网络巡展活动”。

完成 2012 年学前教育项目绩效考评工作和 2013 年学前教育项目的预算编制工作。北京市财政局为促进教育经费的科学合理使用，加大教育经费的监测，连续三年对学前教育项目进行绩效考核评价。2013 年市财政对 2012 年度幼儿园办园条件达标项目进行绩效考评，涉及全市 15 个区县、191 所幼儿园的 3 亿元专项资金。学前处积极整合利用相关人力、物力资源，做好协调与沟通工作，撰写高质量的绩效考评报告，接受市财政局聘请的十余位项目专家的质询和检查，较好地完成了办园条件达标项目检查，考评结果为“良好”。完成 2014 年度学前教育项目预算编制工作，通过处室申报、财务部门确认、领导审批等过程最终确定 2014 年投入近 13 亿元，用于学前教育的 9 个规划类项目、2 个委托类项目、4 个处室列支类项目、15 个教师培训类项目和 4 个课程改革研究类项目。

（张小红）

【召开村办幼儿园建设工作推进会】 3月13日，市教委召开北京村办幼儿园建设工作推进会。会议介绍全市村办幼儿园建设情况，部署本年建设工作：6月1日前完成11个区105所村办幼儿园建设，新增学位4000个；至年底，全市还将投入2亿元建设142所村办幼儿园，项目已经列为市政府实事项目，市政府及相关部门根据实际情况加大投入，支持村办幼儿园的师资配备和教育管理工作。会议听取顺义区、通州区、密云县、房山区经验汇报。各区县教委主管学前教育工作的副主任、主管基建工作的副主任及学前教育科科长参加会议。年内，北京市将村办幼儿园建设纳入学前教育三年行动计划，制定《关于加强北京市学前教育三年行动计划中村办园建设工程项目的管理指导意见》，建立和完善县、乡、村三级学前教育服务网络，加快村办园的建设步伐。

（彭兴蕊）

【启动幼儿园管理干部挂职锻炼】 4月，市教委启动北京市2013年幼儿园管理干部挂职锻炼工作。117名幼儿园管理干部在全市10个区县的40所市级示范幼儿园开展为期1个月的挂职锻炼，全面参与各项管理工作。同时，市教委启动北京市优秀幼儿园园长事迹展示活动，在各区县教委推荐申报的基础上，最终评选139位园长为北京市优秀幼儿园园长。

（彭兴蕊）

【举办幼儿园环境创设评优活动】 4至12月，市教委举办北京市幼儿园环境创设评优活动。1000所幼儿园参加评选，120所获得最优环境建设奖、42所获得人文教育模范奖、42所获得环境创意奖、42所获得低碳环保先锋奖。同时评出先进个人243人。

（张竹青）

【启动学龄人口信息采集平台】 5月8日，市教委启动学龄人口信息采集平台。根据要求，全市各区县（除西城、海淀）适龄儿童监护人可在5月1日上午9时至5月31日下午5时访问北京市义务教育阶段入学服务平台（http://yjrx.bjedu.cn），进入“学龄人口信息采集系统”，按系统提示进行相关信息的填报，并根据区县教委通知，携带网上打印的学龄人口信息采集表和区县教委要求的证明、证件，按时参加现场信息审核。西城区、海淀区信息采集时间另行安排，分别为4月15日上午9时至5月16日下午5时、5月13日上午9时至5月31日下午5时。学龄人口信息采集主要为了解未来3至5年全市适龄儿童的入学需求和各区县生源情况，采集结果具有唯一性，个人在不同区县不重复采集。

（张晓兰）

【开展《3～6岁儿童学习与发展指南》培训】 5月13至16日，市教委举办《3～6岁儿童学习与发展指南》培训。培训邀请该书编写组专家7人分别就指南制定的背景和实施、五大领域教育和一日生活教育等方面进行讲解。幼教行政人员、教研员、园长、骨干教师共计700人参加学习。《3～6岁儿童学习与发展指南》由教育部组织专家研究制定，以为幼儿后继学习和终身发展奠定良好素质基础为目标，以促进幼儿体、智、德、美各方面的协调发展为核心，提出3～6岁各年龄段儿童学习与发展目标和相应的教育建议，帮助幼儿园教师和家长了解3～6岁幼儿学习与发展的基本规律和特点，建立对幼儿发展的合理期望，实施科学的保育和教育。

（郭春彦）

【考评学前教育项目绩效】 5至7月，市财政考评2012年度幼儿园办园条件达标项目绩效。该考评涉及15个区县191所幼儿园的3亿元专项资金。市教委协调市财政局、会计师事务所、各区县教委等单位，撰写绩效考评报告，接受市财政局聘请的10余名项目专家的质询和检查。考评结果为“良好”。

（彭兴蕊）

【开展幼儿园级类验收工作】 6至12月，市教委开展市区两级幼儿园分级分类验收工作。106所幼儿园参与质量评价，66所幼儿园的办园条件、管理水平和保教工作质量达到一级一类标准，优质率62%。至此，北京市一级一类幼儿园共449所。

（王洪兰）

【32所幼儿园入选市级示范幼儿园】 7月18日，市教委认定第八批北京市示范幼儿园。11个区县的32所幼儿园通过评审，被认定为北京市示范幼儿园。其中，9所幼儿园分布在6个远郊区县，单位办园和街道幼儿园所占比例较往年有所增加。评审通过聚焦内容、深入了解、横向比较、座谈交流的方式开展，力求公平、公正，重在引领幼儿园总结提升经验，明确发展方向。

（王洪兰）

北京市第八批示范园名单
（32所）

东城区大方家民族幼儿园
东城区崇文回民幼儿园
西城区和平门幼儿园
西城区名苑幼儿园
西城区民族团结幼儿园
朝阳区水碓北里幼儿园
朝阳区福怡苑幼儿园
朝阳区亚运村第二幼儿园
朝阳区九龙幼儿园
北京航空航天大学幼儿园
海军机关幼儿园
明天幼稚集团第八幼儿园
明天幼稚集团第二幼儿园
明天幼稚集团第七幼儿园
中国石油集团科学技术研究院幼儿园
明天幼稚集团第十幼儿园
明天幼稚集团第五幼儿园
明天幼稚集团第九幼儿园
明天幼稚集团第三幼儿园
明天幼稚集团第四幼儿园
明天幼稚集团第六幼儿园
丰台区方庄第一幼儿园
丰台区嘉园第一幼儿园
丰台区第五幼儿园

大兴区第八幼儿园
顺义区怡馨幼儿园
顺义区港馨幼儿园
平谷区第四幼儿园
平谷区第一幼儿园
昌平区回龙观镇幼儿园
密云县第四幼儿园
延庆县第一幼儿园

（王洪兰）

【举办新任教师培训】 7至8月，市教委举办第11期北京市新任幼儿教师培训。培训委托北京汇佳职业学院举办，内容涉及幼儿园五大领域教育活动设计与指导、教师职业生涯发展规划、幼儿园卫生保健相关知识、国际视野下的学前教育等相关内容。来自16个区县各级各类幼儿园的2800名新任教师参加岗前培训。

（彭兴蕊）

【举办幼儿园卫生保健培训】 9至12月，市教委举办五期北京市幼儿园卫生保健培训。该培训围绕《2013年北京市幼儿园保健医培训手册》，邀请6位经验丰富的专家分别就幼儿园的卫生保健管理、常规工作、膳食管理、儿童意外伤害与预防、幼儿一日生活安排及健康教育与管理进行培训。培训班收集学员收获体会900余篇，获得结业证书近1000人。来自1000所教育部门办园、其他单位办园、民办园的相关人员近1100人参加学习。

（李国荣）

【验收早期教育示范基地】 12月，市教委验收社区0～3岁儿童早期教育示范基地。经过评估验收，密云、东城、门头沟、平谷、延庆和丰台6个区县11个早教基地通过验收。至此，全市共有341个市级社区0～3岁儿童早期教育示范基地。早教示范基地因地制宜，面向流动人口和散居儿童家庭开展多种形式、公益性的婴幼儿亲子早期教育活动，为3岁以下儿童接受科学的早期教育搭建平台。

（王洪兰）

第九批“北京市社区儿童早期教育示范基地”名单

密云县小博士幼儿园
密云县文硕幼儿园
东城区空后蓝天幼儿园
门头沟区中科幼教绿岛幼儿园
平谷区王辛庄镇中心幼儿园
平谷区第五幼儿园
延庆县张山营镇中心园
延庆县沈家营镇中心园
延庆县第六幼儿园
丰台区北京开发红黄蓝双语幼儿园
丰台区艺馨艺术幼儿园

（王洪兰）

【调研早期教育游戏活动中心情况】 12月，市教委开展“北京市幼儿早期教育游戏活动服务中心项目”调研。该项工作深入16个区县实地考察，起草《北京市幼儿早期教育社区游戏活动服务中心实际调研报告》和《北京市幼儿教育社区活动服务中心管理办法》讨论稿，落实《北京市学前教育三年行动计划》中提出的为适龄儿童及家庭提供多种形式学前教育指导服务的发展目标。调研结果显示绝大多数场地选址是可行的，但也有部分服务中心选址在商厦中，存在安全隐患，应尽量考虑距离幼儿园本部较近，租金低、相对独立的活动空间等因素。

（彭兴蕊）

【完成学前教育三年行动计划】 至年底，北京市完成《北京市学前教育三年行动计划（2011～2013年）》任务。年内，市、区（县）两级财政投入12.06亿元，完成新建园133所、改扩建幼儿园73所、村办园建设项目100余所、办园条件达标项目138所，增加学位3.20万个。规范公办幼儿园收费，非教育部门公办园生均补贴由1200元提高至3600元。学前教育三年行动计划由市政府于2011年5月26日印发，目的是有效缓解适龄人口“入园难”等问题，内容包括实施幼儿园新建改扩建工程、幼儿园条件达标工程、幼儿教师培养培训工程，具体包括扩大公办学前教育资源，做好小区配套幼儿园的规划、建设、接收、使用和管理，鼓励、规范民办幼儿园等6项措施。

（张小红）

【投入3.82亿元奖补幼儿园】 至年底，市教委投入3.82亿元奖补幼儿园。其中，投入3.66亿元用于各部门办园生均补贴，经费覆盖329所幼儿园的10万名儿童；投入1559万元奖补129所普惠性民办幼儿园。年内，市教委继续加大对公办幼儿园实施生均定额补贴政策，同时对考核合格的普惠性民办幼儿园采取以奖代补方式予以鼓励和支持，促进各级各类幼儿园均衡发展。

（吕萍）

幼　儿　园

北京市第一幼儿园

【概况】 2013年，北京市第一幼儿园为教育部门办园类别，寄宿制和日托制兼收。占地面积5584平方米，校舍建筑面积6000平方米。全年教育经费投入2062.92万元，均为国家拨款。固定资产总值2023.38万元；藏书9498册。教学班内有电子白板、投影机和钢琴等教学设备，拥有美工教室、幼儿阅览室、点点游戏屋、体能训练室、多功能厅5个专用教室及幼儿活动教室13个。拥有计算机55台，多媒体教室座位200个。学校信息化经费投入3.42万元，校园网出口总带宽100Mbps，数字资源量10GB。教职工49人，均为专科及以上学历。其中，教师45人，包括中级及以上职称27人；保健员2人，包括中级及以上职称1人。开设教学班13个，其中，小班4个、中班4个、大班5个。幼儿入园130人、离园132人、在园405人。网址：bjdyyey.ankang06.org。

（杨丽娟）

【编印园所文化宣传册】 9月，一幼编印《园所文化宣传册》。该图册包括办园理念、办园目标、办园宗旨、办园精神、办园口号、办园特色等内容，以图文并茂的形式展示一幼本园、分园、实验园的园所环境及丰富多彩的文化、教育、游戏活动。图册采用四色彩印，锁线胶装，体现一幼建园六十五年来深厚的教育文化底蕴及国际化、现代化、多元化的园所形象。

（马靓）

【吉祥分园开园】 9月，一幼吉祥分园开园。该分园占地面积2426平方米、建筑面积1421平方米，设6个教学班，其中，中班3个、大班3个；班内设有触摸屏电视、钢琴和可视对讲系统等设备；拥有音乐教室、科学宫2个专用教室。当年招收幼儿79人。该分园与魏家分园共有一套领导机构，本园为其输送教职工17人，其中，幼儿园高级教师4人。

（关茹）

【魏家分园通过一级一类验收】 11

月，一幼魏家幼儿园分园通过北京市一级一类幼儿园验收评估。验收组通过听取汇报、观摩半日活动和查阅资料等形式，全面了解幼儿园教育和保育情况，肯定该园的环境、管理以及教育教学中的特色，高度评价一幼托管魏家幼儿园取得的成果。

（关茹）

北京市第五幼儿园

【概况】 2013年，北京市第五幼儿园为教育部门办园类别，寄宿制和日托制兼收。占地面积8360平方米，校舍建筑面积6987平方米。全年教育经费投入2481万元，其中，国家拨款2296万元、自筹经费185万元。固定资产总值920万元。拥有多功能游戏室、宝宝书吧和创意美劳坊等专用教室7个，普通教室16个。教室内设有视频一体机、互动电子白板和钢琴等教学设施。教职工138人，其中，教师102人，包括中学高级教师2人、小学高级教师44人、特级教师1人、市级骨干教师2人、专科以上学历98人（含研究生5人）；保育员10人。开设教学班16个，其中，小班6个、中班5个、大班5个。幼儿入园218人、离园173人、在园601人。

（朱小娟 林青）

【获得全国“三八红旗集体”称号】 2月28日，五幼获得中华全国妇女联合会颁发的全国“三八红旗集体”称号。该园连续多年获得首都文明单位、文明标兵、市区教育系统先进单位、教育科研先进单位、市区“三八红旗集体”、全国名优学校等多项殊荣，十余项课题获市政府颁发的北京市首届、第三届与第四届基础教育教学成果一等奖和全国、市区优秀教育科研成果一、二等奖等多项重要奖项。五幼在课程改革、特色建设、师幼人才培养方面的创新性成果为首都乃至全国幼教改革起到了积极的引领示范推动作用。

（林青）

【举办“六一”亲子嘉年华】 5月29至31日，五幼举办“七彩童年·放飞梦想”庆“六一”亲子嘉年华活动。活动分为文艺汇演联欢和亲子游艺体验两部分。文艺汇演围绕“童年的梦想”展开，幼儿载歌载舞表演《我的梦想》《和快乐在一起》和《小宇宙》等节目。亲子游艺围绕科技、环保、创意三大板块展开，幼儿自主选择参加，通过《疯狂科学动手做》《环保时装秀》和《创意缤纷绘画》等蕴含丰富教育内涵的活动，体验科技的神奇、环保的意义和创作的快乐。幼儿现场共同绘制“共筑美好家园”组画，寄托对雅安灾区小朋友节日的祝福和帮助灾区重建美丽家园的美好愿望。该园师幼、家长1200人参加活动。

（雷晓蕾）

【组织幼儿科技月活动】 11月11日至12月3日，五幼组织“五幼宝宝爱科学”科技月主题活动。活动以“爱科学、学科学、做科学”为主旨，举办科学制作活动、科学流动站和“我是小小科学家”比赛活动。科学制作活动根据不同年龄班的特点，教师带领幼儿以“机械能源”“未来交通工具”和“废旧材料制作”为主题，开展丰富多彩的科学制作活动；科学流动站的教师带着有趣的科学活动走进每个班级，让科学教育真正流动在校园的每个角落。“我是小小科学家”比赛为幼儿搭建彰显自我的平台。该园师幼及家长1300人参加活动，共制作445件作品。

（雷晓蕾）

【举办英语说唱节】 12月24日，五

幼举办2013年英语说唱节。活动围绕“LOVE”“HAPPY”和“DREAM”三个核心主题，分年龄班举办三场风格各异的英语说唱活动，小班幼儿边说边唱，表达对家人、对幼儿园及朋友“爱”的情感；中班幼儿用英语对唱诉说成长的快乐；大班幼儿在教师带领下用歌舞表演的形式畅想未来、寄托梦想。幼儿共演唱32首歌曲。该园师幼700人参加活动。

（雷晓蕾）

北京市东城区东华门幼儿园

【概况】 2013年，北京市东城区东华门幼儿园为教育部门办园类别，为日托制，分为本部和小班部两地办学。本部占地面积2718平方米，校舍建筑面积3383平方米；小班部占地面积782平方米，校舍建筑面积804.74平方米。固定资产总值764.87万元。全年教育经费投入729.08万元。本部拥有幼儿多功能厅、幼儿图书馆、幼儿艺术教室等专用教室5个，普通教室8个；小班部普通教室4个。教室内设有液晶电视、笔记本电脑和多媒体设

备等教学设施。教职工 62 人，其中，教师 50 人，均为专科及以上学历，包括中级及以上职称 30 人。开设教学班 12 个，其中，小班 5 个、中班 3 个、大班 4 个。幼儿入园 127 人、离园 129 人、在园383人。网址：58.134.1.40/dcjy/dhmyey。

（高佳）

【首次开设医教结合早教课程】 3 月 11 日，东华门幼儿园在“家和”早教指导中心首次开设医教结合课程。在课程内容的设置上，该园根据婴幼儿身心发展特点，围绕营养、保健、生长发育等方面内容，针对教师发现的问题、看护人提出的问题及季节性护理问题，亲子教师与保健医生协同备课，制定授课内容，为看护人提供全方位的学习平台。韶九社区和智德社区的家长及幼儿 20 人参加学习。

（董京京）

【开展“手拉手”活动】 5 月 22 日，东华门幼儿园与通州区张家湾幼儿园开展“手拉手”活动。该园园长带领业务干部及市区级骨干教师参观张家湾幼儿园新装修改造的园所环境，感受其园所文化内涵，并针对通州区即将开展的“启蒙杯”半日评优活动，指导参赛教师备课，发挥示范园的示范、辐射、帮带作用，实现两园合作共赢、携手并进同发展的目标。

（董欣）

【设置“游戏共享日”】 10 月，东华

门幼儿园设置“游戏共享日”。每周三平行年龄班的幼儿打破班级界限，自主选择区域游戏，互动交流分享，体验共同游戏的快乐，幼儿在感知、操作、交往、体验中，增长能力获取经验，同时推动班级主题文化特色区域游戏的开展。

（董欣）

【举办青年教师体验式培训】 11 月 27 日，东华门幼儿园组织全体青年教师参加水粉画创作培训课。教师在美术专职教师带领下，一起探讨幼儿水粉画的特点、目标、技巧等，运用平涂法、构成法、点彩法等方式，创作作品，体味“学中做”“画中学”和“画中教”的方法，做到“教学做合一”。该培训是落实张雪门“在行动中学习，教学做合一”先进理念的初次尝试。

（刘垚　王莲欣）

北京市东城区崇文第三幼儿园

【概况】 2013 年，北京市东城区崇文第三幼儿园为教育部门办园类别，为日托制。占地面积 3988 平方米，校舍建筑面积 3216 平方米。全年教育经费投入 1336 万元，均为国家拨款。固定资产总值 778 万元。图书 9490 册。拥有幼儿电脑室、特殊资源教室、幼儿棋类教室和感觉统合教室 4 个专用教室，普通教室 13 个。拥有计算机 60 台，多媒体教室座位 16 个。校园网出口总带宽 2Mbps。教职工 64 人，其中，教师 45 人，均为专科及以上学历，中级及以上职称 22 人；保健员 4 人，均为中级及以上职称。开设教学班 13 个，其中，小班 5 个、中班 4 个、大班 4 个。幼儿入园 138 人、离园 128 人、在园 409 人。

（李晶）

【开展“中国梦”亲子制作活动】 5 月

30 日，崇文三幼开展家园“中国梦”亲子制作活动。幼儿与家长利用废旧材料，制作完成“中国梦——梦团圆”“中国梦——梦和平”“中国梦——梦飞翔”主题作品展板 13 块，在幼儿园里展出。作品体现祖国的美丽和生活的美好，展现废旧物品再利用的神奇变化，培养幼儿的低碳环保及更好地传承中国文化的意识。该园师幼、家长 500 人参加活动。

（李晶）

【组织幼儿敬老活动】 10 月 12 日，崇文三幼组织重阳敬老送“福袋”活动。幼儿前往幸福社区慰问老人，送去节日的祝福和自制的寿桃、贺卡、插花等礼物。同时，全园幼儿均制作“福袋”送给家中老人。

（李晶）

【举办主题演讲活动】 10 月 29 日，崇文三幼举办教师主题演讲活动。教师围绕《3～6 岁儿童学习与发展指南》，以教育工作中的真实案例为线索，阐述指南带给教职工的悄然改变，体现从观念到行为、从理论到实践的变化。该园教师 29 人参加演讲。

（李晶）

北京市北海幼儿园

【概况】 2013 年，北京市北海幼儿园为教育部门办园类别，寄宿制和日托制兼收。占地面积 25346 平方米，校舍建筑面积 10032 平方米。全年教育经费投入 4857.08 万元，其中，国家拨款 4768.36 万元、自筹经费 88.72 万元。固定资产总值 4806.37 万元。藏书 2.61 万册。设有儿童资源库、玩具图书馆和益智玩具屋等专用教室 8 个，普通教室 25 个。拥有计算机 404 台，多媒体教室座位 40 个。学校信息化经费投入 4.94 万元，校园网出口总带宽 100Mbps，数字资源量 475.45GB。教职工 163 人，其中，副高级职称 6 人、中级职称 48 人、特级教师 1 人、市级骨干教师 2 人。专任教师 107 人，其中，全日制硕士研究生 2 人、本科学历 78 人、专科学历 27 人；保育员 9 人，均为高级保育员。保健医 5 人，均为专科及以上学历，包括中级职称 2 人。开设教学班 24 个，其中，托班 4 个、小班 8 个、中班 6 个、大班 6 个。幼儿入园 172 人、离园 170 人、在园

630 人。网址：www.bhbaby.org。

（吕小烨）

【开展“情景式音乐活动”课例研究】 9至11月，北海幼儿园开展“情景式音乐欣赏活动”课例研究。研究旨在寻求适合幼儿的音乐教学方式，让幼儿在快乐中体验音乐的美；发挥骨干教师的专业引领能力，促进青年教师音乐教学专业水平的提升。研究以教师自主设计的“小红帽”“大熊来了”等活动为载体，将故事、游戏与音乐欣赏相结合，让幼儿在游戏中感受不同性质音乐的特点，帮助幼儿多元化理解音乐。

（吕小烨）

【组织幼儿社团活动】 10至12月，

北海幼儿园组织大班幼儿社团活动。该园先后成立手工社团、话剧社团、音乐社团、故事社团、表演社团和舞蹈社团等，幼儿在教师指导下，以服装表演、儿歌快板、乐器合奏、歌舞表演、故事演绎等多种形式参与每周五“快乐分享会”展示活动。

（吕小烨）

【举办“感动北幼”师德培训活动】 11月19日，北海幼儿园举办“感动北幼”师德培训活动。该园开展“身边的感动”征文活动和“感动北幼，情暖人间”爱心募捐活动；教师、医生和家长以讲述故事的形式，以前后勤不同岗位的“感动”故事为线索，以身边人、事展现教职工的可爱可敬。

（杨颖）

【举办教育教学系列培训】 至年底，北海幼儿园邀请特级教师来园举办教育教学系列培训。该园举办幼儿园环境设计、音乐教育活动的设计与实施、音乐教学基本素质、科学教育活动的设计与实施等专题培训，教师可根据需求自主选择参与不同培训。

（吕小烨）

北京市西城区棉花胡同幼儿园

【概况】 2013年，北京市西城区棉花胡同幼儿园为教育部门办园类别，为寄宿制和日托制兼收。三址办园（棉花胡同78号、育德胡同5号、西四北七条20号），总占地面积6242平方米，总建筑面积6044平方米。藏书10010册，杂志30种，报纸10种。固定资产总值870.08万元。全年教育经费投入2767.23万元。拥有计算机190台，多媒体教室座位30个，校园网出口总带宽20Mbps。普通教室20个，设有小礼堂、计算机教室和音乐室等7个专业教室。教职工112人，其中，副高级职称3人、中级职称38人；专任教师95人，包括市级骨干教师1人、博士学历1人、本科学历49人、专科学历28人；技工9人；保健医5人；会计1人。开设教学班22个，其中，托班6个、小班6个、中班6个、大班4个。幼儿入园132人、离园92人、在园612人。网址：www.bjxchmy.org。

（刘峰峰）

【举行“春苗杯”教师基本功比赛】 3月1日至4月5日，棉幼举行“春苗杯”教师基本功比赛。60名教师报名参赛，针对科学领域和语言领域开展教学活动设计实施和反思，评出一等奖8人、二等奖16人、三等奖32人，并推选6名获一等奖教师参与“西城杯”教师基本功比赛，获得二等奖1人、三等奖2人、表扬奖2人。

（张冠玮）

【园所改造工程竣工】 6月15日至8月15日，棉幼园所改造工程竣工。改造工程包括：育德分园门窗更换、本园多功能厅装修及保温层改造和科学教室装修改造，共投入资金243万元。改造后，解决育德分园门窗老化、墙皮脱落、地面潮湿等问题和多功能厅冬冷夏热问题。科学教室的四面白墙改造成海底世界和星空主题墙，并将游戏材料装到墙面上，为幼儿提供更多科学探索的空间。

（陈英姿　刘峰峰）

【开展两次国际交流活动】 6月25日和10月21日，棉幼开展两次国际交流活动。棉幼接待美国加州洛杉矶威廉·安顿学校校长及教师25人来园参观访问。来宾参观幼儿园环境，了解教育教学、管理体制、办园特色、文化建设等，开展互动和交流，洽谈建立友好关系事宜。棉幼接待挪威卑尔根大学教师及学生3人参观交流，来宾听取幼儿园概况介绍，参观园所环境，与教师进行教育教学互动和交流。

（刘峰峰）

【举办新年周活动】 12月23至31日，

棉幼举办新年周活动。该园邀请西城区文化馆儿童剧演员表演童话剧《智斗大青虫》；组织亲子泥工制作活动，作品包括《有趣的动物园》《神奇的海底世界》和《可爱小农庄》等；各年龄班开展富有自身特色的新年活动，托、小班幼儿以班级为单位开展亲子大拜年交流活动，中、大班开展爱心义卖活动，义卖自制手工艺品、玩具和图书，筹集善款3800元捐助贵州贫穷幼儿。西城区相关领导以及其他幼儿园同行、该园师幼共382人参加活动。

（刘峰峰　谢鸥）

北京市西城区槐柏幼儿园

【概况】 2013年，北京市西城区槐柏幼儿园为教育部门办园类别，为日托制。占地面积2382平方米，校舍建筑面积2383平方米。全年教育经费投入101.34万元。固定资产总值56.50万元。藏书0.5万册。拥有多功能厅音体室、美劳科技室和非编系统制作室等专用教室5个，普通教室8个。教室内设有电视机、投影和白板等教学设备。拥有计算机23台、笔记本电脑16台，学校信息化经费投入 2.07 万元。教职工 40 人，其中，教师 31 人、保健员 2 人。教职工中专科及以上学历 36 人，中级及以上职称 16 人。开设教学班 8 个，其中，小班 3 个、中班 3 个、大班 2 个。幼儿入园 109 人、离园 80 人、在园 266 人。网址：www.hbkidshome.com。

（贾静嫣）

【加强青年教师培养工作】　3 至 12 月，槐柏幼儿园采取多项措施开展青年教师培养工作。该园建立导师制，制定《导师培养青年教师工作方案》；定期举办座谈会、专题讲座，制定教师生涯规划，对刚入职的新教师进行引领、示范、培养，实施“贴身服务”，开展园内、园外拜师活动；老教师与青年教师交流教育教学经验，举办 6 次青年教师专业成长沙龙，展示获“西城区杯”评优一等奖的青年教师教学活动与园本教研活动。教师 40 人参加活动。

（贾静嫣）

【举办大班毕业典礼暨戏剧表演活动】

6 月 26 日，槐柏幼儿园举办大班毕业典礼暨戏剧表演活动。该活动围绕“以图画故事书为载体，提高幼儿多元表达能力的研究”主题，编排儿童戏剧，剧目有大班的《老鼠嫁女》《螃蟹小裁缝》，中班的《可爱动物操》《森林爷爷》，小班的《鸡蛋哥哥》《换一换》和《过生日》。在剧目编排过程中，教师与幼儿通过作品欣赏与故事理解、创编故事与讨论分析、制作道具与反复调整、道具组合与戏剧表演四个环节，在解决问题与团体互动过程中，充分体验自主创作、相互交流、共同合作的乐趣。师幼 560 人参加活动。

（贾静嫣）

【组织紧急疏散演习】　11 月 1 日，槐柏幼儿园组织紧急疏散演习。10 点 10 分，警报拉响，教师带领幼儿用湿毛巾捂着口鼻，弯腰俯身，按预定路线疏散到操场。同时保卫干部迅速到教室查看是否有幼儿被困，演习用时 1 分 50 秒。幼儿安全疏散到操场后，总结演习活动，向幼儿讲解消防知识与自救常识，示范用毛巾捂住口鼻，弯腰沿着墙壁逃生的方法，教幼儿拨打火警电话。师幼 297 人参加演习。

（贾静嫣）

北京市西城区三教寺幼儿园

【概况】　2013 年，北京市西城区三教寺幼儿园为教育部门办园类别，为日托制。占地面积 5174 平方米，校舍建筑面积 5155 平方米。全年教育经费投入 55 万元，均为国家拨款。固定资产总值 403.98 万元。图书室藏书 0.38 万册。拥有“完美小厨房”、音乐教室和幼儿美术工作室等专用教室 5 个，普通教室 22 个。教室内设有一体机、实物展台和幼儿玩教具柜等教学设施。拥有计算机 48 台。学校信息化经费投入 28 万元，校园网出口总带宽 750Mbps，数字资源量 1820GB。教职工 48 人，其中，教师 33 人，均为专科及以上学历，包括中级及以上职称 29 人；保健员 2 人，均为专科及以上学历、中级及以上职称。开设教学班 11 个，其中，小班 4 个、中班 4 个、大班 3 个。幼儿入园 126 人、离园 87 人、在园 363 人。网址：1279.tuxing2010.com。

（于晓琳）

【举办京剧进校园活动】　5 月 30 日，

三教寺幼儿园与国家京剧院联合举办“京剧进校园、国粹沐童心”儿童节演出活动。演出《小放牛》《买水》和《红灯记》等经典选段，幼儿及家长共同参与演出，体验国粹艺术魅力。

（于晓琳）

【确定幼儿园“吉祥物”】　6 月，三教寺幼儿园确定“吉祥物”。该园以大象和小鸟形象作为“吉祥物”，并据此设计新的园服；为“吉祥物”起名，命名为“大凡、小非”，大象象征着温暖、善良、广大、有力，小鸟象征着和平、美好、自由、快乐，蕴含该园的“和合”文化。

（于晓琳）

【成立家长委员会】　10 月，三教寺幼儿园家长委员会正式成立。家长委员会下设宣传组、后勤组、活动组，成员由 12 名家长代表组成。至年底，家长委员会参与该园“家委会展板宣传”制作、“南瓜灯大集合”和“迎新年亲子游园会”等多项活动，成为家长与幼儿园间的桥梁和纽带，密切幼儿园与家庭、社会的关系。

（于晓琳　孙秋）

【举办多场育儿讲座】　至年底，三教寺幼儿园举办多场家长科学育儿讲座。该园邀请专家举办早期阅读、通向数学、儿童流行性疾病预防、幼小衔接等专题讲座，帮助家长更加科学地育儿，做好家园共育，促进幼儿健康成长。家长 398 人次参加活动。

（于晓琳）

北京市朝阳区西坝河第一幼儿园

【概况】　2013 年，北京市朝阳区西坝河第一幼儿园为教育部门办园类别，为日托制。占地面积 6496.54 平方米，校舍建筑面积 5092.61 平方米。固定资产总值 894.12 万元。全年教育经费投入 1474.21 万元，其中，国家拨款 1095.52 万元、自筹经费 378.69 万元。拥有幼儿音体教室、CPM（玩具图书馆）、幼儿图书馆等专用教室，普通教室 19 个。教室内设有计算机、液晶电视等教学设施。教职工 79 人，其中，教师 70 人，包括专科及以上学历 74 人、中级及以上职称 27 人；保健员 4 人。开设教学班 18 个，其中，蒙班 2 个、小班 6 个、中班 6 个、大班 4 个。幼儿入园

147 人、离园 109 人、在园 474 人。

（裘伟）

【举办教师绘画比赛】　5 月，西坝河一幼举办教师绘画比赛。比赛分为水墨组、水粉组、线条画组、油画棒组，54 名教师报名参赛，该园高级职称教师担任评委，采取不记名投票方式，每组评选出前 3 名作品进入复赛。园长、保教主任教研组长对进入复赛的作品不记名打分，评出前 3 名参加区级比赛。

（裘伟）

【开展幼儿社会实践活动】　9月22日，

西坝河一幼组织中大班幼儿到大兴农场社会实践。幼儿在教师带领下挖白薯、刨花生，自己动手采摘，了解白薯、花生的生长环境，体验农民的辛苦，提高节约粮食的意识。

（裘伟）

【组织主题演讲活动】　10 月 16 日，西坝河一幼组织“让生命更精彩，感悟习惯与收获”主题演讲活动。教师 60 人参加演讲，园长及保教、教科研干部组成评审小组，根据参赛者表现打分，选取前 3 名为获胜者并表彰。

（裘伟）

【开展早教活动】　10 月，西坝河一幼与社区联合举办早期教育知识讲座。该园教师向家长讲解开展亲子阅读相关知识，帮助家长树立正确的教育观，为幼儿入园打下基础。家长 50 人参加活动。

（裘伟）

北京市朝阳区和平街幼儿园

【概况】　2013 年，北京市朝阳区和平街幼儿园为教育部门办园类别，为日托制。分南园和北园两地办学，园所占地面积 4773 平方米，校舍建筑面积 3108 平方米。固定资产总值 1235.34 万元。全年教育经费投入 853.96 万元，其中，国家拨款 605.74 万元、自筹经费 248.22 万元。拥有普通教室 11 个，配有台式计算机、笔记本电脑和数码照相机等教学设备。教职工 55 人，其中，教师 49 人，包括专科及以上学历 47 人、中级及以上专业技术职务 22 人；保健医 3 人，包括专科及以上学历 2 人。开设教学班 11 个，其中，小班 4 个、中班 4 个、大班 3 个。幼儿入园 144 人、离园 64 人、在园 356 人。网址：www.hpjbaby.com.cn。

（刘婧）

【组织教师绘画技能基本功比赛】　5

月 13 日，和平街幼儿园组织教师绘画基本功技能比赛。比赛前，该园多次邀请美术专业教师培训教师水墨画、线描画、水粉画基本功。教师 21 人参加比赛，评出一等 3 人、二等奖 5 人、三等奖 13 人。

（刘婧）

【召开家委会会议】　9 月 18 日，和平街幼儿园召开家长委员会会议。会议介绍园所主要工作，讲解需要家长配合的工作；向家长解读《3～6 岁儿童学习与发展指南》主要内容；发放园所宣传册和《和平街幼儿园文化建设画册》。

（刘婧）

【举办“绘生活”教师画展】　12 月 20 日，和平街幼儿园“绘生活”教师画展在 798 景风画廊开幕。展览围绕“体验成功、收获自信”主题，共展出 52 名教师的 67 件作品，其中，油画作品 26 幅、国画作品 24 幅、陶艺作品 17 件，题材涉及风景、人物、景物、花鸟等。展览期间举办画展义卖活动，筹得善款 19200 元，资助 16 名贫困地区女童读书。该园家长及幼儿 200 人参加活动。

（刘婧）

北京市朝阳区水碓北里幼儿园

【概况】　2013 年，北京市朝阳区水碓北里幼儿园为教育部门办园类别，为日托制。园所占地面积 2648.89 平方米，建筑面积 2261.13 平方米。固定资产总值 439.06 万元。全年教育经费投入 915.73 万元，其中，国家拨款 737.63 万元、自筹经费 178.10 万元。设有局域网络与监控系统，有幼儿阅览室、音体室和美工教室等专用教室。教室内配有计算机、投影仪和录音机等教学设备，室外有大、中、小型活动器械。教职工 46 人，其中，专任教师 40 人，包括小学高级职称教师 19 人；保健员 2 人，保育员 1 人。开设教学班 10 个，其中，小班 4 个、中班 3 个、大班 3 个。幼儿入园 97 人、离园 90 人、在园 224 人。

（肖佳月）

【开展儿童学习发展指南学习】　5 至 12 月，水碓北里幼儿园组织全体教师学习《3～6 岁儿童学习与发展指南》。该园通过教师自学、主任讲授、教师互动、实际操作等形式，让教师在日常教育教学活动中，从各年龄段幼儿的特点出发，围绕指南中对幼儿各方面的合理期望设计游戏活动，运用合理有效的教育途径和方法，更好地促进 3～6 岁儿童的学习与发展。

（李渊）

【组织“我的教育梦”宣讲活动】　6

月 9 日，水碓北里幼儿园组织“我的教育梦”主题宣讲活动。该园青年教师 30 人从个人成长、专业成长等角度围绕“梦从这里开始，也在这里实现”“我不能生活在平庸之中，我梦想展翅飞翔”和“我要把梦寄托在孩子身上”等题目演讲，展示青年教师

勇于奉献自我、热爱幼儿教育事业、追求卓越发展的个人志向和职业成长动力，将中国梦与个人工作及成长统一起来。

（王桂荣）

【完善管理制度】 6月，水碓北里幼儿园完善管理制度。该园重新修订原有制度，制定部分新制度，使管理制定更为细化、明确，分为依法办学管理制度、行政管理制度、保教管理制度、幼儿管理制度、文化宣传制度、提案征集处理制度、纪检监察制度、工会制度、各岗位人员工作常规等。

（李渊）

北京师范大学实验幼儿园

【概况】 2013年，北京师范大学实验幼儿园为教育部门办园类别，日托制和寄宿制兼收。设有4个分园，分五址办学，总占地面积2.74万平方米，其中，本园8595平方米、牡丹分园5250平方米、望京分园3461平方米、奥林分园3010平方米、西苑分园7127平方米；建筑总面积2.21万平方米，其中，本园6613平方米、牡丹分园3560平方米、望京分园3880平方米、奥林分园3583平方米、西苑分园4510平方米。藏书2.90万册。固定资产总值2126万元，其中，新增419万元。全年教育经费投入4254万元，其中，国家拨款2701万元、自筹经费1553万元。园内设有多功能厅、音乐教室和美术教室等专业教室，设有幼儿图书借阅室、教师借阅室，各班级配备电教设备。教职工410人，其中，专任教师201人、高级保育员4人、保健员16人。教师中包括硕士研究生学历25人、本科学历81人、专科学历95人，小学高级职称32人。开设教学班67个，其中，婴班4个、小班14个、中班14个、大班10个、混龄班25个（包括全托班12个）。幼儿入园587人、离园811人、在园1949人。中文网址：child. bnu. edu. cn，英文网址：bnuk. english. bnu. edu. cn。

（丁乐）

【组织废旧材料制作活动】 3月26日，奥林分园组织废旧材料制作活动。该园以“纸箱变变变”为主题，鼓励幼儿开动脑筋、大胆想象，在教师指导下利用废旧纸箱制作创意作品，共创作“公共汽车”“少年派的船”“擎天柱”“机器人”等24件作品。分园12个班级的幼儿332人参与活动，每个班级推选代表作品2件参加全园展览。

（李灵子）

【举办第五届阅读节】 4至5月，北

师大实验幼儿园举办第五届阅读节。阅读节以“打造书香校园”为主题，帮助幼儿养成良好的阅读习惯，倡导亲子、师幼、同伴牵手阅读，采取全园、年级组、班级等多种组织形式，包括经典图画书推荐、经典童话剧展演、阅读节师生同乐会、阅读节自主活动日、“园丁故事屋”“阅读工作吧”及针对教师及家长的讲座和培训活动。全园师幼、家长5000人次参加活动。北师大实验幼儿园阅读节自2009年开始举办，每年举办一次，每次持续一个月左右。

（丁乐）

【组织环境展示与观摩研讨活动】 10月29至31日和11月4日，北师大实验幼儿园组织开展“以儿童为本”环境展示与观摩研讨活动。该园领导、各分园执行园长、保教主任、教研员和市区级骨干教师20人组成督导组，参观牡丹分园、望京分园、奥林分园和校本部园公共环境，并采取随机抽取的方式，对各园班级主题墙、区域环境、作品栏等环境细致观摩；听取执行园长介绍教育环境创设总体思路和特色，提出改进建议。4所分园教师150人参加活动。

（丁乐）

【出版园本书籍4本】 至年底，北师大实验幼儿园出版4本园本书籍。均由北京师范大学出版社出版，其中，《保育员工作指南》为保育员工作指导用书，全书13万字，用案例、图片、图表等形式介绍幼儿园保育员工作；《幼儿园主题教育活动精选》共计33.50万字，从婴小班、中大班、混龄班主题教育活动组织与实施入手，介绍该园41个精选主题教学活动案例，每一主题案例后附评析；《幼儿离园纪念册》和《幼儿入园纪念册》各为3.75万字，反映幼儿个体在幼儿园阶段的成长变化，同时突出幼儿与幼儿园、与教师、与伙伴的亲密关系，以帮助幼儿体验自己长大的自豪，感受来自父母、教师及伙伴的关爱，懂得感恩。

（丁乐）

北京明天幼稚集团

【概况】 2013年，北京明天幼稚集团为教育部门办园类别，为日托制。占地面积65740平方米，校舍建筑面积56737平方米。固定资产总值12797万元。全年教育经费投入16783万元。拥有互动教室、音乐教室和特色教室等专用教室41个，普通教室158个。教室内设有电子白板、计算机和电视等教学设施。教职工549人，其中，教师372人，包括研究生学历8人、本科学历283人、专科学历94人、中学高级职称3人、小学高级职称185人；保育员56人；保健医24人。开设教学班160个，其中，小班68个、中班50个、大班42个。幼儿入园1508人、离园1012人、在园5049人。网址：www. mtyzjt. com. cn。

（杨吉）

【接待外区同行来访】 7月10日和11月5日，明天幼稚集团分别接待西城区幼儿卫生保健医和大兴区科研干部来访。集团九幼向西城区幼儿卫生保健医介绍卫生保健工作，带领参观卫生保健资料宣传栏，西城区幼儿园保健医20人参加观摩活动。集团接待大兴区科研干部11人考察学习，听取集团一幼园所教科研工作开展情况及园本教研措施介绍，带领参观园所整体环境和班级环境；双方研讨如何建设教科研队伍、激励教师参与教

科研工作、展示教科研成果等问题。

（卢红　刘光洪）

【9所分园通过市级示范园验收】 7月18日，市教委公布第八批北京市示范幼儿园名单，明天幼稚集团所属9所幼儿园及其分园入选。至此，明天幼稚集团下属21所幼儿园全部为市级示范幼儿园。4月18日至7月4日，由市教委领导、幼教专家16人组成验收小组，分别对集团二幼、三幼、四幼、五幼、六幼、七幼、八幼、九幼和十幼开展市级示范园验收和评审，听取各园工作汇报，评估各分园硬件设施，观摩半日活动，观看户外体育游戏；查阅文字资料和教育成果。验收组认为集团各园管理规范，对保教、管理、卫生保健等工作给予较高评价，肯定幼儿园成绩。

（刘翠红）

【培训全区业务园长】 10月30日，明天幼稚集团承担首届海淀区业务园长培训工作。培训由区教委和教师进修学校主办，培训内容涉及信息化与课程整合等，采取理论讲座、实地观摩、分组研讨等形式。来自30所幼儿园的业务园长32人参加培训。2011年6月，明天幼稚集团被区教委认定为学前教育干部教师培训基地。

（刘光洪）

【召开保育工作观摩研讨会】 11月19日，明天幼稚集团召开保育工作观摩研讨会。研讨会由集团健康管理部主办，围绕“保育工作常规”主题，观摩二幼大中小班保育工作常规及卫生保健资料管理，就保教工作常规、室内物品摆放、运动中的保育等问题研讨交流。来自集团各园保健主任及保育组长40人参加活动。

（卢红）

北京市海淀区四季青镇常青幼儿园

【概况】 2013年，北京市海淀区四季青镇常青幼儿园为教育部门办园类别，为日托制。占地7500平方米，建筑面积6400平方米。藏书19428册，各类玩具12890件，有爬龙、荡桥、攀岩等大型户外玩具以及组合玩具4件。园内建有形体室、科学室和图书室等专用教室6个，配有演出设备和投影仪等教学设施。全园共有监控探点180个，实现电子监控全覆盖。教职工96人，其中，专任教师56人、保育员15人。专任教师中大专及以上学历48人，小学高级专业技术职务1人；保育员取得中级专业技术职务证书10人。开设教学班15个，其中，托班1个、小班6个、中班5个、大班3个。幼儿入园181人、离园163人、在园523人。

（韩玉兰）

【编印《研究反思提升》】 2月1日，常青幼儿园编印园本研究成果《研究反思提升》。该书为内部印刷，全书10万字，彩色插图114幅，分为管理篇、教学篇、保育篇三部分，展现幼儿园办园理念、文化特色，为管理者、教师提供园所管理、园本教研交流与分享平台。

（韩玉兰）

【组织办园特色观摩活动】 6月6至

7日，常青幼儿园组织“自然环境育人”办园特色观摩活动。该园结合教育资源现状，从幼儿兴趣出发，在场地有限情况下对阳台环境、种植园地加以改造和利用，为幼儿提供观察、欣赏、操作、探究的自然环境，实现幼儿自主建构知识的成长过程。该园园长、保教主任和保育员15人、教师20人参加观摩活动。

（韩玉兰）

【实现电子监控全覆盖】 7月，常青幼儿园实现电子监控全覆盖。该园共投资86万元，为15个班级、5个专业教室、3个办公室及办公区域和演出厅等场所安装180个探点，实现电子监控全覆盖。

（韩玉兰）

【评选标兵20人】 9月10日，常青幼儿园评选20名标兵。评选分为“师德标兵”和“服务标兵”两类，以服务对象满意率85%以上为标准，采取无记名投票并超半数方式，96名教职工参加评选，最终评出“师德标兵”15人、“服务标兵”5人。

（韩玉兰）

北京市丰台区第一幼儿园

【概况】 2013年，北京市丰台区第一幼儿园为教育部门办园类别，为日托制。占地面积16248平方米，校舍建筑面积9866平方米。固定资产总值1103万元。全年教育经费投入1929万元，均为国家拨款。园内拥有美术创意教室、音乐室和绘本图书馆等专用教室14个，普通教室34个。教室内设有电视、计算机和钢琴等教学设施。教职工104人，其中，教师74人，包括专科及以上学历62人、中级及以上职称33人；保健员5人，均为专科及以上学历，其中，中级及以上职称4人。开设教学班34个，其中，小班13个、中班11个、大班10个。幼儿入园355人、离园285人、在园1045人。网址：www.ftly.cn。

（赵秀敏）

【组织“交通安全进校园”活动】 4月22日，丰台一幼与市公安局丰台交通支队携手举办“交通安全进校园”主题活动。活动分为知识竞赛、交通法规宣传、交通情境指导三部分，北京交通形象大使与幼儿互动，点评交通知识竞赛，指导幼儿学习、辨认交通指挥手势。该园大班幼儿160人参与活动。

（赵秀敏）

【开展主题展示活动】 6月27日，丰台

一幼开展“七彩童年，美在发梢”主题展示活动。班级教师每天为1～2个幼儿设计发型，留存照片制作班级发型图册，促进教师学习、设计不同发型，培养幼儿欣赏美、感受美、创造美的能力。

（赵秀敏）

【与密云三幼签订“手拉手”协议】 9月11日，丰台一幼与密云县第三幼儿园签订“手拉手”合作协议。根据协议，两园共同开展保教工作指导、教育科研和教研经验交流分享、干部挂职锻炼、教师跟班实践、导师带教、送教上门等工作，达到优势互补、资源共享的目的，发挥丰台一幼的示范辐射作用，共同提高办园质量、干部管理水平、教师专业素质和教育实践能力。协议期5年。

（赵秀敏）

【召开办学实践研讨会】 10月23日，丰台一幼召开办学实践研讨会。会议分成课程展示、成果展示、主题报告三个部分，展示“七乐”课程和教科研成果，该园园长作《参天红杉滋养七彩儿童绽放》主题报告，介绍丰台一幼办园特色，与会专家点评展示课。市教委、区教委相关领导，北京市部分幼儿园园长、中小学校长，部分省市幼儿园园长代表共400人参加会议。

（赵秀敏）

北京市丰台区方庄第三幼儿园

【概况】 2013年，北京市丰台区方庄第三幼儿园为教育部门办园类别，为日托制。占地面积6999平方米，校舍建筑面积5093平方米。固定资产总值1061.20万元。全年教育经费投入870万元，均为国家拨款。拥有美术、舞蹈和图书等专用教室7个，普通教室18个。教室内设有投影仪、计算机、白板等教学设施。教职工64人，其中，教师52人，包括专科及以上学历46人、中级专业技术职务20人、市级骨干教师1人；保健员3人，均为专科及以上学历、中级专业技术职务。开设教学班18个，其中，小班6个、中班7个、大班5个。幼儿入园180人、离园151人、在园548人。

（刘毓）

【开展开放式课题研究】 1月，方庄

三幼开展开放式课题研究。该园依据《3～6岁儿童学习与发展指南》和《幼儿园教育指导纲要》要求，尊重儿童年龄特点，注重儿童直接经验的获得，创设18个主题实验室，引领幼儿主动探索学习，打破班级界限、以大代小，实现儿童富有个性的全面发展。在课程建构中，打造开放式班级教育环境，体现开放式课程、体验式学习、经验分享与获得；打造开放式的幼儿园教育环境，设置专题性开放活动和主体开放性活动。该园师幼550余人参与活动。

（刘毓）

【举办北京市课题观摩研讨活动】 11月5日，方庄三幼开展北京市教育科学规划“十二五”重点课题“现代信息技术与幼儿园数学教育整合策略的研究”课题观摩研讨活动。活动听取小、中、大班观摩课，北京教育网络和信息中心人员6人进行点评，在课题研究方面提出三点建议，分别是如何使用并开发白板其他功能、如何做好课件解决游戏中难点环节、更好的为教育对象服务的几点思考。该园教师30人参加活动。

（刘毓）

【组织园本培训】 12月5日，方庄三幼组织园本教研培训。该培训以婴儿期到幼儿园阶段的幼儿早期发展评价为出发点，讲解如何使用《儿童发展评价量表》，从学习态度、社会和情绪发展、健康、语言等八个方面引领教师作为观察者、指导者、评价者，有针对性的、客观有效地对幼儿做出发展评价。该园教师45人参加培训。

（刘毓）

中国人民解放军总后勤部六一幼儿园

【概况】 2013年，中国人民解放军总后勤部六一幼儿园为一级一类示范园，为日托制。占地面积2.40万平方米，建筑面积1.10万平方米。幼儿图书1.51万册，教师用书5000册，固定资产总值1043.58万元。全年教育经费投入1218.60万元，其中，国家拨款1110万元、自筹经费108.60万元。园内建有幼儿礼堂、幼儿活动室和音体室等配套用房。教室内设有钢琴、电视和移动黑板等教学设施。教职工108人，其中，专任教师52人，均为大专及以上学历，包括中学高级职称2人、幼儿园高级职称27人；保育员23人，包括高级保育员4人。开设教学班20个，其中，小班8个、中班7个、大班5个。幼儿入园204人、离园189人、在园611人。

（张京）

【举办青年教师说课活动】 4月，总后六一幼儿园举办“新星杯”青年教师说课活动。青年教师自行设计教学活动以说课的形式展现，并结合多媒体教学手段，运用语言、神态、肢体动作等表征方法综合展现教学活动目标、内容及过程，其中，数学活动“小熊过生日”、美术活动“小花伞”、体育活动“身体大变身”等5个活动在内容选择、目标制定和指导策略上较为突出，获得好评。该园青年教师21人参加活动。

（张京）

【组织园际数学教学录像评比】 6月，总后六一幼儿园组织园际数学教学录像评比活动。该活动运用教学录像的手段展现数学教学活动。该园教师以班级为单位，上下午主班教师互相观摩并录制活动，采用各班组评议、中层保教干事评议、园领导评议的方式逐级筛选出“好玩的夹子”“瓢虫宝宝找妈妈”“小图形大智慧”3个活动参加总后勤部指挥学院幼儿园、总后军事医学科学院幼儿园等9所军队园间的数学教学录像评比活动。该园邀请8所幼儿园的园长担任评委，利用3天时间，对30个教学活动进行评议，评出特等奖3个、一

等奖 5 个、二等奖 10 个。

（张 京）

【组织园所卫生主题活动】 11 至 12 月，总后六一幼儿园举办“美丽六一，卫生先行”活动。活动以创设优美、整洁、温馨的园所环境为宗旨，在全园启动“美丽六一，卫生先行”活动，教学部、后勤部协同卫生保健室共同制定卫生检查标准量表，对 20 名青年保育员进行洗毛巾、叠被子等劳动技能培训；检查园所室内外卫生，查找问题，及时整改，园所整体环境卫生有明显改观。活动评选出 10 个卫生流动红旗班组。该园教职工 107 人参加活动。

（张 京）

【举办汇操评比展示活动】 12月，总后六一幼儿园举办汇操评比展示活动。活动以促进该园教师创编幼儿体操能力为宗旨，以提高幼儿身体协调性为目标，共创编出幼儿徒手操、轻器械操、韵律操、模仿操等 20 个操节。创编操注重把握幼儿年龄特点和动作发展水平，满足全体幼儿参与需要，该园 600 余名幼儿在“庆新年联欢会”上向家长表演展示创编操。该园教师 40 人参加创编操活动。

（张 京）

北京市石景山区幼儿园

【概况】 2013 年，北京市石景山区幼儿园为教育部门办园类别，为日托制。占地面积 3093 平方米，建筑面积 2051 平方米。全年教育经费投入 489.74 万元，其中，国家拨款 413.49 万元、自筹经费 76.25 万元。固定资产总值 423.16 万元。图书室藏书 0.30 万册。普通教室 8 个、科学专用教室 1 个、计算机 30 台，数字资源量 1200GB。教职工 41 人，其中，专任教师 31 人，包括专科及以上学历 30 人、中级及以上职称 13 人、市级骨干教师 2 人；保健员 2 人，包括专科及以上学历 1 人、中级及以上职称 1 人。开设教学班 8 个，其中，小班 3 个、中班 3 个、大班 2 个。幼儿入园 67 人、离园 38 人、在园 250 人。网址：1y. sjsedu. cn。

（齐政珂）

【举办“创新杯”教学评优活动】 4 月 24 日至 5 月 3 日，石景山区幼儿园举办第五届“创新杯”教学评优活动。教师 21 人参与评比，评出一等奖社会活动课《节约用水》，二等奖社会活动课《学会合作》、语言活动课《锅碗瓢盆进行曲》，三等奖美术活动课《泡泡印花纸》《制作披萨》《美丽的花瓶》。

（齐政珂）

【研讨科学活动教学】 5 月 7 日，石景山区幼儿园承办石景山区“学前绿色活动课程科学领域”小组现场研讨活动。活动观摩该园大班科学活动《筛筛乐》教学过程，交流深化活动课程科学教学研究的经验与体会。该区幼教工作者 30 人参加活动。

（齐政珂）

【考核青年教师基本功】 5 月 23 日，石景山区幼儿园考核青年教师基本功。考核内容为青年教师技能技巧之“边弹边唱”，抽签确定边弹边唱曲目，以“弹奏流畅、伴奏和谐优美、旋律节奏准确、发音准确清晰、演唱气息流畅”为标准做出综合评价，青年教师 15 人全部通过考核。

（齐政珂）

北京师范大学石景山附属幼儿园

【概况】 2013 年，北京师范大学石景山附属幼儿园为教育部门办园类别，为日托制。占地面积 8531 平方米，建筑面积 7332 平方米。固定资产总值 399.41 万元。图书室藏书 0.12 万册。全年教育经费投入 322.07 万元，其中，国家拨款 233.01 万元、自筹经费 89.06 万元。拥有音乐、美术和信息技术等专用教室 4 个，普通教室 14 个。多媒体教室座位 230 个，计算机 38 台。教职工 30 人，其中，专任教师 27 人，包括专科学历 8 人、本科学历 11 人、研究生学历 4 人、幼教高级职称 1 人、中学高级职称 1 人；保健员 2 人，均为本科学历。开设教学班 8 个，其中，小班 6 个、中班 2 个。在园幼儿 227 人。

（王逢利）

【正式开园】 6月17日，北师大石景山幼儿园正式开园。首届教职工大会采用举手表决形式通过“为孩子一生健康、快乐、幸福奠基”的办园宗旨，全票通过《北京师范大学石景山附属幼儿园管理制度》和《北京师范大学石景山附属幼儿园教职工绩效工资实施方案》。该园是石景山区教委为进一步扩大公办优质教育资源，落实《石景山区学前教育三年行动计划》，有效缓解小区入园难、入园贵的重大举措，是石景山区教委所属的公办幼儿园，为全日制公办学前教育机构。幼儿园位于石景山杨庄北地区，建设工程项目于 2010 年正式动工，2011 年被列入石景山区十项重点工程，2012 年底基本完工，总投资达 1943 万元，设计规模为 14 个教学班。9 月，该园迎来首批入学幼儿。

（王逢利）

【组织园本培训】 8 至 9 月，北师大石景山幼儿园组织《快乐与发展课程》园本培训。全体教师学习各年龄班课程目标和教学要求，把握幼儿教育、各年龄段幼儿学习与发展特点，更好的实施各年龄段教育教学活动。

（王逢利）

【举办保育工作比赛】　9至12月，北师大石景山幼儿园举办第一届“烛光杯”保育工作比赛。竞赛项目为“早入园、早餐组织环节”“盥洗、喝奶组织环节”和“午睡起床、午点组织环节”，小四班、小一班、小二班分别获得以上三个项目的第一名。

（王逢利）

【开展师德教育活动】　10至12月，北师大石景山幼儿园举办“爱的梦”师德教育活动。活动包括师德理念、承诺宣誓、师德故事、师德人物等系列活动，组织教师学习相关法律法规及全国教书育人楷模先进事迹；全体教职工参加师德宣誓仪式并签订师德承诺书；举办师德故事演讲比赛，评出一等奖2人。

（王逢利）

【《阅读四季》创刊】　10至12月，北师大石景山幼儿园《阅读四季》创刊。该刊为季刊，包括刊首语、快乐发展、好书推荐、家园共育、成长瞬间、健康直通车六个栏目。每期印刷300册。

（王逢利）

北京市门头沟区 城子幼儿园

【概况】　2013年，北京市门头沟区城子幼儿园为教育部门办园类别，为日托制。占地面积4989平方米，校舍建筑面积3031.10平方米。图书4000册，固定资产总值48万元。全年教育经费投入7399.27万元。拥有音体室、美劳室和电子图书室等专用教室5个，普通教室9个。教室内设有互动电视和投影仪等教学实施；大中型玩具100多种、小型玩具300多种。教职工40人，其中，教师27人，包括本科学历8人、专科学历13人、小学高级教师16人。开设教学班10个，其中，小班5个、中班4个、大班1个。幼儿入园130人、离园100人、在园253人。

（贾文红）

【迁新址办园】　3月1日，城子幼儿园迁到龙门新区办园。在石景山区建设现代化新城背景下，该园迁址办园，新园占地面积4898平方米，建筑面积3031.10平方米，教师利用各种材料设计“娃娃家”“表演区”等活动区域，为幼儿营造快乐而自主的学习与成长空间。

（曹洁）

【组织专题学习】　3月，城子幼儿园组织《3～6岁儿童学习与发展指南》专题学习。该园给教师配备《3～6岁儿童学习与发展指南》，利用每周二业务学习时间集体学习，交流工作中遇到的实际问题，并通过考试形式了解教师学习情况。

（谭霄羽）

【举办“家长进课堂”活动】　4月18日，城子幼儿园举办“家长进课堂”活动。该园邀请从事医生、教师、零售、警察等职业的家长走进课堂，把所在岗位的相关工作经验，用生动有趣的形式展现在幼儿面前，促进家园共育工作。

（岳春清）

北京市房山区 良乡第二幼儿园

【概况】　2013年，北京市房山区良乡第二幼儿园为教育部门办园类别，为全日制。园所占地面积5602平方米，建筑面积3902平方米。拥有图书2296册、玩教具285种，固定资产总值238.50万元。全年教育经费投入726.90万元，均为国家拨款。设有局域网络与电子监控系统，有亲子活动室、多功能厅等专业教室，设有家长氧吧（家长阅览室），配有幼儿活动室12个、睡眠室12个。活动室内配有计算机、电子白板、投影仪等设备，室外设有大、中、小型活动器械112种。教职工61人，其中，专任教师57人、保健医2人。全园大专学历教师52人，大学本科及以上学历26人，中学高级教师1人，幼儿园高级教师19人。开设教学班12个，其中，小班4个、中班5个、大班3个。幼儿入园140人、离园120人、在园460人。网址：liangxiangeryou2011.ankang06.org。

（史玉臣）

【举办师德教育活动】　9月1日至12月30日，良乡二幼开展“爱岗敬业、潜心育人”师德教育活动。该园举办“践行时代精神，争当人民满意好教师”征文，收到征文61篇，从中选取14篇开展“修身立德育苗圃、同心共筑中国梦”师德演讲。举办“最美教师”评选活动，候选人由家长及教师推荐、领导提名方式产生，候选人事迹在全园宣传，由家长、教职工投票选出“最美教师”5人。

（史玉臣）

【举办幼儿汇操表演】　10月18日，良乡二幼举办“健康运动快乐成长”幼儿汇操表演。汇演按年龄段分三个部分：小班组幼儿身着红色运动装，在教师带领下做多套幼儿模仿操；中班幼儿分班级身着红或黄色运动服，表演第二套全国幼儿广播体操、武术操及教师自编的彩带操；大班幼儿表演幼儿广播体操、武术操及创编操。该园聘请15名家长担任评委为各班级打分，评选出最佳动作奖、最美宝宝奖、最佳表演奖等12个奖项。

（史玉臣）

【加强保育工作】　10月，良乡二幼加强保育工作。一是提高重点区域卫生清洁技能，组织保育员观摩水房、厕所便池、墩布池的清洁工作，介绍工作流程及经验技巧。二是开展保育员儿歌改编与创编活动，开展儿歌改编与创编培训，收集儿歌改编与创编作品编辑成册，在全园推广应用。三是开展“秋季幼儿户外活动护理”专项研究，提升保育护理技能，减少幼儿疾病的发生率。

（史玉臣）

【开展幼儿戏剧表演游戏研究】　至年

底，良乡二幼开展幼儿戏剧表演游戏研究。该园依托承担的北京市教育科学研究课题“幼儿戏剧表演游戏的特点与指导策略的研究”，将教研与科研一体化，开展四项工作。一是研究教师在幼儿戏剧表演游戏中的困惑，通过问卷调查发现教师急需了解各年龄段幼儿教育的特点、目标以及指导策略，组织学习《幼儿园教育指导纲要》中关于戏剧表演方面的相关内容，并分年龄组讨论幼儿年龄特点和教育目标。二是采用体验式教研活动模式，组织教师参与戏剧排练过程，设计相应的图表帮助教师梳理经验。三是每月末在国旗下教育时间开展戏剧表演周实践活动，各班戏剧表演活动在区域中得到有序的指导，幼儿表现能力大幅提高。四是开展“童心童话——环保秀”教师戏剧表演服装设计制作比赛，提高教师戏剧表演道具制作水平与技巧。

（史玉臣）

北京市通州区新城东里幼儿园

【概况】 2013年，北京市通州区新城东里幼儿园为全日制幼儿园，园所占地4712平方米（包括分园1919平方米），建筑面积3213平方米（包括分园1361平方米）。图书1896册，其中，电子图书50册。玩教具100余种，固定资产总值353万元。全年教育经费投入1370.80万元，其中，国家拨款1245.20万元、自筹经费125.60万元。园内设有幼儿活动室、盥洗室、睡眠室、资料室、音体室，拥有多媒体、音像、校园广播、视频会议系统、户外攀岩、科技安全防护设备。教职工46人，其中，专任教师34人，包括专科及以上学历23人。开设教学班11个，其中，小班4个、中班4个、大班3个。幼儿入园155人、离园131人、在园460人。

（史新杰）

【组织班长经验交流】 4月2日，新城东里幼儿园组织“班长的魅力”经验交流活动。各班班长梳理带班管理情况，交流班组成员管理、班级安全和家长工作等内容，研讨如何与家长合理沟通交流，统一家园共育认识。该园11名班长教师及园领导参加活动。该园试行班长制度，班长由区、园级骨干教师担任，主要负责班级教育、保育教师工作统筹，制定组织班级“一日生活活动”计划实施和落实家园共建工作。

（史新杰）

【举办家长伙食花样品尝活动】 5月

20日，新城东里幼儿园举办家长伙食花样品尝活动。食物以幼儿日常主食和水果为主，包括特色面食，蔬菜类、肉类特色菜品，樱桃、帝王蕉等水果，采取自助餐式品尝。家长76人给予满意评价，并提出适当安排粗粮食品和低脂肪菜肴等4条建议。该园家长100人参加活动。

（史新杰）

【开展传染病防控月活动】 10月，新城东里幼儿园开展秋季传染病防控月活动。该活动包括宣传橱窗展示防控知识，向每名幼儿发放宣传页，组织家长会宣讲传染病防控知识；组织全体教师参加传染病防控培训，邀请区卫生局对幼儿园秋季传染病防控工作进行检查指导；强化晨、午检工作，做到早预防，早发现，早处理；每日督导消毒工作，不留死角。

（史新杰）

【组织保育工作教研】 11月1日，新城东里幼儿园组织“三步走”保育员工作流程教研会。其中，一步看：通过观摩该园高级保育员的工作流程录像，反复观察细节，完善每个工作流程。二步议：园所全体保育员在教研中发表观摩见解。三步完善：形成《东里幼儿园保育员工作流程》，将保育员工作流程具体化到规章制度上，促进保育员工作的正规性和安全性。

（史新杰）

北京市顺义区宏城幼儿园

【概况】 2013年，北京市顺义区宏城幼儿园为教育部门办园类别，为日托制。园所占地面积4726平方米，校舍建筑面积3687平方米。固定资产总值1913万元。全年教育经费投入662.50万元，均为国家拨款。设有电子监控系统，拥有图书资料室和亲子阅览室，配有计算机、摄录像机等现代化教学设备，教室内设有电子琴、录音机和图书架等教学设施。室外设有攀岩墙，大、中、小型活动器械。教职工62人，其中，教师48人，包括大学本科及以上学历31人、大学专科学历16人、中级职务28人、北京市骨干教师1人、区级学科带头人1人；专兼职保健员4人，均为大学本科学历，中级职务2人。开设教学班12个，其中，小班3个、中班5个、大班4个。幼儿入园135人、离园140人、在园452人。

（李金平）

【举办“半日评优”活动】 4月，宏城幼儿园举办“半日评优”活动。活动分为两个阶段，一是由园领导、教研组长、科研负责人组成评价组对参评活动进行评价，二是优秀活动展评，对第一阶段评出的优秀活动现场观摩、研讨。此次评优活动关注幼儿一日活动中各环节，落实一日生活皆课程的教育理念，关注保教结合，关注教师活动后的反思。活动过程中，教师认真组织实施，创设游戏化的情景，让幼儿的半日活动体现游戏化、趣味化特点。该园教师24人参加评优，评选出优秀活动9个。

（李金平）

【开展“我能行”主题活动】 5月，宏城幼儿园大班开展“我能行”主题活动。教师组织本班幼儿制定日任务表，包括：学会2个好词，安排好课间10分钟，能讲述新闻事件，完成一日锻炼任务，会自己梳洗。在完成日任务基础上，制定周任务表。主题活动需要家长监督完成，目的是增强幼儿任务意识，做好幼小衔接准备。幼儿135人参加活动。

（李金平）

【提高青年教师业务水平】 11月，宏城幼儿园采取“带、导、追”三项措施重点培养年轻教师。一带：发挥骨干教师带动作用，为教师做小、中、大观摩课3节，并进行研讨，抛砖引玉；二导：发挥园长、业务园长和教研组长的指导引领作用，抓住备课、上课、课后反思三个环节，责任到人，对12名年轻教师进行细节指导；三追：园长、业务园长对12名年轻教师进行半日追踪听课，要求年轻教师要针对自己的活动与备课过程对照反思。

（李金平）

【组织冬季锻炼活动】 11至12月，宏城幼儿园组织“享受阳光”冬季锻炼活动。该园加强冬季户外活动的管理，规定各班必须确保幼儿充足的户外锻炼时间，如遇到极端天气不适宜户外活动时，幼儿园统一安排室内舞蹈、操节等活动；各班调整户外游戏活动内容，选择适合冬季锻炼的项目，适当加大跑步运动。为保证活动质量，该园购买一批跳绳、皮球、体操棒等；保健医对教师进行冬季幼儿活动的组织与护理培训；园领导对各班活动情况随时检查。

（李金平）

【突出环境育人功能】 至年底，宏城幼儿园突出环境育人功能。该园以班级美劳区为重点，对各班级美劳区进行再设计，为各班添置不同外形的立体作品摆放架，使各美劳区作品展示由原来的平面向立体过渡。在公共环境的创设过程中，幼儿园以不同年龄班为界限，分别在教学楼一、二、三层展示不同年龄班幼儿作品，展现“以美育人”特色环境，凸显规范性、艺术性、感知性和服务性。

（李金平）

北京市顺义区仁和中心幼儿园

【概况】 2013年，北京市顺义区仁和中心幼儿园为教育部门办园类别，为日托制。占地面积3989平方米，校舍建筑面积2373平方米。固定资产总值12.80万元。全年教育经费投入489万元，均为国家拨款。全年幼儿园信息化经费投入4.40万元，拥有计算机30台，多媒体教室座位112个，校园网出口总带宽100Mbps，数字资源量728GB。拥有音体室、教科研室和阅览室等专用教室3个，普通教室8个。教室内设有交互式电子白板、电视和收录一体机等教学设施。教师37人，均为专科及以上学历，中级及以上职称16人。开设教学班8个，其中，小班3个、中班3个、大班2个。幼儿入园101人、离园82人、在园305人。网址：shunyiren-heyey.ankang06.org。

（屈依蕾）

【举办语言集体教育教学活动】 5月，仁和中心幼儿园组织语言集体教育教学活动。新教师以《穿西装的吹气猪》《聪明的小白》《等明天》等活动为载体，开展“一课三研”活动；园级骨干教师以《小河马的家》《狡猾的狐狸》《鞋子和小鸟》等活动为载体，开展“同课异构”活动；区级骨干教师开展《等明天》《狮子换牙》公开课活动。该园教师23人参加活动。

（屈依蕾）

【制作个性化徽章】 9月2日，仁和中心幼儿园制定个性化徽章。班徽分别是绿色泡泡、红色苹果、金色豆子图案，引导小班幼儿认识班级徽章，帮助幼儿正确区分班级、教师及同伴。徽章有男女宝宝之分，增强幼儿性别意识。

（屈依蕾）

【举办首届幼儿讲故事比赛】 11月

7日，仁和中心幼儿园举办首届幼儿讲故事比赛。经初赛、半决赛、决赛，幼儿30人进入决赛，由家长和教师共同担当评委，《咕咚来了》《不爱理发的奥利弗》《唱歌比赛》获得一等奖。

（屈依蕾）

【开展三种形式教研活动】 12月，仁和中心幼儿园开展三种形式教研活动。一是案例式，通过观看3个年龄班《一颗纽扣》《好玩的玩具》《铃儿响叮当》活动视频，教师集体剖析语言领域目标的制定。二是参与式，教师分为两组，分别以幼儿和观察者的身份参与积木搭建，运用叠高、桥式、塔式等搭建技能搭出“美丽的幼儿园”主题作品，并研讨搭建中的困惑。三是区域联动式，邀请建南、巨泉、李桥幼儿园园长参与语言领域教研，共同研讨语言教学中的运用手段。

（屈依蕾）

北京市顺义区尹家府中心幼儿园

【概况】 2013年，北京市顺义区尹家府幼儿园为教育部门办园类别，为日托制。占地面积14966平方米，校舍建筑面积5425平方米。固定资产总值483万元。全年教育经费投入606.40万元，均为国家拨款。拥有社区亲子活动室、音体活动室和幼儿日托室等专用教室14个，普通教室12个。教室内设有各种桌面玩具、幼儿桌椅、图书和钢琴等教学设施。教职工68人，其中，教师53人，专科及以上学历44人，中级及以上职称18人；保健员2人，其中，专科及以上学历1人、中级及以上职称1人。开设教学班14个，其中，亲子班2个、小班4个、中班4个、大班4个。幼儿入园172人、离园112人、在园446人。

（李艳）

【开展新教师专项培训】 3月20日，尹家府中心幼儿园组织新教师“幼儿体能测试项目”培训。保健医讲解幼儿体能测试项目目标、动作，通过示范动作、模仿动作、现场操作等环节培训，让新教师边听、边训练，掌握测试方法。教师20人参加培训。

（李艳）

【举办武术操培训】 5至7月，尹家

府中心幼儿园举办武术操培训。中大班幼儿分成四组，按照顺序依次培训，培训时间为每周一、三，采用激

励、奖励等方式，让幼儿在游戏中学习武术操动作。

（李艳）

【缓解小班幼儿入园焦虑】　9月，尹家府中心幼儿园采取多种方式缓解小班幼儿入园焦虑。该园召开小班幼儿家长会，介绍幼儿入园常见问题及相应解决办法；邀请家长进入班级与幼儿一起活动两个半日，帮助幼儿熟悉园内及班级的人与环境，幼儿可带喜爱物品入园；及时通过QQ群、班级录像向家长反馈幼儿在园情况。

（李艳）

【组织幼儿技能评比】　12月20日，尹家府中心幼儿园组织幼儿技能评比活动。各年龄班分别开展大班叠被子、中班夹豆子、小班穿脱叠衣服技能比赛，分别评选出一等奖3人、二等奖5人。

（李艳）

北京市昌平区教工幼儿园

【概况】　2013年，北京市昌平区教工幼儿园为教育部门办园类别，为日托制。占地面积4525平方米，校舍建筑面积3060平方米。固定资产总值953万元。全年教育经费投入1720万元，均为国家拨款。拥有美工、玩具图书馆2个专用教室，普通教室17个（本部13个、分部4个）。教室内设有触控一体机、电子琴和多功能录音机等教学设施。教职工84人，其中，教师70人，包括专科及以上学历66人、中级及以上职称29人、北京市骨干教师1人；保健员3人，包括专科及以上学历2人、中级及以上职称2人。开设教学班17个，其中，小班8个、中班5个、大班4个。幼儿入园175人、离园120人、在园170人。网址：www.cpjgyey.com。

（褚小芹）

【举办师幼同乐春季运动会】　4月27日，教工幼儿园举办师幼同乐春季运动会。运动会以“同参与，共快乐”为主题，设幼儿组和教师组。幼儿运动项目以挑战性的运动游戏为主，各班自编班级口号、自制道具、自创运动项目，有蚂蚁运粮、小兔摘苹果和勇士闯关等12个项目。教师运动项目为托球跑、仰卧起坐、跳绳、合作运球4个项目。运动会举行升旗仪式和大班体操表演；幼儿借助各种材料和器械比赛，感受集体游戏的快乐。师幼456人参加活动。

（褚小芹）

【教学楼改扩建工程竣工】　9月1日，教工幼儿园教学楼改扩建工程竣工。该工程拆除原2层教学楼，在原址新建3层教学楼和地下室。其中，地上建筑面积3538平方米、地下建筑面积868平方米，地上三层用于幼儿教育教学，共设12个教学班，可容纳幼儿360人。楼顶为幼儿户外活动场地，地下室为供暖设备、职工餐厅等用房。该工程于2012年8月启动，由市发展改革委投资1700万元建设。

（褚小芹）

【展示青年教师弹唱技能】　10月30至31日，教工幼儿园举办青年教师弹唱技能展示活动。园领导和骨干教师作为评委，评比标准为：弹奏流畅，伴奏和谐3分；音色优美、感染力强2分；按原调弹唱，音准、吐字清晰2分；情感处理到位，富有儿童情趣3分。教师自选儿童歌曲参赛，自弹自唱。22名教师参赛，评出声音优美、富有感染力奖6人，弹奏旋律流畅奖12人，音调准确奖4人。

（褚小芹）

【组织第十届语言艺术节】　12月27

至31日，教工幼儿园举办迎新年庆元旦暨第十届语言艺术节活动。活动分小、中、大三个年龄段，每个年龄段的节目有童话剧、诗歌朗诵、讲故事、歌舞表演等18个，节目内容丰富，充满童趣，表演形式多样。师幼460人参加活动。

（褚小芹）

北京市昌平区工业幼儿园

【概况】　2013年，北京市昌平区工业幼儿园为教育部门办园类别，为日托制。占地面积10041.81平方米，建筑面积8933平方米。固定资产总值1632万元。全年教育经费投入2586万元，均为国家拨款。拥有多功能活动大厅、图书室和备课室等5个专用教室，普通教室15个。教室内设有电子白板、高清触控一体机和钢琴等教学设施。教职工111人，其中，专任教师68人，包括专科及以上学历65人，中级及以上职称28人；保健员3人，均为专科及以上学历，中级职称1人。开设教学班18个，其中，小班7个、中班5个、大班6个。幼儿入园139人、离园219人、在园550人。网址：www.bjcpgyyey.com。

（袁媛）

【组织幼儿走进图书馆】　4月17日，工业幼儿园组织幼儿走进昌平图书馆。幼儿参观成人借阅室、儿童借阅室，在儿童阅读区进行阅读体验，了解图书借阅方法、馆藏图书数量和图书分类。该园师幼70人参加活动。

（张杰）

【举办幼小衔接活动】　5月20日和11月29日，工业幼儿园举办两次幼小衔接活动。大班幼儿走进城北中心小学参观，了解小学生的学习、生活环境，体验学校的运动器械，参加升旗仪式；走进一年级教室与小学生共同上课，感受课堂氛围，幼儿175人参加活动。召开“家园携手、平稳过渡”幼小衔接大班家长会，聘请专家举办《如何关注幼儿成长》讲座，讲解幼儿入学前存在的困惑、关心的问题等，与家长交流幼儿园在幼小衔接方面所做的工作。家长227人参加活动。

（张杰）

【组织教育实践活动】　6月18日、11月7日和11月24日，工业幼儿园组织幼儿开展“童真园土”教育实践活动。该园中一班、中二班幼儿开展“亲近大自然感受大自然”实践活动，观察植物生长变化，并组织写生。中三班幼儿开展“美丽的秋天”——拔萝卜活动，组织幼儿准备工具，了解胡

萝卜的生长环境和特征。大三班幼儿及家长开展“赏菊画菊”亲子活动，参观20余个品种的菊花，把自己的感知绘画出来，活动中幼儿自愿结组，共同完成绘画任务。师幼及家长201人参加活动。

（袁媛　吕梅　张杰）

北京市大兴区第一幼儿园

【概况】 2013年，北京市大兴区第一幼儿园为教育部办园类别，为日托制。占地面积11348平方米，建筑面积8711平方米。图书9000册，固定资产总值2544.63万元。全年教育经费投入1605万元，均为国家拨款。拥有计算机、美术和舞蹈等专用教室5个，普通教室20个，计算机93台，多媒体设备9套，照相机38架，摄像机6架，投影仪8台，电视机28台，电子白板5块。教职工79人，其中，教师72人，包括本科学历33人、专科学历33人；中级及以上职称31人，区级学科带头人3人，区级骨干教师6人；保健员3人，均为本科学历并具有执业医师助师资格。开设教学班20个，其中，小班7个、中班6个、大班7个。幼儿入园218人、离园210人、在园664人。网址：yiyou.dxschools.cn。

（范文丽）

【举办春季亲子趣味运动会】 4月26至28日，大兴一幼举办春季亲子趣味运动会。该园根据不同年龄幼儿的特点，设计适合家长和幼儿的亲子趣味体育活动。小班组织“赶小猪”“袋鼠妈妈”和“捉尾巴”3个游戏；中班组织“铺路过桥”“小小邮递员”等4个游戏；大班组织“接力拼图”“过小河”和“找朋友”等5个游戏。园长为每项活动获得前两名的家庭颁发奖品。该园幼儿及家长600人参加活动。

（朱鸿雁）

【开展环境创设评比活动】 5月20日，大兴一幼开展墙面教育环境及活动区创设评比活动。19名班主任教师介绍墙面创设、活动区、自然角以及幼儿参与性、幼儿能力发展等内容。园长、副园长、年级主任、班主任分别对班级的环境打分，评出优秀奖6人。该园教师40余人参与活动。

（王占丽）

【组织队列体操比赛】 10月16日，

大兴一幼举办队列体操比赛。比赛分为5组进行，小班2组、中大班3组。以队列整齐、动作整齐到位等作为评分标准。小班幼儿展示牛奶操和小动物操，中大班幼儿展示队列表演、切段分队走、体能训练以及武术操。全园20个教学班、幼儿600余人参加比赛，评出“力量宝宝”奖、“可爱宝宝”奖各6名。

（朱鸿雁）

【举办骨干教师教育活动展示周活动】 12月9至13日，大兴一幼举办骨干教师教育活动展示周活动。此次活动涉及健康、语言、社会、艺术、科学五大领域。绘本活动《爷爷一定有办法》《老鼠阿姨的礼物》打破以往绘本教学模式，探索新的活动形式。体育活动中，教师一起备课、研讨，体现“一课三研”。观摩课后，教师结合《3～6岁儿童学习与发展指南》研讨，共同提高教育教学水平。该园9名区级学科带头人和骨干教师、6名园级骨干教师参加展示活动。

（王占丽）

北京市大兴区第三幼儿园

【概况】 2013年，北京市大兴区第三幼儿园为教育部门办园类别，为日托制。占地面积6139.72平方米，其中，总园4148.53平方米、分园1991.19平方米；校舍总建筑面积6201平方米。固定资产总值540万元。全年教育经费投入1158万元，均为国家拨款。拥有多功能厅、科学屋、舞蹈教室等专用教室7个，普通教室29个。教室内设有交互式白板、触摸式多媒体一体机和数码相机等教学设施，拥有校园网、校园安全防范监控系统。教职工82人，其中，教师54人，包括专科及以上学历50人、中级及以上职称28人；保健员3人，包括专科及以上学历2人、中级职称1人。开设教学班14个，其中，小班5个、中班4个、大班5个。幼儿入园151人、离园156人、在园430人。网址：sanyou.dxschools.cn。

（吴秀珍　李慧君）

【开展安全教育】 5至10月，大兴三幼开展3次安全教育活动。幼儿园邀请大兴公安分局警官开展应对突发事件安全防范知识讲座，讲解应急避险、幼儿园防暴防恐和食物中毒处理等内容。开展防暴演练活动，“歹徒”以接幼儿为名进入幼儿园，门卫发现可疑人，立即启动防暴应急预案，向园领导发出紧急求救，3名保卫人员迅速将“歹徒”控制，保证师生安全。邀请大兴公安消防支队警官做消防安全知识讲座，讲解火灾定义、火灾等级划分和发生原因等内容，播放火灾视频资料；消防演练包括疏散逃生、现场急救、扑救灭火三部分，幼儿196人在教师带领下用湿毛巾捂住口鼻沿墙角弯腰，迅速、有序地按照预先指定的安全路线，疏散到户外安全地点。

（李慧君）

【组织幼儿体操表演活动】 5月16日，大兴三幼开展幼儿体操表演活动。活动分为幼儿集体操、体能锻炼、集体舞三部分。在集体操环节，幼儿手拿器械，动作整齐有力；在体能锻炼环节，通过跳、跑、钻等活动，在锻炼体能的同时感受合作游戏的快乐；在集体舞环节，形式不同的舞蹈动作充分体现出幼儿愉悦、欢快的心情。师幼 238 人参加活动。

（张滔）

【成立家长委员会】　9 月 27 日，大兴三幼召开家长委员会成立大会。家长委员会委员由每班 2 名家长代表组成，共 28 人。会议向家委会委员颁发聘书；宣布《大兴三幼家委会制度》，讲解家委会下设的卫生监督、宣传组织、教育教学、伙委会、安全监督等机构的职责，委员可根据特长和兴趣选择参加。

（李慧君）

【发挥骨干教师作用】　10 月 31 日，大兴三幼开展区级骨干教师数学示范课活动。活动观摩《森林联欢会》和《认识三角形》教育活动，并进行反思性说课，分成四组开展互动式评课。该园教师 50 人参加活动。11 月，举办骨干教师、学科带头人经验交流活动。骨干教师利用幻灯片的形式分别从“怎样有效的与家长进行沟通”和“班级区域环境创设的方法与策略”两方面进行展示与交流。

（李慧君　张滔）

北京市大兴区西红门双语幼儿园

【概况】　2013 年，北京市大兴区西红门双语幼儿园为教育部门办园类别，为日托制。占地面积 6600 平方米，园舍建筑面积 3285 平方米。固定资产总值 261.41 万元。全年教育经费投入 1292 万元，均为国家拨款。拥有玩具图书馆（CPM）1 个，普通教室 15 个。教室内设有计算机和液晶屏等教学设施。教职工 101 人，其中，教师 66 人，包括专科及以上学历 21 人、中级及以上职称 11 人；保健员 3 人，包括专科及以上学历 2 人、中级及以上职称 1 人。开设教学班 19 个，其中，小班 7 个、中班 6 个、大班 6 个。幼儿入园 222 人、离园 194 人、在园 619 人。网址：129. t. chinaxueqian. com。

（郭雅伟）

【金星分园成立】　4 月 8 日，西红门双语幼儿园金星分园成立。该分园位于金星乡金海学校北侧，占地面积 4680 平方米、建筑面积 2500 平方米，设 4 个教学班，其中，小班 1 个、中班 2 个、大班 1 个，招收幼儿 93 人；班内设有计算机、电视等设备；拥有小厨房、绘本室 2 个专用教室。

（郭雅伟）

【观摩班级环境】　5 月 8 日，西红门双语幼儿园开展班级环境观摩活动。各班级教师以生态美术特色课程为切入点，介绍班级环境的创设，突显废旧材料再利用功能。园长带领教师研讨，评出一等奖 1 人、二等奖 2 人、三等奖 3 人。园长、业务园长、年级主任和各班班长共计 20 人参加活动。

（郭雅伟）

【组织家长观摩活动】　10 月 30 日至 11 月 1 日，西红门双语幼儿园举办家长半日观摩活动。小、中、大班分别进行，以亲子活动为主要形式，教师在各项活动中加入“家长与幼儿互动”环节，家长在参与的过程中学习教育幼儿以及与幼儿相处的方法。该园家长 540 人参加活动。

（郭雅伟）

【开展消防疏散演习】　12 月 6 日，西红门双语幼儿园开展消防疏散演习。听到警报后，教师带领幼儿用湿毛巾掩住口鼻，有序从班级撤离，后勤各科室人员到各班帮助幼儿按照安全路线疏散到指定地点，整个活动用时 2 分 30 秒，考核成绩优秀。该园师幼 620 人参加演习。

（郭雅伟）

北京市平谷区第一幼儿园

【概况】　2013 年，北京市平谷区第一幼儿园为教育部门办园类别，为日托制。占地面积 5155 平方米，建筑面积 5335 平方米，藏书 2 万册，固定资产总值 506.28 万元。全年教育经费投入 1203.67 万元，均为国家拨款。拥有图书阅览室、工会之家活动室等专用教室 6 个，普通教室 15 个。教室内设有电视、计算机和多媒体投影仪等教学设施。教职工 71 人，其中，专任教师 69 人，包括幼儿园高级职称 37 人、中级职称 28 人、初级职称 4 人、市级骨干教师 1 人、区级骨干教师 13 人。开设教学班 14 个，其中，小班 4 个、中班 5 个、大班 5 个。幼儿入园 134 人、离园 185 人、在园 525 人。网址：www. bjpgyy. com。

（于海清）

【组织课改展示研讨活动】　4 月 23 至 26 日，平谷一幼组织课改展示研讨活动。按照“同伴互助、勇于表现、有效表达”的课改理念，部分教师按小中大年龄班分别开展语言、数学、科学领域的教育活动，其他教师观摩研讨，评审小组成员记录活动过程，点评每节教育活动。该园教师 30 人参加活动。

（于海清）

【举办幼儿徒手操比赛】　10 月 25 日，平谷一幼举办幼儿徒手操比赛。园领导、中层干部和班主任组成评审团，依据精神面貌、幼儿表现等多项标准打分，小一、小三、中一、中四、大三、大四六个班获得最佳表演奖，获得奖状和奖品。幼儿 520 人参加活动。

（于海清）

【考核新教师基本功】　10 至 12 月，平谷一幼考核新入职教师剪纸和泥塑基本功。剪纸考核内容涉及园所各年龄班剪纸教学内容，时间为 40 分钟。泥塑技能考核以各班经典文化教育特色为主题创作，时间为 60 分钟。园领导及中层干部组成评审小组，依据评审标准对教师作品打分。经评审，新职教师均通过考核，并评出 2 件最佳作品。新职教师 10 人参加考核。

（于海清）

【开展同课异构活动】　11 月，平谷一幼开展师徒同课异构展示研讨活动。骨干教师和新教师根据小中大年龄班，分别进行语言、数学、科学领域的教育活动，师徒同上一节教育活动，展示不同的设计思路和组织方法，提高新教师教育活动的设计与组织驾驭能力。该园教职工 70 人参加活动。

（于海清）

北京市平谷区第三幼儿园

【概况】　2013 年，北京市平谷区第三幼儿园为教育部门办园类别，为日托制。园所占地面积6317平方米，建筑面积3675平方米。图书6000册，固定资产总值387万元。全年教育经费投入843万元。设有美术创意室、有氧书吧阅读室2个专用教室，普通教室12个。教室内配有钢琴、多功能一体触摸机等教学设施。教职工60人，包括本科学历26人、大专学历34人、区级骨干教师4人。开设教学班12个，其中，小班3个、中班5个、大班4个。幼儿入园95人、离园150人、在园350人。网址：www.bjpgsy.com。

（宋春梅）

【加强园所环境建设】 4月5至19日，平谷三幼加强园所环境建设。该园举办《环境引发的思考》专题培训，创办“画出一部童话故事”亲子画廊，开展“我的墙壁我做主”活动，激发幼儿创作欲望。教师36人参加活动。

（宋春梅）

【组织幼儿危情生存教育】 5月6至

31日，平谷三幼组织幼儿危情生存系列教育活动。各班组织幼儿认识安全标志、开展逃生演练，引领教师学习“危情生存”教育理念；邀请部队官兵来园对幼儿进行耐暑训练、闯关游戏等受挫训练；家长开展“遇到困难怎么办”专题讨论，开展“输赢没关系”“心里有话说出来”等专题活动。大班幼儿及家长300人参加活动。

（宋春梅）

【开展师幼同筑“中国梦”活动】 7月1至5日，平谷三幼开展师幼同心同筑“中国梦”系列活动。该园开展“重温誓言·永续奉献”庆祝党的生日活动，组织“忆党史、提建议、圆梦想”主题交流；开展“中国梦·五谷情”红色短信征集活动，参与家乡建设；组织开展“畅想中国梦”师德主题学习；以“童谣里的中国梦”为主题开展“我创编”“我传唱”“我来秀”等活动。该园党员教师26人及大班幼儿160人参加活动。

（宋春梅）

【加强园所文化建设】 11月4至29日，平谷三幼加强园所文化建设。该园营造办公室“聊天文化”，讨论交流教材、教育活动、班级管理、家长工作、幼儿活动以及卫生保健等日常问题；开展“悦读会”美文赏读活动；围绕“专业引领，实践课改”宗旨，开展“四个一”工程：观摩一堂教学活动、一次教学反思评优、一项课题研讨、编录一套园本课程；在楼道等公共区域创设“画中话”艺术长廊。教师36人参加活动。

（宋春梅）

北京市平谷区第四幼儿园

【概况】 2013年，北京市平谷区第四幼儿园为教育部门办园类别，为日托制。占地面积4953平方米，校舍建筑面积3517平方米，固定资产总值696.42万元。全年教育经费投入909.61万元，均为国家拨款。拥有早教室、游戏厅，普通教室12个。教室内设有计算机、钢琴和多媒体等教学设施。教职工66人，其中，教师64人，包括专科及以上学历58人、中级及以上职称32人；保健员3人，包括专科及以上学历2人、中级及以上职称1人。开设教学班14个，其中，小班4个、中班5个、大班5个。幼儿入园133人、离园187人、在园426人。

（杨红宇）

【培养幼儿规则意识】 3至6月，平谷四幼注重培养幼儿规则意识。该园制定《平谷四园幼儿养成教育标准》，对幼儿进餐、洗手、如厕、取放物品、坐姿、握笔、看书等环节提出明确常规要求；开展大带小创意绘画生活常规活动，对口班级成为合作互助体，提高幼儿对常规的理解；发放家长倡议书，家长教师共塑良好形象，做遵守规则的表率。

（张艳波）

【创建平安校园】 9至12月，平谷四幼开展创建平安校园活动。该园试行安全工作“六个一”：每学年开展一次“新生健康调查问卷”，帮助教师了解幼儿身体状况，对特殊幼儿重点关注；每学期签订一份“家长安全责任书”，告知家长注意事项，家园同步保证幼儿人身安全；每月一次主题教育活动，以故事、游戏等形式，对幼儿进行消防、交通、踩踏、防意外等安全常识教育；每两周组织一次校园安全排查，对教学楼、大型玩具、室内外活动材料和监控设施等进行全面检查，排除安全隐患；每周一次家长安全通知，利用校讯通、飞信向家长宣传幼儿易出现的安全问题，家长也可以就相关问题进行咨询，形成家园互动的安全网络；每天一分钟安全讲解，结合幼儿生活中经常遇到的问题，利用放学前一分钟向幼儿宣讲安全常识，提高幼儿自我保护的意识和能力。

（张艳波）

【推进课堂教学改革】 10至11月，平谷四幼推进课堂教学改革。该园开展“课改伴我成长”和“主题教育活动形式的优化”等沙龙研讨，解决课堂教学中存在的疑问；开展“一课三例”研讨活动，通过教学实例研究，完善“自主学习——同伴互助——展示交流”教学模式；开展课堂教学评价改革，构建“体验式课堂教学评价模式”，通过执教者自评、同行评议、互动辩论、辩证总结等环节，提高教师驾驭课堂的能力，促进课堂教学质量的提高；加大推门听课力度，教研组长每天进班，跟踪指导半日活动，保证课改落到实处。

（张艳波）

【开辟交通安全教育场地】 12月12日，平谷四幼开辟交通安全教育场地。该场地为一条微缩道路，设备由市交管局赠送，价值14万元。幼儿可以在场地内认识交通安全标志、标线，学习交通安全知识，增强交通安全意识，提高自我保护能力。

（张艳波）

北京市怀柔区第二幼儿园

【概况】　2013年，北京市怀柔区第二幼儿园为教育部门办园类别，为日托制。占地面积4140平方米，建筑面积2755平方米。藏书16300册，大小玩教具11000件。固定资产总值953.90万元。全年教育经费投入1277万元，均为国家拨款。设有教师电子备课室1个，多功能活动教室1个，幼儿美术活动教室1个。班内配有计算机、钢琴和监控录像等设施以及多媒体教学设备。教职工70人，其中，专任教师65人，包括高级专业技术职务2人、中级专业技术职务31人、市级骨干教师2人；保健医1人，保健员2人。开设教学班14个，其中，小班5个、中班5个、大班4个。幼儿入园123人、离园156人、在园525人。网址：www.hreryou.com。

（卢金梅）

【组织早教进社区活动】　4月16日，怀柔二幼举办早教进社区活动。该园两名教师到滨湖社区开展2～3岁幼儿早教活动。向家长发放早教宣传资料50份，家长和幼儿一起参与活动，学习早期教育知识，认识早教对幼儿发展的重要意义。幼儿及家长15人参加活动。

（卢金梅）

【抽查班级常规工作】　9月23至25日，怀柔二幼抽查班级常规工作。检查小组由教学园长、主任、教研组长以及保健医组成，按照班级常规检查评价标准进行评价、打分，均在95分以上。抽查发现，幼儿能做到陆续进餐，教师能为幼儿创设安静、温馨的进餐环境，及时介绍饭菜营养，细心照顾幼儿进餐，做到少盛多添，教师能够运用具体形象的方法帮助幼儿养成良好的常规习惯。同时也发现不足：六步洗手法操作不规范，培养幼儿形成良好坐姿力度不够等。

（卢金梅）

【举办集体庆生会】　12月28日，怀柔二幼举办“集体庆生会”。活动旨在让幼儿明白生日的意义，享受生日的快乐，感受同伴的关心与祝福。幼儿园为本月生日的幼儿集体过生日，

每个家庭有一名家长参加。活动前幼儿参与会场布置，活动中表演节目、做游戏，并通过“抱一抱”“亲一亲”和“说一句感谢的话”等方式表达对父母的感恩之情。

（卢金梅）

北京市怀柔区第三幼儿园

【概况】　2013年，北京市怀柔区第三幼儿园为教育部门办园类别，为日托制。占地面积16800平方米，建筑面积9500平方米。固定资产总值3860万元。全年教育经费投入1722万元，均为国家拨款。拥有早教、美术和玩具图书馆（CPM）3个专用教室，音乐多功能教室1个，普通教室24个；配有各类玩具、钢琴、多媒体、计算机和数字白板等教学设施。教职工97人，其中，专任教师66人，包括专科及以上学历81人、中级及以上职称31人；保健医4人，包括专科及以上学历3人。开设教学班21个，其中，小班5个、中班8个、大班8个。幼儿入园143人、离园199人、在园628人。

（龚小芹）

【举办教职工舞蹈比赛】　4月28日，

怀柔三幼举办“舞动青春，炫动你我”教职工舞蹈比赛。活动以班组为单位，分为小班组、中班组、大班组和后勤组，经幼儿园党政工团领导和教师代表现场打分，评出优胜奖、最佳创意奖、最具风格奖和最佳表演奖。园领导及教职工90人参加比赛。

（龚小芹）

【组织教师教学评优活动】　5月6至17日，怀柔三幼开展教师教学评优活动。该评选以各年龄班为单位，以幼儿园《集体教学活动评优标准》为依据，开展授课教师反思、观摩教师研讨、业务领导评议和教研组评审等活动。21个教学班的42名教师参加评优活动。小班体育活动《小蚂蚁运豆豆》被推荐参加怀柔区教育系统“阳光课堂展示活动”，获一等奖。

（龚小芹）

【开展区域游戏评比】　12月11至13日，怀柔三幼开展“区域游戏评比”活动。活动以年龄班为单位，以幼儿园《区域游戏评价标准》为依据，采用现场观摩、教师打分的形式进行，21个教学班参加评比活动，小三班、中二班、大五班分别获得年级组第一名。

（龚小芹）

北京市密云县第四幼儿园

【概况】　2013年，北京市密云县第四幼儿园为教育部门办园类别，为日托制。占地面积7544平方米，校舍建筑面积2780平方米。固定资产总值186万元。全年教育经费投入1252万元。拥有美劳室、玩具图书馆、早阅室、训练室4个专用教室，普通教室13个。教室内设有电视和计算机等教学设备。教职工64人，其中，专任教师25人，包括专科学历7人、本科学历18人、小学高级职称14人、小学一级职称7人、县级学科带头人2人、县级骨干教师4人。开设教学班12个，其中，小班4个、中班4个、大班4个。在园幼儿353人。网址：mysy.miyunedu.net。

（姜秋菊）

【展评幼儿韵律操】　4月17日，密云四幼举办幼儿韵律操展评活动。活动分小、中、大三个年龄段进行。小班幼儿在教师带领下做模仿操，通过

模仿各种动物形态，促进身体协调发展。中大班幼儿在教师指挥下，有序地变换队形，展示幼儿间的团结协作。该园全体教师和幼儿参加活动。

（姜秋菊）

【组织青年保育员培训】 9月26日，密云四幼组织青年保育员培训。青年保育员观摩幼儿早餐环节，学习经验丰富保育员的早餐卫生消毒、幼儿进餐引导等工作，并结合实际工作进行研讨；保健医解答青年教师的困惑。

（姜秋菊）

【设立“读书月”】 10月，密云四幼将每年10月设定为“读书月”。读书月围绕“书香校园”“书香家庭”主题，通过设置家长借阅图书架、班级图书分享专栏、故事妈妈进课堂、评选读书小明星等活动，培养幼儿爱读书、乐读书、会读书的习惯。

（姜秋菊）

【展示首届幼儿艺术节成果】 12月31日，密云四幼举办第一届幼儿艺术节闭幕式暨幼儿成果汇报展示活动。各班教师针对幼儿年龄特点，设计集体舞、乐器合奏、模仿秀等多种形式活动，展示艺术节成果。同时，邀请有艺术特长的家长走进课堂，通过表演双簧、架子鼓、京剧等活动，激发幼儿艺术灵感。该园幼儿及家长600人参加活动。

（姜秋菊）

北京市密云县第八幼儿园

【概况】 2013年，北京市密云县第八幼儿园为教育部门办园类别，为日托制。占地面积4909平方米，建筑面积2933平方米。固定资产总值214.70万元。全年教育经费投入618.85万元，均为国家拨款。拥有美术和舞蹈等4个专用教室，普通教室12个。教室内设有计算机、电子钢琴和移动黑板等教学设备。教职工64人，其中，专任教师24人，包括专科学历7人、本科学历15人、中级职称2人；县级骨干教师1人。开设教学班12个，其中，小班4个、中班4个、大班4个。幼儿入园73人、离园83人、在园305人。

（王雪梅）

【举办首届体育节】 4月2至28日，密云八幼举办第一届“快乐运动、幸福成长”体育节。体育节包括开幕式、亲子运动会、师幼体操评比、户外分区活动、户外玩教具制作评比、幼儿体育节绘画展、家长体育节摄影比赛及闭幕式八个环节。师幼体操评比设一等奖3名、二等奖3名、三等奖5名；评出玩教具获奖作品16件，家长摄影比赛获奖作品77件，教师摄影比赛获奖作品16件。该园师幼及家长380人参加活动。

（王雪梅）

【开展教师基本功系列培训】 5至12月，密云八幼开展教师系列培训。培训内容涉及泥工技能、钢笔字、舞蹈和水墨画技能等。培训讲解泥工的基本技法、工具的使用、成品的制作及材料的再利用；邀请专家培训钢笔字书写技巧和规范，舞蹈基本功、少儿舞蹈编排和幼儿舞蹈课程组织，水墨画特点、基本技法和课程的组织等内容，提高教师教学基本功。

（王雪梅）

【成立家委会】 10月18日，密云八幼成立家长委员会。委员12人由各班推荐，由园长颁发证书。家委会成员共同学习家委会章程，了解委员职责。园长作园务工作汇报，共同探讨园所面临的两个问题：一是园所门口公路修好后如何接园、送园及晨检问题；二是家长如何协助园所做好控制幼儿肥胖问题。

（王雪梅）

【举办首届七彩艺术节】 12月1至31日，密云八幼举办“舞动艺术色彩、培育美丽幼儿”第一届七彩艺术节。艺术节共有开幕式、艺术欣赏周、亲子制作、艺术教育活动、师幼艺术展评、闭幕式六个环节。艺术欣赏周共收集艺术欣赏活动案例30个，亲子制作共收集作品300件。该园师幼及家长360余人参加活动。

（王雪梅）

北京市延庆县第一幼儿园

【概况】 2013年，北京市延庆县第一幼儿园为教育部门办园类别，为日托制。占地面积3518.96平方米，校舍建筑面积5017.14平方米。全年教育经费投入1494.82万元，均为国家拨款。固定资产总值651.47万元。图书室藏书0.30万册。拥有幼儿阅览室、音体室和“宝贝当家”体验馆3个专用教室，普通教室12个。拥有计算机86台。学校信息化经费投入122.07万元，校园网出口总带宽350Mbps，数字资源量120GB。教职工59人，其中，教师45人，包括专科及以上学历42人、中级及以上职称12人；保健员1人，为专科学历。开设教学班12个，其中，小班4个、中班4个、大班4个。幼儿入园130人、离园150人、在园430人。网址：yqyy.yqedu.com.cn。

（吴连柱）

【回迁原址办园】 3月1日，延庆一幼回迁原址新建教学楼办园。新建综合教学楼建筑面积4244平方米，可容纳12个教学班360名幼儿入托。楼内建有音体教室、体验馆、幼儿阅览室等专用教室。2010年，该园被列入市发展改革委第一批新建改扩建工程。2011年9月开工建设，共投资2213万元，其中，市发展改革委投资1831万元、县政府投资382万元。

（吴连柱）

【组织跨班区域游戏活动】 3月10日，延庆一幼组织跨班区域游戏。临近两个班级共同规划活动区域，一起投放游戏材料，共同开展幼儿游戏。幼儿可以在两个班级内自由选择参加活动区游戏，扩大幼儿游戏空间和伙伴交流范围。

（吴连柱）

【特色体验专室区开放】 5月12日，

延庆一幼宝贝当家社会体验馆、宝贝当家科学体验园和快乐书屋开放。社会体验馆内设有宝贝医院、宝贝餐厅和宝贝超市等区域，设有相关游戏材

料。科学体验园内设有玩沙、玩水、玩泥等游戏区角，有专职教师指导幼儿游戏。体验专室每周两次向幼儿定时开放。

（吴连柱）

【通过市级示范园验收】 6月28日，延庆一幼接受北京市示范幼儿园验收。验收组听取《践行体验理念，提高育人实效》汇报，观摩教师半日教学活动，查看园舍环境，查阅各项管理资料。县教委、县妇幼保健院相关人员参加验收。7月18日，该园被市教委认定为“北京市示范幼儿园”。

（吴连柱）

【启动骨干教师谈科研活动】 12月，延庆一幼启动“骨干教师谈科研”系列辅导活动。园内4名市、县级骨干教师结合科研感悟，引导青年教师养成多看、多听、多思、多积累、多梳理提升的良好科研习惯，并举办《走进教育科研的三部曲》专题讲座。

（吴连柱）

北京市延庆县第二幼儿园

【概况】 2013年，北京市延庆县第二幼儿园为教育部门办园类别，为日托制。占地面积3564平方米，校舍建筑面积5500平方米。全年教育经费投入1505.80万元，均为国家拨款。固定资产总值1272.17万元。藏书1.77万册，包括电子图书2.80万册。拥有舞蹈室、艺术室和阅览室3个专用教室，普通教室25个。拥有计算机103台。学校信息化经费投入190.26万元，校园网出口总带宽100Mbps，数字资源量600GB。教职工102人，其中，教师99人，均为专科及以上学历，包括中级及以上职称32人；保健员3人，均为专科及以上学历，包括中级职称1人。开设教学班25个，其中，小班8个、中班9个、大班8个。幼儿入园240人、离园275人、在园870人。网址：www.yq2y.com。

（王秀红）

【启动值周园长管理模式】 3月5日，延庆二幼启动“二幼值周园长”管理模式。值周工作包括“阳光寄语”“快乐早晨”和“相约网络”等9项具体职责，负责园所全面工作的统筹和协调，一周轮换一次。8名中层干部参加活动。

（王秀红）

【成立特色教师工作室】 3月14日，延庆二幼成立特色教师工作室。工作室由3名教学干部和1名县级骨干教师组成，以教学实践研究、特色教师带徒弟及幼儿兴趣培养为一体，在培养特色教师的同时起到示范引领作用。教师28人参加活动。

（王秀红）

【举办升班典礼】 7月4至6日，延

庆二幼小班和中班举办“感恩成长”升班典礼。幼儿以感恩成长为主题，为家长、教师表演歌曲、舞蹈、诗朗诵等节目，为幼儿园送小礼物；幼儿园为幼儿颁发升班证书及礼物；两名家长代表发言。师幼和家长800人参加活动。

（王秀红）

【开展教师基本功比赛】 10月8日至12月6日，延庆二幼开展数学领域教师基本功比赛。比赛分教师组、保育组，教师组包括理论考试、教案设计、说课三项内容；保育组包括理论考试和保育知识问答两项内容。比赛评选出全能、教案设计、说课、理论考试、保育知识问答等奖项一、二等奖各10人。教职工72人参加比赛。

（王秀红）

【举办联片教研开放活动】 11月14至16日，延庆二幼举办联片教研开放活动。活动由该园教研组长主持，内容包括益智区玩具研讨、积木区游戏指导和“娃娃家”材料巧投放，涉及大班、中班和小班，开放形式包括现场观摩和互动研讨两部分。9所捆绑园干部、教师及本园教研组教师65人参加活动。

（王秀红）

【举办幼儿成长展示】 12月24至31日，延庆二幼举办幼儿成长展示活动。主持人由幼儿担任，幼儿表演舞蹈、相声和歌曲等节目，穿插亲子互动环节，为幼儿颁发文明宝宝、健康宝宝和聪明宝宝证书，发放家长调查问卷880份。家长880人参加活动。

（王秀红）

（本栏责任编校　王永刚）

基础教育

综　　述

2013年，北京市深入贯彻落实党的十八大和十八届三中全会精神，坚持把教育放在优先发展的战略位置，围绕深化基础教育综合改革，努力让学生享有更好更公平的教育，获得发展自身、奉献社会、造福人民的能力。在社会各界的关心和支持下，全市基础教育工作者共同完成年度基础教育各项任务。

大力推进立德树人，在提高人才培养水平方面取得新突破

以素质教育为核心，初步形成具有首都特色、体现时代特征的课程教材体系。系统修订“北京市义务教育课程改革实验教材”，并通过教育部审定，成为全国最为完整、突出体现鲜明区域特色的国家新课标教材。课堂教学研究取得显著进展；学校管理机制得到进一步创新，学生指导模式更趋多样，家校合作成效显著；学习方式变革研究与实验迈出扎实一步；综合素质评价的制度建设日臻完善。

构建利用信息化手段扩大优质教育资源覆盖面的有效机制。加强北京数字学校建设，提供学习通道和实名网络学习空间，开发高中模块化课程2000节，完成20%义务教育阶段课程资源的更新，提供学法指导、育儿指导等信息推送服务。深入推进100所中小学数字校园实验校建设。初步建成一批彰显学校特色的数字校园实验校，逐步摸索出一套适合北京市现状的市、区、校三级联动共推数字校园的工作机制、模式和方法。发布北京市三通两平台工程建设相关技术指南，为北京市三通两平台相关建设提供技术指导和参考依据。本次发布的内容为《北京市“宽带网络校校通”网络升级优化技术指南》和《北京市“优质资源班班通”教室无线接入技术指南》。

以国家级教育体制改革试点项目为抓手，推进重点领域的改革。坚持统筹兼顾、因地制宜、上下联动、以点带面的原则，建立完善领导机制、专家咨询机制、过程管理机制、检查与评估机制、经验总结与实验资源共享共建机制和经费保障机制等，推动“基础教育课程教材改革实验”“探索拔尖创新人才培养模式”“开展高中特色发展试验”等国家级项目完成，提炼一批经验成果，有力提升首都基础教育的内在品质，得到教育部与评审专家的认可和好评。

全面落实政府责任，在促进教育公平方面取得新进展

积极进行中小学建设。重点支持城市功能拓展区和城市发展新区等新增人口聚集区学校建设，继续以市政府实事形式支持30所城乡一体化学校建设，输入学校总学位数达到41610个，新增学位数24881个，促进优质资源融通互补。

全面推进义务教育均衡发展。继续落实备忘录和责任书规定的各项任务，对5个区开展义务教育区域基本均衡督导评估，全面总结小学规范化建设工程，明确今后一个时期全市小学发展的方向，提高随迁子女教育的保障水平，投入6.6亿元支持接收随迁子女就读的学校改善办学条件。

组织开展义务教育阶段教学质量监测工作。此次工作进一步改革完善监测形式，教师问卷采取网上作答，并通过3套试卷进行监测；采取预测试命题方式，在收集数据并分析基础上，完成监测命题。

促进普通高中多样化发展，研究制定《北京市普通高中办学条件标准细则（修订）》，增加学校教学设备的选择范围和弹性，整体提高全市高中多样化发展的保障水平。学校特色开始形成并且逐步得到彰显，普通高中多样化发展的格局初步呈现。

关心支持民族教育和特殊教育。进一步加强内地民族班学校和民族学校建设，大力推进全市中小学民族团结教育。全面实施融合教育行动计划，建设符合首都地位的现代化特殊教育，特殊教育学校的学生具有特教学校学籍和户籍所在地就近学校的学籍，每名特教学生每月至少半天到普通学校参加活动。市级投入8000多万元的资金，改善15所特教学校的办学条件，为43所学校建设示范性资源教室。

切实改进工作作风，在深化教育改革方面做出新探索

以增加优质教育资源供给为切入点，统筹解决义务教育资源配置、择校等问题，坚持义务教育基本公共服务标准，促进义务教育均衡发展。采取推进优质校一体化办学、学区制和九年一贯制对口招生，完善优质高中招生名额分配到区域内初中的办法，完善校长教师交流机制，构建利用信息化手段扩大优质教育资源覆盖面的有效机制等一系列措施，进一步缩小北京市区域、城乡、校际间差距，满足广大人民群众对优质教育资源的迫切需求。

切实规范全市中小学校的办学行为。开展专项检查，严禁公办学校通过考试培训班、奥数竞赛与入学挂钩、私自招生等形式选拔学生。继续降低普通高中招收择校生的比例，将示范高中招生名额分配到初中的比例提高到12%至15%，名额分配招生计划增加457人。

以中高考命题改革为切入点，促进科学系统减负和教育质量提升。坚持党的教育方针，坚持立德树人，加强社会主义核心价值观教育，加强中华优秀传统文化教育。坚决落实和执行中央决定和教育部具体部署，在中高考成绩、学业水平考试、综合素质评价三位一体的框架下，深化考试招生制度改革，科学确定作业内容和形式，减少教育行政部门主导的统一测试和对学校的考核评比，全面推进依法治校，落实和扩大学校办学自主权，采用政府购买服务等形式，推动中小学开展课后文体科技类活动。通过“减负增效”标本兼治，切实减轻学生课业负担，增强学生社会责任感、创新精神与实践能力。

（周晓宇　陈德时）

总　　类

【召开北京可持续发展教育协会常务理事会】 1月12日，北京可持续发展教育协会常务理事会在北京市第九中学举行。北京市委、联合国教科文组织世界联合会、北京可持续发展教育协会、中国联合国教科文组织全国委员会、国家教育发展研究中心、中国教育学会、北京市教委、北京教科院、石景山区政府，以及全市部分区县教委专家、领导，各区县可持续发展教育联络员、各国家实验学校校长代表，以及北京可持续发展教育协会常务理事100人参加团拜会。教育部领导参会并致辞。中国可持续发展教育全国工作委员会做年度总结和计划。中国可持续发展教育项目获得联合国教科文组织亚太地区教育创新奖"文晖奖"，九中等22所学校评为"首批中国可持续发展教育国家实验学校"，聘任"首批中国可持续发展教育项目专家"33人。

（乔慧莲）

【召开北京市数字学校总结会】 1月23日，北京市数字学校项目总结会召开。会议由北京教育科学研究院组织，回顾该项目的工作全过程，向全体教师颁发指导证书；各个学段就主题班会和心理健康教育相关工作进行总结和研讨。北京教育科学研究院领导、研究员以及全市主题班会和心理健康教育辅导课授课、指导教师500余人参加会议。

（赵澜波）

【制订减负八项规定】 2月19日，市

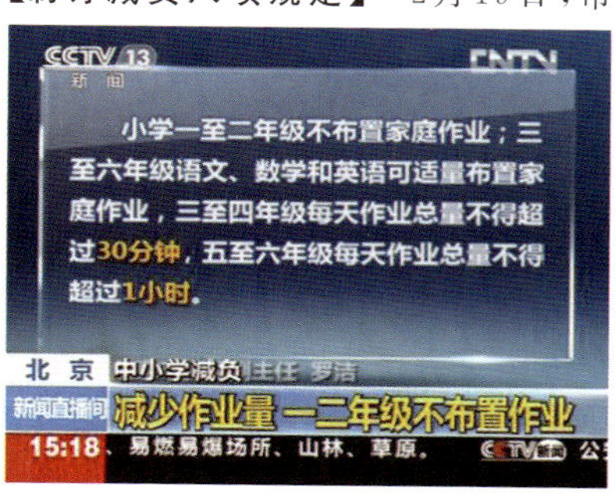

教委和市教育督导室联合印发《关于切实减轻中小学过重课业负担的通知》加大减负工作力度。通知提出严格执行国家和北京市课程计划、严格控制学生在校学习时间、严格控制作业量、严格规范考试和评价工作、严格禁止违规补课、严格教辅用书管理、严格各类竞赛管理、严格落实工作要求的八项规定，重点就课程、作业、考试等环节和问题提出具体要求。至年底，市教委召开各区县教委主任和督导室主任会议，专题学习部署减负工作；各学校利用春季开学典礼契机，向全市中小学教师、家长发出减负倡议。市教委分别以"科学减负优化作业""科学减负与考试评价改革""整合课程、科学减负、促进发展"为主题，在北京市朝阳区实验小学、北京市文汇中学、中国人民大学附属小学召开现场会，推广区县和学校科学减负典型经验，加强作业、考试评价、课程建设等环节改革。

（陈德时　向姣姣　华蕾）

【评选第二批和第三批数字校园】 3月4日和11月7日，市教委分别公布第二批和第三批北京市中小学数字校园实验校建设单位名单。通过区县推荐、专家初审、学校答辩及专家现场评审等方式，评出第二批北京市中小学数字校园实验校38所、第三批北京市中小学数字校园实验校33所。

（华蕾）

第二批北京市中小学数字校园实验校建设单位

东城区
　北京市第二中学
　北京市第一六六中学
　北京市东城区史家胡同小学
西城区
　北京师范大学附属实验中学
　北京市第四中学
　北京市宣武师范学校附属第一小学
朝阳区
　北京市陈经纶中学分校
　北京市朝阳区实验小学
　北京市朝阳区芳草地国际学校富力分校
海淀区
　北京石油学院附属小学
　北京市育英学校
丰台区
　北京市第十中学
　北京市第十八中学
石景山区
　北京市石景山外语实验小学
　北京市石景山区古城第二小学
房山区
　北京市房山区良乡中心小学
　北京市房山区良乡第三小学
门头沟区
　北京市大峪中学
　北京市门头沟区大峪第一小学
　北京市门头沟区育园小学
通州区
　北京市史家小学通州分校
　北京小学通州分校
顺义区
　北京市顺义区第一中学
　北京市顺义区杨镇第一中学
怀柔区
　北京市怀柔区第二中学
　北京市怀柔区第五中学
密云县
　北京市密云县西田各庄中学
　北京市密云县太师庄中学
平谷区
　北京市平谷中学
　北京市平谷区第九小学
大兴区
　北京师范大学大兴附属小学
　北京市大兴区第七中学
　北京市大兴区魏善庄中学
昌平区
　北京市昌平区城南中心小学
　北京市昌平区小汤山中学
延庆县
　北京市延庆县第二小学
　北京市延庆县第四中学
燕山地区
　北京市燕山星城第二小学

（华蕾）

第三批北京市中小学数字校园实验校建设单位

东城区
北京光明小学
北京市和平里第四小学
北京市第五十中学
西城区
北京市第十三中学
北京市第八中学
北京市回民学校
朝阳区
北京市朝阳区白家庄小学
北京市第八十中学
北京中学
海淀区
北京市玉渊潭中学
中国人民大学附属中学西山学校
北京市海淀区中关村第二小学
丰台区
北京市云岗中学
北京市丰台区右安门第一小学
石景山区
北京市京源学校
北京市第九中学
门头沟区
北京市门头沟区雁翅中学
北京市门头沟区清水中学
房山区
北京市房山区琉璃河中心小学
通州区
北京市通州区运河中学
顺义区
北京市顺义区西辛小学
北京市顺义区第八中学
大兴区
北京小学翡翠城分校
北京市大兴区枣园小学
昌平区
北京市昌平区前峰学校
北京市昌平区第四中学
平谷区
北京市平谷区第一小学
怀柔区
北京市怀柔区北房镇中心小学
密云县
北京市密云县第二中学
北京市密云县北庄镇中心小学
延庆县
北京市延庆县第三中学
北京市延庆县第五中学
直属单位
北京市盲人学校

（华蕾）

【入学工作信息化】 3至10月，市教

委通过搭建北京市义务教育入学管理平台保障学龄人口入学、小升初、普通高中入学政策实施。分别在学龄人口入学、小升初、普通高中入学阶段，通过入学采集平台、北京中小学管理信息系统（CMIS）实现学生入学资格认定、电子学籍档案建立、电子学籍注册、电子学籍信息转移等工作；在入学注册数据基础上，利用信息化技术分析汇总非正常入学和流动学生情况，为教育行政管理和政策实施提供保障。至年底，系统共计收录171661条采集信息，并与学籍系统实现互联，实现从入学到学籍的无缝对接。通过信息采集可以实时掌握北京市小学入学适龄儿童人口分布情况，学校入学进度。

（周凯　周晓宇　刘宇光）

【东城与平谷签署合作办学协议】 4月28日，东城区教委与平谷区教委签署城乡教育一体化合作办学协议。合作办学双方为北京市东城区东交民巷小学与北京市平谷区东交民巷小学马坊分校。马坊分校将依托东交民巷小学教育资源逐步办成平谷区小学优质学校及区本教研和干部、教师培训基地，课程改革、学校特色和文化建设示范基地。合作办学采取“一长两校、一体化管理”模式，通过联席会议、干部教师定期轮岗学生互动交流等制度的制定与实施，致力于学校的建设与发展。东城区教委、平谷区教委有关领导和相关学校代表参加签约仪式。

（李银娅）

【数字学校推出中高考指导视频讲座】 5月10日，北京数字学校推出中高考指导视频讲座。通过互联网共推出14个科次“中、高考方法指导和能力提升专题讲座”课程资源，每个科次分为3讲，每讲1小时，共计42个小时。系列讲座主要特点是面向北京市全体中、高考学生和教师，提供考前复习策略；重视方法指导和能力提升，特别是思维能力提升；强调学科知识结构，突出学科核心概念的学习理解；强调学科思维特征和研究方法；关注解题方法和策略。

（周凯）

【教育学院附属丰台实验学校成立】 5月15日，丰台区教委与北京教育学院签署合作办学协议。根据协议，双方在丰台区大成郡小区建立北京教育学院附属丰台实验学校。新建学校于9月1日正式开学，学校建设初期，主要招收小学1至3年级学生，之后逐步扩大到小学和初中一体的九年一贯制学校。该校计划设置30个教学班。教育学院成立“合作办学专家指导委员会”，指导学校发展：选派教育教学管理和科研人员，参与并指导学校制定发展规划和干部教师培训方案，安排学校教师参加培训及组织开展教育教学研究课题研究。

（刘琳　朱瑞）

【举办学校文化和特色建设论坛】 5月17至18日，全国“绿色教育理念下的学校文化和特色建设”高层论坛在北京市京源学校举行。活动由北京师范大学和石景山区教委主办。论坛包括品牌学校建设、学校文化领导、特色学校建设、校长领导力培养专题，京源学校、北京市杨庄中学、北京市石景山区爱乐实验小学等学校交流学校文化和特色建设的策略和路径。会议组织观摩京源学校第20期翱翔特别论坛、第五届翱翔学员京源基地地理领域答辩会、学校特色课、30余种社团活动展示。北师大专家学者作《品牌学校的内涵与要素》等专题报告。北师大、石景山区教委、有关区县教委代表，全国部分省市校长、教研员160人参加活动。

（魏莉）

【海淀与房山签署合作协议】 5月29日，海淀区教委与房山区教委签署合作办学协议。合作协议包括两项，一是海淀区教委、房山区教委和良乡高教园区管委会签署北京理工大学附属中学房山校区合作协议。根据协

议，理工大附中房山校区由良乡高教园区负责建设配套教育项目，建成后由房山区教委委托理工大附中承办，按照“一个法人、一体化管理”管理模式，两校相互沟通交流，共享教育教学资源。二是海淀区教委、房山区教委和北京万科总部签署北京六一幼儿院房山分园合作协议。根据协议，海淀区教委将六一幼儿院引入房山京投新里程教育配套项目，由北京万科集团负责房山京投新里程项目配套幼儿园代建及精装修工程，建成后满足当地社区业主、大学城教职员工子女入园需求。

（宋亚甫　姜爱林）

【外交人员随居子女数字学校启动】

5月30日，中国驻外外交人员随居子女数字学校启动。启动仪式在外交部举行，市教委主任姜沛民，外交部、商务部、教育部等外派单位领导、部分区县教委负责人出席。借助北京数字学校平台，市教委通过网络、电视、光盘、移动存储等媒介，将核心课程信息资源传送给学生使用，使其同步接受国内高水平基础教育。

（周凯）

【组织义务教育阶段教学质量监测】　6月，市教委组织开展义务教育阶段教学质量监测工作。此次工作进一步改革和完善监测环节，教师问卷通过三套试卷方式网上作答，采取预测试命题，在收集测试数据并分析预测试基础上，完成最终监测命题。全市17个区县802所小学2247个班的70814名五年级学生参加语文学科测试，9个区县101所小学200个班级的6007名学生报名参加五年级英语学科测试；9个区县的101所中学200个班级的7028名学生参加八年级数学、英语学科测试；8个区县的82所中学164个班级的5564名学生参加八年级历史学科测试。

（陈德时）

【三区与首都师大合作办学】　6月，朝阳区教委、门头沟区教委和顺义区教委分别与首都师范大学签署合作办学协议。与朝阳区教委协议规定，首都师大承办翠城小区配套小学，学校名称为“首都师范大学朝阳附属实验小学”，学校性质为公办校。首都师大发挥其初等教育学院在小学教育领域的领先优势，为朝阳区选派主要学科骨干教师承担教学指导，共同完成特色课程设计、开发和实施工作。协议期限6年。与门头沟区教委“十二五”区域合作办学协议规定，双方在建设优质学校、提升学科质量、培养教学骨干、优化教师队伍等方面开展合作，创建一批优质特色的品牌学校。与顺义区教委协议规定，双方以北京市顺义区第十三中学为教育研究基地，开展对农村初中学校的办学理念、管理机制、课程改革、教师培训、学生活动、学校文化等方面的探索。

（石淳　王艳）

【第一批数字校园通过验收评估】　6至12月，市教委组织开展北京市第一批中小学数字校园实验工作验收及评估。此次工作依据《北京市中小学数字校园实验项目管理办法》中关于验收评估的要求，根据“校级验收、区县级验收、市级验收”的三级逐步验收机制，委托北京教育网络和信息中心具体完成各校验收工作，并梳理总结在数字校园建设过程中区域整体推进思路、规划设计、工作成果等。

（周凯）

【召开基础教育重大问题高端咨询会】　9月16日，“北京市基础教育重大问题高端咨询会”系列区县教科研专场举行。会议由北京教育科学研究院组织，围绕“致未来——北京基础教育重大问题预测与建议”主题，介绍“北京市基础教育重大问题调研项目”的背景，明确教育资源分配、教师队伍素质以及育人目标和方式的变革仍是发言者对未来教育发展的主要关注点，各区县建立与北京教科院重点合作项目意向。全市各区县教科研机构负责人、区县教科所所长、业务人员共60余人参加。

（佟德）

【数字学校评选微课程】　9月，北京数字学校开展“微课程”征集评选试

点工作。此次工作旨在引导教师进一步学习新课程理念，转变教育教学观念，促进教育信息化课堂教学质量提升，提高一线教师教育技术能力，探索微课程教学的途径和方法。评选共收集2480节“微课程”，评选出一等奖400节，实现全学科覆盖。“微课程”是运用建构主义方法化成的、以在线学习或移动学习为目的的实际教学内容。“微课程”具有完整的教学设计环节，包含课程设计、开发、实施、评价等环节。

（周凯）

【研讨视频互动教学及网络研修工作】　10月17日，第五届“视频互动教学及网络研修”工作暨基础教育信息化创新应用研讨会在北京市陈经纶中学举行。会议由教育部教育管理信息中心主办，北京教育网络和信息中心协办，朝阳区教委承办。会议听取《朝阳区教育信息化建设实践与思考》主题汇报，阐述朝阳区教育信息化发展历程、实践成果以及对未来教育信息化的思考，围绕基础教育信息化应用融合与创新开展探讨，回答教育信息化如何适应和满足优质教育、公平教育、终身教育、个性化教育方面需求。会议通过主题发言、数字化教学观摩、参观基层学校教育信息化成果、数字化应用成果展示方式，全方位展示朝阳区基础教育信息化创新应用成果。教育部教育管理信息中心、朝阳区教委、北京教育网络和信息中心等单位领导，全国各省市地区教育信息化主管代表参加会议。

（赵光）

【召开基础教育质量监控与评价国际研讨会】　10月25日，“基础教育质量监控与评价国际研讨会——以二十一世纪生活技能评价和PISA项目为例”举行。此次活动由北京教育科学研究院与培生集团主办、北京市教育督导与教

育质量评价研究中心承办，会议听取“二十一世纪技能”和“PISA与教育改革”的主题报告，研讨相关的评价标准、评价技术以及评价结果如何用于教育政策的制定、如何促进教师专业培训和教育教学改革实施等问题。

（卢笛）

【调研农村留守儿童入学情况】 11月19日，市教委召开保障农村留守儿童接受义务教育情况调研座谈会。会议分析全市农村留守儿童入学保障情况、就学现状、主要特点与成因、主要措施。调研结果显示：目前北京市农村留守儿童主要分布在房山区、昌平区、门头沟区、怀柔区、平谷区、密云县及延庆县7个区县的浅山区及山区，多数就读于农村寄宿制学校，各区县建立关爱农村留守儿童的内部协同机制，制定相关管理制度，执行教育部关于关爱农村留守儿童入学保障的“三优先”原则，并采取针对性教育关爱措施。来自全市各区县教委相关负责人17人参加会议。

（沈柳莺）

【评选优秀师生电脑作品】 11月21至22日，市教委召开第14届北京市中小学师生电脑作品评选活动总结表彰与研讨会。会议表彰获奖作品师生，研讨活动听取16个区县的代表总结交流。通过自评、互评等形式，评选出区县最佳组织奖10个。该评选活动由市教委主办，北京教育网络和信息中心承办，分为学生组、教师组和机器人竞赛项目。学生作组评选中，950件作品参评，经过初评、总评，共评出获奖作品412件。教师组评选中，1481件教师作品参评，共评出获奖作品1094件。

（潘东庭）

【召开首都义务教育学业标准交流会】 11月23日，首都义务教育阶段学生学业标准研究交流会召开。会议由北京教育科学研究院组织，来自中学物理、化学、生物、小学科学四个学科共计30名教师参加研讨，会议强调研制学业标准的重要性，中学物理、化学、生物、小学科学分别介绍本学科自项目启动以来学业标准的研制情况，就能力的建构、内容标准的呈现、课程标准的理解等问题展开研讨。

（沈俊楠）

【召开学生卡公交功能延期管理会议】 12月8日和26日，市教委、市交通委和市政公交一卡通、北京市公交总公司联合召开关于中小学学生卡公交功能延期等规范管理会议。会议商讨和研究学生卡公交功能延期问题和社会上冒用、假用学生卡等问题，最终预案决定由市教委提供学生基本信息，写入一卡通设备，在公交充值时进行有效期验证，以此完善公交功能延期管理制度，杜绝冒用、假用情况的存在。

（刘杨玉倩）

【召开随迁子女融入教育工作推进会】 12月9至10日，北京教育科学研究院“来京务工人员随迁子女的融入教育研究与实践”项目组召开来京务工人员随迁子女融入教育工作推进会暨“京沪教育快线”第八次论坛。项目负责人汇报来京务工人员随迁子女同行教育计划2013年度报告，回顾项目的前期进程，介绍2014年的项目设计，区县代表汇报区县随迁子女教育情况、学校的融入教育可行方案。来自上海、杭州等地代表，北京教科院领导、项目组成员，各区县的项目联系人以及项目学校代表130余人参加会议。

（佟德）

【朝阳与景山学校合作办学】 12月20日，朝阳区教委与东城区教委、北京景山学校签署合作办学协议。协议明确，朝阳区教委与东城区教委、北京景山学校合作成立北京景山学校朝阳学校。景山学校朝阳学校性质为公办九年一贯制学校，按照城乡一体化模式管理，实行“一个法人、一体化管理”，行政归属、人员编制属朝阳区教委，校长由北京景山学校校长兼任。新学校地址位于朝阳区来广营乡（望京区域），学校规模为36个班。学校占地面积16500平方米，建筑面积21614平方米，其中地上13200平方米，地下8414平方米。学校拟定于2015年9月开学。协议规定，根据景山朝阳学校发展规模和实际需求，在景山学校和朝阳学校两校区之间建立干部教师定期轮岗制度。景山学校本校选派若干名管理干部参加朝阳学校管理，选派主要学科骨干教师参与教育教学工作。同时朝阳学校选派部分干部、教师到本校任教或挂职学习。

（石淳）

【通州与东城签署合作协议】 12月30日，通州区教委与东城区教委签署合作办学框架协议书，就景山学校在通州办学相关事项达成协议。双方商定，在通州区两站一街（台湖镇区域）以外独立配套的教育用地内建设一所公办性质的十二年一贯制学校，通州区教委委托东城区教委办学。学校为通州区独立法人单位学校，按照北京市城乡一体化办学模式，由北京景山学校校长任一贯制学校校长。一贯制学校办学规模为108个教学班，其中小学60个教学班、初中30个教学班、高中18个教学班。区域内配套建设三所公办性质的幼儿园。幼儿园由通州区教委具体承办，在平等自愿的基础上与东城区的一级一类幼儿园进行校际合作，提升办园质量。通州区两站一街（台湖镇区域）是市政府决定的建设东城区旧城保护人口疏散对接安置用房标的。

（勾庆祥）

【做好初小学段衔接工作】 12月31日，市教委印发《关于做好小学初中学段衔接工作的意见》。意见指出“学校环境认知、课程学习适应、管理方式融入、自我心理调适”是小学、初中学段衔接工作的关键环节，要通过“开发中小衔接的相关课程、加强中小学段的学生交流、开展中小衔接的联合教研、加强初一新生适应性指导”等方式探索中小衔接工作有效途径，要求各区县教委加强部门统筹协调、加强管理与服务能力，总结推广学区化管理和九年一贯制学校办学经验，推进中小衔接工作交流、展示和宣传。

（向婉婉）

【开展数字学校寒假网络活动】 12月，北京教育网络和信息中心联合北京教育科学研究院组织开展北京数字学校寒假网络活动。活动以“数字寒假，快乐成长”为主题，由“传统文化过大年”“品味书香，幸福成长”“我的学校我做主”“英语口语网络大赛”“外交官带你看世界”5个子活动组成。共有学生3万人参加活动。

（李波）

【完成学生卡发放工作】　至年底，北京市中小学学生卡发放工作完成。全市面向各区县新入学的学生免费发放学生卡，对丢卡的学生进行补制发放，全年共计发放证件卡 46 万张、学籍卡 36 万张。

（周凯）

【丰富完善数字学校课程资源】　至年底，市教委继续丰富和完善北京数字学校课程资源。全市新增 5000 节名校、名师课程，其中，义务教育课程 3000 节、高中阶段教育课程 2000 节，经过技术审核、教育审核、政治审核和综合抽检，在北京数字学校门户网站、歌华有线高清交互数字电视平台传播。北京数字学校园网址：www.bdschool.cn。

（周凯）

【保障随迁子女受教育权利】　至年底，市教委开展工作保障来京务工人员随迁子女接受义务教育权利。投入 6.56 亿元随迁子女义务教育专项资金，用于改善接收随迁子女入学学校的基本办学条件、学生教育质量，对在民办学校和民办随迁子女学校就读的学生按每人 1000 元标准予以补助，减轻随迁子女家庭经济负担；坚持“两为主”“两纳入”的工作原则，扩大公办中小学接收随迁子女就读能力，全年进入公办中小学就读随迁子女占人员总数比例上升至 75.80%；启动“同行计划”，推进随迁子女融入教育项目，探索不同功能定位区县与不同类型学校的融入模式和策略；加大对未经审批随迁子女学校的监管力度，对尚未建立电子学籍的学生信息进行登记。

（王昱人）

【提供优质数字化教育资源】　至年底，市教委利用北京教育资源网为中小学教师提供优质数字化教育资源服务。网站共收有条目类资源 69 万条，包括免费资源 31 万条、计费资源 38 万条；资源服务频道 18 个，包括国家基础教育资源网、高校特色资源网、中小学数字图书馆、龙源期刊、读秀知识库、人大附中网校等。是年，北京教育资源网继续“教师先选择，政府后服务”工作模式，采用电子货币机制，为教师提供数字化教育资源服务。3 月 25 至 28 日，市教委组织评审优秀北京市教学资源，各区县 217 件作品参评，205 件作品获奖。

（周凯）

小　学　教　育

【概况】　2013 年，北京市共有小学 1093 所，比上年增加 12 所；拥有教职工 57832 人，专任教师 46783 人；在校生 78.93 万人，包括北京市户籍学生 39.45 万人、非北京市户籍学生 36.96 万人；毕业生 11.18 万人，招生 16.58 万人。学校占地面积 1418 万平方米，校舍建筑面积 654 万平方米；固定资产总值共计 131.09 亿元，其中，仪器设备资产总值 44 亿元。拥有计算机 203772 台，图书馆（室）藏书 2656 万册。

（陈德时）

【召开市学校管理改进项目交流会】　5 月 16 日和 10 月 18 日，市教委召开北京市中小学章程建设与学校管理改进研究项目交流培训会。会议在北京市海淀区五一小学和北京市石景山区古城第二小学举行，来自石景山区教委、石景山古城二小、石景山六一小学等 5 个单位代表分别介绍校章建设的做法和经验，并提出推进校章建设的四个重点工作，即以校章制定为载体，促进学校依法治校；以校章建设为动力，促进学校科学管理；以校章践行为重点，促进学校的内涵发展；以校章试点为抓手，促进区域教育的现代化。“中小学章程建设与学校管理改进研究”项目在实践研究基础上，全年新增实验校 111 所。至年底，全市共有项目实验学校 176 所。

（陈德时）

【召开市小学规范化建设工程总结会】　7 月 15 日，市委教育工委、市教委、

市教育督导室召开 2013 年暑期基础教育领导干部工作会暨北京市小学规范化建设工程总结会。市政府、市委教育工委、市教委、市教育督导室领导，市教委相关处室、直属直管单位，各区县政府、区委教育工委、区教委、区政府教育督导室相关负责人，部分人大代表、政协委员以及全市各中小学校长、幼儿园园长、教师代表 500 人参加会议。会议总结五年来北京市小学规范化建设工程实施情况，指出围绕全面实施素质教育主题，以加快推进义务教育均衡发展为工作主线，促进全市小学教育规范、均衡、优质、特色发展。听取小学规范化建设工程督导报告，对 112 个小学规范化建设工程先进集体和 329 名先进个人进行表彰。通州区政府、朝阳区教委、北京小学大兴分校代表分别作交流发言。会议印发《北京市小学规范化建设工程系列丛书》，从课程建设、教学改革、德育工作、队伍建设、综合评价、特色建设、办学条件等方面分专题梳理工程建设成果。会议明确今后全市小学发展方向，对首都基础教育改革发展重点工作进行部署。2007 年，市教委、市教育督导室联合颁布《关于实施小学规范化建设工程的意见》，在全市启动实施小学规范化建设工程。工程于 2012 年结束，五年北京市小学规范化建设工程累计投入资金 192.50 亿元，共有 648 所小学 762 个校址完成加固改造，新增专业教室 3267 个，教育教学设施、音体美器材、图书资料等办学主要项目达标率 94.07%。本科毕业小学教师人数比 2008 年增长 49%，小

学管理干部大学本科及以上学历比例从 2008 年 59.50% 上升至 87.30%，正职校长具有本科及以上学历占 95.50%。小学生身体、心理健康素质提高，综合素质监测显示各项主要指标逐年增长。

（陈德时　向姣姣）

【印发提升小学品质意见】 10 月 16 日，市教委印发《关于进一步提升小学教育品质的意见》。意见指出要从“高度重视小学入学生源持续增长的态势、加快推进基本教育公共服务均等化、积极回应人民群众对优质小学教育的需求”等方面把握小学发展形势，明确今后全市小学教育要结合中小学建设、德育工作、体育工作、融合教育等四个行动计划的实施，从小学教育的基础性、儿童性和发展性特点出发，围绕全面实施素质教育战略主题，把握小学教育品质提升工作主线，按照育人为本、尊重规律、转变方式、提升品质工作要求，推动自主学生培养、卓越教师发展、魅力学校建设和品质教育提升。意见提出重点要强化公共服务保障，重点推动标准化建设、强化供给保障、创新供给方式；注重育人质量提升，重点推进学生自主发展、多彩课程构建、智慧课堂实施和卓越教师建设；注重文化品质培育，重点推进校章制定、学校文化特色和魅力学校建设；推动和谐生态建设，重点推进可持续发展教育、构建教育发展良好生态；要求各区县采取措施，积极保障工作取得实效。

（向姣姣）

【组织“京城杯”小学教学交流】 11 月 26 至 28 日，北京市六城区组织开展第八届“京城杯”小学课堂教学交流活动。活动由东城区教委承办，在北京第一师范学校附属小学进行，来自东城区、西城区、海淀区、朝阳区、石景山区、丰台区的 12 名优秀青年教师作课堂教学展示，涉及语、数、英学科，覆盖小学一至六年级学段。六城区教委、研修部门领导、各校教师等 1000 人参加会议。“京城杯”小学课堂教学交流活动是由东城、西城、海淀等六城区教委自主搭建的为各区小学教师学习与交流的平台，旨在引导干部教师关注课堂、关注学生，努力提高课堂实效，促进教师的专业化发展。本届“京城杯”小学课堂教学交流活动将研究主题定位于“关注学生需求提高课堂实效”，各区县秉承“以学生发展为本，聚焦课堂教学，实现减负增效”的基本共识开展研讨、交流与展示。

（王军　李银娅）

【挖掘与传承学校文化】 至年底，市教委加强北京市小学百年老校文化传承与发展工作。4 月 27 日，在北京市海淀区民族小学组织召开“北京市小学百年老校文化品牌价值挖掘与发展研讨会”，于建立 62 所“百年小学资源库”基础上，进一步提炼挖掘百年老校育人价值和品牌文化，对全市小学开展学校特色文化建设推介活动，重点培育 100 所具有区域特征文化建设特色学校。全市各区县学校代表参加活动。6 月 19 日，在北京市朝阳区芳草地国际学校举办“培育学校特色文化、提升小学教育品质”北京市小学学校文化建设校长沙龙活动，组织小学教育研究会理事走进清华大学附属小学、北京市东城区史家胡同小学开展专题交流。全市各区县学校代表 120 人参加活动。

（陈德时）

小　　学

北京市东城区史家胡同小学

【概况】 2013 年，北京市东城区史家胡同小学占地面积 2.40 万平方米、建筑面积 3.96 万平方米，体育场馆面积 0.48 万平方米。图书室藏书 6 万册。固定资产总值 18986.61 万元。全年教育经费投入 5426.17 万元，其中，国家拨款 5390.12 万元、自筹经费 36.05 万元。学校信息化经费投入 180 万元，拥有计算机 987 台，多媒体教室座位 3780 个，校园网出口总带宽 160Mbps，数字资源量 1.60TB，“信息技术”课程 0.5 课时/周。普通教室 84 个、专用教室 24 个。教职工 288 人，包括副高级职称 24 人、中级职称 160 人。专任教师 246 人，包括北京市学科教学带头 2 人、市级骨干教师 10 人、特级教师 2 人；全部为本科及以上学历。开设教学班 84 个。毕业 561 人；招生 657 人；在校生 3662 人，包括寄宿生 110 人。网址：www.shijia.org。

（邢超）

【参与中国青少年足球发展推广】 3 月 20 日，史家小学举办“中国青少年足球发展及中超联赛推广活动”新闻发布会。此次活动主题为“让更多的青少年热爱足球”，开展足球文化交流。其间，国际足球运动员贝克汉姆（David Beckham）来校参观校园文化环境，观看学校金帆舞蹈团表演“小狮子舞绣球”节目，走进史家科技馆“造梦空间”、史家书院等。全校教师、学生 600 人参加活动。

（邢超）

【举办《永远的新校长》首发式】 5月17日，史家小学举办“追梦教育、逐梦成长”《永远的新校长》首发式暨校长成长研讨会。全市各区县教育工作者300人出席会议。《永远的新校长》以自述形式，记录校长王欢十年四校成长历程与经验，划分校长成长的“迷茫期”“敏感期”“磨合期”和“发展期”四个阶段，初步提炼校长成长的根基、动力、条件等要素，并形成“稳中求变、顺势而行”“修己安人”“在继承中发展”“温、文、稳、问”等管理理念。全书分为5个篇章，共计17.30万字，由北京出版社出版。王欢，1981年从教，历任北京市东城区北池子小学、北京市东城区和平里第四小学班主任、语文教师，东城区教研科研中心教研员，北京市东城区分司厅小学、北京市东城区府学胡同小学、北京市东城区史家胡同小学及其联盟校北京市东城区东四七条小学校长。

（邢超）

【召开教学实践研讨会】 7月9日，“教益俱陈、学高皆范”教学实践研讨会在史家小学召开。会议是北京市教育学会小学教育研究分会“走进理事单位”系列活动内容，该校2名教师分享数学、音乐教育感悟，特级教师吴正宪、海倩雯现场点评。活动中，播放学校宣传片《播种和谐、托举梦想》，举行教师陈凤伟专著《和学生一起“学”数学——小学数学课堂实践与研究》、范汝梅专著《音韵启慧、乐润童心——我的音乐教育之梦》发布会。来自北京市教育学会小学教育研究分会理事单位校长、教师400人参加会议。

（邢超）

北京市东城区府学胡同小学

【概况】 2013年，北京市东城区府学胡同小学占地面积1.97万平方米、建筑面积1.34万平方米，体育场面积0.54万平方米。图书馆藏书10.10万册。固定资产总值5813.53万元。全年教育经费投入3763万元，全部为国家拨款。学校信息化经费投入70万元，拥有计算机741台，多媒体教室座位152个，校园网出口总带宽50Mbps，数字资源量50GB，“信息技术”课程0.5课时/周。普通教室66个、专用教室18个。教职工205人，包括副高级职称14人、中级职称126人。专任教师167人，包括特级教师1人、市级骨干教师6人、北京市学科教学带头人1人；全部为本科及以上学历。开设教学班66个。毕业474人、招生520人、在校生2909人。网址：www.fuxue.com.cn。

（许银萍）

【举办金帆乐团专场演出】 10月14

日，府学胡同小学金帆行进管乐团举办“回馈社会，金帆传情”专场慰问演出。演出邀请金帆联盟校北京市东城区和平里一小共同参加，男生合唱团表演《弹起我心爱的土琵琶》《吹草哨》，和平里一小行进管乐团演奏《疯狂的曳步舞》《校园的早晨》，府学金帆行进管乐团演奏《五洲四海来相聚》《五环旗下》和《茉莉花》等7首中外曲目，府学校园剧社表演校园剧《五个手指》，府学合唱团演唱《府学之歌》等。府学金帆行进管乐团团员60人、校园剧社演员、男生合唱团、学校合唱团部分团员，和平里一小行进管乐团共160人参加演出，武警六支队官兵、交东社区居民代表300人观看。

（许银萍）

【学生参加可持续发展教育国际论坛】 10月22日，府学胡同小学学生参加第六届可持续发展教育国际论坛。论坛由联合国教科文组织、中国可持续发展教育项目全国工作委员会秘书处共同举办，该校五年级5名学生参加第五分论坛“文化传承与青少年使命”，并以《可持续发展视角下的“礼”文化的传承》为题发言，使用英语从古色古香的“礼乐”殿堂、丰富多彩的国学课程、传承文化三进文丞相祠、祭祀文化的崭新视角四个方面，向联合国教科文组织专家介绍学校的校园文化、国学课程及礼仪实践活动。来自联合国教科文组织、联合国环境规划署，以及荷兰、英国、日本、韩国、瑞典、德国、印度、巴西、挪威、美国、瑞士、中国香港等10余个国家和地区的专家、教育学者、学生代表400余人参加论坛。

（高杰）

【雏鹰科技学院成立】 10月28日，

府学雏鹰科技学院成立仪式暨2013至2014学年科技节开幕式举行。仪式上，聘请2名校外专家定期到校举办科普讲座、指导科技教育工作，14名教师受聘为“府学雏鹰科技学院”校内导师，33名学生被聘为“府学雏鹰科技学院”第一届学员。全校师生3000人参加仪式。府学雏鹰科技学院由学校干部兼职负责日常管理工作，组织开展各项科技活动。

（许银萍　赵志伟）

【与满洲里小学结为友好校】 11月27

日，府学胡同小学与满洲里市三道街小学签订友好学校协议书。协议规定，两校合作开展学校文化建设与组织管理、课程开发与建设、教育教学常规管理、学生置换式互访互学体验活动等。协议有效期3年。

（许银萍）

北京光明小学

【概况】　2013年，北京光明小学占地面积23921平方米、建筑面积22983平方米，体育场馆面积529平方米。图书馆藏书81503册。固定资产总值1738.53万元。全年教育经费投入3074.13万元，全部为国家拨款。学校信息化经费投入90万元，拥有计算机465台，多媒体教室座位1882个，校园网出口总带宽9Mbps，数字资源量100GB，“信息技术”课程1课时/周。普通教室68个、专用教室20个、实验室1个。教职工160人，包括副高级职称4人、中级职称85人。专任教师133人，包括市级骨干教师4人、特级教师1人、享受国务院专家津贴1人；本科及以上学历100人。开设教学班53个。毕业278人；招生399人；在校生1942人，包括寄宿生201人，外省市借读生298人，另有外籍学生6人。网址：www.bjgmxx.com。

（卢凤霞）

【举办首届学生健康节】　3月28日至

4月28日，光明小学举办首届学生健康节。活动以促进学生精神、知识、身心健康为主旨，为学生健康成长搭设平台，组织开展健康课程体验、家长讲堂、安全体验、欢乐游戏、社会服务、亲子运动会等。闭幕式在先农坛体育场举行，展示啦啦操、集体舞、太极扇等内容，来自国家体育总局，东城区委、区委教育工委、区教委领导，全校师生、家长代表4000人参加活动。

（卢凤霞）

【组织校本课程建设与实施研讨】　6月24日，光明小学组织校本课程建设与实施研讨活动。活动观摩学校情趣课程现场授课，听取学校相关工作汇报。与会专家对个性化课程教研问题解决情况给予肯定，认为学校教研机制好、有创新点，并进行具体指导，解答学校校本课程开发、实施、评价等过程中遇到困惑，调整规划校本课程体系。北京教科院相关负责人，丰台、顺义、东城区教研员7人参加活动。

（卢凤霞）

【广渠校区揭牌】　9月2日，北京光

明小学（广渠校区）“梦想起航·开学典礼·新校区启动仪式”举行。东城区区长参加并为新校区揭牌。该校区建设于2009年，为广渠家园小区配套学校，总占地面积7110平方米、总建筑面积10600平方米，体育场面积4500平方米。开设教学班13个，招收学生462人，包括寄宿生201人。

（卢凤霞）

【开设习惯训导课程】　9月3日，光明小学开设习惯训导课程。该课程涉及生活、交往、学业三个方面内容，以团队为单位，根据学生年龄特点和发展规律开发设计，团队集体备课、资源共享，通过训导结合、先导后训形式，以体验式指导、激励性评价方式固化学生良好行为。全校学生1962人参加学习。

（卢凤霞）

北京市西城区师范学校附属小学

【概况】　2013年，北京市西城区师范学校附属小学一校两址，占地面积1.47万平方米、建筑面积1.54万平方米，体育场面积0.10万平方米。图书室藏书3.50万册。固定资产总值1587万元。全年教育经费投入4404.91万元，全部为国家拨款。学校信息化经费投入800万元，拥有计算机397台，多媒体教室座位3062个，校园网出口总带宽100Mbps，数字资源量500GB，“信息技术”课程2.5课时/周。普通教室58个、专用教室19个、实验室2个。教职工141人，包括副高级职称2人、中级职称76人。专任教师127人，全部为本科及以上学历。开设教学班58个。毕业336人、招生433人、在校生2387人。网址：www.bjxsfx.org。

（倪菁）

【开展春季社会实践】　4月12日，西师附小组织开展春季社会实践活动。该校以年级为单位，分别到动物园海洋馆、花卉大观园、香山植物园、七彩蝶园、生存岛、顺鑫拓展基地参观实践，活动突出自主性、独立性和创造性，培养学生主动参与探究能力。全校教师、学生2410人参加活动。

（胡颖）

【庆祝建校60周年】　9月1日，西师

附小举办建校60周年庆祝活动。活动以“点滴积累、使每一天都有意义”为主题，包括开学典礼、六十年校庆、教学楼的改扩建工程完工启用仪式等系列内容。来自西城区委、区人大常委会领导，以及友好单位代表、学校师生2600余人参加活动。西师附小始办于1953年，原名北京燃料工业北郊小学，隶属于燃料工业部。1966年，更名为北京大庆小学。1973年，更名为北京市第二二一中学。1980年，更名为北京市人定湖学校。1984年，更名为北京市西城区师范学校附属小学。1999年，更名为北京市西城区实验学校。2005年，改回北京市西城区师范学校附属小学。建校以来共培养毕业生25831人。

（倪菁）

【新食堂投入使用】　12月1日，西师附小新食堂投入使用。该食堂使用面

积500平方米，配有消音房及多种排风排气排烟设施，多功能切菜机和切肉机、餐具清洗一体机、鼓风大锅灶及各种工作台、保温售饭柜、消毒柜等设备，可容纳70人同时就餐，提供教师早午餐和学生午餐。食堂由西城区教委投入资金300万元建设。

（刘秀荣）

【举办首届英语戏剧节】　12月23日，西师附小举办首届英语戏剧节。戏剧节分为戏剧展演和英语才艺比赛两个部分，本着全员参与原则，要求各年级选择戏剧参加，演员通过班级选拔；英语组教师排演经典剧目《傲慢与偏见》。全校师生2500人参加活动。

（高珊）

北京市西城区育民小学

【概况】　2013年，北京市西城区育民小学占地面积1.39万平方米、建筑面积1.88万平方米，体育场面积0.26万平方米。图书馆藏书5.37万册。固定资产总值4048.91万元。全年教育经费投入4192.86万元，全部为国家拨款。学校信息化经费投入221.29万元，拥有计算机354台，多媒体教室座位1891个，校园网出口总带宽100Mbps，数字资源量500GB，“信息技术”课程1课时/周。普通教室43个、专用教室17个。教职工86人，包括副高级职称7人、中级职称56人。专任教师83人，包括特级教师1人、市级骨干教师2人、北京市学科教学带头人2人；本科及以上学历68人。开设教学班43个。毕业195人、招生266人、在校生1366人。网址：www.bjymxx.com。

（权全）

【举办第五届快乐节】　4月28日，育民小学举办第五届快乐节。活动以“舞动青春，放飞梦想”为主题，采取创意舞蹈展示形式，一年级表演“律动春天”、二年级“中国范儿”、三年级“爱心飞扬”、四年级“阳光少年”、五年级“放飞梦想”、六年级“和谐校园美丽绽放”；教师展示青春劲舞、华尔兹、探戈、恰恰等。全校师生及家长4000人参加活动。该校快乐节始办于2002年，每两年举办一届。

（权全）

【防控H7N9型禽流感】　4月，育民小学开展防控H7N9型禽流感工作。该校召开年级组长会议，制定学校防控工作8项措施，成立防控领导小组，明确职责、责任到人；学校通过校红领巾电视台3次开展宣传教育；校医对食堂从业人员进行预防H7N9型禽流感、食品安全知识培训；严格落实晨、午检制度，班主任每天对学生逐一观察、了解、询问健康状况，发现发热、咳嗽、流涕等情况及时隔离并通知家长；对因病缺勤学生及时了解患病情况，上报校卫生室，每天按时、准确做好报告。

（权全）

【举办第十届教学评优课赛】　6月，育民小学举办第十届“育星杯”青年教师教学评优课比赛。比赛本着全员性、全程性、全面性原则，采取教学技能展示形式，由校长牵头组成专门听课小组，在组内评优基础上，推荐教师参加校级比赛。评选标准包括教学内容与实际结合能力，课标、教材解析能力，以及独立备课、组内备课能力等。全校教师30人参加评比，最终13人获奖。“育星杯”青年教师教学评优赛始办于1998年，每年举办一届。

（权全）

【开展关注教师成长系列活动】　9至11月，育民小学开展关注教师成长系列活动。学校开展“读书交流”活动，教师通过幻灯片展示介绍所读书籍，涉及文学、历史、心理、科技等学科领域。学校开展“我喜爱的一句人生名言”交流活动，教师代表展示所喜爱的人生名言并解读意义。学校开展“师德感悟交流会”，通过展示分析教育案例等形式，分享教育经验、交流教育方法。全校教师86人参加活动。

（权全）

【交流创新课程】　11月29日，育民小学组织创新实践课程交流活动。活动要求每名校级学科教学带头人推出一节创新课，展示教改理念、专业技能、教学水平等最新思路，涉及语文、数学、英语等7个学科。其间，全校教师进行说课并完成互动点评，共有86人参加活动。

（权全）

北京市西城区阜成门外第一小学

【概况】　2013年，北京市西城区阜成门外第一小学占地面积8242平方米、建筑面积5438平方米，体育场面积3950平方米。图书馆（室）藏书2.67万册，电子图书32GB。固定资产总值813.50万元，包括教学仪器资产值479.10万元。全年教育经费投入1500.77万元，全部为国家拨款。学校信息化经费投入57万元，拥有计算机211台，多媒体教室座位968个，校园网出口总带宽1000Mbps，数字资源量191GB，“信息技术”课程0.5课时/周。普通教室25个、专用教室8个。教职工62人，包括副高级职称3人、中级职称35人。专任教师57人，包括市级骨干教师1人；本科及以上学历54人。开设教学班25个。毕业139人、招生201人、在校生968人。网址：www.xjfchmw1x.org。

（程芙清）

【与美国小学签订友好协议】　1月29

日，阜外一小与美国洛杉矶圣安东尼奥小学签订友好合作协议。协议规定，双方学校开展教育教学交流互访活动；双方学校教育管理和教学管理工作制

度，教育教学资料相互借鉴与交流；双方学校在教师培训方面的合作交流；双方学校的教师可到对方学校进行短期教学交流。交流原则为双方在尊重、平等的基础上，为合作提供方便；并在本国相应法律规定的范围内进行，尊重两国的文化与传统。

（张翠宇）

【校篮球队成立】 1月，阜外一小校篮球队成立。篮球队招收四至六年级男、女队员各20人，由指导教师依据学生情况制订具体训练计划，每周安排2至3次训练。学校定期组织班级间比赛，并参加市、区级篮球比赛。

（张辉）

【举办第五届青年教师评优课比赛】 4月24日至5月23日，阜外一小举办第五届“撷英杯”青年教师校级评优课比赛。比赛以“增效减负，提升课堂教学质量”为主题，采取课堂教学比赛的形式，评委由校委会成员、教学主管、外聘区教研员组成，评比项目有教学目标、学习条件、学习指导与教学调控、学生活动、课堂气氛、教学效果、信息技术手段、课后答辩等几个方面。全校青年教师16人参加比赛，展示语文课6节、数学课5节、英语课3节、体育课1节、美术课1节，最终3人分获语文、数学、科任学科一等奖。“撷英杯”青年教师评优课比赛始办于2008年，每年举办一届。

（张翠宇）

【加强学校硬件建设】 7至10月，阜外一小加强学校硬件建设。其中，由西城区教委投资200万元维修学校围墙400米、翻新操场护网172米；由西城区教委投资150万元新建学生食堂，操作间建筑面积250平方米，可为全校师生午餐提供优质服务。

（黄磊）

北京市宣武师范学校附属第一小学

【概况】 2013年，北京市宣武师范学校附属第一小学占地面积1.95万平方米、建筑面积2.17万平方米，体育场馆面积0. 87万平方米。图书馆藏书7.24万册，订阅杂志、报刊85种。固定资产总值3481.51万元。全年教育经费投入3352.59万元，全部为国家拨款3352.59万元。学校信息化经费投入249.82万元，拥有计算机247台，多媒体教室座位1880个，校园网出口总带宽10Mbps，数字资源量6000GB，“信息技术”课程1课时/周。普通教室42个、专用教室14个。教职工124人，包括副高级职称7人、中级职称67人。专任教师114人，包括市级骨干教师4人；本科及以上学历110人。开设教学班42个。毕业259人、招生388人、在校生1702人。网址：www. xsyfx. cn。

（卢凤英）

【艺术团赴国外演出】 1月29日至2月6日、7月26日至8月8日，宣师一附小“童心艺术团”组织学生两次赴国外演出。1月，艺术团师生一行35人赴法国、德国、奥地利参加“相约维也纳2013奥地利中国艺术节”艺术展演，表演民乐《龙腾虎跃》《步步高》，合唱《萨尼少年跳月来》《让世界充满爱》等节目。7月，合唱团师生一行38人，应邀赴美国斯坦福大学参加音乐游学营活动，演唱《哆唻咪》《茉莉花》等曲目。该活动由美国“晶晶合唱团”组织筹办。

（苏咏霞）

【营养健康教育基地揭牌】 5月27日，宣师一附小营养健康教育基地揭牌。该基地由学校和北京市师营养协会负责管理，向家长与学生宣传和普及营养健康饮食知识。7月8日，学校邀请协和医院营养科专家举办“营养膳食对自己的生命成长负责”专题讲座，全校师生290人参加学习。

（齐金芬）

【开展高雅艺术进校园活动】 9月，宣师一附小开展高雅艺术进校园活动。该活动与市关工委、西城区关工委、中央芭蕾舞团合作，面向三年级学生开展芭蕾形体培训，邀请芭蕾舞团专业演员授课，讲解芭蕾的起源与历史、基本手位和脚位、哑剧手势等知识。学校三年级师生320人参加活动。12月11日和19日，该校先后组织师生到天桥剧场观看芭蕾舞剧《胡桃夹子》和《过年》。

（张玲）

北京市朝阳区白家庄小学

【概况】 2013年，北京市朝阳区白家庄小学占地面积29855.02平方米、建筑面积22394.88平方米，体育场（馆）面积22852平方米。图书馆（室）藏书7.87万册，订阅杂志、报刊25种。固定资产总值6750.30万元。全年教育经费投入5037.60万元，其中，国家拨款5024万元、自筹经费13.60万元。学校信息化经费投入421.30万元，拥有计算机1069台，多媒体教室座位2870个，校园网出口总带宽4Mbps，数字资源量2000GB，“信息技术”课程0.5课时/周。普通教室82个、专用教室31个。教职工226人，包括副高级职称11人、中级职称124人。专任教师217人，包括市级骨干教师15人；全部为本科及以上学历。开设教学班83个。毕业396人、招生605人、在校生2699人。网址：www.tfbx.net。

（李臣　李瑞霞）

【参加首届国际青少年科学交流会获奖】　1月30日至2月4日，白家庄小学参加首届中国——新加坡国际青少年科学表演交流大会获奖。该校英语科普社团2支代表队14人，演出《灰姑娘的水晶》和《除夕》获得最佳团体奖与优秀创意奖。此次活动由新加坡科学中心主办，来自中国和新加坡的12所学校15支代表队参赛，共评出最佳表演奖5个、最佳团队奖3个、优秀创意奖2个。

（李瑞霞）

【资源开发机制与实验研究项目签约】

3月6日，白家庄小学举行北京市基础教育数字化课程资源开发机制与实验研究项目签约仪式。北京教育科学研究院、白家庄小学、外研社签署合作协议，三方将电子教材引入英语课堂，开展探究性学习模式研究；外研社将为白家庄小学免费提供英语电子教材，并与课程中心共同定期安排专家下校指导。协议有效期3年。

（王丽君）

【组织学习共同体交流视导】　6月8日和26日，白家庄小学组织学习共同体交流视导活动。学校德育、教学、

科研、信息主管干部以及英语、音乐、体育、美术学科教师一行15人，走进学习“共同体校”北京市朝阳区八里桥小学进行集中视导，内容包括课间操观摩、听评课、教案作业及档案材料检查等。该校举办北京市基于发展性评价交流会，就“学生成长规律与育人策略项目第三学习共同体成果”共享交流，主管教学干部、3名教师围绕《尊重差异，让每一名学生获得最大限度的发展》作主题发言，共展示语文、数学、英语、班会课9节研究课，中国教育学会小学教育专业委员会、北京师范大学专家，课题成员校教师100人参加活动。

（张国徽　徐小青）

北京市朝阳区星河实验小学

【概况】　2013年，北京市朝阳区星河实验小学占地面积29731.70平方米、建筑面积29430平方米，体育场（馆）面积12107.18平方米。图书馆（室）藏书4.24万册。固定资产总值22321.39万元。全年教育经费投入2126万元，其中，国家拨款2113万元、自筹经费13万元。学校信息化经费投入96万元，拥有计算机328台，多媒体教室座位1925个，校园网出口总带宽30Mbps，数字资源量12700GB，“信息技术”课程0.5课时/周。普通教室42个、专用教室13个、实验室2个。教职工105人，包括副高级职称4人、中级职称39人。专任教师102人，包括市级骨干教师3人；大学本科及以上学历101人。毕业190人、招生288人、在校生1306人。网址：www.xinghe.bjchyedu.cn。

（张景长　王志红）

【开展减负增效教学交流】　3月26日，星河实验小学开展“减负增效”课堂教学研究活动。活动走进三年级课堂，观摩“面积和面积计算”“平均数”两节公开课，交流认为教师教学思路清晰、教学环节流畅，学生课堂参与度高。来自江苏武进清英外国语学校、山东临淄实验小学、北京师范大学大兴附属小学代表，以及学校干部、教师20人参加活动。

（常燕林）

【接待内蒙古学校交流考察】　10月15

日，星河实验小学接待内蒙古音德尔第四小学到校交流考察。音德尔四小校长、教师一行6人，到校学习考察学校教育教学管理及学科教学研究，为期一周。其间，星河实验小学向其捐赠6至12岁儿童秋冬季衣物3000件、学习用具和书籍30箱。音德尔第四小学是朝阳教委对内蒙古扎赉特旗教育局扶持项目校之一。

（常燕林）

【苏格兰乐团到校交流演出】　11月5日，星河实验小学接待英国苏格兰曼兰（Manran）乐团到校开展文化交流演出。曼兰乐团为学生演奏苏格兰风格音乐，介绍乐器常识；该校“星河小雅口琴乐团”为客人展示中国西部哈萨克族音乐《玛依拉》和苏格兰民谣《友谊地久天长》。此次活动是该校艺术社团首次接待外事访问。

（常燕林）

【承办市语言文字规范调研会】　12月5日，星河实验小学承办北京市语言文字规范调研会。会上，北京市语言文字规范办公室领导介绍语言文字工作的意义和背景，并听取部分单位的工作汇报，该校做为示范学校代表作《规范语言文字、提升优质教育水平》主题发言。来自市语言文字规范办，以及朝阳区11个街乡、3所学校

语言文字工作负责人参加会议。

（常燕林）

北京市丰台区 丰台第一小学

【概况】 2013年，北京市丰台区丰台第一小学一校三址，附带一所幼儿园。占地面积4.35万平方米、建筑面积3.23万平方米、体育场（馆）面积1.06万平方米。图书馆（室）藏书12.53万册，电子图书2GB册，订阅杂志、报刊45种。固定资产总值3455万元。全年教育经费投入3649万元，全部为国家拨款。学校信息化经费投入200万元，多媒体教室座位4400个，校园网出口总带宽100Mbps，数字资源量100GB，“信息技术”课程0.5课时/周。普通教室78个、专用教室11个。教职工210人，包括副高级职称2人、中级职称118人。专任教师205人，包括市级骨干教师2人；本科及以上学历181人。开设小学教学班79个、幼儿班3个。小学毕业516人、招生562人、在校生2956人。网址：www.ft1x.ftedu.gov.cn。

（陈力强）

【组织园博会主题活动】 6月5日，丰

台一小组织“支持园博、我们行动”主题活动。活动号召学生“爱北京、爱丰台、关注园博会”，引导其以文明小主人形象游览园博园，并要求认领园博车贴传递“绿生活”理念。全校学生400人参加活动。

（陈力强）

【庆祝建校50周年】 9月12日，丰台一小举办建校50周年庆祝活动。活动分为三个部分，各年级开展系列主题教育，寻访学校发展轨迹，制作办学历程宣传片《我们一起走过》，排练演出教师与学生成长故事话剧《心在这里相遇》，学校教师、校友、家长代表，以及全区各校、共建单位负责人，社会各界人士5000人参加活动。其间，学校编辑画册《绽放》和《北京教育》杂志增刊，出版文集《心在这里相遇——我和学生的故事》。丰台一小创办于1963年，前身为北京市丰台镇中心小学，建校初期设有32个教学班、学生1381人、教职工46人。2013年3月25日，学校由丰台区东安街头条2号迁址至丰台区东安街头条1号原北京市十二中初中一部。

（陈力强）

【举办与作家面对面活动】 12月26

日，丰台一小举办与作家面对面活动。学校邀请“中国动物小说大王”作家沈石溪，指导学生阅读其文学作品，聆听作者与笔下动物间真实故事，并就“为何选择动物题材进行创作”“如何积累写作素材”“写作有什么秘诀”等问题展开交流。该校四至六年级师生1000人参加活动。

（陈力强）

北京市丰台区 丰台第五小学

【概况】 2013年，北京市丰台区丰台第五小学占地面积4.70万平方米、建筑面积2.10万平方米、体育场（馆）面积1.52万平方米。图书馆（室）藏书5.70万册，电子图书10万册，订阅杂志、报刊47种。固定资产总值2731万元。全年教育经费投入1422万元，全部为国家拨款。学校信息化经费投入470万元，拥有计算机492台，多媒体教室座位4680个，校园网出口总带宽10Mbps，数字资源量2800GB，“信息技术”课程1课时/周。普通教室83个、专用教室34个。教职工225人，包括副高级职称7人、中级职称120人。专任教师191人，包括市级骨干教师8人、北京市学科教学带头人1人；本科及以上学历189人。开设教学班83个。毕业501人、招生698人、在校生3182人。网址：www.bjft.com。

（徐文宇）

【展示幸福教育研究成果】 3月21日，丰台五小展示幸福教育“自主课堂”研究成果。活动听取校长题为《只有成就幸福的课堂，才能深刻体现幸福教育》专题汇报，组织10个学科46节公开课教学研讨，体现“问题来自学生”“创设探索的空间”“学生获得自主发现的体验”“自主梳理解决问题的思路”理念。丰台区教研员，以及学校校本部、银地分校、京铁分校、鸿业分校教师233人参加活动。

（李健）

【艺术团赴西班牙交流】 7月14至

26日，丰台五小“小海燕艺术团”赴西班牙开展文化交流活动。该艺术团一行教师8人、学生33人，参加“中西建交四十周年”主题文化交流，在西班牙马德里蒙法特学校和阿方索十世大学举办两场演出，受邀前往西班牙商学院（IESE）访问交流，并为西班牙驻华大使馆、中国驻西班牙使馆代表表演民乐柳琴演奏《云雀》、昆曲《游园》、合唱《鸽子》等节目。

（宋红莉）

【启动消防安全教育】 9月4日，丰台五小启动“生命通道体验”消防安全教育活动。学校组织消防疏散演练，并带领学生识别消防器材、装备等；丰台消防支队官兵为师生讲解各种器材装备性能、用途及使用方法。来自丰台区教委、丰台消防支队领导，全区各中小学消防安全工作负责

人、学校师生 2000 人参加活动。丰台一小、丰台五小被命名为“全国消防安全教育示范校”。

（田新海）

【组织“小海燕奖章”评选】 9月，

丰台五小组织“小海燕奖章”评选活动。活动主要以“五自”为目标培养学生，即自主、自律、自信、自强、自豪，使其在学校树立主人翁意识。活动分为“必修章”——“博学小书虫”“整理小达人”“礼仪小标兵”，“选修章”——“心情调色板”“五彩作业本”“科学时间表”“激流勇进船”“志愿红袖标”，以及学科特色章。规定学期获得 3 枚必修章、1 枚选修章、3 枚学科特色章即可获得“小海燕奖章”。全校学生 2230 人参加活动。

（田新海）

北京市丰台区师范学校附属小学

【概况】 2013 年，北京市丰台区师范学校附属小学占地面积 8514 平方米、建筑面积 2460 平方米、体育场（馆）面积 3600 平方米。图书馆藏书 3.60 万册，电子图书 10 万册，订阅杂志报刊 8 种。固定资产总值 2569.86 万元。全年教育经费投入 2125.29 万元，全部为国家拨款。学校信息化经费投入 160 万元，多媒体教室座位 1000 个，校园网出口总带宽 10Mbps，数字资源量 2800GB，“信息技术”课程 2 课时/周。普通教室 64 个、专用教室 11 个、实验室 1 个。教职工 127 人，包括副高级职称 3 人、中级职称 73 人。专任教师 120 人，包括市级骨干教师 3 人；本科及以上学历 117 人。开设教学班 48 个。毕业 290 人、招生 322 人、在校生 1709 人。网址：www.fsfx.bj.cn。

（薛燕）

【学习网络安全知识】 6 月 9 日，丰师附小参加“健康上网快乐童年——少年儿童网络安全知识讲座”。活动由北京市公安局网络安全办公室主办，邀请网络安全软件公司代表、市公安局网安总队负责人、中国人民大学心理学系教授、北京教育学院丰台分院信息中心专家主讲，通过真实案例，讲解网络学习、网络社交、网络购物等网络安全知识。该校四年级师生 300 余人参加学习。

（白洁）

【召开数字校园实践研讨会】 6月28

日，丰师附小召开“数字校园、智慧课堂”办学实践研讨会。会议分为课程展示、研讨交流两个环节，展示单元整体教学、互动反馈技术和平板计算机在课堂教学中的应用等实践成果，校长对学校整体发展和实践创新进行汇报，与会人员提出在现有数字课堂的基础上，进一步提升课堂实效性，充分发挥学生潜能以及开发新数字平台，大力发挥师生远程互动等建议。来自中国下一代教育基金会、丰台区委教育工委、区教委领导，以及兄弟省市、各区县、基层学校代表 200 人参加会议。2011 年，该校将平板计算机引入课堂，创新教师、学生间无缝交互教学模式。

（薛燕）

【组织游园习作实践活动】 10 月 24

日，丰师附小组织“游园博园”习作综合实践活动。学生手持智能平板计算机（iPad），来到园博园进行一次写作采风活动。师生利用 iPad 拍摄短片和图片，分组开展讨论记录，并进行现场点评。学生运用所拍摄照片、视频制作演示文稿（PPT）。该校五年级教师 22 人、学生 210 人参加活动。

（曹静）

北京市石景山区金顶街第二小学

【概况】 2013 年，北京市石景山区金顶街第二小学占地面积 3.06 万平方米、建筑面积 2.51 万平方米、体育场（馆）面积 1192 平方米。图书馆（室）藏书 2.96 万册，订阅杂志、报刊 102 种。固定资产总值 2316 万元。全年教育经费投入 1526 万元，全部为国家拨款。学校信息化经费投入 285 万元，计算机 430 台，多媒体教室座位 2046 个，校园网出口总带宽 10Mbps，数字资源量 62GB，信息技术课程 1 课时/周。普通教室 40 个、专用教室 28 个。教职工 107 人，包括中级职称 60 人。专任教师 95 人，包括市级骨干教师 3 人；本科及以上学历 85 人。开设教学班 39 个。毕业 198 人、招生 293 人、在校生 1361 人。网址：http://jdj2x.sjsedu.cn。

（张媛玲）

【实施学困生项目】 10月11日至12

月 20 日，金顶街二小启动实施“石景山学困生项目”。该项目是“提高北京市群体干预解决学习困难学生预警跟踪及提升学习质量的行动实践研究”内容，学校承办北京市第六届“关注差异，关爱学生，促进师生共同发展”交流研修会暨名师大讲堂，

教师做四年级英语研究课，交流英语故事教学，阐释如何关注学困生学习获得、如何与其交流相关经验，在展示环节提供其语言实践机会，在学习过程中始终给予积极评价。全校教师25人参与项目。

（张媛玲）

【组织爱心主题演讲】 10月14日，金顶街二小邀请团中央“爱心讲师团”到校宣讲“关爱工程”。其间，听取团中央关爱工程宣讲团青年演讲家乔洋“让真爱洒满人间”主题演讲。该校师生、家长3000人参加活动。

（张媛玲）

【研讨学法改革】 11月13日，金顶街二小组织学习方法改革研讨。该校推出《圆明园的毁灭》《编码》《花绳》等语文、数学、体育学科观摩课，展示“以解决问题为本的学与习——反思改进”研究过程，引领教师依据课堂平台，培养学生自主探究、主动学习能力，梳理出“理解教材内容，整体把握教材的研究”“有效设问的研究”“关注学生课堂学习思维状态的研究”等课题，转变学生学习方式。全校干部、教师58人参加学习。

（张媛玲）

北京市石景山外语实验小学

【概况】 2013年，北京市石景山外语实验小学占地面积8659平方米、建筑面积4498平方米，体育场（馆）面积2970平方米。图书馆（室）藏书20179册。固定资产总值1385万元。全年教育经费投入204.60万元，全部为国家拨款。学校信息化经费投入110万元，多媒体教室座位360个，计算机219台，校园网出口总带宽10Mbps，数字资源量200GB，“信息技术”课程4课时/周。普通教室12个、专用教室6个。教职工41人，包括副高级职称2人、中级职称29人。专任教师36人，包括北京市学科教学带头人1人、市级骨干教师1人；本科及以上学历34人。开设教学班12个。毕业59人、招生62人、在校生362人。网址：http://wysyx.sjsedu.cn。

（李秀节）

【实行校园先锋卡】 2至12月，石

景山外语实验小学实行校园先锋卡奖励机制。校园先锋卡设置黄、红、粉、绿、蓝五种颜色，代表“人人争做才艺星，挑战自我进步大”“团结同学我最棒，热爱集体我先行”“认真学习不偷懒，最好成绩带回家”“我是环保小卫士，争做首都主人翁”“学习习惯我最好，行为习惯最在行”等奖励项目，学期内累计获得者，可得到升旗仪式国旗手和红领巾广播资格卡，同时获得“计算机教室畅游30分”“校园语音教室观看电影”奖励。全校学生参与活动，最终136人获奖。

（李秀节）

【完成校园抗震加固】 6月20日至9月1日，石景山外语实验小学校园抗震加固改造工程完工。工程包括教学楼建筑外墙粉刷，新增视听和劳动教室使用面积750平方米；置换学生升降座椅380套，更新教室电子白板15个，补充图书5000册；修建二楼楼顶平台200平方米，用于半封闭式乒乓球活动场所，四楼楼顶绿化面积1200平方米。工程由石景山区政府总投资1206.14万元。

（李秀节）

【开发博物馆校本课程】 12月31日，

石景山外语实验小学开发博物馆校本课程。该校“小学生博物馆实践的研究”课题获得北京市规划办批准，并编辑印发《北京市石景山区外语实验小学博物馆校本课程》教材，举办“迎新年博物馆开放日”，主题包括“西餐礼仪文化情景剧”“走进海洋馆绘画展”“老物件——首都民俗文化展”“法海寺壁画临摹展示”“宇宙的奥秘——天文馆展厅”。全校学生360人、家长200人参加活动。“小学生博物馆实践的研究”自2010年10月启动，确定每年4月和10月为学校博物馆课程月，制定《博物馆课程表》，其中一年级走进西餐厅、二年级走进海洋馆、三年级走进首都博物馆、四年级走进法海寺、五年级走进天文馆、六年级走进国家动物博物馆的，并邀请家长参与“民俗文化”等专题课程。

（丈玲）

【探究家校协同教育】 至年底，石景山外语实验小学探究家校协同教育。该校开展“网络下的家校协同教育”研究，基于互联网学校构建学校、家庭、社会和网络四位一体未成年人健康成长环境，具体方式为创建班级博客、家校短信平台、家长学校微信群、班级QQ群、班级邮箱等，形成学校德育特色。全校干部、教师35人参与研究。

（李秀节）

北京大学附属小学

【概况】 2013年，北京大学附属小学占地面积2.71万平方米、建筑面积2.17万平方米，体育场馆面积0.61万平方米。图书馆藏书7.20万册，包括电子图书180GB，订阅杂志、报刊121种。固定资产总值2679万元。全年教育经费投入4631万元，其中，国家拨款3612万元、自筹经费1019万元。学校拥有计算机560台，多媒体教室座位2652个，校园网出口总带宽100Mbps，数字资源量6000GB，“信息技术”课程1课时/周。普通教室59个、专用教室34个。教职工170人，包括副高级职称7人、中级职称134人。专任教师141人，包括市级骨干教师8人、北京市学科教学带头人 3 人；本科及以上学历 138 人。开设教学班 59 个。毕业 541 人、招生 365 人、在校生 2296 人。网址：www.bdfx.net.cn。

（孙江红）

【出版两部专著】　6 月和 11 月，北大附小出版两部专著。其中，《数学的起点》由北京大学出版社出版，全书共计 12 万字，该校数学教师韩鹏所著，主要描述一名普通教师对工作的素描式解读，展示其对教育和教学的深度思考；《为了爱和自由的教育》由北京师范大学出版社出版，作者为校长尹超，全书共计 38 万字，主要讲述在爱和自由理念下，北大附小践行为了生命、尊重生命的教育故事。

（庄严）

【制定校内课程方案】　9 月 29 日，《北京大学附属小学课程方案》制定完成。方案包含“三层五类的立体课程结构”“5 类 25 模块 102 个科目课程内容体系”“三维组成的多样化课程实施形态”“丰富的精品课程建设、特色课程建设”等内容，涉及育人目标调整、课程门类整合、课程系统架构、课程实施变革及各学科课程方案构建、学校管理制度改革等。设计期间，学校先后邀请北京师范大学、中国教科院、北京教科院、海淀区教科所专家共同研讨。

（庄严）

【召开创新研究学术会】　11 月 14 日，北大附小召开创新人才教育研究会小学幼儿园创新研究专业委员会（专委会）学术会议。会议由创新人才研究会主办，以“创新人才培养与基础教育课程改革”为主题，就小学幼儿园阶段创新人才培养的机制、课程、实践等问题展开讨论，听取国家创新人才教育工作现状分析，人大附中校长刘彭芝作《熔铸中外精华，坚持综合创新，创办面向未来的教育》、北师大教授作《创新人才培养与小学课程改革的实践探索》、北京大学教授作《当前国际新形势与中国的外交战略》3 个报告。与会人员分别从学校整体改革、课程教学改革、创新人才培养策略、创新课程设置等角度互动交流。来自教育部、创新人才教育研究会、中国教科院、北京师范大学、北京大学专家，以及全国 21 个省市地区 70 所学校 150 人参加研讨。

（庄严）

【建成5个科技教室】　至年底，北大附小建成 5 个科技专用教室。

包括植物温室、天文教室和数字天象厅、综合实验室、模型教室、智能机器人教室，总建筑面积 600 平方米，学校自筹资金 600 万元。其中，植物温室建筑面积 200 平方米，采用全自动控制设计；天文教室和数字天象厅配备折返望远镜、球幕投影机设备，可容纳学生 200 人。

（何立新）

中国人民大学附属小学

【概况】　2013 年，中国人民大学附属小学占地面积 3.17 万平方米、建筑面积 3.10 万平方米，体育场馆面积 1.72 万平方米。图书馆藏书 5.63 万册，电子图书 70GB。固定资产总值 4022.75 万元。全年教育经费投入 12182.20 万元，其中，国家拨款 5496 万元、自筹经费 6539.20 万元。学校信息化经费投入 264.12 万元，拥有计算机 783 台，多媒体教室座位 6100 个，校园网出口总带宽 30Mbps，数字资源量 2200GB。普通教室 108 个、专用教室 31 个、实验室 7 个。教职工 282 人，包括副高级职称 5 人、中级职称 161 人。专任教师 173 人，包括北京市学科教学带头人 1 人、市级骨干教师 3 人；本科及以上学历 267 人。开设教学班 108 个。毕业 791 人；招生 860 人；在校生 4295 人，包括寄宿生 61 人。网址：www.rdfx.net。

（关旻）

【成立马布里篮球训练基地】　6 月 28 日，人大附小成立马布里（Stephon Marbury）篮球训练基地。前美国职业

男子篮球联赛（NBA）球员、北京金隅男篮队员马布里参加基地揭牌仪式，并与学校篮球队运动员交流球技、传授篮球知识。该基地由中兴合马布里篮球训练营、北京金隅男篮与人大附小共同创办，学校体育中心负责日常管理，面向校篮球队招收学员，开设基础训练课程，马布里随时关注、指导。

（关旻）

【举办首届玩具节】　9 月 4 日，人大

附小举办首届“玩具节”。此次活动将学科学习与游戏融合，语文课指导学生介绍玩具特点，数学课学习玩具分类，科学课讲授玩具构造，美术课学习绘画玩具，音乐课学唱玩具歌曲。该校一年级教师、学生 907 人参加学习。

（关旻）

【出版专著《做一件幸福的事》】　12 月 3 日，人大附小校长郑瑞芳专著《做一件幸福的事——我的“笑”长生涯》出版。该书收录作者从教 32 年、担任校长 10 年工作生涯回顾文章，讲述其与教师、学生间发生的 102 个故事。全书共计 34.20 万字，分成 9 个章节，由中国人民大学出版社出版，首次印刷 2 万册。

（关旻）

【举办首届跳绳挑战赛】　12 月 30 日，人大附小举办首届“阳光杯”跳绳挑战赛。比赛分年级举行，其中，一、二年级设置单摇跳绳项目、三至

六年级设置八字跳绳项目，三至六年级每班分成A、B、C三支队伍，A类12名男生、10人跳绳、2人摇绳，B类12名女生、10人跳绳、2人摇绳，C类为其余学生，各年级评选出团体前6名及各队前3名。全校学生4700人参加活动。

（关旻）

清华大学附属小学

【概况】 2013年，清华大学附属小学占地面积3.30万平方米、建筑面积1.21万平方米，体育场馆面积1.87万平方米。图书馆藏书13万册，订阅报纸8种、杂志70种。固定资产总值2078万元。全年教育经费投入4235万元，其中，国家拨款2759万元、自筹经费1476万元。学校信息化经费投入376万元，拥有计算机330台，多媒体教室座位65个，校园网出口总带宽100Mbps，数字资源量103GB，“信息技术”课程1课时/周。普通教室40个、专用教室19个。教职工121人，包括副高级职称3人、中级职称67人。专任教师104人，包括特级教师4人、市级骨干教师4人；全部为本科及以上学历。开设教学班40个。毕业242人、招生378人、在校生1638人。网址：www.qhfx.edu.cn。

（屈海曼）

【开展名家进校园活动】 4至6月，清

华附小开展“名家进校园”活动。该校邀请单人帆船环球航行者郭川分享环球航行经历及求学故事，全校三至四年级教师、学生550人参加学习；邀请清华院士王光谦、吴良镛、薛其坤，介绍最前沿科学、文学知识，并分享个人学习经历，学校六年级学生250人参加活动。

（屈海曼）

【总结课程体系改革经验】 5月22日，

清华附小召开“整合课程，改造课堂，为聪慧与高尚的人生奠基”“1+X课程”体系建构与实施阶段汇报会。会议听取海淀区“国家级课程教材改革试验项目”推进情况，学校建构“1+X课程”体系起因、思路与方法、实施与课堂改造、成效介绍，师生、家长代表谈“1+X课程”变化。与会专家肯定该校在海淀区“课程整合，自主排课”课题研究工作引领作用，教师队伍通过课改实现成长，经课程整合，自主研发《小学语文质量目标指南》《小学数学质量目标指南》，语文、数学、英语《乐学手册》，促进减负增效。会上，东北师大宣布聘请该校教师22人兼职硕士生导师、窦桂梅为特聘教师。来自教育部、中国教科院、市教委、清华大学、北京教科院、海淀区政府、区教委领导等，以及全国各省市地区教师1000人参加会议。2011年，清华附小基于学生发展需求构建“1+X”课程体系。“1”即整合后的国家基础性课程，“X”即个性化发展的拓展性课程。通过目标、内容、课时、方法的整合，创立“预学、共学、延学”教学模式和“一单、一问、一练”学习模式。同时开发与课堂整合相适应的《质量目标指南》和《乐学手册》。

（屈海曼）

【与港台两校签订合作协议】 9月27

日和12月15日，清华附小分别与台北教育大学附设实验国民小学和香港培侨小学签署合作协议。与台北学校协议规定，双方在师生交流、教育科研方面开展为期3年合作。与香港学校协议规定，双方共同开展教育教学交流，举办学生、教师互访活动，协议有效期10年。

（屈海曼）

北京市海淀区中关村第一小学

【概况】 2013年，北京市海淀区中关村第一小学占地面积3.57万平方米、建筑面积4.19万平方米，体育场馆面积0.04万平方米。图书馆藏书21万册，电子图书520GB，订阅杂志、报刊180种。固定资产总值10715万元。全年教育经费投入8076万元，全部为国家拨款。学校信息化经费投入358万元，拥有计算机1735台，多媒体教室座位6730个，校园网出口总带宽12Mbps，数字资源量520GB，“信息技术”课程1课时/周。普通教室119个、专用教室22个。教职工307人，包括副高级职称8人、中级职称198人。专任教师297人，包括特级教师2人、市级骨干教师10人；本科及以上学历273人。开设教学班119个。毕业820人、招生903人、在校生4532人。网址：www.zgcyx.com.cn。

（董静）

【举办首届足球节】 3月29日，中关

村一小举办首届足球节。本届足球节与中国足球D级教练员训练班联合主办，将7至9岁学生86人分成8个运动区域，10人一组由教练员带领训练足球基本技能，包括传球、带球、身体灵活性训练等。中国足球协会、北

京市足球协会领导、教练员训练班成员32人，以及学校师生700人参加活动。

（丁凤良）

【举办第十届体育节】 4月28日，中

关村一小举办第十届体育节。本次活动主题为“五洲城市相聚一小、一小少年放眼世界”，开幕式上一至六年级学生以班级为单位代表五大洲19个城市，身着典型民族服饰出场；运动会设置“十人十一足”“传递实心球”“赛龙舟”项目。来自中央党校、中国科学院、青龙桥街道领导，以及学校师生、家长代表5000人参加活动。该校体育节始办于2003年，每年举办一届。

（丁凤良）

【召开中英美课堂教学研讨会】 7月

9日，中关村一小召开“中美英”小学课堂教学研讨会。会议主题为“关注儿童促进学习”，分成4个会场同时召开，共观摩中外教师8节研究课。会议结合观摩课，就“如何促进课堂交流与互动”“如何提更好的问题”“如何促进小组合作学习”“如何进行有效反馈”展开研讨，认为课堂交流与互动要实现生生、师生、学生与课本间有效联系，教师提问应基于学情，把分散问题统一，小组合作学习应基于学生需求、课程内容等具体问题确定，学生反馈应当多元化。随后，举办中外校长主题沙龙活动，围绕“关注儿童、促进学习”进行讨论。来自中美英三个国家教育专家、校长、教师300人参加会议。

（张海宏）

【获全国青少年航模赛金奖】 7月20至24日，中关村一小获得全国青少年航空航天模型锦标赛金奖。该校代表队由11人组成，共参加5个项目比赛获得3个团体冠军，另有五年级学生黄昊祥、殷梓哲获得电动线操纵编组竞速（U－12）单项冠军。比赛由国家体育总局、教育部、中国科协、共青团中央、全国妇联联合主办。来自全国17个省市地区35支队伍390名运动员参赛。

（邓翼涛）

【童话京剧《木偶奇遇记》公演】 10

月27日和11月16日，中关村一小自编童话京剧《木偶奇遇记》公演。该校“小梅花”京剧团自4月开始排练，先后邀请首都师范大学、中国京剧院、北京京剧院、北京军区战友文工团京剧团等专业团体到校指导，剧中人物采取京剧造型、唱腔，念白和唱词根据原著改编，学生129人参与，平均年龄9岁。剧目在北京舞蹈学院、清华大学、中国剧院等地演出。

（张玉会）

【与北师大共建小学教研中心】 12月10日，中关村一小与北京师范大学共建北师大小学教育研究中心。双方发挥各自在小学教育事业发展和教育教学改革具备资源优势、政策环境、专业力量和引领示范能力，在海淀区政府与北师大战略合作框架协议下，共同承担中心筹建、组织、运行、管理、发展等工作。整合北师大专家智力资源、科学研究基础、社会影响力和中关村一小办学资源、实践资源、课程资源，以中关村一小为基地，开发国内外小学教育领域知名学校、专家学者、课程改革等资源，搭建科学研究、课程改革、学习资源、教师培养培训、政策咨询与服务、国内外交流的全国开放性小学教育学术共同体与公共平台。

（商红领）

北京市海淀区
中关村第二小学

【概况】 2013年，北京市海淀区中关村第二小学占地面积5.11万平方米、建筑面积5.21万平方米、体育场（馆）面积1.83万平方米。图书馆藏书11.12万册，电子图书3000GB，订阅杂志、报刊368种。固定资产总值13203万元，拥有计算机1383台，多媒体教室座位6080个。全年教育经费投入6872万元，全部由国家拨款。学校信息化经费投入800万元，校园网出口总带宽30Mbps，数字资源量4200GB，“信息技术”课程1课时/周。普通教室111个、专用教室41个。教职工260人，包括副高级职称7人、中级职称117人。专任教师256人，包括市级骨干教师4人、北京市学科教学带头人2人；本科及以上学历216人。开设教学班111个。毕业569人、招生898人、在校生4688人。网址：www.zgcerxiao.com。

（路红芳）

【发行数学校本教材】 1月，中关村二小数学校本教材《走进美妙的数学世界》公开发行。该套教材共5册，包括“扑克牌中的数学”“运动场中的数学”“跳动的思维”“玩中学”“数学游戏”“实践与探索”等章节，面向一至六年级学生使用，由人民教育出版社出版，并作为出版社小学数学学科配套教学资源公开发行。2004年中关村二小组织数学团队教师开发与编写，2005年6月至2008年5月，一至四年级用本先后由科学普及出版社出版。

（路红芳）

【举行自主开放式开学典礼】 8月31

日，中关村二小举行自主开放式开学典礼。该校首次将一年级与二至六年级开学典礼分开举办，为一年级学生举行新生入学礼，包括欢迎新生及家长、观看视频新生采访集锦、感受我的第一次等内容；以“带着梦想出发”为主题，面向二至六年级学生，开展校区自助式“开学总动员”，每名学生可自主选择参加校园剧场、儒雅讲堂和交流空间等体验式活动。全校 6000 名师生及家长参加活动。

（路红芳）

【获北京市科学建议奖】 12 月 12 日，中关村二小六年级学生沈语墨获第五届北京市中小学生科学建议奖。沈语墨撰写的《关于设置社区助老“微信”与“QQ 群”公益平台的建议》获得科学建议奖。该建议依据中国城市“空巢老人”日益凸显问题，通过建立助老“微信”与“QQ 群”公益平台，以社区为单位，招募居民成为助老志愿者，尽可能解决社区内“空巢老人”的实际困难与特殊需求，最大限度地保障老人晚年生活质量，完善城市社区助老服务项目。此前该校六年级学生朱相成和何昊阳《关于利用手机短信平台和 GPS 定位技术实现拼车调度的建议》《关于在北京新建城区道路推广大叶椴与皂荚作为行道树的建议》项目获 2013 年北京市科学建议奖。该评选由市教委主办，评出建议奖 10 人、建议奖提名奖 10 人。

（路红芳）

北京市门头沟区大峪第二小学

【概况】 2013 年，北京市门头沟区大峪第二小学占地面积 12000 平方米、建筑面积 7300 平方米，体育场面积 4800 平方米。图书馆（室）藏书 4 万册。固定资产总值 1759.64 万元。全年教育经费投入 1881.89 万元，全部为国家拨款。学校信息化经费投入 32 万元，拥有计算机 269 台，多媒体教室座位 35 个，校园网出口总带宽 100Mbps，数字资源量 1000GB。普通教室 33 个、专用教室 10 个。教职工 97 人，包括副高级职称 7 人、中级职称 70 人。专任教师 82 人，包括特级教师 1 人、市级骨干教师 8 人；本科及以上学历 76 人。开设教学班 29 个。毕业 211 人、招生 260 人、在校生 1251 人。网址：www.mtgdyex.bjedu.cn。

（高海英）

【开展低碳环保主题宣传】 3月3日，

大峪二小开展低碳环保主题宣传活动。活动围绕“垃圾分类、垃圾减量”主题，展示学生在校期间开展垃圾回收活动记录资料、节能减排活动展板、用餐勺制作的工艺品、用废旧物品制作的环保时装，并设志愿者为行人讲解介绍。活动现场同时开展塑料水瓶兑换铅笔活动，面向社会回收塑料水瓶 61 个、换出铅笔 20 支。全校教师、学生 1300 人参加活动。

（刘井红）

【举办新课标教学研讨】 3 月 18 日，大峪二小举办“落实课标精神，转变教与学的方式，提高课堂实效”教学研讨活动。活动与门头沟教师进修学校小学语文教研组共同开展，由全国阅读教学赛特等奖两名教师现场授课，分别执教《怀念母亲》《圆明园的毁灭》课文，并进行说课交流；北京教育科学研究院小学语文教研员做“阅读教学的取舍之道”专题讲座，从阅读方法、课堂问题、辅助资料、生成资源、教学语言等八个方面结合课例进行讲解。全校教师 170 人参加活动。

（杜瑞敏）

【组织小升初衔接体验】 3月23日，

大峪二小组织“准备着，迎接初中新生活”小升初衔接体验活动。活动与北京市门头沟区新桥路中学联合举办，学校心理教师针对中小学差异，提示学生做好心态准备、学习能力准备、人际交往准备，新桥路中学开设《快乐篮球》《趣味汉字》和《天籁之音》等体验课程，学生分组到特色教室学习。全校六年级学生 200 人参加活动。

（宋福燕）

【举办英语家长开放日】 5 月，大峪二小举办“根基自然拼音英语”家长开放日活动。活动采取与家长、学生互动方式，讲解什么是“自然拼音英语”及其优点、家长应该如何辅导学生学习等，课堂教学体现自然拼音英语容量大、节奏快、目标扎实、互动充分等特点。全校二、三年级学生、家长 280 人参加活动。

（杜瑞敏）

【召开学科融合现场会】 12 月 26 日，大峪二小召开“思维规律与课程融合，转变教与学方式，提高教学有效性”现场研讨会。学校共推出 8 节思维规律与学科教学融合现场课，涵盖语文、数学、品社、心理健康 4 个学科，校领导汇报项目进展情况，北师大两名教授完成现场点评、北京市第八十中学分校代表作经验交流。来自门头沟区教委领导、八十中分校、北京市陈经纶中学分校以及该校干部、教师 160 人参加活动。

（朱建光）

北京市门头沟区
京师实验小学

【概况】 2013年，北京市门头沟区京师实验小学占地面积7722平方米、建筑面积8787平方米，体育场面积5200平方米。图书馆（室）藏书24656册。固定资产总值773.95万元。全年教育经费投入1191.16万元，全部为国家拨款。学校信息化经费投入19.10万元，拥有计算机137台，多媒体教室座位890个，校园网出口总带宽1000Mbps，数字资源量8GB，“信息技术”课程2课时/周。普通教室22个、专用教室9个。教职工58人，包括副高级职称37人、中级职称15人。专任教师41人，全部为本科及以上学历。开设教学班18个。网址：http://58.117.159.138。

（丁永红）

【创新课堂教学模式】 3月，京师实验小学创新课堂教学模式。学校以语文、数学学科为主进行“自学辅导教学模式”教法改革，即将传统以讲授式课堂教学模式改成以导学案为依据自学辅导教学模式授课；要求教师导学案设计合理、有明确学习支架、能有效地促进和引导学生思考；要根据导学案了解学情、对学情及时判断、根据学生自主学习情况开展针对性纠错和提升。全校干部、教师56人参与此项工作。

（邓顺章）

【实施学生营养健康计划】 3月，京师实验小学实施学生营养健康计划。工作系列内容包括每天为学生提供一次课间餐（点心、牛奶）；投资1.60万元改善学生就餐条件，购置用餐桌椅40套；投资6.50万元，解决师生午睡问题，购置睡垫、毛毯，安排学生每天午休50分钟；定期举办专家家教讲座，提供健康食谱与家庭锻炼计划书。

（徐荧）

【成立学生自主社团】 9月11日，京师实验小学学生自主社团成立。社团采用学生自主设计、自主招生、自主活动形式，包括“动漫社”“轻音社”“废物也疯狂”社团，各社团社长利用国旗下讲话时间发表招募演讲。全校学生70人参与。

（丁永红）

【举办教改实验经验交流会】 12月7

日，京师实验小学举办教改实验经验交流会。会议围绕门头沟区“减负提质”系列工作经验开展交流，该校语文、数学等学科4名教师做观摩课，与会专家完成点评认为语文课抓住语言教学的本真，体现以读为本的理念，培养学生理解与表达的功能；抓住细节描写，长课文短讲，较好的培养学生的文学素养；在作业的设计上，既关注写作训练，又关注品德、历史等知识，培养学生民族之魂。两节数学课中，教师是引导员，学生不是被动学习，而是在教师的引导下由一个教学环节巧妙地进入下一个教学环节，很好的启发学生心智，学校校长做“综合改革，系统减负”改革实验汇报。特级教师陈延军、余正强，北师大、北京教科院专家、门头区教委领导，以及全区小学干部、教师80人参加会议。

（邓顺章）

北京市房山区
良乡第三小学

【概况】 2013年，北京市房山区良乡第三小学占地面积10600平方米、建筑面积8785平方米，体育场面积4115平方米。图书室藏书35000册，电子图书1200册。固定资产总值2370万元。全年教育经费投入1596万元，全部为国家拨款。学校信息化经费投入7万元，拥有计算机445台，多媒体教室座位1410个，校园网出口总带宽50Mbps，数字资源量550GB。普通教室30个、专用教室12个。教职工101人，包括副高级职称2人、中级职称63人。专任教师78人，包括市级骨干教师2人；全部为本科及以上学历。开设教学班30个。毕业231人、招生182人、在校生1278人。网址：www.lx3x.com。

（周春英）

【实验楼改扩建工程竣工】 2月25日，

良乡三小实验楼改扩建工程竣工投入使用。实验楼建筑面积2286平方米，地上4层、地下1层，全部为框架结构。开设专用实验室、教辅用房9间，可以满足师生500人学习、生活需求。工程2012年6月开工建设，由房山区财政总投资1000万元。

（周春英）

【成立语文学科工作室】 4月10日，良乡三小语文学科工作室成立。工作室由房山区教师进修学校教研员担任顾问，1名骨干教师和6名学员教师组成，按计划开展同课异构、共同评课、优质课观摩、外出参观学习等活动，通过案例分析、示范带动、互评互动方式，促进青年教师成长。启动仪式上，骨干教师推出古诗教学示范课，设置有效问题，完成古诗学法指导。全校语文教师30人参加活动。

（周春英）

【组织服务型课堂专题研讨】 5月16

日，良乡三小组织服务型课堂专题研讨。此次研讨活动围绕“24时计时法”服务型课例，对课程流程、设计意图进行说明，从“尊重、互动、发展”三个维度，结合自身日常课堂教学经验，进行分析与反思。交流认为服务型课堂应做到选取学生感兴趣的情境与话题激发学习兴趣；设计有效问题，在师生、生生互动中找到解决方法，促进学生全方位发展。来自山西省孝义市学校校长 8 人，以及该校干部、教师 32 人参加活动。

（周春英）

【举办首届软式垒球联赛】 5月23日，

良乡三小举办第一届“求索杯”软式垒球联赛。联赛采用中国垒球协会审定《软式垒球规则》，通过先淘汰、再循环比赛方法，全校 5 支代表队 75 名运动员报名，经过一周 5 场 15 局角逐，最终决出首届冠亚军球队。

（周春英）

北京市房山区 良乡第四小学

【概况】 2013 年，北京市房山区良乡第四小学占地面积 11000 平方米、建筑面积 5555 平方米，体育场地面积 3010 平方米。图书馆藏书 1.50 万册，电子图书 100 册。固定资产总值 273 万元。全年教育经费投入 449 万元，全部为国家拨款。学校信息化经费投入 5 万元，拥有计算机 72 台，多媒体教室座位 632 个，校园网出口总带宽 20Mbs，数字资源 100GB，“信息技术”课程 0.5 课时/周。普通教室 13 个、专用教室 7 个。教职工 34 人，包括副高级职称 1 人、中级职称 19 人。专任教师 30 人，全部为本科及以上学历。开设教学班 12 个。毕业 13 人、招生 136 人、在校生 376 人。网址：www.lxdsxx.com。

（齐利敏）

【举办新生开笔礼】 9 月 6 日，良乡四小举办新生开笔礼。该校旨在通过中国古代启蒙学习仪式，融入知聪识明、感恩立志、尊师重礼、爱国明孝、

敬畏生命儒家思想，礼仪活动包括正衣冠、朱砂启智、启蒙描红、茶敬师长、启蒙教育、寄存愿景、击鼓明志 7 个环节。该校一年级学生 118 人参加活动。

（齐利敏）

【开办首届文化课堂论坛】 11 月 12 日，良乡四小开办首届文化课堂论坛。论坛主题为“探究学科本质、构建文化课堂”，形式包括课堂呈现、互动交流、专家点评，目的为推动学校教师对学科及文化课堂探究。共有专家、教师 121 人，学生 56 人参加活动。

（齐利敏）

【组织爱心义卖会】 12 月 24 日，良

乡四小组织“爱的传递”圣诞义卖会活动。活动由学校“梦想组合”和“同心桥组合”承办，美术教师带领学生作画并现场拍卖。来自北京市女企业家协会代表参与拍卖、进行爱心捐赠，共筹得善款 6620 元，全部捐献给良乡儿童福利院。全校教师、学生共计 71 人参加活动。

（齐利敏）

北京市通州区 张家湾镇中心小学

【概况】 2013 年，北京市通州区张家湾镇中心小学下辖 6 所完全小学，共有 69 个教学班，毕业 318 人、招生 500 人、在校生 2994 人。其中，中心校占地面积 2 万平方米、建筑面积 1.11 万平方米、体育场（馆）面积 0.93 万平方米。图书馆藏书 2.70 万册，电子图书 3.50GB，订阅杂志、报刊 120 种。固定资产总值 714.30 万元。全年教育经费投入 3645.20 万元，其中，国家拨款 3633.80 万元、自筹经费 11.40 万元。学校信息化经费投入 500.71 万元，拥有计算机 171 台，多媒体教室座位 2850 个，校园网出口总带宽 850Mbps，数字资源量 700GB，“信息技术”课程 1 课时/周。普通教室 22 个、专用教室 8 个。教职工 193 人。专任教师 153 人，包括本科及以上学历 132 人。开设教学班 22 个。毕业 103 人、招生 165 人、在校生 845 人。网址：www.58.131.233.75。

（张立娜）

【举办主题书画展】 5 月 20 日至 6 月 30 日，张家湾镇中心小学举办“自信做主人，交流促和谐”主题书画展览。展览利用篮球场场地，展陈面积共计 1200 平方米，面向社会人员开放。全校师生、家长 960 人参加活动，共展出教师书法作品 45 件、学生书画作品 120 件、家长书法作品 24 件。

（张立娜）

【与救助站儿童共度六一】 5 月 31 日，张家湾镇中心小学组织开展与救助站儿童共度六一活动。该校小雏鹰志愿服务队学生 30 人，到张家湾儿童救助站，代表学校向 230 名流浪儿童捐献衣物、玩具、贺卡等，并举办爱心文艺汇演。小雏鹰志愿服务队 2011 年成立，不定期由学校组织活动，现拥有成员 35 人。

（张立娜）

【举办讲故事课本剧比赛】 9 月至 11 月 1 日，张家湾镇中心小学举办“学雷锋、读美德，做有道德的小主人”讲故事、课本剧比赛。此次比赛共有中心校以及下辖 5 所完小参加，在校级初赛基础上，分别选派 1 名学生讲故事、推选 1 个课本剧参加决赛，内容选材出自《中华美德故事》丛书。全校共有学生 2990 人参与活动，最终评出讲故事比赛一等奖 2 人、课本剧比赛一等奖 2 人。

（张立娜）

【教学楼风雨操场建成】 11月，张家

湾镇中心小学教学楼及风雨操场施工完成。此次施工范围介于校园主楼南侧与操场间空地，总建筑面积4747.75平方米。其中，教学楼为4层结构，建筑面积3717.13平方米，可容纳12个教学班400个学位。风雨操场建筑高度8.15米、建筑面积933.12平方米；消防泵房建筑面积97.50平方米，地上48.75平方米、地下48.75平方米。工程于2月开工建设，由市、区两级财政总投资2236万元。

（张立娜）

北京教育科学研究院通州区第一实验小学

【概况】 2013年，北京教育科学研究院通州区第一实验小学占地面积1.58万平方米、建筑面积0.67万平方米、体育场（馆）面积1.01万平方米。图书馆（室）藏书2.69万册，电子图书60GB，订阅杂志、报刊56种。固定资产总值1366.25万元。全年教育经费投入1672.60万元，其中，国家拨款1671.30万元、自筹经费1.30万元。学校信息化经费投入169.11万元，拥有计算机410台，多媒体教室座位2130个，校园网出口总带宽850Mbps，数字资源量225GB，"信息技术"课程1课时/周。普通教室35个、专用教室8个。教职工108人，包括高级职称1人。专任教师100人，包括市级骨干教师3人；本科及以上学历99人。开设教学班35个。毕业220人、招生471人、在校生1780人。网址：http://school.3xy.com.cn/school/10041。

（张如燕）

【召开主题家长会】 5月17日，通州实验一小召开"家校合力，共育未来"主题学生家长会。会议采取先集中后分散形式，听取主管校长有关学校总体情况及教育经验介绍，结合学生在校学习、生活情况进行说明，并表彰配合学校活动、支持教师工作优秀家长64人。随后以班级为单位组织家长讨论，推选、组建班级家长委员会32个，明确开展家校合作教育主题研讨、交流等5项职责。全校学生家长1500人参加会议。

（张如燕）

【校刊编印发行】 6月17日，通州实验一小校刊《发现·成长》编印发行。刊物开设发现之窗、思辨课堂和实践之旅等10个专栏，收录有关学校教育教学实践活动、教育研究经验成果等文章。该刊为半年刊，每期印刷2000册，面向师生发放，供内部交流学习使用。

（张如燕）

【组织学生社会实践】 10月25日，通州实验一小组织开展"走进天地和庄园，体验农庄文化"学生社会实践活动。该校学生在农庄菜园内，实地了解萝卜、白菜、豆角等蔬菜的种植方法和生长过程，观察蔬菜生长环境，亲自体验丰收的快乐，并参与自制肥皂、绘制脸谱等项目。全校师生1000人参加活动。

（张如燕）

【开展班会评优活动】 11月12至29日，通州实验一小组织开展班会评优活动。活动依照"小主题、大教育"原则，要求每个班级推出一节班会，内容以学生为核心、班级实际工作为重点，通过发现、解决问题过程，有效实现学生的自我教育。此次展示分班级进行，由学校领导、干部11人组成评优小组综合打分。全校共有35个班级师生参与活动，最终评出"校园安全多重要""美好课间"和"班级公约记心间"等优秀班会8节。

（张如燕）

北京市史家胡同小学通州分校

【概况】 2013年，北京市史家胡同小学通州分校占地面积4万平方米、建筑面积3.06万平方米，体育场（馆）面积1.76万平方米。图书馆（室）藏书1.89万册，订阅杂志、报刊15种。固定资产总值1494.48万元。全年教育经费投入2114.80万元，其中，国家拨款2086.70万元、自筹经费28.10万元。学校信息化经费投入15.60万元，拥有计算机352台，多媒体教室座位140个，校园网出口总带宽200Mbps，数字资源量40GB，"信息技术"课程1课时/周。普通教室48个、专用教室12个。教职工146人，包括高级职称1人。专任教师133人，包括市级骨干教师6人；本科及以上学历131人。开设教学班48个。招生459人、在校生1908人。网址：http://school.3xy.com.cn/School/100587。

（张艳英）

【举办英语基本功赛】 1月14日，史家小学通州分校举办"我的教育故事——英语演讲比赛"。该比赛主要展示英语教师的口语基本功，要求其将自身教育教学真实事例，通过英语故事形式进行讲述，最后根据观摩教师划票数评奖。全校10名英语教师全部参赛。

（张艳英）

【与延庆学校签订"手拉手"协议】 3月19日，史家小学通州分校与北京市延庆县太平庄中心小学签订"手拉手"协议书。协议规定，该校每学期不少于两次派出具有教育教学管理、年级管理、班级管理经验人员各1人到太平庄中心小学指导工作，双方每学年互派1名中层以上干部交流学习一周等共计9项内容。协议有效期3年。

（张艳英）

【承办市级预防教育现场会】 5月3日，史家小学通州分校承办北京市学生伤害预防教育推广实验研究现场会。会议分两个阶段进行，第一阶段该校4名教师讲解安全教育新理念、新方法，组织学生、家长用体验与合作的方式掌握安全技能、培养安全习惯，推出"步行与安全""预防锐器伤""乘坐机动车辆的安全"和"预防火灾"四节研究课；第二阶段与会专家点评指导。来自北京教科院、市交管局、通州区教委等专家、负责人，以及通州区项目实验校教师、学生、家长150人参加活动。

（张艳英）

北京小学通州分校

【概况】 2013年，北京小学通州分校占地面积2.23万平方米、建筑面积1.95万平方米，体育场（馆）面积0.10万平方米。图书馆（室）藏书1.52万册，订阅杂志、报刊26种。固定资产总值905.87万元。全年教育经费投入1127.10万元，其中，国家拨款1126万元、自筹经费1.10万元。学校信息化经费投入211.62万元，拥有计算机190台，多媒体教室座位1089个，校园网出口总带宽850Mbps，数字资源量271GB，“信息技术”课程1课时/周。普通教室26个、专用教室28个。教职工92人，包括副高级职称1人。专任教师83人，本科及以上学历82人。开设一、二、三、四年级教学班26个。招生366人、在校生1089人。网址：http://bjxxtzfx.gotoip55.com。

（王超）

【举办常规教育月表彰会】 4月1日，

北京小学通州分校举办常规教育月表彰会。会议表彰在常规教育月中优秀二星班级8个、三星班级6个、四星班级6个、五好少年20人。全校师生800人参加活动。此项活动依照学校计划安排，遵循“活力教育”办学理念，规定每学期开学第一月为常规教育月，通过班级申报形式，组织干部、教师、学生评比小组综合认定星级班级和五好少年，于4月第一周进行表彰。

（王超）

【完成学生治牙工作】 5月20日至6月7日，北京小学通州分校完成学生龋齿防治工作。此次防治工作由医院牙防科专业医生操作，面向二、三年级学生400人，对其牙齿窝沟进行

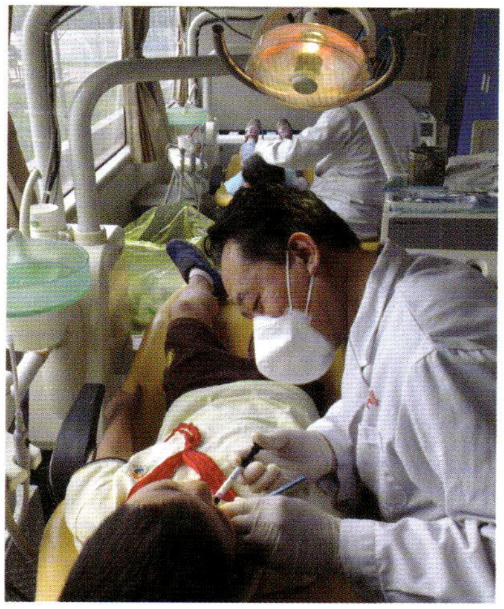

封闭，以粘结性树脂保护牙釉质不受细菌及代谢产物侵蚀，起到预防龋病发生作用。

（王超）

【首次接待首都师大见习生】 5月20日至6月30日，北京小学通州分校接待首批首都师范大学见习生28人。学校以定班、定责、定方向形式，引领见习生感受学校办学理念、教学工作、班主任职责，通过组织小学教育教学实践活动，了解小学教师职业技能、职业道德和职业素养。此次活动是通州区“教师专业成长研究与实践校”项目内容之一，该校于2012年11月20日与首都师大、通州区教师研修中心签约启动。

（王超）

【召开新生家长培训会】 7月5日，北京小学通州分校召开一年级新生家长培训会。会议为引导家长帮助学生尽快适应小学阶段学习生活，由学校德育副校长主讲，围绕一年级新生的生理、心理特点，分析幼儿园和小学学习生活的不同，结合教材、学生学习习惯、学习方法等方面进行阐述，强调要关注学生的情绪、学习、评价等问题，并从穿校服、仪容仪表、生活习惯、考勤纪律、安全教育、作息时间的细节给予指导，为家长提供正确评价学生以及维权、投诉、处理纠纷的方式。共有新生和家长375人参加学习。

（王超）

【组织首届少先队干部竞选】 10月16日，北京小学通州分校组织首届少先队干部竞选。此次活动以“自己的活动自己搞、自己的阵地自己建、自己的事情自己管”为主题，分演讲和才艺展示两场进行，竞选包括学校大队委员会大队长、副大队长共21个职位，全校共有候选人40人参加竞选。学校相关负责人担当评委，并与2至4年级每班10名少先队代表共同民主投票，以票数和分数排序最终产生首届少先队大队委员会。

（王超）

北京市顺义区东风小学

【概况】 2013年，北京市顺义区东风小学占地面积11464.80平方米、建筑面积9131.48平方米，体育场（馆）面积0.65万平方米。图书馆（室）藏书41279册，订阅杂志、报刊286种。固定资产总值2891.16万元。全年教育经费投入2651.02万元，全部为国家拨款。学校信息化经费投入44.99万元，拥有计算机320台，多媒体教室座位1725个，校园网出口总带宽100Mbps，数字资源量10GB，“信息技术”课程1课时/周。普通教室34个、专用教室12个。教职工121人，其中，副高级职称1人、中级职称85人。专任教师91人，包括市级骨干教师4人、北京市学科教学带头人3人；本科及以上学历84人。开设教学班34个。毕业689人、招生633人、在校生1472人。网址：dfxx@shyedu.cn。

（刘长荣）

【举办教学改革专题讲座】 2月23日，

东风小学举办“语文命题指导及课堂教学改进”专题讲座。讲座邀请顺义区语文教研员，结合北京市质量监控评价框架及学校语文期末质量检测情况，组织研读小学语文课程标准，明确学段、年级教学目标，建立评价体系。全校4个校区教师120人参加学习。

（顾雪莲　于有民）

【评选首届感动校园人物】　2月25日，东风小学举办“感动东风校园人物”评选活动颁奖典礼。该校教师2人、学生1人获得表彰。此次评选历时4个月，分为宣传发动、提名推荐、校区初评、联合审定、集体公示、总结表彰六个阶段，评选标准包括能引领校园主流文化，传递正能量，有一定影响力；在自己岗位能够主动担当、关爱他人等。全校教师、学生1400余人参加活动。

（杨玉松　于有民）

【开展交通安全进校园系列活动】　9月2至6日，东风小学开展交通安全进校园系列活动。活动与顺义区精神文明办、区公安分局、区教委共同举办，包括“小手拉大手我与家人共答题”，即学生以志愿者身份与家长共同解读交通安全知识、参与交通安全案例分析；学生表演阳光少年交警手势健身操；组织在“绿色出行、文明交通、从我做起”横幅签字承诺；参观学习交通安全巡回展示。全校教师、学生1400人参加活动。

（尤景华）

【举办主题科研月】　12月5日，东风小学“让研究走进课堂”主题科研月启动。该校主管干部作“让研究走进课堂”方案解读及工作部署，围绕案例和课例考核工作举办案例分析讲座，学校开展“体验杯教学基本功赛”，设置“案例分析”“我的成长故事”“经典案例”“教学点滴”“教研组主题教研活动”系列内容。全校干部、教师140人参加活动。

（于有民）

北京市顺义区石园小学

【概况】　2013年，北京市顺义区石园小学占地面积18200平方米、建筑面积8073平方米，体育场（馆）面积9674平方米。图书馆（室）藏书31000册，电子图书230册，订阅杂志、报刊85种。固定资产总值1298万元。全年教育经费投入1851万元，全部为国家拨款。学校信息化经费投入2万元，拥有计算机300台，多媒体教室座位160个，校园网出口总带宽1Mbps，数字资源量380GB，“信息技术”课程1课时/周。普通教室48个、专用教室10个。教职工155人，包括副高级职称1人、中级职称101人。专任教师136人，包括市级骨干教师18人、北京市学科教学带头人2人；本科及以上学历127人。开设教学班48个。毕业411人、招生416人、在校生2244人。网址：www.syxx.shy.bjedu.cn。

（朱凤齐）

【举办爱祖国诗朗诵比赛】　1月25日，石园小学举办“我爱祖国”主题诗歌朗诵比赛。全校共有49个班级学生代表报名参加比赛，朗诵《少年中国说》《祖国，我亲爱的祖国》《我爱你——中国》等经典诗句，表达对祖国热爱之情。最终，学校评出集体一、二等奖和个人一、二等奖并颁发奖状。

（张梅）

【开展推门课活动】　3月，石园小学开展“推门课”活动。学校按照学科特点，成立以校长为组长听课小组，根据任课情况随机走进课堂。听课过程中，要求小组成员记录教学细节，了解教师教学常规、学生学习情况；课后与授课教师交流研讨，点评课堂组织、调控、教学过程中存在问题以及改进方法。全校干部、教师126人参加活动。

（张梅）

【展示“发现身边榜样”主题观摩课】　5月8日，石园小学组织开展少先队活动课观摩活动。此次活动要求全校中队辅导员现场观摩学习，所有少先队员通过闭路电视直播收看，五年级中队辅导员做“寻找最美心灵，发现身边榜样”主题公开课，组织学生利用课余时间搜集“最美心灵的人物”，并在课堂上通过幻灯片、视频、诗朗诵等形式分组展示。最后，每名少先队员在“榜样心愿卡”写下自己榜样目标，在班级心愿墙上粘贴。

（张梅）

【举办社团展示活动】　10月13日，石园小学举办“彩虹假日炫——七彩童年、溢彩流芳”社团展示活动。活动在顺义区七彩蝶园举行，包括铜管乐、校园集体舞、诵读、太极扇、书法五个方面展示。来自顺义区教委领导，以及石园小学教育集团干部、师生200人参加活动。该校现拥有社团20个，招收学员1000余人。

（王洪军　张梅）

北京市顺义区西辛小学

【概况】　2013年，北京市顺义区西辛小学占地面积4.61万平方米、建筑面积2.14万平方米，体育场（馆）面积1.66万平方米。图书馆（室）藏书7.20万册，电子图书44册，订阅杂志、报刊78种。固定资产总值2456.50万元。全年教育经费投入2705万元，全部为国家拨款。学校信息化经费投入764.80万元，拥有计算机559台，多媒体教室座位3311个，校园网出口总带宽100Mbps，数字资源量30GB，“信息技术”课程18课时/周。普通教室67个、专用教室19个。教职工189人，包括副高级职称5人、中级职称123人。专任教师185人，包括市级骨干教师2人；本科及以上学历168人。开设教学班60个。毕业423人、招生515人、在校生2485人。网址：www.xixin.bjshy.gov.cn。

（关爱民）

【为社区老人免费拍照】　1月23日，西辛小学“童心看世界社团”学生到西辛社区居委会为老年人免费拍照。此次活动旨在通过校外合作机制，呼吁社会关注老年人身心健康，由学校家委会主持，联系北京民间公益组织“熊猫摄影队”，为该校学生讲解人像摄影技巧，经指导带领其为社区40余名老年人免费拍照、赠送照片。“童心看世界”为西辛小学德育社团，社团学生使用照相机记录身边世界。

（范腾艳）

【培训班主任基本功】 2至3月，西

辛小学开展班主任基本功系列培训。学校对班主任及30岁以下青年教师进行笔试考试，考察与学校教育相关政策法规、文件了解把握程度，班主任工作基本理论与班会设计方案撰写；组织进行“我的班主任德育创新案例”撰写，要求提交1篇成功案例；邀请顺义区德育研究室负责人就班主任基本功比赛相关内容作专题讲座，从“教育故事的撰写”“主题教育活动设计”“情景问答”三个板块分别讲述。全校班主任、青年教师50人参加学习。

（张凤荣）

【构建幸福主题校园文化】 4至12月，西辛小学构建幸福教育主题校园文化。学校举办“幸福相约”活动，由家长义工与教师约定时间为学生提供校本课程，课程内容涉及摄影技术、制作曲奇饼、种植技巧等10余项。“幸福相约”是家校合作创新方式。学校成立“幸福家园”教工俱乐部，设立抖空竹、健步走、乒乓球、毽绳、男子篮球、女子舞蹈活动队，并聘请专业教练指导。学校开办幸福课堂培训，聘请“全国高效课堂协作网”专家团队到校讲学，全程跟踪式指导，解析“高效课堂”“学友互助”等新课堂模式，操作训练“学友互助”工具，全校语文、数学、英语学科教师，以及北京市顺义牛栏山第一中学教育联盟成员校北京市顺义区龙湾屯中学、北京市顺义区马坡第二小学干部、教师90人参加学习。学校聘请清华大学“幸福园丁”项目专家做“积极心理学在中小学的应用”专题讲座，通过实际案例，介绍积极心理学的脑科学基础、基本思想、基本原则和理论基础，分析教师日常教学和生活中行为。牛栏山一中教育联盟成员校干部、教师240人参加学习。

（范腾艳　马红莲　万家茹）

【采用多元评价方式】 9至12月，西辛小学教育集团西辛校区、仁和校区采用“养成好习惯，争做阳光少年”多元评价方式。要求学生通过多种活动形式获得“太阳花”奖章，每集齐10枚奖章，晋升“阳光少年”，称号从一星级开始不设上限。任课教师根据学生日常行为表现发放“太阳花”，另每周升旗时间开设“识字达人”“背诵达人”“跳绳达人”等展示平台表彰奖励。

（王森）

【农科院附小管乐团走进西辛教育集团】 10月26日，“乐在童年，爱在

金帆”——中国农科院附属小学金帆管乐团与西辛小学教育集团管乐团“手拉手”音乐会举行。此次音乐会在西辛小学教育集团仁和校区进行，来自农科院附小金帆管乐团师生130余人到校演奏，并对西辛小学管乐队现场指导，双方就乐团建设以及今后共建活动形式、内容展开交流。西辛小学教育集团管乐团学生、家长300余人观看演出。

（彭伟）

北京市昌平区昌盛园小学

【概况】 2013年，北京市昌平区昌盛园小学占地面积13665平方米、建筑面积13897.19平方米，体育场（馆）面积6300平方米。图书馆（室）藏书27542册，电子图书5000册，订阅杂志、报刊78种。固定资产总值3648.84万元。全年教育经费投入2163.27万元，其中，国家拨款2139.39万元、自筹经费23.88万元。学校信息化经费投入320万元，拥有计算机380台，多媒体教室座位41个，校园网出口总带宽20Mbps，数字资源量500GB，“信息技术”课程1课时/周。普通教室40个、专用教室11个。教职工137人，包括副高级职称4人、中级职称80人。专任教师106人，包括市级骨干教师5人、北京市学科教学带头人2人；全部为本科及以上学历。开设教学班42个。毕业308人；招生409人；在校生1733人，包括外省市借读生317人。网址：www.csyedu.cn。

（王铁英）

【举办第五届艺术节专场比赛】 4月23日，昌盛园小学举办第五届艺术节课本剧和相声专场比赛。比赛采取班级初选、年级参赛方式，校领导与音乐教师代表组成评委会，从内容、主题、效果等相关方面打分。其间，四年级展示课本剧11场，包括《十二生肖的来历》《渔夫的故事》《爱丽斯梦游仙境》等；六年级16对相声组合推出作品包括《穿越未来》《一字两读》《食品安全》等。全校学生共1764人参赛，每年级评出一等奖5人。该校艺术节始办于2009年，每年举办一届。

（沈洪鹍）

【成立昌盛园小学分校】 7月15日，北京市昌平区昌盛园小学分校成立。经昌平区委教育工委、昌平区教委研究决定，将北京市昌平区十三陵中心小学作为昌盛园小学分校，由昌盛园小学校长担任两校校长。合并后，十三陵中心小学建制保留，昌盛园小学负责对分校教师的业务进行全面指导。十三陵中心小学建于1949年，原名第一区北小区中心小学，占地面积27909平方米、建筑面积7349平方米，固定资产总值1317.70万元，拥有教职工74人、学生396人。

（吴宝文）

【召开兴趣社团启动会】 10月12日，昌盛园小学召开兴趣社团启动

会。该校社团活动面向三、四、五年级学生，以“参加一个社团，培养一种兴趣；学会一门知识，练就一项技能；体会一个成功，享受一份快乐。促进学生全面发展，培养个性特长，提高学生综合能力素养”为主要目标，采取自愿选择方式，使学生在学习中增长知识与技能。启动会上，校领导宣读家长志愿者名单并为其颁发证书，学校开设英语、十字绣、围棋等 15 个社团兴趣班，学生可利用周一、周二、周四下午两节课后时间自主选择社团活动。该校师生、家长 526 人参加会议。

（周晓芳　全东明）

北京市昌平区城北中心小学

【概况】　2013 年，北京市昌平区城北中心小学下辖 4 所学校，即中心校北京市昌平区六街小学、完小北京市昌平区三街小学、北京市昌平区东关小学和北京市昌平区西关小学，全中心总占地面积 2.91 万平方米、总建筑面积 1.78 万平方米，体育场（馆）总面积 1.37 万平方米。图书馆（室）藏书 8.98 万册，电子图书 1791 册，订阅杂志、报刊 107 种。固定资产总值 3197.55 万元。全年教育经费投入 4893 万元，其中，国家拨款 4886 万元、自筹经费 7 万元。学校信息化经费投入 438 万元，拥有计算机 749 台，多媒体教室座位 4200 个，校园网出口总带宽 100Mbps，数字资源量 2026GB，“信息技术”课程 1 课时/周。普通教室 107 个、专用教室 31 个。教职工 297 人，其中，副高级职称 5 人、中级职称 175 人。专任教师 279 人，包括市级骨干教师 4 人；本科及以上学历 230 人。开设教学班 104 个。毕业 645 人；招生 822 人；在校生 4178 人，包括外省市借读生 1470 人。网址：www.cbzxedu.com。

（王英）

【举行市校本研修项目结业式】　4 月 8 日，北京市中小学“校本研修与整校推进”培训项目结业仪式在城北中心小学举行。活动由该校数学教师团队与北京教育学院联合主办，回顾学习研修全过程，听取《共同做点儿研究是件快乐的事》总结汇报、《借助直观模型理解算理掌握算法的实践与研究》研修报告、《把握周长本质、设计有价值的数学活动》案例分析和研修心得。与会领导对项目研究所取得成果予以肯定，从了解教材、了解学生、了解教材教法、了解家庭、了解评价五个维度鼓励教师开展实效教学。来自北京教育学院、昌平区教委领导，以及部分学校干部、教师 220 人参加活动。

（禹芳）

【组织推广普通话宣传周活动】　9月

11 至 17 日，城北中心小学下辖 4 所完小组织开展推广普通话宣传周活动和“我的中国梦——语言文字梦”主题教育活动。学校通过国旗下讲话、校园网、“我的中国梦、语言文字梦”主题升旗仪式等形式开展普通话宣传，其中，三街小学开展“经典阅读、畅聊经典”读书活动，在每日语文课、周四阅读课开展普通话阅读指导，利用班会交流阅读心得，四至六年级开展“我的梦、中国梦”征文活动；东关小学开展“语言文字梦”书法比赛活动；西关小学开展“说好普通话，方便你我他”演讲比赛、“说好普通话，做好中国人”普通话朗诵、征文比赛。全校教师、学生 4170 人参加活动。

（王英）

【开展系列语文学科活动】　10 月 9 日，城北中心小学开展“我给大家支个招”系列语文学科活动。活动以“字理教学，让语文课更生动”为主题，由六街小学教师执教《白鹅》公开课，帮助学生理解课文内容、体会作者情感。课后举办专题讲座，从“什么是字理教学”“字理识字要遵循的教学法”“字理析词在阅读教学中的运用”以及“运用字理教学需注意问题”四个方面进行介绍。学校教师 100 人参加活动。

（杨春梅）

【举办第十届读书月活动】　11 月 4 日，城北中心小学举办“畅游书海，感悟读书的幸福”第十届读书月活动。活动中，下辖西关小学确定学生必读书目《弟子规》《三字经》以及选读书目；要求每名学生每两星期读一本书、每月至少读两本书，并采取阅读积分。学校分年级制作“读书学习卡”，在卡上填写读书的感受、喜欢的人物、名言警句等，家长根据学习卡进行阅读辅导。其间，学校组织开展读书、绘画、朗诵等比赛，学生 357 人参加活动。

（张艳骄）

【开办首届学生讲堂】　11月29日和

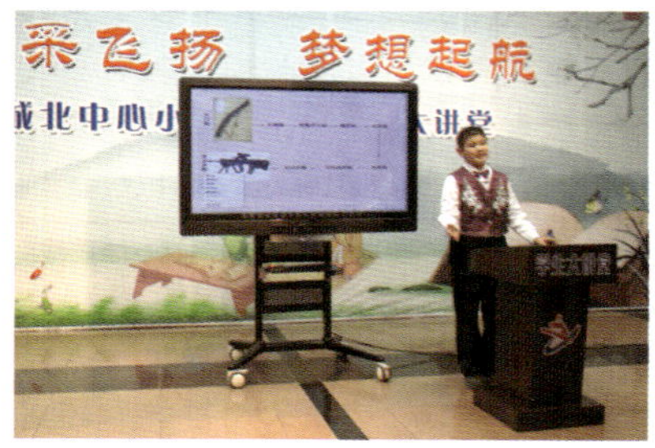

12 月 2 日，城北中心小学开办首届学生讲堂。活动以“风采飞扬、梦想起航”为主题，分为中年级和高年级两个组别，在下辖 4 所完小预赛基础上，最终共有学生 12 人进入决赛，讲说中国四大名著、书法艺术、古筝等内容，通过主讲材料、语言表达、形体语言、形象风度、现场效果方面的评选，评出一等奖 2 人、二等奖 4 人、三等奖 6 人，活动同时评出最佳形象小讲师和最佳口才小讲师各 1 人。全校学生 800 人参与活动。

（张晓君）

【举办第五届德育论坛】　12月25日，

城北中心小学举办“我们的世界春暖花开”第五届德育论坛。论坛由所辖

西关小学承办，师生共同回顾“好习惯教育”系列成果，即通过学生“唱诵弟子规”、召开小型家长会、表演舞蹈健身操等，展示“校园五彩周”“阳光星期一”活动风貌、诵读经典、感恩教育、健体习惯等教育内容。来自昌平区教委、区教师进修学校、区少年宫等单位领导，以及学校教师、家长302人参加活动。

（胡长红　王英）

北京市昌平区南口镇小学

【概况】　2013年，北京市昌平区南口镇小学占地面积13269平方米、建筑面积4225平方米，体育场（馆）面积1070平方米。图书室藏书15627册，订阅杂志、报刊32种。固定资产总值664万元。全年教育经费投入1458.05万元，全部为国家拨款。学校信息化经费投入40万元，拥有计算机117台，多媒体教室座位1000个，校园网出口总带宽10Mbps，数字资源量270GB，“信息技术”课程1课时/周。普通教室21个、专用教室6个。教职工72人，包括中级职称39人。专任教师61人，包括本科及以上学历46人。开设教学班21个。毕业110人；招生138人；在校生665人，包括外省市借读生300人。网址：www.nkzxx.net。

（李阳）

【开展学科综合评价】　3月，南口镇小学开展语文、数学、英语学科综合评价工作。学校编制语、数、英三学科综合评价表，要求教师每天对学生作业及听讲情况进行评价，按照A、B、C三个等级评价打分，并在每周五总结，规定获得12至15个“A”可评为“学习榜样星”、9至11个“A”可评为“学习努力星”；在原有基础上“A”数量增加可评为“学习进步星”。每月再总评，奖励连续三周以上获得星级评价的学生。全校教师、学生230人参加活动。

（杜艳丽）

【组织参观科普场馆】　5月10日，南口镇小学组织师生参观中国科技馆、国家动物博物馆。参观内容包括

走进科技馆“华夏之光”“探索与发现”“科技与生活”“挑战与未来”主题展厅；利用纸色谱分析法，进行“墨迹分离”实验；在动物博物馆观看濒危动物厅、鸟类厅、兽类分馆等9个展厅。该校一、二年级师生234人参加活动。

（王春凤）

【研究六年级作文教学工作】　5月22日，南口镇小学开展六年级作文教学研究工作。该校教师做研究课“抒写独特感受”，通过情境创设引领学生体会作文要领，以图片、视频形式指导教学。课后，其根据自身教学实践经验介绍如何把阅读教学与作文指导相结合等问题。全校语文教师12人、学生123人参加活动。

（李荣会）

北京市昌平第二实验小学

【概况】　2013年，北京市昌平第二实验小学占地面积15000平方米、建筑面积9000平方米，体育场（馆）面积6000平方米。图书馆（室）藏书1.90万册，电子图书500册，订阅杂志、报刊70种。固定资产总值2444.87万元。全年教育经费投入1268.90万元，全部为国家拨款。学校信息化经费投入55.03万元，拥有计算机212台，多媒体教室座位40个，校园网出口总带宽100Mbps，数字资源量2.56GB，“信息技术”课程1课时/周。普通教室28个、专用教室10个。教职工97人，包括副高级职称1人、中级职称35人。专任教师85人，包括市级骨干教师1人；全部为本科及以上学历。开设教学班32个。毕业129人；招生306人；在校生1099人，包括外省市借读生372人。网址：www.cpshyex.com/cpsyex。

（张彤）

【开展家长讲故事活动】　4月23至26日，昌平实验二小开展“故事妈妈进课堂”活动。共有学生家长18人参加活动，讲述“怕冷的企鹅”“图书馆狮子”“驴小弟变石头”等绘本故事，同时营造、创设相应主题氛围，帮助学生理解故事内容。全校教师、学生1140人参加活动。

（李小平）

【民乐团赴欧洲演出】　8月9日，昌

平实验二小“紫风铃”民乐团赴欧洲演出。民乐团师生一行53人，在奥地利维也纳金色大厅演出合奏曲目《闹花灯》《闹天宫》，期间到维也纳国家歌剧院、法国卢浮宫、荷兰阿姆斯特丹等地参观。

（胡建丽　郝跃辉）

【首次举办学生个人画展】　9月17至27日，昌平实验二小首次举办学生个人画展。该校为特长学生搭建展示交流平台，展示三年级学生王胤奇油画、国画、水粉画等共计48幅作品，内容包括临摹梵高的油画作品《瓶花》《星空》，写生《绿萝》，图片写生《豹》，国画作品《雪夜》《变形金刚》《荷花》《松鼠》《紫藤》《芦苇塘》，素描作品《静物》《伏尔泰》等，线描作品写生《自行车》《书籍》《玉米和南瓜》等，创意手工画《2013蛇》《骆驼》《小镇》等。该生自7岁开始学习书画，曾在长歌行艺术馆学习绘画。全校学生、家长2000人参观展览。

（李小平）

北京市大兴区第二小学

【概况】　2013年，北京市大兴区第二小学占地面积22400平方米、建筑

面积9876平方米，体育场（馆）面积4360平方米。图书馆（室）藏书3.25万册，订阅杂志、报刊30种。固定资产总值3859万元。全年教育经费投入3103万元，全部为国家拨款。学校信息化经费投入6万元，拥有计算机495台，多媒体教室座位50个，校园网出口总带宽100Mbps，数字资源量2000GB。普通教室57个、专用教室4个。教职工183人，包括副高级职称3人、中级职称126人。专任教师176人，包括特级教师1人、市级骨干教师1人；本科及以上学历147人。开设教学班57个。毕业410人、招生402人、在校生2247人。网址：http：//erxiao.dxschools.cn/。

（陈建莲）

【舞蹈团赴美演出】　2月14至25日，大兴二小舞蹈社团赴美演出。学校社团一行25人受邀参加第三届"文化中国——中国非物质文化遗产美国行暨百花迎春美国林肯中心星光盛典"活动，表演《花翎弄清影》等节目。其间，该社团还受美国哥伦比亚大学邀请，以此节目参加第二届"哥伦比亚之夜美国常青藤春晚"。大兴二小舞蹈社团2007年成立，现拥有学生团员200人。

（张江涛　韩婕）

【举办科普知识讲座】　3月18日，大

兴二小举办科普知识讲座。该校邀请"钱学森大成智慧课题组总顾问"顾力兵、徐章英，面向五年级学生作"跟孩子们一起玩转科学"专题科普讲座，通过讲座、现场模拟演示形式，指导学生观看火箭发射过程视频、组织迷你科技游戏，制作并放飞"水火箭"。全校五年级教师、学生310人参加活动。

（马丽　柏琳琳）

【与怀柔学校联合教研】　4月27日，大兴二小与怀柔区庙城小学共同开展联合教研活动。活动包括"同课异构"与"说教材培训展示"两部分，两校教师分别做1节数学课，语文、数学、英语等学科教师进行说教材展示。共有干部、教师50人参与活动。

（金卫鑫）

【召开自主识字课题全国研讨会】　5

月24日，大兴二小召开教育部全国教育科学"十一五"规划课题"小学低年级'自主识字，同步读写'实验研究"现场研讨会。会议围绕"自主识字、分享阅读"主题，观摩该校教师执教一年级"同步阅读"现场课，听取大兴区教师进修学校、大兴二小干部、教师作区域、学校、个人课题阶段汇报。会上，特级教师张光缨就课题开展情况给予高度评价，提出"让孩子提早识字，扫除阅读障碍，尽早进入海量阅读"建议。来自中国香港、深圳、湖北、海口等省市地区实验教师，以及课题相关负责人150人参加活动。

（孙冬）

【举办德育课程展示】　5月28日，大兴二小举办"价值教育引领生命远航"德育课程展示交流活动。活动包括书画社团展示，韵律操、跆拳道、中国鼓、花翎舞、《少年中国说》、旗舞、旗语操综合汇演，合唱团表演等。随后，组织参观校园文化，现场观摩学校主题班队会、价值教育大课堂、学生辩论赛等20节现场课；观看学校价值教育研究专题片，翻阅学校价值教育研究成果以及学校教育年鉴；听取学校校长作关于"价值教育引领生命远航"办学经验介绍，大兴区教委领导对活动做出点评。来自北京师范大学教授、大兴区教委领导，以及各小学校长、干部，大兴电视台、大兴报社记者，家长代表200人参加活动。

（张江涛）

北京市大兴区黄村镇第一中心小学

【概况】　2013年，北京市大兴区黄村镇第一中心小学包括1所中心校、5所完小，总占地面积7.23万平方米、总建筑面积2.08万平方米，体育场（馆）总面积4.10万平方米。图书馆藏书7.90万册，电子图书250册，订阅杂志、报刊24种。固定资产总值3854万元。全年教育经费投入4726万元，全部为国家拨款。学校信息化经费投入317.60万元，拥有计算机567台，多媒体教室座位500个，校园网出口总带宽共享6Mbps，数字资源量12695GB，"信息技术"课程1课时/周。普通教室87个、专用教室30个。教职工253人，包括副高级职称2人、中级职称166人。专任教师240人，包括特级教师1人、市级骨干教师8人、北京市学科教学带头人1人；本科及以上学历177人。开设教学班82个。毕业497人、招生398人、在校生2790人。网址：www.hczedu.dxschools.cn。

（吴立燕）

【加强教师团队建设】　1月21日，黄村镇第一中心小学举办"学校西点执行力"专题培训。此次培训旨在打造优秀教师团队、提升师德素养与执行能力，邀请香港联成国际教育集团有限公司讲师，从美国西点军校教育业绩、高效执行力等方面内容，引用实例，阐述团队建设、结果执行系统等知识。全校干部、教师240人参加学习。

（吴立燕）

【校园读书文化节启动】　12月27日，

黄村镇第一中心小学校园读书文化节启动。此次活动围绕"红领巾相约中国梦，读书与梦共翱翔"主题，举办读书成果汇报演出，包括诗词朗诵、

古诗新唱、情景剧、快板、数字故事，把读书与歌曲、舞蹈等艺术形式相结合，表彰学校“读书育人名师”5人、“读书小博士”10人、“读书小状元”1人以及“好书推荐卡作者”10人。来自大兴区少工委领导，以及该校师生300人参加活动。

（吴立燕）

【参与学校发展共同体系列活动】 至

年底，黄村镇第一中心小学参与“阳光绿色学校发展共同体”系列交流活动。4月11日，该校在大兴区大庄完小召开“习作教学现场交流研讨会”，此次交流会旨在展示学校发展共同体成员习作教学研究成果，促进各校教师对习作教学研究，展示三年级作文指导课2节、五年级作文评改课2节，作课教师就设计思路与教学反思与专家交流，特级教师张光璎结合作文教学的实效与研究进行培训。来自大兴区教师进修学校、6所阳光绿色学校发展共同体学校校长、干部、教师40人参加活动。10月12日，学校召开“相互交流，经验共享，促学生体质健康提升”阳光绿色学校发展共同体体育工作交流研讨会。会议主要分析学生体质现状，并就如何提高学生体质健康水平等展开交流，来自大兴区6所绿色学校发展共同体校长、体育教师50人参加活动。12月6日，学校举办品德与社会学科专题培训，邀请北京教科院基教研中心教研员，以“品社与社会学科学生学业评价的思考”为题，从评价的目的与原则、评价的意义与功能、评价的目标与内容、评价的方式和方法、实施评价需注意的问题等方面，用理论加实例的方法举办讲座。来自大兴区6所绿色学校发展共同体干部、教师100人参加会议。“阳光绿色学校发展共同体”2011年由黄村镇第一中心小学组织创办，拥有成员6个，以教育资源联合、教学教研联手、信息技术联网等方式，通过开展学校管理经验交流会、教研连片、教师业务比武、专家讲座、学生“英语节”“读书节”等活动，实现共同体教师专业发展，每名学生共同提高。

（吴立燕）

北京市大兴区瀛海镇第一中心小学

【概况】 2013年，北京市大兴区瀛海镇第一中心小学占地面积17255平方米、建筑面积12369平方米，体育场（馆）面积7334平方米。图书馆（室）藏书26618册，订阅杂志、报刊51种。固定资产总值4279.28元。全年教育经费投入1222.27万元，全部为国家拨款。学校信息化经费投入50万元，拥有计算机202台，多媒体教室座位36个，校园网出口总带宽1GB，数字资源量2802GB，“信息技术”课程1课时/周。普通教室24个、专用教室12个。教职工62人，包括中级职称33人。专任教师62人，包括市级骨干教师2人；本科及以上学历53人。开设教学班18个。毕业89人、招生156人、在校生615人。网址：http：//yh1x.dxschools.cn。

（崔连勇）

【香港中文大学专家到校指导】 3月28至30日，瀛海镇第一中心小学接受香港中文大学博士、北京师范大学教授到校指导教学。专家观摩“种子”“幸运的小海豹”“金色的脚印”“理想的风筝”四节公开课，参与学生小组学习活动，与教师交流如何落实小组合作实效性问题，并以“小壁虎借尾巴”“母亲的纯净水”为课例，就“怎样进行教学设计”展开研讨。学校教师50人参加活动。

（扈建伟）

【举办“期待教育”理念研讨会】 5月24日，瀛海镇第一中心小学举办“期待教育”理念实践与探索研讨会。会上，该校校长就“期待教育”理念产生、理论准备、核心观念，以及教职工的探索与实践作汇报交流；组织专家参观校园环境与音乐、美术、舞蹈等专用教室。来自北京师范大学教授、北京建华实验学校校长，以及全校干部、教师55人参加会议。

（崔连勇）

【与建华学校联合教研】 9月27日，瀛海镇第一中心小学与北京建华实验学校开展联合教研。活动中，组织观摩建华学校语文学科3名教师展示课，突出“以学生为主体，教师起主导作用”教学理念，并围绕“活力与生长在语文教学的体现”主题讨论交流。两校教师53人参加活动。

（张海庄）

【召开台湾教育专题交流会】 11月25

日，瀛海镇第一中心小学召开“台湾教育印象”专题教师经验交流会。会议听取4名教师赴台湾学习感悟发言，讲解开放有序的台湾社会现状以及台湾实验国民小学、成德国民小学、大成国民小学情况，通过五年级数学课例“线对称图形”，阐释台湾学教育理念、课堂教学模式、校园文化、学生学习方式。北京师范大学专家，该校干部、教师55人参加会议。

（崔连勇）

北京市怀柔区第一小学

【概况】 2013年，北京市怀柔区第一小学占地面积1.52万平方米、建筑面积1.02万平方米，体育场地面积0.80万平方米。图书馆藏书4.67万册，订阅杂志、报刊10种。固定资产总值2903.83万元。全年教育经费投入2721.22万元，全部由国家拨款。学校信息化经费投入180.78万元，拥有计算机389台，多媒体教室座位2313个，校园网出口总带宽100Mbps，数字资源量800GB，“信息技术”课程1课时/周。普通教室38个、专用教室13个。教职工162人，其中，中级职称1人。专任教师108人，全部为本科及以上学历。开设教学班38个。毕业266人、招生268人、在校生1689人。网址：www.bjhryx.com。

（张晓清）

【召开肥胖学生家长会】 4月16日，怀柔一小召开肥胖学生家长会。会议围绕“家校协同，共同促进孩子的身体健康”主题，通过开办讲座形式，讲解“儿童营养与肥胖”“运动、健康与饮食”“肥胖学生的合理化建议”等方面知识，使家长了解学生肥胖原因及危害。会后，家长、班主任、体育教师针对学生肥胖情况沟通分析，并布置体育作业和安排运动方式。该校学生家长90人参加会议。

（张晓清）

【与北京小学成为友谊校】 9月，怀柔一小与北京小学签订协议成为共建友谊校。协议规定，该校提供地方特色资源，为北京小学开发社会实践教育基地创造条件，北京小学提供办学经验和对怀柔一小干部、教师进行培训，有效期为3年。10月30日和11月1日，学校教师3人参加北京小学数学、英语学科校本教研观摩活动；11月25日，学校语文、数学学科教师2人到北京小学进行为期一周脱产学习，跟随指导教师深入课堂，感受教学方法与班级创设氛围，反思自身教学问题，并参加“走进北小”高级研修班学习。

（张晓清）

【举办课堂教学模式比赛】 11月25日至12月6日，怀柔一小举办“阳光杯”课堂教学学科模式比赛。比赛突出“少教多学”原则，探索“减负增效”途径，通过教学设计、课堂展示、课后反思评价学科模式研究效果，教师在组内选拔基础上，共计19人展示9个不同学科课程。比赛评委由学校书记、校长、教务处成员组成，参赛内容为课堂教学（70分）、教学设计（20分）和课后反思（10分），其中，课堂教学分为教学目标10分、教学过程10分、教学方法5分、基本素质5分、学习态度15分、目标达成15分、思维状态10分。最终评出一等奖8人、二等奖11人。12月13日，该校邀请怀柔区教委、教科研中心领导和各学科教研员参与“阳光杯”课堂教学模式大赛优秀课例展示活动，3名教师分别展示数学课、语文课和音乐课。

（张晓清）

【展示养成教育成果】 12月9日，怀柔一小举办养成教育成果展示。展示“让校园静下来”和“坐立行形体训练”教育成果，其中，“让校园静下来”是让学生养成说话要轻生，健康又文明的良好习惯；“坐立行形体训练”为坐姿、站姿和行走姿势的训练。活动后各个班级对照自查评议，确定文明行为训练方向。该校学生1600人参加活动。

（张晓清）

【投入541万元改造校园环境】 至年

底，怀柔一小投入541万元改造校园环境。其中，投入167万元翻新北楼教学楼，包括内墙墙体粉刷、厕所水房改造；投入30万元建设校园文化；投入65万元重建花园跌水景观，种植草坪、场地铺设塑胶、校园内部分路面硬化改造；投入279万元改造大小操场。

（张晓清）

北京市怀柔区渤海镇中心小学

【概况】 2013年，北京市怀柔区渤海镇中心小学占地面积18337平方米、建筑面积9653平方米、体育场（馆）面积10000平方米。图书馆（室）藏书24000册，电子图书1020册，订阅杂志、报刊100种。固定资产总值706.67万元。全年教育经费投入2281万元，全部由国家拨款。学校信息化经费投入182万元，拥有计算机200台，多媒体教室座位525个，校园网出口总带宽10Mbps，数字资源量160GB，“信息技术”课程1课时/周。普通教室24个、专用教室12个。教职工95人，其中，中级职称65人。专任教师53人，包括市级骨干教师3人；全部为本科及以上学历。开设教学班18个。毕业86人、招生68人、在校生425人。

（全爱表）

【开办特色班级建设主题培训】 3月29日，渤海镇中心小学开办“阳光特色班级建设”主题培训。此次培训邀请北京市怀柔区第二小学教师王翠红作“让书香特色班级成为孩子们温馨的家”专题指导，从目标制定、班风导向、环境熏陶、活动引领、平台搭建等方面介绍建设“书香班级”经验。会后，两校教师针对如何打造班级特色过程中有关难点问题做沟通交流。全校教职工90人参加学习。王翠红是北京市“紫金杯”班主任特等奖获得者。

（全爱表）

【接待韩国仁川学校访问团】 5月13

至14日，渤海镇中心小学接待韩国仁川化田初等学校访问团。访问团包括师生一行26人，表演跆拳道、奚琴、扇子舞等韩国传统特色项目，渤海镇中心小学师生展示“剪纸姑娘”等中国民族传统艺术。其间，韩国师生参观校园环境，学习体验竹马、高跷、书法、中国画等中国传统文化项目；走进课堂，两校学生共同交流、学习讨论。双方师生540人参与活动。

（全爱表）

【两学生赴希腊表演高跷】 8月14至29日，渤海镇中心小学四年级学生侯宇轩、刘亚军随北京大学生艺术团到希腊参加第51届莱夫卡斯国际民俗艺术节。其间，两名学生表演中国民族传统文化项目踩高跷。2005年，该校将踩高跷项目纳入校本课程，

首次开办高跷社团，面向全校学生招收团员，现拥有学生团员19人。

（缐金秋　金爱表）

【接受联合国“碳足迹”计算器】 8

月28日，渤海镇中心小学接受联合国副秘书长海伦·克拉克（Helen Elizabeth Clark）捐赠的20台“碳足迹”计算器。海伦向学校师生介绍“碳足迹”计算器的功能与使用方法，倡导践行绿色低碳生活方式，积极植树造林、绿化环境。其间，他参观学校校园环境，了解学校太阳能等新能源的开发应用成果。“碳足迹”计算器能准确得出日常生活各项所产生的二氧化碳排放量，提示出应该种多少棵树才能够补偿。

（缐金秋　金爱表）

北京市平谷区第一小学

【概况】　2013年，北京市平谷区第一小学占地面积2.48万平方米、建筑面积1.27万平方米，体育场面积0.68万平方米。图书室藏书5万册，订阅杂志、报刊60种。固定资产总值1500万元。全年教育经费投入2026万元，全部为国家拨款。学校信息化经费投入25万元，拥有计算机519台，多媒体教室座位120个，校园网出口总带宽100Mbps，数字资源量60GB，“信息技术”课程1课时/周。普通教室43个、专用教室12个、实验室1个。教职工154人，包括副高级职称6人、中级职称113人。专任教师117人，包括市级骨干教师2人；本科及以上学历114人。开设教学班43个。毕业290人、招生360人、在校生1699人。网址：http：//58.131.101.25。

（景国莲）

【组织课堂教学研讨交流】　4月27日，平谷一小组织课堂教学改革研讨与交流展示活动。活动采取课例示范引领形式，研讨交流学校课堂改革成就，推出语文、数学、英语、劳技4节优质课分组展示，课后教师围绕课堂教学改革模式进行自评、互评，并听取该校课堂教学改革阶段性总结。来自平谷区教委、区教研中心，以及各校校长、教师代表170人参加活动。

（景国莲）

【举办小学生青春期讲座】　5月16日，

平谷一小举办“美丽女孩、美丽心灵”青春期健康知识讲座。该讲座由学校心理健康课教师主讲，面向五年级学生，主要介绍女生青春期发育的特征、进入青春期怎样自我保健、如何对待男女生关系问题等，采取图文结合的方式指导高年级女生应该如何科学安全地度过青春期，并现场解答学生有关问题。该校学生160人参加学习。

（景国莲）

【举办网络资源应用培训】　11月21日，平谷一小举办教育资源网新增资源应用培训与德育视频资源应用培训。学校邀请“北京教育资源网”和“勤能教育”专家，采取分层培训方式，以研究在网络环境下教师信息素养的培养和现代信息技术能力培训为重点，立足于教师专业化发展、新课程改革以及教师对传统教学方法改进的需要，培养教师专业化信息素养，强化教师电子备课、网络课件等教学资源在课堂上的应用，学校还在学科教研组中组织开展网络技术应用优质课展评等。全校教师130人参加活动。

（景国莲）

【召开骨干教师教学改革专题论坛】　11月28日，平谷一小召开骨干教师“教与学的方式变革”专题论坛。论坛以教学展示形式开办，由该校28名市区级骨干教师主讲，学校干部、教师担任评委，按照学科分成三组进行。主讲人围绕本次主题结合自身课堂教学片段或案例，介绍实现师生教学方式与学习方式改变的做法、效果及存在的问题、困惑等。活动后，要求参加人员在校园网发表深化课堂教学改革的感想及建议。全校干部、教师150人参与活动。

（景国莲）

北京市平谷区峪口镇第一学区

【概况】　2013年，北京市平谷区峪口镇第一学区下辖3所完小，总占地面积4万平方米、总建筑面积0.88万平方米，体育场总面积1.52万平方米。图书室藏书2万册。固定资产总值1154.50万元。全年教育经费投入1890万元，全部为国家拨款。学校信息化经费投入221.12万元，拥有计算机407台，多媒体教室座位120个，校园网出口总带宽1000Mbps，数字资源量20GB，“信息技术”课程1课时/周。普通教室25个、专用教室15个，实验室4个。教职工121人，包括副高级职称2人、中级职称64人。专任教师75人，全部为本科及以上学历。开设教学班25个。毕业104人；招生102人；在校生555人，包括寄宿生11人。

（张丽华）

【改革教师备课方式】　3月4日，峪口镇第一学区实行教师备课改革。该学区围绕“师友互助，共同进步”教学模式的有效性，针对教师备课提出要求，包括教师要研究学生、课标、教材，备课要理清整体思路流程；教学设计要以学生的学习与活动为线索，设计活动要为学生提供思考空间；对个别小组和学生进行针对性帮助，加强与其他学科知识间横向联系；教学中培养学生互助合作意识，压缩教师讲授时间；发挥教研组集体备课交流作用。学区教师68人参与此次改革工作。

（王红霞）

【投入221.12万元推进信息化建设】 4月7日，峪口镇第一学区投入资金221.12万元推进信息化建设。经费由平谷区财政审核拨付，用于学区信息化工作软硬件升级，包括为25个教学班全部更换液晶显示屏，并聘请专业技术人员为教师培训指导；为教职工更换办公用计算机100台；申报信息技术与学科整合课题。

（王红霞）

【组织3次学生社会实践】 5至10

月，峪口镇第一学区组织3次学生社会实践活动。其中，开展“探梦快乐行梦想在心中”科普活动，带领学生参与空气炮、气球火箭、悬浮保龄球等科学实验，培养动手实践能力；组织到顺义七彩蝶园开展社会大课堂实践，学生体验绘制蝶翅画、制作棉花糖、粘折航模纸飞机等，并观察蝴蝶生长发育过程了解自然；组织三至六年级师生走进北京安全自救教育体验基地，学生现场体验“圆木晃桥”“连环钻筒”和“烟道逃生”等消防项目，学习灭火器挑选及使用方法，了解安全自救常识。3次活动共有师生1793人次参与。

（王红霞　张丽华　贾建国）

【实施教师发展评价手册】 9月1日，峪口镇第一学区实施《教师个人发展性评价手册》（试行）。《手册》要求任课教师使用，分为学校发展篇、自我介绍篇、常规评价篇、教学质量篇、教学常规评价汇总篇。其中，常规评价篇涉及8个项目，包括工作计划评价、备课评价、作业评价、学生评价手册评价、小课题研究评价、学习反思评价、听课评价、工作总结评价。《手册》共计14页，在每页页眉页脚分别录入教师教学习惯、教育习惯、行为习惯、学习习惯、生活习惯五个方面常规要求以及名人名言等内容。

（张丽华）

【丰富校园体育活动】 10月，峪口镇第一学区丰富学生校园体育活动安排。该学区按照“习惯好、身体好、学习好”培养学生目标，在体育群体及竞技训练方面做出系统安排，丰富学生课余生活，包括规范课间操动作及入场、呼号、退场等流程，利用课间操和体育活动时间集训；调整制定课间活动，每天30分钟，安排跳绳、往返跑、绑腿跑等常态化体育训练；成立体育活动社团，学生自主参与、体育教师负责指导；做好区级秋季运动会、奇奇运动会比赛集训准备工作。全校学生80人参加活动。

（张丽华）

北京市密云县第四小学

【概况】 2013年，北京市密云县第四小学占地面积11290平方米、建筑面积5094平方米，体育场（馆）面积6148平方米。图书馆（室）藏书22339册。固定资产总值804.93万元。全年教育经费投入88.86万元，全部为国家拨款。学校信息化经费投入34.04万元，拥有计算机209台。多媒体教室座位80个，校园网出口总带1000Mbps，数字资源量270GB，“信息技术”课程4课时/周。普通教室24个、专用教室8个。教职工67人，包括中级职称33人。专任教师54人，包括本科及以上学历教师49人。开设教学班24个。毕业162人；招生172人；在校生993人，包括借读生25人。网址：http://117.115.21.7。

（韩冰）

【与密云五中开展教育衔接研究】 5月8日，密云四小与北京市密云县第五中学开展教育衔接课题研究活动。该校组织五、六年级语文、数学、英语教师30人到密云五中听课学习，与学校干部、授课教师交流研讨，了解初一年级学生学习能力及习惯养成要求，研究如何缩短小学升初中学生的适应过程。

（韩冰）

【召开密云小学班主任经验交流会】 12月10日，密云县小学优秀班主任经验交流会在密云四小召开。北京市“紫禁杯”班主任获得者该校教师郑晓明、北京市密云县第三小学朱立红、北京市密云县第五小学徐娜、北京市密云县东邵渠中心小学刘金莲、北京市密云县太师屯中心小学刁荣春分别作题为《随风潜入夜润物细无声——班级管理新探索》《多元评价促学生健康发展》《美丽的蜕变：“大灰狼”变“白天鹅”》《勤于反思，做反思型班主任》《我和学生们走过的社团之路》典型发言。密云县11所小学和大城子镇、冯家峪镇、东邵渠镇、石城镇、溪翁庄镇、西田各庄镇、十里堡镇、巨各庄镇中心小学，聋人学校德育干部、班主任100余人参加会议。

（韩冰）

【开展减负增效系列工作】 至年底，密云四小开展“减负增效”系列工作。学校成立专项工作领导小组和监督小组，贯彻落实各级领导部门关于“减负”工作文件、规定，研究制定学校“减负增效”工作实施方案，加强师德教育活动，要求教师依法执教；严格“减负”工作要求，加强过程管理、规范工作考核、强化措施落实；实施专业示范带动工程、教师基本功提高工程、教科研品牌建设工程；开展有效教学专题研究，强化备课和作业设计，改革监控和评价模式，创新“减负”家校联系途径。全校干部、教师56人参与此项工作。

（韩冰）

北京市密云县太师屯镇中心小学

【概况】 2013年，北京市密云县太师屯镇中心小学占地面积18890平方米、建筑面积9560平方米，体育场（馆）面积5000平方米。图书馆藏书28178册。固定资产总值2865.75万元。全年教育经费投入 298.08 万元，全部为国家拨款。学校信息化经费投入 10 万元，拥有计算机 550 台，多媒体教室座位 95 个，校园网出口总带宽 1000Mbps，数字资源量 1000GB，“信息技术”课程 1 课时/周。普通教室 44 个、专用教室 11 个、实验室 1 个。教职工 203 人，包括中级职称 101 人。专任教师 196 人，包括市级骨干教师 1 人；本科及以上学历 138 人。开设教学班 36 个。毕业 180 人；招生 172 人；在校生 1087 人，包括借读生157人。网址：http://tstxx.myedu.gov.cn。

（王士才）

【举办社会大课堂活动】 4 月 22 日至 5 月 11 日，太师屯镇中心小学举办社会大课堂活动。该校学生 1100 人分四批走进中国航空博物馆、北京植物园，观看中国航空发展史图片展，了解各种飞机类型、发动机、航空导弹等武器知识，参观热带植物馆、认识花卉并做好学习记录。

（王士才）

【特色体育项目进校园】 9 月，太师屯镇中心小学开展特色体育项目进校园工作。该校指导学生做好两套国家标准课间操和一套自编体操，创设“吹气球”比赛和“剪铁丝”项目，提升学生身体素质。全校学生 448 人参与。学校特色体育项目为“百人轮滑”。

（王士才）

【开展交通安全教育】 11 月 1 日，太师屯镇中心小学开展“拒绝超载车”交通安全专项教育行动。学校利用校园广播宣传乘车安全知识；在校门口悬挂提示语，倡导家长、学生乘坐有资质运营车辆；协同密云县交通执法队、太师屯镇派出所民警在校门口劝导司机不要超载行车，告知超载行为危害；组织干部、教师在校门口巡视，保障学生安全离校；规定每周五定期开展此项工作。全校干部、师生 1248 人参与活动。

（王士才）

北京市密云县新城子镇中心小学

【概况】 2013 年，北京市密云县新城子镇中心小学占地面积 15700 平方米、建筑面积 6457 平方米，体育场（馆）面积 6000 平方米。图书馆（室）藏书 2.17 万册。固定资产总值 1598.11 万元。全年教育经费投入 741.87 万元，全部为国家拨款。学校信息化经费投入 69 万元，拥有计算机 171 台。多媒体教室座位 70 个，校园网出口总带宽 1000Mbps，数字资源量 180GB，“信息技术”课程 1 课时/周。普通教室 12 个、专用教室 7 个。教职工 67 人，包括中级职称 23 人。专任教师 47 人，包括市级骨干教师 2 人；全部为本科及以上学历。开设教学班 12 个。毕业 43 人；招生 43 人；在校生 267 人，包括借读生 31 人。网址：xczxx.myedu.gov.cn。

（陈超）

【开展智能平板计算机教学实验】 3 月 27 日，新城子镇中心小学开展基于智能平板计算机课堂教学实验活动。教学内容以电子教材、电子书、课堂教学质量控制系统和智能平板计算机照相摄影功能呈现，作实验课 10 节，涵盖语文、数学、音乐、科学、美术、研究性学习学科，面向师生举办平板计算机基本功能、软件使用项目培训。全校教师、学生 297 人参加学习。

（陈超）

【举办班主任论坛】 4 月 19 日，新城子镇中心小学举办班主任论坛。论坛以“班级文化，润物无声”为主题，重点剖析班级文化建设不足，确定班主任要与学生讨论交流、工作方法要与时俱进、学会智慧管理；学校为各个班级布设展板、展示个性班级文化，创建班级荣誉板块、定期评比表彰。全校班主任 12 人参加论坛。

（陈超）

【数字校园通过市级验收】 12 月 17 日，新城子镇中心小学数字校园项目建设接受市教委验收。验收组分别对项目的建设内容、建设文档、资金使用、建设特色进行评估，对数字校园建设的整体规划、建设管理、建设效果、推进措施给予肯定，并为项目的特色发展、后期效益展现提出意见。经专家认定，该校数字校园项目通过验收。

（陈超）

北京市延庆县第一小学

【概况】 2013 年，北京市延庆县第一小学占地面积 7700 平方米、建筑面积 8302 平方米，体育场面积 3000 平方米。图书馆（室）藏书 4.44 万册。固定资产总值 1545.81 万元。全年教育经费投入 1794.22 万元，全部由国家拨款。学校信息化经费投入 40.63 万元，拥有计算机 280 台，多媒体教室座位 1650 个，校园网出口总带宽 100Mbps，数字资源量 1013GB，“信息技术”课程三至五年级 1 课时/周。普通教室 34 个、专用教室 10 个。教职工 109 人，其中，中级职称 67 人。专任教师 94 人，包括市级骨干教师 2 人、北京市学科教学带头人 3 人；全部为本科以上学历 85 人。开设教学班 34 个。毕业 221 人、招生 193 人、在校生 1249 人。网址：www.yqxdyxx.cn。

（王建茹）

【培训研发生态体验教育课程】 2 月 22 至 23 日，延庆一小举办生态体验教育体验式培训。此次培训围绕生态体验教育核心理念，由全国生态体验教育研究课题组专家讲授，采取理论精讲、现场活动体验、小学生态体验活动案例分享的模式，设计营造体验场、开放式对话和理论反思与提升三个板块，教师参与“组建团队”“帮扶之旅”和“爱与责任”等体验内容。全校教师103人参与培训。至年底，学校研发品质阶梯校本课程，由全国生态体验教育研究课题组专家指导，以“诚、敬、敏、毅”为4条主线，以中小学生道德成长19个目标为扩展，以39个活动案例及资源包为主要内容，以班队会、综合实践和校本教育为途径，以体验活动为主要教育方式，体现螺旋上升的培养序列。课程开发采取培训、活动设计、实践反思相结合方式进行，班主任、德育教师作为研发人员，每人负责1个活动课例的开发。

（王建茹）

【举办第五届课堂教学评优】 4月7至11日，延庆一小举办第五届“冠山风采杯”课堂教学评优活动。此次活动以“关注活动设计，注重学习体验，构建高效课堂”为主题，面向学校40岁以下青年教师，分为语文、数学组和其他学科组两个组进行评选，由教学管理干部担任评委，在课堂教学氛围、信息技术使用、学科特色、学习方式等方面综合打分。全校教师47人参赛，最终评出一等奖10节、二等奖14节。4月12日，学校召开总结表彰会，展示一等奖音乐课“小螺号”。“冠山风采杯”课堂教学评优活动始办于2007年，2009年以前每年举办一届，此后每两年举办一届。

（王建茹）

【与东城学校联合教研】 4月19日，延庆一小与北京市东城区和平里第一小学联合开展同课异构教研活动。此次活动以“关注学生需求，精心设计内容，提高课堂实效”为主题，两校教师分别执教二年级语文“最大的‘书’”、三年级数学“重叠问题”、二年级英语“How Many”和三年级体育“行进间运球”。课后，双方围绕专题展开研讨，交流在课堂中教学目标的反馈与检测、英语课不同版本教材使用过程中的优势互补和学生学习活动细节的设计等方面问题。两校教师64人参与活动。

（王建茹）

【举办首届校园读书节】 4月23日，延庆一小举办首届读书节展示活动。此次活动以“书声飘榆园，书香润心田”为主题，表彰学校读书表现优秀

学生，并组织学生朗诵书中美文、童话剧表演、讲故事等展示；学生每两人一组相互介绍所读书籍。来自延庆县教委、各校德育干部、第一协作区班主任57人，以及家长代表180人、学生1261人参与活动。

（王建茹）

【赴台湾交流考察】 9月18至25日，

延庆一小组织师生赴台湾信义国小交流考察。此次考察主题为“圆缘之行”，该校市级骨干教师、“冠山风采杯”优秀教师获得者、学校艺术负责人、安全干部、学生合唱团成员16人，观看信义国小战鼓、独轮车队表演，参观公共艺术模型展、校史馆、游泳馆和运动馆；观摩教师闽南语课、语文课“奈米的世界”；走进辅导教室，召开师生座谈会等。其间，两校签订“手拉手”合作协议，规定在双方学校整体工作计划中安排定期交流活动，并特设联络员保持沟通。协议有效期两年。（王建茹）

北京市延庆县第二小学

【概况】 2013年，北京市延庆县第二小学占地面积2.52万平方米、建筑面积1.87万平方米，体育场（馆）面积1.56万平方米。图书馆（室）藏书3.78万册。固定资产总值2046.11万元。全年教育经费投入2572.22万元，全部由国家拨款。学校信息化经费投入239.63万元，拥有计算机373台，多媒体教室座位1170个，校园网出口总带宽100Mbps，数字资源量640GB，“信息技术”课程三至五年级1课时/周。普通教室40个、专用教室10个。教职工144人，包括中级职称3人。专任教师118人，包括市级骨干教师2人；本科及以上学历94人。开设教学班40个。毕业318人、招生264人、在校生1660人。网址：www.yqex.com.cn。

（吴秋菊）

【首次组织学生个人才艺展示】 3月

29日、6月7日和11月29日，延庆二小组织3场学生个人才艺展示活动。3月首次举办“弘扬文化、展我风采”学生个人书法展，五年级学生詹梓琪利用左手、右手、口书形式，介绍并展示书法技能，延庆县书法家现场题字，为学生留下名言警句。延庆县书法家学会、儒川书画院人员、学校师生150人参加活动。6月举办“展我风采，放飞梦想——耿海童创作歌曲演唱专场”，组织观看耿海童专题片，宣读文化部《音乐生活报》贺信，二年级学生耿海童独唱歌曲《春晓》《静夜思》和《夜宿山寺》等，并与校活力宝贝合唱团合唱《清明》《悯农》和《回乡偶书》。来自延庆县妇联、县教委、县文化馆、学校家长委员会成员、二至六年级学生280人观看演出。耿海童，7岁时考入中国交响乐团少年合唱团，创作的14首作品在《音乐生活报》上发表。11月举办个人多语种歌曲演唱会，二年级学生谷百川演唱《快乐星猫》《God is a girl》《Nobody》等中文、英文、韩文歌曲8首，由学校拉丁舞

队、二年级学生为其伴舞、伴奏。来自延庆县教委、县文化馆领导，以及该校家长委员会成员、二年级学生、校合唱团代表共220人参加活动。

（吴秋菊）

【校园志愿服务队成立】 10月28日，延庆二小举行校园志愿服务队启动仪式。仪式上，开展“践行北京精神，做文明二小人”主题教育。全校师生1780人参加活动。该校为实现学生“志愿服务、自主管理、自我教育”目的，成立校园志愿服务队，现拥有成员220人，其中，礼仪示范服务队80人（绿色服装）、文明督导服务队30人（红色服装）、餐后安保服务队90人（黄色服装）、生态环保服务队20人（蓝色服装）。

（吴秋菊）

【“十二五”教研课题结题】 11月26日，延庆二小召开北京市教育学会“十二五”教育科研课题“在小学英语故事教学中发挥学生主体作用的实践与研究”结题鉴定会暨成果展示会。会议观摩该校课题负责教师作题为《Unit 5 The Broken Computer》故事教学汇报课，宣读结题报告。来自首都师范大学、北京教育科学研究院、延庆县教科研中心等单位专家针对课题进行指导，肯定课题研究选题价值，以及对学生主体作用理解，注重教师在课堂中转变教学方式，研究以故事课堂模式跟教学过程结合，展现学生能够自主理解故事、思维质疑并用英语表达的变化，最终通过结题认定。全校课题相关教师25人参加会议。该课题2011年立项，投入经费0.70万元，通过该课题研究，形成“课前热身、导入故事、学习故事、操练故事、拓展故事”故事教学课堂模式。

（吴秋菊）

北京市延庆县第三小学

【概况】 2013年，北京市延庆县第三小学占地面积1.57万平方米、建筑面积0.86万平方米，体育场（馆）面积0.45万平方米。图书馆（室）藏书4.30万册。固定资产总值2159.76万元。全年教育经费投入1538万元，全部由国家拨款。学校信息化经费投入20万元，拥有计算机230台，多媒体教室座位1200个，校园网出口总带宽100Mbps，数字资源量150GB，“信息技术”课程三至五年级1课时/周。普通教室30个、专用教室9个。教职工112人，包括中级职称69人。专任教师101人，包括市级骨干教师3人；本科及以上学历98人。开设教学班30个。毕业190人、招生215人、在校生1141人。网址：www.yqsx.com.cn。

（马天兵）

【举办首届学生歌唱比赛】 3月8至15日，延庆三小举办首届“灵动杯”学生卡拉OK歌唱比赛。比赛采取学生自主报名、班内初评、班主任推荐形式，由学生准备音乐、自编动作，评委现场打分。全校共有学生50人参加比赛，27人进入复赛，最终11人获得一等奖、16人获得二等奖。

（马天兵）

【开展骨干教师下校送课】 3月14日至11月5日，延庆三小开展骨干教师下校送课活动。该校组织骨干教师12人，到所在第三协作区北京市延庆县靳家堡中心小学、北京市延庆县刘斌堡中心小学、北京市延庆县小丰营中心小学、北京市延庆县大榆树中心小学送课，作语文课5节、数学课4节、英语课2节、品德与社会课1节。课后围绕“转变教学方式，实现提质减负目标”“智慧课堂”等主题研讨交流。延庆县各校教学干部、青年教师100人次参加活动。延庆县教育第三协作区2011年划定，由延庆三小校长尤帅武主持，包括延庆三小、刘斌堡中心小学、靳家堡中心小学、小丰营中心小学、大榆树中心小学以及北京市延庆县四海中心小学6所学校。

（马天兵）

【探究识字教学模式】 4月12日，延庆三小开展低年级语文“语境认读、阅读跟进”识字教学模式研究。该校组织低年级组对教学模式提炼与总结，语文教师作“荷叶圆圆”公开课，学校干部结合课例总结提出“激趣导入，揭示课题”“初读课文，认读生字”“分析字形，指导书写”“复现字词，巩固生字”“结合语境，理解字义”五个阶段教学模式并进行解读。全校低年级语文教师10人参加活动。

（马天兵）

北京市燕山前进第二小学

【概况】 2013年，北京市燕山前进第二小学占地面积11338平方米、建筑面积7152.75平方米，体育场面积6550平方米。图书馆藏书3万册，电子图书500册，订阅杂志、报刊20种。固定资产总值1949万元。全年教育经费投入1192.50万元，全部由国家拨款。学校信息化经费投入100万元，拥有计算机209台，多媒体教室座位30个，校园网出口总带宽15Mbps，数字资源量30GB，“信息技术”课程1课时/周。普通教室24个、专用教室9个。教职工59人，包括副高级职称1人、中级职称38人。专任教师56人，包括特级教师1人、市级骨干教师2人；本科及以上学历49人。开设教学班18个。毕业148人、招生143人、在校生627人。网址：www.ysqjex.com。

（韩亚芹）

【组织学习优势带题授课研讨】 3月14日，前进二小组织学习优势带题授课研讨活动。该校三年级数学组教师现场执教“年月日”、五年级语文教师执教“晏子使楚”，学习优势课题组专家评价认为课程均设计小组合作环节，引导学生在合作中积极观察、发现规律、质疑问题、集体交流，体验学习过程、培养时间观念和合作精神。“学习优势课题——合作学习”是课堂教学中开展学生合作学习的研究，旨在提高课堂教学实效性，落实减轻学生课业负担目标。该校教师12人参与课题。

（赵莹莹）

【数字校园在线备课系统启动】 5月8日，前进二小数字化校园在线备课系统启动。该系统利用互联网技术或平台，可实现资源共建共享、协同备课和集体备课等功能。系统于2012年5月开始建设，总投资26万元。4月

25日，学校组织“立足教科研、数字化促教师专业成长”交流活动，与北京市大兴区黄村镇第一中心小学校长、教师共同探讨数字化校园建设与教师专业发展问题。

（韩亚芹）

【开展教师即兴话题访谈】 12月5日，前进二小开展教师即兴话题访谈活动。活动以“凝聚智慧、力量和情感”为主题，通过“即兴访谈”形式，现场采访学校6名干部、教师，提升教师教育智慧与语言表达基本功，创新教师例会模式。活动作为学校常规化工作持续开展，全校教师52人参与。

（韩亚芹）

中　学　教　育

【概况】 2013年，北京市普通中学638所，比上年增加8所。其中，高级中学291所，比上年增加2所；完全中学200所，比上年增加1所；初级中学347所，比上年增加6所；九年一贯制学校93所，比上年增加9所。初中毕业9.24万人，招生10.67万人，在校生31.06万人。在校生中，本市户籍学生20.71万人，比上年减少0.53万人。高中毕业5.81万人，招生6万人，在校生18.76万人。在校生中，本市户籍学生16.62人，比上年减少0.79万人。普通中学教职工8.05万人，比上年增加0.18万人。专任教师5.9万人，比上年增加0.16万人。专任教师中，研究生学历7231人、本科学历44501人。初中专任教师31868人，比上年增加801人，学历合格率99.90%，初中生师比9.75∶1；高中专任教师20840人，比上年增加217人，学历合格率99.40%，高中生师比9∶1。普通中学占地面积2263万平方米，校舍建筑面积1214万平方米，固定资产总值236.26亿元，包括教学仪器设备总值55.77亿元。

（王雪青）

【升级高中生综合素质评价系统】 3月，市教委完成北京市高中生综合素质评价系统优化升级工作。升级改造后，简化高中综合素质报告册上报流程，全部学生的报告册通过网络的方式统一上报到市级平台，并进行数据校验汇总至高考招生部门。北京市高中生综合素质评价系统依托中小学管理信息网络体系，按照高中课程改革要求，建成“高中课程管理系统”“高中综合素质评价系统”，有效保障高中课改的顺利推进。

（刘宇光）

【继续推进雏鹰计划工作】 3月和7月，北京市开展雏鹰计划推进工作。3月11日，“雏鹰计划”专题工作推进研讨会在北京市第四中学初中部召开。北京教育科学研究院组织有关专家研讨“科技成果资源的教学化开发模式探索之‘探秘免疫学’”“科技资源（数学）教学化开发的模式探索”“基于科技资源教学化开发的教师专业发展模式探索”“科技资源对青少年创新精神培养之影响要素研究”等专题工作。北京教育科学研究院、北京教育学院、中小学管理杂志社及6个研究所和高校的领导、专家参加研讨。7月1日，“建课程促创新——雏鹰推进现场会”举行。会议由市教委、市科委指导，北京教育科学研究院主办，海淀区教委、清华大学附属小学承办，呈现6堂课、6个主题建言，表彰表现突出的区县教委、学校、教师、学生。来自市教委、市科委、北京教育科学研究院、各区县教委的领导，有关高校、科研院所、博物馆及科普场馆等实践基地部分专家；部分培养基地、课程基地及雏鹰基地的主管校长、工作负责人、学生代表500人参加会议。

（张强）

【成立创新人才培养协作体】 5月16日，北京市第十二中学“创新人才培养协作体”成立。该组织由十二中与北京青少年科技创新学院共同发起创建的，依托北京市“基础教育阶段创新人才培养”项目与“翱翔计划”项目，联合北京青少年科技创新学院、中国运载火箭技术研究院、清华大学核能与新能源技术研究院、首都经济贸易大学、首都医科大学等7所高校和科研院所，以及中国人民大学附属中学、清华大学附属中学等9所中学，北京市丰台区丰台第一小学、北京市丰台区丰台第五小学等15所小学翱翔计划基地校，在课程开发、专家资源等方面实现共享，共同探索基础教育与高等教育纵向衔接、学校资源与社会资源横向整合，系统培养创新人才长效机制。9月16日，北京景山学校远洋分校“创新人才培养协作体”成立。该协作体基于市委组织部“青少年创新能力建设工程”、市教委“翱翔计划”、市科委“雏鹰计划”，与中国中医科学院眼科医院、中国国际广播电台、首师大科技园等9家资源单位，北京景山学校、北京市东城区史家胡同小学、北京市京源学校等10所学校签订《“创新人才培养协作体”合作意向书》。意向书主要体现创建跨学段、跨区域、跨学校、跨部门协同培养创新人才工作体系。

（王连东　刘波　白丹）

【开展初中学段减负系列工作】 5月和10月，市教委组织开展初中学段减负系列工作。5月21日，市教委举办初中减负工作校长论坛。此次论坛旨在从学校管理和教育教学活动各方面和环节总结经验，探索减负工作新做法、新思路，在北京师范大学附属实验中学初中部举行，9名发言人选自各区县推荐的初中减负工作典型学校，分别从关注差异、构建不选择学生的教育、精细教学管理各环节、学科减负、“学困生”帮扶、加强教研、提高教师专业能力和中小衔接等方面交流减负工作经验。随后，教育部监测中心负责人作减负专题报告。全市各区县初中校校长代表200人参与活动。10月23日，市教委、北京市初中教育研究会举办“关注差异，科学减负，促进学生健康快乐成长——走进丰台”活动。此次活动在北京市赵登禹学校举行，与会人员观摩学校12节研究课，丰台区教委、丰台区教育分院代表发言并作课例分析，赵登禹学校、北京市芳星园中学、北京市第十二中学相关负责人分别从学校管理、全面育人、课程建设方面作交流发言。来自市教委、各区县教委领导，初中研究会会员单位、初中学校校长及教师代表270人参加活动。

（韩景毅）

【网络直播初中教师基本功展示】 10月26至29日，北京数字学校对北京市初中教师基本功培训和展示活动进行网络同步直播。直播面向北京市全体教师开放，5个直播频道分别同步播出语文、数学、英语、历史、物理5个学科的展示全过程，让教师能通过网络实时分享到精彩的基本功展示内容，充分发挥网络技术的优势。此次共有教师1万人通过网络直播进行远程活动观摩。该活动由北京教育网络和信息中心承办。

（李波）

【举办初中教育发展学术研讨会】 12月6日，市教委举办“学校质量评价与初中教育发展”学术研讨会。研讨会在首都师范大学举行，以“学校质量评价与初中教育发展”为主题，围绕社会变革与初中发展、初中教育质量管理、学校质量评价等议题组织主题演讲和交流互动。会上，北京教科院、香港教育学院、首都师范大学、北京师范大学、上海市静安区教育学院、北京市石景山区教委等单位代表分别发言。来自北京、上海和香港教育专家、学者，以及北京市各区县初中校校长、教师代表，教育部“农村校长助力工程”国培班校长学员200人参加会议。

（韩景毅）

【召开创新人才培养项目结题会】 12月12日，市教委召开北京市国家教育体制改革试点项目“探索拔尖创新人才培养模式”结题会。会议在中国人民大学附属中学举行，全面总结各子项目三年实验探索，参与实验学校和学生代表采用不同形式展示项目成果。来自教育部、市教委领导，以及项目评审专家、项目单位成员、各区县教委负责人、宣传媒体300人参加会议。“探索拔尖创新人才培养模式”项目2010年立项，采用“翱翔计划”“雏鹰计划”“实验基地校”等推进模式，研究拔尖创新人才的选拔、培养、评价机制等内容，取得阶段性理论及实践成果。

（任虹）

【落实示范高中指标分配】 至年底，市教委落实示范高中指标分配工作。此次工作为进一步贯彻教育部和市委、市政府有关推进义务教育均衡发展要求，印发《关于关于进一步做好将示范高中部分招生计划分配到初中学校工作的通知》，将示范高中招生指标分配政策从上年10%至12%提升到12%至15%。据统计，全年市级示范高中指标分配计划3133人、实际录取3047人，完成比例13.20%。

（任虹）

【国家高中特色发展试验项目结题】 至年底，北京市中学参与国家高中特色发展试验项目结题。11月8至26日，朝阳、东城、延庆、西城、海淀5个区县举办区级结题系列交流活动，北京市第十七中学、北京市第一六六中学、北京市延庆县第一中学、北京市海淀区中关村中学等校现场展示，干部、师生700人次参加活动。12月18日，市教委组织召开国家级高中特色发展试验项目结题汇报会。教育部、市教委、市教育督导室领导发言，市教委代表作结题总报告，海淀区教委、中关村中学、一六六中以及北京师范大学第二附属中学、北京市门头沟区大峪中学代表围绕区、校特色建设成果进行汇报交流。评审专家组由中国教科院、清华大学等5名专家组成，认为高中特色发展试验项目完成项目任务，有创新举措，一致同意结题，并建议应该继续探索高中特色发展之路。国家级高中特色发展试验项目是国家级基础教育体制改革课题，于2010年立项，采用行动研究、实验法、调查法等方法，研究高中学校特色发展的理论与实践问题，形成包括“提出普通高中特色发展应秉持的基本理念”“构建出学校特色发展规划理论”“构建出普通高中学校特色创建的战略管理模式”等成果，公开出版《探寻普通高中特色发展之路》（全4册）。全市各区县45所学校参与实验，投入科研经费7300万元。

（王雪青　佟德　朱竹）

中　　学

北京市第二中学

【概况】 2013年，北京市第二中学占地面积4.27万平方米、建筑面积4.40万平方米，体育场馆面积0.76万平方米。图书馆藏书10.31万册，电子图书425GB，订阅杂志200种、报纸25种。固定资产总值6279.88万元。全年教育经费投入7042.27万元，其中，国家拨款4972.59万元、自筹经费2069.68万元。学校信息化经费投入100万元，拥有计算机592台，多媒体教室座位3358个，校园网出口总带宽50Mbps，数字资源量150GB，“信息技术”课程2课时/周。普通教室54个、专用教室21个、实验室31个。教职工229人，包括副高级职称107人、中级职称56人。专任教师162人，包括特级教师4人、北京市学科教学带头人2人、市级骨干教师6人；本科及以上学历161人。开设高中教学班45个。毕业434人、招生437人、在校生1328人。高中录取分数线528分（东城区），应届高考本科上线率100%。网址：www.bjn2ms.net。

（李震）

【学生在国家级市级比赛评比获奖】

2至12月，二中学生在国家级市级比赛评比多次获奖。学校金帆舞蹈团作品《阳光》获得全国第四届中小学生艺术展演活动舞蹈类金奖和优秀创作奖，该奖项由教育部颁发，每三年举办一届。高三年级学生李博文获得北京青少年科技创新“市长奖”。高三年级学生彭博、王明惠在第13届全国“明天小小科学家”奖励活动中获得一等奖。该校2010航班学生彭诚获得第27届全国中学生化学奥林匹克竞赛金牌、高三年级学生王瀚琳获得银牌。

（李震）

【组织名人进校园活动】　3月和12月，二中组织开展“名人进校园活动”。学校邀请著名男高音演唱家戴玉强、莫华伦到校交流，指导学生声乐技巧。全校高一、高二年级200名学生参加活动。

（李震）

【成立首个优秀班主任工作室】　9月10日，二中成立首个“优秀班主任工作室”。工作室聘请“紫禁杯”优秀班主任获得者王雪梅、牛佳音和“北京市首届高中教师新课程基本功培训和展示活动一等奖获奖者”王锡婷担任主持人，旨在发挥优秀班主任“传、帮、带”作用，通过师徒结对、专题讲座、案例分析等活动传授班主任工作经验，进一步加强班主任队伍建设。首批招收青年班主任学员23人。

（李震）

【举办首届汉字听写会】　12月6日，二中举办首届汉字听写会。活动旨在

训练学生语文基本功，提高语文素养，弘扬中国文化，采取全员参与、现场听写形式。全校高一年级学生437人参加活动。

（李震）

北京市第五十中学

【概况】　2013年，北京市第五十中学占地面积2.79万平方米、建筑面积2.42万平方米，体育场面积1.01万平方米。图书馆藏书9.74万册。固定资产总值5448万元。全年教育经费投入4663.86万元，其中，国家拨款4511.61万元、自筹经费152.25万元。学校信息化经费投入202万元，拥有计算机665台，多媒体教室座位2680个，校园网出口总带宽100Mbps，数字资源量2611.20GB，“信息技术”课程2课时/周。普通教室58个、专用教室24个、实验室11个。教职工228人，包括副高级职称79人、中级职称64人。专任教师155人，包括市级骨干教师4人；本科及以上学历152人。开设教学班48个，其中，初中班24个、高中班24个。毕业553人，其中，初中281人、高中272人；招生514人，其中，初中309人、高中205人；在校生1688人，其中，初中926人、高中762人，包括寄宿生182人、外省市借读生206人。高中录取分数线511分（东城区），应届高考本科上线率85%。网址：www.bj50.com。

（庄丽）

【接待美国高中访问】　3月26日，五十中接待美国自由高中到校访问。自由高中师生一行13人，寄宿在该校高一、高二年级学生家庭，五十中安排其随班听课，并为其开设汉语、民乐、剪纸、抖空竹等中国特色文化课程。五十中与美国自由高中2010年建立友好关系。

（曹天骄）

【庆祝建校60周年】　10月20日，五十中举办“六十芳华、五十健行”建校60周年庆祝活动。活动回顾该校60年办学实践，深入挖掘人文底蕴，在“五实”办学传统上，构建“活力”文化体系，以人文精神与科学精神相结合办学特色；商业、艺术、体育界校友代表讲述五十中教师、求学经历对其影响。书法家欧阳中石为学校重新题写校名、校训。校史馆开放，由学生志愿者担任讲解员。来自北京教科院、北京教育学院、市教育督导室、东城区人大常委会、区政协、区委、区政府、区委教育工委、区教委等领导参加活动，学校300名学生参与庆典服务工作。10月8日和10日，作为校庆活动系列内容，北京国际职业学校教师到校举办礼仪培训，讲解礼貌、礼节、仪容仪表、着装、举止等知识；邀请航天员翟志刚来校讲座，与学生现场交流航天科技问题。五十中1953年建校，原名北京市崇文区第三公立中学，1978年确定为北京市第五十中学，同年12月北京市第一一七中学并入。1985年9月，北京市第一零八中学与五十中合并。2004年，北京市天坛中学并入。建校以来共培养毕业生31800余人。

（曹天骄）

【展示诵读教研成果】　11月27日，

五十中展示诵读教研成果。学校举办中国教育学会中学语文教学专业委员会“诵读能力培养体系研究与实践”课题组主题活动，观摩该校两名教师

诵读研讨课：以朗诵会的形式，展现“赤子之心”“古韵之情”“青春之歌”三个篇章，内容包括现当代名作、古代经典、师生原创等。该校语文组梳理近年在诵读教学方面所做探究与实践，围绕诵读活动的开展、观察量表的制定、教学案例的设计、吟诵选修的开设、校园诗歌的创作五个层面进行介绍，全国中语会教授、课题组组长对活动点评。来自各区县专家、教研员、教师代表200人参加活动。

（曹天骄）

【承办市级高中美术学科教学观摩】

12月12日，五十中承办北京市高中美术学科欣赏模块教学观摩活动。此次活动由北京教科院主办、东城区教育研修学院协办，包括东城区南片美术教学成果展和教学观摩展示活动两部分，该校两名教师展示“当毕加索遇到齐白石——中西绘画比较”观摩课，从专业角度引导学生对中西方绘画作品的特点比较、归纳，形成个性化判断。来自全市各区县美术教研员、教师代表100人参加活动。

（曹天骄）

北京市第一六六中学

【概况】　2013年，北京市第一六六中学占地面积1.98万平方米、建筑面积2.35万平方米，体育场面积0.64万平方米。图书馆藏书10万册，电子图书1GB。固定资产总值4920.26万元。全年教育经费投入5607.56万元，其中，国家拨款5474.49万元、自筹经费133.07万元。学校信息化经费投入620万元，拥有计算机847台，多媒体教室座位3520个，校园网出口总带宽50Mbps，数字资源量10TB。普通教室57个、专用教室31个、实验室12个。教职工246人，包括副高级职称72人、中级职称76人。专任教师191人，包括特级教师1人、市级骨干教师1人、北京市学科教学带头人2人；全部为本科及以上学历。开设教学班48个，其中，初中班28个、高中班20个。毕业542人，其中，初中320人、高中222人；招生556人，其中，初中335人、高中221人；在校生1646人，其中，初中992人、高中654人，包括外省市借读生195人。高中录取分数线506分（东城区），应届高考本科上线率100%。网址：www.bj166z.cn。

（王蕾）

【“小导师”设计实施博物馆课程】

5月31日，一六六中举办“携手共创科学梦想”“小导师”设计实施博物馆课程。该校高一年级科技俱乐部、高二年级生命科学班学生组织初一学生，完成自然博物馆参观、学习和竞赛活动。全校初一年级学生346人、高一年级学生8人、高二年级学生32人参与活动。该项活动是学校课程新尝试，将开放课堂设置在自然博物馆，并改变传统博物馆参观模式，实现多种课程资源整合；师资以学生为主体，教师引导、辅助；教学内容涉及生命科学领域知识、自然科学知识，特别设计对学生自然科学情感、态度的培养；课程组织由高二年级学生编制试题，统一对初一年级学生前期培训，以竞赛、小组活动等形式完成相关教学。

（朱竹）

【创新高中开学第一课】　9月2日，一六六中创新高中特色班级“开学第一课”。该校邀请地坛医院传染病专家开设“生命科学实验班特色课程”，举办题为“生命科学、医学对人类的意义与价值，在学习工作中的感悟与思考”专题讲座，高一年级生命科学实验班学生30人参加学习；邀请冰心研究会会长开设“冰心文学班特色课程”，举办题为“冰心的生平、精神内涵及影响”专题讲座，并组织观看福建冰心文学馆“冰心生平及创作展览”，高一年级冰心文学班学生37人参加学习。随后，两班学生在学长带领下，参观校园文化环境，进行学习、理想、兴趣等方面交流。全校高一年级、高二年级学生130人参与活动。

（朱竹）

【金帆话剧团赴美交流演出】　9月26日至10月7日，一六六中金帆话剧团赴美交流演出。该校话剧团师生一行28人，到美国罗克维尔市友好校伍顿中学，共同排演莎士比亚经典剧作《罗密欧与朱丽叶》片段，学生全程使用英文台词，并用中国戏曲形式表演。

（朱竹）

【美国冷泉港实验室专家来校授课】

11月12至14日，美国冷泉港实验室脱氧核糖核酸（DNA）学习中心主任大卫·米克勒斯（David Mickleth）

到一六六中授课。米克勒斯以“DNA为人类做出的预示——初探人类的起源及进化历程”为主题，带领高一年级生命科学实验班学生开展科学探索活动。其间，米克勒斯同一六六中达成协议，在该校建立联合DNA学习中心，以美国冷泉港实验室为依托，利用分子生物学教学资源，接待一六六中学生学习，同时为北京地区翱翔计划的中小学提供分子生物学习机会。冷泉港实验室专家每年定期来校为学生授课，学生赴美国冷泉港实验室同生物学家互动交流。协议有效期3年。

（朱竹）

【开展百名专家进校园活动】 至12月，一六六中开展“百名专家进校园”系列讲座。邀请美国航天局（NASA）马歇尔航天中心太空与火箭中心太空营项目训练教官约旦·斯万森（Jordan Swanson）一行3人，为初一年级200名学生作有关国际空间站知识专题讲座。邀请团市委领导给高二年级师生作题为“选好人生专业”讲座。邀请北京大学中文系教授为高中部学生举办“走近鲁迅”专题讲座。邀请中科院心理所两名研究员为高三年级学生作“高考前夕：用自控力管理压力”心理辅导讲座。请历史教研组教师讲解校史。邀请演员濮存昕作“艺术人生”专题讲座。邀请美籍华裔科学家、美国航天总署（NASA）太空任务科学家李杰信讲授太空知识。邀请中国驻印度大使及夫人来校作“走近外交”讲座，学校聘请两人担任人文教育顾问。

（朱竹）

北京市广渠门中学

【概况】 2013年，北京市广渠门中学占地面积2万平方米、建筑面积2.78万平方米，体育场面积0.96万平方米。图书馆（室）藏书9.26万册，包括电子图书6万册。固定资产总值8297.26万元。全年教育经费投入5798万元，其中，国家拨款5654万元、自筹经费144万元。学校信息化经费投入103万元，拥有计算机536台，多媒体教室座位2500个，校园网出口总带宽10Mbps，数字资源量3000GB，“信息技术”课程1课时/周。普通教室51个、专用教室13个、实验室11个。教职工229人，包括副高级职称73人、中级职称83人。专任教师163人，包括特级教师2人、市级骨干教师7人、北京市学科教学带头人1人；本科及以上学历198人。开设教学班53个，其中，初中班27个、高中班26个。毕业585人，其中，初中313人、高中272人；招生644人，其中，初中383人、高中261人；在校生1798人，其中，初中1016人、高中782人，包括寄宿生336人、外省市借读生232人。高中录取分数线509分（东城区），应届高考本科上线率100%。网址：www.gqmms.com。

（吴臻）

【德育工作室启动】 3月21日，广

渠门中学德育工作室（教育力提升工作室）启动。该工作室由具有多年班主任经验教师负责管理，指导青年教师担任班主任的专业工作思路与方法。工作室由指导教师22人、青年教师22人组成。本学期共设计6次讲座培训，内容涉及班主任角色定位、班会设计和多元文化智慧等。课后，布置相关作业，要求听课教师归纳总结。

（闫娜　吴臻）

【举办社团文化节】 5月27至31日，

广渠门中学举办社团文化节展示活动。学校利用每天中午45分钟时间，15个学生社团轮流进行展示，包括“Dream Catcher乐团”“宅基地动漫社”“足球社”“街舞社”“茶香棋社”“釉音社”等。全校学生2000人参加活动。

（陈浣　吴臻）

【与房山学校同办拜师会】 10月13

日，广渠门中学与北京市房山区石楼中学共同举办拜师会。会议主题为“城乡拉手，共学乐学”，共结成教学、班主任师徒关系32对，并由石楼中学代表为广渠门中学导师颁发聘书，首次教师64人共同备课。两校干部、教师100人参加活动。

（李慧慧　吴臻）

北京汇文中学

【概况】 2013年，北京汇文中学占地面积5.21万平方米、建筑面积5.75万平方米，体育场馆面积2.85万平方米。图书馆藏书10万册，电子图书751册。固定资产总值5123万元。全年教育经费投入3954万元，其中，国家拨款3806万元、自筹经费148万元。学校信息化经费投入710万元，拥有计算机800台，多媒体教室座位1800个，校园网出口总带宽110Mbps，数字资源量3500GB，“信息技术”课程1课时/周。普通教室56个、专用教室16个、实验23个。教职工198人，包括副高级职称71人、中级职称68人。专任教师146人，包括特级教师3人、市级骨干教师5人；全部为本科及以上学历。开设教学班45个，其中，初中班18个、高中班27个。毕业496人，其中，初中210人、高中286人；招生497人；在校生1540人，其中，初中703人、高中837

人，包括寄宿生 247 人、外省市借读生 176 人。高中录取分数线 518 分（东城区），应届高考本科上线率 100%。网址：www.huiwen.edu.cn。

（陈维嘉　王苗）

【大学先修课程开课】　3 月 26 日，汇文中学大学先修课程——高等数学开课。该课程邀请北京工业大学数理学院教授、博士生导师，每周为高一、高二年级学生开设高等数学兴趣课。课程安排包括大数的故事、数学发展五个阶段、主要数学思想等内容。大学先修课程属学校纵向课程体系高中大学衔接类，为适应学生多元发展需求，培养拔尖创新人才。该校先后与北京语言大学、北京交通大学等高校合作，开设葡萄牙语、阿拉伯语、机器人设计等大学先修课程。

（王苗）

【师生代表参加太空授课】　6月20日，

汇文中学师生代表参加神舟十号科普教育太空授课活动。该校干部、教师 2 人，以及高一年级学生 15 人参加学习。活动在中国人民大学附属中学举办，听取人大附中和北京市第一零一中学教师开展地面授课，配合航天员王亚平执教科普课。

（王苗）

【参加中国青少年机器人竞赛获奖】

7 月 14 至 20 日，汇文中学参加第 13 届中国青少年机器人竞赛获奖。该校代表队由初二年级学生岳启晨、王一鸥、赵佳文组成，以 610 分成绩获得初中组 FLL 机器人工程挑战赛项目二等奖。此次竞赛由中国科协主办，来自全国 33 个省市地区 526 支参赛队学生 1517 人参与活动，分别决出五个赛事三个组别 93 项一等奖、173 项二等奖。

（王苗）

【举办与诺奖获得者见面活动】　9月

10 日，汇文中学举办“首都学生与诺奖大师面对面”活动。学校邀请 1996 年诺贝尔经济学奖获得者詹姆斯·莫利斯（James Mirrlees），到校发表“我的诺奖之路”主题演讲，介绍其求学经历，表达对中国经济发展判断。随后，莫利斯就经济问题与参会师生进行现场互动，建议学校教师可通过引导激发学生经济学兴趣。来自市教委、东城区教委领导，该校师生 140 人以及东城区学校师生代表 20 人参加活动。活动是市政府主办的“2013 诺贝尔奖获得者北京论坛”系列内容。

（王苗）

北京市第四中学

【概况】　2013 年，北京市第四中学占地面积 7.88 万平方米、建筑面积 8.54 万平方米，体育场面积 3.16 万平方米。图书馆藏书 18.49 万册，电子图书 1.21TB。固定资产总值 19278 万元。全年教育经费投入 12895 万元，其中，国家拨款 8963 万元、自筹经费 3932 万元。学校信息化经费投入 81 万元，拥有计算机 1050 台，多媒体教室座位 3420 个，校园网出口总带宽 1100Mbps，数字资源量 1.21TB，“信息技术”课程 2 课时/周。普通教室 78 个、专用教室 40 个、实验室 37 个。教职工 350 人，包括副高级职称 88 人、中级职称 65 人。专任教师 256 人，包括特级教师 3 人、市级骨干教师 4 人、北京市学科教学带头人 2 人；全部为本科及以上学历。开设教学班 66 个，其中，初中班 30 个、高中班 36 个。毕业 783 人，其中，初中 320 人、高中 463 人；招生 770 人，其中，初中 400 人、高中 370 人；在校生 2405 人，其中，初中 1200 人、高中 1205 人，包括寄宿生 440 人、外省市借读生 34 人。高中录取分数线 540 分（西城区），应届高考本科上线率 100%。网址：www.bhsf.cn。

（郭琪）

【国学教育课程启动】　3 月 28 日，四中国学教育系列课程启动。学校在初中部开设国学必修课和选修课，在高中部开设国学选修课，形式包括国学经典诵读、国学社课外活动、人文游学课程等。

（李雄）

【家教故事书《始于家庭》出版】　4 月 20 日，四中家庭教育故事书《始于家庭》正式出版发行。该书包括“坚决放手引导孩子做回自己”等四个章节，共收录学校 150 个真实故事，由学生家长实名撰写，总计 40 万字，由北京教育出版社出版。

（何石明）

【赵嘉珩获全国青少年科技创新赛一等奖】　8 月 6 日，四中高二年级学

生赵嘉珩项目“新型短距起降飞行器”获得全国青少年科技创新赛一等奖和“茅以升科学技术奖”。“新型短距起降飞行器”采用新型翼型布局，探索并解决大型运输机短距离起降的问题。比赛由中国科学技术协会、教育部、科技部、国家发展改革委、环境保护部、国家体育总局、共青团中央、全国妇联、国家自然科学基金委

主办，包括技能测试、文化考试、专家问辩、专项奖评选、公开展示等环节。来自全国31个省市自治区、新疆建设兵团以及香港、澳门特别行政区学校35支代表队学生487人、398个科技创新项目参赛，评出一等奖55个、二等奖142个、三等奖189个。

（彭鹏　王海明）

【成立创新人才培养协作体】　11月

28日，四中“创新人才培养协作体”成立。协作体由学校负责日常管理，目的为联合生源校、基地校、高校等单位共同选拔具有科研潜质翱翔学员与翱翔后备学员，由校内科研导师以及高校专家带领学习科研方法、研究课题。现有成员单位40余家。

（李雪梅　王海明）

北京市第八中学

【概况】　2013年，北京市第八中学占地面积4.26万平方米、建筑面积6.41万平方米，体育场面积1.74万平方米。图书馆藏书15.32万册，电子图书20GB。固定资产总值5917.79万元。全年教育经费投入8820.93万元，其中，国家拨款8158.21万元、自筹经费662.72万元。学校信息化经费投入519.12万元，拥有计算机725台，多媒体教室座位4705个，校园网出口总带宽1000Mbps，数字资源量500GB，“信息技术”课程3课时/周。普通教室67个、专用教室24个、实验室17个。教职工334人，包括副高级职称112人、中级职称105人。专任教师266人，包括特级教师1人、北京市学科教学带头人2人、市级骨干教师5人；全部为本科及以上学历。开设教学班65个，其中，初中班31个、高中班34个。毕业647人，其中，初中316人、高中331人；招生686人，其中，初中334人、高中352人；在校生2165人，其中，初中1092人、高中1073人，包括寄宿生274人、外省市借读生59人。高中录取分数线526分（西城区），应届高考本科上线率文科100%、理科100%。网址：www.no8ms.bj.cn。

（吴晋）

【拔尖创新人才培养项目结题】　3月21日，八中召开“拔尖创新人才早期培养的课程设置与教学模式及改革实验的政策研究”结题会。专家组肯定学校少儿班在超常儿童教育方面实践探索，并对材料如何搜集整理提出建议，指出八中在拔尖创新人才早期甄选的方法与标准、课程设置与教育资源开发、教学模式与评价方式改革等方面研究取得成效，特别是探索以校内班级建制为组织、多种学制的拔尖创新人才早期培养模式，对促进国内基础教育改革实践与发展具有重要价值，课题通过结题认定。来自北师大、首都师大教授及市教委、西城教科所等单位领导、专家8人参加审核。“拔尖创新人才早期培养的课程设置与教学模式及改革实验的政策研究”是北京市级课题，主要通过行动法、调研法、测量法、各案分析、文献研究等方法，研究拔尖创新人才早期培养内容，形成论文、专著等成果，投入科研经费21万元。

（吴晋）

【学生参加各类比赛获奖】　3至10

北京·民生　2013年3月25日　星期一

13岁中学生荣获“市长奖”

为该奖项设立以来年龄最小获奖者

市长奖在本市分布情况

第11届市长奖评选结果

月，八中学生参加各类比赛获奖。3月，该校高三年级学生赛罕娜、少儿班学生阎霄汉在第12届“明天小小科学家”比赛上获得“北京青少年科技创新市长奖”，赛罕娜同时获得2013第64届英特尔国际科学与工程学大赛参赛资格。4月28日至5月3日，在昆明市举办的2013全国中学生天文奥林匹克竞赛决赛上，该校高一年级学生张成钰获得金牌。5月，学校金帆交响乐团参加北京市第16届学生艺术节获得金帆中学组交响乐展演一等奖。10月25至28日，该校少儿班学生石宇扬、赵秋生在韩国参加第九届世界创新大赛中学组比赛获得长期项目金奖。

（吴晋）

【开设中美高中课程合作项目班】　5月8日，八中开设中美高中课程合作项目班。该课程班经由市教委批准设立，与美国田纳西州纳什维尔市蒙哥马利贝尔中学合作开办，课程由中方普通高中新课程（必修课和选修课）、AP美国大学先修课程、ESL课程、英国剑桥大学SDP技能拓展课程组成。学生修满本项目国际课程后，可获得相应学分；在完成北京市高中学段规定内容的学习后，参加高中学业水平考试合格，发给八中高中毕业证书。美方学校为学生提供国外大学升学指导与咨询。该班招生列入全市中招提前招生计划，9月1日首届学生60人入学。

（吴晋）

【组织特色实践课程】　7月12至17日，八中组织开展特色实践课程。文科班师生42人开展“问道中原”游学活动，内容涉及语文、历史、地理等学科，学生共完成6篇论文，包括《关于中国古代四大书院多方面的比较分析》《胜地有缘听法雨、少林无忧乐雄甲》《游龙门石窟，探寻北魏迁都缘由》《中国古代名人的陵墓与生平关联调查》《殷墟文化遗产的价值》《由韩愈墓看神仙化的中国古代文人》。学校科技实验班师生76人赴恩格贝参与科学考察活动，学生听取题为《干旱半干旱地区环境修复》《植物标本采集与制作》《哺乳动物繁殖生物学技术与产业发展》等科普报告，并由中科院植物所专家指导开展野外植物种群调查、形成调查报告。

（吴晋）

【初中联合培养项目正式实施】　9月1日，八中初中联合培养项目正式实施。该项目面向各集团成员校初一年级学生，采用资源整合与共用、资源共建与再生的办学模式，初中学业考核合格的学生，颁发学籍所在校初中毕业证书。八中教育集团成员校包括北京市第七中学、北京市第四十四中学、北京市鲁迅中学、北京市第八中学分校。

（吴晋）

【启动三优工程】 9月1日，八中“三优工程”启动。“三优工程”（学习优秀、不断优化、成就优质）面向学校一线教师，开展教师素质提升、工作内容流程优化，全面立求高品质、高质量、高效益，以达到学校优质化系列活动。学校成立领导小组，制订方案和计划，各教研组和备课组统筹规划，制定并落实实施细则，做好记录和总结，保证活动质量；校级领导到年级组参加“说——听——评课”活动，并听取建议、及时分析和反馈。规定该工程一个轮次为三个学年度，每轮次结束后，学校和教研组梳理总结，结合发展规划制定优化（学、做、评）计划和措施，分期持续促进教师个人专业发展、提高师资队伍水平。

（吴晋）

【赴西昌观摩嫦娥3号发射】 12月2日，八中师生赴西昌卫星发射中心观看“嫦娥3号”火箭发射过程。活动由中国科学院组织，该校少儿班、高一、高二年级及亦庄分校师生67人参加活动，现场考察西昌卫星发射基地、观看“嫦娥3号”发射，近距离观看“嫦娥3号”发射架和火箭厂房，开展西昌地理环境、地质地貌及火箭发射前后大气变化、环境辐射等项目研究。

（吴晋）

北京市第十五中学

【概况】 2013年，北京市第十五中学两址办学，占地面积4.32万平方米、建筑面积2.45万平方米，体育场面积0.14万平方米。图书馆藏书12.80万册。固定资产总值7118.78万元。全年教育经费投入7066.20万元，其中，国家拨款6890.90万元、自筹经费175.30万元。学校信息化经费投入89.10万元，拥有计算机693台，多媒体教室座位1649个，校园网出口总带宽750Mbps，“信息技术”课程2课时/周。普通教室66个、专用教室40个、实验室11个。教职工259人，包括副高级职称65人、中级职称64人。专任教师177人，包括特级教师1人、市级骨干教师4人；本科及以上学历175人。开设教学班50个，其中，初中班24个、高中班26个。毕业600人，其中，初中346人、高中254人；招生552人，其中，初中312人、高中240人；在校生1649人，其中，初中966人、高中683人，包括寄宿生139人、外省市借读生179人。高中录取分数线505分（西城区），应届高考本科上线率100%。网址：www.bj15.cn。

（莫晓红）

【组织系列环保活动】 3月29日和4月15至19日，十五中组织学生系列环保教育活动。学校举办“点滴，还地球一片生机”环保活动，播放纪录片《Home》，号召学生在倡议书上签字并承诺参与环保，利用中午休息时间关灯一小时。学校开展“厉行节约，从我做起”专题环保活动，组织学习相关内容知识展板，学生自制“光盘行动”主题文化衫到校内餐厅宣传，全校学生800人参加活动。

（范苑）

【开展《走进西城》学习活动】 10至12月，十五中开展校本课程《走进西城》系列学习活动。课程面向高一年级学生实施，包括在宣武文化馆举办昆曲进校园活动，听取专业演员昆曲知识讲解、欣赏昆曲《牡丹亭·游园》《夜奔》片段、学习昆曲“开关门”“骑马”等动作要领，学校师生240人参加。组织高一年级全体学生260人参观首都博物馆，听取“古都北京”“金中都建都特展”主题讲解，并从首都博物馆互动平台查找资料完成课堂作业。高中部举办“追忆与成长——《走进西城》地方课程的校本化实施”暨非物质文化遗产进校园活动。该活动由西城区教委主办、北京教育学院宣武分院承办，聘请7名非物质文化遗产传承人和专家作研究课，讲授剪纸、面人和风筝等制作工艺，来自首都师范大学、中国教育学会、北京教科院专家，学校师生360人参加活动。

（莫晓红）

【试授品德课程新教材】 11月21日，十五中试授《思想品德》课程新教材。该教材由中国教科院院长朱小蔓担任主编，学校4名教师参与试教，利用讨论法、探究法、讲授法等教学方法，作课主题分别为“走近老师”“师生交往”“爱在家人间”“美德驻我家”。课后，专家提出尝试不同的教学方式，在教学中注意对国学、传统的继承与发扬等建议。

（姜玉琴）

【成立微公益社】 12月5日，十五中学生微公益社团成立。公益社团的成立旨在整合已有志愿服务活动内容，更好发挥学生主体设计、组织能力，将品牌活动持续开展，由校团委负责管理，拥有成员40人，定期组织开展“跳蚤市场”“交换图书”“关爱候鸟儿童”“心芽支教”“慰问老人”等公益活动。

（范苑）

北京市第三十五中学

【概况】 2013年，北京市第三十五中学占地面积3.37万平方米、建筑面积2.66万平方米，体育场面积1.07万平方米。图书馆藏书10.50万册。固定资产总值4353.17万元。全年教育经费投入10285.12万元，其中，国家拨款9678.46万元、自筹经费606.65万元。学校信息化经费投入74.82万元，拥有计算机849台，多媒体教室座位2980个，校园网出口总带宽1000Mbps，数字资源量2000GB，“信息技术”课程3课时/周。普通教室64个、专用教室30个、实验室13个。教职工313人，包括副高级职称88人、中级职称81人。专任教师240人，包括特级教师1人、市级骨干教师3人；全部为本科及以上学历。开设教学班67个，其中，初中班34个、高中班33个。毕业791人，其中，初中450人、高中341人；招生637人，其中，初中 320 人、高中 317 人；在校生 2228 人，其中，初中 1226 人、高中 1002 人，包括外省市借读生 6 人。高中录取分数线 513 分（西城区），应届高考本科上线率 93%。网址：www.bj35.com。

（马洪梅）

【创新人才培养协作体成立】 3月15

日，三十五中创新人才培养协作体成立。该协作体属于“物理与地球科学领域”北京市青少年科技创新学院基地校建设工程，由北京青少年科技创新学院办公室负责管理，工作职能包括翱翔学员培养、雏鹰学员培养、教师队伍建设等，成立宗旨是跨学校、跨学段、跨部门、跨区域协同培养创新人才，成员单位有中国人民公安大学、北京航空航天大学、中科院国家天文台、中科院自动化所、北京市京源学校等 47 家单位，聘请科学探案、航空航天、天文、自动控制等领域专家、教师 118 人担任指导并颁发证书。

（杜春燕　杨关）

【承办中俄青少年国际文化交流展演】 3 月 25 日，三十五中承办第三届“飞舞的凤凰”中俄青少年国际文化艺术交流展演活动。来自俄罗斯联邦伊尔库茨克市青少年宫 16 个艺术团师生 100 人，与三十五中学生 100 人参与交流，展示中俄两国民族文化。其中，三十五中学生表演民族舞蹈、茶艺和民乐等，联邦伊尔库茨克市中小学生带来俄罗斯民间舞蹈、杂技、合唱等节目，两国学生分组交流、共同制作工艺品。其间，该校与俄罗斯联邦伊尔库茨克市青少年宫签署合作协议，双方将通过教师互派等形式开展艺术教育学术交流与研讨，定期共同举办两国学生艺术团体间的文化艺术交流活动，并建立艺术教育类型对口友好学校。协议有效期至 2024 年。

（郭轶琼）

【举办“高中六校联盟”展评活动】

4 月 18 至 20 日，三十五中举办“中国高中六校联盟”学科教研组发展规划展评活动。活动采取专家报告、经验展示、点评反思等形式，与会专家从专业学术角度梳理关于课堂教学、教学研究、教师专业发展等方面问题并提出解决方案，各校 14 个学科教研组代表展示该学科三年发展规划，并就学科发展目标、课程开发及课堂教学、教学设计、教学评价、队伍建设与发展等问题研讨交流。特级教师孟雁君等对此次活动点评认为学科教研发展规划对学校以及师生的发展具有重要意义，六校规划各具特色、课改工作深入推进。联盟校北京市第三十五中学、黑龙江省哈尔滨市第三中学、江苏省锡山高级中学、海南省海南中学、青海省湟川中学、西北师范大学附属中学学科教研组代表，以及教育部、北师大、北京教科院专家、教授 94 人参加活动。

（张学侠）

【国际部首届学生毕业】 4 月 20 日，三十五中国际部举办首届学生毕业典礼。活动以“梦想腾飞、创领未来”为主题，由“序曲”“家，让我们担起责任”“经历，让我们不断成熟”“收获，这是我们新的起点”“希望与祝福”五部分组成，展演短片《致亲爱的爸爸妈妈》《爱的拥抱》《高三，加油！》等节目，校长为毕业生颁发大学录取通知书。国际部 30 名毕业生及其家长参加活动。

（王欣果）

【庆祝建校90周年】 10月24日，三十五中举办建校 90 周年庆祝活动。此次活动主题为“爱恋·志成——北京市第三十五中学九十年华诞音乐史诗”，在人民大会堂举行，通过合唱、诗歌、鼓乐、舞蹈等艺术形式，诠释学校发展历程和精神内涵，回顾学校 90 周年

发展历程。该校设立“志成奠基奖”“志成英才奖”“志成园丁奖”，为学校发展做出重大贡献的人士与校友颁发。全校师生 700 人参加活动，干部、校友 3000 人观看演出。三十五中 1923 年建校，原名北京志成中学，建校以来共培养毕业生 5 万余人。

（胡俊生　贾轩）

【两学生获“明天小小科学家”奖励】 12 月 16 日，三十五中高三年级科技班学生刘梦瑶、徐菲在第 13 届“明天小小科学家”评选活动中分别获得全国一等奖和全国二等奖。该评选是中国科学技术协会、教育部、周凯旋基金会共同主办的一项科技后备人才选拔活动，面向全国普通高中品学兼优、有独立完成的科学和技术研究成果的在读学生审核给予奖励。

（杜春燕）

北京市育才学校

【概况】 2013 年，北京市育才学校占地面积 6.96 万平方米、建筑面积 4.11 万平方米，体育场面积 2.04 万平方米。图书馆藏书 11 万册，电子图书 2200 册。固定资产总值 3187 万元。全年教育经费投入 7900.95 万元，其中，国家拨款 7312.59 万元、自筹经费 588.36 万元。学校信息化经费投入 305 万元，拥有计算机 746 台，多媒体教室座位 4777 个，校园网出口总带宽 30Mbps，数字资源量 360GB，“信息技术”课程 1 课时/周。普通教室 91 个、专用教室 43 个、实验室 13 个。教职工 439 人，包括副高级职称 98 人、中级职称 168 人。专任教师 328 人，包括特级教师 1 人、市级骨干教师 5 人、北京市学科教学带头人 1 人；本科及以上学历

302 人。开设教学班 91 个，其中，小学班 43 个、初中班 24 个、高中班 24 个。毕业 731 人，其中，小学 227 人、初中 257 人、高中 247 人；招生 859 人，其中，小学 346 人、初中 273 人、高中 240 人；在校生 3274 人，其中，小学 1700 人、初中 846 人、高中 728 人，包括寄宿生 350 人、外省市借读生 762 人。高中录取分数线 486 分（西城区），应届高考本科上线率文科100%、理科91.3%。网址：www.bjyucai.com。

（马卫庆）

【与岳各庄中学签订合作协议】 7 月

3 日，育才学校与北京市房山区岳各庄中学签订“城乡一体化学校建设”合作协议。协议规定育才学校在管理培训、教育教学等方面工作提供指导，岳各庄中学承担学校教育教学管理、提供双方干部教师交流学习、推荐优秀毕业生入育才学校高中就读及优秀学生入育才学校跟班学习、促进各项合作项目开展等职能，并更名为北京市育才学校房山分校。协议有效期 3 年。

（马卫庆 李萌）

【试用自编教材】 9 月 1 日，育才学校试用自主课程自编教材。学校组织各学科制定自主课程方案，其中，高中部语文学科在人教版必修教材基础上，依据学生成长规律，以专题形式整编教材内容，形成校本教材《语文教材》《语文写作教材》。该校 2012 年获批自主课程实验校。

（马卫庆）

【6 名学生获“小院士”称号】 12 月，育才学校 6 名学生获得第九届中国少年科学院“小院士”称号。6 名学生分别是小学二年级的李明翰、高中二年级的陈柏儒、郭明山、刘宇琛、闫靖、刘天芸。评选由中国科学院、全国少工委、中国少年科学院主办，主要面向全国各地青少年科技爱好者，旨在以培养青少年具有永不满足、追求卓越的人生态度，提高青少年发现问题、提出问题、进而解决问题的能力为目标；将青少年在学习和社会生活中获得并研究的各种课题或创意项目、小发明的设计与制作等为内容；以地方少年科学院、校内外科普教育基地与兴趣小组为依托，利用多种社会资源，对青少年进行科学思维与技能、科学精神与态度、科学方法与能力、科学行为与习惯的培养，不断增强青少年科学素养，努力提高其道德素质和科学文化素质。来自全国各省市地区少年科学院机构代表、辅导教师、青少年科技爱好者 1000 人参加活动，中科院科学家、全国优秀科技教师 50 人与青少年互动交流，经过课题答辩、能力测试环节，共评选产生“小院士” 150 人、新增“中国少年科学院科普教育示范基地” 60 所。

（马卫庆）

北京师范大学附属实验中学

【概况】 2013 年，北京师范大学附属实验中学占地面积 4.36 万平方米、建筑面积 8.09 万平方米，体育场馆面积 1.33 万平方米。图书馆藏书 13.90 万册，电子图书 0.42 万册，订阅杂志 531 种、报纸 35 种。固定资产总值 18431 万元。全年教育经费投入 9534 万元，其中，国家拨款 7032 万元、自筹经费 2502 万元。学校信息化经费投入 800 万元，拥有计算机 600 台，多媒体教室座位 5000 个，校园网出口总带宽 330Mbps，数字资源量 500GB，“信息技术”课程初中 1 课时/周、高中 2 课时/周。普通教室 71 个、专用教室 46 个、实验室 36 个。教职工 318 人，包括高级职称 7 人、副高级职称 133 人、中级职称 128 人。专任教师 234 人，包括特级教师 6 人、北京市学科教学带头人 3 人、市级骨干教师 8 人；本科及以上学历 233 人。开设教学班 76 个，其中，初中班 36 个、高中班 40 个。毕业 921 人，其中，初中 492 人、高中 429 人；招生 1016 人，其中，初中 537 人、高中 479 人；在校生 3038 人，其中，初中 1575 人、高中 1463 人，包括住宿生 340 人。高中录取分数线 532 分（西城区），应届高考本科上线率文科 100%、理科 100%。网址：www.sdsz.com.cn。

（邢艳茹）

【举办市级德育教育展示】 1月9日，

北师大实验中学举办北京市德育教育全景展示活动暨“祥云行动”现场会。该活动由市教委主办，北京教育学院承办，是市级高中学校干部培训项目，主题为“高中多样化发展”，分正职校长、教学校长、德育校长三个层次进行培训，听取学校干部、师生代表专题汇报发言。来自北京师范大学、市教委、北京教科院、北京教育学院、西城区教委，以及全国中小学班集体研究中心领导、专家，全市各区县高中校德育工作负责人 120 余人参加活动。

（邢艳茹 靳生其）

【学生在各级比赛评比获奖】 3月21

日至 12 月 16 日，北师大实验中学学生在各级比赛评比获奖。3 月 21 至 24 日，在第 33 届北京青少年科技创新赛中，18 名学生 15 项科技创新作品参赛，共获得 8 项一等奖、5 项二等奖、2 项三等奖，高二年级学生刘宏一、陈杰昊获得“科技英才奖”，高三年级学生张若及、郭萱获得第 11 届“北京市青少年科技创新市长奖”。4 月 8 至 12 日，在

以色列赫兹利亚市举办的第46届世界中学生游泳锦标赛上，该校代表队由学生15人组成，取得5枚金牌、8枚银牌、4枚铜牌。世界中学生游泳锦标赛每三年举办一届，由世界中学生体育联合会（International School sport Federation，ISF）主办。8月13至19日，在第47届国际少年运动会（International Children's Games 2013）上，该校学生共取得6枚金牌、6枚银牌、6枚铜牌，与其他学校队员合作取得2枚接力金牌、1枚银牌、1枚铜牌。国际少年运动会是国际奥林匹克委员会直属三大赛事之一。12月16日，在第13届“明天小小科学家”奖励活动中，该校1名学生获得一等奖并获“明天小小科学家”称号并获5万元奖学金、3名学生获得二等奖、2名学生获得三等奖。活动由教育部、中国科协和香港周凯旋基金会共同主办。

（刚永运　张义亮）

【开设学生潜能开发课程】　10月14至18日，北师大实验中学开设学生潜能开发课程。在学校科技与人文节活动期间，该校生涯备课组联合北京中盛普阳科技发展有限公司、新精英生涯为高一年级学生打造独特的生涯课——潜能发现实验之旅。“潜能发现实验之旅”课程由学校生涯备课组主持设计，分为五个主题，包括创意多米诺大赛——探索创新能力与耐力、创意竹节棍——探索空间智能、指偶话剧表演——探索语言智能、巅峰谈判——探索人际交往智能、我是谁——探索内省智能，通过游戏方式指导学生在体验中认识自我、发现自我。高一年级学生469人参加学习。

（陈晨）

【召开第五届起始年级工作研讨会】　10月19日，北师大实验中学召开第五届起始年级工作研讨会。会议听取校长关于起始年级工作重要性介绍，要求充分了解教育教学和学生情况，形成良好班风学风，从理论与实践层面了解学校理念、形成教育合力，并对初一、高一年级生源状况与教学基本要求、学年工作计划进行简要介绍。该校初一、高一年级全体干部、教师、班主任50人参加会议。学校起始年级工作研讨会始办于2009年。

（范淑婧）

北京市和平街第一中学

【概况】　2013年，北京市和平街第一中学占地面积6.20万平方米、建筑面积4.88万平方米，体育场（馆）面积3.08万平方米。图书馆（室）藏书11.91万册。固定资产总值9806.42万元。全年教育经费投入7522.64万元，其中，国家拨款7184.93万元、自筹经费337.71万元。学校信息化经费投入412.92万元，拥有计算机300台，多媒体教室座位100个，校园网出口总带宽100Mbps，数字资源量4GB，“信息技术”课程4课时/周。普通教室92个、专用教室70个、实验室19个。教职工350人，包括副高级职称89人、中级职称102人。专任教师289人，包括北京市学科教学带头1人、市级骨干教师2人；本科及以上学历275人。开设教学班92个，其中，小学班32个、初中班23个、高中班37个。毕业511人，其中，小学51人、初中172人、高中288人；招生524人，其中，小学160人、初中131人、高中233人；在校生1726人，其中，小学534人、初中439人、高中753人，包括寄宿生441人。高中录取分数线496分（朝阳区）。网址：www.phs.bj.cn。

（邹小刚）

【成为歌剧兴趣培养基地】　3月16日，和平街一中成为国家大剧院“歌剧兴趣培养基地”。该基地由市教委开设，国家大剧院承办，定期组织开展歌剧知识进课堂、进入大剧院观看演出等系列活动，培养学生艺术兴趣，并为其提供教育资源和展示平台。

（王冬梅　邱颖）

【接待澳洲师生艺术交流】　4月10

日，和平街一中接待澳大利亚悉尼新城演艺高中到校交流考察。考察团包括师生一行79人，由学生志愿者带领参观校园文化环境，介绍学生校园生活以及专用教室特色、展廊艺术作品等，两校学生共同表演文艺节目，包括澳洲特色打击乐合奏、爵士乐演奏和京剧、书法展示等。学校教师、学生650人参与活动。

（王冬梅　邱颖）

【与外省市两所学校建立合作关系】

6月28日和10月7日，和平街一中分别与外省市两所学校建立合作关系。6月与河北省迁安市第三中学签约建立友好学校，协议规定，双方采取网络、书信、会议、互访、互派教师与管理人员挂（兼）职等形式长期合作。10月与贵州省普安县第一中学签约共建协议规定，双方通过互通教育教学信息、加强教育教学方面的研究和交流，不定期加强双方管理人员、教师的交流互访等形式进行合作。协议长期有效。

（王冬梅　邱颖）

【参加中国智能机器人赛获奖】　8月16至18日，和平街一中代表队在第14届“未来伙伴杯”中国智能机器人赛暨2013世界教育机器人大赛（WER）国际邀请赛上获奖。该校代表队由高一年级学生5人组成，以参加项目总分第二成绩获得高中组特等奖，学生雍开祥被比赛组委会授予“青少年技术精英”称号，并在高中阶段享受每学年5000元，共计1万元奖学金。比赛由世界教育机器人协会、中国人工智能学会智能机器人专业委员会、中国自动化学会机器人竞赛工作委员会主办，来自美国、菲律宾、以色列、加拿大等国家以及国内各省市地区67所中小学、43所高校402支队伍1200名选手参加比赛。

（王冬梅　邱颖）

北京市陈经纶中学

【概况】 2013年，北京市陈经纶中学占地面积91828.72平方米、建筑面积79026.02平方米，体育场（馆）面积38423.89平方米。图书馆（室）藏书199910册，订阅杂志、报刊418种。固定资产总值25807万元。全年教育经费投入9896万元，其中，国家拨款9500万元、自筹经费396万元。学校信息化经费投入251万元，拥有计算机1856台，多媒体教室座位2500个，校园网出口总带宽500Mbps，数字资源量3000GB，“信息技术”课程2课时/周。普通教室162个、专用教室77个、实验室29个。教职工465人，包括正高级职称1人、副高级职称128人、中级职称173人。专任教师412人，包括特级教师9人、市级骨干教师14人、北京市学科教学带头人3人；本科及以上学历401人。开设教学班127个，其中，小学班43人、初中班51个、高中班33个。毕业1063人，其中，小学212人、初中456人、高中395人；招生1257人，其中，小学280人、初中657人、高中320人；在校生4403人，其中，小学1465人、初中1902人、高中1036人，包括寄宿生104人。高中录取分数线517分（朝阳区）。应届高考本科上线率100%。网址：www.bjcjl.net。

（黄杰）

【加强拔尖创新人才培养】 1月26日和5月9日，陈经纶中学开展工作加强拔尖创新人才培养。1月成立数学拔尖创新人才培养协作体。该组织由市教委、北京师范大学、朝阳区教委、陈经纶中学、广州市教育局等2个省市21家单位共同发起，旨在对数学拔尖创新人才给予系统引导，构建成长通道、创设提升平台，陈经纶中学负责日常管理，职能包括数学领域优秀学生培养、拔尖创新人才培养课程开发、拔尖创新人才培养模式研究，开展科技冬令营、夏令营、应用数学联赛等系列活动，拥有成员300余个。5月启动拔尖创新人才培养实践平台，平台由1个设计室、1个制作室、1个组培室、1个开放实验平台和平台立体植被构成，科技副校长、教学处科技副主任牵头负责，物理、生物、化学等教研组组长、教师及实验员承担具体指导工作。

（刘忠毅）

【举办首届“正德杯”学生运动会】 3月24日，陈经纶中学举办首届“正德杯”中小学生体育运动会。会议旨在传承该校教师沈正德开创体育优良传统，落实市区教委关于减轻学生过重课业负担有关规定举办。运动会分初一、初二、初三年级，小学甲、乙组5个组别，设立60米、100米、200米、800米、100米、4×100米接力、跳高、跳远、实心球9个比赛项目。学校4个校区400名运动员参赛，决出5个组别、9个项目前三名。

（程木昌）

【获机器人世锦赛金奖】 4月17至

20日，陈经纶中学代表队参加2013年机器人世界锦标赛（VEX）获得初中组金奖，同时获得“最佳设计”和“发明创新”两个专项奖。该校代表队由北京市陈经纶嘉铭分校七、八年级学生7人组成。比赛由世界机器人锦标赛组委会主办，主题为“夺垒奇兵”，在美国洛杉矶阿纳海姆会展中心举行，来自中国、美国、新加坡、马来西亚等国家以及台湾、香港地区1000支队伍参赛，32支队伍获奖。

（马红霞）

【成立中国小作家协会写作中心】 4月28日，陈经纶中学“中国小作家协和协作中心”成立。该中心由学校特级教师冯淑娟主持，将组织开展文学阅读、文学表演、文学创作相结合活动，提升学生个性化写作能力，完善学生人格、培养善良美德。聘任学校初中部校长为写作中心主任，首批招收41名学生成为会员。鲁迅文学奖获得者、中国小作家协会有关领导到学校授牌。

（冯淑娟）

【获国际青少年合唱艺术节金奖】 8月12至21日，陈经纶中学参加2013捷克布拉格国际青少年合唱艺术节获奖。该校“经纶之声”金帆合唱团成员36人，共获得女声合唱、男声合唱甲组（20人以上）、男声合唱乙组（16人以下）、民歌合唱四个组别金奖和团队表演金奖，指导教师王帅获得指挥金奖。艺术节由捷克布拉格市政府、捷克合唱协会、欧洲音乐艺术教育协会和中国高等教育学会音乐专业委员会、中国高校合唱委员会联合主办，设置儿童、少年、青年、成人和小合唱5个组别，此次共有来自中国大陆地区的天津大学和陈经纶中学2支队伍获奖。

（胡砚）

【教师获全国物理教学改革创新赛一等奖】 8月15至18日，陈经纶中学教师张成获得2013年全国物理教学改革与创新比赛一等奖。此次比赛由中国教育协会物理教学专业委员会主办，分为教学设计、教学实录、选手评课三个环节，评选标准有紧密联系生活、启发学生思维、充分体现对学生科学素养的培养等。来自全国31个省市地区教师58人参赛，25人获奖。

（石亚璞）

北京青年政治学院附属中学

【概况】 2013年，北京青年政治学院附属中学为十二年一贯制学校，占地面积19095.78平方米、建筑面积18767.40平方米，体育场（馆）面积8684平方米。图书馆藏书85266册，电子图书641册，订阅杂志、报刊382种。固定资产总值3544.52万元。全年教育经费投入3259.89万元，其中，国家拨款3053.19万元、自筹经费206.70万元。学校信息化经费投入256.22万元，拥有计算机705台，多媒体教室座位2462个，校园网出口总带宽小学部100Mbps、中学部150Mbps，数字资源量1024GB。普通教室47个、专用教室39个、实验室5个。教职工153人，包括副高级职称22人、中级职称 58 人。专任教师 121 人，包括特级教师 1 人、市级骨干教师 1 人；全部为本科及以上学历。开设教学班 44 个，其中，小学班 16 个、初中班 12 个、高中班 12 个、国际留学生班 4 个。毕业 318 人，其中，小学 80 人、初中 93 人、高中 145 人；招生 338 人，其中，小学 108 人、初中 127 人、高中 103 人；在校生 1182 人，其中，小学 512 人、初中 317 人、高中 353 人，包括寄宿生 110 人、留学生 94 人。高中录取分数线普通班 448 分、美术班 339 分（朝阳区）。应届高考本科上线率文科 41.9%、理科 8.3%。网址：www.qyfzh.com。

（黄春丽）

【开办青年教师培训班】　3 月 12 日，青院附中青年教师培训班组织首次活动。教研员以“青春·使命·成长”为主题介绍青年教师专业发展基本阶段，提出要采用问题研究、行动研究、合作交流和成果展示相结合方式开展教师培训；生物教研组教师做说课、评课示范展示，青年教师提出教学有关问题共同交流讨论。该校青年教师培训班成员 23 人参加学习。

（张莉）

【与德国学校建立合作关系】　4月12

日，青院附中与德国雷克林豪森市西多夫（Hittorf）高级文理中学签订友好合作协议。协议规定，双方在教育、教学、图书和学生交流领域展开合作，并为对方师生参观访问、交流活动提供日常安排接待。协议有效期 5 年。其间，高级文理中学（雷克林豪森市）师生访问团一行 11 人到青院附中参观校园环境与设施建设，交流体验体育和英语学科课程学习等。

（余江）

【开展关爱来京务工人员子女活动】　5 月 16 日和 31 日，青院附中开展关爱来京务工人员子女活动。学校组织“爱在五月天”淘宝义卖，学生将家里闲置学习用品、玩具等带到校园摆摊出售，所得款项 4948 元全部捐出用于来京务工人员子女学校的学习条件改善。随后，师生代表一行 5 人到未来双语实验学校，开展“让流动的花朵共享一片蓝天”手拉手活动，为其赠送健身器材，以及用义卖资金购买的书包等学习用品。

（周经纬）

【举办首届国际学生艺术展】　6 月 15 日，青院附中举办首届国际学生艺术展览会。活动采取现场展示的形式，展示国际部学生美术教育成果 210 件，包括油画、版画、速写、素描、色彩画、场景设计等，组织中国学生与国际学生面对面艺术交流。来自市教委、市公安局有关领导，艺术家以及学校师生 950 人参加活动。

（余江）

【举办首届校内中小学生全运会】　10

月 17 至 18 日，青院附中举办首届校内中小学生全运会。运动会以“我参与、我运动、我健康、我快乐、我阳光”为主题，面向小学部、初中部及高中部师生，采取田赛、竞赛、趣味性竞赛形式，分为开幕式、表演、比赛、闭幕式四个阶段，设置 50 米跑、100 米跑、400 米跑、800 米跑、铅球、跳高、跳远、跳绳、接力赛、10 人垫球、同心协力、袋鼠跳等 45 个项目。全校师生 1335 人参加活动、472 人获奖，其中，教师 141 人参加比赛、204 人次获奖。

（吴琦）

【获全国中学生趣味力学制作一等奖】　12 月 15 日，青院附中科技社团在第六届全国中学生趣味力学制作邀请赛上获得一等奖。该校科技社团高一、高二年级学生 5 人参加，由教师倪剑指导，作品为“科技乐园”大连环。比赛由中国力学学会主办，设置两个

项目，包括“力学大连环”制作和“生龙活虎”即兴制作，竞赛过程由中央电视台录制并在《异想天开》栏目播出。来自全国各省市地区 24 所学校 27 支代表队参赛，24 支队伍获奖。

（倪剑）

北京市第十中学

【概况】　2013 年，北京市第十中学占地面积 5.77 万平方米、建筑面积 3.50 万平方米，体育场（馆）面积 2.47 万平方米。图书馆（室）藏书 5.40 万册，订阅杂志、报刊 233 种。固定资产总值 5146.49 万元。全年教育经费投入 4946.50 万元，全部为国家拨款。学校信息化经费投入 472 万元，拥有计算机 429 台，多媒体教室座位 65 个，校园网出口总带宽 20Mbps，数字资源量 800GB，“信息技术”课程 1 课时/周。普通教室 54 个、专用教室 15 个、实验室 12 个。教职工 239 人，包括副高级职称 89 人、中级职称 78 人。专任教师 185 人，包括特级教师 1 人、市级骨干教师 6 人、北京市学科教学带头人 2 人；全部为本科及以上学历。开设教学班 51 个，其中，初中班 20 个、高中班 31 个。毕业 515 人，其中，初中 240 人、高中 275 人；招生 717 人，其中，初中 302 人、高中 415 人；在校生 1968 人，其中，初中 776 人、高中 1192 人，包括寄宿生 458 人。高中录取分数线 497 分（丰台区），应届高考本科上线率文科 100%、理科 87%。网址：www.bj10z.com.cn。

（纪海英）

【展示丰台德育创新试验项目】 4月

24日，十中举办“丰台区推进中小学德育内容方法机制创新试验项目”展示活动。此次活动主题为“践行生命教育，奏响精彩华章”，展示学科教学中渗透德育、班会课中渗透德育、学生创编操表演等。来自北京教育科学研究院、丰台区教委领导，以及丰台区推进中小学德育内容方法机制创新试验项目组成员、北京教育学院丰台分院相关负责人400余人参加活动。

（纪海英）

【组织新疆班特色活动】 5月28日和

10月15日，十中组织两次新疆班特色活动。学校举办“秀出社团魅力，绽放生命精彩”主题社团展示活动，民族舞蹈社、文学社、健美操社等学生社团参与其中。学校举办“洋溢书香的古尔邦”庆祝活动，学生以舞蹈、歌曲、情景剧、听写游戏等形式，再现古典名著《汉书》情节、演绎校园生活、翻唱经典歌曲，展示民族节日文化，丰台区政府、区政协、区委教育工委、区教委、区人大常委会等部门领导，以及该校干部、师生300余人参加活动。

（徐从中）

【召开物理学科市级教学研讨会】 11月13日，十中召开物理学科市级教学研讨会。会议以“聚焦课堂，诊断教学，创新教研，提高实效”为主题，分为观摩课、教研论坛、专家论坛三个部分，交流物理课程改革、教学创新、学生参与课堂、提高学生的探究与实验能力等内容。特级教师陶昌宏，丰台教研中心、丰台区教委领导，以及全市各区县教研员70人参加会议。

（纪海英）

北京市第十二中学

【概况】 2013年，北京市第十二中学占地面积9.23万平方米、建筑面积9.65万平方米，体育场（馆）面积3.42万平方米。图书馆藏书15.58万册，电子图书1万册，订阅杂志、报刊403种。固定资产总值19653.96万元。全年教育经费投入9668万元，其中，国家拨款9399万元、自筹经费269万元。学校信息化经费投入2177.77万元，拥有计算机1959台，多媒体教室座位5580个，校园网出口总带宽50Mbps，数字资源量3800GB，“信息技术”课程2课时/周。普通教室92个、专用教室33个、实验室27个。教职工391人，包括副高级职称169人、中级职称121人。专任教师290人，包括特级教师17人、市级骨干教师22人、北京市学科教学带头人3人；全部为本科及以上学历。开设教学班82个，其中，初中班48个、高中班34个。毕业1195人，其中，初中741人、高中454人；招生810人，其中，初中454人、高中356人；在校生2911，其中，初中1747人、高中1164人，包括寄宿生510人。高中录取分数线536分（丰台区），应届高考本科上线率文科98.08%、理科99.04%。网址：http://www.bj12hs.com.cn。

（王连东 张玉峰 张旭刚）

【举办首届校园电影节】 1至5月，十二中举办首届校园电影节。电影节以“影动青春视放梦想”为主题，面向在校学生征集微电影和校园随手拍作品，开展“我为电影配音”“影视鉴赏讲座”“唱响电影主题曲”等活动。电影节共计收到学生作品50件、微电影作品18件，最终评出最佳影片、最佳导演等6项单项奖和3项团体奖。全校学生1600余人参与活动。

（王连东 杭海燕）

【初中部迁址新校区】 3月15日和9月，十二中“初中一部”“初中二部”分别自丰台镇东安街1号、草桥东路26号迁址到北京市丰台区西四环南路95号“北京市第十二中学科丰校区”。该校区总投资2.60亿元，占地面积4.10万平方米、建筑面积5.44万平方米，建有综合教学楼3座、宿舍楼1座、文体楼1座和综合办公楼1座，共有教学班38个、在校生1517人、教职工150人。

（王连东 张玉峰）

【开展学生社会实践活动】 6月11至17日，十二中组织学生开展社会实践活动。该校高一年级学生500人组成6支队伍，分赴上海浦东、浙江绍兴、陕西秦岭、湖北十堰、湖北恩施、山东泰安、安徽绩溪，围绕“我参与、我服务、我体验、我成长”，走进友好学校与当地学生共同生活、学习，到农田体验耕作与收获，接近自然考察动植物，参观皖南事变纪念馆、钱学森图书馆。该活动成为学校实践教育品牌。

（王连东）

【首次组织高中自主会考】 6月28日，十二中首次组织进行高中自主会考。该校2012级高二年级学生373人，参加化学、地理、历史3个科目校内自主会考，最终356人通过会考、合格率95%。十二中是“北京市自主课程建设”项目学校，参与自主排课和自主会考实验，在校高中学籍学生不再参加北京市统一会考，经学校自主会考通过后即可获得国家承认毕业证书。

（王连东）

【首次分主题颁发校长奖学金】 9月1日，十二中首次分主题颁发校长奖学金。在第四届校长奖学金颁奖仪式上，学校首次以“求真、崇善、唯美”为主题划分三个类别，表彰25名学生及团体代表，其中，一、二、三等奖授予证书和奖金，提名奖颁发证书。奖励对象为在校生和学生团体，奖金来源自校长李有毅个人所获政府奖励以及特级教师津贴、国务院特殊津贴、专家补助。

（王连东）

【开办名师讲堂】 10月10日，十二中开办名师讲堂。第一讲以“美，看不见的竞争力”为题，由学校艺术教研组组长主讲，从色彩选择、广告创意、中外名画欣赏等角度，指导学生多观察生活，由欣赏美到创造美，在校高中学生450人参加学习。“名师讲堂”聚集学校12个学科教师17人，授课主题涉及历史、人文、美学、礼仪、科技、宇宙、系统思维等。

（王连东　朱彩霞）

北京市第十八中学

【概况】　2013年，北京市第十八中学占地面积5.81万平方米、建筑面积4.87万平方米，体育场（馆）面积2.16万平方米。图书馆（室）藏书7.50万册，电子图书500GB，订阅杂志、报刊200种。固定资产总值15747万元。全年教育经费投入5384万元，其中，国家拨款5212万元、自筹经费172万元。学校信息化经费投入36万元，拥有计算机450台，多媒体教室座位2120个，校园网出口总带宽10Mbps，数字资源量40GB，“信息技术”课程2课时/周。普通教室40个、专用教室17个、实验室15个。教职工275人，包括副高级职称62人、中级职称70人。专任教师216人，包括特级教师5人，市级骨干教师1人、北京市学科教学带头人2人；全部为本科及以上学历。开设教学班62个，其中，初中班29个、高中班26个。毕业489人，其中，初中221人、高中268人；招生500人，其中，初中280人、高中220人；在校生2421人，其中，初中808人、高中721人，十八中附属实验小学892人，包括寄宿生250人。高中录取分数线500分（丰台区），应届高考本科上线率91%。网址：http：//www.bj18.net。

（管杰）

【孙衍明入选首批特级教师工作室】　6月19日，十八中语文教师孙衍明入选北京市首批中小学特级教师研修工作室。该工作室由市教委、首都师范大学联合组织成立，目的是通过三年学习，加深特级教师理解学校教育与学科教学本质，总结提炼自身教育思想与教学风格，形成理论自觉意识，获得作为特级教师可持续发展能力。经学校、区县推荐，专家组面试，市级工作室共招收特级教师17人。

（管杰）

【十八中附属实验小学成立】　6月，北京市第十八中学附属实验小学成立。丰台区教委为推动方庄地区教育集群化发展，将北京市丰台区芳星园第一小学并入十八中，并更名为北京市第十八中学附属实验小学。芳星园第一小学1955年建校，原名北京市丰台区八里河小学，校址位于丰台区方庄地区芳星园二区9号楼，占地面积6568平方米、建筑面积4015平方米，开设教学班18个，拥有教职工51人，招收学生616人。

（管杰）

【志愿者协会成立】　12月5日，十八中志愿者协会成立。该协会由校团委主持，在“志愿北京”网站注册，旨在服务学生、服务社会，现拥有会员96人，组织开展赴敬老院服务老人、捐助贫困山区儿童、陪护孤独症儿童等活动。

（孙璧君）

北京市丰台区第八中学

【概况】　2013年，北京市丰台区第八中学占地面积7367平方米、建筑面积4507平方米，体育场（馆）面积2100平方米。图书馆（室）藏书1.90万册，订阅杂志、报刊26种。固定资产总值5480万元。全年教育经费投入1481.86万元，全部为国家拨款。学校信息化经费投入130万元，拥有计算机261台，多媒体教室座位110个，校园网出口总带宽10Mbps，数字资源量400GB，“信息技术”课程2课时/周。普通教室26个、专用教室2个、实验室3个。教职工111人，包括副高级职称15人、中级职称36人。专任教师80人，包括本科及以上学历79人。开设初中教学班26个。毕业287人、招生321人、在校生950人。网址：http：//ft8z.bjedu.cc。

（韩振泳）

【举办语文专题社会实践】　10月21日，丰台八中举办“走进颐和园”语文专题社会实践活动。此次活动面向初二年级学生，要求结合说明文《苏州园林》观察古代建筑的色彩、样式、布局搭配等，并提交幻灯片和电子演示文稿学习报告。该校学生339人参加活动。

（韩振泳）

【召开中国梦主题班会】　11月4日，丰台八中召开“中国梦”主题班会。活动要求各班主任按照学校统一部署，以“中国梦”为核心、选择论点、突出班集体特色，指导学生积极参与、认真筹备、准备节目、制订计划、演练修改流程，在筹备与进行过程中理解“中国梦”内涵。全校初一、初二年级18个教学班学生669人参与活动。

（韩振泳）

【教育教学论文集出版】　11月，丰台八中《优秀教育教学论文集》出版。论文集由五洲传播出版社出版发行，收录学校教育论文40篇、教学论文34篇，总计24万字，该校校长担任主编、73名教师供稿。

（韩振泳）

【组织首届汉字听写赛】 11至12月，丰台八中组织首届汉字听写比赛。比赛由语文教师策划、出题，结合中考范围与现学段内容，分成预赛、复赛和决赛三个阶段淘汰选拔，年级统一测试。全校初一至初三年级学生900人参赛，最终评选出一、二、三等奖60人。

（韩振泳）

北京市第九中学

【概况】 2013年，北京市第九中学占地面积60000平方米、建筑面积40000平方米，体育场（馆）面积29146平方米。图书馆藏书82278册，电子图书13300册。固定资产总值9186万元。全年教育经费投入3538万元，其中，国家拨款3337万元、自筹经费201万元。学校信息化经费投入320万元，多媒体教室座位275个，计算机627台，校园网出口总带宽10Mbps，数字资源量700GB，“信息技术”课程2课时/周。普通教室43个、专用教室11个、实验室12个。教职工180人，包括副高级职称59人、中级职称54人。专任教师130人，包括特级教师1人、市级骨干教师8人、北京市学科教学带头人2人；全部为本科及以上学历。开设教学班39个。毕业395人；招生483人；在校生1411人，包括寄宿生474人、外省市借读生371人。高中录取分数线502分（石景山区），应届高考本科上线率98%。网址：http://9z.sjsedu.cn/。

（曾凡姿）

【开展对外交流互访】 1至11月，九中组织开展对外交流互访活动。1月，学校师生一行13人赴美国巴尔的摩市帕克学校进行友好访问，学生在选修中文伙伴陪同下上课并开展实践活动。3月，帕克学校师生回访，双方共同开展课堂教学、书法绘画、京剧欣赏等活动。4月，接待瑞典罗森德尔斯（Rosendals）高中一行25人交流访问，客人参与生物、美术、通

用技术、体育、英语、化学、信息技术、历史学科课堂讨论，双方共同举办“全球变暖议题”模拟联合国会议，研讨可持续发展项目。7月，学校师生一行43人赴英国游学访问，参观牛津大学、剑桥大学等，走进课堂共同开展文化交流。11月，新加坡莱佛士书院师生来校访问，访问团由教师4人、高中学生30人组成，交流内容包括走进课堂、参观校园，双方学生互相介绍两国历史、经济、文化、旅游方面知识，并赠送书法作品。两校2007年签约奥运“同心结”友好学校，每年组织华裔学生到中国开展“文化浸濡之旅”。

（张今）

【完善教育集团制度】 6月，《九中教育集团章程》修订完成。章程确立集团理事会领导的校长负责制管理模式，补充教育集团理念、干部培养制度、骨干教师培养制度、德育工作管理制度、课程建设管理制度、教学质量评估制度。

（乔慧莲）

【联合国教科文代表到校讲学】 9月4日，九中接待联合国教科文组织代表查尔斯·霍普金斯（Charles Hopkins）来访。霍普金斯为联合国教科文组织可持续发展教育——教师教育联盟主席。他听取学校办学情况介绍，并作题为“可持续发展教育，优质教育之道”专题培训，通过演讲结合电子演示文稿的方法，讲解可持续发展教育的重要意义、发展历史和国际先进经验。学校干部、教师30余人参加学习。

（张今）

【举办首届校园之星评比】 12月1至26日，九中举办首届“校园之星”评选活动。学校依据学生道德品质、文化素质、身心素质、劳动素质、艺术素质方面进行评价，采用自我推荐、同学推荐、班主任推荐或科任教师推荐方式评出“班级之星”，经德育处审议后进入最终评选并向全校公示。全校学生1400余人参与活动，投票选出学习之星、文明之星、才艺之星、奉献之星、体育之星共计135人。

（张今）

【赴山西教育考察】 12月27日，九中赴山西省怀仁县考察交流。考察团包括九中教育集团成员校校长、教师一行27人，实地参观山西省怀仁县第一中学、第四中学、郝家寨寄宿小学，交流座谈、查阅资料、观摩公开课12节，共同分享借鉴九年义务教育办学成果。

（乔慧莲）

北京市苹果园中学

【概况】 2013年，北京市苹果园中学占地面积4.94万平方米、建筑面积3.18万平方米，体育场（馆）面积1.60万平方米。图书馆（室）藏书4.60万册，订阅杂志、报刊235种。固定资产总值5156.30万元。全年教育经费投入1894万元，其中，国家拨款1784万元、自筹经费111万元。学校信息化经费投入10万元，多媒体教室座位50个，计算机451台，校园网出口总带宽10Mbps，数字资源量500GB，“信息技术”课程2课时/周。普通教室28个、专用教室12个、实验室10个。教职工142人，包括副高级职称47人、中级职称38人。专任教师108人，包括市级骨干教师4人；全部为本科及以上学历。开设教学班27个。毕业270人；招生245人；在校生848人，包括寄宿生62人。高中录取分数线481分（石景山区），应届高考本科上线率文科94.60%、理科75%。网址：www.pz.sjsedu.cn。

（王丽萍）

【设立诚信考场】 1月15至21日，苹果园中学设立诚信考场。学校实行初、高中期末考试诚信考场制、诚信档案制，其中，诚信考场制无教师监

考、无考场电子监控、无信号干扰设备；诚信档案，包括学生签署诚信考试承诺书、诚信考试反思表、诚信考试积分统计表、诚信考试积分，学生可申请参加诚信考场考试，审核公示通过，发放诚信考场准考证。全校初一、初二、高一、高二年级学生830人参与活动。

（赵丽娜）

【开发综合实践课程】 1至2月，苹果园中学开发“职业世界探索之旅”综合实践课程。课程要求每名学生自行安排到父（母）亲单位见习两天，了解父（母）单位工作环境、部门分工、工作任务、从业者条件、福利待遇、职业培训、发展前景，填写相关《职业探索之旅记录表》，完成手绘展板制作。手绘展板内容包括父母单位典型环境图片3至4张，父（母）就职时间、岗位名称、工作性质、任务内容、工资待遇、取得成就，父（母）对自己未来学习深造和从业赠言、祝福，以及此次社会实践反思和感想。全校学生800人参与学习。

（白晔）

【开展校本教学研究】 3月29日，苹果园中学开展校本教学研究。研究围绕“以学习者为中心，教室回归学堂，推进可持续教学模式”专题，语文、数学、外语等10个教研组同时推出10节校本教学研究课，该校干部、教师以及石景山区教委领导100人走进课堂集体听评课。

（周亚宏）

【举办导师制启动仪式】 4月12日，苹果园中学举办导师制启动仪式。仪式上，学校首批特聘9名教师作为60名学生导师。导师制旨在教师、学生间建立起“导学”关系，相关管理规定包括学生学业发展状况，导师履行导思想、导学法、导生活，定时间、定地点、定内容的指导规则。

（周亚宏）

【科技创新实验班开班】 10月21日，

苹果园中学首届“科技创新”实验班开班。首届实验班设在高一年级，招收学生30人，第一堂课邀请国家天文台教授讲解“弘扬科学精神”。学校开发社会大课堂资源，依托中国科学院专家，创建“科技创新”教育实践基地，开设包括天文、地理、生物技术、机器人制作、“节能减排技术开发”等系列综合实践活动课程供学生选择，由校“科技创新”工作室教师与专家博士团联合指导。

（赵丽娜）

【开展公益创意校园行活动】 10月30日，苹果园中学开展中国区2013目的畅想DI（Destination Imagination）公益创意校园行活动。该活动是国际性培养青少年实际创新能力教育项目，由DI中国区组委会主办，利用创意问题解决能力培养与提升团队合作精神，总计时长25分钟，过程包括获知题目要求、认识各种材料、观察各种事物特点、即时解决问题、创意创新意识、团队合作精神和时间管理意识7个部分。全校初、高中年级学生143人参加活动。

（何靖）

北京景山学校远洋分校

【概况】 2013年，北京景山学校远洋分校占地面积36274.53平方米、建筑面积23800平方米，体育场（馆）面积13934平方米。图书馆（室）藏书2.70万册。固定资产总值3889.17万元。全年教育经费投入172.85万元，全部为国家拨款。学校信息化经费投入490万元，多媒体教室座位2100个，计算机633台，校园网出口总带宽10Mbps，数字资源量8068KB。普通教室54个、专用教室28个、实验室8个。教职工155人，包括副高级职称13人、中级职称37人。专任教师104人，包括特级教师1人、市级骨干教师2人、北京市学科教学带头人1人；全部为本科及以上学历。开设教学班51个，其中，小学班32个、初中班14个、高中班5个。毕业258人，其中，小学185人、初中73人；招生522人，其中，小学284人、初中211人、高中47人；在校生1678人，其中，小学1082人、初中492人、高中104人。网址：http：//jsyy.sjsedu.cn。

（白丹）

【开展校本课程研修活动】 4至9月，景山学校远洋分校开展3次校本课程研修活动。学校开展“楹联文化”校本课程研究活动，内容包括五年级“声律启蒙”诵读、“岳阳楼楹联”研究课、“楹联文化”校本课程开发与成果专题汇报等，专家对于学校创新语文、历史、地理学科内容与模式相结合教学特色予以肯定。学校举办“打造魅力校本课程，培养全面发展远洋人”教学研讨月，以人文素养、科技素养、艺术素养为主线，课堂展现“生活中的科学”“看电影品人生”“团体心理训练营”等14门校本课程。学校举办中学校本课程选课会，任课教师介绍展示“中国传统艺术语言培训班”“写意中国”“智能控制”等18门校本课程理念、内容特色和授课模式，聘请中国国际广播电台主持人、知名艺术家客座授课，全体学生自由选课。

（宋晓波　任钧宁）

【科学用眼活动启动】 9月16日，景

山学校远洋分校举行“见证多彩人生”科学用眼活动启动仪式。仪式上，学校组织参与科学用眼主题班会、“爱眼图形宣言”美术设计校本研修课，体验非接触眼压、耳穴压豆、中药雾化等治疗手段。“创新人才培养协作体”指导专家，石景山区各校代表、干部、师生 400 人参加活动。

（白丹）

【研讨高中生涯规划课】 10 月 10 日，景山学校远洋分校举行石景山区高中生涯规划课研讨会。区教科所听取学校开展生涯教育的思路和途径，观摩“让梦想落地——行动”专题课，共同研讨十二年一贯制办学模式下连续性、系列性高中生涯规划教育的开展。

（李瑞锋）

【中美师生学习交流】 11 月 11 日至 12 月 9 日，景山学校远洋分校迎来美国马萨诸塞州韦兰高中教师 2 人、学生 4 人到校进行为期一个月的交换生学习和交流。学校赠送远洋标志的校服、校徽，安排太极、书法、剪纸、中国结等课程，参加英语角、科技节、远洋狂欢节等活动。美方教师当娜（Donna）和苏珊（Susan）负责中方英语教师口语训练，参加音乐教学和管乐团、民乐团、合唱团等社团的指导工作。

（白丹）

北京市第十九中学

【概况】 2013 年，北京市第十九中学占地面积 9.91 万平方米、建筑面积 8.55 万平方米，体育场馆面积 4.55 万平方米。图书馆藏书 21.22 万册，电子图书 1.10 万册，订阅杂志、报刊 200 种。固定资产总值 27358.74 万元。全年教育经费投入 8414 万元，全部为国家拨款。学校信息化经费投入 251.30 万元，拥有计算机 1616 台，多媒体教室座位 3200 个，校园网出口总带宽 52Mbps，数字资源量 43008GB，“信息技术”课程初中 1 课时/周、高中 2 课时/周。普通教室 77 个、专用教室 13 个、实验室 9 个。教职工 303 人，包括副高级职称 93 人、中级职称 99 人。专任教师 262 人，包括特级教师 1 人、市级骨干教师 4 人；全部为本科及以上学历。开设教学班 71 个，其中，初中班 43 个、高中班 28 个。毕业 736 人，其中，初中 484 人、高中 252 人；招生 861 人，其中，初中 584 人、高中 277 人；在校生 2507 人，其中，初中 1646 人、高中 861 人。高中录取分数线 496 分（海淀区），应届高考本科上线率 99%。网址：www.bj19zx.cn。

（王天红）

【设立对外开放日】 3 月 4 日，十九

中设立对外开放日。每学期第 2 周至第 8 周、第 12 周至第 18 周星期五，设置为对外开放日。其间，组织开展积极心理教育大讲堂项目现场学习与教学观摩活动，听取学校总体办学情况及积极心理健康教育方面情况介绍，观摩各学科展示课 27 节，分别就心理学专业课在语文、数学等学科课中渗透积极心理学理念等方面进行深度交流。至年底，开放日共接待来自内蒙古鄂尔多斯中学美术教师、天津市武清区杨村中小学心理教师、美国洛杉矶乡村基督教中学师生、泰国教师代表团等国内外教育专家、领导、教师 400 人次。

（王天红 王光辉）

【音乐教育中心落成】 5 月 16 日，十九中音乐教育中心落成。该中心占地面积 2000 平方米、建筑面积 1557 平方米，位于学校西南侧，拥有“风之韵”“雅之韵”“颂之韵”3 条主题走廊，“博乐大厅”“民乐排练厅”“合唱排练厅”“舞蹈排练厅”“京昆排练厅”5 个功能大厅，以及音乐教室 3 个、服装室 1 个、化妆室 1 个，全天候对校内教师、学生开放，可同时容纳 300 人活动。中心于 2011 年 7 月开工，由学校自筹经费 205.10 万元建设。

（王天红）

【与泉州中学结为姊妹校】 5月23日，

十九中与福建泉州培元中学签署友好协议。协议规定两校定期互访，研讨学校管理、德育管理、教学管理，策划学校大型活动等事项，两校互派教学与管理人员参加对方举办的教育教学研讨活动，互派短期访问教师，实现艺术、英语、传统文化、心理健康教育等各学科教学资源共享，每年互派师生驻校（家庭）学习交流，协议长期有效。

（王天红 王光辉）

【展示高中特色发展项目成果】 5 月 24 至 25 日，十九中展示国家级高中特色发展实验项目成果。此次活动由北京市学习科学学会心理专业委员会主办，学校展示心理课“积极主动式回应”、学科渗透课“项脊轩志”“孔乙己”以及班会课“幸福快乐的班级之最”4 节研究课，师生和与会人员就改善生活状态、提高学习成绩、高三年级开展心理活动情况进行交流。全市各区县有关领导，以及该校师生、家长 800 人参加活动。

（王天红）

【开展有效教学法实验】 8月和11月，

十九中开展有效教学法实验。该校引进中国教科院“有效教学法”项目，聘请专家举办专题培训，了解有效教学法理

念、掌握其内容和操作方法；成立有效教学项目组，开展密集型、体验式培训；组织有效教学法过关性考试，全校教师198人参加测试，及格率97%以上。该校在初、高中年级实践有效教学，联合外省市中学创设《问题导读——评价单》《问题解决——评价单》《问题拓展——评价单》，成立如何进行结构化预习、小组座位如何摆放更有效、如何进行小组展讲、如何有效评价等8个研究小组。有效教学法是指在教师指导下创建学习共同体，使学生学会自主合作探究学习，关注单位时间内提高学习绩效，全面实现课程目标，有效促进学生全面发展和教师专业成长的学习过程。其核心理念是“以学为中心，先学后导，全面发展”，“有效教学”最终衡量标准就是“学生成长”。

（王天红　时昂）

北京市第一零一中学

【概况】　2013年，北京市第一零一中学占地面积21.25万平方米、建筑面积3.30万平方米，体育场馆面积4.16万平方米。图书馆（室）藏书12.60万册。固定资产总值2484.58万元。全年教育经费投入15346.06万元，全部为国家拨款。学校信息化经费投入323.50万元，拥有计算机2430台，多媒体教室座位7968个，校园网出口总带宽143Mbps，数字资源量2000GB，“信息技术”课程2课时/周。普通教室90个、专用教室31个、实验室14个。教职工363人，包括副高级职称131人、中级职称108人。专任教师272人，包括特级教师7人、市级骨干教师14人、北京市学科教学带头人3人；本科及以上学历258人。开设教学班90个，其中，初中班53个、高中班37个。毕业1136人，其中，初中683人、高中453人；招生1257人，其中，初中781人、高中476人；在校生3660人，其中，初中2235人、高中1425人，包括寄宿生661人。高中录取分数线530分（海淀区），应届高考本科上线率100%。网址：www.beijing101.com。

（张欣）

【陈子龙获科技创新市长奖】　3月24

日，一零一中高三年级学生陈子龙获得第11届北京青少年科技创新市长奖。陈子龙获奖项目为“智能植物生长装置”，其外形似冰箱，是可模拟自然环境智能植物生长装置，采用发光二极管（LED）光源，在室内环境下可以种植植物，满足蔬菜水果安全绿色要求。该评选由市教委主办。

（张欣）

【与诺贝尔文学奖作家交流】　4月10

日，一零一中组织师生与诺贝尔文学奖获得者莫言交流。莫言用诙谐语言讲述个人文学创作成长道路以及对所从事写作工作体会，鼓励学生努力学习，勇攀科学、文学高峰，学生向莫言赠送自创漫画。该校高二年级师生570人参加活动。

（张欣）

【施一泓获国际发明金奖】　4月10至

14日，一零一中高二年级学生施一泓参加第41届日内瓦国际发明展获得金奖。施一泓获奖项目为“新型管道循环式半导体制冷凝水装置的研制”。该项目设计并制作一种装置将空气中的水蒸气冷凝成为液态水，达到温室降湿目的，并补充灌溉用水，实现水资源的回收再利用。此展示活动由瑞士联邦政府、日内瓦州政府、日内瓦市政府、世界知识产权组织（WIPO）联合主办，来自世界45个国家和地区725家参展单位1000余个项目参评，中国代表团参展项目获得3项特别金奖，11个金奖、11个银奖、3个铜奖。

（张欣）

【承办翱翔计划夏令营】　7月15至17

日，一零一中承办北京市翱翔计划人文社科基地“求文问道”夏令营。该夏令营由一零一中承办，北京市第一七一中学、北京市第十四中学、一零一中3所人文社科基地校学生45人组成，营员根据选题方向和自身兴趣分成“爱智慧”“璞瑾社”“进行时”3个小组，制作队报、宣传标语，排演5分钟特色小品；邀请北京大学、中央民族大学专家，指导赏析《论语》《红楼梦》等戏曲、诗律；组织社会实践活动，参观郭沫若故居纪念馆、中国社科院考古研究所及近代史研究所；在结营式上评选出个人奖项“求文奖”“问道奖”“智慧奖”“领袖奖”，以及团队奖项“最佳小队”。该校学生9人参与活动。

（张欣）

【与人教社签署合作协议】　10月9日，一零一中与人民教育出版社签署长期战略合作协议。该校校长、副校长一行7人，应邀考察人教社总部，听取出版社教材信息化建设工作进展情况报告并参观社史馆。其间，双方正式签署长期战略合作协议，规定一

零一中成为首个人民教育出版社课程教材研究所北京实验基地学校，该校教研活动邀请人教社专家参与指导，协议长期有效。

（张欣）

北京市八一中学

【概况】　2013年，北京市八一中学占地面积13.66万平方米、建筑面积17.10万平方米，体育场（馆）面积2.97万平方米。图书馆（室）藏书39.76万册，电子图书0.20万册，订阅杂志、报刊265种。固定资产总值37787万元。全年教育经费投入16044万元，其中，国家拨款14651万元、自筹经费1393万元。学校信息化经费投入358万元，拥有计算机2027台，多媒体教室座位300个，校园网出口总带宽200Mbps，数字资源量1400GB，“信息技术”课程2课时/周。普通教室87个、专用教室36个、实验室17个。教职工352人，包括副高级职称90人、中级职称139人。专任教师274人，包括特级教师3人、市级骨干教师9人、北京市学科教学带头人2人；全部为本科及以上学历。开设教学班86个，其中，初中班54个、高中班30个、国际班2个。毕业1004人，其中，初中631人、高中373人；招生1196人，其中，初中736人、高中460人；在校生3382人，其中，初中2138人、高中1244人，包括寄宿生205人、外省市借读生593人。高中录取分数线520分（海淀区），应届高考本科上线率文科100%、理科99.12%。网址：www.bayims.cn。

（左秋洁）

【命名“八一同学生态林”】　5月4日，“八一同学生态林”正式命名。仪式上，该校1966级校友、阿拉善

生态基金会会长李旦生介绍10年来阿拉善植树造林情况，并向八一中学学生及校友提出“行动起来，绿化阿拉善，堵截沙尘暴”倡议，号召更多师生参与植树造林活动，共同为“八一同学生态林”水晶球揭幕。该校干部、教师、“根与芽”社团成员、学生及校友代表20人出席仪式。“八一同学生态林”位于内蒙古阿拉善盟，占地面积66.70万平方米。

（陈春翔）

【与北理工签订合作框架协议】　5月9日，八一中学与北京理工大学签订合作框架协议。协议规定，双方在资优生培养、科技教育、金融课程、优秀生源选拔等层面开展深度合作，其中，八一中学推荐高三年级优秀毕业生报考北理工大学，并为理工大学做相应的招生宣传，进一步提升其社会影响力；八一中学在北理工配合下全程跟踪毕业生学习生活状况，共同培养优秀科技创新性人才、北理工在课程开设、学生实践研究等方面提供专业技术支持；八一中学根据课程改革的要求，开设金融工程实验班，拟为学生提供部分大学先修课程。经双方协商，北理工选派5至10名相关专业的教师前往授课或者指导，并为学生提供进入国家级实验室进行实验的机会。协议有效期为3年。

（王华蓓）

【建设水处理设施】　8月，八一中学建设雨水及污水处理基础设施。该校在校区南侧建设50立方米雨水储物罐1个并构建废水回收系统，由北京市财政专项投资48.80万元。储物罐将雨水回收后沉淀，用于浇灌绿植、草坪。废水回收系统可对一幢四层教学楼产生污水进行工艺处理，共回收废水1.50立方米，处理后中水用于景观、绿化、喷洒道路用途。

（巴军）

【光伏电站发电14.67万度】　10月，八一中学屋顶光伏电站累计发电14.67万度。该校屋顶光伏电站项目属于2011年北京市阳光校园金太阳工程，分布于学校初中楼、综合楼、阶梯教室、教师公寓和行政楼屋顶，2012年10月投入使用，装机总容量138.43kWp，由北京市阳光校园金太阳工程投资260万元建设。光伏电站除行政楼采用薄膜电池组件外，其他所有建筑均采用多晶硅电池组件，固定支架安装方式。逆变器交流出口电压400W。设集中监控系统，所有数据均上传到北京市节能环保中心，同时学校内部架设监控服务器，保证在学校内部了解相关发电信息。该校光伏电站每年可节约标煤45497KG，每年可减少二氧化碳排放量113402KG、二氧化氯排放量3412KG、氮氧化物排放量1706KG。

（巴军）

北京市十一学校

【概况】　2013年，北京市十一学校占地面积15.60万平方米、建筑面积16万平方米，体育场馆面积2.92万平方米。图书馆藏书20万册，电子图书10册，订阅杂志、报刊95种。固定资产总值63228万元。全年教育经费投入21885万元，全部为国家拨款。学校信息化经费投入800万元，拥有计算机1200台，多媒体教室座位3000个，校园网出口总带宽200Mbps，数字资源量100GB，“信息技术”课程2课时/周。学科教室218个、实验室30个。教职工482人，包括副高级职称163人、中级职称121人。专任教师399人，包括特级教师28人、市级骨干教师7人、北京市学科教学带头人3人；全部为本科及以上学历。开设教学班1430个。毕业1251人，其中，初中681人、高中570人；招生1407人，其中，初中753人、高中654人；在校生4186人，其中，初中2320人、高中1866人，包括寄宿生1276人。高中录取分数线528分（海淀区），应届高考本科上线率100%。网址：

www.bjshiyi.org.cn。

（杨雄）

【少年文学院成立5周年】　4月2日，十一学校举办首届图书节开幕仪式暨少年文学院成立5周年庆典活动。活动由校少年文学院组织，邀请北京鲁迅博物馆代表到校，参观首间个性图书馆——“表达真实”鲁迅主题教室，并与学生就鲁迅作品展开专题研讨。庆典部分由高一年级学生主持，围绕“穿越文学之美”主题，分为4个模块，包括中国古典诗词搭配水墨舞蹈、鲁迅作品改编短剧、百老汇经典歌剧《悲惨世界》串演、电影中西方现代诗歌朗诵。学校国际部学生200人参加活动。

（段宇光）

【举办首届异语风情节】　5月3日，十一学校举办首届“异语风情节”主题活动。活动由多语种学科师生共同组织，布置东西方语言文化巡礼展区，介绍各国宗教、建筑、绘画艺术、古代历史、高科技发明等；开设圆梦银行、厨艺教室、设计绘图、服装搭配、学生创意礼品定制、财务结算等社会实践体验活动。该校国际部学生400人参加活动。

（李佳　鲍晓梅）

【白瑞涵参加全国击剑比赛获奖】　7月21日至8月8日，十一学校枣林村书院学生白瑞涵参加全国击剑比赛获奖。7月21至27日，其参加全国少年击剑赛获得女子重剑个人冠军，比赛由国家体育总局主办，为该年龄段组最高专业级别比赛，参赛选手全部为专业选手。8月1至7日，其参加全国中学生击剑锦标赛获得女子重剑个人亚军，比赛由中学生体育协会主办。8月6至8日，其参加全国俱乐部击剑联赛北京站比赛获得少年组女子重剑个人冠军，比赛由中国击剑协会举办。白瑞涵，2000年出生，2012年到十一学校就读，2009年开始从事击剑练习，师从靳利豹。

（魏勇）

【与平壤一中建立友好关系】　9月17日，十一学校与朝鲜平壤第一中学签署合作协议书。根据协议，两校在教育教学领域、教师学生交流、办学经验等方面开展合作，其中，利用两校举行的重要活动、教育成果发表会、

教育经验交流会等机会邀请或派遣代表团赴友好校交流；鼓励在教育信息化、新的教学方法研究、学校教育和育人工作中取得的成果和经验等方面进行交流；在制作和利用多媒体等教学资料方面进行合作，并交流成果与经验等。有效期5年。其间，平壤一中校长一行5人来校参观、进班听课并与教师座谈。

（周斌　李昂）

【召开校第15届模联会议】　10月11

至15日，十一学校召开第15届模拟联合国会议。会议以互联网络安全、反恐、普及与发展为主题，设计联合国大会、联合国安全理事会、香格里拉国防安全会议、中美俄欧四方首脑峰会、新闻媒体5个委员会，并实行委员会间联动机制，通过危机发布、新闻舆论报道、代表间互动，营造真实外交场景与沟通模式，同时引导代表深入探讨全球互联网络面临的困难与挑战，并寻求解决的途径与方法。全校学生代表160人参加会议。该校首届模联会议始办于2006年。

（戴冲）

北京大学附属中学

【概况】　2013年，北京大学附属中学占地面积5.16万平方米、建筑面积5.99万平方米，体育场馆面积1.60万平方米。图书馆藏书6万册，电子图书与北大图书馆共享。固定资产总值3896.61万元。全年教育经费投入12012万元，其中，国家拨款7081万元、自筹经费4931万元。学校信息化经费投入500万元，拥有计算机800台，多媒体教室座位300个，校园网出口总带宽170Mbps，数字资源量1TB，“信息技术”课程4课时/周。普通教室77个、专用教室108个、实验室14个。教职工272人，包括副高级职称105人、中级职称83人。专任教师199人，包括特级教师13人、北京市学科教学带头人4人、市级骨干教师6人；本科及以上学历177人。开设教学班56个，其中，初中班20个、高中班36个。毕业740人，其中，初中260人、高中480人；招生636人，其中，初中240人、高中396人；在校生1800人，其中，初中780人、高中1020人，包括外省市借读生167人。高中录取分数线532分（海淀区），应届高考本科上线率99%。网址：www.pkuschool.edu.cn。

（王陶）

【广西生物考察基地揭牌】　1月31日，

北大附中和广西北达资源中学生物多样性考察基地揭牌。该基地由北京大学生物科学院负责日常管理，主要开展生物多样性研究工作。2011年，北大附中与北达资源中学共同设立博物课程，创办“自然之翼”夏令营、《自然之翼》杂志，并结合博物课程开展社会实践活动，每年组织学生到广西崇左北京大学生物多样性考察基地野外实地考察。

（王陶）

【王思真获国际物理奥赛金牌】　7月14日，北大附中高三年级学生王思真获得第44届国际中学生物理奥林匹克竞赛金牌。本届比赛由丹麦教育部、

哥本哈根大学、丹麦科技大学主办，来自全球83个国家和地区的381名中学生参赛。比赛分为两个阶段，第一天为3道理论计算题竞赛；第二天为1至2道实验题。国际中学生物理奥林匹克竞赛的评奖方式为：以最高分为100%计算，凡高于90%的金牌，处于78%至90%之间的银牌，处于65%至78%之间的铜牌，其他为鼓励奖。本届赛事（IPhO）共评出金牌41人，银牌64人，铜牌101人，鼓励奖64人，共计270人获奖。王思真为该校自主发展模式改革后首批毕业生，现保送至北京大学物理学院学习。

（王陶）

【儿童文学作家进校园】 10月11日，北大附中举办儿童文学作家进校园活动。活动利用《儿童文学》创刊50周年、中国少年儿童出版社建立50周年契机，以“纯净阅读季名家走进校园”为主题，邀请著名儿童文学作家开办“阅读与写作”等专题讲座，介绍《儿童文学》办刊情况，为与会作家颁发聘书，为学生代表赠书；学生朗诵散文《生命的呼应》、诗歌《我牵着孤独散步》《你已经五十岁了吗?》、个人作品《第三只眼睛》，演唱儿歌《小鸟小鸟》；并组织作家与学生互动交流。全校初一、初二年级学生400人参加活动。

（王陶）

【尝试高中模块考试新方式】 11月

11至14日，北大附中尝试高中学段模块考试新方式。考试地点在校体育馆，共开设16个标准化考场，每个考场安排30人同时开考，各科目总计480人，另安排监考教师37人，学段模块考试内容为高中部第一学段模块。学校组织此大规模考试，以检验学生诚实守信、自我约束、自我管理能力。

（王陶）

【改革体育授课方式】 11月18日，北大附中改革体育授课方式。该校启动操场改扩建工程，将原有体育馆和田径场拆除，经与北京大学协商，高中体育课田径、羽毛球、地板球、足球、排球、武术、跆拳道、软式垒球8个项目、学生600人到北京大学上体育课。同时，学校将高中体育课由每周4节45分钟，调整为每周2节95分钟连堂课。其他体育课程改为户外教学方式，选择适于课程场地开展体育教学。

（王陶）

【四校同上远程选修课】 12月12日，北大附中与中国人民大学附属中学、清华大学附属中学、首都师范大学附属中学学生同上远程选修课。选修课采取远程直播形式，由人大附中物理教师开设，题为科幻物理选修课“隐身技术”，4所校学生通过搜集在科幻电影中的隐身、自然生物的变色、人类在隐身技术上的初步探索等方面资料，了解讨论各类隐身技术形成的原理及局限性，分享光学折射、投影、超声波反射，自然界生物体拟态等知识。其中，该校有16名学生参加学习。

（王陶）

清华大学附属中学

【概况】 2013年，清华大学附属中学占地面积7.90万平方米、建筑面积8.60万平方米，体育场馆面积2.34万平方米。图书馆藏书12.30万册，电子图书303册，订阅杂志392种、报纸16种。固定资产总值10462万元。全年教育经费投入13190万元，其中，国家拨款6269万元、自筹经费6921万元。学校信息化经费投入350万元，拥有计算机500台，多媒体教室座位4900个，校园网出口总带宽1050Mbps，数字资源量800GB，“信息技术”课程1课时/周。普通教室81个、专用教室20个、实验室37个。教职工390人，包括正高级职称1人、副高级职称130人、中级职称80人。专任教师247人，包括特级教师16人、北京市学科教学带头人4人、市级骨干教师8人；本科及以上学历246人。开设教学班76个，其中，初中班42个、高中班34个。毕业964人，其中，初中577人、高中387人；招生1061人，其中，初中572人、高中489人；在校生3166人，其中，初中1739人、高中1427人，包括寄宿生587人、外省市借读生314人。高中录取分数线536分（海淀区），应届高考本科上线率100%。网址：www.qhfz.edu.cn。

（高岷）

【获全国初高中篮球联赛总冠军】 5

月11至18日，清华附中男女篮球队分别获得中国初高中篮球联赛3项总冠军。该校初、高中年级男子篮球队在中国初高中男子篮球联赛总决赛中，分别以总比分2∶0和3∶0成绩获得总冠军；女子篮球队在中国高中女子篮球联赛总决赛上，以总比分2∶0获得总冠军。比赛由中国中学生体育协会、中国篮球协会主办，中国中学生体育协会篮球分会协办，来自全国19个省市地区348支代表队4000名运动员参加。

（高岷）

【高二年级试行导师制管理】 9月5日，清华附中高二年级试行导师制管理。该校将高二年级11班作为试点班级，召开“高二为我奠基，导师伴我成长”主题班会，根据学生预先申请将其分为数学、语文、外语、物理、化学及生物6个小组，每组由相应任课教师担任导师，并选派学生代表向导师颁发聘书，导师将在做人、处事和学业等方面给予学生相应指导。

（高岷）

【展示戏剧教育成果】 10月16日，清华附中展示戏剧教育成果。活动听取《清华附中戏剧教育探索与实践》专题报告，展示4门戏剧课程，分别为音乐剧“剧院魅影”、校本课程“京

昆课程——昆曲”、“戏曲入门”及“纪念一二·九革命短剧排练课”。来自海淀区教委领导，以及全区40所学校教师70人观摩活动。

（高岷）

【17人获金银帆奖】 12月20日，清华附中17名学生获得北京市中小学生金银帆奖。该评选由市教委组织，全市共有中小学生23人获得金帆奖、154人获得银帆奖。清华附中高一年级学生魏麟璎、高三年级学生朱永琦参加2013年世界中学生田径锦标赛分别获得女子铅球冠军、男子100米冠军，获金帆奖，另15名学生获银帆奖。至年底，清华附中获得北京市中小学生金银帆奖学生累计为146人次。

（高岷）

【成立创新人才培养协作体】 12月23

日，北京市基础教育阶段创新人才培养项目数学与信息技术科学领域清华附中创新人才培养协作体在清华附中成立。学校聘请清华大学、中科院软件所、中国人民公安大学等高校专家11人为顾问。协作体由清华附中牵头，成员包括清华大学信息学院、清华信息科学与技术国家实验室、中科院软件所、中国人民大学附属中学、北京市第八十中学等22个成员单位，在市区项目领导小组和创新学院办公室统筹管理下，结合自身优势，联合项目协作单位等机构，共同完成创新人才培养项目各项任务。

（高岷）

北京市大峪中学分校

【概况】 2013年，北京市大峪中学分校占地面积1.70万平方米、建筑面积1.40万平方米，体育场（馆）面积0.79万平方米。图书馆（室）藏书5.17万册，订阅杂志、报刊144种。固定资产总值1045.50万元。全年教育经费投入1707.44万元，全部为国家拨款。学校信息化经费投入460万元，拥有计算机360台，多媒体教室座位330个，校园网出口总带宽100Mbps，数字资源量10GB，“信息技术”课程2课时/周。普通教室26个、专用教室18个、实验室7个。教职工96人，包括副高级职称22人、中级职称34人。专任教师74人，包括特级教师1人、市级骨干教师2人；全部为本科及以上学历。开设初中教学班23个。毕业243人；招生305人；在校生803人，包括寄宿生14人。网址：http：//58.117.141.1。

（赵斌）

【举办市级初中地理专题研讨】 6月14日，大峪中学分校举办北京市初中地理专题研讨暨2013年初中乡土地理录像课评比总结活动。活动采取研究课、专家教师交流研讨形式，展示乡土地理授课方法，来自首都师范大学专家，以及8个远郊区县教研员、教师100人参加活动。其间，该校教师做“门头沟区独特自然环境”乡土地理研究课，与会专家、教师进行交流研讨，并举办“乡土素材的教学应用”专题讲座；校长介绍学校发展情况，以及史地政教研组在教学、科研、学科活动等方面取得的经验。

（尚永刚）

【开展家校共建活动】 10至12月，大峪中学分校开展家校共建活动。活动面向初一年级学生家长，开办家长学校，举办5次专题讲座，涉及学校情况和办学思想介绍、学生学习习惯培养、人格习惯培养、青春期教育等内容；成立家长教师协会，每班设3名会员，组织相关学生学习情况和家校教育专题讨论。该校学生家长300人参与活动。

（李清华）

【组织学生志愿活动】 11月，大峪中

学分校组织开展“志愿北京——参与实名注册、记录服务时间、成为星级志愿者”活动。活动面向初一、初二年级学生，开展志愿项目包括“美化环境，爱我班级”志愿服务、“校园公益行——做环保小卫士”的校园志愿服务、“第七届学生会竞选活动”志愿服务等16项志愿服务项目。全校学生443人次参与，服务时间累积665小时。

（黄静）

【召开毛泽东诗词朗诵会】 12月23日，大峪中学分校召开“纪念毛泽东诞辰120周年诗词朗诵会”。会议采取诗朗诵形式，纪念毛泽东同志诞辰。来自北京教科院、通州区教师研修学院专家，以及该校师生300人参加活动。2010年，大峪中学分校定为诗歌特色校，邀请专业教师授课，开展诗歌创作朗诵系列活动。

（尚永刚）

北京市门头沟区新桥路中学

【概况】 2013年，北京市门头沟区新桥路中学占地面积26877.74平方米、建筑面积16845.30平方米，体育场地面积7680平方米。图书馆（室）藏书4万册。固定资产总值2151.66万元。全年教育经费投入3363万元，其中，国家拨款3355万元、自筹经费8万元。学校信息化经费投入31万元，拥有计算机432台，多媒体教室座位1600个，校园网出口总带宽100Mbps，数字资源量

80GB，“信息技术”课程1课时/周。普通教室38个、专用教室14个、实验室6个。教职工155人，包括副高级职称35人、中级职称66人。专任教师114人，包括市级骨干教师1人、北京市学科教学带头人1人；全部为本科及以上学历。开设初中教学班38个。毕业303人；招生383人；在校生967人，包括寄宿生17人、外省市借读生196人。网址：www.mtgxqlzx.bjedu.cn/xql/。

（王业霞）

【成立两校金帆舞蹈团分团】 3月7日和21日，新桥路中学金帆舞蹈团北京第二实验小学永定分校分团、北京市大峪第一小学分团成立。两校分团由新桥路中学金帆团负责管理，主要职能包括中小衔接、涵养生源；培养学生舞蹈特长；发挥金帆团辐射带动作用，提高区域艺术教育水平；组织开展舞蹈教学、交流互访、集中汇演等活动。两校分团分别招收学员30人。新桥路中学是远郊区县唯一承办金帆舞蹈团学校。

（许亮）

【组织北京市农村中小学教师专题培训】 4月16日，新桥路中学组织北京市第八期农村中小学教师研修工作站专题培训。此次培训主题为“高效能教师成长之路”，邀请北京市中小学中职学校教师培训中心主任，从学会选择、把握准则、运用策略三方面进行讲解，会议宣读《关于第八期北京市农村中小学教师研修工作站站点学校重新遴选结果的通知》，为工作站2名特聘指导教师颁发聘书。来自市农村中小学教师研修工作站学员，门头沟教师进修学校、全区各初、高中学校干部、教师200人参加活动。

（王业霞）

【举办特级教师工作站教学展示】 5月15日，新桥路中学举办北京市语文特级教师李卫东名师工作站同课异构教学展示活动。活动中，北京市门头沟区西辛房中学、新桥路中学2名教师分别讲解《济南的冬天》，李卫东以及学科教材编写委员会专家对课程进行讲评，提出因人设教、因势利导意见。来自北京教科院、门头沟区教委专家、领导，顺义、大兴、平谷区学校以及该校干部、教师30余人参加活动。

（李杨）

【育新学校并入】 8月，北京市门头沟区育新学校合并入新桥路中学。育新学校初三年级并入，教师通过竞聘上岗，初一年级不再招生、初二年级在原址上课，建制普通初中校。育新学校1991年建校，地址在门头沟区新桥南大街40号，占地面积7600平方米、建筑面积5487平方米，固定资产总值11046389.69元，有教职工108人，开设22个教学班，招收学生600余人。网址：http://www.mtgyxxx.bjedu.cn。

（王业霞）

【完成干部岗位竞聘工作】 11至12月，新桥路中学完成干部岗位竞聘工作。该校副校级、中层干部竞聘上岗，包括自主报名、条件审核、竞聘演讲、现场答辩、竞聘领导小组打分、教代会代表打分、民主测评等环节，全程由监督小组监督。该校教代会代表、教职工200人参与竞聘，新任干部分别签订岗位责任书，任期三年。

（王业霞）

北京市房山区长沟中学

【概况】 2013年，北京市房山区长沟中学占地面积6.54万平方米、建筑面积1.91万平方米，体育场馆面积0.18万平方米。图书馆藏书3.60万册，电子图书66册，订阅杂志50种、报纸41种。固定资产总值6574.27万元。全年教育经费投入2025.73万元，其中，国家拨款1984.73万元、自筹经费41万元。学校信息化经费投入2.30万元，拥有计算机393台，多媒体教室座位120个，校园网出口总带宽40mbps，数字资源量60GB。普通教室32个、专用教室10个、实验室10个。教职工125人，包括副高级职称24人、中级职称43人。专任教师96人，全部为本科及以上学历。开设教学班25个，其中，初中班12个、高中班13个。毕业289人，其中，初中153人、高中147人；在校生856人，其中，初中459人，高中399人，包括寄宿生180人。高中录取分数线427分（房山区），应届高考本科上线率28%。网址：http://58.130.14.231。

（景玉霞）

【举办民族艺术进校园活动】 10月

14日，“民族艺术进校园——北京朗诵艺术团走进长沟中学”活动举行。艺术团专家向师生讲解朗诵知识与技巧，并现场朗诵《为祖国而歌》《念奴娇赤壁怀古》《我这一辈子》等经典篇章。全校教师、学生700人参加活动。

（景玉霞）

【推进城乡一体化项目】 10月14日，长沟中学与中央工艺美术学院附属中学城乡一体化项目获得市教委批准。按照规定，两校开展师生合作交流活动。至年底，该校干部、教师28人，到工美附中开展结对互访活动，内容包括课堂观摩、示范引领、教学研讨、合作教研等。

（景玉霞）

【组织开展社会实践活动】 10月26日，长沟中学组织师生赴北京园博园开展社会实践活动。此次活动主题为“绿色发展、循环发展、低碳发展”，包括参观学习、捡拾垃圾、发放环保倡议书等内容，感受环保与社会责任感。全校教师、学生760人参加活动。

（景玉霞）

北京市房山区良乡第二中学

【概况】 2013年，北京市房山区良乡第二中学占地面积3.25万平方米、建筑面积1.70万平方米，体育场面积1.60万平方米。图书馆藏书6.39万册，电子图书15.50GB。固定资产总值4401.20万元。全年教育经费投入3155.26万元，全部为国家拨款。学校信息化经费投入 270.88 万元，拥有计算机 304 台，多媒体教室 57 个，座位 2280 个，校园网出口总带宽 64mbps，数字资源量 1550GB，“信息技术”课程 1 课时/周。普通教室 37 个、专用教室 12 个、实验室 10 个。教职工 169 人，包括副高级职称 26 人、中级职称 57 人。专任教师 114 人，包括北京市学科教学带头人 2 人、市级骨干教师 4 人；全部为本科及以上学历。开设初中教学班 37 个。毕业 466 人、招生 429 人、在校生 1362 人。网址：http：//58.130.26.9。

（崔雪艳）

【开展校园安全教育】 4月13日，良

乡二中开展“安全自护在校园——校园安全预防专题教育活动”。活动设有 5 个项目，包括地震逃生紧急疏散演习、火场逃生与紧急疏散演习、生命 SOS 信号求救、消防器材使用训练、学生消防安全疏散演练。全校初一年级教师、学生 458 人参加活动。

（刘刚）

【举办市课程建设交流活动】 5 月 17 日，良乡二中举办“坚持典型引路、提升课程品质”市级课程建设先进校展示活动。活动分两个阶段进行，第一阶段为三级课程课堂教学展示，5 名教师分别作国家课程与地方课程整合地理学科展示课、国家课程校本化实施“柯达伊音乐教学法”展示课、心理教育校本必修课展示课、地方课程《房山文化》课堂教学展示课、“师友互助”学习方式下“学导探评思”教学模式课堂实践展示，同时进行班级文化及教研组建设展示。第二阶段为论坛交流，该校校长作题为《整合课程资源，成就师生发展》课程建设汇报，学科代表汇报教研组课程建设、教师开发校本课程经验与实施效果，学生代表汇报学校课程建设对自身学习和成长产生影响。来自北京教育学院、房山区教委、房山区教师进修学校领导，北京教育学院校长高研班代表、房山区课程建设团队教师，以及全区各学校干部、教师 147 人参加活动。

（崔雪艳）

【举办首届校园合唱节】 5 月 24 日，

良乡二中举办“让幸福在歌声中翱翔”首届校园合唱节。合唱节旨在展示学校艺术教育教学成果，分为班级合唱、年级合唱、校级合唱三个部分，采取学校规定与班级自选曲目相结合进行全校展演的形式，演唱曲目包括校歌《梧桐心愿》《相信自己》和《真心英雄》等。全校初一、初二年级 25 个班，教师 75 人、学生 907 人参加活动。

（崔雪艳）

【校外科普教育基地揭牌】 10 月 19

日，良乡二中校外科普教育基地揭牌。基地由学校与房山区科协共同建立，设在房山区科技活动中心，主要负责开展机器人开发、前沿科技专题讲座、低碳环保、节能减排等活动。

（刘刚）

北京市通州区潞河中学

【概况】 2013 年，北京市通州区潞河中学占地面积 17.06 万平方米、建筑面积 9.01 万平方米，体育场（馆）面积 3.85 万平方米。图书馆藏书 14.04 万册，电子图书 830GB，订阅杂志 215 种、报刊 32 种。固定资产总值 17724.53 万元。全年教育经费投入 8145.60 万元，其中，国家拨款 7974.70 万元、自筹经费 170.90 万元。学校信息化经费投入 18.60 万元，拥有计算机 1304 台，多媒体教室座位 4900 个，校园网出口总宽带 850Mbps，数字资源量 2000GB，“信息技术”课程初中 1 课时 / 周、高中 2 课时 / 周。普通教室 92 个、专用教室 31 个、实验室 42 个。教职工 389 人，包括副高级职称 139 人、中级职称 124 人。专任教师 302 人，包括特级教师 11 人、北京市学科教学带头人 4 人、市级骨干教师 12 人；本科及以上学历 301 人。开设教学班 72 个，其中，初中班 26 个、高中班 46 个（内地新疆高中班 4 个）。毕业 885 人，其中，初中 312 人、高中 573 人。招生 1006 人，其中，初中 384 人、高中 622 人。高中录取分数线 518 分（通州区）。在校生 2824 人，其中，初中 1069 人、高中 1755 人（内地新疆高中班 484 人）。网址：www.luhe.net。

（苏培）

【举办翱翔计划对接仪式】 2 月 23 日，潞河中学举行翱翔计划基地校第五批翱翔学员开题及中期汇报会暨第六批翱翔学员与清华大学实验室对接仪式。6 名第五批翱翔学员进行开题及中期汇报，清华大学教授及基地校辅导教师做点评和指导，指出在研究方法、知识能力方面问题，并给出研究建议。该校校长为支持翱翔工作专家和辅导教师颁发聘书。8 名第六批翱翔学员、基地校和生源校辅导教师与清华大学教授进行交流，初步实现与实验室对接。来自北京青少年科技创新学院、清华信息科学与技术国家实验室、汽车节能与安全国家重点实验室、粒子技术与辐射成像教育部重点实验室、水沙科学与水利水电工程国家重点实验室专家和教授，翱翔计划第五批和第六批学员及其基地校、生源校辅导教师 45 人参加会议。

（苏培）

【与加拿大中学建立合作关系】 5 月 29 日，潞河中学与加拿大不列颠哥伦

比亚省北和平中学（North Peace Secondary School）建立友好合作关系。双方签订友好学校合作协议，规定开展教师交流、学生交流、文化体验、国际留学预备项目等领域活动，每年不定期安排。北和平中学成立于1987年9月，学生数1100人，是加拿大不列颠哥伦比亚省圣约翰堡市唯一高中。

（苏培）

【召开自主课程建设研讨会】 6月13日，“让学校课程促进学生自主发展个性完善——潞河中学自主课程建设实验现场研讨会”召开。会议交流研讨该校9节国家课程、9节校本课程，与会专家对自主课程建设实验完成点评，并提出建设性意见。会议听取学校校长题为“让学校课程促进学生自主发展个性完善”主题发言，介绍课程建设情况；教师以“享受学生发展的喜悦”为题，交流潞园文学社发展及学生成长培养；高一年级学生作“在潞园放飞梦想”主题发言。来自国家基础教育课程教材专家工作委员会、中国教科院、市教委、北京教科院、北京教育考试院、北师大、首都师大、通州区教委有关专家、领导，通州区各中学干部、教师100人参加会议。

（苏培）

【庆祝建校145周年】 10月20日，潞河中学举办建校145周年庆祝活动。活动听取潞河中学校长介绍学校发展历史，表示要更好地承担时代使命，加快推进学校发展步伐。与会领导、校友代表为校史馆展览剪彩，并在潞友体育馆举行“魅力潞园”专场演出。来自教育部民族教育司、新疆维吾尔自治区教育厅、市教委、北京教育学院，通州区委、区政府、区各委办局领导，部分学校、台湾立青文教基金会代表和校友代表，以及在校师生4000人参加活动。潞河中学成立于1867年，前身为男童寄宿小学（又称潞河男塾）。1873年为八境神学院。1887年美国基督教公理会决定将所办学校升格为大学。1889年正式建立潞河书院。1902年改为协和书院。1912年改为华北协和大学。1919年大学部与汇文大学合并，建立燕京大学，迁至北京西郊，中斋部留在通州，改为私立潞河中学。1951年改称河北省通县中学。1958年通县划归北京市，更名为北京市通州一中。1987年改称通县潞河中学。1997年称现名。

（苏培）

北京市通州区运河中学

【概况】 2013年，北京市通州区运河中学占地面积4.59万平方米、建筑面积2.54万平方米，体育场面积2.53万平方米。图书馆藏书3.26万册，订阅杂志、报刊148种。固定资产总值4268.69万元。全年教育经费投入4886.20万元，其中，国家拨款4666.90万元、自筹经费219.30万元。学校信息化经费投入142.49万元，拥有计算机826台，多媒体教室座位75个，校园网出口总带宽100MB，数字资源量1600GB，“信息技术课程”初中2课时/周、高中2课时/周。普通教室50个、专用教室11个、实验室13个。教职工245人，包括副高级职称83人、中级职称71人。专任教师184人，包括特级教师1人、市级骨干教师8人、北京市学科教学带头人2人；全部为本科及以上学历。开设教学班50个，其中，初中班16个、高中班34个。毕业617人，其中，初中152人、高中465人；招生628人，其中，初中205人、高中423人；在校生1941人，其中，初中609人、高中1332人。高中录取分数线499分（通州区）。网址：www.yunhe.net。

（刘凌）

【召开周恩来精神报告会】 3月7日，

运河中学召开周恩来精神报告会。该校在周恩来诞辰115周年纪念日，邀请其生前秘书、将军纪东作题为《弘扬周总理精神风范，树立正确的人生价值观》主题报告，从少年得志、感恩父母、不忘老师、关心他人、崇尚俭朴、从小养成六个方面讲述周恩来事迹，并为学校题字“为中华之崛起而读书，奋斗”。全校师生2186人参加学习。

（刘凌）

【接待韩国高中访问】 5月15至20日，运河中学接待韩国京畿道白云高中来校访问。访问团包括师生一行24人，了解学校学习生活，参观故宫、颐和园、长城等著名景点，并入住学生家庭感受中国传统文化生活。自2010年，运河中学与韩国京畿道白云高中学校建立友好关系，两校共开展互访、交流4次。

（刘凌）

【开展学生安全自护教育】 5月16日，

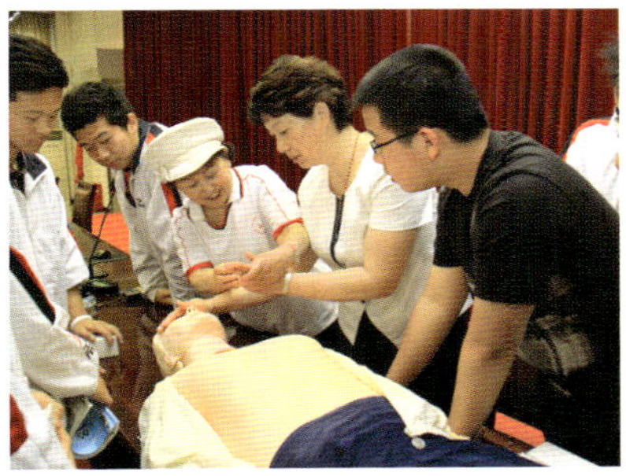

运河中学开展学生安全自护教育。此次工作与北京市、通州区红十字会、区应急办、民防局、地震局6家单位联合举办，组织安全疏散演习和“意外伤害的自救与互救”专题讲座。活动中，学生自教学楼到操场路线逃生，共计用时2分10秒。全校师生2200人参加活动。

（刘凌）

【建成校园文化长廊】 6至8月，运河中学校园文化长廊建成。学校投资70万元，在实验楼三层楼道两侧设计校史长廊，共布置58块展板，分为运河校史沿革、运河悠悠发春华、运河新葩正逢春、运河争艳吐芬芳四个单元，展示学校28年发展历程和取得成绩；将教学楼过廊改造成运河文化长廊，记载千年运河重要历史事件和通州名镇重要历史时刻。其中，长廊34根柱分挂运河文化知识展板135块，每4块围成宫灯造型，配有发光板装置，照明全部采用（LED）节能灯。

（刘凌）

【研发新型节水系统】 10月17日，运河中学自主研发新型“纯水、废水”利用系统。该系统由太阳能设备、电热水器、废水池等组成，可实现每3吨原水生产出2.20吨纯净水与0.80吨废水，纯净水经太阳能设备预热后进入电热水器，供师生直接饮用。设备所产生废水直接进入20立方米收集池，经过二次沉淀过滤，输送至自制水箱用于教师冲洗车辆，平均每天可清洗车辆20辆次。此系统是运河中学自主设计开发，由学校总投资10余万元。

（刘凌）

【组织“新芽杯”教学赛】 12月6至12日，运河中学组织新学期“新芽杯”教学竞赛。此次比赛面向学校入岗3年内青年教师，分为专项基本功展示和微格教学比赛两个阶段进行，考察教师学科专业能力与教学设计能力、说课展示能力、微格教学能力，评分标准包括专项基本功占30%分值、微课教学占70%分值。全校共有8个学科12名教师参赛，最终评出一等奖3人、二等奖4人、三等奖5人。

（刘凌）

北京中加学校

【概况】 2013年，北京中加学校占地面积7.34万平方米、建筑面积3.62万平方米，体育场（馆）面积1.70万平方米。图书馆藏书3.50万册，电子图书2万册。固定资产总值5262万元。全年教育经费投入5002万元，全部自筹。学校信息化经费投入40万元，拥有计算机656台，多媒体教室座位320个，校园网出口总带宽140Mbps，数字资源量4000GB，“信息技术”课程2课时/周。普通教室40个、专用教室13个、实验室6个。教职工243人，包括副高级职称28人、中级职称27人。专任教师107人，包括特级教师2人、外籍教师22人；全部为本科及以上学历。开设高中教学班36个。毕业291人、招生195人、在校生693人。网址：www.ccsc.com.cn。

（张艳）

【心理技术课题结题】 1月7日，中加学校承担的“心理技术在教育中的

实际应用”课题通过结题认定。该课题为中国教育学会“十一五”科研规划课题“学校心理教育体系的理论建构及心理技术在教育中的应用”子课题，课题通过5年人性化教育实践、5年心理健康教学实践积累、5年心理测量常模统计，运用测验、调查、搜集学习、实践创新、统计分析等方式，研究取得“多一把尺子、多一批人才”的学生评价思想、心理健康课程体验教学教育研究、开展的人性化学生管理的理念及措施研究三个方面成果。经中国科学院心理学研究所心理促进研究中心、中国教育学会总课题组专家论证、研究，通过结题鉴定。同时，课题获得中国教育学会“十一五”科研规划课题成果一等奖。该课题于2010年6月立项，科研经费投入5万元。

（张艳）

【成为首家圆方机构成员校】 2月27日至3月4日，中加学校参加世界学校联盟组织圆方机构澳大利亚及东亚地区代表会议。会上审核批准该校成为中国大陆地区第一所圆方机构成员校。共有中国、澳大利亚、韩国、新西兰、泰国、越南、日本、印度尼西亚、新加坡9个国家的圆方机构成员校校长及圆方项目代表60人参加会议。6月24至30日，学校派师生代表团一行6人赴澳大利亚参加圆方地区会议。圆方机构是关注学生学业成就、个体发展及责任培养的世界学校联盟组织，拥有40个国家及地区成员学校143所，核心包括国际理解和宽容、民主和公正、环保意识培养、冒险及自我实现精神、领导力、服务他人。

（张艳）

【组织爱丁堡公爵奖户外探险活动】 5月31日至6月2日，中加学校组织开展爱丁堡公爵奖野外生存探险穿越

活动。活动在怀柔天池峪谷景区举办，主要项目有团队组建、野外生存技巧培训等，旨在让学生走进、了解大自然，通过野外探险及体验活动进行情景式心理训练。该校参与爱丁堡奖项申请的23名学生参加。活动前，学校邀请专业户外培训机构，分别对高一、高二年级500名学生进行培训，讲解和演示野外拓展行程、生存技术和方法及拓展中常用装备的使用常识。爱丁堡公爵国际奖是一个国际级奖项，又称国际青年奖，是由英国菲利普亲王、德国教育家库尔特·汉恩及亨特公爵于1956年共同设立，旨在帮助青年学生培养一定的技能、体能等综合素质，促进个体发展，奖项分为金奖、银奖、铜奖三个级别，包含体能、技能、社区服务、户外探险四个方面，其中，获得金奖还需完成一个远足项目。该校是中国第一所授权参与、开展以及颁发爱丁堡公爵国际奖奖项的学校。

（张艳）

【参加全国中学生领导力比赛获奖】 7月24至29日，中加学校参加第四届全国中学生领导力比赛获奖。该校师生5人参加比赛，其中，高一年级学生乔友盈、翁梦雨获得“最佳改进公共政策奖”，教师王一婷获得“优秀指导教师奖”，“早安·明天”项目获得“优秀项目二等奖”，该校获评“优秀学校奖”。此次比赛由中国教育国际交流协会、中国民办教育协会、教育部中学校长培训中心、商务印书馆共同主办，在北京市第一零一中学举行，主题为“彰显青年社会责任感”，来自全国26个省、市、自治区以及港、澳特别行政区教师、学生800人参加。

（张艳）

北京市顺义区第一中学

【概况】　2013年，北京市顺义区第一中学占地面积6.60万平方米、建筑面积5.44万平方米，体育场（馆）面积2.39万平方米。图书馆（室）藏书9.80万册，电子图书400册，订阅杂志、报刊374种。固定资产总值9738.38万元。全年教育经费投入5984.75万元，全部为国家拨款。学校信息化经费投入596万元，拥有计算机545台，多媒体教室座位4096个，校园网出口总带宽140Mbps，数字资源量2000GB，"信息技术"课程2课时/周。普通教室55个、专用教室30个、实验室16个。教职工288人，包括副高级职称100人、中级职称85人。专任教师219人，包括特级教师4人、市级骨干教师15人、北京市学科教学带头人2人；全部为本科及以上学历。开设高中教学班43个。毕业725人；招生555人；在校生1666人，包括寄宿生997人。高中录取分数线505分（顺义区），应届高考本科上线率92%。网址：www.syyz.bjedu.cn/。

（张巍）

【首次举办班主任沙龙】　2月24日，

顺义一中举办首次班主任沙龙活动。活动主题为"班级特色管理"，对德育先进班集体进行表彰，3名教师代表介绍"用自我教育理念打造特色班级文化""加强班干部培养，引领学生在自我教育中成长"经验以及班级管理工作方法。全校干部、班主任教师52人参加活动。

（乔柏双）

【召开第20届拜师会】　9月11日，顺义一中召开第20届拜师会。该校7名新教师分别与教学师傅、德育师傅签订师徒协议，协议规定包括教学和德育师傅的责任与义务，新教师的职责与任务，以及新教师发展五年规划等内容，徒弟向师傅行拜师礼、师傅向徒弟赠送书籍，并宣读赠送从教寄语。全校干部、教师25人参加活动。学校拜师会始办于1993年，每年举办一届。

（李勇　何雪莲）

【加强学校软硬件建设】　至10月，

顺义一中完成学校软硬件建设。学校完成校门路面绿化硬化，施工面积3368平方米，同时建成70个停车位，缓解家长接送学生停车难问题，顺义区政府投资70万元建设。完成排水工程、新建宿舍楼工程，包括新建雨、污水管道，采用顶管施工，施工地点西起顺仁路、东止顺康路，顶管累计长度1530米，顺义区政府总投资1400万元建设。新建宿舍楼投入使用，工程建筑面积5898平方米，地上6层，框架剪力墙结构，可容纳500名师生学习、住宿，顺义区教委投资2200万元建设。学校推进数字化建设，投入资金930万元，购进读报机30台、电子工具书400种、电子期刊2000种；建成1个高清录课教室、1个高清演播室，学校视频点播系统开通运行；装备专用教室28套多媒体设备、普通教室7套；建成高清校园监控系统，学校报告厅（LED）屏幕投入使用。

（张巍　王保利）

【栋林电视台首播】　11月11日，顺义

一中栋林电视台开播。电视台由学生会宣传部主办，利用固定每天中午12：00至12：15，下午17：10至17：25时间段，主要以展示学生自己学习、生活，包括"时事星空""最美的时光"等节目。全校学生1700余人在各班教室内收看。

（齐林东　何雪莲）

【举办全国自我教育研讨会】　11月14

日和15日，"自我教育·高效课堂·学生个性发展"2013年全国自我教育研讨会在顺义一中召开。会议设立顺义一中会场和北京市顺义区第一中学附属小学及北京市顺义区第一中学李桥分校两个分会场。22名联盟校教师分别展示小学、初中、高中三个学段的语文、数学、物理、化学、生物、思想品德6个学科共37节，同课异构课堂教学；课题实验校代表上海远东学校、顺义一中以及重庆市石新路小学汇报课题中期研究成果，北京市生物特级教师、全国模范教师北京市十一学校王春易作《由学科教学走向学科教育》报告；专家组原中央教科所研究员，乌克兰教育代表团，全国十佳班主任、四川省最具风采班主任分别作《苏霍姆林斯基教育思想及其实践》《阅读与学生的自主发展》和《走一条师生都能获得幸福的路》专题报告。顺义一中教育联盟150余名干部、教师参加会议。

（孟海芹）

【召开德育实践研究阶段总结会】　11月27日，顺义一中教育联盟召开"依托自主能力培养的小学、初中、高中德育一体化的实践研究"阶段总结会。顺义一中德育副校长主持并作《在参与、体验、评价中提升学生的自主能力》主题发言，主要从学生自主选择、自主管理、自主发展三个方面详细介绍课题进展情况和取得的阶段性成果。北京市顺义区仁和中学和

北京市顺义区石园小学教育集团河南村校区德育副校长重点从常规管理、学生目标制定、岗位担当等方面，具体说明学校培养学生自主管理能力的方法和途径。区教研中心德育研究室项目负责人做总结发言并布置下一阶段的研究任务。会后，与会领导现场观摩顺义一中学生会文体部自主组织的高一年级“天才对对碰”竞答活动。顺义区教委、区教研中心相关人员，北京市第四中学顺义分校、北京市顺义区第五中学、石园小学教育集团等20所联盟校主管德育干部参加。

（乔柏双）

【与美国高中签署合作协议】 12月16

日，顺义一中与美国宾夕法尼亚州大约翰城高中签署姊妹校合作协议。协议规定，双方学校协商开展各种形式的教育管理者互访活动，对双方的基础教育体系、教育教学管理、未来教育发展等进行了解，学习对方有效的教育管理模式与方法，提高本校的教育管理水平与效率；开展学生间的交流活动；在学术理念，信息资料，课程体系，评估体系等方面进行交流学习。双方建立教师、各学科及研究中心的咨询交流合作体系；成立合作学术研究项目，针对教师的教研能力培养进行交流。双方学校协商开展互派交换生项目，选派优秀学生到对方学校进行访学活动；在学术交流、师生互访等方面展开交流合作，有效期5年。

（刘艳梅）

北京市顺义区杨镇第一中学

【概况】 2013年，北京市顺义区杨镇第一中学占地面积2.53万平方米、建筑面积1.02万平方米，体育场（馆）面积0.94万平方米。图书馆（室）藏书11万册，订阅杂志、报刊300种。固定资产总值14147万元。全年教育经费投入8640万元，全部为国家拨款。学校信息化经费投入653万元，拥有计算机765台，多媒体教室座位4800个，校园网出口总带宽160Mbps，数字资源量2000GB，“信息技术”课程2课时/周。普通教室78个、专用教室16个、实验室28个。教职工431人，包括副高级职称129人、中级职称125人。专任教师310人，包括特级教师2人、市级骨干教师9人、北京市学科教学带头人3人；本科及以上学历309人。开设高中教学班73个。毕业947人；招生769人；在校生2797人，包括寄宿生2536人。高中录取分数线492分（顺义区），应届高考本科上线率92.8%。网址：www.bjyzyz.net。

（李洪峰）

【举办首都优质校课堂教学展示】 4月11日，首都优质校课堂教学展示活动在杨镇一中举行。该校与天津河海中学两名教师分别做同课异构现场授课，展示优势学科课堂教学特点及成果，并介绍学校数学学科建设情况，与会专家组织点评交流。来自各区县学校、天津海河中学教师代表100人参加活动。

（王新生）

【召开市教育资源开发运用研讨会】

4月16日，北京市语文教育资源开发与运用教学研讨会在杨镇一中召开。会议由全国中学语文教学专业委员会、顺义区教师进修学校、首都师范大学语文报刊社共同主办，学校初、高中年级语文教师5人同时做公开课，与会专家现场听评课并互动交流；北京教科院、西城区教研员分别作关于中高考复习备考专题报告。全市各区县教研员、教师400人参加会议。

（王新生）

【举办市高中研究性学习研讨会】 5月17日，2013年北京市高中研究性学习交流研讨会在杨镇一中召开。研讨会主题为“优化学习品质，转变学习方式，发展学习能力”，包括分主题听课、现场评课、参观校园文化建设、交流研讨四项内容，该校副校长作题为《规范性实施，有效推进研究性学习课程》的发言，教师分享开展研究性学习收获和感悟，顺义区教委有关负责人交流对研究性学习的思考及顺义区研究性学习总体规划。来自顺义区教委领导，各区县教育专家、教师100人参加会议。

（王新生）

【召开联盟创新人才培养研讨会】 12

月5日，杨镇一中教育联盟拔尖创新人才培养方式研究交流会召开。会议解读拔尖创新人才概念内涵，强调基础阶段拔尖创新人才培养方向和意义，教师代表谈论对拔尖创新人才培养认识，作课题中期研究汇报，阐述课题研究进展和取得成果；北京市顺义区第八中学、北京市顺义区杨镇第二中学、北京光明小学、北京市顺义区双兴小学课题负责人分别作典型发言，梳理总结该校在拔尖创新人才培养思路、措施和经验。杨镇一中教育联盟22所学校代表36人参加会议。

（刘加良）

北京市顺义牛栏山第一中学

【概况】 2013年，北京市顺义牛栏山第一中学占地面积18.17万平方米、建筑面积8.05万平方米，体育场馆面积3.18万平方米。图书馆（室）藏书7.94万册，电子图书500GB，订阅杂志、报刊364种。固定资产总值10732万元。全年教育经费投入 21726 万元，全部为国家拨款。学校信息化经费投入 1192 万元，拥有计算机 994 台，多媒体教室座位 2780 个，校园网出口总带宽 100Mbps，数字资源量 3000GB，“信息技术”课程 2 课时/周。普通教室 69 个、专用教室 26 个、实验室 13 个。教职工 492 人，包括副高级职称 159 人、中级职称 147 人。专任教师 366 人。包括特级教师 4 人、市级骨干教师 13 人、北京市学科教学带头人 2 人；全部为本科及以上学历。开设高中教学班 50 个。毕业 736 人；招生 600 人；在校生 1998 人，包括寄宿生 1947 人。高中录取分数线 516 分（顺义区），应届高考本科上线率 93%。网址：www.nlsyz.com.cn/niulanshan/。

（许坤）

【飞行实验教室建成】 3月28日，北

京市顺义牛栏山第一中学飞行实验教室建成。该教室的建成是东方航空牛栏山一中飞行（实验）班合作协议内容重要的组成部分，由中国东方航空公司投资 200 余万元，为该实验教室配置飞行模拟训练器（IPT），并派遣人员对该校飞行实验班学生定期开展训练指导。该实验班可容纳学生 15 人学习训练。

（许坤　程亚涛）

【图书馆投入使用】 5月6日，牛栏山一中图书馆建成投入使用。图书馆位于综合楼第四、五层，建筑面积 3808 平方米、使用面积 3070 平方米，为欧洲中庭回廊式建筑风格，上下联通两层。馆内设有图书借阅区、期刊阅览区和电子阅览区等功能区，摆放读者座位 750 个。馆藏书 7.94 万册，可容纳师生 762 人同时阅读，并配备图书馆集成数字服务系统，所有图书均装置电子标签芯片，可实现基于多册图书同时高速扫描手动自动借还、图书自动化点检、防盗定位、自助打印复印等功能。图书馆 2011 年 11 月开工建设，由顺义区财政投入资金 2300 万元。

（许坤）

【举办首届班主任节】 5月21日，牛

栏山一中举办首届“常青藤”班主任节。此次活动包括教师风采展示、学生献礼、“班主任工作体验”剧作、主题班会等内容。全校班主任教师、学生 500 人参加现场活动。学校规定班主任节活动在每年 5 月 21 日定期举行。

（许坤　程亚涛）

【签订部队子女教育培养协议】 5月

28 日，牛栏山一中与总后青藏兵站签订部队子女教育培养合作协议。协议规定，该校为所需要帮扶总后青藏兵站部队干部子女提供高中阶段就读学位，保障学生在校生活学习条件；对学生进行必要安全教育，保证在校人身财产安全；对严重违反学校纪律学生，学校有权给予纪律处分直至劝退；还对学生入学评定、学籍、收费标准等方面做出详细说明。

（许坤　梁波）

【开办班主任论坛】 12 月 26 日，“交流感悟话技能，思考提升展风采”——牛栏山一中联盟校第二届班主任论坛在北京市顺义区第二中学报告厅举行。北京市顺义区东风小学、北京市顺义区第二中学、北京市顺义区牛山第一中学三所学校分别展示六年级、初一年级、高一年级微格班会，并由班主任进行班会设计说明；来自联盟校的干部教师以“一节好班会的标准”为议题对 3 节班会充分讨论与答辩；北师大德育项目专家组作精彩点评。教改办领导及牛栏山一中教育联盟校班主任和德育干部 70 余人参加活动。

（孟海芹）

【博学馆建成】 至年底，牛栏山一中博学馆建成投入使用。博学馆位于教育楼二至五层，分为生命馆、青春馆、历史馆、宇宙馆，建筑面积 1200 平方米，涵盖生命科学、人文历史、天文地理、心理健康、青春期教育等多个学科领域，布展形式上运用信息化、声光电手段，馆内收集大量标本、仿真古董，安装众多模型实物、精密仪器，集开放性、参与性、互动性、公益性于一体。博学馆长期向学校师生开放。

（许坤）

【构建三级课程体系】 至年底，牛栏山一中加强三级课程体系建设。学校在保证完成国家规定的必修课程基础上，充分整合地方资源，开发校本课程，实现三级课程扁平化设计、一体化管理，为高一年级学生提供选修Ⅰ和选修Ⅱ累计 70 学分课程选择；为高二年级学生提供 76 学分课程选择；为高三年级学生提供 61 学分课程选择。已开设的 96 门选修课，包括中科院课程、天文观测、鸟类观察、湿地保护、时事评述、科技创新、机器人智能竞赛、博学馆资源教育校本课程。地方课程包括中小学生毒品预防、中小学生预防艾滋病、环境与可持续发展教育、安全应急与防护、北京精神、践行志愿者方面内容。

（许坤）

【创新校内培训模式】 至年底，牛栏山一中创新班主任、学生干部及家长培训模式。学校将班主任例会改为由德育干部、年级主任、班主任、心理教师组成讲师团，进行理论学习与实践探索、经验分享、专业培训、案例分析等形式交流；通过校团委和学生会，分年级组织开展学生干部课程学习；以年级为单位，各班级根据情况自主分层、分类召开家长会，通过现代信息技术创新平台。全校师生、家

长 4000 人参与工作。

（许坤）

【完善德育体系建设】　至年底，牛栏山一中完善德育体系建设。此次工作内容包括学生活动由校德育处统一规划，结合各年级特点，提供“新学期开学伊始的我”“来了就是主人，起步就要规范”“和谐同心，赢在高二”“特殊的高三，不特殊的我”等主题模式；结合“中华传统礼仪在中小学校园传承”课题开展师生活动。全校教师、学生 2100 人参与此项工作。

（许坤）

北京市昌平区第一中学

【概况】　2013 年，北京市昌平区第一中学占地面积 6.80 万平方米、建筑面积 5.10 万平方米，体育场面积 2.30 万平方米。图书馆藏书 11 万册。固定资产总值 9315 万元。全年教育经费投入 5646 万元，其中，国家拨款 5268 万元、自筹经费 378 万元。学校信息化经费投入 173 万元，拥有计算机 605 台，多媒体教室座位 2810 个，校园网出口总带宽 20Mbps，数字资源量 1852GB，“信息技术”课程 2 课时/周。普通教室 68 个、专用教室 40 个、实验室 16 个。教职工 280 人，包括副高级职称 80 人、中级职称 62 人。专任教师 209 人，包括特级教师 2 人、市级骨干教师 9 人、北京市学科教学带头人 3 人；全部为本科及以上学历。开设教学班 59 个，其中，初中班 18 个、高中班 41 个。毕业 638 人，其中，初中 126 人、高中 512 人；招生 619 人，其中，初中 219 人、高中 400 人；在校生 1990 人，其中，初中 608 人、高中 1382 人，包括外省市借读生 303 人、住宿生 766 人。高中录取分数线 474 分（昌平区），应届高考本科上线率87.17%。网址：www.cpyz.org.cn。

（周坤）

【召开高效课堂推进会】　3 月 1 日，昌平一中召开高效课堂教学工作推进会。会议以“实施尊重教育，激发办学活力”为主题，介绍学校实施高效课堂的基本理念与实施方略，提出课堂教学改革要做好教师、学生两支队伍建设，研究出切合学生需求的教学方法，逐步推进学校高效课堂的改革进程；提出要处理好课程设计与导学案的关系，要考虑学生的前认知、考虑学生的思维障碍点、考虑教学内容与高考的衔接点；提出要激发教师改革潜能，开发多元教学模式；并就导学案设计、教学方式、时间分配等问题交流讨论。全校干部、教师 20 人参加会议。

（吴丽梅）

【组织赴山东研修培训】　4 至 6 月，昌平一中组织任课教师分 3 个批次赴山东省昌乐县第二中学研修培训。该校教师共 97 人参加研修，走进高一、高二年级课堂听课 100 余节；听取“271 高效课堂——素质教育的突破”“小组建设”“导学案的编制”3 个专题讲座；具体了解“271 高效课堂”关于高效学习小组、高效学习行政小组、高效学习科研小组的构建、管理与评价，以及导学案的编制原则、方法和流程。

（刘靖）

【举办首届校园辩论会】　5 月 30 日，昌平一中举办首届校园辩论会。辩论会由该校青少年企业家俱乐部主办，面向高一年级全体学生，采取正反双方论述形式，辩题为“高中生恋爱利大于弊 or 弊大于利”。全校高一年级学生 500 余人参加活动。

（杨斐　宋美晶）

【推出研究性学习成果展】　5 月，昌平一中推出高一年级学生优秀研究性学习成果展。该校高一年级学生 516 人参与课内教学与课外活动、集中培训与分散辅导结合形式研究性学习，实施并完成“课题研究”101 个，选出“用传感器测氯水中的化学平衡”“重新认识无处不在的塑料袋”“早餐使用的塑料袋对学生身体健康的危害”“探究如何减慢苹果表面氧化时间”“地沟油的鉴别方法及再次利用”“汽车底盘高低对汽车行驶的影响”6 个课题制成展板在校内展示。

（刘建军）

【教师专著出版发行】　10 月，昌平一中教师许雪个人专著《高中数学信息化解读》出版发行。全书分为四章，包括解析几何问题、立体几何问题、代数问题和应用示例问题，描述如何将知识信息化的过程，收录其所制作的教学课件。该书共计 20 万字，由北京出版社出版，第一次印刷 1000 册。

（许雪　王红静）

北京市昌平区第二中学

【概况】　2013 年，北京市昌平区第二中学占地面积 82000 平方米、建筑面积 68423 平方米，体育场（馆）面积 36865 平方米。图书馆（室）藏书 17.30 万册，电子资料 24GB，订阅杂志、报刊 261 种。固定资产总值 9369.36 万元。全年教育经费投入 6284.80 万元，其中，国家拨款 6014.90 万元、自筹经费 269.90 万元。学校信息化经费投入 125 万元，拥有计算机 990 台，多媒体教室座位 360 个，校园网出口总带宽 30Mbps，数字资源量 24GB，“信息技术”课程 2 课时/周。普通教室 92 个、专用教室 18 个、实验室 21 个。教职工 373 人，包括中级职称 129 人。专任教师 290 人，包括特级教师 8 人、市级骨干教师 6 人、北京市学科教学带头人 1 人；全部为本科及以上学历。开设教学班 92 个，其中，初中班 38 个、内高班预科班 4 个、高中班 50 个。毕业 925 人，其中，初中 407 人、高中 518 人；招生 908 人，其中，初中 435 人、高中 473 人；在校生 2628 人，其中，初中 1193 人、高中 1435 人，包括外省市借读生 287 人、寄宿生 1300 人。高中录取分数线 470 分（昌平区），应届高考本科上线率 90%。网址：www.bjcpez.net。

（王洁睿）

【接待美国中学音乐团访问】　3 月 16 日，昌平二中接待美国蒙特利尔中学音乐团交流访问。该访问团包括师生一行 93 人，两校共同举办中美青少年音乐交流晚会，其中，昌平二中艺术团演奏民乐《龙腾虎跃》《关东序曲》《苏珊娜》，表演舞蹈《初升的太阳》《寻梦》，演奏管乐《阿拉丁组曲》《我和我的祖国》《江南 Style》；蒙特利尔中学音乐团演奏《两辆火车》《星条旗永不落》等 4 首美国乐曲和《南泥湾》《康定情歌》等3首中国乐曲；最后双方共同演奏中国乐曲《歌唱祖国》。学校师生560人参加活动，包括艺术团学生148人。

（闫静）

【召开课改方案研讨会】 4月13日，昌平二中召开“2+4科技实验班课改方案”研讨会。学校领导介绍《昌平二中“2+4”科技实验班实施方案》，教研组长介绍语文、数学、英语、物理、化学学科课程方案，参会人员对方案进行研讨，并最终确定。《昌平二中“2+4”科技实验班实施方案》即“初中2年+高中4年”。该校特级教师、干部与教师代表30人参加会议。

（张云）

【与法国学校签署共建协议】 5月8

日，昌平二中与法国圣丹尼国际学校签署“中法文化交流选修课程班”共建合作协议。协议规定，双方通过网络视频，共同开办中法语言视频会话课程班；双方派遣、交换学生和教师进行文化交流；共同组织交流研讨会。规定中方提供办学场地等基本设施的使用权，中方课程的任课教师、双语课程中的部分任课教师，以及中方课程教材。法方提供法国课程和先进的教学方法，引进现代化的教学理念和教学管理方法，提供法国课程的教学，派遣外籍教师，提供法国特色课程教材和图书馆用书，提供开设国际课程需要的教学设备。学校在高一、高二、高三年级开课，课程模式引进法国先进教学方法和理念，聘请法国注册高中教师配合教学，实施中法双语施教，将法语培训融入数理化生等专业课程教学中，在实战中切实提高学生在各个专业领域的法语水平，同时提高其社交能力。协议有效期5年。

（佟婧楠　刘微）

【举办内高班朗诵比赛】 12月9日，昌平二中举办内高班学生朗诵比赛。比赛以“学好普通话、诵出中国心”为主题，由4名语文教师担任评委，评分标准包括紧扣主题、内容充实生动、有真情实感、寓意深刻、富有感召力，吐字清晰、声音洪亮、正确把握朗诵节奏。朗诵内容有散文、诗歌等。该校内高班预科年级学生145人参加，经过初赛、决赛两个阶段比赛，最终7人获得一等奖、15人获得二等奖、15人获得三等奖。

（沈静）

【承办市中学综合实践课程推进会】 12月10日，北京市中学综合实践活动教学观摩研讨会在昌平二中召开。会议由北京教育科学研究院主办，听取学校4名教师作“课题研究中期交流”“开题论证”“设计与制作指导”“研究方案的制定”研究课，学校代表作题为《开展综合实践活动，促进学生全面发展》主题汇报，昌平教师进修学校教研员介绍昌平区研学工作进展情况，专家点评认为研究课表现出教师对社会问题的关注意识，善于灵活运用教材，研究选题切中社会矛盾焦点，让学生在现实的社会矛盾中感受道德与利益的冲突，具有相当大的教育价值；认为该校及昌平区综合实践活动开展扎实有效。来自北京教科院以及全市各区县专家、教师120人参加会议。

（张云）

北京市昌平区南口学校

【概况】 2013年，北京市昌平区南口学校占地面积4.80万平方米、建筑面积1.72万平方米，体育场（馆）面积1.80万平方米。图书馆（室）藏书7.55万册，电子图书36万册，订阅杂志、报刊109种。固定资产总值1912万元。全年教育经费投入3729万元，其中，国家拨款3687万元、自筹经费42万元。学校信息化经费投入180万元，拥有计算机366台，多媒体教室座位1180个，校园网出口总带宽30Mbps，数字资源量7GB，“信息技术”课程2课时/周。普通教室50个、专用教室20个、实验室6个。教职工196人，包括中级职称39人。专任教师137人，包括市级骨干教师2人；全部为本科及以上学历。开设教学班38个，其中，小学班15个、初中班12个、高中班11个。毕业238人，其中，小学62人、初中75人、高中101人；招生350人，其中，小学91人、初中125人、高中134人；在校生1107人，其中，小学403人、初中346人、高中358人，包括外省市借读生525人、寄宿生58人。高中录取分数线380分（昌平区），应届高考本科上线率31.8%。网址：www.nkxx.net。

（周京玲）

【参加中国青少年机器人竞赛获奖】 7月19日，南口学校学生参加第13届中国青少年机器人竞赛获奖。该校代表北京市参加初中组、高中组机器人足球项目，经过资格赛、初赛、淘汰赛、决赛四个阶段，2人获得初中组亚军、2人获得高中组冠军。该比赛由中国科协和吉林省政府共同主办，设有“飞天梦想”机器人综合技能比赛、“社区志愿者”机器人创意比赛、机器人足球比赛、“关爱老人”FLL机器人工程挑战赛及“夺垒奇兵”VEX机器人工程挑战赛5个项目，各项目分别设小学、初中、高中3个组别。共有来自全国33个省市地区526支代表队学生1517人、教练员526人参赛。

（高敏）

【开展教学常规检查】 11月8日，南口学校开展教学工作常规检查。检查依据《南口学校教学常规管理制度》，查阅小学部任课教师教案、听课记录、作业批改及学生作业情况，对教师所上交材料进行打分评价。检查结果显示：教案书写较规范、教学环节齐全、教学过程比较详实；大部分教师作业设置适量、均能及时批改作业；有等级和激励语言、学生作业错题能及时更改；多数学生书写认真、格式规范，教师批改记录能反映学生作业错误做法及纠正措施；多数教师主动听课、评课积极性提高；部分青年教师教学设计缺项、听课记录评议没有针对性等。反馈会上，学校提出相应改进措施。

（赵嘉起）

【召开高三年级教学分析会】 11月15日，南口学校召开高三年级教师教学工作分析会。会议听取班主任分析本班成绩及学生作业、个别生偏科、学习意识等方面存在的问题，提出班级在艺术、体育特长生方面的目标，分层次分析各阶段学生薄弱科目；全体教师分析讨论学科情况及工作中存在的问题；年级主任介绍教师构成、教学工作及各班级情况，提出对重点学生教育管理方面的目标和要求。该校干部、教师 15 人参加会议。

（施岩）

【展示青年教师风采】 12月5日，南

口学校组织青年教师素质风采展示活动。活动以“对教师职业的理解、对自身工作岗位的认识”为展示内容，自由选择演讲、朗诵等参赛形式，学校参加工作不满 3 年的 35 名青年教师参赛，由校长、干部等担任评委，评分标准包括材料选择、展示能力、展示效果等。全校干部、教师 60 人参加活动，评出一等奖 16 人、优秀奖 19 人。

（张瑞颖　余涛）

北京市大兴区第一中学

【概况】 2013 年，北京市大兴区第一中学占地面积 70104.79 平方米、建筑面积 53769.84 平方米，体育场（馆）面积 12902 平方米。图书馆（室）藏书 11.20 万册，订阅杂志 201 种、报纸 202 种。固定资产总值 11782.09 万元。全年教育经费投入 6211.67 万元，全部为国家拨款。学校信息化经费投入 73.43 万元，拥有计算机 640 台，校园网出口总带宽 1000Mbps，数字资源量 100GB，“信息技术”课程初中 1 课时/周、高中 2 课时/周。普通教室 79 个、专用教室 25 个、实验室 13 个。教职工 330 人，包括副高级职称 124 人、中级职称 108 人。专任教师 248 人，包括特级教师 4 人、市级骨干教师 14 人、北京市学科教学带头人 1 人；本科及以上学历 245 人。开设教学班 62 个，其中，初中班 24 个、高中班 38 个。毕业 9986 人，其中，初中 313 人、高中 673 人；招生 779 人，其中，初中 382 人、高中 397 人；在校生 2395 人，其中，初中 1086 人、高中 1309 人，包括寄宿生 382 人。高中录取分数线 506 分（大兴区），应届高考本科上线率 97%。网址：www.dxhcyz.com.cn。

（姜士厂）

【组织数字校园应用培训】 2 月 22 至 25 日和 11 月 7 日，大兴一中组织两次数字校园应用培训。2 月面向初一、高一年级教师举办“电子备课平台和学科资源平台”应用培训，技术人员就如何在线撰写、上传共享资源、发起参与集体备课等操作进行讲解并实际指导，共有教师 60 人参加学习。11 月组织开展数字校园成绩统计分析系统使用培训，通过集中培训方式，讲解数字校园成绩统计分析系统的应用等方面内容，年级主任、备课组长、学科教研员以及信息中心工作人员 50 人参加学习。大兴一中是北京市首批数字校园创建学校。

（冯斐斐　白秀莲）

【北校区建成使用】 8月，大兴一中

北校区建成并投入使用。北校区位于成庄南巷 8 号，占地面积 1.01 万平方米、建筑面积 1.01 万平方米，拥有普通教室 20 个、专用教室 9 个、实验室 5 个。开设教学班 18 个，招收初一年级学生 99 人。教职工 23 人，专任教师 20 人。该校区与大兴一中实行一体化管理，法人代表由大兴一中校长担任，具有人事财务、教育教学安排、校园文化建设等各项权力。该校区 2011 年开工建设，由北京市和大兴区投入资金 5200 万元。

（姜士厂　张远波）

【创新人才培养项目启动】 10 月 19 至 20 日，大兴一中启动创新人才培养项目。学校组织高中学生 21 人到山西开展活动，按照物理、化学、生物学科督导员及教师所研究制订计划，参观晋祠、中国煤炭博物馆和山西大学物理、化学、生物实验室。该校创新人才培养项目主要针对高中理科学有余力的优秀学生，设计开展青少年创新能力的培养。

（韦中桑）

【开办数学学习法讲座】 11 月 25 日，大兴一中开办数学学习法讲座。讲座邀请特级教师周沛耕，面向高二年级学生利用运动变化思想、数形结合思想、分类讨论等具体题型，重点解析几何的学习方法。该校高二年级教师、学生 577 人参加学习。

（王晓光）

北京市大兴区兴华中学

【概况】 2013 年，北京市大兴区兴华中学一校两址，总占地面积 60616 平方米，其中，本校区 40626 平方米、仰山校区 19990 平方米；总建筑面积 48000 平方米，其中，本校区 30814 平方米、仰山校区 17186 平方米；体育场（馆）总面积 18028 平方米。图书馆藏书 67435 册。固定资产总值 6674.80 万元。全年教育经费投入 4780.20 万元，其中，国家拨款 4552.53 万元、自筹经费 227.67 万元。学校信息化经费投入 236.70 万元，拥有计算机 360 台，多媒体教室座位 2500 个，校园网出口总带宽 6Mbps，数字资源量 2046GB，“信息技术”课程 2 课时/周。普通教室 50 个、专用教室 10 个、实验室 10 个。教职工 284 人，包括副高级职称 82 人、中级职称 99 人。专任教师 216 人，包括特级教师 1 人、市级骨干教师 2 人、北京市学科教学带头人 1 人；全部为本科及以上学历。开设教学班 50 个。毕业 439 人；招生 612 人，其中，小学 119 人、初中 173 人、高中 320 人；在校生 1616 人，包括寄宿生 781 人。高中录取分数线 489 分（大兴区），应届高

考本科上线率63%。网址：www. xinghua. dxschools. cn。

（郭春阳）

【开展爱家乡主题教育活动】 3月18

至22日和11月12日，兴华中学开展两次爱家乡主题教育活动。学校组织师生观看“我爱新区、我爱家乡”主题系列展览，共包括新区概况、“十一五”成就、“十二五”规划三个板块，采取图文形式，共有教师、学生1700人参加活动。学校组织学生参观“我爱新区、我爱家乡”美丽新区展示，通过美的城市、美的村镇、美的郊野三个主题展板，展现大兴区风貌，全校学生1600人参加活动。

（褚隽 张扬）

【举办住宿生内务比赛】 10月8日，兴华中学举办住宿生内务比赛。该比赛面向高一年级学生，以叠被子为主要项目，分为个人赛、团体赛和班级接力赛，评委由学校政教处和生活部教师担任，标准包括优秀、良好、合格等。全校高一年级教师、学生80人参加比赛，64人获奖。

（张扬）

【召开课堂教学工作会】 10月22日，兴华中学召开课堂教学工作会。会议主题为“推进课堂教学诊断，加速教师快速发展”，内容包括表彰课堂教学诊断活动中优秀教师、教学工作交流、提出做好教学内容与教学方法谋划建议。全校干部、教师228人参加会议。

（李亚静）

北京市第二中学亦庄学校

【概况】 2013年，北京市第二中学亦庄学校占地面积6.86万平方米、建筑面积5.49万平方米，体育场（馆）面积1.28万平方米。图书馆藏书3.50万册。固定资产总值1168万元。全年教育经费投入3785万元，全部为国家拨款。学校信息化经费投入84.72万元，拥有计算机540台，多媒体教室100个，校园网出口总带宽20Mbps，数字资源量600GB。普通教室108个、专用教室19个、实验室9个。教职工303人，包括副高级职称30人、中级职称88人。专任教师247人，包括特级教师3人、市级骨干教师1人、北京市学科教学带头人2人；本科及以上学历221人。开设教学班82个，其中，小学班47个、初中班16个、高中班8个、国际高中部11个。毕业522人，其中，小学144人、初中121人、高中232人、国际高中25人；招生757人，其中，小学410人、初中188人、高中69人、国际高中90人；在校生2576人，其中，小学1614人、初中465人、高中202人、国际高中295人，包括寄宿生399人。高中录取分数线457分（大兴区），应届高考本科上线率42%。网址：www. bdaschool. com。

（侯萱）

【拔尖创新人才工程启动】 1月，二中亦庄学校拔尖创新人才培养工程启动。该校从小学六年级、初中三年级选拔优秀学生进入初一、高一年级学习，并在优秀生培养方式、师资队伍建设、课程设置等方面开展研究，重在培养学生创新思维能力、自主学习能力、良好的阅读习惯、体质水平以及文化积淀等方面能力，开设阅读课、文化体育课、外教口语课、综合自然科学课、戏剧课等自主创新课程。至年底，建成拔尖创新人才培养班4个、招收学生72人，出版两期《“且行且思在路上”工作简报》。

（侯萱）

【构建立体化教师校本培训体系】 1至12月，二中亦庄学校构建多元多维立体化教师校本培训体系。该体系旨在满足教师个性化、多样化发展需求，量身定做特色活动，包括“全员零点工程——新教师入职培训”“日常个性化培训工程——校内师带徒活动”“全员高端提升工程——名师进校园系列活动”“高端个性化培训工程——拜学名师活动”“日常全员知识和技能培训工程——建立学科工作室”“高端全员学科建设和专业发展培训工程——建立名师工作室”“教育思想和技能的国际化培训工程——举办中美加教师思想交流周活动和组织教师赴海外培训活动”共7项工程。全校专任教师247人参加培训，101人次在全国、市区各级各类教育教学评比中获奖。

（侯萱）

【参加国家级市级跆拳道赛获奖】 1

至12月，二中亦庄学校跆拳道队参加全国、市级跆拳道比赛获得62枚金牌。其中，4月13至14日参加2013北京市体育传统项目学校跆拳道比赛获得金牌14枚、银牌8枚、铜牌9枚，同时获得总冠军。活动由市教委、市体育局主办。5月18日参加2013北京市青少年业余体校跆拳道锦标赛获得金牌3枚、银牌5枚、铜牌5枚，获得团体总分第一，活动由市体育局主办。6月24至25日参加2013全国中学生跆拳道锦标赛获得金牌1枚、银牌1枚，男子品势团体亚军、品势混双季军，获得女子品势个人季军，活动由教育部、中国中学生体育协会主办。7月25至30日参加2013全国青年跆拳道锦标赛获得铜牌1枚，活动由国家体育总局拳跆管理中心、中国跆拳道协会主办。8月18至19日参加2013北京市青少年锦标赛获得金牌6枚、银牌8枚、铜牌3枚，获得乙组团体冠军，活动由市体育局主办。10月19日，学校参加2013第五届北京市体育大会跆拳道比赛获得金牌15枚、银牌6枚、铜牌7枚，获得少年组、少儿组团体冠军，活动由市体育局、市体育总会主办。11月2至3日参加2013北京市中小学生跆拳道公开赛获得金牌13枚、银牌6枚、铜牌18枚，活动由市中小学体协主办。12 月 8 日参加 2013 年北京市中小学生跆拳道总决赛获得金牌 10 枚、银牌 4 枚、铜牌 7 枚，获得专业组初中、高中团体冠军，活动由市教委、市体育局主办。

（侯萱）

【创立两个工作室】 3 月 13 日和 9

月 26 日，二中亦庄学校分别创立名师工作室和陶西平工作室。名师工作室以特级教师为引领，由同一学科领域骨干教师和青年教师组成，形成集教学、科研、培训等一体化教师合作共同体，搭建中青年教师专业成长和学科品牌建设发展平台，打造高层次教师团队和影响力品牌学科。来自北京景山学校、北京市第二中学、北京汇文中学、北京市第八中学、北京市第十二中学、北京第二实验小学、东城教研中心等校、教研部门 9 名导师，每周安排一天到校指导学科建设和教师课堂教学。至 12 月，学校共开展活动 163 次、听评课 252 节。陶西平工作室由二中亦庄学校校长主持，拥有成员 30 人，主要负责对陶西平先生教育理念在学校的实践研究，传承和发展陶西平先生的整体优化、学生全面发展与个性发展、教师队伍专业发展等教育思想，提高学校教育教学管理水平、办学质量与区域教育品质。2011 年 9 月 1 日，学校转制为公办学校，聘请陶西平担任名誉校长。

（侯萱）

【开发跨学科校本课程】 3 月 23 日，

二中亦庄学校首次开发跨学科校本课程“人与自然”。学校将地理、历史、政治、信息技术 4 个学科融合，要求教师每月围绕一个主题讲授，学生分成若干探究小组，组织进行社会实践活动。活动中指导学生拍摄感兴趣画面、记录心得体会，活动后带领学生制作电子小报、撰写研究报告。课程面向初一、初二年级学生开设，共有 350 人参加学习。

（侯萱）

【开设探究技能训练课】 9 月，二中亦庄学校美国国际高中部开设探究技能训练课程。该校教师将高一年级课程重点集中在网络资源探究，指导学生如何鉴别网络资源真实性、如何合理正当的在自己作品中使用他人观点；高二年级重点在图书馆资源探究，走进中国国家图书馆，获取学习资源。全校学生 30 人参加学习。

（侯萱）

【首次举办英语教研展示】 10 月 22 日，二中亦庄学校首次举办“基于教学模式探讨的英语校本教研”教学展示交流活动。活动听取校领导作题为《立足学校实际，积极开展教学模式》主题报告；小学部教师汇报“三化五步”英语教学模式；两名教师围绕专题做研讨课，展示校本课成果英语剧《灰姑娘》，并开展评课互动。来自大兴区教委领导，以及全区教师代表 80 人参加活动。“三化五步”英语教学模式为“三化”即：课堂教学活动化，教学活动任务化，任务教学主体化；“五步”即：Warming－up（预热），Revision（复习），Presentation（陈述），Practice（练习），Consolidation（巩固）。

（侯萱）

【举办科技创新作品发布会】 10 月 28 日，二中亦庄学校举办科技创新作品发布会。该校拔尖创新人才培养班学生共展示 10 项创新发明，包括智能停车场、智能课桌、非接触式垃圾箱等。所有作品在北师大数学科学实验室、北师大动力工程实验室、中科院动物研究所等单位专家指导下完成。

（侯萱）

【与韩国学校签订友好协议】 11 月 13 日，二中亦庄学校与韩国济州道瀛洲高等学校签订建立友好合作备忘

录。合作备忘录规定，自 2014 年每年互派师生开展文化项目、跆拳道等学习交流活动。

（侯萱）

北京市怀柔区第一中学

【概况】 2013 年，北京市怀柔区第一中学占地面积 5.66 万平方米、建筑面积 3.37 万平方米，体育场（馆）面积 2.77 万平方米。图书馆（室）藏书 8.83 万册，电子图书 887 册，订阅杂志 35 种、报刊 121 种。固定资产总值 11023 万元。全年教育经费投入 5018.09 万元，其中，国家拨款 4891.39 万元、自筹经费 126.70 万元。学校信息化经费投入 39.80 万元，拥有计算机 848 台，多媒体教室座位 5156 个，校园网出口总带宽 100Mbps，数字资源量 1387GB，“信息技术”课程 2 课时/周。普通教室 60 个、专用教室 16 个、实验室 10 个。教职工 250 人，包括副高级职称 71 人、中级职称 106 人。专任教师 182 人，包括市级骨干教师 6 人、北京市学科教学带头人 1 人；本科及以上学历 171 人。开设教学班 49 个。毕业 574 人；招生 519 人；在校生 1656 人，包括寄宿生 464 人。高中录取分数线 483 分（怀柔区），应届高考本科上线率97.6%。网址：http://bjhryz.bjedu.cn。

（韩晓阔）

【举办美丽校园系列主题活动】 4 月，怀柔一中举办“爱绿护绿、让校园更美丽”系列主题活动。活动以班级为单位，分为上一堂“爱绿·护绿”主题团课、出一期以“爱绿·护绿从我做起”为主题的墙报、结合校本课程在学校科技园开设蔬菜种植选

修课等主题活动。全校 1751 名学生参加活动。

（韩晓阔）

【开设高中职业生涯规划课】 9 月，怀柔一中开设高中职业生涯规划课。该课程面向高一年级学生，使用自编校本教材，提倡以人的生命发展为核心，注重学生主体发展意识、个性化和可持续发展，指导学生对未来人生做出较为科学规划。课程授课方式以活动为主，强调学生的参与，注重在课堂中的体验。依据课程目标，安排“我的角色与责任”“认识自我”“明确目标”“生涯探索”“找到途径”“学习之旅”“人际关系”“生活方式”6 个模块。学校定期带领学生到怀柔区环保局、怀柔区养老院等单位交流访问。该校高一年级学生 519 人参加学习。

（韩晓阔）

【成立教工俱乐部】 10 月，怀柔一中成立教工俱乐部。该俱乐部是教职员工以健身为目的的自发性组织，利用每天下午大课间时间在校体育馆内开展活动。俱乐部由校工会进行管理，每学期末组织考核和评比，学校负责聘请教练及资金支持。至年底，教工俱乐部共成立篮球俱乐部、乒乓球俱乐部、太极拳俱乐部、舞蹈健身俱乐部、班主任沙龙、教研组长沙龙，招收首批成员 52 人。

（韩晓阔）

【举办校园科技节】 11 月 5 至 25 日，怀柔一中举办校园科技节。科技节以“放飞科技梦想，科技为梦想导航”为主题，项目包括科普宣传（板报、网页制作、广播、展板）、科普报告会、科技电影放映、科技知识竞赛、科技摄影等。科技节根据师生作品数量设个人奖和团体奖。全校师生 1900 人参加活动。

（韩晓阔）

北京市怀柔区第五中学

【概况】 2013 年，北京市怀柔区第五中学占地面积 27000 平方米、建筑面积 14637 平方米，体育场馆面积 13625 平方米。图书馆藏书 5.21 万册，电子图书 120 册。固定资产总值 4161.42 万元。全年教育经费投入 2763.50 万元，全部为国家拨款。学校信息化经费投入 81.70 万元，拥有计算机 420 台，多媒体教室座位 2760 个，校园网出口总带宽 10Mbps，数字资源量 500GB，“信息技术”课程 1 课时/周。普通教室 44 个、专用教室 11 个、实验室 6 个。教职工 194 人，包括副高级职称 37 人、中级职称 75 人。专任教师 147 人，包括市级骨干教师 4 人；全部为本科及以上学历。开设教学班 46 个。毕业 542 人、招生 587 人、在校生 1757 人。网址：http://hrwz.bjedu.cn/。

（赵录志）

【召开学生减负工作会】 4 月 15 日，怀柔五中召开学生减负工作会。会上，学校干部与学生代表就课业负担等问题进行交流，并安排填答问卷调查，对象为初一、初二年级学生。调查显示班级未发现挤占音体美课时现象；学生在校时间不超过 8 小时，放学后教师未留全班学生在校学习；作业量在 1 小时左右，布置有层次；未发现教师参与社会培训机构招生与教学现象；没有推荐或推销教辅材料问题；学生每天体育锻炼时间达 1 小时左右。全校学生 1200 人参与此项工作。

（赵录志）

【管乐团获全国艺术展演金奖】 4 月

29 日至 5 月 1 日，怀柔五中管乐团在中华号角 2013 上海之春国际音乐节管乐艺术节暨 2013 中华杯中国非职业优秀管乐团队展演中获得金奖。该校管乐团由团员 80 人组成，演出“西区故事”和“祖国信任”节目获得行进管乐团队展演中学组金奖、优秀编导奖和中国管乐发展奖。本届艺术节由上海市人民政府外事办公室、上海市教育委员会、上海市文化广播影视管理局等 12 家单位联合主办，在上海市黄浦区举行，共有来自韩国、奥地利、德国等国家和地区 23 支乐团 2000 余人参加，内容包括“管乐嘉年华”“黄浦江大巡游”“优秀行进管乐团队展演”。

（缐金秋　赵录志）

【开展中小衔接工作】 5月21日，怀

柔五中与北京市怀柔区第五小学共同开展中小衔接工作。该校接待怀柔五小校长、教师一行 15 人，走进教室观摩语文、数学、英语等学科初一年级课程，并围绕“找准中小衔接有效教学方式衔接的契合点”主题，分学科进行研讨，内容包括“如何让六年级学生做好心理上准备”“如何引导学生主动参与课堂教学，养成良好学习习惯”“如何培养学生自主学习的意识与能力的形成和发展”等，并提出定期互动、及时沟通、合作共赢等合理化建议。全校干部、教师 60 人参加活动。

（赵录志）

【美国教育专家来校授课】 9月18日，

美国教育专家玛莉贝丝（Marybeth）到校指导英语学科授课。课程面向初一年级学生，利用魔法布袋道具，教授学生在体验中学习“air”“bottle”“empty”等英文单词，随后运用掷色子方法教授学生英文数字的表述。该校学生 90 人参加学习。玛莉贝丝，1973 年毕业于美国威斯康星大学，教育学硕士，专业方向为教育、教学及课程管理方向。美国著名学前教育专

家、父母教育专家，长期在美国从事教育工作。曾担任美国小学和中学校长，并撰写大量教育系列图书。1990至2008年入选美国名人录，获得科诺莎（Kenosha Unified）颁发卓越服务奖，2000至2006年期间任威斯康星州教师团南洋国际学校主管。

（赵录志）

【举办数学培训汇报课】　11月20日，怀柔五中举办数学绿耕培训汇报课。此次活动由怀柔区教委主办，该校5名教师做汇报课，与会专家评课认为课程目标设计符合学生实际，能力、思维训练到位，开放题培养学生发散思维、充分调动其学习积极性，提出教学中要注重培养学生画图能力、思考是练习先导、练习是思考实践等建议。来自北京市金盏学校校长、怀柔区教研员、该校干部、教师50人参加活动。数学绿耕培训是北京市教委主办、旨在促进数学教师实现专业化发展和可持续发展的专门培训。

（赵录志）

北京市怀柔区雁栖学校

【概况】　2013年，北京市怀柔区雁栖学校占地面积2.69万平方米、建筑面积1.33万平方米，体育场面积0.81万平方米。图书室藏书3.50万册，包括电子图书54册。固定资产总值2654.71万元。全年教育经费投入3082.50万元，全部由国家拨款。学校信息化经费投入101.40万元，拥有计算机396台，多媒体教室座位1881个，校园网出口总带宽30Mbps，数字资源量5120GB，“信息技术”课程1课时/周。普通教室37个、专用教室12个、实验室3个。教职工171人，包括副高级职称15人、中级职称100人。专任教师117人，包括市级骨干教师4人；全部为本科及以上学历。开设教学班37个，其中，小学班25个、初中班12个。毕业247人，其中，小学162人、初中85人；招生351人，其中，小学190人、初中161人；在校生1331人，其中，小学985人、初中346人，包括寄宿生84人（小学43人、初中41人）、外省市借读生858人（小学665人、初中193人）。

（李丙亮）

【新楼投入使用】　1月，雁栖学校新

建学生住宿楼和综合办公楼投入使用。综合楼占地面积834.03平方米、建筑面积3396.50平方米，地上4层，主要用于行政办公、专用教室和会议室，拥有教室78间、会议室3个。学生住宿楼占地面积671.79平方米、建筑面积2743.44平方米，地上4层，有学生宿舍64间，可容纳学生500人入住，室内设有床、衣柜等设施。两楼体均为框架结构。工程于2011年9月开工，2012年12月竣工，由市财政共投资1800万元。

（李丙亮）

【资助困难学生】　9月10日，雁栖学校发放“罗麦”学生资助资金。该基金由北京罗麦科技有限公司捐助，资助对象为家庭困难、学习上进、遵纪守法的在校学生，其中，面向享受低保家庭学生，每学年每人资助1000元；对家庭经济确实困难学生，每人每学年资助500元；对突遇偶发事件，造成家庭困难学生，视具体情况一次资助1000至3000元。学校共帮扶困难学生200人、发放助学金8万元。该校学生共1331人，包括外地生源858人，占在校生比例78%。

（李丙亮）

【联合召开灵动课堂研讨会】　10月25日，雁栖学校与北京市育才学校联合召开课堂教学交流研讨会。会议观摩育才学校教师作语文、数学、英语研究课，并分学科研讨交流；听取育才学校教学干部题为“做智慧教师，创灵动课堂”专题讲座，讲解在课堂教学中预设与生成关系、如何激发学生兴趣、创设灵动课堂等内容。两校教师74人参加活动。

（李丙亮）

【开展系列主题教育活动】　至12月，雁栖学校举办“日有所长”主题系列教育活动。活动围绕校训“日有所长”，确定每月一个重点主题开展分层教育，分别举办阳光教育学习习惯宣传月、传承与践行北京精神宣传月、社会实践与观光改革成就展示宣传月、学习成绩展示月，学校通过主题报告会、班队会、组织参观等形式，培养学生良好品行。该校共计举办行为习惯主题班队会2次、落实好习惯81个、组织评比1次、学生512人获奖、学习成绩优秀奖150人次、组织社会大课堂4次、收集学生参观体会2600篇。

（李丙亮）

北京市平谷中学

【概况】　2013年，北京市平谷中学占地面积73060平方米、建筑面积66000平方米，体育场（馆）面积18543平方米。图书馆（室）藏书12万册。固定资产总值5155.90万元。全年教育经费投入5695.10万元，其中，国家拨款5461.30万元、自筹经费233.80万元。学校信息化经费投入2000万元，拥有计算机400台，多媒体教室座位192个，校园网出口总带宽50Mbps，数字资源量200GB，“信息技术”课程2课时/周。普通教室54个、专用教室9个、实验室22个。教职工335人，包括副高级职称175人、中级职称89人。专任教师195人，包括特级教师2人、市级骨干教师10人、北京市学科教学带头人2人；全部为本科及以上学历。开设高中教学班48个。高中毕业787人；招生560人；在校生2037人，包括寄宿生995人。高中录取分数线475分（平谷区），应届高考本科上线率83.1%。网址：www.pgzx.net。

（李晶　杜德胜）

【建立教师个人教育网站】　1月，平谷中学“纪老师教育在线”网站建成。该网站作为师生、家长交流平台，包括成长记录、成绩查询、学习方法、物理学习等栏目，图文兼备。网站由学校高二年级班主任纪孟嘉创

立，是平谷区首个教师网站。网址：www.jimengjia.cn。

（杜德胜）

【成立教师成长工作坊】 3月4日，平谷中学教师成长工作坊成立。该校将任课教师分成“班主任成长工作坊”和“任课教师成长工作坊”，培训有关团队文化建设、团队契约制定、如何提升团队自信心和凝聚力等方面能力、途径与技巧，指导教师及时化解冲突矛盾，提高学习工作效率。至年底，工作坊共举办27次活动，全校干部、教师154参加学习。

（邢海燕　杜德胜）

【开展学雷锋系列活动】 3月，平谷

中学开展学雷锋系列活动。该校在纪念毛泽东“向雷锋同志学习”题词50周年活动中，组织学生团员开展“树文明新风，我与雷锋同行”“雷锋精神遍绿谷、为民助人千万家——让志愿服务走进生活”“学雷锋，爱家乡”绿谷志愿者行动和“我与雷锋同行”主题团日等系列活动。全校学生团员2013人共参加23个志愿者项目。

（邢海燕　杜德胜）

【改扩建工程完工】 8月，平谷中学

校园改扩建工程完工。该校从平谷区第二职业学校迎宾路7号迁回原址平谷区府前街6号。新校园拥有教学楼3栋、每栋4层，建筑面积3700平方米、使用面积11100平方米；实验楼一栋共4层，建筑面积6660平方米；宿舍楼2栋、每栋4层，建筑面积3350平方米、使用面积6700平方米；综合办公楼地下2层、地上7层，建筑面积32940平方米。体育场建有标准400米塑胶跑道面积9239平方米、体育馆面积5608平方米，拥有足球场、篮球场、羽毛球场、乒乓球场。工程1月1日开工建设，由平谷区财政总投资24286万元。

（杜德胜）

【推进课程教学模式改革】 至年底，平谷中学采取措施积极推进课程教学模式改革。学校开展外出学习、会议研讨、课堂实践等活动，建立“小组合作，问题引领、自主发展”课改模式，先后派出干部、教师628人次到山西省新绛中学、山东省即墨市第二十八中学和河南省西峡县第一高级中学观摩学习；组织教师826人次到海淀区、西城区听课、参与教研活动。学校共组织优秀教师示范课18节、备课组推出研究课36节、精品课程27节，要求全体教师每人做课1节。该校课改形成“两课”——自主学习课、展示课；“四环节”——导学案的编制、自主学习、展示、评价；“四备”——教师自己备、集体讨论定稿、观摩引领课后反思改进、根据本班情况再设计；“五探”——学生自学、小组讨论、完成作业、展示后质疑讨论、错题再研整理提纲等流程。

（邢海燕　杜德胜）

【推进节约型学校建设】 至年底，平谷中学采取多种措施推进节约型学校建设。具体措施包括制定《实验室管理及赔偿制度》《水电玻璃管理制度》和《节约型先进班级评比条例》等制度，并对水电、燃油、耗材进行量化管理；通过板报、校园网、橱窗、标语、电子大屏幕进行节约宣传，在学科教学中进行渗透教育，开展节约型家庭教育活动；安装太阳能路灯、节能灯具、节能开关、红外线节水龙头，加装二级水表，草坪改为耐旱植物，使用截留雨水灌溉；举办“环保袋设计”比赛、开展“我的低碳生活”活动、征集节约建言建议活动并选择优秀警示语做成标语牌，开展“节约之星”评选活动，开展节约粮食活动；杜绝长明灯、白昼灯现象，公共场所灯具专人负责；电扇、空调、计算机及时关闭；推行无纸化办公等。

（杜德胜）

北京师范大学附属平谷中学

【概况】 2013年，北京师范大学附属平谷中学占地面积8.74万平方米、建筑面积4.10万平方米，体育场（馆）面积2.50万平方米。图书馆（室）藏书8.09万册，订阅杂志114种、报刊27种。固定资产总值12077万元。全年教育经费投入5842.30万元，其中，国家拨款5754.35万元，自筹经费87.95万元。拥有计算机638台，多媒体教室座位82个，校园网出口总带宽638Mbps，数字资源量200GB，“信息技术”课程初一、初二年级1课时/每周；高一年级2课时/每周。普通教室76个、专用教室20个、实验室16个。教职工418人，包括副高级职称113人、中级职称108人。专任教师260人，包括北京市学科教学带头人2人、市级骨干教师2人；全部为本科及以上学历。开设教学班63个，其中，初中班21个、高中班42个。毕业872人，其中，初中226人、高中646人；招生722人，其中，初中242人、高中480人；在校生2456人，其中，初中681人、高中1775人。高中录取分数线452分（平谷区），应届高考本科上线率64.82%。网址：www.pgfz.com.cn。

（盛景瑞）

【校园读书月启动】 4月1日，北师大附属平谷中学首届“书香校园”读书月活动启动。活动旨在推进学校特色校建设，养成师生良好阅读习惯，包括读书心得征集、创意书评、“影响一生的经典美文”朗诵会、“与书同行”作文赛、“读书使人明智”演讲赛、“读书月”个人讲坛、“书香班级”评选系列内容。全校学生2400

人参加活动。学校规定每学期第二个月为读书月。

（盛景瑞）

【成为北京作家协会小作家分会团体会员】 11月14日，第二届"东方少年·中国梦"新创意中小学生作文大赛启动暨北京作家协会小作家分会团体会员揭牌仪式在北师大附属平谷中学体育馆举行。北京作家协会秘书长与学校校长共同为"北京作家协会小作家分会团体会员"揭牌，并为该校参加首届"东方少年·中国梦"新创意作文比赛11名获奖学生颁发证书，平谷区教委主任宣布第二届"东方少年·中国梦"作文比赛平谷赛区活动启动。来自北京作协、《东方少年》杂志社、平谷区作协、区教委以及学校干部、高一年级师生参加仪式。

（盛景瑞）

【编印校本课程读本】 11月，北师大附属平谷中学《校本课伴我行》编印完成。该书收录学校师生对所开设22门校本课程的体会、收获等文章114篇。全书共计18万字，第一次印刷300册，面向高中部教师发放使用。学校自2010年在高一、高二年级开设校本课程，学生自主选课、实行走班制。

（盛景瑞）

北京市平谷区第三中学

【概况】 2013年，北京市平谷区第三中学占地面积3.41万平方米、建筑面积2.55万平方米，体育场（馆）1.80万平方米。图书馆（室）藏书57800册，报刊110种。固定资产总值2845.77万元。全年教育经费投入4681.06万元，全部为国家拨款。学校信息化经费投入113.60万元，拥有计算机656台，多媒体教室座位370个，校园网出口总带宽100Mbps，数字资源量40GB，"信息技术"课程2课时/周。普通教室48个、专用教室31个、实验室7个。教职工321人，包括副高级职称130人、中级职称120人。专任教师189人，包括市级骨干教师5人；全部为本科及以上学历。开设初中教学班44个。毕业496人；招生509人；在校生1555人，包括寄宿生215人。网址：http://www.bjpgsz.com。

（张海青）

【交流班级管理经验】 5月6日，平

谷三中开展"班级管理一招鲜"活动促进班主任队伍专业化水平提升。活动利用每周班主任例会时间，要求就如何提高班级管理效率交流经验、组织研讨，做到主动梳理、及时反思。全校班主任教师参加活动。

（张海清）

【推进课堂教学改革】 10月9日至12月13日，平谷三中组织"和谐互助"高效课堂教学模式系列活动。活动以教研组为单位，依据《平谷三中"和谐互助"课堂教学模式评价标准》进行，共推出过关课、研究课、评优课共计57节，学校成立以校长为组长听课小组，全程参与听评课。活动中，各教研组实行集体备课，做课教师利用导学案展现"和谐互助"课堂教学模式。全校干部、教师参与活动。该校为促进课程教学改革，制定"和谐互助"高效课堂教学模式实施方案，形成"五步十环节教学法"，即"交流预习""互助探究""分层提高""总结归纳"和"巩固提高"五个步骤。

（张海清）

【启用师友互助评价展示栏】 10月21日，平谷三中"师友互助过程评价"展示栏启用。此项工作依据"师友互助过程评价"细则，旨在加强对学生学习过程管理，在教室门口醒目位置设置展示栏，展示师友互助过程评价结果。随后，教学处组织"师友互助过程评价"情况检查，发现学科评价次数少于周课时数、评价表设计不完善等问题，建议教师合理改进、提高课堂效率。该校"师友互助过程评价"内容包括学友虚心请教，师傅

耐心指导；师友积极参与课堂展示，学友积极参与，师傅补充完善；师友独立完成作业；师傅帮助学友检查、指导完成作业情况，并规定相应管理要求。

（张海清）

【召开创新学习方式研讨会】 12月18日，平谷三中召开学习方式变革暨课题研究培训会。会议分别听取初二年级数学、初三年级语文两节教研汇报课，做课教师介绍课堂教学设计思路等。随后，该校学科课题组组长作题为《课题研究带来的转变》《"认知结构"在教学中的探讨》报告，阐述对"学生自主学习与课堂模式构建"研究实践过程和研究成果，介绍多种教学方法促进学生构建认知体系。北京教科院专家组成员对展示课做点评，阐述"原认知结构理论"，对学校教科研活动提出指导性意见，并针对教师有关课题研究方面问题给予解答。来自北京教科院、平谷区教育研修中心专家，以及学校课题组成员、教师60人参加会议。

（张海清）

北京绿谷小香玉艺术学校

【概况】 2013年，北京绿谷小香玉艺术学校占地面积2.07万平方米、建筑面积1.92万平方米，体育场（馆）面积0.75万平方米。图书馆（室）藏书1.79万册。固定资产总值2287.52万元。全年教育经费投入1245.04万元，全部为国家拨款。学校信息化经费投入799万元，拥有计算机144台，多媒体教室座位548个，校园网

出口全区共享带宽 800Mbps，数字资源量 600GB，“信息技术”课程 4 课时/周。普通教室 18 个、专用教室 16 个、实验室 4 个。教职工 108 人，包括副高级职称 18 人、中级职称 24 人。专任教师 45 人，包括市级骨干教师 1 人；全部为本科及以上学历。开设教学班 9 个。招生 71 人；在校生 289 人，包括寄宿生 289 人。网址：www. xxyysxx. com。

（张立霞）

【落实校园卫生安全管理】 5 月 3 日，小香玉艺术学校多举措落实校园卫生安全管理工作。工作内容包括安排专项经费改善学校食堂设施，配齐、配足各种消毒与保洁器具；加强门卫、值班巡逻、周边环境整治等各项工作，制定《周一、周五接送学生管理制度》条例等，要求教师保持 24 小时联络，确保及时报告应对各类突发事件；开展安全教育宣传活动。全校教师 26 人参与工作。

（王鹤霏）

【举办首届名师音乐艺术节】 6月和

10 月，小香玉艺术学校“名师课堂”暨首届音乐艺术节活动举行。其中，6 月 30 日活动以器乐表演为主要形式，学校聘请中央音乐学院、中国音乐学院专家和教授及社会知名音乐家担任校内艺术顾问并颁发聘书，为青年教师、学生进行专业指导，来自平谷区委、区政府、区委教育工委、区教委相关领导，以及该校师生 3368 人参加活动；12 月 18 日，学校举办艺术节声乐专场活动，邀请著名歌唱家蒋大为作“心态与声乐的艺术”音乐讲座，与平谷区音乐教师、学生家长代表面对面交流，学校 2 名教师现场拜师，全校师生、家长 436 人参加活动。

（王鹤霏　张立霞）

【组织地震防范演习】 9 月 16 日，小香玉艺术学校组织地震防范演习活动。此次演习活动由校领导监督、班主任组织，要求学生 20 秒时间自教室快速、有序到空旷地带整队集合，或者在教室中迅速抱头蹲到课桌底下。全校师生 312 人参加活动。

（张桂芝）

北京市密云县第三中学

【概况】 2013 年，北京市密云县第三中学占地面积 1.87 万平方米、建筑面积 1.04 万平方米，体育场（馆）面积 0.79 万平方米。图书馆（室）藏书 4.60 万册，订阅杂志 103 种、报刊 31 种。固定资产总值 1774 万元。全年教育经费投入 2229 万元，全部为国家拨款。学校信息化经费投入 5.60 万元，拥有计算机 373 台，多媒体教室座位 90 个，校园网出口总带宽 1000Mbps，数字资源量 210GB，“信息技术”课程 1 课时/周。普通教室 30 个、专用教室 12 个、实验室 6 个。教职工 136 人，包括副高级职称 34 人、中级职称 49 人。专任教师 112 人，包括市级骨干教师 1 人；全部为本科及以上学历。开设初中教学班 30 个。毕业 416 人；招生 430 人；在校生 1254 人，包括借读生 35 人。网址：http: //117.115.8.5。

（尹素莲）

【组织社会大课堂活动】 4 月 10 至 12 日和 9 月 25 至 27 日，密云三中组织社会大课堂活动。活动主题包括“关注国家文化历史、关注多民族风情”“观园博园古典建筑赏园博百窗文化”，考察了解中国少数民族传统建筑、民族风情、工艺制作等。全校教师、学生 1400 人参加活动。

（尹素莲）

【举办生物组联片教研】 10 月 18 日，密云三中举办生物组联片教研活动。此次活动围绕生物实验课组织与实施主题，采取听评课与座谈会相结合的形式，学校生物教师做视频公开课，利用说、评典型课例方法，讲解生物实验课组织与实施要抓起始课、要抓规范操作、要密切联系生活实际、要留 5 分钟整理等具体措施。来自北京市密云县河南寨中学、北京交通大学附属中学、北京市密云县第六中学 5 名教师，以及该校教师 4 人参加活动，全县生物教师 45 人观看视频。

（尹素莲）

【庆祝建校 40 周年】 10 月 19 日，密云三中举办建校 40 周年庆祝活动。活动以重温历史、积蓄力量、践行弘扬三中精神为主题，召开 40 年校庆庆典大会，包括领导讲话、全体师生誓言“我是三中人”、校友会、家长委员会代表讲话、校友会相声表演等内容。来自密云县教委领导、各学校代表、学校干部、师生 1300 人参加活动。密云三中始建于 1972 年，原名密云县城关中学；1976 年，改称北京市密云县第三中学。

（尹素莲）

【举办优秀作业展示】 11 月 14 至 15 日，密云三中举办优秀作业展示活动。活动面向初一年级学生，利用学校书法教室有限的场地，展出 140 册涵盖 7 学科优秀作业。全校学生 430 人参加活动。

（尹素莲）

【实行推门课制度】 至年底，密云三中实行推门课制度。学校规定由校长带头，领导班子成员按所分管年级、学科走进课堂，开展推门课活动；明确听课学科教学目标和任务、课堂实效性、学生参与程度等重点内容，了解各个班级、学科教学实际情况，与授课教师共同交流课堂教学问题。全校干部、教师 23 人参与此项工作。

（尹素莲）

北京市密云县水库中学

【概况】 2013 年，北京市密云县水库中学占地面积 6.33 万平方米、建筑面积 1.18 万平方米，体育场（馆）面积 0.76 万平方米。图书馆（室）藏书 3.97 万册，订阅杂志 28 种、报刊 36 种。固定资产总值 2040.14 万元。全年教育经费投入 314. 06 万元，全部为国家拨款。学校信息化经费投入 17 万元，拥有计算机 256 台，多媒体教室座位 85 个，校园网出口总带宽 1000Mbps，数字资源量

1230GB，“信息技术”课程2课时/周。普通教室18个、专用教室9个、实验室5个。教职工116人，包括副高级职称15人、中级职称31人。专任教师71人，全部为本科及以上学历。开设初中教学班18个。毕业206人、招生148人、在校生499人。网址：http：//117.115.91.1。

（裴德春）

【食堂改造完工】 7月，水库中学食堂操作间升级改造完工。改造后，操作间使用面积增加200平方米，并添置蒸车、烤箱等设备，把原有的燃煤锅灶改造为天然气锅灶、更新学生就餐使用的桌凳。工程于7月13日开工，由密云县教委投资220万元。

（裴德春）

【组织教师校本培训】 8月5至6日，水库中学组织教师校本培训。培训内容包括与北京市密云县第三中学开展“联合校本教研、促进教师专业发展”主题研修活动、组织“课堂学生学习活动设计”校本教研；每月定期邀请专家到校指导教学。全校干部、教师116人参加学习。

（裴德春）

【共建爱国主义教育基地】 11月7日，水库中学与密云县档案馆举行“共建爱国主义教育基地签字仪式”。协议规定，县档案馆以爱国主义教育和历史文化教育为主线，对学生长期免费开放，为学校组织参观活动搭建平台；在学校举办专题讲座、征文比赛活动，普及爱国主义历史知识；水库中学组织师生与县档案馆共同开展活动，参加、配合县档案馆组织的爱国主义教育宣传。协议长期有效。

（裴德春）

【开展系列安全教育检查】 至年底，水库中学开展系列安全教育检查活动。学校对安全设施进行检查，更换陈旧安全隐患设备，安装高清摄像头；检查学生乘坐车辆，对司机进行安全运营教育；利用集会、广播、班会时间，对学生进行冬季安全教育；召开教学工作会，对教师进行依法施教培训；开展“小手牵大手，安全在我心”主题教育活动，对学生开办法制教育课。全校教师、学生615人参加学习。

（裴德春）

北京市密云县河南寨中学

【概况】 2013年，北京市密云县河南寨中学占地面积33310平方米、建筑面积9175平方米，体育场（馆）面积18000平方米。图书馆（室）藏书2.31万册，订阅杂志9种、报刊15种。固定资产总额1416.66万元。全年教育经费投入1785.25万元，全部为国家拨款。学校信息化经费投入2.38万元，拥有计算机185台，多媒体教室座位91个，校园网出口总带宽1000Mbps，数字资源量1475GB，“信息技术”课程2课时/周。普通教室12个、专用教室11个、实验室5个。教职工84人，包括副高级职称14人、中级职称21人。专任教师46人，包括特级教师1人、市级骨干教师1人；全部为本科及以上学历。开设初中教学班12个。毕业123人、招生99人、在校生340人。网址：http：//hnzzx.miyunedu.net/。

（赵福春）

【开展课堂教学模式改革】 1月31日，河南寨中学召开教研组会议。会议确定“三段六环节”改革课堂教学模式，即三段——导学、展评、内化，六环节——自主学习、合作探究、成果展示、师生评价、反思提炼、反馈提升。该教学模式主要特点是：在导学的基础上，利用恰当的媒介向全体师生展示学习成果，其他学生或教师对展示者的学习成果进行点评、质疑或讨论，引发对问题的思辨，实现知识建构。应用于初一至初三年级语文、数学、英语等八个科目。

（赵福春）

【举办电子白板使用培训】 2月25日，河南寨中学举办电子白板使用培训。教师分别开办“常规操作与应用”“白板软件网络资源整理与运用”专题培训，通过互动研讨，指导学习软件操作，全校教师51人参加培训。至年底，该校共举办3次电子白板教学培训。

（赵福春）

【聘请四中网校专家授课】 3月和4月，河南寨中学聘请北京市第四中学网校专家到校授课。举办“如何学好语文”专题报告会，专家结合初三年级学生语文学习方面困惑，从基础知识、阅读、写作三方面介绍实用学习方法。学校初一至初三年级学生280人参加学习。该校还分别聘请英语、数学、化学学科专家到校做专题辅导。

（赵福春）

【组织感恩主题教育活动】 8月31日，河南寨中学组织“超越梦想，让爱绽放”感恩主题教育活动。活动在密云县青少年宫举办，邀请专业培训机构，统一着装，安排“书写梦想”“深情呼唤”“相拥相抱”等环节，提高学生表达能力、启迪思考人生方向。该校初三年级学生、家长以及教职工300人参加活动。

（赵福春）

北京市延庆县第一中学

【概况】 2013年，北京市延庆县第一中学占地面积7.59万平方米、建筑面积3.31万平方米，体育场面积2.25万平方米。图书馆（室）藏书7万册，电子图书2万册。固定资产总值7775万元。全年教育经费投入6632.40万元，其中，国家拨款6523.40万元、自筹经费109万元。学校信息化经费投入990万元，拥有计算机664台，多媒体教室座位1745个，校园网出口总带宽385Mbps，数字资源量230GB，“信息技术”课程1课时/周。普通教室48个、专用教室24个、实验室11个。教职工263人，其中，包括副高级职称76人、中级职称70人。专任教师180人，包括特级教师2人、市级骨干教师2人、北京市学科教学带头人3人；全部为本科及以上学历。开设高中教学班45个。毕业597人；招生525人；在校生1693人，包括寄宿生496人、外省市借读生6人。高中录取分数线490分（延庆县），应届高考本科上线率文科84.10%、理科84%。网址：www.bjyqyz.com.cn。

（吴东华）

【组织学生社会实践】 3月和4月，延庆一中组织两次学生社会实践活动。学校带领学生参加“走进大学和求职现场”，参观北京外国语大学，听取高校教师成长与求学经历介绍，并在中国教育电视台参与专题节目“职来职往”录制，现场观看求职者选拔过程。学校高一、高二年级学生100人参加活动。学校组织学生到北京植物园、北京科技馆参观实践，观看“科学乐园”“华夏之光”“探索与发现”“科技与生活”和“挑战与未来”主题展厅以及巨幕影院、4D特效影院。学校高一年级学生525人参加活动。

（吴东华）

【召开师生主题报告会】 5月17日，延庆一中召开“提升自觉品质，家校共育英才”主题师生报告会。根据学校提出“让自觉成为生命的品质”工作思路，高一年级学生会主席作学部自觉文化建设阶段总结，从“习惯培养，氛围营造”“自觉德育，自主管理”“及时总结、调整改进”等方面介绍怎样培养自觉品质；高一年级学部负责人宣布期中考试获奖学生名单，由学生家长颁奖；数学备课组长以“让自觉成为一种习惯”为题交流体会；播放毕业校友对学生的期望和祝福视频；家长代表介绍如何培养学生良好习惯；学部负责人就人生规划进行解读并启动“放飞希望，成就梦想”人生规划课程。延庆县教委领导、高一年级师生、家长代表1000人参加会议。

（吴东华）

【开设人生规划心理课】 11月18日，

延庆一中开设“人生规划”心理活动课。课程由学校心理咨询室教师主讲，面向高二年级学生，采取体验式与讲授式结合教学模式，内容包括“描绘人生梦想”“逆向规划人生”以及体验活动“爬目标”，并共同分享经典人生故事。延庆县各校心理教师代表20人参加听课。

（吴东华）

北京市延庆县第四中学

【概况】 2013年，北京市延庆县第四中学占地面积2.70万平方米、建筑面积1.36万平方米，体育场面积1.02万平方米。图书馆（室）藏书3.16万册。固定资产总值3056.48万元。全年教育经费投入2089.58万元，全部由国家拨款。学校信息化经费投入115万元，拥有计算机368台，多媒体教室座位517个，校园网出口总带宽100Mbps，数字资源量1978GB，“信息技术”课程1课时/周。普通教室30个、专用教室14个、实验室6个。教职工146人，其中，中级职称55人。专任教师99人，包括市级骨干教师3人、北京市学科教学带头人1人；全部为本科及以上学历。开设初中教学班30个。毕业生489人；招生456人；在校生1423人，包括寄宿生80人、外省市借读生19人。网址：www.bjyqsz.com。

（巴泓波）

【开展教育教学交流活动】 3月24日至5月13日，延庆四中组织开展教育教学交流活动。该校邀请北京市第五中学分校4名市级骨干教师来校指导，就物理力学、代数综合题、化学实验探究、英语中考说明等问题举办专题讲座；邀请北京第二外国语学院5名外籍教师一行8人，就在中国课堂如何上好英语课、网上课程的开设等问题展开讨论；学校向内蒙古兴和中学教师开放学科课堂、主题班会等教育资源，实现学习共享。

（巴泓波）

【开设园艺校本课程】 3月27日，延

庆四中开设园艺种植校本课程。课程联合北京合力清源科技有限公司，为学生提供课程所需技术、工具、种子等资源，采取知识传授和技能试验形式授课，讲解选种、种植、选土、施肥、栽培等知识。课程面向初一年级开设，每周1课时，所用教材由任课教师自行编写。

（巴泓波）

【组织片区基本功培训】 3至4月，延庆四中组织延庆县第二协作区教师基本功培训。学校邀请6名特级教师开展教学沙龙，分别从教学目标制定、教学过程设计、启发式教学、减轻学生课业负担等方面与教师进行互动式探讨；组织语文、英语、物理、化学四学科教学设计、说课、微格教学比赛，邀请首都师范大学专家指导团成员和延庆县教研员11人担当评委。协作区教师210人参加培训及比赛，共评出特等奖6人、一等奖16人。延庆县第二协作区于2012年3月2日设立，包括延庆四中以及北京市延庆县第三中学、北京市延庆县第八中学、北京市延庆县旧县中学、北京市延庆县香营中学、北京市延庆县刘斌堡中学6所学校，延庆四中为牵头学校。协作区旨在校际间实现优质资源共享，实行学区化管理模式。

（巴泓波）

【数字学校进课堂】 4月，延庆四中举办数字学校进课堂活动。学校要求各学科教师登录校内数字校园网，观看延庆县优秀课例和数字学校同步课程，并作为教学活动和课下作业纳入教学计划；教师针对学生数字学校学习情况进行过程性评价、结果性反馈；学校通过家校互动平台、班级家长会宣传落实。全校初一、初二年级教师59人共做课71节。

（巴泓波）

【民乐团赴新加坡演出】 8月3至9

日，延庆四中民乐团赴新加坡参加第五届国际华人艺术节开幕式演出。该校民乐团师生一行 35 人，表演曲目《龙腾虎跃》并获得艺术节金奖。延庆四中民乐团成立于 2000 年 9 月，致力于挖掘学生艺术潜力，编排中国民族音乐系列作品《节日赛马》《渔村歌舞》《绿色的竹楼》等，拥有学生团员 106 人，涉及二胡、琵琶、柳琴等 11 个乐器种类。

（巴泓波）

北京市延庆县十一学校

【概况】　2013 年，北京市延庆县十一学校占地面积 19000 平方米、建筑面积 12200 平方米，体育场面积 6648 平方米。图书馆（室）藏书 3.56 万册，电子图书 0.05 万册。固定资产总值 2143 万元。全年教育经费投入 3620.44 万元，全部由国家拨款。学校信息化经费投入 200 万元，拥有计算机 531 台，多媒体教室座位 2250 个，校园网出口总带宽 200Mbps，数字资源量 500GB，“信息技术”课程 1 课时/周。普通教室 52 个、专用教室 10 个、实验室 7 个。教职工 175 人，其中，副高级职称 29 人、中级职称 73 人。专任教师 143 人，包括市级骨干教师 3 人；本科及以上学历 141 人。开设教学班 46 个，其中，小学班 24 个、初中班 22 个。毕业 458 人，其中，小学 194 人、初中 264 人；招生 415 人，其中，小学 138 人、初中 277 人；在校生 1814 人，其中，小学 962 人、初中 852 人，包括外省市借读生 85 人。网址：syxx. yqedu. com. cn。

（杨艳红）

【开展课堂教学实践研究】　1月23日，延庆十一学校开展课堂教学层次性研究与实践活动。该活动以比赛形式进行，要求教师从教材分析、目标定位、活动准备、教法、活动流程、活动反思等方面进行展示，邀请首都师范大学专家现场点评，5 名教师获得一等奖并颁发证书。来自首都师大专家，延庆县教委、县教科研中心领导、教研员以及第三协作区教师代表 60 人参加活动。

（曹守全　杨艳红）

【召开减负专题研讨会】　4 月 15 日，延庆十一学校召开“减负增效”专题研讨会。研讨会面向延庆县第三协作区学校，围绕“如何减轻学生作业量，提高课堂教学效率”主题展开讨论，形成“加强教师培训，提高教师专业素质”“立足课题研究，提高课堂教学效率”两项措施，学校拟定通过微格教学展示、同课异构评优的方式落实。来自延庆县教委领导、协作区 5 所成员校校长、干部 22 人参加会议。

（曹守全　杨艳红）

【接待内蒙古教师来校交流】　5 月 15 日，延庆十一学校接待内蒙古乌兰察布盟兴和县教师来校交流。该交流团包括骨干教师一行 40 人，来校了解英语特色教学成果，听取学校办学特色与十年发展历程介绍，观看十年校庆专题片，观摩市县校 20 名骨干教师课堂教学展示。随后，交流团参观该校雷锋纪念室，由五年级学生全程陪同讲解。

（曹守全　杨艳红）

【学校食堂竣工】　12 月 15 日，延庆十一学校食堂竣工并通过验收。食堂整体为框架结构，地上一层，建筑面积 612 平方米，主要由操作间、配餐间、主副食库、洗碗间、更衣室、售饭间、学生餐厅及教师餐厅 8 个部分组成。厨具设备齐全，可满足 500 人同时就餐。该项目由北京八达岭金宸建筑有限公司承建，于 7 月 12 日开工，市级财政专项投资 209.80 万元。

（王满　杨艳红）

北京市延庆县永宁学校

【概况】　2013 年，北京市延庆县永宁学校占地面积 6.46 万平方米、建筑面积 2.50 万平方米，体育场面积 0.21 万平方米。图书室藏书 3.45 万册。固定资产总值 3584.73 万元。全年教育经费投入 5037.99 万元，全部由国家拨款。学校信息化经费投入 220.90 万元，拥有计算机 404 台，多媒体教室座位 1085 个，校园网出口总带宽 100Mbps，数字资源量 187GB，“信息技术”课程 1 课时/周。普通教室 40 个、专用教室 42 个。教职工 245 人，包括副高级职称 29 人、中级职称 126 人。专任教师 138 人，包括市级骨干教师 2 人；全部为本科及以上学历。开设教学班 40 个，其中，小学班 22 个、初中班 18 个。毕业 273 人，其中，小学 117 人、初中 156 人；招生 277 人，其中，小学 117 人、初中 160 人；在校生 1085 人，其中，小学 548 人、初中 537 人。网址：www. yqynzx. cn。

（刘十艳）

【九年级实行走班制】　4 月 8 日至 6 月，永宁学校九年级学生实行走班制教学。制度在保持原有班级和师生关系基础上，学生可分学科根据自身学习实际选择所需课程——能力提高课和基础提高课，听课班级因课而定。同时开展心理健康辅导与户外拓展训练，内容包括“蜈蚣翻身”“心有千千结”“口号激励”等调节身心活动项目。

（刘十艳）

【开展系列读书活动】　4 月 23 日，永宁学校开展系列读书活动。活动分为读书伴我成长、世界读书日和读书使我快乐等主题，其中，学生以宣读倡议书、主题班会、演讲比赛活动、读书小状元表彰活动和借阅班级图书

角图书；教师以借阅图书室图书、撰写读书心得和评比活动等形式开展。全校教师220人、学生1085人参加活动，评出“读书小状元”100人。

（刘十艳）

【举办学科说课比赛】　5月24日，永

宁学校举办学科说课比赛。比赛涉及语文、数学、英语、体育、物理、化学、历史、地理、美术、音乐、生物11个学科，要求在备课基础上，面对同行专家、领导，在规定时限内，针对具体课题“说教材、说学生、说教法与手段、说教学程序”；采用讲述为主的方式，系统地分析教材和学生，并阐述自己教学设想及理论依据，随后由同行专家评议，说课工作小组按照《永宁学校教师基本功说课评价标准》进行评选。该校初中部教师63人参赛，评出一、二、三等奖共21人。

（刘十艳）

【校史展室建成】　11月14日，永宁学校校史展室建成。该展室布置展柜14个、学校微缩布局建筑沙盘1个、灯箱文化展示1套、校史展板24块。展陈面积共计142.68平方米，展柜主要陈列学校所获奖杯、奖状、锦旗等，展板设计内容分为前言、追溯历史见证今朝、勤奋努力奋进时代、九年一贯制腾飞时代、后记五个部分，展示学校57年发展历程。展室3月开工建设，由市县政府投资57.60万元，将长期保留作为师生德育课堂使用。

（刘十艳）

【与人大附中开展城乡一体化建设】
至年底，永宁学校与中国人民大学附属中学开展“注重交流助推城乡一体化建设”。人大附中干部教师指导初二年级英语及小学剪纸课程，两校英语教师就如何备课、如何提高课堂教学有效性、减轻学生学习负担、提高学生英语学习兴趣等问题展开交流，并指导初三年级教学和开展试卷分析。永宁学校教师到人大附中听课，观摩新课型教学方式，并参观班级文化建设，撰写学习体会共同交流研讨。永宁学校七至九年级教师62人参加活动。

（刘十艳）

北京师范大学燕化附属中学

【概况】　2013年，北京师范大学燕化附属中学占地面积4.11万平方米、建筑面积2.56万平方米，体育场（馆）面积1.50万平方米。图书馆藏书16万册，电子图书25万册，订阅杂志、报刊200种。固定资产总值8120万元。全年教育经费投入2923.35万元，其中，国家拨款2874.75万元、自筹经费48.60万元。学校信息化经费投入160万元，拥有计算机450台，校园网出口总带宽8Mbps，数字资源量3000GB，“信息技术”课程2课时/周。普通教室50个、专用教室6个、实验室9个。教职工141人，包括副高级职称44人、中级职称57人。专任教师102人，包括北京市学科教学带头人1人；全部为本科及以上学历。开设高中教学班28个。毕业320人、招生333人、在校生1012人。高中录取分数线428分（燕山地区），应届高考本科上线率81.70%。网址：www.bsdyhfz.cn。

（李蓓）

【首次召开实验班学生导师对接会】
5月16日，北师大燕化附中首次召开石化科技实验班学生与其课题研究导师对接交流会。来自中国石化北京北

化院燕山分院工程师、教授8人担任课题导师，与石化科技班学生11人开展交流，导师就学生课题定期进行指导。按照北京市教委要求，石化科技实验班于2012年9月1日开班，主要培养石化科技方面的人才。该班两年共面向北京市招生60人。

（李蓓）

【首次开展民警法制禁毒教育】　7月2日，北师大燕化附中首次开展民警法制禁毒教育。该校邀请属地市公安局燕山分局迎风派出所警官开展法制教育信息互动，就交通安全、防诈骗、防盗窃、禁毒、食品安全、青少年违法行为伤害等8个方面，结合燕山地区及周边发生真实案例进行讲解。学校教师、学生350人参加学习。

（李蓓）

【首次开办学习方法指导讲座】　8月29日和30日，北师大燕化附中首次开办物理、化学和生物学科三场学习方法指导讲座。讲座由学科教研组长主讲，结合高三年级学生实际，提出高中物理学习题目积累法；开展初高中化学学法对比、分析历年高考题目；介绍生物科技前沿领域知识与高中生物课程。该校2012级学生340人参加学习。

（李蓓）

【建设升级数据信息平台】　10月，北师大燕化附中考试成绩查询及数据分析平台全面开通，该平台是学校网络阅卷平台子系统；11月，与清华同方中国知网公司签订合作协议，协议规定，知网公司为学校设立镜像服务器，提供互联网（Internet）接入服务，为师生提供期刊、学术论文等数字资源的阅读、查询、下载服务，满足其研究性学习、特色教学、日常教研和科研等活动需求。

（李蓓）

民　族　教　育

【概况】　2013年，北京市有民族学校44所，其中，民族中学7所、九年一贯制民族学校2所、民族小学35所；教职工2491人，包括少数民族教职工423人、专任教师2024人；在校生22290人，包括少数民族学生6546人。民族中学分布在西城、朝阳、海淀、门头沟、通州、大兴、怀柔7个区县；民族小学分布在东城、西城、朝阳、海淀、昌平、通州、顺义、大兴、房山、怀柔、密云、延庆12个区县。内地新疆高中班办班学校11所，在校生4040人；内地西藏班（校）4所，在校生1122人；内地青海班4所，在校生425人。民族幼儿园10所，教职工总数400人，包括少数民族教职工103人、专任教师257人。在园幼儿2607人，包括少数民族幼儿1103人。民族幼儿园分布在东城、西城、朝阳、石景山、门头沟、通州、大兴、密云8个区县。

（陆小红）

【举办美丽中国系列庆祝活动】　1月10日，市民族教育学会印发《关于倡导民族小学参与“美丽中国·美丽祝福”的活动通知》，启动“美丽中国·美丽祝福——祝福全国56个民族朋友2013年春节快乐”系列庆祝活动。此次活动与中国民族报、爱民族网、中国民族宗教网、中国网教育频道、搜狐新闻中心、北京市海淀区中关村第三小学等单位共同举办，民族教育学会各理事学校组织学生制作祝福卡，书写、绘画对美丽中国的认识和畅想，将万条美丽祝福通过互联网，送至新疆、云南及新加坡等地区、国家。全市27所小学近万名师生参与活动，期间市民族教育学会对6个先进单位、26名优秀指导教师进行表彰。

（陆小红）

【开办民族教育指导纲要培训班】　4月17日和11月5日，市民族教育学会举办落实《学校民族团结教育指导

纲要（试行）》小学干部教师培训班。培训班与西城区委教育工委和区教委、丰台区教委联合举办，主要内容包括贯彻落实《学校民族团结教育指导纲要（试行）》的重要性和必要性；开展民族团结教育的历史、现实、国际针对性；《学校民族团结教育指导纲要（试行）》讲座；民族团结教育的实施途径和方法，北京市民族学校、北京市东城区和平里第一小学、北京市宣武回民小学、北京市丰台区第五小学代表做经验介绍；宣武回小、丰台五小展示4节民族团结教育课；走进民族团结教育示范校北京市海淀区中关村第三小学参观交流。来自西城、丰台区小学干部、教师200人参加活动。

（陆小红）

【民族团结示范校评选结束】　6月27日，北京市第二届民族团结教育示范学校评选活动结束。市教委、市民委联合印发《关于命名北京市民族团结教育示范学校的通知》，命名北京市东城区和平里第一小学等22所学校为民族团结教育示范学校。2011年12月19日，根据《北京市教育委员会北京市民族事务委员会关于开展北京市民族团结教育示范学校评选工作的通知》，市教委、市民委决定在全市普通中小学开展第二届民族团结教育示范学校评选活动，要求各区县上报参评学校名单及相关申报材料。市教委、市民委组成的评选工作领导小组和市政府督学与民族教育专家组成的评选工作小组，对上报39所学校进行初评。根据2012年9月25日市教委、市民委联合印发《北京市教育委员会办公室北京市民族事务委员会办公室关于开展北京市民族团结教育示范学校检查评估工作的通知》要求，于2012年10月至2013年5月组织评选工作小组专家通过考察初评22所学校，听取区县教委和学校工作汇报访谈、查阅档案资料、听课观摩活动、问卷和查看校园等方式对学校民族团结教育工作进行评估检查。

（陆小红）

【通州开展民族团结教育】　6至7月，通州区小学5条措施开展民族教育活动。其间，投资9万余元修建民族知识墙，在楼道安装民族艺术展板，打造民族校园文化；安排每周一旗下讲话，向学生介绍一条民族知识，讲一个民族英雄故事；开设“民族常识”校本课程，了解各民族风俗、建筑、艺术特色等，尊重信仰伊斯兰教民族学生生活饮食习惯；组织民族小学体育节，组织学生参加市区级民族体育比赛，获团体奖8个、个人奖25人次；启动“党员结对”活动，每名党员至少帮扶1名生活或学习困难少数民族学生。至年底，学校共有46名少数民族学生与教师党员结对，涉及回、满、蒙古、撒拉、土家、东乡6个民族，约占学生总数的四分之一。

（王晓宇）

【举办首届民族艺术教育校长论坛】

10月19日，北京市首届民族艺术教育校长论坛在北京市昌平区第二中学举办。论坛主题为“民族艺术教育的价值追求”，市民族教育学会领导致辞，昌平二中、北京市海淀区民族小学、北京市密云县檀营满族蒙古族小学、北京市通州区于家务中心小学、首都师范大学附属红螺寺中学、北京市求实职业学校代表作经验交流，市民委领导出席并讲话。市教委、市民委有关部门负责人、民族教育学会理

事学校校长、教师代表110人参加会议。同日，第二届北京市中小学民族艺术展演活动在北京市昌平区士官学校礼堂举行。此次活动由市民族教育学会和昌平区教委共同主办、昌平二中承办。活动以“中国梦——我们共同的梦”为主题，旨在展示民族团结教育艺术成果、推进首都中小学民族团结教育。来自全市15个区县19所中小学600名演员登台演出，中小学师生代表1200人观看演出。此次活动自3月筹备，全市15个区县100所中小学报送舞蹈、声乐、器乐、曲艺等节目200个，共评选出一等奖54个、二等奖44个、三等奖45个、优秀奖36个。

（陆小红　王振清）

【举办民族团结教育现场会】　10月24日，北京市中学“民族团结教育进课堂”交流观摩现场会召开。此次会议在北京市第五十六中学举行，展示交流学校在“民族团结教育进课堂”工作中先进经验以及珍珠球、蹴球、陀螺等民族体育项目，并对第二届“胜利杯”中学教师教学比赛进行布置，来自全市各区县40所学校120名干部、教师代表参加活动，市民委、市民族教育学会领导出席并讲话。

（陆小红）

【召开第五届“巨人杯”青年教师教学赛总结会】　12月5日，北京市第五届“巨人杯”小学青年教师教学比赛总结表彰会在北京市昌平区城北中心小学举行。会上，向获得优秀组织奖学校及一等奖教师进行颁奖，来自市教委、市民委、市民族教育学会和

昌平区教委领导、教师代表、城北中心小学师生80人参加会议。北京“巨人杯”小学青年教师教学比赛始办于2005年，每两年举办一届。本届比赛于10月28日至11月1日进行，突出独特性、广泛性、过程性、拓展性特色，通过现场做课展示、实践课标答辩、教学设计陈述、专家评价提升、民族特色学科课程光盘评优、优秀课程的观摩表彰等形式，为青年教师专业成长搭建平台展示教师风采，全市各区县共有42所小学参赛，其中23名教师获得一等奖、26名教师获得二等奖、22名教师获得三等奖。

（陆小红　王凤云）

【召开纪念艾特玛托夫研讨会】　12月13日，市民族教育学会和中央民族大学、北京市回民学校联合举办的吉尔吉斯斯坦当代作家、思想家钦吉斯·艾特玛托夫诞辰85周年纪念活动在回民学校举行。会议听取吉尔吉斯斯坦驻华大使巴克特古洛娃以及中央民族大学从事柯尔克孜（吉尔吉斯）语言文化教学研究工作的少数民族语言文学学院博士生导师胡振华详细介绍艾特玛托夫的作品对两国人民的影响。中国驻吉尔吉斯斯坦前任大使、国务院发展研究中心欧亚社会发展研究所研究员、中国中亚友好协会秘书长以及来自外交部、国家民委等部门代表出席会议。钦吉斯·艾特玛托夫，1928年12月12日出生，2008年6月10日逝世，是吉尔吉斯斯坦著名作家，其作品被翻译成100多种文字在世界各地出版。

（王振清　魏征）

【民大附中获首都民族团结先进集体称号】　12月26日，中央民族大学附

属中学获得第七届首都民族团结进步先进集体称号。“首都民族团结进步奖”是以北京市委、市人民政府名义表彰奖项，自1984年设立，每5年评选一届，参加评选人员需要在贯彻落实党的民族政策、促进少数民族和民族乡村经济社会发展、保障少数民族合法权益、维护民族团结和社会稳定、支持民族地区各项事业发展等方面做出突出成绩，获奖单位（集体）和个人将授予首都民族团结进步先进集体、首都民族团结进步先进个人等荣誉称号，至此共计表彰843个先进集体、1503名先进个人。本届表彰会由市长王安顺主持，市委书记郭金龙以及国家民委、全国人大常委会、市委统战部有关领导出席，最终表彰140个先进集体、259名先进个人。

（孙立清　马志鹏）

民族教育学校

北京市东城区回民小学

【概况】　2013年，北京市东城区回民小学占地面积4426平方米、建筑面积7558平方米，体育场面积1860平方米。图书室藏书2.50万册，电子图书500册，订阅杂志、报刊25种。固定资产总值1347万元。全年教育经费投入810万元，全部为国家拨款。学校信息化经费投入10万元，拥有计算机249台，多媒体教室座位606个，校园网出口总带宽10Mbps，数字资源量500GB，“信息技术”课程2课时/周。普通教室20个、专用教室8个、实验室1个。教职工64人，包括副高级职称2人、中级职称36人。专任教师50人，包括本科及以上学历46人。开设教学班20个。毕业107人；招生133人；在校生572人（回族学生139人），包括外省市借读生63人。网址：www.dchx.org.cn。

（袁侨）

【举办艺术团专场汇报演出】　5月22日，东城回小举办“五月鲜花、绚丽绽

放”蓝海文化艺术团专场汇报演出。表演形式包括管乐、民乐合奏等，分为个人才艺展示与集体表演，曲目有长号独奏《斗牛士之歌》、笙独奏《阿细欢乐》、小四号重奏《纺织歌》等。全校师生、家长代表700人参加活动。该校蓝海文化艺术团1994年成立，包括6个分团，招收学员3000人。

（芦平）

【与丹麦学校开展友好交流】 5月和8月，东城回小两次与丹麦葛莱特运动教育学院开展友好交流互访活动。5月接待葛莱特运动教育学院师生一行20人到校访问，观看课间操展示、切磋足球技艺，观摩五年级英语课，参观学校民族博物馆。8月接待葛莱特体育运动教育学院师生一行20人到校参加“炫酷之旅”夏令营。全校学生100人参加活动，双方全程使用英语交流。

（芦平）

【创新蓝天博览课】 9月27日，东城回

小创新蓝天博览课授课形式。学校首次将民族团结教育与蓝天博览课整合，以“逐梦园博、共铸和谐”为主题，带领学生参观园博园，其中，一至四年级学生以班级为单位，参观台湾园、澳门园等；五、六年级学生以定向越野方式参与，每班学生分成3组，通过团队协作、商讨路线，经过鄂尔多斯园、荆门园、银川园等场地获得奖章。全校学生600人参加活动。

（芦平）

北京市东城区回民实验小学

【概况】 2013年，北京市东城区回民实验小学占地面积2882平方米、建筑面积4396平方米，体育场面积800平方米。图书馆藏书1.46万册。固定资产总值649万元。全年教育经费投入649万元，全部为国家拨款。学校信息化经费投入310万元，拥有计算机111台，多媒体教室座位35个，校园网出口总带宽100Mbps，数字资源量500GB，“信息技术”课程1课时/周。普通教室16个、专用教室5个。教职工54人（少数民族教师15人），包括副高级职称1人、中级职称34人。专任教师37人，包括北京市学科教学带头人1人。开设教学班15个。毕业70人；招生79人；在校生386人（少数民族学生96人），包括寄宿生114人、另有外省市借读生151人。网址：http：//hmsy. net. cn/。

（刘培秀）

【歌剧兴趣培养基地授牌】 3月16日，东城回民实验小学“歌剧兴趣培养基地”授牌。该铭牌由国家大剧院颁发，旨在培养学生歌舞剧兴趣、组织开展训练，提升学生综合素质。学校音乐教师负责基地日常管理工作，邀请中央戏剧学院教师授课，将音乐（声乐与器乐）、戏剧（剧本与表演）、文学（诗歌）、舞蹈（民间舞与芭蕾）、舞台美术结合，指导学生掌握咏叹调、宣叙调、重唱、合唱、序曲、间奏曲、舞蹈场面等知识。首批招收学员103人。

（郭增杰）

【举办民族艺术展演】 5月23日至12月，东城回民实验小学举办“播撒艺术阳光、放飞民族梦想”民族艺术展演活动。此次活动旨在研究校本诗韵课程中歌舞剧、古诗吟唱、民族曲艺等艺术形式与学科融合，创设民族艺术特色育人氛围。活动分为三个阶段，即全校师生参与学唱诗，练习将小学必背70首古诗吟唱成歌曲，形成诗配画；创建教师、学生诗韵剧团、校歌舞剧团并选排经典剧目；汇报展演阶段性成果。全校师生400人参与活动，展示诗歌吟唱、歌舞剧培训、民俗曲艺、舞蹈、情景剧。

（郭增杰）

【举办生态课堂主题研讨会】 11月26日，东城回民实验小学召开“德能并举、知行统一”生态课堂主题研讨会。会议旨在通过研讨，落实学校双主体办学目标，即夯实发展基础、滋养民族情怀、提升艺术素养、营造书香校园，分为四个部分进行，汇报学科德育教育状况；推出以语文、数学、英语、品社、科技、劳动学科8节德育研究课；与会专家开办德育实践工作论坛及授课展示。来自北京教科院专家，以及全市各区县民族学校代表28人参加会议。

（郭增杰）

北京市回民学校

【概况】 2013年，北京市回民学校占地面积5.17万平方米、建筑面积3.43万平方米，体育场面积1.37万平方米。图书馆藏书10万册，电子图书1万册。固定资产总值2443.54万元。全年教育经费投入6026.54万元，其中，国家拨款5839.83万元、自筹经费186.71万元。学校信息化经费投入5.30万元，拥有计算机493台，多媒体教室座位100个，校园网出口总带宽30Mbps，数字资源量5000GB，“信息技术”课程初中1课时/周、高中2课时/周。普通教室54个、专用教室16个、实验室9个。教职工218人，包括副高级职称65人、中级职称56人。专任教师172人（少数民族52人），全部为本科及以上学历。开设教学班48个，其中，初中班24个、高中班24个。毕业515人，其中，初中265人、高中250人；招生552人，其中，初中298人、高中254人；在校生1675人（少数民族411人），其中，初中913人、高中762人，包括寄宿生742人。高中录取分数线469分（西城区），应届高考本科上线率理科95%、文科85.7%。网址：www. bjhmxx. com。

（魏征）

【参加全国化学现场课比赛获奖】 4月17至19日，2013年暨第八届全国基础教育化学新课程实施成果交流大会在广西柳州市召开。回民学校教师金未“资源的开发利用”获得全国化学现场课比赛特等奖、王影丽“溶液组成的极限”获得一等奖。王影丽、赵荣梅、丁芬、郇乐、金山、刘丽、李金鑫、金未录像课获得全国优质录像课评选一等奖，王影丽、刘丽论文

获得论文评选一等奖，回民学校被评为“2012年度全国中学化学新课程实施先进单位”。

（魏征）

【开展非物质文化遗产进校园活动】

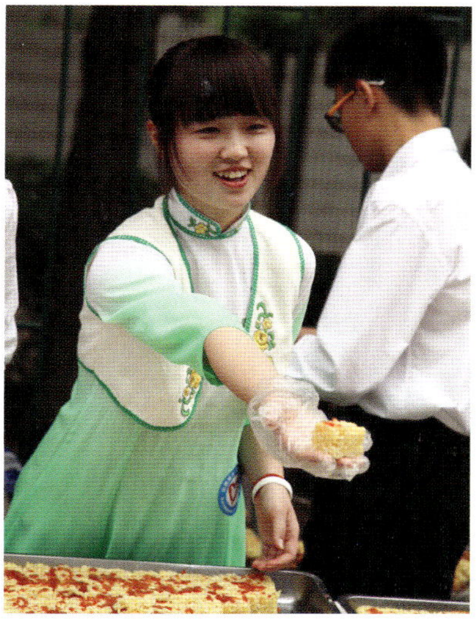

5月7日和8日，回民学校开展非物质文化遗产进校园活动之清真小吃篇。学校围绕清真饮食的由来、特色、清真饮食在民族发展中的作用等，向学生宣传、介绍非遗文化，邀请西城区牛街老字号“奶酪魏”“年糕钱”“爆肚冯”等7个非遗项目传承人现场展示传统技艺。全校学生1600人参加活动。

（魏征　万长有）

【第一届社团文化节开幕】　5月27日，回民学校举办学生社团联合会成立仪式暨第一届社团文化节开幕式。此次活动以“社彩缤纷中国梦，亮丽青春我做主”为主题，由社团联合会第一任学生主席发出倡议，号召全校学生积极参与社团活动、丰富自己校园生活。其间，共有摄影社、话剧社、历史社等11个社团代表介绍各自社团情况、个性标识、社团旗帜等，学校向各社团指导教师颁发聘书。全校教师、学生300人参加活动。

（魏征）

【接待意大利教育访问团】　6月，意大利罗马塞内卡高中师生一行29人到回民学校参加汉语言文化培训。回民学校为客人安排培训内容包括太极拳、乒乓球、书法、中国绘画、风筝制作、剪纸、少数民族体育等特色课程，推介中国传统文化。

（魏征）

【民族文化传习馆落成使用】　9月1

日，回民学校民族文化传习馆落成并投入使用。该馆集收藏性、研究性、教育性与服务性，展示少数民族特色文物和藏品100余件，采用声、光、电及信息互动技术，介绍民族起源、民族节日、民族语言、民族服饰、民族音乐、民族建筑、民族饮食等知识。传习馆2013年初开工建设，使用面积430平方米、建筑面积501平方米，由西城区财政拨款300万元。

（魏征　万长有）

北京市宣武回民小学

【概况】　2013年，北京市宣武回民小学占地面积6895平方米、建筑面积10361平方米，体育场馆面积3773平方米。图书馆藏书2.50万册，订阅杂志20种、报纸10种。固定资产总值2510.43万元。全年教育经费投入2320.69万元，全部为国家拨款。学校信息化经费投入5万元，拥有计算机200台，多媒体教室座位80个，校园网出口总带宽10MB，数字资源200GB。普通教室29个、专用教室12个。教职工82人，包括副高级职称3人、中级职称50人。专任教师77人，包括市级骨干教师2人；本科及以上学历66人。开设教学班29个。毕业127人、招生210人、在校生970人。网址www.xwhmxx.cn。

（杨薇）

【接待香港师生到校交流】　3月25至26日，宣武回小接待香港师生到校交流。该访问团包括香港多所学校师生、家长代表一行90人，观摩学校教师两节综合实践课与两节趣味数学课，并参与课堂活动。客人认为课程教学内容丰富、教师对课堂的掌控能力强。宣武回小是北京——香港“视像中国”实验学校，每年定期举办两次学生辩论赛。

（杨薇）

【开展校际留学活动】　4月12日，宣武回小开展校际留学活动。该校六年级学生39人到北京市西城区民族团结小学、北京市第七中学，向所交流的班级师生介绍其学习、生活情况，并赠送自制民族手工艺品。该校学生进入课堂感受不同学校授课风格、学习抖空竹技巧、参加民族运动会等。西城民族团结小学、七中与该校是民族教育共同体。

（杨永军）

【举办语文优质课汇报展示】　10月25日，宣武回小语文主题教学专题研讨活动举行。该活动由中国教科院主持，观摩学校教师“鲸一组”主题教学展示，并做教学经验、备课体会交流；听取“在实践中不断拓展语文优质课堂与现代教学技艺运用的研究的广度”专题汇报。与会专家点评认为学校在主题教学上研究扎实、深入，为国家课程校本化起到推介作用。特级教师乔亚孟、纪晓村，中国教科院研究员，西城区教委领导、教研员，学校干部、教师100余人参加活动。

（高巍）

北京西藏中学

【概况】　2013年，北京西藏中学占地面积3.59万平方米、建筑面积2.81万平方米，体育场（馆）面积1.06万平方米。图书室藏书4.18万册，电子图书1595GB，订阅杂志、报刊304种。固定资产总值4879万元。全年教育经费投入4236万元，全部为国家拨款。学校信息化经费投入9万元，拥有计算机343台，多媒体教室座位192个，校园网出口总带宽20Mbps，数字资源量3GB，“信息技术”课程2课时/周。普通教室20个、专用教室17个、实验室6个。教职工118人，包括副高级职称33人、中级职称25人。专任教师61人，全部为本科及以上学历。开设教学班18个。毕业生262人；招生260人；在校生808人，全部为藏族等少数民族学生。网址：http：//bjxzzx. bjedu. cn。

（曾丽）

【与美院附中开展共建】　10月16日，

西藏中学邀请中央美术学院附属中学师生到校开展共建活动。其间，中央美院附中为学校捐赠美术类书籍500册，并共同开展素描交流、观摩交流、文体交流等。两校干部、师生100余人参加活动。

（曾丽）

【发放华育助学金】　10月17日，西藏

中学举行华育奖助学金发放仪式。仪式上，北京华育助学基金共计发放1.76万元，资助学校20名家庭贫困优秀学生。华育助学基金由北京华育助学基金会筹集，北京市教委负责管理，发放标准为每人每年800元，每年发放一次。

（曾丽）

【举办藏文化周活动】　10月，西藏中学举办藏文化周活动。活动以“弘扬民族文化，丰富校园生活”为主题，推出知识竞赛、辩论赛和藏式举重以及手工艺作品等15个活动项目。全校教师、学生600余人参加活动。

（曾丽）

中央民族大学附属中学

【概况】　2013年，中央民族大学附属中学占地面积2.27万平方米、建筑面积2.28万平方米，体育场（馆）面积0.43万平方米。图书馆藏书20153册。固定资产总值6764.87万元。全年教育经费投入7645万元，其中，国家拨款5661万元、自筹经费1984万元。学校信息化经费投入156万元，拥有计算机260台，多媒体教室座位1700个，校园网出口总带宽25Mbps，数字资源量100GB，“信息技术”课程2课时/周。普通教室34个、专用教室20个、实验室6个。教职工132人（少数民族26人），包括副高级职称51人、中级职称54人。专任教师118人，包括特级教师2人、市级骨干教师2人；全部为本科及以上学历。开设教学班34个。毕业560人；招生565人；在校生1902人，全国25个省区地区50个民族学生寄宿学习。应届高考本科上线率99%。网址：www. Mdfz. com. cn。

（孙立清）

【新学生公寓交付使用】　9月1日，民大附中新建学生公寓正式交付使用。新公寓占地面积2100平方米、建筑面积8300平方米，由海淀区教委总投资3000万元建设。公寓共分为5层，拥有房间128个，床位768个，采取分楼层管理模式，配备空调等设备，可容纳学生700人住宿生活。

（孙立清）

【海南陵水分校开学】　9月1日，民

大附中海南陵水分校正式开学。该校与海南陵水县政府采取“协议管理、整体委托、自主办学”方式，按照省级学校标准联合创办，为全日制公立完全中学。根据协议，分校校长由民大附中副校长兼任，教师团队由民大附中派出市区级优秀教师，内地高薪引进骨干教师，以及从全国重点大学录用优秀毕业生组成。采取“2＋1”教育模式，即每年级选拔不少于40名学生，2年在海南分校就读，1年在民大附中交流学习。分校有教职工21人，首批招收高中4个班学生197人，暂借用校舍授课。

（孙立清）

【校史馆开馆】　10月3日，民大附中校史馆正式开馆。校史馆位于新建学生公寓一层，占地面积200平方米，展示部分由1002块展板组成，包括文字466板块、照片536板块，24个展柜，展出内容分为“开拓历程”“蓬勃发展”“继往开来”三个部分。校史馆由学校投资280万元建设，面向全体教职工、学生开放，每天上午8时至11时、下午14时至17时，周末休息。

（孙立清）

【庆祝建校100周年】　10月6日，民大

附中举办建校100周年庆祝活动。活动以“百年民附辉煌、今朝共美启航”为主题，由庆祝大会、文艺演出、乌兰夫铜像揭幕、参观校史馆等部分组成。其间，国家领导、中央民族大学、北京大学、清华大学、复旦大学等18所大学校长、书记、社会人士发来贺电、贺信，内蒙古歌舞团、中央民族歌舞团、中央民族大学音乐学院和舞蹈学院参加文艺演出。全国人大常委会、全国政协、国家民委、市政府领导，以及该校校友、干部、师生8000人参加活动。民大附中于1913年建校，前身为喀喇沁王贡桑诺尔布创办蒙藏学校，校址位于西单小石虎胡同。1918年，更名为蒙藏专门学校，作为高等教育学校。1951年，更名为中央民族学院附属中学。1993年改为现名。建校以来共培养毕业生数万人。

（孙立清）

北京市昌平区西贯市回民小学

【概况】　2013年，北京市昌平区西贯市回民小学占地面积13340平方米、

建筑面积2726平方米，体育场面积5396平方米。图书室藏书1.15万册，电子图书68册，订阅杂志、报刊23种。固定资产总值1367.88万元。全年教育经费投入484.42万元，全部为国家拨款。学校信息化经费投入50万元，拥有计算机148台，多媒体教室座位40个，校园网出口总带宽15Mbps，数字资源量60GB，“信息技术”课程1课时/周。普通教室9个、专用教室9个、实验室1个。教职工23人，包括中级职称13人。专任教师22人，包括回族教师16人；本科及以上学历19人。开设教学班8个，其中，幼儿班1个、学前班1个、小学班6个。毕业23人；招生59人；在校生259人，包括回族学生52人。网址：http：//xgs. chpedu. net。

（包雪莲）

【召开民族运动会】 4月28日，西贯市回民小学召开“阳光体育、健康成长”民族运动会。运动会设有田赛、竞赛、跳绳3个大项8个小项，包括推铁环、角球民族体育项目。全校学生184人参赛，36人获奖。其间，学校教师21人、共建单位北京化工大学党支部志愿者15人共同参加少数民族运动项目板鞋竞速30米跑、50米推铁环比赛，评出一等奖1个、二等奖2个、三等奖9个。

（杨东涛）

【开展学生社会实践活动】 5月10日，西贯市回民小学开展学生社会实践活动。该校教师22人、学生184人走进朝阳区蓝天城职业体检中心进行“在快乐中成长”教育活动。学生以角色扮演方式体验各类职业特色，活动后撰写书面观后感并在班级交流。

（包雪莲）

【组织中国梦主题教育活动】 6月和10月，西贯市回民小学分别组织两次中国梦主题教育活动。6月6日邀请共建单位北京化工大学材料学院团支部大学生12人参与四年级主题班会，讲述“中国梦”来源及含义，随后教师向学生发放彩纸，利用画笔描绘梦想并在展板上粘贴。学校干部、师生、大学生自愿者共42人参加活动。10月28日开展“我的梦、中国梦——放飞梦想”主题教育活动。活动听取校领导介绍中国梦主题教育开展情况，总结学生绘画作品、班级开展主题教育活动、学生征文情况；每班5名学生代表发言谈论自己的梦想；化工大学学生代表作题为“如何实现梦想”主题演讲。该校教师23人、学生200人、化工大学学生3人参加活动。

（包雪莲）

北京市怀柔区长哨营满族中学

【概况】 2013年，北京市怀柔区长哨营满族中学占地面积9396平方米、建筑面积5000平方米，体育场（馆）面积2560平方米。图书馆（室）藏书4.70万册，电子图书80册。固定资产总值618.57万元。全年教育经费投入109万元，全部为国家拨款。学校信息化经费投入20万元，拥有计算机120台，多媒体教室座位25个，校园网出口总带宽100Mbps，数字资源量100GB，“信息技术”课程1课时/周。普通教室12个、专用教室8个、实验室3个。教职工36人（含满族2人），包括副高级职称4人、中级职称12人。专任教师23人，包括本科及以上学历22人。开设初中教学班4个。毕业65人；招生35人；在校生112人，包括满族学生61人、寄宿生100人、外省市借读生10人。

（王敏）

【20万元购买电子设备】 5月10日，

长哨营满族中学出资20万元购买电子设备。该校设立电子备课室，共配置计算机10台、电子资源180份、视频资源200份，拥有座位25个。各教研组根据需要提取电子信息资源，完成备课、听评课、校本教研等工作。

（王敏）

【展示民族特色文体项目】 6月20日，长哨营满族中学开展民族体育、艺术特色项目展示活动。该校学生利用课间十分钟、课间操时间展示自编哑铃操等，“满族特色五队”即满乡人合唱队、满族宫廷舞、撞拐表演队、八旗方阵表演队、二魁摔跤表演队做特色展演。学校民族演出队共有队员93人，固定在每天第八节课时间开展活动。

（王敏）

【开展好习惯养成系列活动】 9月，长哨营满族中学开展培养学生良好习惯系列活动。学校启动“一日五行，习惯养成，争做阳光少年”活动，要求学生做到“日讲礼仪，日做善事，日有岗位，日做环保，日清习题”。该校将阶梯教育与“改变不良习惯、培养良好习惯”相结合，根据学生在学习生活中表现出的习惯养成方面问题，在班会上自我检查总结，指导其制定阶梯进步目标，并通过学生会、政教处等部门督导检查，每周向全体师生反馈情况。全校学生112人参加活动。

（王敏）

【与回民学校加强合作】 10月23日，

长哨营满族中学与北京市回民学校加强教育合作交流。回民学校初三年级物理、化学教师为该校师生授课，举办初三年级学科教育教学研讨会、召开干部管理经验交流会。两校教师、学生70人参与活动。长哨营满族中学与北京市回民学校于2012年确立合作关系。

（王敏）

【编印校本教材】 10月，长哨营满族中学编印校本教材《满乡情怀》。该套教材由北京市怀柔区中小学综合素质提升工程领导小组编印出版，为16开本，全书6.50万字。教材介绍长哨营正蓝旗项栅子满族特色村、正白旗七道梁满族特色村、八旗新村镶白旗遥岭村和镶红旗老西沟村风貌，以及满乡特色活动——满族风情节和满乡山货大集，爱国主义教育基地满乡烈士陵园等，面向全校师生发放使用，供全区中小学选用。全书分为三个单元，第一单元“走进满族乡，了解满族历史文化”；第二个单元“参加风情节，感受满乡风土人情”；第三单元“参观古遗址，叙写当代民族情怀”。

（王敏）

特　殊　教　育

【**概况**】　2013年，北京市有基础教育阶段特殊教育学校22所，其中，盲校1所、聋校2所、培智学校15所、综合类学校4所。北京市共有残疾学生9048人，其中，在特教学校就读3115人、普通中小学校随班就读5621人、接受送教上门学生312人。各类残疾学生中视力残疾学生359人；听力残疾学生980人；智力残疾学生5644人；自闭症学生707人；肢体残疾学生651人；言语残疾学生57人；多重残疾学生650人。北京市特殊教育学校共有教职工1240人，包括专任教师1026人；普通学校承担随班就读工作的教师21884人；专任资源教师326人。特教学校1026名专任教师中有硕士学历教师63人，占6.10%；本科学历816人，占80%；专科学历教师147人，占14.30%。

（周凯）

【**印发加强随班就读工作意见**】　1月11日，市教委、市教育督导室、市残联联合印发《关于进一步加强随班就读工作的意见》。《意见》向各区县教委发放，旨在贯彻落实《中华人民共和国义务教育法》《中华人民共和国残疾人保障法》和教育部关于随班就读工作有关精神，落实《北京市中长期教育改革和发展规划纲要（2010～2020年）》中关于保障残疾儿童少年受教育权利各项要求，加强和完善全市随班就读工作管理体制和运行机制，明确《北京市残疾儿童少年随班就读工作管理办法（试行）》和《北京市各类残疾类别随班就读具体标准》，并从充分认识加强随班就读工作的重要意义；完善随班就读对象的确认、入学等管理机制；以人为本，注重融合，提高随班就读教育质量；加强随班就读师资队伍建设，提高专业化水平；加强领导，落实责任，依法保障随班就读工作健康发展五个方面强化对随班就读工作的规范。

（陆小红）

【**钢琴家指导智障生演奏**】　5月13日，“国家大剧院五月音乐节·2013公益演出活动东城区特殊教育学校专场——钢琴家陈萨公益音乐会”举行。此次音乐会以公益演出形式，陈萨为智障部学生演奏海顿的《C大调钢琴奏鸣曲》第一乐章、《水草舞》《欢乐的牧童》等钢琴曲，并指导学生钢琴演奏技巧。智障部全体学生103人参加活动。陈萨，中国新一代青年女钢琴家，1979年生于重庆市，获得包括中国全国少年钢琴邀请赛少年组第一名、“珠江杯”全国少年钢琴邀请赛专业组第一名、首届中国国际钢琴比赛青年组第一名，并在英国利兹钢琴比赛、波兰肖邦国际钢琴大赛、范·克莱本国际钢琴比赛中获奖。

（郭莉）

【**召开市融合教育启动会**】　6月6日，市教委、市残联共同召开北京市中小学融合教育行动计划启动暨培训会。作为在世界范围得到广泛认同和推行的特殊教育理念和实践形式，融合教育主张最大可能地接收残疾学生到普通学校接受适合的教育，同时也强调教育观念和社会文化的根本变化，着意于平等、尊重、包容、和谐社会的建设。来自教育部、中残联、市教委、市残联有关领导出席会议并讲话，房山区教委、中国人民大学附属小学、北京大学附属幼儿园代表先后作融合教育工作汇报。市教委、市残联系统相关单位负责人150人参加会议。

（周凯）

【**举办市盲聋课堂教学研讨会**】　6月14日，北京市盲聋学校课堂教学研讨暨培训会在东城特教学校举行。会议由市特教中心主办，东城特教学校承办，主题为“如何提高盲聋学生的学习实效”，包括主题报告、现场教学说课、专家点评等内容。来自全市各区县盲校、聋校教研员30人参加会议。

（郭莉）

【**制定特教学校办学标准**】　7月31日，市教委、市发展改革委、市财政局、市人力社保局、市国土局、市卫生局、市规划委、市编办、市教育督导室、市残联十个部门研究制定《北京市特殊教育学校办学条件标准》。《标准》联合向各区县人民政府、市政府各有关委办局、各市属机构发放，旨在贯彻落实国家及北京市中长期教育改革和发展规划纲要精神，加快首都特殊教育事业发展，提高特殊教育办学条件的现代化水平，依据《特殊教育学校建设标准》《北京市中小学办学条件标准》及首都特殊教育现代化发展要求，结合北京市实际情况，经市政府同意，从总则、学校选址、用地与建筑设施，教学、康复、办公及生活设备、教师和工作人员、特殊教育资源中心五个方面对特殊教育学校建设进行规范。

（陆小红）

【**三校与海南（海口）特教学校签订友好协议**】　10月22日和27日，海

南（海口）特殊教育学校与北京市3所特教学校签订友好合作协议。与北

京市西城区培智中心学校、北京启喑实验学校举行友好签约仪式，合作协议规定，签约学校将在教学、德育、科研等方面开展合作交流与活动，协议有效期三年；与平谷特教中心签订友好合作协议，协议规定，平谷特教中心提供相关教育教学资源，海南（海口）特殊教育学校负责组织人员交流活动，有效期50年。

（聂亚利　王秋阳　王红梅）

【市教育学会特教研究分会换届】 11

月8日，市教委组织召开北京市教育学会特殊教育研究分会换届改选暨北京市特殊教育管理干部培训会。来自市教委、市残联、市教育学会相关领导出席会议并讲话，各区县教委、特教学校等单位负责人80人参加会议。会上，完成市教育学会特教研究分会换届改选工作，对《北京市特殊教育学校办学条件标准》文件进行解读，通报北京市资源教室建设评估结果，向资源教室建设示范校颁发奖牌。

（周凯）

【举办市特教技术委员会首届年会】 11月28日，北京市电教研究会特殊教育技术专业委员会第一届年会在北京市朝阳区安华学校举行。年会总结、部署市特殊教育技术专业委员会工作，对信息技术“三优联评”优秀学校和教师进行表彰。此次评比内容包括教学活动实录、多媒体课件、主题论文，参评对象面向市特教委员会会员学校及随班就读会员学校教师，共有市属特殊教育学校、河北省唐山市玉田县特殊教育中心16所学校参赛，收到作品216件，172件作品获奖，其中，该校7名教师实录课、7名教师主题论文、7名教师多媒体课件、1名教师网页类作品获得一等奖。会上，北京市第三聋人学校校长汇报信息化建设成果，朝阳安华学校4名教师做展示课，8名获奖教师代表进行教学成果交流。来自市教委、市教育网络及信息中心、市特教中心领导，以及各区县信息中心、特教学校30家单位代表60人参加会议。

（周凯　王蕊）

【举办融合教育专场汇报】 12月3日，普通教育与特殊教育融合——“生命·温暖·梦想”主题教育活动在东城区少年宫举行。此次活动与北京市东城区史家胡同小学、北京市第二中学、北京市第二十二中学、北京市东城区培智学校共同开展，采取汇报演出形式，借助庆祝第22个国际残疾人日契机，表演提琴、钢琴合奏，手语诗朗诵、踢踏舞、原创儿童剧等节目。国家级教育咨询委员会委员、国家总督学顾问陶西平，教育部、北京市委教育工委、国务院发展研究中心、民政部、北京市残联、市教委、东城区有关领导，各校师生代表1000人参加活动。此次活动是东城区以搭建“艺术联盟”为突破口，以美育研究会的研究与实践为平台，以三所学校为试点校的特殊教育与普通教育融合工作研讨和展示活动之一。活动旨在通过艺术交流与展示、课程互设与共享、教师培训与教研等举措，探索普特校双方在活动、课程、师资等领域的合作，培养特殊教育学生热爱生活、自强不息、奋发向上的自信心，培养普通教育学生乐于助人的胸怀。

（李银娅　郭莉）

特殊教育学校

北京市东城区特殊教育学校

【概况】 2013年，北京市东城区特殊教育学校占地面积5230平方米、建筑面积3751平方米，体育场面积2858平方米。图书馆藏书2.55万册。固定资产总值1616.73万元。全年教育经费投入1179.26万元，全部为国家拨款。学校信息化经费投入8.53万元，拥有计算机152台，多媒体教室座位27个。学校信息化经费投入7.91万元，校园网出口总带宽4Mbps，数字资源量150GB，“信息技术”课程2课时/周。普通教室21个、专用教室14个。教职工75人，包括副高级职称2人、中级职称33人。专任教师63人，包括特级教师1人；全部为本科及以上学历。开设教学班25个，其中，听障部13个、智障部12个。初中毕业22人，其中，听障部11人、智障部11人；招生26人，其中，义务教育阶段招生17人，听障部6人、智障部11人，中职班招生9人，听障部5人、智障部4人；在校生190人，其中，义务教育阶段152人，听障部70人、智障部82人，中职班38人，听障部17人、智障部21人，包括住宿生58人。网址：www.dctj.com.cn。

（郭莉）

【与职业学校同上一课】 3月5日，东城特教学校与北京国际职业学校开展手拉手同上一节课活动。该校智障部烹饪预科班和高一年级师生参加活动，学生代表发表感言，向职业学校学生赠送活动纪实光盘。其间，烹饪预科班与国职学校高一班级结为友好班，两校学生同上一节实践课，与职业学校教师学习制作凉菜。

（郭莉）

【组织课题实效教学研讨】 3月12日，东城特教学校组织课题实效性教学研讨活动。此次活动主题为“挖掘德育内涵、提高课堂实效”，采取研讨会形式，包括呈现微格教学、现场说课、专家讲座等内容。3名教师分别展示高一年级语文、英语及智障部劳动课各20分钟教学片断并进行现场说课。市特殊教育专家应邀作“关于实效性的研究视角”专题讲座。

（郭莉）

【举办“五月之声”艺术展演】 5月31日，东城特教学校举办“放飞心灵的文化——五月之声展演”暨庆祝六一儿童节活动。此次活动分为成长篇、爱国篇、励志篇、梦想篇四个部分，采取诗歌朗诵、歌唱红歌形式，表现学生热爱祖国、永远跟党走决心，展示学生艺术教育成果。其间，北京市海淀区培智中心学校学生表演舞蹈《龙腾盛世》，东城特教学校“爱之声”教师艺术团表演《红莓花儿开》《让世界充满爱》等节目。北京市第六十五中学、北京东方妇女老年大学校长，以及该校师生、学生家长代表200人出席活动。

（郭莉）

【教学基地共建揭牌】 12月25日，东城特教学校与东城区委党校共建干部教育培训现场教学基地座谈会暨揭牌仪式。双方校长签订《东城区委党校、区特教学校共建干部教育培训现场教学基地协议书》并为教学基地揭牌，东城区委党校、区委组织部、区委教育工委领导，该校校长、干部20人出席活动。

（郭莉）

北京市宣武培智学校

【概况】 2013年，北京市宣武培智学校占地面积7516平方米、建筑面积7051平方米，体育场馆面积2300平方米。图书馆藏书19700册。固定资产总值1667.70万元。全年教育经费投入1380.45万元，全部为国家拨款。学校信息化经费投入6万元，拥有计算机87台，多媒体教室座位48个，校园网出口总带宽1000Mbps，数字资源量250GB，“信息技术”课程4课时/周。普通教室21个、专用教室20个。教职工55人，包括中级职称34人。专任教师52人，包括本科及以上学历49人。开设教学班21个，其中，学前教育班1个、义务教育班10个、职业教育班10个。毕业20人，其中，义务教育8人、职业教育12人；招生27人，其中，学前教育3人、义务教育8人、职业教育16人；在校生174人，其中，学前教育7人、义务教育89人、职业教育78人，包括智力残疾学生113人、肢体残疾（脑瘫）学生11人、精神残疾（自闭症）学生48人、听力残疾学生1人、多重残疾学生1人。网址：www.ischool.org.cn。

（王文洪）

【职教实践基地建成】 4月11日，宣武培智学校职业教育实践基地建成。该基地与翔达酒店共同合作建立，职教部综合服务班学生每月安排一周时间到酒店客房进行服务实践，训练培养职业技能与职业品质。全校学生7人参加学习。

（王文洪　赵立军）

【参加公益演出活动】 6月和10月，宣武培智学校参加两场公益演出活动。6月14至28日，该校学生参加公演话剧《愿望树》5场。此次活动由国家话剧院主办，剧目是西城区公益文化传播中心原创出品，改编自发生在宣武培智学校真实故事，该校学生杨思宇在剧中担任主要角色，其他学生出演“双簧、歌舞串烧”等。10月15日，学校合唱队在国家大剧院音乐厅表演歌曲“礼仪之邦”。此次表演由中国友好和平发展基金会、中国残疾人福利基金会等联合主办，集弹奏、乐舞、诵读等形式为一体，中国交响乐团附属少年及女子合唱团、中国残疾人艺术团及社会各界代表共同出演，共有1200余人到场观看。

（王文洪）

【接待美国智障协会到校访问】 11月

1日，宣武培智学校接待美国智障协会代表到校访问。该访问团包括美国智障协会前主席夏洛克以及香港、台湾特教专家一行5人，到校与学生共同组队，参与“乐享竞技、温暖融合”融合趣味运动会，包括拔河、往返跑、篮球、滚球等比赛项目；参观学校专业教室，并就培智学校课程问题交流座谈。来自教育部、市特教中心领导、专家6人，以及社区化联合会理事单位代表36人参与活动。

（王文洪　赵立军）

北京市朝阳区安华学校

【概况】 2013年，北京市朝阳区安华学校占地面积5628.41平方米、建筑面积3984.40平方米，体育场（馆）面积812平方米。图书馆藏书7300册。固定资产总值887.66万元。全年教育经费投入1152.20万元，其中，国家拨款1123.86万元、自筹经费28.34万元。学校信息化经费投入25.73万元，拥有计算机143台，多媒体教室座位10个，校园网出口总带宽100Mbps，数字资源量1300GB。普通教室14个、专用教室19个。教职工65人，包括副高级职称2人、中级职称20人。专任教师59人，全部为本科及以上学历。开设教学班20个，其中，初中班4个、高中班7个。毕业36人，其中，初中18人、高中18人；招生28人，其中，初中11人、高中17人；在校生177人，其中，初中48人、高中56人。

（王蕊）

【举办特殊儿童艺术作品展】 5月25至26日，朝阳安华学校举办“一样的艺术，不一样的角度”特殊儿童艺术作品展。该展示与尤伦斯当代艺术中心共同主办，朝阳区特殊教育中心协办，在北京798艺术区举行，共展出绘画作品50幅，作者最大17岁、最小10岁，以中重度智障学生为主。来自教育部、中残联领导，艺术评论家、高校学者，各区县特教学校负责人，新华社、人民日报等媒体代表30余人出席开幕式和主题论坛，共有3000人次参观展览。

（曹跃）

【培智教育研究成果出版】 8至12月，朝阳安华学校培智教育课程研究成果出版。其中，学校义务教育阶段生活适应教材一至九年级（上、下册）由中国轻工业出版社正式出版，为16开本，总字数1200千字，投入

资金28.20万元，首次印刷3000册、发行500册；职业高中《中餐烹饪》《生活适应》教材由电子工业出版社正式出版，朝阳区教委投入经费6万元，其中，《中餐烹饪》为16开本，总字数172.80千字；《生活适应》为16开本，总字数185.60千字，共分4篇、17个活动单元。

（杨华云　李霞）

【承办全国培智教育课程建设展示会】

10月15至18日，朝阳安华学校承办全国培智教育课程建设展示交流会。会议由中国教育学会特殊教育分会主办，主题为“构建支持性课程体系、提升智障孩子生活质量”，邀请北京联合大学特教学院院长、北京师范大学3名教授开办特教理论培训，全国各省市地区14所培智课程建设优秀学校代表发言，展示20个地区征集校本课程建设成果，自200份课程研究论文中挑选37篇文章编辑成册、交流学习，组织与会人员到安华学校现场观摩考察。来自教育部、中残联、中国教育学会特教分会、市教委、市特教中心等专家、领导，以及全国27个省市地区特教工作者30人参加会议。

（王蕊）

【与英国学校建立合作关系】　10月22至23日，朝阳安华学校与英国梅菲尔德和库姆派福德学校建立手拉手合作关系。协议规定每年两校组织师生互访、交流一次；通过交流学习促进师生沟通、交往能力和专业技能，借鉴对方课程设置、课程体系、教材、管理及办学经验，共同促进职业教育发展；借助双方合作平台，向其他职业院校及特殊教育延伸拓展；双方为交流提供便利条件，确保合作顺利进行。协议有效期三年。

（李霞）

北京市石景山区培智中心学校

【概况】　2013年，北京市石景山区培智中心学校占地面积7080平方米、建筑面积3627平方米，体育场（馆）面积1519平方米。图书馆（室）藏书3000册。固定资产总值1423.82万元。全年教育经费投入682.38万元，全部为国家拨款。学校信息化经费投入20万元，计算机52台，多媒体教室座位30个，校园网出口总带宽10Mbps，数字资源量100GB，“信息技术”课程8课时/周。普通教室10个、专用教室15个。教职工33人，包括副高级职称1人、中级职称15人。专任教师29人，包括本科及以上学历24人。开设教学班10个，其中，小学班6个、初中班3个、高中班1个。毕业18人，其中，初中14人、高中4人；招生10人，其中，小学7人、高中3人；在校生100人，其中，小学58人、初中31人、高中11人。网址：http://pzx.dkt.sjsedu.cn。

（张洁）

【成立家长委员会】　4月7日，石景山培智学校成立“促进学生成长共同体”家长委员会。该校聘请家长17人担任委员，制定《家长委员会职责》，要求家长委员对学校工作起监督宣传作用，反映家长合理诉求，促进学校与家庭、社区建立密切联系，每学期至少召开两次家委会会议。

（张洁）

【张洁获首都劳动奖章】　4月30日，石景山培智学校教师张洁获得首都劳动奖章。此次表彰由北京市总工会主办，参评者应具备在推进首都经济发展方式转变和经济结构调整，保持经济平稳较快发展方面作出突出贡献的；在扩大社会主义民主、健全社会主义法制、发展社会主义政治文明方面作出突出贡献的；在增强自主创新能力和产业核心竞争力，建设创新型企业和创新型城市方面作出突出贡献的等十项条件。全市各区县推荐人员参评，最终389人获奖。张洁，2005年参加工作，中国共产党党员，在校长期从事班主任以及语文任课教师工作。

（张洁）

【举办首届自闭症学生画展】　5月23

日，石景山培智学校举办首届“共享阳光——你我同行”自闭症学生绘画展。展览共展出画作42幅，以油画、水粉画为主，呈现自闭症学生个别化教育成果。来自石景山区政府、区教委、区残联、老山街道领导，以及友好单位代表，学校师生180人参观。

（张洁）

【接受社会捐赠】　6月25日和10月22日，石景山培智学校接受社会捐赠。北京易盟天地信息技术有限公司向学校捐赠“儿童安全监控器”76台、价值1.14万元，学生佩戴监控器可以方便联系家人，家长可以通过卫星定位找到学生避免意外发生。民进石景山工委王东出资为学生捐赠校服100套、价值12000元。

（张莉　张洁）

【实施送教上门】　9月1日至12月26日，石景山培智学校实施送教上门工作。共有教师10人为学生13人进家授课，包括教育、康复两方面内容，其中，教学以生活适应、兴趣休闲、认知沟通为主，康复上以语言动作、生活自理、作业治疗为主。

（祁超）

【组织社会体验活动】　至年底，石景山培智学校组织开展社会体验活动。活动旨在带领学生在实践中接触社会，感受人文、艺术、科技魅力，到国际雕塑园、中国科技馆、园博园等地学习参观。全校师生、家长400人次参与活动。

（张洁）

北京市盲人学校

【概况】 2013年，北京市盲人学校为寄宿制学校，占地面积2.97万平方米、建筑面积3.14万平方米，体育场（馆）面积0.54万平方米。图书馆（室）藏书2.40万册，包括盲文版图书0.80万册。固定资产总值5045.58万元。全年教育经费投入5166.20万元，其中，国家拨款5025.81万元、自筹经费140.39万元。学校信息化经费投入317.63万元，拥有计算机698台，多媒体教室座位100个，校园网出口总带宽100Mbps，数字资源量20TB。普通教室35个、专用教室30个、实验室4个。教职工138人，包括副高级职称24人、中级职称37人。专任教师89人，包括北京市学科教学带头人2人、市级骨干教师1人；本科及以上学历86人。开设教学班27个，包括初中班5个、高中班2个。毕业82人，包括初中11人、成人中专33人、职业高中15人；招生87人，包括小学20人、初中25人、职业高中8人、成人中专34人；在校生308人，包括小学118人、初中73人、高中16人、职业高中29人、成人中专72人。网址：http://mrxx.bjedu.gov.cn/。

（黄小丽）

【开展家校合作教育】 3至5月，北京盲校开展系列家校合作教育活动。其中，举办北京地区视障儿童家长培训会，以“分享、倡导、共赢”为主题，开办专家讲座，解答视障儿童家庭教育问题，来自各区县学生家长20人参加学习；召开家长学校开学暨家长会，围绕“加强家校沟通，共同教育孩子”主题，分享家教经验、通报德育工作情况，全校学生家长150人参加活动；与儿童乐益会等单位联合举办残健家庭融合活动，组织合作游戏和参观校园等活动，10个健全学生家庭和8个视障学生家庭50人参加活动。

（曾妮）

【开办市阳光工程盲人按摩培训班】 5月14日，“北京市阳光工程盲人保健按摩全程免费培训班”在北京盲校开班。培训班由北京市按摩指导中心牵头，该校具体承办，对学员实行全程免费培训，采取集中授课与教学实习相结合的培训模式，开展系统的针灸推拿按摩理论与实践操作培训。学习为期4个月，共有来自北京、西藏、青海等省市30名视障人士参加学习。经理论与实践操作考核，全部获得由国家职业资格鉴定机构颁发的“中级保健按摩师”职业资格证书。至此，北京盲校共承办“阳光班”培训班11期。

（薛梅）

【参加全国体育比赛获奖】 5月15至22日和8月9至11日，北京盲校学生参加两项全国体育比赛获奖。5月参加全国盲人门球锦标赛，高二年级学生石雨、翁帝成、杨鹏，初三年级学生李雪亮代表北京市残联参赛，获得盲人门球项目全国第二名。比赛由中残联、国家体育总局、中国残奥委员会主办，中国残疾人体育运动管理中心承办。来自全国14个省市自治区14支男队、10支女队运动员200人参赛。8月参加全国青少年无线电通信锦标赛获得无线电通信项目视力组一、二、三等奖。比赛由国家体育总局、教育部、中国科协、团中央、全国妇联主办，中国无线电运动协会承办，分为“超蓝世界”杯2013全国无线电测向锦标赛、全国青少年无线电测向锦标赛、全国青少年无线电通信锦标赛和全国业余无线电应急通信演练比赛4个类别共19个项目，来自全国各省市自治区的207支代表队的2361名运动员参赛。

（曾妮 黄小丽）

【成为国家残疾人体育培训基地】 10

月11日，“国家残疾人体育培训基地”在北京盲校揭牌成立。该基地是中残联首个在特殊教育学校命名的国家级体育培训基地，旨在贯彻“体教结合，终身发展”理念，实行运动训练、教育培训、就业服务“三位一体”培训模式，将残疾人运动员体育训练与教育培训有机结合，为其就业与发展奠定基础。基地面向全国招生，由中残联体育部委派专业教练员执教，考核形式包括学业成绩考核、职业技能考核以及体育专业考核。

（黄小丽）

【开展随班就读工作】 11月22日和12月12日，北京盲校开展随班就读工作。11月与“1+1”视障者文化中心联合举办房山区随班就读亲子活动，以“畅谈困惑、释放压力”为主题，分为“让我们在一起”热身活动、“认识我自己”畅谈困惑、“齐心协力”亲子垫球等环节，为随班就读学生、家长搭建交流平台。来自房山区视障随班就读学生、家长19人参加活动。该校将组织开展亲子活动纳入随班就读指导常规工作，平均每年开展2次。12月在北京市西城区官园小学举办市随班就读教研组活动，分为教学观摩、经验分享、教学研讨等环节，来自北京市特殊教育中心、西城区随班就读教研员等相关人员40人参加活动。

（李晶）

北京市第三聋人学校（北京市健翔学校）

【概况】 2013年，北京市第三聋人学校（北京市健翔学校）占地面积1.19万平方米、建筑面积1.28万平方米，体育场（馆）面积0.25万平方米。图书馆（室）藏书4.21万册。固定资产总值3873.02万元。全年教育经费投入3079.81万元，其中，国家拨款2870.21万元、自筹经费209.60万元。学校信息化经费投入104万元，拥有计算机300台，多媒体教室座位400个，校园网出口总带宽80Mbps，数字资源量1000GB，“信息技术”课程1至2课时/周。普通教室24个、专用教室10个、实验室4个。教职工99人，包括副高级职称15人、中级职称34人。专任教师73人，包括特级教师1人、市级骨干教师1人、北京市学科教学带头人1人；本科及以上学历70人。开设教学班24个，其中，初中班6个、高中班11个。毕业68人，其中，初中29人、高中39人。招生41人，其中，初中5人、高中36人；在校生252人，其中，初中67人、高中106人，包括寄宿生185人。高中录取分数线180分（海淀区）。应届高考本科上线率50%。网址：www.edeaf.cn。

（陈建功）

【举办教师书写展评活动】　6月3至

7日，三聋校举办钢笔字展评暨粉笔字现场展示活动。活动为学校提高教师书写素养系列基本功培训内容之一，在钢笔字书写展评环节中，教师硬笔作品以无记名形式展示，全体教师参加评选，最终11人获奖，其中，一等奖1人、二等奖3人、三等奖7人；粉笔字现场展示活动分为两个板块，要求教师在规定时间内书写规定文字和自选书写内容，并在小组内展示交流。该校教师52人参加活动。

（陈建功）

【高中班实行四年学制】　9月1日，三聋校聋生高中班实行四年学制。经市教委、海淀区教委批准，该校聋生班自9月起开始实行四年学制，现就读高二年级学生23人于2014年继续升入高三年级学习。学校1998年设立职业高中，采取三年学制。

（陈建功）

【组织课本剧汇报表演】　12月2日，三聋校组织课本剧汇报表演。该校“郁喑剧社”学生表演课本剧《生死攸关的烛光》《包公审驴》以及手语诗歌朗诵《我的七彩梦》，全校师生240人观看演出。社团于2012年成立，由六至八年级学生成员25人组成，邀请海淀区教科所教研员担任艺术指导，先后排演《金色的鱼钩》《楚王好细腰》《微笑》等5个剧目，并代表学校参加市、区级比赛。

（陈建功）

北京市海淀区培智中心学校

【概况】　2013年，北京市海淀区培智中心学校占地面积6699平方米、建筑面积5930平方米，体育场（馆）面积1480平方米。图书馆（室）藏书1.44万册。固定资产总值2946.42万元。全年教育经费投入1678.40万元，全部为国家拨款。学校信息化经费投入70万元，拥有计算机120台，多媒体教室座位20个，校园网出口总带宽50Mbps，数字资源量3000GB，“信息技术”课程2课时/周。普通教室16个、专用教室20个。教职工72人，包括副高级职称3人、中级职称31人。专任教师67人，包括市级骨干教师1；全部为本科及以上学历。开设教学班43个。职业教育毕业31人；义务教育招生64人；在校生326人，包括义务教育214人、职业教育90人。网址：www.happyonline.com。

（盛利华）

【举办古诗词诵读书写展评】　3月29

日，海淀培智学校举办学生古诗词诵读书写展评活动。活动以“走进经典、感受传统”为主题，分为诵读与书写两部分，其中，古诗词诵读面向一至九年级学生，以班级为单位，展示古诗词诵读、演唱、表演；硬笔书法比赛面向一至四年级学生、软笔书法比赛面向五至九年级学生，学生经班级选拔参赛。评委由来自英国以及中国河北省特教学校教师担任，最终评出古诗词诵读一、二等奖9个，创新奖1个，古诗词书写一、二等奖15个。

（盛利华）

【获市教学成果一等奖】　9月，海淀培智学校“个别化教育理念下自闭症儿童课程的实践研究”获得北京市第四届基础教育教学成果一等奖。该校自2008年开始，结合自闭症儿童特点，探索研究适合其课程，于2010年形成完整课程体系。经2010至2013年校内、校外实践检验，证明该成果对自闭症儿童自身发展、教师专业发展起到积极推进作用，并对国内自闭症课程建设提供良好借鉴。该奖项由市政府颁发。

（盛利华）

【开办书法心理治疗班】　10月22至24日，海淀培智学校举办书法心理治疗课程培训班。培训邀请书法心理治疗创始人、书法心理治疗师、心理学教授以及该校教师4人开办讲座，采取演讲、观摩、实操体验等形式，内容涉及书法治疗理论、应用及前景，书法谘商与治疗活动的设计与应用，接纳承诺治疗与书法治疗，书法心理治疗在特殊儿童中的应用，书法心理治疗体验及实践等知识。来自全国各省市地区24所特教学校、普通学校资源教师及学生家长65人参加学习。

（盛利华）

【教学研究成果出版】　12月，海淀培智学校《自闭症儿童教育实践与案例》出版。该书由校长于文担任主编，共计29万字，经济科学出版社出版。全书收录学校教师特殊教育研究成果，包括论文、案例38篇，教师37人参与编写。

（盛利华）

北京市门头沟区特殊教育学校

【概况】　2013年，北京市门头沟区特殊教育学校占地面积2598平方米、建筑面积962平方米，体育场面积600平方米。图书室藏书2100册。固定资产总值235.80万元。全年教育经费投入43.30万元，全部为国家拨款。学校信息化经费投入41.80万元，拥有计算机26台，多媒体教室座位17个，校园网出口总带宽100Mbps，“信息技术”课程4课时/周。普通教室4个、专用教室3个。教职工17人，包括中级职称15人。专任教师14人，包括本科及以上学历7人。开设教学班4个。毕业6人、招生11人、在校生55人。网址：http：//blog.sina.com.cn/u/2941071081。

（邓小燕）

【家长教师协会成立】　1月10日，门头沟特教学校家长教师协会成立。该协会由专人负责管理，职能包括促进学校与家长的沟通交流，协助学校做好学生的教育管理，现拥有家长会员 14 人。

（邓小燕）

【开展安全教育】 3月25日和4月1日，门头沟特教学校组织开展两次安全教育活动。活动围绕全国中小学生安全教育日“普及安全知识，确保生命安全”主题，其中，3 月邀请门头沟区交通队警员举办“交通安全伴我行”讲座，向学生及家长发放交通安全知识图册与宣传单，并组织共同观看交通安全展板；4 月开展学生乘坐公交车体验行动，掌握看信号灯过马路、排队上下车、走过街天桥、识别机动车转向灯等交通常识，并参观交通管理指挥中心。全校师生、家长 58 人参与活动。

（孙守信）

【组织学生社会实践】 4月25日和10月10日，门头沟特教学校开展学生社会实践活动。4 月举办“游览生态新城、感受家乡变化”主题社会实践活动，全校师生、家长 62 人共同游览葡山公园、石门营公园、永定河文化广场等。10 月组织师生到灵溪中小学生态教育基地开展实践活动，参观灵溪博物馆、制作软陶玩偶、组织电子模拟探雷活动，全校师生、家长 60 人参加活动。

（邓小燕）

【展示课程教学成果】 5 月 17 日，门头沟特教学校举办“等待花开收获幸福”主题课程成果展示活动。活动展示反映学校教育教学成果展板，组织特教师生“十字绣”“数字油画”“书法、合唱”展演。来自市特教中心、北京妇女儿童发展基金会、门头沟区残联、区教委等单位代表，及全校师生、家长 70 人参加活动。

（邓小燕）

北京市通州区培智学校
北京市通州区特殊教育中心

【概况】 2013 年，北京市通州区培智学校、北京市通州区特殊教育中心占地面积 11320 平方米，建筑面积 7249 平方米，体育场面积 5705 平方米。图书馆藏书 8321 册，订阅杂志、报刊 10 种。固定资产总值 1639 万元。全年教育经费投入 1127.10 万元，其中，国家拨款 1113.40 万元、自筹经费 13.70 万元。学校信息化经费投入 150 万元，拥有计算机 100 台，多媒体教室座位 20 个，校园网出口总带宽 20MB，数字资源量 60GB，“信息技术”课程 4 课时 / 周。普通教室 18 个、专用教室 21 个。教职工 62 人，包括副高级职称 1 人。专任教师 57 人，包括本科及以上学历 47 人。开设教学班 18 个。毕业 4 人、招生 151 人，在校生 140 人。

（丁秋宇）

【调整校本课程】 9 月 1 日，通州培智学校（特教中心）调整校本课程安排。学校将校本课程分设四个阶段调整到三个阶段，其中，康复教育阶段（一至二年级），包括综合主题活动课（生活语文、生活数学、劳动技能、生活适应）、音体美课、康复训练课（自闭症训练、自理训练、沙疗训练、戏剧治疗、物理治疗、音乐治疗等）；智能教育阶段（三至九年级），包括学科教学（生活语文、生活数学、生活适应、劳动技术、运动与保健、绘画与手工、唱游与律动）、兴趣发展（乒乓球训练、器乐训练、轮滑训练、烹饪与烘焙等）；职业教育阶段（职训班、康复站），包括职前训练（缝纫、烹饪与烘焙、超市理货和售货、种植、保洁、洗车）、工艺（绢花制作和软陶）。

（丁秋宇）

【提高康复培训质量】 9 月，通州培智学校（特教中心）提升康复培训质量。此次工作与北京阳光爱儿童智能康复中心、北京慧慈敦敏教育咨询有限公司共同开展，针对 30 名自闭症学生在校表现，通过调查研究方法制定纠正不良行为的策略，采取集中培训形式对教师进行指导，期间举办“神经平衡疗法”系列讲座，讲授物理治疗的基本知识、技能等并现场示范评估。全校教师 21 人参加学习。

（丁秋宇）

【李银环当选年度北京榜样】 12 月 2 日，通州培智学校（特教中心）教师李银环获得“2013 北京榜样”称号。李银环以其 25 年扎根特殊教育事业的事迹获得奖励。该评选由首都精神文明建设委员会办公室指导、北京人民广播电台新闻广播主办，旨在宣传和表彰展现首都形象、反映城市品格的“草根榜样”，自 4 月启动，面向社会征集百个人物故事，由网民和听众参与投票，最终 10 人当选。李银环，1968 年 8 月出生，通州区人，1988 年至今在通州培智学校担任教师，曾获得北京市“紫禁杯”特等奖、全国劳动模范等先进称号。

（丁秋宇）

【投入598.9万元改善教学设施】 12 月 15 日，通州培智学校（特教中心）投入 598.90 万元改善教学设施。资金由通州区教委拨付，其中，138.80 万元用于信息化建设设备费，为 9 个教室配备电子白板、触摸式显示屏、摄像机等；380 万元用于专业教室建设，建成多感官训练室、录课室、康复乐园等；80 万元用于孤独症训练设

备配置费用。

（丁秋宇）

【成立家长委员会】 12月23日，通州培智学校（特教中心）家长委员会成立。学校按照班级规模推选家长18人组成家长委员会，以无记名投票形式选出委员会主任1人、副主任2人。首次会议通过“关心和扶持学校教育事业发展，支持学校教育教学工作”等12条家长委员会职责，以及“全面负责学校家长委员会的工作，协助学校做好家长委员会期初计划和期末总结工作”等10项家长委员会主任职责。

（丁秋宇）

北京市顺义区特殊教育学校

【概况】 2013年，北京市顺义区特殊教育学校占地面积4836平方米、建筑面积5924平方米，体育场（馆）面积1003平方米。图书馆（室）藏书1.40万册。固定资产总值675.38万元。全年教育经费投入1015.28万元，全部为国家拨款。学校信息化经费投入15万元，拥有计算机90台，多媒体教室座位22个，校园网出口总带宽100Mbps，数字资源量18GB。普通教室17个、专用教室12个。教职工66人，包括副高级职称4人、中级职称30人。专任教师56人，包括市级骨干教师1人；本科及以上学历53人。开设教学班17个，其中，小学班10个、初中班7个。初中毕业20人；招生21人，其中，初中3人、小学18人；在校生168人，其中，初中59人、小学109人，寄宿生117人。网址：www.tj.shyedu.cn。

（胡金侠）

【防控禽流感】 4月15日，顺义特教学校开展禽流感防控工作。工作内容包括在校门口测量学生体温并记录，班主任与家长对接学生情况；制作宣传板报；班主任向学生介绍、指导具体禽流感防控知识；召开伙食卫生安全会议，严格落实采买等环节；在厕所楼道内进行消毒。

（张常增 武红静）

【台湾特教专家来校指导】 11月11至15日，顺义特教学校接待台湾特教

专家鲍亦君指导教学工作。鲍亦君对教师进行结构化教学与课堂教学等专业理论培训；走进课堂听评课，现场与师生交流、示范；开办“儿童发展地图”评估使用方法专题讲座；介绍“结构化教学”目的意义及具体操作方法；分析学生问题、达成目标、实施策略。全校干部、教师45人参加学习。鲍亦君，美国俄克拉荷马州州立中央大学特殊教育硕士，台湾资深特殊教育专家，从事特殊教育工作30年。

（武红静）

【交流特教办学经验】 11月21日，顺义特教学校组织办学经验交流活动。来自四川省武胜县特教学校、北京市西城区培智学校、北京市平谷区特教中心、北京市石景山区培智学校校长、教师32人来校参观学习，听取该校办学经验汇报，了解自行开发校本教材及电子教材使用情况，走进专用教室观摩并就“教学环境布置、更好地促进学生康复”方面问题交流研讨。学校干部、教师20人参加活动。

（武红静）

【顺义特教名师工作室启动】 12月10日，顺义区“特殊教育工作室”启动。工作室以专业引领、实践探索、共同发展为宗旨，以促进工作室成员专业成长与发展，发挥名师示范、引领和辐射作用为目标，开展特殊教育专业康复教育，随班就读课堂教学研究工作。工作室由北京市特教中心主任主持，成员有区级特教学科带头人1人、园丁新星2人、骨干教师8人、随班就读骨干教师4人。

（武红静）

【设立爱心超市】 12月12日，顺义特教学校设立“妈咪爱超市”。北京韩美药品有限公司捐资1万元筹办小型模拟超市，由学校与企业工会“自愿爱心队”共建，目的是训练职业部与学龄部学生融入社会的实践技能和类似的社会体验，提高学生认知能力、数学能力、交往能力、表达能力。超市平时由职业部教师负责管理，所得收入该部学生循环使用。

（吴靖）

【召开课题结题会】 12月25日，顺

义特教学校承担的3项北京市教育学会“十二五”课题结题。3项课题是“在生活指导课中培养中度智残学生日常生活能力培养的研究”“自编教学游戏在中度智障学生教学中的应用”和“利用多媒体技术支持聋生自主学习的实践研究”。课题组代表汇报课题研究目的、内容、过程和效果，与会专家给予肯定，认为课题目标清晰、过程扎实、效果显著，全部通过结题认定。来自北京市教育专家、顺义区中小学特教视导员、教科室负责人、特教学校干部、教师30人参加会议。

（武红静）

北京市昌平区特殊儿童教育学校

【概况】 2013年，北京市昌平区特殊儿童教育学校占地面积8020平方米、建筑面积2524平方米。固定资产总值245万元。全年教育经费投入474万元，全部为国家拨款。学校信息化经费投入16.30万元，拥有计算机55台，多媒体教室座位12个，校园网出口总带宽5Mbps，数字资源量500GB，“信息技术”课程2课时/周。普通教室5个、专用教室10个。教职工29人，包括中级职称1人。专任教师17人，全部为本科及以上学历。开设教学班5个。毕业4人、招生8人、在校生31人。网址：www.cptjxx.com。

（王玉荣）

【组织学生社会实践】　3月、6月和10月，昌平特教学校共3次组织开展学生社会实践活动。其中，3月13日至6月学校开展“小农场学生实践活动”，利用旧校区土地资源，带领学生开垦、平整荒地120平方米，利用每周三两节课时间安排学生除草灌溉，种植白菜、豆角等农作物。3月28日，学校开展“小小旅行家乘车购物”主题实践活动，通过独立乘车、购物方式进行，全校学生36人参加。10月10日，学校组织学生到八达岭野生动物园游园实践，期间共参观园内野生动物游览区、山林观光区、生态保护区、古文化区四个功能区域，有教职工、学生50人参加活动。

（李海洋　张涛）

【美籍专家来校指导】　5月15至16日，昌平特教学校接待美籍特教专家赖铭次指导手语教学工作。赖铭次会同北京联合大学特教学院教授以及北京市东城区培智学校、北京市丰台区培智学校、北京市朝阳区安华学校手语组成员一行8人，到校观摩教师“将手语引入学科教学”公开课展示，对学校将手语引入学科教学工作给予较高评价，并提出搭建生活化手语平台相关指导意见，其间举办“特殊儿童情绪问题”专题报告，讲解儿童与青少年学习行为与情绪问题处理、应用行为分析、正向行为支持方案等问题。全校教师8人参加活动。赖铭次是美国临床心理学博士，俄亥俄州执照心理医师，美国克利夫兰布莱德——威利综合症治疗中心临床心理顾问，擅长自闭症、青少年行为与情绪、智障与精神疾病、人格异常等方面诊疗与研究。

（李海洋）

【改善办学条件】　7至8月，昌平特教学校投资12.60万元改善办学条件。其中，投入资金3.80万元用于拆除学校东侧危棚60平方米，在校园南侧新建棚屋60平方米；投入资金4万元用于搭建钢架花棚美化绿化校园环境；投入资金4.80万元用于购置活动房屋2栋，共计56平方米供家居教学活动使用。学校还完成体育场基础层面改造工程，对地面硬化总计2300平方米。

（蔡连玉）

【实景模拟厨房建成】　8月，昌平特教学校实景模拟厨房建成。实景厨房建筑面积28平方米，可容纳学生10人，用于组织开展“我是小厨师”主题实践活动，指导学生学习烙饼、摊鸡蛋、凉拌土豆丝等简易家常菜品的制作。项目由学校投资2.40万元。

（李海洋）

北京市大兴区特殊教育中心

【概况】　2013年，北京市大兴区特殊教育中心占地面积3294平方米、建筑面积2404平方米，体育场（馆）面积1240平方米。图书馆（室）藏书6万册。固定资产总值1031.20万元。全年教育经费投入905万元，全部为国家拨款。学校信息化经费投入4.68万元，拥有计算机71台，多媒体教室座位9个，校园网出口总带宽100Mbps，数字资源量450GB，“信息技术”课程6课时/周。普通教室8个、专用教室5个。教职工31人，包括副高级职称1人、中级职称19人。专任教师24人，包括本科及以上学历22人。开设教学班8个。毕业4人；招生43人；在校生42人，包括外省市5人；残疾儿童入学率99%，巩固率99%。网址：http://tejiao.daxingedu.cn/。

（陈森）

【组织召开随班就读会议】　3月11日和5月29日，大兴特教中心组织召开随班就读工作会议。3月召开大兴区随班就读工作研讨会，学习《2013年大兴区随班就读工作计划》，以及市教委、市教育督导室、市残联《关于进一步加强随班就读工作的意见》和《北京市残疾儿童少年随班就

读工作管理办法（试行）》，针对随班就读工作组织管理体系和支持保障体系建设等内容展开研讨，对大兴区如何更好地开展随读工作提出建议。大兴区教委、特教中心相关负责人7人参加会议。5月召开大兴区随班就读工作培训会，邀请原北京市第一聋人学校校长宋晓华作题为“关于随班就读学生的个案管理——个别化教育计划的制定与实施”主题讲座，与会领导从认清当前随读形势、明确工作内容和职责、创造氛围加强交流和沟通、完善绩效评价方案四个方面提出要求。来自大兴区教委、区特教中心、各中小学校相关负责人100人参加培训。

（刘健　谢盘松）

【开展环保专题教育活动】　5月17日，

大兴特教中心开展“弯腰行动，有你有我”环境保护专题教育活动。此次活动在大兴区康庄公园举行，旨在加强环境保护宣传，增强特殊儿童环境保护意识，培养智障队员良好行为习惯，由校大队辅导员作主题宣讲、发表保护环境倡议，师生共同打扫地面、捡拾垃圾。全校教师、学生、部分家长83人参加活动。

（谢盘松）

【展示自制教具】　7月4日，大兴特教中心组织“自制教具，能力展示”

活动。教师自行设计、制作教具，要求结合智障学生特点、有助于其矫正自身缺陷，并说明教具设计原理、目的、操作步骤、注意事项等，各个班级将教具展陈在特定区域，供学生参观使用。全校学生、部分家长 85 人参加活动。

（谢盘松）

北京市怀柔区培智学校

【概况】 2013 年，北京市怀柔区培智学校占地面积 4098 平方米、建筑面积 1778 平方米，体育场面积 1200 平方米。图书室藏书 3000 册。固定资产总值 369.93 万元。全年教育经费投入 597.53 万元，全部由国家拨款。教职工 37 人，包括中级职称 29 人。专任教师 19 人。普通教室 3 个、专用教室 2 个。开设教学班 6 个。毕业 8 人；招生 9 人；在校生 46 人，包括外省市学生 10 人。

（任海明）

【家长委员会成立】 3 月 29 日，怀柔培智学校家长委员会成立。委员会确立由该校干部和学生家长代表共同组成领导机构，主要职责包括定期研究学校教育工作和家长学校工作，协助学校落实教育工作计划，贯彻教育方针，实施素质教育，推动学校各项工作的开展；理解学校办学理念、发展目标和培养目标，并协助学校做好宣传、解释工作；及时了解、掌握学校教育教学的工作动态，收集和反映家长们所关注的问题，向学校提出合理化建议，为学校发展献计出力。协调家校关系，促进家校间的相互了解和交流，解决矛盾，促进工作；热心支持和参与学校的各项重大教育活动；协助举办家长学校，普及家庭教育知识，改进家庭教育方法，提高家庭教育质量。并就《培智学校家长学校工作方案》共同交流讨论，达成拉近学校和家长的距离，使家长们在学校管理、家庭教育、家校联系等方面共识。学校干部、教师以及家长代表 42 人参加活动。

（任海明）

【上门家访送教】 6 月 17 日，怀柔培智学校开展上门家访送教工作。工作由校长、书记带队，到怀柔区九渡河镇、杨宋镇等 6 名智障学生家中，掌握、了解和指导学生学习生活、康复训练、家庭教育等，建立“在校生家访情况记录”工作档案，并为学生带去所需学习用品。该校干部、教师 6 人参与工作。

（任海明）

【开展师带徒帮扶活动】 10月10日，

怀柔培智学校开展“师带徒”结对子帮扶活动。学校召开拜师会，青年教师和新到岗教师拜骨干教师为师，结成“师徒对子”6 个，并签订结对帮扶协议书，“师父”教师承诺以“勤听勤导，言传身教”为指导标准，帮助“徒弟”提高综合素质与专业能力。全校干部、教师 28 人参加活动。

（任海明）

【组织生活化教育社会实践】 11月8

日，怀柔培智学校组织智障学生生活化教育社会实践活动。教师、家长一对一指导学生走进京客隆超市，讲解在超市购物的流程及注意事项，指导学生现场识别超市所划分区域、辨别不同商品的价格标签、核算商品价格并到收银台结账。该校师生、家长 42 人参加活动。

（任海明）

【举办融合主题教育活动】 12 月 3 日，怀柔培智学校与北京市怀柔区第一幼儿园联合举办“普特融合”主题教育活动。活动以“尊重、爱护、帮助”为主题，让特殊教育和普通教育

学生共度“国际残疾人日”。活动分成两个部分，怀柔一幼学生表演舞蹈“欢乐的跳吧”和“傣族舞”，两校学生共同表演手语节目“最好的未来”；学生走入各班级玩游戏、做手工，互赠礼物。两校教师、学生共 56 人参加活动。

（任海明）

北京市平谷区特教中心

【概况】 2013 年，北京市平谷区特教中心现租借平谷区中罗庄老年公寓部分房屋为临时校舍，占地面积 2000 平方米、建筑面积 1200 平方米。图书馆（室）藏书 2 万册，订阅杂志 50 种、报纸 20 种。固定资产总值 500.75 万元。全年教育经费投入 80 万元，全部为国家拨款。学校信息化经费投入 219.92 元，拥有计算机 102 台，多媒体教室座位 75 个，校园网出口总带宽 4Mbps，数字资源量 10GB，“信息技术”课程 4 课时/周。普通教室 16 个、专用教室 10 个、实验室 1 个。教职工 66 人，包括副高级职称 4 人、中级职称 26 人。专任教师 43 人，包括市级骨干教师 1 人；本科及以上学历 30 人。开设教学班 16 个。毕业 15 人；招生 31 人；在校生 154 人，其中，聋生人 12、智障 106 人、脑瘫儿童 18 人、孤独症儿童 6 人、多重残疾 12 名，包括寄宿生 80 人。网址：www.pgtj.com。

（王红梅）

【召开学员职业工作推介会】 4 月 17 日，平谷特教中心召开学员职业工作推介会。会议安排北京市有关餐饮公司的负责人介绍公司情况、福利待遇以及行业服务的特点与要求，组织学生、家长到餐馆现场实地考察。这

是该特教中心首次举办智力残疾人员职业推介会，共有师生、家长30人参加活动。

（王红梅）

【获全国特奥足球赛亚军】 6月23至28日，平谷特教中心代表队参加2013年全国特奥足球比赛获得智障组亚军。代表队由师生23人组成，代表北京市参赛。比赛由中国残疾人联合会、国家体育总局、中国特奥会主办，共有来自全国21个省市、地区和香港、澳门特别行政区以及特邀韩国代表队24支队伍参赛。

（王红梅）

【组织多种社会实践】 9至10月，平

谷特教中心组织开展多种形式社会实践活动。举办“赏秋日园博美景、领略造园艺术——走进北京园博园”社会实践活动，了解中国园林有关知识及绿色生态环保理念，全体师生、部分家长166人参加活动。组织参加由中国友好和平发展基金会、锦湖轮胎（天津）工厂、天津友协发起主办“未来属于孩子”——锦湖轮胎天津工厂公益行活动，走进工厂，观看企业宣传片、了解轮胎生产过程并接受学习用品捐赠。

（王红梅）

北京市延庆县特殊教育中心

【概况】 2013年，北京市延庆县特殊教育中心占地面积1.98万平方米、建筑面积0.40万平方米，体育场面积1.04万平方米。图书室藏书5000册。固定资产总值557万元。全年教育经费投入535万元，全部由国家拨款。学校信息化经费投入92万元，拥有计算机41台，多媒体教室座位40个，校园网出口总带宽100Mbps，数字资源量300GB。普通教室6个、专用教室20个。教职工30人，包括中级职称15人。专任教师21人，包括本科及以上学历18人。开设教学班6个，其中，小学班4个、初中班2个。初中毕业6人；招生10人，其中，小学7人、初中3人。在校生65人，其中，小学40人、初中25人，寄宿生62人、智力障碍学生54人、肢体障碍学生4人、言语障碍学生1人、多重障碍学生6人。

（周英杰）

【组织学生社会实践】 9月11日至10月12日，延庆特教中心组织学生开展社会实践活动。教师带领学生走进中国科技馆、延庆县科技馆、延庆县地质博物馆、龙庆峡，感受“神奇的拼图”“芝麻开门”和“风力发电”等实验项目；观看球幕电影、参观专题展览、参与体验游戏等。全校学生137人次参加活动。

（周英杰）

【巡回指导家访工作】 9月23日，延

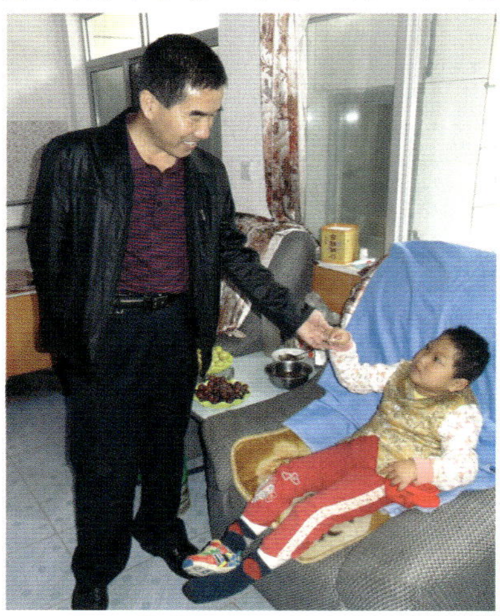

庆特教中心巡回指导家访工作。该校联合延庆县残联，面向接受送教上门重度残疾学生，教师走进家庭收集学生基本信息和照片，并通过谈话、测试等方式了解学生生活情况、学习能力以及教育需求。此次家访分别走进延庆县四海、永宁、刘斌堡等8个乡镇18个残疾学生家庭。

（周英杰）

【完成新校搬迁】 11月4日，延庆特

教中心完成新校搬迁工作。学校从延庆县谷家营村搬至靳家堡新校址，新址占地面积2万平方米、建筑面积0.40万平方米，拥有教育教学、康复训练、生活娱乐等设施，可容纳师生100人办公、学习，达到北京市特殊教育学校办学条件标准。新址于2012年8月开始施工，2013年7月竣工，由市县发改委投资1200万元。

（周英杰）

【接受爱心捐赠】 11月14日，延庆特

教中心接受中地海外集团爱心捐赠。该集团向学校共捐赠生活用品120套、便携式计算机30台、数码照相机20台，总价值34万元。自2006年，中地海外集团每年定期到延庆特教中心开展爱心捐赠活动。

（周英杰）

（本栏责任编校　马志鹏）

普通高等教育

综 述

2013年是北京高等教育切实转变工作作风、提高建设效率的一年，是北京高等教育不断深化改革、攻坚克难、寻求突破创新的一年。北京高等教育以“提高教育质量，促进内涵发展”为核心，紧密围绕国家和北京市相关战略部署，继续大力推进高等教育教学改革，不断创新人才培养机制，引导支持高校开展协作共建，努力开创北京高等教育特色彰显、争创一流的新局面。

2013年，北京市有56所普通高校和80个研究机构培养研究生，共有在学研究生26.57万人，比上年增加1.35万人。其中，博士生7.22万人，比上年增加0.35万人；硕士生19.35万人，比上年增加1.00万人。招收研究生9.14万人，比上年增加0.44万人。在56所普通高校中，中央部委所属高校35所，研究生在校生22.03万人，招生7.52万人；21所市属高校（含民办高校），研究生在校生2.90万人，招生1.06万人。

2013年，北京市共有普通高校89所，普通本专科在校生58.92万人；其中，市属普通高校54所（含民办高校），普通本专科在校生28.51万人。全市普通高校本专科招生16.31万人。

深化高等教育教学改革

加强专业建设，结合国家发展战略和北京经济建设情况，重点推动了电子信息类、工商管理类等10个专业群发展建设，形成一批优秀核心专业课程，满足社会对该类专业高素质人才的需求。加强课程教材体系建设，166门北京高校课程入选国家级精品资源共享课，重点建设精品教材400余项，并首次评选权威性高、使用范围广的经典教材14项。积极开展教学改革研究，立项支持295项课题研究，其中，重点课题12项、联合课题18项。大力推动教学及考试测评方式改革，重点开展大学公共英语改革试验，17所本科院校开始试点英语应用能力及口语测试改革。组织开展第九届北京市高等学校教学名师奖评选，评选出北京市教学名师奖获得者97人，教学名师在高等教育教学发展和改革中的引领示范作用进一步凸显出来。

加强实践创新体系建设

全面总结“北京市大学生科学研究和创业行动计划”建设成果，举办成果展示与经验交流会，56所高校的213项成果参展、53篇论文参与交流，很多优秀创新成果脱颖而出，受到社会各界的关注。加强校内创新基地建设，评选30个北京高校示范性校内创新基地，为大学生在校内开展科研创新、发明创造提供了新平台。在市属高校中建设国家级实验教学示范中心5个，虚拟仿真实验教学中心4个、大学生校外实践教育基地13个，组织开展校外人才培养基地的评审验收，进一步完善高校与科研院所、企事业单位合作建设学生实习实践基地的机制；举办北京市大学生创业设计竞赛、人文知识竞赛等19项大学生学科竞赛，为大学生交流合作、良性竞争、展示自我提供了更好的舞台。

推动高校协作发展

加强高校交流合作的顶层设计和统筹规划，起草推动高校协作发展的指导性意见。引导支持在京中央名校加大对市属高校的帮扶力度，推动北京市与教育部共建首都师范大学、与文化部共建中国戏曲学院。完善在京中央高校与市属高校结对共建机制，促进高校深度合作，扩大学生教师访学规模，健全管理人员挂职机制。强化北京卓越工程师教育培养计划高校联盟建设，开办联盟暑期高校，支持联盟高校合作开展教学改革和研究。在北航成立首家“北京学院”，试点开展接收北京地区高校学生长期访学和参加辅修专业学习。积极加强与周边地区高等教育教学交流合作，与天津市、河北省等省市初步达成高等教育教学改革和人才培养深化合作的框架协议。

完善高等教育质量保障体系

完成第七届北京高等教育教学成果奖表彰工作，汇编获奖成果，梳理总结2008年以来高等教育教学成果和经验，编辑出版《北京高等教育质量工程建设丛书》等汇编成果。积极开展专业认证和审核式评估试点工作，不断强化高校质量主体意识，健全校内质量保障制度，完善北京高等学校质量年度报告制度，努力探索建立健全政府、学校、社会多元化评估体系。

实施“市属高校创新能力提升计划1420项目”

市教委启动实施首批“市属高校创新能力提升计划1420项目”，确定2013年度提升计划资助项目53项，并批准479个科研项目，3所高校牵头建设北京实验室，增列4个市哲学社会科学研究基地。市教委印发《关于组织申报2014年度中央在京高校重大成果转化项目的通知》，启动面向中央在京高校的重大成果转化项目15项。

教育部学科评估取得好成绩

北京地区17所高校61个一级学科在教育部学位与研究生发展中心主持的2012年学科排名中排名第一。该评估工作面向全国高校和研究生培养单位，评估95个一级学科，共有391个单位的4235个学科申请参加评估。

完成北京市优秀博士论文评选

北京市完成优秀博士学位论文评选，59篇论文入选，涉及25个博士生培养单位，其中，中央高校50篇，市属高校5篇，科研机构4篇。2013年北京市优秀博士学位论文评选工作自3月8日正式启动。经学位授予单位初选、同行专家通讯评议、学科评选组专家会议评审、评选专家委员会评审，从63个博士生培养单位申报的170篇博士学位论文中评选出59篇优秀博士学位论文。

（黄侃）

【成立朝阳区高校合作发展联盟】 1月6日，“朝阳区—高校”合作发展联盟成立。该联盟是由朝阳区与北京工业大学、中国传媒大学、北京联合大学共同倡议发起，共有17家成员单位，包括朝阳区政府、15家驻区高校与1家科研院所。联盟以“政府主导、高校自愿参与”为原则，旨在推动高校与朝阳区内单位开展全方位、多领域的合作，推进区域协同创新。联盟成立后将以区校发展合作共建委员会、区校科技合作联席会议等为载体，通过信息、资源及需求汇集机制、会商对接及共建机制和产学研联合人才培养机制等三项工作机制建设，搭建交流平台，咨询服务平台，信息、资源、需求发布平台，成果落地转化平台，合作共建平台等五大平台，推动高校与区内单位开展科技、文化、社会管理等全方位、多领域的合作，推进协同创新和以企业为主体、市场为导向、产学研用相结合的区域创新体系建设。

（张驰）

【召开市属高校教学工作座谈会】 1月11日，市教委召开北京市属本科高校教学工作座谈会。会议部署提升本科教学质量工作，强调市属本科高校要以本科教学为主，切实加强专业建设、课程建设和实践教学建设，不断提升本科教育教学质量；要全面推动市属高校特色发展，进一步明确办学定位，结合自身办学历史、优势特色、社会需求确定人才培养目标。各高校代表交流本科教学工作及人才培养模式改革等问题。会议由市教委主办，北方工业大学承办，26所市属高校教学副校长和教务处处长70人参加座谈。

（杨嵩松）

【与教育部签署共建5所高校新校区协议】 1月18日，教育部与北京市政府签署协议共建5所高校新校区。根据协议，教育部与北京市共建中国人民大学、北京师范大学、北京交通大学、北京中医药大学、北京化工大学5所在京教育部直属高校新校区，其中，北师大、化工大学新校区位于昌平，人民大学、北交大、中医药大学新校区分别位于通州、平谷、房山。新校区建设围绕如何进一步提升、带动和服务区域经济社会发展水平这一重要使命进行，通过新校区建设，突出特色、强化优势，积极创造具有更强国际影响力的北京高等教育品牌，为建设世界一流高水平大学创造良好环境。

（段蕾）

【北林大科技园被认定为高校学生科技创业实习基地】 3月4日，北京林业大学科技园被认定为高校学生科技创业实习基地。该认定工作由教育部、科技部主持，全国共有22家单位被认定为高校学生科技创业实习基地，北京地区入选单位为北京林业大学科技园。认定后，该科技园按照每年有10家以上的在园企业为高校学生提供不少于100个实习或就业岗位，为学生提供多种创业、就业及职业技能实训，年实训不低于200人次，为学生创业企业提供的场地面积达到500平方米，在园学生创业企业数15家以上等要求开展工作。

（张驰）

【高校692人次入选教育部教学指导委员会】 4月9日，北京高校692人次入选教育部（2013～2017年）教学指导委员会。该届指导委员会分109个教指委和29个分教指委，共有4806位专家教授入选。此次，北京高校共入选692人次，占总数的14.4%，其中，主任委员51人次、副主任委员191人次、秘书长56人次。北京高校中，33所部委高校共有570人次入选，占北京高校入选总人次的82.4%，其中，主任委员45人次，副主任委员155人次，秘书长50人次，委员320人次；20所市属高校共入选122人次，占北京高校入选总人次的17.6%，其中，主任委员6人次，副主任委员36人次，秘书长6人次，委员74人次。

（张驰）

【获评58个国家级实验教学示范中心】 6月25日和7月29日，教育部分两批批准国家级实验教学示范中心，北京31所高校的58个中心入选。其中，第一批26所高校53个中心入选；第二批5所高校5个中心入选。经学校申报、省级和军队教育行政部门遴选、网上公示，全国共评出实验教学示范中心第一批500个、第二批120个。教育部要求示范中心要以培养学生实践能力和创新精神为根本目标，进一步明确发展思路，完善运行管理机制，优化实验教学队伍，创新实验教学模式，共享优质实验教学资源，提升实验教学信息化水平，充分发挥示范效应。

（张驰　华蕾）

【召开艺术院校艺术学及文学教改研讨会】 7月6至7日，北京舞蹈学院召开全国高等艺术院校艺术学及文学教育改革研讨会。会议研讨中国艺术专业高等教育体系中艺术学与文学教育改革的历史背景、学科建构、学理基础、课程建设、教学方法问题。来自文化部、北京市教委以及全国30多所高等院校的专家、教师70人参加会议。

（陈玉玉）

【27个专业入选卓越工程师计划】 10月17日，教育部办公厅公布卓越工程师教育培养计划第三批学科专业名单，北京11所高校27个专业入选。其中，8所学校15个专业入选本科专业名单；6所学校12个专业入选研究生层次学科领域名单，全部为工程领域。该评选经学校自愿申请，专家组论证等程序，全国共有433个本科专业、126个研究生层次学科领域加入卓越计划。

（华蕾）

【成立北京学院】 12月20日，北京航空航天大学成立北京学院。该学院首批课程将于明年9月启动，为计算机科学与技术专业的课程，该课程将通过大型开放式网络课程的形式进行教学。首批课程招收 30 至 60 名学生，这些学生将注册成为北航“北京学院”学生，但学籍仍留在原来所在学校，北航颁发课程成绩证明。该学院是北京高等教育重点推动建设项目之一，由中央高校牵头联合其他名校共同建设，接收北京地区高校学生长期访学或参加辅修专业学习。

（毕娟）

【25 个基地入选示范性校内创新实践基地】 12 月 20 日，市教委公布 2013 年北京高等学校示范性校内创新实践基地建设单位名单。经学校申报、专家评审、答辩考察和市教委审核等程序，认定北京大学生物医学创新实践基地、清华大学校内工程创新实践基地和北京工业大学大学生校内综合创新实践基地等 25 所学校的 25 个基地入选。基地建设单位要求按照“突出创新、注重特色、开放共享”的原则，进一步加强建设，加大经费投入，完善运行机制，探索创新性人才培养的有效模式，为高校创新人才培养工作起到示范和辐射作用。

（华蕾）

【验收评审北京市重点学科】 12 月 25 日，市教委公布北京市重点学科验收评审结果。2008 至 2011 年遴选的 406 个北京市重点学科建设项目参加验收，最终确定 127 个学科为优秀、271 个学科为良好、8 个学科为合格。专家组认为，北京市重点学科项目经过 5 年建设，在学术队伍、科学研究、人才培养、条件平台、学术交流等方面都取得很大进展，取得一批标志性成果，为国家和北京市经济和社会的发展做出贡献。

（华蕾　张驰）

【北林大发起成立国家木材储备战略联盟】 12 月 27 日，北京林业大学发起成立国家木材储备战略联盟。该联盟由该校和国家林业局速生丰产用材林基地建设工程管理办公室发起成立，面向行业和市场发挥行业管理和学校人才优势，沟通和联合政产学研用各个方面，促进交流、培训和协同创新，构建起服务国家储备林运行管理新平台，同时，满足企业市场需求和提供咨询服务，并开展研究解决国家储备林建设技术难题以及学校学科建设、科学研究和人才培养等工作。该联盟有会员单位 80 家，主要由科研院所、行业单位、林业主管部门等组成，秘书处设在北林大科技园。

（高斌）

【6 所高校参与建设 2012 年度“2011 协同创新中心”】 至年底，北京地区 6 所高校参与建设 2012 年度“2011 协同创新中心”。“2011 协同创新中心”由“2011 计划”领导小组组织认定，2012 年度全国共有 14 个协同创新中心入选，其中，北京高校作为协同单位的有 8 个，涉及 6 所高校。

（张驰）

2012 年度“2011 协同创新中心”名单（协同单位含北京高校的创新中心）

量子物质科学协同创新中心
　协同单位：北京大学、清华大学
中国南海研究协同创新中心
　协同单位：中国人民大学
先进航空发动机协同创新中心
　协同单位：北京航空航天大学
生物治疗协同创新中心
　协同单位：清华大学
轨道交通安全协同创新中心
　协同单位：北京交通大学
司法文明协同创新中心
　协同单位：中国政法大学
有色金属先进结构材料与制造协同创新中心
　协同单位：北京航空航天大学
江苏先进生物与化学制造协同创新中心
　协同单位：清华大学

注：协同单位中只保留北京地区高校，其他单位略。

（张驰）

【北京地区 17 所高校 61 个一级学科排名全国第一】 1 月 29 日，北京地区 17 所高等学校 61 个一级学科排名 2012 年学科评估第一。该评估工作由教育部学位与研究生教育发展中心主持，面向全国高校和研究生培生养单位展开工作，共评估一级学科 95 个。全国共有 391 个单位的 4235 个学科申请参加评估。经综合评估，北京地区 17 所高校 61 个一级学科排名全国第一。

（张驰）

2012 年全国高校学科评估排名第一名单（北京地区）

北京大学
　数学
　物理
　化学
　地球物理
　力学
　中文
　外文
　中国史
　世界史
　考古学
　哲学
　政治学
　艺术理论
　基础医学
　药学
　护理学
中国人民大学
　理论经济学
　应用经济学
　法学
　政治学
　社会学
　新闻传播学
　统计学
　工商管理
　公共管理
中央民族大学

民族学
北京师范大学
教育学
心理学
北京体育大学
体育学
北京航空航天大学
仪器科学与技术
航空宇航科学与技术
清华大学
材料科学与工程
动力工程及工程热物理
电气工程
控制科学与工程
计算机科学与技术
建筑学
核科学与技术
环境科学与工程
城乡规划学
软件工程
管理科学与工程
设计学
北京邮电大学
信息与通信工程
中国矿业大学
矿业工程
安全科学与工程
中国石油大学
石油与天然气工程
北京理工大学
兵器科学与技术
中国农业大学
农业工程
作物学
农业资源与环境
植物保护
畜牧学
兽医学
北京林业大学
风景园林学
林学
北京中医药大学
中医学
中西医结合
中央音乐学院
音乐与舞蹈学
中国传媒大学
戏剧与影视学
中央美术学院
美术学

（张驰）

【3所高校入选临床医学硕士专业学位研究生培养模式改革试点高校】 5月6日，北京地区3所高校入选第一批临床医学硕士专业学位研究生培养模式改革试点高校。该项目由教育部、国家卫生和计划生育委员会主持，依据国家卓越医生教育培养计划，经高校申报、主管部门推荐、申报高校所在地卫生行政部门同意以及专家评审论证后通过审批，首批全国共有64所高校入选。其中，北京地区有3所高校，分别是北京大学、北京协和医学院、首都医科大学。

（张驰）

【举办首都高校博士生经贸论坛】 5月11日，对外经济贸易大学举办首届首都高校博士研究生经贸论坛。论坛以“中国融入世界——中国的开放、改革和发展”为主题，选取8篇优秀投稿论文进行宣讲，并展开讨论。论坛评选出一等奖2人、二等奖3人、三等奖3人。来自北京地区高校博士研究生参加论坛。

（曹亚红）

【举办全国高校研究生财经论坛】 5

月17日，中央财经大学举办第七届首都高校财经论坛暨首届全国高校研究生财经论坛。论坛以“城镇化进程中的投融资现状”为主题，探讨政策性金融支持对城镇化进程的影响、农村城镇化建设中的投融资效应等问题。来自北京大学、中国人民大学、南开大学等22所高校的研究生参加论坛。

（罗茜）

【召开第四届学位委员会一次会议】 6月6日，北京市召开第四届学位委员会一次会议。会议听取关于北京独立学院学士学位审核工作相关政策背景以及评估工作情况的汇报，并对评估结果进行投票表决。经表决，3所独立学院4个专业获学士学位授予权。分别是北京邮电大学世纪学院财务管理专业，北京工商大学嘉华学院艺术设计专业、表演专业，首都师范大学科德学院会展艺术与技术专业。学位委员会主任委员、副主任委员、市教委副主任以及29位委员参加会议。

（侯东云）

【清华公共管理硕士项目通过国际认证】 7月15日，清华大学公共管理硕士（MPA）项目通过公共管理院校联合会（NASPAA）国际认证。通过认证后，该校成为中国高校中首个通过NASPAA国际认证的公共管理硕士项目。NASPAA认证涉及目标定位、治理结构、教师表现、学生学习、资源配置、沟通渠道和学生服务七方面，旨在通过一整套严格的评估程序测评公共管理教育项目的专业教育质量，以确保向公共部门输送有公共服务精神和相关竞争力及高技能的优质硕士毕业生。清华MPA2001年在全国首批获准开办，已招收和培养近2000名公共管理人才。学院2011年加入NASPAA，成为这一组织的首家中国会员单位，2012年初，学院向NASPAA正式提出认证申请，经过各环节严格的认证程序后，最终通过该组织的认证。

（许亮）

【评选59篇优秀博士学位论文】 8月30日，市教委公布2013年北京市优秀博士学位论文名单，59篇论文入选，涉及25个博士生培养单位，其中，中央高校50篇，市属高校5篇，科研机构4篇。2013年市优秀博士学位论文评选工作自3月8日启动。经学位授予单位初选、专家通讯评议、学科评选组专家会议评审、评选专家委员会评审，从63个博士生培养单位申报的170篇博士学位论文中评选出59篇优秀博士学位论文。

（侯东云）

【举办全国仪器科学与生物医学工程博士生学术论坛】 8月31日至9月1日，北京信息科技大学举办2013全国仪器科学与生物医学工程博士生学术论坛。论坛由国务院学位委员会办公室主办，该校和天津大学承办，清华大学等高校和学科内相关机构协办。中国工程院院士叶声华担任大会主席。论坛主题是“拓宽博士生视野、激发博士生创新思维、交流、交叉、创新、合作”，同时设立现代测试技术、检测仪器与系统、生物医学工程3个分论坛。来自国内博士生培养单位100人参加研讨。

（张金晓）

【举办“哈博·高校”博士生学术论坛】 12月24至25日，市教委举办“哈博·高校”（经管）博士生学术论坛（2013）。论坛由由主论坛和分论坛两个板块组成，面向全国高校经管类博士生，研究当前经济学、管理学领域热点问题。论坛听取题为《正规经济、混合经济与我国劳动报酬份额问题》《实证研究过程：我的经验和教训》等报告，收到学术论文151篇，经点评导师推荐，评出10篇优秀论文。来自国内高校博士生导师和博士生120人参加论坛。

（刘江霞）

【3所高校增补为研究生联合培养基地】 至年底，北京市3所高校增补为研究生联合培养基地。根据《关于实施北京高校科学技术及研究生教育创新工程的意见》，经高校申请、专家评议、市教委审核，增补中国石油大学（北京）、北京印刷学院为北京高校产学研联合研究生培养基地，华北电力大学为北京高校国内外联合研究生培养基地。

（侯东云）

【农大改革博士生招生制度】 至年底，中国农业大学实行博士生招生制度改革。改革内容包括按照“硕士应用型、博士学术型”的基本精神改革招生计划，修订研究生培养方案；改革博士生导师资格，逐步取消博导“教授化”的传统，使副教授及教授按照学术水平和科研状况同等起跑线竞争博导资格；实行博士生招考“申请考核制”，并将博士生培养年限增至4年。改革主要措施包括由学校制定报考资格，考生提交申请材料；学院初审，通过初审的考生到校参加考核；考核以学院为单位，制定具体的办法，包括考核内容和程序；考核时，充分听取招生导师意见，并通过学科或专业考核组进行规范的考核；突出考查申请人科研训练背景、科研工作经历、培养潜力与学术创新能力；以学科综合考核为主要依据，突出导师及研究团队的招生自主权。至年底，该校招收博士研究生765人，除通过校内选拔硕博连读生、直博生录取363人，通过申请考核制招收博士研究生共402人。

（钟占蓉）

【5所高校服务国家特殊需求项目试点招收博士生】 至年底，“服务国家特殊需求人才培养项目”5所试点高校招收博士生10人。试点高校及专业分别是北方工业大学控制科学与工程、北京工商大学食品科学与工程、北京服装学院设计学、北京建筑大学建筑学、首都体育学院体育学，5所学校每个专业招生2人。

（卜薇）

本专科教育

【36所高校获批本科教学质量与教学改革工程项目】 3月20日，北京地区36所高校获批“高等学校本科教学质量与教学改革工程”2013年建设项目。该工程由教育部主办，批准北京大学等46所高校实施专业综合改革试点项目，建设90个专业综合改革示范点。批准北京大学等50所高校实施校外实践教育基地项目，建设80个校外实践教育基地。批准北京大学等100所高校实施实验教学示范中心建设项目，每个中心支持建设经费100万元。批准北京大学等109所高校实施9000个大学生创新创业训练计划项目。批准北京大学等30所高校实施建设教师教学发展示范中心建设项目。批准北京大学等53所高校实施西部受援高校教师和管理干部进修锻炼项目。

（张驰）

“高等学校本科教学质量与教学改革工程”2013年建设项目名单（北京地区）

北京大学
- 大学生创新创业训练计划
- 环境与生态实验教学中心
- 药学实验教学中心
- 西部受援高校教师和管理干部进修锻炼项目
- 教育发展研究中心
- 北京大学—北京西山地区地质学野外实践教育基地
- 北京大学第三医院临床技能综合培训中心
- 北京大学—广西中国—东盟博览局非通用语种类文科实践教育基地
- 北京大学—中央人民广播电台新闻传播学类文科实践教育基地
- 专业综合改革试点—临床医学专业
- 专业综合改革试点—法学专业
- 专业综合改革试点—物理学专业
- 专业综合改革试点—考古学专业
- 专业综合改革试点—大气科学专业

中国人民大学
- 大学生创新创业训练计划
- 信息技术与管理实验教学中心
- 西部受援高校教师和管理干部进修锻炼项目
- 教师教学发展中心
- 中国人民大学—北京市互联网宣传管理办公室新闻传播学类文科实践教育基地
- 专业综合改革试点—法学专业

清华大学
- 大学生创新创业训练计划
- 动力工程及工程热物理实验教学中心
- 先进材料实验教学中心
- 西部受援高校教师和管理干部进修锻炼项目
- 教学研究与培训中心
- 清华大学—北京清华医院临床技能综合培训中心
- 清华大学—人人公司新闻传播学类文科实践教育基地
- 专业综合改革试点—数学与应用数学专业

专业综合改革试点—物理学专业
专业综合改革试点—临床医学专业
北京交通大学
大学生创新创业训练计划
机械工程实验中心
电子信息与计算机实验中心
教师发展中心
专业综合改革试点—会计学专业
专业综合改革试点—通信工程专业
专业综合改革试点—经济学专业
中国矿业大学（北京）
大学生创新创业训练计划
煤炭安全开采与地质保障实验教学中心
中国石油大学（北京）
大学生创新创业训练计划
油气勘探与开发实验教学中心
北京邮电大学
大学生创新创业训练计划
语言实验教学中心
北京化工大学
大学生创新创业训练计划
高分子科学与工程教学实验中心
西部受援高校教师和管理干部进修锻炼项目
华北电力大学
大学生创新创业训练计划
电气工程专业实验教学中心
中国农业大学
大学生创新创业训练计划
机械与农业工程实验教学中心
西部受援高校教师和管理干部进修锻炼项目
中国农业大学—河北天河牛肉养殖有限公司石家庄肉牛牦牛农科教合作人才培养基地
中国农业大学—开封市农林科学研究院豫东棉花农科教合作人才培养基地
专业综合改革试点—生物科学专业
北京林业大学
大学生创新创业训练计划
园林实验教学中心
西部受援高校教师和管理干部进修锻炼项目
北京林业大学—北京康洁家具有限公司康洁教学实验基地
北京林业大学—北京市延庆县水务局延庆水土保持教学实验基地
专业综合改革试点—园林专业
北京中医药大学
大学生创新创业训练计划
中医学实验教学中心
西部受援高校教师和管理干部进修锻炼项目
北京中医药大学东方医院临床技能综合培训中心
专业综合改革试点—中医学专业
北京师范大学
大学生创新创业训练计划
心理学基础实验教学中心
西部受援高校教师和管理干部进修锻炼项目
教师发展中心
专业综合改革试点—法学专业
专业综合改革试点—学前教育专业
专业综合改革试点—教育技术学
北京外国语大学
大学生创新创业训练计划
跨国经济管理人才培养实验教学中心
西部受援高校教师和管理干部进修锻炼项目
北京外国语大学—新华社非通用语种类文科实践教育基地
专业综合改革试点—英语专业
专业综合改革试点—德语专业
专业综合改革试点—法学专业
北京语言大学
大学生创新创业训练计划
语言信息处理实验教学中心
对外经济贸易大学
大学生创新创业训练计划
现代服务业人才培养实验教学中心
西部受援高校教师和管理干部进修锻炼项目
对外经济贸易大学法学教育实践基地
专业综合改革试点—法学专业
中央财经大学
大学生创新创业训练计划
经济与管理实验教学中心
西部受援高校教师和管理干部进修锻炼项目
专业综合改革试点—法学专业
中国政法大学
大学生创新创业训练计划
法学实验教学中心
专业综合改革试点—法学专业
中国传媒大学
大学生创新创业训练计划
动画与数字媒体实验教学中心
西部受援高校教师和管理干部进修锻炼项目
中国传媒大学—人民网新闻传播学类文科实践教育基地
中国传媒大学—中国国际广播电台非通用语种类文科实践教育基地
中央美术学院
大学生创新创业训练计划
雕塑专业教学研究实验中心
西部受援高校教师和管理干部进修锻炼项目
中央戏剧学院
大学生创新创业训练计划
教学实习演出中心
中央音乐学院
大学生创新创业训练计划
乐队教学实训中心
西部受援高校教师和管理干部进修锻炼项目
北京科技大学
大学生创新创业训练计划
冶金与生态工程学院冶金工程实验教学中心
中国地质大学（北京）
大学生创新创业训练计划
地质资源勘查实验教学中心
西部受援高校教师和管理干部进修锻炼项目
中国地质大学（北京）—北京周口店野外实践教育基地
北京理工大学
大学生创新创业训练计划
地面机动装备实验教学中心
西部受援高校教师和管理干部进修锻炼项目
教学促进与教师发展中心
北京航空航天大学
大学生创新创业训练计划
空天电子信息实验教学中心
专业综合改革试点—飞行器动力工程
专业综合改革试点—能源工程及自动化
外交学院
大学生创新创业训练计划
外交学院法学教育实践基地
专业综合改革试点—法学专业
中央民族大学
大学生创新创业训练计划
化学实验中心
专业综合改革试点—法学专业

中国人民公安大学
　大学生创新创业训练计划
　刑事科学技术实验教学中心
　中国人民公安大学法学教育实践基地
　专业综合改革试点—法学专业
国际关系学院
　大学生创新创业训练计划
中华女子学院
　大学生创新创业训练计划
中国青年政治学院
　大学生创新创业训练计划
　专业综合改革试点—社会工作
　专业综合改革试点—法学专业
北京电子科技学院
　大学生创新创业训练计划
北京体育大学
　大学生创新创业训练计划
　运动人体科学实验教学中心
北京协和医学院
　大学生创新创业训练计划
　基础医学实验教学中心
　专业综合改革试点—临床医学专业
中国劳动关系学院
　大学生创新创业训练计划
　劳动关系协调与发展综合实验教学中心

（张驰）

【27所高校69个本科专业通过教育部备案】 3月28日，北京地区27所高校（不含民办）69个专业通过2012年度高等学校专业备案或审批设置。其中，市属高校13所，通过备案专业30个；中央部属院校14所，通过备案专业39个。同时，教育部批准北京地区3所高校设置国家控制布点的专业4个，1所高校增加新专业2个。

（张驰）

2012年度经教育部备案的普通高等学校本科专业名单（北京地区　不含民办）

北京理工大学
　050205 西班牙语
　082101 武器系统与工程
中央民族大学
　050261 翻译
　130406T 中国画
中国人民大学
　020104T 资源与环境经济学
　050304 传播学
　060103 考古学
　080902 软件工程
　120211T 劳动关系
　120503 信息资源管理
北京交通大学
　080102 工程力学
　082802 城乡规划
北京化工大学
　050103 汉语国际教育
北京中医药大学
　100701 药学
　100805T 中药制药
北京师范大学
　130501 艺术设计学
北京外国语大学
　050211 梵语巴利语
　050240 普什图语
北京语言大学
　050202 俄语
中央财经大学
　020402 贸易经济
　070102 信息与计算科学
　120205 国际商务
　120208 资产评估
　120405 城市管理
　130405T 书法学
对外经济贸易大学
　020102 经济统计学
　020202 税收学
　020307T 经济与金融
　050208 波斯语
中央美术学院
　082803 风景园林
　130101 艺术史论
　130506 公共艺术
　130508 数字媒体艺术
华北电力大学
　080204 机械电子工程
　080206 过程装备与控制工程
　080905 物联网工程
　082202 辐射防护与核安全
北京体育大学
　050303 广告学
　130204 舞蹈表演
北方工业大学
　080301 测控技术与仪器
　080401 材料科学与工程
　080906 数字媒体技术
北京服装学院
　050262 商务英语
　050304 传播学
　130403 雕塑
　130506 公共艺术
北京印刷学院
　050301 新闻学
　050307T 数字出版
　120601 物流管理
北京建筑工程学院
　082803 风景园林
北京石油化工学院
　082901 安全工程
　120601 物流管理
北京农学院
　020304 投资学
　090105 种子科学与工程
首都师范大学
　050102 汉语言
　130508 数字媒体艺术
首都体育学院
　040206T 运动康复
　120212T 体育经济与管理
北京工商大学
　080905 物联网工程
北京物资学院
　080905 物联网工程
　120211T 劳动关系
北京电影学院
　120210 文化产业管理
　130303 电影学
北京信息科技大学
　050306T 网络与新媒体
　080204 机械电子工程
　080905 物联网工程
北京联合大学
　050306T 网络与新媒体
　080906 数字媒体技术
　130508 数字媒体艺术

注：专业代码加有“T”者表示特设专业；专业代码加有“K”者表示国家控制布点专业。（下表同）

（张驰）

2012年度经教育部审批同意设置的国家控制布点的普通高等学校本科专业名单（北京地区　不含民办）

对外经济贸易大学
　020201K 财政学
北京警察学院
　030613TK 涉外警务
　083103TK 交通管理工程
中国人民公安大学

083105TK 公安视听技术

（张驰）

2012 年度经教育部审批同意设置的普通高等学校本科新专业名单（北京地区 不含民办）

北京外国语大学

050263T 阿姆哈拉语

050264T 吉尔吉斯语

（张驰）

【22 个基地获评大学生校外实践教育基地】 5 月 7 日，教育部高教司公布地方所属高校"本科教学工程"大学生校外实践教育基地建设项目，北京高校 22 个基地入选。全国共有 538 个基地入选。教育部要求各省级教育行政部门加强经费保障，按照每个实践基地一般不低于 200 万元的标准落实省级财政支持，鼓励共建实践基地的地方高校和企事业单位共同投入建设经费。

（华蕾 张驰）

【22 所高校 26 门课程入选教育部第三批精品视频公开课】 5 月 30 日，北京地区 23 所高校 26 门课程入选教育部第三批精品视频公开课。该评选由教育部主办，经有关高校建设和申报、教育部组织专家评审遴选，最终 139 门课程以及 3 门课程续拍部分入选。其中，北京地区 22 所高校的 23 门课程和 3 门课程续拍部分入选。

（张驰）

教育部第三批"精品视频公开课"（北京地区）

北京大学

影片赏析（1～5 讲）

戴锦华

世界文化地理（1～8 讲）

邓辉

中国人民大学

宏观经济热点问题解读（1～6 讲）

方福前

平凡生活中的深沉智慧——辩证唯物论（1～6 讲）

李海洋

清华大学

环境保护与可持续发展（1～14 讲）

钱易 杜鹏飞 齐晔

王明远 何苗 张天柱

北京交通大学

高速铁路纵横（1～9 讲）

聂磊 张星臣 杨浩

中国石油大学（北京）

事理求精运筹学（1～6 讲）

张宝生

华北电力大学

生活中的纠纷与解决（1～9 讲）

王学棉 方仲炳 赵旭光

李红枫

北京林业大学

中国名花（1～9 讲）

刘燕 张启翔 陈瑞丹

北京师范大学

创造性心理学（1～8 讲）

林崇德

北京外国语大学

俄罗斯文学的品格与文化特性（1～6 讲）

张建华

北京语言大学

中国文化英文系列讲座（1～8 讲）

宁一中 陆薇 张威 傅勇

胡俊 王秋生 穆杨 牟玉涵

对外经济贸易大学

企业财务报表分析（1～8 讲）

张新民

中央财经大学

会计与价值创造（1～5 讲）

孟焰 潘秀丽 孙健 王彦超

刘俊勇

保险与民生（1～8 讲）

郝演苏 郭丽军 褚福灵

中国政法大学

法律逻辑与方法（1～10 讲）

王洪

中央民族大学

红楼十二钗评讲（1～12 讲）

曹立波

中国人民公安大学

公安学基础理论（1～5 讲）

王大伟

北京体育大学

奥林匹克运动（1～5 讲）

任海 黄亚玲 孙葆丽

北京理工大学

心理学与生活——当代中国社会心理热点问题（1～10 讲）

贾晓明

（续拍）技术光学（4～9 讲）

李林 赵长明 谢敬辉

白廷柱 周立伟

首都师范大学

20 世纪国际关系的历史（1～10 讲）

徐蓝

中央音乐学院

西方音乐史专题掠影（1～5 讲）

余志刚

外交学院

当代中国外交（1～9 讲）

张历历 夏莉萍

北京航空航天大学

（续拍）演讲与口才（5～6 讲）

姚小玲

（续拍）航空航天概论（6～16 讲）

杨超 贾玉红

（张驰）

【18 个专业入选首批本科专业综合改革试点】 6 月 3 日，教育部高教司公布"本科教学工程"地方高校第一批本科专业综合改革试点名单，北京 18 所高校的 18 个专业入选。该评选在各省级教育行政部门推荐基础上，严格执行项目建设规划中确定的分省（区、市）名额，全国共 550 个专业点入选。实施"专业综合改革试点"项目，旨在充分发挥高校的积极性主动性创造性，结合办学定位、学科特色和服务面向等，明确专业培养目标和建设重点，优化人才培养方案。按照准确定位、注重内涵、突出优势、强化特色的原则，通过自主设计建设方案，推进培养模式、教学团队、课程教材、教学方式、教学管理等专业发展重要环节的综合改革，促进人才培养水平的整体提升，形成一批教育观念先进、改革成效显著、特色更加鲜明的专业点，引领示范本校其他专业或同类高校相关专业的改革建设。

（华蕾 张驰）

【14 所高校 20 门课程入选教育部第四批精品视频公开课】 11 月 8 日，北京地区 14 所高校 19 门课程入选教育部第四批精品视频公开课。该评选由教育部主办，经有关高校建设和申报、教育部组织专家评审遴选，最终 121 门课程以及 3 门课程续拍部分入选。其中，北京地区 14 所高校的 19 门课程和 1 门课程续拍部分入选。

（张驰）

教育部第四批“精品视频公开课”（北京地区）

中国人民大学
新闻记者的基本功——采访与写作（1～6讲）
张征
清华大学
中国古代礼仪文明（1～19讲）
彭林
数学模型——现实世界的理性视角（1～21讲）
谢金星　姜启源
北京交通大学
交通博览（1～9讲）
毛保华　邵春福　张星臣
铁路史话（1～9讲）
周磊山　何世伟　韩宝明
北京化工大学
生物技术与人类可持续发展（1～6讲）
谭天伟　苏海佳　董益阳
北京林业大学
令人憧憬而困惑的生态文明（1～9讲）
严耕　林震　徐平
森林有害生物控制（1～9讲）
骆有庆　田呈明　温俊宝
北京中医药大学
望闻问切话中医（1～6讲）
赵歆
北京师范大学
西方文学经典鉴赏（1～10讲）
刘洪涛
宇宙中的新发现（1～12讲）
何香涛
（续拍）从爱因斯坦到霍金的宇宙（4～12讲）
赵峥
北京外国语大学
走进俄罗斯（1～8讲）
戴桂菊
中央民族大学
人人美学（1～10讲）
赵士林
北京航空航天大学
世界经济五百年（1～6讲）
张丽
北京工业大学
污水处理新理论与新技术（1～6讲）
彭永臻　高景峰　杨庆
中央音乐学院
中国传统器乐（1～5讲）
袁静芳
中国戏曲学院
中国京剧经典剧目鉴赏（1～19讲）
周龙　张尧　张晶　舒桐
中国地质大学（北京）
走近地球（1～7讲）
颜丹平　程捷
玉雕与玉器（1～10讲）
郭颖

（张驰）

【成立首批专业群专家委员会及教学协作委员会】　11月22日，市教委成立首批高校专业群专家委员会及教学协作委员会。两个委员会首先在计算机与信息类、机械类、英语类、经济与贸易类、会计学类5个专业群成立，主要职能是市教委领导下的专家组织，负责对本专业群涉及的北京高校相关本科专业的教学工作进行研究、指导、评估、服务等，任期一般5年。专业群专家委员会设主任委员、副主任委员各1人，设秘书长2人；专业群教学协作委员会，设主任委员、副主任委员各1人，设秘书长2人。专业群专家委员会主要研究专业建设内涵、组织开展本专业群相关教学领域的理论与实践研究、研究制定本专业群规范化的专业建设标准等；专业群教学协作委员会主要开展本专业群相关教学领域的理论与实践研究、落实专业群建设实施方案、实施专业群核心课程资源共享课建设等工作。市教委为深化专业建设内涵，提高高等教育质量，分两批试点启动10个专业群的建设。其中，第一批包括计算机与信息类、机械类、英语类、经济与贸易类、会计学类5个专业，第二批包括电子信息类、工商管理类、新闻出版类、法学类、管理科学与工程类5个专业。此次成立的两个委员会为第一批专业群设立。

（华蕾）

普通高等学校

北京大学

党委书记　朱善璐
校　　长　周其凤（3月免）
　　　　　王恩哥（3月任）

【概况】　2013年，北京大学校园占地面积274.11万平方米，校舍建筑面积219.9万平方米，固定资产总值865836.61万元，其中，教学科研仪器设备资产为375252.79万元。图书馆建筑面积67462平方米，图书馆藏书956.65万册（不含院系分馆），电子资源140909GB。网络信息点98566个，校园网出口总宽带5900Mbps，上网课程2285门，电子邮件系统用户43556个，管理信息系统数据总量26739GB，数字资源量140909GB。设53个直属院系（不含深圳研究生院）。有48个博士学位一级学科授权点，50个硕士学位一级学科授权点（另有3个未覆盖二级学科授权点），119个本科专业，18个国家一级重点学科，25个国家二级重点学科，3个国家重点（培育）学科，以及44个博士后流动站。博士后研究人员出站283人，进站387人，在站1080人。有1个国家实验室（筹）、11个国家重点实验室、2个国家工程实验室、2个国家工程研究中心、97个省部级研究院（所、中心、重点实验室）、8所附属医院、13所教学医院。在职教职工19651人（含医学部及附属医院），其中，专任教师6504人。有教授2179人、副教授2146人，中国科学院、中国工程院院士76人，“长江学者奖励计划”特聘教授和讲座教授 166 人，“973”项目首席科学家 59 人，国家杰出青年科学基金获得者 191 人。毕业生 21764 人，其中，全日制研究生 6111 人（博士生 1773 人、硕士生 4338 人），普通本专科生 3548 人（本科生 3356 人、专科生 192 人），成人教育本专科生 2832 人（本科生 2618 人、专科生 214 人），网络教育本专科生 9273 人（本科生 6047 人、专科生 3226 人）。普通本专科毕业生一次就业率 96.21%。招生 26950 人，其中，全日制研究生 7674 人（博士生 2164 人、硕士生 5510 人），普通教育本专科生 3607 人，成人教育本专科生 3151 人，网络教育本专科生 12518 人（本科生 9587 人、专科生 2931 人）。高考北京地区提档线理科 691 分，文科 654 分。在校生 94544 人，全日制研究生 23235 人（博士生 8681 人、硕士生 14554 人），普通教育本专科生 14623 人（本科生 14232 人、专科生 391 人），成人教育本科生 10261 人，网络教育本专科生 46425 人（本科生 36540 人、专科生 9885 人）。留学生毕业 2489 人，招生 3551 人，在校 3628 人。网址：www.pku.edu.cn。

（孙启明　胡少诚）

【黄枬森逝世】 1 月 24 日，北大教授、哲学家、哲学史家、哲学教育家，中国马克思主义哲学史、中国人学学科开创者黄枬森在北京因病逝世，享年 92 岁。黄枬森，1921 年 11 月 29 日出生于四川省富顺县，1942 年考入西南联大物理系，1943 年转入哲学系学习。期间参加抗日战争。抗战胜利复校后，1947 年重回北大哲学系学习并攻读研究生。1950 年后留校任教，历任北大哲学系主任、马克思主义哲学研究中心主任。他是中国马克思主义哲学史学科和中国人学学科开创者，先后主编《马克思主义哲学史》三卷本、八卷本、一卷本，《马克思主义哲学创新研究》《人学词典》《人学原理》等，创建中国人学学会。曾任中国马克思主义哲学史学会、中国人学学会、中国恩格斯学会（现更名为中国马克思恩格斯研究会）会长，北京市社会科学界联合会副主席，中国人权研究会常务理事。

（李喆）

【聘任诺奖得主为名誉教授】 4 月 8 日，北大聘任美国得克萨斯西南医学中心“宿主防御遗传研究中心”主任布鲁斯博伊特勒（Bruce A. Beutler）为名誉教授并向其颁发“大学堂顶尖学者讲学计划”奖牌。根据规定，该校为博伊特勒在北大进行学术交流和人才培养创造条件。博伊特勒同时在生命科学学院 101 邓祐才报告厅作题为“人体如何识别外源微生物——探索微生物世界”讲座。讲座用一系列微生物感染的图片展示微生物对于人类健康的重要影响，介绍微生物科学研究的历史沿革和自己发现识别微生物并激活天然免疫的受体蛋白质的详细过程。布鲁斯博伊特勒于 2011 年获得诺贝尔生理学或医学奖。

（马清源）

【医学部成立四个中心】 5 月 11 日、5 月 25 日、9 月 24 日和 11 月 15 日，北大医学部睡眠医学中心、近距离放疗研究中心、药品上市后安全性研究中心、疼痛医学中心分别成立。睡眠医学中心由基础医学院、第一医院、人民医院、第三医院、口腔医院、精神卫生研究所 6 家二级单位组成，整合医学部多学科医学专家，通过开展多种形式的学术交流和科研合作，培养青年医师并在研究生中培养睡眠医学人才，同时促进产业创新与成果转化，探索建立新型医学学科的诊疗模式和培训模式。近距离放疗研究中心整合医学部 6 家附属医院和教学医院人才、设备和资源优势，致力于应用和研究内照射技术对肿瘤进行“定点爆破”，是国内第一家近距离放射治疗中心，旨在培养近距离放射治疗人才，开展多学科临床研究，逐步形成我国近距离放疗临床规范与指南，提升肿瘤整体治疗水平。药品上市后安全性研究中心整合公共卫生学院、药学院、第三医院药物安全性研究方面专家，致力于为国家药品上市后安全性研究提供技术指导和支撑，开展药品相关政策研究，同时开发培训教材，培训相关技术队伍，与有关机构合作制定药品上市后研究方法学指南，开展药物流行病学方法学研究，同时围绕创新药物和规划中强调的基本药物、中药注射剂、高风险药品开展安全性评价。疼痛医学中心以北大神经科学研究所为依托，联合北大第一医院、人民医院、第三医院、口腔医院、肿瘤医院和中日友好医院从事疼痛基础研究和临床诊治的多学科专家，搭建一个集疼痛医学基础研究、临床研究和治疗、教育以及国际学术交流于一体的综合疼痛医学学科平台。该中心旨在促进北医乃至全国疼痛医学的发展，加强临床工作者与基础研究者之间的科研合作，实践转化医学的理念，并促进国内外疼痛医学的交流。

（李海峰）

【举办“科学与文学的对话”活动】

5 月 15 日，北大举办“众芳所在”系列讲座——“科学与文学的对话”活动。活动邀请诺贝尔物理学奖获得者杨振宁、文学奖获得者莫言参加，由该校中国画法研究院院长范曾主持。活动以“科学与文化”为主题，通过对话的形式，两名诺贝尔奖得主结合自身学习、创作经历，讲解对科学、文化的理解。该活动由北大与中央电视台《开讲啦》栏目联合举办。该校学生 400 人参加活动。

（胡少诚）

【加入在线课程（edX）项目】 5 月 21 日，北大加入哈佛大学和麻省理工学院在线课程项目（edX）。根据规定，北大 4 门课程通过该平台对公众开放。edX 是麻省理工和哈佛大学于 2012 年 4 月联手创建的大规模开放在线课堂平台，致力于免费给大众提供大学教育水平的在线课程，至年底，拥有注册用户 90 万个。本年，首次增加包括北大在内的 6 所亚洲高校。

（陈捷）

【医学部与北大方正签署合作协议】 5 月，北大医学部与北大方正集团签署战略合作协议。根据协议，双方在人才培养、学术交流、医疗管理、品牌联合等方面展开合作。同时共建北医健康产业园。该产业园整合技术、资本、医药、医疗资源，建立贯穿医药科技企业研发、人才、投融资、市场拓展等环节的创新服务体系，通过建设一流的软硬件环境，探索“政、产、学、研、介”协同共赢的园区运营服务模式。

（李喆）

【举行城市与环境大楼捐赠仪式】 6月18日，北大举行铁汉城市与环境大楼捐赠仪式。仪式上，北大校友、深圳铁汉生态环境股份有限公司董事长刘水与北大校长共同签署捐赠协议。根据协议，刘水以个人名义捐赠5000万元，用于支持北大城市与环境学院绿色大楼的建设。北大校长为刘水颁发“北京大学杰出教育贡献奖”证书，并赠送纪念礼物。铁汉生态环境股份有限公司相关负责人及该校师生代表40人参加仪式。

（陈捷）

【原创歌剧王选之歌公演】 9月8日，

原创歌剧《为你而来・王选之歌》在北大百周年纪念讲堂举办首场公开演出。该剧由北大歌剧研究院师生共同创作并演出。歌剧以王选的科研进程为主线，通过记录他科学家和教师的双重身份，呈现王选在科学方面的贡献，抒写其高尚的人格与情怀。该校1400名本科新生观看演出。该剧为中国科协、教育部共同发起的科学家主题宣传活动“共和国的脊梁——科学大师名校宣传工程”剧目之一。

（张妙妙）

【召开首届北大经济史学研讨会】 9月27日，北大经济学院社会经济史研究所成立大会暨首届北大经济史学研讨会召开。会议邀请北大、中国社会科学院、香港中文大学、台湾新竹市清华大学、武汉大学、清华大学的专家作主题发言，针对古代经济史、近现代经济史、古代经济思想史、近现代经济思想史举办四场分组讨论，邀请西南财经大学教授做总结发言。会议同时为经济学院社会经济史研究所揭牌。该研究所由北大经济学院和剑桥大学博士王章卫合作成立，旨在发挥北大教育研究资源优势，推进中国经济史学的理论研究、方法研究与知识传播。来自香港科技大学、俄罗斯远东科学院、南开大学等高校的100余名专家学者参加研讨会。

（蔡曦亮）

【举办两学科创建百周年庆典】 10月11日和19日，北大分别举办数学学科、物理学科建立100周年庆典。庆典分别邀请国内外知名专家学者、校友参加，举办包括校友论坛、校友会成立仪式、专题报告会等庆祝活动。北大数学学科1913年秋招收新生，标志中国现代第一个国立大学数学系（门）正式开始教学活动，1995年数学科学学院成立，2005年北京国际数学研究中心成立。拥有3个本科生专业和5个研究生专业，拥有教职工138人，包括教授61人、副教授29人。在校生1203人。至年底，数学学科累计培养毕业生8000余人。北大物理学门于1913年设立，中国物理学本科教育自此开始。2001年，物理学院成立。拥有4个一级学科。教职工289人，包括教授78人，副教授104人。在校生1596人。至年底，累计培养毕业生约2万人。

（孙启明　胡少诚）

【侯仁之逝世】 10月22日，北大教授、历史地理学家、中国科学院资深院士侯仁之在北京逝世，享年102岁。习近平、李克强等中央领导通过不同方式向北大转达对侯仁之辞世的哀悼。侯仁之，1911年12月16日出生于河北省枣强县，1940年毕业于燕京大学，1949年获英国利物浦大学博士学位。1952年任教于北大地质地理系，曾担任地质地理系主任、北大副教务长，后担任城市与环境学院教授、博士生导师。主编有《北京历史地图集》，1999年被美国地理学会授予乔治・戴维森勋章。

（李喆）

【国际战略研究院成立】 10月23日，北大国际战略研究院成立。该研究院前身是成立于2007年5月的北大国际战略研究中心，是为贯彻落实习近

平关于建设中国特色新型智库的重要批示精神，根据刘延东的要求而组建。新成立的研究院为北大国际关系学院内设的、直接冠名“北京大学”的实体机构，聘请校内外资深学者、专家组成理事会，实行理事会领导下的院长负责制。研究院旨在促进世界政治、国际安全、国家战略等领域的学术研究和政策研究。其重点是对当今中国所处的国际环境以及相关各国的国际战略进行分析，并在此基础上公开发表或向有关方面提交有政策含义的、面向未来的研究成果。研究院聘请戴秉国担任名誉院长。拥有专兼职人员14人。

（张妙妙）

【新增5名院士】 12月19日，北大

新增5名中国科学院院士。该校工学院陈十一当选中科院数学物理学部院士，物理学院欧阳颀当选中科院数学物理学部院士，物理学院龚旗煌当选中科院信息技术科学部院士，分子医学所程和平当选中科院生命科学和医学部院士，工学院方岱宁当选中科院技术科学部院士。

（曹冠英）

【北医三院海淀院区揭牌】 12月29日，北京大学第三医院与海淀区公共委、海淀医院签署合作协议并举办北京大学第三医院海淀院区揭牌仪式。根据协议，北医三院对海淀医院进行托管，海淀医院更名为“北京大学第三医院海淀园区”。北医三院负责向海淀医院输出人才、技术，开展人员培训，形成集团化、标准化的医疗管理

服务体系。托管后海淀医院所有权仍归海淀区政府，但经营管理权归北医三院，经营所得用于海淀院区建设。

（周婧　王雪）

【国家治理协同创新中心揭牌】 12

月21日，国家治理协同创新中心在北大揭牌。该中心由北大牵头，由复旦大学、吉林大学作为主要协同合作单位共同建立，依托北大政治发展与政府管理研究所，会同三校相关研究机构以及政府相关部门和机构，致力于培养国家治理人才，研究和解决国家治理的理论与实际问题。中心设理事会、学术委员会、监督委员会、联合秘书处。

（王周谊）

【与4省签订合作协议】 至年底，

北大与4省签订合作协议。1月21日，与甘肃省签订合作协议。2月1日，与福建省签订合作协议。11月11日，与江西省签订合作协议。12月13日，与贵州省签订合作协议。根据协议，省校将在战略决策咨询、科技开发与成果转化、人才培养与交流、医疗卫生等方面开展长期合作，其中，北大与甘肃省共同建立“新农村建设2011协同创新中心”，与敦煌研究院开展人才培养及协同创新研究，与福建省共同构建对台重大政策研究平台，为海峡西岸经济区建设提供人才和智力支持，与江西省加强在稀土分离和功能材料方面的重大项目合作，与贵州省贵安新区合作共建北京大学贵州生态文明研究院。

（魏姝）

中国人民大学

党委书记　程天权（4月免）
　　　　　　靳诺（4月任）
校　　长　陈雨露

【概况】 2013年，中国人民大学占地面积79.33万平方米、建筑面积95.83万平方米。固定资产总值346617.56万元，其中，教学、科研仪器设备资产值50295万元。全年教育经费投入301952.77万元，其中，国家拨款133070.92万元、事业收入118165.13万元、其他收入50716.72万元。图书馆（新旧馆）面积5.50万平方米，藏书414.60万册，包括电子图书17899GB。学校信息化经费投入1218万元，网络信息点33245个，校园网出口总带宽2100Mbps，电子邮件系统用户51000个，管理信息系统数据总量7410GB。下设5个学部，23个学院，14个跨院系研究机构，另设有汉青经济与金融高级研究院、体育部、继续教育学院、培训学院、国际学院（苏州研究院）及深圳研究院；开设本科专业67；拥有本科专业自主设置权，具有一级学科38个，博士学位授权一级学科点20个，博士学位授权点104个、硕士学位授权点168个；博士后流动站15个，其中，出站55人、进站88人、在站164人。国家重点一级学科8个，国家重点二级学科8个，北京市重点一级学科3个、北京市交叉重点学科1个、北京市重点二级学科6个。教育部工程重点实验室1个，国家级实验教学示范中心2个，教育部普通高等学校人文社会科学重点研究基地13个。教职工3665人，其中，专任教师1850人，包括教授589人、副教授702人；博士生导师695人、硕士生导师1359人。有国务院学位委员会委员和学科评议组成员18人，国家有突出贡献的中青年专家8人。毕业生20457人，其中，学历教育学生中全日制研究生3915人（博士生811人、硕士生3104人），普通本科生2656人，成人教育本专科生3116人（本科生2540人、专科生576人），网络教育本专科生10770人（本科生6370人、专科生4400人）。本科毕业生就业率96.12%。招生25819人，其中，学历教育学生中全日制研究生4329人（博士生848人、硕士生3481人），普通本科生2911人，成人教育本科生761人，网络教育本专科生17818人（本科生10258人、专科生7560人）。高考北京地区提档线理科630分、文科623分。在校生78703人，其中，学历教育学生中全日制研究生11203人（博士生3306人、硕士生7897人），普通本科生11261人，成人教育本专科生7862人（本科生7196人、专科生666人）；网络教育本专科学生48377人（本科生29911人、专科生18466人）。留学生毕业805人、招生1103人、在校生1921人。网址：www.ruc.edu.cn。

（段蕾）

【与福建省签订人才战略合作协议】 1月22日，人民大学与福建省政府签订人才战略合作协议。根据协议，该校为福建省经济社会发展和重大战略规划提供决策咨询，协助该省两岸区域性金融服务中心、泉州金融服务实体经济综合改革试验区的建设；参与福建省的课题项目及文化产业发展实践，为福建省城乡建设规划、城镇化发展及实施生态省份战略贡献力量；扩大闽籍学生招生规模；成为福建省干部教育培训基地。福建省每年定向招录、优先录用人民大学选调生和其他优秀毕业生；在优秀毕业生选拔引进及锻炼成长、共建社会实践基地等方面给予人民大学大力支持；接收人民大学优秀干部或教师挂职锻炼。

（段蕾）

【授予13人荣誉一级教授称号】 1月

23日，人民大学授予13人荣誉一级教授称号。该称号为荣誉称号，主要

"中国建筑史"选课总人数超过13000人次，学习者80%以上为海外用户。

（许亮）

【牵头组建6个协同创新中心】 5月27日至12月7日，清华牵头组建6个协同创新中心。其中，牵头组建"区域环境质量协同创新中心"；牵头组建"人居科学协同创新中心"，以人居科学理论为指导，提升各院校和企业间已有合作，结合新时期、新任务，凝练重大科学问题；牵头组建"微纳制造、器件与系统协同创新中心"，致力于形成世界领先的微米纳米学术研究制高点，构建一支国家智能微系统技术协同创新团队，研发一批国家急需的高端MEMS器件及系统；牵头组建"尖端装备跨尺度设计制造协同创新中心"，将围绕航空航天、能源和集成电路产业领域尖端装备的技术需求，建设"机械表面界面效应与设计制造""结构跨尺度分析与设计""装备可靠性设计与服役安全""关键零部件跨尺度制造""装备高性能润滑""系统集成"6个创新平台；牵头组建"创新发展与公共治理协同创新中心"，开展创新发展与公共治理领域的基础研究、应用研究、政策实践，为国家有关部门及地方培养一批优秀的创新型学术领军人才和实践应用领导专才；牵头组建"城镇化与城乡统筹协同创新中心"，将围绕城镇化与城乡统筹领域中国家急需解决的重大问题开展协同攻关研究，将科研成果转化成切实有效的政策和建议。

（许亮）

【与6个政府部门签订合作协议】 5

至12月，清华与6个政府部门签订合作协议。分别是贵州、福建、江西、宁夏、北京市海淀区和中国气象局。该校与政府部门将继续在战略咨询、科技研发、科技成果转化、人才培养交流、教育培训等方面开展全方位、多领域、深层次合作。

（许亮）

【张光斗逝世】 6月21日，清华教授、水利水电工程专家、工程教育家，中国水利水电事业的主要开拓者、中国科学院、中国工程院院士张光斗在京逝世，享年101岁。张光斗，1912年5月1日生，江苏常熟人，长期从事中国江河治理和水资源的开发利用方面的研究和教育教学工作，主持设计密云水库、渔子溪水电站等工程，为黄河和长江水利工程规划设计和葛洲坝、丹江口、三门峡、小浪底、二滩、三峡、龙滩等多座大型水利水电工程建设提供技术指导，编写《水工建筑物》等学术著作，参与主持《中国可持续发展水资源战略研究》，为祖国的水利水电事业培养众多优秀人才，在水利水电工程建设、科研和工程教育等方面做出突出的、系统的、创造性的贡献，曾获全国先进工作者、国家科技进步二等奖、全国高校优秀教学成果一等奖、光华科技成就奖、水利事业功勋奖、何梁何利科技进步奖、美国加州伯克利大学"哈兹国际奖"等多项国际国内荣誉和奖励，是第六、七届全国政协常务委员。

（许亮）

【校友总会成立100周年】 7月21日，清华校友总会成立100周年纪念大会暨清华大学第16次校友工作会议召开。来自全国各地和海外校友会的负责人和代表，各年级各行业的校友代表，清华校友总会第七届理事会理事，原各届老理事代表和校友嘉宾，校内各院系部处代表以及国内高校校友会代表等近500人参加大会。总会前身清华同学会于1913年6月成立，1933年，清华同学会总会选举时任校长梅贻琦为会长，由此开始由在任校长兼任校友会会长的传统，1981年，清华校友总会成立。至年底，海内外清华校友组织已有近200个，覆盖国内的31个省区市及香港、澳门、台湾，国外遍及亚洲、欧洲、美洲、大洋洲的10余个国家。

（许亮）

【清华简在联合国展览】 8月27至30日，清华举办"写在竹简上的中国经典——清华简与中国古代文明"专题展览。该展览在联合国总部展出，展出清华简图片和宣传材料。8月30日至9月1日，该校和美国达特茅斯学院在达特茅斯学院共同主办"清华简"国际学术研讨会，来自美国、德国、法国等13个国家和地区30多所高校学者70人参会。

（许亮）

【纪念蒋南翔诞辰100周年】 11月5

日，清华召开纪念蒋南翔同志诞辰100周年座谈会。会议回顾蒋南翔生平事迹、研讨蒋南翔治学理念。刘延东出席并讲话，她高度评价蒋南翔的历史功绩和崇高品德。教育部、北京市领导，蒋南翔的亲属和家乡代表，国内高校代表，清华校友、师生代表等150人参加座谈会。蒋南翔曾任清华大学校长和党委书记，北京市委常委、北京市高等学校党委第一书记，中央教育部副部长、党组副书记、高教部部长、党组书记、高教部党委书记，天津市委书记，国家科委常务副主任，教育部部长兼党组书记，中共中央党校第一副校长，中国高等教育学会首任会长。蒋南翔同志是中国共产党十一、十二届中央委员，第一届全国政协委员，一、二、三届全国人大代表，五届全国人大常委。

（许亮）

【纪念辅导员制度建立60周年】 11月17日，清华纪念辅导员制度建立60周年。纪念活动以"我们的青春双肩挑"为主题，邀请不同年代的辅导员校友分享了他们当年担任政治辅导员的经历和走向社会后的人生感悟。教育部、北京市领导，清华师生、部分老辅导员校友、在校辅导员等800人参加活动。

（许亮）

【郑裕彤医学楼落成】 11月24日，清华郑裕彤医学楼落成。郑裕彤医学楼为清华大学医学院二期建筑，位于校园西部，是生命医学研究中心的医学教学中心，项目规划建筑面积17922.8平方米，其中，地上11605平方米，地下6317.8平方米，地上四层、地下两层。该楼由“周大福慈善基金”捐赠8500万元建设。

（许亮）

【举办艺术教育百年纪念活动】 12月

唱歌團

22日，清华举办艺术教育百年暨清华大学艺术教育中心成立20周年纪念活动。活动由座谈会、文艺表演组成。教育部、市教委有关领导及来自中国高等教育学会、北京市高等教育学会，各兄弟高校艺术教育负责人200人参加活动。该校于1913年首开音乐课程，1993年12月成立艺术教育中心。

（许亮）

北京交通大学

党委书记　曹国永
校　　长　宁滨

【概况】　2013年，北京交通大学占地面积66.81万平方米、学校产权建筑面积84.07万平方米。固定资产总值312022.59万元，其中，教学、科研仪器设备资产值94708万元。图书馆建筑面积16357平方米，藏有纸质图书185.45万册，电子图书307.57万册。全年教育经费投入205698万元，其中，国家拨款93093万元、自筹经费112605万元。学校拥有计算机11484台，多媒体教室座位23264个，信息化设备资产40765.90万元，网络信息点43358个，校园网出口总带宽2100Mbps，电子邮件系统用户76000个，上网课程829门，数字资源量59000GB，管理信息系统数据总量6.8GB。下设14个直属院（系），36个系；开设本科专业54个，覆盖7个学科门类和34个一级学科，有一级学科博士点20个，专业学位授权点10类；博士后流动站15个，其中，博士后研究人员出站59人、进站49人和在站122人。2个一级学科国家重点学科、2个二级学科国家重点学科，5个一级学科北京市重点学科、5个二级学科北京市重点学科、2个交叉学科北京市重点学科，4个铁道部重点学科。国家重点实验室1个，国家工程实验室2个、国家工程研究中心1个。教职工2933人，其中，专任教师1768人，包括教授407人、副教授691人；博士生导师420人、硕士生导师811人；中科院院士4人、工程院院士8人。“长江学者奖励计划”特聘教授6人、国家有突出贡献专家6人、享受政府特殊津贴专家167人；外籍教师6人，其中，教授6人。毕业生31561人，其中，学历教育学生中全日制研究生1886人（博士生229人、硕士生1657人），普通本专科生3807人（本科生3386人、专科生421人），成人教育本专科生3339人（本科生2219人、专科生1120人），网络教育本专科生21687人（本科生5941人、专科生15746人）；非计划招生高等教育学生中在职人员攻读硕士学位842人。本科就业率98.69%，研究生就业率99.69%。招生45439人，其中，学历教育学生中全日制研究生3416人（博士生436人、硕士生2980人），普通本专科生4018人（本科生3477人、专科生541人）、成人教育本专科生3640人（本科生2590人、专科生1050人），网络教育本专科生30721人（本科生11770人、专科生18951人）；非计划招生高等教育学生中在职人员攻读硕士学位3644人。高考北京地区提档线理科630分，文科611分。在校生119750人，其中，学历教育学生中全日制研究生10210人（博士生2520人、硕士生7690人），普通本专科生15380人（本科生14009人、专科生1371人），成人教育本专科生8022人（本科生5626人、专科生2396人），网络教育本专科生77994人（本科生28360人、专科生49634人）；非计划招生高等教育学生中在职人员攻读硕士学位8144人。留学生毕业59人，招生667人，在校生1034人。网址：www.bjtu.edu.cn。

（高杰）

【4项成果获国家科技奖】　1月18日，北京交大4项成果获得国家科学技术奖。其中，2项为主持完成成果，2项为参加完成成果。“复杂工况下磁性液体密封关键技术与应用”成果获得国家技术发明奖二等奖，“基于通信的城轨列车运行控制系统关键技术及其应用”成果获得国家科技进步奖二等奖。“复杂工况下磁性液体密封关键技术与应用”是李德才教授率领团队经过二十多年研究取得的成果。该成果突破低温大直径等多种复杂工况下密封关键瓶颈技术，发明可调变离子型、耐低温二酯型等适应复杂工况的磁性液体的制备方法，发明磁性液体低温大直径旋转密封，超大直径静密封和大行程、大往复速度密封的设计方法，攻克很多重要领域中复杂工况下密封的关键技术难题，并形成较为系统的理论和应用体系。“基于通信的城轨列车运行控制系统关键技术及其应用”是宁滨教授率领团队历经十余年自主创新取得的重大科研成果。团队通过政产学研用相结合、协同创新模式，率先突破城市轨道交通运行控制系统（CBTC）核心关键技术，研制出成套装备并产业化推广使用，填补国内空白，使中国成为第四个掌握该项核心技术并成功应用的国家，结束中国城轨交通建设和安全高效运营受制于人的被动局面，为推动相关行业科技进步作出突出贡献。

（高杰）

【新增1个中外合作办学项目】　3月7日，北京交大与澳大利亚卧龙岗大学合作举办的机械电子工程专业本科教育项目获得教育部批准。该项目拟于2014年开始招生，纳入国家普通高等学校招生计划，每年计划招生90人。项目以该校机械与电子控制工程学院机械工程、检测与控制等学科为基础，引进澳大利亚卧龙岗大学的机械电子工程专业的相关课程，是4年学制标准学士学位项目，学生可以在北京交大按照双方共同制定的培养计划完成4年学业，符合毕业要求授予北京交大学历学位证书，学生也可以选择在北京交大学习3年并达到卧龙岗大学要求后，赴澳完成最后一年的学习，顺利完成学业并满足中澳双方大学授予学位要求者可被授予双方学士学位证书。

（高杰）

【运输设备教学馆开放】 3月12日，北京交大运输设备教学馆开放。交通运输实验中心的运输设备馆始建于1951年，有机车、车辆、信号、线路、综合仿真和铁路百年发展掠影6个展馆，馆内珍藏大量的铁路机车、车辆、信号、桥梁等模型、实物和图片。

（高杰）

【成立3个研究中心】 3月26日和6月21日，北京交大新增3个研究中心。3月成立国家轨道交通培训认证研究中心，依托北京交大建设，为国家轨道交通运营培训与认证的研究与管理提供技术支持与服务；成立国家轨道交通安全评估研究中心，依托北京交大建设，为国家轨道交通安全评估体系的研究与创建提供技术支持与服务。6月成立综合交通运输发展研究中心。中心在学校北京交通发展研究基地的基础上，整合相关优势资源、集成学校综合交通运输研究力量成立，隶属学校管理。

（高杰）

【新增1个孔子学院】 4月10日，

北京交大新增1个孔子学院。该学院与美国德克萨斯南方大学合办，面向休斯顿大区的美国学生和社区居民开展汉语教学交流和中国文化传播工作。这是该校在海外建立的第二所孔子学院。

（高杰 吕超）

【试点分院制改革】 5月2日，北京交大经济管理学院正式成立经济学院、工商管理学院、管理工程学院3个分院。学院适应按一级学科管理的趋势，以一级学科为基础，3个分院分别对应“应用经济学”“工商管理”和“管理科学和工程”一级学科，用分院制的方法推动学科建设和行政管理相互统一。在职能分工方面，学院集中于宏观规划、资源调配、组织建设、人事管理、招生就业、学生管理、专业学位培养和创收、评估评价等；分院主要集中于学科建设、团队建设、人才培养、国内外交流等与学科相关的工作。

（高杰）

【举办国际文化节】 5月31日至6月

1日，北京交大举办第五届国际文化节。文化节以“促文化共享，助梦想启航”为主题，分为开幕式文艺汇演、非洲拉美文化展、阿拉伯文化展以及亚洲文化展四个部分，设置60个展台、3台文艺演出，45个亚非拉国家参展。来自30个国家的驻华使节以及80多个国家在华留学生1000人参加活动。该校国际文化节2006年创办，1至2年举办一届。

（高杰 张先睿）

【成立树华无线感知实验室】 6月20日，北京交大成立树华无线感知实验室。该实验室由香港方树福堂基金会捐资170万港元建立，隶属电子信息工程学院，以交通为背景、以通信为基础，在高速铁路和公路的运输安全及通信服务质量等方面开展研究工作。

（高杰）

【成立国家能源主动配电网技术研发中心】 6月21日，北京交大成立国家能源主动配电网技术研发中心。该中心经国家能源局批复设立，由该校牵头，与许继集团有限公司、北京市电力公司和南车株洲电力机车研究所有限公司共同建设，建设周期计划为3年。中心主要依托于该校电气工程学院开展建设，拥有一支由中青年科技骨干组成的稳定科研团体和先进的教学科研设备，中心掌握动力电池应用技术、风电和光伏发电技术，掌握动力锂电池管理系统和充电机的设计、制造和检验、新能源发电的核心技术，在电动汽车动力电池成组应用、电动汽车充电站设计、新能源发电储能以及微网等方面取得成果。

（高杰）

【实施校园文化建设规划】 7月12日，北京交大实施校园文化建设规划。该校制订《校园文化建设规划实施方案（2013～2020年）》，从校风建设、文化产品制作、文化载体建设、文化活动、校园景观、文化设施和制度文化体系建设七个方面，针对需要完成的具体工作做部署，包括具体工作内容、完成时间和牵头单位。

（高杰）

【青年教师暑期学校开班】 7月17

日，北京交大青年教师暑期学校开班。暑期学校是直属于学校党委的青年教师思想政治教育平台，利用暑期小学期，集中一周时间对青年教师进行思想政治教育。教育内容主要包括理论引领、师德建设、实践锻炼三个方面，采取专题教学、集中研讨、分组讨论和社会实践多个环节，提升学校青年教师的思想政治素质、师德修养和立德树人能力。来自13个学院和国家重点实验室、体育部、图书馆等直属单位青年教师200人参加培训。

（高杰 张先睿）

【举办城市交通分论坛】 11月21

日，北京交大举办城市交通论坛。该论坛以"绿色交通畅通城市"为主题，研讨城市交通规划、城市交通安全、城市拥堵管理、城市交通收费、公共交通运营与管理领域的新趋势、新战略问题。来自欧盟各国和国内交通领域专家学者200人参加论坛。

（高杰　张先睿）

【新增省部级科研平台4个】　至年底，北京交大新增4个省部级科研平台。分别是结构风工程与城市风环境北京市重点实验室、交通数据分析与挖掘北京市重点实验室、北京市轨道交通线路安全与防灾工程技术研究中心、北京市轨道交通电气工程技术研究中心。

（高杰）

北京工业大学

党委书记　郑吉春
校　　长　郭广生

【概况】　2013年，北京工业大学占地面积79.48万平方米，学校产权建筑面积86.65万平方米、非产权建筑面积6.08万平方米。固定资产总值378088万元，其中，教学、科研仪器设备资产值168921.54万元。图书馆建筑面积2.60万平方米，藏书185.73万册，电子图书13243.36GB。全年教育经费投入227177.11万元，其中，国家拨款202071.94万元、自筹经费25105.17万元。学校信息化经费投入2607.83万元，拥有计算机20266台，多媒体教室座位17107个，信息化设备资产75322万元，网络信息点36069个，校园网出口总带宽900Mbps，电子邮件系统用户49255个，上网课程845门，数字资源量78504.36GB，管理信息系统数据总量163493.15GB。下设19个二级学院和5个教学科研机构；开设本科专业53个；现有一级学科博士学位授权点18个，二级学科博士学位授权点1个；一级硕士学位授权点31个，二级硕士学位授权点3个；博士后流动站17个，其中，出站23人、进站53人、在站133人。国家重点学科3个，北京市重点学科21个，国家级产学研中心1个，国际合作研究中心1个，教育部工程研究中心2个，教育部重点实验室2个，省部共建重点实验室3个。教职工3046人，其中，专任教师1555人，包括教授314人、副教授636人；博士生导师267人，硕士生导师1082人（含专业学位和学术学位硕士生导师）。外籍教师28人，其中，教授7人。享受政府特殊津贴专家28人，院士6人，"长江学者奖励计划"特聘教授8人，"国家杰出青年科学基金"获得者8人，中央层面"海外高层次人才引进计划"入选者14人，"北京海外人才聚集工程"入选者45人。毕业生7985人，其中，学历教育学生中全日制研究生1580人（博士毕业生187人、硕士毕业生1392人、硕士结业生1人）；普通本科生3054人；成人教育本专科生2208人（本科生1520人、专科生688人）；非计划招生高等教育学生中在职人员攻读硕士学位448人。本科生就业率95.69%，研究生就业率96.90%。招生9133人，其中，学历教育学生中全日制研究生2078人（博士生250人、硕士生1828人），普通本科生3520人，成人教育本专科生2086人（本科生1492人、专科生594人）；非计划招生高等教育学生中在职人员攻读硕士学位847人。高考北京地区校本部提档线文科574分、理科575分。在校生30740人，其中，学历教育学生中全日制研究生6010人（博士生1037人、硕士生4973人），普通本科生13121人，成人教育本专科生5130人（本科生3628人、专科生1502人）；非计划招生高等教育学生中在职人员攻读硕士学位3569人。留学生毕业452人，招生764人，在校生885人。网址：www.bjut.edu.cn。

（周刚　刘玮　李四平）

【制定新版本科生培养方案】　1月8日，北工大完成2012版本科生培养方案制定。新方案包括培养要求、教学计划（中英文）、辅修和双学位教学计划、实践教学计划、课程简介（中英文）、教学大纲和实践教学大纲，是学校本科生培养的基本依据，共计1500万字。该方案突出完整性和全面性相结合、基础性和研究性相结合、创新性和实践性相结合、复合型和国际化相结合、统一性和多样性相结合特点，制定辅修和双学位教学计划，开展辅修和双学位教学。方案提出全面开设新生研讨课，推行研究性教学，专业认知实习、工作实习在内的实习教学四年不断线，各专业至少开出2门采用英语原版教材并且用双语或英语授课的专业课程等计划。

（刘玮）

【完成首次自主选拔录取考生面试工作】　1月24日，北工大首次完成自主选拔录取考生面试工作。该面试分为普通面试（面试A）和附加面试（面试B）两类，按照工科类、建筑规划类、经济管理类3个大类组织进行，主要考查基础知识、综合素质和实践动手能力。该校首次自主选拔录取改革试点工作在电子信息类等4个学科类别的12个专业中开展，计划面向北京生源录取60人，共有150名考生参加面试。

（刘玮）

【都柏林国际学院揭牌】　3月15日，北工大"北京—都柏林国际学院"揭牌。学院开设软件工程、物联网工程、金融学、应用统计学4个本科专业，专业课程均引进自都柏林大学，由都柏林大学派遣相关专业教师及中方具有海外博士学位及英语教学经验的中方教师进行全英文授课。学生四年毕业后能够达到北工大和都柏林大学设定的学术标准，即可获得北工大及都柏林大学两校学士学位。首批招生采取调剂自愿的方式，从该校已经录取的新生中招收物联网工程专业本科生24人。

（刘玮）

【获全国五一劳动奖状】　5月7日，

北工大获得"全国五一劳动奖状"。本年全国共有312个单位获奖，其

中，北京市有10个单位，北京教育系统单位只有1个。“全国五一劳动奖状”是中华全国总工会授予在中国特色社会主义建设中做出突出贡献的企事业单位、机关团体的光荣称号，是中华全国总工会系统先进集体的最高荣誉。

（刘玮）

【陆学艺逝世】 5月13日，北工大教

授、博士生导师、社会学家、中国社会科学院荣誉学部委员陆学艺在北京逝世，享年80岁。陆学艺，1933年8月出生于江苏省无锡县，1950年参加中国人民解放军，任文化教员。1956年9月考入北京工业学院学习，1957年9月转入北京大学哲学系，1962年考入中国社会科学院哲学社会科学部哲学研究所读研究生，毕业后留所。1998年起任北京工业大学人文社会科学学院院长、教授。是第八、九届全国人大代表，1996年、2000年当选为中国社会学会会长。2006年，当选为中国社会科学院荣誉学部委员。他长期从事农村、农民、农业问题和社会理论研究和教学工作。出版《当代中国社会阶层研究报告》《当代中国社会流动》和《当代中国社会结构》等著作。在该校培养研究生19人。

（刘玮）

【推出移动图书馆服务项目】 5月15日，北工大图书馆推出移动图书馆服务项目。该项目是由软件学院和图书馆联合开发的图书馆智能手机客户端，支持安卓2.3及以上版本智能手机，面向全校师生，开展借阅查询、图书续借预约、意见反馈等服务，突破查询图书信息受限于时间地点难题，通过手机客户端实现随时随地访问图书馆资源的功能，为广大读者提供更便利的获取资源渠道。

（刘玮）

【召开素质教育大会】 5月25日，

北工大召开“立德树人”素质教育大会。会议以“立德树人，育人为本，深化素质教育，促进大学生全面发展”为主题，总结学校近年来的各项育人工作，并围绕落实“立德树人”这一根本任务，推进大学生素质教育，科学谋划学校人才培养的发展蓝图。会议希望学校坚持以学生为本，进一步丰富内涵，不断将“立德树人”工作推向深入。会议表彰学校育人工作中做出突出贡献的教师，讨论全员育人机制、教师师德建设等内容，并为“北京工业大学学生发展促进中心”揭牌。市委教育工委、市教委领导和该校师生代表1000人参加会议。

（刘玮）

【与荷兰大学签订合作协议】 9月27日，北工大与荷兰阿姆斯特丹自由大学签订合作协议。根据协议，双方将在科研合作、学生交换、教师及科研人员交流等方面展开合作。协议有效期3年。

（刘玮）

【举办陆学艺学术讲座】 10月28日，北工大举办“北京工业大学陆学艺学术讲座”首讲。该讲座由中国社会科学院学部委员、人口与劳动经济所所长蔡昉研究员作《如何应对结构性就业困难》的学术报告，报告就长期劳动力供求关系、如何观察就业形势、减速为何不导致失业、未来劳动力市场风险、更加积极就业政策等问题展开论述。该校师生160人参加学习。该论坛是以该校已故社会学家陆学艺命名的高层次人文社会学科学术讲座，旨在推进该校人文社会科学繁荣发展。

（刘玮）

【教学科研楼实验楼竣工】 11月5日，北工大教学科研楼、实验楼竣工。其中，科研楼占地面积44776平方米、建筑面积31956平方米，用于教学科研；实验楼占地面积44776平方米、建筑面积47601平方米，用于教学科研。科研楼工程于2011年10月30日开工建设，概算总投入16564万元；实验楼工程于2011年9月30日开工建设，总投入24392万元。

（刘玮）

【成立青年马克思主义者培养工程班】 11月7日，北工大成立青年马克思主义者培养工程班。该班面向全校青年教师，采取理论学习、社会考察、岗位实践等方式加强和改进青年教师思想政治工作。至年底，该班共培训青年教师21人。

（刘玮）

【成立城市交通学院】 12月26日，

北工大成立城市交通学院。学院依托交通运输工程、计算机科学技术、控制科学与工程等相关学科和师资队伍，开展交通领域的学科建设、人才培养、科学研究及服务社会工作。该院下设有智能交通系、交通工程系、道路与轨道工程系，拥有交通运输工程、计算机科学与技术、控制科学与工程三个一级学科博士和硕士学位授予点，开设交通工程一个本科专业。有教师48人，其中，教授23人，副教授13人，讲师12人；有博士生导师15人。

（刘玮）

北京航空航天大学

党委书记　胡凌云
校　　长　怀进鹏

【概况】　2013年，北京航空航天大学占地面积220.53万平方米，建筑面积（含学校产权建筑面积、非产权建筑面积）14.78万平方米。固定资产总值624405万元，其中，教学、科研仪器设备资产值226505万元。图书馆建筑面积26983平方米，藏书272万册（纸质图书），电子图书9792GB。教育经费投入184827.54万元，其中，国家拨款125760.14万元、自筹经费59067.40万元。学校信息化经费投入4436万元，拥有计算机28293台，拥有网络多媒体教室257间，信息化设备资产59780万元，网络信息点56340个，校园网出口总带宽3300Mbps，电子邮件系统用户个数77776个，上网课程574门，数字资源25175GB，管理信息系统数据总量72.37GB。学校现有学院27个，本科专业59个，硕士学位授权一级学科点38个，硕士学位授权二级学科点（不含一级学科覆盖点）3个，博士学位授权一级学科点21个，博士学位授权二级学科点（不含一级学科覆盖点）1个。学科涵盖理、工、文、法、经济、管理、教育、哲学、医学、艺术学等10个门类。博士后流动站17个，其中，博士后研究人员出站87人、进站113人和在站215人。国家重点一级学科8个，国家重点二级学科28个、北京市重点学科10个；国家实验室1个（筹建）、国家重点实验室2个、国家级重点实验室5个，国家工程实验室1个，国家工程研究中心2个，国家工程技术研究中心1个以及省部级实验室49个。学校现有教职工3549人，其中，专任教师2249人，包括教授537人，副教授828人。博士生导师657人和硕士生导师数1283人；中科院院士5人、工程院院士15人。“长江学者奖励计划”特聘教授46人、国家有突出贡献专家30人、享受政府特殊津贴专家66人，国家杰出青年基金获得者35人，新世纪优秀人才153人；国家级教学名师奖3人，国家自然科学基金委创新研究群体4个，教育部创新团队12个，国家级教学团队5个，国防科技创新团队6个。毕业生16901人，其中，学历教育学生中全日制研究生3383人（博士生587人、硕士生2796人），普通本科生3143人，成人教育本专科毕业生1303人（本科生841人、专科生462人），网络教育本专科毕业生7316人（本科生3347人、专科生3969人）；非计划招生高等教育学生中在职人员攻读硕士学位1756人。本科毕业生就业率98.3%。招生59629人，其中，学历教育学生中全日制研究生3882人（博士生768人、硕士生3114人），普通本科生3841人，成人教育本专科1725人（本科生1178人、专科生547人），网络教育本专科生46660人（本科生17671人、专科生28989人），非计划招生高等教育学生中在职人员攻读硕士学位3521人。北京地区高考提档线文科607、理科657。在校生116921人，其中，学历教育学生中全日制研究生12716人（博士生3981人、硕士生8735人），普通本科生14950人；成人教育本专科3404人（本科生2583人、专科生821人），网络教育本专科生74820人（本科生29557人、专科生45263人），非计划招生高等教育学生中在职人员攻读硕士学位11031人。留学生毕业443人，招生697人，在校生1281人。网址：www.buaa.edu.cn。

（赵轶姝）

【3个固定资产投资项目通过工信部验收】　1月15日，北航3个固定资产

投资项目通过竣工验收。验收工作由工信部主持，验收专家组对该校“军工文化素质教育基地建设”“仿生智能界面科学研究平台建设”和“大学生创新基地建设”进行评审。经评审，专家组一致认为3个项目已按要求完成建设内容，同意通过竣工验收。“军工文化素质教育基地建设”项目主要发挥军工文化的育人作用，将军工文化融入校园物质文化建设、精神文化建设和制度文化建设；“仿生智能界面科学研究平台建设”主要立足于仿生结构、仿生构建为研究体系，并结合物理、化学、纳米技术等手段为材料研究的突破口，成为城市工业、农业、航空航天等领域的人才培养及产学研基地；“大学生创新基地建设”主要以学生为中心，以创新思维和创新能力的培养为核心，以培养高素质、复合型人才为宗旨，以不断孵化创新人才、创新作品、创新思想等创新教育成果为目标，努力建设对学生进行创新思维、基本科研技能及知识综合应用能力等多层次训练的创新实践基地。

（毕娟）

【英文科技学术期刊首发】　1月，北航英文科技学术期刊《Propulsion and Power Research》首发。该期刊由该校航空科学与技术国家实验室和爱思唯尔出版集团（Elsevier）合作创办，主要刊登航空航天推进及动力工程基础研究领域具有学术价值或者应用价值的科技论文。该刊物为季刊，面向全球发行。

（毕娟）

【举办远航海外学习日活动】　3月

13日，北航举办首届“远航海外学习日”活动。活动发布2013至2014学年学生交换项目以及2013年暑期赴国（境）外交流项目，200名学生参加。“远航计划”旨在通过校际学生交换、双学位、联合培养、海外实习以及境外暑期学校（夏令营）、科技竞赛、文化交流等形式，推动学生参与国际交流，培养具有国际交流能

力、国际竞争力人才。北航与加拿大、德国、法国等 23 个国家和地区的 67 所大学开展校际学生交换项目，建立 11 项双学位联合培养项目。

（毕娟）

【与台湾澳门高校签订合作协议】 3 至 9 月，北航与台湾、澳门高校签订合作协议。与台湾中山大学、台湾中正大学、澳门大学协议规定，双方开展校级学术交流合作及学生交换合作；与台湾淡江大学校级学生交换协议规定，该校每年派 60 名学生赴港澳台地区高校交换学习，并选派百余名学生参加暑期学生交流活动。该校与台湾中兴大学签署“北航自动化科学与电气工程学院与台湾中兴大学工学院合作办理博士班双学位制”协议，并就双方招生名额、招生选拔、奖助体系、课程设置、培养与学分、毕业条件、毕业答辩、学位论文形式和要求达成一致。

（毕娟）

【与温州市签订合作协议】 4 月 17 日，北航与温州市政府签订合作协议。根据协议，双方将以温州市产业技术和城市发展需求为牵引，以北航科技队伍和技术储备为依托，合作共建“两院一区”，其中，北航温州研究院为事业单位，落户龙湾，将围绕不锈钢、阀门、食药机械、激光光电、新材料、信息软件等行业进行重点攻关，帮助当地骨干企业进行技改；通用航空学院落户空港新区，引入社会资本参与建设；智慧城市示范区将在一年半内建成温州市智慧城市运营平台，构建面向智慧城市的集成创新体系和基础共性平台。

（毕娟）

【成立航天器数字化装配与协同设计技术联合实验室】 6 月 21 日，北航成立航天器数字化装配与协同设计技术联合实验室。该实验室由该校与中国空间技术研究院合办。根据协议，该实验室发挥中国空间技术研究院通信卫星事业部在航天器研制的工程优势以及机械学院的技术领先优势，加强科技成果转化，将联合实验室发展成为国家级重点实验室或工程技术中心，促进中国航天器数字化设计与装配技术的发展。

（毕娟）

【举办航空航天国际研究生暑期学校】 7 月 10 日，北航举办航空航天国际研究生暑期学校。学校设立飞行器设计、动力推进、航空航天与新能源、材料与制造和导航控制 5 个班级，每班由 2 名北航相关学科青年教师担任班主任。来自全球 25 个国家 40 所高校的 138 名研究生参加为期 1 周的学习活动。

（毕娟）

【成立北航文化传媒集团】 7 月，北航成立北航文化传媒集团。该集团组成包括《航空学报》《北航学报》《复合材料学报》《航空知识》《航空模型》《单片机与嵌入式系统应用》为一体的科技、科普期刊联盟，形成航空期刊社、北航出版社、北航体育馆、晨兴音乐厅多种元素交融的文化阵营，其中，《航空学报》连续 12 年获“百种中国杰出学术期刊”奖项。

（毕娟）

【举办振动理论与应用高层学术论坛】 8 月 23 至 25 日，北航举办振动理论与应用高层学术论坛。该论坛由中国振动工程学会主办，研讨结合中国重大装备需求，就航空、航天、高铁、石油、土木等重要工程领域中的关键动力学问题展开讨论。论坛邀请 13 名学者及专家作大会报告。来自国内相关领域专家学者 70 人参加论坛。

（毕娟）

【举办马德里理工大学日】 10月21

日，北航举办马德里理工大学日活动。活动由开幕式、学生交换学习经验分享、学科合作研讨会、实验室参观、闭幕式等环节组成。活动日中，该校与马德里理工大学签订合作协议，双方将在信息、土木工程、材料、小卫星领域开展科研合作及人才培养合作。该校师生及马德里理工大学学生 200 人参加活动。

（毕娟）

【与北京卫星环境工程研究所签订合作协议】 10 月 30 日，北航与北京卫星环境工程研究所签订合作协议。根据协议，双方共建航天器磁学与超导技术联合实验室，并在人才培养、前沿探索、成果转化与应用等产学研领域展开合作。

（毕娟）

【启动首届驻校艺术家计划】 10 月，

北航启动首届驻校艺术家计划。该计划由文化艺术传播研究院组织实施，以“艺文赏析与体验”教育项目为依托，秉承文化育人的核心理念，通过将知名艺术家、作家引入校园，以系列讲座或公共选修课程的形式，提供短期教学，启发大学生的创新灵感、发掘大学生的文学艺术天赋、活跃学生文化生活。10 月 15 日，该校举办“水墨造境·石晋山水画展”，同时，石晋主讲“中国山水画赏析与创作”课程面向全校师生开课。

（毕娟）

【成立中加联合高级管理教育中心】 11 月 6 日，北航成立中加联合高级管理教育中心。该中心与加拿大约克大学合办，是双方在已有的合作框架下，利用双方的商科学科资源，促进并引领中加双方在经济和管理学科领域的高管培训而新搭建的合作平台，将为中国的政府、非营利机构和企业提供公开课和定制项目。

（毕娟）

【召开生物再生生命保障地基有人综合实验、研讨会】 12 月 2 至 4 日，北航召开生物再生生命保障地基有人综合实验国际研讨会。会议研讨建立多国间合作，共同推进生物再生生命保障系统理论与技术进步，促进载人深空探测发展等问题。来自中国、俄罗斯、美国等国家专家学者 40 人参加研讨。

（毕娟）

【与俄罗斯科学院合建国际联合实验室】　12月11日，北航和俄罗斯科学院西伯利亚分院签署联合成立“先进生命保障技术国际联合实验室合作协议”。该实验室将建立面向空间先进生命保障技术及其地面转化应用研究的前沿科学平台，在全球范围内吸引先进生命保障技术领域的杰出学者，着重先进生命保障技术理论方面研究。

（毕娟）

北京理工大学

党委书记　郭大成
校　　长　胡海岩

【概况】　2013年，北京理工大学占地面积141.12万平方米，学校产权校舍建筑面积127.43万平方米、非产权校舍建筑面积3.69万平方米。固定资产总值52.92亿元，其中，教学、科研仪器设备资产值21.13亿元。图书馆建筑面积53599平方米，藏书243.50万册，电子图书137000GB。全年教育经费投入338183万元，其中，国家拨款118220万元、自筹经费219963万元。学校拥有计算机21337台，信息化设备资产65982万元，网络信息点23000个，校园网出口总带宽1600Mbps，电子邮件系统用户60725个，上网课程2085门，数字资源量2200000GB，管理信息系统数据总量120GB。学校建有中关村校区和良乡校区，建有研究生院，基础教育学院以及19个专业学院、继续教育学院、国际教育学院、高等职业技术学院和秦皇岛分校；开设66个本科专业覆盖10个学科；具有一级学科博士点22个，博士学位授权点97个，一级学科硕士学位授权点38个，硕士学位授权点193个，博士专业学位授权点1个，硕士专业学位授权点11个；博士后流动站19个，其中，博士后研究人员出站33人、进站43人和在站139人。一级学科国家重点学科4个、二级学科国家重点学科5个、国家重点（培育）学科3个，国防特色学科24个，工业和信息化部重点学科15个，一级学科北京市重点学科5个，二级学科北京市重点学科2个，交叉学科北京市重点学科2个；国家重点实验室2个、国家工程实验室1个、国家工程技术研究中心1个、国防科技重点实验室3个，教育部重点实验室7个，北京实验室1个，北京市重点实验室14个，北京市工程技术研究中心5个，国防重点学科实验室3个，国防先进技术研究应用中心1个，教育部部门开放实验室1个，教育部研究生教育创新计划研究生开放实验室1个，国防科技工业研究生教育创新基地4个，国家大学生校外实践教育基地4个，国家级工程实践教育中心16个，国家级实验教学示范中心3个，北京市实验教学示范中心11个，工业和信息化部实验教学示范中心（建设单位）3个。教职工3526人，其中，专任教师2058人，包括教授476人、副教授827人；博士生导师483人、硕士生导师1340人；中科院院士5人、工程院院士9人，发展中国家科学院院士1人，国际质量科学院院士1人。“千人计划”入选者10人、“青年千人计划”入选者6人、“长江学者奖励计划”特聘教授22人、讲座教授5人、“国家杰出青年科学基金”获得者20人、国家有突出贡献专家17人、享受政府特殊津贴专家231人。外籍教师34人，其中，教授6人、副教授1人。毕业生17048人，其中，学历教育学生中全日制研究生3521人（博士生413人、硕士生3108人）、普通本专科生3426人（本科生3066人、专科生360人）、成人教育本专科生2130人（本科生1519人、专科生611人）、网络教育本专科生7277人（本科生2390人、专科生4887人）；非计划招生高等教育学生中在职人员获取硕士学位694人。本科毕业生就业率97.13%。招生19720人，其中，学历教育学生中全日制研究生3694人（博士生660人、硕士生3034人）、普通本专科生4311人（本科生3861人、专科生450人）、成人教育本专科生2097人（本科生1493人、专科生604人）、网络教育本专科生7645人（本科生2935人、专科生4710人）；非计划招生高等教育学生中在职人员攻读硕士学位1973人。高考北京地区提档线理工类638，文史类601。在校生72556人，其中，学历教育学生中全日制研究生11209人（博士生3250人、硕士生7959人）、普通本专科生16028人（本科生14774人、专科生1254人）、成人教育本专科生5733人（本科生4250人、专科生1483人）、网络教育本专科生31649人（本科生16375人、专科生15274人）；非计划招生高等教育学生中在职人员攻读硕士学位7937人。留学生毕业374人、招生382人、在校生759人。网址：www.bit.edu.cn。

（史建伟）

【3个重点实验室通过验收】　1月14

日、6月24日和10月21日，理工大学3个重点实验室通过验收。“复杂系统智能控制与决策”科技部—工信部国家重点实验室接受科技部与工业和信息化部组织的验收评审，通过听取实验室建设验收报告、走访实验室现场和考察实验室研究条件等方式，专家组认为该校对培育基地进行重点建设，实验室发展与建设定位准确，尤其在科学研究、学术成果、人才队伍、条件建设等方面取得突出成效，完成培育建设任务，一致同意通过该国家重点实验室培育基地的验收评审。“卫星导航电子信息技术”教育部重点实验室建设项目和“仿生机器人与系统”教育部重点实验室建设项目接受教育部验收，通过听取汇报、现场考察、核查数据资料、观看成果展示等环节，专家组一致同意两个实验室完成建设计划任务，通过验收。

（史建伟　郭强）

【成立阻燃科学与技术国际联合实验室】　1月，理工大学成立阻燃科学与技术国际联合实验室。该实验室与意大利都灵理工大学共建，开展新型阻燃剂、阻燃材料及阻燃机理等方面的学术研究。至年底，实验室开展教授学术访问、学术讲座等交流活动6次，联合培养博士生1人，申报国家科技合作专项1项。

（史建伟）

【获批工信部15个重点学科及10个重点专业】 1月，理工大学获批15个工业和信息化部重点学科及10个工业和信息化部重点专业。工业和信息化部重点学科中，两化融合类学科8个，分别为力学、机械工程、光学工程、材料科学与工程、信息与通信工程、化学工程与技术、软件工程、管理科学与工程；支撑性基础学科5个，分别为应用数学、理论物理、物理化学（含化学物理）、高分子化学与物理、环境工程；新兴交叉学科2个，分别为工业与系统工程、融合医工学。10个工业和信息化部重点专业分别为应用化学、工程力学、工业设计、车辆工程、能源与动力工程、电子科学与技术、光电信息科学与工程、软件工程、信息对抗技术、信息管理与信息系统。

（史建伟）

【签订国际校企合作协议】 2月3日，

理工大学牵头中方3家企业与波兰企业和大学签订电动客车（e—Bus）项目合作协议。根据协议，第一期示范阶段由波兰企业出资400万，中方企业在理工大学现有电动客车系统平台基础上整合国内先进技术资源，与波兰企业在波兰建立电动公共交通系统，主要工作包括从中国进口搭载北理工客车平台系统的6辆大客车整车、动力电池快换机器人系统、电池充/换电站和应急服务系统等，在波兰主要城市开展为期两年的示范运营工作；第二期计划在波兰五个城市建立16个充换电站，运营780辆纯电动大巴，同时双方共同推进其系统在其他欧盟成员国和周边邻国的推广实施。

（史建伟　徐思军）

【设立周立伟奖助学基金】 5月23日，

理工大学设立周立伟奖助学基金。该基金由该校周立伟教授捐资50万元设立，下设吉民助学金和立伟奖学金，奖助学金的金额为每年5万元，用于奖励优秀和贫困学生。周立伟，1932年出生，浙江省诸暨人，中国工程院院士，俄罗斯联邦工程科学院外籍院士，长期从事宽束电子光学、光电子成像领域教学与科研工作，建立宽电子束聚焦与成像较为完整的理论体系。

（史建伟）

【与中央电视台签订合作协议】 6月23日，理工大学与中央电视台签订合作协议。根据协议，双方合作建立数字表演与视觉创意联合实验室，开展重大节目演出中数字表演、仿真技术、自动化控制等多学科交叉融合的数字表演技术体系研究，培养数字舞台和电视转播领域技术研究、系统开发、模式创新的高素质专业人才，共建舞台文化科技高端协同创新平台。该校选派一定数量的优秀研究生参加央视的工程和科研实践，并在实习期间结合联合实验室具体研究项目完成其学位论文工作；央视派专人对该校学生进行必要的学术指导。

（史建伟）

【召开国际电动车辆技术研讨会】 8月26至27日，理工大学召开国际电动车辆技术研讨会。会议以“电动车辆技术研究、工程开发及推广应用”为主题，采取主题大会和分组讨论会形式。主题大会听取美国、德国、瑞

士等国专家围绕电动汽车前沿及关键技术作主题报告；分组会分别研讨“中国—德国电动汽车电机驱动系统”和“中国—瑞士新能源车辆动态系统及控制技术”问题。来自中国、美国、德国等8个国家专家学者200人参加研讨。

（史建伟　郭强）

【一人当选国际宇航科学院通讯院士】 9月22日，理工大学邓玉林教授当选国际宇航科学院生命科学部通讯院士。国际宇航科学院2013年全球增选62名院士和39名通讯院士，其中，中国有3人当选院士、9人当选通讯院士。邓玉林，1962年出生，该校生命学院教授、博士生导师，长期从事空间生命科学研究，其带领科研团队所研制“微流控芯片基因扩增装置”由神舟八号飞船成功搭载，实现中国微流控芯片太空应用技术领域“零”的突破。

（史建伟）

【成立中国低碳智慧研究院】 11月28日，理工大学成立中国低碳智慧研究院。该研究院与北京环境交易所共建，研究低碳智慧应用理论、理念和思路，开展第三方的低碳评估研究。该校负责提供数据和智力支持，交易所负责提供金融资源。

（史建伟）

【与吉林省签订合作协议】 12月18日，理工大学与吉林省人民政府签订合作协议。根据协议，双方依托吉林省的资源优势、产业优势和该校的科技优势、人才优势、智力优势合作开展科学研究、人才培养等工作。至年底，该校还与上海巨人网络科技公司签订产学研合作协议。与首都医科大学签订校校战略合作协议，推动双方在生物医学工程、人体生命学、生物医药等领域开展合作。与凌云工业股份有限公司签订校企合作协议，建立

科学有效人才培养体系，为企业发展目标提供智力支持和人才保障。与北京市八一中学签订合作协议，打造创新型人才培养联合体。

（史建伟）

北京科技大学

党委书记　罗维东
校　　长　徐金梧（1月免）
　　　　　　张欣欣（1月任）

【概况】　2013年，北京科技大学占地面积80.39万平方米，建筑总面积84.69万平方米。固定资产总值298776万元，其中，教科仪器设备资产值84973万元。全年教育经费投入157262.63万元，其中，国家拨款95447.63万元、自筹经费61815万元。学校由13个学院，以及研究生院、体育部、管庄校区、天津学院（独立学院）、延庆分校组成；开设有48个本科专业，覆盖工、理、管、文、经、法6个学科门类。学校现有18个一级学科博士授权点，73个博士学科点（含9个自设），118个硕士学科点（含10个自设），另有MBA（含EMBA）、MPA、法律硕士和20个领域的工程硕士专业学位授予权，14个博士后科研流动站。有国家一级重点学科4个，国家二级重点学科12个，国家重点学科（培育）1个；北京市一级重点学科2个，北京市二级重点学科11个，北京市重点交差学科1个；一级博士授权学科9个，二级博士学位授权学科48个；一级硕士学位授权学科20个，二级硕士学位授权学科109个，另有MBA、EMBA、MPA、法律硕士和20个工程硕士点。学校现有1个国家科学中心（筹），2个国家级重点实验室，2个国家工程（技术）研究中心，2个国家科技基础条件平台，29个部委级重点实验室、研究中心。教职工2896人，其中，专任教师1791人，教授430人、副教授735人，正高级职称441人、副高级职称730人。专任教师中有中国科学院院士6人、中国工程院院士3人，中组部“千人计划”入选者9人，“973”首席科学家3人，国家级有突出贡献专家14人，“长江学者奖励计划”特聘教授14人、讲座教授3人，国家杰出青年科学基金获得者16人，国务院学位委员会委员1人、国家学科评议组成员5人，国家“新世纪百千万人才工程国家级人选”入选11人，全国教学名师2人，教育部跨世纪/新世纪优秀人才支持计划87人，享受政府特殊津贴专家350人。外籍教师22人。毕业生14740人，其中，学历教育学生中全日制研究生2231人（博士生395人、硕士生1836人），普通本专科生3314人（本科3233人、专科生81人），成人教育本专科生3037人（本科生1773人、专科生1264人），网络教育本专科生6158人（本科生2827人、专科生3331人）；非计划招生高等教育学生中在职攻读硕士学位394人，研究生课程进修66人。招生16493人，其中，学历教育学生中全日制研究生3073人（博士生530人、硕士生2543人），普通本专科生3401人（本科3319人、专科生82人），成人教育本专科生2892人（本科生1777人、专科生1115人），网络教育本专科生7127人（本科生2176人、专科生4951人）；非计划招生高等教育学生中在职攻读硕士学位618人。高考北京地区提档线文科602分、理科620分。在校生45990人，其中，学历教育学生中全日制研究生9717人（博士生2838人、硕士生6879人），普通本专科生13309人（本科13063人、专科生246人），成人教育本专科生7651人（本科生5365人、专科生2286人），网络教育本专科生15313人（本科生5452人、专科生9861人）；非计划招生高等教育学生中在职攻读硕士学位2384人，研究生课程进修班84人。留学生毕业276人，招生342人，在校生857人。网址：www.ustb.edu.cn。

（李凯）

【与英国高校共建孔子学院】　2月4日，北科大与英国德蒙福特大学签订合作建立孔子学院协议。根据协议，北科大经国家汉办暨孔子学院总部授权与英国德蒙福特大学在英国新华德蒙福特北科大创意产业技术孔子学院，中方负责课程和师资，英方负责教学场所及招生等工作。这是该校在海外建设的第一所孔子学院。

（李凯）

【一人当选俄罗斯工程院外籍院士】　2月，北科大张学记教授当选俄罗斯工程院外籍院士。张学记，安徽凤阳县人，出生于1964年2月，分别于1989年和1994年于武汉大学化学系获得学士和博士学位。1995至1999分别为斯洛文尼亚国立化学研究所、瑞士联邦理工学院（ETH）化学传感器中心、美国新墨西哥州立大学化学系博士后。1999年起，历任美国世界精密公司研究员、化学部部长、副总、首席科学家。2009年入选中组部“国家千人计划”回国，任北京科技大学生物工程与传感技术研究中心主任，教授，博士生导师，2013年任北科大化学与生物工程学院院长。

（李凯）

【与云南冶金集团签订合作协议】　4月28日，北科大与云南冶金集团股份有限公司签订合作协议。根据协议，双方将在科技研发、人才培养等领域开展全面合作，共建“北科大—云南冶金集团金属新材料技术研究开发中心”，在钛冶炼新技术产业化、锰矿资源高效利用、高端铝深加工产品研发等重点技术领域共同开展科研合作。

（李凯）

【举办海峡两岸青年研习交流营】　7

月5至11日，北科大举办海峡两岸青年研习交流营。交流营以“可持续发展与青年责任”为主题，举办“青年与社会可持续发展”“生态文明与可持续发展”“科技与可持续发展”专题报告，邀请知名专家学者分别从经济、社会、文化、科技、环境、能源领域，探索社会发展中所面临现实问题，寻找可持续发展的途径。来自海峡两岸 20 所高校的 276 名师生参加活动。

（李凯）

【共建两个国家级工程实践教育中心】 9 月 6 日和 9 月 24 日，北科大两个国家级工程实践教育中心揭牌。6 日，与河北钢铁集团共建国家级工程实践教育中心揭牌；24 日，与太原钢铁（集团）有限公司共建的国家级工程实践教育中心揭牌。国家级工程实践教育中心是由高校和企业联合开展工程人才培养的综合性教育平台，主要面向高年级本科生和研究生。

（李凯）

【开办“黄昆班”】 9 月，北科大“黄昆班”开班。“黄昆班”专业为“应用物理（半导体物理与器件方向）”，与中科院半导体所联合举办，双方联合组成教学指导委员会，共同负责制订培养方案教学大纲、教学计划和培养过程的指导。该专业设在北科大数理学院物理系，由其承担基础课程教学任务，并从半导体所聘任该领域的专家讲授专业课。学生从三年级开始，以专业实验和社会实践方式进入中科院半导体所参与科研工作，接受初步科研工作能力的训练。该班于 7 月面向全国招生，首批招生 49 人，学制 4 年，毕业后将有 50％的免试保送名额，定向保送到中科院半导体所读硕士研究生。该班是首个高校与中科院科研究所合作培养本科生的教育项目。

（李凯）

【举办海峡两岸教育论坛】 10 月 14 日，北科大举办海峡两岸教育论坛。论坛以“追求卓越发展共赢”为主题，分为主论坛和分论坛两部分，研讨“新形势下海峡两岸教育的合作与发展”“全球化创新型人才的培养”和“大学在推动社会可持续发展中的角色与作用”等问题。来自台湾 15 所高校和北京 9 所高校师生 150 人参加研讨。

（李凯）

【承办国际聚变堆材料大会】 10 月 20 至 25 日，北科大承办第 16 届国际聚变堆材料大会（ICFRM16）。会议安排 2 个大会主旨报告、12 个大会邀请报告、81 个分会邀请/口头报告、420 篇墙报展示以及 8 个卫星会议。

会议涉及先进材料制备和连接技术、材料辐照效应及表征、材料多尺度模拟、材料涉氚服役环境性能等议题。共收到 577 篇论文摘要。来自 28 个国家和地区专家学者 421 人参加会议，其中，中国学者 167 人。国际聚变堆材料大会是国际间大型学术会议，是聚变堆相关材料的最高级别会议，中国第一次获得该会的承办权。

（李凯）

【一人当选工程院院士】 12月19日，

北科大土木与环境工程学院教授蔡美峰当选 2013 年能源与矿业工程学部院士。蔡美峰，1943 年 5 月出生，1968 年毕业于上海交通大学工程力学专业，1981 年获北京钢铁学院采矿工程专业硕士学位，1990 年获澳大利亚新南威尔士大学矿山岩石力学专业博士学位。现担任国际岩石力学学会教育委员会主席、国务院学位委员会矿业工程学科评议组召集人、中国金属学会名誉理事兼采矿分会名誉理事长。蔡美峰长期从事地应力测量与科学采矿方向研究，获国家科技进步二等奖 3 项、三等奖 1 项，国家技术发明三等奖 1 项，省部级特、一、二等奖各 3、6、7 项。第一作者发表论文 130 多篇，其中 SCI 和 EI 收录 60 余篇，撰写专著 4 部，主编国家级规划教材 1 部、副主编 1 部；获国家级教学成果二等奖 1 项。2008 年被评为国家级教学名师，2009 年被评为全国模范教师，2010 年被评为全国优秀科技工作者。

（李凯）

【举办 6 期材料名师讲坛】 至年底，

北科大举办中国材料名师讲坛 6 讲。论坛分别邀请加拿大麦克马斯特大学的大卫·恩伯里（David Embury）教授，德国亚琛工业大学沃尔夫冈·布兰克（Wolfgang Bleck）教授，中国工程院院士王国栋教授、舒兴田教授，美国田纳西大学斯蒂文（Steve J. Zinkle）教授，日本东京大学的月桥文孝教授，作题为《The potential of Architectured Materials》《Understanding complex microstructures in modern steels》《RAL 轧制技术研究思路和现状》《沸石分子筛多孔材料及其应用开发研究的进展》《Foundations of Materials Engineering Challenges in Fission and Fusion Energy》《钢铁冶金过程的物理化学》报告。该校师生 2000 人次参加学习。

（李凯）

北方工业大学

党委书记　吴晓云
校　　长　王晓纯

【概况】 2013 年，北方工业大学占地面积 32.02 万平方米，建筑面积 36.4 万平方米。固定资产总值 84733.9 万元，其中，教科仪器设备总值 38472.75 万元。2013 年全年教育经费投入 73089 万元。图书馆建筑面积 19652 平方米，馆藏图书 140.75 万册，其中，电子图书 111.85 万册。设有 8 个学院，14 个教学实验中心，30 个研究设计院（所）；开设 43 个本科专业，19 个一级学科硕士授权点、50 个二级学科硕士授权点、11个专业硕士学位领域和同等学力人员申请硕士学位资格，1个第二学士学位点，1个博士生培养项目。有3个国家级特色专业，5个北京市特色专业，4个北京市品牌专业，1个北京市重点实验室，5个北京市实验教学示范中心，有7个北京市重点建设学科。教职工1359人，其中，专任教师775人。专任教师中，教授95人，副教授268人；硕士生导师402人；享受政府特殊津贴专家（在职）5人。外籍教师9人。毕业生3982人，其中，学历教育学生中全日制硕士研究生504人，普通本科生2543人（本科生2523人、第二学士学位20人），成人教育本专科生935人（本科522人、专科413人）。本科毕业生就业率96.34%。招生4503人，其中，学历教育学生中全日制研究生623人（博士生2人、硕士生621人），普通本专科生2896人（本科2877人、第二学士学位19人），成人教育本专科生984人（本科生499人、专科485人）。高考北京地区提档线一本理科550分，文科518分。在校生14424人，其中，学历教育学生中全日制研究生1678人（博士生2人、硕士生1676人），普通本专科生10661人（本科10632人、第二学士学位29人），成人教育本专科生2085人（本科生1160人、专科925人）。网址：www.ncut.edu.cn。

（杨嵩松）

【与中国钢研签订合作签约】 1月12

日，北方工大与中国钢研科技集团有限公司签订合作协议。根据协议，双方合作将针对变截面辊弯成形和冶金设备开展相关工艺开发、设备研制、工程化的科研工作，并利用双方科研平台合作开展博士、硕士人才培养，以及共性关键技术研发工作和科技成果工程化技术攻关。

（杨嵩松）

【与石景山区工商联签订合作协议】

3月29日，北方工大与石景山区工商联签订合作协议。根据协议，双方合作建立校外人才培养基地，依托该基地，工商联负责联系企业为该校学生提供实训场所和实习机会，学校负责为该区非公有制企业经营管理人才队伍提供教育培训。

（杨嵩松）

【《新人文丛书》首发】 4月2日，北方工大编纂的《新人文丛书》首发。该丛书与新星出版社联合编辑出版，收集国内外当代知名学者代表作，展现学者对当下核心问题、热点问题的关注、关怀。全书由《文化无非你和我》《无余与感通——源自中国经验的世界哲学》《立命、究底、理政三道综论集》等30册作品组成，每册约30万字。

（杨嵩松）

【与农业银行签订合作协议】 4月19日，北方工大与中国农业银行北京市分行签订合作协议。根据协议，以双方以“平等互利、优势互补、共同发展、和谐共赢”为原则，开展学校与国有商业银行长期业务合作模式与领域探索，银行为该校创建高水平大学提供资金支持。

（杨嵩松）

【成人教育校外教学站通过市教委评估】 6至11月，北方工大接受市教委高等学校在京成人高等教育校外教学站检查评估。经过考察，参检4个校外教学站全部通过评估，其中，房山、昌平、丰台3个教学站获评有办学特色校外教学站。

（杨嵩松）

【新建学生公寓和学生服务楼投入使用】 9月，北方工大新建学生第十

公寓和学生服务楼工程投入使用。学生第十公寓工程总建筑面积12802平方米，地上4至10层、地下2层，室内设有独立卫生间。学生服务楼工程总建筑面积12656平方米，地上4层、地下1层，房屋主要用途为食堂、学生管理与服务。

（杨嵩松）

【获两项中国电源学会科学技术奖】 11月8日，北方工大两项成果获得第二届中国电源学会科学技术奖。该校作为第一完成单位的“交流无频闪MH灯用电子电源系统基础理论和关键技术研究”获技术发明一等奖，“大功率三电平变换器关键技术研究及应用”获科技进步三等奖。该奖项由中国电源学会主办，是中国电源行业最高水平科技奖励，本届评出一等奖2项、二等奖5项、三等奖6项，个人类评出杰出贡献奖1人、青年奖2人。

（杨嵩松）

【与工业职业技术学院签订合作协议】

12月26日，北方工大与北京工业职业技术学院签订合作协议。根据协议，两校将在教师交流、专业建设、实习实训基地共用、高职与普通本科联合培养等方面开展合作。

（杨嵩松）

北京化工大学

党委书记　王芳
校　　长　谭天伟

【概况】 2013年，北京化工大学占地面积71.33万平方米，学校产权校舍建筑面积63.67万平方米、非产权校舍建筑面积3万平方米。全年教育经费投入159102万元，其中，国家拨款113917万元、事业收入39819万元、经营收入1083万元、其他收入4283万元。固定资产总值16.95亿元，其中，教学、科研仪器设备资

产值 7.21 亿元。图书馆建筑面积 18641 平方米，藏书 168.86 万册，电子图书 8752GB。拥有计算机 7844 台。学校多媒体教室 151 间，信息化设备资产 13032 万元，网络信息点 12000 个，校园网出口总带宽 900Mbps，电子邮件系统用户 28000 个，上网课程 74 门，数字资源量 19863GB，管理信息系统数据总量 5400GB。设置 12 个院（系、部）；开设 46 个本科专业；一级学科博士点 6 个，博士学位授权点 29 个，硕士学位授权点 90 个和专业学位授权点 14 个；博士后流动站 5 个，其中，博士后研究人员出站 17 人、进站 24 人和在站 52 人。国家一级重点学科 1 个（涵盖 5 个二级重点学科），国家二级重点学科 2 个，国家重点（培育）学科 1 个，北京市一级重点学科 3 个（涵盖 14 个二级重点学科）北京市交叉重点学科 2 个；国家重点实验室 2 个，国家级工程技术研究中心 1 个，国家工程实验室 1 个，省、部级重点实验室 11 个，省、部级工程技术研究中心 13 个。教职工 1923 人，其中，专任教师 1172 人，包括教授 239 人、副教授 416 人；博士生导师 218 人、硕士生导师 467 人；中科院院士 2 人、工程院院士 7 人（本校院士 3 人，双聘院士 6 人）、“长江学者奖励计划”特聘教授 10 人、“长江学者奖励计划”讲座教授 1 人、国家“千人计划”入选人员 2 人、“百千万人才工程”国家级人选 8 人、“973”首席科学家 4 人、国家青年科技奖获得者 7 人、国家有突出贡献专家 2 人、享受政府特殊津贴专家 99 人，外籍教师 18 人。毕业生 7814 人，其中，学历教育学生中全日制研究生 1700 人（博士生 159 人、硕士生 1541 人）、普通本专科生 3522 人（本科生 3157 人、专科生 365 人）、成人教育本专科生 2592 人（本科生 1612 人、专科生 980 人）；非计划招生高等教育学生中在职人员攻读硕士学位 400 人。本科毕业生就业率 97.81%，研究生就业率 95.06%。招生 9080 人，其中，学历教育学生中全日制研究生 2031 人（博士生 197 人、硕士生 1834 人）、普通本科生 3828 人、成人教育本专科生 3221 人（本科生 1993 人、专科生 1228 人）；非计划招生高等教育学生中在职人员攻读硕士学位 140 人。高考北京地区提档线理科 575 分。在校生 28241 人，其中，学历教育学生中全日制研究生 5958 人（博士生 744 人、硕士生 5214 人）、普通本专科生 15250 人（本科生 14474 人、专科生 776 人）、成人教育本专科生 7033 人（本科生 4511 人、专科生 2522 人）；非计划招生高等教育学生中在职人员攻读硕士学位 1318 人。留学生毕业 178 人、招生 254 人、在校生 409 人。网址：www.buct.edu.cn。

（孙忠博　黄刚）

【实施学科交叉人才培养计划】 5 月 13 日，化工大学实施学科交叉人才培养计划。该计划面向全校各本科专业的二、三年级学生，开设学科交叉班，实行“学院制”与“科研团队指导制”相结合培养模式，改革课程体系、学分认定方式和师生互动模式。该校首批开设生物制造、超分子科学、可控聚合与大分子工程等 8 个学科交叉班，120 名学生通过笔试和面试进入交叉班学习。

（孙忠博　李宇鹏）

【举办北化国际论坛】 7 至 9 月，化工大学举办首届北化国际论坛。论坛由 1 个校庆主论坛及 10 个特色主题分论坛组成，主题涉及生物炼制、生物材料与生物基材料、化工过程强化与绿色技术、集成分子与材料工程、插层化学与功能纳米材料、先进制造与智能控制、复杂过程信息化、民生与社会保障、经济管理学科中的前沿热点问题，共邀请 200 多名海外知名专家参加。同时利用海外专家来访，围绕论坛主题和学科专业组织 40 门小学期课程。

（孙忠博　李宇鹏）

【与秦皇岛市签订合作协议】 8 月 13 日，化工大学与河北省秦皇岛市政府签订合作协议。根据协议，秦皇岛市利用区域优势、产业优势、政策优势，与该校人才、科研、成果转化优势相结合，打造河北省新的经济增长点。秦皇岛市设立化工大学科技成果孵化器和科技成果转化中心，支持该校具有市场前景的高新技术成果转化，并优先向秦皇岛市企业转化。该校重点围绕微生物转化、高效生物催化合成、生物材料及生物基化学品等领域，加强共性技术和关键技术攻关，为秦皇岛市相关产业的发展提供技术支撑，共同破解产业升级的关键技术难题。

（孙忠博　李宇鹏）

【成立首个孔子学院】 8 月 24 日，化工大学成立海外第一所孔子学院。该孔子学院与匈牙利米什科尔茨大学共建，有中外方院长各 1 人，汉语教师 2 人，汉语教学志愿者 3 人，秘书 1 人，面向匈牙利学生开展多层次、多类型汉文化教学工作。至年底，该院培训学生 86 人。

（孙忠博　李宇鹏）

【举办建校55周年校庆大会】 9月16

日，化工大学举办建校 55 周年庆祝大会。会议作题为《凝心聚力、锐意改革、创建高水平研究型大学》报告，从“近五年学校发展状况”与“学校发展展望”两个方面对学校发展进行回顾、展望。会上，该校教师、校友和学生代表分别发言。来自教育部、市教委、中国石油化工集团公司等政府部门和企业，日本千叶大学、清华大学、北京工业大学等国内外高校以及该校师生、校友 1000 人参加庆祝活动。北京化工大学前身是 1958 年创建的北京化工学院，隶属原化学工业部，1994 年 2 月学校更名为北京化工大学，1998 年 9 月划转为教育部直属高校。

（孙忠博　黄刚）

【学生一站式服务大厅运行】 10月

15日，化工大学学生一站式服务大厅正式运行。服务大厅设有接待咨询区、事务办理区和自助服务区，咨询区设有专人为学生提供咨询。事务办理区面向学生设立本科生综合服务岗、教学管理服务岗、研究生管理服务岗等8个岗位，提供各类奖助学金咨询与受理、国家助学贷款咨询与受理、学业发展咨询与辅导预约等30项服务。同时，学生可通过自助打印系统、校园一卡通圈存机进行打印成绩单、圈存校园卡等自助服务。

（孙忠博　李宇鹏）

【获高校学科创新引智计划立项】 11月8日，化工大学“有机无机复合材料绿色制造引智基地”获“高等学校学科创新引智计划”立项。该基地在有机无机复合材料绿色制造领域与美国、英国和德国科学家开展合作，重点针对生物医用和能源用纳米复合材料的绿色制造技术开展理论基础和应用基础研究，通过解决此类材料分子设计和绿色可控制备中的关键科学问题，阐明材料结构与性能关系、制备过程与结构可调性及工程放大规律，构建材料分子设计到宏量可控绿色制备和应用评价的创新体系，发展生物医用纳米复合材料和能源材料制造的新理论、新方法、新技术，创制出新型有机无机复合材料。“高等学校学科创新引智计划”（简称“111计划”）从2006年起由教育部、国家外国专家局联合实施，旨在推进中国高等学校建设世界一流大学的进程，从“211工程”和“985工程”的中央部属高校之中遴选，每一个“111计划”引智基地的建设周期为5年，每年度支持经费不低于180万元。

（孙忠博　李宇鹏）

【成立人力资源管理研究中心】 11月

20日，化工大学成立人力资源管理研究中心。该中心以现代制造业、尤其是大化工产业的中国特色高端新型智库为发展愿景，以服务党和政府科学决策为目标，以深化综合改革为动力，以提高建言献策质量为根本。中心将组织大学、院所和企业开展协同创新，为人力资源强国建设做出理论贡献、提供政策咨询。中心有科研人员5人，其中，高级职称4人。

（李宇鹏　徐军）

【实施学科与创新能力提升计划】 12月18日，化工大学实施“学科与创新能力提升计划”。该计划确定“坚持特色发展，形成优势学科新增长点；推动协同创新，打造工装信一体化的核心竞争力；优化体制机制，加强原始创新与新兴交叉学科；鼓励智库建设，提升人文学科新发展”为学校新时期学科建设基本思路。计划2013至2016年期间，学校将投入不低于1.1亿元资金用于学科创新能力提升。同时，学校将通过体制机制创新，推动学校、学院、创新中心三者联动，创造良好的学术氛围和科研环境，调动教师、管理人员积极性，提升学科水平和创新能力。

（孙忠博　李宇鹏）

北京工商大学

党委书记　孙尧东
校　　长　谭向勇

【概况】 2013年，北京工商大学占地面积82万平方米，其中，阜成路校区21万平方米、良乡校区61万平方米。总建筑面积41.50万平方米，其中，阜成路校区15.70万平方米、良乡校区25.80万平方米。固定资产总值21.29亿元。图书馆建筑面积2.48万平方米，馆藏文献248.80万册，其中，纸本文献160.80万册，电子图书88万余册，各类数据库97个，中文报刊1640份、外文报刊93份。拥有计算机9011台。学校信息化经费投入374万元，多媒体教室座位21117个，信息化设备资产30256.71万元，网络信息点21180个，校园网出口总带宽700Mbps，电子邮件系统用户14410个，上网课程152门，数字资源量16401GB，管理信息系统数据总量5129.46GB。学校设有10个学院、1个教学部；拥有2个国家级检测中心、1个国家级实验教学示范中心、2个北京市重点实验室、1个北京高等学校工程研究中心、3个北京市研究基地、获批3个省部级协同创新中心、3个北京市高校实验教学示范中心；现有硕士学位授权点一级学科16个、专业硕士学位授权点16个（其中工程硕士专业领域6个）、本科专业48个；拥有北京市重点学科4个，北京市重点建设学科6个，国家级特色专业建设点5个，北京市特色专业建设点8个，国家级本科专业综合改革试点1个，北京市专业群建设与改革试点1个，北京市专业综合改革试点3个。现有教职工1384人，其中，专任教师850人。专任教师中，教授138人，副教授及其他副高级专业技术职务352人，具有博士和硕士学位的教师分别为446人和300人，占专任教师总数的87.8%。现有中国工程院院士3人（含双聘院士2名），享受国务院政府特殊津贴专家9人，全国优秀教师2人，全国高校优秀骨干教师1人，新世纪百千万人才工程国家级人选2人、市级人选5人，省部级有突出贡献专家7人，教育部新世纪优秀人才2人。毕业生4656人，其中，学历教育学生中全日制硕士研究生672人、普通本科生2881人、成人教育本专科生1103人（本科生721人、专科生382人）；非计划招生高等教育学生中在职人员攻读硕士学位34人。本科生一次就业率95.29%。招生4597人，其中，学历教育学生中全日制研究生771人（博士生1人、硕士生770人）、普通本科生2942人、成人教育本专科生884人（本科生616人、专科生268人）；非计划招生高等教育学生中在职人员攻读硕士学位91人。高考本科北京地区提档线，理工类：一批550分，二批534分；文史类：一批549分，二批537分；艺术类综合分：692分。在校生17458人，其中，学历教育学生中全日制研究生2038人（博士生1人、硕士生2037人）、普通本科生11962人、成人教育本专科生3458人（本科生

2156人、专科生1302人）；非计划招生高等教育学生中在职人员攻读硕士学位546人。留学生招生8人、在校生8人。网址：www.btbu.edu.cn。

（张斌）

【《食品科学技术学报》出版】 1月，工商大学《食品科学技术学报》出版发行。该刊物起源于1983年创刊的《北京轻工业学院学报》，并从《北京工商大学学报（自然科学版）》剥离，独立创刊。该刊物设立特约稿件、专家论坛、专题研究等5个栏目，突出前沿性、创新性、科学性、可读性，反映国内外食品科技的突破与创新，探讨社会各界尤其是相关专家学者、科研人员、食品行业工作者问题。

（张斌）

【成立院士工作站】 6月23日，工商

大学成立院士工作站。该工作站与河南省淼雨饮品股份有限公司合办，开展食品风味及食品添加剂领域的研究。企业为工作站提供必要的财力和物力支持。

（张斌）

【首次独立招收博士生】 9月，工商大学首次独立招收和培养博士生。首次招收博士生专业为食品（含保健食品）添加剂与安全专业，招收1人。该专业面向全国招生，采取全日制培养方式，学制4年，毕业授予食品科学与工程博士学位。

（张斌）

【共建航天食品研究中心】 11月20日，工商大学与中国航天员科研训练中心共建航天食品研究中心。该中心依托学校食品重点学科和中心食品与营养研究室科研力量，开展航天食品领域研究。

（张斌）

【举办外国留学生文化体验活动】 12月，工商大学举办外国留学生文化体验活动。该活动由“中国文化体验大课堂之中医文化与健康养生”讲座、冬至包饺子等内容组成。该校外国来华留学生以及北京部分高校来华留学生50人参加活动。

（张斌）

北京服装学院

党委书记　惠桂芝（10月免）
　　　　　　呼文亮（10月任）
院　　长　刘元凤

【概况】 2013年，北京服装学院占地面积32万平方米，建筑面积24.13万平方米。固定资产总值48309.75万元，其中，教科仪器设备资产值25880.55万元。全年教育经费投入42064.62万元，其中，国家拨款31325.76万元、自筹经费10738.86万元。图书馆建筑面积8408平方米，藏书总量60.50万册，还有电子图书2410GB。学校信息化经费投入722.21万元，拥有计算机4233台，信息化设备资产值2508.87万元，网络信息点6000个，校园网出口总带宽600Mbps，电子邮件系统用户1万个，上网课程376门，数字资源量16405GB。下设朝阳区和平街北口樱花东街和昌平区小汤山镇北七家两个校区，设有5个二级学院、2个系、2个教学部和1个教学中心。开设28个本科专业，覆盖文、艺、工、经、管、理等6个学科。有1个国家特殊需求博士人才培养项目，有8个一级学科硕士授权点、1个二级学科硕士点，1个第二学士学位点，1个北京市重点建设一级学科、3个北京市重点建设二级学科，6个市级特色专业建设点，4个国家级特色专业建设点，3个市级实验教学示范中心，3个市级校外人才培养基地和1个国家级校外实践教育基地，1个国家级优秀教学团队和4个市级教学团队，1个国家级人才培养模式创新实验区，5门市级精品课程，5部北京高等教育精品教材。教职工745人，其中，专任教师509人。专任教师中，教授52人，副教授160人；有硕士生导师150人；享受政府特殊津贴专家1人。聘请校外教师49人。毕业生1964人，其中，学历教育学生中全日制硕士生191人，普通本科生1394人，成人教育本专科生373人（本科生181人、专科生192人）；非计划招生高等教育学生中在职人员攻读硕士学位6人。本科毕业生就业率95.91%。招生2227人，其中，学历教育学生中全日制研究生242人（博士生2人、硕士生240人），普通本科生1499人，成人教育本专科生479人（本科生271人、专科生208人）；非计划招生高等教育学生中在职人员攻读硕士学位7人。高考北京地区本科提档线理科505分，文科494分。在校生8345人，其中，学历教育学生中全日制研究生691人（博士生2人、硕士生689人），普通本科生5971人，成人教育本专科生1642人（本科生919人、专科生723人）；非计划招生高等教育学生中在职人员攻读硕士学位41人。留学生毕业15人，招生86人，在校生138人。网址：www.bift.edu.cn。

（付佳）

【召开博士人才培养项目实施指导委员会首次会议】 3月23日，北服召开博士人才培养项目实施指导委员会第一次会议。会议阐明指导委员会的工作性质、定位、任务、职能和作用，决定设立博士项目学位评定委员会，就博士生导师遴选、学位授予等工作做出决定。

（付佳）

【与台湾实践大学签订合作协议】 4

月25日，北服与台湾实践大学签订合作协议。根据协议，双方合作开展教师研究与讲学交流、学生交流、学术资料交流等活动，协议有效期5年。4月27至28日，两校在台北举办海峡两岸毕业生作品联展，该校展出学生作品33件。

（付佳）

【举办人才培养模式创新实验班教学成果展】 5月，北服举办人才培养模式创新实验班教学成果展。展览以“实验新生”为主题，展出2012级人才培养模式创新实验班“女装设计”“女装设计结构和纸样”和“女装设计工艺”3门课程学生作品100件。该校师生500人次参观展览。该实验班依托国家级“艺工融合应用型现代服装高级人才培养模式创新实验区”，开办面向艺术类学生的艺术设计专业（服装设计方向）和面向非艺术类学生的服装设计与工程专业两个班，于2010年正式招生。

（付佳）

【与晋江市签订战略合作协议】 10月27日，北服与晋江市政府签订合作协议。根据协议，双方在高层互访交流、产业发展政策咨询、人才培养、科研与技术开发领域开展合作。该校将为晋江市和晋江企业提供智力支持和人才培训，壮大科技型企业群体，推动国家高新区建设；晋江市为该校科技成果转化提供支持。

（付佳）

北京邮电大学

党委书记 王亚杰
校　　长 方滨兴（8月免）
乔建永（8月任）

【概况】 2013年，北京邮电大学占地面积79.99万平方米，建筑总面积81.83万平方米。固定资产总值205279.30万元，其中，教学、科研仪器设备总值67039.33万元。图书馆建筑面积15511平方米，藏书180万册，电子图书572万册。全年教育经费总投入108078.10万元，其中，国家拨款65322.22万元、自筹经费42755.88万元。设有15个教学单位、3个研究院，并设有研究生院。有博士学位授权一级学科点7个，硕士学位授权一级学科点19个，博士学位授权二级学科点2个，硕士学位授权二级学科点3个，有5类专业硕士学位授权点，有36个本科专业，建立博士后流动站5个，博士后研究人员进站20人，出站15人，在站51人。现有一级学科国家级重点学科2个、北京市重点学科7个。设有国家重点实验室2个、国家工程实验室5个（其中2个为牵头、3个为合作），教育部工程研究中心2个、高等学校学科创新引智基地2个、各类部级重点实验室9个和北京市国际科技合作基地1个。教职工2184人，其中，专任教师1435人；专任教师中教授210人，副教授455人；中国科学院院士1人，中国工程院院士2人（其中1人为双院士）；“长江学者奖励计划”特聘教授4人；享受政府特殊津贴专家130人。外籍教师68人（包括长期14人，短期54人），其中，教授9人，副教授8人。毕业生15655人，其中，全日制研究生2757人（博士生248人、硕士生2509人），普通本科毕业生3079人，成人教育本科生1298人，网络教育本专科生7209人（本科生2970人、专科生4239人），在职研究生1312人。本科生初次就业率99.16%，研究生就业率100%。招生25829人，其中，全日制研究生3132人（博士生328人、硕士生2804人），普通本科生3539人，网络教育本专科生16637人（本科生9950人、专科生6687人），在职研究生2521人。高考北京地区最低录取线理科586分（国际合作办学622分）、文科587分。在校生84521人，其中，全日制研究生9520人（博士生1337人、研究生8183人），普通本科生13494人，成人教育本专科生5404人（本科生2888人、专科生2516人），网络教育本专科生46784人（本科生26563人、专科生20221人），在职研究生9319人。留学生毕业34人，招生76人，在校生485人。网址：www.bupt.edu.cn。

（吴昊）

【成立教学质量评价委员会】 1月11日，北邮成立教学质量评价委员会。该委员会依托校学术委员会，由校、院学术委员会委员和名誉委员21人组成，是实施“教授治学”的重要组成部分。委员会主要职责是在校学术委员会领导下，制定教学质量评价和实施方案；作为第三方，监督和评价学校各层面教学质量的执行情况、本科和研究生的教学质量、本科生和研究生的学位论文质量。

（吴昊）

【举办大学生创新实践成果展示交流会】 5月14日，北邮举办大学生创

新实践成果展示交流会。交流会以“我创新·我绽放”为主题，设置12个主题展区，展出物联网、移动互联网、人机交互等作品150件；举办创新论坛6场，有52个创新项目参加研讨。该校师生10843人参加活动。

（吴昊）

【与3所国外高校签订合作协议】 5

至11月，北邮与3所国外高校签订合作协议。与芬兰阿尔托大学合作协议规定，双方开展学生交换活动。与加拿大皇家大学合作协议规定，双方在学历教育、科研合作、学术互访、学术培训展开合作。与瑞典皇家理工学院合作协议规定，双方合作开展“4+2”学生培养计划，该校将派遣优秀本科生前往瑞典皇家理工学院攻读硕士学位，学制2年，毕业成绩合格授予相应硕士学位。

（吴昊）

【与贵州长顺民族中学签订合作协议】 7月9日，北邮与贵州省黔南布依族苗族自治州长顺县民族高级中学签订合作协议。该项目是该校对贵州省黔南布依族苗族自治州长顺县开展扶贫工作的重要内容之一，根据协议，该高中成为该校共建优秀生源基地，同时该校开展教学共建、志愿服务、文

化交流等活动。

（吴昊）

【聘任1名学生成才导师】　10月13日，北邮举办第五届学生成才荣誉导师、校外辅导员聘任仪式暨大学生成才讲坛。该校聘任中国电信股份有限公司北京研究院院长李志刚为学生成才荣誉导师。受聘仪式后，李志刚作题为《创新成长》演讲，介绍电信股份有限公司的相关情况，结合自身经历，剖析通信行业的现状，展望通信行业未来技术的发展和对人才的需求，告诫学生要提升综合素质，培养一技之长，在激烈的社会竞争中立足、发展，实现个人理想，为国家建设贡献力量。李志刚，1985年毕业于北京邮电大学无线电工程专业，现任中国电信股份有限公司北京研究院院长、中国电信集团公司北京科技创新中心主任。

（吴昊）

【举办邮电高校科技与产业管理论坛】　10月15日，北邮举办第二届“全国邮电高校科技与产业管理论坛”。论坛以“信息高校发展与资源共享”为主题，研讨如何加强邮电高校校际协同、校内资源整合、科技与产业协同、国际合作开展、创新协调机制的构建和实施，以及如何通过邮电高校战略合作和协同创新，实现总体联合和共赢问题。来自南京邮电大学、重庆邮电大学、西安邮电大学和石家庄邮电职业技术学院以及该校领导、科研教学人员180人参加论坛。

（吴昊）

【召开亚洲光纤通信与光电国际会议】

11月12至15日，北邮召开2013年亚洲光纤通信与光电国际会议暨信息光子学与光通信国际学术会议（ACP/IPOC’2013）。会议研讨光通信和光子学领域的研究热点、学术前沿及产业前景问题，听取9个大会特邀报告，6个分会场举办37个分会特邀报告，同时设置5场专题研讨会和3场工业论坛。会议收到论文稿件964篇，发表论文771篇。来自20个国家和地区的学者及企业界人士804人参加会议。

（吴昊）

【召开宽带网络与多媒体技术国际会议】　11月17至19日，北邮召开2013年第五届IEEE宽带网络与多媒体技术国际会议（IC－BNMT2013）。会议研讨移动互联网、宽带网络、多媒体技术等多个领域问题。来自中国、英国、芬兰等多个国家的100名专家学者参加会议。

（吴昊）

【成立10个院级教授委员会】　至年底，北邮成立10个教授委员会。院级教授委员会在每个学院设置，是该校党委领导和教授治学的一次改革尝试。各院教授委员会由全体教授组成，主要职能是选举学院学术委员会，考核学院学术委员会，民主选举本院的校学术委员会委员，参加和主持聘任、考评、解聘院长的有关工作。其中，学院学术委员会行使学院学位评定职责，职称评审，审定学院的专业设置方案、学生培养方案，制定学院的学科建设规划和实施方案，制定学院的研究生招生标准，报学校研究生招生委员会批准，制定学院的教学、科研等资源配置方案。该项工作3月15日启动，至年底，共有10个学院成立教授委员会。

（吴昊）

【组建两个联合实验室】　至年底，北邮分别组建两个联合实验室。与海南易鼎天成电子科技有限公司合作成立“北邮—易鼎天成联合实验室”，是该校科技创新的承载平台和服务现代信息社会的实践基地之一。与世纪互联数据中心有限公司合作成立“北邮—世纪互联”联合实验室，隶属信息光子学与光通信研究院，共同开展宽带网络建设重大需求关键通信技术的开发研究和人才培养工作；实验室有教学科研人员42人，其中，高级职称4人。

（吴昊）

【组建可信网络通信协同创新中心】　至年底，北邮牵头组建“2011计划”可信网络通信协同创新中心。该中心

由该校牵头，联合电子科技大学、解放军信息工程大学、中国移动通信有限公司、中国电子信息产业集团有限公司、大唐电信科技产业集团、江苏省未来网络创新研究院、北京世纪互联宽带数据中心有限公司共同发起成立。中心瞄准网络安全与信息化的重大需求，面向中国信息通信行业紧迫需求和学术前沿发展，通过承担基础研究和共性关键技术攻关任务，培养拔尖创新人才，建成“人才、学科、科研”三位一体的国家级可信网络通信关键技术研究中心，为实现中国由网络大国到自主研制的网络强国转变提供技术和人才支撑。

（吴昊）

北京印刷学院

党委书记　郑吉春（4月免）
　　　　　刘超美（9月任）
院　　长　王永生

【概况】　2013年，北京印刷学院占地面积21.68万平方米，学校产权建筑面积22.04万平方米。固定资产总值67457.79万元，其中，教学、科研仪器设备资产值33218.73万元。全年教育经费投入46120.44万元，其中，财政拨款38503.78万元。图书馆拥有藏书100.77万册。信息化设备资产值17074.59万元。有计算机4266台，建有校园网，光纤接入互联网出口带宽460Mbps，网络信息点7061个，上网课程3122门，管理信息系统数据总量2500GB。数字资源量138508GB，其中，电子图书2150GB。设12个直属院（系），7个一级学科硕士学位授权点，2个专业硕士授权点，19个二级学科硕士学位授权点，26个本科专业。有4个北京市重点建设学科，7

个北京市重点实验室，2个国家级特色专业建设点，1个国家级优秀教学团队，定期公开出版的专业刊物1种。教职工765人，其中，专任教师479人，包括正高级职称56人、副高级职称172人；硕士生导师119人；“青年千人计划”入选者3人；“长江学者奖励计划”讲座教授1人、特聘教授3人；“国家杰出青年科学基金”获得者2人。毕业生2354人，其中，学历教育全日制研究生129人，普通本专科生1640人（本科生1397人、专科生243人），成人教育本专科生585人（本科生127人、专科生458人）。研究生就业率99.22%，普通本科就业率93.82%，普通专科就业率95.88%。招生2783人，其中，学历教育全日制研究生186人，普通本专科生1740人（本科生1511人、专科生229人）、成人教育本专科生857人（本科生262人、专科生595人）。高考北京地区提档线文科500分，理科505分。在校生8834人，其中，学历教育全日制研究生502人，普通本专科生6696人（本科生5984人、专科生712人），成人教育本专科生1636人（本科生482人、专科生1154人）。网址：www.bigc.edu.cn。

（衣彩天　孙彩英）

【成立文化产业安全研究院】　4月11

日，印刷学院成立文化产业安全研究院。该研究院隶属学校，利用学校传媒类特色优势，将文化和产业安全前沿研究领域优势资源和研究力量整合，以“文化产业安全”为研究重点，以“文化产业安全评价与产业发展政策”以及“文化产业安全指数”为研究特色，立足文化产业领域的学科前沿，聚焦文化产业安全领域的热点和难点问题。

（徐新山　衣彩天）

【举办出版大讲堂】　5月8日，印刷学院举办出版大讲堂。大讲堂邀请原新闻出版总署署长柳斌杰作题为《用知识改变中国——谈出版与阅读》讲座，从知识力量、出版责任、阅读使命等几个方面，阐述在推动国家各项事业发展、促进中华文明传承、实现中国梦中出版的意义、出版人的责任和阅读的重要性。该校师生800人参加学习。

（郑阳　衣彩天）

【成立数字版权保护中心】　6月28日，印刷学院成立数字版权保护中心。该中心与北京国际版权交易中心联合建立，为师生提供高效权威的版权保护绿色通道，并通过讲座、公开课、选修课的方式普及版权保护的法律知识。此外，中心为校办文创企业发展和学生创业提供专项扶持基金，对印刷学院优秀文创项目进行融资服务，并为在校师生的艺术设计作品提供全方位的展示与推介。

（张晓东　衣彩天）

【召开中欧数字出版研讨会】　7月3至4日，印刷学院召开中欧数字出版研讨会。会议与欧盟文教总司和国家新闻出版广电总局合办，探讨数字出版时代产业的监管环境、技术推动力、科技出版、教育出版、数字时代的国际文化合作等方面内容。来自中欧双方政府相关部门代表、业界代表、专家学者100人参加会议。

（郑阳　衣彩天）

【与青岛市签订合作协议】　7月25日，印刷学院与青岛市政府签订合作协议。根据协议，双方在印刷学院青岛研究院建设、中外合作办学、人才培养、外延产业合作四个方面开展合作。学校将为青岛市发展提供智力支持，青岛市将为学校在青岛发展提供政策和物质支持。

（郑阳　衣彩天）

【主办中英国际出版论坛】　8月28日，印刷学院举办中英国际出版论坛。该论坛与北京大学和英国牛津布鲁克斯大学合办，以“数字时代的跨文化交流——人才内容渠道”为主题，研讨数字出版人才需求、如何有效促进中外跨文化交流、如何多渠道促进中英两国的出版交流等问题。来自中英两国业界和学界专家120人参加研讨。

（郑阳　衣彩天）

【获批一个博士后工作站】　9月，印刷学院北京绿色印刷包装产业技术研究院获批建立博士后工作站。工作站建立后，面向全国招收博士后研究人员。博士后研究人员进站后，将开展相关领域科研工作。

（杜艳平　衣彩天）

【庆祝建校55周年】　10月12日，

印刷学院举办建校55周年庆祝活动。活动以“跨越、转型、发展”为主题，由小型校庆大会、科技发展论坛、教育教学研讨会、办学成果展、绿色大厦奠基仪式和校庆暨迎新晚会组成。该校师生1000人次参加活动。印刷学院前身是1958年文化部建立的文化学院印刷系，1961年文化学院撤销，印刷系并入中央工艺美术学院，并更名为印刷工艺系，1978年，经国务院批准，在印刷工艺系基础上组建成立北京印刷学院。

（杨蕻　衣彩天）

【一人获毕昇印刷杰出成就奖】　11

月29日，印刷学院许文才教授获得毕昇印刷杰出成就奖。该奖项由中国印刷技术协会主办，用于表彰长期为中国印刷业的科研、生产、教育和管理做出卓越贡献的人员，该院许文才教授获得“毕昇印刷杰出成就奖”，机械工程专业负责人陈虹教授获“毕昇印刷优秀新人奖”。许文才，工学硕士，教授、博士生导师，长期从事印刷包装领域的教学、科研与管理工作，先后发表学术论文140多篇，出版学术专著和专业教材11部，担任国家规划教材《包装印刷与印后加工》《包装印刷技术》主编，主持国家科技项目及子课题5项，主持制订国家标准2项，发明专利授权6件，获国际发明展览会金、银奖各1项。

（王秀玲　衣彩天）

北京建筑工程学院（北京建筑大学）

党委书记　钱军
院　　长　朱光

【概况】　2013年，北京建筑工程学院（北京建筑大学）占地面积62.40万平方米，建筑面积36.50万平方米。固定资产总值65349万元，其中，教学、科研仪器设备总值为36049万元。全年教育经费投入72101万元，其中，国家拨款58733万元，自筹经费13368万元。图书馆建筑面积9527平方米，纸质藏书103.50万册，其中，与住建部中国建筑文化中心共建中国建筑图书馆共享38万册，电子图书6000GB。学校信息化设备资产14337万元，拥有计算机5193台，多媒体教室140间，网络信息点13510个，校园网出口总带宽710Mbps，电子邮件系统用户1574个，上网课程522门，数字资源量9000GB。学校有西城、大兴2个校区，下设11个学院和3个基础教学单位。有32个本科专业，其中，国家级特色专业3个，北京市特色专业7个；有1个服务国家特殊需求博士人才培养项目；12个一级学科硕士点，涵盖55个二级学科硕士点，有8个硕士专业学位授权点，1个交叉学科硕士点。有一级学科北京市重点学科3个（涵盖15个二级学科）、一级学科北京市重点建设学科2个。有15个省部级科研基地和大学科技园，其中，教育部工程研究中心1个，教育部重点实验室1个，国家测绘局重点实验室1个，北京市重点实验室3个。定期出版专业刊物1种。教职工999人，其中，专任教师693人，包括教授106人、副教授314人。外籍教师5人。享受政府特殊津贴专家26人，“长江学者奖励计划”特聘教授1人，北京市百名领军人才1人，北京市留学人员创新创业特别贡献奖获得者1人，北京市有突出贡献的科学、技术、管理人才1人，长城学者2人，市级新世纪百千万人才工程入选者2人，教育部、住建部专业指导和评估委员会委员9人，省部级优秀教师、高层次人才、青年拔尖人才、青年英才、学术创新人才、科技新星等53人。毕业生2645人，其中，学历教育学生全日制硕士研究生355人，普通本科生1585人，普通专科生1人，成人教育本专科生704人。本科毕业生一次就业率达到96.59%。招生3454人，其中，学历教育学生全日制硕士研究生427人，博士研究生2人，普通本科生2010人，成人教育本专科生1015人。高考北京地区提档线为一批理科、文科555分，二批理科528分，二批文科507分。在校生11527人，其中，学历教育学生全日制硕士研究生1215人，博士研究生2人，普通本科生7283人，成人本专科生3027人。留学生毕业41人，招生60人，在校生72人。网址：www.bucea.edu.cn。

（许亮）

【与马来西亚高校签订合作协议】　4

月12日，建工学院和马来西亚吉隆坡建设大学签订合作协议。根据协议，双方合作开展学术课程、师生交换，进行联合学术研究，举办联合研讨会，提供联合咨询服务。

（许亮）

【举办新校名挂牌仪式】　5月16日，

北建大举办挂牌仪式。来自教育部、北京市领导参加仪式。4月12日，经教育部批准，北京建筑工程学院更名为北京建筑大学。经批准，建工学院更名为北京建筑大学。更名后，北建大系多科性本科学校，以本科教育为主，同时承担研究生培养的任务，隶属于北京市教委，全日制在校生规模暂定为10000人。

（许亮）

【启用新版校徽】　7月8日，北建大启用新版校徽。北建大校徽以紫色为设计基色，标志为正圆形；以校园特色建筑为主体设计元素，素材源于北建大老校区建于20世纪50年代的实验5号楼，辅以1936年标记，构成核心图案；校名采用上英文、下中文的布局，中文为欧阳中石先生书写的校名；校徽外围辅助图案，内环部分为抽取的中国传统建筑细部纹样，外环为校名文字。

（许亮）

【首次招收博士生】　7月，北建大完成首届博士生招生。该校建筑遗产保护理论与技术人才项目完成首批博士生招生，该项目为国家特殊需求项目之一，针对中国建筑遗产保护行业急需的复合型高层次专门人才而设置，培养掌握建筑遗产保护科学领域的扎实的理论基础和系统的专门知识，具有独立从事建筑遗产保护的科学研究和保护工程的能力，能够在建筑遗产保护领域中提出理论联系实际的创新见解或取得较大应用价值的开拓成果高端人才。首批面向全国招生2人，学制3年，毕业授予建筑学博士学位。

（许亮）

【举办建筑遗产保护与利用专业人才研修班】　10月9日至12月27日，北建大举办国家文物系统建筑遗产保

护与利用专业人才研修班。研修班面向国家文物系统建筑遗产保护与利用专业人才，邀请故宫博物院、清华大学、东南大学等研究机构和高校专家，开设中西方建筑遗产保护、建筑遗产保护规划方法，文物建筑的结构构造、建筑遗产生存环境评估方法等理论和实践课程，并采取专业实践和实地考察等形式开展培训。来自全国24个省市自治区各级文物局、文物管理中心等文保单位的43名学员参加研修班学习。

（许亮）

【召开高效能源培训项目展示会议】

11月15日，北建大召开中法高效能源培训项目展示会议。会议由“公共建筑热工改造项目”和“可再生能源建筑节能技术平台”揭幕，改造项目与技术平台现场参观和相互交流活动组成。来自中国和法国政府部门、高校专家学者100人参加会议。

（许亮）

【建筑遗产研究院揭牌】　11月28日，北建大建筑遗产研究院揭牌。该研究院是学校直属综合性研究机构，主要从事建筑遗产保护、工程设计、技术咨询与培训、研究生培养。有专兼职研究教学人员20人，其中，高级职称16人。

（许亮）

【举办科学道德和学风建设宣讲报告会】　12月5日，北建大举办道德和学风建设宣讲报告会。报告会由中国科学院院士王乃彦作题为《科研工作中的诚信》演讲，阐释科学精神的真谛和加强科学道德与学风建设的重要意义，指出当前在学术道德方面存在的主要问题，并以“宁静以致远，勤俭以修身”的座右铭与大家共勉，希望广大师生在科研活动中追求真理，在思想境界上追求进步，为国家的繁荣富强而奋斗。来自北京地区高校师生700人参加学习。

（许亮）

北京石油化工学院

党委书记　高锦宏
院　　长　郭文利

【概况】　2013年，北京石油化工学院占地面积29.31万平方米，学校产权校舍建筑面积21.22万平方米、非产权校舍建筑面积0.99万平方米。全年教育经费投入38908万元，其中，国家拨款31208万元、自筹经费7700万元。固定资产总值9.01亿元，其中，教学、科研仪器设备资产值4.36亿元。图书馆建筑面积8878平方米，藏书177.33万册，其中，纸质图书81.25万册、电子图书96.08万册。拥有计算机4988台。学校信息化经费投入327.24万元，多媒体教室座位10875个，信息化设备资产4779.70万元，网络信息点12697个，校园网出口总带宽550Mbps，电子邮件系统用户12651个，上网课程45门，数字资源量37798.30GB，管理信息系统数据总量1180.30GB。设有清源校区（主校区）、康庄校区、燕山校区3个校区，有12个教学院（系、部）、1个思想政治教育中心、1个高水平运动队管理中心、2个研究院。开设27个专业，覆盖工、理、管、经、文五个学科。有专业硕士授权点2个。有北京市重点建设学科4个，教育部特色专业3个，北京市特色专业5个，“卓越工程师教育培养计划”试点专业8个。有国家级工程实践教育中心2个，国家级虚拟仿真实验教学中心1个，国家级大学生校外实践教育基地1个。有北京市重点实验室3个，北京市高校工程研究中心1个，北京市高校实验教学示范中心3个，北京市哲学社会科学研究基地1个。北京市人才培养与产学研基地2个，北京市校外人才培养基地5个。在编教职工792人，其中，专任教师477人，包括教授60人、副教授169人；博士生导师10人、硕士生导师71人。享受政府特殊津贴专家1人。外籍教师5人，其中，教授1人。毕业生2236人，其中，普通本科生1813人、成人教育本专科生423人（本科生210人、专科生213人）。本科毕业生就业率96%。招生2580人，其中，学历教育学生中全日制专业硕士研究生65人、普通本科生1892人、成人教育本专科生623人（本科生314人、专科生309人）。高考提档线，北京地区文科494分，理科第一志愿505分，理科第二志愿509分。在校生8753人，其中，学历教育学生中全日制专业硕士研究生124人、普通本科生7295人、成人教育本专科生1334人（本科生603人、专科生731人）。留学生毕业11人，招生39人，在校生51人。网址：www.bipt.edu.cn。

（李娜娜　李林芹）

【实施学生公寓学分化管理】　3月8日，石化学院实施学生公寓学分化管理。该院制定《北京石油化工学院学生公寓管理办法（试行）》，该校设立学生公寓管理委员会，由校领导担任主任，成员含部分职能部门、院系负责人和学生代表。该办法规定对住宿学生，采取“公寓学分”形式加强教育管理，公寓学分每学年1分，纳入学生综合教育评定，其中，普通本科生计入学生培养方案“综合教育学分”。学生工作部门负责学生公寓学分的录入与管理工作。公寓管委会定期检查宿舍并评分，在一学年内，第一次被评为末位宿舍，由所在院系批评教育并帮助整改，第二次被评为末位宿舍，由学生工作部门和院系共同批评教育并帮助整改，第三次被评为末位宿舍，宿舍成员不能获得当年公寓学分。违反公寓管理制度受到警告以上处理的学生，不能获得当年公寓学分。

（李娜娜）

【成立北京现代产业新区发展研究基地】 4月18日，石化学院成立北京

现代产业新区发展研究基地。该基地是北京市哲学社会科学规划办和市教委项目，与大兴区共同建设，围绕北京高技术制造业与战略新兴产业发展，开展现代产业新区经济发展与政策、现代产业新区社会发展与文化和现代产业新区能源与环境发展研究。基地有专兼职研究人员30人，其中，教授15人、副教授10人，具有博士学位10人。

（李娜娜）

【召开专业学位研究生教育工作会】

6月6日，石化学院召开首次专业学位研究生教育工作会。会议以“服务需求、提高质量，积极推动专业学位研究生教育稳步发展”为主题，研讨未来四年研究生教育工作。会议指出，研究生导师和管理干部要从研究生教育是强校之源、强校之路的战略高度来落实各项举措，要抢抓机遇、真抓实干，加大投入、创新机制，做好专业学位研究生培养的顶层设计和全过程培养，切实保障专业学位研究生教育培养质量。学校师生130人参加会议。

（李林芹　李娜娜）

【与亦庄生物医药园签订合作协议】

9月12日，石化学院与北京亦庄生物医药园签订产学研协议。根据协议，化学工程与工艺、应用化学、制药工程、安全工程4个专业与生物医药园相关领域开展产学研合作，并遴选学生合作组建“医药园班”，学生在第四学年进入企业培养，由企业设置相应课程，承担课程教学任务，第一期将于2014年6月在生物医药园开班。

（李林芹）

【举办职来职往校园模拟面试大赛】

11月18日，石化学院举办首届职来职往校园模拟面试大赛。大赛旨在让学生了解各类用人单位招聘的基本流程，学习应聘技巧和基本礼仪，邀请十余家企事业单位作为模拟面试单位，考官均是人力资源部门主管，借鉴央视“职来职往”节目，对传统模拟“一对一”的招聘形式进行改进，采用舞台式“一对多”面试招聘形式。该校学生100人参加比赛。

（李林芹）

【颁发首届闵恩泽奖学金】 11月19

日，石化学院颁发首届闵恩泽奖学金。该奖学金由两院院士、中国催化剂之父闵恩泽出资设立，是该院最高奖学金。每年奖励经过学校培养，思想品德端正，学习成绩特别突出或在相关学科取得创造性成果在校学生10人，每人1万元。

（李林芹）

【召开本科教育工作会】 12月3日，

石化学院召开本科教育工作会。会议以“统筹协调，深化改革，推进实施一流本科培育计划”为主题。研讨本科教育的内涵、建设方式、保障机制与措施等问题，就专业群建设与专业综合改革、校内外实践教育基地运行机制和建设方案、大学生课外实践活动的整体设计以及教师教学能力提升计划等达成共识。会议通过《中共北京石油化工学院委员会关于进一步提高本科人才培养质量的若干意见》《北京石油化工学院本科专业评估办法》《北京石油化工学院学分互认方案》等文件。该校领导和相关部门负责人、教师代表50人参加会议。

（李林芹）

【成立能源装备技术研究院】 12月25日，石化学院成立能源装备技术研究院。该研究院旨在整合校内资源，瞄准能源工程装备关键技术需求，以石油石化工程装备特别是海洋油气开发工程装备为重点，开展重大科技攻关和重大基础研究项目的科学研究，推进能源装备技术产业化工作，建立能源工程装备技术高端人才培养基地，推动北京高端装备制造、节能环保等战略性新兴产业的可持续发展。研究院实行校长领导下的院长负责制，设战略合作委员会、专家学术委员会，涵盖12个研究所（室），设名誉院长1人、兼职院长1人，专职副院长2人。

（李林芹）

北京电子科技学院

党委书记　沈永社
院　　长　陈子真

【概况】 2013年，北京电子科技学院占地面积7.93万平方米，建筑面积6.78万平方米，其中，教学行政用房建筑面积3.88万平方米、学生公寓建筑面积1.61万平方米。固定资产总值13774.65万元，教学、科研仪器设备总值9651.28万元。年教育经费投入16833.45万元，其中，国家财政拨款11624.51万元。《北京电子科技学院学报》设有自然科学、社会科学两个版、季刊、年发行4000册。图书馆建筑面积4700平方米，藏书28.65万册，中文报刊503种，外文期刊41种，网上全文数据库13个，教师阅览室1个，电子阅览室2

个。信息化经费投入 328.50 万元，拥有计算机 2792 台，多媒体教室座位 2200 个，信息化设备资产 5968.28 万元，网络信息点 1260 个，校园网出口总带宽 130Mbps，电子邮件系统用户 3432 个，上网课程 552 门，数字资源量 9000GB，管理信息系统数据总量 90GB。下设 5 个系，2 个教学部，开设 8 个本科专业，2 个工程领域硕士专业学位授予点，3 个联合培养硕士研究生专业。在岗教职工 331 人，其中，专任教师 156 人，教授 19 人、副教授 59 人；博士学位 54 人、硕士学位 114 人；硕士生导师 33 人；享受国务院政府特殊津贴 15 人。毕业生 1118 人，其中，普通本科生 475 人，成人教育本专科生 643 人（本科生 95 人、专科生 548 人）。招生 502 人，其中，学历教育学生中全日制硕士研究生 48 人，普通本专科生 454 人。高考北京地区提档线理科 550 分、文科 557 分。在校生 2246 人，其中，学历教育学生全日制硕士研究生 78 人，普通本科生 1815 人，成人教育本专科生 353 人（本科生 308 人、专科生 45 人）。网址：www.besti.edu.cn。

（张斌）

【与解放军信息工程大学签订合作协议】　1 月 16 日，电科院与解放军信

息工程大学签订合作协议。根据协议，双方在学科建设、科学研究、人才培养、师资队伍建设、学术交流、工程产品研制等方面开展广泛的战略合作。

（刘旭然）

【确定师风和校风文字表述】　2 月 16 日和 8 月 29 日，电科院分别确定师风和校风文字表述。其中，师风表述在广泛征求意见和深入研讨的基础上，确定文字表述为“修身、博识、兢业、爱生”。校风表述共收到师生提交方案 105 条，经评审，挑选出其中的 65 条方案，征求全院师生的意见，最终确定校风为“严格、严谨、有序、有恒”。

（刘旭然）

【召开学报创刊 20 周年座谈会】　4 月 18 日，电科院召开《北京电子科技学院学报》创刊 20 周年座谈会。会议以“创新发展、彰显特色”为主题。交流密码信息安全、保密管理和信息安全管理等学科专业领域的最新研究动态，高校学报的办刊理念和成功经验，并从学院学报办刊实际出发，围绕加强高校学术期刊建设、促进学术期刊与相关科研机构和企事业单位的交流合作交换意见和建议。来自中国工程院、国家密码管理局以及北京市高教学会学报研究会、部分高校学报编辑部专家学者 20 人参会。

（刘旭然）

【修订 2009 版本科人才培养方案】　5 月，电科院修订 2009 版本科人才培养方案。新版培养方案根据教育部《普通高等学校本科专业目录（2012）》和《普通高等学校本科专业设置管理规定》，并吸收近年来到各级行业部门学习调研成果和院内教学改革成果，修订完善各专业课程体系，将信息管理与信息系统专业（保密管理方向）调整为保密管理专业，新增加信息管理与信息系统专业。

（张斌）

【举办大学生创新年会】　9 月 15 至 24 日，电科院举办首届大学生创新年会暨创新成果展览。该年会以“出特色科研成果，育特色有用人才”为主题，包括创新项目展览、科研创新训练研讨会和创新学术论坛等内容，展览的 52 个本科生科研项目和遴选的 43 篇论文成果分别收录在《项目集》和《论文集》中。该校师生 500 人参加活动。

（刘旭然）

【召开首次学位与研究生教育工作会议】　12 月 14 至 15 日，电科院召开首次学位与研究生教育工作会议。会议听取并审议研究生教育工作报告，就如何做好学科建设、优化研究生培养模式、加强行业导师指导、推进行业实习实践以及招生就业等工作进行深入研讨，向研究生导师颁发聘书。

来自 16 个省市研究生行业导师和院领导、院内导师以及学院有关部门负责人参加会议。

（刘旭然）

【全面推行本科生导师制】　至年底，电科院全面推行本科生导师制。该院在 2012、2013 级本科生中全面推行本科生导师制。该制度实行后，平均每 6 名学生配备 1 名导师，通过导师对学生的思想引导和专业学习指导，帮助学生尽快明确学习目标，掌握学习方法，树立密码保密意识，促进学生健康全面发展。

（张斌）

中国农业大学

党委书记　瞿振元（7 月免）
　　　　　姜沛民（7 月任）
校　　长　柯炳生

【概况】　2013 年，中国农业大学总占地面积 130 万平方米，建筑面积 121 万平方米（不含校外住宅）。全年教育经费投入 252303.36 万元，其中，国家拨款 189573.57 万元、自筹经费 62729.79 万元。固定资产总值 336232 万元，其中，教学科研仪器设备总值 114372 万元。图书馆建筑面积 2.12 万平方米，藏书 198.82 万册，其中，纸质图书 193.92 万册、电子图书 4.90 万册。学校拥有计算机 14846 台，多媒体教室 202 间，信息化设备资产 20377 万元，网络信息点 43638 个，电子邮件系统用户 26112 个，上网课程 943 门，数字资源量 10400GB，管理信息系统数据总量 3269.4GB。设有东西两个校区，下设 14 个学院、1 个体育与艺术教学部和 1 个研究生院。具有一级学科数

56个，具有博士学位授权一级学科19个，博士学位授权点93个，硕士学位授权点169个，专业学位类型10个，专业学位领域37个，覆盖9个学科门类。学校有65个本科专业。设有博士后流动站14个，博士后研究人员出站69人，进站75人，在站202人。具有6个国家重点一级学科、6个国家重点二级学科，共覆盖了24个二级学科；北京市重点学科10个。学校有3个国家重点实验室，1个国家工程实验室，2个国家工程技术研究中心，68个省部级重点实验室/（研究）中心/基地；1个国家野外观科学测研究站，6个部级野外科学观测实验站。在职教职工2831人，其中，专任教师1577人，包括教授（含研究员）523人，副教授（含副研究员）776人；有导师1225人，其中，博士生及硕士生导师598人，硕士生导师627人。中科院院士5人，工程院院士6人。“长江学者奖励计划”特聘教授19人，享受政府特殊津贴专家76人（不含退休）。外籍教师数28人，其中，教授4人、副教授2人。毕业生27809人，其中，学历教育中全日制研究生2275人（博士生612人，硕士生1663人），普通本科生3196人，成人教育本专科生5265人（本科生2771人，专科生2494人），网络教育本专科生16759人（本科生6666人，专科生10093人）；非计划招生高等教育学生中在职人员攻读博士硕士学位314人（博士6人，硕士308人）。毕业生就业率97%。招生24846人，其中，学历教育中全日制研究生2727人（博士生682人、硕士生2045人），普通本科生2850人、成人教育本专科生6395人（本科生3459人、专科生2936人），网络教育本专科生12400人（本科生5470人，专科生6930人）；非计划招生高等教育学生中在职人员攻读博士硕士学位474人（博士30人，硕士444人）。高考北京地区本科录取线理科626分，文科603分。在校生82295人，其中，学历教育学生中全日制研究生7257人（博士生2787人，硕士生4470人），普通教育本科生12085人，成人教育本专科生13420人（本科生7959人，专科生5461人），网络教育本专科生47859人（本科生22576人，专科生25283人）；非计划招生高等教育学生中在职人员攻读博士硕士学位1674人（博士生120人，硕士生1554人）。留学生毕（结）业99人，招生128人，在校生236人。网址：www.cau.edu.cn。

（钟占蓉）

【举办添翼工程课程培训】 2至6月，农大举办“添翼工程”系列课程培训。该培训面向学校家庭经济困难学生免费开设，设有“英语四级培训”“外教英语口语培训”和“计算机高级技术培训”课程，采取小班授课方式。家庭经济困难学生自主、自愿报名参加，本期共有102人参加学习。

（钟占蓉）

【评选首届自强之星】 4月，农大评选首届“自强之星”（2012至2013学年）。该活动面向全校全日制本科生，有5项评选条件，符合条件的学生经过个人自荐、班团组织推荐、辅导员推荐等方式，有30人经学院推荐至学校，经过初评，15人于3月进入网络展示阶段，接受网络投票，最终经过综合网络投票和评委会终审投票，评出10名“自强之星”，每人获得奖励8000元和荣誉证书。学校通过橱窗、校园网、校报等校园媒体对自强之星的事迹进行宣传展示，并举办事迹报告会。该活动于2012年12月启动，每两年评选一次。

（钟占蓉）

【安民逝世】 5月3日，原北京农业大学校长，动物繁殖学家安民教授在京逝世，享年91岁。安民，原名王安民，1922年3月15日生于山东滕县。大学期间投身抗日救国运动，参与和领导进步的学生运动。1947年，受共产党地下组织派遣前往布拉格参加世界学联大会，因受限制在英国滞留，转而从事专业学习。1949年回国后受聘北京农业大学任教，主要从事动物繁殖学和繁殖生理学的教学和科研工作。1982至1987年任北京农业大学校长。他是中国家畜繁殖科技建立和实践的奠基人之一。他在北京市首先推广应用奶牛人工授精技术，第一个在国内开设“家畜繁殖学”课程，编写首部《家畜生殖生理和繁殖技术》教材，指导的“家兔胚胎移植”研究在国内首次获得成功，主持以黄牛作为奶牛受体的胚胎移植工作，在国内首次由黄牛生产出奶牛犊。著有《家畜生殖生理和繁殖学》《家畜繁殖学》和《大家畜繁殖和改良》等一批著作，翻译《家畜繁殖》《家畜繁殖学》等书，发表论文有60余篇。在教学方面，他先后主讲家畜繁殖学、生殖内分泌学、家畜生殖生理及人工授精、家畜卫生学等课程。

（钟占蓉）

【召开全球磷大会】 6月18至20日，农大召开首届全球磷大会暨第五届国际养分管理大会。会议与德国弗劳恩霍夫研究所、国际肥料发展中心合办，以“资源高效利用与粮食安全的科学、技术与政策”为主题，对话如何对磷资源的可持续管理与利用展开跨学科学习，交流各个国家在磷资源“开采—加工—利用—再循环”的高新技术研究与污染控制途径方面取得成果，探讨农业生产方式和政策在土壤养分资源利用与粮食安全的作用。会议还设置北郎中现代化农场、顺义蔬菜基地、丰台污水处理厂等14个分会场，与会专家与生产实践者进行互动式学习交流。来自25个国家专家学者114人参加会议，其中，外国专家84人。

（钟占蓉）

【评选首届教学名师奖】 7月，农大评选首届“（大北农）中国农业大学教学名师奖”。该奖由大北农集团资助设立，每年奖励10人，每人奖励10万元。首届评选由各学院推荐从事本科教学的在职教师，经过申报人教学业绩和现场教学演示两个环节，评出教学名师10人。

（钟占蓉）

【成立中国生态补偿政策研究中心】 8月2日，农大成立中国生态补偿政策研究中心。该中心由国家发改委和农大联合组建，得到亚洲开发银行的支持。中心主要任务是研究中国生态补偿领域的重大理论、方法和政策问题，引进国际上生态有偿服务和环境服务付费领域的先进理念、成功经验和最佳实践，为建立完善生态补偿机制的技术标准、政策框架和法律法规等提供研究建议和技术支持。中心指导委员会由国家发改委西部司、农大和亚洲开发银行东亚局成员组成。

（钟占蓉）

【召开第 10 届国际植物病理学大会】 8 月 26 至 30 日，农大召开第 10 届国际植物病理学大会。会议由国际植物病理学会主办，每 5 年召开一次。会议以“植物病理学在全球经济中的作用：生物安全，食品安全和人类健康”为主题，研讨植物病理研究前沿进展、植物病害综合治理、植物—病原物互作的分子生物学及遗传学等问题。会议设置 2 次全体会议、5 次主题会议，26 名知名植物病理学家应邀在主会场做主旨报告；设立 66 个学科特色的分会场会议、9 个专题研讨会，共有 303 个邀请报告和 196 个简短学术报告。会议以《中国植物病理学报》增刊编辑出版会议论文摘要集，收录论文摘要 1591 篇。同时，会议完成国际植物病理学大会新一届执行委员会的换届。来自全球 76 个国家或地区 1700 名研究者参加会议。

（钟占蓉）

【与约翰迪尔公司签订合作协议】 9 月 24 日，农大与约翰迪尔（中国）投资有限公司签订合作协议。根据协议，校企重点开展农业机械装备领域战略研究、新技术研究及新产品开发等；学校将根据国际现代农业领域发展动向和进展，组织专家及时向约翰迪尔（中国）提供行业发展信息和战略咨询；约翰迪尔（中国）在农大设立“约翰迪尔奖学金”，资助中国农业机械化发展高层论坛，提供约翰迪尔新型拖拉机，支持学校教学科研工作；双方还将在在校生职业规划、社会实践、毕业生就业指导、校外实践教学、约翰迪尔中国大学师资培训等领域深入开展合作。

（钟占蓉）

【与 3 所国外高校签订合作协议】 9

月 27 日、11 月 4 日和 12 月 12 日，农大与 3 所国外高校签订合作协议。与荷兰瓦赫宁根大学签订合作协议，双方开展食品、农业和城乡可持续发展领域研究，在国际经济等方向设立联合教育项目，互派学生到对方大学学习。与美国奥本大学签署“3＋2”联合培养项目协议，农大优秀本科生在完成三年本科学习后获准进入奥本大学学习一年并将该校学分转回农大，在符合毕业要求后获得农大学士学位。然后，学生将继续在奥本大学学习一年研究生课程，在达到奥本大学硕士毕业要求后获得奥本大学颁发的硕士学位。与都柏林大学、烟台市政府签订三方协议，三方共建“烟台都柏林大学”。

（钟占蓉）

【杨志福逝世】 10 月 14 日，农大教授、植物营养与肥料专家杨志福逝世，享年 77 岁。杨志福，1936 年 2 月 10 日生于吉林省扶余县。1959 年毕业于北京农业大学土壤农化系土壤农化专业后留校任教，历任助教、讲师、副教授、教授，兼任农化教研组主任。他长期从事植物营养与施肥的教学和研究工作，在《农业化学研究法》（现名“植物营养研究方法”）的课程建设、腐殖酸农业应用和硝酸磷肥肥效研究等方面做出突出的贡献。从 1993 年开始，是第八、九、十届全国政协委员。

（钟占蓉）

【新建 1 所海外孔子学院】 10 月 21

日，农大和特立尼达和多巴哥共和国的西印度大学圣奥古斯丁分校共建孔子学院揭牌。该孔子学院隶属国家汉办/孔子学院总部，面向英语加勒比地区国家特立尼达和多巴哥共和国开展汉语教学、中国文化传播及农业领域的科技和教育合作等活动。教师由中国农大人文与发展学院外语系选派的一名中方院长、一名汉语教师和两名汉语教师志愿者组成。至年底，招收（培训）学生 90 人。

（钟占蓉）

【成立中荷奶业发展中心】 11 月 16 日，农大成立中荷奶业发展中心。该中心与荷兰瓦赫宁根大学、荷兰皇家菲仕兰坎皮纳公司合作，通过借鉴与分享中荷双方在奶业研究、奶业生产及政策法规方面的经验提升中国乳品产业链的食品安全及生产水平。中心将在中国开展有关中国乳品生产、安全和质量以及可持续性的重大研究项目，此外，该中心还将在北京建立示范农场，实施最新安全和质量体系与技术。

（钟占蓉）

【庆祝曲周实验站成立 40 年】 11 月

22 至 24 日，农大举办曲周实验站 40 周年庆祝会暨建设推进活动。庆祝活动由座谈会、科技成果展示、合作项目协议签署组成。23 日，校县双方座谈进一步推进实验站建设工作，并签订土地整治规划、新品种推广、农产品深加工等 11 个现代农业发展项目合作协议。24 日，举办“发展曲周模式弘扬曲周精神”座谈会，剖析曲周模式、曲周精神在新时代的丰富内涵。邯郸市政府、曲周县政府代表，企业代表、村民代表，农大校领导、曲周实验站历任站长、学院、部门负责人、曾经在实验站工作过的老同志代表、师生代表 100 人参加会议。该试验站位于河北省邯郸市曲周县，该校与曲周的县校合作历经“改土治碱、综合开发、全面合作”三个阶段，使 28 万亩盐碱地得到治理，昔日盐碱滩变成“吨粮田”。曲周实验站先后承担国家重点课题、国家支撑计划以及国际合作研究 30 余项，获得国家级、省部级奖励 30 余个，多项科研成果在全国推广，走出教授 50

人，培养博士生、硕士生 200 人。

（钟占蓉）

【李德发当选工程院院士】 12 月 19 日，农大教授李德发当选为中国工程院农业学部院士。李德发，1953 年生，河北隆化人。1978 年毕业于北京农业大学畜牧系，1989 年获得美国堪萨斯州立大学博士。现任农大动物科技学院院长、教授、博士生导师，国家饲料工程技术研究中心主任、动物营养学国家重点实验室学术委员会主任。李德发长期从事动物营养与饲料科学的理论研究、技术创新和人才培养工作，着眼于解决饲料资源短缺、转化效率低和畜产品质量安全等制约中国畜牧业发展的瓶颈问题，在大豆资源高效利用、猪健康养殖的营养调控和动态营养需求与实时测料配方技术方面开展系列研究。构建中国主要饲料原料在猪上的有效营养价值数据库，创建饲料原料有效养分动态预测模型；发现大豆抗原蛋白引起的过敏反应是仔猪断奶综合征的主要原因，并研发膨化膨胀、微生物发酵、酶解等大豆抗营养因子钝化消除技术；建立中国第一个猪营养需要动态模型，主持修订 2004 年版《猪饲养标准》，为中国养殖业和饲料业可持续发展做出重要贡献。1996 年以来，先后主持建设农业部饲料工业中心、国家饲料工程技术研究中心和农业部饲料效价与安全监督检验测试中心 3 个工程科技平台。发表论文 205 篇，获国家科技进步二等奖 2 项，指导的 2 名博士生获全国百篇优秀博士学位论文。

（钟占蓉）

【在国际学术期刊发表 5 篇论文】 至年底，农大师生在《科学》《自然》《自然一遗传学》上发表 5 篇论文。1 月，李建生课题组研究论文《全基因组关联分析剖析玉米籽粒油份合成的遗传结构》（Genome－wide association study dissects the genetic architecture of oil biosynthesis in maize kernels）收录在《自然一遗传学》（Nature Genetics）第一期。该论文利用包含高油玉米的 368 份玉米自交系为材料，利用转录组测序（RNA－seq）方法进行籽粒发育期的转录组大规模测序，挖掘 103 万单核苷酸位点（SNP），获得 28769 个基因的表达量数据，同时分析两年 4 点的籽粒油份相关性状。2 月 20 日，资环学院教授刘学军等有关中国氮沉降的研究论文《中国氮沉降显著增加》（Enhanced nitrogen deposition over China）在《自然》网站在线发表。该论文系统揭示过去 30 年来中国氮沉降动态及其与人为活性氮排放的关系。5 月 2 日，张福锁和美国斯坦福大学维托塞克（P. Vitousek）关于中国农业高产高效现代农业科技发展的文章在《自然》杂志发表。该文题为《对世界的成功经验》（An experiment for the world），阐述新世纪以来中国农业在“高产高效”科学研究和应用方面取得的重要进展与成就。6 月 9 日，李宁院士与深圳华大基因研究院、哈尔滨兽医研究所、英国爱丁堡大学等共同完成的论文《鸭基因组和转录组图谱揭开禽流感天然宿主免疫机制》（The duck genome and transcriptome provide insight into an avian influenza virus reservoir species）在《自然一遗传学》（Nature Genetics）杂志在线发表，报道鸭基因组与禽流感的最新研究进展。12 月 20 日，理学院副教授张葳葳以第一完成人身份完成的研究论文《钠氯间反常计量比化合物》（Unexpected stable stoichiometries of sodium chlorides）在《科学》（Science）杂志发表，文章打破基础化学的八电子规则，开创科学研究的新领域，文章通过理论预测，并实验验证在钠和氯（Na－Cl）体系中，违背八电子规则的反常化合物的稳定存在。

（钟占蓉）

【建成数字校园平台】 至年底，农大建成首个数字校园平台。该平台是农大“数字校园项目一期工程”的建设成果之一，实现“1＋4＋4＋14”的建设成果，其中的“1”，是指编制该校第一个公共信息编码标准；第一个“4”，是指首次搭建四个校级公共服务平台，即统一认证平台、信息门户平台、数据共享平台和移动校园平台；第二个“4”，是指新建人事系统、迎新系统、统一通信和填表服务四个部门级应用系统；“14”是首批集成打通全校九个部门的 14 个信息系统。

（钟占蓉）

北京农学院

党委书记 郑文堂
院　　长 王慧敏

【概况】 2013 年，北京农学院占地面积 75.67 万平方米，学校产权建筑面积 11.45 万平方米、非产权建筑面积 9.75 万平方米。资产总值 71372.38 万元，其中，教科仪器设备资产值 33872.42 万元。全年教育经费投入 48015.15 万元，其中，国家拨款 38965.04 万元、自筹经费 9050.11 万元。图书馆建筑面积 15997 平方米，馆藏纸质文献 70.36 万册、电子文献 26 万种。有计算机数 3956 台。学校信息化经费投入 1548.50 万元，拥有多媒体教室座位 7590 个，信息化设备资产 2914.12 万元，网络信息点 5000 个，校园网出口总带宽 1500Mbps，电子邮件系统用户 11734 个，上网课程 4102 门，数字资源量 10240GB，管理信息系统数据总量 2000GB。校区设置 10 个学院，4 个教学部及继续教育学院。开设 28 个专业覆盖 7 个学科门类；具有一级学科 7 个，硕士学位授权点 12 个、专业学位授权点 12 个。北京市重点学科 5 个。教职工 1297 人，其中，专任教师 474 人，包括教授 90 人、副教授 188 人；有博士生导师 12 人和硕士生导师 219 人。享受政府特殊津贴专家 5 人。外籍教师 3 人。毕业生 2297 人，其中，学历教育学生中全日制硕士研究生 184 人，普通本专科生 1939 人（本科生 1562 人、专科生 377 人），成人教育本专科生 147 人（本科生 76 人、专科生 71 人）；非计划招生高等教育学生中在职人员攻读硕士学位 27 人。本科毕业生就业率 97.7%。招生 2417 人，其中，学历教育学生中全日制硕士研究生 201 人，普通本专科生 1925 人（本科生 1550 人、专科生 375 人）、成人教育本专科生 108 人（本科生 75 人、专科生 33 人）；非计划招生高等教育学生中在职人员攻读硕士学位 183 人。高考北京地区本科提档线理科 505、文科 499。在校生 8366 人，其中，学历教育学生中全日制硕士研究生 508 人，普通本专科生 7171 人（本科生 6038 人、专科生 1133 人），成人教育本专科生 318 人（本科生 186 人、专科生 132 人）；非计划招生高等教育学生中在职人员攻读硕士学位 369 人。短期留学交换生 23 人。网址：www. bua. edu. cn。

（陈勇）

【研究生在《自然》杂志发表论文】 1 月，农学院 2010 级蔬菜学专业硕士研究生孙宏贺作为并列第一作者在《自然・遗传学》上发表专业论文。论文题目为《The draft genome of watermelon（Citrulluslanatus）and re-sequencing of 20 diverseaccessions》。该研究为西瓜绘制全基因组精细图谱，为西瓜基因组进化分析提供生物信息学分析支持。

（陈勇）

【与北京农产品批发市场管委会签订合作协议】 3 月 13 日，农学院与北

京农产品中央批发市场管理委员会签订合作协议。根据协议，双方围绕共同培养优秀的农产品商品化处理、信息化处理、市场营销方面的专业人才，共同研发农产品市场化处理、信息化处理和市场营销方面的关键技术，共同研究农产品市场信息、政策及法规等方面开展深入合作。

（陈勇）

【获得首都劳动奖状】 4 月 30 日，农学院获得 2013 年“首都劳动奖状”。“首都劳动奖状”是市总工会授予北京市企事业单位的最高集体荣誉，是北京市为表彰在技术创新、管理创新和体制创新中取得显著成绩，为首都经济建设和社会发展做出突出贡献的先进集体而授予的重要奖项。农学院作为本年度市属高校唯一获奖单位获此殊荣。

（陈勇）

【与大北农公司签订合作协议】 5 月 8 日，农学院与大北农科技集团股份有限公司签订合作协议。根据协议，在未来的 5 年内，双方将重点在人才培养、科技研发等领域开展深度合作，合作涉及现代农业人才培养培训、“卓越农林人才”实习基地建设、校企联合培养研究生、现代农业科技攻关、共建农户规模健康养殖技术支撑服务系统、联合开展农业新品种审定以及重大科技奖励申报领域；大北农公司将出资 600 万元在该院设立“大北农奖学金”“大北农奖教金”和“大北农科研基金”，用于奖励优秀师生和资助青年骨干教师从事都市型现代农业科技研究，特别是有关饲料、动物保护、植物保护、种子、种猪等领域的科学研究；双方合作成立“首都生物农业协同创新中心”，开展生物饲料、生物育种和具有都市型现代农业特色的健康养殖支撑技术的协同研发。

（陈勇）

【食品质量与安全北京实验室挂牌】 5 月 9 日，农学院食品质量与安全北京实验室挂牌。该实验室是市教委首批建设的北京实验室，是北京市农业、食品领域唯一的北京实验室，开展食品质量保良与食品安全检测相关领域科研活动。实验室有专兼职研究人员 12 人，其中，高级职称 4 人。

（陈勇）

【与蚌埠市签订合作协议】 9 月 13 日，农学院与安徽省蚌埠市政府签订合作协议。根据协议，双方合作涉及农业科技人才培养、共同推进都市农业发展、共同建立学生实习基地、吸引农学院毕业生到蚌埠就业、加强农业科技成果转化。9 月 23 至 30 日，作为落实战略合作协议的具体举措，第一期蚌埠市现代农业高级管理人才研修班在该院举办。

（陈勇）

【教学中心获批国家级实验教学示范中心】 11 月，农学院植物生产实验教学中心获批成为国家级实验教学示范中心。这是该校首个国家级实验教学示范中心。国家级实验教学示范中心评选由教育部主办，本年全国 120 个中心入选。该中心 2007 年建立，围绕都市农业生产、生活、生态和示

范功能拓展需求，结合农学院应用型复合型现代农业人才培养定位，面向农学、园艺、种子科学与工程、植物保护等植物生产类专业及其他相关专业，优化人才培养方案，调整课程比例和结构，更新教学内容，整合校内外实验实践资源，创建适应都市农业需求的理论教学体系、实验实践教学体系和实验实践教学平台，有力地支撑都市农业特色的应用型复合型植物生产类人才的培养。

（陈勇）

【召开教育教学工作大会】 12 月 20 日，农学院召开大北农奖颁奖暨教育教学工作大会。会议表彰首批大北农获奖师生，其中，奖励教师 30 人，其中，一等奖 10 人，每人 10000 元，二等奖 20 人，每人 5000 元；奖励学生 100 人，每人 4000 元。会议总结学校“十二五”以来教育教学主要工作；部署今后两年的工作重点和措施，一是借鉴国际教学理念，进一步转变教育观念；二是继续加大学科和专业建设力度，进一步优化结构；三是进一步深化和拓展课堂教学改革，提升整体教学水平和质量；四是强化实践环节的落实，务求学生实践能力提高的实效；五是强化“教”与“学”管理的联动，着力提高学生的综合素质。该校教职工 1200 人参加会议。

（陈勇）

【4 个研究中心获批为省部级科研机构】 至年底，农学院 4 个研究中心获批为省部级科研机构。该院主体申报的“北京市乡村景观规划设计工程技术研究中心”获批北京市工程技术研究中心，兽医学（中医药）北京市重点实验室与北京生泰尔生物科技有限公司联合申报的“北京市中兽药工程技术研究中心”、与德清源联合申报的“蛋品安全生产与加工北京市工程

研究中心”、与伟嘉人公司联合申报的“微生态制剂关键技术开发北京市工程实验室”等被认定为北京市工程技术研究中心。至此，该院省部级重点实验室（研究基地）、工程中心共15个。

（陈勇）

北京林业大学

党委书记　吴斌

校　　长　宋维明

【概况】　2013年，北京林业大学占地面积46.88万平方米，学校产权建筑面积37.93万平方米。固定资产总值186811.80万元，其中，教学、科研仪器设备资产值51472.34万元。图书馆建筑面积23400平方米，藏书170.35万册；电子文献39900GB，电子资源库39种。全年教育经费投入112000.00万元，其中，国家拨款84233.80万元、自筹经费27766.20万元。拥有计算机6230台。学校信息化投入900万元，多媒体教室154间，网络信息点25000个，校园网出口总带宽1.60G，电子邮件用户5273个，上网课程2091门，数字资源量39.90T，管理信息系统总量1500GB。设有14个院（系、部）；开设本科专业57个，覆盖8个学科门类；具有一级学科32个，博士点39个，一级学科博士学位授权点9个，一级学科硕士学位授权点18个和专业学位授权点11个；博士后流动站6个，其中，博士后研究人员出站25人、进站19人、退站2人和在站82人。有1个一级国家重点学科（涵盖7个二级学科），2个二级国家重点学科，1个国家重点（培育）学科；10个国家林业局重点学科；3个北京市一级重点学科，4个北京市二级重点学科，1个北京市交叉重点学科。建有1个国家工程实验室、1个国家级研发中心、1个国家工程技术研究中心、1个国家科技示范园、1个国家野外台站、4个教育部重点实验室、3个教育部工程技术研究中心、2个教育部科技创新团队、5个国家林业局重点实验室、8个北京市重点实验室、5个国家林业局定位观测站，3个北京市工程技术研究中心。教职工1806人，其中，专任教师1180人，包括教授238人、副教授525人；有博士生导师229人，硕士生导师652人；中国工程院院士3人，973项目首席科学家1人，“千人计划”人选1人，长江学者5人，国家“百千万人才工程”人选6人，国家“新世纪百千万人才工程”人选3人，国家有突出贡献专家9人，省部级有突出贡献专家20人，享受政府特殊津贴专家111人，教育部“新世纪优秀人才”40人。外籍教师3人，全部为教授。毕业生9024人，其中，学历教育学生中全日制研究生1400人（博士生217人、学术型学位硕士862人、专业学位硕士321人），普通本科生3195人，成人教育本专科生4151人（本科生2044人、专科生2107人）；在职人员攻读硕士学位278人。本科毕业生就业率94.43%。招生9677人，其中，学历教育学生中全日制研究生1637人（博士生266人、学术型学位硕士812人、专业学位硕士559人），普通本科生3441人、成人教育本专科生4277人（本科生2934人、专科生1343人）；在职人员攻读硕士学位322人。高考北京地区文科录取线567分、理科606分。在校生31947人，其中，学历教育学生中全日制研究生4621人（博士生1090人、学术型学位硕士2497人、专业学位硕士1034人），普通本科生13282人，成人教育本专科生12169人（本科生9090人、专科生3079人）；在职人员攻读硕士学位1875人。留学生毕业11人，招生29人，在校74人。网址：www.bjfu.edu.cn。

（高斌）

【新增两个中外合作办学本科专业】　1月2日，北林大与加拿大不列颠哥伦比亚大学合作举办两个本科专业。新增专业分别是木材科学与工程、生物技术专业。两专业采取“3+2”培养形式，即学生前三年在北林大进行英语强化和专业课程学习，后两年赴哥伦比亚大学学习，达到毕业要求可同时获得两校本科学士学位。两专业于7月面向全国招生，各招生30人。

（高斌）

【获国际风景园林竞赛一等奖】　4月16至18日，北林大在第50届国际风景园林师联合会（IFLA）世界大会上获得国际风景园林师联合会学生竞赛一等奖。获奖作品为《蓝色祈愿——以水为中心进行阿富汗战后地区重建》，该方案以战后生态、经济、景观亟待恢复的阿富汗古尔巴哈地区为研讨对象，通过规划与景观设计手段与跨学科理论实现以水系统恢复为中心的可持续发展规划模式，借此探讨规划与景观设计随时间的变化有助于灾后重建的阶段性恢复方法。该作品由园林学院李雄教授指导，林辰松、肖遥、张海天、刘济姣、贾赢5名学生完成。该比赛面向全球风景园林行业高校，以“救赎的景观设计”为主题，寻求使景观的设计有助于灾后重建与恢复的观点。全球几百项作品参赛，评出一、二、三等奖各一项。

（高斌）

【学研中心投入使用】　9月23日，

北林大学研中心投入使用。该中心占地面积1.4万平方米、建筑面积9万平方米，共14层，拥有现代化的设施，是一座集教室、实验室、教学科研办公用房、大学科技园、地下停车场为一体的现代化楼宇。该中心2011年开始建设，总投入44000万元。

（高斌）

【成立校友会】　10月12日，北林大

校友会成立。该校友会由教育部及民政部批准设立，面向海内外校友开展教育、科研、学术文化交流等活动。成立仪式后，校友会召开第一次会员代表大会，会议审议通过《北京林业大学校友会章程》，会议表决通过校友会理事人选，校友会常务理事会、会长、副会长、秘书长以及副秘书长人选。

（高斌）

【成立艺术设计学院】　10月22日，北林大成立艺术设计学院。该院由原材料学院艺术设计系、工学院工业设计系和信息学院动画系优化合并成立，主要培养艺术设计等方面人才。学院下设环境设计系、工业设计系、视觉传达设计系、数字艺术系、造型基础部，开设有数字媒体艺术、动画、视觉传达设计、环境艺术设计、工业设计（工科）、产品设计本科专业，有1个设计艺术学一级学科硕士学位授权点、1个动画二级学科授权硕士点，有视觉与平面媒介实验室、装饰工艺制作实验室和陶艺雕塑实验室等7个实验室，学院在籍本科生745人、硕士研究生174人。有教职工55人，其中，研究生及以上学历48人，教授5人、副教授17人。此外，教师中有中国美术家协会会员6人，教育部设计类教学指导委员会委员1人。

（高斌）

【新建1400万平方米实验林场】　11月27日，北林大与辽宁省林业厅签订建设“北林辽宁宽甸实验林场”合作协议。根据协议，该校在辽宁省宽甸满族自治县国营泉山林场范围内建设“北林辽宁宽甸实验林场”，开展林下种植、林下产品采集及深加工工艺以及人才培养等多方面合作。实验林场面积1400万平方米，合作期限50年。

（高斌）

【共建北林东升科技园】　11月29日，北林大与海淀区东升镇签订共建北林东升科技园协议。根据协议，双方合作开展科技园建设，北林科技园负责北林东升科技园经营管理，东升镇提供八家郊野公园设施用房，共计18572平方米和辅助场地21万平方米，并提供相关公共条件、配套设施及服务。双方约定使用期限20年。

（高斌）

【开展共筑美丽中国梦系列活动】　至年底，北林大开展共筑美丽中国梦系列活动。该活动面向校内外开展“生态文明建设”博士生讲师团宣讲、“寻找美丽校园”征文、“我的梦、中国梦”主题演讲、“中国梦、校园情、快乐心”心理健康教育、“校园正能量”事例征集、“同铸复兴路、共圆中国梦”、第六届研究生风采大赛暨抗震救灾义演活动。该校师生2000人参加活动。

（高斌）

北京协和医学院（中国医学科学院）

党委书记　李立明
校　　长　曾益新

【概况】　2013年，北京协和医学院（中国医学科学院）占地面积87.59万平方米，建筑面积95.32万平方米。固定资产总值30980.20万元，其中，教学、科研仪器设备资产值8788.28万元。图书馆建筑面积15905平方米，藏书282.75万册，其中，纸质图书271.90万册、电子图书13.85万册。全年教育经费投入35365.79万元，其中，国家拨款33673.17万元、自筹经费1692.62万元。学校拥有计算机1117台，多媒体教室座位2869个，信息化设备资产3404.72万元，网络信息点5974个，校园网出口总带宽200Mbps，电子邮件系统用户1081个，数字资源量26376GB，管理信息系统数据总量28.60GB。设有18个研究所（以及5个分所）、7所临床医院（含与北京市共建的天坛医院）、6所学院、1个研究生院和5所分院，具有一级学科博士点8个，博士学位授权点54个，硕士学位授权点61个；博士后流动站6个，其中，博士后研究人员出站41人、进站67人和在站155人。国家一级重点学科2个、国家二级重点学科8个、国家重点（培育）学科1个；省部级一级重点学科4个、省部级二级重点学科3个；国家实验室1个，国家重点实验室5个，国家工程研究中心、实验室2个，国家工程技术研究中心2个，省部级研究中心、实验室21个。教职工12600人，其中，专任教师1117人，包括教授708人、副教授295人；博士生导师580人、硕士生导师808人；中科院院士9人、工程院院士16人。“长江学者奖励计划”特聘教授15人、长江学者讲座教授3人、中组部“千人计划”5人、青年千人计划3人，国家有突出贡献专家95人、杰出青年基金获得者33人、享受政府特殊津贴专家597人、百千万人才工程国家级人选46人、教育部长江学者奖励计划创新团队10个、国家自然科学基金委创新团队2个。现有外籍教师2人。毕业生1473人，其中，学历教育学生中全日制研究生898人（博士生536人、硕士生362人），普通本专科生133人（本科生63人、专科生70人），成人教育本专科生442人（本科生349人、专科生70人）。本科毕业生就业率97%。招生1966人，其中，学历教育学生中全日制研究生1241人（博士生553人、硕士生688人），普通本专科生225人（本科生146人、专科生79人）、成人教育本科生500人。高考北京地区提档线临床本科理科656分、护理本科理科477分、护理专科理科282分、护理专科文科292分。在校生5904人，其中，学历教育学生中全日制研究生3653人（博士生1684人、硕士生1969人），普通本专科生864人（本科生630人、专科生234人），成人教育本专科生1387人（本科生1343人、专科生44人）。网址：www.pumc.edu.cn。

（贺晶）

【成立卫生部病原系统生物学重点实验室】　1月18日，协和医学院成立卫生部病原系统生物学重点实验室。该实验室于2012年2月正式获得卫生部批复获准成立，以病原系统生物学为主要研究方向，重点开展病原组学、病原体系统生物医学、前沿技术在传染病防治中的应用等研究。

（贺晶）

【举办中美肿瘤医疗机构控烟论坛】　3月17日，协和医学院举办首届中美肿瘤医院机构控烟论坛。论坛围绕

"加强肿瘤防控与公共卫生整合"的理念，以"控制烟草流行—肿瘤预防的重要公共卫生措施"为主题，讨论控烟、交流吸烟的各种健康危害和开展控烟干预经验，商讨关于控烟对于肿瘤预防的意义和如何发挥肿瘤医务人员的优势和作用。国家癌症中心、美国国立癌症研究所以及全国10余家肿瘤医院专家学者80人参加论坛.

（贺晶）

【举办协和大师讲坛】 3月18日，协和医学院举办首届协和大师讲坛。该讲坛邀请1989年诺贝尔生理学/医学奖得主、美国国家癌症研究所现任主席哈罗德·瓦尔姆斯（Harold Varmus）教授作题为《癌症研究的新方向》报告。院校师生、临床医生，以及来自中科院和其他院校研究一线的青年学者等参加了此次讲堂。至年底，该院共举办大师讲坛6次。

（乔楠）

【召开中国特色的创新药物产学研之路研讨会】 3月27日，协和医学院召开"中国特色的创新药物产学研之路"研讨会。会议研讨中国特色的创新药物产学研问题，听取该院院长题为《中国特色的创新药物产学研之路》的专题报告。来自国内科研院所和高校专家学者参加会议。

（贺晶）

【举办诺贝尔奖获奖者专题报告会】 4月4日，协和医学院举办诺贝尔奖获奖者专题报告会。报告会邀请2007年诺贝尔生理学或医学奖获得者，英国卡迪夫大学校长马丁约翰埃文斯爵士作题为《细胞治疗在未来再生医学中的前景》报告，重点介绍细胞治疗、干细胞研究进展等问题。该院师生130人参加学习。

（贺晶）

【成立神经科学中心】 5月15日，协和医学院成立神经科学中心。该中心是跨所院的功能性研究中心，将针对国家需求，着眼院校发展，注重学科交叉和转化医学研究，注重跨所院的科研协作和团队建设，整合内部资源，争取外部资源，积极承担国家任务，对严重威胁人民健康并给社会带来沉重经济负担的神经精神疾病进行创新研究，并实现自身的可持续发展。

（贺晶）

【召开中瑞抗生素及耐药性医学研讨会】 5月15至17日，协和医学院召开中瑞抗生素及耐药性医学研讨会。会议由国家自然科学基金委员会（NSFC）国际合作局与瑞典研究理事会（VR）联合主办，特邀中瑞双方专家介绍各自在抗感染药物研发、使用、病原微生物耐药性研究和监测方面的进展，并进行交流和讨论。来自中瑞两国的专家学者以及相关人员30人参加会议。

（贺晶）

【3人当选院士】 12月19日，协和医学院3名教授当选院士。其中，肿瘤医院赫捷当选中国科学院院士，阜外心血管病医院胡胜寿、肿瘤医院林东昕当选中国工程院院士。至此，该院校共有两院院士28人，其中，中国科学院院士10名、中国工程院院士18人。

（贺晶）

【举办自然出版集团麦克米兰科技写作培训班】 12月19日，协和医学院举办《自然》（Nature）出版集团麦克米兰科技写作培训班。培训班邀请《自然》杂志资深编辑以编辑的视角，结合自己的工作实际，通过理论讲授和案例分析，解析如何写Nature文章、文章风格要素、论文写作要旨、作者署名与责任、投稿杂志选择、高端杂志编辑程序、同行评审机制、如何应对审稿决定、剽窃与其他问题九个方面常见问题。来自国内科研工作者和该院师生80人参加学习。

（贺晶）

【3人获卫生系统先进个人】 至年底，协和医学院3人获得全国卫生系统先进个人。该评选由卫生部、人力社保部合办，由单位推荐、各省级卫生行政部门初选和卫生部评审产生。该院放射治疗科张福泉教授荣获"全国卫生系统先进工作者"称号，妇产科朱兰教授、风湿免疫科张烜教授获2011～2012年度"卫生部有突出贡献中青年专家"称号。

（贺晶）

【一教授当选德国科学院院士】 至年底，协和医学院曹雪涛教授当选德国科学院院士。德国科学院院士由院士推荐，经几轮选举后产生，选举过程严谨复杂，选举是以无记名方式秘密进行，候选人事前不知被提名，接到信函通知后才知当选。德国科学院院士来自30余个国家。曹雪涛当选后，中国大陆共有德国科学院院士7人。德国科学院起源于1652年成立的利奥波第那科学院（Leopoldina）。2008年7月14日，德国政府将其更名为德国国家科学院（German National Academy of Sciences）。德国科学院由1400名院士组成，包括自然科学、医学和社会科学、人文科学的著名学者，先后有157名诺贝尔奖获得者为德国科学院院士。曹雪涛，1964年出生于山东。1990年毕业于第二军医大学，取得博士学位。2010年到中国医学科学院北京协和医学院工作，现任中国医学科学院院长。长期从事免疫识别与免疫调节的基础研究、肿瘤等重大疾病的免疫治疗与基因治疗的应用研究。

（刘晖）

首都医科大学

党委书记 李明
校　　长 吕兆丰

【概况】 2013年，首都医科大学学校和附属医院总占地面积136.06万平方米，总建筑面积224.42万平方米，其中，学校占地面积24.66万平方米，建筑面积33.91万平方米。学校和附属医院固定资产总值1600538.46万元，其中，学校固定资产总值158576.10万元。学校和附属医院教科仪器设备资产值288490.41万元，其中，学校教科仪器设备资产值104504.71万元。全年教育经费投入114378.81万元，其中，国拨91175.32万元，自筹11268.65万元，科研经费11934.84万元。学校和附属医院图书馆建筑面积25319平方米，共藏书126.77万册，其中，学校图书馆建筑面积17901平方米，藏书80.42万册。学校有计算机7428台，教室91间，信息化设备资产3548.34万元，网络信息点9998个，校园网出口总带宽400Mbps，电子邮件系统用户4650个，上网课程153

门，数字资源量2500GB，管理信息系统数据总量61440GB。设有10个学院和1个研究院，18所临床医学院暨附属医院以及1个预防医学教学基地，设有4个专科学院和33个专科学系。开设本科专业16个、七年制专业2个。有一级学科博士学位授权点8个和一级学科硕士学位授权点11个，按照三级学科统计，有博士学位授权点59个和硕士学位授权点78个。有博士后流动站9个，出站17人、进站29人、在站85人。有国家重点学科8个、国家重点（培育）学科2个、国家临床重点专科56个（含中医）、国家中医药管理局重点学科（培育）14个、北京市一级重点学科4个、北京市交叉重点学科1个、北京市二级重点学科6个、北京市一级重点建设学科2个、北京市二级重点建设学科6个、北京地区高等学校学科群1个，有国家临床医学研究中心3个、省部共建国家重点实验室培育基地1个、教育部重点实验室3个、教育部省部共建重点实验室1个、北京市重点实验室32个，有国家工程技术研究中心1个、教育部工程研究中心4个。设有国家生命科学与技术人才培养基地、卫生部全科医学培训中心、北京市全科医学培训中心、首都卫生管理与政策研究基地、北京神经科学研究所等。学校和附属医院共有教职员工和医务人员35128人，其中，校本部1560人、附属医院33568人；有院士6人、特聘顾问11人；正高职称1875人，其中，校本部93人、附属医院1782人；副高职称3275人，其中，校本部243人、附属医院3032人；有专任教师2612人，专任教师中教授667人，其中，校本部88人、附属医院579人，专任教师中副教授1114人，其中，校本部196人、附属医院918人；有博士研究生导师362人、硕士研究生导师745人；有“长江学者奖励计划”特聘教授3人；“千人计划”创新人才长期项目2人、青年项目1人，外专“千人计划”2人；校本部和直属附属医院有国家有突出贡献专家2人、省部级有突出贡献专家20人、享受政府特殊津贴专家105人；有外籍教师6人。毕业生4055人，其中，学历教育学生中全日制研究生998人（博士生220人、硕士生778人），普通本专科生1565人（本科生824人、专科生741人），成人教育1133人（本科578人、专科生555人）；以同等学力申请博士硕士学位272人（博士生53人、硕士生219人）。本科毕业生就业率96.09%，招生4788人，其中，学历教育学生中全日制研究生1048人（博士生252人、硕士生796人），普通本专科生1712人（本科生1048人、专科生664人），成人教育本专科生1454人（本科生942人、专科生512人）；以同等学力申请博士硕士学位478人（博士生239人、硕士生239人）。高考北京地区本科一批理工最低录取分数577分。在校生14786人，其中，学历教育学生中全日制研究生3366人（博士生749人、硕士生2617人），普通本专科生6333人（本科生4350人、专科生1983人），成人教育本专科生4654人（本科生2563人、专科生2091人）。留学生毕业87人，招生96人，在校生433人。网址：www.ccmu.edu.cn。

（方海侠　王于英）

【开展助理全科医师“3+2”培养模式】　2月17日，首医大开展助理全科医师“3+2”培养模式工作。首批来自京郊7个区县的122名助理全科医师规范化培训学员进入第一阶段理论培训。他们在2年内的102周中参加3个阶段的培训，以全面提高助理全科医师的全科医学理论水平、职业素养、全科医疗服务能力和基本公共卫生服务能力。房山、大兴、通州等7个区县的7家基地医院承担助理全科医师临床培训任务，15所社区卫生服务中心承担。

（王于英）

【成立全科医学与继续教育学院】　3月1日，首医大成立全科医学与继续教育学院。该院内设学院办公室、全科医学办公室和成人学历教育办公室，下设全科医学基础学系、若干全科医学临床和社区学系，有国家卫生部全科医学培训中心、北京市全科医学培训中心，同时，该校对外培训学校挂靠学院管理。该院成立后，撤销原继续教育学院建制。

（王于英）

【召开全科医学与社区卫生学术大会】　4月11日，首医大召开第十届全科医学与社区卫生学术大会。会议以“改革创新、提升能力、促进发展”为主题，设立1个主会场和9个分会场，56名专家分别从医疗改革与社区卫生政策、社区卫生经验交流、慢性非传染性疾病的管理、全科医学学科发展、全科医学人才培养、全科医生团队服务等方面展开讨论。来自国内社区卫生服务专家、全科医生共544人参加会议。

（王于英）

【举办研究生学术论坛】　4月18至23日，首医大举办首届研究生学术论坛。论坛以“创新、交流、合作”为主题，共收到在校研究生投稿269篇，评选出24篇优秀论文。该校研究生100人参加论坛。

（王于英）

【举办首都普通外科论坛】　4月20至21日，首医大举办2013年首都普通外科论坛。论坛设立1个专家论坛和4个专题分论坛，就重症胰腺炎、低位直肠癌、减重及Ⅱ型糖尿病手术、胆系疾病、肝移植等专题内容进行探讨。论坛同时设立普通外科学系博士论坛，来自宣武医院、附属北京友谊医院、附属北京朝阳医院等5家医院的博士研究生围绕各自的研究方向进行汇报并特邀专家进行点评。来自国内普外科专家和该校研究生50人参加论坛。

（王于英）

【首次招收政府奖学金留学生】　7月18日，首医大首次招收中国政府奖学金留学生。该校共招收外国留学生16人，其中，博士研究生1人、硕士研究生2人、本科生12人、普通进修生1人。

（王于英）

【变更行政机构】　9月6日，首医大变更1个行政机构。国际与国内合作处更名为国际与海外合作处。更名后，国际与海外合作处负责国际及港澳台地区交流与合作工作；学校办公室负责国内交流与合作工作。

（王于英）

【举办临床肾脏病论坛】　12月7至8日，首医大举办第五届北京临床肾脏病论坛。论坛设置10场专题讲座，围绕肾脏病和血液净化领域对临床工作有指导意义的精选病例进行探讨。来自京津冀及山西、内蒙古等地800名临床肾脏病工作者参加会议。

（王于英）

【新增3名院士】 12月19日，首医大3名教授新增为院士。附属北京天坛医院教授、神经外科学院执行院长赵继宗当选中国科学院院士；附属北京同仁医院教授、耳鼻咽喉科学院院长韩德民当选中国工程院院士；首医大教授、呼吸病学系主任王辰当选中国工程院院士，成为该校首名荣膺工程院院士的毕业生。

（王于英）

【第一教学楼启用】 12月26日，首医大第一教学楼启用。第一教学楼以教室为主，与以实验室为主的第二教学楼相呼应，组成较为完整的教学楼群。总建筑面积为3.17万平方米，地上12层、地下2层，有教室76间。该楼2012年3月开工建设，1月16日主体结构封顶。

（王于英）

北京中医药大学

党委书记 吴建伟
校　　长 徐安龙（1月任）

【概况】 2013年，北京中医药大学占地面积25.30万平方米，学校产权校舍建筑面积20.80万平方米。固定资产总值9.10亿元，其中，教学、科研仪器设备资产值2.61亿元。全年教育经费投入57668万元，其中，国家拨款39225万元、自筹经费18443万元。图书馆建筑面积15750平方米，藏书中纸质图书97.10万册，电子图书14万册。学校信息化经费投入33万元，信息化设备资产投入11.50万元，网络信息点8897个，校园网出口总带宽1400Mbps，电子邮件系统用户1436个，上网课程600门，数字资源量2000GB，管理信息系统数据总量20GB。拥有教学用计算机1905台。设置16个院（系、部）；开设10个专业及覆盖8个学科；具有一级学科3个，一级学科博士点3个，博士学位授权点3个，硕士学位授权点44个和专业学位授权点11个；博士后流动站3个，其中，博士后研究人员出站9人、进站35人和在站66人。国家重点学科一级学科2个、二级学科15个；北京市重点学科一级学科2个、二级学科8个；国家中医药管理局重点学科48个。教育部工程研究中心2个、教育部重点实验室3个、北京市重点实验室4个、国家中医药管理局三级实验室14个；国家级实验教学示范中心1个；国家级教学基地2个、教育部人才培养模式创新实验区1个、国家大学生校外实践教育基地1个；教育部创新团队计划2个、教育部、外国专家局“学科创新引智计划”项目2个。教职工1272人，其中，专任教师602人，包括高级职称161人、副高级职称224人；博士生导师325人、硕士生导师556人。“长江学者奖励计划”特聘教授3人、国家有突出贡献专家8人、享受政府特殊津贴专家93人。外籍教师5人，其中，博士2人、本科3人。毕业生7250人，其中，学历教育学生中全日制研究生964人（博士生191人、硕士生773人）、普通本专科生1323人（本科生1190人、专科生133人）、成人教育本专科生1007人（本科生488人、专科生519人）、网络教育本专科生3920人（本科生2169人、专科生1751人）；非计划招生高等教育学生中在职人员授予硕士学位36人。本科毕业生就业率95.57%。招生8078人，其中，学历教育学生中全日制研究生1234人（博士生201人、硕士生1033人）、普通本专科生1366人（本科生1214人、专科生152人）、成人教育本专科生998人（本科生534人、专科生464人）、网络教育本专科生4372人（本科生2440人、专科生1932人）；非计划招生高等教育学生中在职人员攻读硕士学位108人。高考北京地区本科录取最低分数理科580分、文科580分。在校生28475人，其中，学历教育学生中全日制研究生3250人（博士生625人、硕士生2625人）、普通本专科生5357人（本科生4868人、专科生489人）、成人教育本专科生3621人（本科生1791人、专科生1830人）、网络教育本专科生15708人（本科生9092人、专科生6616人）；非计划招生高等教育学生中在职人员攻读硕士学位539人。留学生毕业189人、招生114人、在校生656人。网址：www.bucm.edu.cn。

（杨苏）

【召开《中国医学史》教材研讨会】 4月27至28日，中医药大学召开《中国医学史》教材研讨会。会议由卫生部主办，介绍“中医史”与“中国医学史”“中西医结合的概念”的内涵，举办“青年学者如何撰写医学史论文”“当代中医药学科发展简况”专题讲座。会议期间，国内医学院青年教师代表进行医学史现场教学。来自北京、上海、广州等10个省市高校教师30人参加会议。

（杨苏）

【召开中医国学知识体系构建研讨会】 4月28日，中医药大学召开中医国学知识体系构建研讨会。会议研讨中医国学所涉及的知识范畴、中医思维与中医国学之间的关系以及支撑中医药理论的国学知识体系等问题。会议认为中医学与中国传统文化有着不可分割的密切联系，如何准确深入的界定中医国学的内涵，挖掘中国传统文化与中医国学的内在联系，能够更好地为深化中医药教育，培养能够继承和发扬中医药文化的高级人才奠定基础。该校知名专家、青年骨干教师30人参加会议。

（杨苏）

【成立中医内科学临床学系】 5月17日，中医药大学成立中医内科学临床学系。该系由该校直属和主要临床共14家医院共建，开展中医内科学领域本科层次人才培养及科研工作。东直门医院教授高颖任首届中医内科学临床学系主任，来自14家医院的29名临床教师任委员。

（杨苏）

【与两所国外大学签订合作协议】 5月29日和10月23日，中医药大学分别与德国迪根道夫应用科技大学和美国桑福德大学签订合作协议。与德国学校协议规定，双方联合培养中医研究生，于2014年在德国启动，该校将派出20人为德国当地西医研究生进行中医教育。与美国学校协议规定，双方联合培养中医药大学药学方向研究生，在完成本校规定课程以后，经桑福德大学药学院评估，可前往美国学习药学博士课程，完成学习并达到桑福德大学药学博士授予标准的学生，桑大将授予药学博士学位

（杨苏）

【东直门医院国家药物临床试验机构获资格认定】　5月30日，中医药大学附属东直门医院获国家药物临床试验机构资格认定。该认定由国家食品药品监督管理总局主持，该院中医心血管、中医神经内科、中医呼吸等19个专业获药物临床试验资格。

（杨苏）

【举办平马直树专题报告会】　6月27日，中医药大学举办平马直树专题报告会。报告会以《日本汉方医学的发展》为题，介绍日本古代、近代以及现代的汉方医学发展史，着重讲解在此过程中后世派、古方派的演变过程。平马直树提出，希望进一步促进、加强中日医学的交流和发展，向世界推广中医学知识。平马直树，1952年出生，1978年毕业于东京医科大学，1985年被聘为日本大学医学部生化学教研室特别研究员，1987年在中国中医研究院广安门医院留学，1989年取得中国政府高级进修生资格归国，2010年创立日本中医学会并担任会长至今。他长期从事中医药应用、发扬、宣传工作。

（杨苏）

【开办京华传承班】　9月2日，中医药大学开办卓越中医师培养计划中医学专业（京华传承班）。该班是该校卓越中医师培养计划重要项目，与北京中医医院联合培养，招收中医学专业卓越中医师（京华传承班）30人，采取“5+3”培养方式。学生毕业后授予医学学士学位和临床医学硕士专业学位。

（杨苏）

【新增药学专业】　9月2日，中医药大学新增药学专业。药学专业培养具备药学学科基本理论、基本知识和一定的实验技能，能在药学领域从事药物研究与开发、药物生产、药物质量控制、药物临床应用和监督管理等方面工作的药学专门人才。该专业学制4年，授予理学学士学位。

（杨苏）

【全国名医传承工作室建设会议召开】　9月12日，中医药大学召开“名医工程”建设项目——全国名医（学术流派）传承工作室建设会。会议研讨名医工作室建设经费实施办法，并就“名医工程”建设项目的建设思路和实施方案达成共识。该校2个全国中医学术流派和23个名老中医药专家传承工作室的负责人、传承弟子50人参加会议。

（杨苏）

北京师范大学

党委书记　刘传生
校　　长　董奇

【概况】　2013年，北京师范大学占地面积70.64万平方米，建筑面积72.24万平方米。固定资产总值328104万元，其中，教学、科研仪器设备资产96639万元。全年教育经费投入337001万元，其中，国家拨款221087万元、自筹经费115914万元。图书馆建筑面积48.52万平方米，藏书422.79万册，电子图书1579.31GB。拥有计算机18525台。信息化设备资产39951.38万元，网络信息点31013个，电子邮箱系统用户47446个，上网课程3345门，数字资源量30579.31GB，管理信息系统数据总量106.60GB。下设1个学部、23个学院、2个系、26个研究院（所、中心）；拥有本科专业自主设置权限；开设本科专业60个；现有博士学位授权点的一级学科24个，硕士学位授权点的一级学科36个，博士学位授权点108个，硕士学位授权点153个，博士后流动站25个。一级学科国家重点学科5个、二级学科国家重点学科11个、国家重点培育学科2个；北京市一级重点学科5个、北京市二级重点学科9个、北京市交叉重点学科1个。国家重点实验室4个、教育部重点实验室8个、教育部—中国移动联合实验室1个、北京市重点实验室10个、教育部工程研究中心5个、北京市工程研究中心2个、教育部人文社会科学重点研究基地7个，代管研究机构6个，共建研究机构6个。教职工3005个，其中，专任教师1908人，包括教授696人、副教授684人；博士生导师841人、硕士生导师943人。外籍教师46人。专任教师中有博士学位的1657人，占86.90%；45岁以下1082人，占56.70%。享受政府特殊津贴专家210人；有两院院士9人、双聘院士12人。毕业生18357人，其中，学历教育学生中全日制研究生3272人（博士生612人、硕士生2660人），普通本科生2122人，成人教育本专科生3789人（本科生2911人、专科生878人），网络教育本专科生9174人（本科生4745人、专科生4429人）；非计划招生高等教育学生中在职人员攻读硕士学位580人。应届毕业生全员初次就业率98.90%，研究生就业率98.03%。招生22681人，其中，学历教育学生中全日制研究生4576人（博士生796人、硕士生3780人），普通本科生2531人，成人教育本专科生4497人（本科生2863人、专科生1634人），网络教育本专科生11077人（本科生4382人、专科生6695人）；非计划招生高等教育学生中在职人员攻读硕士学位440人。高考北京地区提档线文科636分、理科654分。在校生62648人，其中，学历教育学生中全日制研究生12816人（博士生3357人、硕士生9459人），普通本科生9209人，成人教育本专科生11030人（本科生7807人、专科生3223人），网络教育本专科生29593人（本科生14544人、专科生15049人）；非计划招生高等教育学生中在职人员攻读硕士学位1828人。留学生毕业1608人，招生1475人，在校生1785人。网址：www.bnu.edu.cn。

（王鹏皓）

【举办体验动感中国活动】　1月4日，北师大举办感动中国活动。该活动与英国曼彻斯特大学合办，由英国政府提供资助，旨在增进英国青年对中国的了解，体验中华五千年文化精粹。该活动为期21天，组织英国高校学生赴中国开展学习汉语、体验国

粹、游览景区等项目。来自剑桥大学、牛津大学等学校学生 56 人参加活动。

（王鹏皓）

【成立首都教育经济研究基地】 1 月 12 日，北师大成立首都教育经济研究基地。该基地与北京市哲学社会科学研究基地合办，依托双方相关领域在国内学术界和政策咨询领域的科研力量和影响力开展国家和北京市教育改革发展中面临的重大问题研究工作。基地有科研人员 17 人，其中，高级职称 13 人。

（王鹏皓）

【成立瀚德学院】 1 月 21 日，北师

大成立瀚德学院。该学院由钟瀚德基金会捐资 1.2 亿元建立，采取国际合作、校企协同培养模式，面向全国招生，开设国际经济与贸易专业和法律专业，培养适应国家建设和外向型经济发展需要的涉外经贸、法律等领域的业界精英和领袖人才。该院于 9 月开始招生。

（王鹏皓）

【设立创元教育基金】 3 月 9 日，北师大设立创元教育基金。该基金由福建祥兴集团捐资 1 亿元设立，用于支持该校中国基础教育质量评价与提升协同创新中心的相关研究、人才培养、基础教育质量管理创新模型与示范等方面的工作。

（王鹏皓）

【成立高中教育研究中心】 3 月 22 日，北师大成立高中教育研究中心。该中心旨在搭建一个高校和高校之间、高校和高中之间、高中学校之间、国内国外之间的协作创新平台，将围绕中国高中教育发展的一些关键因素开展理论、政策和实践等多个层面的探讨、交流与对话，为中国政府开展高中教育研究、决策提供政策咨询。中心有科研人员 20 人，其中，高级职称 11 人。

（王鹏皓）

【成立国际写作中心】 5 月 13 日，

北师大成立国际写作中心。该中心由诺贝尔文学奖得主莫言担任主任。中心主要职责为邀请世界级的作家或诗人来中心交流、创作和讲学；邀请著名汉学家、翻译家交流、翻译和讲学；邀请国内知名作家或诗人作为“北师大驻校作家”来中心开展写作、研究、讲学与交流工作；组织开展中外文学交流活动，举办“北师大国际文学论坛”，邀请国内外著名作家、翻译家与学者开展主题对话与研讨。6 月 26 日，祥兴集团捐资 1000 万元设立国际写作中心发展基金，支持中心开展学术研究、文学创作、国际交流、作家培养，推动中外文学与文化的交流和探索。

（王鹏皓）

【召开小学教育国际会议】 6 月 14 至 16 日，北师大召开首届小学教育国际会议。会议搭建教育全球化背景下的专业国际交流平台，研讨当今的小学教育实践以及学校发展和改革等问题。来自中国大陆、香港、澳门地区及美国教育研究专家、学区负责人、小学一线的校长和教师共 1000 人参加会议。

（王鹏皓）

【获批 1 个北京市重点实验室】 6 月，北师大城市绿色发展科技战略北京市重点实验室获得批准。该实验室将围绕建设“科技北京”和“绿色北京”的战略任务，结合首都城市发展和产业技术发展，尤其是战略性新兴产业的发展需要，开展首都科技战略、科技支撑、科技评估系统、科技政策法规等方面研究，为北京市科技发展提供科学决策支持。实验室有科研人员 31 人，其中，高级职称 26 人。

（王鹏皓）

【与 3 个地方政府签订合作协议】 7

至 12 月，北师大与 3 个地方政府签订合作协议。与承德市政府签订合作协议，开展有关协同创新、合作办学、实验室共建等项目合作。与北京市平谷区政府签订合作协议，开展区域教育质量提升、人才培养以及新校区绿植培育基地建设等方面合作，创办北京师范大学附属中学平谷分校。与江西省政府签订合作协议，开展人才培养、重点学科和科研平台建设、基础教育改革发展和教育信息化、经济和科技领域方面合作

（王鹏皓）

【成立京版集团人才培养基地】 8 月 9 日，北师大成立京版集团人才培养基地。该基地与北京出版集团共建，将探索北师大出版科学研究院“走出校园培养人才、注重实践服务社会”的新型办学模式，为推动北京出版集团事业的跨越发展提供人才支撑和智力支持，并为“中国特色社会主义先进文化之都”和“全国文化中心”的建设提供智力支持。

（王鹏皓）

【成立系统科学学院】 9 月 17 日，北师大成立系统科学学院。该院为二级学院，开展系统科学领域本科到博士后全体系人才培养。该院前身是 1979 年成立的非平衡系统研究所，1985 年创建系统理论专业，1990 年成为系统理论首批博士学位授权单位，1998 年建立全国首个系统科学博士后流动站，2000 年取得系统科学一级学科博士学位授予权。

（王鹏皓）

【成立脑与学习协同创新中心】 12 月 13 日，北师大牵头设立脑与学习协同创新中心。该中心由该校联合北

京大学、华东师范大学、中科院心理所等单位合作，以脑科学研究为基础，以儿童、青少年为主要研究和应用对象，从理解脑、开发脑和保护脑三个层面开展脑与学习的基础与应用基础研究。中心有科研人员86人，其中，高级职称84人。

（王鹏皓）

【一人当选中科院院士】　12月19日，北师大化学学院方维海教授当选中国科学院院士。成为中科院化学部新增的9名院士之一。方维海，1955年出生于安徽定远。1993年毕业于北京师范大学化学系取得博士学位。1998年8月到北师大工作，自1998年以来，平均每年以第一或联系作者在J. Am. Chem. Soc.上发表一篇相关论文。同时有大量光化学反应方面的研究工作在J. Chem. Phys.，J. Phys. Chem.和J. Org. Chem.等国际一流刊物上发表。2003年被教育部评为全国高等学校优秀骨干教师，同年获得教育部科学技术一等奖。

（王鹏皓）

首都师范大学

党委书记　张雪
校　　长　刘新成（11月免）
　　　　　宫辉力（11月任）

【概况】　2013年，首都师范大学占地面积88万平方米，学校产权建筑面积77万平方米、非产权校舍建筑面积1.80万平方米。全年教育经费投入175016.01万元，其中，国家拨款142369.19万元、自筹经费32646.82万元。固定资产总值24.77亿元，其中，教学、科研仪器设备资产值8.60亿元。图书馆建筑面积27755（511表）平方米，藏书320.90万册，其中，纸质图书320.90万册、电子图书1781GB。拥有计算机14924台。学校信息化经费投入3844.10万元，多媒体教室座位14232个，信息化设备资产10450万元，网络信息点39724个，校园网出口总带宽3550Mbps，电子邮件系统用户19175个，上网课程817门，数字资源量54010.59GB，管理信息系统数据总量307GB。设置24个院（系、部）；开设55个专业覆盖9个学科门类；具有一级学科26个，一级学科博士点17个，博士学位授权点97个，硕士学位授权点147个和专业学位授权点9个；博士后流动站14个，其中，博士后研究人员出站15人、进站32人和在站87人。国家重点学科4个、北京市重点学科14个、部级重点学科0个；国家级研究、实验机构，国家重点实验室1个。教职工2612人，其中，专任教师1479人，包括教授282人、副教授529人；博士生导师207人、硕士生导师530人。“长江学者奖励计划”特聘教授6人、国家有突出贡献专家1人、享受政府特殊津贴专家77人。外籍教师18人，其中，教授4人。毕业生7648人，其中，学历教育学生中全日制研究生1484人（博士生134人、硕士生1350人）、普通本科生2408人、成人教育本专科生3526人（本科生2122人、专科生1404人）；非计划招生高等教育学生中在职人员攻读硕士学位230人。本科毕业生就业率99.68%。招生9213人，其中，学历教育学生中全日制研究生1842人（博士生150人、硕士生1692人）、普通本专科生2869人（本科生2701人、专科生168人）、成人教育本专科生4161人（本科生2600人、专科生1561人）；非计划招生高等教育学生中在职人员攻读硕士学位341人。高考北京地区提档线本科第一批一志愿文科562分、理科560分。第一批平行志愿文科602分、理科613分，第二批文科提档线531分、理科提档线538分。专科提前批文科提档线286分、理科提档线294分。在校生28998人，其中，学历教育学生中全日制研究生5080人（博士生533人、硕士生4547人）、普通本专科生10721人（本科生10450人、专科生271人）、成人教育本专科生12321人（本科生7542人、专科生4779人）；非计划招生高等教育学生中在职人员攻读硕士学位876人。留学生毕业764人、招生603人、在校生921人。网址：www.cnu.edu.cn。

（周月）

【建立3所弘文书苑】　4月13日、15日，10月12日，首都师大建立3所弘文书苑。3所书院分别建于山东省青岛市、山东省滨州市邹平县、山东省聊城市。建成后，书院将面向当地群众开展书法教学和研究活动，推进当地书法文化发展。

（周月）

【成立环境空间信息联合研究中心】　4月19日，首都师大成立环境空间信息联合研究中心。该中心与加拿大滑铁卢大学合办，开展合作研究地理信息系统和遥感技术在环境保护、资源管理及水处理问题等相关领域的应用，建立信息交流机制、组织专题研讨会及培训项目，互派访问学者及学生交流等活动。

（周月）

【召开旅游管理专业建设研讨会】　5月18日，首都师大召开旅游管理专业建设研讨会。会议研讨旅游管理专业学科建设及未来发展趋势。会议达成三项共识，分别是首师大旅游管理专业具有良好条件和优势，要立足服务北京，辐射全国；确立特色化的专业发展方向，尤其在基于学院地理学科背景的资源管理、景区管理、智慧旅游、旅游信息化等方面形成具有竞争力的专业特色和办学优势；学校重视、学院支持是专业发展不可或缺的前提与保障。来自国内相关领域专家学者20人参加会议。

（周月）

【举办艺术市场北京论坛】　5月25至26日，首都师大举办首届“艺术市场北京论坛”。论坛分为“中西方艺术市场比较”“艺术品拍卖市场报告”“艺术市场研究”等7个主题，就艺术市场当前面临的重大课题以及如何加强高校艺术市场专业建设进行探讨。来自国内艺术品领域专家学者和企业家50人参加会议。

（周月）

【举办校园风景美术、摄影作品展】　6月24日，首都师大举办校园风景美术、摄影作品展。展览以“留住校园的记忆”为主题，征集作品180余幅，展览作品144幅，获奖作品60幅。参展作品均出自该校学生，作品形式涵盖中国画、油画和摄影等。

（周月）

【举办中国语言文学学科建设论坛】 6月28日，首都师大举办中国语言文学学科建设暨学术前沿问题高层论坛。该论坛以“中国语言文学学科建设”为主题，研讨“中文学科发展问题”和“中文学科研究前沿问题”。来自中国人民大学、北京师范大学、复旦大学等10所高校专家学者30人参加会议。

（周月）

【举办中国湿地资源保护与可持续利用培训班】 10月28至30日，首都师大举办第一届中国湿地资源保护与可持续利用培训班。培训班讲授保护区和湿地公园的科普宣教、科研监测、保护恢复等知识。室内授课结束后，学员来到野鸭湖湿地自然保护区和翠湖国家城市湿地公园进行实地考察和湿地科普宣教、保护恢复技术的现场交流。来自国内相关领域从业人员参加学习。

（周月）

【成立德国不来梅孔子学院】 10月23日，首都师大与德国不来梅科技大学合作建立不来梅孔子学院揭牌。该院将以不来梅科技大学为主，同时联合不来梅大学、雅各布大学和不来梅州经济部共同开展文化活动。该校将提供师资支持。这是该校建立的第6所孔子学院。

（周月）

首都体育学院

党委书记 李鸿江
院　　长 钟秉枢

【概况】 2013年，首都体育学院占地面积17.83万平方米，建筑面积12.60万平方米。固定资产总值65167.40万元，其中，教学、科研仪器设备资产值14130.30万元。图书馆建筑面积5301平方米，藏有纸质图书36.49万册，电子图书6GB。全年教育经费投入23275万元，其中，国家拨款20093万元、自筹经费3182万元。学校信息化经费投入1196万元，拥有计算机1301台，多媒体教室座位2276个，信息化设备资产3513.25万元，网络信息点5000个，校园网出口总带宽264Mbps，电子邮件系统用户4680个，上网课程5门，数字资源量300GB，管理信息系统数据总量430GB。下设6个院（系）；开设本科专业11个，覆盖四个学科门类和五个一级学科，一级学科博士点1个，博士学位授权点1个，硕士学位授权点2个。教职工483人，其中，专任教师238人，包括教授30人、副教授94人；博士生导师31人、硕士生导师80人。享受政府特殊津贴专家4人。毕业生981人，其中，学历教育学生中全日制硕士研究生181人，普通本科生607人，成人教育本专科生150人（本科生100人、专科生50人）；非计划招生高等教育学生中在职人员攻读硕士学位43人。本科毕业生就业率95.71%。招生1194人，其中，学历教育学生中全日制研究生214人（博士生2人、硕士生212人），普通本科生659人、成人教育本专科生269人（本科生97人、专科生172人）；非计划招生高等教育学生中在职人员攻读硕士学位52人。在校生3769人，其中，学历教育学生中全日制研究生510人（博士生2人、硕士生508人），普通本科生2512人，成人教育本专科生645人（本科生372人、专科生273人）；非计划招生高等教育学生中在职人员攻读硕士学位102人。留学生毕业121人，招生128人，在校生136人。网址：www.cupes.edu.cn。

（李丹阳）

【与康比特体育科技公司签订合作协议】 3月22日，首体院与北京康比特体育科技股份有限公司签订合作协议。根据协议，双方合作开展运动营养产业、体质健康促进产业领域科研和成果转化工作。同时，双方协议共同建设爱国主义教育基地、共建学生运动营养实训基地和研究生工作站、共建身体功能训练研究中心、建立联合科研合作项目以及建立双方定期互访机制。

（李丹阳）

【成立中国壁球训练基地】 3月27日，首体院成立中国壁球队训练基地。该基地隶属首体院，与中国壁球协会合作建设，为国家壁球队集训和比赛工作提供保障，并开展壁球后备人才的选拔和培养等工作。

（李丹阳）

【举办7次蓟门讲坛】 3至12月，首体院举办7次蓟门讲坛。分别邀请清华大学心理咨询中心主任李焰教授作题为《发现伟大的自己》的专题讲座，该院退伍复学学生代表作题为《我的军旅梦》的专题讲座，该院“中国梦”宣讲团作题为《我的梦·中国梦》的宣讲报告会，首都师范大学马克思主义教育学院李松林教授作题为《中国梦与中国特色社会主义道路》的专题讲座，该院从台湾体育大学学习回来的学生作题为《台湾归来话“留学”》的专题讲座，新风旗帜文化传播中心主任、天安门第八任国旗班班长赵新风作题为《体育报国与升旗仪式教学》的专题讲座，该院党委宣传部赵怡轩作题为《隐藏在歌曲中的秘密》的讲座。

（李丹阳）

【举办国际奥林匹克竞技体育与大众体育科学大会】 6月2至6日，首体院举办第17届国际“奥林匹克竞技体育与大众体育”科学大会。会议由国际奥委会主办，以“奥林匹克竞技体育与大众体育”为主题，研讨探讨全民健身与大众体育、大学体育教育、青少年身体运动功能训练与健康、奥林匹克竞技体育和奥林匹克教育发展等方面的问题。会议收到6个国家62所高校和研究机构483人投稿。来自世界30多所体育院校的领导、专家及学者参加会议。

（李丹阳）

【举办中国休闲体育北京论坛】 6月15日，首体院举办第二届中国休闲体育·北京论坛。论坛以“国民旅游与休闲体育”为主题，是《国民旅游休闲纲要2013～2020年》颁布后体育界对国民休闲体育所展开的高端论坛。论坛分别从政府体育部门推动休闲体育发展的举措和效果，休闲社会、休闲体育与休闲旅游的关系，新体育启蒙运动与休闲体育教育的紧迫性，休闲体育专业建设与发展动态交流和休闲体育研究新进展等方面展开讨论。来自全国体育院校及休闲体育领域的近百名专家、学者参加论坛。

（李丹阳）

【召开学代会和团代会】 6月29日，首体院召开第六次共青团代表大会暨第九次学生代表大会。会议审议通过共青团首体院第五届委员会工作报告和第八届学生代表大会执行委员会工作报告，选举产生共青团首都体育学院第六届团委委员和首都体育学院第九届学代会执行委员会委员。该院团代表和学代会代表参加会议。

（李丹阳）

【世界大学生运动会获金牌】 7月，首体院学生在俄罗斯喀山举行的第27届世界大学生夏季运动会国际象棋比赛中获得金牌。该校2011级学生李超与来自北京大学的赵雪、上海财经大学的居文君共同获得国际象棋男女混合团体冠军，同时，李超本人获得男子个人项目铜牌。李超，1989年出生于山西，2011年起就读于首体院竞技体育系，学习运动训练专业，师从国际象棋国际大师、首都体育学院副校长谢军。

（李丹阳）

【获全国群众体育"先进单位"称号】 9月1日，首体院获得2009～2012年度全国群众体育先进单位。该评选由国家体育总局主办，该校场馆管理中心、附属竞技体育学校全国群众体育先进单位，两人获得全国群众体育先进个人。

（李丹阳）

【成立市学生体质健康监测和分析中心】 9月5日，首体院成立北京市学生体质健康监测和分析中心。该校将以该中心为平台，承办北京市《国家学生体质健康标准》测试赛，对学生的体检、体质健康测试和中考体育成绩等数据进行分析，编写《北京市学生体质健康状况年度报告》，提出体质健康干预措施建议，为加强北京市学校体育工作、促进青少年健康成长做出更多贡献。

（李丹阳）

【举办4次国培计划培训班】 9至11月，首体院共举办4次国培计划培训班。该院分别举办紧缺薄弱学科骨干教师培训项目小学体育班、高中体育骨干教师培训班、紧缺薄弱学科骨干教师培训项目兼职体育教师培训班、紧缺薄弱学科骨干教师小学、高中体育教研员培训班。每次培训均为期10天。来自全国各地教师550人参加学习。

（李丹阳）

【参加首届亚洲大学生木球锦标赛】 11月1至6日，首体院学生木球队代表中国大学生参加首届亚洲大学生木球锦标赛。获得团体赛第四名，男子双打球道赛第三名。首届亚洲大学生木球锦标赛在马来西亚玻璃市大学举行。来自新加坡、印度、印度尼西亚等10个国家和地区的12支球队参加比赛。

（李丹阳）

北京外国语大学

党委书记 杨学义
校　　长 韩震

【概况】 2013年，北京外国语大学占地面积32.39万平方米、产权校舍建筑面积40.29万平方米。固定资产总值136814万元，其中教科仪器设备资产值12223万元。全年教育经费投入93609.33万元，其中，国家拨款49942.87万元、自筹经费43666.46万元。图书馆建筑面积24292平方米，藏书120.50万册。拥有计算机数4409台。拥有多媒体教室329间，信息化设备资产6867万元，网络信息点14000个，校园网出口总带宽1522Mbps，电子邮件系统用户8538个，上网课程2038门，数字资源量59995GB，管理信息系统数据总量4000GB。有14个学院，7个直属系部，76个研究中心（所），1个教育部人文社会科学重点研究基地：中国外语教育研究中心，2个教育部非通用语种本科人才培养基地：欧洲语种群和亚非语种群；另有信息技术中心、图书馆等教学辅助单位。开设专业数73个（其中60个外语专业），覆盖文学、法学、经济学、管理学和工学5个学科；具有一级学科博士点1个，博士学位授权一级学科点1个，博士学位授权二级学科点12个，其中，自设2个；硕士学位授权一级学科点6个，硕士学位授权二级学科点31个，其中，自设8个，专业学位授权点2个；1个外国语言文学博士后科研流动站，其中，博士后研究人员出站2人、进站8人、在站27人。国家重点学科4个（含培育学科）、7个北京市重点学科。教职工1326人，其中，专任教师674人，包括教授103人、副教授267人；有博士生导师80人，硕士生导师290人。国家有突出贡献专家4人、享受政府特殊津贴专家108人。外籍教师103人，其中，教授23人、副教授5人。毕业生2926人，其中，学历教育学生全日制研究生764人（博士生64人、硕士700人），普通本科生1166人，成人教育本专科生123人（本科生90人、专科生33人），网络教育本专科生873人（本科生490人、专科生383人）。普通本专科毕业生一次就业率95%。招生20529人，其中，学历教育学生全日制研究生798人（博士生94人、硕士生704人），普通本科生1188人、成人教育本专科生191人（本科生112人、专科生79人），网络教育本专科生18352人（本科生5558人、专科生12794人）。高考北京地区本科提档线文科632分，理科646分。在校生35688人，其中，学历教育学生全日制研究生2220人（博士生417人、硕士生1803人），普通本科生4659人，成人教育本专科生477人（本科生302人、专科生175人），网络教育本专科生28332人（本科生11167人、专科生17165人）。留学生毕（结）业997人、招生1109人和在校生总数1378人。网址：www.bfsu.edu.cn。

（黄勃）

【接待5名外国政要】 2月26日至10月29日，北外接待5名外国政要。2月26日，秘鲁外交部长拉斐尔龙卡利奥洛来访，并作题为《秘鲁外交政策》演讲。3月6日，马来西亚驻华大使达图伊斯甘达萨鲁丁来访，并作题为《马中关系：外交与青年的作用》的演讲。3月25日，阿拉伯联合酋长国国民议会议长穆罕默德·莫尔率团来访。5月27日，乌拉圭总统何塞穆希卡来访，并作题为《拉丁美洲视角下的乌拉圭》的演讲。6月14日，埃塞俄比亚总理海尔马里亚姆·德萨莱尼来访，并作题为《建立新型中非战略伙伴关系和友好关系以利发展与变革》的演讲。10 月 29 日，伊朗伊斯兰议会议长阿里·拉里贾尼博士来访，并作题为《伊中关系：四季常青》的演讲。

（丁夕）

【李莎获“法兰西共和国荣誉军团”勋章】 7 月 8 日，北外李莎教授获

得法兰西共和国荣誉军团勋章。该勋章由法国政府颁发，旨在嘉奖为法国做出贡献的军人和平民。李莎，原名伊丽莎白·基什金娜，华籍俄罗斯人，著名俄语教育家。1914 年出生于俄罗斯萨拉托夫州，1941 毕业于莫斯科外语师范学院，先后在哈尔滨俄语专科学校、北京俄语学院、北京外国语学院、北京外国语大学任教。曾任中国俄语教学研究会、中国翻译工作者协会、中俄友好协会理事等职。

（丁夕）

【召开海外孔子学院年会】 12 月 4 至 6 日，北外召开海外孔子学院年会。会议由中国国家对外汉语教学领导小组办公室主办，围绕如何进一步提升孔子学院的影响力，就孔子学院如何参与各国多元文化教育交流、如何加强资金的规范有效管理等议题展开讨论和交流。会议发布“你和我在北京”夏令营、“文化中国你我谈”北外学者海外巡讲、国外高校设立汉语师范专业等 5 项 2014 年孔子学院集体项目。来自美国、英国、德国等 16 个国家的 19 所孔子学院中外方院长 80 人参加会议。

（丁夕）

【获孔子学院先进中方承办院校称号】 12 月 7 至 8 日，北外在第八届全球孔子学院大会上获得“先进中方承办院校”称号。该评选由国家汉办主办，本届评出 10 个“先进中方承办院校”、28 个“先进孔子学院”、30 个“先进个人”。该校蝉联“先进中方承

办院校”称号，同时，该校承办的夏威夷大学孔子学院、纽伦堡孔子学院、罗兰大学孔子学院、马来亚大学孔子汉语学院 4 个孔子学院获得“先进孔子学院”称号，维也纳大学孔子学院外方院长、巴塞罗那孔子学院中方院长获得“先进个人”称号。

（丁夕）

北京第二外国语学院

党委书记　冯培
院　　长　周烈

【概况】 2013 年，北京第二外国语学院占地面积 21.32 万平方米，建筑面积 22.36 万平方米。固定资产总值 63465.53 万元，其中，教科仪器设备资产值 15662.53 万元。全年教育经费投入 46116.91 万元，其中，国家拨款 35840.13 万元、自筹经费 10276.78 万元。图书馆建筑面积 6869 平方米，馆藏图书 99.77 万册，馆藏电子图书 1247.60GB。学校拥有计算机 4582 台，多媒体教室 240 间，信息化设备资产 13083.93 万元，网络信息点 7720 个，接入互联网出口带宽 688Mbps，电子邮件系统用户 1125 个，上网课程 485 门，数字资源量 6101GB，管理信息系统数据总量 245330.27GB。下设 23 个院系和教学部，还设有教育技术中心、图书馆、旅游教育出版社等教学科研辅助机构及经济实体。开设 27 个本科专业、2 个专科专业，覆盖经济学、法学、文学、管理学 4 个学科；具有一级学科硕士授权点 4 个，学术型学位硕士授权点 18 个，专业学位硕士授权点 3 个，覆盖哲学、经济学、文学、管理学 4 个学科。教职工 891 人，其中，专任教师数 509 人。专任教师中，教授 68 人、副教授 182 人，硕士生导师 257 人。享受政府特殊津贴专家 2 人。外籍教师 32 人。毕业生 2518 人，其中，学历教育学生中全日制硕士研究生 394 人，普通本科生 1498 人，成人教育本专科生 626 人（本科生 544 人、专科生 82 人）。本专科毕业生（含二学位）一次就业率 95.96%。招生 2600 人，其中，学历教育学生中全日制硕士研究生 428 人，普通本科生 1535 人，成人教育本专科生 637 人（本科生 392 人、专科生 245 人）。高考北京地区提档线理科 550 分，文科 554 分。在校生 8704 人，其中，学历教育学生中全日制硕士研究生 1086 人，普通本科生 6054 人，成人教育本专科生 1564 人（本科生 1161 人、专科生 403 人）。留学生毕业 299 人，招生 391 人，在校生 660 人。网址：www.bisu.edu.cn。

（王薇）

【与临沂市签订合作协议】 3 月 10 日，二外与临沂市政府、临沂大学签订三方合作框架协议。根据协议，在教学方面，二外将利用旅游专业师资和专家资源，组织对临沂市旅游行业管理人员进行专业教育培训，同时依托临沂市河东区汤泉旅游度假区，与临沂市政府、临沂大学合作成立“临沂温泉旅游学院”，在全国率先构建温泉旅游人才培养教育基地；在科研方面，通过设立“温泉旅游研究院”，开展温泉旅游专业课题和应用性项目研究，联合开发新型温泉旅游度假产品。

（王薇）

【举办旅游法研讨会】 5 月 3 日，二外举办《中华人民共和国旅游法》高端研讨会。会议从宏观层面对旅游法的立法背景、意义和特点进行解读，同时也从微观层面探讨、评价旅游法对旅游者、旅游经营者、旅游从业人员、旅游安全管理等方面所做的制度安排，从现实的角度对旅游法的贯彻施行提出观点和建议。来自国家旅游局、全国人大财经委以及中国人民大学、北京交通大学、对外经贸大学等单位和高校专家学者和研究生 70 人参加研讨。

（王薇）

【成立中国翻译行业人才培训基地】 5月15日，二外成立中国翻译行业人才培训基地。该基地将开展翻译人才培养、翻译行业研究、翻译学术研讨以及组织翻译赛事等工作。

（王薇）

【首次允许本科生转专业】 5至6月，二外组织开展优秀本科生转专业工作。这是二外首次提供平台和渠道，允许学生转专业。学校先后制定《北京第二外国语学院2012级优秀本科生转专业工作实施细则》《转专业工作时间安排表》，采取总量控制、择优录取的原则，通过申报、考试、审核等过程进行录取，共有7个专业的11名学生转专业。该项工作面向2012级新生开展。

（王薇）

【召开俄语专业特色教学国际研讨会】 6月1日，二外召开首届俄语专业特色教学国际研讨会。会议听取如何改善俄语专业特色教学模式和提高教学质量等问题专题报告，研讨“如何培养复合型俄语人才”“在人才培养方面如何突出自己的特色”“如何调整现有课程体系、教学模式以适应社会对俄语人才多元化的需求趋势”等议题。来自国内外俄语专家参加研讨。

（王薇）

【成立大学生学业发展辅导中心】 6月4日，二外成立大学生学业发展辅导中心。该中心在各院系中设立分中心，在对全校学生学业状况认真摸底排查的基础上，通过深度辅导掌握学业困难学生出现问题的原因、需求，制定具有专业特色的辅导计划，建立229对“一对一”朋辈辅导小组。

（王薇）

【完成机构调整】 7月3日，二外完成机构调整。该校组建经管学科新学院；在原旅游管理学院旅游管理系和旅游发展研究院基础上组建新的旅游管理学院，撤销旅游发展研究院；在原旅游管理学院酒店管理系的基础上成立酒店管理学院；在原旅游管理学院市场营销系、财务管理系的基础上成立国际商学院；在原国际经济贸易学院和原旅游管理学院会展管理系基础上组建经贸与会展学院；撤销国际经济贸易学院。

（王薇）

【举办国际文化贸易论坛】 9月5至7日，二外举办国际文化贸易论坛。论坛由与文化部对外文化联络局、英国纽卡斯尔大学合办，以“贸易在文化传承与发展中的作用”为主题。来自中英两国专家学者50人参加论坛。

（王薇）

【开办校级翻译人才实验班】 9月11日，二外开办校级翻译人才实验班。实验班面向2012级本科生，采取选拔考试形式录取18人。该班课程以“中英法复语”方向为特色，旨在培养具有扎实的英语和法语语言基础、胜任外事、教育、经贸、文化等部门工作的高层次翻译人才。来自翻译学院、英语学院、法意语系、经贸与会展学院的骨干教师共同为实验班授课。

（王薇）

【与12所大学签订校际交流协议】 至年底，二外与12所国外大学新签14份合作协议。包括东英吉利大学联合培养本科生合作协议（国际传播学院）、与美国北亚利桑那大学学术合作协议（酒店管理、法政学院与国际传播学院）、与卡迪夫城市大学学术合作协议、与黎巴嫩大学学术合作交流协议总协议、与英国密德萨斯大学交换学生合作协议及与美国太平洋大学学术合作交流协议总协议等。

（王薇）

北京语言大学

党委书记　李宇明
校　　长　崔希亮

【概况】 2013年，北京语言大学占地面积约33.03万平方米、总建筑面积38.32万平方米（均为产权建筑面积）。固定资产总值95863.12万元，其中教科仪器设备资产值10569.22万元。全年教育经费投入74725万元，其中国家拨款34400万元，自筹经费40325万元。图书馆建筑面积10543平方米，藏书99.60万册，中外文期刊1142种，电子文献数据库23个。拥有计算机5367台。学校信息化经费投入1100万元，拥有多媒体教室171个，信息化设备资产8642.74万元，网络信息点12194个，校园网出口总带宽1400Mbps，电子邮件系统用户2164个，上网课程350门，数字资源量11730GB，管理信息系统数据总量165GB。设有10个学院，4个教学单位，11个研究单位及其他教学辅助机构；本科专业25个，硕士专业28个，博士专业12个，学科专业覆盖文学、经济学、历史学、法学、工学、教育学和管理学等7个门类；一级学科硕士点3个，一级学科博士点2个，博士学位授权点12个，硕士学位授权点25个，专业学位授权点2个；博士后流动站数1个，其中，博士后研究人员出站1人，进站3人，在站6人。国家重点学科1个，一级学科北京市重点学科1个，二级学科北京市重点学科10个，教育部普通高等人文社会科学重点研究基地1个。共有教职工1238人，其中专任教师678人，行政人员242人，教辅人员68人，科研人员69人。本科生专职辅导员20人，研究生专职辅导员13人。心理咨询工作人员1人。教授88人，副教授219人；博士生导师55人，硕士生导师297人；“长江学者奖励计划”讲座教授1人，享受政府特殊津贴专家39人。外籍教师46人。毕业生15057人，其中，全日制研究生570人（博士生52人、硕士生518人），在职硕士研究生5人，普通本科生946人，成人教育本专科生548人（本科生415人、专科生133人），网络教育本专科生12988人（本科生3618人、专科生9370人）。招生18466人，其中，全日制研究生679人（博士生58人、硕士生621人），普通本科生1114人，成人教育本专科生568人（本科生426人、专科生142人），网络教育本专科生16105人（本科生4874人、专科生11231人）。在校生45390人，其中，全日制研究生1955人（博士生197人、硕士生1758人），普通本科生4244人，成人教育本专科生1583人（本科生1282人、专科生301人），网络教育本专科生37608人（本科生12188人、专科生25420人）。本科毕业生一次就业率95.83%，研究生毕业生就业率

91.21%，高考北京提档线文科585分，理科608分。留学生毕（结）业7496人，授予学位448人，招生7621人次，在校生8586人，其中，专科生43人，本科生1227人，硕士生150人，博士生55人。网址：www.blcu.edu.cn。

（田列朋）

【举办中华优秀传统文化传承体系建设论坛】 1月3日，北语举办中华优秀传统文化传承体系建设论坛。论坛研讨中华优秀文化传承体系建构问题，达成立足于中外文化交流视野，既有理论高度，又有实际可操作性，并充分利用北语学科优势和留学生资源，具有较高的科学性共识。来自国内相关领域专家学者和该校研究人员40人参加论坛。

（田列朋）

【举办第五届青年教师基本功比赛】

3月16日，北语举办第五届青年教师教学基本功比赛。比赛面向青年教师，采取教案和现场教学演示相结合的比赛形式，考察青年教师的教学基本功。来自12个教学单位的17名选手参加比赛，评出一等奖2人、二等奖4人、三等奖11人。该项赛事自2001年开始，四年一届举办二次，之后是两年举办一届。

（田列朋）

【成立第16个孔子学院】 5月14日，北语成立第16个孔子学院。该院与土耳其奥坎大学共建，面向该地区居民开展汉文化培训活动。该孔子学院是该院第16家，土耳其第3家孔子学院。

（田列朋）

【联合培养汉语国际教育硕士】 5月17日，北语与美国西肯塔基大学就联合培养汉语国际教育硕士。该项目面向国内高校招生，采取1+2联合培养方式，学制3年，毕业成绩合格获得汉语国际教育硕士学位与美国教师资格认证。首批招收学生6人。

（田列朋）

【长江学者大讲坛开讲】 10月14日，北语“北语观天下·长江学者大讲坛”开讲。首讲邀请香港城市大学周南教授作题为“全球化进程中华人学术界的文化自觉：什么是我们的出路？”报告，阐述以西方文化为一面镜子，更好地了解自己的文化，牢记中国文化是我们的命根子。至年底，该讲坛共举办三次，其他两次分别邀请美国威斯康辛大学麦迪逊校区张洪明教授、美国威斯康辛大学语言系李亚非教授作主题报告。该校师生300人次参加学习。

（田列朋）

【举办中国阿拉伯语月活动】 10月25日至11月22日，北语举办中国阿拉伯语月活动。活动面向全国高校师生，由全国高校阿拉伯语书法比赛、第三届CRI—Kaical杯全国高校阿拉伯语演讲比赛和首届中沙阿拉伯语教育论坛组成。来自国内高校师生120人参加活动。

（田列朋）

【举办中小学国际汉语教师职业能力提升论坛】 11月2日，北语举办首届中小学国际汉语教师职业能力提升论坛。论坛以“如何提升中小学国际汉语教师职业能力”为主题，研讨“教学策略”“课堂管理”“教师培养”和“教学资源”问题。来自20个国家和地区的100名中小学国际汉语教学专家和优秀华文教师参加论坛。

（田列朋）

【成立1个“2011协同创新中心”】 11月11日，北语中国周边语言文化协同创新中心成立。该中心以“睦邻成边”为目标，开展中国周边语言文化领域研究，努力建设成为具有国际一流水平的中国周边语言文化研究中心、中国周边语言文化人才培养基地、中国周边外交和安全支持系统，打造国家语言战略智库。该中心有研究人员4人，其中，高级职称3人。

（田列朋）

【举办语言文化建设学术论坛】 11月30日，北语举办首届语言文化建设学术论坛。论坛以语言文化建设和城市发展为主题，达成“加强语言文化建设顺应国家和社会发展在文化方面的需求，有利于提升公民文化的整体素质”共识。来自国内高校、语言文字工作部门专家学者50人参加论坛。

（田列朋）

【成立东戴河国际教育中心】 12月6日，北语成立辽宁东戴河国际教育中心。该中心在发挥该校特色优势的同时，整合资源，与校本部错位发展，通过加强国际性、综合性、交叉性等领域的探索与实践，建设独具特色的高水平国际教育合作与交流基地，努力培养大批优秀人才。

（田列朋）

【成立汉语国际教育学部】 12月13日，北语成立汉语国际教育学部。汉语国际教育学部着重培养知华友华的留学生，培养世界公民，为全世界和平与发展做贡献。学部共设4个学院、1个事业部、1个研究基地，有336名教师，其中，教授14人、副教授110人。

（田列朋）

【成立中国东盟语言文化中心】 12

月18日，北语成立中国东盟语言文化中心。该中心开展中国和东盟各国在语言、文化、科研等领域研究，同时为中国与东盟在多领域合作提供交流平台。

（田列朋）

中国传媒大学

党委书记　陈文申
校　　长　苏志武

【概况】　2013年，中国传媒大学占地面积46.36万平方米，学校产权建筑面积36.52万平方米。固定资产总值162339.88万元，其中，教学、科研仪器设备资产值45954.17万元。图书馆建筑面积43908平方米，藏书177.3万册，其中，纸质图书143.40万册、电子图书3143GB。全年教育经费投入91459.51万元，其中，国家拨款60346.51万元、自筹经费31113万元。网络信息点19500个，校园网出口总带宽870Mbps，电子邮件系统用户18931个，数字资源量20013.8GB，管理信息系统数据总量539.46GB。校区设置4个学部，8个学院，3个研究院，1个协同创新中心；开设82个专业及覆盖7个学科；一级学科博士点7个，博士学位授权点40个，一级学科硕士点18个，硕士学位授权点111个和专业学位授权点6个；博士后流动站6个。国家重点学科2个、国家重点培育学科1个、北京市重点学科7个。教职工2034人，其中，专任教师1121人，包括教授281人、副教授369人；博士生导师221人、硕士生导师406人；中科院院士、工程院院士1人。“长江学者奖励计划”特聘教授2人、“长江学者奖励计划”讲座教授2人，国家有突出贡献专家1人，享受政府特殊津贴专家74人，入选教育部“新世纪优秀人才支持计划”31人。外籍教师25人。毕业生6690人，其中，学历教育学生中全日制研究生1514人（博士生140人、硕士生1374人），普通本专科生2277人（本科生2074人、专科生203人），成人教育本专科生2244人（本科生1917人、专科生327人），网络教育本专科生655人（本科生561人、专科生94人）。本专科毕业生就业率96%，研究生就业率97%。招生7885人，其中，学历教育学生中全日制研究生1623人（博士生168人、硕士生1455人），普通本专科生2501人（本科生2198人、专科生303人）、成人教育本专科生2051人（本科生1750人、专科生301人），网络教育本专科生1710人（本科生1242人、专科生468人）。在校生25483人，其中，学历教育学生中全日制研究生4428人（博士生739人、硕士生3689人），普通本专科生9453人（本科生8899人、专科生554人），成人教育本专科生5226人（本科生4594人、专科生632人），网络教育本专科生6376人（本科生4998人、专科生1378人）。留学生毕（结）业541人，招生579人，在校生750人。网址：www.cuc.edu.cn。

（陈莹峰）

【合作举办国际媒体商务硕士学位项目】　3月14日，传媒大学与英国威斯敏斯特大学合作举办国际媒体商务硕士学位项目获教育部批准。该项目学制两年，其中一年半在传媒大学学习，项目最后半年赴英国威斯敏斯特大学完成部分课程，学生毕业后，获得威斯敏斯特大学颁发的硕士学位证书以及威斯敏斯特大学和传媒大学共同颁发的联合学习证明。

（陈莹峰）

【成立两个培训研究机构】　4月11日，传媒大学成立全国领导干部媒介素养培训基地和中国传媒大学媒介与公共事务研究院。两个机构与中国公共关系协会共建，全国领导干部媒介素养培训基地是该校与国家级专业协会合作创新平台，媒介与公共事务研究院作为该基地的学术支撑平台，旨在推动学校在相关领域教育、培训、研究和咨询工作，也将为提高国家各级领导干部的媒介素养，促进政府、企业、媒体与公众的良性互动作出积极的贡献。

（陈莹峰）

【成立4个学部1个中心】　7月，传媒大学成立新闻传播学部、艺术学部、理工学部、文法学部4个学部和1个“协同创新中心”。新闻传播学部由电视学院、新闻学院、传播研究院，以及亚洲传媒研究中心（挂靠）、媒介与女性研究中心（挂靠）、中国纪录片研究中心（挂靠）等单位组成；艺术学部由动画与数字艺术学院、戏剧影视学院、音乐与录音艺术学院、艺术研究院、艺术教育中心和传媒艺术与文化研究中心（挂靠）组成；理工学部由信息工程学院、计算机学院、理学院、京隆广播技术研究所、广芯数字系统集成研究所、广播电视数字化教育部工程研究中心，以及媒介音频教育部重点实验室（挂靠）等单位组成；文法学部由文学院、政治与法律学院、汉语国际教育学院及思想政治理论课教研部（挂靠）、有声媒体中心（挂靠）等单位组成；协同创新中心由文化发展研究院、新媒体研究院、传媒科学研究所，以及广播电视研究中心（挂靠）、脑科学与传媒艺术研究院（挂靠）、崔永元口述历史研究中心（挂靠）等单位组成。

（陈莹峰）

【举办东西方文化融通与传播论坛】
10月30日，传媒大学举办首届东西方文化融通与传播论坛。论坛以“推动文化融通，加强国际合作”为主题，研讨文化多样性保护和文化传播与融通的关系问题。来自匈牙利、巴基斯坦、希腊等22个国家驻华大使、文化参赞参加论坛。

（陈莹峰）

【主持完成动画、数字媒体专业教学质量国家标准制定工作】　12月27日，传媒大学主持完成《教育部高等学校动画、数字媒体本科专业教学质量国家标准》。该标准通过教育部高等学校动画、数字媒体专业教学指导委员会终审，首次明确动画、数字媒体相关专业的培养目标、课程体系、毕业创作（设计）、办学条件、教学质量管理与评价等基本框架。

（陈莹峰）

【新增两名长江学者】　12月，传媒大学新增两名长江学者特聘教授、讲座教授。该校高晓虹教授当选长江学者特聘教授，外聘教授弗朗索瓦·汉德雷克斯当选长江学者讲座教授。高晓虹教授现任传媒大学新闻传播学部学部长，多年来从事广播电视学的理论与实践、电视节目制作的教学与研究。她曾获国家级教学名师奖、全国优秀教师、全国百优理论人才等荣誉。汉德雷克斯教授现任比利时布鲁塞尔自由大学新闻传播学系主任，法国国家科学研究院传播学分院执委会委员。

（陈莹峰）

中央财经大学

党委书记 胡树祥
校　　长 王广谦

【概况】 2013年，中央财经大学占地面积73.52万平方米，学校产权校舍建筑面积43.95万平方米。全年教育经费投入92581.25万元，其中，国家拨款62998.29万元、自筹经费29582.96万元。固定资产总值14.84亿元，其中，教学、科研仪器设备资产值1.77亿元。图书馆建筑面积1.10万平方米，藏书517万册，其中，纸质图书168万册、电子图书349万册。拥有计算机6817台。学校信息化经费投入4830.80万元，多媒体教室座位35176个，信息化设备资产11506.09万元，网络信息点35000个，校园网出口总带宽1600Mbps，电子邮件系统用户3185个，上网课程327门，数字资源量58220GB，管理信息系统数据总量300000GB。设置28个院（系、部）；开设49个专业及覆盖9个学科；具有一级学科10个，一级学科博士点4个，博士学位授权点31个，硕士学位授权点76个和专业学位授权点11个；博士后流动站5个，其中，博士后研究人员出站16人、进站31人和在站109人。国家重点学科2个、北京市重点学科7个。教职工1565人，其中，专任教师1064人，包括教授229人、副教授377人；博士生导师142人、硕士生导师572人。“千人计划”入选者1人，“跨（新）世纪百千万人才工程国家级人选”3人，“长江学者奖励计划”特聘教授2人，“长江学者奖励计划”讲座教授4人，享受政府特殊津贴专家29人，青年拔尖人才支持计划入选者2人，教育部新世纪优秀人才计划入选者55人。外籍教师25人，其中，教授7人、副教授3人。毕业生8268人，其中，学历教育学生中全日制研究生1718人（博士生150人、硕士生1568人）、普通本科生2470人、成人教育本专科生2608人（本科生1606人、专科生1002人）；非计划招生高等教育学生中在职人员攻读硕士学位205人，研究生课程进修班1267人。本科毕业生就业率93.51%。招生8442人，其中，学历教育学生中全日制研究生1919人（博士生174人、硕士生1745人）、普通本科生2518人、成人教育本专科生2634人（本科生1503人、专科生1131人）；非计划招生高等教育学生中在职人员攻读硕士学位226人，研究生课程进修班1145人。本年高考北京地区本科提档线文科614分、理科647分。在校生20990人，其中，学历教育学生中全日制研究生4586人（博士生614人、硕士生3972人）、普通本科生9784人、成人教育本专科生6105人（本科生3772人、专科生2333人）；非计划招生高等教育学生中在职人员攻读硕士学位515人。留学生毕业323人、招生285人、在校生330人。学历留学生毕业81人、招生56人、在校生298人。网址：www.cufe.edu.cn。

（罗茜）

【开通“中财创业板”】 3月20日，中央财大开通创业板。“中财创业板”旨在整合该校知识资源和校友资源，支持学生和校友企业创新创业，对学生和校友企业资产或销售额超过1000万元且发展潜力较好的企业进行上市培育。该校工商管理硕士学生及校友7家企业成为首批中财创业板企业。

（罗茜）

【举办气候融资助推中国经济低碳转型论坛】 3月28日，中央财大举办气候融资助推中国经济低碳转型高层论坛。论坛以“气候融资如何助推中国经济转型”为主题，研讨完善气候融资政策，助推中国经济低碳转型等问题。会上，该校发布《中国应对气候变化融资策略》报告。来自国家发

改委、财政部、环保部等政府部门，高校和科研机构专家学者120人参加会议。

（罗茜）

【举办中国投资学年会】 5月31日至6月2日，中央财大主办首届中国投资学年会暨投资学专业教学与科研高级研讨会。会议以“发展投资学教育、提升专业办学水平”为主题，围绕投资学专业建设、投资学学科建设、投资学专业课程教学研讨、投资学专业人才培养模式探索等问题进行探讨，同时发起成立“中国投资学专业委员会”。来自中南财经政法大学、上海财经大学、西南财经大学等87所高校以及相关部门200名专家及学者参加会议。

（罗茜）

【举办农业问题国际研讨会】 6月16至18日，中央财大在加拿大不列颠哥伦比亚省举办第二届“农业风险、农村金融及农业保险国际会议”。会议由中央财大中国精算研究院，加拿大滑铁卢大学保险、证券及数量金融研究院和加拿大曼尼托巴大学阿斯皮尔商学院联合主办，就全球气候变暖、农畜保险创新、农业金融资本、农业保险定价、未来机遇挑战5个问题进行主题发言和讨论。来自13个国家和地区的专家学者、政界要员和业界精英120人参加会议。

（罗茜）

【举办国际财税协会中国年会】 10月

16至18日，中央财大举办“2013国

际税务学术论坛暨 IFA 中国年会”。会议以“BEPS 与国际税收的深刻变局”为主题，研讨国际税收原则与制度、国际税收的最新变化、国际税收面临的挑战、中国的国际税收政策等问题。来自国家税务总局、国际财税协会、国际财税文献局以及国内高校专家学者 150 人参加会议。

（罗茜）

【成立首个孔子学院】 10月，中央财

大成立第一所孔子学院。该院与巴西伯南布哥大学合办，旨在为伯南布哥州以及巴西东北部搭建一个中巴语言文化交流的平台，从而促进两国间教育、文化、经济以及贸易等方面的合作。11 月 26 日，中央财大与伯南布哥大学在伯南布哥州累西腓市举行孔子学院揭牌仪式。

（罗茜）

【召开人民币国际化研讨会】 11 月 12 日，中央财大召开人民币国际化研讨会。会议围绕人民币国际化的概念、人民币国际化与实体经济的关系、人民币国际化与经济制度变革之间的关系、跨境贸易人民币结算的结构性特点及其成因、升值预期在人民币国际化中的作用、全面认识人民币国际化的利益和成本等问题展开讨论。来自加拿大、韩国、美国，以及国内高校和科研机构学者和该校师生参加研讨会。

（罗茜）

【与国家留学基金委签订合作协议】 11 月 29 日，中央财大与国家留学基金委签订合作协议。根据协议，双方将本着“服务社会、培养人才”的宗旨，积极发挥各自优势，开展出国留学相关合作，基金委以中央财经大学为基地建立“国家留学基金委员会留学预备教育中心”，为广大出国留学人员提供优质的教育和服务。

（罗茜）

【召开家庭消费促进经济发展学术研讨会】 12 月 1 日，中央财大召开首届家庭消费促进经济发展学术研讨会。会议分专题研讨和圆桌讨论两个部分。专题研讨就习惯形成与居民消费行为、家庭收入与人口结构特征和居民互联网购买行为、住房价格与居民消费的关系、金融可得性与家庭消费等问题进行探讨。圆桌讨论主要围绕家庭消费未来研究方向和中国消费需求未来走势展开。来自北京大学、清华大学、中国人民大学等 10 所重点院校专家学者 20 人，以及该校师生 30 人参加会议。

（罗茜）

【发布《2013 年一二三四季度两岸四地消费者信心指数》】 至年底，中央财大分 4 个季度先后发布《2013 年两岸四地消费者信心指数》。消费者信心指数是消费者对经济形势各方面进行综合判断后得出的主观评价和心理预期。该指数取值在 0 至 200 之间，低于 100 表示受访者“信心不足”，指数高于 100 表明“有信心”。两岸四地消费者信心指数由中央财经大学、首都经济贸易大学、香港城市大学、台湾辅仁大学和澳门科技大学等高校的相关研究人员合作编制，于 2009 年首次推出，按季度发布，至此已完成 20 次发布。

（罗茜）

对外经济贸易大学

党委书记　王玲
校　　长　施建军

【概况】 2013 年，对外经济贸易大学占地面积 34.20 万平方米，学校产权建筑面积 52.98 万平方米。固定资产总值 121453.06 万元，其中，教学、科研仪器设备资产值 13312.9 万元。图书馆建筑面积 24935.54 平方米，藏书 190.91 万册，其中，纸质图书 142.01 万册、电子图书 48.9 万册。全年教育经费投入 101516 万元，其中，国家拨款 51408 万元、自筹经费 50108 万元。拥有计算机 6903 台，信息化设备资产 12769 万元，网络信息点 25500 个，校园网出口总带宽 1200Mbps，电子邮件系统用户 22815 个，上网课程 185 门，数字资源量 19697.08GB，管理信息系统数据总量 100GB。设置研究生院及 16 个学院，并设有思政部、体育部和文化艺术教学部（系、部）；开设 39 个本科专业，覆盖经、管、文、法、理五大学科门类；一级学科博士点 5 个，一级学科硕士点 8 个，专业硕士学位授权点 10 个；博士后流动站 4 个，其中，博士后研究人员出站 15 人、进站 22 人和在站 79 人。国家级重点学科 2 个、北京市重点学科 7 个；国家重点实验室 1 个。教职工 1699 人，其中，专任教师 1014 人，包括教授 188 人、副教授 355 人；博士生导师 110 人、硕士生导师 369 人。有“长江学者奖励计划”讲座教授 2 人、“千人计划”入选者 1 人、“长江学者奖励计划”特聘教授 1 人、享受政府特殊津贴专家 31 人。外籍教师 38 人，其中，教授 28 人、副教授 10 人。毕业生 7765 人，其中，学历教育学生中全日制研究生 1788 人（博士生 79 人、硕士生 1709 人），普通本科生 1957 人，成人教育本专科生 1107 人（本科生 731 人、专科生 376 人），网络教育本专科生 2913 人（本科生 1274 人、专科生 1639 人）。本科毕业生就业率 97.64%。招生 8191 人，其中，学历教育学生中全日制研究生 1947 人（博士生 130 人、硕士生 1817 人），普通本科生 2132 人、成人教育本专科生 1037 人（本科生 509 人、专科生 528 人），网络教育本专科生 3075 人（本科生 1658 人、专科生 1417 人）。北京地区高考提档分数线文科 616 分，理科 654 分。在校生 24150 人，其中，学历教育学生中全日制研究生 4580 人（博士生 583 人、硕士生 3997 人），普通本专生 8445 人，成人教育本专科生 2311 人（本科生 1293 人、专科生 1018 人），网络教育本专科生 8814 人（本科生 4665 人、专科生 4149 人）。留学生毕业 576 人，招生 805 人，在校生 2390 人。网址：www.uibe.edu.cn。

（曹亚红）

【成立台湾经济研究中心】 1 月 5 日，外经贸大成立台湾经济研究中心。该中心旨在为两岸企业界与学术

界提供自由、开放的交流与合作平台，为两岸企业全球化经营提供理论指导和实践借鉴。

（曹亚红）

【聘任 106 名专硕实践导师】 3 月 23 日，外经贸大法学院聘任 106 名专业学位硕士研究生校外实践导师。导师来自商务部、全国社会保障基金、中国投资有限责任公司等部门以及法律界人事。受聘后，实践导师将开展教学和就业指导工作。

（曹亚红）

【举办国际商务历史研究方法学术讲座】 4 月 2 日，外经贸大举办国际商务历史研究方法学术讲座。讲座邀请学校长江学者、英国利兹大学 Peter Buckley 教授作题为《国际商务中的历史研究方法》的报告，结合实例总结历史研究方法在国际商务研究中的使用。该校师生 500 人参加学习。4 月 2 日和 11 日，Peter Buckley 教授作题为《世界工厂》和《内部化理论的 35 年》的两场公开专题讲座。4 月 12 日，该校客座教授 Andreas Lschel 为学校师生作题为《The Energy Transformation in Germany - An Assessment》学术讲座。

（曹亚红）

【与政府签订4个合作协议】 6至10月，外经贸大与政府签订 4 个合作协议。6 月 21 日，学校与青岛市政府签署《青岛市政府与对外经贸大学合作框架协议》；与国家外国专家局培训中心签署战略合作协议；与海关总署教培中心续签合作培养海关 MPA 协议。国际经济研究院与牙克石市签署战略合作协议。

（曹亚红）

【举办中国竞争政策论坛】 7 月 31 日至 8 月 1 日，外经贸大举办中国竞争政策论坛。该论坛由国务院反垄断委员会专家咨询组主办，以“中国《反垄断法》实施五年的回顾与展望”为主题，从立法、执法、司法方面总结《反垄断法》实施五年来取得的成就、积累的经验和遇到的问题，并结合当前面临的主要挑战展望未来发展。来自国内外反垄断执法官员、法官、专家学者，企业界、律师界代表 400 人参加论坛。

（曹亚红）

【成立第八所孔子学院】 8 月 20 日，外经贸大成立第八所孔子学院。该院与马拉维大学共建，面向马拉维公民开展汉文化培训。该校将为该学院提供师资支持。

（曹亚红）

【开展六项改革】 9 月 5 日，外经贸大开展六项改革。六项改革分别是深化人才培养体制改革，深化人力资源体制改革，深化科研体制改革，深化校院两级体制改革，深化运行保障系统改革，深化开放式办学体制改革。

（曹亚红）

【开设心理健康与自我成长必修课】 11 月 4 日，外经贸大“心理健康与自我成长”必修课开课。该课程由学校文化艺术教学部负责，包括认识自我、人际交往、恋爱心理、情绪管理、生命教育等学生最关注、与学生成长最相关的 8 个主题。课程面向全校新生开设，共计 8 周。该校 2013 级本科新生 2100 人参加学习。

（曹亚红）

【成立中俄经济类大学联盟】 11 月 23 日，外经贸大牵头成立中国—俄罗斯经济类大学联盟。联盟以培养复合型高端人才为宗旨，依托学校自身的学科特色，加强在人才培养、教师互换、科研等多个领域合作。该联盟共有中俄高校 26 所。

（曹亚红）

【创新人才培养模式】 至年底，外经贸大采取多种形式创新人才培养模式。其中，启动 2013 级本硕连读国际人才培养基地实验班，开展卓越法律人才计划，开设中俄联合培养实验班等。年内，该校还举办国际化暑期学校，47 名外籍教师共开设 78 门课、14 场高端暑期学校专题学术讲座，2200 名中外学生参加学习。

（曹亚红）

北京物资学院

党委书记　李石柱
院　　长　王旭东

【概况】 2013 年，北京物资学院占地面积 39.70 万平方米，建筑面积 19.11 万平方米，固定资产总值 4172.68 万元，其中，教学、科研仪器设备总值 26271.09 万元。全年教育经费投入 43674.68 万元，其中，国家拨款 37130.96 万元，事业收入 3761.18 万元，经营收入 2217.33 万元，其他收入 565.21 万元。图书馆建筑面积 8271 平方米，馆藏图书 102.53 万册，馆藏电子图书 63.73 万册。设有经济学院、物流学院、信息学院、商学院、劳动科学与法律学院、外国语言与文化学院、思想政治理论课教学与研究部、体育教学部和继续教育学院 9 个教学单位，设有 23 个本科专业及方向；拥有 4 个一级学科硕士学位授权点，2 个专业硕士学位授权点；拥有 2 个北京市重点建设学科、2 个国家级特色专业、3 个北京市特色专业。建有国家级人才培养模式创新实验区，北京市重点实验室、北京市高等学校实验教学示范中心、北京市哲学社会科学研究基地、北京市高校工程研究中心、北京市校外人才培养基地（2 个）等教学科研机构。定期出版专业刊物 1 个。教职工总数 658 人，其中，专任教师 401 人，包括教授 47 人、副教授 147 人；硕士研究生导师 116 人，享受政府特殊津贴专家 2 人，外籍教师 4 人（专职 1 人，兼职 3 人）。毕业生 2287 人，其中，学历教育学生全日制硕士研究生 220 人，普通本科生 1408 人，成人教育本专科生 659 人（本科生 217 人、专科生 442 人），本科毕业生就业率93.64%。招生2560人，其中，学历教育学生全日制硕士研究生234人，普通本科生1498人，成人教育本专科生828人（本科生347人、专科生481人）。北京地区高考提档线理科521分，文科517分。在校生8292人，其中，学历教育学生中全日制研究生616人，普通本科生6004人，成人教育本专科生1672人（本科生608人、专科生1064人）。留学生毕（结）业37人，招生37人，在校生41人。网址：www.bwu.edu.cn。

（吴梦楠）

【开设跨专业综合实训课】 1月7至13日，物资学院开设跨专业综合实训课。实训课建立在一个高度仿真的商业经济环境下，包括现代制造业、现代服务业以及供应链过程中的政务服务、外包服务、生产性服务、公共服务等，虚拟17个机构，100个角色，引导实训学生进行多角色的虚拟企业经营，体验从企业创建到经营、管理、竞争、合作的全周期活动，加深对经济环境和行业领域知识的理解。该校学生71人参加学习。

（吴梦楠）

【召开物流业发展形势学术研讨会】 1月8日，物资学院召开物流业发展形势学术研讨会。会议围绕国务院出台“降低流通费用的十条措施”，剖析物流业发展形势和问题。听取《流通产业发展中的物流问题》和《放松管制，构建全国统一大市场》主题报告。来自国内物流行业专家学者50人参加会议。

（吴梦楠）

【实行新版本科专业人才培养方案】 9月，物资学院实行2013版本科专业人才培养方案。该方案面向全校本科生，将学时整合优化，调整后课内总学时将调至2300学时以下；学校原有必修课和选修课所占比例调整后将改变至6∶4；强化实践环节，注重创新能力培养。

（吴梦楠）

【举办中美物流人才国际班】 10月，物资学院举办中美物流人才国际班。该班是由该院国际学院牵头的双语教学教师培训班，面向该院教师，其中英文教学大纲与美方教授共同制订，培训成绩优秀者将被选送至美国高校学习。共21名教师参加培训，并对10名外语学院教师进行种子教师培训。

（吴梦楠）

【成立教育基金会】 10月，物资学院成立教育基金会。该基金会隶属学院，原始资金200万元，协同校友会面向学院开展奖教助学、校园基本建设、学生社团活动、产学研合作、校友及师生救助等公益活动。

（吴梦楠）

【共建校外实践基地】 11月22日，物资学院与中国外文局签署合作协议。根据协议，双方共建校外实践基地，外文局为该校提供实习实践岗位和场所，双方在教学资源、人才培养、教学与科研、师资培训等多个方面开展合作。

（吴梦楠）

【召开北京流通现代化论坛】 11月23日，物资学院召开北京流通现代化论坛。论坛以“推动流通模式创新，加快流通产业发展”为主题，采取主题报告和讨论形式研讨如何加快流通产业发展问题。来自国内研究机构和高校专家学者100人参加会议。

（吴梦楠）

【与山东省科技厅签约合作】 12月9日，物资学院与山东省科技厅签订合作协议。根据协议，双方立足于现代服务业的发展，通过全方位、高品质合作，共同推动山东省物流产业的发展，该院将为山东省发展现代农业物流、现代商贸物流、黄河三角洲区域物流提供智力支持。

（吴梦楠）

【召开中国物流业中长期发展战略学术报告会】 12月18日，物资学院召开物流业发展专题学术报告。会议从中国物流及相关产业发展现状背景、阶段特点及未来趋势入手，集中围绕物流竞争力国际对比、物流体系建设、物流发展方式变革等方面对中国物流业发展总体进行剖析和前景展望。共有来自国务院发展研究中心、《中国流通经济》杂志社等单位的物流产业专家及学校各院系部师生130人参加会议。

（吴梦楠）

【召开领导教师交流座谈会】 12月18日，物资学院召开“学校领导与学科专业类社团指导老师及社长交流”座谈会。会议总结学校社团、学生工作，交流经验。会议认为社团是学生学习、管理、成长的平台，应以学生的兴趣为基础、以学生为主体，教师应扮演顾问的角色指导社长挖掘成员的兴趣。该院校领导和社团教师30人参加座谈。

（吴梦楠）

【召开学科建设工作会】 12月20日，物资学院召开学科建设与研究生教育工作会议。会议分别就“学科建设与研究生教育工作制度”修订、起草的背景、依据、意义及内容进行介绍，对学科建设与研究生培养改革步骤做详细说明，强调学校会进一步征求意见，对各项制度做进一步完善，尽快推行改革计划。该院领导以及各部门负责人30人参加会议。

（吴梦楠）

首都经济贸易大学

党委书记　柯文进
校　　长　王稼琼

【概况】 2013年，首都经济贸易大学占地面积42万平方米，学校产权校舍建筑面积37.37万平方米。非产权校舍建筑面积4.55万平方米。全年教育经费投入91449万元，其中，国家拨款74943万元、自筹经费16506万元。固定资产总值10.60亿元，其中，教学、科研仪器设备资产总值4.4亿元。图书馆建筑面积3.57万平方米，藏书174.35万册，其中包括电子图书1300GB。学校信息化经费投入1988.6万元，拥有计算机5596台，多媒体教室166个，信息化设备资产13318万元，网络信息点28546个，校园网出口总宽带1000Mbps，电子邮件系统用户25000个，上网课程184门，数字资源量23200GB，管理信息系统数据总量2048GB。设19个院系（系、部），40个本科专业，4个专科专业，10个硕士学位授权一级学科点，37个硕士学位授权二级学科点，4个博士学位授权一级学科点，17个博士学位授权二级学科点，3个博士后流动站。1个国家重点学科，3个省部级重点学科（一级），9个省部级重点学科（二级）。国家实验室1个。定期出版专业刊物4种，教职工1603人，其中，专任教师825人。专任教师中，教授152人，副教授294人，讲师300人、助教25人，博士生导师56人，硕士生导师276人，千人计划入选者1人，另聘请外籍教师3人，均为正教授。外聘高级专家79人。毕业生6576人，其中，全日制研究生887人（博士生40人、硕士生847人），普通本专科生2292人（本科2170人、专科122人），成人教育本专科生3397人（本科1670人、专科1727人）；非计划招生高等教育学生在职人员攻读硕士学位126人。本专科毕业生就业率99.53%，研究生毕业就业率98.86%。招生5733人，其中，全日制研究生1009人（博士生65人、硕士生944人），普通本专科生2603人（本科2492人、专科111人），成人教育本专科2121人（本科1319人、专科802人）。高考北京地区提档线本科第一批一志愿文科565分、理科580分。第一批二志愿文科606分，理科638分，第二批文科一志愿提档线530分，理科545分。在校生19600人，其中，全日制研究生2761人（博士生261人、硕士生2500人），普通本专科生10069人（本科9722人、专科347人），成人教育本专科生6770人（本科3731人、专科3039人）。留学生毕（结）业269人、招生382人、在校生543人。网址：www.cueb.edu.cn。

（刘江霞）

【与北京市两部门签订合作协议】　1月15日和3月27日，首经贸大分别与北京市审计局和丰台区检察院签订合作协议。市审计局协议规定，双方共建审计专业人才培养平台，建设审计专业硕士点；合作建立学校审计专业学位教育指导委员会，推进审计硕士专业学位研究生招生和培养工作；共同开展审计理论与技术方法研究，合作申报、承担国家审计署、市审计局以及市政府课题研究。与丰台区检察院协议规定，双方在理论研究、司法实践、人才培养、法制教育展开合作。

（刘江霞）

【与莫斯科高校签订合作协议】　4月11日，首经贸大与俄罗斯莫斯科国际高等商学院（MIRBIS）签订合作协议。根据协议，双方合作开展国际课程联授、交换生项目、教师合作著作出版等方面合作，该校负责俄方教师学习进修与举办研讨会，俄方负责中方教师与学生交流。协议有效期5年。

（刘江霞）

【成立金融风险研究院】　4月14日，首经贸大成立金融风险研究院。该研究院是开放性的学术研究机构，由政府、工商界、学术界三方共同参与，包括7个研究中心和1个实验室。研究院接受政府、金融机构等单位委托，承担决策、课题研究、产品研发、专业咨询等各类项目，充分发挥研究院的智库作用。有科研人员8人，其中，高级职称4人。

（刘江霞）

【举办三场财经论坛】　5月10日、6月22日和11月2日，首经贸大举办三场高端财经论坛。其中，5月举办宏观经济形势与经济转型发展论坛，研讨“宏观经济走势与经济发展方式转变”“重塑城市化动力与财政转型”“未来十年朝阳靠什么持续增长”等内容。6月举办经济增长与周期论坛，以“新发展阶段下的中国经济转型与政策选择”为主题，认为中国经济转型需要通过推进市场化取向经济体制改革和政治体制改革，增加相应制度供给，转变政府的职能，发挥市场机制的作用，中国经济转型需要调整总需求结构，以政府的自我改革为突破口推动经济发展方式的转变是关键。11月举办社会保障与公共财政论坛，针对“延迟退休是否治本之策”进行案例分析展示，并举办“当下中国是否应该实行‘延迟退休’政策”专家辩论赛。

（刘江霞）

【举办计量经济学国际学术年会】　6月20日，首经贸大举办现代计量经济学方法在社会科学中的应用国际学术年会。会议采取主题报告形式，由美国那加州大学、杜克大学等高校教授作题为《分解多重效应》（Disentangling the Effects of Multiple Treatment Effects）、《内生性非线性模型的统一推导》（On Uniform Inference in Nonlinear Models with Endogeneity）、《营销学里的经济计量应用：新趋势》等9个报告。来自美国、加拿大、中国等国高校专家学者20人参加会议。

（刘江霞）

【首次开设暑期学校】　6至7月，首经贸大首次开设暑期学校。暑期学校面向该校研究生和本科生，其中，面向研究生开设高级计量经济学、高级宏观经济学、组织行为学和中间数据分析4门课程，面向本科生开设组织行为学、高级宏观经济学和中间数据分析等8门课程。全校学生可自由报名，每人限报两门课程，学时3周。任课教师由来自美国、英国、加拿大、香港多所高校的教授组成，采取全英文教学。该校本科生300人、研究生160人参加学习。

（刘江霞）

【修订本科人才培养方案】　10月9日，首经贸大完成本科人才培养修订方案。新方案减少总学分、强化实践教学、强化通识教育。其中，总学分压缩至160～170学分之间（包括课堂教学环节约140学分），选修课占课堂教学环节比重不少于28%；明确对实践学分的要求，在教育部要求的基础上，进一步提高3%的实践教学比例，课外教学环节不少于24学分，经、管、法、文类实践教学学分占总学分比例不低于18%，理工类实践教学学分占总学分比例不低于28%，卓越人才培养创新试验点，经、管、法、文类实践教学学分比例不少于25%、理工类不少于33%；通识教育强调“宽口径、厚基础”的原则，调整课堂教学学分分配，公共基础课约56学分，学科基础课约25学分，专业课约20学分，专业选修课约25学分，通选课约14学分。该方案自本年实施，共涉及14个学院64个专业及方向。

（刘江霞）

【校医院扩建改造工程竣工】 10月，

首经贸大校医院扩建改造工程竣工。新校医院占地面积683.5平方米、建筑面积2031平方米，共3层，各类房屋由原有的28间增加到72间。改建后的校医院为基层门诊部，所设科室按丰台卫生局核准的诊疗范围面向该校师生和学校周围群众全部开放，包括内科、外科、急诊科等10多个科室。改造工程2013年6月开工，总投资391.57万元。

（刘江霞）

【实现非事业编制职工入会】 10月，首经贸大非事业编制职工加入学校工会。该校凡与学校用人单位签订一年以上（含一年）劳动合同，且试用期满后正式录用的非事业编制职工，由本人自愿申请，经所在部门工会同意，报学校工会审核批准入会。会员享有工会组织的选举权、被选举权和表决权，对工会工作进行监督，提出意见和建议，参与工会举办的文化、教育、体育等活动，享受工会给予的各种奖励等权利。会员须履行遵守工会章程、执行工会决议，按月足额缴纳会费，参加工会组织的各种学习、培训等活动。非事业编制职工入会享受学校工会开支范围内的有关福利待遇。至年底，该校共有非事业编制职工80人加入学校工会。

（刘江霞）

【制订博士招生申请审核制度】 10

月，首经贸大制订博士招生“申请—审核”制度。新制度取消统一考试，以综合成绩来考核，考查重在综合素质和学术研究潜力。考生先报名，提交相关材料，在考生报考导师同意的基础上，由学科组和导师审核申请人材料，对申请人本科及硕士阶段成绩等进行综合评价，其中需进一步考核的申请人将根据实际情况进行专业笔试，经综合评、专业笔试后确定初选合格名单，进入初选合格名单的申请人可参加综合考核。对于进入综合考核的初选合格名单，学科将成立由至少5名本学科教授（至少3名博士生导师）组成的考核专家组进行考核，考核方式以个人陈述和根据专家提问进行答辩为主，考核内容包括外语水平、基础理论、专业知识、学术潜质、能力和综合素质。考核过程中，每位专家将独立对申请人的四个方面进行评价，经汇总统计形成考核成绩和总分，其中任一项低于60分为不合格，专家组将按照分数高低进行排序。最终考核结果经首经贸研究生招生领导小组审议并确定拟录取名单，最终在网上公示。根据规定，“申请一审核”制选拔被录取的申请人秋季入学，录取类别为非定向就业。

（刘江霞）

【完成征地19.81万平方米】 12月3日，首经贸大完成征地19.81万平方米。新征地为该校西北侧及南侧预留地，将用于校园总体规划建设。该征地工作于2010年开始，由市教委、市规划委和市发改委审批、协调，完成市教委批复、市规划院技术论证、拆迁安置房用地选址、拆迁安置规模确认、拆迁安置房方案设计、拆迁安置房性质确定、拆迁安置房实施主体协商、市规委征求意见、用地公示等工作。

（刘江霞）

【举办京津冀首都圈发展论坛】 12月6至8日，首经贸大举办2013首都圈发展高层论坛。论坛以“京津冀城市群空间结构优化与质量提升”为主题，与会专家结合主题分别做“北京城市功能疏解”“中国城市化规模格局：困境与重构”“中国未来城市群选择的再探索及京津冀城市群建设的影响”等10个报告，研讨京津冀区域空间优化、协同发展、提升质量等问题。来自北京大学首都发展研究院、中国人民大学区域与城市经济研究所、天津滨海综合发展研究院、河北工业大学京津冀发展研究中心支持协办，北京市经济社会发展政策研究基地专家学者120人参加论坛。

（刘江霞）

【举办博士学术论坛】 12月24至25日，首经贸大举办“哈博·高校”（经管）博士学术论坛（2013）。论坛由北京市教委主办，该校承办，由主论坛和分论坛两个板块组成，面向全国高校经管类博士生，研究当前经济学、管理学领域热点问题。论坛上，与会专家做“正规经济、混合经济与我国劳动报酬份额问题”“实证研究过程：我的经验和教训”等报告。本次论坛共收到学术论文投稿151篇，经点评导师推荐，评出10篇优秀论文。来自国内高校博士生导师和博士生120人参加论坛。

（刘江霞）

外交学院

院　　长　赵进军
党委书记　秦亚青

【概况】 2013年，外交学院占地面积14.4万平方米，学校产权建筑面积 17.24 万平方米。固定资产总值 22090.47 万元，其中，教学、科研仪器设备资产值 3079.1 万元。图书馆建筑面积 14779 平方米，藏书 707846 册，其中，纸质图书 520756 册、电子图书 187090 万册。拥有计算机 1273 台。全年教育经费投入 24048 万元，其中，国家拨款 17408 万元、自筹经费 6640 万元。学校信息化经费投入 415 万元，多媒体教室座位 4200 个，信息化设备资产 1626.14 万元，网络信息点 4850 个，校园网出口总带宽 144Mbps，电子邮件系统用户 3315 个，上网课程 281 门，数字资源量 26413GB，管理信息系统数据总量 4.7GB。外交学院设有外交学与外事管理系、英语系、外语系、国际法系、国际经济学院、研究生部、成人教育学院 7 个直属院（系），以及国际关系研究所、国际法研究所、东亚研究中心、基础教学部和国际教育学院。中国国际法学会、中国国际关系学会挂靠外交学院。开设 8 个专业，涵盖法学（含政治学）、文学、经济学 3 大学科门类；具有一级学科 2 个，一级学科博士点 1 个，博士学位授权点 3 个，硕士学位授权点 9 个和专业学位授权点 1 个；博士后流动站 1 个，其中，进站 1 人和在站 1 人。国家重点学科 2 个、北京市重点学科 4 个、部级重点学科 4 个。教职工 440 人，其中，专任教师 198 人，包括教授 45 人、副教授 87 人；博士生导师 9 人、硕士生导师 94 人。享受政府特殊津贴专家 13 人。外籍教师 44 人，其中，教授 20 人、副教授 7 人。毕业生 701 人，其中，学历教育学生中全日制研究生 410 人（博士生 16 人、硕士生 244 人），普通本科生 291 人；研究生课程进修班 137 人。本科毕业生就业率 98.28%。招生 779 人，其中，学历教育学生中全日制研究生 279 人（博士生 23 人、硕士生 256 人），普通本科生 350 人；研究生课程进修班 150 人。高考北京地区提档线文科 625，理科 661。在校生 1815 人，其中，学历教育学生中全日制研究生 626 人（博士生 76 人、硕士生 550 人），普通本科生 1189 人；研究生课程进修班 285 人。留学生毕业 65 人，招生 85 人，在校生 155 人。网址：www.cfau.edu.cn。

（阚四进）

【签署开办两所孔子学院协议】 5 月

和 6 月，外交学院分别与法属波利尼西亚大学和俄罗斯外交学院签署合作开办孔子学院协议。法属波利尼西亚大学孔子学院于 10 月开课，共设 8 个班，其中 3 个中级班、5 个初级班。俄罗斯外交学院孔子学院于 2014 年开学。

（阚四进）

【举办国际化专业人才培养与双语教学模式创新研讨会】 5 月 26 日，外交学院举办国际化专业人才培养与双语教学模式创新研讨会。会议研讨双语教学经验，就教学理念、制度设计、教材建设、师生课堂互动、适用课程类型、学生评价、教师发展、激励机制等内容。来自清华大学、中国人民大学、北京交通大学等 20 所高校专家学者 90 人参加会议。

（阚四进）

【与回龙观医院签订合作协议】 9 月 17 日，外交学院与北京回龙观医院签订合作协议。根据协议，双方共同开展心理健康与精神卫生服务研究，医院将为该院学生提供优质的心理健康服务。

（阚四进）

【成立中日韩合作研究中心】 10 月

16 日，外交学院成立中日韩合作研究中心（Trilateral Cooperation Studies Center，TCSC）。该中心隶属学院，引领和协调中国国内有关研究机构的活动，与日韩相关智库建立伙伴关系，开展常规性研究与交流，为三国间的官产学媒对话搭建二轨平台，并在深入合作研究的基础上为中日韩领导人会议建言献策，推进三边及东亚地区的和平与繁荣。

（阚四进）

【举办东盟秘书长报告会】 10 月 18

日，外交学院举办东盟秘书长报告会。报告会邀请东盟秘书长黎良明作题为《东盟共同体建设及中国—东盟关系》演讲，他高度评价“中国—东盟”战略伙伴关系的巨大成就，回顾双方在政治安全、经济贸易及人文交流等各领域所取得的进展，建议中国与东盟应进一步加强各层次的沟通，增强政治互信，推进睦邻友好，认真落实好第 16 次“中国—东盟”领导人会议上所达成的共识，加强在经贸、互联互通、地区融资、海上及人文等各领域的务实合作。该院师生 70 人参加学习。

（阚四进）

【召开中国周边外交专题研讨会】 11 月 29 日，外交学院召开“中国周边外交：形势分析与对策建议”专题研讨会。会议研讨前周边形势的总体特点、中国—东盟关系、朝核问题与东北亚局势等议题。会议认为学界需要进一步深入学习领会中央周边外交的新精神，统一思想和认识，为贯彻落实中央各项政策出谋划策。来自外交部、商务部、北京大学、清华大学、中国社会科学院、现代国际关系研究院和外交学院专家学者 30 人参加会议。

（阚四进）

【举办外交专题讲座】 12 月 11 日，外交学院举办外交专题讲座。该院邀请外交部领事司司长黄屏作题为《当前中国领事工作》报告，就什么是领事工作、当前领事工作的时代特征、当前领事工作面临的主要挑战及构建“大领事”工作格局四个方面，全面深刻的阐述当前中国领事工作现状和未来领事工作的规划。该院师生600人参加学习。

（阚四进）

【举办多期援外项目研修班】 至年底，外交学院新开班16期援外培训项目。包括受商务部委托举办7期多边、6期双边短期研修班、1期为期一年的硕士项目，以及受外交部委托举办1期中美合作培训阿富汗外交官研修班、1期中东欧国家学者中国问题研修班。上述研修班学员共计290人，分别来自79个国家和1个国际组织，除硕士项目按学校学历生学制于9月开学、已举办近一学期外，其他15期研修班为期10至56天不等，共计299天。

（阚四进）

中国人民公安大学

党委书记　程琳
校　　长　程琳

【概况】 2013年，中国人民公安大学有木樨地、团河两个校区，占地面积86.47万平方米、建筑面积62.81万平方米。固定资产总值241319.70万元，其中，教科仪器设备资产总值13479.14万元。图书馆建筑面积44451平方米，藏书132.25万册。2013年度期末净资产275962万元。学校拥有计算机5867台（其中，教学用计算机4067台），网络多媒体教室208间，信息化设备资产10563.4万元，网络信息点12000个，接入互联网出口带宽500Mbps，电子邮件系统用户1944个，上网课程54门。有15个教学院（系、部）；开设13个本科公安专业，覆盖2个学科门类；有1个博士后科研流动站，4人在站；有法学、公安学、公安技术学3个一级学科博士学位授权点，法学、公安学、心理学、安全科学与工程、公安技术等5个一级学科硕士学位授权点，法律、警务、安全工程和公共管理等4个硕士专业学位授权点；有国家级特色专业点5个，公安学、公安技术2个一级学科国家重点学科，北京市重点学科4个，国家级实验教学示范中心2个，省部级重点实验室2个，北京市实验教学示范中心1个。全校教职工2133人，其中，专任教师651人，包括教授106人、副教授224人；有博士生导师40人、硕士生导师236人。享受政府特殊津贴28人。有外籍教师1人。2013年毕业生5125人，其中，学历教育学生中全日制研究生435人（博士生14人、硕士生421人），本科生1509人（其中，二学位生38人），成人教育本专科生3181（含校外）人。招收学生学员6129人，其中，学历教育学生中全日制研究生513人（博士生26人，硕士生487人），本科生2581人（其中，二学位生430人），成人教育本专科生3035（含校外）人。在校（籍）生16288人，其中，学历教育学生中全日制研究生1296人（博士生80人、硕士生1216人），本科生8184人（其中二学位生983人），成人教育本专科生6808（含校外）人。本科毕业生一次就业率91.79%，北京生源高考提档线文科552分，理科551分。全年承办各级公安领导干部和在职民警培训班110批次，学员共计13649人；承办港澳警务执法研修任务9期，学员186人；在校留学生78人。网址：www.ppsuc.edu.cn。

（邓杰）

【军保系新培训楼建成】 1月10日，公安大学军保系新培训楼建成投入使用。新建军保系培训楼分南、北两栋楼房，总建筑面积7000平方米，建有单人间学员宿舍93间，多媒体教室2个，会议室3个，自助餐厅1个，能同时满足举办两个培训班、学员总数100人的培训需要。该培训楼工程于2011年10月开始建设，总投入6000万元。

（邓杰）

【举办公安机关办理刑事案件程序规定培训班】 1月15至17日，公安大学举办全国公安机关办理刑事案件程序规定专题培训班。培训班采取集中授课形式，邀请全国法制专家讲授如何贯彻执行修订后的《公安机关办理刑事案件程序规定》。共培训来自全国31个省市自治区和新疆建设兵团，铁道、交通、民航、林业、海关公安机关，公安院校及公安部直属机关学员314人。

（邓杰）

【举办刑事科学技术信息化及新技术研讨会】 1月17至18日，公安大学和公安部刑事侦查局联合举办全国刑事科学技术信息化及新技术交流研讨会。会议研讨如何加强刑事科学技术工作理论联系实际能力、学校和公安机关关系、加快刑事科学技术专业和一流人才培养体系建设等内容。会议由大会交流和分组研讨组成，共收到来自全国25个省、直辖市374篇征文，经过筛选录用248篇，整理形成《刑事科学技术信息化及新技术研究论丛》。来自全国公安机关、政法院校及科研机构的百余名专家学者参加研讨会。

（邓杰）

【召开“双代会”】 1月21日，公安大学召开第四届教职工代表大会暨第五届工会会员代表大会第六次全体会议。会议听取并审议校党委书记、校长题为《以党的十八大精神为指导、在新的历史起点上全面开创学校工作新局面》的学校工作报告；表彰先进集体和个人。该校1112名代表参加会议。

（邓杰）

【谢飞逝世】 2月14日，公安大学谢飞因病在北京逝世，享年101岁。

谢飞，女，汉族，原名谢琼香，1913年2月3日出生于广东省文昌县（今海南省文昌市）。1956年12月任中央政法干部学校副校长。1959年3月，中央政法干部学校和中央人民公安学院合并为新中央政法干部学校，任副校长。1982年1月任中央人民公安学院副院长。1983年7月经中央组织部批准，享受副部长级待遇。1984年6月任中国人民公安大学顾问，同年担任公安部咨询委员会委员。1983年5月至1993年3月，谢飞同志担任第六届、第七届全国政协委员。1991年，被公安部授予人民警察一级金盾荣誉章。

（邓杰）

【10个系改建为学院】 3月4日和7月1日，公安大学10个系改建为学院。3月将法律系更名为法学院，治安系更名为治安学院，侦查系更名为侦查学院，犯罪学系更名为犯罪学学院，公安管理系更名为公安管理学院，刑事科学技术系更名为刑事科学技术学院，安全防范系更名为警务信息工程学院，信息安全工程系更名为网络安全保卫学院，军队保卫系改称军队保卫学院。7月将涉外警务系更名为国际警务执法学院。此次更名旨在推动学校学科建设、人才培养、对外交流等各项事业发展。

（邓杰）

【举办刑事科学技术人才培养与学科建设研讨会】 3月31日，公安大学举办刑事科学技术人才培养与学科建设专家研讨会。会议探讨和交流如何提高刑事科学技术专业教学和科研水平、更好地服务公安工作和公安队伍建设献计献策，重点就学科和专业的关系、通识教育和专业教育的关系、人才培养和人才需求的关系等内容。会议进一步明确该校刑事科学技术人才培养的目标定位和刑事科学技术的学科体系构架。来自最高人民法院、最高人民检察院、公安部、中国人民大学、中国政法大学、中国刑警学院、湖北警官学院、北京市公安局、江西省公安厅等单位的专家学者、教师代表50人参加研讨会。

（邓杰）

【举办网络安全与执法专业建设论坛】 4月20日，公安大学与公安部第三研究所联合举办第一届全国网络安全与执法专业建设高峰论坛。会议进一步总结当前中国网络安全保卫工作经验，探讨网络安全保卫工作发展趋势，明确网络安全保卫工作对高校专门人才培养的要求。来自全国公安政法院校和各地网络安全保卫部门负责人150人参加会议。

（邓杰）

【设立教师发展中心】 4月28日，公安大学设立教师发展中心。该中心为校属机构，挂靠组织人事处，中心主任由校领导兼任，设副主任2人，暂定工作人员编制2人。主要承担教师培训、教学咨询、青年教师培养、教学研究和校内外优质教学资源共享等方面的工作。

（邓杰）

【与中国电子科技集团公司签约合作】 5月17日，公安大学与中国电子科技集团公司签署合作协议。根据协议，双方在信息安全、移动通信管控和应急通信等领域开展合作。双方根据需要建立业务联动机制，对共同研发的技术、产品及相关标准等建立沟通及信息共享，共同对核心技术进行知识产权保护。

（邓杰）

【承办全国公安机关党务干部培训班】

6月3至8日，公安大学承办全国公安机关党务干部培训班。该培训班是公安部第一次举办全国性的、以党建工作为主要内容的专题培训班。培训班内容为党的十八大精神、思想政治工作、反腐倡廉建设等，共培训学员474人，分别为全国地级市以上公安机关党建工作骨干，以及部直属有关单位党建工作部门负责人。

（邓杰）

【举办中欧警务培训项目警务管理培训班】 6月3至8日，公安大学举办中欧警务培训项目警务管理培训班。培训班由欧方专家介绍芬兰、西班牙两国警察招募培训、课程开发、效果评估、队伍管理等方面情况，并就学员关心的一些问题进行互动交流。来自全国公安系统学员25人参加学习。

（邓杰）

【举办公安机关侦查人员合法取证指引研讨会】 6月23日，公安大学举办公安机关侦查人员合法取证指引研讨会。会议围绕“物证、书证合法取证指引”“勘验、检查、辨认、侦查实验笔录合法取证指引”“犯罪嫌疑人供述和辩解合法取证指引”“证人证言、被害人陈述合法取证指引”“法官、律师视野下的侦查人员合法取证”等内容展开研讨。来自最高人民法院、公安部和北京、江苏、辽宁、黑龙江等地政法公安机关，以及中国社会科学院、清华大学、北京大学等单位专家学者80人参加会议。

（邓杰）

【团河校区新建教学楼竣工】 7月1日，公安大学团河校区新建教学楼竣工交付使用。新建教学楼位于团河校区A、B楼北侧，办公楼西侧，总建筑面积9937.17平方米，地上5层，局部6层，建筑标高为25.2米，东西长87.6米，南北宽35.55米，整体呈凹字形状，南面为主立面，楼前建广场，面积约为1200平方米。教学楼共设教室48间，350人阶梯教室1间，90人大教室37间，48人小教室10间，能满足4160名学生同时上课。该工程2012年8月启动，总投入4300余万元。

（邓杰）

【木樨地校区研究生教室、宿舍投入使用】 8月，公安大学新建木樨园校区研究生教室、宿舍投入使用。该项目总建筑面积7200平方米，宿舍楼地上3层，共有宿舍104间，教学楼地上2层地下一层，共有教室31间，并修建地下靶场。改造后的教室、宿舍为钢筋混凝土框架结构。该工程2013年5月启动，总投入1800余万元。

（邓杰）

【首批西藏在职民警专业证书班开班】 9月12日，公安大学首批西藏在职民警专业证书班开班。该班为落实公安部政治部关于开展“全国公安机关少数民族干部培养计划”，对西藏自治区选派的民警进行为期1年脱产教育培训，开设《法理学》《公安学基础》和《警察防卫与控制》等18门课程。首批培训学员95人。

（邓杰）

【启用新校歌】 9月18日，公安大学启用新校歌。新校歌由集体创作作词、郝香才作曲。校歌歌词凝练、曲调刚健、节奏鲜明，体现公安大学的历史传承、办学定位、精神特质、社会评价。

（邓杰）

【改革学术型研究生培养体制】 9月，公安大学改革研究生培养体制机制。该校按公安学、公安技术一级学科及下设研究方向搭建平台，完成导师组调整工作，自2013级开始全部学术型研究生按照公安学、公安技术、法学3个一级学科进行培养。

（邓杰）

【组建两个学校“2011协同创新中心”】

10月10日，公安大学组建“网络犯罪与信息安全”和“边疆安全与平安中国”两个学校“2011协同创新中心”。“网络犯罪与信息安全”协同创新中心由该校与公安部一所、中国电子科技集团30所、北京大学软件与微电子学院等7家协作单位合作，开展网络犯罪与信息安全的法律问题、网络社会安全管理技术、网络攻防技术等8个领域研究。“边疆安全与平安中国”协同创新中心由该校与北京大学、兰州大学中亚研究所、公安部有关业务局等7家协作单位合作，开展国际关系与边疆安全、边疆史地与文化、边疆地区反分裂反渗透等7个领域研究。

（邓杰）

【召开警察出庭作证理论与实践研讨会】 10月13日，公安大学召开警察出庭作证理论与实践研讨会。会议分为项目报告、模拟庭审和警察出庭作证实务问题研讨三个部分。会议听取“警察出庭作证”课题组的项目报告，观摩“警察出庭作证”的模拟庭审，并就“警察出庭作证实务问题”“警察作证与庭审中的辩护问题”“警察作证与庭审中的审判问题”进行研讨。来自全国各地公安机关、人民法院、人民检察院和高校院所的专家学者、律师以及该校师生代表120人参加会议。

（邓杰）

【校史馆揭牌】 10月15日，公安大

学校史馆揭牌。校史馆占地1300平方米，分为光辉历程、学府风范、英才辈出等展厅，从公安一级学科建设、人才培养、教学科研、师资队伍、高级警官培训、对外交流和外警培训、基础设施建设等方面，全面回顾学校建校65年来走过的光辉历程，突出展示学校历经几代人建设所取得的丰硕办学成果。

（邓杰）

【举办纪念建校65周年系列活动】 10月至12月，公安大学举办系列活动纪念建校65周年。校庆纪念活举办第五届国际警务论坛、组织办学成果对外宣传报道、开展校情校史教育等活动。该校是公安部直属的普通高等院校暨公安部高级警官学院，创办于1948年7月，历经华北公安干部学校、中央公安干部学校、中央人民公安学院、中央政法干部学校等时期。1984年1月，改建为全日制普通高等本科院校。1998年2月，与原中国人民警官大学合并，组成新的中国人民公安大学。建校65年来，为全国公安政法机关培养、输送20余万名各级领导、业务骨干和专门人才。

（邓杰）

【举办信息化背景下侦查方法创新与法律规制研讨会】 11月16日，公安大学举办信息化背景下侦查方法创新与法律规制研讨会。会议研讨公安信息化建设现状及发展、信息化侦查存在的问题及对策、视频侦查的现状与展望、动态视频影像的同一认定、信息化侦查与电子取证、视频警务的实践与思考、信息化侦查本科教学等问题。来自公安部和北京、辽宁、湖南、江苏、浙江等地高等院校和公安机关专家学者30人参加会议。

（邓杰）

【举办现场处置指挥战术理论与实践研讨会】 11月29日，公安大学举办首届全国公安机关现场处置指挥战术理论与实践研讨会。会议研讨警务实战指挥机制、处置突发事件的指挥和战术运用、警用武器装备应用等问题，收到会议论文200余篇，遴选优秀论文137篇，并以匿名评审方式评选出一等奖论文3篇、二等奖论文6篇、三等奖论文10篇。来自全国各地公安机关及院校专家学者60人参加会议。

（邓杰）

【成立公安遥感应用工程技术研究中心】 12月30日，公安大学成立公安遥感应用工程技术研究中心。该中心为学校在编科研机构，主要任务是做好公安遥感高分项目建设及公安遥感技术应用的研究和推广服务工作，挂靠科研处，编制6人，设主任1人，副主任1人。

（邓杰）

【调整设立研究生部和学生工作处学生大队】 12月30日，公安大学调整研究生部和学生工作处学生大队。研究生部调整设立3个大队，分别为法学大队、公安学大队和公安技术大队；学生工作处调整设立14个大队，分别为法学大队、治安大队、侦查大队、公安情报大队、犯罪学大队、公安管理大队、国际警务执法大队、警务指挥战术大队、刑事科学技术大队、警务信息工程大队、交通管理工程大队、网络安全保卫大队、国防生大队和试点改革大队。该校本次调整本着“专业方向匹配、学区布局合理、学生人数适当”的原则，旨在进一步完善与办学规模相适应的学生管

理体制，增强教管合力和学生专业归属感。

（邓杰）

【承办高级警官培训班】　至年底，公安大学承办公安部多项高级警官培训班。该校承办第 93 至 97 期警督晋升警监警衔培训班、全国优秀公安局长专题培训班、全国公安英模专题培训班、第 15 期高级警官研修班和第二期鲁迅文学院公安作家研修班等 20 个培训班，共培训 6379 人次。

（邓杰）

国际关系学院

党委书记　刘慧
院　　长　陶坚

【概况】　2013 年，国关学院占地面积 15.80 万平方米，学校产权建筑面积 12.50 万平方米。全年教育经费投入 19686.39 万元，其中，国家拨款 15025.39 万元、自筹经费 4661 万元。固定资产总值 42657.79 万元，其中，教学、科研仪器设备资产值 5616.40 万元。图书馆建筑面积 5925 平方米，藏书 121.19 万册，其中，纸质图书 39.51 万册、电子图书 81.68 万册。拥有计算机 1885 台。学校信息化经费投入 660 万元，多媒体教室座位 4200 个，信息化设备资产 3258.85 万元，网络信息点 4850 个，校园网出口总带宽 1000Mbps，电子邮件系统用户 4200 个，上网课程 15 门，数字资源 100000GB，管理信息系统数据总量 12000GB。下设 7 个院（系、部）；开设 10 个专业及覆盖 14 个学科；现有一级学科 3 个，硕士学位授权点 15 个和专业学位授权点 2 个。北京市重点学科 1 个。教职工 359 人，其中，专任教师 150 人，包括教授 26 人、副教授 64 人；博士生导师 8 人、硕士生导师 179 人。享受政府特殊津贴专家 5 人。外籍教师 8 人，其中，教授 1 人、副教授 2 人。毕业生 1297 人，其中，学历教育学生中全日制硕士研究生 171 人，普通本科生 638 人，成人教育本专科生 181 人（本科生 159 人、专科生 22 人）；研究生课程进修班 307 人。本科毕业生就业率 91.54%。招生 1388 人，其中，学历教育学生中全日制硕士研究生 221 人，普通本科生 601 人、成人教育本专科生 157 人（本科生 112 人、专科生 45 人）；研究生课程进修班 409 人。高考北京地区提档线理科 623 分，文科 558 分。在校生 3829 人，其中，学历教育学生中全日制硕士研究生 443 人，普通本科生 2493 人、成人教育本专科生 420 人（本科生 365 人、专科生 55 人）；研究生课程进修班 473 人。留学生毕业 50 人，招生 29 人，在校生 29 人。网址：www.uir.cn。

（任婉君）

【成立外语学院及美国研究所】　3 月 30 日，国关学院外语学院及美国研究所成立。外语学院是在原英语系和日法语系的基础上整合而成，主要发扬传统、开拓创新，推动学校外语学科建设。美国研究所是隶属于外语学院的实体研究机构，主要以美国社会文化为研究重点，形成具有外语学院特色的美国研究。

（任婉君）

【举办心理健康月系列活动】　5 至 6 月，国关学院举办心理健康月系列活动。活动包括心理健康宣传展、心理委员危机干预培训、心理图书赠送、心理素质团体训练、学生心理工作及危机干预联席会议、放松练习指导光碟制作等内容。该校师生 500 人次参加活动。

（任婉君）

【召开网络空间的国家安全学术研讨会】　6 月 22 日，国关学院召开网络

空间的国家安全学术研讨会。会议以“网络空间的国家安全”为主题，从国际政治、军事、经济、信息等不同角度展开主题发言并讨论。会议听取解放军二炮司令部、国防大学等单位的专家作主题发言。来自国内研究机构和高校相关领域专家学者 50 人参加会议。

（任婉君）

【举办夏宫论坛】　6 月 29 至 30 日，国关学院举办首届夏宫论坛。论坛采取主题发言、互动讨论形式研讨“高等院校的社会责任及与企（商）业界的关系”“大学、创新、合作”两个议题，并就高校的社会责任及与企业的关系达成战略共识。来自国内高校、企业、政府部门人员以及该院师生 100 人参加论坛。

（任婉君）

【首次实行国际夏季学期】　7 月，国关学院首次实行国际化夏季学期。夏季学期中，共开设 7 类 23 门课程，由来自美国、俄罗斯、法国、台湾地区等高校的 18 名教师用英文授课。该院 700 名本科生和研究生参加夏季学期学习。

（任婉君）

【《中国与国际关系学刊》（JCIR）创刊】　12月6日，国关学院主办的《中

国与国际关系学刊》（JCIR）创刊。该刊物是与丹麦奥尔堡大学联合主办的国际性学术期刊，面向全球发行。

（任婉君）

【举办国际安全研究论坛】　12 月 7 日，国关学院举办首届国际安全研究论坛。论坛以“全球冲突与人的安全”为主题，研讨“冲突治理与人的安全”“‘人的安全’理论探析”和“海外华人安全与利益保护”等 5 个议题。来自国内外 40 多家高校、科研机构、企业的专家学者和该院研究人员 100 人参加会议。

（任婉君）

【举办大国关系研究方法讲习班】　12 月，国关学院举办首期“大国关系研究方法讲习班”。讲习班面向该校师生，邀请该院教授讲授大国关系研

究方法入门、欧洲研究方法入门等内容。来自国内10所高校79名学生参加学习。

（任婉君）

北京体育大学

党委书记 杨桦
校　　长 杨桦

【概况】 2013年，北京体育大学占地面积75.52万平方米、学校产权建筑面积58.07万平方米。固定资产总值206909.78万元，其中，教学、科研仪器设备资产值14558.90万元。图书馆建筑面积5766平方米，纸质图书103.5万册、电子图书4970GB。拥有计算机3582台。全年教育经费投入48630.40万元，其中，国家拨款35471.92万元、自筹经费13158.48万元。学校信息化设备资产6955.37万元，网络信息点9000个，校园网出口总带宽1000Mbps，电子邮件系统用户1882个，上网课程27门，数字资源量6320GB，管理信息系统数据总量14GB。校区设置8个院、5个系、2个中等专业学校；开设本科专业13个，覆盖教育学、文学、理学、医学、管理学5个学科门类，其中国家级特色专业建设点3个，北京市特色专业建设点4个；拥有体育学一级学科博士学位授予点1个，一级学科硕士学位授权点4个，二级学科硕士学位授予点1个，以及体育硕士专业学位授予点和高校师资学位授予点；体育学博士后科研流动站1个，其中，博士后研究人员出站5人、进站6人和在站17人。有国家重点学科4个、省部级重点学科12个，省部级优秀重点学科2个，省部级重点实验室5个，省部级体育哲学社会科学重点研究基地1个，北京市高等学校工程中心1个，国家级实验教学示范中心1个，北京市高校实验教学示范中心2个。在职教职工1038人，其中，专任教师690人，包括教授139人、副教授185人；博士生导师61人、硕士生导师182人。毕业生3630人，其中，学历教育学生中全日制研究生590人（博士生81人、硕士生509人），普通本科生1875人，成人教育本专科生1165人（本科生544人、专科生621人）；研究生课程进修班56人。本科毕业生就业率95.43%。招生5122人，其中，学历教育学生中全日制研究生727人（博士生101人、硕士生626人），普通本科生2377人、成人教育本专科生1858人（本科生759人、专科生1099人），非计划招生高等教育学生中在职人员攻读硕士学位118人，研究生课程进修班42人。在校生14462人，其中，学历教育学生中全日制研究生2111人（博士生355人、硕士生1756人），普通本科生8635人，成人教育本专科生3494人（本科生1597人、专科生2098人）；非计划招生高等教育学生中在职人员攻读硕士学位222人。留学生毕业19人，招生291人，在校生1261人。网址：www.bsu.edu.cn。

（董健）

【世界大学生夏季运动取得好成绩】 7月6至18日，北体大学生在第27届俄罗斯喀山世界大学生夏季运动会上取得好成绩。该校学生参加举重、击剑、羽毛球、柔道、桑搏、艺术体操、射击7个大项比赛，获得金牌6枚、银牌4枚、铜牌1枚。

（董健）

【召开世界运动心理学大会】 7月21至25日，北体大召开第13届世界运动心理学大会。会议以“和谐生活 追求卓越”为主题，展示竞技运动、大众锻炼、学校体育三大领域运动心理学的理论与应用成果，对研究现状进行总结与反思，介绍新的研究成果、研究视野，共同探讨运动心理学未来的发展方向与前景。会议共举办9场主题报告、63场专题报告会、墙报交流570张、工作坊8个。参会代表包括国外学者433人、中国大陆学者175人、港台学者52人。世界运动心理学大会始办于1965年，四年举办一届。这是该会议第二次在亚洲国家召开。

（董健）

【获全国群众体育先进表彰】 8月14日，北体大获全国群众体育先进表彰。该表彰由国家体育总局主办，该校团委获得全国群众体育先进单位称号，理学院管理学教研室主任获全国群众体育先进个人称号。

（董健）

【第12届全运会上获奖】 8月31日至9月12日，北体大在第12届全运会上获奖。该校315名师生参加全运会，其中，裁判员27人、教练员31人、运动员257人。运动员分别代表26个省市自治区及行业体协，参加25个大项的比赛，获得金牌41枚、银牌30枚、铜牌33枚。其中，该校自主培养的运动员获得金牌10枚、银牌9枚、铜牌10枚。

（董健）

【校史馆开馆】 9月23日，北体大

校史馆开馆。校史馆位于学校第二教学楼一层，占地面积1000平方米。整个展览分为序厅、荣誉墙、办学历程展区和办学成果展区4个部分，全面、系统地记载学校发展的历史，收藏并展示大量珍贵的文献资料、图片和实物，真实、生动、形象地展示该校建校60年来走过的风雨历程和取得的丰硕成果。

（董健）

【举办第五届中外大学校长体育论坛】 9月25日，北体大举办第五届中外大学校长体育论坛。论坛研讨未来十年体育学的发展趋势问题。来自德国科隆体育大学、武汉大学、俄罗斯国立体育青年旅游大学等11所国内外高校校长参加论坛。该论坛始于1993年，5年举办一届。

（董健）

【举办建校60周年纪念活动】 9月26日，北体大举办建校60周年纪念会。纪念会回顾学校发展历程，总结办学经验，展示办学成就，弘扬优良

传统，展现师生风采。来自教育部、国家体育总局、北京市领导，国内高校代表以及该校校友、师生近万人参加活动。该校筹建于1952年，1953年举行开学典礼，原名中央体育学院，1956年更名为北京体育学院，1993年更名为北京体育大学。

（董健）

【召开第12次党代会】 9月28日，北体大召开第12次党代会。会议审议通过题为《全面贯彻落实党的十八大精神、不断开创世界一流体育大学建设新局面》党委工作报告和纪委题为《全面履行党章赋予职责、积极构建惩防体系、保障学校科学发展、开创反腐倡廉工作新局面》纪委工作报告。选举产生中共北京体育大学第12届党委委员、纪委委员。该校党代表150人、列席代表85人参加会议。

（董健）

【与国外5所学校签订合作协议】 至年底，北体大与5所国外学校签订合作协议。分别是美国博林格林州立大学、巴西坎皮纳斯州立大学、波兰波兹南比亚塞斯大学、印尼教育大学和印尼巴苏丹师范学院。根据协议，该校将与国外高校开展学生培养、教师和科研人员的培养、科研项目、科研与文化项目等方面的合作。

（董健）

中央音乐学院

党委书记 郭淑兰

院　　长 王次炤

【概况】 2013年，中央音乐学院占地面积6.1万平方米，建筑面积14.4万平方米。固定资产总值54411.41万元，其中，教学、科仪器设备资产值16175.63万元。全年教育经费投入47761.70万元，其中，国家拨款40112.38万元、自筹经费7649.32万元。图书馆建筑面积4497平方米，藏书54.19万册，其中，图书11.11万册，乐谱16.63万册，期刊1.58万册，音像资料24.87万件。拥有计算机1187台。有多媒体教室24个，信息化设备资产4665.99万元，网络信息点2046个，校园网出口总带宽1210Mbps，电子邮件系统用户939个，上网课程58门，数字资源量2200GB，管理信息系统数据总量60.24GB。设有12个教学部门，1个音乐学研究所和1所附属中等音乐学校。有一级学科博士学位授权点1个，含二级学科3个。有一级学科硕士学位授权点1个，含二级学科6个。博士后流动站1个，其中，博士后研究人员出站2人，进站2人，在站7人。教育部人文社会科学重点研究基地1个，国家级实验教学示范中心1个，北京市实验教学示范中心2个和国家人才培养模式创新实验区2个。有教职工707人，其中，专任教师416人，包括教授117人、副教授118人；博士生导师34人、硕士生导师137人。有国家有突出贡献专家5人、享受政府特殊津贴专家18人。外籍教师29人，其中，教授22人、副教授2人。毕业生1731人，其中，学历教育学生全日制研究生141人（博士生30人、硕士生111人），普通本科生326人，网络教育本专科生1261人（本科生695人、专科生569人）。本科毕业生就业率95.64%。招生1933人，其中，学历教育学生全日制研究生192人（博士生26人、硕士生166人），普通本科生349人，网络教育本专科生1392人（本科生779人、专科生613人）。高考北京地区本科提档线音乐学专业352分，作曲与作曲技术理论专业272分，音乐表演专业272分。在校生7609人，其中，学历教育学生全日制研究生581人（博士生101人、硕士生480人），普通本科生1486人，网络教育本专科生5542人（本科生4294人、专科生1248人）。留学生毕业8人，招生12人，在校生32人。网址：www.ccom.edu.cn。

（王天红）

【两乐团赴欧巡演】 3月20至27日

和7月21日至8月2日，中央音乐学院两乐团赴欧洲巡演。3月20至27日，该院中国青年交响乐团赴欧巡演，举办演出中交响音乐会3场、室内乐音乐会2场，演出《图画展览会》《失去的乐园》《弗雷德里希的梦呓》等曲目。7月21日至8月2日，该院民族管弦乐团首次赴欧巡演，举办音乐会4场，演出《高山流水》《百鸟朝凤》《月儿高》等曲目。

（王天红）

【与3所国外高校签订合作协议】 4月26日和9月26日，中央音乐学院与3所国外高校签订合作协议。4月26日，该院与瑞士日内瓦高等音乐学院和德国汉堡国立音乐与戏剧大学分别签订合作协议，根据协议，该院与日内瓦高等音乐学院开展邀请专家、学者讲学和考察、交换音乐信息及书谱、唱片资料等合作，与汉堡国立音乐与戏剧大学开展大学生交流项目及特别硕士项目合作。9月26日，该院与荷兰阿姆斯特丹音乐学院签订合作协议，根据协议，双方开展课程设置研究、学生联合培养以及教师互访等领域合作。

（王天红）

【举办音乐孔子学院音乐节】 4月30

日至5月4日，中央音乐学院举办音乐孔子学院首届音乐节。该音乐节在该院丹麦皇家音乐学院孔子学院举办，由9个大师班、1个远程教学讲

座、2场音乐会组成。中央音乐学院师生参加演出和教学。来自中国、丹麦两国音乐爱好者100人参加活动。

（王天红）

【举办马泽尔大师班】 5月3日，中央音乐学院举办马泽尔大师班。大师班邀请指挥大师、德国慕尼黑爱乐乐团音乐总监洛林·马泽尔（Lorin-Maazel），对该院交响乐团排练贝多芬《D大调小提琴协奏曲》第一乐章，并现场指挥，对乐团学员进行指导。大师班期间，马泽尔还与该院师生就中国民乐进行交流。

（王天红）

【与港台4所高校签订合作协议】 5月28日至6月5日，中央音乐学院与港台4所高校签订或续签合作协议。5月28日，该院与香港演艺学院续签合作协议，继续开展师生互访、互换以及中长期学术活动项目。5月31日，该院与台湾艺术大学和台北艺术大学签订合作协议。6月4日，该院与台南艺术大学签订合作协议。双方在学术交流、艺术实践和图书文献数据信息交流等方面进行合作，有效期5年。

（王天红）

【获国际比赛大奖】 5至8月，中央

音乐学院学生在3项国际比赛中获奖。5月，该院学生在第50届克林根塔尔国际手风琴比赛上获得三项第一名。7月，该院学生“琥珀四重奏”组合在亚太国际室内乐比赛决赛中获得“四重奏组金奖”“最佳现代作品诠释奖”“所有组合类别总冠军”。8月，该院学生在布达佩斯—维也纳国际低音提琴艺术节上获得前三名。

（王天红）

【举办青年国乐团首演音乐会】 9月9至10日，中央音乐学院举办青年国乐团首演音乐会。音乐会演出谭盾《英雄》、周龙《空谷流水》、陈怡《中国寓言故事》等7部作品。来自国内外音乐爱好者700人观看演出。该院青年国乐团成立于2013年，由该院民乐专业教师20人组成。

（王天红）

【举办校外音乐水平考级20周年庆祝活动】 10月18日，中央音乐学院举办校外音乐水平考级设立（开展）20周年庆祝活动。活动分别由教育部、该院和全国各考点相关负责人发言，回顾该院校外音乐水平考级的发展历史，以及从国内最初在个别偏远地区设点到现如今在海外逐步扩展的发展情况，并对今后考级工作进行展望。来自教育部、文化部、该院领导以及全国各省考点负责人120人参加活动。该院校外考级工作始于1995年，至今编写和开设25个专业的教材和考试，在全国24个省、市，近四十个城市设立考级点，并在新加坡、马来西亚、美国、加拿大开展考级工作。

（王天红）

【举办《李岚清音乐作品集》首发式暨作品音乐会】 10月20日，中央音乐学院举办《李岚清音乐作品集》首发式暨作品音乐会。《李岚清音乐作品集》收录李岚清不同时期作词、作曲的各种版本音乐作品，包括《蓓蕾之歌》（1999年）、《鉴真东渡》（2006年）、《二泉——为阿炳画像》（2005年）等13首声乐器乐作品，由该院出版社出版，分为乐队总谱、钢琴伴奏谱、简谱三部分，并附录光盘两张。作品音乐会上，该院交响乐团、合唱团、少年合唱团演奏（唱）李岚清作词、作曲的9部声乐和管弦乐作品。来自全国13所重点综合性大学，15所艺术院校，以及14家文艺团体的单位代表700人参加活动。

（王天红）

【举办布里顿百年诞辰系列纪念活动】 11月12至16日，中央音乐学院举办布里顿百年诞辰系列纪念活动。该活动由该院与英国布里顿—皮尔斯基金会、英国驻华大使馆合办，由生平展览、布里顿弦乐队作品音乐会、布里顿学术研讨会等内容组成。来自国内外专家学者和音乐爱好者500人参加活动。

（王天红）

【一人获得金钟奖终身成就奖】 11月，中央音乐学院于润洋教授获得金钟奖终身成就奖。该奖项由中宣部批准设立，该院于润洋教授荣获金钟奖终身成就奖、钢琴系学生鹿尧在钢琴比赛中荣获冠军，民乐专业学生在民乐组合、古筝、二胡，三大板块比赛中获得金、银、铜等多个奖项。

（王天红）

【举办弹拨音乐节】 12月1至6日，中央音乐学院举办首届弹拨音乐节。音乐节是以琵琶、阮、三弦、柳琴为主要展示内容的学术活动，由大师讲座、讲座音乐会组成和专场音乐会，共举办5场大师讲座、10场讲座音乐会和3场专场音乐会。来自国内外专家学者和音乐爱好者300人参加活动。

（王天红）

【一人获艺文奖】 12月19日，中央音

乐学院叶小钢教授获中华艺文奖。该奖项由中国艺术研究院主办，本届评选出“终身成就奖”10人，“艺文奖”获奖者9人。该院教授叶小钢获得“艺文奖”。叶小钢，中国当代最著名作曲家，该院副院长、博士生导师，代表作《玉观音》《地平线》《喜马拉雅之光》等。

（王天红）

中国音乐学院

党委书记　闫拓时
院　　长　赵塔里木

【概况】 2013年，中国音乐学院占地面积4.42万平方米，学校产权建筑面积4.99万平方米。固定资产总值20693.22万元，其中，教学、科研仪器设备资产值2880.09万元。图书馆建筑面积3351平方米，藏书

29.87万册，其中，纸质图书29.87万册、电子图书1300GB。拥有计算机798台。全年教育经费投入30359.56万元，其中，国家拨款24171.25万元、自筹经费6188.31万元。学校信息化设备资产1460.52万元，网络信息点3600个，校园网出口总带宽85Mbps，电子邮件系统用户2000个，数字资源量3634GB，管理信息系统数据总量500GB。校区设置11个院（系、部）；开设3个专业及覆盖40个专业方向；具有一级学科1个，一级学科博士点1个，博士学位授权点1个，硕士学位授权点1个和专业学位授权点1个；博士后流动站1个，其中，博士后研究人员进站6人和在站6人。北京市重点学科1个；国家级优秀教学团队1个，国家级特色专业建设点3个，教育部人才培养模式创新试验区1个，北京市哲学社会科学研究基地1个。教职工387人，其中，专任教师223人，包括教授48人、副教授63人；博士生导师40人，硕士生导师96人，博士、硕士导师30人。国家级有突出贡献的中青年专家3人、享受政府特殊津贴专家41人、国家级教学名师2人、北京市教学名师7人、全国中青年“德艺双馨”教师3人。外籍教师18人，其中，教授16人、副教授2人。毕业生746人，其中，学历教育学生中全日制研究生103人（博士生16人、硕士生87人），普通本科生261人，成人教育本专科生354人（本科生233人、专科生121人）；非计划招生高等教育学生中在职人员攻读硕士学位28人。本科毕业生就业率95.52%。招生816人，其中，学历教育学生中全日制研究生141人（博士生19人、硕士生122人），普通本科生316人、成人教育本专科生295人（本科生249人、专科生46人）；非计划招生高等教育学生中在职人员攻读硕士学位64人。高考北京地区本科提档线音乐学专业文科371分，理科379分；作曲与作曲技术理论专业文科296分，理科303分；音乐表演专业文科272分，理科278分。在校生2464人，其中，学历教育学生中全日制研究生385人（博士生54人、硕士生331人），普通本科生1329人，成人教育本专科生611人（本科生499人、专科生112人），非计划招生高等教育学生中在职人员攻读硕士学位139人。留学生毕（结）业81人，招生84人，在校生102人。网址：www.ccmusic.edu.cn。

（田婷）

【民族音乐文化课题结项】 3月6日，中国音乐学院举办“中华民族音乐文化当代发展北京示范区建设研究”结项评审会。该课题是北京市哲学社会科学规划项目、市教委人文社科2010年度重点项目。课题经答辩后，评审专家组全票通过结项。专家组高度肯定该项目所取得成果，认为课题以宏观视角和富有创意前瞻性策略为北京音乐文化建设提供可资参考的研究成果。该课题2010年立项，项目负责人为闫拓时教授，主要研究在后奥运时代，对北京音乐的历史、现状、教育、传播等进行全面调研，通过探索区域音乐研究与实践的新范式，去回答中华民族音乐文化在当代如何保护与传承，如何发展的问题，取得良好社会反响。

（田婷）

【举办中国之声作曲比赛】 3月21

日，中国音乐学院举办第一届“中国之声”作曲比赛颁奖仪式。比赛以“立足传统，创造未来；基于民族，面向世界”为主题，于2012年10月启动，分中国民族器乐、西洋管弦乐器以及钢琴三个类别，共收到参赛作品200余部，经过初赛、复赛，评审出34部作品进入决赛（其中学生组和作曲家组各17部），通过现场演奏评选出作品一、二、三等奖以及作品演奏奖。

（田婷）

【成立金铁霖中国声乐教研中心】 4月2日，中国音乐学院成立金铁霖中国声乐教研中心。中心的设立旨在建设一个专门从事声乐教学、研究、技术创新和学术推广的基地，以推动中国声乐艺术走向世界。中心主要面向本校学生开设教学及研究。金铁霖中国声乐教研中心的前身是成立于2006年的金铁霖声乐艺术中心，6年来，金铁霖声乐艺术中心已在人才培养、教材出版等多方面取得一系列成果。

（田婷）

【举办达斡尔族传统歌舞展演】 4月19至20日，中国音乐学院举办四方言区达斡尔族歌舞展演暨达斡尔族传统歌舞学术研讨会。活动依托该院“民族音乐研究教学实践”基地（内蒙古、黑龙江）项目。歌舞展演由来自呼伦贝尔莫旗、黑龙江省齐齐哈尔、呼伦贝尔鄂温克旗、新疆塔城的50名达斡尔族民间艺术家表演本地区最具代表性的民歌、说唱和舞蹈等20个节目，集中展示达斡尔族传统歌舞的艺术魅力，400余人观看演出。研讨会围绕达斡尔族传统歌舞艺术的区域特色、保护与传承、复苏与活力等相关学术问题进行研讨，来自全国达斡尔专家学者80人参加会议。

（田婷）

【举办中国钢琴音乐发展论坛】 4月23至25日，中国音乐学院举办中国钢琴音乐发展论坛。论坛与《钢琴艺术》杂志联合主办，对中国钢琴作品的教学和研究等内容进行交流，共举办6场专题讲座和1场中国钢琴作品展演。来自全国九大音乐院校100名专业教师参加论坛。

（田婷）

【举办第五届全国考级大赛】 4月29

日至5月1日，中国音乐学院举办第五届全国考级大赛。比赛从全国各考点、考区经过选拔，推出优秀选手2000名入选北京决赛。组委会聘请47名国内知名的专家、教授，设立

12个赛场，按不同专业、不同级别进行选拔比赛。比赛期间还在该院举办四场展演音乐会，由获奖选手和该院附中学生共同演出。中国音乐学院全国考级大赛自2005年开始，每两年举办一次。至此，该院考级人数累计超过百万，在全国设有17个大区，拥有300余个考区、考点。

（田婷）

【与北京演艺集团签约合作】　5月23日，中国音乐学院与北京演艺集团签订合作协议。根据协议，该院将依托自身人才优势，为北京演艺集团提供人力资源等方面的支持；北京演艺集团将依托重大演出项目，与该院开展合作，为该院提供教育教学实践平台，提高学校教学成果转化水平。

（田婷）

【共建民族音乐研究基地】　6月26日，中国音乐学院与文化部民族民间文艺发展中心共建民族音乐研究基地。基地建立后，双方将合作规划、开展各项学术活动，努力在民族音乐研究、文化人才培养等方面取得成果。文化部民族民间文艺发展中心是文化部下属的科研单位，其主要任务是全面承担中国民族民间文艺的搜集、整理、保护、研究、开发工作。

（田婷）

【举办许敬行教学60周年学术活动】　9月8日，中国音乐学院举办许敬行教学60周年学术活动。活动由研讨会和汇报音乐会组成。研讨会肯定许敬行从事音乐基础理论、视唱练耳教学60年来所取得的成就。汇报音乐会在中国音乐学院国音堂音乐厅举行，许静行与所教授的学生同台演出，700人观看演出。许敬行，1924年出生于福建省龙海市，1953年毕业于北京师范大学音乐系。1985年到中国音乐学院工作。自1953年参加工作以来，从事音乐基础理论、视唱练耳教学60年，先后执教于北京艺术学院、中央音乐学院、中国音乐学院等高校。

（田婷）

【举办第五届北京传统音乐节】　10月9至13日，中国音乐学院举办第五届北京传统音乐节。音乐节以“礼乐重建”为主题，包括7场展演、6场研讨会和3场大师班。来自中国、日本、韩国、印度尼西亚、越南、柬埔寨6个国家的16个雅乐团体参加展演，国内外60余名专家参加会议。北京传统音乐节创建于2009年，每年举办一届，每届一个主题。

（田婷）

【两教授获金钟奖终身成就奖】　11月，中国音乐学院冯文慈、李重光两名教授获得第九届中国音乐金钟奖终身成就奖。中国音乐金钟奖创办于2001年，是由中国文学艺术联合会和中国音乐家协会共同主办的国家级音乐综合艺术奖项。其“终身成就奖”是授予部分为推动中国音乐事业发展做出卓越贡献、德高望重的老一辈音乐家，表彰和铭记他们的历史功绩。第九届中国音乐金钟奖共有6人获得终身成就奖。冯文慈，音乐学家，笔名明柯，1926年生于天津市，1950年毕业于北京师范大学音乐系，中国音乐学院教授、中国音乐史学会会长。李重光，1929年出生于山东省栖霞县，中国音乐学院作曲系教授，中国视唱练耳乐理学会副会长，先后发表歌曲、器乐曲140余首，文章100余篇。

（田婷）

【举办金铁霖从教50周年学术活动】　12月6日，中国音乐学院举办金铁霖从教50周年学术研讨会和学术音乐会。活动由市教委、市文联、中国音乐学院联合主办。研讨会以“如何为中国声乐开拓更加美好的未来”为主题，对现阶段中国声乐发展面临的问题以及未来的发展方向进行探讨，来自全国近百名专家学者参加研讨会。音乐会上，数十名金铁霖教授培养出的优秀中青年歌唱家演唱《在希望的田野上》《爱我中华》《走进新时代》等30首歌曲。金铁霖，1940年出生，黑龙江省哈尔滨市人，1965年毕业于中央音乐学院，1981年到中国音乐学院工作。1996年至2009年担任中国音乐学院院长，是中国音乐学院博士生导师。现任中国音乐学院名誉院长、全国政协委员、中国民族声乐艺术研究会会长。

（田婷）

【举办纪念李凌诞辰百年学术思想研讨会】　12月11日，中国音乐学院举办纪念李凌诞辰百年暨李凌学术思想研讨会。会议由中国文联、中国音乐家协会、中国国家交响乐团、中国音乐学院、中央音乐学院共同主办。会议回顾李凌在新民族主义革命时期、建国初期和社会主义新时期做出的卓越功绩，并对李凌音乐思想、美学观念、教育理念等进行学术研讨，分析李凌先生的文化事迹和著述作品。来自全国专家学者80人参加会议。李凌（1913～2003），音乐评论家、音乐教育家、音乐活动家。1938年在延安鲁迅艺术学院学习，曾任该校教务处教育科长。1940年在重庆参与创办《新音乐》杂志，开展新音乐运动。1981年任中国音乐学院院长。他是创建中央音乐学院、中央乐团、复建中国音乐学院的倡导者之一。2001年被授予首届中国音乐金钟奖终身荣誉勋章。

（田婷）

【举办全国乐器学研讨会】　12月21至22日，中国音乐学院举办全国乐器学研讨会。研讨会以“民族低音拉弦乐器改良与民族管弦乐队发展”为主题，对民族管弦乐发展、民族乐器改良过程中存在的问题进行研讨并提出建议，就筹建“中国乐器学会”达成共识。来自全国艺术院校及从事乐器学、乐器改良方面的专家学者30人参加会议。

（田婷）

中央美术学院

党委书记　高洪
院　　长　潘公凯

【概况】　2013年，中央美术学院占地面积33.21万平方米，建筑面积30.20万平方米。学校固定资产总值76401.45万元，其中，教学科研仪器设备资产值16488.12万元。全年教育经费投入52398.31万元，其中，国家拨款41095.83万元，自筹经费11302.48万元。图书馆建筑面积8824平方米，藏书45.60万册，其中，电子图书1000万册。信息化经费投入228万元，拥有多媒体教室座位2367个，信息化设备资产1505万元，网络信息点7000个，校园网出口总带宽330Mbps，电子邮件系统用户4500个，数字资源量6500GB，管理信息系统数据总量20GB。设有7个院（系），7个科研机构；开设18个本科专业，覆盖2个学科门类；具有一级学科博士授权点3个，一级学科硕士授权点6个，国家级重点学科1个，北京市重点学科2个，1个艺术硕士（MFA）专业学位硕士点，1个艺术学博士后流动站；教职工616人，其中，专任教师348人。教师中正高级职称88人、副高级职称119人；博士生导师54人；硕士生导师162人。“长江学者奖励计划”特聘教授1人，国家有突出贡献专家6人，享受国务院政府特殊津贴专家63人，文化部优秀专家4人，中宣部“四个一批”人才1人，教育部“新世纪人才支持计划”26人，教育部、人事部、科技部“百千万人才工程”国家级人选1人，教育部“优秀青年教师资助计划”1人，人事部全国非物质文化遗产先进工作者2人。聘请校外教师134人，其中，正高级职称44人，副高级职称9人，外籍教师17人。毕业生1573人，其中，学历教育学生中全日制研究生394人（博士生81人、硕士生313人），普通本科生856人，成人本专科生323人（本科生191人、专科生132人）。本科毕业生就业率98.44%。招生1414人，其中，学历教育学生中全日制研究生326人（博士生51人、硕士生275人），普通本科学生808人，成人本专科生280人（本科生140人、专科生140人）。在校生5360人，其中，学历教育学生中全日制研究生1035人（博士生180人、硕士生855人），普通本科生3407人，成人本专科生918人（本科生509人、专科生409人）。留学生毕业52人，招生43人，在校生168人。网址：www.cafa.edu.cn。

（陆英明）

【两人获中国美术终身成就奖】 1月29日，中央美院两名教授获得第二届“中国美术奖·终身成就奖”。两名教授分别是侯一民和詹建俊。全国共有6人获奖。该奖由文化部、中国文联、中国美协主办的国家级美术最高奖，旨在表彰为推动中国美术事业的发展作出卓越贡献、德高望重的著名美术家，每三年评选一次。侯一民，1930年出生，河北高阳人，蒙古族。曾任中央美院油画系副主任、壁画系主任、第一副院长等职，是新壁画运动的开拓者之一、油画大家，参与第三套、第四套人民币图案设计。詹建俊，1931年1月出生，辽宁省盖县人，满族。1953年中央美术学院绘画系本科毕业，1955年中央美术学院彩墨系研究生毕业，1957年苏联专家马克西莫夫油画训练班结业，同年在中央美术学院任教。他是新中国油画艺术进程的标志人物之一，任中央美术学院教授、博士生导师、学术委员会顾问，中国油画学会主席，中国美术家协会顾问，是第八、九届全国政协委员。

（陆英明）

【召开全国高等艺术院校山水画教学研讨会】 3月1至2日，中央美院

举办全国高等艺术院校山水画教学研讨会暨教师、学生作品展。会议围绕山水画临摹、写生、创作的教学展开研讨。会议总结新时期山水画教学的经验，围绕传统与现代；临摹、写生与创作的关系；当代山水画多元化，以及山水画教学改革等议题展开讨论。会议认为要坚持中国画的完整性和边界，倡导各院校要有地域特色，学生应具有独立思考的能力。研讨会同时举办“中国高等艺术院校山水画专业教师和学生作品展”，总结、展示近年来中国高等艺术院校山水画教学成果，同时出版参展的教师作品集和学生作品展览图录，31幅学生水画作品参展。来自中国美术学院、中国艺术研究院研究生院和清华大学美术学院等国内10家山水画教学单位专家学者30人参加会议。

（陆英明）

【举办潘公凯作品展】 3月9日至3

月31日，中央美院举办潘公凯作品展。展览以“潘公凯——弥散与生成”为主题，由水墨画、装置、史论和建筑四个板块组成，全面呈现潘公凯艺术思考与实践，为配合展览，该校出版《笔墨与人格精神》《错构与转念》《自觉与四大主义》《生成与营构》等展览文献图录。共有艺术爱好者3万人次参观展览。

（陆英明）

【召开国际高等美院教育质量比较调研汇报会】 6月5日，中央美院举办《国际高等美术院校教育质量比较》调研项目（美国组）汇报会。通过调研分析7所艺术院校的办学模式，并就学科专业的发展进行横向比较，发现当前国际高等艺术教育面临的主要问题，就存在的问题研究其改革措施，为中央美术学院的发展提供可借鉴的经验。该调研项目2012年启动，美国项目组考察美国罗德岛设计学院、芝加哥艺术学院、纽约视觉艺术学院、纽约艺术学院、加州艺术学院、耶鲁大学、哥伦比亚大学7所院校。

（陆英明）

【举办北平艺专精品陈列展】 6月6日至12月1日，中央美院举办北平艺专精品陈列（中国画部分）展览。展览展出徐悲鸿、林风眠、齐白石等30余人作品40件，创作年代自1917至1949年，贯穿国立北平艺专发展的各个重要时期。共有艺术爱好者2万人次参观展览。北平艺术专科学校前身是1918年成立的北京美术学校，1922年北京美术学校更名为北京美术专门学校，后几经更名并于1930年更名为艺术专科学校，1949年该校撤销，相关部门和系科参与组建中央美术学院和中央音乐学院。

（陆英明）

【举办金属雕塑创作营】 8月24日，

中央美院举办2013年“钢铁之夏”全国美院金属雕塑创作营。该创作营以“2013钢铁之夏”为主题，以“教学强调与社会实践相结合”为理念，举办作品展示和研讨会。作品展展示42名学生在教师的指导下创作的105件作品，全部采用金属材质展开创作。研讨会围绕雕塑教学的问题展开研讨，并就学生创作过程中的感悟和困惑进行讨论。创作营与太原市政府合作主办，来自国内十大美院师生42人参加活动。

（陆英明）

【举办张立辰教学40年作品展】 9月

29日，中央美院举办张立辰从教40年教学文献暨师生作品展。该展览以“笔墨传承”为主题，展出张立辰及其150名学生作品200幅，展现张立辰从教40年的教育理念、教学方法和教学成果。张立辰，1939年生，江苏沛县人。1965年毕业于浙江美术学院中国画系、任职于人民美术出版社。之后，执教于中央美院。张立辰是当代大写意花鸟画家的杰出代表、中国画教育家，代表作有《天娇超霞》等。

（陆英明）

【举办建校95周年系列活动】 10月18日至12月31日，中央美院举办建校95周年校庆季系列活动。活动以“传承美院精神、共创百年辉煌”为主题，公布“尽精微、致广大”新校训，并举办“校史陈列展”“《走向百年——中央美术学院建校95周年专题片》首映式”“世界高等美术学院校长论坛”等活动。该校可以追溯至始建于1918年的国立北京美术学校，1949年，国立北平艺术专科学校和华北大学三部美术系合并成立国立美术学院，1950年，经中央人民政府批准，正式定名中央美术学院，建校来共培养学生1万余人。

（陆英明）

【举办蒋采萍从艺60周年画展】 11月13日至11月21日，中央美院举办教授蒋采萍从艺60周年画展。画展展出蒋采萍作品130件，包括工笔画、重彩画、水墨小写意画等。来自各地艺术爱好者5000人次参观展览。蒋采萍，1934年出生，1962年毕业于中央美术学院，同年进入该院从教，是在新中国成长的第一代工笔重彩人物画家，其代表作有《宋庆龄光辉一生》《老芭蕉与小芭蕉》和《教室》等。

（陆英明）

【举办教师创作特展】 11月22日至12月15日，中央美院举办“CAFA教师：中央美术学院教师创作特展”。该展览展出该院290名教师近300件（组）作品，涵盖所有视觉艺术门类和形式，包括绘画、雕塑和建筑设计等，全面展示该院教师的创作实力，呈现在各自领域中的学术水准。此次展览是该院近年来首次举办的全面展示教师创作成果的学术展览，所有参展人员均为学院在编及长期聘用并工作两年以上的专业教师。

（陆英明）

【召开国际艺术学院院长研讨会】 12月5至6日，中央美院召开国际艺术学院院长网络研讨会。会议以“全球化趋势下的多元化艺术教育”为主题，研讨“身份与特色——新办法”和“新传统——好办法”问题，达成探讨未来高等美术教育的发展方向共识。来自美国芝加哥艺术学院、冰岛富克雅未克冰岛艺术学院和英国雷文斯般艺术学院等全球11所艺术院校校长16人参加会议。

（陆英明）

【获中国电影华表奖】 12月26日，中央美院教师宁瀛导演作品获得第15届中国电影华表奖。宁瀛导演作品《警察日记》获得华表奖“优秀故事片”奖。该奖项由国家新闻出版广播电影电视总局主办，本届评选25个奖项，共有56部作品（人）获奖。宁瀛，女，出生于1959年，1987年毕业于罗马电影实验中心，取得硕士学位。2008年就职于中央美院电影与影像艺术系，担任系主任。宁瀛导演的代表作有《找乐》《夏日暖洋洋》《末代皇帝》。

（陆英明）

中央戏剧学院

党委书记　刘立滨
院　　长　徐翔

【概况】 2013年，中央戏剧学院占地面积23.99万平方米，学校产权校舍建筑面积13.91万平方米、非产权校舍建筑面积0.38万平方米。全年教育经费投入31980.6万元，其中，国家拨款28468.35万元、自筹经费3512.25万元。固定资产总值73800.46万元，其中，教科仪器设备资产值18642.99万元。图书馆建筑面积10546平方米，藏书154.25万册，其中，纸质图书51.47万册，电子图书102.78万册。拥有计算机965台。学校信息化经费投入1505.87万元，多媒体教室座位4083个，信息化设备资产3029.32万元，网络信息点4300个，校园网出口总带宽620Mbps，电子邮件系统用户420个，数字资源量128391.14GB，管理信息系统数据总量680GB。设置10个系，2个教学部；开设7个本科专业，覆盖1个学科；具有一级学科2个，一级学科博士点2个，博士学位授权点2个，硕士学位授权点2个和专业学位授权点1个；博士后流动站1个，其中，博士后研究人员出站2人、进站1人和在站1人。国家重点学科1个。教职工393人，其中，专任教师237人，包括教授46人、副教授67人；博士生导师26人、硕士生导师66人；享受政府特殊津贴专家11人。外籍教师3人。毕业生621人，其中，学历教育学生中全日制研究生 77 人（博士生 16 人、硕士生 61 人）、普通本专科生 544 人（本科生 295 人、专科生 249 人）。招生 689 人，其中，学历教育学生中全日制研究生 126 人（博士生 21 人、硕士生 105 人）、普通本专科生 563 人（本科生 407 人、专科生 156 人）。在校生 2112 人，其中，学历教育学生中全日制研究生 308 人（博士生 60 人、硕士生 248 人）、普通本专科生 1804 人（本科生 1390 人、专科生 414 人）。本科毕业生就业率 95.55%。2013 年高考本科提档线（所有专业均不分文理）：表演专业：话剧影视表演方向、音乐剧表演方向、歌剧表演方向 230 分，京剧表演方向和京剧音乐伴奏方向 170 分；戏剧影视导演专业：戏剧影视导演方向 420 分，演出制作方向 400 分，影视编导方向 410 分，影视制片方向录取最低分 401 分；戏剧影视美术设计专业：舞台设计方向、舞台灯光方向、舞台化装方向、舞台服装方向、舞台技术方向 335 分；戏剧影视文学专业：戏剧创作方向录取最低分 456 分，电视剧创作方向录取最低分 465 分；戏剧学专业：戏剧史论与批评方向录取最低分 370 分。留学生毕业 32 人、招生 27 人、在校生 71 人。网址：www.chntheatre.edu.cn。

（王晓辉）

【举办人物造型设计大赛】　1至5月，

戏剧学院举办北京市大学生人物造型设计大赛。该比赛以“城市”为主题，分为时装设计组、戏剧影视人物造型设计组和数字虚拟人物造型设计组。大赛收到中央戏剧学院、中央美术学院、清华大学等 13 所高校的上百件参赛作品，并选出 42 件优秀作品进入决赛。最终评选出一等奖 3 名、二等奖 6 名、三等奖 9 名，优秀奖 24 名。

（王晓辉）

【开展访谈模拟教学】　3 月，戏剧学院开展访谈模拟教学活动。该活动是电影电视系播音主持专业的一个教学环节，邀请中央电视台“朝闻天下”栏目主持人、“走进科学”栏目主持人参与。通过访谈模拟教学，使学生锻炼对演播空间的熟悉程度以及访谈现场的把握能力，树立栏目意识，提高对不同电视节目的认知。该院学生 50 人参加学习。

（王晓辉）

【共建两个校外实习基地】　4 月，戏剧学院共建两个校外实习基地。两个基地分别与中国国家话剧院演出中心、江苏省演艺集团有限公司合办，为该校学生提供实习场所，让学生在实践中运用所学、检验所学，与课堂授课形成互相补充，进一步夯实理论基础。

（王晓辉）

【举办国际剧院团管理大师班】　6 月

2 至 5 日，戏剧学院举办国际剧院团管理大师班。管理大师班以“全球视野内的剧院团经营和管理”为主题，邀请美国、德国、俄罗斯等 13 个国家和地区的 17 名专家举办专题讲座，讲授剧院团经营管理的经验。来自国内 19 个省市 40 家剧院团负责人参加学习。

（王晓辉）

【签订合作培养协议】　7 月 18 日，戏剧学院与中国歌剧舞剧院签订《中国歌剧舞剧院与中央戏剧学院合作培养 2014 级舞剧表演本科班协议》。根据协议，双方在 2014 年面向全国招收 30 名学生，学制 5 年。由学院负责培养并对符合条件的学生颁发毕业证和授予学位。学生毕业时，中国歌剧舞剧院将秉持“双向选择、择优录用”的原则，对该班成绩优异的学生进行招录。

（王晓辉）

【举行国际大学生戏剧节】　9 月 18 至 28 日，戏剧学院举办第三届世界戏剧院校联盟国际大学生戏剧节。本次戏剧节共有来自保加利亚、中国、德国等国 7 所艺术院校共 100 名师生参加。戏剧节期间，组委会共上演 11 出剧目，各院校共举办 7 场工作室，评选出 6 名“优秀表演奖”和 7 名“最佳表演奖”。

（王晓辉）

【举办第四届北京大学生戏剧节】　10 月 16 至 26 日，戏剧学院举办第四届北京大学生戏剧节。本次戏剧节共收到来自 34 所高校选送的 62 台剧目，并从中选出 22 台剧目进行展演。共评选出最佳剧目奖、最佳导演奖、最佳编剧奖、最佳男女演员等 10 余个奖项。

（王晓辉）

【举办谭霈生戏剧理论学术研讨会】

10 月 19 日，戏剧学院举办谭霈生戏剧理论学术研讨会。会议研讨“回归戏剧本体：谭霈生戏剧思想研究”“借鉴与创造：谭霈生戏剧思想与现代西方戏剧理论”和“继承与发展：谭霈生戏剧思想与中国传统戏剧理论”等 5 个议题。来自北京、上海、浙江等地戏剧界专家学者 150 人参加研讨。

（王晓辉）

【举办学院奖系列活动】　11 月 1 日至 4 日，戏剧学院举办全国话剧优秀剧目片断展演暨第三届学院奖（戏剧表演）颁奖活动。本届学院奖共收到全国各剧院（团）报送的剧目 33 台，并评选出 10 台优秀剧目进行展演。通过展演，评选出 10 名最佳主角和 10 名最佳配角。

（王晓辉）

中国戏曲学院

党委书记 张凡

【概况】 2013年，中国戏曲学院占地面积5.43万平方米、总建筑面积9.50万平方米。固定资产总值65619.69万元。全年教育经费投入19418.46万元，其中，国家拨款16055.25万元、自筹经费3363.21万元。图书馆总建筑面积5723平方米，藏有纸质图书24.10万册，中文图书24.28万册，西文图书2809册，电子图书173.31GB，中文期刊425种，外文期刊98种。设有京剧系、表演系、音乐系、导演系、戏曲文学系、舞台美术系、新媒体艺术系、国际文化交流系、基础部、附中（中国戏曲学院附属中等戏曲学校）10个教学单位，有戏剧与影视学、音乐与舞蹈学2个一级学科硕士点，有艺术学理论1个二级学科硕士点，设有14个本科专业及25个专业方向。教职工414人，其中，专任教师244人。专任教师中教授30人，副教授65人；硕士生导师50人。毕业生714人，其中，学历教育学生中全日制研究生68人，普通本专科生516人，成人教育本专科生130人（本科生76人、专科生54人）。本科毕业生就业率96.9%。招生681人，其中，学历教育学生全日制研究生87人，普通本专科生520人、成人教育本专科生74人（本科生57人、专科生17人）。在校生2493人，其中，学历教育学生中全日制研究生240人，普通本专科生2042人，成人教育本专科生180人（本科生126人、专科生54人）；非计划招生高等教育学生中在职人员攻读博士硕士学位31人。留学生毕业225人，招生114人，在校116人。网址：www.nacta.edu.cn。

（王媛）

【举办京剧学国际学术研讨会】 5月17至19日，戏曲学院举办第五届京剧学国际学术研讨会。研讨会以“梅兰芳与京剧的传播”为主题，旨在通过开展京剧大师梅兰芳先生的系统研究，探讨京剧艺术的历史、特色与发展规律，进一步推动京剧学学科建设。会议研讨梅派表演艺术研究、梅兰芳的美学精神、京剧与中华美学传统、京剧的传播等问题，收到论文100篇。来自中国大陆和港澳台地区，以及美国、英国、法国等国家京剧学专家学者、表演艺术家、京剧院团负责人和社会各界京剧爱好者100人参加研讨会。

（王媛）

【成立梅兰芳艺术研究中心】 5月19日，戏曲学院成立梅兰芳艺术研究中心。该中心围绕梅兰芳艺术的研究与传播，以项目为导向开展工作。中心组织专门的研究队伍建设梅兰芳艺术数据库，全面完整地搜集整理梅兰芳的著述、文稿和梅派演出剧目文本，并对梅兰芳的声音、图片和影视资料，进行数据化处理。

（王媛）

【调整专业设置】 9月，戏曲学院调整专业设置。调整专业设置是学院回应当下社会文化发展对戏曲专门人才需求所做出的改革，也是学院担当非遗剧种和地方剧种人才培养重任的重要举措。该院在舞台美术系增开戏曲衣箱技术与管理专业，在表演系多剧种表演专业新增秦腔、阿宫腔、吕剧、柳子戏、藏戏5个剧种。

（王媛）

【建成北京戏曲文化传承与发展研究基地】 10月24日，戏曲学院建成北京戏曲文化传承与发展研究基地。该基地是该院首个部级人文社会科学研究基地，以“戏曲高级人才培养中心、戏曲理论研究中心、戏曲文化信息交流与传播中心”建设为引领，围绕首都戏曲文化传承与发展的重点问题、前沿问题和难点问题进行综合研究，发挥首都文化科技资源优势，强化理论研究与社会实践的关系，为首都戏曲人才培养、戏曲艺术创作、文化政策制定提供智力支持、学术指导和政策建议。

（王媛）

【成立教师发展中心】 11月22日，戏曲学院成立教师发展中心。该中心是引导和促进教师全面发展的服务性组织，在学院教师发展领导小组指导下开展工作，围绕教师发展需要，在规划职业生涯、提高教学能力、推进学术创新和艺术创作、保障身心健康等方面开展扎实工作，推动教师能力全面提升。至年底，中心开展讲座、论坛等各类教师交流活动12项，内容涉及科研立项选题、学术论文写作、戏曲表演鉴赏与体验、艺术创作交流等多个方面。

（王媛）

【举办戏韵管弦民族音乐会】 12月10日，戏曲学院举办“戏韵管弦”民族音乐会。音乐会由该院师生共同演奏，演出曲目包括民乐合奏《秦腔主题随想》、琵琶独奏《品戏》、打击乐三重奏《炫》、呐子与唢呐独奏《打虎上山》等。该院音乐系民族管弦乐团成立于2010年，由该系民族器乐专业的优秀教师和优秀在校生组成。本场音乐会是乐团成立以来的首次对外专场音乐会。

（王媛）

【开办多层次研修班】 至年底，戏曲学院开办多层次研修班。该院先后与黑龙江省文化厅、江西省省委宣传

部、泉州文广新局等单位合作，开办戏曲导演、舞台导演、舞台灯光音响、舞台表演等多个高级研修班。全年培养高研班学员90人，超过4000课时。

（王媛）

北京电影学院

党委书记 侯光明
院　　长 张会军

【概况】 2013年，北京电影学院占地面积91293平方米，学校产权建筑面积91339平方米。固定资产总值64787.41万元，其中，教学、科研仪器设备资产值38843.51万元。全年教育经费投入37713.4万元，其中，国家拨款28455.53万元、自筹经费9257.86万元。图书馆建筑面积2417平方米，藏书85.8248万册，其中，纸质图书36.5182万册、电子图书49.3066（3250GB）万册。拥有计算机2493台。学校信息化经费投入525.7831万元，多媒体教室座位1710个，信息化设备资产969.6万元，网络信息点2759个，校园网出口总带宽IPV6（1024Mbps）、IPV4（484 Mbps），电子邮件系统用户4155个，上网课程12门，数字资源量8986.75GB，管理信息系统数据总量1.5TB。校区设置15个院（系、部）；开设本科专业10个，专科专业10个，覆盖学科门类3个；具有一级学科3个，一级学科博士点3个，博士学位授权点8个，硕士学位授权点8个和专业学位授权点1个。北京市重点学科1个。教职工509人，其中，专任教师265人，包括教授56人、副教授106人；博士生导师25人、硕士生导师147人。享受政府特殊津贴专家9人。外籍教师2人，其中教授1人、副教授1人。毕业生705人，其中，学历教育学生中全日制研究生190人（博士生22人、硕士生168人），普通本科生515人；非计划招生高等教育学生中在职人员攻读硕士学位201人）。本科毕业生就业率92%。招生1150人，其中，学历教育学生中普通本专科生584人（本科生546人、专科生38人）、成人教育本专科生929人（本科生612人、专科生317人）。在校生3301人，其中，学历教育学生中全日制研究生567人（博士生61人、硕士生506人），普通本专科生2073人（本科生2037人、专科生36人），成人教育本专科生661人（本科生432人、专科生229人）。留学生毕业43人，招生31人，在校生99人。网址：www.bfa.edu.cn。

（高国庆）

【三部门共建电影学院】 3月13日，教育部、国家广电总局、北京市人民政府三部门签订协议共建北京电影学院。根据协议，教育部、国家广电总局、北京市为电影学院发展提供必要的物质支持和政策支持。这是北京市会同中央部委和教育部共建的首家市属高校。

（高斌）

【与新疆大学签订合作协议】 4月1日，电影学院与新疆大学签订合作协议。根据协议，双方合作培养影视人才、建设科研平台，共同带动新疆影视产业的发展，促进新疆影视文化产业的繁荣，更好地为新疆本地文化产业的发展服务。

（高国庆）

【召开国际化发展大会】 4月26日，电影学院召开国际发展大会。会议旨在适应学院“5＋1”发展战略，彰显学院对国际化发展的重视，提高各部门及全院师生对国际化发展工作的认识；通过会议集思广益，共谋学院未来国际化发展的规划和策略，并对各部门领导进行外事及留学生工作相关政策的教育，同时总结以往工作，找出不足之处并提出改进措施。来自国内相关领域专家和该校研究人员50人参加会议。

（高国庆）

【与深圳市签订合作协议】 5月16日，电影学院与深圳市签订合作协议。根据协议，双方将共同建设影视动漫教育、技术研发、产业政策研究、作品创作、产业孵化、高端人才集聚6个基地；与深圳合作开发国际领先、国内急需的影视动漫技术。同时，电影学院还将依托影视动漫创作资源，吸引更多优势团队到深圳开展影视创作拍摄，并与深圳制片骨干企业加强合作，携手打造更多更好反映特区精神和发展风貌的影视动漫文化作品。

（高国庆）

【成立中国电影文化研究院】 9月30日，电影学院成立中国电影文化研究院。该院整合校内艺术理论相关学科现有的科研力量，吸纳海内外优质智力资源，通过机制创新，提升中国电影理论研究水平，力争把研究院打造成为代表中国电影学术研究水平的龙头和智库，为中国从电影大国走向电影强国提供智力支撑。

（高国庆）

【承办首届大学生数码影像短片大赛】 12月30日，电影学院承办全国首届大学生数码影像（DV）短片大赛。该比赛由教育部主办，面向全国高校学生，经评选，由北京电影学院选送的参赛作品故事片《金兰桂芹》和中国传媒大学选送的动画片《抢狮头》获得一等奖。

（高国庆）

北京舞蹈学院

党委书记 王传亮
院　　长 李续（4月免）

【概况】 2013年，北京舞蹈学院占地面积5.73万平方米，学院产权建筑面积13.45万平方米，非产权建筑面积1.26万平方米。图书馆建筑面积4383平方米，藏书总额25.36万册。固定资产总值31885.36万元，其中，教科仪器设备资产值10654.14万元。全年教育经费投入29475.48万元，其中，国家拨款18477.71万元，自筹经费10997.77万元。有计算机741台。学校信息化经费投入1120万元，拥有多媒体教室座位802个，信息化设备资产1962.78万元，网络信息点3200个，校园网出口总带宽210Mbps，电子邮件系统用户336个，数字资源量5000GB，管理信息系统数据总量470GB。校区设置，2013年，学院共设10个系、1个教学部；开设本科专业5个，覆盖2个学科门类；具有一级学科1个，北京市重点学科1个、部级重点学科1个。学院教职工总数418人，其中，专任教师225人，包括教授29人、副教授66人；附中教职工总数131人，其中，专任教师119人，包括副教授39人。硕士生导师61人。有“长江学者奖励计划”特聘教授、国家有突出贡献专家、享受政府特殊津贴专家等国家级专家13人。2013年，学院毕业生552人，其中，学历教育学生中全日制硕士研究生49人，普通本科生302人，成人教育本专科生171人（本科生87人、专科生84人）；非计划招生高等教育学生中在职人员攻读硕士学位30人。招生643人，其中，学历教育学生中全日制硕士研究生60人，普通本科生312人、成人教育本专科生231人（本科生105人、专科生126人）；非计划招生高等教育学生中在职人员攻读硕士学位40人。在校生2097人，其中，学历教育学生中全日制硕士研究生171人，普通本科生1274人，成人教育本专科生552人（本科生273人、专科生279人）；非计划招生高等教育学生中在职人员攻读硕士学位100人。本科毕业生就业率93%，高考提档线，舞蹈表演（中国古典舞方向、汉唐古典舞方向、中国民族民间舞方向、芭蕾舞方向）230分；舞蹈表演（音乐剧方向、国际标准舞方向）235分；舞蹈表演（现代舞方向）240分；舞蹈编导（舞蹈编导方向）265分；舞蹈学（舞蹈历史与理论方向）440分；戏剧影视美术设计（舞台美术设计方向、舞台服装与化妆设计方向、舞台灯光设计方向）350分；舞蹈编导（新媒体舞蹈方向）400分；舞蹈学（中外文化交流方向）485分。留学生毕业9人，招生9人，在校生17人。网址：www.bda.edu.cn。

（陈玉玉）

【举办协同创新计划成果汇报晚会】 4月7至8日，舞蹈学院举办协同创新培养高端舞蹈编创人才计划成果汇报晚会《音·舞集》。晚会与中央音乐学院合办，演出由两校学生合作创作的11个作品。来自市政府、北京高校领导、专家和音乐爱好者500人观看演出。

（陈玉玉）

【召开社区舞蹈与舞蹈教育研讨会】

4月18至20日，舞蹈学院召开“新意义、新途径：社区舞蹈与舞蹈教育”研讨会。会议与新西兰奥克兰大学合办，研讨有关社区舞蹈与舞蹈教育的新理念和新方法，涉及主题发言、研讨、工作坊、舞蹈展演等活动。在工作坊环节中，奥克兰大学展示该校对社区舞蹈的理念以及推广与组织的方式，舞蹈学院展示该校研发的素质教育舞蹈课。来自国内外舞蹈专家100人参加会议。

（陈玉玉）

【举办大学生独幕剧创作与表演活动】 4至6月，舞蹈学院举办首届大学生独幕剧创作与表演活动。该活动将2012级学生分成若干组，各组在专家指导下完成剧本创作、剧目排演等工作，并完成剧目拍摄。该校师生50人参加活动。

（陈玉玉）

【举办山西风俗展】 5至6月，舞蹈

学院举办山西风俗展。展览以“纸上的舞动—剪展山西民俗风”为主题，包括剪纸艺术、民俗舞蹈两个板块。剪纸艺术分为民众的生活、民众的狂欢、民众的观念三部分；民俗舞蹈展示晋北、晋南、晋中等地的背棍、秧歌、锣鼓等图影资料。来自国内外民俗文化专家学者1000人次参观展览。

（陈玉玉）

【举办大学生舞蹈节】 6月17日至7月12日，舞蹈学院举办2013北京大学生舞蹈节。舞蹈节面向北京地区高校，中央音乐学院、中央民族大学、中国人民解放军艺术学院等高校参加演出，共计演出39场，其中，该院与中央音乐学院联合创作的大型舞剧《古漠边城》作为首演。来自国内舞蹈爱好者和北京高校师生近万人次观看演出。

（陈玉玉）

【举办舞研堂】 6月19至24日，舞蹈学院举办舞研堂系列活动。该活动是研究生部人才培养建设工作的一部分，通过搭建“文舞相融”的平台，探索培养理论、实践相结合的研究生高质量人才。活动期间，研究生部共组织策划完成6场演出和2场研究交流会。该院师生50人参加活动。

（陈玉玉）

【举办国际创新舞蹈项目】 8月，舞

蹈学院举办“伦敦跨艺”国际创新舞蹈项目。该项目以“离乡·在别处”为主题，由来自北京、台北和伦敦的9名编导创作，三地30名艺术家完成排演，体现跨不同文化背景下不同艺术门类和学术领域之间思想与研究方法的交流和碰撞。该项目是该校继2009年、2011年和2012年跨艺合作后的又一作品。

（陈玉玉）

【举办首期骨干教师培训班】 11月13至29日，舞蹈学院举办首期骨干教师培训班。培训班面向该院副高级职称教师，采取讲座授课及校外参观学习形式，讲授高等教育理念、教育

思维拓展、综合素质提升等方面内容。该院副高级及以上骨干教师 60 人参加学习。

（陈玉玉）

【举办玛莎格莱姆大师课】 11 月 18 日至 12 月 6 日，舞蹈学院举办玛莎格莱姆大师课。大师课面向现代舞教育研究中心的 2012 级、2011 级全体学生，由玛莎格莱姆排演玛莎舞团的经典剧目《天使游戏》。排演过程中，玛莎格莱姆要求学生加强调身体对外空间的占有。

（陈玉玉）

【举办学术论文选题与写作规范专题座谈会】 12 月 24 日，舞蹈学院举

办学术论文选题与写作规范专题座谈会。会议围绕学术论文写作的选题和规范展开研讨，北京大学学报（社会科学版）常务副主编作关于《期刊编辑视角中的学术论文写作》的专题发言，针对学术论文中的选题、题目、摘要、关键词、参考文献等进行讲解，强调学术论文“问题意识”重要性；该院学报责任编辑选取以往在该院学报中刊载的优秀论文为实例，从学术论文的选题、学术方向的确立和论文构成的基本要素方面作经验性交流。该院教师 50 人参加学习。

（陈玉玉）

中央民族大学

党委书记 郭义太
校　　长 陈理

【概况】 2013 年，中央民族大学占地面积为 38.10 万平方米，规划新校区占地面积 81 万平方米。校园建筑面积 58.30 万平方米，教学行政用房 20 余万平方米。固定资产总额 26 亿元，其中，教学科研仪器设备资产 38815 万元。全年教育经费投入 96671.71 万元（含附中 8769.80 万元），包括国家财政拨款 63990.03 万元（含附中 5736.95 万元）。图书馆建筑面积 24500 平方米，藏有图书 201.6 万册，电子图书 176 万册。设 23 个学院，开设 60 个专业。一级学科博士点 5 个，25 个一级学科硕士学位授权点。3 个博士后流动站，3 个国家级重点学科、2 个省部级一级、13 个省部级二级重点学科，2 个国家文科基础学科人才培养和科学研究基地，1 个教育部人文社会科学重点研究基地，3 个国家“985 工程”哲学社会科学创新基地。专任教师有 1106 人，专任教师中有教授 301 人，副教授 362 人；有“千人计划”入选者 1 人，“长江学者”讲座教授 1 人，国家级教学名师 2 人、北京市教学名师 14 人，“新世纪百千万人才工程”国家级人选 10 人，教育部“新世纪优秀人才支持计划”人选 55 人，国家民委突出贡献专家 10 人，学科带头人、学术带头人共 122 人，享受国务院政府特殊津贴 121 人。毕业生 8460 人，其中，学历教育学生中全日制研究生 1316 人（博士生 213 人、硕士生 1103 人），普通本科生 2723 人，成人教育 4394 人（本科生 1957 人、专科生 2437 人），非计划招生高等教育学生中在职人员攻读硕士学位 27 人。学历教育学生中全日制研究生 4063 人（博士生 615 人、硕士生 3448 人），普通本科生 11312 人，成人教育本专科生 10412 人（本科生 6180 人、专科 4232 人）；非计划招生高等教育学生中在职攻读硕士学位 143 人。在校生 16053 人，其中，学历教学学生全日制研究生 4063 人（博士生 615 人、硕士生 3448 人），普通本科生 11312 人。留学生毕业 50 人，招生 61 人，在校生 173 人。网址：www.muc.edu.cn。

（周翊兰）

【召开《丹珠文存》出版暨学术研讨会】 3 月 10 日，民大召开《丹珠文存》出版暨学术研讨会。会议介绍《丹珠文存》编修的过程，研讨《丹珠文存》的重要意义和文化价值。来自国内外专家学者 50 人参加研讨。《丹珠文存》全面整理和收录丹珠昂奔教授在藏学、文学、民族文化领域的研究和创作作品，由中央民族大学出版社历时两年出版。该书共六卷 8 册，总计 400 万字。其中，三卷 5 册关于藏学和民族文化的专著、论文、访谈文章等，对于藏学和民族文化研究具有重要的学术价值；三卷 3 册的文学创作，是中国当代文学创作的重要成果，在推动和丰富当代少数民族文学创作特别是藏族文学创作上发挥重要作用。丹珠昂奔任国家民族事务委员会副主任，著名的藏学专家，1991 年破格晋升为副教授，1993 年破格晋升为教授任民族大学藏学系首任主任，享受国务院政府特殊津贴。

（周翊兰）

【成立民汉双语人才培训基地】 3 月 11 日，民大成立国家民委民汉双语人才培训基地。该基地由国家民委在该校设立，以培养培训民语语文翻译人才、培养培训民汉双语师资为主要任务，面向全国开展高级层次民汉双语人才培训。

（周翊兰）

【举办民族（地区）院校马克思主义理论论坛】 5 月 4 日，民大举办首届全国民族（地区）院校马克思主义理论高层论坛。该论坛研讨如何加强和改进民族（地区）院校马克思主义理论学科建设和思想政治理论课建设等内容。论坛宣布民族院校马克思主义学院院长联席会成立。来自教育部、国家民委相关领导及全国 23 所民族（地区）院校的马克思主义学院院长参加会议。

（周翊兰）

【聘任首名“千人计划”特聘教授】 5 月 28 日，民大聘任何佩生为特聘教授。受聘后，何佩生任职于生命与环境科学学院，负责科研和教学工作。何佩生是荷兰格罗宁根大学终身教授、博士生导师和环境与自然资源管理领域的研究专家，任荷兰中国学术协会主席。

（周翊兰）

【举办第 20 届现场写作大赛】 6 月 2 日，民大举办第 20 届现场写作大赛。比赛以“用文字书写青春，用心灵书写世界”为宣传口号，面向全校学生，要求以写给未来的世界、致青

春、规则为题，现场写作，字数不超过3000字。600名学生报名参加比赛，评出一等奖3人、二等奖6人、三等奖9人。

（周翊兰）

【评选首届“自强之星”】 6月5日，民大评选首届“自强之星”。该活动采用院系推荐或个人报名方式，选拔出15名选手进入决赛。决赛中，选手通过视频展示，陈述自己在逆境中奋进的事迹，最终评选出“自强之星”10人。

（周翊兰）

【成立两个研究中心】 6月28日，民大北京市食品环境与健康工程技术研究中心与中国少数民族健康产业技术创新战略联盟揭牌。食品环境与健康工程技术研究中心共建与中纺粮油集团，是该校首个省部级共建工程技术中心，主要研究方向为食品安全与环境健康、食品工业环境保护、生物活性物质开发利用、食品安全检测技术和社会医学与公众健康。少数民族健康产业技术创新战略联盟与中国中纺粮油公司共同牵头、38家科研院所及高新技术企业共同组成的协同创新组织，该组织主要研究方向为民族药品、特有民族食品及民族生物资源开发利用。

（周翊兰）

【召开纪念王锺翰百年诞辰学术研讨会】 8月26至28日，民大召开纪

念王锺翰百年诞辰暨清史、民族史国际学术研讨会。会议回顾王锺翰生平，探讨和交流王锺翰的学术贡献、品德修养，对弟子的教育、对后辈学者的提携等内容。来自美国、日本以及中国大陆、香港、台湾地区专家学者200人参加研讨。王锺翰（1913～2007），湖南东安人，著名历史学家、教育家，尤以清史、满族史为长，出版《清史杂考》《清史新考》《清史续考》《清史余考》《清史补考》五部文集，学术成果最终由中华书局汇集出版四册《王锺翰清史论集》，通纂《满族简史》、主编《中国民族史》，担任《清史稿》主要点校者，并独自点校近500万字的《清史列传》。

（周翊兰）

【庆祝民社院建院30周年】 10月18至19日，民大举办民族学与社会学学院建院30周年庆祝活动。活动由3场专题会议和庆祝晚会组成。其中，社会转型期的民族社会与文化研讨会研讨“社会科学理论与方法”“民族社会与文化”和“社会转型与民族问题研究”问题；人类学民族学学科负责人联席会研讨当前民族学与人类学的任务；教育部高等学校民族学类专业教学指导委员会扩大会议研讨《民族学类专业本科教学质量国家标准》。来自全国54个高等院校和科研单位专家学者100人参加研讨。

（周翊兰）

【获“荷花奖”金奖】 11月11日，民大学生获得第九届中国舞蹈“荷花奖”民族民间舞金奖。该比赛由中国舞蹈家协会主办，该校选送6个作品参赛，共获得1金1银3铜和1个十佳作品奖，其中，该校2012级本科表演男班谭钧元表演的傣族男子独舞《金色贝多罗》获表演金奖。

（周翊兰）

【举办哈尼族文化展】 11至12月，民大举办哈尼族文化展。该展览以“雕刻大山的民族”为主题，由哈尼文化摄影大赛获奖作品、哈尼梯田景观文化、哈尼文化记录行动和哈尼族实物展示四部分组成。来自社会各界3000人次参观展览。

（周翊兰）

中国政法大学

党委书记 石亚军
校　　长 黄进

【概况】 2013年，中国政法大学占地面积48.74万平方米，产权建筑面积44.15万平方米、非产权建筑面积1.24万平方米。全年教育经费投入80630万元，其中，国家拨款54271万元、自筹经费26359万元。固定资产总值6.84亿元，其中，教学、科研仪器设备资产值12611万元。图书馆建筑面积10295平方米，藏书244万册，其中，纸质图书206.4万册、电子图书37.6万册。拥有计算机5622台。学校信息化经费投入846万元，多媒体教室座位11521个，信息化设备资产5487.15万元，网络信息点15227个，校园网出口总带宽1000Mbps，电子邮件系统用户13459个，上网课程12门，数字资源量540472.8GB，管理信息系统数据总量15000GB。设置19个院（系、部）；开设19个专业及覆盖7个学科门类；具有一级学科13个，一级学科博士点3个，博士学位授权点28个，硕士学位授权点70个和专业学位授权点3个；博士后流动站3个，其中，博士后研究人员出站20人、进站28人、在站77人。一级学科国家重点学科1个、一级学科北京市重点学科1个、二级学科北京市重点学科5个。教职工1745人，其中，专任教师913人（含辅导员），包括教授269人、副教授402人；博士生导师166人、硕士生导师603人。“长江学者奖励计划”特聘教授、讲座教授各1人，享受政府特殊津贴专家42人，“全国杰出资深法学家”5人，“全国十大杰出青年法学家”7人，入选国家“千人计划”1人，入选新（跨）世纪百千万人才工程2人，入选教育部“新世纪优秀人才支持计划”34人，教育部青年教师奖获得者2人，全国优秀教师2人，国家级教学名师奖获得者1人，“长江学者和创新团队发展计划”创新团队1个。外籍教师25人，其中，教授6人、副教授2人。毕业生7604人，其中，学历教育学生中全日制研究生1885人（博士生195人、硕士生1690人），普通本科生1995人、成人教育本科生1186人；非计划招生高等教育学生中在职人员攻读硕士学位192人，研究生课程进修班2346人。本科毕业生就业率87.43%。招生6418人，其中，学历教育学生中全日制研究生2159人（博士生222人、硕士生1937人），普通本科生2192人、成人教育本科生1211人；非计

划招生高等教育学生中在职人员攻读硕士学位 250 人，研究生课程进修班 606 人。高考北京地区分数线文科 617 分、理科 624 分。在校生 21393 人，其中，学历教育学生中全日制研究生 6255 人（博士生 942 人、硕士生 5313 人），普通本科生 8631 人、成人教育本科生 2704 人；非计划招生高等教育学生中在职人员攻读硕士学位 831 人，研究生课程进修班 2972 人。留学生毕业 226 人、招生 285 人、在校生 609 人。港澳台研究生毕业 32 人、招生 19 人、在校生 210 人。网址：www.cupl.edu.cn。

（刘 旭）

【建立法律援助案例卷宗副本阅览室】

1 月 15 日，法大建立公益法律援助案例卷宗副本阅览室。该阅览室收藏北京致诚公益律师团队捐赠的 6000 套公益法律援助案卷，主要内容涉及国内 6 个省、直辖市和 13 个地级市中级人民法院和基层法院公益援助案卷的相关诉讼内容和证据等，从内容上弥补该校法学实践教学的空白，完善同步实践教学体系。

（刘 旭）

【建立庭审录像资料库】 1 月，法大建立庭审录像资料库。资料库接收 52 家基层司法机关提供的庭审录像 3120 部，包括 25 家省市高级人民法院、中级人民法院和基层法院的庭审录像及案卷的电子资料等，师生可以自由调阅庭审录像资源进行课堂教学和辅助学习。

（刘 旭）

【成立本科生国际交流培养基金】 2 月，法大成立国际交流培养基金。该基金主要来源为社会募集，所募资金主要用于资助本科生国际交流与培养。年内，该基金共募集 350 万元，资助 4 名本科生参加国际学术会议，7 支队伍参加国际学科竞赛、模拟法庭比赛等，使用资金 80 万元。为配合资金使用，该校制定《本科生国际交流培养资助办法》和《本科生参加国际学术会议资助办法》等规章制度，鼓励和支持本科生到海外高水平大学交流学习。

（刘 旭）

【陈卓逝世】 3 月 21 日，法大原党委书记陈卓因病医治无效在北京逝世，享年 88 岁。陈卓，原名朱瑞祥，1925 年 4 月出生，河北任丘县人。1980 年 2 月，任司法部副部长、党组成员，后兼任全国人大法工委委员。1982 年 12 月至 1988 年 6 月，任全国人大法工委委员、中国政法大学党委书记、司法部党组成员。期间，1986 年 7 月，兼任中华全国律师协会常务副会长。1988 年 6 月，任中国国际经济与法律咨询公司总经理。曾任第七届、第八届全国政协委员。在筹建法大并担任法大第一任党委书记期间，致以于发展法学教育，创办研究生院并提出新的教学模式，使该校由单科法学院发展成为以法律为主，多学科、多层次的综合性大学。

（刘 旭）

【成立网络犯罪侦查实验室】 4月23

日，法大成立网络犯罪侦查实验室。该实验室属于文科实验室，以网络犯罪侦查专业共建中心为基础，属于文科实验室，承担侦查学网络犯罪侦查与取证实验教学任务，开展基本网络操作行为与网络数据信息交互过程模拟实验、网络犯罪行为过程模拟实验、“虚拟现场”现场勘查与侦查取证活动模拟实验，配备各类主流终端设备、操作系统和应用软件。该实验室 2012 年开始建设，资金总投入 60 万元。

（刘 旭）

【牵头创建司法文明协同创新中心】 5 月 17 日，法大牵头创建司法文明协同创新中心。该协同创新中心以中国政法大学为牵头单位，吉林大学、武汉大学为主要参与高校，联合公检法机关等，共 38 个国内协同单位（3 个大学，30 个法院、检察院等司法机关和 5 个行业组织），以及包括 8 个国外大学、研究所单位和 6 个国外教授单位的国际创新力量，并以中国政法大学诉讼法学研究院、证据科学教育部重点实验室，吉林大学理论法学研究中心，武汉大学环境法研究所 4 个教育部重点研究基地为研究实体，通过优势互补和分工协同，开展诉讼法学、证据法学和法庭科学等学科建设和创新团队建设。中心共有人员 155 人，其中研究人员 136 人、实验技术人员 6 人、管理人员 13 人。中心设理事会、学术委员会、中心主任联席会议、中心办公室和联合秘书处，实行理事会和学术委员会领导下的主任负责制。

（刘 旭）

【实施优秀中青年教师培养支持计划】 6 月 17 日，法大实施优秀中青年教师培养支持计划。该计划旨在培养学科带头人和学术骨干，提升教师队伍整体水平和竞争实力，激励教师潜心学术，取得标志性、高水平的学术成果。该计划包含 A 和 B 两个层次培养支持体系，入选者成为该校国家高层次人才支持计划的后备人选。A 层次的遴选条件主要为取得国内外重要学术成果，在本学科领域具有重要影响，有较强的国际学术交流能力，有促进本学科在前沿领域达到国内外先进水平的能力；B 层次的遴选条件主要为有扎实的学术基础和良好的发展潜力，学术水平和能力在本学科领域表现突出，能够创新性地开展教学科研工作，拟开展的课题研究方向有创新前景。该计划以三年为一周期，每两年遴选一次，A 层次资助额 30 万元，B 层次资助额 20 万元。至年底，经个人申请、院部遴选推荐、学校评审批准程序，共有 5 名教师入选 A 层次支持计划，有 10 名教师入选 B 层次计划。

（刘 旭）

【举办首届辅导员职业技能大赛】 6 月 19 日，法大举办首届辅导员职业技能大赛决赛。该比赛分初赛和决赛两个环节，初赛以笔试形式进行，重点考察辅导员对基本政策文件的理解掌握以及分析能力和写作能力等；决赛分场外环节和场内环节2个部分，场外环节为主题班会，场内环节分为自我展示、信息辨识和案例分析3个部分。该比赛4月开赛，学校全体学生辅导员共50人参加初赛，11人进入决赛，最终1人获得一等奖、3人获得二等奖、7人获得三等奖。

（刘旭）

【开展本科生暑期国际联合实习】　6月24日至7月28日，法大与11所国外大学共同开展本科生暑期国际联合实习。15名法大本科生和来自美国哈佛大学、耶鲁大学和英国剑桥大学等11所高校15名外国大学生一起，采取“一对一”共同联合实习模式，在北京致诚公益法律服务机构进行为期2个月的暑期国际联合实习。实习内容为了解弱势群体权益保护、农村法治、刑事法律援助等领域发展状况及面临问题，对实际个案进行分析，学习实务技巧。

（刘旭）

【启动虚拟第三学期课程运行平台系统】　7月8日，法大启动“虚拟第三学期”课程运行平台系统。该平台是集网络课程、学分修读、辅学资源、师生互动等多功能为一体的“虚拟第三学期”课程运行模式，以网络课程教学为主要载体，采用“循环开课、自主修读、统一考核”的修读模式，突破既有学制、学时、学分等制度性限制，延展教学运行周期，强化学生在学业修读过程中的主动性与能动性。该平台为学生提供学分修读课程和网络辅学课程资源，学分课程进入培养方案，学生完成课程网络学习，参加网络统一考试成绩合格可获得相应学分；辅学课程不进入培养方案，课程资源包括学校国家级、北京市级、校级各类精品课程资源，以及北京市级、国家级各类精品课程、资源共享课程、视频公开课程的资源链接等。

（刘旭）

【成立网络教育学院】　7月13日，法大成立网络教育学院。该院职能为承担学校对外办学数字化资源及相关教学资料的收集、整理、开发以及网络教育平台的研发建设；并按照教育部和“普通高等院校数字化学习资源开放联盟”的部署，开展资源开放共享、远程普法培训等工作。该院将开展本科及研究生层次网络学历教育，面向相关领域，结合校园培训，整合学校优势特色专业，开展职业远程培训，并逐步探索“学习成果认证”和“学分银行”制度，开展法律专业远程助学助教，建设“虚拟课堂”和教学辅助平台等。该院为处级单位，与继续教育学院合署办公。

（刘旭）

【召开公益法国际学术研讨会】　7月20日，法大召开首届大学生公益法国际学术研讨会。研讨会分4个单元，主题分别为“公益：律师与社会的共同努力”“城市化时代中的劳动保护”“残疾人与未成年人法律保障制度研究”和“比较视野下的环境与刑事问题”。45名法大学生与20名来自哈佛大学、耶鲁大学、牛津大学等大学法学专业学生参加研讨。

（刘旭）

【加入全球法学院联盟】　7月26日，法大成为全球法学院联盟（Law Schools Global League）成员学校。该联盟于2012年6月在荷兰蒂尔堡大学成立，是全球第一个正式的大学法学院联合组织，聚集26所来自世界各国的法学领域顶尖院校，联盟成员单位间通过开展各层次多种类的交流项目，实现教学及科研的多边密切合作。该校与荷兰蒂尔堡大学于2012年5月签署框架合作协议，双方在学术及人员交流、公派博士生学位及联合培养项目、本科生交换项目等方面开展合作。

（刘旭）

【举办暑期国际小学期】　7至8月，法大首次举办暑期国际小学期。暑期国际小学期为期1个月，主要由5个校内暑期学校、17个暑期国际游学项目、4个留学生来校访学项目、2个暑期国际实习实践项目组成，共开设18门专业国际课程，21名国外专业教师来校授课。该校学生240人次参加学习。

（刘旭）

【停办两个研究生研修班和课程班】　8月1日和11月10日，法大分别停

止招收博士生课程高级研修班和停止研究生课程班申报与审批工作。已经招收的在读学员按照原教学计划培训结业。校内各单位与合作方已签订的博士研究生课程高级研修班合作合同未执行的立即终止，不再执行；各办学单位不再与合作单位新签订、延展研究生课程班合作合同。各办学单位及合作方在各种媒体上发布的招生广告停止发布。该校博士生课程高级研修班始于2005年，共培养学员2649人。研究生课程班始于2000年，培养学生45587人。

（刘旭）

【刘复之逝世】　8月25日，法大原校长刘复之因病医治无效在北京逝世，享年96岁。刘复之，原名刘成庆，1917年3月31日出生，广东梅县人。1982年4月担任司法部党组书记，同年5月兼任司法部部长，1983年2月兼任中国政法大学首任校长，1983年4月至1985年9月任公安部部长、党组书记，1984年10月任中央政法委副书记，1985年10月任常务副书记，1988年4月任最高人民检察院检察长，1988年6月至1993年5月任最高人民检察院检察长、党组书记。曾参加刑法、刑事诉讼法等法律的起草工作；主持开展司法行政系统机构改革和体制改革，创办法大，恢复中国法学会；推动实施居民身份证制度，推动中国加入国际刑警组织；推动反贪污立法，在全国范围内成立侦查经济犯罪的专门机构，推广举报工作；主持推行最高人民检察院内设机构改革，筹备成立中央检察干部学院（后更名为国家检察官学院），建立新闻发言人制度，创办《中国检察日报》（后更名为《检察日报》）。曾为中国共产党第十二次、十三次、十四次全国代表大会代表，第十五次、十六次、十七次全国代表大会特邀代

表，第十二届中央委员会委员，1985年9月当选中央顾问委员会委员，1988年当选第七届全国人大代表。

（刘旭）

【启动高校移动教务系统】 9月5日，法大启动“法大移动教务系统”。该系统以手机应用为媒介，以现有的综合教务系统为基础，拓展综合教务信息查询，包括成绩、绩点、选课信息、空闲教室、考试安排、方案计划内容的查询等功能，在学生版中增加师生互动（移动课堂）、学业预警和消息推送3项功能，在教师版中增加师生互动（移动课堂）、课堂点名功能，手机安装该系统后不仅可以实时查询教务信息，还可以通过“移动课堂”模块，以课堂为单位实现师生的双向互动。

（刘旭）

【庆祝法大组建暨研究生院成立30周年】 9月17日，法大举行法大组建暨研究生院成立30周年庆祝活动。活动由院庆仪式与“中华法学硕博英才奖”颁奖仪式组成。来自法检部门和实务部门的专家、国内兄弟院校负责人，以及首届“中华法学硕博英才奖”评委、该校师生代表220人参加活动。1982年，时任全国人大常委会副委员长彭真提议创办中国政法大学。1983年2月28日，中组部任命中国政法大学领导班子，时任司法部部长刘复之兼任校长，陈卓担任党委书记；4月7日，国务院批准法大成立；5月7日，举办成立大会；5月16日，教育部颁发通知，明确法大是中国历史上规模最大的法学教育最高学府，总规模为在校学员7000人，实行一校三院管理体制即以北京政法学院为基础建立本科生院、以中央政法干校为基础建立进修学院和新设立的研究生院。30年来，该校共培养研究生1.8万人。

（刘旭）

【开办涉外法律人才培养模式实验班】 9月，法大开办涉外法律人才培养模式实验班。该实验班在学生培养方案中增设国际化学习学分、同步实践教学学分和创新学分，在培养过程中采取“3+1”模式，即前3年在该校学习专业，第4年前往与该校合作的海外学校学习专业课程，最后获得该校法学学士学位以及海外高校法律硕士学位。该班首届招生50人。

（刘旭）

【首批试点招录审核录取制博士生】 9月，法大完成审核录取制博士研究生试点首批招录工作。该项试点工作尝试取消初试环节，旨在扩大博士生导师招生自主权，首次在中欧法学院、法学和经济学研究中心开展试点工作，招录专业为法学理论、民商法学、经济法学、证据法学、法与经济学，经过导师审核、面试环节，共录取博士生6人。

（刘旭）

【启动联合高级工商管理硕士高端教育项目】 10月18日，法大启动联合高级工商管理硕士（EMBA）高端教育项目。该项目与加拿大西安大略大学合办，原版引进加拿大西安大略大学毅伟商学院的“全案例教学方法”，结合法大商学院“法商管理”的教育模式，集中两校优质师资，整合大陆、香港和北美法商跨界资源，为学员提供以学习参与者为中心的全新EMBA课程体系。该班于2014年8月开始招生。

（刘旭）

【举办中欧法律论坛】 10月25日，

法大举办首届中欧法律论坛。论坛与中国法学会、国家开发银行联合主办，以“加强法律交流，促进经贸合作”为主题，研讨法律在中欧经贸交流中的作用以及中欧经贸合作相关法律问题，特别是知识产权法律制度、中欧对外投资以及世界贸易组织（WTO）下的市场准入与市场监管等问题。论坛通过《中国一欧洲法律论坛北京宣言》。奥中法律协会、法国比较立法协会、意大利律所、西班牙嘉理盖斯律师事务所以及该校加入“法律外交战略合作伙伴计划”。该校还与中国法学会对外联络部签订《学生实习基地协议》。来自中国、奥地利、英国等16个国家专家学者80人参加论坛。

（刘旭）

【实施首届大学生职业教练计划】 10月29日，法大实施首届大学生职业教练计划。该计划聘任13名大学生职业教练，采用1名教练带领8人学生小组的形式，通过3次深入的交流活动帮助学生了解教练所在行业的职业信息，提升学员职业素质，科学规划职业生涯。

（刘旭）

【成立第二所孔子学院】 11月22日，

法大与罗马尼亚布加勒斯特大学共同组建布加勒斯特大学孔子学院。这是该校第二所孔子学院，集基础汉语教学、学术研究及法学特色为一体，打造两校乃至中罗交流的重要平台。至年底，共招生90人。

（刘旭）

【与两省法检部门签订共建协议】 至年底，法大分别与云南省人民检察院、河南省高级人民法院签署《“卓越法律人才教育培养基地”共建协议》。协议内容主要包括实务机关接受该校学生实习，实习培养采取双导师制；该校为实务机关人员接受继续教育、研究生教育及提高业务水平等提供支持；双方互聘学者和专家到对方单位工作交流，共同开展课题研究等。至此，该校共与7家法检部门签署共建协议，建立5个卓越法律人才教育培养实习基地。

（刘旭）

【开展正能量学生访谈活动】 至年底，法大开展“CUPL正能量”学生访谈系列活动。活动以“低门槛，高频率，接地气”为出发点，以正能量的“创造者，发现者，表达者和放大者”为目标，挖掘一批具有家庭、学校、社会责任感，在学习生活等不同领域发挥和传递“正能量”的普通学生作为典型，以学生身边的事件感染、带动学生成长，促进大学生全面发展。访谈于2月28日开始，基本达到每周开展一期、每期采访一个对象。至年底共举办25期活动。

（刘旭）

华北电力大学

党委书记　吴志功

校　　长　刘吉臻

【概况】　2013年，华北电力大学占地面积106.14万平方米，学校产权建筑面积102.94万平方米、非产权建筑面积3.20万平方米。固定资产总值273176.62万元，其中，教学、科研仪器设备资产值48693.1万元。图书馆建筑面积36932平方米，藏书217.03万册。拥有计算机16328台，多媒体教室座位45912个，信息化设备资产值19003.1万元，网络信息点22612个，电子邮件系统用户20638个，上网课程210门，数字资源量360688.5GB，管理信息系统数据总量30550GB。设有直属学院10个，教学部2个，另设有国际教育学院、研究生院、继续教育学院、艺术教育中心和工程训练中心；拥有一级学科博士学位授权点5个和二级学科博士学位授权点30个，一级学科硕士学位授权点23个和二级学科硕士学位授权点123个；本科专业62个；学校拥有国家级重点学科2个、省部级重点学科23个，国家重点实验室1个，国家工程试验室1个、国家工程技术研究中心1个、教育部重点实验室3个、教育部工程技术研究中心1个、北京市重点实验室6个、北京市工程技术研究中心1个，另有北京市哲学社会科学研究基地1个。博士后科研流动站5个。教职工2952人，其中，专任教师1806人，包括教授378人、副教授554人；博士生导师147人、硕士生导师784人；中国工程院院士1人、双聘院士4人，“千人计划”专家6人，国家教学名师获得者1人，“长江学者”特聘教授3人、国家有突出贡献专家3人。获国家“杰出青年科学基金”资助人员6人，入选国家“百千万人才工程”人员7人，“973计划”首席科学家5人，教育部“新世纪优秀人才支持计划”40人，外籍教师203人，其中，长期规定聘用的外籍教师19人。毕业生11799人，其中，学历教育学生中全日制研究生2138人（博士生145人、硕士生1993人），普通本科生5054人，成人教育本专科生4607人（本科生3209人、专科生1398人）。招生12659人，其中，学历教育学生中全日制研究生2410人（博士生189人、硕士生2221人），普通本科生5519人、成人教育本专科生4730人（本科生2964人、专科生1766人）。在校生44922人，其中，学历教育学生中全日制研究生7478人（博士生989人、硕士生6489人），普通本科生21302人，成人教育本专科生16142人（本科生10464人、专科生5678人）。留学生毕业246人，招生306人，在校生268人。网址：www.ncepu.edu.cn。

（王振华）

【举办中国农村贫困与社会发展论坛】　4月20日，电力大学举办中国农村贫困与社会发展论坛。论坛以“中国农村贫困与社会发展”为主题，设6个分论坛，研讨农村贫困理论与实践、农村贫困与社会保障、农村贫困与弱势群体等5个问题。来自国内外高校及研究机构代表100人参加论坛。

（王振华）

【学生创新成果获环保大赛金奖】　6月2日，电力大学“最爱地沟油”团队获第四届全国高校环保科技创新设计大赛金奖。该团队组建于2011年12月，团队成员分别来自电力、动力、计算机等不同院系。在决赛中，该团队的研究成果得到来自联合国环境规划署等的国内外专家的高度评价。该成果通过脱酸、脱色、离心等技术，将“地沟油”改性成为新型变压器绝缘油，相对于矿物绝缘油每吨1.8万元的价格，这种新型绝缘油每吨总费用为7千元，生产成本降低了近三分之二，填补国内在地沟油回收利用上的空白。

（王振华）

【与建行签署合作协议】　7月5日，电力大学与中国建设银行北京分行签署战略合作暨校园一卡通项目合作协议。根据协议，双方将利用各自优势和资源，在金融服务、资金结算、银行卡、代理业务、咨询服务、理财等方面开展深度合作，促进互利共赢。

（王振华）

【与新疆建设兵团签署合作协议】　7月14至18日，电力大学与新疆生产建设兵团签署战略合作协议。根据协议，双方将在人才培养、科研合作、能源工程建设、干部培养援助等方面进行合作。学校利用自身优势，在人才培养、跨师联网工程建设、微网工程建设、新能源城市建设等方面为兵团提供人力、智力支持及外围公关服务。双方还将共建学术、科研、教学机构，建立援疆干部培养机制，实现援疆人才规模化、科研发展目标化、绿色能源现代化的发展目标。

（王振华）

【与加拿大电力企业及高校签署合作协议】　8月26日，电力大学与加拿大萨斯喀彻温电力公司、加拿大里贾纳大学签署三方战略合作协议。根据协议，三方将共同努力促进研究机构及人员的合作研究，探讨在电力企业能源、环境、清洁能源、气候变化、污染物减排以及碳捕集、利用和封存等领域的互利合作。8月27日，合作三方在该校召开碳捕集、利用及封存（CCUS）国际研讨会。会议以“碳捕集、利用及封存”为主题，研讨CCUS技术所涉及的一系列实际挑战和所采取的解决方法。来自中国、加拿大高校师生及企业代表100人参加会议。

（王振华）

【聘任格雷策尔为客座教授】　9月6日，电力大学聘请迈克尔·格雷策尔为客座教授。迈克尔·格雷策尔，瑞士洛桑联邦理工学院光子学和界面中心主任、国际化学界著名科学家，也是科学成果被引用数量最高的世界十大科学家之一，化学界排名处于世界前列。在2010年的芬兰千年科技周上获得由芬兰国家工程研究院颁发的“千年科技奖”，曾获得2009年诺贝尔化学奖提名。

（王振华）

【成立全球可持续发展中心】　9月12日，电力大学“剑桥大学—华北电力大学全球可持续发展中心”成立。该中心以全球可持续发展为目标，立足于国际领先技术开展绿色电力的科学研究，以现代人力资源管理的6P（position，performance，payment，placement，people，proficiency）模式培养人才，建立人才发展的良好氛围，发挥其最大的优势，努力为打造中国乃至世界可持续发展一流智库提供人才支撑，为全球的可持续发展提供智力支持。

（王振华）

【设立张保衡励学基金】　12月26日，

电力大学设立张保衡励学基金。该励学基金由该校90岁退休教授张保衡及其学生共同捐资设立，奖励和资助该校家庭经济困难、学习刻苦的全日制本科生、硕士研究生。张保衡，1958年起在华北电力大学校动力系任教，主要致力于大机组寿命分析、监测、管理等研究工作。因在研究汽轮机方面成绩突出、贡献卓著，被行业内人士尊称为“张汽机”。

（王振华）

中华女子学院

党委书记　张李玺
院　　长　张李玺

【概况】　2013年，中华女子学院校园占地面积9.94万平方米，学校产权建筑面积10.79万平方米，非产权建筑面积3.43万平方米。固定资产总值16305万元，其中，教学、科研仪器设备资产值8283万元。图书馆建筑面积12614平方米，藏书97.3784万册，其中，纸质图书56.7495万册，电子图书40.63册。全年教育经费投入21464.84万元，其中，国家拨款17053.49万元，自筹经费4411.35万元。学校信息化经费投入808万元，拥有计算机3158台，多媒体教室座位4969个，信息化设备资产2817万元，网络信息点3820个，校园网出口总带宽300Mbps，电子邮件系统用户876个，上网课程19门，数字资源量20000GB，管理信息系统数据总量57GB。校区设置七个二级学院、四系、二部。开设普通高等教育本科专业21个、高职专业11个，学科门类覆盖法、经、管、教、文、工、艺7个，具有一级学科12个，服务国家特需项目专业硕士学位授权点1个。教职工392人，其中，专任教师293人，教师中包括教授32人、副教授89人。博士生导师1人和硕士生导师27人。有享受政府特殊津贴专家8人。外籍教师15人，其中，教授2人，副教授4人。毕业生1778人，其中，普通本专科生1478人（本科生1081人、专科生397人），成人教育本专科生300人（本科生22人、专科生278人）。招生2201人，其中，学历教育学生全日制硕士研究生30人，普通本专科生1664人（本科生1134人、专科生530人）、成人本专科生507人（本科生3人、专科生504人）。在校生6689人，其中，学历教育学生全日制普通本专科生5742人（本科生4422人、专科生1320人）、成人本专科生917人（本科生15人、专科生902人）。留学生毕业2人，招生5人次，在校生3人次。网址：www.cwu.edu.cn。

（程敏）

【与4家单位签订实习基地协议】　3至9月，女子学院与4家单位签订实习基地协议。其中，与娃哈哈集团北京分公司签订高校营销教育实践基地协议，为该校市场营销专业学生提供实习见习机会。与中国妇女儿童博物馆署实习基地协议，为该校思想政治理论教学提供实践服务。与北京松堂关怀医院署实习基地协议，为该校学生提供长期开展公益服务机会。与中国民生银行电子银行部签订校企合作“民生银行班”协议，为该校金融学专业学生提供实习见习机会。

（程敏）

【获得应用心理学专业教育学学士学位授予权】　4月9日，女子学院应用心理学专业教育学学士学位授予权通过评审。经专家评审，一致通过教育部评估，获得该专业教育学学士学位授予权。专家认为该专业人才培养目标定位准确，建设思路清晰，课程体系科学合理，形成“一个中心、两类课程、三个阶段”的人才培养模式，体现女子学院应用心理学方向的人才培养特色。同时，专家也提出“适当扩大教师队伍，继续引进高层次人才，并扩大校内外的学术交流；建议加强教材建设，形成精品课程”等建议。

（程敏）

【女企业家创业论坛闭幕】　5月7日，女子学院女企业家创业论坛闭幕。论坛历时1年，对女大学生提出勇于做“坚信、坚定、坚持、坚守”和“创新、创意、创造、创优”人才要求。论坛开展教学改革，校企合作、校社合作等活动。该校师生1000人次参加活动。

（程敏）

【举办人际信任研究前沿论坛】　5月27日，女子学院举办人际信任研究前沿论坛。论坛特邀国内知名专家及其研究团队围绕人际信任诸多问题交流各自的研究成果和研究心得。在论坛的学术报告环节中，展示该校“信任的代际传递机制研究”课题组的部分成果。在学术研讨环节中，该校教师与来自不同高校、不同研究团队的专家学者就人际信任研究中的现实关注取向、实验范式、信任本质、代际传递方向、神经递质分析等问题交流各自的学术思考，并达成未来研究的合作意向。来自中央财经大学、北京师范大学、上海师范大学等高校的专家学者及该院师生共50余人参加论坛。

（程敏）

【举办女官员参与社会管理能力建设研修班】　6月3至17日，女子学院举办亚洲发展中国家女官员参与社会管理能力建设研修班。该研修班由商务部主办，女子学院承办，共有来自老挝、斯里兰卡等亚洲国家的16名女官员参加培训。研修班以“女官员参与社会管理”为主题，举办女性在中国社会发展中的作用、女性领导者领导力提升、中国妇女权益保护立法、中国儿童发展等专题讲座，并赴浙江省与当地妇女组织座谈交流，实地考察社区服务管理、妇女创业与就业、中国新农村建设等情况。

（程敏）

【召开政策与实践中的性别平等学术交流会议】　6月17日，女子学院召开“政策与实践中的性别平等：中国与加拿大的经验”学术交流会。会议由该院和加拿大尼普森大学（Nipissing）联合主办。两校专家分别作题为《作为全球化、伦理性跨学科项目模型的性别平等和社会正义》《加拿大的社会服务学习》《加拿大的性别不平等与医疗问题》等7个主题发言。来自两校专家学者和该校师生70人参加会议。

（程敏）

【召开性别与公共政策研讨会】　7月5日，女子学院召开性别与公共政策研讨会。会议就中国的性别研究、性别与社会政策等议题进行研讨，并为中国妇女发展研究中心聘请的第一批23名兼职研究员颁发聘书。中国妇女研究会、国务院、联合国、北京高校的专家学者、学校相关部门领导以及研究人员共50人参加会议。会上，该院中国妇女发展研究中心揭牌。

（程敏）

【召开高校女子体育研讨会】　8月24日，女子学院召开全国高校女子体育研讨会暨首都高校第四届女子体育论坛。论坛包括两个分论坛，与会专家分享针对女大学生体质现状等的研究成果，并对中国女性参与体育活动存在问题及解决对策等进行交流。北京市有关部门领导以及国内高校的专家学者近百人参加会议。

（程敏）

【举办身心灵全人健康与妇女服务工作坊】　8月27至29日，女子学院举办“身心灵全人健康与妇女服务”工作坊。工作坊邀请香港大学社会工作与社会行政学系主任陈丽云教授主持。来自国内高校和社会工作服务机构的教师和一线社会工作者31人参加学习。

（程敏）

【召开性别与社会发展学术研讨会】　11月24至25日，女子学院召开性别与社会发展学术研讨会。会议就中国社会工作现状、中国社会政策发展、妇女社会工作的台湾经验、中国妇女社会服务现状、性别文化等主题进行大会主题发言，讨论与交流妇女能力建设、和谐家庭建设、妇女社会地位等热点问题。来自中国社会工作教育协会、北京大学、中国社会工作教育协会、南开大学、台湾辅仁大学及女子学院的专家学者80人参加会议。

（程敏）

北京信息科技大学

党委书记　郑君礼
校　　长　柳贡慧

【概况】　2013年，北京信息科技大学占地面积33.32万平方米，学校产权建筑面积33.12万平方米、非产权建筑面积0.24万平方米。固定资产总值92150.16万元，其中，教学、科研仪器设备资产值42710.65万元。图书馆建筑面积9661平方米，纸质图书107.89万册、电子图书16267.66GB。全年教育经费投入91833.53万元，其中，国家拨款78321.13万元、自筹经费13512.40万元。学校信息化经费投入1114.96万元，拥有计算机7780台，多媒体教室144间，信息化设备资产14639.58万元，网络信息点10216个，校园网出口总带宽1000Mbps，电子邮件系统用户28081个，上网课程1122门，数字资源量71941GB，管理信息系统数据总量153.4GB。现有5个校区，下设12个学院、2个中心以及体育部、研究生院和继续教育学院。开设本科专业36个，覆盖工、管、理、经、文5个学科门类，其中，国家级特色专业建设点4个、北京市级特色专业建设点9个、在京第一批招生专业15个；具有一级学科硕士点14个，二级学科硕士点43个，专业学位门类（工程硕士、MBA）2个、工程硕士专业学位授权领域7个。拥有北京市重点学科3个、北京市重点建设学科9个；省部共建教育部重点实验室1个、北京市重点实验室5个、北京市哲学社会科学研究基地1个、原信息产业部重点实验室2个、北京市高校工程技术研究中心1个、机械工业重点建设实验室2个。教职工1368人，其中，专任教师807人，专任教师中正高级101人、副高级263人；兼职博士生导师17人、硕士生导师186人；双聘中国工程院院士3人、特聘教授2人、讲座教授3人、全国优秀教学团队1个、教育部“创新团队发展计划”1个，新世纪百千万人才工程3人。毕业生4241人，其中，学历教育学生中全日制硕士研究生315人，普通本科生2353人，成人教育本专科生1570人（本科生378人、专科生1192人）；非计划招生高等教育学生中在职人员攻读硕士学位3人。应届本专科毕业生就业率98.05%，研究生毕业生就业率100%。招生4726人，其中，学历教育学生中全日制硕士研究生394人，普通本科生2707人、成人教育本专科生1613人（本科生625人、专科生988人）；非计划招生高等教育学生中在职人员攻读硕士学位12人。高考北京地区录取线一批理科550分、二批理科512分，一批文科551分、二批文科501分。在校生15000人，其中，学历教育学生中全日制硕士研究生1119人，普通本科生10510人，成人教育本专科生3332人（本科生1130人、专科生2202人）；非计划招生高等教育学生中在职人员攻读硕士学位39人。留学生毕业123人，招生123人，在校生123人。网址：www.bistu.edu.cn。

（张全晓）

【签署两个校企合作协议】　4月9日

和12月12日，信息科大签订两个校企合作协议。与国奥控股集团股份有

限公司建立校企合作基地，开展定向培养、合作教学、建立实习基地，科研项目研发与技术合作等。与中国民生银行合作，民生银行为信息管理学院学生开展网上银行业务相关课程植入、提供实习机会、实习与就业衔接等内容。

（张金晓）

【理学院实行学业导师制】 4月10日，信息科大理学院实行学业导师制。本科生学业导师面向全体专业课教师招聘，任期4年。导师工作内容有五项，一是指导学生学习了解本专业的基本情况和发展状况，帮助学生了解专业，提高学生对专业的兴趣；二是帮助学生适应大学学习环境，培养科学的学习方法和良好的学习习惯；三是指导学生进行专业选课，帮助学生构建良好知识构架，了解学生的个性特点和兴趣爱好，帮助其实现个性化发展；四是对学生进行学业生涯和职业生涯规划方面的指导，帮助学生提升在未来职业生涯中的竞争力；五是引导学生积极参与学科竞赛、课外科技活动，提高学生的科学素养、创新意识与实践能力。首批聘任导师15人。

（张金晓）

【主办卓越人才培养与社会贡献力国际论坛】 5月17日，信息科大举办

卓越人才培养与社会贡献力国际论坛。论坛围绕高校人才培养、科学研究和服务社会，以全面提高高校人才培养质量为核心，研讨卓越工程与管理人才培养之路，探索提高高校社会贡献力的途径、方法。论坛设“卓越工程与管理类人才培养”“产学研用结合、提高高校社会贡献力”“高校教学管理创新”三个议题。来自美国、英国、德国等境内外20所大学近百名校长、校长代表和数十名企业代表参会。

（张金晓）

【庆祝新大学成立五周年】 5月17至18日，信息科大举办新大学成立五周年系列庆祝活动。庆祝活动由大型双语国际会议卓越人才培养与社会贡献力提升国际论坛，校友企业家联谊会，首届企业家论坛等活动组成。来自境内外部分高校代表、校友和该校师生2000人次参加活动。该校于2008年3月26日经教育部批准，在原北京机械工业学院和原北京信息工程学院的基础上合并组建的全日制普通高等学校，其办学历史可追溯到二十世纪三十年代。

（张金晓）

【举办首届校园移动应用大赛】 6月1日至9月27日，信息科大举办第一届校园移动应用大赛。7个学院的37名学生提交16份参赛作品，作品涉及学习、生活和娱乐等多个领域，最终10项移动应用作品参加现场决赛，评出一、二、三等奖作品各1部。

（张金晓）

【与秦皇岛市签订合作协议】 7月4

日，信息科大与秦皇岛市政府签订合作协议。根据协议，双方在高端装备制造、仪器仪表、电子信息、通信工程、新能源等领域开展合作，加强共性技术和关键技术攻关，为秦皇岛市相关产业发展提供技术支撑，共同破解产业升级的关键技术难题。该校将针对秦皇岛市科技创新人才需求，开展定向培养和短期培训，培养高层次、紧缺人才，提升秦皇岛市科技创新队伍的整体实力。秦皇岛市设立该校科技成果孵化器和科技成果转化中心，支持该校具有市场前景的高新技术成果孵化；支持该校在行业骨干企业建立博士后工作站和研究生工作站，为该校师生工作和学生实习、社会实践以及科研开发创造条件。

（张金晓）

【调整部分机构设置】 7至11月，信息科大调整部分机构设置。7月成立研究生院，原研究生部及研究生党总支建制撤销，研究生的日常事务管理和思想政治教育、党务工作分别由相关院（系）和党总支负责。9月成立信息与网络管理中心，全面负责该校信息化建设、网络管理与服务工作，原网络管理中心建制撤销，网络信息内容安全管理工作由党委宣传部负责；人文社会科学系更名为公共管理与传媒学院，行政建制、工作职能、主要任务等维持现有状况不变，公管传媒学院设行政管理学、传播学、网络与新媒体三个全日制本科专业和综合实验中心，面向全国招生，开展本科、硕士层次教学。10月成立国际交流学院，主要职责是开拓国际合作交流项目，承担在华留学生的教育教学与管理。11月成立软件工程研究中心，为校级科研机构，研究方向为软件工程研究与开发。原“软件工程研究与开发中心”经原电子部批准，成立于1983年，曾为部级和校级重点科研机构，新中心由原科研职能向产学研用一体化职能转变，运行机制由原独立运行向依托计算机学院的一体化运行转变。

（张金晓）

【实施学生国外实习研修】 7月20日

至8月3日，信息科大卓越试点班师生在德国实习研修。该研修班是学校首次尝试以学生为主体的国外实习研修活动，共13人。实习学生在德国进行技术讲座、工程技术参观实习、德语语言文化学习、与国际学生互动交流、走访调研大学等实习实践学习活动。

（张金晓）

【开展京外就业市场拓展工程】 10月22日，信息科大开展京外就业市场拓展工程。该校赴山东济南走访重点用人单位济南二机床集团公司，开启该校京外就业市场拓展工程第一站。

该校各二级学院及相关部门陆续赴天津、江苏、广东、广西等地开拓就业市场。京外就业市场拓展工程是该校针对京外生源比例不断增高的实际情况开展的，通过了解当地企业现状及对毕业生的需求情况，为毕业生拓展京外就业市场。

（张金晓）

【获批国家级实验教学示范中心】 12 月 9 日，信息科大电子信息与控制国家级实验教学示范中心教学中心获批。中心是该校唯一的电工电子类国家级实验教学示范中心，在教学理念、教学体系、实验环境及人才培养等方面都取得一定成绩，在以机器人竞赛、智能车竞赛以及电子设计竞赛为代表的学科活动中不断取得好成绩。该中心成立于 2000 年，2007 年成为北京市实验教学示范中心，2008 年批准成为国家级实验教学示范中心建设单位，2012 年通过教育部组织的专家验收。

（张金晓）

【成立高动态导航技术市重点实验室】 12 月 14 日，信息科大成立高动态导航技术北京市重点实验室。该实验室以控制科学与工程、信息与通信工程两个重点学科为依托，在导航制导与控制、检测技术与自动化装置、信号与信息处理、智慧感知与信息处理 4 个二级学科基础上交叉融合，紧密结合高速列车、机器人、物联网、车辆、舰船和飞行器等高动态环境下运动体的位姿测量与姿态控制的迫切需求，围绕高动态惯性器件、高动态导航领域的共性与关键技术以及应用技术 3 个主要科研方向，探索新机理、新方法，发现新效应、新规律，并转化为具体应用成果，形成具有自主知识产权的导航与控制技术，强化优势地位，推动相关学科发展，培养高层次的创新拔尖人才。实验室现有研究人员 28 人，其中，教授、研究员 10 人，副教授 13 人，博士后 2 人，20 人拥有博士学位。

（张金晓）

【开展微课教学培训】 12 月 18 日，信息科大举办微课教学培训。该课程以视频为主要载体，记录教师在课堂教育教学过程中，围绕某个知识点或教学环节而开展的精彩教与学活动的全过程，时长为 5 至 8 分钟，最长不超过 10 分钟，是 WEB2.0 时代为适应学生的思维习惯和成长特点而产生的新的教学形式。

（张金晓）

【与 7 所国外高校联合培养博士生】 至年底，信息科大与 7 所国外高校签订联合培养博士生协议。分别是英国安格利亚鲁斯金大学、美国奥克兰大学、日本福井大学和冈山大学、瑞典哈姆斯塔德大学、爱尔兰考克大学和爱尔兰阿斯隆理工大学。根据协议，联合培养博士生的研究课题、合作方式等由联合培养的博士生导师确认。年内，该校 1 名硕士毕业生被福井大学录取为博士研究生，成为首名与国外大学联合培养的博士生。

（张金晓）

中国矿业大学（北京）

党委书记　杨仁树
校　　长　乔建永

【概况】 2013 年，中国矿业大学（北京）占地面积 24 万平方米，建筑面积 36 万平方米。固定资产总值 96189 万元，其中，教科仪器设备资产值 20480 万元。全年教育经费投入 80474 万元，其中，国家拨款 42679 万元、自筹经费 37795 万元。学校信息化经费投入 1260 万元。图书馆建筑面积 10062 平方米，藏书 79 万册，电子图书 55 万册。拥有计算机 3996 台，多媒体教室座位 9783 个，信息化设备资产 5183 万元，网络信息点 20000 个，校园网出口总带宽 950Mbps，电子邮件系统用户 1811 个，数字资源量 4900GB，管理信息系统数据总量 16.14GB。设有研究生院和 12 个学院；开设本科专业 60 个，覆盖理、工、文、管、法、经等多个学科门类；有 2 个一级学科国家重点学科，8 个国家重点学科、1 个国家重点培育学科、21 个省部级重点学科；有 16 个一级学科博士点，35 个一级学科硕士点，69 个二级学科博士点，173 个二级学科硕士点，9 个硕士专业学位授权点；博士后流动站 14 个，其中，博士后研究人员出站 30 人、进站 40 人、在站 110 人。建有 2 个国家重点实验室、1 个国家工程研究中心、2 个教育部工程研究中心，1 个北京市重点实验室。教职工总数 869 人，其中，专任教师 605 人，包括教授 144 人、副教授 194 人；有博士生导师 127 人、硕士生导师 197 人；中国科学院院士 1 人，中国工程院院士 6 人。教师中有“长江学者奖励计划”特聘教授 3 人，国家杰出青年基金获得者 7 人，全国优秀教师 2 人，享受政府特殊津贴专家 24 人。毕业生 3410 人，其中，学历教育学生中全日制研究生 1420 人（博士生 220 人、硕士生 1200 人），普通本科生 1173 人，成教生 817 人；非计划招生高等教育学生中在职人员攻读硕士学位 155 人。招生 5106 人，其中，学历教育学生中全日制研究生 1620 人（博士生 262 人、硕士生 1358 人），普通本科生 1498 人，成人教育本专科生 1988 人（本科生 932 人、专科生 1056 人）；非计划招生高等教育学生中在职人员攻读硕士学位 538 人。在校生 13490 人，其中，学历教育学生中全日制研究生 4832 人（博士生 1116 人、硕士生 3716 人），普通本科生 5515 人，成人教育本专科生 3143 人（本科生 1465 人、专科生 1678 人）；非计划招生高等教育学生中在职人员攻读硕士学位 1424 人。高考北京地区本科录取线理工科 494 分，文科 496 分。本科毕业生就业率 96.7%，研究生就业率 95.8%。留学生招生 19 人，在校生 34 人。网址：www.cumtb.edu.cn。

（苏欢）

【成立中国煤炭经济与管理研究中心】 3 月 24 日，矿大成立中国煤炭经济与管理研究中心。该中心挂靠学校管理学院，结合煤炭及能源行业发展形势和需要、组织开展重要经济与管理问题的研究；每年召开一次“中国煤炭经济与管理高峰论坛”；围绕煤炭及能源行业发展的热点问题，不定期组织召开专家专题研讨会；不定期与国内外煤炭及能源经济与管理领域的相关学术机构进行交流互访，并开展合作研究等。有科研人员42人，其中，高级职称30人。

（苏欢）

【启用沙河校区】 5月26日，矿大启

用沙河新校区。沙河校区位于昌平区沙河高教园区南二街甲一号，占地面积13.34万平方米，建筑面积16万平方米，可容纳6000名学生学习生活。该校区2013年开始建设，总投入73000万元。

（苏欢）

【与两家企业签订合作协议】 6月28

日和7月11日，矿大分别与神华宝日希勒能源有限公司和国投新集能源股份有限公司签订合作协议。与神华宝日希勒能源有限公司协议规定，学校将进一步创造好为神宝集团公司服务的空间和平台，在人才培养、科研成果、技术攻关等方面，为神宝集团公司的发展提供支持，同时双方将在职工培训、学历教育以及科研技术方面加强合作。与国投新集能源股份有限公司协议规定，校企双方将在人才开发、科技创新、教育培训等方面展开合作。

（苏欢）

【与庆阳市签订产学研合作协议】 7月31日，矿大与甘肃省庆阳市签订合作协议。根据协议，该校发挥科研优势，为庆阳市油煤气资源开发提供智力支持，帮助解决庆阳市煤炭开发及工业发展过程中急需解决的技术难题和攻关项目，推荐符合实际的新技术、新工艺、新产品等科技成果，培训科技和管理人才，开展信息、人才、智力交流。

（苏欢）

【逸夫科研实验楼投入使用】 8月30日，矿大逸夫科研实验楼投入使用。该楼总建筑面积为3.80万平方米，17层，拥有实验室220个，可同时容纳学生2000人学习。该楼于2010年11月29日开工，总投入17524万元，其中，获得邵逸夫基金550余万元资助。

（苏欢）

【召开厚煤层科学开采技术及装备博士生论坛】 10月12日，矿大召开

厚煤层科学开采技术及装备博士生论坛。论坛以厚煤层科学开采技术及装备为主题，研讨全国采矿工程专业及厚煤层开采技术及装备领域内容。来自国内高校和科研院所相关领域博士生200人参加论坛。

（苏欢）

【一实验室入选科技部优秀实验室】 11月13日，矿大“深部岩土力学与地下工程国家重点实验室”被科技部评为“优秀类实验室”。该评估由科技部主办，面向材料领域与工程领域国家重点实验室，每5年为一个评估周期。该实验室于2008年立项建设，深部岩体力学与围岩控制理论、深部土力学特性及其与地下工程结构相互作用、深厚表土人工冻结理论与工程应用基础以及深部复杂地质环境与工程效应等领域研究工作，有科研人员26人，其中，高级职称22人。

（苏欢）

【召开软岩工程与深部灾害控制学术大会】 11月13日，矿大召开第12次全国软岩工程与深部灾害控制学术大会。会议与中国岩石力学与工程学会合办，研讨软岩工程与深部灾害研究领域的最新研究成果及前沿问题。来自国内科研机构和高校相关领域专家100人参加会议。

（苏欢）

中国石油大学（北京）

党委书记　蒋庆哲
校　　长　张来斌

【概况】 2013年，中国石油大学（北京）占地面积35.90万平方米，建筑面积37.80万平方米。固定资产总值145084.10万元，其中，教科仪器设备资产值57324.27万元。全年教育经费投入93012万元，其中，国家拨款51061万元，占55%；自筹经费41951万元，占45%。图书馆建筑面积14474平方米，藏书96.37万册。学校信息化经费投入1012万元，拥有计算机10590台，网络多媒体教室135间，信息化设备资产值22293.57万元，网络信息点12000个，校园网出口总带宽1300Mbps，电子邮件系统用户15000个，上网课程50门，数字资源量31015GB，其中，电子图书768GB，管理信息系统数据总量20000GB。学校下设11个学院（部）以及提高采收率研究院、非常规天然气研究院、新能源研究院、中国能源战略研究院4个直属研究院，开设本科专业27个，拥有11个博士授权的一级学科，45个博士点，10个博士后流动站；33个硕士授权的一级学科，151个硕士点；4个专业硕士学位授予权，工程硕士授权点涵盖20个工程领域；拥有5个国家重点学科、2个国家重点（培育）学科、7个北京市重点学科。现有教职工1292人，专任教师842人；在专任教师中，具有博士学位的教师占70.9%。专任教师中有海外（境外）学习经历累计一年以上的87人。教授232人，副教授260人，其中，博

士生导师193人。现有中国科学院院士3人，中国工程院院士4人，双聘院士5人，中组部“千人计划”入选者4人，“长江学者”特聘教授6人，国家杰出青年基金获得者8人，国家“973”项目首席科学家5人，国务院学位委员会学科评议组成员3人，国家级教学名师1人，全国优秀教师4人，入选“新（跨）世纪百千万人才工程”国家级人选7人，入选教育部“新世纪优秀人才支持计划”30人，教育部“长江学者和创新团队发展计划”创新团队3个，国家级教学团队3个。聘用外籍教师11人，其中，教授4人。毕业生14558人，其中，学历教育学生中全日制研究生1778人（博士生169人、硕士生1609人），普通本科生1676人，成人教育本专科生3114人（本科生1591人、专科生1523人），网络教育本专科生7990人（本科生3003人、专科生4987人）；非计划招生高等教育学生中在职人员攻读硕士学位412人。本科一次就业率为97.94%，研究生一次就业率为97.71%。招生17776人，其中，学历教育学生中全日制研究生2204人（博士生263人、硕士生1941人），普通本科生2023人，成人教育本专科生2999人（本科生1386人、专科生1613人），网络教育本专科生10550人（本科生3749人、专科生6801人）。高考北京地区录取线理科类552，文史类554。在校生40918人，其中，学历教育学生中全日制研究生6386人（博士生1023人、硕士生5363人），普通本科生7515人，成人教育本专科生6695人（本科生3192人、专科生3503人），网络教育本专科生20322人（本科生8412人、专科生11910人）。留学生毕业111人，招生198人，在校生613人。网址：www.cup.edu.cn。

（许博）

【举行东亚能源安全国际研讨会】 1月8日，石油大学举办东亚能源安全研讨会。研讨会与美国乔治·华盛顿大学国际关系学院共同举办，分别就国际油气市场、东亚能源治理机制、LNG市场发展与东亚能源安全、中亚与中国能源安全、日美关系与能源安全、中国能源安全问题演变与趋势

等问题进行探讨。来自美国的11名专家及国内高校的专家学者40人参加会议。

（许博）

【召开国际化工作会议】 1月10日，石油大学首次召开国际化工作会议。会议分析国际化战略实施面临的新形势、新机遇和新挑战；部署今后一个时期实施国际化战略的指导思想、目标和任务；明确国际化战略的重点是提升学生的国际竞争力，提升师资队伍的国际化水平，提升国际科研合作和学科建设水平，大力发展留学生教育，加强国际化条件保障建设；并提出将与中国石油天然气集团公司联合共建全球培训中心。该校各部门领导和学生代表300人参加会议。

（许博）

【成立非常规油气协同创新中心】 1

月19日，石油大学牵头的国家“2011计划”非常规油气协同创新中心揭牌成立。14家参与单位签订共建协议承诺书，共同为中心揭牌。该中心于2011年9月组建，由石油大学牵头，中石油、中石化、中海油作为主要参与单位，西南石油大学、东北石油大学、长江大学、西安石油大学等高校和中科院、重庆地矿研究院等科研院所作为参加单位，面向中国油气发展的重大战略需求，整合协同创新体的国家重点学科、国家重点实验室等相关资源，建立包括人才培养、科学研究、学科建设在内的综合改革特区，全面提升非常规油气科技创新能力。中心共有研究人员200余人，其中，二级以上教授100余人。中心下设非常规油气勘探开发、非常规油气工程技术、劣质重油高效利用、深海油气开发、非常规油气发展战略5个平台，各平台以牵头高校相关国家重点学科、国家重点实验室、国家工程中心为主体。

（许博）

【发表首篇《科学》杂志论文】 3月8日，石油大学发表首篇《科学》（SCIENC）杂志论文。刊登论文为该校重质油国家重点实验室、理学院崔立山教授研究组以第一作者单位与国内外科学家合作的学术论文，题目为“A Transforming Metal Nanocomposite with Large Elastic Strain, Low Modulus and High Strength”（《一种超大弹性应变、低弹性模量及高屈服强度的相变金属纳米复合材料》）。该论文填补传统三大类材料（金属、陶瓷及高分子材料）力学性能的空白区。研究结果对金属基复合材料、约束态纳米线力学研究领域具有促进作用；对油气催化、光催化、磁学及电学研究领域具有重要意义。

（许博）

【新增1个市重点实验室】 6月13日，石油大学申报的“生物燃气北京市重点实验室”通过认定。实验室以城市废弃物处理产沼气、农林废弃物处理产沼气和沼气高值综合利用为三个主要研究方向。其中，城市废弃物处理主要以污泥资源化处理产沼气、工业废水资源化处理产沼气、餐厨垃圾和地沟油综合利用生产沼气和生物肥、矿化垃圾无害化迁移等为研究重点；农林废弃物处理包括秸秆厌氧发酵产沼气、畜禽粪便厌氧发酵产沼气、生物质气化制油等；沼气高值综合利用包括沼气粗脱硫和深度精脱硫、沼气脱碳、沼气脱氧制生物天然气，沼气干重整制合成气，合成气直接还原铁或生产化学品等。

（许博）

【试行“321”大类培养模式】 9月，石油大学在工商管理学院试行“321”大类培养模式。“3”是指将各专业所有课程分设成三大模块：第一模块为全院同修课程，第二模块为专业培养课程，第三模块为专业拓展课程；

“2”是指两个培养目标：专业型人才和复合型人才，学生在满足一定条件的情况下，可以自主选择两个方向毕业，即目前所在专业或学院内其他专业，选择目前所在专业毕业的学生按照专业型人才培养，跨专业申请学位毕业的学生按照复合型人才培养；“1”代表的是一个自选毕业专业，学生毕业时，根据个人的个性特点、发展规划及修满的专业课程情况，选择其中一个专业作为毕业专业，取得毕业证书和学位证书。

（许博）

【庆祝建校 60 周年】　10 月 2 日，石油大学举办庆祝建校 60 周年活动。活动围绕“甲子积淀，共创辉煌”的校庆主题，联谊会以“梦”贯穿始终，从创业梦、奋斗梦到石油梦、中国梦，按照北京石油学院、华东石油学院、石油大学和中国石油大学 4 个发展阶段进行板块划分，全面展现学校发展历程、学科建设、师资队伍、人才培养、科学研究、国际交流等各项成果。校庆期间，学校举办学术论坛、校友工作座谈会、王进喜事迹展、书画摄影展、国际文化节等活动。来自教育部、市政府以及该校校友师生近 15000 人参加活动。石油大学前身是以清华大学石油系、化工系为基础，汇聚天津大学、北京大学等高校的部分师资，于 1953 年创立的北京石油学院。1969 年，学校迁至山东东营胜利油田，更名“华东石油学院”。1981 年 6 月，在北京石油学院原校址内成立研究生部。1988 年学校更名“石油大学”，校本部设在北京，由石油大学（北京）和石油大学（华东）两部分组成。2005 年 1 月，学校更名“中国石油大学”。

（许博）

【举办泰纳瑞斯校园论坛】　11月20日，石油大学举办泰纳瑞斯第一届校园论坛。论坛以“从校园走向社会”为主题，邀请专家就研究生如何做好校园、社会角色的转变做专题报告，泰纳瑞斯中国区各部门负责人就职业发展规划问题与现场学生进行专题研讨和互动交流，历届罗伯托·罗卡奖学金获奖学生分享获奖经验。泰纳瑞斯股份公司是全球最主要的钢管产品生产商和服务供应商。来自泰纳瑞斯中国区工作人员及 200 名研究生代表参加论坛。

（许博）

【成立北京工程师学院】　11 月，石油大学与中石油、中石化和中海油的四家在京研究院（中国石油集团钻井工程技术研究院、中国石油集团安全环保技术研究院、中国石化石油工程技术研究院、中海油研究总院）签署共建北京工程师学院协议。根据协议，该院实行校企“双主体”培养模式和校企“双导师”指导制，主要开展地质工程、石油与天然气工程、化学工程、机械工程、安全工程等领域全日制工程硕士、工程博士的培养。校企双方在研究生招生和培养、实践类课程教学与教材编写、专业实践教学、现场专业实践与论文研究指导、毕业标准制定等培养环节将开展全方位实质性有效合作，协同培养石油工程等领域具有较强创新精神和工程实践能力的高层次工程技术人才。

（许博）

【新增 1 名中科院院士】　12 月 19 日，石油大学高德利教授当选为 2013 年中国科学院院士。高德利，1958 年出生于山东禹城，1982 年毕业于华东石油学院开发系，1984 年获西南石油学院工学硕士学位，1990 年获石油大学工学博士学位，1992 年在清华大学完成博士后研究。现任中国石油大学（北京）石油与天然气工程国家重点学科负责人、石油工程教育部重点实验室主任、校学术委员会主任，是中央联系的石油工程专家。高德利长期从事石油与天然气工程领域的教学和科研工作，以油气钻探与开采为主攻目标，在定向钻井、井下管柱力学与控制工程等方面做出系统的创造性贡献。他的研究成果在陆上和海上油气田有显著应用实效。他独立或合作发表学术论文 300 篇（被 SCI 收录 42 篇、EI 收录 121 篇），出版学术著作 9 部，授权发明专利 21 件，登记软件著作权 12 项，获国家科技进步二等奖 2 次及省部级科技奖特等奖 1 次、一等奖 4 次和二等奖 6 次。

（许博）

【成立海洋能源联合研究院】　12月29 日，石油大学与中船重工集团第 702 研究所（中国船舶科学研究中心）共建“海洋能源联合研究院”揭牌。校企双方将在海洋能源工程领域开展实质性合作，围绕海洋能源积极开展前瞻性课题研究，建立人才合作培养长效机制，为对方青年科技人员提供实习及培训。双方还将探索建立石油大学无锡海洋能源工程产业园，联合成立创新型高科技产业公司，促进科技成果转化。

（许博）

【新增长江学者特聘教授 1 人】　12 月，石油大学邱楠生教授获聘长江学者特聘教授。受聘后，邱楠生主要负责带领“盆地形成与演化”学术团队进行教学科研工作。邱楠生，福建连城县人，1968 年 7 月出生，教授，博士生导师。1994 年于中国科学院地质研究所获博士学位，1994 年 7 月至今在中国石油大学地球科学学院盆地与油藏研究中心从事教学与科研工作，担任盆地与油藏研究中心主任。主要研究领域为沉积盆地温压场、盆地构造热演化和油气成藏机理。

（许博）

【修订本科生培养方案】　至年底，石油大学全面修订本科生培养方案。修订后方案为，调整学分及结构，压缩课内总学时，将选修课比例从原来的28%提升到34%，为学生自主开展课外探究性学习提供时间；提升实践环节占总学分的比例；优化课程体系，构建以专业基础课和专业主干课为主的专业核心课程组，部分专业按照职业面向、学科特点划分专业方向；三是增设特色课程，增设新生研讨课16门、课内研讨课74门、双语课49门、全英文课13门，创新创业类基础课程2门，以课堂教学为抓手，加强学生探究能力、创新创业能力及国际交流能力的培养。

（许博）

中国地质大学（北京）

党委书记　王鸿冰
校　　长　邓军

【概况】　2013年，中国地质大学（北京）占地面积56.00万平方米，学校产权校舍建筑面积46.29万平方米。固定资产总值11.84亿元，其中，教学、科研仪器设备资产值3.46亿元。图书馆藏书112.7万册。拥有计算机7965台。学校信息化经费投入892.19万元，多媒体教室座位11768个，信息化设备资产13003.31万元，网络信息点10600个，校园网出口总带宽1200.00Mbps，电子邮件系统用户1859个，上网课程214门，数字资源量118560.00GB，管理信息系统数据总量60.00GB。设置17个院（系、部）；开设37个本科专业及覆盖10个学科；具有一级学科38个，一级学科博士点13个，博士学位授权点65个，硕士学位授权点117个和专业学位授权点19个；博士后流动站12个，其中，博士后研究人员出站42人、进站42人和在站119人。国家重点学科10个、省部级重点学科14个；国家重点实验室2个，国家工程研究中心1个。校内教职工1258人，其中，专任教师880人，包括教授190人、副教授277人；博士生导师136人、硕士生导师431人；中科院院士10人。“长江学者奖励计划”特聘教授1人、“长江学者奖励计划”讲座教授2人、“千人计划”入选者4人、“国家杰出青年科学基金”获得者6人、国家有突出贡献专家4人、享受政府特殊津贴专家71人。外籍教师8人。毕业生14309人，其中，学历教育学生中全日制研究生1570人（博士生281人、硕士生1289人）、普通本科生1977人、成人教育本专科生1924人（本科生1311人、专科生613人）、网络教育本专科生8673人（本科生1477人、专科生7196人）；非计划招生高等教育学生中在职人员攻读硕士学位165人。本科毕业生就业率96.45%。招生34216人，其中，学历教育学生中全日制研究生2110人（博士生376人、硕士生1734人）、普通本科生2100人、成人教育本专科生3219人（本科生2606人、专科生613人）、网络教育本专科生25161人（本科生6829人、专科生18332人）；非计划招生高等教育学生中在职人员攻读硕士学位563人。在校生72208人，其中，学历教育学生中全日制研究生6156人（博士生1611人、硕士生4545人）、普通本科生8395人、成人教育本专科生9747人（本科生6654人、专科生3093人）、网络教育本专科生46476人（本科生12794人、专科生33682人）；非计划招生高等教育学生中在职人员攻读硕士学位1434人。留学生毕业8人、招生24人、在校生54人。网址：www.cugb.edu.cn。

（李媛媛）

【成矿系统理论创立与华北古陆找矿实践获奖】　1月18日，地大主持完成的“成矿系统理论创立与华北古陆找矿实践”项目获得国家科学技术进步二等奖奖。该项目是地大首次以第一完成单位和第一完成人获奖，项目历经25年，原创性成果大幅推进矿产资源领域的科技进步，增加重要矿产资源储备，对实施找矿战略突破行动和长远指导地矿工作均有重要示范意义。

（李媛媛）

【召开第十次党代会】　1月20至21日，地大召开第十次党代会。会议听

取题为《加快建设高水平研究型大学　不断开创地球科学领域世界一流大学事业新局面》的工作报告。会议表决通过《中国共产党中国地质大学（北京）第十次代表大会关于第九届委员会工作报告的决议》和《中国共产党中国地质大学（北京）第十次代表大会关于第九届纪律检查委员会工作报告的决议》。21人当选新一届党委委员，7人当选新一届纪委委员。会议进一步明确今后五年的奋斗目标，提出加快建设高水平研究型大学、不断开创地球科学领域世界一流大学事业新局面的要求。该校173名党员代表参加会议。

（李媛媛）

【签订4项合作协议】　3至12月，地大签订4个合作协议。与国土资源部人力资源开发中心战略合作协议规定，双方将依托各自优势，借助开放实验室平台，在国土资源人才领域进行联合研究、联合培养、联合服务和联合办会，提高国土资源人才研究水平和服务支撑能力。与朔州市政府战略合作协议规定，地大将以朔州产学研基地为平台，在土地规划、矿山还林保护、地质灾害防治和资源经济持续发展方面对朔州加强指导，推动朔州市率先走出资源型地区转型跨越发展的新路。与中国地质科学院地质力学研究所战略合作协议规定，双方将在人才培养、科学研究、实验室建设等方面进行全面合作，为国家地学高层次人才培养和高水平科学研究做出贡献。与成都理工大学校际合作协议规定，两校将在人才联合培养与学生交流、科技合作及师资干部交流培训等方面深化合作。

（李媛媛）

【开展“职业小超市”项目】　5月15日，地大开展“职业小超市”项目。“职业小超市”以形式多样的服务为载

体，融入职业生涯理念，与《大学生职业生涯规划与就业指导》课程教学、职业发展个体咨询等服务形成互补，从而进一步完善学校职业生涯规划辅导体系。产品分为常驻产品和特惠产品。常驻产品分为书籍类、视听类、座谈类20余个模块；特惠产品每月一次，包括模拟面试、企业体验日、读书分享会等。“职业小超市”每周三18：00至21：00营业，将作为一项服务于学生成长发展的项目长期开展。

（李媛媛）

【演出话剧《地质师》】　5月18日，

地大演出话剧《地质师》。该剧由地大大学生艺术团话剧团出演，讲述洛明、罗大生、芦敬三名梦想成为地质师的大学生，从毕业分配开始走上的不同人生轨迹。故事跨越30余年，从风华正茂到皓首苍颜，3人历经工作、生活、情感的艰辛和考验，心中“为祖国的地质事业贡献一生”的地质梦始终不变。

（李媛媛）

【召开国际地下水会议】　6月28至29日，地大召开国际地下水会议。会议以“城镇化与生态保护——地下水科学的机遇与挑战”为主题，研讨“地下水污染调查与防控”“地下水循环－演化与气候变化”和“地下水—地表水相互作用与生态环境保护”等7个议题，8名代表作主题发言，37名代表作专题报告。国内外学者共200余人参加会议。

（李媛媛）

【完成3项节能改造工程】　7至12月，地大完成3项节能改造工作。完成学生浴室太阳能热水系统工程，可以充分利用太阳能，减少天然气用量，减少碳排放。完成能源监控平台建设工程，学校供水、供暖、供应蒸汽、学生洗浴、太阳能系统实现数据即时收集、远程传输、分析比对、自动分类、报表管理、数据存储与上传等功能。完成学14号、15号、16号楼外墙保温工程，改善学生的住宿条件，减少天然气用量，减少碳排放。

（李媛媛）

【成立纳米比亚大学孔子学院】　8月23日，地大和纳米比亚大学合作建设的纳米比亚大学孔子学院在纳米比亚首都温得和克揭牌。该孔子学院将为纳米比亚人提供更多的职业培训的机会，在语言学习、翻译、文化研究等方面提供更多机会和平台。该校将为该孔子学院提供师资、志愿者等方面支持。

（李媛媛）

【首届本科创新实验班开班】　9月9

日，地大首届本科创新实验班开班。首届创新实验班共21名学生，面向学校优势学科本科专业学生选拔，给予特殊政策机制，集中学校优质教育资源，充分发挥地学学科的整体优势，着力培养学生的学习能力、实践能力和创新能力，不断提高学生的培养质量。

（李媛媛）

【举办中韩地质交流活动】　10月21至26日，地大开展“中韩地质交流——野外实习及研讨会”活动。活动期间，中韩师生参观北京密云县沙厂铁矿，实地考察北京铁矿的地质背景及选矿过程；前往下苇甸野外观察，划分当地地层及岩性；讨论孤山口复

杂褶皱的褶皱特征及形态；鉴别虎峪地区地层旋回的界限；举行学术交流会，进行深入讨论和交流。韩国忠南大学和全南大学师生及地大地球科学与资源学院师生30人参加活动。

（李媛媛）

【举行於崇文90华诞暨从事地质工作70年庆典】　11月3日，地大举行於崇文院士90华诞暨从事地质工作70年庆典。会上，於崇文院士作专题学术报告，深入讲解复杂性科学的大方向，介绍最新研究成果。来自中科院及该院师生170人参加有关活动。於崇文，1924年生于上海市，1950年毕业于北京大学地质学系。他是地球化学动力学家，矿床地球化学家和地质教育家，他一直奋斗在教学科研第一线，为地质科学研究和教育事业做出卓越的贡献。

（李媛媛）

【成立金属矿产勘查与评价教育部工程研究中心】　11月，地大成立金属矿产勘查与评价教育部工程研究中心。中心面向国家资源需求，以中国中东部危机矿山深部挖潜，西部区域资源潜力调查评价，提高找矿效率、降低找矿成本为目标，以创新性和标志性找矿成果为重点，完善并形成具有特色的矿产资源评价预测体系、勘查技术方法体系，为国家找矿重大专项的实施、区域资源潜力评价、找矿突破提供依据。中心有专业研究人员30人，全部为高级职称。

（李媛媛）

【新增1名中科院院士】　12月19日，地大王成善教授当选中国科学院院士。王成善，1951年出生于黑龙江哈尔滨，1981年毕业于成都理工大学地质系，取得硕士学位。2005年到地大工作。现任地球科学与资源学院教授、青藏高原地质研究中心主任。王成善主要研究领域为沉积学，在白垩

纪古环境与古气候、构造隆升与沉积响应和含油气盆地分析方面取得系统性和创新性成果，在国内外地学界有较大影响。

（李媛媛）

北京联合大学

党委书记　徐永利
校　　长　卢振洋

【概况】　2013年，北京联合大学占地面积40.67万平方米，学校产权校舍建筑面积46.20万平方米、非产权校舍建筑面积15.41万平方米。全年教育经费投入156990.25万元，其中，国家拨款132143.59万元、自筹经费24846.67万元。固定资产总值16.20亿元，其中，教学、科研仪器设备资产值6.32亿元。图书馆建筑面积2.7万平方米，馆藏纸质图书238.29万册、电子图书65.80万种。拥有计算机20318台。学校信息化经费投入2330.75万元，多媒体教室座位39226个，信息化设备资产29494.17万元，网络信息点18400个，校园网出口总带宽2850Mbps，电子邮件系统用户5760个，上网课程3800门（活跃课程），数字资源量7224GB，管理信息系统数据总量218GB。设置14个院（系、部）；开设66个专业及覆盖10个学科；具有一级学科5个，硕士学位授权点6个。北京市重点建设学科6个。教职工3182，其中，专任教师1634人，包括教授171人、副教授525人；硕士生导师68人。外籍教师67人，其中，教授13人、副教授15人。毕业生8967人，其中，学历教育学生中全日制硕士研究生23人、普通本专科生7557人（本科生5743人、专科生1814人）、成人教育本专科生1387人（本科生583人、专科生804人）。本科毕业生就业率98.02%。招生10458人，其中，学历教育学生中全日制硕士研究生80人、普通本专科生7869人（本科生6055人、专科生1814人）、成人教育本专科生2509人（本科生863人、专科生1646人）。在京录取二批本科提档线文史类为494分，理工类为500分。在校生31549人，其中，学历教育学生中全日制硕士研究生169人、普通本专科生26484人（本科生20872人、专科生5612人）、成人教育本专科生4896人（本科生1756人、专科生3140人）。留学生毕（结）业452人、招生545人、在校生1421人。网址：www.buu.edu.cn。

（何小莉）

【举办首届中法餐饮文化节】　4月24至25日，联大举办首届中法餐饮文化节暨庆祝旅游学院与法国克里西勒内奥弗莱饭店旅游管理学院合作办学18周年实践教学成果展。文化节举办“厨艺比拼”、教学成果展览等活动。来自市教委和两校师生100人参加活动。

（何小莉）

【与中国铁建投资公司签约合作】　5月2日，联大与中国铁建投资有限公司签署合作协议。根据协议，双方将在项目开发、人才培养、科研合作、合作机制等方面开展合作。签约仪式上该校分别向中铁建董事长、总经理颁发客座教授聘书。

（何小莉）

【设立两个奖学金】　5月12日和7月15日，联大设立两个奖学金。其中，北京凌盛集团出资300万元设立“凌盛奖学金”，每年资助10名品学兼优残障学生，每人10000元。北京智慧园俱乐部有限公司出资100万元设立奖学金，用以资助昌平校区在科技创新方面有突出表现的优秀学生。

（何小莉）

【与首都机场集团公司签订合作协议】　5月21日，联大与首都机场集团公司签订合作协议。根据协议，双方在人才培养、产学研合作、联合科研攻关等方面展开合作，通过搭建校企合作平台共同致力于促进民航事业发展以及具有创新精神和实践能力的应用型高级人才培养，实现“优势互补、共同发展”。

（何小莉）

【召开地理学学术研讨会】　6月14日，联大与北京地理学会联合主办第15次北京学学术研讨会。会议以“文化、产业、空间”为主题。会议研讨首都文化的功能与使命，北京城市文化空间的历史演变、尺度转换、分异机理、内涵解读、拓展重构，北京各类物质与非物质文化遗产的保护与资源开发利用等问题。会议收到学术论文51篇。来自北京大学、市文物局等40家单位的专家学者共100人参加会议。

（何小莉）

【与东软集团公司签订合作协议】　9月25日，联大管理学院与东软集团股份有限公司签订合作协议。根据协议，企业将为学校的人才培养、科研与产业结合、师资培训提供平台，该校将为企业发展提供智力支持。

（何小莉）

【成立聋人大学生就业基地】　11月4日，联大成立聋人大学生就业基地。该基地与北京虚苑文化艺术发展有限公司共建，为聋人大学生实现梦想、体现价值、展示自我搭建平台。企业将与学校实现资源共享、优势互补、合作共赢，承担起更多的社会责任。

（何小莉）

【与春雪会计服务有限公司签订合作协议】　11月5日，联大生物化学工程学院与北京春雪会计服务有限公司签订合作协议。根据协议，春雪会计成为联大生物化学工程学院会计学专业实习基地，联大物化学工程学院成为春雪会计的人力资源培训基地。双方将通过专业实操培训、人才交流培训、学分互认等合作形式，共同为学生就业指导开创新模式。彼此互派专业骨干挂职锻炼，培养“双师”队伍，在教学、科研及产学等方面共建合作。

（何小莉）

【召开三山五园和京西文化专家研讨会】　11月9日，联大召开三山五园和京西文化研讨会。会议研讨三山五园和京西地区历史文化资源的传承与保护、开发与利用等问题。会上，联大北京三山五园研究院揭牌。来自海淀区政府、北京大学、中国人民大学等部门和高校的专家学者共100人参加会议。

（何小莉）

【举办中国文化遗产保护论坛】　11月23至24日，联大举办首届“文化遗产区域保护与活化学术研讨会暨首届中国文化遗产保护研究生论坛”。论坛研讨大遗址、历史街区、古村落、传统文化生态保护区、重要农业文化遗产地等重要文化遗产的区域综合保护和活化等问题。论坛上，经过初选的来自全国各地20余所高校的50余名博士生和硕士研究生分三组作学术演讲。来自文化部、中科院以及北京大学、清华大学等政府部门、科研院所和高校的专家学者共200人参加研讨。

（何小莉）

【举办中青年教师发展论坛】 12月20日，联大举办首届中青年教师发展论坛。论坛以“我与联大共发展”为主题，邀请该校专家结合自身经验为学校中青年教师作教学、科研方面领域报告。该校中青年教师50人参加学习。

（何小莉）

中国青年政治学院

院　　长 秦宜智（兼）
党委书记 倪邦文

【概况】 2013年，中国青年政治学院占地面积11.32万平方米，建筑面积17.29万平方米。固定资产总值15843.74万元，其中，教学科研仪器设备资产总值5551.21万元。全年教育经费投入19038万元，其中，国家拨款14211万元、自筹经费4827万元。图书馆建筑面积12818平方米，藏书总额69.04万册。设有中国马克思主义学院、青少年工作系、社会工作学院、法律系、经济系、新闻与传播系、公共管理系、中国语言文学系、外国语言文学系9个教学院系，文化基础部、外语教学研究中心、计算机教学与应用中心、体育教学中心等4个教学中心（部），轮训部、继续教育学院（在全国5个省区设有6个教学点）、国际教育交流学院等3个教学培训机构。开设13个学术学位专业。现有6个一级学科硕士授权点，1个专业硕士学位点，有马克思主义哲学、思想政治教育、刑法学等15个学术型硕士学位专业，2个法律硕士（法学、非法学）专业型硕士学位专业，覆盖5个学科门类。教职工总数591人，其中，专任教师333人，专任教师中，正高职称39人、副高职称122人，有硕士生导师116人，享受政府特殊津贴专家2人。高考北京地区提档线文科584分，理科593分。毕业生2703人，其中，学历教育学生中全日制研究生178人，普通本专科生1096人，成人教育本专科1429人（本科367人、专科生1062人）。本科毕业生就业率92.27%。招生2542人，其中，学历教育学生中全日制研究生265人，普通本科1105人，成人教育本专科1172人（本科525人、专科生647人）；在校生7840人，其中，学历教育学生中全日制研究生691人，普通本科4336人，成人教育本专科2813人（本科1194人、专科生1619人）。留学生招生162人，在校生219人。网址：www.cyu.edu.cn。

（韩永涛）

【成立教育基金会】 2月，中青院成立教育基金会。该基金会属于非公募基金，基金注册资金为200万元，来源于社会捐助，主要负责接受社会捐赠，奖励优秀师生，资助贫困生，支持教学、科研项目，开展有利于教育建设和发展的公益活动，旨在促进中青院人才培养质量、科学研究水平不断提高。基金会由理事会、监事和秘书处组成，在市民政局登记注册，由市教委作为业务主管单位。

（韩永涛）

【举办马克思主义理论研究生论坛】 11月9日，中青院举办马克思主义学院研究生学术论坛。论坛以“青年与改革”为主题。来自北京大学、清华大学、中国人民大学等国内8所大学马克思主义专业的研究生共100人参加论坛。

（韩永涛）

【成立法学院】 12月14日，中青院成立法学院。法学院在法律系基础上成立，招收法学本科、硕士生，并具有法律硕士和一级法学硕士学位授予权，设有刑法学、经济法学、民商法学、诉讼法学、国际法学5个硕士学位授权点。法学院有专业教师45人，包括教授10人、副教授25人；博士33人，博士后7人；博士生导师1人、硕士生导师25人。该校法律系成立于1993年。

（韩永涛）

【成立新农村发展研究院】 12月，中青院成立新农村发展研究院。该院由科技部、教育部提供支持，整合和集聚科技资源，大力推进校地、校企、校所间深度合作，探索建立以大学为依托、农科教相结合、教科推一体化的农业科技服务模式。

（韩永涛）

首钢工学院

院　　长 白新（兼任）
党委书记 黄吴兵

【概况】 2013年，首钢工学院占地面积16.75万平方米，建筑面积9.12万平方米。固定资产总值7490万元，其中，教科仪器设备资产值3784万元。全年教育经费投入4790.9万元（无国家拨款）。信息化经费投入29万元。图书馆建筑面积6400平方米，藏书32.3万册，电子图书580GB。拥有计算机897台，多媒体教室座位6025个，信息化资产1392万元，网络信息点5000个，校园网出口总带宽102Mbps，电子邮件系统用户600个，上网课程362门，数字资源量7227GB，管理信息系统数据总量350GB。设有5个系部和1个成教学院，开设高职专业30个、成人专科专业7个、成人专升本科专业3个，有普通本科学士学位授予资格专业6个（1996年后未招生）。教职工总数284人，其中，专任教师187人，包括教授、副教授62人。毕业生1631人。其中，普通专科生1151人，成人教育本专科生480人（本科生132人、专科生348人）。北京地区高考提档线文科150分、理科150分。招生1672人。其中，普通专科生1161人，成人教育本专科生511人（本科生80人、专科生431人）。本专科毕业生就业率99.6%。在校生4366人。其中，普通专科生3366人，成人教育本专科生1000人（本科生187人、专科生 813 人）。网址：www. sgit. edu. cn。

（徐励　李文华）

【与马来西亚高校签订合作协议】 6

月 6 至 11 日，首钢工学院与马来西亚东钢集团和大地大学（TATI）签订合作协议。根据协议，该院为东钢集团培训急需的冶金技术人员，为马来西亚钢铁行业培养紧缺人才。7 至 8 月，该院先后选派 5 名教师前往马来西亚大地大学开展钢铁冶炼专业方面的讲学活动。

（徐励）

【学生获全国软件设计竞赛一等奖】 7 月 11 至 13 日，首钢工学院学生在第四届“蓝桥杯”全国软件专业人才与创业大赛中获一等奖。该比赛由教育部就业指导中心和工信部人才交流中心联合主办，设有 JAVA 软件开发和 C/C＋＋程序设计两个科目个人比赛以及软件创业团队比赛，来自全国 1100 余所高校的近 2 万名选手和 450 个团队报名参赛。该院计应 121 班学生彭灏荣获 C/C＋＋程序设计高职高专组一等奖，

（徐励）

【开展青年教师微课教学展示与评选】

10 月 11 日至 11 月 29 日，首钢工学院开展青年教师“微课”教学风采展示活动。经过各教学单位推荐、青年教师“微课”教学资料网上展示、广大师生网上票选、入围教师现场“微课”教学展示评选等环节，最终有 3 名教师分获一、二、三等奖。

（徐励）

【修订课程教学评价办法】 11 月 28 日，首钢工学院修订完善并印发《教学工作质量测评办法（试行）》文件。该院将原来统一的课堂教学定量评价指标体系细化为普通课、一体化课程、体育课三种类型，增加一级指标“教学管理”、设定其评价权重为 40%，将学生、督导（领导）、同行评价汇总计算所占比重进行调整。调整后比例为 50∶30∶20。同时，还制定并印发“听课管理办法”，要求每学期听课计划全覆盖所有校内任课教师，按月统计听课计划执行情况并进行有效反馈。

（徐励）

中国劳动关系学院

党委书记　*颜辉*
院　　长　*李德齐*

【概况】 2013 年，中国劳动关系学院占地面积 42.08 万平方米，学校产权建筑面积 19.06 万平方米、非产权建筑面积 6.03 万平方米。固定资产总值 21082.5 万元，其中，教学、科研仪器设备资产值 4459.74 万元。图书馆建筑面积 9800 平方米，藏书 97.6 万册，其中，纸质图书 72.6 万册、电子图书 25 万册。全年教育经费投入 26290 万元，其中，国家拨款 21783 万元、自筹经费 4507 万元。学校信息化经费投入 3290 万元，拥有计算机 3507 台，多媒体教室座位 7520 个，信息化设备资产 1510 万元，网络信息点 9378 个，校园网出口总带宽 820Mbps，电子邮件系统用户 582 个，上网课程 2 门，数字资源量 7000GB，管理信息系统数据总量 360GB。校区设置 11 个院（系、部）；开设 15 个专业及覆盖 6 个学科；具有一级学科 5 个。教职工 481 人，其中，专任教师 249 人，包括教授 31 人，副教授 110；硕士生导师 29 人。享受政府特殊津贴专家 9 人。毕业生 2122 人，其中，普通本专科生 1603 人（本科生 994 人、专科生人），成人教育本专科生 519 人（本科生 358 人、专科生 161 人）。本科毕业生就业率 96.66%。招生 2569 人，其中，学历教育学生全日制硕士研究生 876 人、普通本专科生 2074 人（本科生 1198 人，专科可生 876 人）；成人教育本专科生 495 人（本科生 189 人、专科生 306 人）。北京地区高考提档线本科理科 505 分、文科 499 分；专科理科 169 分、文科 159 分。在校生 7763 人，其中，普通本专科生 6289 人（本科生 4699 人、专科生 1590 人），成人教育本专科生 1446 人（本科生 663 人、专科生 783 人），专业硕士 28 人。网址：www. ciir. edu. cn。

（焦园媛）

【设立民生班】 4 月 15 日，劳关学院设立民生班。该班与民生银行合办，利用学校优质教育资源为企业和社会培养高素质、高技能的应用型人才，民生班面向全校招生，开展金融领域本科层次人才培养。首期“民生班”于 4 月正式开课，共招收 62 名学生。

（焦园媛）

【与三家单位签订实践教学基地协议】 4 至 7 月，劳动关系学院分别与三家单位签订实践教学基地协议。与同仁堂集团公司签订建立实践教学基地协议；与北京市第一中级人民法院签订教学实习基地协议；与百年人寿保险股份有限公司北京分公司签署共建教学是新基地协议。教学实习基地的建立为学院学生提供实践教学、实习、实训的平台。学校为实习基地的建设及企业单位发展提供知识支持。

（焦园媛）

【举办法学专业实践教学研讨会】 5 月 8 日，劳关学院举办法学专业实践教学研讨会。会议以“实践与人才培养”为主题，围绕法学专业应用人才培养、法学专业实践教学方式和内容进行深入的研讨。学院教师和来自北京著名律师事务所、法院、检察院、劳动仲裁委员会等法律专家 50 人参加会议。

（焦园媛）

【建立工学结合教育实习基地】 7 月 15 日，劳关学院建立工学结合教学基地。该基地与北京市春晖园温泉度假村共同建立，开展“工学结合”教学

实践活动，主要面向旅游酒店管理专业学生，采用分别在学校上课与酒店工作、一个月轮换一次的模式。该院学生86人参加该项目。

（焦园媛）

【招收首批专业硕士学位研究生】 9月，劳关学院完成首届专业硕士学位研究生招生工作。首届研究生均从参加全国硕士研究生入学考试的考生中调剂录取，共录取28名学生，其中，劳动关系方向15人、工会工作方向13人。

（焦园媛）

【举办大学生国际研讨会】 10月23日，劳关学院举办大学生国际研讨会。研讨会以“社会进步与当代青年责任”为主题，来自俄罗斯、白俄罗斯、日本、越南4所高校代表团作主题报告，并围绕着环保、互联网、境外留学、野生动物保护、青年人教育与务工移民、青年人社会责任与对社会的推动力等问题进行研讨。该院100名学生参加会议。

（焦园媛）

【与台湾三所大学签订合作协议】 12月，劳关学院分别与台湾三所大学签订合作协议。合作学校分别是高雄第一科技大学、中正大学和中国文化大学。根据协议，双方将在学生访学、暑期短班、教师学术交流方面进行合作。

（焦园媛）

中国科学院大学

院　　长　白春礼
党委书记　邓勇

【概况】 2013年，中国科学院大学由京内4个校区、京外5个教育基地和分布全国的117个研究所组成。校部设置15个院系；具有一级学科博士点39个，分布在教育学、理学、工学、农学、医学、管理学6个学科门类；二级学科博士学位授权点147个，涵盖7个学科门类；一级学科硕士点53个，分布在哲学、经济学、法学、教育学、文学、理学、工学、农学、医学、管理学10个学科门类，覆盖54个一级学科。二级学科硕士学位授权点172个，涵盖10个学科门类。专业学位授权点8类分别是工程、工商管理、应用统计、应用心理、翻译、农业推广、药学、工程管理。有北京市重点学科11个、部级重点学科159个。全校指导教师12658名，其中，院士330人，博士生导师6185名。在各研究所，有3个国家实验室、84个国家重点实验室、163个中国科学院重点实验室、41个国家工程研究中心（实验室）为研究生培养提供科研支撑。毕业生9595人，其中，学历教育学生中全日制研究生9119人（博士生4752人、硕士生4367人）；非计划招生高等教育学生中在职人员攻读博士硕士学位476人（博士生4人、硕士生472人）。招生13847人，其中，学历教育学生中全日制研究生13847人（博士生6061人、硕士生7786人）；非计划招生高等教育学生中在职人员攻读博士硕士学位622（同等学力博士4人、同等学力硕士55人、专业学位硕士生563人）。在校生43671人，其中，学历教育学生中全日制研究生41296人（博士生20556人、硕士生20740人）；非计划招生高等教育学生中在职人员攻读博士硕士学位2375（博士生51人、硕士生2324人）。留学生毕业35人，招生289人，在校生523人。网址：www.ucas.ac.cn。

（张怡然）

【举行“科学＋文化”论坛】 5月18日，国科大举办首届“科学＋文化”论坛。论坛旨在发挥中国科学院“构建科研、学部、教育”三位一体的特色优势以及北京地区科教和文化的资源优势，协同推进科学与文化的传播，让公众走进科学院，让科学院融入社会。首届论坛以“科学＋文化”为主题，研讨PM2.5污染物的综合研究方法，包括原理、检测、来源、影响和过滤减排。来自北京地区高校、政府机构、企业官员、专家学者和学生500人参加活动。

（张怡然）

【设立环保发展基金】 6月7日，国科大获赠100万元环保发展基金。该基金由中科实业集团（控股）有限公司捐赠，用于奖励该校资源环境相关专业的优秀学生和促进环保行业学术交流和学术研究。

（张怡然）

【纳入高等学校序列】 7月，国科大纳入高等学校序列。根据教育部要求，自2014年招生年度起，中国科学院所属京内外各研究所的研究生招生计划全部归口到国科大，同时列入高等学校序列。国科大将试行“导师组”制度和科学合理的学生分流淘汰机制。

（严苑轩）

【启用雁栖湖校区】 9月3日，国科

大启用雁栖湖校区。该该校区位于北京市怀柔区怀北镇南部，毗邻雁栖湖。占地71.33万平方米，建筑面积36万平方米，分东西两个校区，并原址保存中国第一个火箭研发试验基地。拥有教室、实验室、办公室、图书馆、体育馆、礼堂、宿舍等各类教学生活设施。该校10个学院3200名学生在该校区学习生活。该校区2009年开工建设，总投入18亿元。

（张怡然）

【举办中国科学与人文论坛】 9月12日，国科大举办中国科学与人文论坛第142场报告会。报告会邀请英国皇家学会会长、2001年诺贝尔生理学或医学奖得主保罗·纳斯（Paul Nurse）作题为《让科学有用武之地》（《Making science work》）的报告，主要从科学为了什么，科学能做什么及中英两国的科学现状几个方面进行探讨。该校师生600人参加学习。

（姜春燕）

【举办北京研究生生态学论坛】 10月11日，国科大举办北京研究生生态学论坛。该论坛采取报告形式，来自北京各高校和研究院所的13名研究生结合自身研究，就全球变化生态学、景观生态学和生态经济等热点问题进行交流。来自北京地区高校专家

学者和研究生300人参加活动。

（张怡然）

【成立昆明生命科学学院】 10月8日，国科大昆明生命科学学院成立。该院由中国科学院昆明分院及中国科学院昆明植物所、昆明动物所、西双版纳热带植物园合作建立，并联合招生。该院借助西南地区自然资源开展生物领域教学、科研工作。

（张怡然）

【与香港城市大学签署合作协议】 11月25日，国科大与香港城市大学签订合作协议。根据协议，两校将在双方都具有优势和特色的学科、领域联合培养博士研究生。该联合培养计划为期3年，第一年，入选博士生将在本校完成公共必修课和学科基础课程，其后两年分别在国科大和香港城市大学完成专业课及学位论文。成功完成联合培养计划所有内容的学生，将有资格获得由国科大和香港城市大学分别授予的博士学位。项目计划于2014年实施。

（张怡然）

中国社会科学院研究生院

党委书记 黄晓勇
院　　长 刘迎秋

【概况】 2013年，中国社会科学院研究生院占地面积40.84万平方米，建筑面积8.28万平方米。固定资产值9666万元，其中，教科仪器设备资产值3170万元。全年教育经费投入26247.67万元，其中，国家拨款14160.85万元、自筹经费12086.82万元。图书馆建筑面积为1.07万平方米，藏书总额36万册。其中，中文图书26.6万册、外文图书4.5万册，中文期刊3.8万册、外文期刊1.1万册。有一级学科博士学位授权点15个、硕士学位授权点17个，二级学科博士学位授权点103个（含自主设置博士学位授权点13个）、硕士学位授权点109个（含自主设置硕士学位授权点13个），还有公共管理硕士、工商管理硕士、法学硕士、社会工作硕士、金融硕士、税务硕士、文物和博物馆硕士7个专业学位授权点。有北京市重点学科5个。在职教职工131人，其中，专任教师15人（包括教授4人、副教授6人），国家有突出贡献专家1人，院级有突出贡献专家1人，享受政府特殊津贴专家3人，外籍教师2人。院所属40个教学系有指导教师1238人，其中，博士生导师458人、硕士生导师780人。毕业生1059人，其中，科学学位研究生475人（获博士学位研究生299人、硕士学位研究生176人），专业学位硕士研究生533人，以同等学力申请硕士学位51人；非学历教育研究生课程进修班结业284人。毕业生就业率85.8%。招生1063人，其中，科学学位研究生511人（博士生338人、硕士生173人），专业学位研究生552人；非学历教育研究生课程进修班招生729人。在校生2867人，其中，科学学位研究生1622人（博士生1110人、硕士生512人），专业学位研究生1245人；非学历教育研究生课程进修班在校生1399人。港澳台研究生毕业5人，招生13人，在校生60人。外国留学研究生毕业14人，招生7人，在校生36人。网址：www.gscass.cn。

（周兴君）

【《中国企业社会责任系列教材》发布】 3月14日，社科院研究生院编纂的《中国企业社会责任系列教材》发布。该系列教材由《企业社会责任基础教材》等组成。其中，《企业社会责任基础教材》已完成出版，用于高校工商管理（MBA）项目企业社会责任课程。发布会上，中国社科院经济学部企业社会责任研究中心、中国社会科学院研究生院MBA教育中心、中国三星等机构、企业联合发起“分享责任——中国企业社会责任公益讲堂”项目，至年底，该项目共举办4期企业社会责任培训课，每期培训100人。

（周兴君）

【举办首届读书日活动】 4月23日，社科院研究生院举办首届世界读书日活动。活动以“伴春天的希望读书，播撒知识和文明种子”为主题，由《图书馆文明公约》签字、“研院·书香·我们”摄影作品展、“学问人生”主题讲座、“阅读之星、荐书之星”授奖、“现场书目推荐”组成。该校师生500人次参加活动。

（周兴君）

【举办中国青年科学营】 5月8至10日，社科院研究生院举办中国青年科学营。科学营邀请社科院专家作题为《中国发展的国际环境》《中国社会结构的变化及对未来发展的影响》讲座，参观郭沫若纪念馆、中国社会科学院考古研究所博物馆、故宫博物院，举办“创新·交融·砥砺——社会转型背景下的科技创新驱动力”主题交流会。来自社科院研究生院、中国科学院大学、香港大学等18所院校的40人参加活动。

（周兴君）

【举办注册税务师行业高级研修班】 6至9月，社科院研究生院举办7期北京市注册税务师高级研修班。研究班邀请国内一线税务专家、学者和官员，讲授注册税务师相关课程。来自北京社会各界注册税务师757人参加学习。

（周兴君）

【与首都博物馆签订合作协议】 9月25日，社科院研究生院与首都博物馆签订合作协议。根据协议，双方合作开展有关领域教学、科研开发、学科建设和调研等工作。

（周兴君）

【召开加强科学道德和学风建设大会】 11月28日，社科院研究生院召开加强科学道德和学风建设大会。会议听取由该院教授作《科学之道：求真、笃诚、务实、奉献》和《学术创作和著作权保护》主题报告，阐述“科学道德和学风建设是研究生教育改革迫切需要，是当下研究生教育首要任务，学风是大学精神集中体现，是教书育人本质要求，是高等院校的立校之本、发展之魂”观点，提出“优良学风是提高教育质量根本保证，研究生院师生在学习、研究中务必脚踏实地、远离抄袭、杜绝剽窃、诚实守信，真正做到‘板凳要坐十年冷，文章不写一句空’，在学术上坚守自己独立的人格和诚实的学风”的要求。该院领导和专家教师50人参加会议。

（周兴君）

【发布《世界能源发展报告（2013）》】 12月19日，社科院研究生院发布

《世界能源蓝皮书：世界能源发展报告（2013）》。该报告由社科院教授黄晓勇主编，分为总报告、地区篇、市场篇和热点篇四个部分，其中，地区篇对世界能源主要地区和国家的能源发展概况和战略进行分析和阐述，市场篇分析世界主要能源类型的供求、贸易及投资并购情况，热点篇探讨和研究世界页岩气开发现状及存在的问题。该书由社会科学文献出版社出版发行。

（周兴君）

【召开建院35周年座谈会】 12月23日，社科院研究生院召开建院35周年座谈会。座谈会回顾35年的历程和成就，指出研究生院35年来始终牢记培养高端社会科学专业人才的使命，不断开拓创新，走出一条独特的办学道路。座谈会后，该院"校史馆"开馆，该校史馆展陈面积300平方米，通过300张照片和近百件实物全面展示该院建设发展历程和成就。

（周兴君）

中国农业科学院研究生院

院　　长　李家洋（兼）
党委书记　韩惠鹏

【概况】 2013年，中国农业科学院研究生院占地面积1.5万平方米，建筑面积4.3万平方米，固定资产总值6850万元，其中，教学科研仪器设备2500台（套），设备总值4050万元。全年教育经费投入9484万元，其中，国家拨款7181万元，自筹经费2303万元。国家农业图书馆建筑面积31936平米，藏文献210万余册、33万余种国内外图书，订购中外文科技期刊4100余种，其中1100余种外文期刊是全国的孤本，拥有100种国内外农业及生物科学电子数据库。该院研究生教育以其分布在全国17个省（市、自治区）的39个研究所为依托，涉及农学、理学、工学、管理学4大门类，涵盖17个一级学科，有10个博士学位一级学科学位授权点、53个二级学科博士学位授权点；12个硕士学位一级学科学位授权点，65个二级学科硕士学位授权点；另外还有2个专业学位授权资格。有中国农业领域仅有的农作物基因资源与基因改良国家重大科学工程和国家农业生物安全科学中心，6个国家重点实验室，32个农业部重点开放实验室，52个中国农业科学院重点开放实验室；16个国家农作物、畜禽改良中心，1个分中心；5个国家重点野外科学观测试验站，24个农业部野外台站；5个国家工程技术研究中心，5个国家工程实验室和工程研究中心；3个国家质检中心，35个部级质检中心；1座国家农作物种质资源长期库，10座中期库，12座国家农作物圃。有科技人员5632人，高级职称2395人，其中，正高级909人，副高级1486人；两院院士11人，国家"百千万人才工程"人选49人，"千人计划"入选者5人、国家杰青18人、国家优青4人、长江学者4人、百人计划6人、国家特支计划3人、科技部创新人才推进计划中青年科技创新领军人才4人、全国农业科研杰出人才41人、全国农业先进个人5人、政府特殊津贴专家113人，国家产业技术体系首席科学家17人、岗位专家182人。有导师1394人，其中，博士生导师452人。全日制研究生毕业794人，其中博士187人，硕士607人，就业率92.3%，在京区高校中位居前列；授予学位1095人，其中，博士205人，学术型硕士520人，全日制专业学位硕士96人，非全日制专业学位硕士267人，同等学力7人。全日制研究生总计招生941人，招收硕士生700人，博士生241人；专业学位录取新生275人，其中，农业推广硕士259人，兽医硕士16人。留学生招生63人，毕业29人（博士18人，硕士11人）。现有在校生4147人，其中，全日制在校生2807人（博士生803人，硕士生2004人），专业学位研究生1200人，留学生140人。网址：www.gscaas.net.cn。

（王仕龙）

【两个学科排名全国第一】 1月19日，农科院研究生院两个学科在2012年全国第三轮学科评估结果中排名第一。该评选由教育部主持，该院共有15个一级学科参评，其中，作物学、兽医学排名第一，植物保护、园艺学排名第三。

（王仕龙）

【举办文化名流大讲堂】 3月28日，农科院研究生院举办"文化名流"大讲堂首讲。该院邀请著名学者、企业管理专家、国学大师张家麟教授作题为《〈周易〉智慧与和谐领导》的讲座，张家麟讲解《周易》所蕴含的深刻理论思想和朴素辩证观念，纠正大众对周易的片面理解，并重点讲解如何从《周易》中寻找和谐领导力的智慧。该院师生500人参加学习。

（王仕龙）

【召开招生管理工作会】 3月31日至4月2日，农科院研究生院召开招生管理工作会。会议从教育改革、事业发展、条件建设、制度建设、党建与精神文明建设等五个方面系统总结回顾2012年研究生教育所取得成绩，并对2013年重点工作方案进行部署。会议表彰2012年度在研究生管理工作先进集体和先进个人。农科院36个院属研究生培养单位主管研究生工作的所长、科研处处长及管理人员80人参加会议。

（王仕龙）

【举办学雷锋活动月活动】 3月，农科院研究生院举办学雷锋月活动。活动由主题为"爱护校园环境，从我做起"的义务劳动，"关注残障儿童，青春与爱同行"的爱心服务以及"无偿献血，送给生命的礼物"的无偿献血等活动组成。该校师生500人次参加活动。

（王仕龙）

【举办学术节】 4至5月，农科院研究生院举办学术节。学术节以“民生、唯实、创新、使命”为主题，由“名师论坛”“学术之星”“农业青年科技论坛”和“主题演讲比赛”四项专题活动组成。该院师生1000人次参加活动。

（王仕龙）

【举办名师论坛】 5月10日，农科院研究生院举办名师论坛。论坛邀请农业部党组副书记、副部长余欣荣作题为《我国现代农业发展形势与任务》的专题报告，报告从现代农业的内涵、国内外现代农业的发展历程以及中国现代农业建设取得的各项成就等方面对中国现代农业发展形势与任务进行解读。该院师生200人参加学习。

（王仕龙）

【成立心理咨询中心】 6月7日，农科院研究生院成立心理咨询中心。该中心隶属学院，旨在促进学生的心理素质与思想道德素质、科学文化素质与身体素质的全面协调发展。

（王仕龙）

【举办大学生暑期夏令营】 7月14至19日，农科院研究生院举办大学生暑期夏令营。夏令营安举办3场学术报告会，并组织营员们参观国家重大科学工程、国家农作物种质资源库、国家农业科技展示园等。来自武汉大学、山东大学等40所高校学生130人参加活动。

（王仕龙）

【召开农业科研与教育研讨会】 8月4至9日，农科院研究生院召开第三届海峡两岸农业科研与教育研讨会。会议由该院和台湾大学和台湾中兴大学，以“开拓创新、合作共赢”为主题，从动物生产技术与创新、作物生产技术与创新、乡村发展与环境和谐三个方面展开探讨。来自两岸专家120人参加研讨。

（王仕龙）

【举办学术道德专题讲座】 9月5日，农科院研究生院举办学术道德专题讲座。讲座邀请中国科学院大学专家作题为《感性的人与能动的实践》报告，从“未见胜负的论战”“人生观挥之不去”“新生代困惑依旧”和“人的感性与实践”四个层面展开，通过实际案例告诫学生“诚信做人，恪守学术道德”的重要性。该院2013级研究生900人参加学习。

（王仕龙）

【召开学生两代会】 9月15日，农科院研究生院召开共青团第19次、第29次研究生代表大会。会议分别选举产生新一届团委和研究生会委员，第19届团委会委员由12人组成，第29届研究生会委员由17人组成，包括博士生分会4人。研究生院各班级民主选举产生的238名正式代表以及由候选人组成的24名列席代表参加两代会。

（王仕龙）

【召开中比联合培养博士项目工作会】 11月20至22日，农科院研究生院召开中国农业科学院研究生院与比利时大学联合培养博士项目工作会。双方确定联合培养博士项目进一步的实施方案，通过2013年项目的18名录取名单，明确管委会组织架构、职能、工作规程及人员组成，共同商讨2014年工作计划。中方项目管委会成员、京区各研究所专家代表、比利时列日大学9名代表参加会议。

（王仕龙）

（本栏责任编校　张驰）

职业与成人教育

综　　述

2013年，北京市职业与成人教育工作以推进国家教育体制改革项目、落实国家教育体制改革试点任务为抓手，创新职业教育办学体制和办学模式。进一步完善终身教育体系。

职业教育工作

北京市职业教育继续探索构建现代职教体系。推进“探索建立职业人才成长立交桥”“探索职业教育集团化办学模式”等国家教育体制改革试点项目。继续开展“3＋2”中高职教育衔接办学试验，扩大试点范围和规模，在23所中高等职业院校的18个专业开展衔接办学试点。开展集团化办学，批复组建北京现代制造职教集团、北京商贸职业教育集团、北京电子信息职业教育集团，并对北京农业职业学院牵头组建的北京都市农业职教集团给予筹建支持和指导。同时建立职教集团内部、各集团间工作沟通交流工作机制，建立工作信息月报制度和定期集中发布机制。推动各职教集团内部院校之间、校企之间开展交流合作，开发合作项目，建立师资、实训基地等资源共享机制。

高等职业教育方面，不断完善高等职业教育体系，强化高职学生技能培养。继续推进国家教育体制改革试点项目——地方政府促进高职发展综合改革试点项目开展，重点加强高职院校与相关企业在人才培养与职工培训、科技创新与技术服务、资源共享与共同发展等方面合作，进一步增强高职院校办学活力。推进高职携手发展计划，在会计、计算及应用技术两个专业开展院校交流与合作。加快高职教育国际化进程，推进中德合作IHK职业资格教育项目建设。大力建设职业教育实训基地，为高端技能人才培养搭建平台，2013年共5所高职院校5个专业实训基地获中央财政支持。举办高职院校技能大赛，评出一等奖44项、二等奖73项、三等奖107项，同时选拔18所高职院校87支代表队208名选手参加全国职业院校技能大赛（高职组）比赛，共获得一等奖20项、二等奖19项和三等奖28项，总成绩名列全国前茅。

中等职业教育方面，继续推进内涵发展。一是开展国家级中等职业教育改革发展示范校建设，强化分类指导。指导第一批6所学校总结建设经验和建设成果，6所学校全部通过国家验收；指导第二批8所学校交流建设经验，改进工作，做好中期检查；指导第三批7所学校按照建设方案和任务书要求，全面启动建设工作；同时，在三批学校间建立交流借鉴、学习促进机制。二是推广课改成果，组织课改项目校100名教师参加专业核心课程说课展评活动。三是积极参与教育部及行业部门教学标准、教学制度制定工作，一大批学校分别牵头30个专业的国家（行业）教学标准及实训基地标准制定工作。同时编辑中等职业教育优秀教学成果汇编，交流推广教学改革成果。四是加强特色专业建设，年内新设26个专业。重点支持示范专业建设，对15个示范专业进行评估并予以扶持。编写《示范校重点专业建设优秀成果汇编》，印发电气运行与控制、汽车运用与维修、园林绿化等专业人才培养方案和课程标准。五是组织开展职业技能竞赛，健全学校、市级和国家三级大赛制度，完善市级大赛规则、程序和组织管理，评出一等奖165人、二等奖323人、三等奖470人，选拔138人参加全国职业院校技能大赛，获得一等奖14个、二等奖34个、三等奖38个。

成人教育工作

北京市成人高等教育进一步完善终身教育体系。推进北京工业大学等国家级继续教育示范校建设，完成29个新增继续教育专业审核。对在京成人高等教育校外教学站进行检查评估，保证北京成人继续教育平稳有序发展。组织北京高校成人高等学历教育英语口语竞赛等活动，提高成人继续教育的专业性和实用性。举办教学管理骨干研修班，评选优秀教学团队和教学管理先进个人，不断提升北京市成人继续教育教师团队的业务水平和能力。

北京农村成人教育工作，努力改善农村成人教育办学条件，完善管理，规范办学行为，加强专兼职教师和工作队伍建设。制定《北京市创建国家级农村职业教育和成人教育示范区（县）评估指标》，启动示范区县创建工作。积极参与新型农民培养工作，深入开展“技能＋基础”农民成人中等职业教育实验，年内共开展各类农民教育培训115万人次。

学习型城市建设工作

北京学习型城市建设工作，继续完善学习型城市建设工作推进机制。健全学习服务网络，拓展学习型城市网的功能；开发一批学习课程，形成中华文化、科学普及、文明生活、体育休闲、开放教育等系列；面向社会开展学习资源征集活动，与有关网站建立资源共享机制；指导区县开展数字化学习社区建设。开展第五批“市民学习品牌”和第四批“市民学习之星”评选工作，对106个候选品牌、239名学习之星候选人进行考察和评审，认定100名市民为“学习之星”和20个项目为“学习品牌”。总结推广西城区经验，在西城区召开推动学习型城市建设工作现场会；为通州区、密云县建设工作提供咨询、指导和服务。探索建立学习成果认证制度，依托西城区、自考办、北京电大和总工会职工大学，分别在社区居民终身学习、职业资格标准和学历教学标准、行业职工培训等领域开展成果认证试验工作。加强交流合作，提升国际影响力，参与筹备首次国际学习型城市大会，完成会议方案和组织文件起草工作，参与起草落实学习型城市建设专题片、成果展；参与《中国学习型城市建设发展报告》《北京宣言》起草工作；起草北京市学习型城市建设案例、学习型组织和学习型学校建设案例汇编等材料。

（荣燕宁　黄侃）

总　类

【建立物流服务与管理专业共享型实训基地】 1月25日，市教委决定依

托北京市商务科技学校开展“北京市职业院校物流服务与管理专业共享型实训基地”建设运行试点。自3月起，商务科技学校“物流服务与管理”专业实训基地面向北京市开设同类专业的中、高等职业院校学生提供实训服务，开展相关技术技能培训。商务科技学校负责实训基地日常运行与管理，建立健全有关章程和管理规范；负责做好需求调研，培训项目开发，制定和发布年度培训计划，落实和完成年度培训任务；负责做好相关后勤服务和保障工作。至12月，该实训基地为北京农学院、北京交通运输职业学院、北京市求实职业学校等12所本科、高职和中职院校共计640名物流专业学生提供14期、每期30天的专业技能培训，内容包括仓储作业、叉车作业和运输作业等。

（胡雨　黄汉周　项明）

【第二批首都农民工大学生助推计划新生开学】 3月2日，北京市总工会职工大学“首都农民工大学生助推计划”2013年新生开学。来自海淀区总工会、丰台区总工会、北汽集团、北京公交集团等多家企业工会负责人，“农民工大学生”新生、市总职大教学管理人员300人参加典礼。年内，该计划拓展到西城经济科学大学、朝阳区职工大学等3个成人院校，覆盖更多行业和企业。农民工通过成人高考全国统一考试，共录取650人，其中，市总职大录取364人，涉及近百个企事业单位。专业范围进一步扩大，包括建筑工程管理、市场营销、社会工作（安保方向）、工商企业管理、人力资源管理等。学员经过2.5年业余学习，毕业后可获得国民教育序列的专科毕业证书。该计划由北京市总工会推出，于2011年启动，2012年首次招生，是为农民工学员提供的定制化教育项目，是由工会、行业（企业）和教育机构共同搭建的农民工教育服务平台。4月27日，该计划获得“2012年北京社会组织公益行”优秀公益活动奖。

（刘广俊）

【继续开展“3＋2”中高职衔接办学试验】 3月7日，市教委继续开展“3＋2”中高等职业教育衔接办学试验及相关招生考试试点。该试验为落实北京市承担的国家教育体制改革试点项目“关于构建人才成长立交桥”改革任务，本年在全市23所中高等职业院校（其中，高职学校10所、中职学校13所）18个专业开展衔接办学试点，探索构建现代职业教育体系。6月，市教委组织行业企业、教育和人力社保部门、教学管理和科研等方面专家，在学校答辩汇报基础上，对8个新增试点专业衔接办学人才培养方案进行研讨论证，指导试点学校修改完善人才培养方案。同期，市教委组织第一批10个试点专业团队开展工作交流和总结工作。至9月，18个试点专业共完成招生646人。试点学校和专业分别是：北京吉利大学与北京市昌平职业学校联办汽车制造与检修专业，北京北大方正软件技术学院与北京市信息管理学校联办计算机网络技术专业，北京汇佳职业学院与北京市求实职业学校联办学前教育专业，北京电子科技职业学院与北京市金隅科技学校联办数控技术应用专业、与北京铁路电气化学校联办电气运行与控制专业、与北京市电气工程学校联办电子信息技术专业，北京财贸职业学院与北京市商业学校联办市场营销（珠宝玉石营销）专业、与北京市商务科技学校联办物流服务与管理专业、与北京市国际职业教育学校联办旅游服务与管理专业，北京农业职业学院与北京市园林学校联办园林技术专业，北京工业职业技术学院与北京市自动化工程学校联办模具制造技术专业、与北京市黄庄职业高中联办电子商务专业，北京劳动保障职业学院与北京铁路电气化学校联办城市轨道交通运营管理专业、与北京市昌平职业学校联办航空服务专业，北京交通运输职业学院与北京市电气工程学校联办城市轨道交通车辆运用与检修专业、与北京市丰台区职业教育中心学校联办汽车运用与维修专业，北京信息职业技术学院与北京市商务科技学校联办物联网技术应用（物流管理）专业、与北京市信息管理学校联办动漫游戏专业。

（张兰）

【组织参加全国职业院校技能大赛】

5月25日至6月28日，市教委组织师生参加2013年全国职业院校技能大赛。138名中职学生参加比赛，获得一等奖14个、二等奖34个、三等奖38个；14人次教师获得“优秀指导教师”称号。208名高职学生参赛，获得一等奖20个、二等奖19个、三等奖28个；21人次教师获得“优秀指导教师”称号。比赛由教育部等31个部委、单位、行业联合主办，共设置14个专业大类100个比赛项目，分别在天津主赛场以及河北、山西等15个分赛区举行。来自全国34个省区市和新疆生产建设兵团、计划单列市近万名学生参赛，来自52个国家和地区的500名选手参加比赛和技能展示活动。

（吕轮超　禹治斌）

全国职业院校技能大赛中职组一等奖（北京）

会计手工（团体）
北京市商业学校
张洪志　陆兰云　崔京燕
电子商务（团体）
北京市商业学校
彭玉琪　何洁　张毅明
动漫
北京市信息管理学校
王梦
车身涂装（涂漆）
北京交通运输职业学院中专部
任凯
热菜
北京市昌平职业学校
商兆栋
冷拼与雕刻
北京市丰台区职业教育中心学校
秦小飞
北京市劲松职业高中
隋圣玺
延庆县第一职业学校
李凯泉
女式时尚成衣款式、纸样设计与立体造型
北京电子科技职业学院中专部
李孟维
艺术专业技能
北京舞蹈学院附属中等舞蹈学校
董家铭　李晨赛　王雪柔
北京市国际艺术学校
席超
北京戏曲艺术职业学院中专部
王智滢

（吕轮超）

全国职业院校技能大赛高职组一等奖（北京）

LTE 组网与维护（团体）
北京工业职业技术学院
何红英　汤应军　吴泽星　张易
物联网技术应用（团体）
北京电子科技职业学院
江城　王卫丽　郑奥
信息安全技术应用（团体）
北京信息职业技术学院
于宏　闫俊　王卫峥
移动互联技术应用（团体）
北京信息职业技术学院
李腾飞　马博睿　田盟
智能电梯装调与维护（团体）
北京劳动保障职业学院
王世杰　汪蔚
汽车检测与维修（团体）
北京电子科技职业学院
任万强　赵小燕　张旭康
张向飞
北京工业职业技术学院
朱海英　王永阔　孟繁玲　闫思
汽车故障诊断（团体）
北京电子科技职业学院
赵小燕　张旭康　张向飞
北京工业职业技术学院
朱海英　王永阔　孟繁玲
汽车自动变速器拆装与检测（团体）
北京工业职业技术学院
朱海英　王永阔　孟繁玲
风光互补发电系统安装与调试（团体）
北京电子科技职业学院
张新宇　张浩　刘新桐
服装制版与工艺
北京电子科技职业学院
罗京京　韩宇旭
文秘速录专业技能（团体）
北京政法职业学院
卓壮　黄萌　卢晓湘　宋爽
北京工业职业技术学院
刘思佳　赵梦芸　尚拉妮
史振凤
中国舞表演
北京戏曲艺术职业学院
蔡诗旸
声乐表演
北京戏曲艺术职业学院
孟璐　刘歆迪
一级导线测量（团体）
北京工业职业技术学院
刘祥伟　张鹏　卫学文　白少博
1∶500 数字测图（团体）
北京工业职业技术学院
刘祥伟　张鹏　卫学文　白少博

（胡雨）

【国际货代职业教育与职业发展集团成立】　6 月 15 日，国际货代职业教育与职业发展集团在北京召开成立暨课程建设研讨会。该职教集团由中国国际货运代理协会与中国高等教育培训中心联合发起，历经两年调研组建而成。集团首创成员共 30 家，包括企业 11 家、院校 19 家，北京经济管理职业学院是北京高职院校唯一代表。集团拟将国际货运代理专业纳入中国职业教育专业体系，并研究开发“中、高及应用本科衔接”的教学体系及国际货代相关职业岗位职业标准，以施教对路、择业优先、用人满意为目标，以行业牵头，行政、企业、院校联教机制为保障，共同培养高素质、有职业迁移能力的货代人才。该集团集国际货运代理人才培养基地、专业课程与职业标准对接试验基地、现代职业教育体系课程建设创新基地为一体，充分发挥职教集团平台作用，促进校企深度合作。

（刘益宏）

【组织参加全国职业院校信息化教学比赛】　10 月 18 至 21 日，市教委组织教师参加 2013 年全国职业院校信息化教学比赛。36 个代表队 299 件作品入围决赛，经评选，中职学校获得一等奖 5 个、二等奖 3 个、三等奖 1 个，高职院校获得一等奖 9 个、二等奖 1 个、三等奖 2 个。该比赛由教育部主办，中职组设多媒体教学软件、信息化教学设计、信息化实训教学 3 个比赛项目，高职组设多媒体教学软件、信息化教学设计、网络课程 3 个比赛项目。来自全国 34 个省市自治区 667 件参赛作品参加比赛。

（胡雨　张兰）

【召开北京电子信息职业教育集团理事大会】　10 月 26 日，北京电子信

息职业教育集团 2013 年理事大会在北京信息职业技术学院召开。会议总结职教集团上年六项重点工作，邀请专家作题为《关于我国职业教育发展与改革》前瞻分析专题报告，提出下一步工作要求和设想。会议面向成员单位信息员就集团网络信息发布办法和信息员队伍管理进行简短培训。来

自市教委、北京电子控股有限责任公司领导，职教集团常务理事、理事以及信息员等100人参加大会。该集团于2012年12月16日成立，由信息职院牵头组建，包括60家具有独立法人地位的成员单位（其中，企业34家、学校12家、行业协会5家、科研院所及其他单位9家），旨在围绕北京市电子信息高新技术领域的高技能职业人才需求，联合该领域职业院校、骨干企业、行业协会、技能鉴定机构、科研院所等，开展人才培养、产学研合作、生产实习与就业、校企合作共赢发展等方面探索。

（李岩　尹立俊）

【评选职业院校优秀人员及团队】 11月4日，市教委公布入选2013年北京市职业院校特聘专家、职教名师、专业带头人、专业创新团队和优秀青年骨干教师名单。在学校推荐和专家组评议基础上，经市职业院校教师素质提高工程领导小组审定，确定入选2013年北京市职业院校特聘专家20人、职教名师26人、专业带头人50人、专业创新团队29个、优秀青年骨干教师180人。

（胡雨）

【成立祥龙（首都现代服务业）职教集团】 12月13日，北京祥龙资产经营有限公司发文正式成立祥龙（首都现代服务业）职教集团。职教集团整合祥龙公司所属物资党校、北京一商集团有限责任公司干部学校及社会资源，开展全方位、多元化合作，联合优质学校、大中型企业、行业协会，对接产业，工学结合，实现优质资源共建共享，为首都现代服务业提供人才支持，推动现代职业教育体系建设。北京市商业学校负责集团组建工作，职教集团秘书处设在北京市商业学校。

（徐敏）

【召开北京现代制造业职业教育集团会议】 12月19日，北京现代制造业职业教育集团2013年常务理事（扩大）会议在北京电子科技职业学院召开。会议听取并审议集团2013年工作总结及2014年工作计划；听取集团食品与生物协作组工作汇报；审议并通过北京时代科技股份有限公司、泰和教育集团两家新成员单位加入集团；传达市教委“关于建立集团化办学工作沟通交流工作机制的通知”精神并介绍集团信息交流工作机制和集团专属网站建设情况。来自市教委领导，集团理事长电科职院院长、副理事长北京金隅科技学校校长以及北京北一机床股份有限公司、北京亦庄生物医药园、西门子（中国）有限公司、北京市地铁运营有限公司等16家企业、9所中高职院校18位常务理事、15位理事参加会议。

（王琴）

高等职业教育

【召开环渤海高职教育合作工作研讨会】 2月27日，环渤海高等职业教

育合作工作研讨会召开。会议由教育部主办，北京工业职业技术学院承办，旨在推进环渤海高等职业院校的务实有效合作。会议重点围绕合作机制、合作模式以及提高人才培养质量等内容进行深入研讨，在合作组织扩容，开展教学、科研和招生就业三个层面交流研讨，加强优质资源共享、建立网络交流平台以及加强项目研究等方面达成共识。教育部有关领导、环渤海高等职业院校合作会议发起单位及部分成员院校负责人参加会议。

（谢光辉　白旭东）

【新增及撤销普通高职专业】 3月4日，市教委公布2013年度北京市新增及撤销普通高等职业教育专业名单。经北京市高等学校专业设置评议委员会评议并报教育部备案，新增普通高等职业教育专业32个，涉及16所学校；依申请撤销普通高等职业教育专业4个，涉及3所学校。新设专业原则上应该有2年试办期，试办期间年招生规模控制在60人以内。

（华蕾）

【举办市高职院校技能大赛】 5月，市教委举办2013年北京市高等职业院校技能大赛。比赛包括物联网技术应用等30个项目，共有来自25所高职院校359支代表队、1078名学生参加决赛阶段比赛，评选出一等奖44项、二等奖73项、三等奖107项，以及优秀指导教师69人、优秀组织工作者33人、优秀组织奖13个。

（胡雨）

2013年北京市高职院校技能大赛竞赛项目及承办学校

会计技能
　北京财贸职业学院
物流储存与配送优化设计和实施
　北京财贸职业学院
电子产品设计及制作
　北京信息职业技术学院
物联网技术应用
　北京电子科技职业学院
信息安全技术应用
　北京信息职业技术学院
计算机网络应用
　北京信息职业技术学院
机器人技术应用
　北京工业职业技术学院
数控机床装配、调试与维修
　北京电子科技职业学院
智能电梯装调与维护
　北京劳保保障职业学院
工业产品造型设计与快速成型
　北京电子科技职业学院
注塑模具CAD与主要零部件加工
　北京工业职业技术学院

自动化生产线安装与调试
北京工业职业技术学院
汽车检测与维修
北京电子科技职业学院
汽车营销
北京交通职业技术学院
中餐主题宴会设计
北京财贸职业学院
风光互补发电系统安装与调试
北京电子科技职业学院
农产品质量安全检测
北京农业职业学院
服装设计
北京电子科技职业学院
英语口语
北京青年政治学院
测绘
北京工业职业技术学院
LTE组网与维护
北京工业职业技术学院
移动互联技术应用
北京信息职业技术学院
移动互联网应用（APPS）开发
北京北大方正软件职业技术学院
工业机械手与智能视觉系统应用
北京信息职业技术学院
城市轨道交通运营与维护
北京交通运输职业学院
西式宴会服务
北京经济管理职业学院
导游服务
北京京北职业技术学院
中华茶艺技能
北京农业职业学院
文秘速录专业技能
北京政法职业学院
艺术专业技能
北京戏曲艺术职业学院

（胡雨）

【举办市高职院校信息化教学大赛】 6月，市教委举办2013年北京市高等职业院校信息化教学大赛。比赛由北京工业职业技术学院承办，共有13所高职院校75项作品参加多媒体教学软件、信息化教学设计和网络课程3个项目比赛，评选出一等奖8个、二等奖11个、三等奖20个。同时，从中选拔优秀选手参加10月18至21日全国职业院校信息化教学比赛，获得一等奖9个、二等奖1个、三等奖2个。

（胡雨）

【12名高职教师获市级教学名师奖】 7月31日，北京12名高等职业院校教师获得第九届北京市高等学校教学名师奖。12名教师分别是北京工业职业技术学院朱元忠、李长青，北京信息职业技术学院汪赵强，北京电子科技职业学院王冬琳、兰蓉，北京京北职业技术学院靳梅媚，北京农业职业学院肖海峻，北京财贸职业学院王琦、滑锡林，北京戏曲艺术职业学院周志强，北京经济管理职业学院贾辉艳，北京劳动保障职业学院姜宏。该评选由市教委举办，共97人获奖。

（胡雨）

【举办高职高专大学生数学竞赛】 10月26日，第四届北京市高职高专大学生数学竞赛在北京劳动保障职业学院举行。该比赛由北京数学会主办，北京数学会高职高专教育专业委员会承办，以数学素养培养和数学基本技能训练为前提，以考核数学基础知识和数学应用为重点，以促进学风、提高高职数学与专业融合为目的，主要面向二年级或二年级以上在校大学生。14所院校271名学生（包括工科184人、文科87人）参加比赛，决出一等奖22人、二等奖32人、三等奖42人。比赛评选优秀指导教师31人，优秀组织奖学校5个。11月23日，颁奖大会在北京劳动保障职业学院举行。

（胡雨）

高等职业学校

北京工业职业技术学院

党委书记 王　伟
院　　长 陈建民

【概况】 2013年，北京工业职业技术学院占地面积24.01万平方米，产权校舍建筑面积19.25万平方米。全年教育经费投入39717.52万元，其中，国家拨款35327.52万元、自筹经费4390万元。固定资产总值57560.76万元，其中，教学、科研仪器设备总值38831.92万元。图书馆建筑面积5868平方米，藏有纸质图书55.07万册、电子图书9371GB。拥有计算机4651台，多媒体教室98间。学校信息化经费投入439.14万元，信息化设备资产10264.90万元，网络信息点3450个，校园网出口总带宽610Mbps，电子邮件系统用户450个，上网课程125门，数字资源量23245.77GB，管理信息系统数据总量55.60GB。设有7个系部，开设工程测量技术、机电一体化技术、通信技术和安全技术管理等高职专业33个，包括国家级重点专业5个、北京市重点专业7个。获国家教育教学成果二等奖2项，北京市教育教学成果一等奖3项、二等奖5项，国家级精品资源共享课程10门、国家级精品课程10门、北京市精品课程11门。教职工487人，其中，专任教师348人，包括教授及教授级高级工程师30人，副教授及高级工程师以上143人；博士26人，硕士283人；“双师型”教师212人。聘请校外教师142人。毕业生1687人，其中，高职生1660人、中职生9人、成人教育专科生18人。毕业生一次就业率98.37%，一次签约率85%。招生2567人，其中，高职生1872人、中职生488人、成人教育专科生207人。高考北京地区提档线文科152分、理科164分，单考单招159分。在校生7064人，其中，高职生4971人、中职生1571人、成人教育专科生522人。网址：www.bgy.org.cn。

（谢光辉　白旭东）

【获全国高职信息化教学大赛7个一等奖】　12月4日，教育部办公厅公布2013年全国职业院校信息化教学大赛获奖名单，北工职院7个教师团队参加比赛，并全部获得一等奖。一等奖数量居全国第一，北京代表团获得优秀组织奖。该比赛于10月18至21日由教育部办公厅举办，来自全国34个省区市和新疆生产建设兵团667件作品、1168名教师参加比赛，经过网络初评与现场决赛，共决出一等奖67人。

（谢光辉　白旭东）

【与国家测绘地理信息局职业技能鉴定指导中心签约合作】　12月12日，

北工职院与国家测绘地理信息局职业技能鉴定指导中心签署战略合作协议。根据协议，双方在测绘地理信息行业技术技能型人才培养与评价，测绘地理信息专业设置、教学计划制定、课程开发、教材建设等方面加强合作，搭建注册测绘师学习交流平台，共同推进测绘地理信息人力资源建设，为测绘地理信息事业发展提供人才保障和智力支持。

（谢光辉　白旭东）

【召开第一次党代会】　12月21日，中共北工职院委员会召开第一次代表大会。会议审议通过题为《团结一心、开拓进取、为建成特色鲜明全国领先的高水平职业技术学院而奋斗》的党委工作报告和题为《深入推进党风廉政建设和反腐败工作、为建成特色鲜明全国领先的高水平职业技术学院提供有力保证》的工作报告，听取《中国共产党北京工业职业技术学院关于党费收缴、使用和管理情况报告》，选举产生第一届中国共产党北京工业职业技术学院委员会和纪律检查委员会。会议应到党代表120人，实到党代表119人。

（谢光辉　白旭东）

【与北方工大签订合作协议】　12月26日，北工职院与北方工业大学签订合作协议。根据协议，双方在师资队伍建设，专业建设，实习、实训基地共用，开展高职与普通本科分段培养、联合培养项目等方面开展深层次合作。

（谢光辉　白旭东）

【完成社会培训7500人次】　至年底，北工职院开展面向企事业单位职工的职业素养和职业技能培训共7500人次。该校充分发挥国家级安全培训机构和北京市矿山安全生产培训基地作用，坚持开展各类安全培训。依托设在学校的北京市职业院校“建筑类专业教师培训基地”和“新教师入职培训基地”，组织北京市职业院校师资培训。与北京军区、石景山区委区政府共同实施“强军育才工程”，推进军地融合式发展，为驻区部队现役士兵免费开展职业技能培训。至年底，共完成社会培训7500人次。

（谢光辉　白旭东）

【探索中高职衔接新模式】　至年底，北工职院探索开展中高等职业教育衔接新模式。该校与石景山区教委、黄庄职业高中三方联动，立足综合改革试验区大背景，紧密结合石景山区发展战略和定位，共同筹划和实施电子商务、会计电算化专业中高职衔接。以“企业需求”为过程导向前提下，确定以“三个方案”（一体化人才培养方案、课程开发方案、招生改革录取方案）为衔接主体的工作思路，对服务区域经济发展的中高职衔接进行积极探索，为构建现代职业教育体系积累经验。

（谢光辉　白旭东）

北京信息职业技术学院

党委书记　武马群
院　　长　武马群

【概况】　2013年，北京信息职业技术学院占地面积20.21万平方米，产权校舍建筑面积21.80万平方米。全年教育经费投入30738.46万元，其中，国家拨款26392.33万元、自筹经费268.25万元，预算外3859.54万元，经营收入218.34万元。固定资产总值60474.20万元，其中，教学、科研仪器设备总值31898万元。图书馆建筑面积3686平方米，藏有纸质图书56.60万册、电子图书4213.60GB。拥有计算机9147台。学校信息化经费投入845万元，网络信息点6930个，校园网出口总带宽700Mbps，电子邮件系统用户10176个，上网课程216门，数字资源量5104.60GB，管理信息系统数据总量5000GB。设有院本部、东校区和南校区3个校区，9个教学系和通用能力教学部、专业部、基础部。设置软件技术、多媒体设计与制作、计算机信息管理、电子信息工程技术、模具设计与制造五个专业群，34个专业。教职工933人，其中，专任教师428人，包括教授及教授级高级工程师8人，副教授及高级工程师以上126人；博士11人，硕士197人；“双师型”教师244人。聘请校外教师140人。毕业生2428人，其中，普通专科生2066人、成人教育专科生362人。毕业生一次就业率99.54%，一次签约率98.30%。招生2359人，其中，普通专科生1941人（含自主招生334人），成人教育专科生418人。高考北京地区提档线文科160分、理科180分，单考单招155分。在校生7841人，其中，普通专科生5606人、五年制高职生1182人、成人教育专科生1053人。网址：www.bitc.edu.cn。

（李岩）

【成为全国仓储管理员资质认证考试中心】　4月18日，中国仓储协会培

训部授予信息职院“全国仓储管理员资质认证考试中心”称号。自此，该校可自主举办“高级仓储管理员”职业资格证书取证考试。该考试中心的建立为该校物流管理及相关专业学生

考取专业技能证书开辟新道路。

（李岩　尹立俊）

【与中兴公司签署留学生合作协议】 4月19日，信息职院与中兴通讯股份有限公司签署留学生职业教育项目协议书。根据协议，双方发挥各自优势，探索职业教育领域国际化合作办学方式，促进职业教育国际化发展。合作涉及留学生招生、留学生教育、留学生实习、留学生就业等各个环节，实现留学生教育方面深度合作。

（李岩）

【开展内部控制体系建设】 5月14日，信息职院开展内部控制体系建设。学校确定22个一级工作流程，包括学院治理和人事管理等；63个二级工作流程，包括治理结构、干部管理和人力资源规划等，165个三级工作流程，包括办公会（党委会）召开流程、中层干部聘任流程和社会招聘流程等。学校制定完成《学院内部控制手册（试行版）》和《学院内部控制管理办法（初稿）》。

（李岩）

【国博信息化建设项目通过验收】 5月24日，信息职院开发的国家博物馆信息化建设（一期）项目“档案管理子系统和材料管理子系统”通过国家博物馆设备处验收。经过3个月测试和试运行，各项功能满足使用部门业务需求，实现档案网络化管理，包括档案著录、归档、分类，档案查询，档案在线借阅等功能；材料管理实现计算机出入库管理、库存管理、台账管理、统计分析等功能；运行稳定，达到设计要求，得到用户好评。项目自2012年12月开始，总投资20万元。

（李岩）

【与两所国外高校签约合作】 6月27

日和7月29日，信息职院分别与韩国永进专门大学和英国威根雷学院签署国际教育合作书。与韩国永进专门大学协议规定，双方在互派交换生、人才培养、学士学位授予、学生就业以及教师和学术交流等方面进行合作探讨。与英国威根雷学院协议规定，双方就合作教育、师资培训和交流、互派留学生等方面继续合作。此次合作办学协议为续签，双方合作始于2010年，已有计算机网络技术、电子工程技术、软件技术和市场营销4个合作办学专业获得教育主管部门审批。选择学习合作课程的学生，毕业时可获得该院的高职毕业证书和英国威根雷学院的大专证书。

（李岩　尹立俊）

【国家骨干高职院校建设项目通过验收】 10月23日，教育部、财政部公布“国家示范性高等职业院校建设计划”骨干高职院校建设项目2013年验收结果，信息职院通过验收并获优秀。该院于2010年被教育部、财政部确定为首批“国家100所骨干高职院校立项建设单位”，经过3年建设，建成中央财政重点支持专业3个，带动其他专业建设11个，新增校内重点建设专业8个；新建成优质专业核心课程168门；新、改、扩建实验实训场地面积1.90万平方米，新增实验实训设备固定资产11521.96万元，实验实训项目105个；新增专业带头人14人、骨干教师43人、“双师型”教师28人，全院双师素质教师比达94%；对口支援西部职业院校3所。

（李岩）

【开展特色就业工作建设项目】 11月22日，信息职院特色就业工作建设项目“基于大学生职业倾向测评基础上的个性化就业指导”参加北京地区高校示范性就业中心开放日活动。该项目自2012年启动以来，取得系列成果：构建一套系统的学生职业倾向测评系统，建设一支专兼职结合的就业指导队伍，依托北信软件园300个计算机终端建设学生职业倾向测评基地，在大量测评数据基础上开发六套就业指导专题教育方案。2012年，市教委启动就业特色工作项目评选和建设工作，该院就业项目是唯一获批立项的高职院校项目。

（李岩）

【学生参加职业技能比赛获奖】 至12月，信息职院学生参加各级职业技能比赛获奖。包括全国职业院校技能大赛决赛总成绩第一名，大学生电子设计竞赛全国一等奖，全国职业院校外贸技能竞赛“商务英语口语技能”赛项（高职组）三等奖；在第八届全国高职高专“发明杯”大学生创新创业大赛中，获得一等奖1个、三等奖2个；在“2013中国机器人大赛暨RoboCup公开赛”中，获得全国一等奖2个、三等奖4个；在2013年全国商校商业精英挑战赛商业信息化创新创业竞赛决赛中，获得第一名1个、第二名1个、第三名2个；在第三届POCIB全国大学生外贸从业能力大赛中获得一等奖1个、三等奖2个。该校参赛队在2013年北京市中等职业学校机器人技术应用技能比赛中获得一等奖1个、二等奖2个。

（李岩）

北京电子科技职业学院

党委书记　赵　文

院　　长　王海平

【概况】 2013年，北京电子科技职业学院占地面积55.95万平方米、产权建筑面积39.84万平方米。全年教育经费投入62115.97万元，其中，国家拨款55655.57万元，自筹经费6460.40万元。固定资产总值111648.69万元，其中，教学、科研仪器设备总值57898.64万元。图书馆建筑面积27014平方米，藏有纸质图书102.47万册、电子图书115万册。学校信息化经费投入950万元，拥有计算机9369台，多媒体教室座位10520个，信息化设备资产18909.71万元，网络信息点16500个，校园网出口总带宽250Mbps，电子邮件系统用户1175个，上网课程407门，数字资源量30000GB，管理信息系统数据总量231.60GB。设有大兴亦庄、朝阳芍药居和金台路等7个校区，19个系部，生物技术及应用、数控技术、多媒体设计与制作、计算机网络技术、金融保险等48个专业。教职工1059人，其中，专任教师584人，包括教授及教授级高级工程师16人，副教授及高级工程师以上202人；博士30人，硕士108人；“双师型”教师385人。聘请校外教师196人。毕业生3592人，其中，高职生2295人、中职生1204人、成人教育专科生93人。毕业生一次就业率95%，一次签约率98%。招生3413人，其中，高职生2292人、中职生1030人、成人教育专科生91人。高考北京地区提档线文科150分，理科180分，单考单招150分。在校生9948人，其中，高职生5851人、中职生3854人、成人教育专科生243人。网址：www.dky.bjedu.cn。

（王琴）

【与生物医药园签约合作】　5月4日和

11月21日，电科职院与亦庄生物医药园分别签署订单班合作协议和信息资源共建共享战略合作协议。根据协议，双方合办生物医药订单班；建立信息资源共享服务体系，提高双方信息资源利用率。9月11日，该校生物工程学院2013级生物医药订单班在北京经济开发区亦庄生物医药园开班。28名学生进入生物技术及应用专业订单班学习。教学内容包括理论知识与实习实训，由该校教师与生物医药园专业技术人员共同完成。

（王琴）

【戴姆勒人才培养实训基地揭牌】　5月29日，电科职院举办戴姆勒中国汽车学院媒体开放日暨人才培养实训基地揭牌活动。该校领导及戴姆勒大中华区投资有限公司负责人为基地揭牌。基地承担学生实习实训、教学师资培养、中德学生文化交流等任务。电科职院戴姆勒班9名学生分成3个小组现场进行奔驰汽车整车排除故障技能大赛，媒体和嘉宾现场观摩比赛。该校领导及戴姆勒班30名学生和家长参加活动。电科职院与戴姆勒大中华区投资有限公司于2011年9月合作建立“戴姆勒中国汽车学院”，在读学生160人。

（王琴）

【成立IMI培训中心】　5月31日，电科职院和英国诺丁汉中央学院艾蒙特克公司（ECL）举行英国汽车工业学会职业资格（IMI）认证中心授牌暨首届IMI班开班仪式。两校首届IMI合作班于5月成立，学生由ECL公司与学院教师共同选拔，共计29人，于6月3日开始上课。根据学生测试情况，中英双方教师团队共同确定汽车构造、保养、电器等17门必修课程。学生完成全部课程并考核合格后可获得IMI一级证书。IMI是直接由英国中央政府授权和管理的行业技能委员会，是英国汽车工业领域最具权威性及影响力的职业资格认证及颁证机构。通过IMI考核并获得相应资格证书的学生可获得到中国境内外知名汽车厂家及其经销商实习就业的机会。

（王琴）

【学生获多项全国比赛大奖】　5至11

月，电科职院学生参加多项全国比赛获奖。其中，5月22日，该院学生设计的“网购自提工作站”创意，在2013年ABB亚洲价值提供商大会暨“ABB机器人大学生创意应用比赛”中获得“最佳创意奖”。5月27日，该院一名学生获得第三届全国软件专业人才设计与创业大赛“C语言程序设计高职高专组”一等奖，是北京地区唯一获得一等奖的选手，另有3名学生获三等奖。10月15日，该院学生在2013上海国际模特大赛总决赛中获得男子组亚军。10月27日，该院学生组建的“远航车队”在第七届本田中国节能竞技大赛中获得第二名，该校160号赛车获得“最佳设计奖”。11月15日，该院师生设计作品在首届中国喀左紫陶（北陶）艺术设计大赛中获2个银奖、2个铜奖，学校获组织奖。学院“小CASE一族”团队在2013年全国电子商务运营技能竞赛北京地区复赛中获得中职组特等奖；学生团队在2013高教社杯全国大学生数学建模竞赛中获得北京市一等奖。

（王琴）

【邮政订单班学生毕业上岗】　6月21日，电科职院与市邮政公司合作办学的2013年高职邮政订单班毕业。订单班147名毕业生全部成为市邮政公司正式职工。市邮政公司于2004年与该校合作，采取订单培养方式招收毕业生，累计招收该校毕业生1251人。毕业生工作岗位分布在北京市各区县。

（王琴）

【建设国家级专业教学资源库】　7月25日，电科职院经教育部批准成为国家级“职业教育民族文化传承与创新专业教学资源库”主持单位。该校负责资源库资源技术与业务标准制定、资源库系统顶层设计及“中国传统金属及泥塑工艺美术”子项目建设。民族文化传承与创新专业教学资源库是以“非遗”资源为载体，应用数字媒体技术，按照行业规范和职业标准，“政校企行”共建具有国内外先进水平的大容量、共享型、互动式、持续更新的专业教学资源库，实现民族文化传承创新专业人才培养与非物质文化遗产传承对接，职业教育与民族文化双向互动、协同发展，保存、传承、传播和创新中华民族传统文化。2013年度共有14个职业教育专业教学资源库获准立项。

（王琴）

【新图书馆开馆启用】　9月9日，电科职院亦庄校区新图书馆正式开馆启用。图书馆馆舍面积2.20万平方米，阅览座位1300个，电子阅览计算机300台；馆藏纸质图书102万册，纸质期刊790种，电子图书115万册，电子期刊1.80万种，引进数据库30个。图书馆为读者提供外借、参考咨询和代查代检等服务。图书馆对开发区居民开放阅览，并承担北京经济技术开发区资讯中心和文体活动基地的职能，为开发区企业、居民提供信息资讯、文化讲座等服务。

（王琴）

【与崇文门中学合作】　10月16日，电科职院与北京市崇文门中学签订“课程携手、资源共享、教学互动”合作协议。根据协议，学院通过第二课堂形式，为崇文门中学高三毕业生举办“了解高职教育”系列活动。合作活动旨在探索新的教育机制和人才培养模式。

（王琴）

【校外物流人才培养基地启动运行】　11月6日，电科职院与招商局物流集团共建的校外物流人才培养基地启动运行。基地通过招商局网络物流资源及运作实体来推动物流人才培养标准化建设，完善和推广校企共研、共建的“现代学徒制”人才培养模式。通过基地活动，企业参与行业职业教育教学活动，招商局物流集团希望将这种模式复制到上海公司、长沙公司乃至全国网点，提供职业教育教学活动组织及模式创新试点服务。校企共建物流人才培养基地是电科职院承担的国家综合改革试验区的建设项目。

（王琴）

【与北京地铁运营技术研发中心合作】

11月25日，电科职院与北京地铁运营技术研发中心签署校企合作协议。校企双方在科研项目开发、技术服务和学术研讨等方面进行沟通。通过合作，研发中心可利用高校资源解决新的技术性课题，教师通过合作科研项目，准确了解本专业所授课程的知识和发展动态，积累实践经验，把科研新理论、新技术、新规范用于教学，提升人才培养质量。

（王琴）

【电子技术认证考试中心揭牌】　12月13日，电科职院“电子技术认证考试中心”在德国柏林信息技术学院揭牌。德国柏林职教集团主席、思科公司德国区域负责人、德国大众等知名企业负责人、电科职院领导参加揭牌仪式。该合作项目基于思科认证体系，利用网景（netspace）平台，中德双方共同组建平行班，互为辅助教师。基于netspace平台的跨地域“电子教师”方式为全球首创，通过合作，电科职院运用德方职教经验指导IT类专业人才培养方案制定，实现教育标准国际化，提升学院国际化人才培养水平。活动标志电科职院与德国柏林职教集团共同组建的“中德职业技能培训中心”项目取得实质性进展。

（王琴）

【召开第一次团代会】　12月21日，电科职院召开共青团第一次代表大会。会议以“凝聚青春力量，服务青年成才”为主题，听取并审议共青团电科职院委员会工作报告，选举产生共青团电科职院第一届委员会。共103名正式代表参加大会。会后，共青团电科职院第一届委员会召开第一次全委会，选举产生学院共青团第一届委员会常务委员会。

（王琴）

【为开发区企业培训人员3337人次】　至年底，电科职院为开发区企业开展各类培训10项，参加人员3337人次。其中，为京东方茶谷电子有限公司量身定制“新员工入职培训”“基层班线长培训”和“生产现场成本与控制培训”等系列培训项目，并签署合作培训协议。共1469人次参加培训。为中金数据系统有限公司、诺兰特移动通信配件有限公司和北京奔驰汽车有限公司等单位举办办公软件应用、信息技术培训，230人参加培训。为大兴区亦庄镇、榆垡镇开展劳动力再就业培训，共609人次参训。为开发区安监局开展职业卫生管理员培训，共1029人参加培训。

（王琴）

北京京北职业技术学院

党委书记　王恩成
院　　长　王玉山

【概况】　2013年，北京京北职业技术学院占地面积12.40万平方米，产权校舍建筑面积6.12万平方米。全年教育经费投入10936万元，其中，国家拨款9886万元、自筹经费1050万元。固定资产总值17000.79万元，其中，教学、科研仪器设备总值2459.53万元。图书馆建筑面积8685平方米，藏有纸质图书53.81万册、电子图书120GB。拥有计算机860台，多媒体教室座位3630个。学校信息化经费投入382.80万元，信息化设备资产1526.34万元，网络信息点720个，校园网出口总带宽100Mbps，电子邮件系统用户60个，上网课程2门，数字资源量130GB，管理信息系统数据总量20GB。拥有6个职业技能培训鉴定（考试）站点资质，设有四系三中心，开设建筑、电子、旅游、汽车、影视等九类15个高职专业。教职工216人，其中，专任教师137人，包括教授及教授级高级工程师2人，副教授及高级工程师以上36人；博士后2人，硕士82人；“双师型”教师44人。聘请校外教师20人。毕业生1196人，其中，高职生712人、成人教育专科生484人。毕业生一次就业率99.11%。招生1213人，其中，高职生602人、成人教育专科生532人、五年制学生79人。高考北京地区提档线文科150分、理科180分。在校生3373人，其中，高职生1693人、成人教育专科生1442人、五年制学生238人。网址：www.jbzy.com.cn。

（张洁）

【举办导游服务比赛】　5月11日，北京市高等职院校技能大赛“导游服务”赛项暨全国职业院校技能大赛北京地区预选赛在京北职院举行。竞赛分中、英文两组进行，赛程包括风采展示、导游讲解、知识问答、情景再现、才艺展示五项内容，来自北京市11所职业院校37名学生参赛，评出一等奖2人、二等奖7人、三等奖11人，并从中选定4人组成北京代表团参加全国大赛。

（张洁）

【两个教学实训基地揭牌】　6月27日，京北职院与两个教学实训基地签约并授牌。该校分别与寸草春晖养老护理院、怀柔区残疾人康复服务中心签约，并为两个基地揭牌。两个单位正式成为学院社区康复专业教学实训基地。

（张洁）

【举办校园展销会培养专业能力】　11月27日，京北职院举办首届学博会暨学生用品校园展销会。展销会开幕式上，会展设计大赛获奖选手手捧获奖作品，展示会展专业教学成果。参展商包括中国联通、联想集团和泰格英语教育中心等27家企业。此外，学生自发组织跳蚤市场参与活动。

（张洁）

【与华莱坞公司签约合作】　10月9日，京北职院机电工程系与华莱坞数字科技有限公司签署校企合作协议并相互授牌。根据协议，双方在实习实训、资源共享和项目研发等方面开展合作。授牌仪式结束后，公司总裁进行学术讲座，向学生展示公司作品，解析好莱坞大片特效制作过程，鼓励学生为梦想奋斗，并现场解答学生提问，与学生展开互动。会后公司领导参观该系舞台影视技术专业实训室，并与专业教师进行座谈交流，双方确定校企合作首个项目是为学生开展3D模型的校企合作实训。

（张洁）

【党委换届】　11月6日，京北职院召开党委换届选举大会。会议应到党员143人，实到党员129人。经过选举，产生中共京北职院新一届委员会委员7人，纪律检查委员会委员3人。当日，新一届党委召开第一次全体委员会议选举产生党委书记、副书记及纪委书记。

（张洁）

北京交通职业技术学院

党委书记　杨保红
院　　长　杨保红

【概况】　2013年，北京交通职业技术学院占地面积203761平方米，产权校舍建筑面积97012平方米。全年教育经费投入6887.88万元，其中，国家拨款4787.88万元、自筹经费2100万元。固定资产总值13566.77万元，其中，教学、科研仪器设备总值3696.47万元。图书馆建筑面积2979平方米，藏有纸质图书14.05万册、电子图书13万册。拥有计算机868台，多媒体教室座位5135个。学校信息化经费投入152.90万元，信息化设备资产733.10万元，网络信息点1620个，校园网出口总带宽110Mbps，上网课程28门，数字资源量1310GB，管理信息系统数据总量30GB。设有路桥系、汽车系、管理系、轨道交通系和基础部“四系一部”，开设18个专业。教职工267人，其中，专任教师105人，包括教授及教授级高级工程师2人，副教授及高级工程师以上27人；博士4人，硕士44人；“双师型”教师53人。聘请校外教师70人。毕业生757人，毕业生一次就业率95.38%，一次签约率79%。招生761人。高考北京地区提档线文科150分、理科150分。在校生716人。网址：www.jtxy.com.cn。

（陈晓燕）

【举办首届地铁科技文化节】　3月8日

至6月7日，交通职院城轨交通系举办首届地铁科技文化节。文化节以“科技地铁、悦动生活”为主题，以培养学生综合素质为核心，以普及性、自主性、发展性、综合性、个性化为原则，以各种形式技能竞赛、文体活动和第二课堂为载体，通过丰富多彩专业实践活动，培养学生创新精神和实践能力。文化节包括电工技能竞赛、地铁人文摄影和地铁知识竞赛等活动，共984人次参加各项活动。

（李经智　蒋志杰　王利鑫）

【组织第一届路桥文化活动月】　5至6月，交通职院举办第一届路桥文化活动月（第三届工程测量暨工程模型竞赛）。路桥系2011级和2012级共12个班级200人参加比赛，最终决出水准测量、全站仪测量团体、桥梁模型、建筑模型等60个奖项。11至12月，该系举办第一届工程CAD制图技能竞赛，2012和2013级共14个班级200人参赛，最终决出建筑CAD、道桥CAD、建筑工程制图、道桥工程制图等24个奖项。

（郝焱）

【获全国算量大赛冠军】　9月29日，交通职院参加第六届全国高等院校“广联达杯”算量大赛总决赛并获得冠军。比赛由中国建设教育协会主办，高职高专教育土建类专业教学指导委员会、住房城乡建设部高等学校工程管理学科专业指导委员会对比赛进行认证。赛事历时6个月，全国200所高校参赛，经过角逐，该校2011级工程造价专业学生获得钢筋算量单项特等奖及算量大赛总决赛一等奖。另外，该校学生参加第三届全国大学生计算机应用能力与信息素养大赛，2人获二等奖、6人获三等奖。

（郝焱　黎妮）

【获批中央财政支持实训基地建设项目】　9月，交通职院工程造价专业获批成为中央财政支持实训基地建设项目。该项目获得资助金额400万元，主要用于造价专业软件购置、一体化教室建设等，建成后，可满足160名工程造价专业在校生实训需求。

（裴冠全）

【两个中央财政支持专业建设项目通过验收】　11月20日，交通职院两个中央财政支持专业建设项目通过教育部和财政部验收。两个专业分别是高等级公路维护与管理专业和城市轨道交通车辆专业。两个专业于2011年8月经教育部批准建设，共获得中央财政支持资金400万元。经过两年建设，两专业在课程改革、专业建设和资源建设等方面取得长足进步。

（裴冠全）

北京青年政治学院

党委书记　楚国清
院　　长　梁绿琦

【概况】　2013年，北京青年政治学院占地面积2.60万平方米，产权校舍建筑面积3.80万平方米、非产权校舍建筑面积2万平方米。全年教育经费投入17726万元，其中，国家拨款15099万元、自筹经费2627万元。固定资产总值28727万元，其中，教学、科研仪器设备总值11803万元。图书馆建筑面积2527.50平方米，藏有纸质图书43.90万册、电子图书121.24万册。拥有计算机3503台，多媒体教室座位3434个。学校信息化经费投入613万元，信息化设备资产1509万元，网络信息点8420个，校园网出口总带宽450Mbps，电子邮件系统用户768个，上网课程352门，数字资源量25024GB，管理信息系统数据总量13.45GB。设有望京和金盏两个校区，10个系、1个部、2个分院和多个研究所，设有青少年工作与管理、学前教育和社会工作等21个专业。教职工332人，其中，专任教师239人，包括教授及教授级高级工程师13人，副教授及高级工程师以上73人；博士25人，硕士175人；“双师型”教师152人。聘请校外教师79人。毕业生1361人，其中，高职生1266人，成人教育专科生95人。毕业生一次就业率98.34%，一次签约率81.36%。招生1388人，其中，高职生1324人，成人教育专科生64人。高考北京地区提档线文科153分、理科181分。在校生4127人，其中，高职生3836人，成人教育专科生291人。网址：www.bjypc.edu.cn。

（杨跃辉）

【万名社区工作者培训计划全面展开】 3月26至28日，北青院承办的朝阳区2013年社区工作者教育培训工作会暨万人培训计划开班仪式举行。会议标志该校作为“北京市社会工作者培训基地”开始正式履行职能。该区150名社会工作者参加培训。截至4月1日，全市共完成6个区县7个班次1717人次培训。该计划于2012年12月2日正式启动，北青院负责牵头组建讲师团、教学效果评估、学员考核以及培训学籍、学时登记、结业证书发放等教学管理工作。

（杨跃辉）

【举办“书香校园”读书月活动】 5月，北青院举办“书香校园”读书月活动。活动举办以国学经典著作为题的征文活动，共收到作品130篇，入围作品115篇，评出一等奖2个、二等奖4个、三等奖8个、优胜奖20个。活动期间还举办学术讲座、读书沙龙、知识竞赛与书签设计大赛、校园书展与图书现场采购以及话剧表演等活动。

（杨跃辉）

【举办新任职团干部培训】 6月5至7日，北青院举办2013年区县局级单位新任职团干部培训班。来自北京市企业、青农、社区、学校等系统102名新任职团干部参加培训。培训内容涉及团情、团史介绍，共青团工作方法与技巧，青年干部成长与发展，新媒体运用等。共计安排专题讲座5次、分组交流讨论1次、团队拓展1次、重点工作介绍4项，主题团日活动及成果展示等，共计22学时。

（杨跃辉）

【成立市哲学社会科学研究基地】 10月24日，在北京市哲学社会科学研究基地工作会议上，批准依托北青院建立北京青少年教育与发展研究基地。市委宣传部、市社科规划办、市教委有关领导为基地授牌。该基地以北京青少年研究所、北京东方道德研究所为支撑，以优势学科为基础，整合国内相关研究资源，坚持“立足北京、面向世界”，围绕北京世界城市建设和“十二五规划”战略，加强中华传统文化与青少年教育、北京青少年志愿服务、社会教育与青少年成长等领域研究，致力成为北京和中国青少年研究学术重镇、成为市政府制定青少年事务与政策的智库、成为国内青少年学术研究与交流的重要平台。

（杨跃辉）

【召开儒学普及与社区和谐建设研讨会】 11月3至5日，北青院北京东方道德研究所与国际儒学联合会联合举办儒学普及与社区和谐建设研讨会暨第六届儒学普及工作座谈会。来自马来西亚、韩国、新加坡、印度尼西亚、中国大陆及澳门和台湾地区15个省区市的儒学研究专家、基层社区领导和中华美德教育行动实验研究分课题组领导等130人参加会议。会议共收到论文60篇，安排大会演讲和分组研讨，共42人发言，分享优秀传统文化传承经验，并围绕“儒家思想的当代传播、普及与社区和谐”主题进行研讨和交流。会议还安排与会代表参观韩美林艺术馆，考察玉桥街道社区，欣赏“金声国乐团”国乐表演。

（杨跃辉）

北京农业职业学院

党委书记 崔砚青
院　　长 杜晓林

【概况】 2013年，北京农业职业学院占地面积84.55万平方米，产权校舍建筑面积27.55万平方米。全年教育经费投入44531.44万元，其中，国家拨款38471.53万元、自筹经费6059.91万元。固定资产总值41128万元，其中，教学、科研仪器设备总值17525.83万元。图书馆建筑面积6631平方米，藏有纸质图书41.94万册、电子图书4204GB。拥有计算机3064台，多媒体教室165间。学校信息化经费投入142.08万元，信息化设备资产2505.33万元，网络信息点3500个，校园网出口总带宽410Mbps，电子邮件系统用户895个，上网课程52门，数字资源量7500GB，管理信息系统数据总量82.17GB。设有国际教育学院、机电工程学院以及继续教育学院，10个系（部），园艺技术、畜牧兽医和绿色食品生产与检验等41个高职专业。教职工859人，其中，专任教师420人，包括教授及教授级高级工程师21人，副教授及高级工程师以上130人；博士26人，硕士111人；“双师型”教师323人。聘请校外教师198人。毕业生1802人，其中，高职生1312人，中职生327人，成人专科163人。毕业生一次就业率97.97%，一次签约率61.56%。招生2040人，其中，高职生1541人，中职生267人，成人专科232人。高考北京地区提档线文科150分、理科180分，单考单招150分。在校生5592人，其中，高职生4130人，中职生936人，成人专科526人。网址：www.bvca.edu.cn。

（肖兵）

【首次利用软件系统完成年度科研考核】 1月6日，农职院首次通过科研管理系统平台完成全院专业技术人员科研工作量化考核。该系统于2012年启用，收录全院科研成果纵向项目597项、横向项目49项、学术论文1782篇、著作700部、专利成果68

项，并完成市教委面上项目、院级科研项目申报。

（邓志峰）

【利用办公自动化实训室开设选修课】　3月，农职院信息技术系利用新建成的办公自动化综合实训室面向全院开设《常用办公设备及软件使用》选修课。首批共有5个专业学生开课。课程内容包括苹果一体机的OFFICE操作、图像处理等技术，打印机、复印机、扫描仪、碎纸机及数码相机等办公设备使用与常见故障排除；授课方式改变以往“统一讲授＋集中实训”为每堂课均贯穿讲授与实训相结合，有效提高课堂教学效率，激发学生学习兴趣。

（张林红）

【实施管理人员班级听课制度】　4月15日，农职院畜牧兽医系实施学生管理人员班级听课制度。根据计划安排，系学生管理人员每人每周到课堂听两节课，并及时对课堂出勤、秩序情况汇总交流，反馈至所在班级辅导员、班主任。该系配套推出激励措施，以班级听课情况为重要考核指标，每学期评选三个“课堂纪律星级班”，给予物质和精神奖励。

（沈杰）

【建立农民合作社培训基地】　4月20日，农职院与密云县农民专业合作社服务中心共建“农民合作社培训基地”揭牌。同时，首期“农民专业合作社理事长培训班”开班，学员主要为密云县各级示范社理事长。培训以合作社经营管理、合作社市场营销以及合作社品牌管理等为重点，采取集中面授、课上课下互动交流的方式，着力帮助解决生产经营中相关专业问题，力求做到学以致用、学用结合。针对农民专业合作社发展在人才方面存在的问题，农职院于2012年10月组织专家在密云、平谷等区县进行人才需求调研，并与密云县农民专业合作社服务中心达成“学院—农合服务中心”共同培养人才合作意向。

（邱燕　杜一馨）

【首次举办招生宣传校园开放日】　5月9日，农职院首次举办招生宣传“校园开放日”大型活动。活动开放参观湖畔实训园、绿色科技示范园、彩林示范园、生物防治研究所、动物医院等校内实训场所以及学生餐厅、公寓等学生生活场所，组织各系进行专业特色现场展示，安排教师与283名自主招生入学新生及其家长面对面交流，通过多角度、多层次展示办学实力和育人成绩，提升社会影响力，为单考单招和统招工作预热。

（童雷）

【设立首个农业科技综合服务试验站】　5月9日，农职院首个农业科技综合服务试验站在房山区佛子庄乡成立。试验站以山区生态型乡镇建设与发展需求为服务对象，围绕区域特色发展，组织多方位专业对接，引入农业科技专家和大学生，引进新品种、新技术、新产品，开展科研试验与示范工作，并围绕旅游产业主线进行策划、规划服务，开展农村实用人才培训服务和提供综合信息服务。试验站办公、生活用房面积400平方米，试验示范用地33.33万平方米；园艺基地12栋日光温室引种莲雾、金叶垂榆等树种。试验站具备信息平台服务、师生驻站工作等基本功能，建立日志记载、工作量考核等管理制度。年内，建立种植技术、养殖技术、加工技术、生态旅游、农民培训、图书信息6个专业服务工作室以及相应专业服务小组，接入农业科技推广、农村文化驻乡、农民技能培训方面10个工作项目，引入新品种12个、新技术课题10项，学院专家、教师累计近400人次进行下乡服务。

（肖兵　邓志峰）

【召开第二次党代会】　6月22至23

日，农职院召开第二次党员代表大会。会议正式代表120人，首次实行代表提案制，收到7个代表团提案17项，建议立案17项。会议审议并通过第一届党委工作报告和第一届纪委工作报告，选举产生第二届党委委员15人、纪委委员7人，并提出未来五年努力实现“两个新转变”和“三个新跨越”，建设理念先进、特色鲜明、国内一流、国际知名的高等职业院校。“两个新转变”即由外延发展向内涵发展转变，由传统职业教育向现代职业教育转变；“三个新跨越”即从单一主体办学向集团化办学跨越，从高职专科学历教育为主向高职专科和职业本科教育并重跨越，从国内高职示范校向国际知名职业院校跨越。

（肖兵）

【建成校史文化碑】　6月26日，农职院校史文化碑落成揭幕。校史文化碑位于南校区文化广场西南侧，碑长24米、高5米，由花岗岩砌成，展示学院自前身“青年农场”1958年以来的历史沿革。雕塑包括3组浮雕及1组圆雕。左侧第一块浮雕展示时任北京市市长彭真题写的“青年农场”场旗，突出彭真、贺龙、聂荣臻、杨尚昆题词：“鼓足干劲，发展社会主义农业生产，加强锻炼，提高政治觉悟”；第二块浮雕中心再现4名老首长视察“青年农场”情景，表现他们对农场的关怀和教育，背景是农场学生学习、劳动和科学实验画面；第三块浮雕表现农职院的现在和未来；第四块雕塑雕刻欣欣向荣的植物，象征学院未来蓬勃兴旺。

（李秀华）

【首次组织师生赴国外实习】　6月，农职院园艺系6名学生和1名带队教师在韩国农友BIO株式会社进行首次国外专业实习。实习根据学院与韩国农友BIO株式会社分公司——北京世农种苗有限公司达成的协议进行，为期1个月。在位于韩国仁川太平里的育种研究所，师生接受公司研究员指导，参与完成辣椒、西红柿、黄瓜以及白菜等作物的人工授粉及栽培管理任务。韩国农友BIO株式会社是韩国种苗界代表企业。

（赵钢　范继红）

【分级制改革试验班进入企业实践教学阶段】　9月，农职院畜牧兽医专业分级制改革试验班牧医1111班进入企业实践教学阶段。企业实践教学坚持共性和个性培养相结合，采用进出轮换、理实一体运行模式，充分体现课堂与企业无缝对接。共性培养第一阶段为进出轮换，共12周，全班

分为4组（每组5至6人）同时进入韩营奶牛场、大兴种猪场、金星鸭业通州分场、农职院种鸡场四个企业实习。每个企业安排2名学院实践指导教师驻地现场指导教学。根据企业实际需要，学生到岗再细分为2至3个岗位，每个岗位有外聘实践指导教师1至2人现场指导。在岗实践2周后，各组返校继续在校学习1周，完成实践总结、交流、技术精化并为进入下一个企业岗位做准备。如此每3周各组轮换1次。第二阶段为能力再提高阶段，为期4周，通过开展以学生为主体的全面总结、交流、技术巩固与深化，实现学生自身综合能力再提高。个性培养方案将选择立志从业专向养牛、养猪、养禽的学生，由畜牧兽医专业制定教学方案进行专门培养。这些学生只在定向企业单位进行岗位实践学习，不参加循环轮换。

（于凤芝）

【发起“课堂无手机”行动】　9月，农职院畜牧兽医系发起“课堂无手机”行动。行动首先在兽药1311班试行，由教师带头，师生均自觉在上课前将手机调成静音状态，集中放入“爱心保管箱”，课后取回，确保课堂教学秩序不受干扰。随后，行动在全系14个班级中推广。该系同时制定3项激励措施和3项惩罚措施，行动中推行较好的班级及学生优先获得评优资格，学生违反规定在课堂上玩手机被巡查发现，将被取消各项评优资格并接受批评教育，情况严重的根据《学生手册》给予相应纪律处分。

（沈杰）

【主编土木工程现场施工技能必备系列图书】　10月，农职院“土木工程现场施工技能必备系列图书”出版。图书由水利与建筑工程系教师主编，由化学工业出版社出版发行，按模板工、钢筋工、砌筑工等建筑施工10个工种分为10册，共235.20万字，介绍主要操作技能的基础知识和技巧要领，为施工人员提供参考和指导，同时作为学校培训教材。图书编著用时10个月，以学院重点建设的建筑类专业群为依托，联合校外知名建筑企业及培训机构专家，共35人参加编写和审定，其中，该系教师19人。

（焦有权　张蓓）

【访问美加三所高校并签约合作】　11月11至18日，农职院组团访问美国夏威夷大学、派克兰学院和加拿大圣力嘉学院，达成多项合作协议。与美国夏威夷大学（University of Hawaii）就开展三年制旅游管理专业项目合作签署协议，同美国派克兰学院（Parkland College）在师生互换交流、学术研讨等方面深化合作签署协议；看望在加拿大圣力嘉学院（Seneca College of Applied Arts & Technologh）深造的学院毕业生，两校在畜牧兽医和机械工程相关领域拓展合作项目达成共识。

（张金柱）

【推行学生综合素质量化测评】　11月，农职院在大一新生中推行学生综合素质量化测评。测评软件包括思想道德、遵章守纪、身心健康、专业素质、实践能力5个模块，涉及爱国主义教育、集体主义教育、社会公德、职业道德等13项测评指标和“正能量”加分58项。根据软件测评结果，系（部）、分院给予学生客观、全面、公正的综合素质评价，并据此每学年度向学生颁发《学生综合素质测评星级证》。测评软件由学院信息技术系组织教师研发，学院同时制定《学生综合素质量化测评办法（试行）》。此前，学生综合素质量化测评在信息技术系进行为期一年试点，成效显著。

（吴迪）

北京政法职业学院

党委书记　张景荪
院　　长　张景荪

【概况】　2013年，北京政法职业学院占地面积29.64万平方米，产权校舍建筑面积4.22万平方米、非产权校舍建筑面积5.64万平方米。全年教育经费投入27628.77万元，全部为国家拨款。固定资产总值23511.57万元，其中，教学、科研仪器设备总值10136.84万元。图书馆建筑面积3883平方米，藏有纸质图书49.49万册、电子图书68.70TB。拥有计算机2891台。学校信息化设备资产3259.67万元，网络信息点2066个，校园网出口总带宽150Mbps，电子邮件系统用户847个，上网课程130门，数字资源量68611GB，管理信息系统数据总量14186.71GB。设有5系1部、9个研究所、7个教辅机构和2个培训机构。开设23个专业，包括中央财政重点支持专业2个、市级教改试点专业1个、市级高职示范专业3个。教职工397人，其中，专任教师207人，包括教授及教授级高级工程师10人，副教授及高级工程师以上51人；博士21人，硕士138人；“双师型”教师100人。聘请校外教师50人。毕业生1383人，其中，普通高职生958人、五年制高职生366人、中职生59人。毕业生一次就业率99.14%。招生1429人，其中，普通高职生798人、五年制高职生350人、中职生281人。高考北京地区统招文史类最低153分、理工类最低161分，单考单招最低159分。在校生4401人，其中，普通高职生3445人、中职生956人。网址：www.bcpl.cn。

（李文波）

【首批新疆班学员学成返疆】　1月10日，政法职院首批新疆培训班学员完成培训任务返回新疆。该批学员为新疆首批未就业高校毕业生，共36人，于2011年3月入校学习，主要学习社区管理专业内容。经过为期两年的学习，通过考核，取得赴援疆省市培养结业证书。这是该校按照北京市统一部署接待的首批新疆未就业高校毕业生。

（李文波）

【召开中国商务随卫国际交流研讨会】　7月8至10日，2013中国商务随卫（保镖）国际研讨会暨随卫训练营在政法职院召开。会议围绕“加强国际交流与合作，共创商务随卫发展伟业”主题，就中国商务随卫领域现状与未来、商务随卫标准化建设和市场形势等内容交流研讨。研讨会期间，举办首届政法职院伟之杰商务随卫（保镖）训练营，特邀由国际保镖协会教授、美籍海归特警、上海市政府特聘“东方学者”及武警指挥学院专业教官组成的中外优秀教练团队开展集训，包括商务随卫的基本技能、海外防恐基本知识和海外防恐实战技能等内容。来自伟之杰安保集团的随卫精英、政法职院特勤分队优秀学员及专业教官共 40 人参加训练营。会议由中国民促会安保专家委员会和世界保镖协会主办，由政法职院和伟之杰安保集团承办，来自美国、新加坡知名安保防卫专家、行业协会、各专业院校及国内知名商业随卫专家学者和行业精英共 30 人参加会议。

（李文波）

【首都政法综治网试运行】　5 月 10 日，政法职院承建的首都政法综治网（www. bj148. org）正式上线试运行。该网站是市委政法委、首都综治办门户网站，利用 Gweb2.0 技术，可实现信息发布、在线学习、网民互动等功能。网站设有资讯、政法、综合、政工、创新、服务和互动栏目，与 16 个区（县）政法委（综治办）门户网站、市公安局网、北京法院网、京检网、北京司法局网等，共同构建首都政法综治宣传的网络阵地。该校自 2002 年 5 月启动网站建设，总投资 3683 万元。至年底，16 个区县政法委（综治办）对外宣传门户网站陆续建设完成，标志着首都政法综治网群正式建设完成。

（李文波）

【实施校政企行战略合作模式】　至年底，政法职院校政企行战略合作模式进一步深化。该校先后与朝阳区法院、丰台区司法局、大兴区司法局、朝阳区司法局、北京市第二中级人民法院、华信中安保安服务有限公司、中国人民财产保险股份有限公司北京市分公司等多家政府部门和企业签署合作协议，在专业共建、实习实训、课题研究、政府购买服务等多个领域开展深度合作，逐渐形成“你中有我、我中有你、资源共享、共同发展”格局，并逐步实施“4321 校企合作工程”，即深化“4”项合作——“合作办学、合作育人、合作就业、合作发展”；实行“3”层对接——学校对接企业、专业对接职业、课程对接岗位；推进双向融合（“2”）——校中企、企中校；最终实现“1”个目标——共赢。

（李文波）

北京财贸职业学院

党委书记　韩宪洲
院　　长　王成荣

【概况】　2013 年，北京财贸职业学院占地面积 29.15 万平方米，产权校舍建筑面积 13.69 万平方米。全年教育经费投入 27398.96 万元，其中，国家拨款 20666.15 万元、自筹经费 6732.81 万元。固定资产总值 37072.60 万元，其中，教学、科研仪器设备总值 19763.68 万元。图书馆建筑面积 12461 平方米，藏有纸质图书 71.36 万册、电子图书 60 万册，电子资源 17012GB。拥有计算机 6043 台，多媒体教室座位 7924 个。学校信息化经费投入 1922.98 万元，信息化设备资产 16802.75 万元，网络信息点 11229 个，校园网出口总带宽 230Mbps，电子邮件系统用户 6691 个，上网课程 130 门，数字资源量 25000GB，管理信息系统数据总量 2648GB。设有校本部、涿州校区和东四校区共 3 个校区，9 个教学系部和二级学院。开设 27 个三年制高职教育专业（包括 4 个中外合作专业）、1 个中专教育专业、2 个五年制高职专业、3 个成人教育专业，高职教育专业包括 3 个国家级示范专业、4 个北京市示范专业、1 个北京市级教改试点专业。教职工 574 人，其中，专任教师 320 人，包括教授及教授级高级工程师 7 人，副教授及高级工程师以上 100 人；博士 24 人，硕士 187 人；“双师型”教师 216 人。聘请校外教师 101 人。毕业生 2691 人，其中，高职生 2045 人、中专生 74 人、成人教育专科生 572 人。毕业生一次就业率 99.12%，一次签约率 72.81%。招生 2331 人，其中，三年制高职生 2053 人、中专生 18 人、五年制高职生 150 人、成人教育专科生 110 人。在校生 6436 人，其中，三年制高职生 5745 人、中专生 180 人、五年制高职生 149 人、成人教育专科生 362 人。网址：www. bjczy. edu. cn。

（李红兵）

【庆祝建院 55 周年】　6 月 22 日，财贸职业学院举办庆祝建院 55 周年暨校友会成立大会。会议举行该院与用友新道科技有限公司合作成立的立信新道会计研究中心揭牌仪式，来自北京市烟草专卖局、北京二商集团和北京用友新道科技有限公司等企业的校友代表企业向学校捐赠科研奖励基金、奖教金和奖学金。会后，财贸艺术团师生和校友代表表演“财贸‘家’年华”文艺演出。14 个校友会分会举行各种校友联谊活动。财贸职院校友会北京市高职院校首家校友会。北京市各相关委办局，全国及市教育、商业等行业协会，全国及北京市十所兄弟院校，20 家北京市著名商业企业到场或来信来电祝贺，近千名校友参加会议。作为校庆系列活动之一，财贸职院院史展室于 6 月 15 日开展，展室面积 200 平方米，选用照片 370 张、实物 120 件，包括前言、领导关怀、历史沿革、科学发展、党建思政和结束语 6 部分内容。财贸职院前身是北京市财政贸易干部学校，1958 年由北京市政府粮食局粮食干校、北京市供销合作社供销干校、北京市第一商业局商业干校、北京市第一商业局商业职工学校、北京市城市服务局服务训练班、人民银行训练班 6 个单位合并建立，之后又合并通州干校，1983 年更名为北京市财贸职工学院，1984 年更名为北京市财贸管理干部学院，2001 年、2002 年先后与中国石油天然气集团总公司物探局职工大学、北京财政学校和北京市立信会计职工大

学合并，2003 年更名为北京财贸职业学院，同时保留北京市财贸管理干部学院名称。55 年的办年历程历经干部培训、成人高等教育、高等职业教育三个发展阶段，为首都经济建设培养 50 万名应用型人才。

（李红兵）

【引企入校共建财贸产业园】 6 月 22 日，财贸职院与锐点中视文化传播有限公司校企合作共建“商业广告生产实践教学基地”。基地设在该院财贸产业园，主要开展人才培养、专业建设、顶岗实习、师资建设、社会服务等校企合作工作，其中，企业负责提供技术、市场等方面资源，与学院合作，为学生提供实习实训平台，为教师提供理论研究平台；学校负责提供实训场地及相应资源，负责学生日常教学及管理。至年底，该院先后与大华会计师事务所、北京超市发连锁股份有限公司和北京顺鑫国际电子商务有限公司等 8 家企业共建校内生产性实训基地，其中 3 家投入运营。校企双方在专业课程建设、实训课程改革、学生实习实践、教材编写等方面开展深层次合作。

（李红兵）

【试行学生义工制度】 7 月 2 日，财贸职院制定学生义工管理办法（试行）。办法规定，义工服务为学生第一学期至第四学期必须参与的劳动课程，成绩纳入素养教育测评分数（占 10%）。学生每学期参与义工服务不少于两次，时间累计不少于 5 小时，在校期间时间累计不少于 20 小时。学生参加校园义工服务，成绩在及格及以上者计入义工服务学时。每学期不满规定学时扣减学期素质测评分数 10 分，并在下一学期进行补修。义工服务内容主要包括对校园主要道路、教学楼、图书馆、学生宿舍和实训室的环境卫生进行日常清扫与保洁，公益性劳动和学院大型活动以及学院认可的校外义工岗位。至年底，该院共设立校内义工岗位 60 个，学生参与义工服务 355 人次。

（李红兵）

【召开第一次党代会】 7 月 8 至 9 日，中共财贸职院党委召开第一次党员代表大会。会议审议和通过上届党委工作报告和纪委工作报告，选举产生新一届党委和纪委，通报提案工作情况。市委教育工委领导到会祝贺。该校 108 名党代表和离退休老领导、党外人士代表出席或列席会议。

（李红兵）

【首次招收五年制高职学生】 7 月，财贸职院首次招收五年制高职学生。共录取 150 人，包括会计专业 100 人、文秘（商务秘书）专业 50 人。学生通过中考考入该院，经过五年学习（前三年中专学习，后两年大专学习），完成学习任务且成绩合格，其间不需再参加高考，即可获得国家承认的普通高校大专毕业证书。

（李红兵）

【培养学生科研能力】 11 月 23 日，财贸职院 15 项学生科研创新创业作品入围第二届首都大学生科技创新作品与专利发明博览会。该院注重学生科研能力培养，通过学生科研类社团和“高职学生培养——大学生科研训练项目”，资助 408 名学生进行 88 项科研创新创业训练，资助金额 40 万元。该院《纤指百态美甲店创业计划书》学生作品获得北京大学生创业设计竞赛三等奖，成为唯一获奖的高职院校。

（李红兵）

【获全国校园文化建设优秀成果一等奖】 12 月 2 日，财贸职院“财贸素养教育十年筑基，校园文化育人模式创新——北京财贸职业学院‘五三四一’财贸素养教育体系”获教育部第七届高校校园文化建设优秀成果一等奖。该项目通过研究和实践高职院校校园文化育人创新模式，取得良好的育人成果。“五三四一”财贸素养教育实施体系把职业素养教育与学生思想政治教育有机融合，其中，“五”是指“爱心、诚信、责任、严谨、创新”五板块主题教育，每学期依次实施一个教育主题，用主题教育统摄学生德育工作和日常教育管理；“三”是指“三阶段教育过程”，每个主题教育过程都包含“理性认识—自我行动—总结展示”三个阶段；“四”是指“班级建设、宿舍建设、学生社团、节日活动”四平台教育载体，四个平台涵盖学生在校学习生活全部领域，形成时时可学习、处处是课堂、事事能育人的财贸素养教育特点；“一”是指“证书激励机制”，连续 5 个学期财贸素养教育考核合格，学习成绩和综合表现良好的学生，在毕业时可获得学院财贸素养证书，并记入学生档案。该项目由教育部主办，全国 200 所高校参与评比，评出特等奖 10 项、一等奖 30 项、二等奖 61 项、三等奖 106 项。该校成为唯一获奖的高职院校。

（李红兵）

【举办首届珠算技术大赛】 12月6日，

财贸职院举办首届珠算技术大赛。来自该校和北京农业职业学院的 27 名选手参加珠算技术比赛和珠算知识抢答，最终 3 支代表队获团体前三名，10 人分获个人一、二、三等奖。比赛结束后，首都 3 名行业专家展示算盘基本功——打百字演算，北京市珠算协会表演少儿珠心算。该院举行与新道科技有限公司、大华会计师事务共建的“立信新道实践教学示范基地”和“立信会计学院生产性实训基地”揭牌仪式，以及主题为“高职会计毕业生初入职职业定位与未来发展”的主论坛和主题为“立信文化与未来发展”的分论坛。来自中国和北京市珠算心算协会领导、行业企业嘉宾、兄弟院校代表和该校师生 300 人参加活动。

（李红兵）

【完成社会培训 17246 人次】 至年底，财贸职院共完成社会培训 17246 人次。比上年同期增长 40%。其中，继续教育学院和高级管理培训中心两个专职承担社会服务的部门完成社会在职人员教育或培训 13100 人次；各教学单位为通州区“百千万”京郊旅游实用人才培训工程培训 1100 人，为恒天财富等单位培训员工 2000 人，为会计、证券、保险等从业人员考试培训 1046 人次。

（李红兵）

【投入 1923 万元开展信息化建设】 至年底，财贸职院投入 1923 万元加强教育信息化建设。建成数字化教学资源公共服务体系并投入运行，自主开发100门现代服务业课程资源，开发由100个案例组成的企业案例资源库，以及财贸素养教育资源、通用能力训练资源、商业文化数字馆、虚拟现实商业社会环境系统5个特色资源库，实现校内“网络学习空间人人通”，面向社会开放一批数字化教学资源，完善云计算数据中心、公共数据管理平台、辅助决策支持系统和学生全程管理信息系统，达到市教委数字校园示范校建设验收标准。

（李红兵）

【开展“研学结合”课程建设研究】 至年底，财贸职院加大课程与教材建设。该校以“研学结合”课程为抓手，探索财经类课程教学改革新途径，第一批9门“研学结合”课程建设项目通过验收。2门课程入选国家级精品资源共享课程，9本教材被评为市级精品教材，46本教材获得教育部“十二五”职业教育国家规划教材选题立项。

（李红兵）

北京戏曲艺术职业学院

党委书记　刘宝华
院　　长　刘侗

【概况】 2013年，北京戏曲艺术职业学院占地面积2.70万平方米，产权校舍建筑面积5.40万平方米。全年教育经费投入7709.12万元，其中，国家拨款6824.13万元、自筹经费230万元，预算外654.99万元。固定资产总值19080万元，其中，教学、科研仪器设备总值2006.70万元。拥有计算机300台，多媒体教室座位600个。图书馆建筑面积1569平方米，藏有纸质图书12.30万册、电子图书8.77万册。学校信息化经费投入68.64万元，信息化设备资产726.68万元，网络信息点500个，校园网出口总带宽100Mbps，数字资源量15000GB，管理信息系统数据总量50GB。设有7个系部，设京剧、地方戏曲、音乐、舞蹈、舞美、影视表演共六类专业15个专业方向，1个艺术研究中心，1个中型剧场。教职工351人，包括正高职称13人，副高职称31人；博士5人，硕士63人；兼职教师31人。毕业114人，其中，高职生17人、中职生97人。毕业生一次就业率95%。招生320人，其中，高职生174人、中职生146人。高考北京地区艺术类提档线文科105分、理科126分。在校生1210人，其中，高职生505人、中职生705人。网址：www.bjxx.com.cn。

（杨楠）

【实施“六个一工程”】 1月11日，北戏召开“彰显办学特色，实施‘六个一工程’，推动学院科学持续发展”会议。会议正式启动实施“六个一工程”。“六个一工程”是指建立一批艺术生源基地；聘请一批名家名师指导、督导教学；重点建设传统特色专业，带动全院专业建设，促成一批艺术教育科研成果的产生；打造一批北戏知名品牌教师；创排一批优秀传统和原创剧目，建立“少儿戏剧场”；推出一批优秀毕业生和民族艺术传承人。年内，“六个一工程”举办多项活动，包括举办2013年京剧系教科研会；召开聘请评剧专家指导和督导教学会议，与5名评剧艺术家签署聘任合同，与地方戏评剧专家探讨学院评剧班教学大纲、课程设置等。

（杨楠）

【与紫曦盛世签署合作协议】 3月23日，北戏为北京紫曦盛世少儿京剧艺术文化传播中心颁发生源基地牌匾，并签署合作协议。根据协议，北京紫曦盛世少儿京剧艺术文化传播中心成为北戏生源基地合作计划戏曲类培训机构，北戏负责派出师资，紫曦盛世负责生源培训，双方在合作演出、教育教学等方面开展合作。紫曦盛世是北戏第11所生源基地。

（杨楠）

【组织下乡演出活动】 5月28至29日，北戏艺术团组织“星火工程”下乡演出活动走进平谷为百姓送演出。艺术团到平谷区刘家店镇前吉山村、凤落滩村、北吉山村、万庄子村、行宫村和寅洞村6个山村，表演评剧、京剧和京歌等节目。

（杨楠）

【少儿戏剧场启用】 6月1日，2013

年北京“春苗行动”优秀少儿题材剧目展演暨北戏“少儿戏剧场”启用仪式在北戏排演场举行。“春苗行动”展演剧目、北戏少儿戏剧场2013年夏季演出季首场剧目《少年马连良》演出。少儿戏剧场在北戏排演场基础上改建而成，拥有趣味京剧展、水吧等设施，是以少年儿童为服务对象，以少儿宜观看的剧（节）目为主要内容，以北戏在校学生为演出主体，集演出、观摩、教育、交流于一体的全国首家少儿综合艺术演出场所。剧场秉承“戏曲教育从娃娃抓起”理念，利用北戏自身的剧场和艺术教育资源，培养戏曲后备力量，培养少儿戏曲观众。年内，戏剧场上演多场表演活动，包括历时3个月的少儿戏剧场夏季演出季，共演出10台28场节目，以及《国粹芳华——梅尚程荀》、整本《四郎探母》、话剧《雷雨》，以及京剧折子戏专场、优秀评剧折子戏专场、民乐专场《芳华》、舞蹈系获奖舞蹈作品集萃《桃李芬芳》等专场演出。

（杨楠　陈明）

【获多项舞蹈专业比赛奖项】 6至11月，北戏舞蹈系师生获得多项专业比赛奖项。在文化部文华艺术院校奖第十届“桃李杯”国际标准舞比赛中，北戏2009级中专国标班2名学生获得标准舞18岁以下组别第一名，这是该校第一个“桃李杯”金奖。在第13届北京舞蹈大赛上，舞蹈系两项作品获得专业少年组创作金奖、表演银奖；一项作品获得专业少年组创作优秀奖、表演银奖。在第15届全国“院校促进杯”比赛中，国标舞专业2名学生获得专业18岁以下组摩登舞冠军、2名学生获得专业16岁以下组摩登舞季军、2名学生获专业16

岁以下新人组摩登舞冠军、2名学生获专业14岁以下新人组摩登舞冠军。在第27届国际标准舞全国锦标赛上，国标舞专业2人获专业院校18岁组摩登舞第一名（一等奖）。另外，在2013全国职业院校技能大赛艺术专业技能赛项比赛中，该校学生获得4个一等奖、1个二等奖，包括2个高职声乐一等奖、1个高职中国舞一等奖、1个高职中国舞二等奖和1个中职中国舞一等奖。

（杨楠）

【举办京剧童星嘉年华】 7月14日，北戏在中山音乐堂举办“神奇的京剧王国——京剧童星嘉年华”演出。演出前，北戏教师为小观众画上各式各样脸谱造型，培养少年儿童对京剧的兴趣；演出中，京剧人物唐僧师徒四人、唐明皇、杨贵妃等角色直接从观众席走上舞台，表演散花、武家坡、卖水、铡美案、行云流水、闹猴操、丑行数板等寓教于乐的折子戏；同时，邀请观众走上舞台与角色互动，如跟孙悟空学猴戏、与孙玉姣学拾玉镯等。来自全国的百余名观众观看演出。该活动是北戏第二次在中山音乐堂为少年儿童普及京剧。

（杨楠）

【8名学生获戏曲小梅花称号】 8月2至7日，北戏8名学生获得第17届“中国少儿戏曲小梅花荟萃”金奖，得到“中国少儿戏曲小梅花”称号。8名学生来自京剧系和地方戏曲系。该活动由中国戏剧家协会主办，代表中国少儿戏曲最高水平。各省市戏剧家协会共选拔报送选手432人，经中国剧协专家评委认定，全国22个省市及中直单位133名选手入围决赛，角逐“小梅花”称号。

（杨楠）

【举办李文敏教学生活50年纪念活动】 10月11至18日，北戏举办李文敏教学生活50年纪念系列活动。活动包括李文敏教学生活50年纪念演出和李文敏教学成果50周年研讨会。演出于11至12日在北京长安大戏院上演，李文敏学生代表，北京京剧院、上海京剧院等单位青年演员与京剧名家共同演出《玉堂春》《汾河湾》和《武昭关》等程派经典剧目。研讨会于18日召开，会议肯定李文敏在程派艺术传承中的教学成果，探讨李文敏在程派京剧表演基础教学中将流派艺术优秀成果与基础教学实践相结合的先进理念。李文敏，女，1938年5月出生于北京，1957年毕业于北京戏曲学校，同年，拜京剧名家赵荣琛为师，专攻程派。自1963年起，任教于北京戏曲学校，专门从事教学工作。在50年教学中，李文敏致力于戏曲基础教学，培养学生百余人。

（杨楠）

【德云相声班首登舞台】 11月2至

3日，北戏德云相声班在少儿戏剧场举办首场演出。此次演出是德云相声班开班3年来首次集体亮相，所演段子以对口相声为主，包括《同仁堂》《报菜名》和《口吐莲花》等。学员多为初次登台，平均年龄仅十三四岁。德云相声班由北戏与德云社联合开办，学员由德云社亲自招收。在校期间，由优秀相声演员为学员上课。

（杨楠 陈明）

【举办缅怀张学津纪念演出】 11月27日，北戏举办缅怀张学津先生暨先生艺术资料捐赠母校纪念演出。演出前，按照张学津遗愿，北戏接受张学津生前艺术资料。演出中，张学津亲传弟子带领北戏师生，演出《苏武牧羊》《打侄上坟》和《画龙点睛》选段等张学津代表剧目。其中，《打侄上坟》是张学津生前与叶少兰亲授。市委组织部、市文化局有关领导，张学津夫人和学生代表，众多京剧表演艺术家以及北戏领导和师生观看演出。张学津（1941～2012），北京京剧院老生演员，国家一级演员，任北京市政协第四届、七届、八届委员。1949年考入北京戏曲艺术职业职院前身北京艺培学校学习，他曾师从王少楼、陈少武学老生，宗余派，后拜北戏校长马连良为师，成为马派优秀继承人，被誉为“马后第一人，余苑再传子”。他为马连良先生的五十二出戏音配像四十六出。

（杨楠）

北京现代职业技术学院

党委书记 丁久库

院　　长 丁久库（6月免）

杨凤辉（6月任）

【概况】 2013年，北京现代职业技术学院占地面积13.03万平方米、产权校舍建筑面积7.28万平方米。全年教育经费投入4014.51万元，其中，国家拨款2775.09万元、自筹经费1239.42万元。固定资产总值1.70亿元，其中，教学、科研仪器设备总值4295.02万元。图书馆建筑面积6636平方米，藏有纸质图书16.67万册、电子图书1000GB。拥有计算机1103台，多媒体教室座位4809个。学校信息化设备资产270万元，网络信息点1020个，校园网出口总带宽100Mbps，数字资源量1000GB，管理信息系统数据总量90GB。设有汽车工程系、机电工程系、经济管理系和基础部“三系一部”，开设汽车制造与装配技术、数控技术、民航商务、社区管理与服务等14个专业，拥有43个实验实训室。教职工225人，其中，专任教师133人，包括教授2人、副教授11人；博士7人、硕士47人。毕业生562人。毕业生一次就业率91%。招生715人（含首次招收五年一贯制学生92人）。高考北京地区提档线文科150分、理科160分。在校生1794人。网址：www.moderncollege.com.cn。

（李跃谦）

【与北科大联合培养工程硕士生】 1月，现代职院与北京科技大学研究生院签约联合培养工程硕士专业学位研究生。根据协议，在现代职院开设工程硕士研究生班，双方联合组成研究生班管理协调组，学院主责组织生源、学习管理等工作，北科大主责录取、教学、考核、学位授予等工作。在课程教学阶段，采取“进校不离岗”教学方式，按北科大工程硕士相应培养方案组织教学。论文（设计）课题直接选自现代职院生产、科研、设计和工程技术项目，学位论文（设计）由北科大导师和学院协助指导教师共同指导。入学考试成绩合格并经正式录取者，修完全部课程取得规定学分并完成论文后可申请学位论文答辩。对学位论文答辩通过者，由北科大审核授予工程硕士专业学位。学制两年半。至12月，完成招生工作。首批招生专业包括控制工程、仪器仪表工程、计算机技术和软件工程。

（李跃谦）

【建立教学质量监控制度】 3月，现代职院制定《关于加强教学质量监控工作暂行办法》，建立教学质量监控制度。办法规定，教学质量监控中心工作范围是对“教、学、管”进行监控，即评估和指导教师的教学质量，监督和指导学生的学习态度、效果及成绩，检查和评估教学管理工作状态、效果及质量。根据工作需要，建立教学督导员制度：由学院从院内外在职或退休的专家、学者、教授中聘任教学督导员若干人，在教学质量监控中心组织安排下进行督导工作。建立学生教学信息员制度：每班选1名学生担任本班教学信息员，原则上由各班班长或学习委员担任，职责为如实反映任课教师的情况，学院在教学管理等方面存在的主要问题，学院教学设备存在的主要问题，教学活动中的教风、学风等问题，征求和收集学生对教学的意见和建议。教学质量监控工作基本形式为综合监控、专项监控和经常性监控。开展经常性监控中，实施听课座谈制度、巡视制度、《教室日志》制度、教研活动检查制度、征求学生意见制度。

（李跃谦）

【评选首届“校园道德之星”】 4至11月，现代职院开展首届“校园道德之星”评选活动。活动面向全体在校学生，评选并表彰“热爱祖国，拥护中国共产党领导，模范遵守公民道德规范，遵守校规校纪，在日常学习、生活和人际交往中品德良好、表现突出、得到广泛认可”的优秀学生。活动分宣传动员、推荐评选、总结表彰、宣传学习四个阶段，历时8个月，共收到申报事迹材料56份。各系、学生处在评审期间均成立由教师、学生代表组成的评审委员会，审查事迹材料、事迹图片、影像资料、活动证明等。最终评定自强自立之星3人、孝老爱亲之星3人、助人为乐之星1人。

（李跃谦）

【首次实行五年一贯制招生】 7月，现代职院完成首次五年一贯制招生工作。招生面向北京市应届初三毕业生，5月填报志愿，7月由市招办录取。计划招生105人，录取105人，实际报到92人。

（李跃谦）

【成为顺义文化创意产业人才培养基地】 11月19日，现代职院被顺义区政府确定为顺义区文化创意产业人才培养基地。该院坚持“立足顺义，服务区域经济社会发展”办学理念，坚持“因区域产业发展而设、随区域产业结构调整升级而变、应区域技能人才需求而转”专业建设思路，结合顺义地区文化创意产业中四大主导产业：广告会展、设计服务、出版印刷、文体休闲，开设会展策划与管理、计算机应用技术（视觉传达设计方向）、模具设计与制造、社区管理与服务、民航商务五个相关专业，形成专业群；不断加强文化创意产业专业建设，累计投入800万元建成会展、计算机、模具、社区、民航专业校内实训基地；拥有较为稳定的校外实习基地。

（李跃谦）

北京经济管理职业学院

党委书记　赵永平（5月免）

　　　　　项进（5月任）

院　　长　姚光业

【概况】 2013年，北京经济管理职业学院占地面积85.95万平方米，产权校舍建筑面积13.21万平方米。全年教育经费投入20178.40万元，其中，国家拨款16648.60万元、自筹经费3529.80万元。固定资产总值28049.91万元，其中，教学、科研仪器设备总值6946.73万元。图书馆建筑面积8318平方米，藏有纸质图书50.06万册、电子图书3072万册。拥有计算机2903台，多媒体教室座位7795个。学校信息化经费投入1415.61万元，信息化设备资产6325.77万元，网络信息点3700个，校园网出口总带宽280Mbps，电子邮件系统用户801个，上网课程118门，数字资源量3127.90GB，管理信息系统数据总量270.10GB。设有望京和固安两个校区，9个二级学院、系、部，18个招生专业，1个研究中心。教职工556人，其中，专任教师189人，包括教授及教授级高级工程师8人，副教授及高级工程师以上48人；博士15人，硕士109人；“双师型”教师73人。聘请校外教师58人。毕业生1577人，其中，高职生1138人、成人教育专科生439人。毕业生一次就业率95.43%，一次签约率82.43%。招生1387人，其中，高职生1208人、成人教育专科生179人。高考北京地区提档线文科150分、理科180分，单考单招150分。在校生4366人，其中，高职生3549人、成人教育专科生817人。网址：www.biem.edu.cn。

（刘志东）

【与顺义太阳村共建学生素质教育基地】 1月11日，经管职院与北京市顺义太阳村签订共建学生素质教育基地协议。学院将通过组织学生在太阳村开展志愿服务、社会调查等活动，培养学生关爱他人、了解社会、奉献社会的意识，促进学生思想道德素质提高。顺义太阳村是民间慈善组织，以无偿代养代教服刑人员未成年子女为己任，对服刑人员无人抚养的未成年子女开展特殊教育、心理辅导、权益保护及职业培训服务。

（刘益宏）

【与五家企业签约合作】 3至10月，经管职院与五家企业签约合作。与北京嘉捷开源科技发展有限公司战略合作协议规定，在教师深入企业一线锻炼培训、学生实习实训、企业员工职业培训与企业职场精英院校培训等领域开展合作。与北京金蝶管理软件有限公司、深圳市国泰安信息技术有限公司和北京航天金税技术有限公司校企合作协议规定，共同培养符合学院培养目标和社会需求的高职人才。工程技术学院应用电子技术专业与北京佰瑞德科技有限公司校企合作协议规定，双方共建应用电子技术实训基地，在教材开发、学生实习和学生就业等方面开展合作。

（刘益宏）

【承办首届职业院校钻石分级大赛】 10月27日，经管职院工程技术学院宝石鉴定与加工技术专业承办“广艺杯”首届北京市职业院校钻石分级大赛。比赛由中国珠宝玉石首饰行业协会学术教育委员会主办，包括理论考试和实操考试。最终，评出一等奖3人、二等奖5人、三等奖8人、优秀奖9人。北京工业职业技术学院、北京市丰台区职业教育中心学校和经管职院分别获得优秀组织奖。

（刘益宏）

【举办珠宝文化周活动】 11月18至22日，经管职院举办珠宝文化周活动。活动包括珠宝走秀、大师讲坛、淘宝街、知识竞答四个环节。学院宝石协会会员表演曲艺、魔术以及珠宝首饰走秀等节目，珠宝首饰走秀展示珠宝专业师生的珠宝作品；活动邀请沃宝玑业北京科技有限公司管理人员为协会成员讲解就业形势及趋势；淘宝街展销学生首饰作品以及水远山长矿物标本有限责任公司赞助的各种标本矿物；鉴定、抽奖等活动，向学生讲解珠宝文化及珠宝鉴定知识；知识竞答涉及珠宝专业发展历史、鉴定知识、珠宝品牌知识等众多内容。

（刘益宏）

北京劳动保障职业学院

党委书记 李宗泽
院　　长 李继延

【概况】 2013年，北京劳动保障职业学院占地面积21.53万平方米，产权建筑面积12.53万平方米。全年教育经费投入15762.16万元，其中，国家拨款12965.28万元、自筹经费2796.88万元。固定资产总值13237.48万元，其中，教学、科研仪器设备总值3931.30万元。图书馆建筑面积7105平方米，藏有纸质图书37.65万册、电子图书25.90万册。拥有计算机1900台，多媒体教室座位7700个。学校信息化经费投入540.18万元，信息化设备资产202万元，网络信息点1800个，校园网出口总带宽110Mbps，电子邮件系统用户220个，上网课程64门，数字资源量800GB，管理信息系统数据总量110GB。设有亚运村和昌平西关两个校区，设置机电工程系、工商管理系、劳动经济管理系、安全工程系，基础部和实训中心。教职工225人，其中，专任教师185人，包括教授及教授级高级工程师5人，副教授及高级工程师以上52人；博士8人，硕士72人；“双师型”教师87人。聘请校外教师130人。毕业生1553人，其中，高职生1048人，成人教育生505人。毕业生一次就业率99.81%。招生1874人，其中，高职生1106人，成人教育生768人。高考北京地区提档线文科150分、理科160分，单考单招150分。在校生5016人，其中，高职生3109人，成人教育生1907人。网址：www.bvclss.cn。

（刘艳）

【优质生源基地揭牌】 10月16日，京劳职院“优质生源基地”在崇文门中学揭牌，双方续签合作协议。根据协议，两校在2012年合作基础上继续开展合作，携手搭建中学与高职合作桥梁，共同探索中学高职衔接的新机制，促进素质教育发展。在上年合作中，双方探索沟通，创立高职教师进课堂、中学学生进高职和通过实习实训提前发掘中学生职业理想等合作方式，取得良好效果。崇文门中学11名学生考入京劳职院。

（刘艳）

【举办三次培训】 11月，京劳职院举办三次培训会。分别为第一期社保所所长培训班，围绕基金安全、领导艺术、团队建设和管理沟通等专题进行讲座。培训为期3天；北京祥龙集团电子商务创新管理培训班，邀请北京工商大学经济学教授、商业经济研究所所长以“电子商务盈利模式探讨”为题开展培训第一讲；邀请亿玛客科技有限公司总经理及北京财贸职业学院、北京工商大学和京劳职院教授分别围绕电子商务运营管理、电子商务网络平台搭建、现代物流与供应链管理、电子商务客户服务管理等方面授课。培训为期6天；针对北京地铁机电分公司举办城市轨道交通运输与管理专业第三期师资培训，培训主要分为课程评价新标准、培训理念及流程、培训师课程开发及实施、学员授课展示及互评四部分内容，通过培训整体设计、培训课程开发、培训方法与技巧、培训评估、培训跟踪等环节介绍如何开展培训工作。培训为期2天。

（刘艳）

【获全国职业院校模拟创业技能竞赛一等奖第一名】 12月8日，京劳职院学生参加2013年全国职业院校模拟创业技能竞赛全国总决赛获得一等奖第一名。两名教师获得“优秀指导教师”称号。该比赛由教育部电子商务教学指导委员会和中国职业技术教育学会创业教育专业委员会主办，大连职业技术学院承办，是全国高职高专教育经管类专业规模最大、影响力最广的比赛活动。来自全国95所高职院校106支代表队、400名选手参加比赛。

（刘艳）

【与9家企业和单位签约合作】 至年底，京劳职院与9家企业和单位签订合作协议。其中，与北京市第一社会福利院签约合作共建老年服务与管理专业，在学生顶岗实习、教师企业实践、课程开发及高技能人才培训等方面开展合作；与北京汇晨养老机构管理有限公司签署老年服务与管理专业校企合作协议，约定在学生顶岗实习、教师企业实践、高技能人才培训、老年产业研究等方面开展合作；与北京市地铁运营有限公司签署校企合作协议，共同搭建轨道专业人才培养平台；与北京城市排水集团有限责任公司就国家级高技能人才培训基地公共设施安全技术专业项目建设签署校企合作协议，并为“北京城市排水集团有限责任公司高技能人才培训基地”揭牌；与北京北控伟仕软件工程技术有限公司签署校企战略合作协议，约定在人才培养环境、课程体系、校内外实习实训基地、师资队伍和社会服务等方面开展具体项目合作。此外，学院还与北京建工物业服务公司签约共建学生实习基地；与北京康拓科技有限公司签署楼宇自动控制设备安装与维护专业项目建设校企合作协议；与中国国际商会商业行业商会签署现代服务业领域专业技术人才继续教育合作协议；与亿玛客科技（北京）有限公司签署电子商务专业高技能人才培训校企合作协议。

（刘艳）

北京社会管理职业学院

党委书记 王杰秀（11月免）
邹文升（11月任）
院　　长 邹文升

【概况】 2013年，北京社会管理职业学院占地面积60.39万平方米、产权校舍建筑面积8.97万平方米。全年教育经费投入9985.55万元，其中，国家拨款6911万元、自筹经费3074.55万元。固定资产总值23884.53万元，其中，教学、科研仪器设备总值4501万元。图书馆建筑面积8948平方米，藏有纸质图书21.25万册、电子图书9万册。拥有计算机1075台，多媒体教室座位3494个。学校信息化经费投入640万元，信息化设备资产1662.90万元，网络信息点1000个，校园网出口总带宽320Mbps，电子邮件系统用户329个，上网课程76门，数字资源量4000GB，管理信息系统数据总量150GB。设有河北燕郊和北京大兴两个校区，7个系，开设老年服务与管理、婚庆服务与管理、社区服务与管理等15个专业及专业方向，3个研究中心。教职工320人，其中，专任教师148人，包括教授及教授级高级工程师14人，副教授及高级工程师以上39人；博士23人，硕士161人；"双师型"教师98人。聘请校外教师57人。毕业生893人，全部为高职生。毕业生一次就业率96.30%。招生1243人，其中，高职生1151人、成人教育专科生92人。高考北京地区提档线文科150分、理科180分。在校生3246人，其中，高职生2966人、成人教育专科生280人。网址：www.bcsa.edu.cn。

（张冼）

【成立远程教育中心】 7月，社职院远程教育中心成立。该校依托远程教育中心，与北京奥鹏远程教育公司合作开发全国民政人才远程培训平台。至年底，中心完成养老护理员（初级）远程培训课程开发工作，启动百万养老护理员远程培训工程，开辟民政技能人才培训、鉴定工作新路径。

（张冼）

【两个专业建设项目通过验收】 10月，社职院老年服务与管理专业、社会工作专业通过教育部、财政部"高等职业院校提升专业服务产业发展能力项目"验收。两专业于2011年立项建设，经过建设，有效提升两专业人才培养能力、社会服务水平及民政行业影响力。结项报告经教育部、财政部审核评议后通过验收。

（张冼）

【举办全国养老护理员职业技能竞赛】

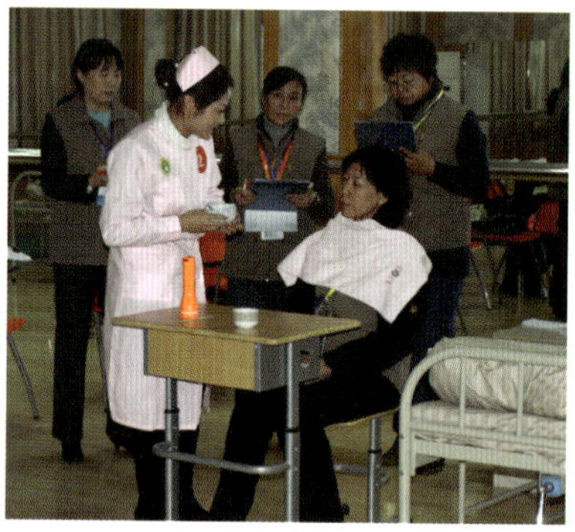

11月，社职院举办第三届全国民政行业职业技能竞赛暨全国第二届养老护理员职业技能竞赛。比赛由民政部、人力社保部主办，来自全国23个省区市代表队91名选手参赛，共产生特等奖3个、一等奖12个、二等奖20个、三等奖20个；6支代表队获得团体成绩奖，北京市获一等奖，广东省、河南省获二等奖。中央电视台、新华社、《人民日报》等10家新闻媒体进行宣传报道。

（张冼）

【完成民政职业技能鉴定19689人次】 至年底，社职院完成民政职业技能鉴定19689人次。该校依托民政部职业技能鉴定指导中心，在全国31个省区市开展11项民政行业职业技能鉴定工作，共鉴定19689人；开展全国性民政职业技能培训基地和鉴定站年检工作，加强民政职业技能培训、鉴定和竞赛工作人员"三支队伍"建设。至年底，全国拥有民政行业职业技能鉴定站158个，鉴定基地104个。自2010年以来，民政职业技能鉴定总人数突破12万。

（张冼）

【举办103期民政干部培训班】 至年底，社职院依托民政部培训中心举办103期民政干部培训班。培训项目主要包括全国民政厅（局）长高级研修班、全国新任民政局长培训班、全国女民政局长高级研修班、陕西省民政系统领导干部培训班、贵州省民政系统新任局长培训班等高端培训班，以及依托福彩公益项目、面向西部地区和基层开展养老服务人员培训、社会工作培训、社会组织负责人培训、社会福利企事业单位服务人才培训、西部城乡社区服务人才培训以及民政职业技能鉴定培训等示范性培训项目等。共有1万人参加学习。

（张冼）

【开展专业建设及科研工作】 至年底，社职院专业建设及科研工作取得显著成绩。该校依托全国民政职业教育教学指导委员会秘书处职能，发起成立老年服务与管理、社会组织管理、现代殡仪技术与管理3个专业教学指导委员会；承担民政部等部门委托课题20项；发表论文、科研报告185篇；编写教材38部，其中，《大腿假肢装配》被评为2013年北京高等教育精品教材；7篇论文获"清明论坛"一、二、三等奖，13篇论文获2013年"民政论坛"奖项；3份课题报告获2013年社会组织管理课题二、三等奖和优秀奖；"面向特殊群体民生服务的专业群综合改革"和"基于教师主体的高职教学质量管理研究"两项课题获批2013年度北京高等学校教育教学改革立项。

（张冼）

北京体育职业学院

党委书记 徐建中
院　　长 徐建中

【概况】 2013年，北京体育职业学院占地面积8万平方米，产权校舍建筑面积 6.55 万平方米。全年教育经费投入 3360 万元，其中，国家拨款 3206 万元，自筹经费 154 万元。固定资产总值 39455 万元，其中，教学、科研仪器设备总值 6640 万元。图书馆建筑面积 300 平方米，藏有纸质图书 14.49 万册、电子图书 48.42 万册。拥有计算机 398 台，多媒体教室座位 904 个。学校信息化经费投入 129.50 万元，信息化设备资产 223 万元，网络信息点 318 个，校园网出口总带宽 100Mbps，电子邮件系统用户 71 个，数字资源量 2421GB，管理信息系统数据总量 8GB。设有院本部、芦城和先农坛 3 个校区，5 个系部，竞技体育、运动训练、社会体育、体育保健和体育服务与管理 5 个专业。教职工 163 人，其中，专任教师 84 人，包括教授及教授级高级工程师 2 人、副高级职称 42 人；硕士 33 人；“双师型”教师 10 人。聘请校外教师 22 人。毕业生 220 人，其中，高职生 73 人、中职生 132 人、成人教育专科生 15 人。毕业生一次就业率 100%，一次签约率 49.30%。招生 217 人，其中，高职生 71 人、中职生 146 人。本年自主招生最低分数线 324 分。在校生 667 人，其中，高职生 196 人、中职生 471 人。网址：www.bjtzhy.org。

（刘静暄）

【校企联合研发运动员职业转型课程】 6 月，北体职院与张贝健身俱乐部合作研发“健身俱乐部经理人”课程。该校针对增强运动员转型就业竞争力的培养目标，社会体育专业贴近市场企业岗位的需求和运动员的特点，与企业共同研讨课程内容，为退役运动员“二次就业”研发职业转型课程。

（刘阳）

【国家体育总局科研课题通过验收】 8 月 27 日，北体职院承担的两项国家体育总局科研课题结题并通过验收。两项课题分别是“优秀运动员职业辅导课程体系构建研究”和“优秀运动员英语教学时效性研究”，于 2011 年 5 月立项研究。“优秀运动员职业辅导课程体系构建研究”课题主要研究退役运动员职业素质培养相关内容，通过研究设立与运动员职业素养相匹配的课程培养体系；“优秀运动员英语教学时效性研究”课题主要研究优秀在役运动员英语课堂教学方法，以及有效提高授课效果的途径。评审专家认为课题研究成果值得推广，同意通过验收。

（李建亚）

【建成现代化录播教室】 8 月，北体职院建成现代化录播教室。该录播教室使用面积 60 平方米，拥有网动多媒体终端、视频和音频捕捉系统等，能够实现一路教师高清视频、一路全景高清视频、一路移动机位的多路视频及音频的同时录制；建立学校优秀/骨干教师课程库，完成学校优质课程的录制；对录制课件进行编辑，并形成可供学生在个人电脑或平板电脑上学习的资料；会议及学术报告的录制和直播，实现局域网、广域网同步直播。

（杨玉玲）

【两个专业建设通过验收】 11 月 15 日，北体职院竞技体育和社会体育两个专业通过市教委“高等职业学校提升专业服务产业发展能力项目”建设评审验收。其中，社会体育专业建设案例被市教委作为典型案例推荐到教育部。两个专业于 2012 年 1 月获批成为高等职业学校提升专业服务产业发展能力项目，经过建设，带动学院专业发展，重构体育职业教育课程体系，加强校内实习实训基地建设，提升师资队伍整体水平。

（解犁）

【校内实习实训基地建成】 12 月，北体职院校内实习实训基地建设完成并投入使用。基地位于丰台区光彩北路 4 号院地下一层，建筑面积 400 平方米，配备有氧训练、力量训练和操课等实习实训设施，可满足竞技体育、运动训练、社会体育、体育保健、体育服务与管理等专业学生实习实训需求，为学院教育教学、运动员职业转型培训以及企业入校联合培养工作奠定基础。

（刘阳）

北京交通运输职业学院

党委书记　李怡民
院　　长　刘小明

【概况】 2013 年，北京交通运输职业学院占地面积 32.64 万平方米，产权校舍建筑面积 17.52 万平方米、非产权校舍建筑面积 0.37 万平方米。全年教育经费投入 17850.90 万元，其中，国家拨款 16806.09 万元、经营收入 967.06 万元、其他收入 77.75 万元。固定资产总值 29157.97 万元，其中，教学、科研仪器设备总值 12564.37 万元。图书馆建筑面积 5882 平方米，藏有纸质图书 37.55 万册、电子图书 470GB。拥有计算机 1301 台，多媒体教室座位 8862 个。学校信息化经费投入 90.13 万元，信息化设备资产 1717.80 万元，网络信息点 3318 个，校园网出口总带宽 60Mbps，电子邮件系统用户 454 个，上网课程 117 门，数字资源量 300GB，管理信息系统数据总量 10000GB。设有海淀西三旗、大兴黄村、通州和劲松等 6 个校区，10 个系室，城市轨道交通运营管理、汽车运用技术、公路运输与管理和道路桥梁工程技术等 12 个专业。教职工 396 人，其中，专任教师 239 人，包括副教授及高级工程师以上 60 人；博士 2 人，硕士 78 人；“双师型”教师 103 人。聘请校外教师 33 人。毕业生 198 人，全部为高职生。招生 1809 人，其中，高职生 1177 人、中职生 632 人（含五年制高职）。高考北京地区提档线文科 150 分、理科 150 分。在校生 5396 人，其中，高职生 2133 人、中职生 3263 人。网址：www.bjjt.edu.cn。

（苑媛）

【15名教师获台湾汇丰教育奖】 3月

5 日，交通运输职院 15 名教师获得台湾汇丰汽车服务有限公司“2012 年度汇丰尚盟教育奖”。15 名教师均从事汽车专业教育教学，且在学院与汇丰公司合作项目中成绩优秀，获得汇丰公司肯定。汇丰公司是台湾最大汽车服务企业，自 2006 年起与学院开展校企合作，并在学院设立“汇丰尚盟教育奖”，每年投入15万元奖励学院教师积极参与教学改革和应用性课题研究。

（苑媛　李黎）

【获评首批教育部PPG示范联合培训中心】　4月1至2日，交通运输职院在2013年度教育部—PPG校企合作项目年会上获评首批“教育部—PPG示范联合培训中心”。全国共5所院校获此称号。美国PPG工业集团庞贝捷漆油贸易（上海）有限公司（PPG公司）于2004年在中国开展校企合作项目，交通运输职院为国内最早与PPG公司合作的职业院校之一；2011年教育部与PPG公司签署校企合作项目协议，正式启动全国首个汽车喷涂类职业教育项目。

（苑媛）

【参加多项技能比赛获奖】　5至9月，交通运输职院参加多项技能比赛并获奖。其中，5月17至19日，在2013年北京市中等职业学校“广达杯”汽车运用与维修技能大赛中获得一等奖7个、二等奖3个；7名教师获得“优秀指导教师”称号，1人获得“优秀工作者”称号，学院获得特殊贡献奖。6月18至21日，3名学生组成北京代表一队参加2013年全国职业院校技能大赛高职组“康尼杯”城市轨道交通运营与维护赛项比赛，以全国第四名的成绩获得二等奖。该项目比赛是国内首次开赛，是轨道交通专业第一次全国性职业技能大赛，共有全国18个省市26支代表队78名选手参赛。9月29至30日，10名选手组队参加2013年北京市中等职业学校“国商杯”物流技术技能大赛，共获得一等奖1个、二等奖2个、三等奖2个。全市15所职业学校137名选手参赛。

（苑媛）

【成为首批专业技术人员继续教育基地】　7月，交通运输职院经市人力社保局批准成为首批市级专业技术人员继续教育基地。学院获得政府引导经费200万元。全市共24所高校提交申请，5所高校入选。交通运输职院主要在轨道交通、路政工程、道路工艺、智能交通、现代物流五个方向开展继续教育培训。

（苑媛）

【首届198名高职生毕业】　7月，交通运输职院首届198名高职生毕业。该批学生全部来自学院城市轨道交通系，于2010年9月入学。所有学生全部实现就业，其中，194人对口就业，对口就业率98%。

（苑媛）

【云南师生赴京学习培训】　9月，交通运输职院面向云南省11个集中连片贫困地区招收的64名学生入学。该批学生主要来自当地中等职业学校、技校、职业高中以及普通高中，包括当地贫困家庭学生56人，彝族、傣族、白族、纳西族、布依族、回族、拉祜族、哈尼族等少数民族学生18人。该批学生入学后就读于汽车运用技术、物流管理、汽车技术服务与营销3个专业，学制3年，学历层次为专科；同时学院免收其学费、住宿费，并通过提供伙食补助等方式解决其生活困难，助其完成学业。此次招生是落实5月北京交通职业教育集团与丽江市人民政府《深化战略合作联合办学协议书》成果之一，根据该协议，自本年起连续三年，北京交通职业教育集团核心校交通运输职院面向云南省开展三年制专科层次招生，每年计划招生100人。11名丽江职业学校教师和管理人员到交通运输职院接受挂职培训。培训为期3个月。

（苑媛）

【首个职业本科课程班开班】　9月30日，交通运输职院与德国德累斯顿工业大学合作办学的首个职业本科课程班开班。该班专业为交通通讯与信息技术，共有学生35人，均从学院9月新入学的城市轨道交通专业学生中通过双向选择产生。职业本科课程班教学采取校企合作、工学结合的人才培养模式，借鉴德国“双元制”模式，由校企联合培养，学生前3年在学院进行理论知识和实践技能学习，利用校企共建的实训企业和企业培训中心进行实践技能训练，完成前3年课程即可获得交通运输职院专科学历；最后一年进入企业顶岗实习，并定期回学校学习，结合岗位生产实践保证学习效果，完成第四年学业可获得相应高校成人教育本科学历以及德累斯顿工业大学颁发的结业证书，并进入企业就业。该班所有专业课程均引自德国德累斯顿工业大学交通类专业，涵盖交通工程、运输机械、信息技术等17个模块，并在中德研究机构、企业、职业院校共同参与下，依据北京交通企业实际需求进行本土化改造；该班所有专业课程授课教师均赴德国德累斯顿工业大学参加培训并获得德累斯顿工业大学颁发的培训合格证书；依据职业能力培养要求，学院开发相应的普通文化课课程模块，供学生选择。

（苑媛）

【推进教育教学改革】　至年底，交通运输职院采取三项措施推进教育教学改革。一在汽车工程专业开展理实一体化教学改革，打破原来汽车理论教学和实习实训教学由不同系室分别实施的现状，将原汽车实训中心并入汽车工程系，打破原来汽车理论教学和实习实训由不同部门分别实施的现状，组建美系、日系、德系3个教学项目组，教师根据特长和意愿进入项目组开展教学工作；二根据专业建设实际需要，将原交通管理教研室、原计算机教研室整合成立交通管理与信息工程系，内设物流管理、公路运输与管理、交通安全与智能控制三个专业项目组；三建立教改实验区，开展大专业体系下的教学改革和全员育人工作，城市轨道交通系、汽车工程系、交通管理与信息工程系、道路与桥梁工程系四系进入首批教改实验区。

（苑媛）

【开展交通行业培训考核工作】　至年底，交通运输职院开展面向交通、公路、房地产行业职业培训、鉴定考核工作。全年共完成各类职业培训13816人次，技能鉴定、考核57586人次。培训和鉴定项目包括营业性普通货物运输驾驶员、道路危险货物运输驾驶员、道路运输危险货物押运员、汽车维修质量检验员、停车管理员、租赁企业管理人员等。

（苑媛）

北京卫生职业学院

党委书记　董维春

【概况】　2013年，北京卫生职业学院占地面积13.35万平方米，产权校舍建筑面积9.38万平方米、非产权校舍建筑面积0.21万平方米。全年教育经费投入21456万元，全部为国家拨款。固定资产总值23278.36万元，其中，教学、科研仪器设备总值10061.78万元。图书馆建筑面积1204平方米，藏有纸质图书36.70万册。拥有计算机2581台，其中，教学用计算机1813台；网络多媒体教室145间。学校网络信息点3196个，校园网出口总带宽60Mbps，电子邮件系统用户1000个，上网课程30门，数字资源量10607.60GB，管理信息系统数据总量110GB。设有三个院区，开设护理、药学和康复治疗技术等7个高职专业，中医护理、卫生信息管理和中医康复保健等11个中职专业。教职工652人，其中，专任教师285人，包括副教授及高级讲师89人；博士2人，硕士57人；“双师型”教师77人。聘请校外教师54人。招生1767人，其中，高职生391人、普通中职生1352人、成人中专全日制学生24人。高考北京地区提档线文科244分、理科256分。在校生7520人，其中，高职生680人、普通中职生6584人、成人中专全日制学生256人。网址：www.bjwszyxy.com。

（邢怡）

【成立首个名师工作室】 5月17日，卫生职院成立“蒋爱品名师工作室”。工作室以教学研究、学术交流为目的，针对教师课堂教学实施开展研究工作。通过对教师说课视频、教学方案文本、教学实施实况视频等资料的采集与整理，以及多元化教学目标的设置、教学内容分析与重构、课堂组织形式安排、学习教学环节设计、教学资源建设、教学文件编写、学习效果与教学实效性评价等方面，开展多种行动导向教学方法应用层面的研究工作。工作室成立之后，蒋爱品采用行动导向教学法召开公开课，传授学习行动导向教学法经验，学院30名教师现场听课学习。

（邢怡）

【开展药剂骨干特色专业及精品课程建设】 6月14日，卫生职院召开药剂骨干特色专业及精品课程建设项目启动会议。会议汇报药剂骨干特色专业及精品课程建设项目内涵，提出依托项目建设实施“1.1.2工程”，即完成一次调研，做好一轮培训，做好实施课改及实训基地建设两个项目；课程建设要实现与课改导向对接、与行业需求对接、与学院规划对接“三个”对接。会议提出“以专业调研为抓手，明确职业岗位和职业能力，突出实现这些能力的培养途径和策略研究”建设思路，为药学专业后续建设工作指明方向。

（邢怡）

【与13家医药企业签约合作】 6月

26日，卫生职院举办药学专业校企合作签约仪式暨永安堂捐资助学仪式。会上，学院与华润医药商业集团、国药物流、华润双鹤、费森尤斯、九州通医药、金象连锁等13家北京知名医药企业签订第一批校企合作协议书。协议内容包括专业课程开发、实训项目开发、师资队伍培养、实训基地建设、学生实习就业等多方面合作。北京永安堂医药连锁公司向学院药学专业实训基地捐赠。

（邢怡）

【首次招收非京籍中专生】 7月29日，卫生职院首次招收非京籍普通中专生。招生根据《北京市人民政府办公厅关于转发市教委等四部门制定的〈进城务工人员随迁子女接受义务教育后在京参加升学考试工作方案〉通知》要求进行。经网上填报、市教委审核等环节，共招生28人。

（邢怡）

【开展新一轮教学改革工作】 9月9日，卫生职院启动新一轮教育教学改革工作。该院提出“以人才培养模式为起点”教育教学改革思路，抓住“教学规范”和“内涵性建设”两条主线，通过“培训、交流、评比和研究”等手段落实。“教学规范”指教学常规常抓不懈：做好制度建设、规范教学环节、落实实验中心岗位职责。“内涵性建设”需要结合学院教学改革来开展：组织各牵头专业开展专业调查研究；落实“以研促教”，积极承担院级课题；通过交流、学习、培训等手段提升教学能力；加强院区间研讨。

（邢怡）

【聘任第一届专职督导员】 9月17日，卫生职院举办第一届专职督导员聘任仪式。共聘任首届专职督导员8人。专职督导员主要工作是对学院教育教学各个环节进行监督、检查、指导，督促、引导教师提高授课水平与授课质量，促进人才培养质量的全面提升。

（邢怡）

【成立首届学术委员会】 10月8日，卫生职院召开首届学术委员会成立仪式暨第一次工作会议。会议解读学术委员会章程。学术委员会是学院最高级别学术机构，负责审议学院学科队伍建设长远规划，审议专业设置及教育教学、科学研究等改革方面重大决策与措施，负责学院科研课题研究管理与指导等工作。

（邢怡）

【成立首批6个专业建设指导委员会】 10月18日，卫生职院成立护理、药学、中药、医学检验技术、医学影像技术、康复治疗技术6个首批专业建设指导委员会。专业建设指导委员会对学院近3年教学改革实施意见和本专业定位与发展、专业人才培养模式、规格要求、途径措施及人才培养合格标准等方面进行研讨、定位，发挥行业专家、教育专家在职业教育发展中的重要作用。

（邢怡）

【举办首届学生文化艺术节】 10至12月，卫生职院举办首届学生文化艺术节。活动以“我的中国梦”为主题，涉及文艺演出、文体比赛、文化讲座三大类20项文化艺术活动，举办“中国梦”演讲比赛、歌舞比赛、大专辩论赛、广播操比赛、书法绘画摄影比赛等学院级别的活动。此外，各院区还结合实际情况，组织开展大量具有院区特色的文艺体育活动。12月27日，举行首届学生文化艺术节汇报演出。

（邢怡）

中等职业教育

【概况】　2013年，北京市共有中等职业学校119所，其中，普通中等专业学校31所，成人中等专业学校11所，职业高中55所，技工学校22所。普通中等专业学校毕业生17002人，招生14029人，在校生56275人；教职工3701人，包括专任教师1995人；占地面积151.40万平方米，学校产权校舍建筑面积88.98万平方米；固定资产总值245164.21万元，其中，教学、实习仪器设备资产72325.42万元。成人中等专业学校毕业生40786人，招生34392人，在校生59871人；教职工572人，包括专任教师313人；占地面积25.43万平方米，学校产权校舍建筑面积14.29万平方米；固定资产总值14001.20万元，其中，教学、实习仪器设备资产3793万元。职业高中毕业生17999人，招生7162人，在校生49255人；教职工7653人，包括专任教师4872人；占地面积271.43万平方米，学校产权校舍建筑面积144.66万平方米；固定资产总值263311.40万元，其中，教学、实习仪器设备资产95743万元。中等职业学校全年面向社会开展各类职业培训800万人次。

（张兰　胡雨）

【新增26个中职专业】　2月8日，市教委同意部分中等职业学校2013年新增专业备案。市教委组织专家评议部分中等职业学校申报的2013年拟招生新专业（技能方向），经研究，同意北京自动化工程学校等18所学校“城市轨道交通信号”等26个专业（技能方向）备案，从2014年起列入招生计划。

（张兰）

【建立职教集团化办学工作机制】　4月7日，市教委印发《关于建立本市职业教育集团化办学工作沟通交流工作机制的通知》。整套机制包括信息工作队伍机制、信息月报机制、工作联席会机制和工作信息集中发布制度。建立机制是为进一步推进职教集团化办学工作，探索创新职教办学体制和模式。

（张兰）

【举办市中职学校技能比赛】　4月，

市教委举办2013年北京市中等职业学校技能比赛暨全国职业院校技能大赛北京地区预赛。比赛设11个专业类别63个比赛项目（其中40项为全国职业院校技能大赛中职组赛项，其他23项为北京市自设赛项），全市57所职业院校2.5万名在校生参加校级比赛，经学校推荐1490名选手参加市级比赛，最终评出一等奖165人、二等奖323人、三等奖470人，评出优秀指导教师139人、优秀工作者20人、特殊贡献奖42个、优秀组织奖14个。同时，从获奖选手中选拔138名中职学生代表北京市参加全国职业院校技能大赛，获得一等奖14个、二等奖34个、三等奖38个。

（吕轮超　禹治斌　李黎）

2013年北京市中等职业学校技能比赛项目及承办学校

农林技术（4项）
　北京市园林学校
建筑工程技术（5项）
　北京城市建设学校
新能源技术（1项）
　北京电子科技职业学院自动化工程学院
电工电子技术（其中2项）
　北京电子科技职业学院自动化工程学院
电工电子技术（其中3项）
　北京市电气工程学校
现代制造技术（7项）
　北京金隅科技学校
机器人技术（1项）
　北京信息职业技术学院
电梯维修技术（1项）
　北京铁路电气化学校
城市轨道交通技术（1项）
　北京铁路电气化学校
汽车运用与维修技术（5项）
　北京交通运输职业学院
计算机应用技术（7项）
　北京市信息管理学校
电子商务技术（1项）
　北京商贸学校
现代物流技术（4项）
　北京市商务科技学校
会计（2项）
　北京市商业学校
酒店服务（2项）
　北京市外事学校
烹饪（4项）
　北京市劲松职业高中
服装设计制作技术（2项）
　北京电子科技职业学院艺术设计学院
模特表演（2项）
　北京国际职业教育学校
职业英语（2项）
　北京市财会学校
美容美发技术（5项）
　北京市实美职业学校
医药卫生技术（2项）
　北京卫生职业技术学院

（胡雨）

【参加全国文明风采竞赛获奖】　4至

10月，市教委组织学生参加全国第十届中等职业学校文明风采竞赛。全市47所学校2万名学生参加活动，共提交作品16020件，选送100件作品参加全国大赛，共72件作品获奖，其中，一等奖6个、二等奖14个、三等奖14个、优秀奖38个。承办全国文明风采竞赛活动十周年颁奖典礼，市教委获“十年成就奖”和“卓越贡献奖”；北京市昌平职业学校、北京市商业学校获“卓越贡献奖”。该竞赛由教育部、中央文明办和中华职业教育社联合主办，包括学校初赛、省级复赛和全国决赛三个阶段。比赛分为征文、设计、摄影、FLASH动漫、展示五大类13项比赛，全国评选出一等奖151个、二等奖315个、三等奖445个、优秀奖3870个，指导教师奖651人，学校组织奖409个，省级复赛组委会贡献奖24个，十年成就奖11个。

（吕轮超　史燕林）

【开展中职学校信息化教学比赛】 7月8至10日，市教委组织开展北京市中等职业学校信息化教学比赛暨全国职业院校信息化教学大赛选拔赛。来自22所学校82名教师参加多媒体教学软件、信息化教学设计和信息化实训教学3个项目现场比赛。经专家组评选，评出一等奖9人、二等奖15人、三等奖23人。同时，选拔9人代表中职参加10月18至21日在南京举行的全国职业院校信息化教学比赛，获得一等奖5个、二等奖3个、三等奖1个。

（项明）

【认定第三批中职学校示范专业】 7月19日，市教委认定2013年北京市中等职业学校示范专业。在学校申报和自评基础上，市教委组织专家对10所中职学校11个专业建设情况进行入校评估，同时对4所学校4个专业进行复评。通过入校现场听课、考察专业实训基地建设使用情况和教学管理工作、召开师生座谈会、听取用人单位意见等方式，最终评估认定北京舞蹈学院附中等13所学校15个专业为第三批北京市中职学校示范专业。

（项明）

第三批北京市中职学校示范专业

北京舞蹈学院附属中等舞蹈学校
　舞蹈表演（中国舞　芭蕾舞）
北京市国际艺术学校
　杂技与魔术表演
中国戏曲学院附属中等戏曲学校
　戏曲表演（京剧表演）
北京市实美职业学校
　美容美发与形象设计
北京市盲人学校
　中医康复保健
延庆县第一职业学校
　汽车运用与维修
北京市求实职业学校
　文秘
　金融事务
大兴区第一职业学校
　动漫游戏
大兴区第二职业学校
　生物技术制药
北京市黄庄职业高中
　旅游服务与管理
　美容美发与形象设计
北京市财会学校
　金融事务
北京国际职业教育学校
　旅游服务与管理
北京商贸学校
　产品质量监督检验（食品质量监督检验）

（胡雨）

【9个中职实训基地建设项目获中央财政支持】 7月，财政部、教育部印发《关于下达2013年职业教育实训基地项目中央专项资金预算的通知》，公布2013年度中央财政支持建设的职业教育实训基地名单。北京市自动化工程学校等9个中等职业学校实训基地建设项目（含技工学校4个）入选。

（龚戈淬）

国家重点中等职业学校

中央音乐学院附属中等音乐学校

【概况】 2013年，中央音乐学院附属中等音乐学校占地面积1.46万平方米，产权校舍建筑面积2.95万平方米。全年教育经费投入3500万元，其中，国家拨款2700万元、改善办学条件专项款800万元。固定资产总值21000万元，其中，教学、科研仪器设备总值5150万元。图书馆建筑面积915平方米，藏有纸质图书1.51万册、电子图书11GB。拥有计算机310台，多媒体教室33间。学校拥有网络信息点500个，校园网出口总带宽7Mbps，数字资源量17GB。开设9个专业，包括钢琴、小提琴和民乐等5个六年制专业。拥有中国少年交响乐团、少年民族管弦乐团、少年室内乐团、少年合唱团和少年管乐团。附属小学是附中六年制中专学历教育之外“学前预科班”，学制3年。教职工135人，其中，专任教师103人，教辅人员32人。专任教师中研究生及以上学历7人，本科及以上学历占教师总数71%；高级专业技术职务9人、中级34人。聘请校外教师154人。毕业生274人。招生174人，其中，京籍学生49人。在校生968人（包括初中部621人、高中部347人），其中，京籍学生127人。网址：fuzhong.ccom.edu.cn。

（伍小沫）

【少年交响乐团与台湾及国外乐团交流演出】 5至11月，中央音乐学院少年交响乐团分别与台湾、美国和韩国乐团交流演出。5月25日至6月4日，少年交响乐团应南台湾交响乐团邀请，赴台北市、台中市、高雄市举办4场正式音乐会，在台南市与台湾大学生乐团合办1场交流演出，还在高雄市和台南市对台湾青少年器乐业余爱好者进行辅导，面对面交流。6月

20日，少年交响乐团与来自美国的普鲁瑟音乐学校弦乐团在中央音乐学院附中音乐厅内举行交流演出。两个乐团分别演出柴可夫斯基《C大调弦乐小夜曲》、莫扎特《月下小夜曲》等作品，两个乐团联袂演出格里格《霍尔堡组曲》。文化部、教育部等相关部门领导，以及中央音乐学院院长、党委书记和附中校长等观看演出。11月4至8日，少年交响乐团应韩国国会外交统一委员会和韩中文化友好协会的邀请，赴韩国进行2场交响音乐演出。

（伍小沫）

【举办首届校友艺术节】 6月4至7日，中央音乐学院附中举办第一届校友艺术节暨交响音乐周。艺术节共举办4场音乐会和1场大师班，在校学生及毕业留校任教的教师积极参加活动。艺术节展示多年来附中校友及附中交响乐团的卓越成就，旨在为中等专业音乐学校乐团建设搭建交流平台，培养和发掘合格的乐队人才。

（伍小沫）

【学生参加多项国际比赛获奖】 8至12月，中央音乐学院附中学生参加多项国际比赛获奖。其中，8月8至16日，圆号专业初二年级学生曾韵获得第八届韩国济州国际铜管比赛圆号专业第二名。也是获得此项比赛奖项年龄最小的选手。曾韵，1999年生于成都，2011年进入中央音乐学院附中学习圆号专业。12月19至22日，在第二届亚洲双簧协会年会暨国际双簧管比赛中，该校双簧管专业两名学生包揽少年组第一、二名，1名学生获得青年组第二名，1名教师获得“最佳指导教师奖”。12月，手风琴专业高三年级学生毛俊潇获得意大利第38届卡斯特费达多国际手风琴比赛青年组第一名。该比赛是国际顶尖级国际手风琴赛事之一，来自20个国家近200名选手参赛。此外，毛俊潇还分别于5月和8月获德国第50届克林根塔尔国际手风琴比赛青年组第一名和加拿大第66届世界杯手风琴锦标赛青年组第二名两项大奖。毛俊潇，1995年生于深圳，2011年进入该校学习手风琴专业。

（伍小沫）

【教师赴美举办音乐会】 10月12日和13日，中央音乐学院附中小提琴副教授刘霄受邀赴美国洛杉矶与南加州爱乐乐团举办两场协奏音乐会。音乐会由美国科罗纳音乐学院、国际时报主办，洛杉矶时报进行前期宣传和后期报道。演奏曲目囊括中外名曲。刘霄，1982年生于湖北荆州，2007年毕业于中央音乐学院，同年进入该校执教。

（伍小沫）

【学生获金钟奖银奖】 11月，中央音乐学院附中学生获得第九届中国音乐金钟奖钢琴与弦乐重奏比赛银奖。该校3名学生组成“Ohrid三重奏组”经过预选赛、复赛、半决赛、决赛四轮角逐，在20组选手中脱颖而出，作为获奖组中年龄最小的一组摘得银奖。该比赛由中国音乐家协会以及中国文学艺术界联合会共同举办，包括钢琴三重奏、钢琴四重奏和钢琴五重奏3种形式。

（伍小沫）

北京市什刹海体育运动学校

【概况】 2013年，北京市什刹海体育运动学校占地面积3.37万平方米，产权校舍建筑面积4.74万平方米、非产权校舍建筑面积1966平方米。全年教育经费投入7901.20万元。固定资产总值20569.18万元（含基建），其中，教学、科研仪器设备总值1701.68万元。图书馆建筑面积136平方米，藏有纸质图书6.46万册。拥有计算机200台，多媒体教室座位150个。学校信息化经费投入54.90万元，网络信息点600个，校园网出口总带宽20Mbps，上网课程1门，数字资源量30GB。开设武术、跆拳道、乒乓球等9个运动项目，8个运动班，6个运动队，另外代管北京击剑队。教职工381人（含一线运动员），其中，专任教练101人、教师21人、教辅人员4人。专任教师教练中具有研究生学历11人，本科及以上学历占教师总数100%；副高级专业技术职务26人、中级50人。聘请校外教师7人。运动班向一线运动队输送运动员3人。在校生714人，运动员年龄6至30岁。网址：www.bjschtx.com。

（严丽芬）

【调整课程设置方案】 3月，什刹海体校调整课程设置方案。该校将北京一线队以外班级的文化学习周学时数由20学时调整为25学时，北京一线队班级由12学时调整为14学时，每节课时间由45分钟调整为40分钟。调整后，北京一线队以外班级的周总学时数增加54学时，主要分摊到语文、数学、英语3门课程上。此次调整是根据国家体育总局后备人才基地评估条目中关于体校学生“每周文化课学时数不少于24学时”规定而做出的。

（严丽芬）

【获得一项亚洲冠军】 4月21日，什刹海体校运动员获得一项亚洲比赛冠军。该校北京羽毛球队运动员杜鹏宇在亚洲羽毛球锦标赛中获得男子单打冠军，这是杜鹏宇收获的个人第一个亚锦赛男单冠军。杜鹏宇，1988年1月生于河北，2002年到什刹海体校学习羽毛球专业，2005年入选北京羽毛球队。

（严丽芬）

【开展五四主题团日活动】 5月4日，

什刹海体校在平谷训练基地开展“拓展青春，助力中国梦”五四主题共青团日活动。活动将参加者分成黄蓝两队进行队旗、队形、队歌展示，开展高空挑战、众志成城、穿越黑洞、超

音速和履带列车五项集体对抗拓展活动，率先完成项目的团队记一分，最终分数高者为胜。活动所设比赛项目均需要参赛者开动脑筋，积极沟通，集体协作才能完成，旨在锻炼参赛者团队意识，沟通能力，增进彼此感情。42 名教师和学生参加活动。

（严丽芬）

【获得两项世界冠军】 5 月 26 日和 11 月 5 日，什刹海体校运动员获得两项世界冠军。5 月北京羽毛球队运动员张楠、杜鹏宇作为国家羽毛球队队员与其队友夺得第 13 届苏迪曼杯羽毛球赛男女混合团体冠军。11 月北京武术队运动员王曦在第 12 届世界武术锦标赛中夺得男子长拳冠军。王曦，1989 年生于福建，2008 年进入什刹海体校训练。

（严丽芬）

【与史家胡同小学合办高尔夫夏令营】 7 月 15 日至 8 月 3 日，什刹海体校与史家胡同小学联合举办高尔夫培训夏令营。夏令营在哈尔滨太阳岛高尔夫国际俱乐部举办，旨在提高教练员执教水平和学员球技，拓宽高尔夫人才培养渠道。共有 26 名学员参加，活动设置军训、高尔夫英语、高尔夫球技、高尔夫比赛、旅游观光等内容。

（严丽芬）

【获评全国体育系统先进集体称号】 8 月 22 日，什刹海体校被授予“全国体育系统先进集体”称号。该评选由人力社保部、国家体育总局组织，旨在表彰近年来在建设体育强国奋斗目标，全面推进各项体育工作中做出突出贡献的先进人物和先进集体，激发全国体育系统广大干部职工积极性和创造性。共有 70 个单位被授予“全国体育系统先进集体”称号。该校由于在奥运会、全运会等各级各类比赛中所取得优异成绩，在体教结合方面不断摸索出新方式，在现代体校管理制度创新及体育产业开发等方面做出突出贡献而获奖。

（严丽芬）

【获全运会 4 枚金牌】 8 月 31 日至 9 月 12 日，什刹海体校运动员在第 12 届全国运动会中夺得 4 枚金牌。分别是跆拳道男子 80 公斤冠军、跆拳道男子 68 公斤级冠军、拳击男子 75 公斤级冠军和武术套路男子全能冠军。全运会是国内水平最高、规模最大的综合性运动会，每 4 年举办一次，比赛项目设置除武术外基本与奥运会相同，其原意是为国家的奥运战略锻炼新人，选拔人才。

（严丽芬）

【获得 9 项全国比赛冠军】 至年底，什刹海体校北京队专业运动员在全国比赛中共获得 9 枚金牌。包括全国跆拳道冠军赛男子 63 公斤级、87 公斤级冠军，女子 46 公斤级、53 公斤级冠军，女子团体冠军；全国男子散打冠军赛 85 公斤级冠军；全国武术套路冠军赛男子太极拳冠军；全国羽毛球青年锦标赛女子单打冠军和混合双打冠军。

（严丽芬）

北京市商务科技学校

【概况】 2013 年，北京市商务科技学校占地面积 4.81 万平方米，产权校舍建筑面积 3.79 万平方米、非产权校舍建筑面积 1.34 万平方米。全年教育经费投入 4186 万元，其中，国家拨款 3759 万元、自筹经费 427 万元。固定资产总值 10740 万元，其中，教学、科研仪器设备总值 4280 万元。拥有计算机 1172 台，多媒体教室座位 2815 个。图书馆建筑面积 680 平方米，藏有纸质图书 12.78 万册、电子图书 11.54 万册。学校网络信息点 1298 个，校园网出口总带宽 20Mbps，上网课程数 4 门，数字资源量 160GB。设有右安门、富河园和徐辛庄等 4 个校区，5 个系部，开设物流服务与管理、服装设计与工艺、会计等 12 个专业和 11 个专门化方向，38 个教学班。教职工 139 人，其中，专任教师 70 人、教辅人员 14 人。专任教师中具有研究生学历 17 人，本科及以上学历占教师总数 100%；高级专业技术职务 29 人、中级 34 人；“双师型”教师 38 人。毕业生 247 人，毕业生就业率 100%，职业资格证书取证率 100%。招生 116 人，其中，京籍学生 116 人。全日制在校生 958 人（包括成人中专学生 152 人），其中，京籍学生 806 人。网址：www.swkj.org.cn。

（黄汉周）

【开展学生行为养成教育主题月活动】 3 月 18 日至 4 月 30 日，商务科技学校开展学生行为养成主题教育月活动。活动针对学校 3 个校区学生的实际，以学生行为养成“八做到”体系为抓手，分校区各有侧重地开展不同主题的学生行为养成教育活动。其中，富河园校区以“养成良好行为习惯，树立文明向上新风”为主题，侧重学生基本行为养成和强化；右安门校区以“养成良好行为习惯，文明礼仪伴我成长”为主题，重点强化学生日常行为习惯的养成；徐辛庄校区以“养成良好行为习惯，职业规范促我发展”为主题，重点开展学生职业行为养成教育活动。

（黄汉周）

【校企联合制作《物流三人行》节目】 3 月，商务科技学校与北京络捷斯特科技发展有限公司合作录制《物流三人行》节目。该校物流服务与管理专业、影像与影视技术专业、数字媒体技术应用专业等多个专业参与节目制作。至 12 月，该节目在学校影视技术实训中心共录制 32 期，其中，访谈节目 30 期、讲座节目 2 期。《物流三人行》涵盖物流行业介绍、物流人才培养、物流企业运营、管理与发展战略、物流园区发展战略、跨境电子商务等方面内容。

（魏海燕）

【学生竞赛续创佳绩】 3 至 9 月，商务科技学校参加北京市中等职业学校技能比赛继续创佳绩。在北京市物流、会计、服装、计算机等专业选拔赛中，该校学生获一等奖 6 个、二等奖 7 个、三等奖 6 个，其中，物流技术技能比赛成绩位列参赛学校首位，会计专业连续 3 年、服装专业连续 2 年获得一等奖。5 月，该校蝉联北京市中职学校数学知识竞赛第一名。

（黄汉周）

【校企合作开展会计业务现场培训】 9 月 4 至 6 日，商务科技学校会计专业与华润万家有限公司合作开展会计业务现场培训。培训在公司工作现场进行，华润万家有限公司部门经理、培训讲师结合财务、收银、服务等会计工作相关岗位具体情况对学生进行培训，主要包括门店与部门架构、财务管理与制度介绍和门店收银操作流程、门店收银结算操作规范等内容。学校2011级会计专业65名学生参加培训。

（王家申）

【承担物流运输实训课程设计与开发培训】　11月13日至12月20日，

商务科技学校承担全国职业院校物流运输项目实训课程设计与开发培训工作。该项工作受中国物流与采购联合会、全国物流职业教育教学指导委员会委托承办，学校就物流运输作业岗位序列设置和相应岗位能力要求，以及“运输作业”课程基本结构、主要内容及课时分配等方面内容进行确定。至年底，学校连续承办3期全国职业院校物流运输作业实训课程设计与开发培训，全国49所职业院校73名教师参加培训。

（黄汉周）

北京水利水电学校

【概况】　2013年，北京水利水电学校占地面积3.90万平方米，产权校舍建筑面积2.60万平方米、非产权校舍建筑面积0.30万平方米。全年教育经费投入4267.16万元，全部为国家拨款。固定资产总值5815.40万元，其中，教学、科研仪器设备总值2653.40万元。图书馆建筑面积3242平方米，藏有纸质图书11万册。拥有计算机454台，多媒体教室座位1440个。学校信息化经费投入25.69万元，网络信息点481个，校园网出口总带宽100Mbps，数字资源量200GB。设有5个系部，开设水利水电工程施工、工业与民用建筑和机电技术应用等16个专业，37个教学班。教职工153人，其中，专任教师89人、教辅人员12人。专任教师中具有研究生学历18人，本科及以上学历占教师总数100%；高级专业技术职务36人、中级48人；“双师型”教师37人。聘请校外教师7人。毕业生410人，就业率95.20%，职业资格证书取证率74.56%。招生253人，其中，京籍学生253人。在校生1351人，其中，京籍学生1328人。网址：www.slsdschool.org。

（刘京丽）

【3个专业获批成人招生资格】　5月，市教委批准水电学校建筑工程施工、机电技术应用、计算机应用3个专业的成人招生资格。建筑工程施工专业学制四年，培养目标是培养建筑工程施工的操作与管理人员，毕业生主要面向建筑行业和建设类企业。机电技术应用专业学制四年，培养目标是培养机电技术应用的操作人员与机电产品营销人员，毕业生主要面向制造类企业。计算机应用专业学制三年，培养目标是培养从事计算机及相关设备的调试、使用、维护、管理、销售的工作人员，毕业生主要面向应用计算机技术的相关企事业单位。

（刘京丽）

【庆祝建校60周年】　9月，水电学

校庆祝建校60周年。学校举办庆祝建校60周年“百本好书推荐，百部优秀影片赏析”“青春唱响中国梦”“民族艺术进校园”和“最美校园摄影比赛”等系列活动。同时，在教职工中开展纪念建校60周年征文、绘画、摄影、书法系列主题活动，并以电子影集形式留存学校60年间改革发展前行中的点滴印迹，集中展现和总结学校建校60年来教育教学成果和卓越风采。水电学校创建于1953年，归属市水务局领导，市教委业务指导，北京市唯一水务类中职学校，国家级重点校、市职教先进单位、首都文明单位、全国水利中职示范学校。学校坚持以中职学历教育为主体，成人学历继续教育和职业培训并举，“一体两翼”共同发展的办学思路。建校60年来，培养上万名水利专业人才。

（刘京丽）

【两人获全国水利职教先进】　12月27日，水电学校两名教师分获第二届全国水利职教名师和全国水利职教教学新星称号。该评选由中国水利教育协会主办，各职业院校经过校内认真遴选推荐，33所中高职院校共报送85名候选教师。经学校推荐、职教分会初审、专家组评审、职教协会复审等环节，评出全国水利职教名师32人、全国水利职教教学新星22人。

（刘京丽）

北京城市建设学校

【概况】　2013年，北京城市建设学校占地面积2.91万平方米，产权校舍建筑面积2.28万平方米。全年教育经费投入3661万元，其中，国家拨款2803.10万元、自筹经费857.90万元。固定资产总值2720.63万元，其中，教学、科研仪器设备总值2055.54万元。图书馆建筑面积450平方米，藏有纸质图书4.60万册。拥有计算机442台，多媒体教室座位230个。学校信息化经费投入135.09万元，网络信息点225个，校园网出口总带宽40Mbps，数字资源量100GB。全日制中专开设9个专业，39个教学班；成人大专开设7个专业；成人中专开设7个专业。教职工112人，其中，专任教师74人、教辅人员9人。专任教师中具有研究生学历19人，本科及以上学历占教师总数100%；高级专业技术职务24人、中级43人；“双师型”教师28人。聘请校外教师39人。毕业生524人，其中，全日制中专生278人、成人大专生141人、成人中专生56人、北京电大市建职大工作站49人。毕业生就业率100%，职业资格证书取证率90%。招生547人，其中，全日制中专生285人、成人大专生217人、成人中专生45人；包括京籍学生547人。在校生2710人，其中，全日制中专生1139人、成人大专生823人、成人中专生328人、北京电大市建职大工作站420人；包括京籍学生2710人。全年为市建筑行业从业人员岗位培训、技能鉴定考核共计5000人次。网址：www.bccs.cn。

（周晓凌）

【举办旅游专业展览及汇报会】 5月7日和6月27日，城建学校分别举办旅游专业展览和专业汇报会。旅游专业展览包括“我们的家”“不同的我们同样的梦——技能大赛各展风采”“旅游之旅——外出景点参观学习”和“千锤万凿出深山——项目营销推广活动”等八部分内容。专业汇报会主要听取学生专业实习实践的收获与体会。通过学生专业展览、汇报及才艺展示展现校企合作业绩。该校自2011年6月与北旅国际旅行社签订校企合作协议招收第一届旅游服务与管理专业学生，校企双方就旅游专业业务学习、技能实践、顶岗实习、就业等多方面开展深度合作，学生职业技能及素养得到良好培养。

（周晓凌）

【设立技能竞赛日】 12月6日，城建学校在每年12月技能竞赛月基础上，设立技能竞赛日。竞赛日主要开展学生基本技能与专业技能竞赛等活动。本年50%的学生参加13项技能竞赛，200人次获奖。该校重视技能竞赛工作，连续4年承办北京市建筑工程技术技能比赛，还制定学校《学生职业技能竞赛管理办法》，建立技能竞赛长效机制，积极开展校内技能竞赛，组织学生参加北京市及全国各类文体竞赛和技能竞赛活动。学生在北京市及全国技能竞赛中取得较好成绩，特别是2012和2013年北京市中等职业学校建筑工程技术技能比赛，该校学生包揽5个赛项的全部冠军，取得近年比赛的最好成绩。

（周晓凌）

【举办首届学生汉字听写大赛】 12月17日，城建学校举办首届学生汉字听写大赛。比赛针对越来越多的人使用键盘书写，手写汉字能力下降的现实举办。比赛采取现场听写词语的方式开展，共167名学生报名参加，经过现场打分，2人获得一等奖、7人获得二等奖、29人获得三等奖。

（周晓凌）

【完成各类培训及鉴定5000人次】 至年底，城建学校完成各级各类培训、岗位技能鉴定共5000人次。包括北京市建设行业从业人员施工员、质检员和安全员等培训，以及测量放线工、建材试验工等技能鉴定，被北京市建设教育协会评为2013年北京市建设类培训机构综合办学水平评估优秀单位。

（周晓凌）

北京市自动化工程学校

【概况】 2013年，北京市自动化工程学校占地面积3.76万平方米，产权校舍建筑面积2.26万平方米。全年教育经费投入12337万元，其中，国家拨款12152万元、自筹经费185万元。固定资产总值9490万元，其中，教学、科研仪器设备总值7000万元。图书馆建筑面积500平方米，藏有纸质图书6万册、电子图书10万册。拥有计算机654台，多媒体教室座位1500个。学校信息化经费投入240万元，网络信息点490个，校园网出口总带宽20Mbps，数字资源量1556.50GB。设有30个实训教室和实验室；建有综合实训楼，包括数控实训基地、模具实训基地、城市轨道交通运营实训基地、塑料成型工艺车间和普通机加工车间，4个专业教研室，开设数控技术应用、计算机及应用和城市轨道交通运营管理等18个专业（包括常年招生专业6个），62个教学班。教职工141人，其中，专任教师86人、教辅人员13人。专任教师中具有研究生学历12人，本科及以上学历占教师总数100%；高级专业技术职务24人、中级37人；“双师型”教师30人。聘请校外教师30人。毕业生184人，就业率96%，职业资格证书取证率86%。招生706人，其中，京籍学生265人。在校生2605人，其中，京籍学生892人。网址：www.zdhschool.com.cn。

（李季）

【举办电加工技能培训班】 3月3日，自动化学校在实训基地举办模具设计与制造专业电加工技能培训班。培训由北京市职业院校加工制造类专业教师培训基地（北京电子科技学院）主办，为期一周，采取讲练结合的形式，包括电加工技术在模具制造中的应用、放电加工基础知识讲座、电火花成型机和高速走丝线切割技能训练等内容，来自10所中高职院校32名教师参加培训。自动化学校模具设计与制造专业创办于1983年，具备丰富的教学经验和教育资源，且培养一大批技术人才。

（王丽娟）

【举办城管开放日活动】 9月25日，

自动化学校与奥运村城管执法大队举办城管开放日活动。该校11名团员青年参加活动，跟随奥运村城管执法大队工作人员一起到地铁口感受其工作状态，向市民发放宣传材料，真正体验城管执法者工作。

（王磊）

【校企合作开办轨道交通信号订单班】 10月10日，自动化学校与北京地铁通号公司合作开办轨道交通信号订单班。该校各专业2011级学生140人参加地铁通号公司笔试、面试，40人经考核合格进入2011级轨道交通专业信号订单班学习。合作授课时长一个月，每周8课时，由公司选派10名优秀工程师为学生讲授城市轨道交通信号概论、通信概论、轨道电路、信号设备维护等贴近轨道交通信号专业实际工作内容的相关课程。

（李芳）

【建立党员、中层干部联系学生班级制度】 至年底，自动化学校建立党员、中层干部联系学生班级制度。学校党员、中层干部联系班级的基本任务是深入细致做好学生思想政治教育工作，及时解决学生在学习和生活中的问题与困难；全面了解掌握学生思想、学习和生活情况，及时向学校、相关职能部门反馈联系班级情况，提出加强和改进学生工作的意见和建议；每月能与学生座谈或个别谈心，经常检查学生宿舍、学生自习；定期与班主任沟通，总体把握学生学习、思想、日常生活等情况；定期相互通报情况，总结推广好的经验与做法。建立该制度是为充分发挥党组织核心辐射作用，增强党员、干部先锋模范作用，进一步加强学生思想教育工作，帮助学生解决各种实际问题，促进学生综合素质提高。

（狄青）

北京金隅科技学校

【概况】 2013年，北京金隅科技学校占地面积11.20万平方米，产权校舍建筑面积10.07万平方米。全年教育经费投入11211.80万元，其中，国家拨款10520.40万元，自筹经费691.40万元。固定资产总值23150.14万元，其中，教学、科研仪器设备总值9337.11万元。图书馆建筑面积2082.94平方米，藏有纸质图书17万册、电子图书6万册。拥有计算机1430台，多媒体教室座位4200个。学校信息化经费投入968.97万元，网络信息点1970个，校园网出口总带宽60Mbps，上网课程22门，数字资源量8000GB。设有东、西两个校区，机械与电气工程系、材料与建筑工程系、信息与管理工程系和基础教学部三系一部，开设数控技术应用、楼宇智能化和建筑工程施工等23个专业，123个教学班。教职工309人，其中，专任教师158人、教辅人员24人。专任教师中具有研究生学历32人，本科及以上学历占教师总数100%；高级专业技术职务66人、中级65人；“双师型”教师117人。聘请校外教师51人。毕业生742人，就业率98%，职业资格证书取证率100%。招生537人，其中，京籍学生120人。在校生3683人，其中，京籍学生574人。网址：www.bjjyp.org.cn。

（刘波）

【召开第一次党代会】 5月19日，

金隅学校召开第一次党员代表大会。这是自2009年学校更名和2010年学校、集团党校成立区域性党委后召开首次党代会。大会代表由80名党员组成。会议审查党委、纪委工作报告，选举产生新一届党委、纪委委员。会议从“全面深化各项改革、全面推进党建创新”两个方面12项重点内容，对上届党代会以来学校各项工作进行全面系统总结和回顾；对未来四年工作指出方向。

（刘波　张涛）

【学分银行项目通过评估】 6月19日，金隅学校“学分银行”项目通过教学评估。市教委专家组和北京市总工会职工大学主管领导参加评估，该校从“办学资质、教学场所、人员配备”等7个方面就校企合作共同开展“学分银行”项目情况进行汇报，经过专家组对项目实施细则、开展情况、材料准备、汇报提纲和文件完善等方面的审查，一致同意该项目通过评估。

（刘波）

【组织召开建材行业北京职教集团年会】 6月20至22日，金隅学校组织召开建材行业北京职教集团2013年年会。该年会是建材行业北京职教集团首届年会，39家理事单位和10家新成员单位领导以及职教集团理事会顾问团成员参加会议。会议注重集团成员之间经验交流和推广，旨在进一步推动校企、校校、企企之间合作项目，深入推进多方互利共赢的新局面。建材行业北京职教集团在金隅学校牵头下自成立以来，各会员单位之间加强合作，学校为企业提供员工培训和订单培养，企业为职业院校提供师生实习实训等服务，共同为职教集团的发展拓宽合作领域，实现企业和职业院校共赢发展的目标。

（刘波）

【国家中职示范校建设获市级通过】 8月7日，金隅学校国家中等职业教育改革发展示范校建设通过市教委评估验收。两年来，学校通过示范校建设，以数控技术应用、硅酸盐工艺与工业控制、楼宇智能化设备安装与运行三个重点建设专业和内部管理机制创新、社会服务能力两个特色项目建设，带动和辐射全校教育教学和管理各项工作，创新形成以校企合作为特征的“学岗直通”人才培养模式，构建以“岗”为中心的专业课程体系，建设具有专兼结合的“双师型”教学团队，探索以集团化办学为主要特征的校企合作长效机制，创建全员绩效管理体系，学校办学条件明显改善，信息化水平显著提高，社会服务能力进一步增强，教育教学质量稳步提高，示范校建设为学校今后发展开创更好的局面。

（刘波）

【金隅教育培训基地揭牌】 10月22日，北京金隅集团和金隅学校、金隅党校举行“金隅教育培训基地”揭牌仪式。基地设在金隅学校，这是金隅学校利用教学资源优势，结合金隅集团“调结构，促转型”建设学习型企业的发展背景，充分整合校企优势资源，推进学校专业化发展和更好地服务企业的又一重要举措。成为金隅集团教育培训基地后，学校将重点从“师资、课程、教材、协作”四个方面突出体系建设；加强师资队伍建设，建立专兼职教师队伍，推行教师和企业技术人员双向挂职，实现校企互通互融和优势资源共享；对接企业岗位需求，进行专业建设和课程体系建设，拓展培训内容，进行培训项目的延伸，开发适应企业岗位需求的教材，通过校企深度融合，形成完整的培训体系，进一步提高教育培训基地的综合实力。

（刘波）

北京市园林学校

【概况】 2013年，北京市园林学校占地面积7.49万平方米，产权校舍建筑面积2.38万平方米。全年教育经费投入3597.84万元，其中，国家拨款3111.35万元、自筹经费486.49万元。固定资产总值10919.59万元，其中，教学、科研仪器设备总值1658.29万元。图书馆建筑面积1271.70平方米，藏有纸质图书4.20万册、电子图书7万册。拥有计算机506台，多媒体教室座位762个。学校信息化经费投入40万元，网络信息点941个，校园网出口总带宽30Mbps，上网课程1门，数字资源量230GB。设有房山区良乡镇和东城区天坛路两个校区，开设园林技术、宠物养护与经营和景区服务与管理等8个专业，20个教学班。教职工104人，其中，专任教师56人、教辅人员12人。专任教师中具有研究生学历11人，本科及以上学历占教师总数98%；高级专业技术职务17人、中级23人；“双师型”教师37人。聘请校外教师12人。毕业生237人，就业率95.26%，职业资格证书取证率84.5%。招生144人，其中，京籍学生120人。在校生631人，其中，京籍学生534人。网址：www.bjlas.cn。

（赵乐乐）

【测绘天坛公园准古树】 3月25日至7月5日，园林学校师生测绘天坛公园准古树。该校3名教师带领实习学生，运用全球定位实时动态测量系统（GPS-RTK）测量技术作为主要施测方法，完成天坛公园2516株准古树的平面坐标数据采集与数字化图纸的标绘，为天坛公园古树保护数字化管理提供技术支持和服务。

（赵乐乐）

【完善校园基础设施建设】 4至5月，园林学校完善校园基础设施建设。该校投资4.15万元，在体育场南侧安装电动国旗杆一根；投资39.50万元，在实验楼前新装7.5mx3.5m的P10全彩LED显示屏一块。

（赵乐乐）

【举办教师教学基本功大赛】 5月14日、6月22日和12月13日，园林学校分别举办教师教案设计和多媒体课件比赛、信息化教学比赛以及说课比赛。该校专兼职教师共112人次参加比赛，聘请12名教育及行业专家担任评委，共评出一等奖12个、二等奖18个、三等奖24个。

（赵乐乐）

【举办文化周展示活动】 10月14至

19日，园林学校在中国园林博物馆举办文化周展示活动。活动围绕“美丽校园、美丽园林”主题，举办展览展示和互动体验等活动，呈现学校特色职业教育办学理念、优质教育教学成果及国家级示范校建设成果。文化周突出学校教育教学特色、植物与昆虫教学标本、叶画作品和山水盆景4个展示，以及北京常见植物与昆虫识别、叶画制作、小花束及软石盆景制作3个互动活动。

（赵乐乐　张宇）

【为行业开展培训鉴定】 至年底，园林学校为行业开展培训鉴定工作。内容包括承办中国园林博物馆讲解员培训、市公园管理中心园林绿化与服务管理科队长培训、北京市花卉园艺师（技师、高级技师）研修班等。全年共举办各类培训班19期，培训园林绿化行业从业人员7271人次，组织职业技能鉴定考试19次，考核1502人次。

（赵乐乐）

北京市商业学校

【概况】 2013年，北京市商业学校占地面积184.40万平方米，产权校舍建筑面积10万平方米、非产权校舍建筑面积500平方米。全年教育经费投入9944.75万元，其中，国家拨款8321.74万元、自筹经费1623.01万元。固定资产总值23602万元，其中，教学、科研仪器设备总值6838万元。图书馆建筑面积3620平方米，藏有纸质图书11.80万册、电子图书5.15万册。拥有计算机2872台，多媒体教室座位2585个。学校信息化经费投入342.80万元，网络信息点3100个，校园网出口总带宽100Mbps，上网课程48门，数字资源量25489GB。设有本校区、东校区、西校区和红桥校区4个校区，8个系部，开设会计、珠宝玉石加工与营销、眼视光与配镜、物流服务与管理等21个专业，113个教学班。教职工300人，其中，专任教师219人、教辅人员18人。专任教师中具有硕士学历91人，本科及以上学历占教师总数99%；高级专业技术职务50人、中级104人；“双师型”教师153人。聘请校外教师77人。毕业生1027人，就业率99%，职业资格证书取证率100%。招生1221人，其中，京籍学生670人。在校生4958人，其中，京籍学生3623人。网址：www.bjsx.com.cn。

（徐敏）

【企业大师工作室成立】 4月26日，

商业学校为企业大师工作室授牌。商业学校为中国工艺美术大师、国家首批非物质文化遗产传承人王树文，北京大明眼镜股份有限公司高级技师秦英瑞，北京红都集团公司高级技师高黎明，北京祥龙博瑞汽车服务集团总工程师魏俊强和北京祥龙物流有限公司总工程师魏振民5名企业大师授牌。企业大师工作室是职业技能人才培养的创新和举措，承担产教融合、校企合作、协同育人和职业教育技术技能积累、传承与创新的职责；企业大师发挥名师带徒作用，通过带领、指导师生参与生产项目，使学生在做中学、学中做，提升技术技能水平和职业素养。

（徐敏）

【实施综合配套改革】 10月，商业学校实施综合配套改革。该校在祥龙公司重组祥龙职教集团和成立祥龙企业大学的背景下，经过前期充分调研论证，在科学设计基础上，实施综合配套改革，进一步改革分配体系，完善联动高效、充满活力的竞争激励机制。通过建立科学的组织机构、明确的岗位职责、完善的薪酬福利体系和公平的考核、评价、激励机制以及完善的综合配套改革相关制度，实现教育资源合理配置和教职工队伍结构优化。至年底，学校分层推进新一轮全员聘用聘任工作，更好地适应祥龙公司教育资源整合、建设祥龙（首都现代服务业）职教集团任务的需要。

（徐敏）

【保山分校挂牌成立】 11月12日，

商业学校保山分校在云南省保山市挂牌成立。商业学校与保山市隆阳区职业技术学校、施甸县职业高级中学、龙陵县职业高级中学、昌宁县职业技术学校联合招生，开办旅游服务与管理、珠宝玉石加工与营销、物流服务与管理3个专业，四校招生总人数173人。学生除享受云南省中职学生优惠政策外，同时享受北京市职业教育优惠政策。

（徐敏）

【完成首批国家中职示范校建设任务】 至年底，商业学校通过国家首批中等职业教育改革发展示范校建设项目终期北京市、教育部等三部委两级检查验收工作。专家组对该校5个重点建设专业和2个特色项目建设成果给予肯定。12月23至24日，该校作为唯一学校代表在中等职业教育改革发展示范学校建设现场交流会开幕式上发言，教育部领导对该校示范校建设成果给予肯定，认为该校示范校建设特色鲜明、成果突出，成效显著。此外，学校积极发挥示范校建设成果辐射示范作用，2013年共接待各级各类学校300所2000人次。

（徐敏）

北京铁路电气化学校

【概况】 2013年，北京铁路电气化学校占地面积14.06万平方米，产权校舍建筑面积14.06万平方米。全年教育经费投入13183.90万元，其中，国家拨款11289.50万元、自筹经费1894.40万元。固定资产总值10112.96万元。图书馆建筑面积1960平方米，藏有纸质图书17.64万册、电子图书8.14万册。拥有计算机909台，多媒体教室座位9435个。学校信息化经费投入320元，网络信息点1533个，校园网出口总带宽100mbps，上网课程49门，数字资源量3.50TB。开设电力机车运用与检修、电气化铁道供电、铁道工程等14个专业，123个教学班。教职工218人，其中，专任教师144人、教辅人员7人。专任教师中具有研究生学历26人，本科及以上学历占教师总数90.90%；高级专业技术职务40人、中级68人；“双师型”教师82人。聘请校外教师19人。毕业生1226人，就业率98.53%，职业资格证书取证率97.40%。招生1447人。在校生5738人。网址：www.jtdx.com.cn。

（朱春然）

【与地铁公司合作加强师资队伍建设】 5月31日，京铁电校与市地铁运营有限公司及其下属9家分公司召开校企合作师资队伍建设专题工作会。会议为首批291名企业兼职教师颁发聘书。会后召开专题研讨会，围绕工学结合运行机制、订单班工学结合专题建设、专业核心课程设置及教学内容安排等内容，本着“共建共享，互惠共赢”原则交流研讨。人民网以“校企合作展中职示范共建共享创互惠双赢”为标题实时报道此次会议。2006年以来，学校与北京地铁公司开展全方位深度合作，在订单式人才培养模式改革、专业建设、课程改革、师资队伍建设、企业员工培训等方面取得丰硕成果，累计订单培养六个专业1500名毕业生，在校订单班达到37个1600名学生。

（朱春然）

【示范校建设通过验收】 8月9日，京铁电校通过国家中等职业教育发展改革示范校建设省级验收。“国家中等职业教育发展改革示范学校建设”北京市检查验收专家组对该校两年的示范校建设成效进行省级验收，通过示范校专题建设网站审核建设成果，对该校人才培养模式与课程体系建设、师资队伍建设、校企合作建设、特色项目建设等各个方面进行具体评价，并提出进一步完善修改的建议。该校通过两年示范校建设，坚持“深度对接、改革创新、创建特色、提高质量”建设思路，贯彻“校企合作、工学结合”工作主线，创新项目管理组织机制，构建四阶段递进式人才培养模式，实现“两个基地、一个中心、一个窗口”建设总目标。

（朱春然）

【举办电梯维修工取证培训班】 11月29日，京铁电校举办电梯维修工等级取证培训班。该培训由电气运行与控制专业教师培训基地组织，聘请国内著名电梯专家作为主讲人并指导教师培训课程。10所职业院校近50名教师参加培训。

（朱春然）

北京商贸学校

【概况】 2013年，北京商贸学校占地面积9.51万平方米，产权校舍建筑面积7.95万平方米。全年教育经费投入7370万元，包括国家拨款6905万元、自筹经费444万元。固定资产总值22763万元，其中，教学、科研仪器设备总值12914万元。图书馆建筑面积3652平方米，藏有纸质图书8.38万册、电子图书22.27万册。拥有计算机2986台，多媒体教室座位9807个。学校信息化经费投入600万元，网络信息点598个，校园网出口总带宽20Mbps，数字资源量19TB。设有4个系部，开设金融事务、与管理和食品检测等14个专业，83个教学班。教职工198人，其中，专任教师85人、教辅人员34人。专任教师中具有研究生学历39人，本科及以上学历占教师总数100%；高级专业技术职务35人、中级88人；“双师型”教师52人。聘请校外教师30人。毕业生700人，就业率100%，学生技能鉴定取证率98%以上。招生450人。在校生1950人。网址：www.bjsmxx.com.cn。

（刘杰）

【与丰台检察院法制共建】　3月14日，商贸学校举行与丰台区检察院法制共建签约仪式。双方约定通过法制讲座、宣传、专项活动、法律咨询等措施，教育和引导学生知法、用法、守法，预防和减少在校学生违法行为，及时发现和消除法治安全隐患。检察院两人被聘为法制名誉校长和法制辅导员。

（刘杰）

【共青团工作研究课题结题】　3月22日，商贸学校承担的首都大中专院校共青团工作科学化课题“中职青年团员成长服务模式研究”结题。课题通过对中职学生学习特点、行为方式的调研和分析，找到正确教育和引导中职团员青年的方法和途径，为中职团员青年成长和成才提供助力。同时通过积极开展多层次多角度的校企合作探索，研究中职学生实习实践模式和方法，为促进中职学生更好地适应职业生活提供帮助。该课题于2012年10月立项。

（刘杰）

【举办市专业教师说课比赛】　9月27日，商贸学校举办2013年北京市中等职业学校财经类专业教师说课比赛。共有来自全市10所学校16名金融、财会专业教师参加比赛，经过专家评选，5人获得一等奖。10月20日，该校教师参加“创新杯”全国中等职业学校财经类专业教师信息化教学设计和说课比赛，商贸学校教师获得一等奖，该校连续三年蝉联该赛事一等奖。

（刘杰）

北京市供销学校

【概况】　2013年，北京市供销学校占地面积4.40万平方米，产权校舍建筑面积3.23万平方米。全年教育经费投入3285万元，全部为国家拨款。固定资产总值10558万元，其中，教学、科研仪器设备总值3690万元。图书馆建筑面积2642平方米，藏有纸质图书22万册、电子图书7万册。拥有计算机1000台，多媒体教室座位3967个。学校信息化经费投入61万元，网络信息点1000个，校园网出口总带宽100Mbps，上网课程28门，数字资源量19456GB。开设会计、城市轨道交通运营管理和旅游服务与管理等16个专业，52个教学班。教职工142人，其中，专任教师76人、教辅人员10人。专任教师中具有研究生学历16人，本科及以上学历占教师总数100%；高级专业技术职务20人、中级36人；“双师型”教师49人。毕业生414人，就业率97.34%，职业资格证书取证率90%。招生568人，其中，京籍学生229人。在校生1898人，其中，京籍学生1203人。网址：www.bjgx.com。

（陈文军）

【召开“做中学”实践研究报告会】　5月12日，供销学校召开“做中学”实践研究报告会。该校聘请原北京教育学院梅汝莉教授为中职学校教师作题为《“做中学”的实践研究》主题报告。报告详尽阐述“做”的含义、“学”的内容，以及“学”与“习”相结合的教学观、促进发展的教育观、知行合一的哲学观、手脑并用的“人”学观；“做中学”要义在于实现传授知识与培养能力的统一、在解决实际问题中促进学科知识整合与多种智能的整合，将“读书”变为“用书”。来自中国职教学会、北京市信息管理学校、北京市商业学校、昌平区职业学校、北京市求实职业学校、北京市国际职业学校、北京市劲松职业高中等单位158名教师聆听报告。

（陈文军）

【市供销社文教集团成立】　8月7日，北京市供销社文教集团组建大会召开。成立文教集团是为更好落实北京市教育改革和文化创意产业发展规划，促进职业教育校企深度合作，结合市供销社文化创意产业和中专、中技教育发展实际，整合北京东方信捷物流有限责任公司、北京市供销学校和北京市经贸高级技术学校人、财、物资源，打造“大产业”，发展“大职教”。

（陈文军）

【承办三北地区供销（商贸）学校演讲比赛】　12月8日，供销学校承办“三北”地区供销（商贸）学校学生演讲比赛。比赛以“我的梦、中国梦”为主题，共收到10所学校45份参赛作品，评出个人一等奖5人、二等奖9人、三等奖31人；团体奖一等奖1个、二等奖3个、三等奖6个。供销学校获团体一等奖，2人获个人一等奖、3人获个人二等奖。

（陈文军）

中国音乐学院附属中等音乐专科学校

【概况】　2013年，中国音乐学院附属中等音乐专科学校占地面积2.64万平方米，产权校舍建筑面积2.27万平方米。全年教育经费投入3074.92万元，全部为国家拨款。固定资产总值10239.39万元，其中，教学、科研仪器设备总值3142.85万元。图书馆建筑面积400平方米，藏有纸质图书2.20万册、电子图书15万册。拥有计算机189台，多媒体教室座位620个。学校信息化经费投入19.18万元，网络信息点380个，校园网出口总带宽10Mbps。设有1个校区，5个专业学科和一个文化课教研室，开设中国乐器演奏、声乐表演和作曲与音乐基础理论等5个专业，15个教学班。教职工89人，其中，专任教师65人、教辅人员7人。专任教师中具有研究生学历26人，本科及以上学历占教师总数98.50%；高级专业技术职务14人、中级34人。聘请校外教师60人。毕业生119人，就业率100%。招生121人，其中，京籍学生11人。在校生568人，其中，京籍学生56人。网址：www.

msccmusic. com。

（朱留丹）

【师生赴瑞典姊妹校交流演出】　5月19至26日，中国音乐学院附中应姊妹学校瑞典里拉音乐学校之邀赴瑞典首都斯德哥尔摩开展系列交流和演出。附中学生在斯德哥尔摩市中心乐器博物馆举办两场专场音乐会，演奏中国传统民族音乐经典作品，3名教师分别讲授大师课。

（朱留丹）

【建立深圳艺术教育培训基地】　4月27日，中国音乐学院附中深圳艺术教育培训基地揭牌。该培训基地与深圳博茂择优教育集团签署合作办学协议共同建立。根据协议，双方合作开展音乐艺术教育教学、技能培训和师资培训相关活动，中国音乐学院附中派遣专业教师定期赴基地提供专业授课并开展艺术交流。

（朱留丹）

【承办全国艺术职业教育师资培训】

7月14至20日，中国音乐学院附中举办全国艺术职业教育师资培训启动仪式及首期音乐基础课程——“基本乐科”“中国民族音乐”培训。该活动由文化部科技司和全国文化艺术职业教育教学指导委员会主办，中国音乐学院附中和上海音乐出版社共同承办，目的是以丰富的课程提升音乐基础课教师艺术水平和专业素养。来自全国50所院校21名艺术职业院校校长和112名音乐专业课教师参加培训活动。活动期间，召开全国艺术职业院校校长座谈会，举办由附中学生演出的视唱练耳汇报音乐会，围绕基本乐科课程培训开办两场专家讲座、四场专题教学培训，围绕学校研发出版的文化部重点示范教材《中国民族音乐》对参加培训人员进行中国民族音乐课程培训。

（朱留丹）

【学生参加全国钢琴比赛获奖】　9月16至21日，中国音乐学院附中学生在中国音乐“小金钟”奖——长江钢琴第一届全国钢琴比赛中获得一银一铜。该比赛由中国音乐家协会、宜昌市政府主办，中国音协大型活动办公室、中国音协钢琴学会、中国音协高校音乐联盟、柏斯音乐集团联合承办。比赛分为高校组和少年组两个组别，少年组参赛选手为九大音乐学院、艺术院校及独立钢琴学校16岁以下（含16岁）钢琴表演专业演奏者，比赛项目为钢琴独奏，设金奖1名、银奖2名、铜奖3名。该校5名钢琴演奏专业学生参赛，经过预选赛、复赛、半决赛、决赛四轮比赛，2人进入决赛，获得一银一铜。

（朱留丹）

【举办全国青少年钢琴艺术节】　10月2至6日，中国音乐学院附中与国际音乐舞蹈交流促进会在京共同举办首届“中音杯”全国青少年钢琴艺术节暨全国青少年钢琴大赛。艺术节组委会邀请国内外音乐院校著名钢琴专家、教授和演奏家参与，并举办系列大师课、音乐会观摩、演奏比赛和参观学习等活动。共有百余名学生来京参加艺术节。比赛设六个组别，经过地方预赛和北京决赛，评出一等奖5人、二等奖18人、三等奖30人。该校5名学生获奖。来自全国各大音乐学院附中近200名选手参加比赛。

（朱留丹）

【学生排演歌剧《费加罗的婚礼》】

11月25日，中国音乐学院附中学生排演的歌剧《费加罗的婚礼》在学校演奏厅上演。20名演员均为学校美声专业高二、高三年级学生。由于附中阶段学生无论从嗓音、年龄条件及所开课程都不具备完成歌剧演出的能力，师生花费一个学期时间编排剧目、练习重唱、解析角色、相互配合，给学生带来真实的舞台体验。此次排演被外界称为歌剧“试点田”。

（朱留丹）

【举办首届英文电影配音大赛】　12月18日，中国音乐学院附中举办首届英文电影配音大赛。比赛评委团由3名英语教师和15名英语社团大众评委组成，选手最后得分由教师评委平均分60%加大众评委平均分40%构成。经过角逐，评出获奖作品第一名1个、第二名1个、第三名2个；同时评出最佳男声配音奖和最佳女生配音奖。

（朱留丹）

北京国际职业教育学校

【概况】　2013年，北京国际职业教育学校占地面积8.38万平方米，非产权校舍建筑面积12.72万平方米。全年教育经费投入13553万元，其中，国家拨款12731万元、自筹经费822万元。固定资产总值13830.92万元，其中，教学、科研仪器设备总值6057.99万元。图书馆建筑面积1612平方米，藏有纸质图书29.08万册、电子图书20.18万册。拥有计算机2551台，多媒体教室座位6065个。学校信息化经费投入569万元，网络信息点876个，校园网出口总带宽60Mbps，数字资源量2805GB。设有总部校区、安定门校区、北京站校区、鼓楼校区、和平里校区五个校区，拥有四大类专业群，开设计算机网络技术、旅游服务与管理和服装展示与礼仪等17个专业，106个教学班。教职工448人，其中，专任教师240人、教辅人员17人。专任教师中具有研究生学历23人，本科及以上学历占教师总数98%；高级专业技术职务80人、中级94人；“双师型”教师40人。聘请校外教师31人。毕业生860人，就业率98%，职业资格证书取证率87%。招生777人，其中，京籍学生483人。在校生2557人，其中，京籍学生1647人。网址：www. bjive. net。

（戈萌）

【开展职普融通活动】　1月23日，北京国职接待北京市第六十五中学学

生来访。六十五中200名高一年级学生到校开展“东城区社会大课堂实践活动”，在北京国职中餐烹饪专业师生指导下，学习制作曲奇饼干、喇嘛糕、宫保鸡丁。这是该校创新职普融通机制举措之一。

（邹海燕　杜福良）

【共建两个教育基地】 4至6月，北京国职与建国门街道残疾人联合会共同签署“共建共青团青年志愿者服务基地”协议，并为基地揭牌。基地设在建国门街道社区服务中心5层，建立后，学校学生可投身志愿者队伍，为残疾人服务，使残疾人感受社会温暖，同时也为学生创造社会实践机会，培养学生社会实践能力，弥补课堂教学不足；与东城区人民法院共建法制教育基地和成人仪式基地。两单位联合举行“法制与梦想”成人仪式，北京国职与东城法院首次合作于2003年，学校将学生法制教育作为德育工作重要切入点，结合校园安全、禁毒、预防青少年犯罪、普法宣传和青少年权益维护等主题内容，邀请法官走进校园，开展法制教育宣传活动，提高学生法律意识。

（瑠敏　李波　张淑敏）

【与启天同信公司签约合作】 10月11日，北京国职与北京启天同信科技有限公司签署校企合作协议并为“计算机网络技术专业校企合作实训基地”揭牌。根据协议，双方在电子产品、芯片维修方面共建计算机网络技术专业校企合作实训基地，在人才培养模式改革、师资队伍建设等方面开展合作，学校负责招生、教学和课程安排，企业负责提供师资及实训指导老师。协议期三年。

（刘军梅）

【学前教育专业实训基地挂牌】 12月5日，北京国职学前教育专业实训基地在东城区新中街幼儿园鼓楼分园

正式挂牌。该实训基地依托来自北京国职和新中街幼儿园两个教育机构的传统办学优势，资源共享，为社会培养高起点、有特色、更实用的复合型幼教人才。两校本着互利互惠原则，建立常态化合作机制，通过基地平台强抓复合型人才，培养更多就业有优势、创业有能力、管理有水平的“一专多能”幼教人才并输出社会。

（刘燕　王蔓莉）

北京现代职业学校

【概况】 2013年，北京现代职业学校占地面积2.65万平方米，产权校舍建筑面积2.27万平方米。全年教育经费投入3433.55万元，其中，国家拨款3398.28万元、自筹经费35.27万元。固定资产总值4658.71万元，其中，教学、科研仪器设备总值819万元。图书馆建筑面积1190平方米，藏有纸质图书10.20万册、电子图书15万册。拥有计算机1342台，多媒体教室座位1740个。学校网络信息点1200个，校园网出口总带宽100Mbps，上网课程12门，数字资源量15GB。设有南北2个校区，开设金融事务、医药商品经营和国际商务（物流管理）等9个专业，38个教学班。教职工162人，其中，专任教师82人、教辅人员14人。专任教师中具有研究生学历1人，本科及以上学历占教师总数100%；高级专业技术职务57人、中级57人；“双师型”教师44人。毕业生367人，就业率98.40%，职业资格证书取证率26%。招生225人，其中，京籍学生95人。在校生887人，其中，京籍学生312人。网址 www.bjmvs.com。

（张一梅）

【召开校企合作工作会暨学生顶岗实习就业双选会】 5月17日，现代职

校召开2013年校企合作工作会暨学生顶岗实习就业双选会。校企合作工作会上，校企双方就学生顶岗实习管理、专业教师社会实践、优秀毕业生共同培养、企业文化进校园、企业员工合作培训等方面工作进行具体安排。金融、会计、医药商品经营、医学生物技术、计算机专业学生进行点钞、账、表算、职业英语、视频、平面设计、flash作品等专业技能现场展示。45家企事业单位举行现场招聘会，现场面试159名学生，156名学生通过面试。东城区教委、用人单位领导，学校家长委员会成员代表、中学家长代表及学生参加双选会，这是该校自2008年以来举办规模最大的现场招聘活动。

（张一梅　梁文革）

【校企合办职教专业】 5月23日，现代职校与中盈创信（北京）科技有限公司签订深化产教融合、校企深度合作协议。根据协议，双方合作举办“计算机与数码产品维修”专业，学校负责招生和学生教育教学管理，企业负责提供专业核心课程兼职教师、教学与就业实习岗位及学生就业指导。当日，召开该专业典型职业活动分析论证会，学校校长介绍该专业前期论证及申报等工作；该专业校企双方负责人就专业典型职业活动进行分析与讲解，北京市计算机专业课改专家、企业专家进行点评。学校向专业建设委员会成员颁发聘书，企业向学校赠送价值20万元实训设备并设立5万元专项奖学金。9月，招收第一批学生28人。

（张一梅）

【开展德育微创新实践交流活动】 10月15日，现代职校召开“搭建育人平台，打造和谐德育——德育微创

新实践活动交流”大会。4名班主任分享个人在德育微创新实践中经验与心得，校长、党总支书记作点评。全体教职工参加会议。该校于2月开始开展德育微创新实践活动，旨在落实全员德育目标，从微处入手，创新德育载体，提升职高学生思想道德水平。各班级通过建立班级QQ群、开通班级微博等方式记录学生成长、凝聚班级正能量，提高学生学习成绩，培养学生责任感，增强学生自信心。

（张一梅）

【召开下企业顶岗实践教师交流会】 10月29日，现代职校召开下企业顶岗实践教师交流会。7名赴企业顶岗实践锻炼教师分别从企业基本情况、实践锻炼主要内容、收获与体会、意见与建议方面作汇报，并表示赴企业实践锻炼经历对于自身专业素质培养、指导学生顶岗实习、承担实践教学任务以及开展教科研工作具有指导意义，可利用企业资源，提高师资水平和人才培养质量。5至7月，该校为落实“四促进、四融合”人才培养模式，加强学校“双师型”教师队伍建设，派8名专业教师深入北京联通客服中心、中盈创信（北京）科技有限公司和西城区统计局等企事业单位一线，参与各项业务活动。

（张一梅）

北京市外事学校

【概况】 2013年，北京市外事学校占地面积3.08万平方米，非产权校舍建筑面积3.14万平方米。全年教育经费投入10069万元，其中，国家拨款9487万元、自筹经费582万元。固定资产总值4781万元，其中，教学、科研（实训）仪器设备总值3914万元。图书馆建筑面积600平方米，藏有纸质图书10.50万册、电子图书12.70万册。拥有计算机1000台，多媒体教室座位596个。学校信息化经费投入367.30万元，网络信息点900个，校园网出口总带宽1000Mbps，上网课程8门，数字资源量500GB。设有北址、中心址和南址3个校区，5个系部，开设高星级饭店运营与管理、中餐烹饪与营养膳食和旅游服务与管理等10个专业，47个教学班。教职工223人，其中，专任教师180人、教辅人员43人。专任教师中具有研究生学历11人，本科及以上学历占教师总数93%；高级专业技术职务58人、中级82人；“双师型”教师42人。聘请校外教师12人。毕业生394人，就业率100%，职业资格证书取证率100%。招生173人，其中，京籍学生157人。在校生1003人，其中，京籍学生648人。网址：www.bjwszg.net。

（张朝辉）

【创设公共基础课校本研修新模式】 2月，外事学校公共基础课创设校本研修新形式，开展公共基础课大教研活动。由教务处指导，语文、数学、英语、计算机、体育学科兼职教研员带领本学科教师，结合学生实际，结合教师教学实践中问题，进行以研究课、示范课、培养学生能力有效方法与经验小结、苹果平板电脑（Ipad）教学应用等手段为载体的大教研活动，开阔教学思路，理清教学实践中存在问题，激发参与实践教学课题、参与校本教材开发思考与研究兴趣。全年共进行大教研活动7次。

（张朝辉）

【10个专业新增成人中专资质】 5月20日，外事学校10个专业成功获批成人中专资质。分别是酒店服务与管理、公关礼仪、中餐烹饪、西餐烹饪、旅游服务与管理、商务英语、金融事务、电子商务、航空服务、文化场馆服务与管理。10个专业可面向社会开展成人学历教育。

（张朝辉）

【签约成为中高职衔接项目定点校】 5月24日，外事学校与北京教育考试院签约成为中高职衔接项目定点校。签约项目是北京财贸职业学院连锁经营管理专业高等教育自学考试。根据协议，学生在该校通过一至二年大专课程学习与考核，可获得北京财贸职业学院连锁经营管理专业大专自考文凭。该项目第一期招收高二年级学生32人、高三年级学生63人，共计95人，组成2个在校班、1个业余班，9月1日开学，第一学期开设连锁管理信息系统、财贸素养和商品学基础等专业课程。

（张朝辉）

【收回与首旅集团共建实训基地】 5月31日，外事学校收回与首旅国际酒店集团有限公司共建实训基地。该校于2004年8月与该公司签署协议共建实习培训基地，截至2012年12月31日合作期满。该校根据北京市和西城区对于职业教育单位校舍使用管理规定，经双方协商，不再续签合作协议，5月31日全部收回。该实训基地位于外事学校西直门校区，建筑面积6000平方米。

（张朝辉）

【完成市级文保单位修缮】 7至10月，外事学校完成作为实习饭店的“清学部遗存”修缮工作。修缮工程包括改造大宴会厅、茶园、西小花园设备设施。该遗存位于西单教育街一号，2011年6月13日被公布为第八批北京市级文物保护单位。此处原为清太祖之孙尼堪府邸，称敬谨亲王府；1905年，清政府在此设立学部，辛亥革命后改为教育部，1928年民国政府南迁，是国民党北平特别市党部；新中国成立后，是北京市第三十三中学一部分；1990年，划归外事学校，经改造成为该校实习饭店。

（张朝辉）

【打造精品校园文化】 至年底，外事学校打造精品校园文化。校园文化建设整体设计以和谐为底蕴，以弘扬外事文化为主调，充分利用现有空间，用极具个性魅力色彩的创作使师生在求知、求美、求乐中受到潜移默化的启迪和同化。其中，西直门校区教学楼天井打造巨幅学生“笑脸墙”，立足于引导学生深入体会职业自豪感，给学生提供一个自我展示舞台，同时阐述“心态决定生活品质”理念；完成教学楼走廊名师墙建设，名师墙简约明快，展示教师谆谆教诲；会议室展示该校历史、管理理念。

（张朝辉）

北京市实美职业学校

【概况】 2013年，北京市实美职业学校占地面积3.30万平方米，产权校舍建筑面积 4.82 万平方米。全年教育经费投入 14284 万元，其中，国家拨款 13737.90 万元、自筹经费 546.10 万元。固定资产总值 7332 万元，其中，教学、科研仪器设备总值 821 万元。图书馆建筑面积 1002 平方米，藏有纸质图书 12.40 万册。拥有计算机 1223 台，多媒体教室座位 2160 个。学校信息化经费投入 26.18 万元，网络信息点 1240 个，校园网出口总带宽 1000Mbps，上网课程 6 门，数字资源量 20GB。设有 4 个校区，开设美术绘画、美容美发与形象设计和电子与信息技等 19 个专业，144 个教学班。教职工 431 人，其中，专任教师 344 人、教辅人员 22 人。专任教师中具有研究生学历 21 人，本科及以上学历占教师总数 96.50%；高级专业技术职务 91 人、中级 154 人；“双师型”教师 136 人。聘请校外教师 30 人。毕业生 892 人，就业率 96%，职业资格证书取证率 69.50%。招生 715 人，其中，京籍学生 408 人。在校生 3497 人，其中，京籍学生 1425 人。网址：www.bjsm.net。

（牛秉毅）

【数码设计工作室项目启动】 1 月 20 日，实美学校“中职校数码艺术设计工作室”暨邱悦西城区优秀人才资助项目启动仪式举行。西城区教委、西城区职教中心、北京联合大学、北京友邦佳通电子科技有限公司等单位和企业领导及专家参加启动仪式。邱悦作主题发言，汇报人才资助项目“中职校数码艺术设计工作室”研究情况和实际工作进展，并组织与会领导、专家参观工作室现状，接受领导和专家点评。该工作室项目于 2012 年获得西城区优秀人才资助项目资助，资助金额 4 万元（区财政 2 万元、学校 2 万元），研究主题为“中职校数码艺术设计工作室建设与实践研究”。邱悦，女，1978 年 8 月生于北京市，2002 年进入该校教授计算机专业，是西城区骨干教师，其论文和软件连续在全国信息化大赛、全国多媒体教育软件大奖赛等赛事中获奖。

（路远）

【获全国校园健美操大赛北京特等奖】 6 月 2 日，实美学校健美操队获肯德基全国青少年校园青春健身操大赛北京市赛区特等奖。大赛由北京市中小学体育运动协会主办，共有 47 支参赛队伍争夺冠军，该校以 9.10 分的成绩夺得大赛特等奖，并在大赛闭幕式上受邀进行返场表演。

（宋少鑫）

【举办中国舞等级考试教师培训班】

6 月 8 至 15 日，实美学校举办北京舞蹈学院中国舞等级考试 1～3 级教师培训班。培训包括专业技能和教学法，60 名学生参加培训。经过 2 天考试，51 名学生通过考试获得相应级别的教师资格证，合格率 85%，获得教师资格证的学生具有教授该级别学生的资格。2012 年 12 月，该校为提升学生专业技能，提高学生就业竞争力，向北京舞蹈学院舞蹈考级教育学院提出申请，面向学校学生进行教师取证培训，获得批准。

（卞玉丹）

北京市财会学校

【概况】 2013 年，北京市财会学校占地面积 2.35 万平方米，产权校舍建筑面积 3.12 万平方米。全年教育经费投入 5395.67 万元，其中，国家拨款 5390.11 万元、自筹经费 5.56 万元。固定资产总值 6786.09 万元，其中，教学、科研仪器设备总值 3333.04 万元。图书馆建筑面积 1976 平方米，藏有纸质图书 6 万册、电子图书 10 万册。拥有计算机 841 台，多媒体教室座位 1350 个。学校信息化经费投入 5 万元，网络信息点 1256 个，校园网出口总带宽 750Mbps，上网课程 16 门，数字资源量 1500GB。设有西便门和广外 2 个校区，4 个系部，开设金融事务、会计、会计电算化、计算机网络技术和文秘 5 个专业，30 个教学班。教职工 146 人，其中，专任教师 79 人、教辅人员 28 人。专任教师中具有研究生学历 10 人，本科及以上学历占教师总数 100%；高级专业技术职务 36 人、中级 56 人；“双师型”教师 34 人。聘请校外教师 1 人。毕业生 207 人，就业率 100%，职业资格证书取证率 100%。招生 192 人，其中，京籍学生 141 人。在校生 759 人，其中，京籍学生 438 人。网址：www.bjckxx.cn。

（张艳锋）

【开展社区培训】 3 月 22 日，财会学校开展社区居民金融知识培训。该校培训中心在大栅栏街道文体活动中心为西城区大栅栏街道 8 个社区 50 名居民开展“学习理财，享受未来”金融理财知识讲座，内容涵盖理财产品基本知识、种类和选择方法等。该校作为西城区职业教育社会化示范项目培训基地，积极打造“学习理财，享受未来”“学习计算机，走向信息化”精品特色课程，从社区居民终身学习需求出发，送教上门，为社区居民开展金融理财知识讲座、英语、计算机知识普及等培训。全年共开展培训 53 次，1241 人次参加培训。

（叶怀海）

【举办教师基本功竞赛】 9 月，财会学校举办教师基本功竞赛。比赛围绕“开学第一课，我秀我课程”主题，采取说课形式，内容包括教学设计和说课内容展示两个项目，采用当场评议、闭卷打分形式，评出一等奖 3 人、二等奖 2 人、三等奖 3 人。该校全体教师 75 人参加比赛。

（张艳锋）

【与内蒙古职业学校合作交流】 11 月 12 日，财会学校与内蒙古 4 所职业学校合作交流。来自内蒙古煤炭工业技术学校、通辽市职业中等专业学校、通辽市科尔沁区职业中等专业学校和奈曼旗民族职业中专 4 所职业学校校长到该校交流研讨，参观学校，分别介绍本学校特色，并就今后进一步合作专业进行探讨。年内，内蒙古煤炭工业技术学校 4 名专业教师在该校全程听课学习。

（张艳锋）

北京市实验职业学校

【概况】 2013 年，北京市实验职业学校占地面积 3.52 万平方米，产权校舍建筑面积 3.33 万平方米。全年教育经费投入 7920.51 万元，其中，国家拨款 7916.72 万元、自筹经费 3.79 万元。固定资产总值 4114 万元，其中，教学、科研仪器设备总值 1809 万元。图书馆建筑面积 633 平方米，藏有纸质图书 8.80 万册、电子图书 1.30 万册。拥有计算机 983 台，多媒体教室座位 1320 个。学校信息化经费投入 17 万元，网络信息点 1000 个，校园网出口总带宽 450Mbps，上网课程 12 门，数字资源量 561.70GB。设有菜园街、南线里、广外和西便门等 4 个校区，开设中药、学前教育和平面媒体印制技术等 7 个专业，44 个教学班。教职工 232 人，其中，专任教师 158 人、教辅人员 74 人。专任教师中具有研究生学历 15 人，本科及以上学历占教师总数 98.10%；高级专业技术职务 40 人、中级 72 人；“双师型”教师 66 人。聘请校外教师 7 人。毕业生 385 人，就业率 98%，职业资格证书取证率 100%。招生 314 人，其中，京籍学生 182 人。在校生 1005 人，其中，京籍学生 622 人。网址：www.bjsyzyxx.com.cn。

（郝昕蕊）

【开展职业教育社会化培训】 2 月，实验职校结合社会需求开展多项职业教育社会化培训。包括面向北京市县以下农村药品零售企业药学从业人员开展继续教育培训，面向社会人员的医药商品购销员、药剂员、计算机操作员和电气焊等近 10 个工种的职业技术培训教学活动，以及面向社区居民的中医药养生文化、图像处理软件（PhotoShop）图像处理与绘声绘影视频（电子相册）制作等课程的培训。全年共培训 3934 人次。

（郝昕蕊）

【成立印刷模拟系统联合教学中心】

5 月 16 日，实验职校成立印刷模拟系统联合教学中心。该教学中心与法国西纳普斯印艺模拟器公司、上海泛彩图像设备有限公司合作建设，广泛开展平面媒体印制技术服务和技能培训，充分发挥学校实训基地功能；两家企业为学校提供相应技术支持与实践平台。会上，三方协议签字并举行揭牌仪式；两家企业为学校教师颁发印刷模拟系统（SHOTS）高级培训师证书，并向学校赠送专业书籍。

（郝昕蕊　全国栋）

【扩建中药标本馆】 6 月，实验职校中药标本馆完成扩建。标本馆使用面积 205 平方米，集教学、实训、技能培训等多种功能为一体，是学校中药实训基地建设重要组成部分之一。馆内划分为腊叶、浸制、鉴别、方剂、贵细以及中药文化走廊 6 个功能区，在原有藏品基础上经过调整、充实，共收藏与岗位需求密切相关的中药材及中药饮片标本近千种，植物浸制标本 300 种，蜡叶标本 400 份，方剂标本 120 份，真伪鉴别标本 200 组。标本馆采用现代化科学技术，配备先进的示教设备和信息检索系统，不仅满足教学培训需求，还彰显出中医药的传承性、科学性、文化性，是学校对外学术交流和传播中医药文化的重要窗口。

（郝昕蕊）

【教师获全国“十佳”优秀科技辅导员奖】 8 月，实验职校教师杨西明在第 28 届全国青少年科技创新大赛中获“十佳”优秀科技辅导员奖。杨西明是北京市中职学校教师中首名获此殊荣的教师。杨西明，1955 年 9 月生于甘肃省天水市，1992 年进入该校计算机应用专业任教，是西城区学科带头人，曾获北京市“紫荆杯”班主任一等奖、北京市十佳优秀科技辅导员，分别获得第 24、27 届全国青少年创新大赛优秀科技辅导员创新项目活动方案类和科技发明类一等奖。

（郝昕蕊）

北京市求实职业学校

【概况】 2013 年，北京市求实职业学校占地面积 9.62 万平方米，产权校舍建筑面积 5.69 万平方米、非产权校舍建筑面积 0.84 万平方米。全年教育经费投入 13923 万元，其中，国家拨款 13496 万元、自筹经费 427 万元。固定资产总值 16841 万元，其中，教学、科研仪器设备总值 7164.96 万元。拥有计算机 3092 台，多媒体教室座位 6156 个。图书馆建筑面积 1072.76 平方米，藏有纸质图书 18.92 万册、电子图书 0.96 万册。学校信息化经费投入 24 万元，网络信息点 2612 个，校园网出口总带宽 10Mbps，数字资源量 1059GB。设有望京、团结湖和亚运村等 6 个校区，开设文秘、金融事务和学前教育等 23 个专业，143 个教学班。教职工 471 人，其中，专任教师 322 人、教辅人员 16 人。专任教师中具有研究生学历 16 人，本科及以上学历占教师总数 98.40%；高级专业技术职务 127 人、中级 191 人；“双师型”教师 92 人。聘请校外教师 25 人。毕业生 1179 人，就业率 99.50%，职业资格证书取证率 68.50%。招生 455 人，其中，京籍学生 414 人。在校生 3205 人，其中，京籍学生 1790 人。网址：www.bjqszx.com。

（占福林）

【与北大方正软件技术学院签约合作】 3 月 1 日，求实学校与北京北大方正软件技术学院举行教育合作签约仪式。双方就建设优质生源培养基地、开设高职定向班等教育合作方面进行探讨，确定在计算网络和商务日语文秘两个专业展开实施，并将在师资队伍建设、实训基地资源共享、教师企业实践、学生企业实习等方面开展深入合作。协议期3年。

（占福林）

【“2+2”中高职衔接班开班】 3月26日，求实学校与北京财贸职业学院继续教育学院举行“2+2”中高职衔接班开班典礼。该班为求实学校连锁经营与管理专业与财贸职院连锁经营管理专业合作，双方共同研究、设计和制定教学方案，学生完成两年中职课程学习，通过高教自考可进入高职院校学习两年，毕业考核合格可获得高教自考连锁经营管理专业大专证书。该班共48名学生。

（占福林）

【实施“创新课堂”教学改革】 11月22日，求实学校启动“创新课堂”教学改革。教改工作以“实践、体验、感知”为核心，启发教师着眼“完整的人格培育”，以教学内容为媒介，以能力及素养提升为目标，深入挖潜课堂效益，让学生在实践中提升，在体验中感悟，从而打破职教语文课堂教学相对沉寂的状态，为课堂教学注入新鲜血液和活力。

（占福林）

北京市劲松职业高中

【概况】 2013年，北京市劲松职业高中占地面积9.98万平方米，非产权校舍建筑面积10.09万平方米。全年教育经费投入9001万元，其中，国家拨款7804万元、自筹经费1197万元。固定资产总值9382万元，其中，教学、科研仪器设备总值6393万元。图书馆建筑面积2400平方米，藏有纸质图书15.20万册、电子图书10万册。拥有计算机1179台，多媒体教室座位3100个。学校信息化经费投入730万元，网络信息点1066个，校园网出口总带宽1000Mbps，上网课程12门，数字资源量2000GB。设有劲松、双龙、新源里和常营4个校区，开设中餐烹饪、西餐烹饪和美容美发与形象设计等12个专业，91个教学班。教职工265人，其中，专任教师188人、教辅人员10人。专任教师中具有研究生学历20人，本科及以上学历占教师总数100%；高级专业技术职务60人、中级97人；“双师型”教师65人。聘请校外教师21人。毕业生943人，就业率97.30%，职业资格证书取证率97.30%。招生884人，其中，京籍学生380人。在校生3464人，其中，京籍学生1750人。网址：www.jszg.com.cn。

（李婷婷）

【与华莱坞公司签订合作协议】 4月

24日，劲松职高计算机动漫与游戏制作专业与华莱坞（北京）数字科技有限公司签订校企合作协议。根据协议，双方在课程建设、项目制作、实习就业、师资培养等方面开展合作。协议期两年。

（裴春录　李婷婷）

【常营校区正式启用】 9月3日，劲松职高常营校区正式启用，并召开第一次全体教师大会。该校区占地面积42803.16平方米，建筑面积8280.87平方米，拥有一栋教学楼、一栋宿舍楼，以及办公楼、体育场、体育馆和实训楼。该校区主要承担中、西餐烹饪专业教学任务，有教职工40人，高一、高二年级学生350人，其中，住宿生200人。

（王为民　李婷婷）

【教师参加OMC亚洲杯发型大赛获奖】 11月17至18日，劲松职高教师参加2013世界美发组织（OMC）亚洲杯发型大赛并获奖。该校两名美容美发专业教师代表中国队参赛，1人分别获得高级女士时尚组团体金奖、晚装发型银奖和日装发型铜奖，1人获得高级女士技术组团体第五名。该比赛是美容美发行业最高级别竞赛，两年举办一次，此次比赛在台湾举办，来自日本、韩国、法国等18个国家和地区上千名选手参加20个项目比赛。

（赵静　李婷婷）

【举办“名师工程”向军教学特色展示活动】 11月25日，劲松职高举办朝阳区2013年“名师工程”向军教学特色展示活动。十余名已在北京各五星级酒店担任行政总厨和厨师长的毕业生代表回校参加展示活动，畅谈向军教育教学对自己的影响，表达对学校感激之情。向军作题为《名厨式教学，培养高素质烹饪人才》主题报告，展示一堂示范课。中国餐饮行业指导委员会秘书长等领导对示范课进行点评，充分肯定向军的教学业绩及其在教育教学改革中体现的奉献精神和创新能力。向军，1967年生于北京市，1986年进入劲松职高教授中餐烹饪专业课程，取得突出成绩，2005年成为朝阳区名师。

（赵静　李婷婷）

北京市电气工程学校

【概况】 2013年，北京市电气工程学校占地面积13.36万平方米，非产权校舍建筑面积5.51万平方米。全年教育经费投入8119.36万元，其中，国家拨款7618.67万元、自筹经费500.69万元。固定资产总值11894.55万元，其中，教学、科研仪器设备总值4335.95万元。图书馆建筑面积1912平方米，藏有纸质图书13.97万册、电子图书15万册。拥有计算机1458台，多媒体教室座位2640个。学校信息化经费投入285.18万元，网络信息点1196个，校园网出口总带宽1000Mbps，上网课程9门，数字资源量100GB。设有将台路、管庄、大山子、花家地、甘露园和双桥6个校区，5个系部，开设制冷和空调设备运行与维修、楼宇智能化设备安装与运行和电气运行与控制等16个专业，88个教学班。教职工321人，其中，专任教师219人、教辅人员24人。专任教师中具有研究生学历20人，本科及以上学历占教师总数100%；高级专业技术职务71人、中级126人；“双师型”教师100人。聘请校外教师38人。毕业生1543人，就业率98%，职业资格证书取证率98%。招生994人，其中，京籍学生 356 人。在校生 4005 人，其中，京籍学生 2185 人。网址：www.dqgc.com。

（张慧荣 高宝成）

【工会和教代会换届】 4 月 19 日，

电气工程学校召开第 11 届工会代表大会和教职工代表大会。会议听取第 10 届工会委员会题为《落实民主管理、凝聚教工人心、创建和谐环境》工作报告，选举产生新一届工会委员会委员 7 人、工会经审工作委员会委员 3 人和工会女工委员会委员 5 人。全体教职工及 37 名教代会代表参加会议。

（张慧荣 高宝成 李庆）

【电气工程学校与东方职校合并】 9 月 27 日，电气工程学校与北京市东方职业学校合并大会召开。会议宣读市教委关于两校合并的决定，强调两校合并是以朝阳区职业教育布局与发展为出发点进行调整，并宣布以电气工程学校校长为领导的合并工作组。合并后，保留电气工程学校校名，东方职校建制撤销，两校教职工 321 人，学生 2999 人。东方职校招收的学生毕业后颁发北京市电气工程学校毕业证书。9 月 27 日，区教委印发两校合并的决定。电气工程学校前身为北京市将台路中学；2003 年与北京市朝阳区职工中等专业学校、朝阳区成人中等专业学校和朝阳区电视中专工作站合并，2004 年正式更名为北京市电气工程学校；2006 年与北京铁路机械学校合并，建立北京市电气工程学校。北京市东方职业学校为公立职业高中学校，1999 年由原北京市十里堡中学职高部、中国旅游学院附中职高部、北京市星火中学职高部整合成立北京市东方职业学校，2004 年合并北京铁路职工学校，2011 年东方职校部分专业、教师及学生整合至北京市劲松职业高中，2013 年东方职校与北京市电气工程学校合并。

（张慧荣 铁云飞 李联启）

【与韩国高校签订合作协议】 10 月 8 日，电气工程学校与韩国汉阳工业高等学校签订“姐妹校结缘协议书”。根据协议，双方有计划的安排师生互访学习，并在师资培训、专业建设等方面开展合作。

（张慧荣 高宝成）

【校企共建实训基地】 10 月 9 日，电气工程学校与约克（中国）商贸有限公司签订“校企深度合作共建实训基地”协议。根据协议，约克公司向学校提供价值 20 万元设备，并以学校为基地、为企业员工和学校师生开展多项技能培训。约克公司是全球建筑市场和暖通空调与冷冻行业的领先企业。

（铁云飞）

北京市丰台区职业教育中心学校

【概况】 2013 年，北京市丰台区职业教育中心学校占地面积 12.58 万平方米，产权校舍建筑面积 8.86 万平方米。全年教育经费投入 18211 万元，其中，国家拨款 17611 万元、自筹经费 600 万元。固定资产总值 14772 万元，其中，教学、科研仪器设备总值 6805.90 万元。图书馆建筑面积 760 平方米，藏有纸质图书 12.56 万册、电子图书 24 万册。拥有计算机 2201 台，多媒体教室座位 4200 个。学校信息化经费投入 2901.72 万元，网络信息点 600 个，校园网出口总带宽 45Mbps，数字资源量 26000GB。设有主校区、三营门校区和洋桥校区等 10 个校区，20 个系部，开设中餐烹饪与营养膳食、汽车运用与维修专业和学前教育等 20 个专业，131 个教学班。教职工 374 人，其中，专任教师 208 人、教辅人员 37 人。专任教师中具有研究生学历 31 人，本科及以上学历占教师总数 97.11%；高级专业技术职务 56 人、中级 131 人；“双师型”教师 91 人。聘请校外教师 25 人。毕业生 1109 人，就业率 97.03%，职业资格证书取证率 91.82%。招生 1053 人，其中，京籍学生 380 人。在校生 3946 人，其中，京籍学生 1893 人。网址：www.ftzj.com。

（史晓光）

【成立北京京鲁菜研究会】 3 月 20 日，丰台区职教中心校成立北京京鲁菜研究会、北京京鲁菜研发中心和屈浩大师工作室。京鲁菜研究会、京鲁菜研发中心致力于推广京鲁菜、研发新菜品。屈浩大师工作室致力于推广京鲁菜厨艺，为职业教育中心学校师生提供教学指导。成立仪式上，学校聘请鲁菜泰斗王义均为顾问，鲁菜大师屈浩、面点专家王志强、意境菜专家王海东等人为指导专家。

（史晓光 林京秋）

【汽修专业实训基地落成】 6 月 26 日，丰台职教中心校汽修专业实训基地落成暨中石化长城润滑油汽车养护中心“蒲黄榆”店开业。基地是与中石化润滑油公司北京润发机电设备安装维修有限公司共建，瞄准行业新技术发展趋势，按企业生产运营需要配置先进设备，总投资 350 万元。基地以校企双方“厚德精工、追求卓越”共同价值观为基础，共同开展“员工式”订单培养，把学生培养纳入企业员工队伍建设规划；使学校的单一项目实训向产学一体化实践迈进。

（史晓光）

【承接首批泰国留学生】 8 月 25 日，丰台职教中心校承接首批泰国留学生来华学习。首批学生共 8 人，将在学校生活 10 个月，主要学习中国语言和文化。该活动是学校自承接中国教育国际交流协会 AFS 国际文化交流项目以来，留学生在华学习时间最长的一次。

（史晓光）

【首次举办教师基本功大赛】 11 月 1 日至 12 月 2 日，丰台职教中心校首次举办骨干教师“创新杯”、青年教师“青年杯”教学基本功技能大赛。比赛包括赛前专题培训、分组交流讨论，赛中撰写读书心得、课堂教学基本功比赛、赛后交流座谈等环节，53 名骨干教师和 31 名入职三年的青年教师参加比赛。经过说课、教学片段展示和答辩等程序评比，评出一等奖 6 人、二等奖 15 人、三等奖 22 人。

（史晓光）

北京市黄庄职业高中

【概况】 2013年，北京市黄庄职业高中占地面积9.06万平方米，产权校舍建筑面积4.42万平方米。全年教育经费投入11786万元，其中，国家拨款11281万元、自筹经费505万元。固定资产总值15819.51万元，其中，教学、科研仪器设备总值8245.42万元。图书馆建筑面积1600平方米，藏有纸质图书13.57万册、电子图书30万册。拥有计算机1625台，多媒体教室座位1920个。学校信息化经费投入300万元，网络信息点1280个，校园网出口总带宽50Mbps，上网课程5门，数字资源量4096GB。设有学历教育区、实训经营区和综合培训服务区等6个校区，开设服装设计与工艺、美容美发与形象设计和旅游服务与管理等8个专业，33个教学班。教职工191人，其中，专任教师161人、教辅人员5人。专任教师中具有研究生学历12人，本科及以上学历占教师总数100%；高级专业技术职务45人、中级66人；"双师型"教师91人。聘请校外教师15人。毕业生420人，就业率98%，职业资格证书取证率91%。招生381人，其中，京籍学生66人。在校生2674人，其中，京籍学生154人。网址：www.huangzhi.net.cn。

（文昌敏）

【举办专业课程体验活动】 3至6月，

黄庄职高举办7期专业课程体验活动。8所初中校的学生和家长共600人，先后参加烹饪、服装与饰品、点钞、美甲、服装饰品课、二维动画制作课和义齿制作课等8种课程体验，了解企业岗位要求和典型职业活动工作流程。

（陈虹）

【与济州观光大学签约合作】 5月3日，黄庄职高美容美发与形象设计专业和韩国济州观光大学签署友好合作交流协议。根据协议，双方以促进两校教育及学术交流为宗旨，定期互派教师及留学生，互换论文集、刊物及学术资料，共同促进学术研究发展和观光教育程序的开发。

（文昌敏）

【拓展社会职业技能培训项目】 10月8日至11月1日，黄庄职高非凡培训中心增设"小菜制作、主食制作、超市理货员、收银员"4个技能培训项目。其中，第一期"小菜制作"培训班招生26人，学员均为区内失业人员，培训为期5天。另外，学校与石景山区残疾人合作一期西式面点职业培训班，经19天课程培训，12名学员全部通过理论和实操考核，获得区人力社保局颁发的培训结业证书。

（朱瑞明）

【设立导游实训项目】 11月18至22日，黄庄职高改革综合实践课程，设立旅游服务与管理专业"导游带团实训项目"。由30名学生经营4家"模拟旅行社"，按旅行社团队操作流程，分别担任导游、计调、销售等旅行社主要职业岗位，以小组合作形式，自主合作完成赴山东实训项目。

（李京红）

【举办技能大赛】 12月6至26日，黄庄职高与石景山区人力社保局联合举办第21届"技强杯"技能大赛。比赛参照全国及市级技能大赛项目要求，设定39个比赛项目，涵盖75%的专业课程和84.40%的职业资格取证范围，与全国及市级技能大赛相关的赛项占81.25%。中国纺织服装教育学会、中国美容美发协会、红都集团、晨晓阳缝纫设备有限公司、尤根牙科医疗科技（北京）有限公司等35家行业企业专家参与方案制定、试题筛选、评判等工作。全校8个专业学生800人参加初赛，400人进入复赛，共33人获得各赛项决赛第一名，并获得"技强状元杯"。

（文昌敏）

北京市昌平职业学校

【概况】 2013年，北京市昌平职业学校占地面积16.87万平方米，产权校舍建筑面积10.96万平方米、非产权校舍建筑面积4.12万平方米。全年教育经费投入23129.74万元，其中，国家拨款23033.05万元、自筹经费96.69万元。固定资产总值14166万元，其中，教学、科研仪器设备总值3689万元。图书馆建筑面积1646平方米，藏有纸质图书12万册、电子图书40万册。拥有计算机920台，多媒体教室座位5000个。学校信息化经费投入800万元，网络信息点1500个，校园网出口总带宽105Mbps，上网课程2门，数字资源量19TB。设有1个校区，6个系部，开设园林绿化、航空服务和汽车运用与维修等31个专业，102个教学班。教职工315人，其中，专任教师274人、教辅人员47人。专任教师中具有研究生学历42人，本科及以上学历占教师总数99.30%；高级专业技术职务55人、中级56人；"双师型"教师118人。聘请校外教师51人。毕业生1030人，就业率99%，职业资格证书取证率93%。招生828人，其中，京籍学生485人。在校生3384人，其中，京籍学生1766人。网址：www.cpvs.com.cn。

（张养忠）

【成功选育蝴蝶兰新品种】 1月26日，昌平职校成功选育9个蝴蝶兰新品种，即：昌平精英、昌平爵士、昌平梦幻、昌平拼搏、昌平天使、昌平兴盛、昌平艳丽、昌平之星、昌平钻石。新品种登录英国皇家园艺协会（RSH：Royal Horticultural Society）。RSH是世界上唯一的、权威的兰花新品种认定机构。

（郑艳秋）

【通过创建国家级示范校市级验收】 8月12日，昌平职校接受国家级改革发展示范校建设项目市级验收。市教委、市人力社保局、市财政局专家组成验收组，听取该校建设总体汇报和园林绿化专业、汽车运用与维修专业、服务新农村建设项目，并质询相关问题。验收组对学校的国家级改革发展示范校创建工作给予肯定，学校完成国家级改革发展示范校建设。

（尚国荣）

【协助康陵村开发柿叶茶】 9月，昌平职校协助康陵村开发的柿叶茶在昌平区旅游委举办的北京礼物评选会上获得二等奖。柿叶茶以柿叶为原料，经过传统制茶工艺制成的一种保健茶饮。康陵村种植有数千棵柿子树，开发柿叶茶具有得天独厚的优势。为深化校村共建工作，提高康陵村村民收入，该校自 2012 年与康陵村共同开发柿叶茶加工制作方法，学校帮助康陵村挖掘茶叶传统制作工艺、设计制作包装，食品检测专业对柿叶茶进行检测，确保柿叶茶饮用安全。

（张利成）

【校长专著出版】　10 月，昌平职校校长撰写名为《以经营促发展——一个中职校长的感悟》的专著，由高等教育出版社出版。全书共 24.50 万字，以自述形式，畅谈作者对职业教育和办好一所职业学校的理解和感悟。该书简要回顾昌平职校发展历程，追问该校由一所普通的农村职业学校发展为全国改革发展示范学校背后的原因，书中不仅有作者对“经营学校”的理解，还有丰富的“经营学校”实践经验。

（冯舒芳）

【校史馆落成】　10 月，昌平职校校史馆落成。该校史馆位于学校校内，展厅面积 300 平方米，共有大小展板 50 张，展示图片 200 幅，实物 150 件，通过“寻根溯源、应时而生”“职教新篇、应运而行”“科学经营、应势而兴”和“创新发展、超越自我”四个版块展示学校从一所乡级初中成长为国家中等职业教育改革发展示范学校的发展历程。该校史馆于 2011 年开始筹建，投入资金 120 万元。

（冯舒芳）

【昌平区军地两用人才培养基地挂牌】

12 月 16 日，昌平区军地两用人才培养基地挂牌仪式暨军地两用人才培养工作启动仪式在昌平职校举行。仪式宣布昌平区军地两用人才培养基地落户昌平职校，解放军某部坦克六师与昌平职校共同为昌平区军地两用人才培养基地揭牌。建设军地两用人才培养基地是学校服务区域经济和国防建设的一项重要举措，学校为驻昌部队官兵提供技能培训课程，并开展培训。

（冯舒芳）

北京市大兴区第一职业学校

【概况】　2013 年，北京市大兴区第一职业学校占地面积 18.47 万平方米，产权校舍建筑面积 8.54 万平方米。全年教育经费投入 7045 万元，其中，国家拨款 6755 万元，自筹经费 290 万元。固定资产总值 12342 万元，其中，教学、科研仪器设备总值 5040 万元。图书馆建筑面积 1900 平方米，藏有纸质图书 6.10 万册、电子图书 1.50 万册。拥有计算机 897 台，多媒体教室座位 1410 个。学校信息化经费投入 600 万元，网络信息点 990 个，校园网出口总带宽 100Mbps，上网课程 12 门，数字资源量 18000GB。设有 4 个系部，开设园林技术、计算机网络、机电技术运用等 8 个专业，42 个教学班。教职工 239 人，其中，专任教师 162 人，教辅人员 41 人。专任教师中具有研究生学历 7 人，本科及以上学历占教师总数 98%；高级专业技术职务 67 人，中级 96 人；“双师型”教师 47 人。毕业生 493 人，就业率 86%，职业资格证书取证率 35%。招生 170 人，其中，京籍学生 29 人。在校生 2899 人（包括非全日制学生 1976 人），其中，京籍学生 395 人。网址：www.dxyz.com.cn。

（宋思均　李辉）

【多种形式开展教育经验交流】　1 至 11 月，大兴一职采取多种形式开展教学经验交流。其中，召开 2012～2013 学年教育教学经验交流会，26 名教师代表交流班级管理经验、如何走进学生内心、如何帮助学生提高学习效率等内容，200 名教师参加交流；举办课程体系建设专题讲座，邀请北京教育科学研究院职成教研中心人员阐述深化课程改革，培养学生能力；举办大兴区职业学校学科带头人、骨干教师展示交流课，6 名学科带头人围绕“以就业为导向、以服务为宗旨”职教核心理念分别进行公开课展示，并进行现场点评，就如何提升课堂教学实效进行研讨和交流。

（宋思均　李辉）

【举办职业技能鉴定考试】　4 月 25 至 26 日，大兴一职举办 2013 年职业技能鉴定考试。考试围绕“以职业活动为导向、以职业能力为核心”课改理念，分为汽车修理工四级、钳工四级两个专场，内容包含理论笔试和实际操作两个部分。汽车运用与维修、机电技术应用两个专业共 94 名学生参加考试，其中，“11 机电”参加钳工中级工考试 38 人，通过 27 人，通过率 71%；“11 汽修”参加汽修中级工考试 56 人，通过 52 人，通过率 92.86%。考试过程中，北京市第六十五技能鉴定所派出多名专业考评员参与考试评审工作，大兴区技能鉴定中心对笔试和实操考试工作进行全程督导检查，保障考试顺利进行。

（宋思均　李辉）

【举办专业技能大赛暨教育教学成果展示会】　6 月 20 至 27 日，大兴一

职举办 2013 年专业技能大赛暨教育教学成果展示会。比赛以“以赛促学、磨砺职业技能，以赛促建、展现职校风采”为总体目标，具体涵盖计算机网络技术、动漫设计、机电技术应用、汽车运用与维修、园林技术、航空服务、电子商务、女子足球 8 个专业共 30 项内容。比赛由计算机系、机械制造系、综合系以及女足教研室分别组织进行，各专业组成立技能大赛领导小组，负责具体落实大赛实施情况。全校师生 1000 人参加比赛。

（宋思均　李辉　刘向东）

【开办农民培训班】　9 月，大兴一职与黄村镇人力资源服务中心合作举办

农村劳动力插花员首期培训班。该校园艺专业骨干教师利用校内外实训基地，采取理论与实践相结合的方式，对全体学员进行全面、系统、科学、有效的培训。首期参加培训的40名学员均为霍村周边农民，培训为期13天。年内，该校先后与青云店镇、采育镇、庞各庄镇、长子营镇等镇政府合作，开展农民富余劳动力转移培训，并先后组织计算机操作员、插花员、绿化工等7期农民培训班，培训人数474人。

（宋思均　李辉）

北京市怀柔区职业学校

【概况】　2013年，北京市怀柔区职业学校占地面积22.68万平方米，产权校舍建筑面积4.99万平方米、非产权校舍建筑面积1.45万平方米。全年教育经费投入8036万元，全部为国家拨款。固定资产总值9748万元，其中，教学、科研仪器设备总值3300万元。图书馆建筑面积500平方米，藏有纸质图书4万册、电子图书8万册。拥有计算机450台，多媒体教室座位1600个。学校信息化经费投入340万元，网络信息点206个，校园网出口总带宽10Mbps，上网课程5门，数字资源量120GB。设有主校区和城区2个校区，4个系部，开设机械加工、汽车运用与维修、会展服务、学前教育等16个专业，43个教学班。教职工248人，其中，专任教师175人、教辅人员27人。专任教师中具有研究生学历6人，本科及以上学历占教师总数98%；高级专业技术职务83人、中级73人；“双师型”教师41人。聘请校外教师7人。毕业生412人，就业率100%，职业资格证书取证率98%。招生338人，其中，京籍学生320人。在校生2202人，其中，京籍学生2100人。网址：www.bjhrzyxx.com。

（王腾飞）

【成为全国机动车检测维修考试考点】　1月31日，怀柔职校经市交通委批准成为全国机动车检测维修专业技术人员技术水平考试北京考点。10月21至24日，该校首次承担全国机动车检测维修专业技术人员技术水平考试，来自全国各地27名汽修专业人员在学校实训基地参加汽修检测考试。

（何凤芝）

【成立国旗班】　2月25日，怀柔职

校正式成立国旗班。国旗班由31名学生组成，在每周一升国旗仪式上，统一着装，护卫国旗入场。该校军事化管理是同等职业院校中一大特色。

（蔡成玉）

【实行全体住宿生军事化管理】　9月1日起，怀柔职校实行全体住宿生军事化管理制度。早操响号，起床跑步；上午上课前集合站队；食堂就餐排队；晚自习后集合点名；晚寝响号，熄灯睡觉。实行住宿生军事化管理是为使学生逐步从“他律”转向“自律”，培养学生良好的自治能力和服务意识，使学生自立、自强、自律、自信，同时也锻炼和培养学生的团队合作精神和社会适应能力。

（王腾飞）

【庆祝建校30周年】　11月7日，怀柔职校举办建校30周年庆典。庆典由校长致辞，教师及学生代表发言，放映反映学校30年沧桑巨变的专题片，欣赏学校师生表演服装秀、舞蹈、小品、军体拳等节目组成。怀柔区教委领导、部分中学校长30人及该校全体教职员工和学生代表参加庆典。该校始建于1983年，隶属于怀柔区教委，1995年被国家教委认定为省（部）级重点职业高中，2007年被教育部认定为国家级重点中等职业学校，形成全日制学历教育、成人学历教育与短期技能培训并举的办学格局。曾获得全国成人教育先进单位、北京市职业教育先进单位等称号。

（王腾飞）

【完成社会培训和考核429人次】　至12月，怀柔职校共完成社会培训和考核429人次。该校实训基地组织社会人员进行高压电工、低压电工和焊工操作员培训及考核，其中，高压电工、低压电工考核249人次，焊工操作员180人次。

（何凤芝）

【承担两项农民培训项目】　至年底，怀柔职校承担两项农民培训项目。其中，农村劳动力“阳光工程”培训项目受怀柔区农业局委托，培训家禽饲养工、蔬菜园艺工和农产品经纪人等5个工种的“阳光工程”学员1200人；农村实用人才培训项目受怀柔区农委委托，培训6个乡镇15个行政村137个对接户的农村实用人才。培训中，学校紧紧把握农民培训需求和对接镇村的主导产业，聘请农民需要的“专家型”教师，保证培训质量。

（李永红）

【创新成人学历教育办学模式】　至年底，怀柔职校创新成人学历教育办学模式。该校将“阳光工程”农民技能培训与中专学历教育相结合，学员利用业余时间参加学习，学制1至5年，通过“技能鉴定＋理论考试”考核方式，可以取得中专毕业证书；参加与中国农业大学合作的网络教育可获得大专和本科毕业证书。全年共招收农民中专学员596人（包括春季451人、秋季145人）。

（李永红）

北京市平谷区第一职业学校

【概况】　2013年，北京市平谷区第一职业学校占地面积7.50万平方米，产权校舍建筑面积4.10万平方米。全年教育经费投入2566.86万元，其中，国家拨款2551.08万元、自筹经费15.78万元。固定资产总值7650.56万元，其中，教学、科研仪器设备总值2490.51万元。图书馆建筑面积696平方米，藏有纸质图书4万册、电子图书100万册。拥有计算机687台，多媒体教室座位940个。学校信息化经费投入2079.22万元，网络信息点1794个，校园网出口总带宽10Mbps，上网课程12门，数字资源量100GB。设有校本部、南校区和西校区共3个校区，开设机械制造与控制、汽车运用与维修和计算机网

络技术等8个专业，15个教学班。教职工171人，其中，专任教师61人、教辅人员128人。专任教师中本科及以上学历占教师总数83%；高级专业技术职务50人、中级76人；"双师型"教师33人。聘请校外教师4人。毕业生125人，就业率100%。招生85人，其中，京籍学生85人。在校生318人，其中，京籍学生272人。网址：www.pgyz.cn。

（贾爱兵）

【与SMC公司合作】　3至12月，平谷一职与SMC（中国）公司校企合作稳步推进。学校派专业教师到公司学习5S管理理念与源动力相关知识，并把理念运用到学校SMC青苗班管理上；组织2012级青苗班学生进入公司参观学习。公司为5名学生发放特优、优秀及专项奖学金共8000元；公司优秀企业员工及公司课长（青苗班企业辅导员）、主任（青苗班企业宣传员）与学校49名青苗班学生联谊。SMC是世界级的气动元件研发、制造、销售商。5S管理理念是指在生产现场中对人员、机器、材料、方法等生产要素进行有效管理，是日式企业独特的一种管理方法。

（李震生）

【完成5个实习实训室建设】　4至6月，平谷一职完成二、三维动画，动作捕捉，线拍，手绘5个动画艺术实习实训室建设。该实习实训室总投资374万元，能够完成现实人物动作捕捉及数字化，动画人物动作设计、创新等多个实训项目，为培养学生三维动画人物动作的设计、创新能力提供保障，满足学生校内顶岗实习需求。

（王瑞生）

【完成校园网建设】　8至11月，平谷一职投资780万元完成校园网建设。校园网可以实现上网安全认证和信息平台交互使用。校园网安装校园广播台和电视台，实现会议、讲座、培训等活动的直播和录播；安装80块液晶触摸屏和多媒体信息发布系统，从根本上解决多媒体教学中的输入和互动问题，将教师从"黑板+粉笔"的传统教学方式中解脱出来，提高教学交互性。在此基础上，校园安防监控系统和校长评估系统安装720P（高清）探头339个，实现校园重点防护地区全覆盖。

（王瑞生）

【开展教师转岗培训】　9至10月，

平谷一职承办平谷区转岗教师中餐烹饪理论与技能培训任务。共125名转岗教师参加培训。培训共分4期，每期培训1周，采用分组轮换方式，由烹饪教师分别讲授50种热炒和53种主食、面点制作方法。每名学员最终能够合理搭配各种菜品、原料，科学处理烹饪过程中各种问题，制作所学的面点及菜肴。

（耿晓明）

【提升学生自主教育能力】　至12月，平谷一职多举措营造学生自主教育环境。学校构建"小活动·大德育"体验式德育模式，以生动、富有教育意义的德育活动课、团会、社会大课堂和各种主题活动为载体，让学生在活动体验中接受自主教育，实施自主管理。建立健全团干部、学生干部的培养、考核与奖励制度以及学生值周制度，并对德育学分采取校评、师评、组评与自评相结合的评价方式，施行学生自我管理、自我教育、自我服务、自我约束的"四自"管理模式。对各方面表现突出的学生，学校设立"百星光荣榜"，促进学生养成良好行为习惯。

（徐凤群）

密云县职业学校

【概况】　2013年，密云县职业学校占地面积13.60万平方米，产权校舍建筑面积7.20万平方米。全年教育经费投入6409.30万元，全部为国家拨款。固定资产总值12033.87万元，其中，教学、科研仪器设备总值361.58万元。图书馆建筑面积4155平方米，藏书10.30万册。拥有计算机1646台，多媒体教室座位2905个。学校信息化经费投入50万元，网络信息点1696个，校园网出口总带宽500Mbps，上网课程9门，数字资源量2TB。设有校本部、东校区和西校区3个校区，5个系部，开设旅游服务与管理、电子商务（呼叫服务）和美容美发与形象设计等13个专业，75个教学班。教职工262人，其中，专任教师159人、教辅人员59人。专任教师中具有研究生学历9人，本科及以上学历占教师总数98%；高级专业技术职务55人、中级67人；"双师型"教师87人。毕业生729人，就业率95%，职业资格证书取证率87%。招生564人，其中，京籍学生554人。在校生3500人，其中，京籍学生3470人。网址：www.myzhiye.cn。

（陆洋林）

【校企合作实施"阳光计划社会奖"】　3月8日，密云职校与密云万润森泰有限公司校企合作及"阳光计划社会奖"签约仪式举行。根据协议，万润森泰公司每年出资3万元在学校数控技术应用专业实施"阳光计划社会奖"，奖励品学兼优的数控技术应用专业学生和在教学改革创新、指导技能大赛等方面取得突出成绩的优秀教师；企业职工参与数控技术应用专业实训基地教学；学校配合企业生产，留住优秀学生，为企业发展做贡献。

（陆洋林）

【开展"工学交替"企业实践活动】　3月13日，密云职校与北京九五太维资讯有限公司举行"工学交替"签约仪式。根据协议，"工学交替"为工作和学习交替进行，其中，企业负责提供实践场所、实践项目、实践考核；学校负责协助企业进行学生管理。该校继上年首次尝试单一项目、同一年级"工学交替"企业实践活动后，决定在示范校重点建设的客户信息服务专业深入推进"工学交替"人才培养模式和教学模式创新工作，尝试梯度双项目、一二年级交替进入企业的实践方式。至年底，该校完成2011级65名学生3名教师和2012级52名学生4名教师"工学交替"实践活动，每期活动为期2个月。

（陆洋林）

【与 3 家企业签订订单培养协议】 3 至 4 月，密云职校与 3 家企业签订校企合作订单培养协议。3 家企业分别为北京张裕爱斐堡旅游文化有限公司、古北水镇旅游有限公司和长城宽带网络服务公司。根据协议，学校成立冠名班为企业培养专业人才，企业为学生提供实习就业场所、为教师提供企业实践机会。

（陆洋林）

【33 名学生获得企业奖学金】 4 至 5 月，密云职校 33 名学生获得企业奖学金。其中，客户信息服务专业 5 名学生获北京联通维帆通信设备有限公司"联通订单班"企业奖学金共 9000 元，6 名学生获北京电信发展总公司"电信订单班"企业奖学金共 7000 元；2011 级及 2012 级 22 名学生获 SMC 青苗班企业奖学金共 3 万元。75 名学生获 2012 年政府奖学金，奖金每人 2000 元。

（陆洋林）

【开展社会培训】 6 月 3 日和 11 月 13 日，密云职校分别开展高速铁路从业人员岗前培训和密云县低收入群体技能培训。高铁从业人员岗前培训受房山区大石河农机学校邀请，该校旅游专业教师为 100 名高铁从业人员讲解高铁餐饮从业人员基本要求、高铁餐厅服务要求和中餐服务流程等知识。密云县 2013 年农村低收入户技能培训由密云县农村工作委员会牵头并提供经费，县教委和安监局协办，密云职校具体组织实施，对符合低收入条件的农民免费开展技能培训，以提升农村低收入群体转移就业能力，提高其经济收入。经前期调研、乡镇初级报名、资格审查筛选、课程设置研讨等环节，来自密云县 9 个乡镇 110 名学员参加培训，开设电工、焊工、中餐烹饪 3 个专业，学员经过为期 1 个月 120 学时的学习，参加职业技能资格证书考试，40 人考取中级技能证，33 人考取初级技能证。

（陆洋林）

【开展学生评教工作】 11 月 19 日至 12 月 11 日，密云职校开展学生评教工作。该校利用周二至周四的第七节课组织 35 个班 175 名学生进行评教工作，评价内容涵盖教师师德、教学规范、课堂教学组织、学生作业等七个方面。学生评价结束后，教务处统一对数据进行统计，并将学生建议和意见整理反馈至各教学单位，帮助教师有效整改。

（陆洋林）

【2661 人次参加技能考试】 至年底，密云职校共 2661 人次参加各项技能考试。其中，718 人次参加该校举办的数车中级、加工中心中级、汽修中级工、展览讲解员、商品保管员技能证考试；38 人参加计算机维修中级工考试；94 人次参加烹饪、餐饮服务技能证考试；70 人参加保育员职业技能考试；64 人次参加多媒体制作员和计算机网络管理员技能考试；297 人次参加话务员、网络通信安全管理员技能考证；73 人参加收银员技能考试；920 人次参加全国计算机等级考试；387 人参加北京市英语口语证书考试。1890 人次通过考试取得证书。

（陆洋林）

延庆县第一职业学校

【概况】 2013 年，延庆县第一职业学校占地面积 12.08 万平方米，产权校舍建筑面积 7.08 万平方米。全年教育经费投入 6518.42 万元，其中，国家拨款 6255.86 万元、自筹经费 262.56 万元。固定资产总值 10230.20 万元，其中，教学、科研仪器设备总值 3302.80 万元。图书馆建筑面积 1878 平方米，藏有纸质图书 5.20 万册、电子图书 4.50 万册。拥有计算机 748 台，多媒体教室座位 2200 个。学校信息化经费投入 300.66 万元，网络信息点 645 个，校园网出口总带宽 60Mbps，上网课程 68 门，数字资源量 3000GB。设有 5 个育新系列实训基地、1 个民俗旅游培训基地和 1 个种植养殖培训基地，开设中餐烹饪、汽车运用与维修和美发与形象设计等 19 个专业，79 个教学班。教职工 273 人，其中，专任教师 193 人、教辅人员 43 人。专任教师中具有研究生学历 6 人，本科及以上学历占教师总数 96.90%；高级专业技术职务 90 人、中级 103 人；"双师型"教师 52 人。聘请校外教师 34 人。毕业生 907 人，就业率 98.70%，职业资格证书取证率 93.44%。招生 679 人，其中，京籍学生 252 人。在校生 3438 人。网址：www.yqyz.org.cn。

（卫秀宗）

【接受车教助学捐赠】 4 月 11 日，

延庆一职接受北京现代汽车有限公司"车教助学"捐赠。企业捐赠 2 台整车、4 台发动机作为学校教学科研使用的教学设备，对汽修专业学生研究机械原理，加强动手实践能力有重要作用。

（卫秀宗　龙云杰）

【承办乌兰察布市骨干教师培训】 6 月 17 至 30 日，延庆一职承办内蒙古自治区乌兰察布市"双师型"骨干教师培训。培训采取集中学习和分散学习相结合的方式，安排讲座、听课、研讨、交流等多种形式。来自乌兰察布市 11 所职业学校 4 个专业 36 名教师参加学习。

（卫秀宗）

【通过 6 个工种培训资质验收】 11 月 13 日，延庆一职 6 个工种培训资质通过延庆县人力社保局验收。6 个工种分别是民俗旅游、小菜制作、插花员、保健按摩师、手工编织和工艺画制作。通过验收后，6 个工种可开展等级与非等级职业培训，服务区域社会经济发展。

（卫秀宗）

【举办首届信息化教学设计和说课比赛】 12 月 30 至 31 日，延庆一职举办首届"育新杯"信息化教学设计和说课比赛。比赛旨在提高教师教育技术应用能力和信息化教学水平，促进信息技术在教育教学中广泛应用。比赛要求参赛人员运用信息化教学手段完成教学设计，并通过现场说课进行比赛评比。共有来自 9 个专业教研组 32 名教师参加比赛。学校聘请北京市课改专家为特邀评委。经过角逐，评出一等奖 3 人、二等奖 7 人、三等奖 9 人。

（卫秀宗）

成人高等教育

【概况】　2013年，北京市共有独立设置成人高等学校19所，学校产权占地面积128万平方米，学校产权校舍面积87万平方米；固定资产总值284870万元，其中，教学、科研仪器设备值29862万元。教职工3403人，其中，专任教师1523人。成人高等教育学历毕（结）业生9.45万人（含普通高校举办的函授、夜大学、成人脱产班学生8.53万人），其中，本科生4.27万人、专科生5.18万人；招生10.17万人（含普通高校举办的函授、夜大学、成人脱产班学生9.25万人），其中，本科生4.46万人、专科生5.71万人；在校生25.83万人（含普通高校举办的函授、夜大学、成人脱产班学生23.47万人），其中，本科生10.46万人、专科生15.37万人。

（胡雨）

【举办两届中小幼教师继续教育联合体年会及学术沙龙】　1月22日和12月19日，北京市中小幼教师继续教育联合体2012年会暨第三届学术沙龙和2013年会暨第四届学术沙龙分别举办。两届年会分别总结两个年度中小学教师培训工作主要成绩，提出新一年度工作重点，并分别以“教师人文素养与培训课程建设”和“有效开展校本培训，提升教师素养”为主题交流分享各区县在教师培训方面的主要做法、特色与亮点。两届会议分别由顺义区教育研究考试中心和北京教育学院通州分院承办。

（刘琳）

【全国广播电视大学党委书记校长会召开】　4月26至27日，国家开放大学在贵州省贵阳市召开建设推进会暨2013年全国广播电视大学党委书记校长会。会议系统总结2012年国家开放大学和全国电大系统对开放大学建设的认识和推进工作取得的进展，分析远程教育及开放大学建设推进工作所面临的新形势新挑战，重点研究如何加快信息化建设和教育改革融合步伐，全面部署当前和今后开放大学建设推进工作。会议强调，要正确认识教育信息化在远程教育改革及开放大学建设进程中的推进作用，在进一步探索机制创新中形成共识，凝心聚力共同建设国家开放大学。

（孙明博）

【国子监大讲堂举办流动课堂】　5月23日，北京大学国子监大讲堂流动课堂启动仪式在东城区教委举行。会议介绍北京大学国子监大讲堂五年来的创办、成长及发展历程，宣读国子监大讲堂流动课堂实施方案，原本固定在国子监开堂授课的大讲堂将“搬进”社区、街道，让百姓在家门口就能聆听到北大教授的课程。会议还举办《山川悠远——中国传统山水画与现代人的心灵感悟》专题讲座。市教委、东城区教委、北京大学代表，东城区社区学院、市民学习中心相关领导、龙潭街道居民共120人参加启动仪式。北京大学国子监大讲堂2007年启动，共举办89次讲座，吸引北京市区乃至密云、河北等多地6000名市民参与，数十万人次在网上点击学习。2009年，北京大学国子监大讲堂被评为首批首都市民学习品牌。

（陈红　李银娅）

【建设3家素质工程学习超市】　7月9日，首都职工素质建设工程指导委员会办公室召开2013年学习超市工作会。来自各区县总工会负责人、各实体学习超市管理员参加。本年首都职工素质建设工程将实体学习超市搬进丰台区广播电视大学、平谷区职业学校和大兴区职业学校，至此，全市学习超市达12家。首都职工素质建设工程“学习超市”项目包括网上学习超市和实体学习超市两大板块。网上学习超市包括视频、图书等精品课程资源，具备网上学习、在线考试、信息查询等功能；实体学习超市集教育咨询、课程体验、资源信息发布等内容于一体。素质工程触摸屏系统是给实体学习超市配备的硬件设备，具有在线浏览报纸的功能。全市职工只需注册为学习超市网站会员，即可免费在线学习企业管理、局域网配置与管理、健康养生等多门实用课程。首都职工素质建设工程于2004年启动，由市总工会、市教委、人力社保局、中央电大、北京电大共同组织实施，内容包括职工素质教育、技能人才培养和创新成果应用三大体系，通过搭建政府主导、工会组织、社会资源服务、企事业单位和职工参与的公共服务共享平台，有效提升职工综合素质，促进职工职业发展。首都职工素质建设工程指导委员会办公室设在北京市总工会职工大学。

（刘广俊）

【举办信息技术发展与教育改革国际论坛】　11月3日，信息技术发展与

教育改革国际论坛在北京开放大学举办。论坛以“信息技术与教育改革”为主题，由主题演讲和案例分享两个部分组成。主题演讲部分听取中国教育部副部长、联合国教科文组织教育信息化团队负责人、联合国教科文组织教育信息化团队负责人、爱尔兰国际远程教育知名专家、美国新媒体联盟执行总裁分别对信息技术和教育融合理论与实践进行发言。案例分享部分听取北京开放大学校长等5人分享信息技术教育应用方面的实践案例与体会。论坛探讨信息技术发展对现代教育制度和教学方式的影响，交流国内外应用信息技术提高教育教学质量的革新实践，及其对于教育发展政策研究的意义。来自爱尔兰、美国的远程教育专家以及中国教育行政部门和全国各高校共计500人参加论坛。

（高玉英）

【召开素质工程首场职工成长报告会】

11月28日，首都职工素质建设工程指导委员会办公室召开“我的职业我的梦”职工成长报告会。报告会以“我的职业我的梦”为主题，围绕“如何成为有幸福、有尊严、有成就、有快乐的职工”主线开展。报告会邀请通过素质工程获得成长的优秀职工代表北京燃气集团首都劳动奖章获得者都宇、北京市保安服务总公司职工谭景伟、北京电力医院和北京外企工会联合会优秀征文代表发言，分享各自奋斗历程和成长心得。来自各区县、各基层企事业单位200人聆听报告。中华全国总工会、首都职工素质建设工程指导委员会办公室、市总职大相关负责人参加会议并讲话。7月，首都职工素质建设工程指导委员会办公室在全市组织开展“我的职业我的梦”职工读书系列活动，2000个基层单位10万名职工参与活动。

（刘广俊）

【中国国际远程教育大会召开】　11月21至22日，2013中国国际远程教育大会在京召开。会议主题为“开放、融合、变革——在线学习开启终身教育新时代”。会议聚焦在线学习发展新模式、新战略、新机遇，重点研讨在线学习推进终身教育体系构建、搭建终身学习“立交桥”的新思路、新方法、新举措。大会举办高校网院院长高峰论坛、开放大学建设高峰论坛、企业E－Learning卓越实践与企业大学建设高峰论坛、两岸数字化学习合作洽谈会、慕课（MOOCs）与在线学习高峰论坛、企业E－Learning与新技术发展高峰论坛、移动学习及新产品应用高峰论坛、政府培训与干部教育高峰论坛、国家“教育云”平台资源共享与企业合作圆桌论坛、微课与资源建设高峰论坛、基层电大创新发展高峰论坛、职业教育发展与信息化建设高峰论坛，还同期举办2013中国国际远程教育展。会议在国家开放大学、全国高校现代远程教育协作组指导下，由《中国远程教育》杂志社主办，来自企业大学及国家开放大学、部分省级电大以及部分地市级电大等单位1600人参加大会，参观人数超过3500人次。

（孙明博）

【评估高校在京成人校外教学站】　12月6日，市教委公布2013年高等学校在京成人高等教育校外教学站检查评估结果。市教委组织北京高校继续教育方面专家组成检查评估工作组，对各类高等学校在京设立的150个函授教育辅导站、业余教育校外教学点（统称“校外教学站”）进行检查评估。86个校外教学站检查评估合格，14个申请设立的校外教学站通过评估；2个校外教学站检查评估结果为不合格；25个校外教学站检查评估结果为暂缓通过；18个校外教学站在检查评估期间因主办学校调整办学布局等原因自行撤销。鼓励形成各自办学特色的校外教学站30个。市教委对检查评估不合格的校外教学站，建议主办高校及时予以撤销；对暂缓通过的校外教学站，要求在主办高校指导下及时自行整改，整改后可在期限内由主办高校向市教委书面申请复检；对自动放弃复检或复检仍不合格的校外教学站，建议主办高校在2014年上半年及时予以撤销，2014年起，不得在京招收成人高等学历教育学生；对已经自行撤销的校外教学站，自2014年度起，不得招收成人高等学历教育学生；对未通过申请建站评估的校外教学站，建议在综合办学条件明显改善后，再行申请，通过评估前，不得擅自进行任何形式的成人高等学历教育招生和办学。

（胡雨）

独立建制成人高等学校

国家开放大学

院　　长　杨志坚
党委书记　李　凌

【概况】　2013年，国家开放大学总部占地面积15517平方米，产权校舍建筑面积87542平方米。全年教育经费投入18115万元，其中，国家拨款4188.58万元、自筹经费13926.42万元。固定资产总值110485万元，其中，教学、科研仪器设备总值3068.87万元。图书馆建筑面积13920平方米，藏有纸质图书10.68万册、电子图书15339.52GB。拥有计算机2356台。学校信息化经费投入5427万元，信息化设备资产6255.38万元，网络信息点4000个，校园网出口总带宽800Mbps，电子邮件系统用户1234个，上网课程1349门，数字资源量18364.52GB，管理信息系统数据总量2000GB。国家开放大学办学体系由总部、分部、地方学院、学习中心和行业、企业学院共同组成，包括国家开放大学、44所分部、1000所地市级学习中心、3000个教学点和6万个教学班，覆盖全国城乡的远程开放教育办学网络。设有6个学科学院和直属学院、继续教育学院以及八一学院、总参学院、空军学院、西藏学院、残疾人教育学院，专设中国电视师范学院、中国燎原广播电视学校、中央广播电视中等专业学校。开设109个专业，其中，开放教育本科（专科起点）专业26个、专科专业64个、教育部“一村一名大学生计划”专业19个。教职工575人，其中，专任教师151人，包括教授18人、副教授83人。毕业809622

人，其中，本科228951人、专科532353人、教育部“一村一名大学生计划”学生48318人。招生1075787人，其中，本科320384人、专科702880人、教育部“一村一名大学生计划”招生52523人。在校生3667290人，其中，本科1057802人、专科2423219人、教育部“一村一名大学生计划”186269人。网址：www.ouchn.edu.cn。

（孙明博）

【设立12家行业学院】 1月17日和11月25日，国家开放大学设立12家行业学院。1月17日，在黑龙江广播电视大学设立国家开放大学粮食学院，开设粮食工程、粮油储藏与检测技术专业；在山西广播电视大学设立国家开放大学矿业学院，开设煤矿安全技术与管理专业。11月25日，设立煤炭学院、社会工作学院、物流学院、纺织学院、机械工业学院、汽车学院、铸造学院、信息安全学院、循环经济学院和软件学院。行业学院是国家开放大学与行业部委合作，面向行业从业人员开展非学历继续教育和学历继续教育的办学组织机构，是国家开放大学办学组织体系的重要组成部分。

（孙明博）

【新闻网正式上线】 5月13日，国家开放大学新闻网正式上线。新闻网是国家开放大学建设重要内容，标志着以国开新闻网为载体，由国家开放大学时讯周刊、中国网·国开在线频道、国家开放大学新闻中心微博（中国中央广播电视大学微博）组成的“一刊、一网、一微博”新媒体“三一”宣传平台诞生。该网站自2012年7月开始建设，开设13个栏目。

（孙明博）

【成立残疾人教育新疆学院】 5月19日，国家开放大学残疾人教育新疆学院正式成立并揭牌，同时首批学员开学。新疆维吾尔自治区教育厅、自治区残联向学院捐赠10万元奖学金，以鼓励残疾人通过学习知识改变命运。该学院设在新疆广播电视大学，专门为残疾人提供高等教育服务，首届开设专业为社会工作专业，共招收113人，其中，专科71人、本科42人。首批学员均为来自自治区基层的残疾人。该学院正式成立，标志着新疆拥有专门为残疾人提供高等教育服务的学府。

（孙明博）

【8个地方分部揭牌成立】 5至12月，国家开放大学8个地方分部先后揭牌成立。分别是黑龙江分部（5月24日）、西安分部（5月29日）、广州分部（6月19日）、甘肃分部（6月26日）、厦门分部（7月8日）、青岛分部（7月28日）、海南分部（12月13日）和江西分部（12月27日）。各个地方分部是国家开放大学办学体系的重要组成部分，依托各地方广播电视大学建立，接受国家开放大学总部指导和管理。

（孙明博）

【举办成果展示暨文化学习周活动】 7月1至5日，国家开放大学举办成立一周年阶段性成果展示暨文化学习周活动。活动包括部门建设成果展、资源建设专题展、信息化专题展、学生风貌展、国开（天津）展、第二届信息技术秀、多场学术报告等内容。其间，数字化学习技术集成与应用教育部工程研究中心、国家开放大学艺术学院挂牌成立，国家开放大学门户网站、国家开放大学5分钟微课程专题网站、大学生村官学习网开通，《中国远程高等教育发展研究报告（2012）》新书首发，国家开放大学爱阅读社区体验中心揭幕。学校邀请社会媒体“走进国开”，让社会了解学校建设取得的阶段性成果及其为推动全民学习、终身学习学习型社会构建所做新贡献。

（孙明博）

【“五分钟课程网”开通】 7月5日，

国家开放大学“五分钟课程网”正式开通。课程时长为5至10分钟，内容涉及文学艺术、教育体育、科学技术等10个一级大类。网站不需注册，免费使用。至年底，网站共发布50个专题6768门5分钟课程，全年总浏览量128725人次，注册用户6303人。5分钟课程建设工程项目于2012年底启动，建设目标是“人人可看，人人能懂”。“五分钟课程网”是泛在学习的突出亮点，是中国高校探索移动互联时代移动学习的重要实践之一，也是开放大学与普通高校共建共享在线课程的成功实践。

（孙明博）

【确定首批学习成果认证分中心试点单位】 7月11日，国家开放大学确定13家单位为首批学习成果认证分中心（认证点）试点单位。13家单位分别是天津广播电视大学、辽宁广播电视大学、沈阳广播电视大学、上海开放大学、安徽广播电视大学、江西广播电视大学、青岛广播电视大学、深圳广播电视大学、西安广播电视大学、甘肃广播电视大学、国家开放大学八一学院、珠海广播电视大学和宁波广播电视大学慈溪学院。国家开放大学认证服务体系建设正式启动。

（孙明博）

【8445名学生获各类奖学金】 7月17日，2012年度国家开放大学（中央电大）奖学金评审工作结束，共有8445名学生获得奖学金。其中，7354名学生获得中央广播电视大学奖学金，579名学生获得中央电大“希望的田野”奖学金，101名学生获得中央电大残疾人教育阳光奖学金，411名学生获得中央电大士官奖学金。获得奖学金的学生来自41所国家开放大学分部（省级电大）和国家开放大学各学院，分布在1446个教学点，涵盖68个专业；其中，本科学生3560人，专科学生4885人；548名学生来自少数民族。

（孙明博）

【明确学士学位授权办法】 8月15日，国务院学位委员会印发《关于审核国家开放大学和地方开放大学学士学位授权的意见》。意见明确国家开放大学学士学位授权办法，明确指出，国家开放大学学士学位授予权由北京市学位委员会审批；开放大学申请授权审核的时间可由普通高校有首届本科生毕业的当年，调整为以开放大学名义招收本科生的当年；开放大学申报的学位授权专业，应是教育部批准开放大学举办的本科专业。9月26日，教育部同意对国家开放大学开设的金融学等26个本科专业、金融等75个专科专业备案。

（孙明博）

【成立3个委员会】 9月13日，国家开放大学成立国家开放大学质量保证委员会、学位评定委员会和学术委员会。质量保证委员会委员47人，负责指导和审议学校相关职能部门、各教学单位有关教育教学质量的重大项目报告和方案；指导、监督、检查学校教育教学全过程的质量保证工作；指导开展对学校人才培养质量的追踪调查；审议《国家开放大学年度质量报告》白皮书；审定各分委员会年度工作计划，并对其落实情况进行指导和监督。下设各分委员会在质量保证委员会领导下开展国家开放大学质量保证专项工作。学位评定委员会委员52人，学术委员会委员29人。各委员会成员均从国家开放大学总部、各分部、相关高校、行业协会以及相关政府机构遴选产生。

（孙明博）

【开放大学实验学院揭牌】 10月29日，国家开放大学实验学院揭牌。实验学院是在中央电大学习中心基础上建设成立，主要面向在职成人开展远程开放教育，是国家开放大学直属办学机构。实验学院宗旨是为学习者提供多样化学习服务，为所在地区、行业企业、社会组织培养专业化、职业化、应用性的专门人才，为国家开放大学改革创新发挥实验、示范性作用，学制2至8年，学历层次为本科。至年底，开设本科专业10个，专科专业25个，招生30624人。中央电大学习中心成立于2001年4月，主要开展学历教育，承担"实验性、示范性"任务，致力于为中央电大在教学模式和教学管理模式改革探索提供实验场所。

（孙明博）

【开通"滇西学习网"】 11月5日，国家开放大学"滇西学习网"（http：//dianxi. nerc－edu. com）在云南大理开通。该网站依托国家开放大学30年办学经验和大量优质数字化学习资源，立足滇西地区社会教育需求，为

滇西民众打造一个免费共享优质数字化学习资源的学习与交流平台。网站包括开放课堂、专家讲坛、滇西风采等栏目，提供八大类、数十小类课程。课程中视频资源均采用"微课程"形式，时长5至15分钟不等。至年底，上线发布课程3800门，惠及滇西楚雄、丽江和德宏等10个州市56个县全体社会成员。11月12日，教育部面向滇西各州市教育局发布关于做好"滇西学习网"宣传与推广的通知，要求充分利用好"滇西学习网"的数字化学习资源，建立资源共建共享运行维护机制，推动学习网实现可持续发展。

（孙明博）

【大讲堂首播】 11月29日，国家开放大学大讲堂在中国教育电视台一频道（CETV1）首播。首期主题为"科学与中国——院士专家讲座"，由国家开放大学与中国科学院院士工作局共同策划推出，中国科学院院士、中国工程院院士和专家讲解各科学领域内的前沿理论和应用成就。大讲堂涵盖"文化、科技、生活"三大主题，坚持"优秀、专业、适合大学属性"选题原则，综合运用电视、网络、新媒体等现代传播手段，由国家开放大学集聚社会优质资源，历时两年打造的大学公开电视系列讲座课，旨在向社会公众传播文化知识，培养科学素养。至年底，大讲堂共播出6期。

（孙明博）

【完成首期云教室建设工作】 至年底，国家开放大学完成第一期云教室建设工作。云教室建设重点面向新疆、西藏、青海等西部地区，完成63间云教室的安装、联调测试和验收，全部投入使用。全年开展远程答辩、远程教研等活动近百次。云教室是基于云计算技术基础上的计算机、电化教室管理系统，建成后，可实现国家开放大学体系内的教室互联，双向实时教学、远程答辩和远程教研均可通过高清视频系统进行，边远地区学生能与大城市学生同步学习。

（孙明博）

北京教育学院

党委书记 马宪平
院　　长 李　方

【概况】 2013年，北京教育学院占地面积5.27万平方米，产权校舍建筑面积10.03万平方米。全年教育经费投入25162.02万元，其中，国家拨款21903.87万元、自筹经费3258.15万元。固定资产总值27515.86万元，其中，教学、科研仪器设备总值8075.21万元。图书馆建筑面积2961.80平方米，藏有纸质图书65.88万册、电子图书3060GB。拥有计算机1483台，多媒体教室座位4102个。学校信息化经费投入208.99万元，信息化设备资产4604.68万元，网络信息点1400个，校园网出口总带宽170Mbps，电子邮件系统用户580个，上网课程81门，数字资源量3100GB，管理信息系统数据总量0.8GB。设有黄寺校区、文兴街校区和中轴路校区等5个校区，7个二级学院，1个图书资料中心。设有17个教学系，开设29个专业，覆盖5个学科。教职工559人，其中，专任教师268人，包括教授15人、副教授105人。兼职教师37人，包括教授10人、副教授26人。毕业生1447人，其中，专科生913人、本科生534人；招生835人，其中，专科生503人、本科生332人；在校生4154人，其中，专科生2832人、本科生1322人。参加短期汉语学习的留学生781人。全年岗位培训和继续教育结业学员48313人次。网址：www. bjie. ac. cn。

（刘琳）

【完成"知行中国"项目】 1月11日，教育学院召开"知行中国"——中小学班主任教师培训项目总结会。该项目骨干教师培训于2010年5月26日开班，远程培训于6月22日启

动，教育学院负责组织管理、质量监控与考核评估。该项目是依托有关网络平台组织实施的骨干教师先期集中研修与大规模网络远程培训相结合的班主任培训项目，覆盖全国28个省、市、自治区1000个区县，累计集中面授培训近3000名培训管理者和指导教师，远程培训25万名中小学一线班主任教师。该项目是首次由国内企业家捐资进行的大规模班主任培训，也是首次在全国范围内开展的大规模“国培计划”远程培训。

（刘琳）

【开展国际理解教育专题培训】 3月9日和9月14日，教育学院2013年北京市中小学教师国际理解和可持续发展教育项目分别在石景山区和大兴区开班。石景山区培训项目持续至7月，共培训80课时，分为理论学习、分组实践和展示交流三个阶段。培训采取理论讲座、教材解析、跨区观摩、课堂实践、展示交流等多种形式推进。26人参加培训。大兴区培训以成熟期的小学人文学科教师为培训对象，主要包括小学语文、品德与生活、品德与社会等学科教师。培训采用理论讲座与教学实践相结合方式，共80学时，通过专题培训，使学员掌握国际理解教育课程教学基础知识和基本技能，能够积极主动开展国际理解教育，提升国际理解教育教学能力，成为国际理解教育合格教师。共38名小学教师参加培训。

（刘琳）

【开展前辈见证历史访谈活动】 3月

12日至7月18日，教育学院开展“前辈见证历史”访谈活动。活动共邀请6名市级老领导在内的66名老同志口述学院改革发展的历史。该院70名青年教职工承担访谈、录像、文字整理和影像资料编辑整理等工作任务，其成果集结成图书及同名光盘《见证历史》。

（刘琳）

【学科带头人和骨干教师培训项目结业】 4月13日，教育学院举行2012年北京市学科带头人和骨干教师培训项目结业典礼暨优秀成果表彰会。会议总结上年市级学科带头人和骨干教师培训工作，表彰2011～2012年学科带头人与骨干教师优秀成果一等奖、二等奖获得者。该项目于2012年4月启动，包括前期储备、研究与实践、成果形成与交流三个阶段。全市1500名市级学科带头人和骨干教师进入59个工作室开展研修活动，为期一年。

（刘琳）

【开展公益讲座回馈社会活动】 5月28日，教育学院“60场公益讲座回馈社会”活动首场讲座在北京光明小学举行。学院教师就学生心理健康、如何培养学生健全人格等内容，结合教育案例，作题为《天性与教养——弗洛伊德人格结构对教育的启示》首场专题讲座。光明小学近600名教师与学生家长聆听讲座。该活动是学院在建院60周年之际，为纪念和传承服务首都基础教育和教师专业成长优良传统而开展的院庆系列活动之一，全年共面向社会公布53个专题讲座，内容涵盖当前基础教育热点、学科教学指导等方面，同时兼顾特定知识领域爱好者和社区居民需求。

（刘琳）

【开展中职文化课教师培训】 5月31日，教育学院举行2013年中职文化课教师培训班开班典礼。培训开设语文、数学、英语和计算机等11个学科，共120学时。来自全市中等职业学校220名文化课教师参加培训。6月24日，远郊区县班在房山区举行开班典礼。共招收学员80人，分文、理两大学科，共120学时。

（刘琳）

【承办大兴区小学英语教师听说能力提高封闭培训】 8月15至24日，教育学院承办大兴区小学英语教师听说能力提高封闭培训。培训围绕“提升小学英语教师的英语听说能力”主题，针对学员中“教非所学”现象较为普遍，着重从国际音标、单词发音、语调节奏、课堂用语和交际能力五个方面进行训练，使学员能够在英语发音、话题谈论、课堂教学用语和互动交流方面得到提升。集中学习后，学院还对学员开展教学设计和实施方面的研训一体培训，为期一个学期。大兴区23所小学59名小学英语教师参加培训。

（刘琳）

【开展大型师德教育和研修活动】 8月30日至9月2日，教育学院开展大型师德教育和研修活动。活动主题为“学习最美乡村教师高尚师德，助力最美乡村教师专业发展”，邀请获得“最美乡村教师”和“最美乡村教师团体”称号的18名教师走进学院、走进中小学课堂、走进北京文化名胜，开展“师德深交流”“培训微课程”“名师面对面”和“志愿者手拉手”活动，使教职工受到师德教育同时，无偿为最美乡村教师提供首都基础教育教师培训优质资源。

（刘琳）

【第五次承办“国培计划”示范性项目】 9月18日至11月30日，教育

学院承办4项“国培计划（2013）”示范性项目。分别是紧缺薄弱学科骨干教师培训项目、培训团队研修项目培训管理者班、中小学骨干班主任教师研修项目和中小学骨干教师研修项目初中数学班，涉及9个学科，共培训学员948人，均是为期10天60学时的短期集中培训。培训模式各俱特色，其中，紧缺薄弱学科项目分为初中体育教师、初中体育教研员、小学体育教研员、小学体育教师和小学美术教师五个班轮流施训；培训团队研修项目培训管理者班突显“以例释理、以研促学；以境启智、以修促行；以终为始，以用促变”培训特色。该院第五次承办教育部“国培计划”示范性项目。

（刘琳）

【承办“国培计划”多个中西部项目短期集中培训】 9月22日，“国培计划（2013）”宁夏中西部项目小学科学骨干教师短期集中培训在教育学院开班。该培训为期10天，共60课时，有学员96人。培训班聘请特级教师、市级骨干教师等优秀师资力量，通过集中学习、名校教学参观、课题研究、考察科技场馆等分模块、多形式的课程安排，提高学员对科学课程改革理解力、开展探究式科学教学等方面能力。7月3日至12月6日，该院承办宁夏、河南、甘肃等省的中西部项目短期集中培训共9个，培训时间7至20天不等，涉及12个学科，共培训学员826人。

（刘琳）

【举办外埠培训】 10至11月，教育学院举办多项外埠培训。其中，举办重庆中小学校长短期培训，邀请北京师范大学和教育学院教授作三场专题讲座，组织学员到中小学参观考察，并与校长交流和研讨。重庆市103名中小学校长参加培训。与北京教育党校共同承办2013年福建省委教育工委中小学党支部书记研修班，培训为期3天，包括集中理论培训和分组党建考察。来自福建省中小学、幼儿园和部分中职学校101名书记参加培训。举办2013年长春汽车经济技术开发区教学校长与教研员北京培训班，培训为期10天，内容包括专业情意与职业信仰、课程与管理、教学与教研三个模块，以集中学习和现场实践形式进行。50名教学校长和教研员参加培训。

（刘琳）

【编写学院志】 10月，《北京教育学

院志（2008～2013）》正式出版。志书由北京出版社出版发行，为16开精装本。该书是在《北京教育学院志（1953～2008）》基础上开展的续编工作，分为基本功能与主要任务、教学与科研、教学院系与专业发展、管理与组织建设四篇，共37万字。该项工作于2月28日启动，共有126人参与编写。

（刘琳）

【举行美术作品展和美术作品集首发式】 11月7日，“圆梦教育 彩绘师情”——北京教育学院建院60周年美术作品展开幕式暨美术作品集首发式举行。作品展展出包括油画、国画、书法、设计和综合材料等多类美术作品80幅，以及“镜头中的北京教育学院”教职工摄影作品60幅。《北京教育学院建院60周年美术作品集》收录该院教师及国家级培训、援助性培训、各省市委托合作培训学员美术作品300幅。作品既表现教师多元化的创作风格和对专业创新的追求，展现几代教师承前启后、共谋发展的办学传统，也展示美术教师培训学员的专业水平与专业能力，同时折射出该院多年教学培训成果。来自教育部领导，各区县教委、教师培训机构负责人及学院领导参加活动。

（刘琳）

【编制院史纪录片】 11月19日，教育学院召开院史馆文献纪录片审定座谈会。15名离退休老领导与学院领导共同审定院史纪录片《六十年——北京教育学院历史回眸》。该院于3月正式启动纪录片编制工作，挖掘、整理300盘影像资料，制作完成9集纪录片，总时长2小时16分钟。

（刘琳）

【举办中美中学职业生涯规划教育专题培训】 11月25至27日，教育学院举办中美中学职业生涯规划教育专题培训。培训包括生涯理论与中国本土化实践、北京中学生涯教育发展和模式探索、北京高中生涯教育教材开发与运用、美国职业生涯教育发展现状、美国职业生涯教育项目的策略与执行。专家团队包括美国纽约市立大学巴鲁商学院艾博·迪·泰威尔（Abe D. Tawil）博士等4名美国生涯教育专家和国内多名学校生涯规划教育理论及实验方面专家。来自该院“生涯教育与创造性培养”重点学科组成员与生涯规划基地校教师，祥云行动骨干校长高研班、北京市中小学干部教师国内访学计划、2013年积极心理教育大讲堂高中生涯规划班和2012年北京市心理学科市级学术带头人和骨干教师培训学员等180人参加培训。

（刘琳）

【召开中小学干部教师培训60年回顾座谈会】 12月14日，教育学院召开北京市中小学干部教师培训60年回顾与展望座谈会。会议听取党委书记作《建设全国一流的校长教师研修高地》主题发言；展示学院60周年院庆部分纪念活动成果，续编完成《北京教育学院志（2008～2013）》；举办“60位前辈见证历史”访谈活动、60场公益讲座回馈社会活动、“最美乡村教师走进北京教育学院”大型师德和理想信念主题教育活动，编辑出版《校友风采——北京教育学院建院60周年优秀校友回忆录》，举办“圆梦教育、彩绘师情”美术作品展及美术作品集首发式，编制院史纪录片等。2013年是教育学院建院60周年，本着务实简朴工作原则，该院围绕“基础建设、文化建设、学术建设”三条主线开展一系列纪念活动。教育学院于1953年建立，初名北京教育进修学院；1978年，“文革”期间一度停办的北京教师进修学院复院，更名为北京教育学院；1993年12月，北京教育学院与北京教育行政学院合并，定名为北京教育学院，同时北京英语教师培训中心并入学院外语系。2000年9月，北京市成人教育学院、北京实验大学、北京市成人教育服务中心并入学院。

（刘琳）

【召开重点学科建设三年验收和年度总结评审会】 12月24日，教育学院召开重点学科建设三年验收和2013年度总结评审会。会议聘请35名各学科领域专家对12个首批重点建设学科进行三年验收评审，对5个第二批重点建设学科进行年度总结考核。经学院学科建设领导小组审议，17个重点建设学科年度考核全部合格通过，首批建设的12个重点学科三年验收合格。3年来，该学院首批建设的12个重点学科共发表论文457篇，其中151篇发表在核心期刊上；出版教材专著107本；开发培训专题课

648门。

（刘琳）

北京开放大学

党委书记　沈玉宝
院　　长　胡晓松

【概况】　2013年，北京开放大学占地面积2.61万平方米，产权校舍建筑面积5.22万平方米。全年教育经费投入16616万元，其中，国家拨款7836万元、自筹经费8780万元。固定资产总值13601万元，其中，教学、科研仪器设备总值5308.90万元。图书馆建筑面积1900平方米，藏有纸质图书4.32万册、电子图书1239.26GB。拥有计算机1437台，其中教学用977台。学校信息化经费投入380元，信息化设备资产3609.55万元，网络信息点3200个，校园网出口总带宽500Mbps，电子邮件系统用户13049个，上网课程892门，数字资源量21985.86GB，管理信息系统数据总量4310GB。设有皂君庙、白塔庵和西直门3个校区，55个教学单位。校本部教职工297人，其中，专任教师113人，包括教授9人、副教授31人。聘请校外教师111人，其中，教授7人、副教授21人。毕业19088人，其中，专科生12915人、本科生6173人。新业务招生60人，传统业务招生17939人。在校生103182人，其中，专科生67179人、本科生36003人。网址：www.bjou.org。

（高玉英）

【开设华夏银行金融学本科班】　3月17日，北京开放大学直属学院金融培训中心开设“华夏银行金融学本科班”。该班与华夏银行联合举办，面向华夏银行员工，教学依据华夏银行人力资源需求，在通识课程与公共基础课程教学体系基础上，重点改革金融学专业选修课程与社会实践课程，建立合理的金融专业知识体系，使课程内容真正符合金融行业需求。学制2年，毕业通过网络考试，可取得国家开放大学颁发的本科毕业证书。本年春季在华夏银行招收金融学专业学员120人。

（高玉英）

【举办青年教师教学基本功比赛】　4月12至16日，北京开放大学举办第六届青年教师基本功比赛。比赛分为预赛和决赛两个环节，由评定委员会根据教师现场教学演示和教案教学设计两方面综合评定。27名青年教师分组参加初赛，采用问题抛锚、案例引入、探究教学、小组学习、总结反思等多种教学策略，创设动态交互的课堂教学，并熟练运用多种教学媒体和方法手段，展示良好的业务素质和扎实的基本功。决赛评出一等奖6人、二等奖9人，并推选1名教师代表学校参加第七届北京高校青年教师教学基本功比赛。

（高玉英）

【评选网上学习之星】　4至6月，北京开放大学开展“网上学习之星”“网上助学之星”及“网上教学先进单位”评选活动。活动是为鼓励学生积极参加网上学习。“网上学习之星”推荐对象为2012年秋季在学校在线学习平台注册学习的学生，网上学习时间为上年9至12月，评选标准包括平台浏览次数、浏览累积时间、论坛发帖数3项；“网上助学之星”从督促指导学生上网学习表现突出、学生评价较好两方面评价；“网上教学先进单位”根据在线学习平台提供的管理员报表，从学生上网率、人均浏览次数、人均浏览时间、发帖率、人均发帖数5项指标进行评价。各教学单位推荐候选人，学校成立评选小组评审，最终评选出“网上学习之星”117人、“网上助学之星”48人、“网上教学先进单位”15个。学校建立专门网页展示和分享“网上学习之星”“网上助学之星”及“网上教学先进单位”获得者风采及其学习体会、助学心得和管理之道。

（高玉英）

【成立青年读书社】　5月3日，北京开放大学青年读书社正式成立。该社团是在学校团委领导下，由青年教职工自愿组成的以学习交流为目的的社团组织，宗旨为“以读有用之书为主，且思有益之事，辩有才之论，做有为之青年”。读书社根据需要，采取不同形式，开展好书推荐、新书速摘、阅读沙龙等活动，提高青年教职工的文化修养和综合素质，营造“勤学善思、美美与共、勇于创新”校园文化氛围。

（高玉英）

【合作搭建地平线报告全球首发平台】　11月2日，北京开放大学与中国人民大学附属中学联合举办新媒体联盟科学教育展望专题报告会。美国新媒体联盟首席执行官宣告《地平线报告（2012年博物馆教育版）》在全球首次发布。作为2013年度《北京开放大学学报》增刊，学校于10月翻译出版《地平线报告》最新版本，包括《2013高等教育版》《2013基础教育版》以及《2012博物馆教育报告》（最新版）。中文翻译版在新媒体联盟官网发布。1月，北京开放大学得到新媒体联盟正式授权翻译出版的《地平线报告》（2012年高等教育版、基础教育版）中文版，被新媒体联盟官方网站（www.95114.org）收录。根据该校与新媒体联盟合作协议，双方在地平线报告中文版、新媒体联盟会员资格、国际会议和交流、合作研究四个方面开展后续合作。

（高玉英）

北京宣武红旗业余大学

【概况】　2013年，北京宣武红旗业余大学占地面积32837平方米，产权校舍建筑面积35997平方米。全年教育经费投入2699.32万元，其中，国家拨款1963.18万元，自筹经费736.14万元。固定资产总值1943.78万元，其中，教学、科研仪器设备总值1415.23万元。图书馆建筑面积300平方米，藏有纸质图书6.50万册、电子图书4800册。学校信息化经费投入317.28万元，信息化设备资产292.28万元，网络信息点440个，校园网出口总带宽110Mbps，电子邮件系统用户114个，上网课程58门，数字资源量82GB，管理信息系统数据总量108GB。设有右安门、广安门外小红庙和西便门老龄大学等3个校区，设13个行政部门，5个教学系。开设30个专业，覆盖12个学科。教职工 121 人，其中，专任教师 61 人，包括教授 2 人、副教授 14 人。兼职教师 60 人，其中，教授 12 人、副教授 21 人。专科学历在校生 1073 人、招生 410 人、毕业 311 人；北京理工大学继续教育学院红大教学站在校生 212 人、招生 60 人、毕业 136 人；北京理工大学远程教育学院红大教学站在校生 414 人、招生 110 人、毕业 121 人；北京交通大学继续教育学院在校生 1319 人、招生 372 人，毕业 322 人；北京师范大学继续教育学院在校生 79 人、招生 31 人、毕业生 24 人。全年培训 7125 人次。网址：www. hqdx. com。

（李艳君）

【举办市民大讲堂】 6月10至14日，

红旗业大举办市民大讲堂系列活动。活动以为周边社区居民提供文化艺术知识为目的，讲座涵盖心理健康、书画艺术、育儿保健、珠宝鉴赏和信息化生活多方面内容，邀请各领域专家宣讲，得到市民认可与欢迎。

（李艳君）

【举办速录行业专题系列讲座】 10 至 12 月，红旗业大举办“速录行业职业素质培训”专题系列讲座。讲座共 8 讲，聘请相关专家授课，采取讲授、分组讨论、示范等方式授课，主要从职业心理辅导、应用文写作、办公软件处理和公务礼仪指导四个方面讲授与辅导。200 名学员参加学习。

（李艳君）

【开展社区工作者培训】 11 月 25 日，西城区 2013 年社区工作者培训班在红旗业大开班。培训主要促进新入职社区工作者尽快熟悉和掌握工作内容，更好地为社区居民服务。培训为期 3 天，共 30 课时，包括《如何做好新时期的社区工作》《塑造美好个人形象——社区工作者礼仪与沟通技巧》《团队合作》和《创新思维与创新管理》，来自全区 15 个街道 320 人参加培训。

（李艳君）

【开展社工委社区干部培训】 12 月 16 至 23 日，红旗业大举办西城区委社会工委学习十八届三中全会精神培训班。培训主题为“社会组织发展与社会管理问题研究”，分别就党的十八大报告中加强社会建设、社会组织发展现状与存在问题等多个角度，解析社会组织发展的思路与对策。西城区社工委机关干部 100 人参加学习。

（李艳君）

北京市总工会职工大学

【概况】 2013 年，北京市总工会职工大学占地面积 2.07 万平方米，产权校舍建筑面积 2.87 万平方米。全年教育经费投入 2163 万元，其中，国家拨款 1600 万元、自筹经费 563 万元。固定资产总值 4464 万元。其中，教学科研仪器设备总值 695 万元。图书馆建筑面积 950 平方米，藏书 66275 册。拥有计算机 759 台，多媒体教室座位 2432 个。学校信息化经费投入 310 万元，信息化设备资产 907 万元，网络信息点 350 个，校园网出口总带宽 30Mbps，电子邮件系统用户 200 个，上网课程 219 门，数字资源量 46GB，管理信息系统数据总量 700GB。设有工会理论与职工教育研究所、素质工程工作部、继续教育部、职业技能培训部等教学科研机构及 8 个职能教辅部门。设有 1 个教学系，开设 21 个专业。教职工 110 人，其中，专任教师 51 人，包括高级专业技术职务 6 人、中级 33 人；兼职教师 1748 人。毕业 454 人，其中，党校研究生班 49 人、北京电大 127 人、成人高考 278 人。招生 701 人，其中，党校研究生班 43 人、北京电大 141 人、成人高考 517 人。在校生 2172 人，其中，党校研究生班 133 人、北京电大 416 人、成人高考 1623 人。全年培训工会干部 5191 人次。面向各单位开展定制式培训，培训 39 家单位近 4000 名职工和管理人员，涉及心理健康、财务知识、形势与政策及企业管理等内容。举办劳务派遣和社会保险专项培训班，培训人事干部 200 人。网址：www. ghgy. com. cn。

（刘广俊）

【举办工业国防工会专题培训】 4 月 9 日，市总职大举办北京市工业国防工会专题培训。培训班邀请人力社保部劳动工资研究所原所长、中国劳动学会副会长兼薪酬专业委员会会长授课，介绍中国收入分配制度的现状、问题及原因分析，中国收入分配制度改革的大政方针及未来走向，并结合十八大内容进行深入解析。来自北京市工业国防系统各企事业单位的工会干部及职工代表共 500 人参加培训。

（刘广俊）

【举办工资集体协商指导员专题培训】

4 月 18 日，市总职大举办工资集体协商指导员培训班。来自各区县劳动争议调解中心调解员、签约律所律师调解员共 370 人参加培训。培训班邀请中国劳动关系学院法学系主任讲授《劳动合同法（修正案）》相关重点问题，北京德恒律所律师讲授《劳动合同法（修正案）》案例及实践操作，市总工会法律部专家讲授劳动争议调解原则与技巧，进一步加强首都劳动争议调解联动机制建设，提高劳动争议调解员的业务素质和专业水平。

（刘广俊）

【推出素质工程 5 门通识课程】 5 月 28 至 29 日，市总职大举办首都职工素质建设工程举办师资培训会。会议推出职业与发展、经济社会生活常识和职工法律素养提升 3 门通用能力培训课程以及物业、零售行业 2 门通用课程。职业与发展课程邀请北京工商大学教授讲授，经济社会生活常识和职工法律素养提升课程分别邀请北京财贸职业学院教授和岳成事务所律师讲授，物业、零售行业课程邀请北京电子科技职业学院和北京财贸职业学院教师讲授。来自24个通用能力培训站点近百名教学科研人员参加学习。至此，素质工程共开发30门课程。

（刘广俊）

【检查评估学分银行计划】　7月1日，市总职大“学分银行计划”项目福田教学站通过市教委对高等学校在京成人高等教育校外教学站的检查评估。该计划是继北京燕山石化、北京燃气、北京金隅和北京现代教学站之后接受检查的最后一个教学站。至此，“学分银行计划”完成市教委对高等学校在京成人高等教育校外教学站的全部检查评估工作。

（刘广俊）

【推出劳动合同法修正案新课程】　9月29日，市总职大推出“学习《劳动合同法》修正案，依法规范企业劳务派遣用工”课程。该课程是学校教师深入基层，咨询关于劳动合同管理、劳务派遣等相关问题，在充分了解其培训需求的基础上推出的新课程。课程对劳动合同法修正案出台背景和主要内容进行详细梳理和解读，同时对工会工作面临的挑战及应对措施进行详细阐述。该课程设置4课时，面向各级基层单位职工、工会干部和人力资源部门。

（刘广俊）

【举办工会经费税务代收信息化培训班】　11月7日，市总职大举办工会经费税务代收统计分析培训班。来自各区县、开发区总工会分管主席，税务代收工作负责人、具体工作人员，所属街道乡镇工会税务代收工作人员共500人参加培训。北京市总工会税务代收办公室提出包括登记库、采集库、经费收缴库等4个库的建设和完善对于工会经费（筹备金）税务代收工作的重要意义。培训班安排计算机软件在统计分析中的应用、税务代收系统操作等相关内容，聘请微软首席培训师和新中大合力工程师授课。

（刘广俊）

【举办女工干部培训班】　12月3日，市总职大举办女工干部培训班。培训针对参训学员的实际情况，结合市总会女工工作重点，听取中华女子学院教授题为《新形势下维护女职工权益的理念和方法》和《塑造阳光心态，共享幸福和谐》两个专题讲座，提升各级工会女职工干部依法维权的综合能力和工作水平。来自各单位工会女职工主任、女职工干部共350余人参加学习。

（刘广俊）

北京市西城经济科学大学（北京市西城区社区学院）

【概况】　2013年，北京市西城经济科学大学（北京市西城区社区学院）占地面积4.10万平方米，建筑面积4.20万平方米。全年教育经费投入2636万元，其中，国家拨款1587万元、自筹经费1049万元。固定资产总值1390万元，其中，教学、科研仪器设备总值648万元。图书馆建筑面积1500平方米，藏有纸质图书10.72万册。拥有计算机826台，多媒体教室36间，语音实验室座位82个。学校信息化经费投入255万元，信息化设备资产值799万元，网络信息点650个，校园网出口总带宽30Mbps，电子邮件系统用户160个，上网课程9门，数字资源量99.40GB，管理信息系统数据总量113.80GB。设有4个校区，4个教研室，开设41个专业，覆盖10个学科。教职工143人，其中，专任教师60人，包括副教授22人。兼职教师75人，包括教授7人、副教授24人。毕业527人，招生870人，在校生1540人。中央民族大学继续教育学院西城经科大教学站毕业33人、招生41人、在校生187人；中国传媒大学远程与继续教育学院西城经科大教学站毕业333人、招生460人、在校生1626人；中国人民大学网络教育学院西城经科大报名点报名18人。全年开设40个培训项目，培训1万人。全年组织和开展市民教育教学及成果展示等各类活动8510次（项），参与活动和受教育者85万人次。网址：www.xcjkd.org。

（何伶）

【成立青年研究会】　5月4日，西城经科大成立青年研究会。研究会由学校35岁以下青年教职工组成，采取自主管理的模式，服务于学校教学与科研工作以及西城区学习型城区建设，促

进青年共同发展的团体，活动经费由学校拨款。研究会旨在培养青年教职工的教学科研能力和工作作风，增强青年凝聚力。研究会设会长1人、理事5人。

（何伶　郭薇）

【教学点通过评估】　6至7月，西城经科大教学点接受市教委教学评估检查。该校与中央民族大学继续教育学院、中国传媒大学远程与继续教育学院联合办学教学站（点）、北京市实用美术职业学校联合办学点参加评估。检查评估采用自查自评、专家进校实地检查、评估专家组进行评价打分等程序，重点检查规范招生、办学行为和教学及教学管理。西城经科大教学站（点）评估结果为合格。

（何伶）

【出版公共文明引导员素质教育读本】

12月，西城经科大编著的《公共文明引导员素质教育读本》丛书出版。该套丛书由电子工业出版社出版，共11册，48.51万字，全书彩色印刷，32开，为便于携带阅读的“口袋书”。丛书作为西城区公共文明引导员素质教育工程教材书使用，内容分为入职教育、服务技能、管理基础知识三个部分，包括公共文明引导员入职教育、应急安全知识、常用手语和英语、服务礼仪、团队活动策划与执行、沟通与激励、微博与微信、心理调适与辅导等内容。

（何伶）

【新增13家市民终身学习成果认证试点单位】　至年底，西城经科大新增13家市民终身学习成果认证试点单位。试点单位设教学场所，负责日常教学管理工作。学校对试点单位认证管理员进行业务培训、安装Pos刷卡机等终端设备、建立试点运行机制和评估指标、制定学分奖励和积分消费等管理制度；并在运行良好的试点单位开展积分消费活动，通过以学分兑换实物商品或收费课程的方式鼓励市民参与终身学习。至此，该校共有28个试点单位，注册学员共计3万人，由退休人员扩展到在职人员、志愿者、中小学生、公共文明引导员、社区专职工作者等。全年认证计算机、英语、艺术、文学类等210门课程，共计2800课时。学员刷卡累计5.60万人次。

（何伶）

【学习型研究中心课题结题】　至年底，西城经科大组织开展的西城区2012年学习型研究中心课题结题。共立项22个课题，由学校、街道、社区等相关单位人员承担研究工作，研究方向面向社区教育、成人教育及学习型城区建设。经北京教科院职业教育与成人教育研究所、市学习型城市研究中心专家组成专家组对课题鉴定验收，16个课题予以结题，并评出一等奖1个、二等奖2个、三等奖4个。该校教师承担的6个课题获奖，包括一等奖1个。优秀课题成果编辑形成《学习型城区建设科研成果汇编》。该课题于2011年3月立项，投入经费25万元。

（何伶）

农村成人教育

【召开农村成人教育教学工作培训会】　3月13至14日，北京教育科学研究院召开北京市农村成人教育教学工作培训会。北京教科院、房山区教委、北京市农业广播电视学校、延庆县职业教育中心领导分别介绍开展农村职业教育工作情况和思路。教育部、市教委、各区县教委、社区教育中心、职成科、职业学校、农广校、市级示范乡镇成人学校领导及教师等200人参加会议。

（禹治斌）

【制定创建国家级农村职成教育示范区县评估指标】　7月12日，市教委印发《关于开展创建国家级农村职业教育与成人教育示范区县工作的通知》，制定《北京市创建国家级农村职业教育和成人教育示范区县评估指标》，启动示范区县创建工作。评估指标体系包括政府职能、条件保障、发展水平、特色与创新等方面指标，通过听取报告、查阅资料、座谈访谈、考察调研等方式采集信息，进行测评。

（张兰）

【加强新型农民培养】　至年底，市教委加强社会主义新型农民培养。市教委大力开展农民学历教育，深入开展“技能＋基础”农民成人中等职业教育实验，积极开展农村实用生产技术培训，全年共开展各类培训115万人次，提高农民综合素质，努力培养一大批懂生产、会经营、善管理的新型农民。

（张兰）

学习型城市建设

【召开首场学习型城市工作示范区现场会】　4月26日，北京市建设学习型城市工作示范区现场会在西城区召开。会议听取西城区创建学习型城区工作经验介绍，并到西城区金融街社区学校参观考察“国学”“礼苑”“八音宫廷雅乐”“拓印书法”等中华民族优秀文化特色课程。北京市建设学习型城市工作领导小组各成员单位、全市各区县代表、建设学习型城市工作专家共200人参加会议。西城区于2012年10月被市学习办认定为首个“北京市建设学习型城市工作示范区”。该区在全区搭建市民学习平台，整合各级各类教育资源，在每个街道建立1所专门的社区教育学校，形成较为系统、完善的“区（社区学院）—街（社区教育学校）—居（市民学校）”三级社区教育学校网络，社区居民可根据兴趣爱好就近参加教育培训，初步实现“学者有其校”。此外，该区在北京市首创“市民终身学习积分卡”制度，通过建立个人学习账户，实现个人学习与终身学习的信息存储、学分认证、学分积累、学分兑换等公益性功能，激励社会成员在终身学习过程中规划学习进程、实录学习绩效、证明学习成就、享受学习成果，为最终搭建终身学习“立交桥”打下坚实基础。

（陈敬文　王珍）

【认定第五批首都市民学习品牌】　10月14日，北京市建设学习型城市工作领导小组认定第五批首都市民学习品牌。各系统、各区县共申报学习品牌项目106个，经过专家评审，认定“京华读书会”“中关村学院体验学堂”等20个项目为第五批“首都市民学习品牌”，并在北京市第九届全民终身学习活动周开幕仪式上给予表彰。该评选于4月启动。

（陈敬文）

【评选第四批首都市民学习之星】　10月14日，北京市建设学习型城市工作领导小组公布第四批首都市民学习之星名单。4至9月，北京市建设学习型城市工作领导小组开展第四批首都市民学习之星评选活动。各系统、各区县共推荐报送239人参加评选，经专家评审，最终认定100人为第四批“首都市民学习之星”，并在北京市第九届全民终身学习活动周开幕仪式上给予表彰。

（陈敬文）

【举办第九届全民终身学习活动周】

10月26日，北京市第九届全民终身学习活动周在北京开放大学开幕。活动主题为“e学，学e”。“e”表示学习促进人的全面发展，使人终身受益，也表示数字化学习，以及网络学习所带来生活方式、思维模式的变革和对人们生活的改变。活动突出倡导学习新模式，塑造学习新视野，创造学习新生活。开幕式宣布正式启动“美丽北京”主题学习活动，由北京开放大学联合各区县社区学院、社区教育中心共同组织，引导市民学习北京文化系列课程，北京开放大学精选8门课程组成“美丽北京”系列课堂，包括北京历史文化、北京风物谈、北京民间艺术、趣谈北京老字号、北京的名人故居、北京的博物馆、北京街区牌记文化、京剧欣赏。开幕式宣布成立北京终身学习网站联盟和北京社区教育联盟。北京终身学习网站联盟由北京市建设学习型城市工作领导小组办公室推动，北京学习型城市网、北京农村远程教育网、首都职工素质教育工程网共同发起，组建北京终身学习网站联盟，促进终身学习数字化资源建设、开放与共享，推动终身学习公共服务平台建设；北京社区教育联盟由北京市建设学习型城市领导小组办公室领导、发起，北京开放大学、北京市各区县社区学院和社区教育机构共同组建，整合、优化全市社区教育资源，建立市、区两级社区教育资源共享、统筹联动的运行机制，形成推动社区教育工作的强大合力。开幕式邀请国务院参事作题为《第三次工业革命带来的学习变革》的学术报告。表彰20个首都市民学习品牌和100名首都市民学习之星。主会场还举办首届国际学习型城市大会展览、北京学习型城市建设成果展、北京市民终身学习资源推荐及课程体验。300人参加主会场启动仪式。各区县、各高校、各单位也围绕主题开展丰富多彩学习活动，在全市营造良好的终身学习氛围。

（高玉英　陈敬文）

【认定通州区为创建学习型城市先进区】　12月5至6日，北京市建设学习型城市工作领导小组办公室认定通州区为北京市创建学习型城市工作先进区。市学习办对通州区创建学习型区县工作进行全面评估，听取通州区领导关于创建工作的总体汇报，并深入潞河中学、通州区青少年活动中心、区图书馆等5个参观单位以及区人力社保局、玉桥街道、马驹桥镇、区邮政局和教师研修中心5个开放单位进行考察，实地了解通州区创建学习型组织，建设学习型城区的成果，认定通州区为北京市创建学习型城市工作先进区。

（陈敬文）

（本栏责任编校　胡雨　邱小培）

民办教育

综　述

2013年，北京民办教育认真贯彻落实中国共产党第十八届全国代表大会和中国共产党第十八届全国代表大会中央委员会第三次全体会议精神，以科学发展观为指导，按照“扶需扶特，促优促强”的原则，积极引导民办学校优质办学、特色办学、规范办学，着力提升民办学校教育质量，加强规范民办学校办学行为，深入推进民办高校党建工作，全力维护民办学校安全稳定。

2013年，北京市共有各级各类民办学校762所，在校生42.23万人，教职工4.62万人。其中，民办幼儿园518所，在园人数12.17万人，教职工2.22万人；民办小学61所，在校生7.52万人，教职工0.30万人；民办初中阶段教育学校20所，在校生2.65万人；民办普通高中56所，在校生2.07万人，教职工0.82万人；民办中等职业教育学校23所，在校生0.58万人，教职工0.12万人；民办高等学校15所（包括1所本科院校、5所独立学院、9所高职院校），学历本专科在校生6.78万人，教职工0.66万人；其他民办高等教育机构69所，在校生10.46万人，教职工0.50万人。另有在教育行政部门注册的民办职业技术培训机构1225所，注册学生151.13万人，教职工3.52万人，其中，专任教师1.19万人。

以推进内涵发展为目标，促进民办教育健康发展。

进一步加大民办教育扶持力度，支持满足首都功能定位和城市建设所需技能人才、重点发展产业所需紧缺人才等专业建设。财政支持力度逐年加大，获得资助的学校和项目数都有大幅提升。2013年度资助项目涉及27个学校94个项目，发放资助资金5481.4万元。106名民办高校教师入选2013年度“北京高等学校青年英才计划”，自2007年设立民办高等教育发展促进项目以来，共有35所学校230个项目获得资助，资助资金14711.50万元。

以规范管理工作为抓手，引导民办学校规范办学。

开展民办高校办学状况评估及年检工作，坚持日常管理与评估、年检工作相结合，加强对学校特色项目的指导力度，重点督促学校整改，引导学校规范办学、特色建设。完成2012年度评估及年检工作，向社会公布2012年度办学状况评估及年检结果，66所学校达到评估和年检合格标准，12所学校基本合格，3所学校暂缓通过，3所学校不合格。同时公布学校办学规模相关数据，为广大学生和家长提供客观有效的学校办学信息。组织开展2013年度评估及年检工作，完成22所学校的进校考察工作，组织专家对72所未进校学校提交的自评材料进行审核。

坚持开展招生简章、广告备案及招生宣传监测工作，加大对学校规范招生、诚信宣传的监管力度。完成70所学校的招生简章和广告备案工作，4至8月，对全市民办高校及其他民办高等教育机构继续开展招生宣传监测。针对监测问题，向50所学校发放招生宣传整改通知书，并跟踪监测学校整改情况。

加大对民办学校违法违规办学行为的查处力度。对问题突出的学校通过派驻工作组、约谈学校举办者或负责人、协调相关部门联合调查处理等方式，规范学校违法违规办学问题。

以加强党建工作为保障，提升民办高校育人质量。

围绕深入学习贯彻落实十八大精神，加大民办高校党建工作服务指导和宣传引导力度。加强民办高校基层党组织和党员队伍建设。着力加强学习型、服务型、创新型基层党组织建设，落实党政联席会议制度，进一步加强对党务干部的培训。

以立德树人为根本，扎实做好大学生的思想政治教育工作。健全完善党群共建机制，深入推进民办高校辅导员、班主任队伍建设，健全青年教师思想政治工作机制，拓展青年教师社会实践的载体与形式，进一步增强思想政治理论课教学效果。完善学生指导服务体系，努力拓展大学生思想政治教育的有效途径和工作领域，积极运用新媒体开展思想政治教育。大力加强校园文化建设，强化实践育人环节，深入开展学生教学实践、社会实践，鼓励学生积极参与公益活动和志愿服务。

强化督导联络工作，进一步完善民办高校督导专员兼党建工作联络员服务工作机制，督导联络工作覆盖了78所民办高职院校和其他民办高等教育机构。

以维护安全稳定为根本，营造安定和谐发展环境。

开展民办高校技防系统建设，提高保卫干部队伍的能力素质。通过调研，组织31所有全日制在校生的较大规模的民办高校参加首都高校系统技防系统第二期建设，完成学校与市教育系统指挥中心的对接，提高学校安防系统的硬件水平。至年底，除部分学校因校内装修改造等原因，大部分学校能够利用自己的系统参加两委组织召开的安全稳定视频会议，提高信息传递工作效率，增强安全稳定工作技防水平。

做好重要时期安全稳定工作。通过专项部署、成立检查组等方式推进安全稳定工作。开展防范和抵御校园传教活动，加强校园及周边治安综合治理工作，结合教育部安全生产检查，组织学校开展隐患排查整治，及时发布安全防事故预警，确保校园安全和谐稳定。

积极化解矛盾纠纷。针对突发事件第一时间开展工作，依靠督导专员等力量，深入调查了解事实，多方协调沟通，努力缓和化解矛盾纠纷。积极做好信访工作，对于学生家长反映的问题，积极协调有关学校调查处理，维护学生的切身利益。

（牛晓亮）

民办教育管理

【设立北京民生财富研修学院】 1月11日，市教委同意设立北京民生财富研修学院。该学院由中国民生银行股份有限公司举办，办学类型为其他高等教育机构，办学内容为高等教育培训，实施非学历教育。

（左文智）

【举办北京民办教育社会公益论坛】 1月16日，北京民办教育协会联合北京青年报社共同举办北京民办教育行业社会公益论坛。论坛以“承担社会责任，践行社会公益”为主题，包括主题演讲、总结表彰、行业社会责任倡议三个环节。听取《民办教育的社会公益与责任》《用公益的心做企业》《做企业要实实在在做点公益》《践行公益是承担社会责任的必修课》主题演讲，听取参会代表结合自身工作经验，围绕社会公益和企业发展、民办教育的社会公益和责任等内容经验介绍。论坛表彰行业内积极参与社会公益活动的单位和个人，宣读《北京民办教育行业社会责任倡议书》。来自北京民办教育行业80家单位的140人参加论坛。

（李苗）

【北京电气工程师进修学院终止办学】 1月28日，市教委同意北京电气工程师进修学院依法终止办学。该学院是由中国电工技术学会1985年5月出资44万元注册成立的事业法人实体，由于多年无实质办学行为终止办学。

（左文智）

【顺义区78所民办学校年审合格】 2至4月，顺义区教委开展民办教育机构年检工作。年审合格的各级各类学校有78所，其中，中小学6所、职业学校4所、幼儿园13所、各类培训机构55所；学历教育在校生8156人，幼儿教育在园儿童1300人，培训学校在校学生18908人，毕（结）业学生59928人；学历教育和幼儿园专兼职教师1340人，培训学校专兼职教师1202人。

（杨广田）

【6所民办高校新增11个高职专业】 3月4日，市教委公布2013年度新增及撤销普通高等职业教育专业名单，6所民办高校新增11个高职专业。其中，北京北大方正软件职业技术学院新增护理、发电厂及电力系统和旅游管理3个专业，北京吉利大学新增建筑工程技术和老年服务与管理2个专业，北京经贸职业学院新增金融保险专业，北京经济技术职业学院新增旅游英语和旅游管理2个专业，北京科技经营管理学院新增移动通信技术和人力资源管理2个专业，北京培黎职业学院新增数字媒体技术和汽车技术服务与营销2个专业。新增专业为学历教育高等职业教育专科专业，于当年开始招生。

（彭艳波）

【3所民办高校具备自主招生资格】 3月12日，北京教育考试院公布《2013年北京市试行高等职业教育自主招生实施办法》。3所民办高校具有自主招生资格，分别是北京北大方正软件职业技术学院、北京汇佳职业学院和北京培黎职业学院。计划招生总人数1040人，其中，农村学生520人。自主招生流程包括中学推荐报名、思想政治品德考核、身体健康状况检查、入学考试和录取等，试点院校统一组织入学考试初试，被录取的考生不再参加当年高考。

（彭艳波）

【两所民办高校新增6个本科专业】 3月13日，教育部印发《教育部关于公布2013年度普通高等学校本科专业备案或审批结果的通知》，北京两所民办高校新增本科专业6个。其中，北京城市学院新增护理学、文化产业管理、书法学和工艺美术4个专业，北京工业大学耿丹学院新增汉语国际教育和体育经济与管理2个专业。新专业于当年开始招生。

（彭艳波）

【召开民办高校年度工作会】 3月22

日，市委教育工委、市教委召开2013年度北京民办高校工作会。会议总结2012年民办高等教育工作，研究部署2013年民办高等教育工作，印发2013年民办高等教育工作要点。民办高校督导专员兼党建工作联络员，全市各民办高校董（理）事长、校（院）长、书记等200人参加会议。

（牛晓亮）

【开展民办高校招生简章广告备案工作】 3月，市教委开展民办高校招生简章广告备案工作。北京市具有招生资格的民办高校及其他民办高等教育机构共80所，其中，10所学校本年度不招生或不进行招生宣传。截至10月，具有招生资格并应进行备案的70所学校全部完成招生简章和广告备案。市教委在指定的查证网站上公示学校经备案的招生简章和招生广告，为家长和考生提供查询学校信息的正规渠道。

（左文智）

【举办民办高校辅导员培训班】 4月24至25日，市委教育工委、市教委举办第三期民办高校辅导员培训班。培训班邀请北京大学、北京师范大学、北京理工大学、中央民族大学知名专家学者举办专题辅导报告，内容涉及大学生思想政治教育形势与政策、常见心理问题识别与干预、生涯发展规划指导工作等。全市共150名新上岗辅导员、班主任参加培训。

（牛晓亮）

【规范民办高等教育机构校名】 4月25日，市教委制定《关于规范民办非学历高等教育机构校名的通知》。通知要求明确区分非学历高等教育机构与实施学历教育的普通高校的名称，准确体现学校办学类别、办学层次。结合办学许可证有效期延续工作，推动学校规范校名问题。

（左文智）

【民办高校参加全国职业院校技能大赛获奖】 5月26日至6月28日，3所

民办高校派代表队参加2013年全国职业院校技能大赛获二等奖2项、三等奖4项。其中，北京北大方正软件技术学院和北京吉利大学获二等奖、三等奖各1项，北京经贸职业学院获三等奖2项。北京市共选拔18所高校的87支代表队208名选手参加31个项目的比赛，共获得一等奖21项、二等奖19项和三等奖27项。该比赛由教育部、天津市政府等32个部、委、协（学）会共同主办，共设置14个专业大类100个比赛项目，决赛阶段9840人参赛。

（彭艳波）

【106名民办高校教师入选青年英才计划】 5月27日，市教委发布2013年度"北京高等学校青年英才计划"名单，106名民办高校教师入选。每人每年获得5万元市财政拨付的项目经费资助，主要用于教学、科研、社会实践等项目，连续支持3年。

（左文智）

【发布民办高校招生政策】 7月8日，市教委发布民办高校2013年招生政策。民办普通高校普通本专科教育招生一律纳入全国普通高等学校统一考试招生体制内管理。民办非学历高等教育机构以开展高等教育自学考试助学等文化教育培训、职业培训为教学内容，招收参加自学考试助学的学生，只有通过国家高等教育自学考试规定的全部课程，考试合格，方可取得加盖主考普通高校及自学考试办公室印章的国家承认的学历文凭。录取通知书分为两类：一类是按全国普通高等学校招生规定，考生参加当年高考，达到录取分数线后，由省级招生部门办理录取手续，由学校寄发的普通本科、高职（专科）学历教育录取通知书；另一类是由民办普通高等学校和民办非学历高等教育机构自行组织，招收非学历教育学生，由学校寄发的非学历教育学习通知书。北京地区15所民办普通高校参加招生，其中，北京城市学院为本科院校（兼有高职教育、研究生教育招生资格）；北京北大方正软件技术学院、北京经贸职业学院、北京经济技术职业学院、北京汇佳职业学院、北京科技经营管理学院、北京吉利大学、北京科技职业学院、北京培黎职业学院、北京新圆明职业学院共9所学校为专科层次高等职业学院；首都师范大学科德学院、北京工商大学嘉华学院、北京邮电大学世纪学院、北京工业大学耿丹学院、北京第二外国语学院中瑞酒店管理学院共5所学校为本科层次独立学院。

（彭艳波）

2013年北京市具有招生资格的民办非学历高等教育机构

全日制民办非学历高等教育机构（41所）

北京现代音乐研修学院
北京八维研修学院
北京人文大学
北京工商管理专修学院
北京应用技术大学
北京旅游专修学院
北京演艺专修学院
北京金融学院
北京北大资源研修学院
现代管理大学
中国信息大学
北京财经专修学院
北京黄埔大学
北京建设大学
北京美国英语语言学院
北京翻译研修学院
北京华夏管理学院
北京华嘉专修学院
北京高等秘书研修学院
北京东方大学
中国管理软件学院
北京中新企业管理学院
北京明园大学
北京民族大学
东方文化艺术学院
北京国际标准舞研修学院
北京文理研修学院
北京计算机专修学院
北京华大研修学院
北京新亚研修学院
北京影视研修学院
北京国际经贸研修学院
北京珠宝首饰研修学院
北京经济技术研修学院
北京东方研修学院
北京经济研修学院
北京瀚林职业研修学院
北京涉外经济专修学院
北京国际商务学院
北京兴华大学
北京中国驻颜美容学院

非全日制民办非学历高等教育机构（25所）

中国逻辑与语言函授大学
北京东方妇女老年大学
北京国际汉语学院
北京心理学函授学院
北京摄影函授学院
蒙代尔国际企业家大学
中国教育国际交流研修学院
北京机械工程师进修学院
北京职业资格专修学院
北京社会函授大学
北京当代艺术研修学院
中国现代教育研修中心
北京民生财富研修学院
中国农民大学
北京彼得·德鲁克管理研修学院
北京国际青年研修学院
北京军地专修学院
北京京海研修学院
中关村创新研修学院
北京汉语国际推广中心
北京盛唐研修学院
北京礼仪专修学院
北京长城研修学院
北京高等珠宝研修学院
北京企业管理研修学院

（彭艳波）

【举办民办幼儿园骨干教师培训】　7月14日至8月25日，市教委分期培训幼儿园管理者和骨干教师。培训以“加强民办幼儿园建设提高幼教质量，促进教育事业均衡发展”为出发点，根据民办幼儿园的实际情况和知识需求安排课程，采取学前教育专家和名师授课、参观优秀幼儿园、开展学前教育三项技能（唱歌、讲故事、跳舞）比赛等方式教学，提高民办幼儿园管理者和教师的管理能力和教学技能。培训由北京汇佳职业学校举办，506所民办幼儿园1500人参加学习。

（彭兴蕊）

【东城区完成首批民办学校评价】　7月，东城区教委完成首批50所民办学校办学水平综合评价。评价过程包括听取校长自查汇报，查阅学校行政、教学、财务方面有关资料，对照《东城区民办学校评价指标体系》评分，对教职工、学员进行访谈或问卷调查，向学校反馈评价意见。经综合评价，46所学校合格，合格率为92%。该工作全面了解民办学校办学状况和水平，进一步促进民办学校提高办学质量。

（张旻辉　李银娅）

【资助民办高等教育发展促进项目】　7至12月，市教委开展民办高等教育发展促进项目资助工作。7月，向获得2013年度项目资助的民办高校发放资助资金5481.40万元，涉及27所学校94个项目。10月，组织2014年度民办教育发展促进项目申报工作，通过申报、评审，拟资助34所民办高校123个项目，资助金额9430万元，比上年增长56.8%。自市教委2007年设立民办高等教育发展促进项目以来，共有35所学校230个项目获得14711.50万元资助。12月2至25日，市教委根据《北京市民办教育发展促进项目管理办法》，采取学校自查、现场检查和检查总结等方式，专项检查部分民办高校项目建设和资金使用情况，15所民办普通高校、独立学院及8所民办非学历高等教育机构接受检查，检查结果显示学校项目实施总体良好，项目组织与管理较规范，资金使用绩效较高，服务首都区域经济社会发展的能力不断增强。

（左文智　牛晓亮）

【公布民办学历教育收费标准】　8月30日，市教委公布2013年民办学历教育学费收费标准。该标准适用于民办高校新增专业收费学费标准和新投入使用公寓的住宿费，学费自8000元至39800元不等，住宿费自2900元至4600元不等。收费按照“新生新办法、老生老办法”实行，鼓励各校根据情况适当下浮收费标准，幅度不限，并要求各校通过招生简章、录取通知书、校园网及设立公示栏等形式向社会公示收费项目、收费标准等相关内容。该标准自新学年起施行。收费标准调整范围涉及北京工业大学耿丹学院、北京工商大学嘉华学院、北京邮电大学世纪学院、北京科技经营管理学院、北京经贸职业学院、北京北大方正软件学院、北京经济技术职业学院、北京吉利大学、北京培黎职业学院和北京汇佳职业学院10所民办高校87个专业。

（彭艳波）

【评选第七届民办教育园丁奖】　9月9

日，北京市民办教育协会、北京教育评估院和新京报社共同公布“2013第七届北京民办教育园丁奖”评选结果。该奖项评选于5月启动，共有200所学校、600人申请参评，经过单位推荐、专家评选、媒体公示3个阶段，共评选出优秀校长30人、优秀教师和优秀教育工作者各50人、优秀教研团队10个。该活动自2007年以来连续举办7届。

（李苗）

【召开民办高校负责人工作会】　9月27日，市委教育工委、市教委召开2013年度北京民办高校负责人工作会。会议主要内容是分析民办高等教育面临的新形势、新任务，安排部署下半年民办高等教育工作。会议强调要以更加坚定的信念坚持社会主义办学方向，完成好立德树人的根本任务；以更加科学、规范的管理提升办学水平，努力办好人民满意的教育；以更高的水平全面加强和改进民办高校党建和思想政治工作；以更加扎实的工作，切实保障民办高校的安定和谐。北京市民办高校董（理）事长、校（院）长、书记等共计200人参加会议。

（牛晓亮）

【首次举办民办园举办者培训】　10月

28日至11月1日和11月4至8日，市教委首次举办两期北京市民办幼儿园举办者培训。培训充分整合国内外专家、公办园、民办园、有关政府管理部门资源，以讲座、座谈、论坛、专题纪录片赏析、幼儿园观摩交流等形式，传递专业、权威、丰富、生动的信息。该培训由北京市二十一世纪国际学校和北京市二十一世纪实验幼儿园承办，354人参加培训，295人取得结业证书。

（彭兴蕊）

【西城区组建民办教育协管员队伍】　10月，西城区教委印发《关于设立民办学校教育协管员的工作意见》，组建民办学校教育协管员队伍。教育协管员主要从教育系统退休人员中产生，经过岗前培训合格后上岗。教育协管员主要职责和工作任务是监督检查所属区域内的民办学校，重点是民办学校依法办学行为、安全隐患、食品安全、卫生防疫等事项；督促学校建立健全安全工作机制和各项管理制度，并检查落实情况；积极宣传与民办学校相关的法律、法规和政策，推进学校依法办学；及时查实区域内新出现的民办学校，并报告区教委。首批教育协管员共8人。民办学校教育协管员弥补西城区民办学校数量多、地域跨度大、主管科室人员少、监管工作任务重所带来的压力。

（王竞艳）

民办高等学校

北京城市学院

【概况】　2013年，北京城市学院占地面积63.33万平方米，产权校舍建筑面积26.12万平方米、非产权校舍建筑面积5.37万平方米。全年教育经费投入42467万元，其中，国家拨款675万元、自筹经费41792万元。固定资产总值61576.87万元，其中，教学、科研仪器设备总值10762.40万元。图书馆建筑面积1.51万平方米，藏有纸质图书122.40万册、电子图书141GB。拥有计算机6187台。多媒体教室座位20152个。学校信息化经费投入843.70万元，信息化设备资产6286.92万元，网络信息点1923个，校园网出口总带宽1330Mbps，电子邮件系统用户1100个，上网课程121门，数字资源量26001GB，管理信息系统数据总量41.60GB。拥有校内专业实训室67个、综合实训室64个，校外实训基地129个。设有11个院，开设80个专业，其中，本科44个、专科36个。教职工1423人，其中，专任教师642人，包括教授45人、副教授164人。聘请校外教师1119人，其中，教授67人、副教授406人。毕业5453人，其中，学历教育全日制普通本科生2855人、专科（高职）生2334人，成人教育本科生64人、专科生200人。招生6104人，其中，学历教育全日制普通本科生4733人、专科（高职）生1306人、硕士研究生65人。全日制学历教育高考招生北京地区本科第二批次提档线理科496分、文科479分；本科第三批次提档线理科455分、文科434分。在校生21341人，其中，学历教育全日制普通本科生16493人、专科（高职）生4667人、硕士研究生105人，成人教育本科生39人、专科生37人。网址：www.bcu.edu.cn。

（许海波）

【与4所国外高校签署合作协议】　2

至11月，城市学院分别与4所国外高校签署合作协议。其中，与葡萄牙维亚纳堡理工学院协议规定，联合培养工商管理专业（葡语国家方向）本科生。与法兰西商学院协议规定，“法兰西商学院北京校区”在该校挂牌。与加拿大温莎大学协议规定，加拿大温莎大学语言中心正式在该校落户。与圣马力诺大学签约共建孔子学院。

（许海波）

【入选“本科教学工程”大学生校外实践教育基地】　5月7日，教育部高等教育司公布地方所属高校“本科教学工程”大学生校外实践教育基地项目名单，城市学院——中共北京市委社会工作委员会管理学实践教育基地入选。该基地由双方共同制定校外实践教育的教学目标和培养方案，建设课程体系和教学内容，组织实施培养过程，评价培养质量，组建由学校教师和共建单位的专业技术人员、管理人员共同组成的教师队伍，建立联合培养人才的新机制。按照教育部规定，入选后按照每个实践基地一般不低于200万元的标准落实省级财政支持，鼓励共建实践基地的地方高校和企事业单位共同投入建设经费。全国共有538个地方所属高校国家级大学生校外实践教育基地入选。

（许海波）

【海淀区新市民文明学校落户】　7月15日，海淀区新市民文明学校正式在城市学院挂牌。该学校是为落实城市学院与海淀区融合发展的意见，经与区文明办协商共同建立的，旨在提供公共文明教育、市民素质教育、北京精神和北京文化教育等服务。主要服务对象为海淀北部地区工作、生活的外来务工人员包括高科技企业外地户籍的管理人员、技术人员及其家属等海淀新市民和海淀北部新区农转非人员。至年底，开设食品卫生与安全、插花等课程，招收学员数百人。

（许海波）

【与贵州黔西南州签署合作协议】　8

月，城市学院与贵州省黔西南布依族苗族自治州签署合作框架协议。协议涉及5项内容，包括双方共建教育科学研究院，选派优秀毕业生任村长助理，开展学校校（园）长、骨干教师挂职培训，2013年对贵州省黔西南州定向招生，兴义民族师范学院与城市学院对口合作。

（许海波）

【3个项目获高教教学成果奖】　9月11日，市教委、市人力社保局、市财政局公布表彰北京市教育教学成果奖的决定，城市学院3个项目获奖。其中，“基于‘四教育’理念的社会服务驱动式民办本科应用型人才培养模式构建与实践”获得一等奖。学校通过长期探索民办本科应用型人才培养模式，以服务学生成长成才、服务首都城市圈发展为引领，以专业实践能力、社会公共能力、就业创业能力培养为核心，以校园课堂、社会课堂、在线课堂培养为路径，以市场化办学机制、双师型教学团队为保障，创新人才培养理念与思路，提出“适合教育、全人教育、有效教育、实用教育”的教育理念，坚持社会服务驱动，使人才培养与社会服务深度融合，科学构建富有特色的应用型人才培养模式。“以培养综合应用能力为

目标的4I式大学英语教学改革研究与实践”和“北京高等职业教育专业结构优化布局的研究”获得二等奖。近年来，该校将人才培养与科学研究、社会服务相融合共发展，以“科研做真题、服务接地气”为工作方针，围绕首都特别是基层部门实际需要，开展应用型研究，解决当前现实问题，形成自身科研与服务特色。

（许海波）

【入选市哲学社会科学研究基地】 10月24日，在2013年北京市哲学社会科学研究基地工作会上，城市学院建设的“首都城市环境建设研究基地”正式挂牌成立。该基地是在北京市哲学社会科学规划办公室和市教委共同支持下成立、隶属于城市学院的科研机构，有工作人员6人，其中，高级专业职称4人。该基地主要从自然和人文环境入手，对首都的生态、秩序等方面展开研究，以期为首都城市发展建言献策。全市共有40个基地入选，其中，民办高校仅1所。

（许海波）

【签署校企合作协议】 12月，城市学

院与3家企业签署合作协议。3家企业分别是北京建工集团、北京二商集团、中铁建设集团，校企在育人、科研、就业、社会服务、文化传承等方面开展合作。

（许海波）

北京北大方正软件技术学院

【概况】 2013年，北京北大方正软件技术学院占地面积38.66万平方米，产权校舍建筑面积6.74万平方米、非产权建筑面积5.19万平方米。全年教育经费投入4377万元，其中，国家拨款660万元、自筹经费3717万元。固定资产总值17485.97万元，其中，教学、科研仪器设备总值5125.80万元。图书馆建筑面积2050万平方米，藏有纸质图书32.64万册、电子图书1500GB。拥有计算机4244台。多媒体教室座位2970个。学校信息化经费投入3.38万元，信息化设备资产52.85万元，网络信息点数3200个，校园网出口总带宽60Mbps，电子邮件系统用户331个，上网课程数5门，数字资源量2000GB，管理信息系统数据总量11GB。拥有校内专业实训室68个、综合实训室19个，校外实训基地87个。设有7个院，开设21个专业，全部为专科。教职工252人，其中，专任教师184人，包括教授10人、副教授34人。聘请校外教师38人，其中，教授7人、副教授13人。毕业专科（高职）生947人，招收专科（高职）生1277人。全日制学历教育高考招生北京地区提档线理科180分、文科150分。在校专科（高职）生2808人。网址：www.pfc.edu.cn。

（王遵丽）

【为国家汉办开发数字交互学习应用】 1月和12月，北大方正软件学院为国家汉语国际推广领导小组办公室开发的《中外文化交流故事丛书》（Roads to World）和《中国蒙学经典故事丛书》（Chinese Classic）Ipad交互学习应用分别在苹果公司的应用商店（App Store）正式上线。两个应用中包含丛书正文、插图、基础知识注解及配套动画短片，并新增辅助学习的交互式问答题和学习工具。阅读、语音、动画和习题等内容都提供中英文两种语言，在阅读中可以随时添加笔记，利用关键字进行全文搜索。其中，《中外文化交流故事丛书》是国家汉办正式发布的第一套数字出版物应用。

（王遵丽）

【与3家企业签署教学合作协议】 4至12月，北大方正软件学院分别与3家企业签署教学合作协议。4月2日，国际商务分院旅游管理专业与北京礼信年年餐饮管理有限公司签署校企合作式人才培养协议。根据协议，双方开设旅游管理专业工学合作班，共同选拔人才、制定或修订专业人才培养方案。培养期满后，合格者可获得旅游管理专业专科学历，并由企业按照一定比例录用为正式员工，企业承担工学合作培养期间的相关费用。7月1日和12月1日，北大方正软件学院分别与东软集团股份有限公司和北京安卓易科技有限公司签署教学合作协议。根据协议，学院和两家企业分别开展“订单式”人才培养模式合作，企业负责订单学生的岗前培训、顶岗实习及实训教学，实习合格者由公司录用。同时，东软集团公司和安卓易科技公司两家企业分别在学校建立人才培养基地。

（王遵丽）

【大学生服务中心投入使用】 4月

15日，北大方正软件学院大学生服务中心正式落成并投入使用。大学生服务中心为“一站式”服务平台，分为学生就业指导、学生事务服务与管理、学生心理健康咨询等职责，集中办理学生事务。同时，服务中心还提供多个挂职岗位，为学生及入党积极分子实习锻炼提供机会。

（王遵丽）

【实训实习基地授牌】 4月18日，北大方正软件学院举办实训实习基地授牌仪式。方正集团信息管理部、北大资源集团信息管理部、方正信息产业控股有限公司正式成为学院实训实习基地。至此，该校共有校外实训实习基地87个。

（王遵丽）

【与甲骨文公司共建俱乐部】 5月

17日，北大方正软件学院与甲骨文（Oracle）公司正式签约共建无线数据报协议（WDP）俱乐部。该俱乐部面向非企业群体，是供信息技术（IT）兴趣爱好者沟通、交流、知识技术共享的平台，集技术交流、专家论坛、项目实践、技术大赛等多项校园活动为一体。通过该项目，甲骨文公司每年定期派专家到学校为俱乐部成员开办讲座（每年至少5次），并免费提供软件供学生学习；俱乐部成员还可通过甲骨文公司的雇主联盟直接到企业实习就业。

（王遵丽）

【医学实验楼落成】 8月，北大方正软件学院医学实验楼正式落成。实验楼主要用作卫生分院的教学场所和实验场所。实验楼设有护理教室、基础护理实验室、护用药理实验室、人体生理实验室、医用心电图机实验室等，教学设备仪器投资700万元，年承担实验人数1000人次。

（王遵丽）

【举办首届“方正证券杯”理财投资大赛】 11月11日至12月13日，北大方正软件学院举办首届“方正证券杯”理财投资大赛。比赛采取团体赛方式，评比团体奖和个人奖。方正软件学院、北京经济管理职业学院和北京财贸职业学院学生660人参加比赛，每周评出个人一、二、三等奖，团体奖和优秀指导教师奖。该校1人获个人一等奖、8人获个人三等奖、2人获优秀指导教师奖，并获团体组别最佳受益奖、团体综合优胜奖。

（王遵丽）

北京经贸职业学院

【概况】 2013年，北京经贸职业学院占地面积10.57万平方米，产权校舍建筑面积5.06万平方米。全年教育经费投入2651万元，其中，国家拨款305万元，自筹经费2346万元。固定资产总值13551.80万元，其中，教学、科研仪器设备总值1140万元。临时图书馆建筑面积610平方米，藏有纸质图书22.50万册。拥有计算机812台。多媒体教室44个。学校信息化经费投入182万元，信息化设备资产768万元，网络信息化点280个，校园网出口总宽带50Mbps，上网课程数2门，管理信息系统数据总量2.60GB。拥有校内专业实训室33个、综合实训室5个，校外实训基地18个。设5个系和1个综合教育学院，开设专业28个，其中，高职专科19个，非学历教育9个。教职工209人，其中专任教师89人，包括教授4人、副教授28人。毕业803人，其中，学历教育全日制高职生660人，非学历教育学生143人。招生706人，学历教育全日制高职生629人，非学历教育学生77人。全日制学历教育高考招生北京地区提档线理科180分、文科150分，艺术类文科105分、理科126分。在校生2016人，其中，学历教育全日制普通高职生1820人，非学历教育学生196人。网址：www.csuedu.com。

（张舒拉）

【举办院领导教学工作日活动】 5月

15日，经贸职院举办院领导教学工作日活动。活动以“加强实践教学体系建设”为主题，听取各系主任就实践教学体系建设、教学成果、存在的问题和工作思路的汇报，现场查看各系实践教学建设的有关材料，随机挑选5名教师以“说课”方式讲解各自在实训课程内容、课堂教学方法及教学预期效果等，展示出教师职业教育的理念能够融入到课堂教学中，促进系与系之间、系与教学管理职能部门之间的沟通交流，有利于相互学习借鉴共同提高。活动最后学院与学科带头人、专业负责人签署专业建设责任书并颁发聘书。院长、主管教学的副院长带队，教务处、督导室、学生处和相关处室负责人及各系相关人员30人参加活动。

（张舒拉）

【建立创新教育基地】 5月17日，经贸职院与工信部全国移动开发人才培养工程办公室联合举办“全国移动互联网创新教育基地”授牌仪式。该基地为两单位共建，为计算机网络技术专业移动互联网运营管理方向的学生提供实践教学环境，由企业专业技术人员参与授课，学习结构化查询语言服务器（SQLserver）网络数据库应用、Linux操作系统、搜索引擎优化（SEO）等专业知识，指导学生完成移动互联网站运营、互联网系统维护和技术开发、网站优化等实践活动。该基地的建立是校企合作协议内容之一。按协议规定，学生完成企业与学校共同制定的教学计划并考试合格，将直进企业入职，为学生毕业走上工作岗位开设直通车。

（张舒拉）

【建立江泰保险实用型人才培养基地】 6月7日，经贸职院成为首批建立“江泰保险实用型人才培养基地”院校。学校与企业和保险业专家共同编写《保险市场》《保险产品》和《保险销售》等系列教材，学校教师到企业接受保险经纪业务培训后担任授课任务。学校采取订单式教育形式，在招生、教学、班级环境、实习、就业上岗等各个环节都按企业与学校共同制定的学生培养计划和教学计划开展教学。首批招生24人。“江泰保险实用型人才培养基地”评选由教育部职成司组织，首批全国9所院校入选。

（张舒拉）

【党员大会选举产生新一届党委】 6月22日，经贸职院召开全体党员大会。会议审议通过题为《以十八大精神为指导，全面提高党建科学化水平，为办好人民满意的学校而努力奋斗》的上届党委工作报告，以无记名投票方式选举产生由7名委员组成的新一届党委会。在新一届党委第一次会议上选举产生党委书记、党委副书记，并明确各委员的责任分工。

（张舒拉）

【评审院级重点专业、特色专业】 6月28日，经贸职院学术委员会召开会议，评审院级重点建设专业和特色专业。院学术委员会经过审阅材料、现场答辩和投票，最终确定“市场营销专业”“国际金融专业”为院级第二批重点专业建设项目，“计算机应用技术（3G 软件开发）专业”“艺术设计专业”为院级特色专业项目。

（张舒拉）

【体育运动场改造工程竣工】 9月，

经贸职院运动场改造工程竣工。学校运动场 2003 年投入使用，因资金不足，运动场设施简陋，条件很差，为提高体育教学质量，改善学生体育运动环境，学校自筹资金，对运动场进行升级改造。足球场铺设人工草皮，铺设塑胶跑道，篮球场地漆面找平，并设置运动场护栏。工程于 3 月开始，总投资 564 万元。运动场竣工后，10 月举办学生秋季运动会。

（张舒拉）

【验收首批院级重点专业】 10 月 30 日，经贸职院召开首批院级重点专业结项验收评审会。评审会采取专业负责人汇报、评委质询、量化打分的方式，学术委员会委员和评审专家分别听取 3 名专业负责人对院级重点专业项目 3 年来建设工作的汇报、回答评委提出的问题，经学术委员会成员和评审专家打分，“会计专业”“国际贸易实务专业”和“计算机网络技术专业”通过结项验收，成为首批院级重点专业。

（张舒拉）

【加入全国非营利性民办高校联盟】 12 月 12 日，经贸职院参加全国非营利性民办高校联盟成立大会，成为首批成员。全国非营利性民办高校联盟是在教育部支持和中国民办教育协会指导下由全国非营利性民办高校自愿选择参加的不具备法人资格的民间协作组织。首批成员为来自 23 个省市自治区的 57 所民办高校。

（张舒拉）

北京经济技术职业学院

【概况】 2013 年，北京经济技术职业学院占地面积 22.37 万平方米，校舍建筑面积 8.81 万平方米。全年教育经费投入 3337.71 万元，全部自筹。固定资产总值 18578.15 万元，其中，教学、科研仪器设备总值 1964.56 万元。图书馆建筑面积 2917 平方米，藏有纸质图书 21.05 万册，电子图书 1300GB。拥有计算机 782 台。多媒体座位 3360 个。学校信息化经费投入 23.10 万元，校园网出口总带宽 70Mbps，电子邮件系统用户数 195 个。拥有校内专业实训室 40 个，综合实训室 6 个。设有 6 个系，开设专业 19 个。教职工 195 人，其中，专任教师 102 人，包括教授 8 人、副教授 13 人。学校外聘教师 15 人，包括教授 4 人。毕业专科（高职）生 617 人。招收专科（高职）生 562 人。在校专科（高职）生 1463 人。网址：www.bibt.edu.cn。

（王艳霞）

【学生技能竞赛获奖】 5月和10月，

经济职院学生参加两项技能竞赛获奖。其中，在第四届全国高职高专英语写作大赛（北京赛区）中，获得公共英语组特等奖；在第四届北京大学生艺术展演活动中，舞蹈团群舞《心声》获得二等奖。

（张琳）

【成立教学督导委员会】 9 月，经济职院成立教育教学督导委员会。委员会由资深专家教授担任教学督导专员，负责学院教学质量监控工作，规范教学行为，强化教育督导、检查和评估，加强对人才培养全过程的监控，以确保教学质量稳步提高。

（李叶）

【优化专业结构】 至 12 月，经济职院进一步优化专业结构。学校立足于为北京商贸、电子、服务、传媒等行业服务的宗旨，调整专业结构，从金融会计、物流仓储、市场营销、电子信息、区域旅游、广告传媒等北京地区重点产业和新兴产业发展需要出发，不断优化专业结构，逐步形成适应区域经济发展的、以现代服务业为主体结构的专业体系。学院设有 19 个专业，有中央财政支持职业教育实训基地项目 1 个、北京财政支持的民办教育发展促进项目实训基地 1 个，校级重点建设专业 6 个。《连锁门店运营管理》课程在第七届北京市高等教育教学成果评比中获二等奖。

（李冬雪）

北京汇佳职业学院

【概况】 2013 年，北京汇佳职业学院占地面积 24.50 万平方米，建筑面积 8.42 万平方米。全年教育经费投入 6968 万元，其中，国家拨款 278 万元、自筹经费 6690 万元。固定资产总值 4215.56 万元，其中，教学、科研仪器设备总值 1792 万元。图书馆建筑面积 1.15 万平方米，藏有纸质图书 24.22 万册、电子图书 160GB。拥有计算机 624 台，多媒体教室 42 个。学校信息化经费投入 648 万元，信息化设备资产 649.70 万元，网络信息点 349 个，校园网出口总带宽 60Mbps。拥有校内实训室 24 个、校外实训基地 42 个。设有 4 个系部，开设以“以影视动画、学前教育、体育服务与管理”三大特色专业群为主的专业和专业方向。教职工 239 人，其中，专任教师 90 人，包括教授 14 人，副教授 21 人。聘请校外教师 144 人。毕业 1092 人，在校生 2901 人。网址：www.hju.net.cn。

（李旭昌）

【举办系列校园活动】 3月18日至 12 月 5 日，汇佳职院举办体育节、艺术节和动漫节等系列校园活动。3 月 18 日至 4 月 25 日，举办第六届“阳光青春”体育节，开展篮球、足球联赛，高尔夫技能比赛、健身操比赛、

啦啦操比赛、趣味运动会等活动，全校师生共 2500 人次参加。3 月 27 日至 7 月 25 日，举办第六届艺术节，以“绽放青春，放飞理想”为主题，举办艺术讲座，开展辩论赛、合唱比赛及学前教育专业五项技能赛等 14 项活动，学生 6000 人次参与活动。9 月 25 日至 12 月 5 日，举办第五届动漫节，以“激扬创新精神、聚力青春梦想”为主题，举办“我的中国梦”创意设计比赛、“最美中国”短片大赛、“我的中国梦”海报大赛等 12 项活动。每项比赛评出一、二、三等奖各 1 名。该校师生 1000 人参加活动。

（李旭昌）

【评聘教师职称】　7 月，汇佳职院开展校内教师职称评聘工作。该校结合工作实际和发展需要，经院教师职称聘任委员会研究，对 26 名教师的专业技术职称进行评定和聘任，其中，1 人取得教授职称，10 取得副教授职称，14 人取得讲师职称，1 人取得助教职称。

（李旭昌）

【老年服务与管理专业校外实训基地挂牌】　9 月 5 日，汇佳职院老年服

务与管理专业校外实训基地在北京十三陵温馨老年公寓挂牌。这是该校老年服务与管理专业第一所校外实训基地，学校依托校外实训基地，深化校企合作，产教一体的职业教育模式。校企双方就专业培养目标、教学内容、课题研究等方面深度合作，并根据教学计划和实训教学大纲的要求，派遣学生到实训基地进行岗位实习。该基地占地面积 15.34 万平方米、建筑面积 16 万平方米，拥有 5000 张床位，绿化面积达到 50%以上，是一所适合大众需求，集休闲、养老、护理、康复、旅游度假为一体的现代化的综合性老年公寓型社区。

（李旭昌）

【两项研究课题获市教学成果奖】　9 月 11 日，汇佳职院在第七届北京市高等教育教学成果奖评选中，两项教学成果获奖。其中，“三大特色专业群建设的理论与实践”获一等奖；“3ds max 室内外效果图实训”获二等奖。“三大特色专业群建设的理论与实践”，以构建特色专业群为主题，以业态变化和岗位需求为背景，通过对北京汇佳职业学院专业建设案例的全面剖析，用理论和实践研究成果系统论证三大专业群建设的重要意义、理论依据及实践过程，为高职教育专业群建设提供可资借鉴的理论支撑和实操经验。教学成果奖由市教委、市人力社保局、市财政局评选，共有一等奖成果 274 项。

（李旭昌）

【开展“教学质量月”活动】　11 月，汇佳职院开展“教学质量月”活动。活动以提高教学水平，改进教学方法为宗旨，分组织动员、组织实施、总结交流三个阶段，将检查课堂教学、诊断课堂教学、研讨课堂教学、欣赏课堂教学、指导课堂教学等 6 个环节贯穿全过程。活动期间，通过加强教学检查督导，举办教学公开课、教学专题研讨会等形式，加强教师之间的学习交流，探讨教学改革的思路和途径，进一步规范教学秩序，有效解决课堂教学中存在的突出问题。

（李旭昌）

【中高职衔接签约合作】　12 月 6 日，汇佳职院举办中高职衔接联谊会暨签约仪式。北京市 20 所中专、职高学校主管校长和代表参加活动，15 所学校现场与该校签署中高职衔接合作意向协议，初步达成 2014 年部分专业培养意向。中高职衔接工作是教育部和市教委促进和提高职业教育发展，构建现代职业教育体系的重要举措。该校结合专业设置及发展的实际需要，落实中高职衔接有关政策。

（李旭昌）

北京科技经营管理学院

【概况】　2013 年，北京科技经营管理学院占地面积 8.52 万平方米、产权校舍建筑面积 9.73 万平方米。全年教育经费投入 27522.10 万元，全部自筹。固定资产总值 27987 万元，其中，教学、科研仪器设备总值 2504 万元。图书馆建筑面积 1080 平方米，藏有纸质图书 50.50 万册。拥有计算机 1513 台。多媒体教室 44 个。学校信息化经费投入 17 万元，信息化设备资产 1337 万元，网络信息点 740 个，校园网出口总带宽 50Mbps，管理信息系统数据总量 19.80GB。拥有校内专业实训室 40 个、综合实训室 10 个，校外实训基地 43 个。设有 4 个院系，开设 23 个专业，全部为专科专业。教职工 299 人，其中，专任教师 129 人，包括教授 17 人、副教授 44 人。毕业 1698 人，其中，专科（高职）生 1045 人、非学历教育学生 653 人。招生 994 人，其中，专科（高职）生 924 人、非学历教育学生 70 人。全日制学历教育招生北京地区提档线理科 180 分、文科 150 分。在校生 2757 人，其中，专科（高职）生 2455 人、非学历教育学生 302 人。

（赵彦平）

【举办系列校园活动】　3 至 12 月，科技经营管理学院举办系列校园活动。其中，举办“弘扬雷锋精神，展现志愿风采”学雷锋系列活动，组织交通协管志愿服务、主题观影、大扫除等系列志愿服务活动。举办诗歌朗诵、大合唱、民族艺术进校园等活动，庆祝建校 28 周年。举办第 14 届校园文化艺术节暨第 5 届社团风采艺术节，以“经管青年志，中国梦飞扬”为主题，组织拔河比赛、十佳歌手大赛、校园模特大赛、主持人大赛、书法绘画摄影展等 9 项活动。师生共计 5000 人次参加活动。

（王德荣　王幸）

【校史陈列室开放】　5 月 28 日，科技经营管理学院校史陈列室开放。陈

列室主要分为校史展室和办学成果展，采用展板和实物相结合的展陈形式，反映学校28年办学历程。

（王德荣　王幸）

【完成沙河北校区整体出让】　5月，科技经营管理学院北校区正式移交中国矿业大学（北京）。该校结合发展实际情况，为进一步整合办学资源，避免资源浪费，对闲置的沙河北校区整体出让。校区资源整合为办学的进一步发展提供有力的保障。

（王德荣　王幸）

【调整教职工工资】　9月1日起，科技经营管理学院调整教职工工资。该校依据北京市民办高校同类院校工资标准调整教职工工资。职工工资在原基础上上调30%。

（王德荣　王幸）

【调整机构设置】　9月11日，科技经营管理学院调整机构设置。该院以进一步优化队伍、提高效率为目标，将学院教学系部由7个调整为5个，分别是计算机信息与工程系、艺术设计系、经济与贸易系、管理系、基础课教学部。

（王德荣　王幸）

【开展学生管理专项检查】　12月4日，科技经营管理学院开展学生管理专项检查。检查内容涉及各教学系辅导员谈心记录和班级班务日志。检查结果显示：班务日志、谈心记录要素齐全，辅导员、班主任均能深入了解学生情况，严格落实学校学生管理规定，规范学生管理工作。

（王德荣　王幸）

北京吉利大学

【概况】　2013年，北京吉利大学占地面积88.65万平方米，建筑面积43.97万平方米。全年教育经费投入51395.40万元，固定资产总值83766.54万元，其中，教学、科研仪器设备总值7693.14万元。图书馆建筑面积2.23万平方米，藏有纸质图书65万册，电子图书15万册。拥有计算机4289台，多媒体教室座位243个，信息化设备资产326.32万元，网络信息点数5120个，校园网出口总带宽1034Mbps，电子邮件系统用户1488个，上网课程数21门，数字资源量800GB，管理信息系统数据总量1228GB。设有1个校区，9个二级学院，31个高职专业。教职工892人，其中，专任教师356人，包括教授及教授级高级工程师13人，副教授及高级工程师以上79人；博士30人，硕士176人；“双师型”教师91人。外聘教师88人。毕业4424人，其中，专科（高职）1766人，非学历教育学生2658人。招生3231人，其中，专科（高职）生1758人，非学历教育学生1473人。全日制学历教育高考招生北京地区提档线理科150分、文科150分。在校生12011人，其中，专科（高职）生5557人、非学历教育学生6454人。网址：www.bgu.edu.cn。

（刘彦辰　张广玖）

【与两所高校签署合作协议】　1月17

日和12月23日，吉利大学分别与北京林业大学和浙江汽车工程学院签署合作协议。与北林大协议规定，吉利大学充分发挥汽车学院的教育资源和特色优势，通过与北林大合作联合培养工程硕士，培养符合企业和市场需要的高级复合型人才。与浙江汽车工程学院协议规定，双方重点围绕课程体系建设、教师培养、学术科研交流、教学资源共享等领域搭建平台，展开卓有成效的合作，共同提高人才培养质量。

（于丽娜　张广玖）

【深化“能力目标项目化”课程改革】　3月，吉利大学继续深化“能力目标项目化”课程改革。改革在课程设计、教师培训、教学改革实践和教师教学能力考核等方面体现。学校全面检查全体教师“能力目标项目化”课程设计和教学方法实施情况，通过观摩、研讨交流、检查、讲评等方式，促进教师提高课程设计教学水平，真正把教学改革落实到课堂教学实践中。“能力目标项目化”课程为以效果为本，以学生为中心，采用工作过程导向、任务驱动的教学方法。

（李华平　张广玖）

【与3家企业签署合作协议】　5至11月，吉利大学分别与3家企业签署合作协议。5月28日，学校金融证券学院与银创财富（中国）管理集团签署定向培养合作协议，双方通过定向培养投资理财专业学生，在人才培养、实习实训、师资共享和学术交流等方面深入开展校企合作。7月29日，与敦豪物流集团签署的人才培养战略合作协议规定，企业在学校成立“敦豪物流人才培养基地”，学校为企业定向培养物流专业人才，校企双方充分发挥各自优势，开展全面合作。11月，与沃尔沃汽车签订人才培养合作协议。双方在专业培养方案、课程设计、师资培养、改善实训条件、课题研究、人才订单培养等多个领域开展深度合作。按照协议，学校从该学期开始举办沃尔沃（VOLVO）汽车服务工程定向班，学制3年，学生从在校生中选拔考核，首期23人入选。

（莫苏琪　刘武　张广玖）

【首届GM1000技术类研究生毕业】　6月17日，吉利大学首届GM1000技术类研究生毕业。14名学员取得毕业证书。2010年6月，吉利大学承担吉利集团GM1000技术类研究生培养工作，参照研究生标准，与吉利集团合作开展“GM1000”项目，共同培养技术类研究生，实现学校导师与企业导师联合培养高级复合型人才。

（于丽娜　张广玖）

【素质教育课程全面升级】　9月，吉

利大学素质教育课程全面升级。学校在2010年以来开展素质教育教学成果的基础上，制定完善《北京吉利大学学生素质教育大纲》，将素质教育课作为必修课正式纳入学校人才培养计划。升级后的素质教育课程，实行“行动在前，知识在后”的教育理念，围绕学生心智、思维、行动三大方面，分心智的成长、身体的健康、行为与思维、文化与沟通以及职业生涯规划五大方向，重点培养学生思想道德素质、身心素质、人文素质和职业素质，充分激发学生潜能。学校对素质教育讲师实施竞聘上岗，并进行全封闭式集训后，担任2013级新生素质教育课程主讲教师。

（郝征　张广玖）

【举办首届拓展运动会】 10月17至18日，吉利大学举办首届拓展运动会。运动会以“素质拓展，快乐体验；挑战自我，熔炼团队”为主题，分为竞技、趣味、体验项目。1800名师生参加比赛。学校利用拓展运动会检验3年来素质教育的成果。

（郝征　张广玖）

【验收校级精品课程】 10月，吉利大学开展校级精品课程验收工作。课程验收按照各学院自检、学校初审、校内外专家网上评审、专家现场综合评议等环节，全校共有13门校级精品课程通过验收，并评审出相应等级。

（刘武　张广玖）

【举办汽车研发技术讲座】 11月27日，吉利大学举办“汽车研发技术与未来交通工具展望”专题讲座。吉利汽车研究院专家团队举办汽车技术讲座，讲授汽车研发流程、先进汽车技术和未来交通工具等问题，让学生分享先进汽车设计和制造理念。

（于丽娜　张广玖）

【调整二级学院】 11月，吉利大学调整二级学院。将原14个二级学院按学科划分，调整为9个二级学院。调整后，学校设汽车学院、商学院、管理学院、财经学院、人文学院、理工学院、设计学院、艺术学院和欧美国际学院9个二级学院，形成具有吉利特色和优势的“汽车技术”“商贸管理”和“文化创意”三大专业群，进一步合理构建学科专业体系。

（励荆晶　张广玖）

首都师范大学科德学院

【概况】 2013年，首都师范大学科德学院校园占地面积28.27万平方米，校园建筑面积16.62万平方米，河北易县实习实践基地99.83万平方米。学校全年教育经费投入14417万元。固定资产总值56416万元，其中，教学科研仪器设备总值4603万元。图书馆建筑面积1.10万平方米，藏有纸质图书57.80万册、电子图书5000万册。拥有计算机1759台，多媒体教室座位数6492个。学校信息化经费投入1447万元，信息化设备资产5072万元，网络信息点8272个，校园网出口总带宽500Mbps，拥有校内实训室50个，校外实训基地100余个。设有4个学院，开设24个本科专业。教职工391人，其中，专任教师246人，包括教授37人、副教授66人。学历教育全日制普通本科毕生1228人；招收学历教育全日制普通本科生1173人。全日制学历教育高考招生北京地区提档线理科475分、文科454分；艺术理科328分，艺术文科321分。在校生4450人。网址：www.kdcnu.com。

（张娜）

【举办校园开放周系列活动】 4月15至28日，科德学院举办“2013年校园开放周、百所学校校长进科德暨第二届国际大学生微电影节新闻发布会”活动。校园开放周举办学生艺术作品展、DV摄影展等一系列活动。“百所学校校长进科德”活动在全国范围内广泛邀请艺术培训学校校长到该校，共同搭建生源培养平台，为该校发展献言献策。国际大学生微电影节新闻发布会举办第二届国际大学生微电影盛典启动仪式，在全世界范围内征集优秀微电影作品。

（张娜）

【取得招聘农村中小学音、体、美等学科教师选拔资格】 4月，科德学院取得“北京市公开招聘农村中小学音、体、美等学科教师”选拔资格。该选拔项目由市教委举办，该校是唯一入选的独立学院。

（李东平）

【微电影创研中心启动】 9月，中国高校影视学会微电影创研中心在科德学院成立。该中心主要开展与微电影相关的教学科研和创作活动，为学校提供优质的学生发展平台、教师培训平台和成果展示平台。

（高飞）

【举办中韩艺术交流季活动】 9至11月，科德学院举办“2013中韩艺术交流季”活动。活动内容包括组织师生赴韩国参加2013年清州国际工艺双年展、邀请韩国清州市戏剧协会和清州市立合唱团来校演出、组织师生参加韩国大使馆举办的“发现韩国”文化推广活动及韩国文化院的工艺展开幕活动等。

（张娜）

【中国跨文化传播研究与实践基地启动】 11月27日，科德学院举办“中国跨文化传播研究与实践基地”启动仪式暨学术研讨会。基地与中国社会科学院新闻与传播研究所世界传媒研究中心合作建立，主要开展跨文化领域学术交流、创作实践活动。研讨会围绕中国文化的国际传播和中国高校的国际化发展路径，研讨人才培养、文化传承等问题，认为中国文化的海外传播、中国影视产品的国际推广离不开应用型、国际化人才的培养。来自瑞士卢加诺大学、中国社会科学院、中国青年报等单位的20人参加会议。

（高飞）

北京工商大学嘉华学院

【概况】 2013年，北京工商大学嘉华学院占地面积36.49万平方米，产权校舍建筑面积17.69万平方米。全年教育经费投入10001.50万元。固定资产总值46529.40万元，其中，教学、科研仪器设备总值3135.16万元。图书馆建筑面积2882平方米，藏有纸质图书55.29万册、电子图书300万册。拥有计算机2185台。多媒体教室座位5400个。网络信息点3000个，校园网出口总带宽510Mbps，上网课程22门，数字资源量500GB，管理信息系统数据总量5GB。拥有校内专业实训室18

个、综合实训室5个，校外实训基地150个。学院设有3系2部1中心，开设17个专业，全部为本科。教职工381人，其中，专任教师279人，包括教授41人、副教授71人。聘请校外教师38人，其中，教授10人、副教授17人。毕业1331人，全部为学历教育全日制普通本科生。招生1203人，全部为学历教育全日制普通本科生。全日制学历教育高考招生北京地区提档线理科450分、文科438分。在校生5220人，全部为学历教育全日制普通本科生。网址：www.canvard.edu.cn。

（武春苹）

【10名学生赴泰国担任汉语教育志愿者】　4至10月，嘉华学院首批10名学生赴泰国担任国际汉语教育志愿者。该校通过学生英语交流能力、汉语教学能力、心理及综合素质等的综合考评，10名学生入选志愿者，赴泰国开展为期5个月的志愿服务活动。

（武春苹　刘春美）

【师生赴美调研】　7月10至31日，嘉华学院暑期社会调研交流团赴美国开展社会调研。调研团由13名师生组成，就美国社会公共安全、公共服务、教育、志愿服务开展调研，先后参观美国消防局、警察局、医院、敬老院、加州大学洛杉矶分校、斯坦福大学和硅谷等美国文化产业基地。

（武春苹　刘春美）

【成立新一届董事会】　9月25日，嘉华学院召开第四届董事会大会。会议宣布新一届董事会成立，将继续负责对学院整体发展战略规划、学科建设、人才培养、科学研究及社会服务等进行指导和评议，并致力于社会服务与人才培养，全面支持学院国际化发展事业。新一届董事会通过举手表决方式选举产生，由董事长1人、董事6人组成。

（武春苹　刘春美）

【召开网络时代文化产业发展与教育改革专家报告会】　11月13日，嘉华学院召开网络时代文化产业发展与教育改革专家报告会。会议听取题为《网络时代文化产业发展对高校培养目标要求与影响》的报告。会议邀请中国社会科学院新闻与传播所世界传媒研究中心、社科院城市与竞争力研究中心、首都师范大学教授，以及华为云计划副总裁、博看教育董事长、湖南云智慧科技有限公司总经理等专家学者及企业人士参加会议进行研讨。会议围绕网络时代文化产业发展与教育改革对高校的培养目标、知识能力、素质结构、核心能力等提出指导意见，对优化建设方案、课程体系及团队建设等提出建议。该校干部和教师代表共计230人参加会议。

（武春苹　刘春美）

【举办经济专题讲座】　12月10日，嘉华学院举办经济专题讲座。该讲座听取北京大学光华管理学院教授作题为《中国经济的转型与未来》专题讲座。讲座从经济学专家的视角、以学者的风度、专业的深度、睿智的语言，阐述对我国市场经济的独到见解。该校全体中层干部、学生代表参加学习。

（武春苹　刘春美）

【首批文化产业管理专业学生赴国外实践】　12月26日，嘉华学院首批文化产业管理专业学生赴加拿大海外课堂实践项目启动。该专业23名师生赴加拿大皇家大学等单位进行为期14天的社会考察、实践及学习交流。

（武春苹　刘春美）

北京科技职业学院

【概况】　2013年，北京科技职业学院占地191.80万平方米，产权建筑面积74.60万平方米。固定资产总值159855.60万元，其中，教学、科研仪器设备总值17836.50万元。图书馆建筑面积4.60万平方米，藏书170.60万册，其中，纸质图书105.60万册，电子图书65万册。全年教育经营投入2092.50万元，全部自筹。学校信息化经费投入73万元，拥有计算机3100台，多媒体教室座位数700个，信息化设备资产1200万元，网络信息点数920个，校园网出口总带宽400Mbps、电子邮件系统用户数755个，上网课程14门，数字资源量4114.28GB，管理信息系统数据总量1510GB。设有沙河、八达岭2个校区，4个二级学院，设有26个专业。教职工288人，其中，专任教师157人，包括教授及教授级高级工程师9人、副教授及高级工程师以上21人，博士2人、硕士29人，双师型教师16人，外聘教师131人。毕业生6342人，其中，高职生1015人，毕业生一次就业率98.60%，一次签约率98.60%。招生1260人，其中，高职生1036人。高考北京地区提档线文科150分、理科150分，高等职业教育单独招生考试60分。在校生4725人，其中，高职生3136人。网址：www.5aaa.com。

（树玉森　王枫　李爱东）

【赴德参加物流技师能力培训】　1月4日，北科院遴选5名专职教师赴德国德累斯顿工业大学培训。内容为物流及仓储管理运行现代设计、调控、测试及评估。培训为期30天，经结业考试及答辩合格后获取中德物流师资格证书。参加选派的教师均为具有本科以上学历、教龄5年以上的年轻教师，学成后投入开设精品专业精品课教科研工作。

（树玉森　李爱东）

【校园网全面改版】　2月26日，北科院校园网全面改版。在原基础上去掉仿企业化设置模式，加量教育、教学、科研、党建及招生、就业、学生各类文体活动内容。主页设重要新闻和每月大事记；设二级学院网页板块，实行校与二级学院双层办网。

（树玉森　李爱东）

【开发涉农实训基地】　5月29日，北

科院与北京胡萝卜农场签署合作协议。协议规定，学校位于昌平东北的八家沟实训基地引进农场共同开发，注入精品无公害大棚蔬果种植、农事旅游观赏以及老年休闲项目。协议期3年，用3年时间建成，并催生2至3个涉农的高职教育专业。

（树玉森　李爱东）

【再度精编减员】　6月10日，北科院校长决定再次精编减员。教职工中年满63周岁的男性及满58周岁女性都列入精简范围，凡年龄杠线内留任专职教师，必有第一学历为国民教育本科及以上，并至少要周任8节课，且须在业绩能力基础上师德为先。员工精简以岗位满负荷需求为定编原则，对业务相近的实行并岗，运用三岗留两人的尺度选用，最后定格在办学条件评估合格的水平之上略有富余。至年底，共减员209人。

（树玉森　丁明圣）

【教学从八达岭校区退出】　6月17至19日，北科院教学职能全部从八达岭校区撤出。该校区4个二级学院1968名学生全部撤出，搬迁至沙河校区，并有212名教职工随迁。至此，2004年启用的八达岭校区不再开展教学活动。该决定是依据生源锐减的办学形势而由校董事会作出的。

（树玉森　李爱东）

【增设督导办公室】　9月4日，北科院增设校督导办公室。聘请1名教学管理类和1名工科类资深专家任督导员，要求从督导课堂教学（含实验实训课）入手，促进教师职业素养不断优化，共同研究改进教学手段和方法，以吸引学生听课注意力，增强动脑动手的兴趣和能力，为全面提高教学质量和人才培养水平服务。该校2013～2014学年定为“督导管理年”。

（树玉森　姜常来）

【强化考风考纪】　10月3日至11月2日，北科院强化考风考纪。学校印发《关于进一步加强考试考风考纪工作的通知》《北京科技职业学院试卷管理实施细则》和《北京科技职业学院关于考试违纪的处分规定》，要求加强督导，完善考试工作管理责任制；严格标准，强化考试各环节工作规范；加大考试监管力度，认真落实违纪处理规定。同时，学校对闭卷试题命题规定7条标准，对题型、表现格式作出8项要求，并对警告、严重警告、取消考试资格等处分所对应的作弊情节作具体描述。针对近年来，少数学生有意放弃考试而情愿参加补考的投机心理，教务处制订补考不降要求的措施。

（树玉森　王霞）

【举办科技文化月活动】　10月3日

至12月12日，北科院举办第15届科技文化活动月活动。文化月安排分阶段推进的主题活动。主题一：善心爱心进取心，爱党爱校爱自己。利用读书报告会、演讲会、主题班会等形式完成。主题二：繁荣校园文化，跟上时代步伐。利用墙报、橱窗、宣传栏、校园网等传媒展示个人才艺，报道新人新事。主题三：远离烟草，向校园零吸烟迈进。全校拉出控烟禁烟宣传横幅7面，学校领导带领师生志愿者80人在校园各处捡烟头，举办“烟草可控还是控不了”的辩论赛。主题四：安全与我同行。共安排5项大型活动，包括听取市消防警官来校作安全讲座，以宿舍楼为演练地，作火情状态下逃生演练；排练安全情景剧汇报演出等。参加活动学生达到学生总数的78%。

（树玉森　刘岩）

【召开安全工作会议】　10月17日，北科院召开安全工作会议。会议参观近两个月安装在各办公设施、教室、公寓以及公共区域的电子摄像监控探头，查验功能发挥及使用效果。会议强调安全工作一票否决的重要地位。至年底，该校设置电子监控探头208个，对应防区域实现全覆盖。

（树玉森　孙守国）

【试行“承办制”改革】　11月27日，北科院决定在艺术设计学院试行“工作室教学模式”承办制试点改革。将学生课桌变成实训工作台，人手一台笔记本计算机，进入所要学习的网络，并以专用投影仪配合教育，辅导学生自学。并利用教室、工作室整合为一的功能，凭借互联网的广谱适用性，对不同基础、不同接受能力、不同专业方向的学生实行定向培养，可以达到人才速成的目的。学校为助力该项目实施，与相关责任人签订协议，实行项目“承办制”，所需培养经费包干，独立核算，审计跟踪。在达到预期目标后，如有结余可用奖励的手段向担责者及其团队倾斜。

（树玉森　梅凯）

北京培黎职业学院

【概况】　2013年，北京培黎职业学院占地面积49.09万平方米，产权建筑面积8.92万平方米、非产权建筑面积6.20万平方米。全年教育经费投入4820.79万元，其中，国家拨款443.41万元、自筹经费4377.38万元。固定资产总值5753.67万元，其中，教学、科研仪器设备总值1865.41万元。图书馆建筑面积0.84万平方米，藏有纸质图书28.90万册、电子图书20.08GB。拥有计算机1508台。多媒体教室座位2572个。学校信息化经费投入54万元，信息化设备资产128.13万元，网络信息点数2500个，校园网出口总带宽130Mbps，上网课程数18门，数字资源量150GB，管理信息系统数据总量180GB。拥有校内专业实训室56个、综合实训室56个，校外实训基地44个。设有7个系，开设23个专业，其中，专科23个。教职工419人，其中，专任教师206人，包括教授16人、副教授78人。外聘教师54人，其中，教授4人、副教授8人。毕业776人。在校4079人，其中，专科（高职）生4023人，非学历教育学生56人。招生1020人。全日制学历教育高考招生北京地区提档线理科160分、文科150分。网址：www.bjpldx.edu.cn。

（田淑芹）

【入选国家信息化人才培养与职业技能鉴定示范单位】　1月12日，培黎职院入选“国家信息化人才培养与职业技能鉴定示范单位”。该评选由国家信息化计算机教育认证（CEAC）信息化培训认证管理办公室举办。CEAC认证证书是信息产业部向从业人员颁发的信息技术专业标准证书，代表信息技术应用专业资格认证的国家标准。

（蔡蓓蓓）

【入选首批市社会组织示范基地】 2月28日，培黎职院被市民政局命名为“首批北京市社会组织示范基地”。该评选由市民政局组织，经社会组织申报、市社团办审核、专家委员会评审、网上公示，100家社会组织被评为北京市第一批社会组织示范基地，有效期2年。

（蔡蓓蓓）

【获评社会组织5A级单位】 3月1日，培黎职院被市民政局评为2012年北京市社会组织5A级单位。该评估由市民政局委托第三方评估机构进行，按照分级管理、分类评定、客观公正的原则，实行政府指导、社会参与、独立运作的工作机制。评估组听取该院自评工作汇报、考察办学环境和条件、与有关人员座谈、查阅相关资料等。共209个社会组织参评。

（蔡蓓蓓）

【举办大学生辩论赛】 4月9日，培

黎职院举办首届培黎——利星行“星耀未来”杯大学生辩论赛。比赛与利星行汽车集团公司共同举办，以“企业用人应以德还是以才为先”为辩题，通过开篇立论、驳论、攻辩、自由辩论和总结陈词5个环节进行展示，经过初选、复赛、决赛，最终评出冠军队和亚军队各1支，评出最佳辩手1人和优秀辩手5人。该校学生57人参赛，6人2队进入决赛。

（黄立民）

【董事会换届】 5月9日，培黎职院召开第三届董事会第四次会议。会议进行第三届董事会换届，通过选举方式，产生第四届董事会名单。新董事会由7名董事组成，由学院主办方代表、学院主要领导、社会知名人士、企业代表和教职工代表组成。

（蔡蓓蓓）

【庆祝建校30周年】 5月28日，培黎职院举办庆祝建校30周年庆典。活

动举办路易·艾黎职业教育思想研讨会、迎校庆速录技能大赛、“迎校庆，我的青春在培黎闪光”演讲比赛、“迎培黎建校三十周年，健步行踏青”“校庆杯”乒乓球赛等系列活动。国际友人伊莎白·柯鲁克（Isabel Crook）、新西兰驻华大使伍开文（Karl Worker）、中国工合国际委员会主席等，以及市委教育工委、兄弟院校、合作企业等单位领导，该校校友和师生代表共计600人参加庆典。培黎职院前身是创建于1983年5月的北京培黎职业大学，系我国改革开放中最早创立的民办大学之一。其历史源于上世纪抗战时期路易·艾黎创办的培黎学校。2004年4月经北京市人民政府批准，国家教育部备案，在原北京培黎职业大学基础上设立具有独立颁发国家承认学历的市属全日制民办普通高校，开展高等职业教育（专科）。学院设置7个系，23个高职教育专业。

（蔡蓓蓓）

【优化专业结构】 5至11月，培黎职院优化专业结构。该院按照“以高端服务为宗旨，以高质量就业为导向，为每个学生提供适合的教育”的指导思想，按照“稳定规模，优化结构，校企合作，突出重点”的原则，逐步进行结构优化与专业建设。该院确定7个专业（专业方向）为第一批特色专业，7个专业是会计、汽车技术服务与营销、广告设计与制作、软件测试技术、社区管理与服务、旅游管理（葡萄酒品酒师方向）、商务英语（学前双语教育）。

（王海丹）

【优化整合校内实训基地】 5至12月，培黎职院完成校内实训基地优化整合项目。项目在资源共享、优化配置、合理布局、相对集中、服务专业的原则下，优化整合现有校内实训基地，构建以财经商贸、数字艺术、信息技术、文法综合4个专业实践教学中心、基础能力实践教学中心和幼教实训基地为主体的校内实训基地。该项目共投入200万元。

（李伟丽）

【签署3项合作协议】 7至11月，培黎职院签署3项校校、校企合作协议。7月3日，与台湾朝阳科技大学签订建立长期学术合作关系的协议。根据协议，双方组团互访，安排教师到对方学校进行学术访问和短期讲学等交流活动；有计划地开展各种合作研究，共同承办有关学术研讨活动；互派教师至对方学校讲学；互派学生到对方学校交流研修等。10月18日，与加拿大开优公司签署合作协议。加拿大开优公司提供“1+1”合作项目，学生在该院学习1年，在加拿大BCIT学习1年或参加开优公司的网络学习，取得加拿大大专证书并获得加拿大工作签证。该公司是一个可以提供加拿大官方认可的高等教育课程电子教学平台，可容纳全球10亿人同时在线学习。11月7日，与博创华宇（北京）科技有限公司签署校企合作协议。根据协议，企业共享具有自主知识产权的远程学习系统媒体库，为学院师生提供远程实验学习平台，并组织计算机系教师到公司开展科研实践活动培训。

（聂军　蔡蓓蓓　付强）

【557人次获得国家及校级奖助学金】 至年底，培黎职院共有557人次获得奖学金和助学金。其中，1人获国家奖学金，69人获国家励志奖学金，315人获国家助学金，国家奖助学金总额达133.05万元；172名学生获校级奖学金，奖金总额7.44万元；共计发放奖助学金140.49万元。

（陶佳佳）

【完成部分校园改造工程】 至年底，

培黎职院完成部分校园改造工程。该改造工程包括校园绿化、道路改造工程，二、三食堂天然气改造及装修工程，阶梯教室改造成形体训练室工程，40个实训室的升级改造，逸三楼和8、9号学生公寓的升级改造工程及水暖、电改造工程等。全面提升校园硬件设施建设水平，改善教学条件和学生生活条件。该改造工程共投入428.23万元。

（王强）

北京邮电大学世纪学院

【概况】 2013年，北京邮电大学世纪学院占地面积14.52万平方米、产权建筑面积1.15万平方米、非产权建筑面积7.70万平方米。全年教育经费投入1387万元，其中，国家拨款51万元、自筹经费1336万元。固定资产总值15594.90万元，其中，教学、科研仪器设备总值3530万元。图书馆建筑面积7162平方米，藏有纸质图书55.45万册、电子图书23.23GB。拥有计算机2326台。多媒体教室座位5960个。学校信息化经费投入128.80万元，信息化设备资产1739.99万元，网络信息点5000个，校园网出口总带宽220Mbps，电子邮件系统用户427个，数字资源量96.04GB，管理信息系统数据总量550GB。拥有7个院级实验教学中心，60间实验室；校内实训基地5个，校外实训基地60家。设有8个教学单位，开设18个本科专业。教职工427人，其中，专任教师288人，包括教授26人、副教授63人。聘请校外教师52人，包括副高级以上职称17人。毕业1385人，其中，学历教育全日制普通本科生毕业1275人、非学历教育学生结业110人。招生1365人，全部为学历教育全日制普通本科生。全日制学历教育高考招生北京地区提档线理科463分、文科452分。在校生5486人，其中，学历教育全日制普通本科生在校生5266人、非学历教育学生220人。网址：www.ccbupt.cn。

（高莎）

【首次召开本科教学工作会】 1月14日，世纪学院召开首次本科教学工作会。会议听取题为《以评估为契机深化教学改革规范教学管理提高育人质量》的主题报告；听取艺术与传媒学院题为《突出实践育人促进能力培养》的专题报告，介绍专业融合、实践教学经验；听取计算机科学与技术系题为《探索实践提高》专题报告，介绍考教分离、学生管理方面的经验；听取电子与自动化系介绍试卷卷面质量评价体系及指标。院领导、职能部门负责人及7个教学单位的全体教师分3组对主题报告及专业建设重点、学科专业融合，应用型人才培养等内容展开研讨。院领导、职能部门负责人及教学单位任课教师、辅导员、教务人员共200人参加会议。

（高莎）

【首次开展教研专项评估】 1至12月，世纪学院首次开展教学团队（教研室）建设与评估活动。经过教研室自评、整改自建、学生评教、学院专家组评估等环节，全面梳理22个教研室已有建设成果和未来建设发展规划。评估结果显示：教研室建设取得一定成绩，但是各教研室建设水平还存在较大差异，建设优秀的教研室在文档资料建设、教研活动开展等方面都表现突出。少数教研室文档资料建设还不齐全，教研活动开展偏少。

（高莎）

【软件工程中日合作办学项目获教育部批准】 3月，世纪学院获得教育部批准，成为北京市首家获得批准举办中外合作办学项目的独立学院。入选项目是北邮世纪学院与日本京都计算机学院于2010年签署的合作办学协议，将日方10门专业基础课程和专业课程纳入学院计算机科学与技术系软件工程专业的教学体系中，每年招收90名学生，由中日双方教师授课，实行中日双语教学，学制为4年。毕业后颁发北邮世纪学院工学学士学位和毕业证书。该项目旨在培养掌握中、日、英三国语言和先进IT技术的高级专业人才，特别为进入中国的日资企业培养既熟悉中、日文化，又具备专业知识，掌握中、日、英三国语言和先进IT技术的专业人才。该项目的合作院校日本京都计算机学院成立于1963年，是日本最早的计算机教育机构。

（高莎）

【首个大学生校外实践教育基地建设项目获批】 4月，世纪学院—北京邮区中心局工程实践教育中心获国家级大学生校外实践教育基地建设项目立项。该项目是教育部在“十二五”期间实施“高等学校本科教学质量与教学改革工程”的重要举措，旨在通过建设实践基地，承担高校学生的校外实践教育任务，促进高校和行业、企事业单位、科研院所、政法机关联合培养人才新机制的建立。这是该校继获批2个北京市级高等学校实验教学示范中心，1个北京市级校外人才培养基地后，在“本科教学工程”建设中取得的又一成果。

（高莎）

【与德国维尔道应用技术大学签约合作】 5月9日，与德国维尔道应用

技术大学（Technical University of Applied Sciences Wildau）签署合作协议。根据协议，双方针对教师和学生互换交流达成共识，中方负责组织甄选优秀学生赴德国交流学习，并接受德国甄选的学生来本校学习，双方分别负责交流学生的学习、生活、安全等事宜。

（高莎）

【举办首届辅导员职业技能大赛】 5月，世纪学院举办首届辅导员职业技能大赛。比赛由各二级学院组织初赛，推选参加决赛的人选。全院推选出的8名辅导员，经过基础知识测试、主题班会策划、自我介绍与特色工作展示、班情熟知以及案例分析5个环节评比，最终，评出一等奖1人、二等奖1人、三等奖2人。

（高莎）

【变更投资方】 5至12月，世纪学院完成新老投资方交接、新董事会成立、新校区改建等事项。该校投资方由北京锡华教育集团变更为北京学涵教育科技有限公司。11月5日召开第

三届董事会第一次会议，确定新董事会成员，选举董事长、副董事长。

（高莎）

【志愿服务项目首次获政府采购】 6

月，世纪学院“鹏鹰打工子弟小学环保图书室”项目获市政府采购批复。获得3万元活动支持经费。该校自2011年携手昌平区鹏鹰打工子弟小学开展志愿服务定点帮扶活动，两年里先后有60名志愿者利用周末时间赴鹏鹰小学开展支教、校园美化等活动。由于两年志愿服务活动的扎实开展和帮扶项目的不断完善，项目获得市政府采购。

（高莎）

【修订本科专业培养方案】 至6月，世纪学院修订完成15个专业的新培养方案。方案优化课程体系，加强实验实践教学，在“通识＋专业＋实践”的课程结构内突出实践课程比例，要求工科和艺术类专业的实践教学占总学时30%以上，文管专业占总学时25%以上。实践课程内容包括课内实践、独立设课的实验和集中实践。自2013级学生起一律按照该培养方案执行，本培养方案在“十二五”规划时期原则上不进行调整。

（高莎）

【调整专业结构】 至年底，世纪学院调整专业结构。申请撤销专业1个、调整专业名称1个、新增专业3个，专业总数达到18个；新增专业当年招生。财务管理专业顺利通过评估，获得学士学位授予权。

（高莎）

北京工业大学耿丹学院

【概况】 2013年，北京工业大学耿丹学院占地面积30.36万平方米，建筑面积21.58万平方米。全年教育经费投入13383.97万元，其中，国家拨款978.8万元。固定资产总值8332万元，其中，教学、科研仪器设备总值2970.38万元。图书馆建筑面积9028平方米，藏有纸质图书59.89万册，电子图书25GB。拥有计算机2559台。多媒体教室座位7267个。学校信息化经费投入187万元，信息化设备资产783.18万元，网络信息点4个，校园网出口总带宽210Mbps，电子邮件系统用户数350个，数字资源量1520GB，管理信息系统数据总量16GB。设6系4部22个本科专业。教职工543人，其中，专任教师245人，副高以上职称教师81人，研究生学历教师196人。兼职教师39人，其中，高级职务教师28人。全日制学历教育高考招生北京地区提档线理科455分、文科436分。本科在校生5649人，招生1404人。网址：www.gengdan.edu.cn。

（管书艳）

【自行设计制造电器控制综合实验装置】 1至2月，耿丹学院机械工程系教师自行设计制作完成“电器控制综合实验装置”。该实验装置能够使学生完成电气控制系统的电路原理设计、电器安装布线和通电运行调试的全过程，将弥补现有实验装置功能单一、学生参与度低、脱离机械电气设计实际的缺点，具有很高的实用性与经济价值。此外该装置还能够实现机械传动演示、机械制图测绘、传感器原理演示等众多功能。该装置是“结合实验室建设精选设计课题初探”研究课题的组成部分。

（管书艳）

【入选市社会组织5A级单位】 3月1日，耿丹学院入选北京市2012年市级社会组织5A级单位。该评选由北京市民政局举办，全市共有46个社团组织入选5A级单位。

（管书艳）

【设立全国新人才网校园服务站】 3月13日，耿丹学院举办全国新人才网校园服务站授牌仪式。该校成为首批全国新人才网校园服务站后，学生可依托新人才“预就业”创新就业服务体系，通过线上和线下教育，根据企业岗位需求开展职业教育和培训学习。网站为学生搭建实习、培训、兼职平台，拓宽毕业生就业渠道。

（管书艳）

【与4家企业签约合作】 3月27日、

9月13日和12月10日，耿丹学院分别与中软国际有限公司、北京韩一汽车饰件有限公司、北京渥瑞达科技发展有限公司和北京康华天怡生物科技有限公司签署校企合作协议。根据协议，校企双方加强合作，大力支持走“产、学、研”相结合的道路，共同推动学生实习就业和校企课题研究等。企业为学生提供工作发展平台、实践基地和奖学金制度。

（管书艳）

【成立学习科学研究所】 4月23日，

北京市首家学习科学研究所在耿丹学院挂牌成立。该机构与北京市学习科学学会合作举办，旨在通过学习科学研究与成果推广运用，培养学生自主学习能力，促进教师教育教学发展。作为非盈利性研究机构，工作重点为针对耿丹学院学生群体的样本特征，探索高等教育扩招大背景下，新大学生群体学习类型及心理特征对教学方法和教育理念的对策性要求。

（管书艳）

【举办首届校园文化艺术节】 5至6月，耿丹学院举办首届耿丹校园文化艺术节。活动举办社团嘉年华、微电影大赛、书画艺术作品展等系列专场文艺演出及比赛。该校部分师生参加活动。

（管书艳）

【取得接收来华留学生资质】 6月24日，经市教委、市政府外事办、市公安局共同审核批准，耿丹学院具有接收外国留学生资质。该校于6月开始可以招收外国留学。当年该校未招收留学生。

（管书艳）

【修订人才培养方案】 7月，耿丹学院修订完成2013版各专业人才培养方案。此次修订充分体现“工科背景、学科交叉、注重实践、校企结合”的教学特色，力求符合培养具有创新精神的复合型、应用型高级专门人才的培养目标。课程体系的结构主要由公共基础课（含公共必修课、限选课、公共选修课）、专业基础课、专业课、实践课及创新环节构成。各类选修课程学分总和在总学时学分中应不低于20%。

（管书艳）

【与牛栏山一小合作推进校本课程】

10月17日，耿丹学院与顺义区牛栏山第一小学合作的“大手牵小手，共筑美好明天”推进校本课程和学生社团活动建设工作启动。根据协议，耿丹学院承担课程教学；牛栏山一小提供教学场地。至年底，耿丹学院派出35名学生志愿者承担牛栏山一小健美操、舞蹈、合唱、绘画、英语课程的授课工作。

（管书艳）

【举办首届校企合作论坛】 12月10日，耿丹学院举办首届校企合作论坛。论坛围绕“新形势下校企合作着眼点和发力点的探讨”主题，邀请北京升华电梯集团、北京江河创建股份有限公司和北京中软国际教育科技有限公司等22家企业参加，共商校企合作事宜。

（管书艳）

【开展课程改革】 至年底，耿丹学院开展课程改革。学院在经济与管理系和应用语言系各创立一至两个辅修专业，安排8至10门课程（共24学分），供全校学生跨学科修读，修满规定学分的学生可以在取得主修专业毕业证书后取得辅修专业结业证书。改革公共必修课模式，其中，思想政治理论课改为“433”模式，即分为课堂讲授、名师讲座和课外实践三部分；数学课将微积分、线性代数和概率论调整为基础数学、应用数学和数学建模三个新单元，根据专业需求讲授不同层次的内容；体育课改革为晨练与专项训练相结合，一年级开展按专项分组的晨练，二、三年级开展专项选课制课堂教学；实践课程提前，并与专业概论相结合，提高学生对专业的认识和兴趣，并向各专业提供菜单式课程。

（管书艳）

北京新圆明职业学院（北京艺术传媒职业学院）

【概况】 2013年，北京新圆明职业学院占地面积11.15万平方米，产权校舍建筑面积4.49万平方米、非产权校舍建筑面积0.50万平方米。全年教育经费投入国家拨款109.90万元、自筹经费202万元。固定资产总值3000万元，其中，教学、科研仪器设备总值820.15万元。图书馆建筑面积0.17万平方米，藏有纸质图书15万册、电子图书20万册。拥有计算机916台。多媒体教室座位9个。学校信息化经费投入120万元，信息化设备资产542.90万元，网络信息点15个，校园网出口总带宽100Mbps，电子邮件系统用户200个，上网课程6门，数字资源量500GB，管理信息系统数据总量200GB。拥有校内专业实训室10个，综合实训室6个，校内实训基地1个。设有10个院，开设7个专业及方向，其中，专科7个。教职工156人，其中，专任教师83人，包括教授13人、副教授20人。聘请校外教师36人，其中，教授32人、副教授4人。毕业128人，全部为专科（高职）生。全日制学历教育高考招生北京地区提档线理科150分、文科150分。在校生515人。网址：www.bjamu.cn。

（吴博）

【召开教学工作会议】 1月10至11日，新园明职院召开第四届教学工作会暨2012年总结大会。会议听取题为《持续推进“一边是课堂，一边是车间”人才培养模式改革，加强校企合作，深化办学内涵，提升育人质量》的工作报告。报告总结2013年在教学工作方面取得的主要成绩，指出要真正实现“一边是课堂，一边是车间”的人才培养模式，具体要把握八个融合：一是学习与工作融合、二是企业发展与学校发展融合、三是学校理念与企业理念融合、四是课堂与车间融合、五是员工与学生融合、六是教师与师傅融合、七是教学管理与企业管理融合、八是校园文化与企业文化融合。

（吴博）

【举办春季田径运动会】 4月29至30日，新圆明职院举办2013年春季田径运动会。运动会分男子组和女子组，分别设置100米、200米、400米、800米、4×100米接力、4×400米接力、实心球、跳远等17个项目。该校师生500人参加比赛。

（吴博）

【学校获批更名】 11月28日，新园明职院经市教委批准更名为北京艺术传媒职业学院。更名后学院办学性质、办学层次不变。该院申报的6个新专业获得批准备案。

（吴博）

北京第二外国语学院中瑞酒店管理学院

【概况】 2013年，北京第二外国语学院中瑞酒店管理学院占地面积

22.50万平方米、产权建筑面积9.60万平方米。全年教育经费投入12354.60万元，其中，国家拨款630万元、自筹经费11724.60万元。学院固定资产总值达3.78亿元，其中，教学、科研仪器设备总值1368万元。图书馆建筑面积7676平方米，藏有纸质图书36.70万册、电子图书2.12万册。学院拥有计算机600台。多媒体教室座位数4800个。学校信息化经费投入总额348万元，信息化设备资产总值348万元，网络信息点6000个，校园网出口总带宽500Mbps，电子邮件系统用户10000个，数字资源量6119GB，管理信息系统数据总量5000GB。设有品酒实验室、中西食品制作室、多媒体实验室、语音实验室和计算机中心。开设酒店管理、酒店管理（酒店财务管理方向）专业。教职工324人，其中，专任教师208人，包括副高级以上专业技术职务60人。兼职教师8人，包括副高级以上专业技术职务3人。招生998人。全日制学历教育高考招生北京地区提档线理科455分、文科434分。毕业生360人。在校生3668人。网址：www.bhi.edu.cn。

（李辉）

【首次普查学生心理健康】　1月14日，中瑞学院首次普查学生心理健康。2012级全体新生接受普查，共普查、抽查学生2000人次。结果显示大部分学生为暂时性心理问题，主要体现在新生入学后对新环境适应不良、人际交往敏感、自我认识不合理等普遍问题，领导和相关辅导员对此将给予重点关注。

（刘琰）

【首次开展管理干部培训】　1月14至15日，中瑞学院首次举办管理干部培训。各系、职能部门的管理干部34人参加学习。培训听取北京第二外国语学院党委书记、中国旅游饭店协会会长、中旭股份企业管理讲师分别作关于高校管理、办学方向和目标导向以及绩效考核、管理心态、文化建设方面讲座。学员分为教学组和行政教辅组，分别就育人教书、办学方向和理念、学院文化建设、提高执行力分组讨论。

（摆志靖）

【校园信息化工程建设竣工】　2月，中瑞学院校园信息化工程竣工。工程包括多媒体信息发布系统工程、教学酒店无线网络覆盖系统工程、教学酒店背景音乐系统工程、实习酒店等八处通信配线间整改工程。工程总投资60万元，可以实现酒店区域无线网络覆盖，各餐厅背景音乐独立控制播放，学院可以通过多媒体发布系统即时发布通知公告，简化通知流程。

（韩光）

【举办万豪品牌班技能大赛】　3月28

日，中瑞学院与万豪酒店管理集团举办2011级万豪品牌班技能大赛。活动在学院教学酒店举办，万豪酒店管理集团旗下9家酒店的人力资源负责人、学院教师代表担任评委，2011级酒店管理专业万豪品牌班的学生分为4组参赛。比赛设万豪集团历史文化知识竞赛，红、白葡萄酒品鉴，鸡尾酒调制展示，主题婚宴设计与摆台5个环节。经现场展示和评分，1人获一等奖、2人获二等奖。

（王文涛）

【举办首届大学生体育文化节】　5月1至30日，中瑞学院举办第一届大学生体育文化节。活动设置拔河、足球、篮球、台球、排球等比赛项目。该校师生1000人参加活动。

（张帅）

【举办首届商务英语广告创意大赛】　5月28日，中瑞学院举办第一届商务英语广告创意大赛。比赛设创意广告视频播放、产品幻灯片展示和问答环节三个项目，采取淘汰式比赛方式。比赛由英语系8名教师担任评委，通过语言表达、商务技能和团队合作综合评分方式，评出优胜代表队。该校2010级和2011级英语专业学生600人参加比赛。比赛旨在通过将教学内容和广告创意形式相结合的方式，激发学生学习英语的积极性，加强实践应用能力，培养商务沟通技能、团队合作和创新能力。

（陈菲）

【加入美国饭店协会教育学院全球合作伙伴】　5月，中瑞学院加入美国饭店协会教育学院全球教育合作伙伴（Global Academic Partner，简称GAP）。加入GAP院校后，中瑞学院将获权开授相关证书课程及职业认证课程；学生通过考试可获得国际证书。10月19至20日，中瑞学院举办美国饭店协会教育学院黄金服务职业资格认证一期班认证培训。由美国饭店协会教育学院资深认证专家授课，全程英文讲授。该校20名教师和60名学生参加学习。黄金服务认证是美国饭店协会推出的针对企业及旅游酒店管理学院等的特色认证课程，主体内容是围绕黄金服务的7个要素结合7个服务案例，阐述“黄金服务”的特点及其重要性，激励和启发企业员工超越基础的服务标准，努力争取为客人提供难以忘怀的超越期望的服务。

（王立）

【实施蒲公英计划】　9月，中瑞学院实施蒲公英计划。该计划是学院校园文化建设的重点内容，是为培养中瑞人养成优秀的酒店人的职业道德、职业素养、职业意识和职业气质而制定的。主要方式为培养一批学生、教师培训师，学院根据酒店业标准定制的行为规范、礼仪礼貌等内容，通过培训师带动全院师生了解、遵守规定。至年底，共举办3期培训班，172名学生和60名教师参加学习。

（邵超　于世春）

【完成教师专业技术职称评定】　11月23日，中瑞学院召开2013年度学院教师技术职称专家评审委员会。由来自首旅集团、首旅建国酒店管理有限公司以及该校专家组成专家评审委员会，审阅28名专业教师的技术职称申请材料，以投票的方式评定教师的技术职称。经专家委员会评审，13名教师取得讲师资格、15名教师取得助教资格。

（杜洋）

民办高等教育机构

北京人文大学

【概况】 2013年，北京人文大学占地面积10万平方米，产权校舍建筑面积4万平方米。全年教育经费投入480.50万元，全部自筹。固定资产总值7197万元，其中，教学、科研仪器设备总值628万元。多媒体教室座位1224个。拥有计算机426台。学校信息化经费投入805.60万元，网络信息点800个，校园网出口总带宽100Mbps，电子邮件系统用户500个，数字资源量1000GB，管理信息系统数据总量500GB。拥有校内专业实训室18个，校外实训基地11个。设有4个学院，开设42个专业。教职工199人，其中，专任教师51人，包括教授8人、副教授17人；兼职教师107人。结业生2357人、招生504人、在校生2970人。网址：www.bjrwdx.com。

（张秦）

【修订人才培养方案】 4月，人文大学全面修订专业人才培养方案。根据学校的发展形势和市场需求，明确提出“改革自学考试，强调职业教育，突出实践性教学环节，增强学生实际操作能力”的指导思想，体现“理论够用、实践为重”的原则，旨在着力培养面向生产、建设、服务、管理第一线岗位的技能型、应用型人才。

（张秦）

【新增国学专业】 6月，人文大学开设国学专业。该专业以志道、修身为要旨，以培养国学智慧应用能力为根本，以培养自求和名家讲学为保障，以培养国学大才和学贯中西的文化大才为目标。首次招生75人，于9月开学。

（张秦）

【举办道德模范专题讲座】 8月24日，人文大学举办道德模范专题讲座。邀请解放军北京军区总医院原副政委、全国道德模范、首都十大道德模范孙茂芳作题为《学雷锋、筑强梦、一辈子为人民做好事》的专题讲座，阐述“什么是幸福？幸福就是付出！”“学习雷锋做好事、为人民做好事的人最快乐”。该校2013级新生参加学习。

（张秦）

北京工商管理专修学院

【概况】 2013年，北京工商管理专修学院占地面积14.01万平方米、建筑面积11.90万平方米。全年教育经费投入113万元，全部自筹。学院教学、科研仪器设备总值967万元。图书馆建筑面积1876.30平方米，藏有纸质图书5.81万册。拥有计算机房17间，教学用计算机1043台，多媒体教室37间，座位5838个。信息化经费投入48万元，信息化设备资产16万元，网络信息点数86个，校园网出口总带宽100Mbps，电子邮件系统用户200个，上网课程33门，数字资源量30GB，管理信息系统数据总量7GB。拥有校内实习实训室19个，校外实训基地98家。设立3个二级学院，开设12个专业。教职工143人，其中，专兼职教师74人，教授、副教授20人。结业生1818人，招生281人，在校生2517人。网址：www.bjuba.com.cn。

（李娜）

【调整薪酬结构与标准】 3月1日，工商管理专修学院发布《关于薪酬结构与标准调整实施方案》。方案规定：学院教职工实行统一纳入新起点工资标准；岗位、职务、绩效工资、职务津贴、岗位津贴，根据教职工职务、岗位系列纳入确定；学院教职工先纳入新起点工资标准，再调整工资。依据文件，教职工工资人均增加631元。全年还根据岗位需求进行定岗定编工作，将原有的198人，调整为现在的143人，在一定程度上降低办学成本，提高工作效率。

（李娜）

【举办春季校园双选会】 3月23日，

工商管理专修学院举办2013年春季校园双选会。来自北京建工四建、三一重工、百度时代网络技术（北京）有限公司等70家大型知名企事业单位应邀参加，为应届毕业生提供近1200个岗位。据统计，学生共投递简历841份，有近60%的学生与用人单位相互认同，初步达成双选意向。

（李娜）

【与北京设备安装工程集团签约合作】 3月29日，工商管理专修学院与北京设备安装集团公司签订校企合作协议。根据协议，学院成立“北安班”定向为集团培养人才，集团作为该校的实习实训基地，并承担6门培训课程的教学任务。

（李娜）

【开展教学改革】 3至7月，工商管理专修学院开展教学改革。该院成立教学工作委员会，主要负责审议学院的教学工作发展规划，指导和审定各专业培养计划，审议教改实施项目，负责向学院提出对教师教学质量评价的审查意见等，制定教学工作委员会章程，成员由执行院长、教务处处长、专职教师等构成，共有14人。成立教学研究中心，隶属教务处，下设3个教研组，每周二开展一次教研活动。学院制订《实践教学实施暂时办法》《学生课程平时成绩管理暂时办法》和《校设课程补考规定》等教学改革文件。

（李娜）

【举办首届建筑设计模型大赛】　6月

6日，工商管理专修学院举办首届建筑设计模型大赛。比赛以住房建筑为主题，题材不限（古代建筑、现代建筑），材料自备，需绘制CAD图（平面图、立体图、剖面图）。分初赛、预赛和总决赛，共评出一等奖1人、二等奖2人、三等奖3人，最佳创意奖1人，特别纪念奖18人。

（李娜）

【建筑工程综合模拟实验室通过验收】　9月9日，工商管理专修学院建筑工程综合模拟（PKPM）实验室通过验收并投入使用。实验室获市教委民办教育发展促进资金支持，用三维数字模型对建筑项目进行设计、预算、施工及运营管理。实验室共2间，有61台计算机，为学生进行土木工程相关专业教学和实践提供便利。

（李娜）

【实现校园无线网络全覆盖】　至年底，工商管理专修学院完成校园网络改造工程。该工程与中国移动昌平分公司合作，对3栋教学楼、11栋学生公寓进行无线网络WLAN覆盖，实现校园无线网络全覆盖和学生、教学独立使用。工程总投入150万元。

（李娜）

中国信息大学

【概况】　2013年，中国信息大学占地面积20.01万平方米，建筑面积9.09万平方米，全部为非产权建筑面积。全年教育经费投入164万元，全部自筹。固定资产总值3369万元，其中，教学、科研仪器设备总值1814万元。图书馆建筑面积1500平方米，藏有纸质图书12.17万册、电子图书130万册。拥有计算机1095台。多媒体教室24个，学校信息化经费投入60万元，网络信息点1500个，校园网出口总带宽150Mbps，管理信息系统数据总量20GB。拥有实验室23个、实训基地5个。设有4个系，开设专业10个。教职工101人，其中，专任教师28人，包括教授2人、副教授6人；兼职教师22人，包括副教授8人。结业生425人，招生216人，在校生736人。网址：www.cieu.org.cn。

（黄明玥）

【开展示范课评选和观摩活动】　4月，信息大学举办示范课评选和观摩活动。各系提名1至2门课程参加评选，主管教学的各级负责人和其他任课教师观摩提名示范课至少两次，听课结果由教务处评价并公布。共评出示范课5门，每门课程奖励500元。至年底，共评选示范课4次，各专业共评选出25门示范课程。

（黄明玥）

【举办学术交流报告会】　5月8日，信息大学举办第一阶段学术交流报告会。会议听取专业学术带头人和各系推荐教师对人才培养和课程体系建设的研究成果，交流本专业行业发展动向的最新动态。收到论文43篇。该校50人参加会议。学术委员会根据报告会内容，组织校领导、教师讨论评价，评选出4项与本校专业息息相关的行业动态研究报告，予以奖励，共发放奖金1万元。至12月，该校每周开展一次学术交流活动，共举办25次报告会，参与报告交流教师1000人次。

（黄明玥）

【庆祝建校20周年】　9月26日，信息大学播放历任校长访谈系列节目，纪念中国信息大学建校20周年。通过各位校长的感受和故事回顾信息大学的发展史，总结经验，放眼未来。该节目由学校数字电视台录制播出。

（黄明玥）

现代管理大学

【概况】　2013年，现代管理大学占地面32万平方米，产权校舍建筑面积8.20万平方米。全年教育经费投入579.54万元，全部自筹。固定资产总值2970.54万元，其中，教学、科研仪器设备总值1623.45万元。图书馆建筑面积0.90万平方米，藏有纸质图书12.60万册。拥有计算机700余台。多媒体教室座位1900个。学校信息化经费投入1023.45万元，信息化设备资产53.27万元，网络信息点800个，校园网出口总带宽100Mbps，上网课程28门，拥有校内专业实训室7个、综合实训室5个，校外实训基地20个。设有12个学院，开设6个学科门类41个专业。教职工392人，其中，专任教师175人，包括教授17人、副教授39人；兼职教师179人，包括教授22人、副教授5人。招生1270人。在校生3648人。网址：www.mau.edu.cn。

（侯丽洁）

【与20家企业签署合作协议】　3至11月，现大与20家企业签订合作协议。20家企业分别是中国免税集团、长安汽车集团、北京空港贵宾管理有限公司、中软动力（北京）信息技术有限公司、百度在线网络技术有限公司、中国网库、北京校园之星科技有限公司、文思海辉技术有限公司、博彦科技股份有限公司、北京宴禧餐饮管理有限公司、北京圣华成明影视文化传播公司、北京国际饭店、北京凯宾斯基酒店、北京丽景湾国际酒店、云泽山庄温泉酒店、王府国际旅行社有限公司、北京首都机场商贸有限公司、北京航空食品有限公司、福州国际航空港有限公司、杭州萧山国际机场好旺商贸有限公司、奔驰公司。根据协议，校企双方开展战略性长期合作，即实习实训、就业输出等。

（王海莎）

【推出“现大精神”】　4月，现大召开“现大精神”发布会，发布“重教、尊师、和衷、创新”八个字的现大精神。现大精神是在践行“北京精神”的过程中凝练的，八个字，充分表达现代管理大学的情怀、胸襟、脚步、精神，它既是一个有机的整体，又各有深刻的内涵。“重教”是现大精神的核心，“尊师”是现大精神的风尚，“和衷”是现大精神的品格，“创新”是现大精神的动力。

（王海莎）

【与房山邮政局和联通公司签约合作】

8月2日，现大与房山区邮政局和房山联通公司共同签署战略合作框架协议。根据协议，邮政局通过“校园一卡通”项目的实施，为学校提供资金圈存、支付结算、资金归集与划拨等服务，还为入学新生提供中邮意外保险等多项服务；房山联通公司为学校提供互联网专线接入及跨区光纤租用，实现无线宽带覆盖。

（侯丽洁）

【机电工程综合实训基地一期投入使用】　10月，现大机电工程综合实训基地一期工程建设项目一期工程投入使用。该基地拥有普通车床、普通铣床、钳工用台虎钳、数控铣床、数控机床配电盘、台钻等设备，可基本满足机电工程学院各专业学生实习、实训的需要，使学生可初步掌握钳工、普通机加工及数控机床的应用及机械加工的基本操作技能及常用维修方法。该项目是民办高校教育教学改革项目，获得市教委发展促进资金60万元资助，于2012年10月启动。

（侯丽洁）

北京八维研修学院

【概况】　2013年，北京八维研修学院占地面积2.70万平方米，产权校舍建筑面积3.60万平方米。全年教育经费投入55.70万元，全部自筹。固定资产总值3109万元，其中，教学、科研仪器设备总值966万元。图书馆建筑面积0.60万平方米，藏有纸质图书6万册，电子图书20万册。拥有计算机2820台，多媒体教室座位120个，学校信息化经费投入201万元，信息化设备资产903万元，网络信息点数80个，校园网出口总带宽20Mbps，电子邮件系统用户数238个，数字资源量500GB，管理信息系统数据总量21GB。拥有校内专业实训室7个，校外实训基地4个。设有9个学院，开设14个专业。教职工277人，其中，专任教师173人，包括教授9人、副教授22人；结业生1182人，招生1650人，在校生2986人。网址：www.baway.org.cn。

（贾汉明）

【10.0课程体系发布】　1月16日，八维研修学院10.0课程体系发布。10.0课程体系是在9.0基础上系统性更新的，是经过市场考察、毕业生反馈及招聘网站分析等综合调研开发的新产品。该课程体系包括产品定位、开发原则、目标岗位、人才标准、课程内容、教学资料等内容。

（胡群）

【话剧《拎起梦想向前冲》上演】　9月26日，八维研修学院学生自行创作编排并出演的话剧《拎起梦想向前冲》首演。该话剧由学院“星空文学社”自编自导自演，以留守孩子龙轲的成长经历为主线，通过一系列矛盾冲突，展现八维学子在学校独具特色的教育引领下，摆脱困惑、树立自信、走向成功的故事。

（胡群）

【举办家庭智慧公益讲座】　9至12月，八维研修学院举办43场“家庭智慧公益讲座”。讲座在河北、河南、山西等43个地区举办，帮助乡镇地区家庭学会教育孩子方法，帮助学生树立正确学习信心和养成良好学习习惯。受益学生及家长2万人次。

（贾汉明）

【3个学院更名】　11至12月，八维研修学院3个学院更名。原英语学院变更为高翻学院、原广告艺术学院变更为传媒学院、原3G学院变更为移动通信学院。学院更名以适应社会对人才的需求和实现高薪就业的目标。

（贾汉明）

【获得项目资助140万元】　至年底，八维研修学院获市教委发展促进资金140万元。其中，资助云计算实验室建设项目100万元；资助安防改造二期建设项目40万元。网络安全实验室占地面积90.44平方米，主要包括ASA5520思科防火墙6套、ACS4.2访问服务器2套、CSC－SSM－10防病毒模块1个、4ESW以太网接口卡10块、IPS4240－K9入侵防御系统1套、单控制器磁盘阵列柜1套等，能够满足120人的分模块实验，30人的实际项目实训，满足10名教师的技术研究条件。

（贾汉明）

北京现代音乐研修学院

【概况】　2013年，北京现代音乐研修学院占地面积10万平方米，产权校舍建筑面积8.50万平方米。全年教育经费投入9000万元，全部自筹。固定资产总值27500万元，其中，教学、科研仪器设备总值7200万元。图书馆建筑面积0.15万平方米，藏有纸质图书25.90万册，电子图书20万册。拥有计算机690台。多媒体教室座位1024个。学校信息化经费投入300万元，信息化设备资产670万元，网络信息点2100个，校园网出口总带宽400Mbps，电子邮件系统用户400个，上网课程26门，数字资源量4580GB，管理信息系统数据总量12GB。拥有350间国际标准琴房、32个舞蹈练功厅、8个音频工作站、6个视频工作站、16个MIDI工作室及双排键工作室，以及影视节目制作中心、动画制作中心、电子图书馆及网络管理中心。设有22个系，开设35个专业。教职工637人，其中，专任教师271人，包括教授4人、副教授4人；兼职教师100人，包括教授12人、副教授6人。结业生1243人、招生1153人、在校生5114人。网址：www.bjcma.com。

（王金君）

【举办毕业生艺术人才推介会】　4月

12 日，北音召开毕业生艺术人才推介会。中粮集团、中国海油大厦管理中心、广州恒大歌舞团有限公司等全国百余家知名单位携 875 个岗位进场招聘，现场签约毕业生 416 人。北音毕业生人才推介会连续举办 9 年，2011 年北音与多家用人单位正式签署“战略合作校企联盟”协议，联手打造“毕业生就业直通车”，3 年间与北音结成校企联盟的单位从 20 家增加至 400 家，毕业生就业率 95%。

（王金君）

【为四川雅安制作公益歌曲《有爱无畏》】　4 月 23 日，北音为四川雅安录制公益歌曲《有爱无畏》。该院流行演唱学院 19 名师生参加制作，作品由北音院长李罡作词，流行演唱学院教师作曲，歌曲内容反映四川同胞面对灾难的坚强和勇敢，北音师生用歌声表达对灾区人民的祝福。

（王金君）

【223 人手机乐团挑战吉尼斯成功】

6 月 15 日，由北音音乐传媒学院 223 名学生组成的手机乐团成功挑战吉尼斯纪录。手机乐团共使用 12 种不同的 APP 乐器，合奏皇后乐队曲目《we will rock you》，分别为打击乐器一、打击乐器二、架子鼓、贝司、钢琴、钢片琴、木吉他、电吉他，以及弦乐组的第一小提琴、第二小提琴、中提琴、大提琴，所有演员均为音乐传媒学院音乐制作系、多媒体系和录音系学生。此次手机乐团音乐会创造“世界上人数最多的手机乐团”这一吉尼斯世界纪录。

（王金君）

【与 3 所高校合作办学】　7 月，北音与中国传媒大学、中国音乐学院、北京舞蹈学院合作办学获得市教委批复。自 8 月起，北音与中国传媒大学表演、播音主持艺术专业；中国音乐学院音乐表演、音乐学专业；北京舞蹈学院舞蹈表演与教育、国际标准舞等专业合作办学，以上各合作专业均为本科层次，学生在校期间可通过成人高等教育或者远程教育，获取以上 3 所高校的本科学历，符合学位授予条件的学生将被授予学士学位。

（王金君）

【举办现代国际鼓手节暨爵士鼓教育发展论坛】　10 月 14 至 16 日，北音

举办 2013 北京现代国际鼓手节暨爵士鼓教育发展论坛。论坛包括爵士鼓教育发展论坛 1 场、名师讲堂 11 场、音乐会 3 场以及专题讨论会（workshop）1 场。活动主题以构建北音为中心的爵士乐教学文化基地为目标，以推进中国爵士鼓教学发展为核心。该活动与中国大众音乐协会流行音乐学会联合主办，美国大使馆、美国洛杉矶音乐学院、爵士乐海外教育协会等国内外 14 家业界机构协办。来自美国、日本、香港以及中国内地 40 名鼓手和爵士鼓教师参加论坛。

（王金君）

【召开首届学生教学技能大赛】　11 月 21 日，北音举办首届学生教学技能大赛。选手主要来自音乐教育学院 2010 级、2011 级在校学生，经过初赛“说课”、复赛“讲课”的层级选拔，最终 5 名选手进入决赛。比赛主要内容为中小学音乐课程教学，评比标准包括教学方法、教学手段运用和课堂环节组织设计等。经现场打分，评出一等奖 1 人、二等奖 2 人、三等奖 2 人。

（王金君）

【召开精品课程建设培训会及系列研讨会】　12 月 16 至 18 日，北音召开“精品课程的建设及实施”主题教学培训会及系列研讨会。培训围绕北音的培养模式、办学思路、特色课程等方面开展，来自北音 61 人参加学习。研讨会围绕视唱练耳教学、乐理教学和核心基础课程与专业的关系及教学侧重 6 个主题，结合与会人员自身教学实践经验，根据各专业学习情况，交流教学改革与创新的具体措施，就“如何运用科学有效的管理方法提高学生到课率、提高专业基础课教学质量”等方面提出意见与建议。

（王金君）

北京北大资源研修学院

【概况】　2013 年，北京北大资源研修学院占地面积 12.87 万平方米，建筑面积 5.80 万平方米，全部为自有产权。全年教育经费投入 1148 万元，全部自筹。固定资产总值 1752.59 万元，其中，教学、科研仪器设备总值 1089 万元。图书馆建筑面积 350 平方米，藏有纸质图书 4.52 万册。拥有计算机 519 台。多媒体教室座位 52 个，学校信息化经费投入 44 万元，信息化设备资产 194.60 万元，网络信息点 1865 个，校园网出口总带宽 300Mbps，电子邮件系统用户 145 个，上网课程 68 门，数字资源量 127GB，管理信息系统数据总量 146.20GB。拥有校内专业实训室 22 个，校外实训基地 45 个。设有 3 个学院，开设专业 19 个。教职工 221 人，其中，专任教师 121 人，兼职教师 100 人。结业生 569 人，招生 474 人，在校生 1650 人。网址：www.pkurc.com。

（余家爽）

【获 5A 级社会组织称号】　3 月 1 日，市民政局公布 2012 年度市级社会组织评估等级结果，北大资源研修学院入选 5A 级社会组织。评估机构和评审委员会肯定该校依法办学、诚信招生以及人才培养模式等方面工作。该评选由市民政局举办，委托专业评估机构，评估符合条件的 209 个社会组织。经过评估机构评估和评估委员会评审，确定 5A 级社会组织 46 个，4A 级社会组织 82 个，3A 级社会组织 74 个，2A 级社会组织 7 个。获得 3A 以上评估等级的社会组织，可以优先接受政府职能转移，购买服务以及获得评优评先等资格。

（余家爽）

【举办首届励志班】 3月18日，北大资源研修学院首届励志班开学。该班试行工学结合、半工半读，学生每周利用一部分时间在合作企业顶岗实习，获取劳动报酬冲抵学费，另一部分时间回学校集中接受专业课程培训和考试。该班于2012年12月正式设立，主要面向贫困家庭招生。该班开学后陆续有学生报名插班，从最初的76人发展至191人。

（余家爽）

【召开首届一次教职工代表大会】 11月8至11日，北大资源研修学院召开第一届第一次教职工代表大会。会议审议通过《坚持特色保生存，精细管理提效率，转型调整求发展，开拓创新谱华章》的学校工作报告以及学校财务报告、提案审查报告、办学评估细则等。共有37名教职工代表参加会议。

（余家爽）

北京文理研修学院

【概况】 2013年，北京文理研修学院占地面积3.47万平方米、非产权校舍建筑面积1.18万平方米。全年教育经费投入181万元，全部自筹。固定资产总值802.34万元，其中，教学、科研仪器设备总值514.07万元。图书馆建筑面积130平方米，藏有纸质图书5.57万册，电子图书2.80万册。拥有计算机176台。多媒体教室座位60个。学校信息化经费投入47.50万元，信息化设备资产60万元，网络信息点4个，校园网出口总带宽4Mbps，电子邮件系统用户10个，上网课程9门，数字资源量72GB，管理信息系统数据总量10GB。拥有校内专业实训室3个，校外实训基地1个。开设10个专业。教职工54人，其中，专任教师20人，包括教授3人、副教授15人；兼职教师34人，包括教授5人、副教授29人。结业生122人、招生217人、在校生542人。网址：www.bjwlxy.net。

（付蕾蕾）

【组织教学质量评估和检查】 10月，文理研修学院组织教学质量评估、检查与调研活动。评估采取查阅资料、座谈会、课堂听课、实地检查等方式，结果显示学校办学正规。检查通过组织学生教学意见与评价问卷调查、组织专家审查教案及课表和试卷等，结果显示学校教学过程和教学环节规范。调研通过教学质量评估和检查，结果显示学院评估合格。

（付蕾蕾）

【召开职业化教育教学研讨会】 12月30日，文理研修学院召开职业化教育教学研讨会。会议探讨和研究学院职业教育教学定位、专业课程内容与职业资格标准对接教学、课堂互动教学等议题。学院主要领导和教学骨干教师20人参加研讨会。

（马秉棋）

【加大航空服务专业实训力度】 至年底，文理研修学院加大在校航空服务专业实训力度。学院调整航空服务专业教学计划中实训课程的比例，加大航空服务礼仪、形体训练、英语口语训练、客舱服务等实训课程的开设强度和力度，进一步提高航空服务专业学生职业素养，为学生更好的就业打下良好基础。

（马秉棋）

北京演艺专修学院

【概况】 2013年，北京演艺专修学院占地面积9.31万平方米，非产权校舍建筑面积3.30万平方米。全年教育经费投入1769万元，全部自筹。固定资产总值1230万元，其中，教学、科研仪器设备总值762万元。图书馆建筑面积0.12万平方米，藏有纸质图书1.29万册，电子图书7.65万册。拥有计算机280台。多媒体教室座位570个。学校信息化经费投入32万元，网络信息点300个，校园网出口总带宽100Mbps，电子邮件系统用户24个，上网课程8门，管理信息系统数据总量80GB。拥有校内专业实训室4个、综合实训室5个，校外实训基地4个。设有9个院，开设19个专业。教职工214人，其中，专任教师85人，包括教授19人、副教授25人。兼职教师60人，包括教授7人、副教授7人。结业生401人、招生611人、在校生1260人。网址：www.interart.cn。

（张侃）

【承办中俄艺术节文化活动暨金荷花国际艺术节】 3月25至28日，演艺专修学院承办第四届中俄艺术节文化活动暨金荷花国际艺术节。艺术节举办中俄文化艺术展演活动。活动由"我们的世界"文化教育中心和"水晶荷花"国际艺术节暨竞赛组委会联合主办。来自演艺专修学院、莫斯科国际现代艺术中心、莫斯科现代舞剧院、文化传媒公司和部分社会艺术团体负责人、相关指导教师参加活动。

（张侃）

【参演大型肢体语言剧《殇》】 6月20日，演艺专修学院参演的大型肢体语言剧《殇》首演。该剧由约旦籍导演哈克姆·马苏德指导，采取肢体表演的艺术形式，讲述巴勒斯坦人民争取自由解放的历程。该剧受巴勒斯坦大使馆邀请参演，27名学生参加演出。

（张侃）

【获大学生戏剧节最佳女演员奖】 10月18日，演艺专修学院2009级学生张敬之获得第四届北京大学生戏剧节最佳女演员奖。张敬之在《可怜的菲伽》中饰演玛利亚。该评选由市委教育工委主办，中央戏剧学院承办。共有33所高校的58部参演剧目，经初审，18部剧目参加终审。

（张侃）

民办中小学幼儿园

北京市丰台区红黄蓝多元智能实验幼儿园

【概况】　2013年，北京市丰台区红黄蓝多元智能实验幼儿园为民办园，日托制。占地面积3000平方米、校舍建筑面积3690平方米。全年教育经费投入1138.90万元，全部自筹。固定资产117.20万元。图书馆藏书3392册，包括电子图书203册。拥有舞蹈、图书和美术等专用教室4个，普通教室15个。拥有计算机23台，多媒体教室座位100个。教职工82人，其中，教师45人，专科以上学历24人，中级职称以上2人；保健员2人，其中，专科以上学历2人，中级职称以上1人。开设15个教学班，其中，托班3个、小班5个、中班4个、大班3个。幼儿入园110人、离园100人、在园412人。网址：www.ryb－baby.com

（孙婧竹）

【与社区联合举办亲子运动会】　10月13日，红黄蓝多元智能实验幼儿园与丰台区右安门街道计生办联合举办亲子运动会。来自右安门地区的30个家庭100人参加活动，最小的运动员1岁6个月，最大的5岁。运动会由升旗仪式、亲子运动项目、颁奖仪式组成，共10个环节。活动形式突出新颖构思，根据幼儿不同年龄段设计项目，如“过河摘果”“投掷王”和“小小音乐家”等，使各个年龄段的幼儿都能充分发挥。

（孙婧竹）

【举办首届亲子环保嘉年华活动】　12月23日，红黄蓝多元智能实验幼儿园举办“牵手蓝天”第一届亲子嘉年华活动。活动由红黄蓝幼儿园、北京电视台、水立方共同举办，以区域活动为主题，包括玩具书籍大交换、QQ机器人体验、环保创意手工和环保儿童绘画作品展等。该园托、小、中、大班部分家长及幼儿参加活动。

（孙婧竹）

【庆祝建园10周年】　12月31日，红黄蓝多元智能实验幼儿园举办“感恩十年有你相伴”大型文艺演出。演出由3个篇章贯穿，成长篇——体现自2003年成立至今幼儿园的变化与历年活动的回顾；感恩篇——感恩教师辛勤的付出与工作的努力；祝福篇——教师家人送来的祝福及幼儿的祝福。庆祝形式主要以观看影片、歌舞表演、自创小品等多种方式呈现，全园参与此次活动的教职员工85人，幼儿60人，教师家属3人。该园建于2003年，2007年被评为北京市一级一类幼儿园。

（孙婧竹）

北京市二十一世纪实验幼儿园

【概况】　2013年，北京市二十一世纪实验幼儿园为民办幼儿园，日托制。占地面积1.75万平方米，校舍建筑面积1.27万平方米。自筹全年教育经费。拥有琴房，电教室，舞蹈厅等专用教室28个，普通教室75个。教职工233人，其中，教师115人，专科以上109人，中级职称以上17人，保育员63人，其中，专科以上10人，开设52个教学班，其中，托班12个、小班14个、中班12个、大班9个、国际班5个。幼儿在园1127人、入园398人、离园264人。网址：www.bjkid.com。

（刘莉娜）

【举办幼儿技能技巧测查】　1月17日，二十一世纪幼儿园玉海分园举办幼儿技能技巧测查。测查内容为1分钟跳绳，检验幼儿跳绳水平及耐力、体质。根据纲要中关于幼儿动作发展指出大班幼儿练习跳绳，可以连续跳10次左右为合格，该园大班组幼儿在规定时间内1分钟跳绳数量平均为44个，全部达到预期标准，其中，100个以上幼儿7人。该园大班组幼儿62人参加测查。

（高小云）

【承办民办幼儿园举办者培训】　10月28日至11月8日，二十一世纪幼儿园承办北京市民办幼儿园举办者培训。该培训由市教委主办，二十一世纪国际学校与二十一世纪幼儿园承办，涉及政策法律法规、幼儿园经营与发展和决策与规划等内容，有讲座、座谈、论坛、专题纪录片赏析、幼儿园观摩交流等形式。本市民办幼儿园举办者400人参加培训。

（刘莉娜）

【举办家长半日开放活动】　10月30日，二十一世纪幼儿园曙光园举办家长半日开放活动。该园全部17个班级向家长开放，展示活动内容包括蒙氏工作时间、户外集体游戏、主题课程，通过活动家长了解幼儿在园生活，推动家园共育工作。该园幼儿家长320人参加活动。

（戴静）

北京市顺义区泛美幼儿园

【概况】　2013年，北京市顺义区泛美幼儿园为民办园，日托制。占地面积1400平方米，产权建筑面积1008平方米。全年教育经费投入50万元，其中，国家拨款23.60万元，自筹26.40万元。固定资产总值200万元。图书室藏书1.50万册，包括电子图书100册。拥有计算机16台，多媒体教室座位2个。教职工16人，其中，教师13人，学历层次（专科以上）11人，专业技术职称层次（中级职称以上）1人；保健员1人，其中，学历层次（专科以上）1人。开设5个教学班，其中，亲子班1个、小班1个、中班2个、大班1个。幼儿入园63人、离园35人、在园154人。

（陈金萍）

【开展消防应急疏散演练】　8月23日，泛美幼儿园开展消防应急疏散演练。演练设立发现火灾警报、疏散等环节，教师带领幼儿手捂湿毛巾，分别从东西安全通道撤离到安全地点。教师及幼儿150人参加演练。

（陈金萍）

【举办教师体操表演大赛】 8月30日，泛美幼儿园举办教师体操表演大赛。参赛舞蹈均为教师自创，内容为教材中所涉及的音乐。13名教师全部参加比赛。

（陈金萍）

【举办亲子“美工作品展示”】 9月25日，泛美幼儿园举办亲子日“手工作品展示”。参展作品包括手工制作、绘画、摄影、自制图书等，均为幼儿和家长共同制作。共有500幅作品参加展出，由幼儿向参加家长介绍作品情况。100名家长来园参观。

（陈金萍）

【展示多媒体课件】 10月24日，泛美幼儿园举办多媒体优秀课件展示。参赛教师分别展示健康、语言、社会、科学、艺术的多媒体课件，并结合现场课进行教学。5名教师参赛。

（陈金萍）

北京市昌平区幸福童年双语幼儿园

【概况】 2013年，北京市昌平区幸福童年双语幼儿园为民办园，日托制。占地面积5400平方米、校舍建筑面积3681.80平方米。全年教育经费投入81万元，均为自筹。固定资产总值560万元。图书馆藏书2898册，包括电子图书512册。拥有奥尔夫音乐教室、教师备课室和美术室等专用教室5个，普通教室13个。教职工64人，其中，教师30人，包括专科以上学历24人；保健员2人，均为专科以上学历。开设13个教学班，其中，托班1个、小班5个、中班3个、大班4个。幼儿入园102人、离园102人、在园380人。网址：xftnsy.com。

（刘敏）

【开展教师评价考核工作】 1月9至11日，幸福童年双语幼儿园开展教师评价考核工作。评价考核采取自评、互评和考核小组考评的方式，分班长组、英语教师组、五大领域教师组进行，每组教师分别从本人承担的具体任务作用、主要成果贡献及著述、培养人才情况、参加学术活动情况、学习进修的专业成绩和本年度奖惩情况等方面进行自我评价。在经过自身总结评价、同组教师公开评价后，考核小组对每名被考核教师做出优秀、称职、基本称职或不称职的考核结论。30名教师参加评价考核。

（刘敏）

【开展户外体育游戏观摩活动】 4月8至12日，幸福童年双语幼儿园开展户外体育游戏观摩活动。活动以年龄段为单位依次进行，每名教师结合本班幼儿年龄特点和动作发展情况，精心设计游戏方案，准备活动器械，以生动、有趣的活动形式吸引幼儿积极参与到游戏中。活动中不仅有走跑跳爬等大肌肉的体育游戏，还有户外参访、环境照顾、散步等不同类型的户外活动。353名幼儿参加活动。

（刘敏）

【开展区域环境创设检查评比活动】 5月20日，幸福童年双语幼儿园开展区角创设检查评比活动。评比小组根据区域布局是否因地制宜、布局的方式是否符合幼儿的年龄特点等六个方面的标准进行评比。各班教师介绍自己班级的区域设计意图及教育价值，评比小组打分。活动评出一等奖1个、二等奖3个、三等奖5个。

（刘敏）

【开展早间新闻播报活动】 5月26日，幸福童年双语幼儿园开展早间新闻播报活动。幼儿园向大班发放告家长书，向家长说明活动的意义，请家长每天有选择地让幼儿看电视新闻、读报纸，了解身边发生的事情。在每天晨间谈话环节，教师请幼儿轮流播报“早间新闻”。幼儿拿着一次性杯子做成的话筒，介绍新闻、科学小知识等。105名幼儿参加活动。

（刘敏）

【创设班级自然角】 11月9至22日，幸福童年双语幼儿园组织各班创设班级自然角。教师与幼儿和家长利用废旧饮料瓶子、易拉罐等容器种植物，制作水果娃娃、蔬菜娃娃等，放置班级一角，幼儿参与植物照管。340名幼儿参与创设。

（刘敏）

北京市大兴区十一建华实验幼儿园

【概况】 2013年，北京市大兴区十一建华实验幼儿园为民办园，日托制。占地面积9000平方米，校舍建筑面积4700平方米，全年教育经费投入1060万元，全部自筹。固定资产总值188万元。图书馆藏书5543册。拥有专用教室4个，普通教室15个。拥有计算机27台。教职工85人，包括教师35人、保育员23人、保健医4人。开设教学班15个，其中，小班4个、中班5个、大班6个。离园幼儿108人、入园137人、在园480人。

（李晓静）

【完成幼儿发展测评报告】 6月，十一建华幼完成《幼儿发展测评报告》。全园共计14个班级399名幼儿参与测评。该报告通过对在园幼儿健康与动作、认知与语言、品德与社会、习惯与自助能力方面测查，经过分析、整理完成。从报告来看，该园幼儿在4个项目上整体发展良好，达标率均在84%以上，同3年前相比，均提高10%以上。幼儿在认识社会角色（94%）和独立性（90%）等方面有较大进步；但解决冲突的达标率却低于3年前的水平（2013：64%；2011：73%）。该报告将作为幼儿园制定新学期教学计划的参考依据。

（张秀超）

【探索自制户外体育游戏材料的玩法】 10至11月，十一建华幼组织教师探索自制户外体育游戏材料的玩法。该园针对反复使用幼儿园配备的体育器械幼儿游戏兴趣下降的问题，组织各班自制体育游戏材料，探索“一物多玩”。各班家长配合制作各具特色的活动材料，有沙包、飞盘、纸尾巴、梅花桩等。户外活动时，教师和幼儿一起尝试不同的玩法，有趣的自制材料和游戏方法令幼儿愿意运动、喜欢运动，在快乐游戏中得到锻炼。

（张秀超）

【组织自主小社会活动】 10至12月，十一建华幼组织自主小社会活动。活动以大班年级组为单位，打破班级界限，设置美发店、照相馆、商品加工厂、小剧场等十几个活动区，共有6个班级187名幼儿参与。在自主小社会活动中，幼儿可以进行职业体验、自主工作。幼儿携带护照参加活动，每参加一项活动都会在护照上盖章。活动结束后教师会与幼儿一起回顾和评价，讨论活动中的新问题与新发现。在不断的探究中小社会各职业区由原来的相对独立发展到互有联系：在商品加工厂生产的货物流通到超市，美发店、面点房、小剧场等区域会到超市购买需要的材料，在美发店造型后可以到照相馆拍照、到模特秀场走秀。在活动中，幼儿共同讨论建立规则与秩序、学习交往与合作、分析、动手操作和解决问题，真正成为活动的主人。幼儿的自主性、社会性、解决问题的能力均在游戏中获得主动、快乐的发展。

（张秀超）

【通过托幼园所一类验收】 11月19日，十一建华幼通过北京市托幼园所分级分类验收专家组审核，获得“一类”资质。在验收中，专家分成3组观摩小、中、大班的半日活动，包括户外运动活动、集体教学和区域活动，并对卫生保健、教学管理等文案资料进行仔细的审核。专家组肯定该园科学、自主、多元的户内外环境创设及丰富的游戏材料；大班小社会活动等工作。同时，专家组也指出该园仍需努力的方向及工作建议。

（张秀超）

北京中芯幼儿园

【概况】 2013年，北京中芯幼儿园为民办园，日托制。占地面积3000平方米、校舍建筑面积4479平方米。全年教育经费投入786.60万元，其中，国家拨款5万元、自筹经费781.60万元。固定资产137.91万元，教学仪器投入97.96万元。图书馆藏书9000册，包括电子图书1000册。拥有音乐、美术和英语等专用教室5个，普通教室15个。拥有计算机37台。信息化投入16.07万元，校园网出口总带宽20Mbps，数字资源量500GB。教职工79人，其中，教师53人，包括专科以上学历53人；保育员15人，包括专科以上学历3人。开设15个教学班，均为混龄班。幼儿入园231人，离园101人，在园449人。网址：www.bjsmicschool.com。

（庞露露）

【开展品德教育】 1至12月，中芯幼儿园开设8个品德主题对幼儿进行品德教育。主题为快乐、同情、善良、感恩、礼貌、勇敢、孝敬、自信。每月由教师组织表演品德秀，以木偶剧、话剧的方式导入品德主题，旨在将品德教育渗透进儿童的日常生活当中。

（庞露露）

【开展书香家园阅读计划】 1至12月，中芯幼儿园开展书香家园阅读计划。计划将品德教育与绘本阅读相结合，使品德教育渗透于幼儿的日常阅读中。幼儿园会给每个幼儿建立阅读卡，每周可以借一本书回家与家长共同阅读并将心得写在卡上。该计划提倡亲子阅读，旨在培养幼儿的阅读兴趣与习惯。在学期末选出书香宝贝和书香家庭。

（庞露露）

【开设大组体育特色课程】 1至12月，中芯幼儿园开设大组幼儿体育教学。教学由专职男体育教师负责，依据幼儿生长发育规律和心理特点，参考季节性因素和东西方传统节日设计多元文化体育课程和武术特色课程。旨在强健体魄，传授体育常识，培养运动习惯，结合五大领域相关内容，培养幼儿养成自信、勇敢、坚韧的意志品格，培养幼儿的规划意识、合作意识和责任意识，提高幼儿的沟通能力和学习能力。

（庞露露）

【为全园幼儿体检】 3月18日，中芯幼儿园为全园353名幼儿体检。由亦庄医院儿保科的医务人员来园为幼儿检查身体，给在体检中发现的肥胖、贫血、视力异常幼儿建立专案管理和追踪。儿童入园体检率100%，年体检率100%，年身高体重增长合格率95.9%，视力管理率100%。体检后进行健康分析评价，并给家长发放“健康体检卡”，让家长及时了解幼儿身体发育情况，同时发放相关保健宣导，和家长携手共育孩子的健康。

（庞露露）

【举办小天使与主人活动】 12月4至23日，中芯幼儿园举办小天使与主人活动。幼儿园全体教职员工都需要抽签选择自己的主人，活动期间，自己作为天使必须每天去秘密照顾自己的主人，同时自己也会被别人抽中成为别人的主人，所以每人担任的既是天使也是主人的角色，到活动最后一天，被天使照顾的主人需要送给天使一份礼物来感谢他对自己的照顾，也只有到最后一天，谜底才会揭晓，“你的天使到底是谁?”

（庞露露）

北京市平谷区第五幼儿园

【概况】 2013年，北京市平谷区第五幼儿园为民办园，日托制。占地面积2.20万平方米、校舍建筑面积1万平方米。全年教育经费60万元，全部自筹。固定资产2000万元。图书室藏书10000册。拥有舞蹈、电子琴和钢琴等专用教室7个，普通教室22个。拥有计算机22台。多媒体教室座位400个。学校信息化经费投入6万元，校园网出口总带宽20Mbps，数字资源量1200GB。教职工110人，其中，教师80人，学历层次专科以上65人；保健员4人，其中，学历层次专科以上2人。开设22个教学班，其中，亲子班2个、小班9个、中班6个、大班5个。幼儿入园330人、离园120人、在园750人。网址：pgdwyey．zgyey．com。

（武春晓）

【认知传统文化】 6月8日，平谷五幼举办“端午粽飘香”活动。活动旨在对幼儿开展中华传统文化教育。教师借助图片、视频等资料为幼儿介绍端午节，其并与幼儿一起包粽子，认识包粽子的材料，学习包粽子的方法，感受包粽子的快乐。560名幼儿、90名教师和32名家长参加活动。

（武春晓）

【举办建园10周年庆典】 6月18日，平谷五幼举办“十年鲜花路，百年栋梁情”10周年庆典。庆典回顾该园建园10周年历程，举办文艺演出活动。平谷区领导，师生、家长共有

1000 人观看演出。该园建于 2003 年 3 月，建园初期占地面积 7400 平方米，建筑面积 5700 平方米，开设 12 个教学班。2013 年 7 月，占地面积 2.2 万平方米、校舍建筑面积 1 万平方米，开设 22 个教学班。

（武春晓）

【评选学期全勤宝宝】 7 月 11 日，平谷五幼评选全勤宝宝、健康宝宝、快乐宝宝评选。评选标准为本学期坚持来园的幼儿，评选奖项包括全勤宝宝、健康宝宝、快乐宝宝，150 名幼儿获奖。

（武春晓）

北京第二实验小学怡海分校

【概况】 2013 年，北京第二实验小学怡海分校占地面积 7500 平方米、建筑面积 13100 平方米，运动场地面积 1360 平方米。全年教育经费投入 1318 万元，其中，国家拨款 720 万元，自筹经费 598 万元。固定资产总值 989 万元。图书馆（室）藏书 2.5 万册，电子图书 1800 册，订阅杂志、报刊 32 种。普通教室 50 个、专用教室 11 个。拥有计算机 102 台。多媒体教室座位 84 个，校园网出口总带宽 10Mbps，数字资源量 7000GB。“信息技术”课程 1 课时/周。教职工 153 人，其中，高级职称 3 人、中级职称 47 人。专任教师 126 人，本科以上学历 92 人。开设教学班 43 个。毕业 204 人、招生 249 人、在校生 1146 人。网址：www.yhxx.org。

（赵红）

【承办全国少年儿童外语艺术大赛】

5 月 13 至 17 日，实验二小怡海分校承办全国第五届少年儿童外语艺术大赛北京邀请赛城南分赛区的比赛。大赛由北京人民广播电台等单位共同举办，是面向全国少年儿童的大型公益比赛。来自全国 43 个分赛区 1000 名选手的节目参加比赛，评出声乐、语言类节目最佳奖项及一、二、三等奖共 93 个，包括最佳人气奖 10 个。其中，该校一至五年级 88 名学生 36 个节目进入复赛，24 个节目入围全国决赛，20 个节目分获最佳节目奖及一、二、三等奖。

（赵红）

【派遣文化使者赴美交流任教】 8 月，实验二小怡海分校两名英语教师赴美国俄克拉荷马州和威斯康星州任教。两名教师通过中国教育国际交流协会遴选考试获得赴美任教资格，在美国公立中小学讲授中文课。这是由中国教育国际交流协会与美中关系委员会和怡海教育集团联合组织的中美教师交换项目，于 1995 年启动，每年从全国各中小学校遴选出优秀英语教师 10 至 15 人，赴美讲授中文课，为期 1 年。该校于 2012 年开始参加，派出第一名赴美教师。

（梁卫东）

【举办课堂教学研讨活动】 12 月 2 至 3 日，北京第二实验小学教育集团第二届“大爱杯”课堂教学研讨活动在实验二小怡海分校举办。活动就数学、语文、英语、品德、音乐 5 门学科的 19 节课进行比赛及教学研讨，最终决出“大爱杯奖”4 人、“勇于实践奖”2 人。该校一至六年级 19 个班 570 名学生和来自全国 19 所成员校 140 名教师参加活动。

（杨捷）

北京市第八中学怡海分校

【概况】 2013 年，北京市第八中学怡海分校占地面积 2.48 万平方米、建筑面积 3.40 万平方米，运动场地面积 1.27 万平方米。全年教育经费投入 3050 万元，其中，国家拨款 930 万元、自筹经费 2120 万元。固定资产总值 1429 万元。图书馆（室）电子图书 30GB，订阅杂志、报刊 195 种。普通教室 40 个、专用教室 8 个、实验室 13 个。拥有计算机 215 台，多媒体教室座位 1380 个。学校信息化经费投入 86 万元，校园网出口总带宽 20Mbps，数字资源量 280GB，“信息技术”课程 2 课时/周。教职工 162 人，其中，高级职称 47 人、中级职称 61 人。专任教师 161 人，包括特级教师 1 人、北京市骨干教师 14 人、北京市学科教学带头人 4 人；本科以上学历 157 人。开设教学班 40 个，其中，初中班 28 个、高中班 12 个。毕业 389 人，其中，初中 272 人、高中 117 人；招生 415 人，其中，初中 290 人、高中 125 人；在校生 1166 人，其中，初中 828 人、高中 338 人，包括寄宿生 466 人。高中录取分数线 510 分（丰台区），应届高考本科上线率100％。网址：www.yh8z.com。

（魏娜）

【举办高中文学知识比赛】 4 月 8 日，八中怡海分校举办高中文学知识比赛。高一、高二年级 48 名学生参加知识竞赛。各班以小组形式进行现场知识问答竞赛，题目内容设置上分为文学常识题、成语竞猜题和我爱记诗词 3 个部分，题目设置既围绕着日常教学内容，也结合部分课外知识，同时还加入部分当下社会流行的文学元素等内容。经过 4 轮评比，6 人获得一等奖、6 人获得二等奖。

（李楠）

【赴澳洲参加文化盛典活动】 7月26

日，八中怡海分校舞蹈队和美术组赴澳洲参加第二届悉尼国际校园艺术节暨文化中国·悉尼歌剧院星光盛典活动。该校参演的集体舞节目《火红的生活》获得舞蹈展演金奖和中澳文化小使者的荣誉证书。该校 20 名学生参加活动。

（魏娜）

【举办高中年级汉字书写大赛】 10 月 28 日，八中怡海分校举办高中年级汉字书写大赛。高二年级每班派出4名代表，共计有12名学生参加竞赛。竞赛题目包括成语听写、成语填字、看拼音写成语以及补充成语。评委现场点评并打分，评出获胜者。

（李楠）

北京市礼文中学

【概况】 2013年，北京市礼文中学占地面积13360平方米、建筑面积3974平方米，运动场地面积3378平方米。全年教育经费投入596万元，其中，自筹经费582万元。固定资产总值348万元，包括教学仪器资产值208万元。图书馆（室）藏书1.70万册。普通教室24个、专用教室2个、实验室2个。拥有计算机88台。多媒体教室座位48个。学校信息化经费投入17万元，校园网出口总带宽10Mbps，数字资源量10GB。教职工总数71人。其中，高级职称11人、中级职称22人。专任教师38人，本科以上学历38人。开设高中教学班23个，学生927人。毕业160人，招生327人，在校生927人，包括寄宿生94人，外省市借读生181人。应届高考本科上线率32%。网址：www.liwen.org/beijing/。

（张秀芬）

【开展生本教育】 4至12月，礼文中学开展“生本教育”。4月9日至8月24日，礼文中学开展“生本教育”培训。校级干部和教研组随机进课堂听课210节，10个学科（音、美、信息除外）共同教研，邀请“生本教育”专家举办专题讲座。12月3至25日，9人参评“生本教育”优质课，涵盖语文、数学、外语、物理、化学、地理和历史7个学科，评出一等奖3人、二等奖4人、三等奖2人。

（欧阳蒙　张万鸿　于爱华）

【发布会考奖励决定】 11月18日，礼文中学决定关于给予学生会考奖学金奖励。内容包括，高二年级普通班同学会考取得6科全优（即“6A”），可获得500元的会考奖学金；高二年级特长班（数码娱乐班、旅游管理班）会考获得3科全优（即“3A”），可获得300元的会考奖学金；在高三会考中，如取得：语文、数学、英语3门会考全A者，亦实行奖学金奖励500元。至年底，2人分别取得6科全A和3科全A成绩和奖励。

（张秀芬）

【举办英语演讲比赛】 11月18日，礼文中学进行年度英语演讲比赛。高一、高二年级学生23人进入决赛。演讲内容以“我的中国梦”为主题。校长和英语组教师担任评委，评出一等奖2人、二等奖4人、三等奖6人、优秀奖11人。

（于爱华）

北京市海淀外国语实验学校

【概况】 2013年，北京市海淀外国语实验学校占地面积20.01万平方米，建筑面积10.19万平方米。运动场地面积4.15万平方米。全年教育经费投入13587万元，其中，国家拨款416万元、自筹经费13171万元。固定资产总值25061万元，包括教学仪器资产值832万元。学校图书馆藏书5万册，包括电子图书9303册。普通教室132个、专用教室260个、实验室7个。拥有计算机546台。多媒体教室242个。学校信息化经费投入261万元，信息化设备资产200万元，校园网出口总带宽50Mbps，数字资源量10000GB。电子邮件系统用户数550个，上网课程数5门。教职工759人，其中，副高级专业技术职务58人、中级专业技术职务121人；外籍教师50人。专任教师357人；本科以上学历317人。开设教学班132个，其中，小学75个、初中33个、高中24个。毕业生750人、其中，小学294人、初中302人、高中154人；招生1135人，其中，小学475人、初中425人、高中235人；在校生4227人，其中，小学2414人、初中1166人、高中647人。包括寄宿生4227人。高中录取分数线498分（本区），应届高考本科上线率95%。网址：www.bjfles.com。

（郭莹霞）

【编写《赴英游学手册》】 3月，海淀外国语学校编写完成《赴英游学手册》。手册由4名教师参与组织和编写，供赴英游学初一学生使用。手册分三部分功能，要求学生在英期间，每天完成一页不同内容的作业，包括中英文日记、歌谣、绕口令、英语数学题、小账本等；以英文文字和照片介绍英国主要景点，将景点介绍编成练习题，供学生练习；将参观景点所拍摄照片贴在手册后面，要求照片上必须有本人影像，便于记录学生在英学习轨迹。

（朱振宏）

【艺术馆落成】 5月23日，海淀外国语学校艺术馆落成。艺术馆位于学校接待中心展厅内，建筑面积170平方米，首次展出2至5年级文体特长班学生课堂美术作品，包括水墨画和素描共计64幅。该馆于2012年底开工改建，2013年4月完工，聘请在该校任教的中国水墨画研究院研究员为艺术馆馆长。

（李东明）

【建立听评课电子反馈机制】 9月16日，海淀外国语学校建立干部听评课电子反馈机制。该制度要求每名教研组长每周听课5节，并在下周行政会集中评课反馈，要求既突出教学亮点，也指出教学中存在的不足，并将评课意见或建议编辑成《教学通讯》，以电子刊物形式，通过学校内部腾讯通发给教师阅读。

（马涛）

【举办骨干教师录像课活动】 10月23日至11月30日，海淀外国语学校举办中学骨干教师录像公开课活动。该活动包括方案制定、组织备课以及课堂展示等环节，参与教师涉及初高中各个学科骨干教师33人，每名教师依据学校课堂教学要求，精心设计、组织、备课，展示课堂驾驭能力和实操技巧，共录制课堂教学片断33例。该校教师600人参与观摩听课。

（马涛）

【评选课外活动优秀学员】 12月20日，海淀外国语学校评选课外活动优秀学员。本学期该校学生680人参加课外小组学习，230人获得“课外活动优秀学员”称号。9至12月，该校面向中学学生开办各种课外活动小组，新增加围棋、车模、生活化学等活动项目，学校为高中生组织参加国

际比赛的 IGM 生物工程研究小组、BOTBALL 机器人小组，同时开发 DIY 机器人小组。

（孙桂香）

北京海嘉双语学校

【概况】　2013 年，北京海嘉双语学校占地面积 3.70 万平方米、建筑面积 3.44 万平方米，体育场馆面积 0.47 万平方米。全年教育经费投入 3500 万元，全部自筹。固定资产总值 1372 万元。图书馆（室）藏书总数 6.30 万册，订阅杂志、报刊 10 种。普通教室 34 个、专用教室 16 个、实验室 2 个。拥有计算机 282 台，多媒体教室座位 48 个。学校信息化经费投入 109 万元，校园网出口总带宽 50Mbps，数字资源量 1024GB，“信息技术”课程 0.5 课时/周。教职工 120 人，其中，副高级职务 1 人、中级职务 1 人。专任教师 116 人，包括本科以上学历 99 人。开设教学班 45 个。网址：www.bibachina.org。

（梅雪晶）

【中学部举办戏剧表演】　1 月 17 日，海嘉双语学校举办戏剧表演。学生自编、自导、自演一部音乐短剧《The A vs. Z Wars》。戏剧表演唱跳结合，内容丰富，通过幽默的手法引发观众思考。师生 100 人参加。

（刘晓菲）

【开展中文阅读月活动】　4 月 23 日至 5 月 24 日，海嘉双语学校举办中文阅读月活动。活动通过研读优秀作品、给最喜欢的图书投票、图书交换、讲故事、创作绘本等环节，调动和激发学生阅读热情。

（刘晓菲）

【开展家庭日活动】　5 月 18 日，海嘉双语学校举办家庭欢乐日活动。整个校园划分为游戏区、美食区和幼儿游乐区 3 个主题区域，为不同年龄段儿童量身定做游戏。该校全体学生及家长参加活动。

（刘晓菲）

【举办国际日活动】　9 月 27 日，海嘉双语学校举办国际日主题活动。活动由展示各国服装、传统舞蹈、国家风采和环球之旅组成。来自 20 个国家的学生身着特色服装聚集在校园，从地理知识、国旗国徽、饮食文化、风土人情等方面介绍各自祖国，展示国家风采，持“护照”走进各国了解民族风情。该校全体学生参与活动。

（刘晓菲）

【采取措施提高学生阅读能力】　至年底，海嘉双语学校采取措施提高学生阅读能力。学校在培养学生具备中文学习能力同时，重视引领学生在课内外进行大量阅读。该校采取聘请专家培训教师；成立“阅读工作室”，定期举办教研活动；改变语文课堂结构；丰富图书馆图书；举办中文阅读月活动等措施提高学生阅读能力。

（刘晓菲）

北京市新英才学校

【概况】　2013 年，北京市新英才学校占地面积 12 万平方米、建筑面积 11.70 万平方米，体育场（馆）面积 4995 平方米。全年教育经费投入 10677 万元，全部自筹。固定资产总值 51141 万元，包括教学仪器资产值 51141 万元。图书馆（室）藏书 5 万册，电子图书 10 万册，订阅杂志、报刊 171 种。普通教室 50 个、专用教室 15 个。拥有计算机 625 台，多媒体教室座位 3240 个。学校信息化经费投入 1100 万元，校园网出口总带宽 100Mbps，数字资源量 2000GB，“信息技术”课程 54 课时/周。教职工 621 人，其中，副高级职称 9 人、中级职称 50 人。专任教师 287 人，本科及以上学历 302 人。开设教学班 84 个。毕业 547 人、招生 844 人、在校生 2190 人。包括寄宿生 1904 人。高中录取分数线 450 分（顺义区），应届高考本科上线率 90%。网址：www.bjnewtalent.com。

（赫英贺）

【庆祝建校五周年】　5 月 17 至 18 日，新英才学校举办庆祝建校五周年系列活动。活动内容包括举办“献礼校庆五周年，师生书画作品展暨爱心义卖”活动，五年成果总结，“和爱一起绽放”五周年校庆庆典文艺演出。全国各地 300 名专家、教师代表参加的全国真语文系列活动（北京站）以及文艺演出等。新英才学校成立于 2008 年，由北京英诚房地产开发有限公司和北京市天竺房地产开发公司出资建立，面向全国招生，开展基础学历教育。5 年来，共有毕业生 627 人。

（赫英贺）

【举办“慕课”与“翻转课堂”培训】　9月17日，新英才学校邀请华东师范大学教授陈玉琨解读“慕课”和“翻转课堂”的意义和技术要求。陈玉琨详细说明翻转课堂制作微视频的技术要求，从教师构建知识图谱开始，分步骤地介绍微视频每步的制作流程和要求。陈玉琨指出，“慕课”具有使优质教育资源获得全球共享、助推教育均衡和公平实施等时代意义，具有自主性、高效率、移动式的教学特点。“慕课”和“翻转课堂”的广泛兴起和应用，将会使现有的教育效率大大提升。该校全体教师参加学习。“慕课”是大规模在线公开课程的简称；“翻转课堂”是一种教学模式，是由教师根据教学目标和教学内容，创建教学微视频，学生在家中或课外观看视频中教师的讲解，进行练习，回到课堂上师生面对面交流和完成作业的一种教学形态。

（赫英贺）

【举办中国教育实践研讨会暨爱与创造图书发布会】　10月16日，“中国教育实践研讨会暨‘爱与创造’系列图书发布会在新英才学校召开。“爱与创造”系列图书包括《爱与创造：新英才教育主张》（中/英版）、《教育的呐喊》和《教育的沉思》，系列图书由华东师范大学出版社出版，是新英才教育集团经过几年的思考和实践得出的研究成果。

（赫英贺）

【举办德育主题月活动】　至年底，新英才举办德育主题月活动。活动分为12个主题教育月，即社会信仰方面：爱心、诚信、责任；与他人共处方面：理解、感恩、合作；行为特征方面：自律、自信、自强；个人品质方面：创造、欣赏、快乐。每月月初通过全校升旗开展主题教育月启动仪式，各学部根据学生年龄结构提出不同要求并开展相应活动，全校从幼儿园、小学、初中、高中构建一个逐步提升和发展的德育教育体系。

（赫英贺）

【剑桥国际中心学生再创佳绩】　至年底，新英才学校剑桥国际中心学生再创佳绩。42名毕业生共收到119封大学录取通知书，其中，澳大利亚3封有条件录取、加拿大2封无条件录取、中国1封无条件录取、美国12封无条件录取、英国101封有条件录取。5名学生被牛津大学、帝国理工学院及伦敦大学学院3所名校录取。

（赫英贺）

北京市牛栏山一中实验学校

【概况】　2013年，北京市牛栏山一中实验学校占地面积24.55万平方米、建筑面积7.03万平方米，运动场地面积6.75万平方米。全年教育经费投入6796.80万元，其中，国家拨款3672万元、自筹经费3124.80万元。固定资产总值6987万元，包括教学仪器资产值1000万元。图书馆（室）藏书2.29万册，订阅杂志、报刊198种。普通教室68个、专用教室12个、实验室12个。拥有计算机350台，多媒体教室座位106个。学校信息化经费投入1200万元，校园网出口总带宽100Mbps，数字资源量9000GB，“信息技术”课程38课时/周。教职工287人，其中，高级职称78人、中级职称70人。专任教师219人，包括北京市骨干教师2人、北京市学科教学带头人1人；本科以上学历276人。开设教学班72个，其中，初中班64个、高中班8个。毕业854人，其中，初中854人；招生1300人，其中，初中1163人、高中137人；在校生3556人，其中，初中3116人、高中440人，包括寄宿生2800人。高中录取分数线477分（顺义区）。网址：syxx.nlsyz.com.cn。

（赵建明）

【举办微格教学展示活动】　10月30日和11月6日，牛栏山一中实验学校举办微格教学展示活动。12名教师进行微格教学现场展示，从语言、教态、板书、课件制作和学生活动等方面展示风采。参与展示的教师全部为该校参加北京市初中教师基本功竞赛微格教学展示与答辩活动获奖教师。该校全体教师参加学习。

（樊宏宇）

【开展系列师德教育活动】　至年底，牛栏山一中实验学校开展系列师德教育活动。该校做到师德教育经常化、制度化，围绕“爱心、责任、敬业”三个主题和该校教职工“师志远，师心慈，师言美，师容端，师志敏，师思勤，师行雅，师体健”八大素养，学习“牛栏山一中实验学校最美教师”和北京市第四届全国道德模范先进事迹等形式，进行师德培训；围绕“自主、互助、快乐”三个主题，通过“精品课”“我最得意的一节课”等展示活动，提升教师的业务水平；通过“诚实、勤奋、自信、责任、感恩”的“五品育人”班主任系列培训班，提高班主任班级管理工作能力。

（樊宏宇）

【开展“行为展示风貌，习惯成就未来”系列教育活动】　至年底，牛栏山一中实验学校开展“行为展示风貌，习惯成就未来”系列教育活动。学校开展“学雷锋，讲文明，树新风”系列活动，成立学雷锋小志愿者社团；开展学习习惯标兵、行为习惯标兵和卫生习惯标兵（包括个人和集体）系列评选活动，共评选出各类标兵530人，行为习惯优秀班集体15个；举办贯穿全年的“青春—励志—奋斗”和“我是班委”两个系列活动，树立40名身边榜样；举办公益活动系列，向山东、河北、西藏等地方捐赠衣物4000件、图书2000册等；开展家长撰写“优秀学生成长故事集”活动，共收集数百篇稿子，精选近80篇集结成册，作为行为习惯养成教育素材。

（樊宏宇）

【加强校本课程建设】　至年底，牛栏山一中实验学校加强校本课程建设。该校逐步构建国家、地方和校本课程三位一体的三级课程体系，建成精品读书课、海外游学课、德育活动课、体育活动课、特色艺术课、科技活动课、学科拓展课7大类40门校本课程。

（樊宏宇）

北京市私立汇佳学校

【概况】　2013年，北京市私立汇佳学校占地面积9.35万平方米、建筑面积10.23万平方米，体育场（馆）面积 3.87 万平方米。全年教育经费投入 16825 万元，全部为自筹经费。固定资产总值 2.36 亿元，包括教学仪器资产 1522 万元。图书馆（室）藏书 5.30 万册，电子图书 24 万册，订阅杂志、报刊 115 种。普通教室 3 个、专用教室 2 个、实验室 3 个、多媒体教室 113 个、专用钢琴房 125 个，钢琴 200 架。拥有计算机 520 台，多媒体教室座位 2300 个，学校信息化经费投入 200 万元。设有校园网络中心，校园网出口总带宽 200Mbps，数字资源量 160GB。教职工 505 人，其中，高级职称 98 人、中级职称 29 人，专业教师 263 人，包括特级教师 1 人、北京市骨干教师 30 人、本科以上学历 314 人。外籍教师 75 人。开设教学班 93 个，其中，小学班 39 个、初中班 21 个、高中班 33 个。毕业 604 人，其中，小学 184 人、初中 215 人、高中 205 人；招生 743 人，其中，小学 304 人、初中 166 人、高中 273 人；在校生 2045 人，其中，小学 823 人、初中 537 人、高中 685 人，包括寄宿生 2045 人。高中录取分数线 460 分（本区），高中毕业生升学率 100%。网址：www.huijia2000.com。

（李尔京）

【举办“社区与服务”系列活动】 1 至 12 月，汇佳学校初中部举办“社区与服务”系列活动。活动包括给教师、家长、朋友和其他人写感谢信和送感谢卡；班级爱心义卖活动；为昌平雨竹打工子弟学校、燕京小天鹅打工子弟工艺学校捐献文具、日常学习用品和生活用品；观看北京心灵呼唤残疾人艺术团演出并捐款；邀请部分打工子弟学校学生参加汇佳学校的演出。“社区与服务”是国际文凭中学项目（MYP）课程教学项目之一，旨在通过加深学生对知识以及周围世界的理解来培养有责任心的公民。该活动自 2012 年 9 月开始举办。MYP 是国际文凭组织为具有长远教育需求的 11～16 岁学生设计的，强调知识综合、国际文化和国际交流，是大学预科项目的最佳衔接。该校在初中开设 MYP 课程。

（李尔京）

【举办 IB 高中部艺术展】 4 月 16 日，汇佳学校启动国际文凭(IB)高中

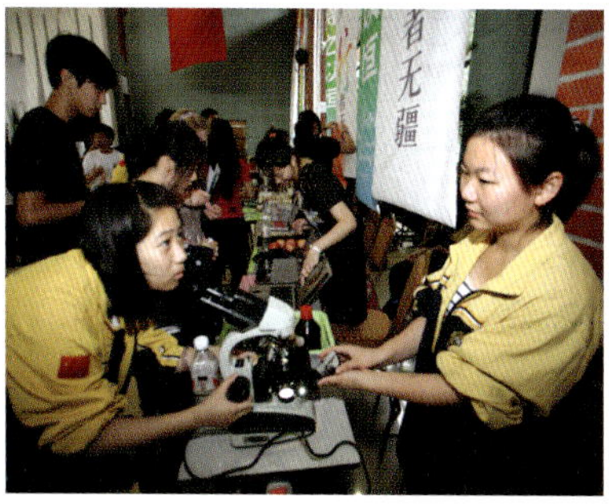

部艺术展。展览展出本学年国际文凭大学预科（IB－DP）项目的 20 名艺术学生的作品，共计 230 幅，作品种类包含丙烯画、素描、陶艺、摄影、拼贴、木刻、剪纸、油画、电脑动漫。学生利用不同材质、不同风格的展品，记录在汇佳求学的成长经历，表达对国际国内各种时事与现象的观察和思考，或展示对艺术大师作品的模仿。IB－DP 项目为大学预科课程，是国际文凭组织为全球学生开设的高中课程，学制两年，授课语言为英语，主要目的是让学生接受国际教育，为将来在世界著名大学深造打下基础。

（李尔京）

【成立体育中心和 ICT 教学资源中心】 5 月 9 日和 9 月 1 日，汇佳学校体育中心和 ICT 教学资源中心分别成立。体育中心全面负责学校体育教学组织安排实施和体育设施的综合利用及管理工作，有工作人员 22 人。体育中心从法国聘请马术教练马尼莎（VANESSA），她可以直接签发法国马术协会认可的马术水平等级证书；从美国聘请职业篮球的教练莫里斯（MORRIS）讲授篮球课程。ICT 教学资源中心中的 I：Information，信息；C：Communication，交流沟通；T：Technology，技术技能。该中心由图书馆、计算机教学、手工制作、文教资源室和电教资源室构成，是 IB 课程教学的资源支持部门，提供 IB 主题教学所需的信息和教学资源；与各班学科教师合作进行主题教学。通过课堂实践获取信息，加深对课堂所讲知识的理解。通过教师课堂的合作教学，使学生可以综合运用所学信息获取技术和知识融会贯通，使学生掌握所学并养成良好的运用信息技术的学习方法。

（李尔京）

【举办初中部个人设计展】 6 月 6 日，汇佳学校举办国际文凭中学项目（MYP）个人设计展示会。展会共展出初三年级学生作品 215 个，涉及科技、服装和手工艺等类别。个人设计是 MYP 项目的一种考核方式。MYP 项目是以探究学习为主要方式，整合各科学习资源，进行主题式学习，提升学生各方面的综合能力。学生在参与整个设计的过程中学习。

（李尔京）

【举办世界遗产跨学科主题探究活动】 6 月 20 日，汇佳学校举办世界遗产跨学科主题探究活动。活动包括人文学科、数学、语言 A、语言 B 以及科学五门学科，从不同方面对世界文化遗产进行学习和探索。数学课上，学生用所学的数学知识搭建建筑模型，绘制平面图；科学课上，学生用酸雨的知识研究酸雨对世界遗产的影响和防治酸雨的重要性、学习声音在天坛回音壁的运用及其原理；人文学科上，通过天坛与国外一处世界文化遗产的比较研究，展示出学生对多元文化的理解和认知。活动听取 9 名优秀学生代表发言。探究活动展现学生的思维及运用知识和独立思考的能力、动手实践能力和语言表达能力。七年级师生 228 人参加活动。

（李尔京）

【举办学科实验展示】 6月20日，汇

佳学校举办国际文凭（IB）高中部高二年级第四学科实验展示活动。实验包括物理、化学、生物学科的研究，开设食物与健康、环境与健康、日常行为与健康和生活方式与健康 4 个研究方向共 32 个子课题，展示分为计划、实施、评估三个阶段，历时 4 周。235 名学生参加活动，评选出一等奖 1 人、二等奖 2 人、三等奖 4 人，及创意奖项若干。第四学科实验展示

在于启发学生深入理解科学概念和科学方法重要本质之间的关系，从而激发学生对科学、科技知识的探求意识和研究行为，鼓励学生发散思维、聚合研究，提倡科学求真精神，激发自主创新意识。

（李尔京）

【3项运动建设工程竣工】　9月1日和30日、11月10日，汇佳学校露天游泳池、马术俱乐部室内跑马场和气膜体育馆（西馆）竣工投入使用。游泳池体为现浇混凝土结构，总建筑面积2700平方米，设有25米×50米泳池，设有恒温控制系统（夏季使用无恒温控制系统）；更衣室及附属用房为钢结构框架，游泳池可满足游泳教学及教职员工锻炼身体。游泳池工程项目造价660万元，于2012年10月开工。马术俱乐部室内跑马场为气膜室内跑马场，是学生马术运动场馆。该场馆结构采用气膜结构，有先进的空气过滤系统，可有效消除PM2.5的危害，工程建筑面积2720平方米，设有30米×70米的跑马场地。工程造价716.76万元，于2012年12月10日开工。气膜体育馆（西馆）采用气膜结构，有先进的空气过滤系统，建筑面积3031平方米，设4个标准篮球场、2个排球场及1条250米跑道，是学生球类课程场馆。该场馆工程项目造价648万元，于8月开工。

（李尔京）

北京市中芯学校

【概况】　2013年，北京市中芯学校占地面积2.68万平方米、建筑面积2万平方米，运动场地面积1.40万平方米。全年教育经费投入1966万元，全部自筹。固定资产总值520.55万元，包括教学仪器资产值305.83万元。图书馆藏书25961册，订阅杂志、报刊62种。普通教室48个，专用教室39个。拥有计算机90台，多媒体教室座位420个。学校信息化经费投入210.24万元，校园网出口总带宽20Mbps，“信息技术”课程1课时/周。教职工129人。专任教师95人，其中，本科以上学历88人。开设教学班39个，其中，小学班32个、初中班7个。毕业84人，其中，小学64人、初中20人；招生308人，其中，小学237人、初中71人；在校生913人，其中，小学774人、初中139人，无寄宿生。网址：bjsmic-school.com。

（李雅荣）

【组织外籍教师英语夏令营】　7月

15日至8月9日，中芯学校举办2013年外籍教师英语夏令营。夏令营面向该校学生及社会适龄学生，在正规教学基础上，穿插戏剧、音乐和游戏等活动，培养学生良好品格、沟通能力、合作能力、领导力和动手能力。夏令营由14名美国籍教师授课，13名大学生助教协助。从幼儿园大班至9年级共设11个班，185名学生参加夏令营。

（赵扬扬）

【开设游泳课程】　10月22日至11月21日，中芯学校为3至9年级学生开设游泳课程。每节课安排4名照管教师，组织50至60名学生参加4个不同等级的游泳课，每个等级有一名教练，教练根据等级安排相应的课程，如A级学习换气、打水、压水等，D级学生可在教练指导下练习全程的蛙泳、自由泳等。共24个班级的520名学生参加学习。

（张强）

【举办中学生MAD音乐录影及广告视频比赛】　11月11至25日，中芯学校举办中学生MAD音乐录影及广告视频比赛。活动以“新创意，心演绎”为主题，4至5人一组，用Ipad等电子设备制作英语音乐录影或英语广告视频，并提交小组作品参加评比。最终评审团选出最佳音乐录影带奖、最佳创意广告奖和最佳学校广告奖各1名。109名学生参加活动。

（郑玉清）

【举办首届英文话剧比赛】　11月22日至12月16日，中芯学校举办首届英文话剧比赛。中文部三至六年级309名学生参加比赛，其中，三至四年级200名学生共同表演《凌乱的杰西》（Messy Jessie），五年级57名学生及六年级7名学生共同表演《如何拼写小心》（How To Spell Beware）。比赛共评出4个团体一等奖、最佳演员奖和最佳旁白奖。

（周倩）

（本栏责任编校　彭艳波　李涵婧）

德育体育美育

综　述

2013年，市教委学习贯彻党的十八大会议精神，深入推进国家和北京市教育规划纲要各项任务，完成德育国家教育体制改革项目实验，全面实施《北京市中小学德育工作行动计划（2012～2015年）》。

德育工作。以学科德育和德育课程为重点，推进课堂教学主渠道育人。举办学科德育论坛，引领区县和学校推动学科德育指导纲要的落实；举办第二届“德育说课”活动，征集学科德育案例，加强课程德育建设。推进德育课程教研活动，提高课程德育实效性。通过中国梦和公共服务周活动推进《我爱北京》《北京精神》和《志愿服务》地方课程的实施。

以中国梦学习宣传为重点，推进社会主义核心价值体系教育。以多种形式开展小中大学生“我的梦·中国梦”主题活动；积极推动3月学雷锋志愿服务月活动；联合北青教育传媒在中学生中开展社会实践挑战活动，引导学生通过参与“绿色出行”“节能减排及低碳环保”“支教助学”“和谐家园（社区）”创建等活动培育社会责任感，提高学生发现问题和解决问题的能力。

以综合素质提升工程实施为重点，推进社会大课堂常态化应用。完成社会大课堂资源单位调研工作；以检促规范，以检促发展，做好综合素质提升工程绩效评估工作；完成50家资源单位“学生教育计划书”的编写工作；完成国家级教育资源基地申报工作，门头沟雁翅基地申请到3000万元国家彩票公益基金，成为北京首个国家级教育资源基地支持项目。

以班主任队伍建设和社会大课堂长效机制研究为重点，推进国家教育体制改革项目实验。进一步深入开展文明礼仪教育活动。针对中小学生文明礼仪教育中存在的突出问题和薄弱环节，充分运用多种教育手段和载体，形成教育合力，培养广大中小学生的良好行为习惯。

学校体育工作。2013年，市教委建立学校体育工作长效机制，完善政策体系，促进青少年健康成长。对16个区县144所中小学2880名中小学生进行体育与健康学科教学质量调研，制定《北京市推进中小学校体育工作三年行动计划》和《北京市中小学、托幼机构防近视控肥胖的工作方案》，制定空气重污染四级预警情况下，全市中小学生体育课和户外运动的应对措施。规范体育、艺术、科技特长生招生范围和程序，做好特长生选拔及培养工作。开展奥林匹克基地校实地考评，合理布局中学体育后备人才培养基地。为完善体育项目合理布局，增加“培养基地”及运动项目，经学校申报、区县审核及专家评审，完成对31所中学38个运动项目的实地考察，增加基地校4所，增加项目6个，补充筹备校11所。组织专家对全市25所奥林匹克体育后备人才培养基地学校和27所高水平运动队建设高校体育后备人才的培养等情况进行评估检查。

市级财政投入2900万元，为远郊区县更新《国家学生体质健康标准》测试仪器。开展学生《国家学生体质健康标准》测试赛；举办第七届中小学生标准测试赛，学生及格及以上比例较上年提高1.39个百分点达到85.14%。首次在高校开展《国家学生体质健康标准》测试赛。

开展丰富多彩的阳光体育活动，加强统筹协调，提高活动实效。组织开展首都高等学校第51届学生田径运动会、阳光体育北京市第51届中学生田径运动会、阳光体育职教系统师生体育节，联合北京奥运城市发展促进会、市体育局开展2013年“我运动，我健康，我快乐”北京市中小学奥林匹克教育系列活动，在天安门广场组织开展万名青少年文体展示活动，在延庆体育场组织开展中小学生阳光体育大型展示活动。

艺术教育工作。组织评审和认定金帆团和艺术教育特色校、阳光少年艺术团，加强对特色学校的规范化管理。评出235所中小学艺术教育特色学校以及阳光少年艺术团承办团，实现对市、区县特色学校的分类管理，明确未来发展的方向。重新修订《北京市学生金帆艺术团管理办法》，以及相应的评级指标体系。对16个区县随机抽取的32所中小学落实学校艺术教育工作规程情况开展督导。

开展艺术教育品牌系列活动，全面展示艺术教育成果。组织开展第十六届北京学生艺术节、第三届北京大学生艺术展演活动、第五届北京大学生戏剧节、国戏杯、高雅艺术进校园、民族艺术进校园、青少年艺术周等系列活动，打造艺术活动的品牌，普惠全体学生。在教育部主办的全国第四届中小学生艺术展演活动中，选送的21个节目中19个获一等奖，其中，管乐、民乐、交响乐、舞蹈、合唱均获得该组别第一名。

科普教育工作。修订《北京金鹏科技团管理办法》及相应的评级指标体系，加强对新评定的214所科技示范校管理。充分利用社会资源，拓展科普教育渠道，广泛开展科技普及活动。与市科协共同主办第33届北京市青少年科技创新大赛，与市科委共同主办“体验科技北京，畅想世界城市”活动，与索尼探梦科学馆联合开展“爱心助学—科普下乡”活动，组织开展大型公益性科普活动“放飞梦想——波音航空科普教育系列活动”，举办“科技与文化融合，成长与快乐同行”第31届学生科技节，组织各区县中小学生参加全国科普周北京主场活动，开展高中通用技术竞赛、未来工程师竞赛、金鹏科技论坛竞赛等多项竞赛活动，为学生搭建社会实践、展示才华的舞台，通过多项科技活动，增强学生创新能力和实践动手能力。

校外教育工作。联合制定并印发《北京市乡镇校外活动站及乡村学校少年宫管理办法》。加大设备设施投入力度，改善学校的办学条件。市级财政投入1500万元用于各区县校外教育机构办学条件的达标。

开展乡镇校外活动站调研工作，制定10个远郊区县154个乡镇校外活动站建设三年计划。组织专家组深入10个远郊区县30所中小学调研，通过听取汇报、实地考察、座谈会等方式，全面了解乡镇校外活动站的特色发展和建设的需求，制定三年的投入与建设方向，在原有47家校外活动站的基础上，2013年投入1170万元建设39家市级校外活动站，到2015年实现每个乡镇一个校外教育活动站的目标，实现农村地区校外活动场的全覆盖。

学校卫生工作。开展中小学体育运动负荷及效果监测与评价和肥胖中小学生代谢异常及骨骼发育状况评估、干预。与市卫生局联合验收95所健康促进学校，全市累计1279所学校通过验收。开展防控H7N9宣传和视导检查，开展普通高校传染病防控工作及医疗机构院前急诊急救工作现状调查。督导高校“青春红丝带”社团建设情况，完成《北京市遏制与防治艾滋病“十二五”行动计划》中期评估。

国防教育工作。开展形式多样的国防教育活动，提升学生国防意识。组织开展高校军事定向越野比赛、全民国防教育日、国旗仪仗队检阅式、国旗在我心中演讲比赛和国防教育主题文艺汇演等活动，举办国防教育网络知识竞赛活动；围绕学校开展国防教育的现状、特点和存在的问题，举办两期学校国防教育研讨会，举办国防教育巡回展，提升青少年学生国防意识和国防观念。加强师资队伍培训力度，提升教师教科研能力、专业技能和管理水平。开展军事理论教师专项培训，系统开展教学教法、课例案例以及新的讲授内容标准化培训。联合市军训办检查全市91所高校学生军训情况，保障军训工作顺利开展。

（冯雪　张志华）

德　　育

德育工作

【举办中小学网上冬令营】　1月26日至2月24日，市教委举办中小学网上冬令营。寒假期间，市教委依托北京市中小学数字德育平台，在数字德育网设置中小学冬令营专栏，以“分享我的正能量弘扬传承传统文化”为重点内容，通过开设“我的精品我阅读”“时政要闻我来答、志愿服务我担当”“分享我的正能量”等栏目，引导学生积极学习、亲身实践、动手参与各种创意互动活动，引导中小学生文明上网、健康生活，过一个欢乐祥和有意义的假期。全市中小学生参与活动。

（冯雪）

【举办高校“我的中国梦”主题活动】　3月27日，市委教育工委启动北京高校“我的中国梦”主题教育活动。启动仪式上，与会人员听取北京工业大学教师和北京大学学生发言；会议部署主题教育活动；与会高校师生参观爱国者数码科技有限公司展厅，了解中关村科技园区高新技术企业的发展和成就。活动同时围绕习近平“中国梦”讲话和“我的中国梦”主题教育活动举办座谈会。市委教育工委领导要求各高校要高度重视，希望高校师生能够准确把握“中国梦”的丰富内涵和鲜明特征，深刻领会实现“中国梦”必须走中国道路，弘扬中国精神，凝聚中国力量。教育部、市委教育工委领导，爱国者数码科技有限公司负责人及北京高校100名师生代表参加启动仪式。市委教育工委印发《关于在北京高校开展“我的中国梦”主题教育活动的通知》，从五个方面推动活动的深入开展。至年底，活动举办“我的中国梦”主题宣讲、校园文化、社会实践服务、评选等，具体内容包括“理论名家讲堂”和“部长进校园”形势政策报告会、“我的中国梦”征文比赛、“中国梦·我的梦”演讲比赛、“走基层、看变化”主题实践活动、寒暑期大学生“三下乡”社会实践活动、“我的中国梦”最美大学校园评选、“我的中国梦”先进典型评选等。至年底，共举办活动6000场，首都高校大学生60万人次参加活动。

（杜建峰）

【举办中小学“我的中国梦”主题活动】　3至12月，市教委在中小学开展“我的中国梦”主题教育活动。活动围绕“我的中国梦”主题，举办中学生时事大讲堂，组织“博物馆之春”活动，组织“我的梦·中国梦”网上畅谈活动，推动学雷锋志愿服务月，寻找身边道德榜样活动，开展学校文化示范校评选，举办“美丽北京可爱北京”电子报设计活动，组织“我的中国梦”展示交流活动，引导中小学生为实现国家富强、民族复兴、人民幸福的“中国梦”而发奋学习。

（冯雪）

【首次评选毒品预防专题教育教学设计】　5至11月，市教委举办首届毒品预防专题教育教学设计征集与评选活动。活动共收到16个区县158份涵盖小学五年级至高中二年级的毒品预防教育教师教学设计。经过区县推荐和专家组复评，评选出一等奖32个、二等奖47个、三等奖79个。该评选由北京教育科学研究院承办。

（沈柳莺）

【举办优秀学生事迹报告会】　6月28日，市教委、市委宣传部、首都精神文明办和团市委在北京市第四中学联合举办“梦想从青春起航”2013年北京市优秀中学生事迹报告会。北京四中孙雪、北京市第五十五中学藏依格、北京市京源学校王震南、北京市第一零一中学赵文、丰台区南苑中学于帅和延庆县第一中学雷锋班代表吕菲6名学生走上讲台，分享他们在实践中为实现梦想而努力奋斗的感人事迹。更多感动青春人物的事迹已经汇编成2013年《感动青春》书籍，免费发放到全市每所中学。教育部相关人员、市教委及主办单位领导、区县教育行政部门负责人以及部分中学校长、中学生代表250人参加报告会。

（冯雪）

【举办“中国梦”知识竞赛】 7月4日，“北京高校中国梦学习教育知识竞赛”决赛在北京电视台举行。北京大学、中国农业大学、北京邮电大学、北京化工大学、中国传媒大学、华北电力大学、北京林业大学、首都师范大学共8个代表队参加比赛，经过必答题、限时判断、抢答题三个环节，北京林业大学代表队获得一等奖，首都师范大学、中国传媒大学获得二等奖。该项竞赛由市委宣传部、市委教育工委、北京电视台、大学生杂志社等共同举办，历时2个月，包括各校初赛、分片区复赛和全市决赛三个阶段，来自全市高校1万名学生参加活动。

（丁贞栋）

【举办“我的梦·中国梦”网上夏令营】 7月13日至8月31日，市教委举办2013年“我的梦·中国梦”网上夏令营。活动依托北京市中小学数字德育平台，在数字德育网设置中小学夏令营专栏，开设认知畅想、情感升华和实践体验3个栏目，开展“e网畅谈中国梦”“博客共抒中国梦”“我的梦想我描绘”“身边榜样正能量”“美丽中国我来秀”“我爱征文我投稿”“中学生历史写作大赛”“走进社会大课堂”“节约粮食我先行”“社会实践挑战赛”等活动。活动由市教委联合东城区、海淀区和丰台区教委举办，全市中小学生参加。

（彭艳波）

【公布中小学生社会大课堂及首批退出资源单位】 8月9日，市教委公布21家北京市中小学生社会大课堂第四批市级资源单位以及6家退出北京市中小学生社会大课堂市级资源单位名单。经过资源单位自主申报，区县社会大课堂办公室审查推荐，北京市中小学生社会大课堂办公室组织专家实地考察，完成第四批市级中小学生社会大课堂资源单位的审核工作。根据考察及审核结果，按照工作程序，在征求市委宣传部等12家社会大课堂合作建设部门意见后，市教委公布入选单位名单。

（冯雪）

北京市中小学生社会大课堂第四批市级资源单位

中国美术馆
首钢总公司
中影电影数字制作基地
北京明城墙遗址公园
北京国际鲜花港
北京园博园
北京农业职业学院农事教育体验基地
北京国际露营公园
青少年阅读体验大世界
北京天福茶文化中心
北京阳光少年教育实践基地
朝阳区图书馆
大兴区中小学综合实践活动基地
通州区金福艺农番茄联合国
通州区瑞正园农庄
通州区金胜强花卉创意园
怀柔区花园村花卉蔬菜实践基地
房山世界地质公园博物馆
怀柔区安全教育体验馆
平谷区挂甲峪山庄
爱斐堡生态农庄

（冯雪）

退出北京市中小学生社会大课堂市级资源单位

北京科育葡萄技术研究中心
北京现代汽车有限公司
通州区体育局游泳运动中心
通州区永乐店中学
电力科普园
松下电器（中国）有限公司北京展示分公司

（冯雪）

【首家示范性综合实践基地申报成功】 8月21日，门头沟区示范性综合实践基地入选中央专项彩票公益金支持示范性综合实践基地项目。该评选由教育部、财政部联合举办，全国共有40个基地入选，其中，北京1个。门头沟区示范性综合实践基地项目由门头沟雁翅中小学素质教育基地与市财政局、门头沟区教委联合申请，获得到中央专项彩票公益金3000万元的经费支持。门头沟雁翅中小学素质教育基地位于门头沟雁翅镇雁翅村西，计划于2015年建成，建成后成为面向全市中小学生开放的综合性校外教育活动场所，是集爱国主义教育、国防教育、防空防灾教育、科技教育、生命教育、传统文化教育、生态环保教育以及相关的实践体验互动等课程为一体的综合性实践教育基地，可同时容纳中小学生800人开展活动。

（冯雪）

【召开《引航》读书心得座谈会】 9月6日，市委教育工委组织召开《引航——大学生关注的七个热点问题解读》读书心得座谈会。来自北京大学、北京师范大学、北京林业大学等高校的师生代表发言，交流读书体会。《引航——大学生关注的七个热点问题解读》由市委教育工委组织编写，北京出版社出版，旨在帮助大学生群体正确认识国情、理性看待社会发展中的问题，内容涉及国防、道

举办“中国梦”知识竞赛

德、生态、就业等热点。全书7章，16开本，13.2万字。该书于9月初向北京高校新生免费发放。

（于海）

【组织大学生先进事迹报告团巡回宣讲】 9月26日，“我的梦·中国梦”首都大学生先进事迹报告团在北京工商大学成立并举行首场报告会。北京工业大学何莹、北京外国语大学努尔比耶·克里木、北京理工大学何平凡等学生，围绕自身学习成长、奋斗拼搏的经历先后作主题报告。该报告团共8人，主要成员为首都高校在校学生，至年底，分别在中国矿业大学、北京物资学院等高校举办先进事迹报告会10场。全市高校2000人次听取巡回宣讲报告。

（丁贞栋）

【举办“听大使讲故事”系列活动】

9月29日、10月23日和12月6日，市教委、外交部新闻司共同主办大使进校园“听大使讲故事”系列活动。前驻南非大使、前驻突尼斯大使和前驻比利时大使分别走进北京市广渠门中学、北京市东直门中学和北京市第七中学，围绕中国在国际世界中的大国作用以及中外关系进行专题报告，并与学生交流。活动旨在进一步培养首都中学生的国际视野与世界胸怀，帮助学生认识中国的国际地位和在国际事务中所发挥的作用，进一步增强爱国主义情感和民族使命感，提升跨文化交流意识。11月6日，外交部新闻司副司长田琦为北京市政治学科骨干教师开展专题讲座。

（冯雪）

【举办十六岁公民责任感教育活动】 10月26日，音像报刊总社联合中国教育学会在北京市第二十五中学举办“大德兴邦：十六岁公民责任感教育活动”。参加活动的学生及家长手举“十六岁公民励志旗”入场，并以集体诗朗诵《中国梦》作为开场节目。活动现场全体学生共度16岁集体生日并拥抱父母一分钟；集体宣读展示“责任筑正道，奋斗出英才”的誓言。该活动是首次依据《中华人民共和国未成年人保护法》《中华人民共和国劳动法》《中华人民共和国身份证法》等法律规定举行的中学生德育活动，首次面向全国青少年设计的责任感教育活动。共有来自中国教学会，音像报刊总社以及二十五中教师、学生及家长300人参加活动。中国教育报、中国教师报、北京日报、现代教育报等主流媒体进行报道。

（张秋颖）

【获首都未成年人思想道德建设创新案例奖】 10月，在2013年度首都未成年人思想道德建设创新案例评选活动中，市教委报送的“推动中小学中国梦主题教育活动深入开展”活动案例获得2013年首都未成年人思想道德建设“创新案例奖”。该评选由首都精神文明办举办，面向全市各系统开展，旨在鼓励创新实践，推动未成年人思想道德建设，每年评选1次。这是奖项设立以来市教委连续第6年获得此项荣誉。

（冯雪）

【启动绿纽扣计划进校园项目】 11月

14日，市发展改革委、市教委共同主办的“绿纽扣计划进校园北京市启动仪式”在首都师范大学附属小学举行。市教委与盈创回收公司签署“绿纽扣计划”进校园推进协议，市发展改革委、市教委、盈创回收公司代表与首师大附小“环保小卫士”代表共同操作启动球，启动“绿纽扣计划”进校园活动。“绿纽扣计划进校园”项目，是通过在各个中小学校园铺设盈创智能回收机，让学生能够将喝完的空饮料瓶、废旧书本等固废垃圾自觉投入智能回收机正确安全回收，从而帮助和教育学生从小养成爱护环境和垃圾分类习惯，树立安全回收的意识。并通过学生，影响到一个家庭，一个团体，直至整个社会对待环境的态度和责任。预计到2015年，在北京市中小学校园铺设“绿纽扣计划”进校园智能回收机2000台。1台回收机1年大约可回收废旧饮料瓶1吨，相当于节约石油6吨，减排二氧化碳3吨，植树41棵；1年回收废纸30吨，可再生新纸24吨，减少树木砍伐510棵。项目由北京盈创再生资源回收有限公司承办。

（李华勇　彭艳波）

【举办中学毒品预防教育交流培训活动】 11月22日，市教委举办北京市中学毒品预防教育交流培训活动。活动与市禁毒委、北京教育科学研究院联合举办，在国家级毒品预防教育示范校北京市古城中学举行。活动通过课程观摩、区县学校经验交流和推介北京市禁毒教育基地数字展厅课程资源等内容，对区县和学校的相关人员进行一次集中培训。北京市古城中学展示一节初一年级“珍爱生命，拒绝毒品”专题教育现场课，初一和高一年级的3名教师分别说课。海淀区教师进修学校中学政治学科教师对现场课及说课教师的学情分析、教学设计、教学过程、目标达成等方面进行点评。石景山区教委和古城中学分别就开展学生毒品预防教育工作进行经验交流。北京市禁毒教育基地介绍北京市禁毒教育数字展厅与课程资源，以及举办的适合青少年的毒品预防教育活动。国家禁毒办、市禁毒办、市教委和北京教科院等相关单位负责人，各区县教育行政部门毒品预防教育负责人，区县负责毒品预防教育的教研员，8所国家级毒品预防教育示范校及部分中学骨干教师代表180人参加活动。

（沈柳莺）

【18项成果获评高校校园文化建设优秀】 12月11日，18所在京高校的18项校园文化建设成果获评第七届高校校园文化建设优秀成果。获奖成果中，有特等奖10项，一等奖30项，二等奖61项，优秀奖107项，北京市获特等奖2项、一等奖5项、二等奖3项和优秀奖8项。该评选始于6月28日，中央部委所属高校可直接申报，每校限报1项；地方院校申报

数量不超过本地区地方院校总数的30%，由省级教育工作部门负责遴选推荐，每校限报1项。经教育部组织专家评审和公示，确定获奖名单。

（彭艳波）

第七届高校校园文化建设优秀成果（北京）

特等奖

北京大学　“圆梦北大筑梦中华”主题校园文化建设活动

清华大学　将志愿公益精神内化为青年学生的价值追求——清华大学紫荆志愿文化二十年的探索与实践

一等奖

北京交通大学　诵读华章映春色素雅文化展芳华——北京交通大学依托“中华诵春之声”经典诵读活动探索搭建育人新平台

中国农业大学　十年锲而不舍　全员打造育人新平台

北京科技大学　北京科技大学实践育人平台建设

北京财贸职业学院　财贸素养教育十年筑基校园文化育人模式创新——北京财贸职业学院“五三四一”财贸素养教育体系

首都经济贸易大学　打造“圣洁课堂公约”品牌，促进教风学风建设

二等奖

北京师范大学　小剧场大能量——北京师范大学北国剧社戏剧育人的探索

北京林业大学　传播绿色文化引领生态文明圆梦美丽中国——北京林业大学“生态文明建设”博士生讲师团

中国美术学院　劳作上手，知行合一——中国美术学院“千村千生基层服务”校园文化品牌

三等奖

北京外国语大学　立足中国情怀，放眼国际视野——北京外国语大学开展国际化背景下青年责任教育

华北电力大学　充分发挥能源学科优势让绿色电力点亮长征路上幸福梦——华北电力大学“三位一体”电力扶贫的实践与探索

对外经济贸易大学　搭建国际化实践平台，探索实践育人新模式——“中国红贸大蓝”为特色的学生国际化社会实践探索

中国传媒大学　齐越朗诵艺术节

北京第二外国语学院　传承大学精神，引领校园文化，构建育人新平台——北京第二外国语学院翔宇东方新闻社

北京工业大学　研究生科学精神与学术规范教育宣传体系建设

中国青年政治学院　“青联委员进校园”品牌活动

中央美术学院　“托起中国梦，成就艺术梦，实现百年梦”，以实际行动促进学生全面成才

（彭艳波）

【展示中学生社会实践挑战赛成果】 12月30日，第二届北京市中学生社会实践挑战赛成果展示会在朝阳区华中师范大学第一附属中学朝阳学校举行。来自北京市第一零一中学、北京市第一六六中学、北京市华夏女子中学、华中师大一附中朝阳学校和北京顺义国际学校的五个社会实践项目团队在会上分享参与社会实践的经历和体会。挑战赛由市教委主办，北青教育传媒中学时事报编辑部承办，共征集到11个区县近百所中学的学生社会实践作品300件，涉及社会、公益、游学等多个类别，评选出最佳优秀案例10个和创新奖46个。

（冯雪）

展示中学生社会实践挑战赛成果

专门教育

【概况】 2013年，北京市共有工读学校6所。拥有计算机803台。藏书84955册。学生心理健康教育研究基地2个，实习实训基地4个，教职工294人，其中，心理教师12人。入学351人，离校346人（其中，毕业346人），在校748人。

（向姣姣）

【海淀寄读学校与检察院开展检学共建活动】 3月20日，海淀寄读学校与海淀检察院开展检学共建活动。海淀检察院未成年人案件检察处检察官、法制校长、司法社工一行18人，为学校师生讲授心理学知识，与学生共同制作纸风筝并放飞，向学校赠送800册预防未成年人犯罪书籍。该校学生278人参加活动。

（杨领娟）

【西城育华中学开展植树造林活动】 4月9日，西城区育华中学开展植树造林活动。活动在怀柔区红螺慧谷植树基地举行，师生共种植松树139棵，植树活动结束后在植树基地树立“育华和谐林”石碑。该校全体师生139人参加活动。

（孙志宇）

【门头沟工读学校举办趣味运动会】 4月27日，门头沟区工读学校举办第四届“真善、友爱、健身”师生趣味运动会。运动会设置保龄球、八字跳、赶猪等10个项目。学校师生50人参加活动。

（安秀娟）

【西城育华中学开展党员教育活动】 7月6日，西城区育华中学开展学员教育活动。活动在房山区霞云岭举

行，参观《没有共产党就没有新中国》歌曲诞生地纪念馆，听取关于歌曲诞生过程的讲解。全体党员和积极分子 31 人参加活动。

（孙志宇）

【门头沟工读学校参加全国工读教育培训】 7 月 12 至 18 日，门头沟区工读学校两名教师参加第三届全国工读教育学校教学改革理论与实操培训班。培训班由中国教育学会工读教育分会举办，主要学习工读学校课堂教学面临的教学目标的设定与达成、教学环节的设计、教学活动的展开、课堂小组合作学习等有效教学形式等内容。两名教师提交《透视情绪》和《少年长拳》两份教案，获教案评比优秀奖。

（安秀娟）

【门头沟工读学校迁址】 7 月，门头沟区工读学校整体搬迁到妙峰山镇丁家滩村小。学校原址为门头沟区体北路 13 号，为服从门头沟区保障房建设的大局搬迁。搬迁后，学校占地面积 2000 平方米，比原来减少 17850 平方米；建筑面积 759 平方米，比原来减少 4351 平方米；体育场面积 120 平方米，比原来减少 3880 平方米；有教学办公用房 40 间，比原来减少 40 间约合 1200 平方米。该校在教育转化具有严重不良行为学生的基础上，拓展功能，开展法制教育和法制教育基地建设工作。

（安秀娟）

【首次评选专门学校教学设计】 9 月

6 日，市专门教育学校首届学科教师优秀课堂教学设计征集与评选活动总结交流会举行。会议表彰获奖课堂教学设计作品，研讨如何组织开展教师队伍建设和教师如何关注自身专业发展等问题，来自东城、西城、朝阳、海淀、丰台和门头沟 6 个区县教委相关负责人，6 所专门学校校长，教师代表及有关新闻媒体记者 120 人参加会议。该评选由市教委和北京教育科学研究院基础教育教学研究中心联合举行，开始于 2012 年 9 月，经评审，来自 6 所专门学校 113 名教师上交的 115 篇教学设计参加评选，通过教师说课答辩及专家组终评，评选出一等奖 45 篇，二等奖 66 篇。

（沈俊楠　王红侠　沈柳莺）

北京市专门教育学校
首届学科教师优秀课堂
教学设计征集与评选一等奖

袁树鹏	14.1 确定事件与不确定事件
安秀娟	主持伸张正义
邓金海	塑造崭新自我，迈向成功之路
马进雨	双手胸前传接球
刘德宗	水的净化
赵云辉	鸡蛋的结构及功能
赵慧	培养亲社会行为
马颜萍	发现你的潜能
苏有杰	读书人是幸福人
吴佳熙	圆与圆的位置关系
刘春莉	一元二次方程
王会军	正弦定理
朴成日	函数的性质
周春娜	圆与圆的位置关系
刘华权	使用机械能省功吗
黄普坤	探究影响浮力大小的因素
王飞	力
王红侠	化学与能源资源的利用
高亚娟	做有目标的人
裴强	单杠——骑撑后倒单挂膝上技术
李志功	母亲节特刊制作
高倩	休闲游戏网站
宋梅	魔方——对好第一面加上四个侧面的 T 字
寇春锦	哦，香雪
孙永梅	吆喝
周京晶	Module 5 Problems Unit 1 If she goes to a different school, I won't see my best friend.
从文平	Module 10 Unit 1
陈洁	Nice to meet you!
尹红涛	初中英语“听说”课
张谭超	老子、孔子和百家争鸣
王宝军	肖像和姓名中的权利
孙煜	做情绪的主人
付雪倩	可爱的家
李旭	腰旗橄榄球跑动接球练习
吴勇	排球正面双手垫球
宋瑞	JKH－791 型电梯开梯开门的原理及故障分析与判断
杨有贺	傅雷家书
赵刚	北方地区和南方地区
王学刚	财产属于谁
张欣	线条的表现力
王峥	化概括叙述为生动描写——适当运用细节描写使文章生动起来
虞澎	西方文明之源——古代希腊
贾利雄	排球正面双手垫球
李炎	黑白装饰画
郝霞	会议准备礼仪

（倪永娟）

【海淀寄读学校举办首届法治书画大赛】 9 月，海淀寄读学校举办首届法治书画大赛。书画教师 5 人和美术组学生 10 人共 15 人担任评委，收到参赛作品 20 幅，最终，《保卫家园》和《远离毒品》2 幅作品获一等奖，《醉驾》等 5 幅作品获二等奖，《做遵纪守法的海淀人》等 8 幅作品获三等奖。获奖作品代表学校参加海淀区法治书画大赛，其中，《醉驾》获海淀区法治书画大赛一等奖，《禁止杀戮》《远离毒品》《做遵纪守法的海淀人》和《天堂背后的地狱》获三等奖。

（王红侠）

【西城育华中学开展首次队列训练活动】 10 月 8 至 12 日，西城区育华中学举办首次队列训练活动。活动在学校操场举行，学校选派两名体育教师对学生进行整队、立定、齐步走、跑步、口号口令、三面转法、体操以及内务卫生等科目的训练，全体学员在闭幕式上进行汇报表演。经过学校评选，评出优秀学员 12 人，叠被子比赛获奖学员 8 人，内务卫生优秀班集体一等奖 1 人、二等奖 2 人、三等奖 2 人，会操优秀班集体一等奖 1 人、二等奖 2 人、三等奖 2 人。该校师生 98 人参加活动。

（孙志宇）

【举办专门学校综合展示交流活动】 10 月 25 日，市教委在朝阳区劲松第六中学举办北京市专门学校综合展示交流活动。活动以“构建校本特色课程促进学生健康发展”为主题，观摩劲松六中职业高中学生心理辅导活动

课、紫砂制作和美式腰旗橄榄球等校本课程的教学片段，观看学校校本课程教学基地和校本课程建设的工作展板；听取朝阳区教委介绍“打造专门教育优质品牌”的工作思路与经验；劲松六中作主题为“构建特色校本课程，促进学生健康发展”的汇报发言，交流学校开展特色校本课程建设所取得的阶段性成果。北京教育科学研究院学校特色建设项目组专家进行现场点评。市教委、市综治办、市公安局和团市委等相关部门的主管负责人，来自5所专门教育学校所在区县教委主管负责人以及专门学校校长、教师代表和朝阳区普通中学的代表180人参加活动。该活动是自2011年以来第三次举办。

（沈柳莺）

【西城育华中学举办评优课比赛】 11月11至30日，西城区育华中学举办教学评优课活动。活动包括听课、评课和表彰等环节，由学校聘请教学专家担任评委，评选出一等奖2人、二等奖3人、三等奖5人。该校45周岁以下一线教师17人参加比赛。

（孙志宇）

【西城育华中学召开主题班会】 11月21日，西城区育华中学举办“成长感恩”主题班会教育活动。活动为期一周，全校所有班集体参加。学校组织评委会，由德育处负责设计评比表，对全校各班级开展主题班会情况进行评比，评出一等奖1人、二等奖2人、三等奖2人。

（孙志宇）

【西城育华中学开展法制教育】 11月22日，西城区育华中学开展法制教育活动。活动以“培养学生知法、学法、懂法、守法意识”为主题，包括参观西城区看守所、听取看守所情况介绍和收监人员一日生活情况等内容，全体学生78人参加活动。

（孙志宇）

【海淀寄读学校加强与普通学校学习交流】 11至12月，海淀寄读学校

加强与普通学校学习交流。北京石油学院附属中学、北大附中香山学校、北京市八一中学及海淀区中关村第二小学等学校教师分别到寄读学校学习交流，了解学校教育教学情况和对问题学生的教育转化效果，参观学校心理中心、法制教育中心以及各专业教室，并与学校教师座谈，其中，石油附中教师观摩学生“科技大挑战”活动，北大附中香山学校教师观摩初二年级语文、数学2节常态课，并在心理中心学习培训。各学校教师共78人参加学习交流。

（郭俊峰）

【门头沟工读学校开展干部竞聘】 11至12月，门头沟区工读学校开展干部竞聘。4名教师参与2个副校级岗位竞聘，6名教师参与3个中层岗位竞聘，通过竞选演讲和答辩，领导及教职工分别打分，择优选用。

（安秀娟）

【门头沟工读学校承办中学生法制安全知识竞赛】 12月15日，门头沟区工读学校承办门头沟区第一届中学生法制安全知识竞赛。竞赛由门头沟区教委主办，包括校园安全、交通安全、拒毒防艾、预防未成年人犯罪法等内容，采用问卷答题的方式，评选出各校优秀奖。来自全区中学师生1300人参加活动。

（安秀娟）

【海淀寄读学校举办毕业生模拟招聘会】 12月18日，海淀寄读学校举办毕业生模拟招聘会。招聘会旨在帮助高三学生了解招聘礼仪及事宜，提高学生应聘和就业技巧，提高应聘能力。模拟招聘会现场设有候聘室和招聘洽谈处，由职高部教师5人担任评委，每名“应聘者”需分别用中、英文作自我介绍，回答评委各种问题。该校高三年级36人参加活动。

（王红侠）

体　育　卫　生

体　育

【举办中小学生乒乓球比赛】 1月26至29日，市教委举办阳光体育2013年第29届北京市中小学生乒乓球比赛。该比赛裁判员队伍由国际级1人、国家级6人和国家一级18人组成。比赛共设置5个项目8个组别。在赛制上，第一阶段单打、双打和混合双打均采用分组循环赛，第二阶段采用淘汰赛制。经过激烈争夺，决出各组别各项目共39项冠军。比赛与市

体育局共同主办，北京学生活动管理中心承办，西城区教委、西城区体育局以及北京市乒乓球运动协会协办，在北京市第六十六中学举行。来自14个区县的116所中小学校547人次参加比赛。该项比赛是北京市中小学生

举办中小学生长跑比赛

水平最高的乒乓球比赛。

（李铮　毕正勇）

【举办中小学生长跑比赛】　3月9日，市教委举办阳光体育2013年北京市中小学生长跑比赛。比赛分为小学男、女组，初中男、女组和高中男、女组。通过激烈角逐，大兴区第一中学获得高中组团体冠军、顺义区杨镇第二中学获得初中组团体冠军、大兴区安定镇中心小学获得小学组团体冠军。该比赛与市体育局联合主办，北京学生活动管理中心承办，丰台区教委协办，在北京青龙湖公园举行。来自14个区县80所学校的666名中小学生参加比赛。

（李铮）

【举办中小学生踢毽比赛】　4月14日，市教委举办阳光体育2013年北京市中小学生踢毽比赛。比赛采用累计小分计入团体总分的方法。怀柔区庙城学校获得中学组团体冠军，平谷区大兴庄学区获得小学组团体冠军。比赛由北京学生活动管理中心主办，东城区教委和东城区体育局承办。14个区县41所学校600人参加比赛。

（李铮）

【举办学生街舞比赛】　4月20日，市教委举办阳光体育北京市学生街舞比赛。比赛设小学组、初中组、高中组、中职组和校外组5个组别7个项目。面向全市在校中小学生及校外俱乐部、少年宫等单位，12个区县63支代表队650名选手报名参赛。东城区特殊教育学校、北大附属实验学校、中央民族大学附属中学和北京市现代音乐学校分获小学组、初中组、高中组和中职组集体项目第一名。比赛由北京学生活动管理中心主办，北京市健美操体育舞蹈协会承办。

（李铮）

【举办首都高校棒垒球锦标赛】　4月20日至5月19日，第18届首都高校棒垒球锦标赛在北方工业大学和清华大学举办。该比赛由北京市大学生体育协会棒垒球分会和美国职业棒球大联盟（MLB）主办，分为甲、乙两组（甲组为体育院校和高水平以及外籍留学生队，乙组为普通高校队）。北京大学、清华、北京师范大学等18所高校的17支棒球队和11支垒球队参赛，最终北方工业大学获垒球甲组冠军、北京物资学院获垒球乙组冠军、北京大学获棒球甲组冠军、清华大学获棒球乙组冠军。本届比赛首次引进实时数据统计系统（Game Changer），球员、球迷可随时在线关注球队成绩、个人技术统计数据。

（杨嵩松）

【举办中小学生跳绳比赛】　4月21日，市教委举办阳光体育2013年北京市中小学生跳绳、花样跳绳比赛。16个区县48所学校2892人次参加计数比赛，13个区县30所学校参加花样跳绳比赛。比赛采用累计小分计入团体总分的方法。怀柔区庙城学校获得中学组团体冠军，平谷区大兴庄学区获得小学组团体冠军。比赛由北京学生活动管理中心主办，东城区教委和东城区体育局承办。

（李铮）

【举办职教系统运动会】　5月4至5日，北京市职教系统运动会在北京石油化工学院举行。本届运动会包括学生和教工竞赛项目30项，来自全市31所职业院校1500名师生参加此次运动会。北京市实美职业学校、房山区第二职业高中、北京卫生职业学院和大兴区第一职业学校分获学生中职城区组、学生中职郊区组、学生高职组和教工组第一名。运动会联合市体育局和市人力社保局主办，北京市职教体育协会承办，北京石油化工学院和北京市商贸学校协办。

（李铮）

【举办“培养基地”田径运动会】　5月12至13日，市教委举办“北京奥林匹克教育学校体育后备人才培养基地”田径运动会。比赛按照年龄设A、B、C、D、E共5个组别，同时设100米、200米、3000米、5000米、110米栏、400米栏、跳高、跳远、三级跳、标枪和铁饼等16个项目。16所奥林匹克教育后备人才培养基地田径学校的624名运动员参加10个组别40小项比赛。比赛中，两人打破两项赛会纪录，平一项赛会纪录；14人达到国家一级运动员标准，162人达到国家二级运动员标准，清华大学附属中学以32枚金牌获得金牌榜第一名。运动会与市体育局共同主办，西城区教委、西城区体育局和北京市第八中学承办。

（李铮）

【举办高校学生田径运动会】　5月16

至19日，市教委、市体育局联合举办首都高等学校第51届学生田径运动会。比赛分为甲、乙、丙三组，设置23个田径项目。北京66所高校的1421名大学生参加比赛。清华大学、北京建筑大学和北京吉利大学分别获得甲、乙、丙组团体总分第一名。运动会由北京市大学生体育协会和北京建筑大学承办。

（李铮）

【举办少年儿童跳皮筋比赛】 5月18日，市教委举办2013年阳光体育北京市少年儿童跳皮筋比赛。比赛设小学甲组（四至六年级）、小学乙组（一至三年级），以团体赛形式，采取学校为单位报名参加，按照不同组别、规程的要求进行比赛并录取名次的比赛办法。10个区县49所学校691名小选手参加比赛。通州区台湖镇中心小学、通州区中山街小学、海淀区枫丹实验学校、通州区台湖镇次渠家园小学、北京育才学校、延庆县第四小学和西城区太平街小学获甲组一等奖，通州区中山街小学、北京小学通州分校、通州区台湖镇中心小学一队、海淀区今典小学和北京市宣武师范学校附属第一小学获乙组一等奖。比赛由北京学生活动管理中心主办，东城区教委和东城区体育局承办。

（李铮）

【举办首届中小学数独比赛】 5月19

日，2013年北京市中小学生数独比赛举行。比赛设新人组、小学甲乙组、初中组和高中组4个组别，来自全市85所中小学823名学生报名参赛。石景山区第二实验小学陈思维、北京育才学校小学部胡宇轩、海淀区红英小学李恩洋和北京大学附属中学孙彻然分获4个组别的金奖，在4名金奖获得者的最后对决中，北大附中孙彻然获得数独“王中王”称号。赛事在传统数独比赛形式上增设团体比赛，分个人赛和团体赛。育才学校小学部、东城区春江小学、石景山区金顶街第四小学和北京市第十二中学分获4个组别的团体冠军。比赛由北京市中小学体育运动协会和北京市数独运动协会共同主办，是北京市第一次举办中小学生数独比赛，在比赛中脱颖而出的选手有机会入选数独国家少年队，参加于10月在京举行的第八届世界数独锦标赛。

（李铮）

【举办中小学生轮滑比赛】 5月19日，市教委举办阳光体育2013北京市中小学生轮滑比赛。比赛共设25米障碍往返，10米正面障碍往返，300米、500米和1000米竞速等项目，共8个组别，10个区县65所中小学434名学生报名参赛。北京师范大学大兴附属中学、北京市师达中学和北京市陈经纶中学分校获得中学组团体总分前三名，昌平区回龙观中心小学、海淀区四王府小学和东城区史家胡同小学获得小学组团体总分前三名。比赛由北京学生活动管理中心主办，海淀区教委承办。

（李铮）

【举办绑腿跑比赛】 5月25日，市教委举办的2013年阳光体育北京市中小学生绑腿跑比赛在海淀区第四实验小学举行。该比赛面向初中一、二年级和小学三至五年级同一自然班的学生，设初中组和小学组两个组别。每队由12名队员组成（男、女各6人，其中，4人为替补队员），肩并肩、腿绑腿共同完成50米团体计时竞速比赛。15个区县的416名运动员参加比赛。顺义区石园小学获得小学组第一名，顺义区第五中学获得中学组第一名。小学组的怀柔区渤海镇中心小学获最佳风格奖，北京育才学校获最佳敢斗奖，海淀区实验四小获最佳拉拉队奖，昌平区亭子庄学校获最佳团队奖，密云县太师屯镇中心小学获最佳人气奖；中学组的北京市金盏学校获最佳风格奖，北京教育学院石景山分院附属学校获最佳敢斗奖，顺义五中获最佳拉拉队奖，北京市第二一四中学获最佳团队奖，北京大学附属中学香山学校获最佳人气奖。该比赛由北京学生活动管理中心主办，海淀区教委承办。

（李铮）

【举办青少年文体展示活动】 6月2日，中国关心下一代工作委员会、市政府和教育部等单位在天安门广场举办万名青少年文体展示活动。来自北京、山东等地47所中小学校及职业学校的10000名青少年参加，展示红领巾舞、小学生广播体操、小足球、太平鼓、交谊舞、韵律操、轮滑、武术、鼓子秧歌、民族舞以及民族体育项目等。北京国际职业教育学校、北京市实验学校、北京市电气工程学校、北京市经济管理学校和门头沟区中等职业学校师生1000人参与文体展示表演和礼仪服务。

（李铮）

【参加全国柔力球邀请赛成绩显著】 6月20日，“久久星杯”全国柔力球邀请赛在地坛体育馆举行。赛事由市民委、市体育局、市教委联合主办，北京市民族传统体育协会、北京市民族文化交流中心、北京市社会体育管理中心、西城区民族宗教侨务办公室承办。首次吸收小学生队伍参赛，顺义区空港小学队作为小学组中唯一区县代表队参赛。最终获少年集体套路银奖、少年组混合团体亚军、男子单打冠军、女子单打第三名及男女混合双打第二名。来自全国21个省市，香港、台湾地区，新加坡等地1000名柔力球爱好者参加。

（周爱国）

【举办首届高职院校体育论坛】 6月29日，市教委举办首届首都高等职业院校体育论坛。论坛围绕“阳光体育、光荣使命”主题，听取清华大学教授作主题发言，从北京高校体育教学改革入手，详细分析和解读学校阳光体育活动，阐述教师要铭记体育课要做到：“笑、汗、德、技”。会议听取中国大学生体育协会和市教委通报全国和北京市开展阳光体育活动情况，听取北京信息职业学院介绍学校体育工作开展情况和阳光体育活动。会议由信息职院承办，来自市教委、市大学生体育协会领导、北京高职院校全体体育教师和身心健康辅导员等80人参加论坛。

（李岩）

举办中小学生篮球联赛

【参加全国中学生田径锦标赛】 8月7至11日，北京中学生代表队参加2013年全国中学生田径锦标赛。北京代表团由23所学校的240名运动员组成，参加长短跑、跨栏、跳高等64项比赛，并最终以总分364.5分获团体总分第一名。清华大学附属中学以总分190.5分获得学校团体总分第一名，顺义区杨镇第一中学和密云县第二中学分别以99分和79分获得学校团体总分第三名和第六名。北京市中学生共10人次破7项赛会纪录，2人3次在1个项目中达到健将级运动员标准，60人102次在22项比赛中达到国家一级运动员标准，599人1127次在48项比赛中达到国家二级运动员标准。该比赛由中国中学生体育协会和中国田径协会联合主办，分男子组（甲、乙）和女子组（甲、乙）四个组别，来自全国26个省市的167支代表队1890名运动员参加比赛。

（李铮）

【举办中小学校体育工作三年行动计划培训会】 9月5日，市教委举办《北京市推进中小学校体育工作三年行动计划（2013～2015年）》培训会。市教委主任线联平出席并讲话。会议听取市教委解读中小学校体育工作三年行动计划中的各项政策措施，分解市级、区县和学校责任，要求各区县根据行动计划中提出的实施四项工程、落实六项措施、开展三级保障等举措。线联平向首都体育学院授予北京市学生体质健康监测和分析中心牌匾。会议听取西城区、密云县和朝阳区教委主任分别就推进学校体育工作、提高学生体质的做法及经验做大会交流。北京教育科学研究院、北京教育学院、首都体育学院、北京学生活动管理中心等部门负责人，16个区县及燕山地区教委主任、督导室主任、分管学校体育工作负责人、中小学卫生保健所所长、体育教研员等200人参加会议。

（张志华）

【举办中学生田径运动会暨中小学生阳光体育大会】 9月27至29日，市

教委举办2013年北京市第51届中学生田径运动会暨北京市中小学生阳光体育展示大会。比赛设城区组和郊区组两大组别，每个大组别下又分高中男、女组和初中男、女组，设100米、5000米、跳高、跳远和七项全能等17项比赛。16个区县的800名运动员参赛，打破市中学生记录5项，海淀区获城区团体第一名，顺义区获郊区团体第一名。比赛与市体育局联合主办，北京学生活动管理中心、延庆县教委和延庆县体育局共同承办。

（李铮 赵文新）

【举办中小学生大众健美操比赛】 9月28日，市教委举办2013年第11届北京市中小学生大众健美操比赛。比赛分小学组、初中组和高中组。来自中小学和校外教育单位122支队伍837名运动员参加比赛。朝阳区呼家楼中心小学万科青青分校、通州区潞河中学和昌平区第一中学分获小学组、初中组和高中组团体总分第一名。比赛由北京市中小学体育运动协会主办。

（李铮）

【举办中小学生篮球联赛】 9月28日至11月3日，市教委举办2013年北京市中小学生篮球联赛。比赛设置高中男子甲、乙组，高中女子甲、乙组，初中男子甲、乙组，初中女子组，小学男子组和小学女子组。采用国家体育局审定的最新篮球规则，分预赛和决赛两个阶段，采取积分赛制。12个区县的90支代表队参赛，东城区和平里第一小学获小学女子组第一名，东城区灯市口小学获小学男子组第一名，东城区东直门中学获初中女子组第一名，清华大学附属中学获初中男子甲组第一名，首都师范大学附属实验学校获初中男子乙组第一名，密云县第二中学获高中女子乙组第一名，北京市第二十五中学获高中男子乙组第一名，东直门中学获高中女子甲组第一名，清华附中获高中男子甲组第一名。比赛与市体育局共同主办，北京学生活动管理中心、海淀区教委和海淀区体育局承办，北京市中关村中学协办。

（李铮）

【举办全国青少年阳光定向进校园活动】 10月12日，“定向路我们共同走过——全国青少年阳光定向进校园活动暨《定向运动》校本教材发布仪式”在北京市第十五中学举办。活动由国家体育总局航空无线电模型运动管理中心主办，西城区教育委员会、西城区体育总会、海淀区定向运动协会承办，分为两部分内容，包括教材发布仪式和全国青少年阳光定向巡回赛十五中站比赛。教材由首都师范大学出版社出版发行，面向基础教育期间的定向运动爱好者及定向运动培训教师，讲授定向运动相关内容。比赛设有接力与个人两个项目，来自全国师生代表700人参加活动。

（范晓云）

【举办学生体育舞蹈比赛】 10月13日，市教委举办2013年阳光体育北京

市学生体育舞蹈比赛。比赛设校内组团体队列舞、校外组团体队列舞和双人组。比赛执行国家体育总局批准的《中国体育舞蹈联合会竞赛规则》。10个区县56所中小学校、俱乐部及专业院校1500名学生参加50个组别的比赛。通州区马驹桥学校和中国人民大学附属中学西山分校获得团体舞初中银牌拉丁舞一等奖，人大附中西山分校和通州区潞河中学获得团体舞初中铜牌拉丁舞一等奖，中国地质大学附属中学获得团体舞高中铜牌拉丁舞一等奖，丰台区第五小学、丰台区芳古园小学和丰台区新发地小学分获团体舞小学银牌A组和B组拉丁舞一等奖；丰台五小、顺义区李遂小学、新发地小学和丰台区第一小学分获团体舞小学铜牌A组和B组拉丁舞一等奖。比赛由北京学生活动管理中心主办，市健美操体育舞蹈协会承办。

（李铮）

【举办高校秋季学生田径运动会】 10月19至20日，市教委在对外经济贸易大学田径场举办首都高等学校第五届秋季学生田径运动会。运动会分甲乙丙3个组别，设有29个比赛项目，43所高校1005名运动员参加比赛，其中44名留学生参加100米、5000米、跳高和跳远等常规项目以及集体跳绳、旋风跑、趣味排球、三人板鞋、齐心协力、毛毛虫和6人绑腿跑等趣味项目。清华大学、北京建筑大学和北京吉利大学分获甲、乙、丙组团体总分第一名。13人次打破赛会纪录6项，17人达到国家二级运动员水平，287人达到国家三级运动员水平。比赛与北京市大学生体育协会共同主办，外经贸大承办。

（李铮）

【举办国家学生体质健康标准测试赛】

10月26至27日，市教委在在首都体育学院田径馆举办北京市第七届中小学生国家学生体质健康标准测试赛暨职教系统国家学生体质健康标准测试赛。测试赛增加视力和肥胖检测，并对不良视力检出率和标准体重检出率进行单独统计，此外，小学增加跳绳，初高中男生增加引体向上，初高中女生增加仰卧起坐。新增项目暂不计入区县整体成绩。测试结束后，市教委通过网络平台将测试结果和运动处方传输到学生和家长的手机客户端，为学生制定科学的锻炼计划，随时随地指导学生开展体育锻炼。测试赛成绩较往年有所提高，参赛中小学生及格及以上比例达到85.14%。16个区县144所中小学校2880名中小学生和24所中等职业学校720名职教系统学生参加测试。

（张志华）

【举办中小学生武术比赛】 11月23日，市教委举办北京市中小学生武术比赛。比赛设拳、器械、初级套路、对练和集体项目5类24个项目，来自99所中小学的300名运动员报名参赛。海淀区万泉小学获得小学组团体总分第一名，北京市中关村中学获得初中组及高中组团体总分第一名。比赛与市体育局共同主办，北京市中小学体育运动协会承办，北京少林武术学校协办。

（李铮）

【举办中小学生徒步远足赛】 11月26日，市教委举办2013年北京市中小学生徒步远足比赛。比赛在大兴南海子郊野公园举行，全市600名中小学生参加比赛。填写“徒步远足知识问题卷”和进行“帐篷搭设比赛”后，学生沿公园徒步道完成10公里徒步行进。海淀区清河第四小学、北京育才学校、房山区韩村河中心小学及房山区韩村河中学、北京劲松第四中学、通州区潞河国际教育学园分获徒步竞速小学组和中学组前三名，各校徒步技能成绩全部以满分并列第一。比赛由北京市中小学体育运动协会主办，大兴区教委承办。

（李铮）

【举办中小学生跆拳道比赛】 12月8

日，市教委举办2013年第七届北京市中小学生跆拳道比赛。比赛设置竞技个人、品势个人、品势集体和跆拳道操（舞）4个项目，其中，竞技个人项目比赛采用单败淘汰赛，品势个人、品势集体和跆拳道操（舞）比赛采用裁判当场评议方法。竞技个人赛，小学各组、初中组和高中组不分户籍统一录取前5名；品势个人赛，不分户籍统一录取前8名；品势团体赛和跆拳道操（舞）录取前8名。比赛分普通组和专业组，分别设置高中男、女组，初中男、女组，小学甲组男、女组和小学乙组男、女组。海淀区五一小学获得小学组团体总分第一名，北京市第二中学亦庄分校获得初中组和高中组第一名。比赛与市体育局共同主办，北京市中小学体育协会与北京市跆拳道协会承办，203所学校的400人参加比赛。

（李铮）

【召开青少年体育卫生工作局际联席会】 12月20日，北京市青少年体育卫生工作局际联席会议在北京市少年宫召开。会议听取全市学校体育卫生工作报告，报告内容包括：抓住契机，创新思路，科学制定三年行动计划；加强引导，达成共识，努力营造全员体育的氛围；调查研究，科学规划，提升中小体育教师队伍教科研能力和课堂教学质量；研判问题，找准对策，下大力气提升中小学生的体质水平；齐抓共管，协同推进，全面落实三年行动计划。副市长杨晓超对提高全市青少年体育卫生工作水平提出三点意见。有关委办局主管领导、各区县人民政府主管教育的区县长及各区县教委主任和相关部门联络员 70 人参加会议。

（张志华）

【举办中小学生游泳比赛】　12 月 21 日，市教委举办北京市中小学生游泳比赛。比赛分小学甲乙丙组、初中组和高中组 5 个组别，设 13 个比赛项目。来自 155 所中小学 600 名运动员参加比赛。海淀区实验小学获得小学组团体总分第一名，北京市第四中学获得初中组及高中组团体总分第一名，北京市育英学校获得奥林匹克基地校小学组、初中组及高中组团体总分第一名。比赛与市体育局联合主办，北京市中小学体育运动协会和北京国家游泳中心有限责任公司承办，在北京水立方游泳馆举行。

（李铮）

国防教育

【举办国防教育日活动】　4 月 25 至 26 日、5 月 25 日、10 月 18 日，国防教育协会举办 3 次国防教育日活动。4 月赴河北省西柏坡革命遗址、狼牙山五壮士纪念馆参观学习，接受爱国主义教育。来自中国农业大学、中国青

年政治学院等 50 个会员单位的 62 名高校校长、教师参加活动。5 月赴天津杨村某军用机场观看空军八一飞行大队歼十战机飞行表演。来自首都师范大学、北京交通大学等 14 个会员单位 700 名师生参加活动。10 月赴八达岭学生军训基地观看某特种兵反恐军事科目表演并举办轻武器实弹射击比赛。来自 35 所高校主管学生国防教育的校领导、学工部（武装部）正副部长等 60 人参加活动。

（王德峰）

【举办军事定向越野公园联赛】　6 月 2 日、6 月 16 日和 11 月 30 日，国防教育协会举办 3 场高校学生军事定向越野公园联赛。比赛设高校精英男女组、高校男女普通组和高职男女组 6 个组别，比赛科目新增穿越封锁网、通过地雷区、炸碉堡等军事科目体验。来自北京大学、北京工业大学等 39 所高校 1258 名学生参加比赛。首都师范大学获高校精英组第一名；北京科技大学获高校普通组第一名；北京财贸职业学院获高职组第一名。

（王德峰）

举办第四届国旗仪仗队比赛

【举办国防教育展板巡展活动】　6 月 18 日至 11 月 20 日，国防教育协会举办国防教育展板巡展活动。展板内容设立国防法规、国防历史、国防建设、武器装备、局部战争等部分。其中，6 套（40 版/套）国防教育展板在怀柔、顺义等 6 所军训基地展出；1 套国防教育展板在清华大学、北京邮电大学等 16 所高校校园内巡展。巡展活动期间，制作 2000 套（10 张/套）国防军事知识挂图发至各区县中小学，并在校园宣传国防知识，深化学生国防意识。

（王德峰）

【举办第四届国旗仪仗队比赛】　9 月 14 日，国防教育协会举办第四届北京高校国旗仪仗队升旗仪式比赛。比赛重点考评队员统一着装、精神风貌、动作要领、程序规范、整齐划一等项目。来自清华大学、北京劳动保障职业学院、中华女子学院等 29 所高校的国旗仪仗队参赛。北京林业大学获特等奖，北京化工大学、北京农学院、北京航空航天大学、首都体育学院、北京吉利大学获一等奖。

（王德峰）

【举办全民国防教育日活动】　9 月 21 日，国防教育协会举办第 13 个全民国防教育日活动。活动观看北京林业大学、北京化工大学等 6 所高校国旗仪仗队升降国旗示范表演，观看清华大学、首都师范大学等 10 所高校选送的国防教育主题文艺节目。来自首都 32 所高校 800 名师生参加活动。

（王德峰）

【举办国防教育网上知识竞赛】　9 月 21 日至 12 月 21 日，国防教育协会举办北京市大中小学生国防教育网上知识竞赛。竞赛设立单位组织和个人两类奖项。139920 名大中小学学生参加网上答题，包括 70 所北京高校（含民办）参赛学生 27591 人。经评审组确定，北京化工大学、北京工商大学等 6 所高校获集体优胜奖；中国石油大学（北京）、北京建筑大学等 14 所高校获优秀组织奖。北京财贸职业学院、北京工商大学、北京大学等 189 名学生获个人成绩一等奖。竞赛由市教委主办，北京教育网络和信息中心提供网络支持。

（王德峰）

学校卫生

【举办青少年用眼卫生系列活动】 3

月7日，市教委、市体育局、市卫生局、团市委和市关心下一代工作委员会共同印发《举办第五届"关爱眼部健康减缓近视发展"青少年用眼卫生系列公益活动的通知》。活动内容包括爱眼宣传进校园、爱眼知识考考你、爱眼护眼小征集和爱眼使者送爱心等。活动共发放爱眼护眼手册10万册，为50名残疾、智障孩子和偏远山区学生免费配镜，为4000名师生和家长进行免费检测和讲座，收到10个区县提交的黑板报、手抄报、电子报及剪贴报1562份。"爱眼知识考考你"活动共收到全市中小学生提交的答卷12万份，13个区县的300名学生获奖，150个班级在"爱眼护眼小征集"活动中获奖。

（宋玉珍）

【举办首都大学生心理文化节】 3月28日，北京高校心理素质教育工作会议暨2013年首都大学生心理健康节开幕式在华北电力大学举行。会议部署2013年首都大学生心理健康节有关工作，总结北京高校心理健康教育工作取得的成绩，分析当前面临的形势和要求，明确下一步工作目标。会议宣布2013年首度大学生心理健康节开幕。心理健康节以"中国梦校园情快乐心"为主题，市委教育工委、市教委主办，有关高校承办，其他高校协办、参与，邀请相关高校举办北京大学生心理情景剧展演、心理文化节、心理健康专题报告等活动60场。市委教育工委、团市委有关领导，各高校主管心理素质教育工作的校领导、学生处长、心理咨询中心负责人和学生代表200人参加会议。

（于海）

【采取4项措施防控禽流感等传染病】 4月9日，市教委提出4项措施和学生预防禽流感10项注意事项预防禽流感等传染性疾病。市教委转发教育部办公厅《关于做好当前传染病防治工作的通知》，并提出4项措施：高度重视，落实防控责任；加强宣传，提高学生自我防控能力；坚持晨午检制度，严格按规定做好疫情上报工作；加强学校食品安全管理，关注炊管人员健康状况。市教委组织编写《学生人群应该如何预防禽流感》等材料，指导学生自防自控。自禽流感在全国爆发以来，北京教育系统未发现人感染禽流感病例。

（彭艳波）

【15所学校获"全国无烟学校"称号】 4月15日，在创建全国无烟学校示范试点项目总结会上，北京15所学校获得"全国无烟学校"称号。会议为创建达标的30所学校颁发"全国无烟学校"牌匾，为35名个人颁发"创建无烟学校贡献奖"。教育部、卫生部有关方面的负责人，无烟示范试点学校负责人和部分师生代表，有关控烟专家，世界卫生组织等国际组织代表参加会议。该评选由中国控制吸烟协会举办。创建无烟学校项目始于2011年11月，中国控制吸烟协会联合北京市爱卫办、北京市控烟协会、北京市疾控中心、河南省教育厅等有关方面，在北京、郑州、开封三座城市选择小学、初中、高中、职高和大学5个类型，每个类型选择6所，共计30所学校开展创建无烟学校试点，覆盖师生员工297054人，其中，学生269477人、教师15624人，其他职工11953人。

（华蕾　郭生国）

【农职院编排学生心理保健操】 4月，北京农业职业学院编排心理保健操并完成一期小样录制。该工作是"高职学生心理健康教育模式研究"组成部分，针对学生心理特点，征集心理、中医、舞蹈、体育、瑜伽养生等方面专家意见和建议编排而成。保健操包括心理健康手语操和瑜伽养生操两个部分，集肢体语言、舞蹈、瑜伽、养生保健于一体，让学生在音乐与肢体动作的合力作用下，达到平衡身心、增强体质、愉悦心灵、提升正能量的目的。

（张林红）

【开展中小学校体育课运动负荷监测与评价研究】 6月，市教委委托北京市疾病预防控制中心开展北京市中小学校体育课运动负荷监测与评价研究工作。该中心制定《北京市中小学校体育课运动负荷评价与监测方案》，通过对16个区县108所中小学校体育课、课外活动进行问卷调查和现场监测评估，掌握中小学校体育课和课外活动的运动强度和频率情况，研究制定体育课卫生监测与评价方案，进一步探讨如何有效提高学生体质健康水平、机能素质，指导学校科学有效地上好体育课。

（宋玉珍）

【制定防近视、控肥胖工作意见】 8月20日，市教委、市卫生局和市教

农职院编排学生心理保健操

育督导室联合发布《关于进一步加强北京市中小学校和托幼机构防近视、控肥胖工作的意见》。文件明确教育、卫生、督导、区县、学校、家长以及学生自己等各级、各部门、各类人员的职责。要求充分利用首都专业优势和资源，联合首都医科大学、首都儿科研究所、北京市同仁医院、中国疾病预防控制中心等建立临床—卫生—学校三位一体的科研攻关团队，针对近视、肥胖防控难点问题开展调查研究，探索有效的防控措施。要求进一步完善监测、检测方法，形成学校、家庭、医疗三方筛查、诊断、干预、评估的一条龙健康管理干预模式。文件在强化以往常规工作的基础上，除加强专业指导和宣传以外，特别强调加强家长的责任和学生知己健康、加强自身管理、养成健康的行为习惯。制定专家进校园、学校卫生标准普及、中小学生健康月活动、小学新生家长健康指导、北京市中小学生视力分段管理工作和中小学生家庭健康管理6个工作方案。

（宋玉珍）

【举办中小学心理健康教育观摩交流周】　11月11至14日，市教委主办第二届北京市中小学心理健康教育观摩交流周活动。活动展示16节心理健康教育活动课，50人次进行现场经验交流或互动分享。来自各区县共计950人次参加交流周活动。该活动由市教委、北京教育科学研究院主办，东城区教委、东城区教师研修中心、西城区教委、西城区教育研修学院、丰台区教委、北京教育学院丰台分院联合承办，北京市东直门中学、北京师范大学第二附属中学、北京市第十二中学、丰台区第一小学联合协办。该活动根据教育部《中小学心理健康教育指导纲要（2012年修订）》开展，市教委同时开展以下工作：修订和完善北京市已有有关心理健康教育政策文件；推动建立心理教师教研制度；促进心理教师专业化，推动高中心理教师定编定岗；定期开展心理健康教育论文和活动案例征集评选。

（朱凌云）

艺术与校外教育

艺术教育

【验收和评审大学生艺术团】　1月14日，市教委公布北京大学生艺术团和艺术团建设单位名单。根据“每三年对北京大学生艺术团进行申报并复检一次”的规定，2012年12月，市教委组织专家组验收原10所承办高校12个艺术团，评审新申报的17所高校的艺术团。经市教委主任办公会审议通过，清华大学等14所高校的22个艺术团通过验收与评审，命名为北京大学生艺术团；北京交通大学等7所高校的7个艺术团命名为北京大学生艺术团建设单位。

（彭艳波）

北京大学生艺术团

清华大学交响乐团、民乐团
北京大学合唱团
中国人民大学舞蹈团、民乐团
北京师范大学戏剧团、管乐团
北京科技大学民乐团
北京交通大学交响乐团
中国农业大学合唱团、管乐团
北京林业大学民乐团
北京航空航天大学舞蹈团、行进管乐团
北京理工大学合唱团、交响乐团
中央民族大学舞蹈团
北京工业大学舞蹈团、合唱团
首都师范大学管乐团、行进管乐团
北京物资学院管乐团

（彭艳波）

北京大学生艺术团建设单位

北京交通大学民乐团
北京联合大学曲艺团
中国传媒大学合唱团
北京语言大学合唱团
北京外国语大学合唱团
华北电力大学合唱团
首都经济贸易大学合唱团

（彭艳波）

【参加全国中小学生艺术展演】　2月20至26日，市教委组织北京代表团参加全国第四届中小学生艺术展演。活动由教育部、厦门市政府主办，以“阳光下成长”为主题，共有来自全国31个省、自治区、直辖市6000名师生的188个节目参加。北京代表团共有12个中学组艺术表演类节目的1000名师生参加声乐、器乐、舞蹈、戏剧、朗诵的现场展演，包含7个未参加现场展演的小学组节目，北京代表团19个艺术表演类节目和17幅艺术作品获得一等奖，其中，北京市第一七一中学的合唱《玄》　《Elijah rock》、北京市第八十中学的管乐《印象青春》、北京市第一零一中学的交响乐《天方夜谭》第四乐章、北京市第十二中学的民乐《生命的呼唤》和中国人民大学的舞蹈《出发》获得各项目一等奖的第一名，这是北京市参加全国中小学生艺术展演活动以来获得的最好成绩。

（刘弦）

【举办民族艺术进校园活动】　2月20

日至12月20日，市委宣传部、市文化局和市教委主办民族艺术进校园活动。活动共邀请30家艺术团体，演出640场，其中，中小学演出430场、高校演出150场、专场演出60场。演出内容包括昆曲、曲剧、曲艺、合唱、芭蕾、管乐、现代舞、皮影戏、话剧等多种艺术形式。活动覆盖16个区县的1000所学校，由北京学生活动管理中心承办，自2005起连续举办9次。

（张君）

【举办高雅艺术进校园活动】 3至12月，市教委举办24场高雅艺术进校园活动。演出形式包括器乐、舞蹈、合唱和话剧等内容。同时组织北京人民艺术剧院、解放军军乐团等专业院团进校演出，让全市大中小学生有机会“走进大师，聆听经典”。活动由北京学生活动管理中心承办。

（张君）

【举办首届中国弓弦艺术节】 4月24至28日，中国音乐学院举办首届中国弓弦艺术节。艺术节以“当代大型二胡作品暨经典名曲展演、教学、研讨”为主题，举办大型二胡作品专场音乐会及名家名曲音乐会4场，示范教学公开课3场和学术研讨会4场。艺术节从创作、表演、教学、科研等不同方面，展示当代大型二胡作品在创作和演奏方面的成果。

（田婷）

【举办学生艺术节】 4至8月，市教委举办北京市第16届学生艺术节。艺术节由北京学生活动管理中心承办，包括金帆团组展演、行进管乐展演、国家大剧院北京青少年艺术周活动，分集体项目和个人项目展示，其中，集体项目包括器乐、舞蹈和行进管乐3个项目。4月10日，金帆团组舞蹈展示在北京市第八十中学拉开帷幕，15所中小学校的金帆舞蹈团参演。4月15至17日，金帆团组器乐展示在解放军军乐厅上演，48所中小学校金帆团参加展示。5月30日至6月10日，北京青少年艺术周活动举办4场演出，涉及民乐、管乐、交响乐三大艺术门类，参演学生800人，涵盖15个区县40所中小学。同时，来自各区县30名“艺术之星”在国家大剧院开展专场汇演。6月4日，优秀舞蹈节目展示在天桥剧场举行，12个区县中小学生300人参加演出。8月6日“艺术之星”一行42人前往青岛市第三十九中学进行交流演出。

（谢丹）

【承办全国青少年宫民族民间艺术交流】 10月4至5日，中国梦·民族情——“绿港小天使杯”全国青少年宫民族民间艺术展演交流活动在顺义牛栏山一中举行。活动由中国青少年宫协会主办，顺义区少年宫承办。活动通过展示民族民间艺术风采，使广大青少年充分体验中华民族传统的多元文化，发现并培养民间艺术新人，交流青少年民间艺术教育经验。活动自5月启动以来，组委会共收到各地青少年宫选送的精品节目44个，经专家评审，19个优秀节目参加在京举行的现场展演活动。顺义区少年宫选送的民间舞蹈《龙狮舞动中国梦》、笛子合奏《跑旱船》入选并参加展演。在京交流期间，活动组委会还举办“校外教育与民间艺术的传承与创新”交流研讨会，来自全国30家校外教育机构负责人共同参加。

（刘美坤）

【举办大学生艺术展演】 10月14至

27日，市委教育工委和市教委举办第四届北京大学生艺术展演活动。活动由北京学生活动管理中心承办，主题是“青春舞动校园，艺术点亮生活”，分别在北京航空航天大学、北京交通大学、清华大学和北京师范大学举办舞蹈、合唱、器乐及戏剧的19场现场展演，来自北京66所高校近万名大学生参加。经过专家评审，在各高校选送的371个优秀节目中共评出一等奖183个。北京大学生艺术展演自2005年起每3年举办一次，节目体现向真、向美、向善、向上的校园文化特质，使展演活动成为培养高校大学生高度文化自觉和自信的有效载体。

（林清）

【召开美育实践现场会】 10月17日，北京市中小学美育研究系列活动展示“人人会歌唱人人会跳舞人人会奏乐”现场会在昌平区南邵中心小学召开。会议由市教委、北京市中小学美育研究会主办，昌平区教育委员会、南邵中心小学承办。现场会分为大会研讨和活动展示两部分。会议听取南邵中心小学美育工作经验报告，观摩学校兴趣活动和美育特色表演。14个区县教委美育工作主管领导和学校代表，昌平区各小学教师共120人参加活动。

（李秀军）

【举办首都学生演出季】 10月18日至12月15日，市教委举办2013年首都学生演出季。演出季分市级演出和省级交流，共演出9场，由北京学生活动管理中心承办。市级演出内容以器乐、合唱节目为主，每场演出由多所学校的优秀节目整合编排而成。演出季首次邀请广东实验中学合唱团和深圳市高级中学舞蹈团的学生艺术团来京交流演出。来自9个区县23所学校2000个学生艺术团参加演出，全市大中小学生10000人观看演出。

（曹璐）

【举办阳光少年艺术节】 10月19至20日，市教委举办第六届北京阳光少

举办学生艺术节

年艺术节。艺术节由北京学生活动管理中心承办，分别举办器乐、舞蹈、戏剧、朗诵和合唱专场展演。来自16个区县48个校外教育机构的227个节目参加展演，经竞赛组委会组织有关专家现场评分，共评出一等奖25个、二等奖48个、三等奖89个，教师优秀指导奖151个，优秀节目创作奖12个，最佳指挥奖7个。

（刘弦）

【举办全国校园原创作品大赛决赛】 11月8日，第四届北京九棵树数字音乐节之第13届全国校园原创作品大赛决赛在北京现代音乐研修学院举行。比赛共有歌曲类作品21首、视频配乐类作品6首，共27首作品进入决赛。现场演绎21首歌曲类作品，角逐最佳编曲奖、最佳作曲奖、最佳歌词奖、最佳混音奖、最佳表演奖5个单项奖及最佳作品奖、最佳作品提名奖、优秀奖等奖项。北音、上海音乐学院、中央音乐学院、四川音乐学院等50所高等院校的学生报名参加，共提交作品109首，涵盖流行/摇滚R&B类、说唱/嘻哈/电子类、乐队/组合类等多种风格的歌曲作品和视频配乐作品。

（王全君）

【举办第五届全国校园混音大赛】 11月9日，第五届全国校园混音大赛总决赛在北京现代音乐研修学院举办。共有国内80所高等院校的800名选手参赛，经过初赛、复赛评审，最终有来自中央音乐学院、上海音乐学院、南京艺术学院、江苏师范大学、广西艺术学院、英国利兹音乐学院以及北音的10名选手进入决赛。决赛选手在规定的时间内独立完成由组委会指定的音乐作品《最美的意外》缩混，最后评出冠军、亚军和季军。比赛由中国录音师协会主办，北音承办。

（王全君）

【举办艺术院校教学成果展演】 12月23日，市委教育工委、市教委主办的“青春梦·中国梦”——2013北京艺术院校教学成果展演活动在清华大学举办。展演分《梦想起航》《育梦青春》《逐梦青春》《筑梦青春》和《圆梦青春》五个篇章，中央音乐学院、中央戏剧学院、中央民族大学、中国传

媒大学、北京体育大学、北京舞蹈学院、中国音乐学院、中国戏曲学院、首都师范大学和北京国际标准舞研修学院10所院校的优秀节目参加展演。艺术形式包括传承中华文化的民族音乐、歌舞、戏曲，也包含融汇中西文化的音乐剧、现代舞等。节目既有保留多年的经典剧目，也有近期创作并获得国家大奖的优秀作品，既呈现出高等学校的教育教学成果，也体现出北京高等艺术院校的勃勃生机和活力。活动由北京学生活动管理中心承办。

（林清）

科技活动

【举办青少年科技创新赛】 3月21至24日，第33届北京汽车北京青少年科技创新大赛在顺义牛栏山第一中学举办。比赛主题为“发现科学的乐趣”，设技能测试、封闭答辩与评审、公开展示与交流等8个环节。经学校推荐、区县评审，1785项学生竞赛作品参加市级初评，201个项目进入终评答辩，按13个学科公开展示和答辩，由学科专家组成评审委员会，分5个评审组对参评项目进行分类评审，现场评出各类奖项，包括学生奖4项、教师奖4项及专项奖20项，10项青少年科技实践活动及30幅少年儿童科学幻想绘画参加终评展示。来自11个国家14个代表团31个国际项目参与比赛。比赛由市科协、市教委、市科委、市知识产权局、顺义区政府联合主办，由北京汽车股份有限公司首次冠名。

（任立春）

【10人获第11届“市长奖”】 3月25日，市教委公布第11届北京青少年科技创新市长奖评选结果，10人获奖。该评选由市教委、市科委和市科协共同组织。经市政府批准，该届“市长奖”不再单独设立“提名奖”，并将市长奖名额增加至10名。经过资格审查、初评和终评答辩，由来自中科院、北京师范大学和北京大学的专家组从12名终评候选人中评选出10名获奖者。北京青少年科技创新市长奖于2003年设立，每年评选一届，每届评选出5名获奖者。2008年起增设“市长奖”提名奖，每年评选出5名“提名奖”获奖者。曾获得当年“全国青少年科技创新大赛”一等奖或“明天小小科学家”一、二等奖或在英特尔国际科学与工程大奖赛（Intel ISEF）等国际相关科技大奖赛中成绩突出的学生都有资格申报。获得“市长奖”和“提名奖”获得者都会被授予由市长亲笔签名的证书和奖牌。“市长奖”只是一种荣誉，不与物质利益挂钩。截至该年，北京市共评选11届“市长奖”，共有60人获“市长奖”，25人获“市长奖”提名奖，所有获奖学生均来自海淀、东城和西城三区。

（彭艳波）

第11届北京青少年科技创新市长奖

姓名	学校
李博文	北京市第二中学
陈子龙	北京市第一零一中学
吴泽邦	中国人民大学附属中学
张弛	中国人民大学附属中学
张若及	北京师范大学附属实验中学
俞涛	中国人民大学附属中学第二分校
郭萱	北京师范大学附属实验中学
赵汉青	北京景山学校
阎霄汉	北京市第八中学
赛罕娜	北京市第八中学

（彭艳波）

【举办学生机器人竞赛】 5月4至5日，北京教育网络和信息中心在北京市第一七一中学举办北京市第14届学生机器人竞赛。比赛设小学、初中和高中3个组别，设置机器人灭火、足球、篮球、工程挑战赛、世界未来家居挑战赛和人型机器人全能挑战赛。共有138支代表队参赛，经过初赛、复赛和决赛，81支代表队获奖，其中，一等奖26个、二等奖24个、

三等奖 31 个。

（潘东庭）

【举办高中生技术设计创意大赛】 5 月 11 至 12 日，第四届北京市高中生技术设计创意大赛在北京市第四中学举行。活动以“开拓、设计、创新、发展”为主题，全市 100 所学校 1000 名高中学生参加“悬臂梁模型设计制作”“服装再造设计”和“三维立体设计制作”3 个项目的比赛。其中，北京中医学院附属中学、北京市和平街第一中学、通州区第二中学等 51 支代表队获悬臂梁模型设计制作项目一、二、三等奖，北京市铁路第二中学和北京市第四中学等学校 30 支代表队分获三维成型项目一、二、三等奖，北京汇文中学和北京市十一学校等学校等 43 支代表队分获“服装再造设计”项目一、二、三等奖。比赛由市教委主办，北京学生活动管理中心与北京四中联合承办。

（蒋小建　李雪梅）

【举办中小学生科技英语创意大赛】 5 月 25 至 26 日，由市教委主办的北京市中小学生科技英语创意大赛在北京市广渠门中学举办。经过初赛和复赛，134 个团队 1406 名师生参加决赛。最终，学校团体奖评选出特等奖 27 个、一等奖 63 个和二等奖 44 个，学校团体单项奖评选出优秀科学实验奖 62 个、剧本创作奖 59 个、创意奖 58 个、表演奖 60 个和服装道具设计奖 60 个，学生个人单项奖评出最佳语言奖 74 人、最佳表演奖 55 人和最佳潜力奖 50 人。

（李晨）

【举办中小学生科学建议奖活动】 5 至 11 月，市教委举办第五届北京市中小学生科学建议奖活动。中小学生 1000 人参与网上申报，687 个建议项目获得初评资格，其中，城市建设与管理 187 项、农村建设与管理 6 项、低碳与节俭生活 111 项、出行与交通管理 132 项、环境保护与治理 120 项、公共卫生与健康 46 项、社区文化建设 21 项、防灾与安全 31 项、其他 33 项。经过复评合议及终评答辩，评出科学建议奖 10 人、提名奖 10 人、二等奖 10 人、三等奖 34 人。活动由北京学生活动管理中心承办。

（蒋小建　牛文国）

第五届北京市中小学生科学建议奖

丰台区丰台一小丰益分校
　郝鑫霖　建议北京试发行地区特色的流通纪念硬币

北京师范大学第三附属中学
　刘乃行　关于建立农村失独家庭父母养老保障体系的建议

北京市西城外国语学校
　王丹蕾　关于推行人性化环保葬礼的建议

北京大学附属小学
　白羽超　关于北京地铁站增加数字编号的建议

北京市第十四中学
　张蕴　关于北京市初高中学生普及心肺复苏术的建议

海淀区育鹰小学
　贾宇辰　关于井盖安全改造的建议

怀柔区第四中学
　刘芃益　关于立交桥、高架桥绿化美化建议

北京市宣武师范学校附属第一小学
　吕梦娜　建议政府建立社区互助急救组织

海淀区中关村第二小学
　沈语墨　关于设置社区助老“微信”与“QQ 群”公益平台的建议

北京市育才学校
　范海轩　关于“让北京的树坑绿起来”的建议

（蒋小建　牛文国）

【开展“少年天宫猜想”教育活动】 6 月 28 日，中国载人航天工程办公室、市教委共同举办中小学生“少年天宫猜想”大型主题教育活动。在“神州十号”飞船开仓仪式上，中国载人航天办公室将记载着北京市百万名中小学生对于天宫无限遐想的“少年天宫猜想”信件交给市教委主任姜沛民。“少年天宫猜想”迄今尚无确定答案，主题活动力求中小学生在追寻答案的过程中，主动思考和解决问题，学习科技知识、充分发挥想象力和创造力，动手实践，完成作品。该活动于 5 月启动，面向北京市少年宫的学员展开征集，经中国科协、北京天文馆专家论证，从学员提出的 100 个问题中筛选出“宇宙是无边界的”“我们的宇宙只是另一个宇宙空间中的极微小部分”“火星目前存在生命”等 10 个猜想，由学员完成信件书写及信封设计，通过太空邮局向“神舟十号”的航天员寄去《北京市中小学生致航天员的一封信》。在中国载人航天工程办公室的支持帮助下，该信件编入航天员工作手册，并由航天员在太空宣读。11 月 18 日，《北京市中小学生致航天员的一封信》及信封由国家博物馆征收永久收藏。活动由北京学生活动管理中心承办。

（王涛　彭艳波）

【举办北京青少年翱翔科学论坛】 6 至 10 月，市教委举办第五届北京青少年翱翔科学论坛。活动由市教委主办，北京教科院、北京青少年科技创新学院承办，开幕式在北京育才学校举行，期间分别开办“化学与生命科学领域分论坛”“数学与信息科学”“人文与社会科学”“物理与地球科学”领域分论坛。全市 16 个区县 125 所学校 228 名学员分别汇报 181 篇探究作品，现场回答专家及听众问询，听取专家点评与指导，并为其颁发证书。来自教育部、中国科学院、中国社会科学院，市教委、市科委，北京教科院、教育学院、教育考试院、各高校等单位领导、专家，翱翔计划参与单位负责人、教师、学员及家长代表 2000 人次参加论坛。北京青少年翱翔科学论坛始办于 2009 年，每年举办一届。

（任虹）

【举办学生科技文化节】 8 月 3 至 8 日，市教委、市科委、市体育局、市环保局和市科协联合主办北京学生科技文化节暨第 31 届北京学生科技节。活动以“科技与文化融合，成长与快乐同行”为主题。16 个区县的 800 名中小学生代表参与开放式科技游园会、创意飞行、参观考察、科技讲堂、科技

举办学生科技文化节

沙龙、科学实验以及军事科技体验等活动。活动由北京学生活动管理中心承办。

（蒋小建　张峥）

【举办科普进校园活动】 9至11月，北京校外教育协会举办“2013年北京阳光少年——科普进校园活动”。活动联合中国科技馆、中国电影博物馆、中国长城博物馆、北京天文馆、北京自然博物馆、北京市气象台气象科普馆、索尼探梦科技馆7家会员单位共同举办，以郊区县、农村地区中小学生为主要服务对象，将特色电影教学课程和优秀影片送进校园；以“流动天文馆”形式，携带模拟星空演示、天文互动演示和天文讲座等活动走进校园等主题活动形式，在东城、朝阳、海淀、门头沟、通州、房山、大兴、昌平、怀柔、平谷、密云、延庆12个区县的55所中小学校举办，共开展活动81次，累计活动时间达109.5小时，参与活动工作人员361人次，参与服务的志愿者101人次，媒体宣传报道活动总计54次，参加活动学生总人数24200人。活动为学校送去科普画册、纪念品、科普DVD等材料1500份，满足郊区县中小学生参加课外活动需求。

（阴少萌）

【60所中小学及校外教育机构获金鹏科技奖】 12月10日，市教委公布2013年北京金鹏科技奖评选结果。在学校申报、区县初选的基础上，经过市级评定和公示程序，60所中小学及校外教育机构获得2013年北京金鹏科技奖，其中，中小学52所、校外教育机构8个。

（华蕾）

【举办学生机器人智能大赛】 12月14至15日，市教委举办第二届北京市学生机器人智能大赛。比赛以“激情创造、挑战未来”为主题，涉及小学至高中的9个年级，项目设置包括与国际接轨的FTC机器人工程挑战赛、FLL机器人挑战赛和VEX机器人工程挑战赛，以及自主研发的机器人工程挑战赛和人型机器人控球对抗赛。13个区县180所学校和校外教育机构2000人400支队伍报名参赛。北京汇文中学和中国人民大学附属中学等37支参赛队分获FTC项目一、二、三等奖，北京大学附属小学和大兴区第一中学等88支参赛队分获FLL项目一、二、三等奖，海淀区双榆树中心小学和北京市第一六六中学等38支参赛队分获人形机器人控球对抗赛项目一、二、三等奖，北京理工大学附属小学和北京市陈经纶中学分校等58支参赛队分获工程挑战赛项目一、二、三等奖，海淀区中关村第一小学和北方工业大学附属中学等52支参赛队分获VEX项目一、二、三等奖。大赛由北京学生活动管理中心和海淀区教委承办。

（张峥）

校外教育

【6人增补获金银帆奖】 2月6日，市教委决定授予6名中小学生第26届金银帆奖。经过东城区教委和西城区教委补充申报、市评审小组审定，市教委决定授予北京市第二中学刘天一和王璐瑶、北京市第五中学刘子豪、东城区史家胡同小学杨安易和张添天5名学生北京市中小学生金帆奖；授予北京育才学校张继琛北京市中小学生银帆奖。至此，第26届北京市中小学生金帆奖获得者增加至16人，银帆奖获得者增加至133人。

（彭艳波）

【举办环保主题演讲比赛】 3至6月，北京校外教育协会和市环境保护宣传中心联合举办2013年度北京市中小学生环保主题演讲比赛——北京市第17届小学生“我爱地球妈妈”和第13届中学生中英双语演讲比赛。比赛以“美丽北京我的家”为主题，设立小学和中学两个组别，首次运用网络参赛形式。小学组从节约能源、绿色出行、抗击雾霾、垃圾分类、植树绿化等角度表达对建设美丽北京的憧憬和努力，共有550所学校的1万名小学生参加评选。中学组演讲题材涉及节约粮食、节水节电、保护野生动物、绿化美化家园等方面，要求选手结合指定材料，提炼观点，并用中英双语进行演说。全市共有300所学校1万名学生参加比赛。

（王媛媛）

【举办“博物馆之春”活动】 4月17日，市教委、市文物局决定在中小学、北京地区各博物馆开展“博物馆之春”活动。活动内容包括博物馆系列特色教育活动、博物馆展示活动和博物馆育人研讨会三大块内容。5月，市教委以“博物馆之春、青少年之梦”为主题，推动博物馆资源主动服务中小学教育，面向中小学生推出系列特色教育活动，推动中小学生积极走进博物馆，开展体验式学习。来自全市152家各级各类博物馆举办展览讲解、专题讲座、学校巡展、动手体验、征文和知识竞赛等多种形式的特色教育活动。5月18日国际博物馆日，市教委举办学生走进博物馆展示活动，全市中小学生走进博物馆参观。5月28日，市教委召开“博物馆之春”育人研讨会，交流博物馆育人的工作经验。全市中小学教师、学生参加活动。

（彭艳波　崔向红）

【举办主题竞赛活动】　4至6月，北京校外教育协会举办“阳光少年——北京市中小学生绘画、书法、摄影比赛”。比赛以“圆梦中国、美丽北京”为主题，来自北京570所中小学校和协会37家会员单位学生9800人报名参赛。经专家评定，2932名学生获奖，其中，一等奖612人、二等奖908人、三等奖1412人。活动评选优秀组织奖14个，优秀组织者14人、优秀辅导教师30人。

（阴少萌）

【举办模拟联合国大会】　5月3至5日，外交学院举办“全球共治·2013北京模拟联合国大会”。大会下设3个英文委员会、1个中文自由危机委员会，并首创法语委员会。3个英文委员会分别以联合国裁军与国际安全委员会、经济社会委员会和非洲联盟为框架，分别讨论现代战争中的平民保护、2040年国际石油危机、非洲内战的预防与治理问题。法语委员会在联合国安理会的框架下讨论北极地区的地缘战略问题。中文危机委员会里的代表则在分会场间进行实时互动，结合历史原型重现并改写第一次海湾危机。经过两天的会议，共有4个代表团、30名代表获奖。来自中国大陆和港澳地区50所大学和高中的共300名代表参加会议。

（阚四进）

【举办中小学生摄影作品展】　5月30日，北京校外教育协会举办“圆梦中国，美丽北京——北京阳光少年活动中小学生摄影作品展”。展览共展出150幅作品，从不同方面展现北京城市形象，记录北京精彩瞬间，歌颂北京和谐发展，展示青少年儿童热爱北京的情怀。中国摄影家协会、中国青少年摄影教育指导委员会等单位参与并指导活动，中央电视台、北京少年报等媒体报道该活动。

（阴少萌）

【举办首届全国大学生模拟法庭竞赛】5月31日至6月2日，全国首届大学生模拟法庭竞赛在中国政法大学举办。该赛事由“十一五”国家级法学实验教学示范中心联席会发起，各示范中心高校轮流承办，每年举办一次。参赛范围为曾获评“‘十一五’国家级法学实验教学示范中心”的10所高校，以及受联席会议特别邀请的国内其他著名法学院校。来自12所高校的代表队参赛，经过3个轮次比赛，中南财经政法大学与中国政法大学获一等奖，中国人民公安大学与西南财经政法大学获二等奖，另有8所学校获三等奖。

（刘旭）

【举办青少年自然科学知识挑战赛】6月15至16日，北京校外教育协会与北京自然博物馆承办第二届“环球自然日——青少年自然科学知识挑战赛”。活动以“动物、植物和人类的伟大迁移”为年度主题，在自然科学范畴内，学生和辅导教师从地区、国家乃至全球角度去选择方向，确定题目，对所选择的题目加以分析和研究，通过原创的表演或展板的方式进行展现。活动由环球健康与教育基金会和北京市科学技术研究院主办，89个代表队参赛，40个队伍获奖。8月，北京赛区选拔12支队伍赴上海参加全国总决赛，获得1个一等奖、8个二等奖、3个三等奖。

（王媛媛）

【举办阳光少年文化节】　6至11月，市教委举办第二届（2013）北京阳光少年文化节。文化节围绕“阳光少年放飞梦想”主题，举办开幕式、公益活动、阳光少年艺术节展演活动等。6月1日，阳光少年艺术节在园博园开幕，来自全市17个少年宫、青少年活动中心的230名少年儿童，在160米长卷上描绘心中的美好生活及对未来的畅想。117家各级各类校外活动场所组织1331项次公益性活动，257万人次参加艺术节活动。经过专家评选，57个单位获“优秀组织奖”。阳光少年艺术节展演活动中，48家校外教育机构展示丰富多彩的校外艺术教育活动的成果。北京阳光少年文化节创立于2011年，是市教委加强校外教育工作、创新校外教育形式的一项品牌活动。

（崔向红）

【印发乡镇校外活动站及乡村学校少年宫管理办法】　8月15日，市教委、首都精神文明办、市财政局联合印发《北京市乡镇校外活动站及乡村学校少年宫管理办法（暂行）》。办法旨在加强北京市农村地区未成年人校外活动场所管理，实现每个乡镇建有一个校外活动站、普及校外教育活动的工作目标。办法分八章，明确乡镇校外活动站和乡村学校少年宫的功能与使用原则、日常运行与活动内容、发展与管理、经费管理、辅导员与志愿者队伍、保障措施。活动站建设和运转所需经费纳入区县财政保障范围，市级财政以专项经费形式对市级乡镇校外活动站进行定额补助，所需经费纳入市级财政年度预算，市教育督导室把活动站工作情况纳入教育督导内容。办法于9月1日起施行。为科学制定管理办法，市教委于3至7月开展乡镇校外活动站建设与发展工作调研，深入10个区县30所学校，通过听取汇报、实地考察和召开座谈会等方式，全面了解乡镇校外活动站的特色发展和建设需求。

（崔向红　徐达）

【39所学校入选乡镇校外服务站】10月15日，市教委公布2013年市级乡镇校外活动站名单。该评选依据《北京市乡镇校外活动站及乡村学校少年宫管理办法（暂行）》，经各有关区县教委组织学校申报，经市教委组织评审小组考察审核，确定39所学校为市级乡镇校外活动站。

（华蕾）

【举办中小学生低碳环保系列教育活动】 10至11月，市教委举办第三届

北京市中小学生低碳环保系列教育活动。活动围绕“生态文明，美丽中国”主题，进一步扩大中小学生低碳环保教育效果，提高北京市中小学生低碳环保的知识水平和实践能力。活动以网络答题、摄影作品征集和环保基地实践等形式，面向全市中小学学生开展，最终参赛人数51751人。该活动由北京学生活动管理中心承办。

（赵茜）

【青少年棋院落户朝阳】 12月7日，北京棋院青少年棋院在朝阳区青少年活动中心挂牌成立。青少年棋院在国际象棋、围棋、中国象棋、桥牌、国际跳棋、五子棋方面展开各类教育教学活动。培训前对学员进行年龄段划分，实行梯队培养模式。首批开展围棋和国际象棋教学，组建10岁组、8岁组、6岁组队伍，每个年龄段在全市范围内选拔出16名优秀棋手进行培训，每周上课六小时。青少年棋院由北京棋院专业棋手和教练任教。

（鄂健一）

【表彰中小学生金帆奖和银帆奖】 12月20日，市教委举行2013年度北京市中小学生金银帆奖颁奖典礼。会议表彰第27届北京市中小学生金银帆奖获得者177人，其中，金帆奖23人、银帆奖154人。金银帆奖申报工作于7月正式启动，利用北京市中小学生管理信息系统（CMIS）组织网络申报，共有386名中小学生申报金银帆奖。该奖项是市教委为表彰在思想品德方面表现突出，以及在国际和全国学科、科技、体育、艺术活动中取得优异成绩的中小学生而设立的荣誉奖。自1987年设立以来，共有1566人入选，其中，金帆奖228人、银帆奖1328人。

（崔向红）

第27届北京市中小学生金帆奖

刘嘉欣　北京市第五十中学
陈菲凡　北京市第五十中学
王昕玥　北京市第五十中学
杨婧男　北京市第五十中学
董李云卿　北京市第六十五中学
罗雅晗　北京市第六十五中学
俞蔚然　北京师范大学附属实验中学
刘昀松　北京师范大学附属实验中学分校
闫雨鑫　北京师范大学附属实验中学分校
黄伟喆　北京市第五十七中学
付佳艺　北京市第五十七中学
韩潞尧　北京市第五十七中学
曹馨雨　北京市第五十七中学
于荣辉　北京市中关村中学
柴健旭　北京市中关村中学
申培言　北京市中关村中学
王新哲　北京市中关村中学
魏麟璎　清华大学附属中学
朱永琦　清华大学附属中学
张心悦　海淀区五一小学
黄腾　海淀区五一小学
范若彤　海淀区五一小学
王泽诚　海淀区五一小学

（彭艳波）

【召开青少年校外教育工作联席会议】 12月20日，市教委举办青少年学生校外教育工作联席会议和校外教育成果展示。成果展示通过专题短片和北京阳光少年艺术团的文艺表演，展示2013年市校外教育工作在加快校外活动场所建设、广泛开展校外活动、推动校外教育深入发展等方面取得的成绩。会上颁发中小学生金银帆奖和2013年北京市阳光少年文化节优秀组织奖，并为39个乡镇校外活动站授牌。副市长杨晓超，市校外教育联席会议30个成员单位负责人和16个区县的主管区县长参加会议。

（崔向红）

（本栏责任编校　彭艳波）

科学研究

综　　述

2013年，北京地区高校开展科研活动的单位共95个，北京地区高校及附属医院共有教学与科研人员102191人，其中科研活动人员68558人；科研经费总投入222.78亿元；承担研究项目81599项；发表学术论文113220篇、出版著作3260部；获得省部级及以上奖励861项；现有研究机构776个，当年经费内部支出82.7亿元，年末固定资产原值144.4亿元。

科技人员及投入

北京地区65所设有理工农医类高校（含25所附属医院）共有教学与科研人员70189人，其中具有教授职称7617人，具有高级职称25639人；研究与发展人员36556人；科技经费投入共203.97亿元，包括政府资金投入133.14亿元，企事业单位委托投入65.61亿元。市属35所设有理工农医类高校（含16所附属医院）共有教学与科研人员29496人，其中具有教授职称1299人，具有高级职称7700人；研究与发展人员12559人；科技经费投入共24.48亿元，包括政府资金投入17.5亿元，企事业单位委托投入6亿元。

科技活动

北京地区65所设有理工农医类高校（含25所附属医院）有科研活动机构552个；开展科技课题50777项，其中研究与发展（R&D）课题45509项，研究与发展成果应用及科技服务课题5268项；派遣进修访问学者4958人次，接受进修访问学者4607人次；出席国际学术会议30835人次，交流论文17418篇。35所市属设有理工农医类高校（含16所附属医院）有科研活动机构102个；开展科技课题9180项，其中研究与发展课题8839项，R&D成果应用及科技服务课题341项；派遣进修访问学者571人次，接受进修访问学者632人次；出席国际学术会议6120人次，交流论文2932篇。

科技产出

北京地区高校共出版科技专著472部、大专院校教科书491部、编著361部；发表学术论文79814篇，其中在国外学术刊物发表25703篇；SCI收录论文（科学引文索引）19338篇、EI（工程索引）17879篇、ISTP（科技会议索引）6495篇；鉴定成果213项，获奖成果379项，其中国家级奖61项，省部级奖318项。市属高校出版科技专著133部，大专院校教科书215部，编著91部；发表学术论文17885篇，其中国外学术刊物发表3891篇；SCI收录论文（科学引文索引）2263篇、EI（工程索引）2230篇、ISTP（科技会议索引）1029篇；鉴定成果10项，获奖成果38项，其中国家级4项，省部级34项。

科技推广

北京地区高校共签订技术转让合同1022项，总金额9.40亿元，实际收入6.89亿元；专利出售193项，合同金额1.73亿元，实际收入1.14亿元；申请专利11998项，授权7645项，其中申请发明专利10285项，授权5912项。市属高校签订技术转让合同188项，总金额0.99亿元，实际收入0.42亿元；专利出售27项，合同金额785万元，实际收入611.5万元；申请专利2131项，授权1205项，其中申请发明专利1695项，授权666项。

人文社会科学人员及投入

北京地区65所设有人文社科全日制普通本科高校共有人文社会科学活动人员32002人，其中研究与发展（R&D）人员36347人；市属高校人文社会科学活动人员10914人，其中研究与发展（R&D）人员11461人。北京地区高校共筹集人文社科研究经费18.8亿元，其中政府资金10.25亿元，企事业单位委托经费6.11亿元，其他资金经费2.44亿元；市属高校当年筹集社科研究经费3.46亿元，其中政府资金2.38亿元，企事业单位委托经费0.89亿元，其他资金经费0.19万元。

人文社会科学活动

北京地区65所设有人文社科全日制普通本科高校共有在研人文社科课题30822项，当年投入人员折合7940.5人年，拨入经费14.03亿元；举办学术会议1420个，参加学术会议33510人次，提交论文11570篇；受聘讲学派出3484人次，来校受聘讲学4691人次。进修学习派出2294人次，来校进修学习2788人次。合作研究课题909项。市属高校当年在研课题7215项，当年投入人员折合2355.4人/年，拨入经费1.93亿元；市属高校当年举办学术会议251个，参加学术会议5014人次，提交论文2415篇。受聘讲学派出557人次，来校讲学912人次；进修学习派出1130人次，来校进修学习729人次；合作研究课题167项。

人文社会科学研究成果

北京地区65所设有人文社科全日制普通本科高校共发表学术论文33406篇，出版著作4447部，获奖成果379项。市属高校发表学术论文8726篇，出版著作1170部，获奖成果56项。

完成各项科学技术研究工作

2013年，市教委启动实施首批“市属高校创新能力提升计划项目”，确定2013年度提升计划资助项目53项。并批准479个科研项目，3所高校牵头建设北京实验室，分别为北京航空航天大学牵头的“通用航空技术北京实验室”、北京化工大学牵头的“生物医用材料北京实验室”和清华大学牵头的“生物医学检测技术及仪器北京实验室”。增列4个市哲学社会科学研究基地，分别为北京戏曲文化传承与发展研究基地、北京青少年教育与发展研究基地、北京国际商贸中心研究基地、首都城市环境建设研究基地。成立3个应用对策研究基地，分别为京台文化交流研究中心、北京健康城市建设研究中心、北京文化创意产业改革发展研究中心。市教委印发《关于组织申报2014年度中央在京高校重大成果转化项目的通知》，启动面向中央在京高校的重大成果转化项目15项。

（赵清）

总　类

【北京高校31项成果获得国家科技奖】
1月18日，在2012年度国家科学技术奖励大会上，北京高校31项成果（通用项目）以第一完成单位（人）获得国家科技奖。其中，2所高校5个项目获得自然科学奖二等奖，1所高校2个项目获得科学技术发明奖一等奖、7所高校11个项目获得科学技术发明奖二等奖，9所高校13个项目获得科学技术进步奖二等奖。该奖项由国务院设立，评选出自然科学奖一等奖空缺、二等奖41项，技术发明奖一等奖2项、二等奖61项，科学技术进步奖特等奖2项、一等奖13项、二等奖144项。

（邱小培）

2012年度国家自然科学奖二等奖（北京高校　第一完成单位）

北京大学
　中药复杂体系活性成分系统分析方法及其在质量标准中的应用研究
　全生命周期软件体系结构建模理论与方法

清华大学
　无线多媒体协同通信模型及性能优化
　控制系统实时故障检测、分离与估计理论和方法
　氧化锌薄膜微结构与性能调控中的若干基础问题

（邱小培）

2012年度国家技术发明奖一等奖（北京高校　第一完成单位）

清华大学
　立体视频重建与显示技术及装置
　大跨建筑钢—混凝土组合结构新技术及其应用

（邱小培）

2012年度国家技术发明奖二等奖（北京高校　第一完成单位）

中国农业大学
　基于胺鲜脂的玉米大豆新调节剂研制与应用

清华大学
　微结构化工传质设备及其工业应用
　交流电机系统的多回路分析技术及应用
　面向海量用户的新型视频分发网络
　先进空间光学姿态敏感器技术
　高速分布反馈半导体激光器及其与电吸收调制器单片集成光源

中国石油大学（北京）
　水力喷砂射孔与分段压裂联作技术及工业化应用

北京交通大学
　复杂工况下磁性液体密封关键技术与应用

北京邮电大学
　光电交叉联动与跨层灵活疏导的光传送技术及设备

北京航空航天大学
　高精度高动态视觉测量技术与系统

北京化工大学
　旋转填充床反应器强化新技术

（邱小培）

2012年度国家科技进步奖二等奖（北京高校　第一完成单位）

中国农业大学
　苹果矮化砧木新品种选育与应用及砧木铁高效机理研究

北京工业大学
　面向材料生产流程的环境负荷定量评价技术及应用
　低C/N比城市污水连续流脱氮除磷工艺与过程控制技术及应用

北京大学
　数字视频编解码技术国家标准AVS与产业化应用
　中国肺癌微创综合诊疗体系的建立、临床基础研究和应用推广
　涎腺肿瘤治疗新技术的研究及应用

北京建筑工程学院
　地下工程开挖诱发灾害防控关键技术开发及应用

清华大学
　高坝动静力超载破损机理与安全评价方法

北京师范大学
　城市及区域生态过程模拟与安全调控技术体系创建和应用

北京中医药大学
　补肾化痰法治疗阿尔茨海默病及其应用技术
　病证结合动物模型的制备方法与应用

中国地质大学（北京）
　成矿系统理论创立与华北古陆找矿实践

北京交通大学
　基于通信的城轨列车运行控制系统关键技术及其应用

（邱小培）

【食品质量与安全北京实验室授牌】

1月18日，中国农业大学牵头建设食品质量与安全北京实验室授牌。该实验室是市教委首批建设的实验室，依托农大联合北京工商大学、北京农学院以及国家兽药安全评价中心、农业部农产品质量监督检验测试中心（北京）、中粮集团营养与健康研究院、首农集团北京三元食品股份有限公司、北京顺鑫农业股份有限公司、北京资源集团、北京维德维康生物技术有限公司组成。实验室开展创新性研究并实现科研成果快速转化，结合北京食品产业特点培养食品质量与安全领域多层次人才，为北京市食品行业

的科学、健康、快速发展搭建开放性、综合性、具有较大影响力的产学研一体化教育与研究平台。

（钟占蓉）

【北京高校 83 个项目获得教育部科技奖】 1月24日，教育部发布2012年度高等学校科学研究优秀成果奖（科学技术）奖励的决定，北京高校（含医学院附属医院）作为第一完成单位的83个项目获奖。其中，6所高校10个项目获得自然科学奖一等奖、9所高校18个项目获得自然科学奖二等奖，4所高校7个项目获得技术发明奖一等奖、4所高校5个项目获得技术发明奖二等奖，8所高校12个项目获得科技进步奖一等奖、12所高校28个项目获得科技进步奖二等奖，2所高校2个项目获得科技进步奖（推广类）一等奖、1所高校1个项目获得科技进步奖（推广类）二等奖。该奖项由教育部主办，评选出自然科学奖一等奖36项、二等奖63项，技术发明奖一等奖26项、二等奖23项，科学技术进步奖一等奖44项、二等奖96项，科学技术进步奖（推广类）一等奖2项、科学技术进步奖（推广类）二等奖3项。

（邱小培）

2012年度教育部自然科学奖一等奖
（北京高校　第一完成单位）

北京大学
- 软界面电分析化学的若干问题研究
- 基于分子靶的新型抗肿瘤分子靶向递送系统研究

清华大学
- 功能生物传感界面的构筑与生物分析
- 可视媒体几何计算的理论与方法
- 多孔介质与微/纳结构中热传递规律

北京师范大学
- 视觉学习与脑的可塑性

北京林业大学
- 生物质木质素的结构表征及多糖功能材料的构建

华北电力大学
- 微纳尺度多相流动与传热传质的基础研究

北京航空航天大学
- 昆虫飞行的空气动力学和飞行力学
- 新型高温与超高温热障涂层及服役环境稳定性机理研究

（邱小培）

2012年度教育部技术发明奖一等奖
（北京高校　第一完成单位通用项目）

清华大学
- 多段构件流化床反应器技术及产业化
- 互联网真实源地址验证关键技术及其应用
- 汽车智能安全系统新技术及工程应用

北京师范大学
- 有机工业污水强化混凝—高级催化联用深度处理技术

北京邮电大学
- 异构无线网络的协同通信技术

北京航空航天大学
- 视频图像内容驱动的虚拟场景生成技术及应用
- 燃煤锅炉安全高效运行关键参数检测技术及系统

（邱小培）

2012年度教育部科技进步奖一等奖
（北京高校　第一完成单位）

北京大学
- 关节周围骨折治疗规范的研究与应用
- 视网膜血管性疾病的基础研究及临床应用
- 可信软件资源生产与共享环境（Trustie—TSE）

清华大学
- 面向全生命周期的复杂装备服务保障支撑平台关键技术与应用

北京石油大学（北京）
- 复杂油气藏相控预测及其重大应用成效

中国农业大学
- 华北农田主要病虫草害的生物合理性低剂量化学防治技术与示范
- 干旱内陆区流域尺度水资源转化规律及其农业节水调控模式

北京交通大学
- 高速铁路无缝线路设计关键技术及应用

中国矿业大学（北京）
- 煤层顶板突水灾害预测评价方法与工程应用

北京协和医学院
- 难处理性心外异常分流介入治疗模式的建立和应用
- 食管癌规范化治疗关键技术的研究及应用推广

首都医科大学
- 脑胶质瘤诊疗技术创新的基础研究与临床应用

（邱小培）

2012年度教育部科技进步奖（推广类）一等奖
（北京高校　第一完成单位）

首都医科大学
- 经桡动脉介入治疗关键技术的规范、拓展与推广

中国农业大学
- 奶牛饲料资源高效利用与营养调控关键技术研究与应用

（邱小培）

【北京高校54个项目获得市科学技术奖】

2月21日，在北京市科学技术奖励大会上，北京高校（含医学院附属医院）54个项目以第一完成单位（人）获得北京市科学技术奖。其中，5所学校7个项目获得科学技术奖一等奖、10所学校14个项目获得科学技术奖二等奖、15所学校33个项目获得科学技术奖三等奖。该奖项由市委、市政府主持颁发，共有184项成果获奖，其中，27项科技成果获得一等奖、53项科技成果获得二等奖、104项科技成果获得三等奖。

（邱小培）

北京市科学技术奖一等奖
（北京高校　第一完成单位）

北京大学
- 偏振遥感的系统化理论、方法及几个发现

清华大学

基于吸收式换热的热电联产集中供热技术

北京建筑工程学院

防腐高效烟气冷凝热能回收装置与烟气余热深度利用技术及产业化

北京工商大学

基于逆流色谱的天然活性物质新型分离系统及分离方法研究

北京协和医学院

食管癌规范化治疗关键技术的研究及应用推广

提高干细胞移植治疗缺血性心脏病效果关键问题的应用基础研究

桑属植物及其代谢产物的化学和生物活性基础研究

（邱小培）

【启动市属高校创新能力提升计划项目】　4月，市教委启动实施首批"市属高校创新能力提升计划项目"。经项目申报、评审等立项程序，确定2013年度提升计划资助项目53项，实施周期为3年，总经费投入共计1.28亿元。市教委联合市发展改革委、市科委、市财政局、市人力社保局、市知识产权局等有关单位，制定《关于实施市属高校创新能力提升计划项目的意见》。

（高飞）

【新增3个北京实验室】　6月5日，市教委批准3所高校牵头建设北京实验室。经过专家评审论证、现场考评等环节，3个实验室分别是北京航空航天大学牵头的"通用航空技术北京实验室"、北京化工大学牵头的"生物医用材料北京实验室"和清华大学牵头的"生物医学检测技术及仪器北京实验室"。至此，北京市共认定7个北京实验室。实验室结合国家及北京市经济社会发展需求，依托具有较强应用基础研究能力的高等院校，采取产学研合作的方式进行建设，避免资源的重复配置和浪费，提高科学技术资源整合能力和科学技术活动组织能力。

（高飞）

【开展教育教学成果奖评选活动】　9月11日，市教委、市人力社保局、市财政局公布表彰北京市教育教学成果奖的决定。表彰第七届北京市高等教育教学成果奖、第一届北京市中等职业教育教学成果奖、第四届北京市基础教育教学成果奖。依《北京市教育教学成果奖评审奖励办法》评选出，高等教育教学成果奖特等奖8项、一等奖274项、二等奖381项，中等职业教育教学成果奖一等奖29项、二等奖38项，基础教育教学成果奖一等奖40项、二等奖120项。北京市教育教学成果奖是以市政府名义颁发的重要奖项，其中，高等教育教学成果奖和基础教育教学成果奖，每四年评选一次。

（邱小培　郭宏伟）

第七届北京市高等教育教学成果奖特等奖（北京地区　第一完成单位）

北京大学

北京大学创新人才培养的实践与探索

中国人民大学

创办国际小学期，提升人才培养国际性

清华大学

清华计算机科学实验班：创新型学术人才培养之改革与实践

北京交通大学

发挥轨道交通学科优势，培养行业特色拔尖创新人才

北京航空航天大学

全面提升本科拔尖创新人才培养能力的十年改革探索与实践

北京师范大学

免费师范生培养体系的构建与实践

北方工业大学

"分层教学、分流培养、分类成才"人才培养模式的研究与实践

首都医科大学

强力整合临床学科，强化教育教学质量，打造医学优秀人才培养基础

（邱小培）

【召开哲学社会科学研究基地工作会议】　10月24日，市社科规划办召开2013年北京市哲学社会科学研究基地工作会议。会议为新成立的4个哲学社会科学研究基地、3个应用对策研究基地授牌。研究基地分别为：北京戏曲文化传承与发展研究基地、北京青少年教育与发展研究基地、北京国际商贸中心研究基地、首都城市环境建设研究基地；京台文化交流研究中心、北京健康城市建设研究中心、北京文化创意产业改革发展研究中心。市社科规划办主任作关于2013年北京市哲学社会科学研究基地工作报告。各研究基地负责人、首席专家及依托单位科研管理部门的相关人员共计150人参加会议。北京市哲学社会科学研究基地共有67家。其中，由市社科规划办和市教委共同在高校建立的哲学社会科学研究基地有46个，由市社科规划办单独在高校、市属单位和区县建立的应用对策研究基地有21个。

（邱小培　车庆珍）

【发布国家重点实验室评估结果】　11月13日，科技部发布2013年材料领域与工程领域国家重点实验室评估结果，北京高校获得优秀类实验室4个。北京高校实验室评估结果，材料领域：优秀类实验室1个、良好类2个；工程领域：优秀类实验室3个、良好类5个、延期验收实验室1个。全国共有64个国家重点实验室参加评估，评估结果为材料领域：优秀类5个、良好类16个、较差类1个；工程领域：优秀类11个、良好类28个、整改2个、延期验收2个。

（邱小培　华蕾）

2013年国家重点实验室优秀类实验室（北京高校）

材料领域

清华大学

新型陶瓷与精细工艺国家重点实验室

工程领域

清华大学

摩擦学国家重点实验室

水沙科学与水利水电工程国家重点实验室

中国矿业大学（北京）

深部岩土力学与地下工程国家重点实验室

（邱小培　华蕾）

【实施中央在京高校重大成果转化项目】　11月，市教委印发《关于组织申报2014年度中央在京高校重大成果转化项目的通知》，启动面向中央在京高校的重大成果转化项目。经立项程序，最终确定对15项2014年度中央在京高校重大成果转化项目给予支持，实施周期3年，总投入2.38亿元。项

目围绕北京市发展需求，与首都经济发展方式转变结合，与区县发展结合、与企业技术需求结合，更加贴近实际、贴近生活、贴近群众、服务社会，经济效益和社会效益明显。

（高飞）

【北京高校新增中科院院士 13 人】 12 月 19 日，中国科学院公布新增院士名单，北京高校新增中国科学院院士 13 人。本年共新增 53 人，分属 6 个学部，其中，数学物理学部 9 人、化学部 9 人、生命科学和医学学部 9 人、地学部 10 人、信息技术科学部 7 人、技术科学部 9 人。新院士平均年龄 54.2 岁，其中，60 岁（含）以下 45 人，占 84.9%。增选后，中科院院士共 780 人。同时，新增中科院外籍院士 9 人。

（邱小培）

2013 年新增中国科学院院士（北京高校）

北京大学
- 陈十一　数学物理学部
- 欧阳颀　数学物理学部
- 程和平　生命科学和医学学部
- 龚旗煌　信息技术科学部
- 方岱宁　技术科学部

清华大学
- 施一公　生命科学和医学学部
- 邱勇　技术科学部

北京师范大学
- 方维海　化学部

中国矿业大学（北京）
- 何满潮　技术科学部

中国石油大学（北京）
- 高德利　技术科学部

中国地质大学（北京）
- 王成善　地学部

首都医科大学
- 赵继宗　生命科学和医学学部

北京协和医学院
- 赫捷　生命科学和医学学部

（邱小培）

【北京高校新增工程院院士 9 人】 12 月 19 日，中国工程院公布新增院士名单，北京高校新增中国工程院院士 9 人。本年共增选院士 51 人，其中，年龄最小的 48 岁、最大的 77 岁。增选后，工程院院士共 807 人。同时，增选外籍院士 6 人，增选后，工程院外籍院士共 45 人。

（邱小培）

2013 年新增中国工程院院士（北京高校）

清华大学
- 尤政　机械与运载工程学部
- 聂建国　土木、水利与建筑工程学部

北京航空航天大学
- 张军　机械与运载工程学部
- 张广军　信息与电子工程学部

北京科技大学
- 蔡美峰　能源与矿业工程学部

中国农业大学
- 李德发　农业学部

首都医科大学
- 韩德民　医药卫生学部

北京协和医学院
- 胡盛寿　医药卫生学部
- 林东昕　医药卫生学部

（邱小培）

【建设特色教育资源库】 至年底，市

教委完成 10 所市属高校特色教育资源库建设项目验收。至此，市属高校特色教育资源库建设项目共建成 396 个涵盖服装、电影等 11 个领域的主题资源包，整合图片 208.4 万张，音视频 8.3 万个，文字 3620.6 万字，网页设计 14.4 万个。特色资源精品建设：民国服饰研究资源库、安徽花鼓灯、民族文化奇葩——景泰蓝艺术、中国古塔（二期）等 15 个主题资源包被评为 2012 年度优秀主题资源包。

（张豫）

【确定 2014 年科研计划项目】 至年底，市教委完成 2014 年科研计划项目审批。根据科技发展计划项目管理办法、人文社会科学研究计划项目管理办法，经过项目申请、学校初选推荐、市教委评审等程序，共批准来自 30 所高校的科研项目 479 个。其中，“科技发展计划”重点项目 38 个、面上项目 248 个，“人文社会科学研究计划”重点项目 25 个、面上项目 168 个。批准项目资助经费总额 6573 万元，其中“科技发展计划”项目经费 5339 万元，“人文社会科学研究计划”项目经费 1234 万元。

（翟昊　车庆珍）

【统计高校实验室信息】 至年底，北京地区 96 所高校参加教育部高等学校实验室信息统计。其中，普通本科 62 所、高职高专 25 所、成人高校 9 所。96 所高校共有单价 800 元以上的教学科研仪器设备 195.3 万台件，总价值 326.7 亿元。其中，单价 10 万元以上的设备 3.98 万台件，价值 149.01 亿元；单价 40 万元以上“仪器仪表”类精密贵重仪器设备 5936 台件，总价值 62.43 亿元。北京地区 96 所高校共有教学、科研实验室 3551 个，实验室使用面积 206.3 万平方米。该学年实验室总投入经费 46 亿元。北京地区 61 所本科高校实验室共开出教学实验 46327 个，科研任务承担课题及服务项目 32172 项。实验室工作人员 17810 人，包括实验教师 5105 人，实验技术人员 3950 人。取得的成果：论文数 48232 篇，教师获奖与成果数 4869 个，学生获奖数 5451 个。其中，市管 26 所本科高校共开出教学实验项目数 23091 个，科研任务与服务项目数 6626 个，实验室工作人员 4088 人，包括实验教师 1027 人，实验技术人员 913 人。取得的成果：论文数为 6498 篇，教师获奖与成果数 916 个，学生获奖数 2006 个。

（高飞）

【开展年度市级大学科技园认定工作】 至年底，市教委完成 2013 年度北京市大学科技园认定申报工作。经过申报、专家评审和现场考评环节，认定北京电影学院科技园、北京服装学院科技园、北京物资学院科技园为北京市级大学科技园。认定工作按照《北京市大学科技园管理实施办法（试行）》，联合市科委、中关村管委会开展实施。

（高飞）

科　研　成　果

【网络技术研究取得新进展】　1月，清华大学网络技术研究取得新进展。该校电子系研究组在IPv4/IPv6下一代互联网过渡技术研究中的技术成果获国际互联网标准化组织IETF批准，成为“RFC6791（编号）：IPv6控制信令的无状态源地址映射（名称）”的国际标准。这是中国作者第一次完成IETF最核心系列技术强制标准。12月31日，以该校为第一承担单位实施的“中国教育和科研计算机网CERNET主干网和重点学科信息服务体系升级扩容工程”通过教育部验收。这标志着中国第一个100G主干网诞生，CERNET也成为世界上规模最大的100G学术网络。

（许亮）

【试制生态养猪垫料翻松机】　1月，北京农业职业学院首台生态养猪垫料翻松机试制成功。该校机电工程学院于2011年成立科研项目小组负责研究设计，生态养猪垫料翻松机以电力作为整机动力，通过液压装置完成生态环保养猪的场圈垫料翻料、移料作业，可单人操作，产品操控方便，动力充足，效率高，作业质量好，可以满足大中型养猪场的作业需求。

（王丽君）

【发行《北京教育发展研究报告》】　2月，北京教育科学研究院出版发行《努力推动首都教育科学发展北京教育发展研究报告·2012年卷》。该书由原北京教育科学研究院时龙、吴岩主编。以“推动首都教育科学发展”为主题，围绕“十二五”关键时期首都教育改革与发展中的重点、难点、热点问题，反映首都教育系统在2012年推进首都教育现代化方面所遇到的挑战、所做出的努力及所取得的成就。

（汤术峰）

【心脏保护研究项目结题】　3月8日，北京协和医学院“第二项心脏保护研究”（HPS2－THRIVE）项目结题。该项目历时6年，其中，中国区域负责人为阜外心血管病医院中国牛津国际医学研究中心主任蒋立新教授。该项目是一项长期随访的大规模临床试验，共涉及全球6个国家250个协作单位的25763名各类动脉粥样硬化性血管疾病患者，中国于2006年加入该研究，共有14个城市的72家协作医院参与，共入选10932例患者，研究结果显示，在服用他汀类药物或他汀类药物与依折麦布复方片强化降低低密度脂蛋白胆固醇的基础上，接受烟酸复方片（缓释型烟酸/拉罗匹仑）治疗长达4～5年，与服用安慰剂相比，使受试者的主要血管事件稍有降低，但无统计学差异。同时，服用烟酸复方片的受试者在皮肤、胃肠道等方面出现的不良反应比安慰剂组增多。

（高岩）

【观测到反常霍尔效应】　3月15日，清华大学薛其坤教授观测到反常霍尔效应。薛其坤及其团队于2009年，向量子反常霍尔效应实验的实现发起冲击，最终观测到在一定的外加栅极电压范围内，磁性掺杂拓扑绝缘体薄膜在零磁场中的反常霍尔电阻达到量子霍尔效应的特征值h/e2～25800欧姆，即反常霍尔效应。该研究成果推动新一代的低能耗晶体管和电子学器件的发展，可能加速推进信息技术革命的进程，此成果获得2013年度“中国高等学校十大科技进展”奖项。

（许亮）

【桃酒酿造关键技术研究项目通过验收】　4月3日，北京农业职业学院承担的“桃酒酿造关键技术研究”项目通过市教委验收。该项目在中文期刊发表论文3篇（包括核心期刊2篇），申报国家发明专利1项，筛选出适合平谷酿造桃酒的大桃品种和一株适合酿造桃酒的优势酵母菌株，提出桃酒酿造工艺，有助于延伸平谷地区大桃产业链、增加大桃附加值。

（马长路　刘超）

【调味面制品中甜蜜素测定方法的研究项目通过验收】　4月3日，北京农业职业学院承担的“调味面制品中甜蜜素测定方法的研究”项目通过市教委验收。该项目在中文核心期刊发表论文3篇，授权1项实用新型专利，公开1项发明专利，研发出一种与现行国家标准配合使用的适用于调味面制品的前处理方法，利用分光光度法测定样品中的甜蜜素，缩短检测时间，降低检测成本。“调味面制品中甜蜜素测定方法的研究”为市教委科技面上项目，由食品与生物工程系教师承担研究工作。

（马长路　刘超）

【研发整体动物体内药物分析的质谱分子成像新方法】　4月7日，北京协和医学院研发整体动物体内药物分析的质谱分子成像新方法。该方法由医学院天然药物活性物质与功能国家重点实验室采用自主研制的新型空气动力辅助离子化技术（AFAI），建立的一种整体动物体内药物分析的质谱分子成像（AFAI－IMS）新方法。该方法与现有的整体放射自显影（WBA）、荧光物质标记成像或MALDI－IMS质谱成像等技术相比较，无需在高真空系统中操作，使用方便，尤其可方便进行大鼠等整体动物的体内药物成像分析，获得的信息更全面、更丰富；无需同位素或荧光等化学标记和复杂的样品前处理，可同时对不同分子进行成像分析，可直观且相对定量地反映动物组织中分子的分布特征；无需使用基质，可避免分子的扩散或移位，更适合药物等小分子化合物的高质量、高灵敏的质谱分子成像分析。该方法通过对整体动物体内分子的质谱成像分析，可高效获取抗癌候选新药（CAT）及其代谢物的分布特征及动态变化信息，为研究药物的靶向作用，预测候选新药的可能肿瘤谱、药效与毒性等提供一种新颖直观的方法与手段。

（贺晶）

【建成首套3万吨/年甲醇进料流化床甲醇制芳烃全流程工业试验装置】　4月11日，清华大学建成世界首套3万吨/年甲醇进料的流化床甲醇制芳烃全流程工业试验装置。该装置以催化剂及流化床连续反应再生核心专利技术为基础，在陕西省榆林市榆横煤化工基地建成，催化剂技术、工业试验装置技术各项指标均达国际领先水平。

（许亮）

【600MW超临界循环流化床锅炉通过168小时考核运行】 4月14日，清华大学首创的世界最大容量600MW超临界循环流化床锅炉顺利通过168小时考核运行。该炉是目前世界上容量最大、参数最高的循环流化床锅炉，也是世界上第二台超临界循环流化床锅炉。600MW超临界循环流化床锅炉发电工程是清华大学承担的“十一五”国家科技支撑计划“超临界循环流化床”项目的示范工程。在国家科技部“863计划”和科技支撑计划的支持下，中国工程院院士、该校热能系教授岳光溪率领的团队从“十五”开始开展相关的研究工作，经过十年的持续研究，包括整体技术方案、垂直管圈的可行性、超高提升管流态化规律、并联回路均匀性、大床截面水冷壁热流密度分布规律、低质量流率超临界水动力安全性、整体动态特性及其仿真等，获得系列原创性成果，为示范工程的建设和顺利投运提供坚实的技术基础。600MW超临界循环流化床锅炉安装在四川白马循环流化床发电示范工程有限公司，是目前世界上容量最大、参数最高的循环流化床锅炉，也是世界上第二台超临界循环流化床锅炉（第一台460MW）。

（许亮）

【《中国教育大百科全书》出版】 4月21日，北京师范大学教授主编的《中国教育大百科全书》出版发行。该书分为4卷，共700万字，1100个条目，涵盖21个教育学分支学科，编撰历经12年。该书以解决中国的教育问题为核心议题，以教育领域改革与发展的主要问题为立目原则，通过辞书的形式，用准确、精练的语言深度诠释教育学科基本理论，总结历史经验，介绍最新教育研究成果。

（王鹏皓）

【成功接收欧洲伽利略（Galileo）4颗在轨卫星信号】 5月5日，清华大学电子系卫星导航技术研究室在北京利用自行研制的全频段多系统实时GNSS软件接收机成功接收欧洲伽利略（Galileo）4颗在轨卫星信号，并实现三维定位。这是国内首次成功利用Galileo卫星实现独立定位，定位精度达10米左右，标志着中国在Galileo接收机技术研究方面取得重要进展。

（许亮）

【发布《2012中国税收发展报告》】 5月6日，中央财经大学发布《2012中国税收发展报告》。报告分为背景分析与战略设计、职能解析与发展规划、重点关注与制度建设三个部分，梳理近年来中国国际税收工作的经验，探寻中国国际税收工作的发展规律，谋划国际税收工作发展的新思路。

（罗茜）

【出版远程高等教育发展研究报告】 5月，国家开放大学主编的《中国远程高等教育发展研究报告（2012）》出版发行。该报告由国家开放大学现代远程教育研究所承担主要研究、编写工作，是中国第一部远程高等教育发展研究报告。该报告由中央广播电视大学出版社出版发行，为标准16开本，全书31.60万字。该报告梳理中国30年来，特别是近10年来中国远程高等教育现状与规律，预测中国远程教育未来发展方向。

（孙明博）

【温室智能控制技术研究项目达到国内领先】 6月14日，北京农业职业学院承担的市教委2012年科技计划面上项目“温室环境智能化控制系统研究与示范”和2012年市农业科技项目“日光温室环境智能监控技术系统集成试验示范”通过验收。两项目由机电工程学院承担研究工作，成果填补国内草莓生产日光温室环境自动化控制的空白，达到国内领先水平。项目技术研究以土壤湿度、空气温湿度为控制参数，以滴灌系统、卷帘、卷膜等装置为控制对象，首次设计制造应用于日光温室且价格合理的智能控制装置，研究日光温室温湿度分布规律，合理配置传感器，采用单片机结构实现日光温室环境调节控制机械化技术的智能化集成示范，同时制定技术规范和操作规程。装置性能和可靠性等指标均符合试验大纲及国家有关标准要求，智能控制精确，成本低，运行稳定，操作维护方便。

（刘雁征）

【培育成功彩色蘑菇】 6月14至16

日，北京农业职业学院教师培育的“彩色蘑菇”参加2013年北京市林下经济成果展。教师通过野生品种驯化与栽培品种选择，筛选适合北京地区林地栽培的食用菌品种8个，培育榆黄蘑（黄色）、粉红平菇（粉红色）、平菇（白色）及香菇（褐色）4个品种，其中，榆黄蘑、粉红平菇是北京地区首先尝试。通过玉米芯、稻草、牛粪、木屑、葡萄酒渣等栽培料配方试验，进行节本高效栽培料配方尝试；通过趋避植物、防虫网、黑光灯、黄板、糖醋液等探索病虫害综合防治措施；对不同栽培方式下子实体营养成分进行检测与分析，为食用菌深加工及功能成分抽取提供依据。

（柳青　邓志峰）

【召开纳西学成果发布会】 6月22日，北京信息科技大学召开纳西学成果发布会。该项目主要通过文理工大跨度学科交叉及国际合作的途径，在发源地国家首先研究建构面向全球东巴典籍的国际共享平台，以达到运用数字网络化的现代信息科技手段进行东巴经典文化信息的获取、处理、存储及传播。本次发布的研究成果包括30卷纳西学丛书、东巴古籍藏本丛书（哈佛大学译）、东巴经典古籍藏品数据文档等。

（张金晓）

【高校成果支持天宫一号与神舟十号对接】 6月，北京理工大学一项成果支持“天宫一号”飞船与“神舟十号”飞船完成对接任务。该项成果是交会对接微波雷达信号处理机与微波应答机信号处理机，可以精确提供两个飞行器的相对位置和运动参数测量信息，为成功对接提供技术支持。该成果已成功用于“神舟八号”“神舟九号”与“天宫一号”交会对接任务。

（史建伟）

【测量的建筑用能数据表述国际标准颁布实施】 6月，清华大学完成的国际标准组织标准《建筑物的能量性能——测量的建筑用能数据表述国际标准》(ISO 12655：1013 Energy performance of buildings - Presentation of measured energy use of buildings)正式颁布实施。该标准由该校建筑学院建筑技术科学系江亿院士，以及副教授魏庆芃和副教授刘晓华等主持完成，是在建筑节能领域由中国科学家主持编制完成的第一项ISO标准。

（许亮）

【校企联合研制线控自动驾驶汽车实验平台】 6月，北京理工大学与比亚迪汽车有限公司联合研制线控自动驾驶汽车实验平台。该平台是理工大学在比亚迪速锐汽车基础上进行开发，实现车辆底盘部分外部（CAN）总线控制，通过基于汽车电动助力转向系统（EPS）、发动机电控系统、变速箱换档电控系统以及组合仪表和灯光进行车辆驾驶控制，实现无人驾驶功能时，感知系统和规划决策系统能够实现对车辆的纵向速度和横向轨迹跟踪控制，不需要外加辅助机构。自动驾驶功能的实现，不需要对原车进行任何硬件上的变动，只在软件程序上进行优化和改进。11月，该平台研制无人驾驶汽车获得第五届中国智能车未来挑战赛总冠军。该项目2013年1月启动。

（史建伟）

【典型大田作物农药减量高效施药技术研究项目通过验收】 7月19日，中国农业大学承担的中德国际合作项目“典型大田作物农药减量高效施药技术研究”通过教育部验收。验收专家组听取课题组验收汇报，审阅课题组提交的验收材料，并进行充分质询，均认为合作项目的组织管理规范，经费使用合理，完成项目合同书规定的任务和指标，一致同意通过验收。该项目2011年开始实施，围绕典型大田农作物农药减量高效施药技术进行研究，研发3种植保机械关键工作部件；引进2种检测设备与技术，为农药雾滴沉积、飘失提供一种新的研究与检测方法。引进国外技术实现在用户端的个性化在线快速检测，成本降低50%至60%，农药均匀性检测精度提高20%，检测速度提高5倍。该项目与德国科学家共同研发为机动背负式喷杆喷雾机配套的高速低量稳流轻型泵和均匀稳压调压装置，将施药量减少到15～20L/亩，喷雾均匀性提高到85%，作业效率提高4倍；项目还研发应用于中国大田大型喷杆喷雾机能实现减量喷雾自动喷雾控制技术，根据机组前进速度自动调节单位面积喷药量，能确保防治范围内农药的均匀沉积分布，实现减少农药用量30%、农药分布均匀度提高10%、作业效率提高5倍。项目获得拥有自主知识产权国家发明专利1项、实用新型专利2项，发表国内、国际期刊论文7篇（其中SCI、EI收录5篇），出版2部专业论著、国际会议论文集2部；培养博士后1人、博士研究生2人、硕士研究生4人。

（钟占蓉）

【成功制备出世界上最长的碳纳米管】 7月，清华大学在《美国化学会纳米》在线发表题为《基于Schulz－Flory分布的半米长碳纳米管制备》(Growth of Half－Meter Long Carbon Nanotubes Basedon Schulz－Flory Distribution)的论文，报道成功制备出世界上最长的、单根长度达半米以上的碳纳米管。这是目前所有一维纳米材料长度的最高值。该研究由该校完成。

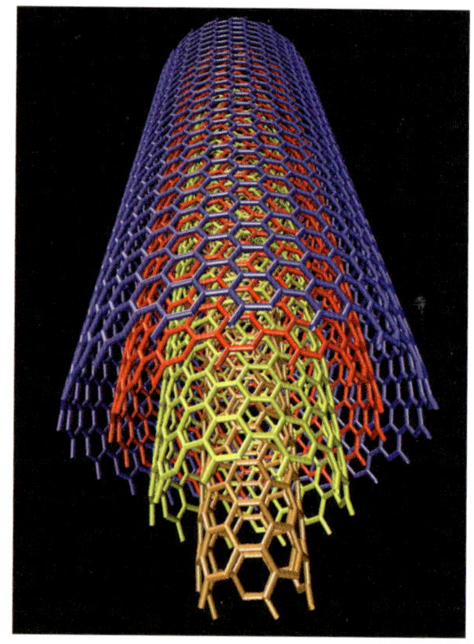

（许亮）

【发布高等教育质量报告（高职）】 7月，市教委、北京教育科学研究院共同发布《北京高等教育质量报告（高职2012）》。报告从发展背景、事业发展情况、质量状态分析、主要举措成效以及挑战和展望等方面，全面总结和分析2012年北京高等职业教育质量建设状况。首次使用北京高等职业院校人才培养工作状态数据采集平台数据。报告主要内容由中国高职高专教育网向社会公开发布。

（孙毅颖）

【发布《世界贸易组织发展报告2012》】 8月3日，对外经济贸易大学发布《世界贸易组织发展报告2012》。该报告是教育部哲学人文社会科学发展报告项目的阶段性成果，由高等教育出版社于2013年7月正式出版。该项目的主要目的是持续跟踪研究WTO的发展演变情况，了解主要成员对WTO的态度和政策调整，为中国更好地参与全球经济治理提出应对之策。

（曹亚红）

【机载高精度光学陀螺捷联惯性位置姿态测量系统关键技术及应用通过鉴定】 8月23日，北京航空航天大学完成的“机载高精度光学陀螺捷联惯性位置姿态测量系统关键技术及应用”成果通过教育部鉴定。专家组一致认为，该成果具有自主知识产权，填补国内空白，打破国外在此种技术上的垄断地位和技术封锁，综合技术水平达到国际先进水平，并建议围绕国家急需，推动该成果应用。该项目由该校和中测新图（北京）遥感技术有限责任公司和北京自动化控制设备研究所共同完成。该成果将机载高精度光学陀螺捷联惯性位置姿态测量系统（pos）即机载对地观测载荷运动补偿和系统无地面控制点测图、实现高分辨率航空遥感的共性关键技术，应用到中国自主研制的 SAR、干涉式光谱仪、激光雷达、可见光相机四大类航空遥感载荷，提高载荷的成像分辨率和地物分类与识别精度，推动稀少地面控制点测图技术产业化应用。

（毕娟）

【出版中国社会工作发展报告】 8 月，北京社会管理职业学院依托民政部社会工作研究中心组织编纂的《社会工作蓝皮书：中国社会工作发展报告（2011～2012）》正式出版。该书由社会科学文献出版社出版发行，为 16 开本，全书 37.40 万字。报告分总报告、政策篇、实务篇、区域发展篇、专题篇和社会工作大事记六个主要章节，来自高等院校、研究机构、实务机构和政府相关部门 40 名专家和实务工作者参与编写，详实记录 2010～2012 年中国内地社会工作在政策制定、实务探索、区域发展等方面取得的成果，致力于描述与展望 2010 年以来中国社会工作制度化、专业化、职业化和本土化发展。

（张冼）

【一项“973”项目通过验收】 9 月 14 至 15 日，华北电力大学牵头西安交通大学、浙江大学、清华大学、华中科技大学、中国科学院工程热物理研究所等单位共同承担的国家重点基础研究发展计划（973）项目“大型燃煤发电机组过程节能的基础研究”通过科技部验收。专家组通过查阅资料、实地考察、座谈等形式，认为该项目通过五年的实施运行，在解决重大科学问题方面取得突破性进展，获得一批优秀的科研创新成果，为火力发电行业节能领域的发展奠定基础，通过验收。该项目于 2009 年立项，主要针对大型燃煤发电机组的技术和运行特点，发展和完善能源动力系统过程节能理论和方法；开展大容量、高参数燃煤发电机组关键参数的准确获取和运行状态的精细表征研究；围绕燃煤发电过程，深入揭示系统内部能量的疏运规律及其与外部因素的耦合机制；从系统、过程和单元不同层面，进行大型燃煤机组能耗控制策略和设计运行优化方法研究。

（王振华）

【心动脉应脉诊训练仪研制成功】 9

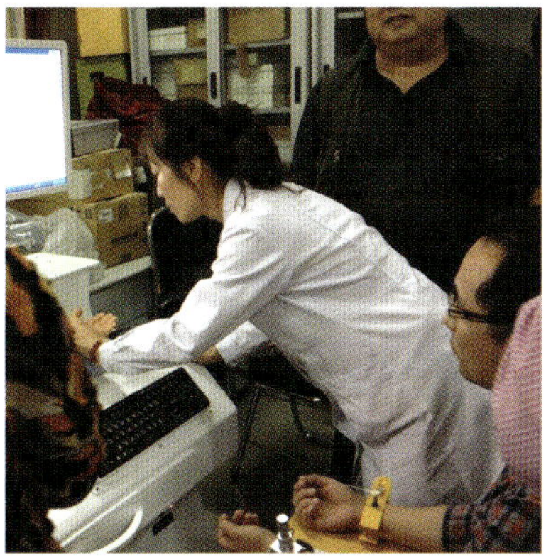

月 23 号，北京中医药大学心动脉应脉诊训练仪研制成功。该装置为远程传输收集的四诊合参数据信号（包括望诊信息望体态望面色等，闻问切的信号）之脉诊信号驱动仿真心泵系统，复现远端的脉动、心电、指容积、温度等信息，以“位”“数”“形”“势” 4 属性为纲，模拟输出单一脉动信息或组合，实现心动脉应脉诊训练。主工作平台、数据库均可嵌入 Windows 和 ios 操作系统，以及在平板等智能移动媒体运行，实现其便携功能。该训练仪在原四诊合参操作系统的基础上嵌入位数形势属性分类的操控键盘，控制仿真心泵系统工作。

（杨苏）

【绘制完成中国可再生能源版图】 9

月，华北电力大学绘制完成中国可再生能源版图。该课题由该校 500 多名研究生组成的科研团队历时 8 个月，实地走访沿海发达地区、中部及东北地区、西部地区、人口分散地区 4 个区域，摸清中国可再生能源资源分布和利用现状，初步绘制完成中国可再生能源版图，并完成“中国可再生能源推进行动”项目报告书。

（王振华）

【利用实训设备试制酸奶】 9 月，北京农业职业学院利用实训设备成功试制“旭日”牌酸奶。该校食品与生物工程系通过改造食品加工楼生产线设备，在原有厂房基础上隔离生产车间，确保生产环境卫生。生产线设计日产 500 公斤酸奶，成品为原料奶经过滤、化糖、均质、杀菌、灌装等工艺发酵而成的凝固型酸奶，发酵剂采用丹麦进口菌种，内含保加利亚乳杆菌、嗜热链球菌等菌种，不添加任何添加剂，符合国家标准。酸奶生产及品质检测由师生共同参与完成，是学生实训组成部分。

（黄广学 刘小飞）

【发现两种新矿物】 9 月，中国地质大学（北京）科学研究院 6 月提交的两种新矿物氟钙烧绿石和氟钠烧绿石获得国际矿物学会新矿物及矿物分类命名委员会（IMA－CNMNC）批准。这两种新矿物的发现是在国家自然科学基金项目“我国烧绿石超族新矿物研究”的支持下完成的。

（李媛媛）

【牧草种子实验室通过国际协会评审】

10 月，中国农业大学牧草种子实验室通过国际种子检验协会（International Seed Testing Association，简称 ISTA）评审。评审组由 ISTA 专职评审专家组成，从质量体系和技术操作两方面对该实验室进行考核。体系评审专家查看实验室质量体系文件、技术档案、实验室管理等相关材料，技术评审专家对作物、蔬菜、花卉、牧草与草坪草等植物种类的扦样、净度、发芽、水分等技术操作进行现场考核和提问。通过考核，该实验室通过评审。通过评审后，该实验室获得 IS-

TA授权，可以出具ISTA检测报告（橙色、蓝色证书）。该实验室被ISTA认可对于促进国际种子贸易和检测技术水平与国际化接轨具有积极作用。牧草种子实验室于1986年成立，1989年加入国际种子检验协会。

（钟占蓉）

【发布《实施绿色印刷成果报告(2013)》】 11月4日，北京印刷学院发布《实施绿色印刷成果报告(2013)》。该报告与国家新闻出版广电总局合作编研，以北京雅昌、江苏东方印务等20家印刷企业为评估样本，采集全国30个省区市绿色印刷的教科书和婴幼儿读物的统计信息，与国外部分国家实施绿色印刷效果情况以及国内其他行业会形象有机化合物（VOC）排放情况进行比较分析而成。报告指出，实施绿色印刷培育绿色发展理念，加快印刷产业升级，降低能耗和“三废”排放，更好地惠及民生。

（张艳　衣彩天）

【首次证明热休克蛋白90α（Hsp90α）为肿瘤标志物】 11月17日，清华大学在国际上首次证明热休克蛋白90α（Hsp90α）为肿瘤标志物。该校生命科学学院教授罗永章研究组自主研发的Hsp90α定量检测试剂盒已通过临床试验验证，获得国家第三类（最高类别）医疗器械证书，并通过欧盟认证，获准进入中国和欧盟市场，是人Hsp90α被发现24年来，全球首个将其用于临床的产品，对于提高肿瘤患者的病情监测和疗效评价水平、实现肿瘤个体化治疗具有重要推动作用。Hsp90α也是中国自主研发成功并拥有完全自主知识产权，被国际认可的首个肿瘤标志物。

（许亮）

【首创数量性状基因定位新方法】 11月26日，北京林业大学计算生物学中心团队首创数量性状基因定位新方法。该团队首次将工程学中已被证实行之有效的控制论思想结合多维微分方程引进数量性状定位的计算框架，提出“系统定位”思想，其基本原理是用复杂的数学模型将系统内这些关系描述出来，理顺理清各因子的作用方式，以及与其他因子之间的交互关系，据此，可以量化这些因子如何通过协同作用对最终表型产生影响。该方法应用生物医学研究领域，将对今后从机理角度研究药物反应提供重要工具，开辟一条多学科精准医学的研究方向。

（高斌）

【发布地球系统模式耦合器C－Coupler1.0】 11月，清华大学地球科学中心公开发布中国首个自主设计研发的地球系统模式耦合器C－Coupler1.0。该成果填补中国耦合器软件空白，达到世界先进水平。C－Coupler的设计与研发始于2010年3月，近90％的工作由清华大学完成，获得国家“863计划”“973计划”、国家自然科学基金和清华大学自主科研项目等联合资助，并得到北京师范大学、中科院大气物理研究所、国家海洋局第一海洋研究所等兄弟单位的支持与关注。在2013年10月加拿大维多利亚市召开的世界气候研究计划（WCRP）耦合模拟工作组（WGCM）上，C－Coupler1.0作为中国在完成耦合模式比较计划第5期（CMIP5）试验后的代表性亮点工作之一得到专门介绍。目前，C－Coupler1.0已获得专利和软件著作权。地球系统模式是研究与预测全球气候变化最重要的工具之一，其发展水平已经成为衡量一个国家地学综合实力的重要标志之一。耦合器是地球系统模式的核心部件之一，是模式发展的基础平台。在过去的20多年，仅美国和法国等发达国家拥有自主研发的耦合器，而中国始终靠引进国外耦合器来发展耦合模式，在较大程度上受限于美国等发达国家。未来，地球系统科学研究中心在进一步自主研发世界领先耦合器的同时，将为国内各模式团队提供耦合技术支撑，促进中国地球系统模式的发展。

（许亮）

【在规则形貌非晶纳米材料的制备及形貌的调控方面取得新进展】 11月，北京航空航天大学在规则形貌非晶纳米材料的制备及形貌的调控方面取得新进展。该校化学与环境学院研究小组探索出一条制备具有规则形貌的空心非晶金属氢氧化物纳米材料的路线，同时实现对产物元素成分、尺寸大小、壳壁厚度、外部形貌构型等的调控。这是迄今为止国内报道的第一例实现可控制备具有规则形貌的非晶纳米材料的方法。该成果发表在《美国化学会志》上（J. Am. Chem. Soc.，2013，135，16082）。

（毕娟）

【“海鳐眼－Ⅰ”型无人水面艇试航成功】 12月1日，北京航空航天大学“海鳐眼－Ⅰ”型无人水面艇试航成功。该艇由无人机所研制，具有长航时、自主能力强、灵活机动、部署方便等特点，可实现“一键启动”、自主巡航、人工干预、信息实时传输等功能，续航时间超过24小时，速度可达50节以上，作用距离超过1000公里。该艇突破抗海流高精度航迹跟踪控制技术、高可靠推力矢量伺服控制技术等关键技术，可应用于水文观测、水底地形勘探、水域巡逻与警戒等领域，可独立作业，或跟随大型舰艇作业。

（毕娟）

【发布中国发展指数2013】 12月30日，中国人民大学向社会发布2013年中国发展指数与中国发展信心调查结果。指数显示，公共事业和农村建设增长较快，民生领域进步显著，中国大陆民众整体发展信心较强；环境污染成为重大的发展和民生问题，当前大力推进化解产能过剩发展战略具有深远影响。中国发展指数（RCDI）对2012年31个省级行政区以健康、教育、生活水平、社会环境四个分指数进行测算和排序，并形成总指数，显示各省级行政区的变化趋势和发展的综合水平。研究结果显示，在经济高速增长同时，四项指数逐年提高，社会发展综合水平逐年提升，与此同时，多年粗放式发展使得环境污染成为重大的民生问题。中国发展指数（RCDI）是中国人民大学三大发布指数之一，自2007年起每年定期发布，其研究由跨院系科研机构中国调查与数据中心承担，并获得国家统计局的数据支持，课题组历年推出《中国人民大学中国发展报告》。该指数借鉴联合国人类发展指数（HDI）的编制思想，更注重结合中国国情，以求全面测量中国各地区社会、经济、环境发展状况及差异，避免以片面的经济增长代替社会发展的发展观念。

（段蕾）

教育科学研究

【召开全国规划课题成果报告会】 3月29日，市教委召开全国规划课题“可持续发展教育区域推进策略”成果报告暨专家咨询会。会议具体介绍课题的推进过程及主要研究成果。联合国教科文组织亚太地区联合国主席、中国联合国教科文组织全国委员会秘书长、国家教育发展研究中心主任、中国可持续发展教育全国工作委员会主任、北京教育科学研究院院长、北京可持续发展教育协会会长等专家出席会议。全市参与课题研究的各区县教委主任、课题学校代表100人参加会议。

（王成娟）

【教育科研管理者研修班结业】 5月22日，北京教育科学研究院和北京教育学院校长研修学院联合举办首届“北京市教育科研管理者研修班”结业典礼。典礼向全体学员颁发结业证书，并向10名优秀学员颁发获奖证书。房山区、西城南区、石景山区以及燕山地区教科所所长分别交流研修成果。北京教科院、教育学院领导及各区县教科研管理者30人参加会议。

（卢笛）

【召开中小学体育科学论文报告会】 7月6日，市教委召开北京市第十届中小学体育科学论文报告会。会议围绕科学落实学生每天锻炼一小时，研讨基础教育阶段体育课程与教学改革、学生体质健康、课外体育活动等十一个方面的内容，达成学校体育工作以研促教，改革创新的发展思路。本届报告会论文征集与评选工作从2012年8月开始，面向各区县中小学体育与卫生课程教师及相关科研、管理人员等共征集论文1241篇，数量为历届之最。会议共评选出一等奖72篇、二等奖153篇和三等奖220篇。10个区县获得优秀组织奖。来自各区县体育卫生部门的负责人、中小学教研员、2012年阳光体育案例获奖学校代表以及论文获奖作者共400人参加会议。

（张志华）

【153项课题入选市教育科学规划课题】 7月，北京市教育科学规划领导小组确定153项课题入选市教育科学规划课题。领导小组共收到申报材料1539项，经评审专家建议、市教育科学规划领导小组审批，最终立项153项课题，其中，优先关注课题10项、重点课题33项、校本研究专项课题30项、青年专项课题30项、一般课题50项。

（庞立场）

【召开市节能减排示范项目启动会】 8月27至28日，市政府召开世界银行贷款北京市节能减排示范项目启动会。世行专家分别就项目实施制度安排、技术设计、采购等方面问题开展专题培训。世界银行中蒙可持续发展局、世行项目、国家发改委外资司、财政部国际司、市发展改革委、市教委和北京教育科学研究院相关领导出席会议。该项目是世界银行的旗舰项目，利用太阳能光伏发电对可再生能源的扩大使用做出贡献，促进2020年可再生能源在能源结构中占15%的目标努力。

（王成娟）

【“翱翔计划”“雏鹰计划”项目通过结题评审】 10月14日，探索拔尖

创新人才培养模式——大力实施“翱翔计划”“雏鹰计划”项目通过市教委结题评审。20名学生代表以“体验科学探案，雏鹰展翅翱翔”为主题，从学生的视角生动地展现成长感悟及培养成效。市教委、北京教育科学研究院、北京理工大学附属中学领导，相关高校教授和研究员参加结题评审会。“翱翔计划”是北京青少年科技创新学院推出的一项特色课程，启动于2008年，采取中学与大学联合培养的方式。该计划由北京教育科学研究院负责组织实施，高校、科研院所、区县教委、示范高中校相关人员共同参与。“雏鹰计划”于2010年启动，致力于推进以青少年为对象的“科教合作”，旨在促进科技创新与基础教育的对接与融合，建立科研机构与中小学校的合作机制，提高中小学生的创新精神和实践能力。该计划采取“政府主导、学校实施、社会参与”的运行机制，组建由指导专家、骨干教师、志愿者构成的工作团队。

（张强）

【批准289项高校教育教学改革项目】 10月31日，市教委批准289项高校教育教学改革项目。其中，“北京大学本科人才培养国际化研究”等256个项目为2013年度北京高等学校教育教学改革立项面上项目。“基于人才培养质量提升的研究型大学内部质量保障体系建设”等13个项目为2013年度北京高等学校教育教学改革立项重点项目，北京高校12个项目，研究机构1个项目。“构建大学生人文知识竞赛平台充实高校文化素质教育内涵”等20个项目为2013年度北京高等学校教育教学改革立项联合项目，北京高校18个项目，研究机构2个项目。

（邱小培）

【召开优秀教育成果宣传推广会】 10至12月，北京市教育规划领导小组办公室联合16个区县召开优秀教育成果宣传推广会。推广会对“北京市第六届教育科学研究优秀成果”“第四届北京市基础教育教学获奖成果”以及部分区县优秀教育研究成果宣传推广，共推广市区两级优秀成果97项，其中“两奖”获奖成果80项。

（庞立场）

【召开教材改革试验结题会】 11月20日，市教委召开“北京市国家教育

体制改革试点项目基础教育课程教材改革试验结题暨基础教育课程改革年度交流会”。会议以“总结·反思·深化·推广”为主题，全面总结三年来项目开展情况及取得的成果，多角度、多层面地开展研讨和经验交流，共谋北京市基础教育综合改革的新发展。会议由市教委主办，北京教育科学研究院承办。来自教育部、市教委、市教育督导室、北京教育学会、门头沟区政府相关领导，高校专家等相关单位负责人，以及各区县教委、教研科研部门负责人、中小学校长和教师代表600人参加会议。

（武泽钰　任虹）

【召开综合素质评价交流研讨会】　12月27日，市教育督导与教育质量评价研究中心“北京市基础教育阶段学生综合素质评价推进”项目组召开2013北京市初中学生综合素质评价交流研讨会。会议听取通州区教委作初中学生综合素质评价工作总结；通州区5所学校的6名负责人和教师作典型发言。市教委、各区县教委、教科所领导及全市初中校的主管校长共610人参加会议。该项目于2006年立项，主要研究学生评价的理念、方法和技术。

（卢笛）

【都市农业、生态旅游和文化创意产业融合研究结题】　12月28日，北京农业职业学院承担的首个市自然基金项目“都市农业、生态旅游和文化创意产业融合研究”结题。该项目针对北京市城乡一体化和都市型现代农业发展需求，运用产业融合理论，对北京市都市农业、生态旅游和文化创意产业发展现状，产业融合的组织协同、利益分配、制度安排以及发展保障机制进行研究，提出政策建议，形成1个主报告、8个子报告、1篇专著以及7篇科研论文。该项目于2012年立项，由20名教师参加研究。

（郝婧　马雪雁）

【开发市教育科学规划课题管理系统】　至年底，市教育科学课题管理系统部分开发完毕。课题申报模块、课题评审模块、课题管理模块、课题评奖申报及评审模块投入使用。该系统包括150个二级管理单位注册、2000个工作单位注册、5000个个人用户、专家用户1300个。年内，共计5000人次通过该系统参与北京市规划课题的申报和管理。

（庞立场）

【114项教育科学规划课题完成结题鉴定】　至年底，市教委共完成114项规划课题的结题鉴定工作。其中，对105项规划课题进行集中会议鉴定，鉴定结果为：1项课题为优秀，94项课题的等级为良好或合格，10项课题为暂缓结题。此外，另有2项课题通过会议方式结题，7项课题免于鉴定。

（庞立场）

【15项课题入选全国教育科学规划课题】　至年底，北京市15项课题入选“全国教育科学研究‘十二五’规划2013年度课题”。该项工作由北京市教育规划领导小组办公室组织完成，共申报课题215项。经过评审与审批，15项课题获准立项。其中，国家一般课题3项，国家青年基金课题2项，教育部重点课题7项，教育部青年专项课题3项。

（庞立场）

教育教学研究

【开展初中教师实验技能培训与展示活动】　2月1日，市教委发布开展初中教师实验技能培训与展示活动的通知。该活动由市教委、水沙科学与水利水电工程国家重点实验室和市教育学会共同主办，北京市教育技术设备中心负责组织实施，北京教育科学研究院和首都师范大学协助完成，主要为推动义务教育阶段新的学科课程标准学习和实施，推进初中课程改革，全面提高初中教师实验教学的基本技能和教学创新能力，是第二届北京市初中教师基本功培训和展示活动中的一项。该活动分市级、区级和学校三个层面举行，区县和学校两级培训及展示活动由区县教委协调有关单位组织完成，其中，区级培训与展示阶段要求物理、化学、生物3个学科的任课教师组和实验员（专职实验室管理员、任理化生课且兼实验室管理员）全员参加。市级统一笔试阶段要求3个学科任课教师凡50岁以下（1963年6月底以前出生）必须参加；实验员不限制年龄，全员参加。市级综合实验能力展示阶段要求参与人员由各区县根据市级统一笔试成绩及区级展示活动成绩推荐产生。考察内容分笔试和综合实验能力展示两项，其中，笔试考查任课教师对实验教学作用的认识、实验教学策略的理解、实验方案的设计、误差分析和数据处理等相关内容；考查实验员对实验教学作用的认识、实验操作基本技能、实验室基本管理方法。综合实验能力展示：考查教师实验操作技能（含规范操作、实验效果展示）、实验方案设计与实施、实验教学创新等专业技能；考查实验员实验准备（含仪器维护、维修）、实验操作（含规范操作、故障排除、实验效果展示）和实验创新（含实验设计、实验方法）等专业技能。全市初中物理、化学、生物学科教师及实验教师5000人参加选拔，285人进入市级展示。经过笔试、基本实验操作和创新实验操作等程序，评出一等奖88人、二等奖85人、三等奖108人。该活动持续至11月。

（徐锦拓　华蕾）

【开展中职课改实验项目教师说课展评活动】　2月26日，市教委公布中等职业学校“工作过程导向”课程改革实验项目专业核心课教师说课展评活动结果。共有29所课改实验学校97名专业课教师参加活动，经过教师现场说课、专家质询等程序，共评出一等奖9人、二等奖19人、三等奖28人。

（胡雨　张兰）

【召开全市教研工作研讨会】　3月6日，北京教育科学研究院召开2013年北京市教育教学研究工作研讨会。会议同时组织“研修一体”教学研究模式交流活动。会议就新学期面临的教育形势及本学期需要强调的工作要点进行说明，并对市政府“实事工程名师”同步课程录制工作、监控评价、课改教材培训、初中教师教学基本功、优秀课例评选等重点工作进行部署及讨论。会后，通州区教师研修中心以团队的形式进行“研修一体”教研模式交流。来自北京教科院和16个区县的教研部门负责人参加会议。

（沈俊楠）

【评选优秀教学资源】　3月25至28日，北京教育网络和信息中心举办北京市教学资源评审活动。共217件作品参评。经过初评和终评等程序，评出获奖作品210件，其中，一等奖33件、二等奖64件、三等奖113件。

（潘东庭）

【举办生涯教育研讨会】　3月27日，

北京教育科学研究院召开北京市中小学生涯教育研讨会。会议介绍“北京市中小学生涯教育实施意见”项目研究与实践的基本情况，面临的困惑和问题以及对今后工作的思考，学校生涯教育开展的特点与实践经验。会议就中小学生涯教育的理念、实践策略、存在的问题、未来发展前景等问题进行研讨。来自教育部、市教委、北京教科院、美国库克大学、中国人民大学、北京师范大学附属实验中学、北京市京源学校、北京教育学院宣武分院附属中学的相关领导和教师参加会议。

（朱凌云）

【召开市小学数学课堂教学观摩交流会】　4月1至3日，北京市第11届小学数学课堂教学观摩交流会在星河实验小学召开。会议由北京教育科学研究院主办，朝阳区教研中心协办。会议采取现场授课展示和专家点评互动的形式，对数学课堂教学实效性进行深入的探讨和研究，聘请特级教师吴正宪为总评委，特级教师刘德武和北师大博士、北京教科院研究员等为评委。全市各区县小学数学教研室教师19人参加展示。

（常燕林）

【开展初中教师教学基本功网上调查】　4月11至12日，北京教育科学研究院针对全市初中15个学科28198名教师开展教师基本功网上问卷调查活动。该问卷调查内容针对教师的基本信息、教师对教学基本功的认识、教师对基本功的自我评价、教师基本功培训现状与培训需求、影响教学基本功的因素、提高教师基本功的措施等方面开展。

（沈俊楠）

【举办思想政治理论课教学基本功比赛】　4月15日，第七届高校思想政

治理论课教学基本功比赛结束。比赛设置预赛和决赛两个阶段，包括“马克思主义基本原理概论”“毛泽东思想和中国特色社会主义理论体系概论”“中国近现代史纲要”“思想道德修养与法律基础”和“研究生思想政治理论课”5个类别，经过规定时间教学过程演示、评审团打分等环节，5人获一等奖、8人获二等奖、18人获三等奖。比赛由市委教育工委主办，北京航空航天大学承办。49所高校100名思想政治理论课教师参赛。

（杜建峰）

【召开小学语文读写结合研讨活动】　4月24日，北京教育科学研究院召开首次北京市小学语文读写结合研讨活动。史家胡同小学校长介绍史家小学的办学思想，展示史家小学教师执教的《买木雕的少年》《卖火柴的小女孩》《习作评讲》三节研究课。来自各区县的小学语文骨干教师共260人参加研讨活动。

（沈俊楠）

【举办“语文教研沙龙”系列活动】　4至12月，北京教育科学研究院举办北京市中青年特级教师“语文教研沙龙”系列活动。北京教科院语文特级教师以“和而不同，美美与共”为题介绍该项目的研究思路，并作“一个文本研读的个案报告——我读《安恩与奶牛》始末”主题发言。该活动是北京市中青年特级教师教研创新平台建设试点项目的系列研讨活动之一。北京教科院、西城区教委、北京教育研修学院相关领导出席活动，来自北京教科院、北京市第一零一中学、顺义区教研中心、北京市第四中学、北京师范大学附属中学5名特级教师的工作室成员及部分区县语文骨干教师共计60人参加会议。

（沈俊楠）

【举办首届小学语文教学观摩活动】　5月7至10日，北京教育科学研究院举办北京市第一届小学语文教学观摩活动。活动围绕“新课标解读与课堂教学对接”主题，举办课堂教学展示观摩活动。活动由东城区教研中心协办、北京第一师范学校附属小学承办。“北京市小学语文教学观摩活动”是在每两年一届的“北京市小学语文阅读教学观摩研讨活动”基础上的全新调整，是全新的一届教学观摩活动。

（沈俊楠）

【研讨劳动技术素养教学】　5月8日，北京教育科学研究院在通州区中山街小学举办北京市小学劳动技术启蒙学生技术素养教学研讨活动。会议以启蒙学生技术素养和操作性学习为主题，观摩永顺镇中心小学、中山街小学《金属丝造型》和《认识包装盒》两节课。课上主讲教师依据学生知识和技能水平，应用小组学习、合作学习等教学策略，合理选择模仿、合作、研究等教学方式，“做中学”

和“学中做”。来自各区县教研员、骨干教师，以及通州区各小学相关学科教师100人参加会议。

（宗博旭）

【举办精品课程资源建设成果展示与交流会】 5月15日，北京教育科学研究院举办“北京市高中化学精品课程资源建设成果展示与交流大会”。会议围绕“系统优化模块教学全面提升学生能力——基于《化学反应原理》模块精品课程资源建设与实践研究”主题，开展高中化学新课程模块教学系统研究活动。展示交流会由海淀区教师进修学校、北京市八一中学承办。来自各区县化学教研员和教师，北师大、首师大等高校化学教育同行，以及外省市化学教师共300人参加会议。

（沈俊楠）

【举办语言知识教学专题研究活动】 5月16日，北京教育科学研究院启动语言知识教学专题研究活动。邀请国家《英语课程标准》核心组成员举办《语言知识教学》专题讲座。全市各区县市、区骨干教师300人参加活动。至年底，该系列活动共举办3次研究活动。

（沈俊楠）

【举办青年教师教学基本功比赛】 5月22至31日，市委教育工委、市教委、市教育工会、教育部全国高校教师网络培训中心联合举办北京高校第八届青年教师教学基本功比赛。比赛设文史（文、史、哲、艺、社、科、管、心理、外语等）、理工（理、生、医、工）两大类别，分A、B两组（教育部门确定的“985”“211”重点院校为A组，其他院校为B组）。比赛采取教案评比与现场教学演示相结合的比赛形式，经专家和学生评委共同评审，决出理工类和文史类一、二、三等奖及其他各个奖项。比赛由清华大学和北京交通大学协办，63所高校143名青年教师参加比赛。该项赛事由市教育工会于1995年开始举办，每两年举行一次。

（邱小培）

【开展义务教育教学质量分析与评价反馈系统系列活动】 5月26至31日，北京教育科学研究院召开2013年北京市义务教育教学质量分析与评价反馈系统命题会。会议包括问卷命制会和测试卷命制会。各学科教师进行分组讨论，并与答题卡公司、英语测试公司、印刷厂完成试卷的交接任务，按时完成2013年分析与评价反馈系统的问卷和测试卷的命制工作。6月21日，市教委和北京教育科学研究院组织完成五、八年级北京市义务教育教学质量分析与评价反馈系统的测试。该测试对北京市17个区县和单位809所小学8万名五年级学生进行测试，对9个抽测区县96所中学6100名八年级学生进行测试。测试学科包括五年级数学、英语，八年级数学、英语、历史，和相应的学生问卷、教师问卷和学校问卷，且英语学科除了纸笔测验以外，还包括口语听说能力测试，所有测试均在计算机上完成。

（沈俊楠）

【召开中小学课程改革干部培训会】 5月28至29日，北京教育科学研究院召开2013年春季北京市中小学课程改革干部培训会。会议以专题讲座、主题报告、课堂展示、课堂体验、经验分享、交流研讨等多种互动培训方式提高干部教师的课程理念和课程建设水平。各区县主管主任、中小教科长、课程管理部门负责人、教科研相关研究人员、部分中小学校长及教务干部等300人参加会议。

（武泽钰）

【京版义务教育教材通过教育部审查】 5月30日，85册京版义务教育教材通过教育部审查，成为国家基础教育课程改革实验教材体系的重要组成部分。审查通过的教材包括小学阶段数学、英语、音乐、美术、体育与健康（教师用书）5科54册，初中阶段数学、英语、音乐、美术、物理、化学、生物学7科31册。至年底，北京教育科学研究院组织完成义务教育课程标准修订后京版教材春、秋季教材培训工作。培训采取通识培训和分学科培训等多种培训形式。邀请教育部课程教材发展中心教授做题为《深化课堂教学改革，探索创新改革经验》的报告。各学科培训过程的录像视频发送上网、并上传北京数字学校（BDS）网站，供区县开展教材工作培训及老师们学习参考。全市中小学19个学科2800名教师参加培训活动。

（武泽钰　沈俊楠）

【召开小学数学教师专业成长研讨会】 6月18日，北京教育科学研究院召开北京市小学数学教师专业成长研讨暨吴正宪小学数学教师工作站五年研修回顾会。会议听取吴正宪、李兰英题为《研究的力量，让我们步履坚实》的工作总结，从团队研修实践、研修机制、课题研修、学习交流及成果收获方面总结吴正宪数学工作站的工作情况；听取房山区北京小学长阳分校及吴正宪工作站顺义分站代表交流发言。会议由顺义区教委、顺义区教研考试中心承办，市教委、北京教科院、北京开放大学等单位领导，各区县教委相关人员及来自福建、四川、重庆等省市的300名教师参加会议。吴正宪小学数学教师工作站2008年6月18日成立，面向全市选拔小学数学优秀教师进站研修。主要通过团队研修的创新实践探索，帮助基层教师提供专业服务。至2013年，共培训学员12000人。

（沈俊楠）

【举办中小学博客大赛】 6月28日，北京教育科学研究院和首都精神文明建设委员会办公室联合举办北京市第三届中小学博客大赛颁奖仪式暨“成长共同体构建”专题培训会。会议为获奖人员颁奖；听取8名获奖代表交流利用博客平台在班级管理、家校沟通、师生交流等教育工作方面的做

法、体会和思考。会议听取北京市网上家长学校项目负责人作题为《基于互联网的学生、教师和家长成长共同体建构实验研究》的专题培训。首都精神文明办、北京教育科学研究院相关领导出席会议。比赛开始于2013年1月，共有全市3800名学生、教师和家长参加比赛，经过初评、复评和终评等环节评比，评选出一等奖25人、二等奖96人、三等奖107人。

（刘韬）

【举办中小幼教育教学视频评优活动】 6至12月，北京教育网络和信息中心举办2013北京市中小幼教育教学视频评优活动。评比分为“精彩一节课”、教育教学专题、校园电视节目、文艺、摄影5大类。各区县通过选拔共上交536件作品，经专家评审，共评出“精彩一节课”类一等奖5人、二等奖10人、三等奖48人；教育教学专题类一等奖5人、二等奖10人、三等奖28人；校园电视节目类一等奖3人、二等奖2人、三等奖10人；文艺类一等奖4人、二等奖8人、三等奖20人；摄影类一等奖5人、二等奖13人、三等奖23人。

（马东　周凯）

【举办中职学校教师信息化教学比赛】 7月8至9日，市教委举办2013年北京市中等职业学校信息化教学比赛暨全国职业院校信息化教学大赛选拔赛。来自22所中等职业学校的82名教师参加多媒体教学软件、信息化教学设计和信息化实训教学3个项目的比赛。经过学校选拔、资料初审、抽签分组和现场展示等环节，评选出一等奖9个、二等奖15个、三等奖23个，优秀组织奖4个，12个作品被推荐参加全国职业院校中职组教师信息化教学大赛。比赛由北京教育科学研究院承办。

（禹治斌）

【颁发中学物理教师实验探究教学技能比赛奖】 7月10日，北京教育科学研究院召开北京市第四届中学物理教师实验探究教学技能比赛颁奖暨展示大会。会议总结比赛活动的过程，宣布获奖教师名单，其中，一等奖39人、二等奖37人。会议观摩14名初中、高中获奖教师进行的实验教学探究教学技能展示。北京教科院、朝阳区教委、朝阳教研中心、陈经纶中学相关领导，全市中学物理教研室主任，初、高中骨干教师，获奖教师共400人参加会议。该评选自2011年7月启动，全市共有5000名初、高中物理教师参加比赛，经过初评、复评和终评等环节评比，确定获奖名单。

（沈俊楠）

【召开第五届视频教学研讨会】 10月17日，第五届“视频互动教学及网络研修”工作暨基础教育信息化创新应用研讨会在北京市陈经纶中学召开。此次会议由教育部教育管理中心主办，北京教育网络和信息中心协办，朝阳区教育委员会承办。会议总结视频教学与网络研修工作经验和成果，展望基础教育信息化创新发展动向，部署下一阶段教育信息化建设、开展基础教育信息化创新应用工作。来自教育部教育管理信息中心、网络和信息中心与朝阳区教委、区教工委、区教育督导室有关领导，以及全国各省市教育信息化系统专家、工作人员300人参加会议。

（黄杰）

【中职教师获全国信息化教学奖】 10月18至21日，北京教育科学研究院组队参加2013年“凤凰创壹杯”全国职业院校信息化教学大赛中职组比赛并获奖。一等奖5人、二等奖3人、三等奖1人。获奖教师来自8所中职学校，分别参加多媒体教学软件、信息化教学设计和信息化实训教学项目比赛。经过市级选拔、赛前集训和专家指导，选拔24名教师参加比赛。

（禹治斌）

【召开自主课程实验学校周期复审工作反馈会】 10月28日，北京教育科学研究院召开“北京市首批自主课程实验学校周期复审工作反馈会”。会议听取北京市第四中学、北京师范大学附属中学和清华大学附属中学分别介绍前期实验的方案和经验，通报首批自主课程实验学校周期复审的结果和具体情况，对本学期自主课程实验工作的开展提出基本要求。市教委、北京教科院领导，“普通高中自主课程实验”项目组成员、24所实验学校项目负责人共30人参加会议。

（武泽钰）

【完成初中教师基本功培训与展示活动】 10月，北京教育科学研究院完成北京市第二届初中教师基本功培训与展示活动。该项活动历时两年，先后共有28000多名初中教师参加活动。市教委、北京教科院领导分别深入15个说课点指导，中央教科所、北师大、首师大、人教社、教育学院等部门的专家参加15个学科的说课答辩活动。

（沈俊楠）

【评选课程建设先进单位】 11月20日，北京教育科学研究院公布2012～2013学年度北京市课程建设先进单位评选结果。通过文本审阅、现场答辩、综合分析、交流研讨、实地考察等环节，经过区县初评和市级复评、终评，并经北京市课程改革领导小组批准，21所学校被评为2012～2013年度北京市课程建设的先进单位。

（武泽钰）

【评选中小学教师优秀课堂教学设计】 11月20日，北京教育科学研究院公布“2013年北京市中小学教师优秀课堂教学设计征集与评选”结果。本年度征集与评选项目围绕“研读课程标准”主题，经过初评、复评和终评等环节，28个学科388名教师参加现场说课与答辩，经80名学科专家评委及工作人员终评，评出一等奖199人、二等奖189人、三等奖907人。

（沈俊楠）

【召开初中劳动技术学科现场会】 12月3日，北京市初中劳动技术教学“依托劳技学科，实践德育途径，推进素质教育”主题现场会在昌平百善学校召开。会议由北京教科院主办，昌平区教委承办。会议参观百善学校科技长廊，听取百善学校劳技教师“L型插花”和昌平二中劳技教师“鸟巢的设计与制作”两节课。会议就两节课德育目标与劳技教学目标相结合进行研讨与交流，听取昌平区劳技教研员作《相约技术，成就梦想》主题发言，报告昌平区初中劳技学科工作开展情况。市教研员肯定昌平区的劳技教学，提出德育始终是初中劳技学科课堂教学的重要内容之一；劳技课程的发展方向是规范化、系统化、专业化。全市各区县劳技教研员、昌平区各中学教学主管领导和劳技学科教师102人参加活动。

（刘平）

【召开基础教育学习方式系统变革研讨会】 12月12日，北京教育科学研究院召开“首都基础教育学习方式系统变革实验研究”研讨会。研讨会分为课堂观摩、教师思路介绍、学校学习方式项目进展交流、专家点评、领导讲话五个环节。教育部相关部门、北京教科院、朝阳区教委、朝阳区教研中心的相关领导，及各区县教师30人参加会议。

（武泽钰）

【承办新课程有效教学观摩研讨会】 12月12日，“全国新课程有效教学观摩研讨会暨昌平实验小学课改经验交流会”在昌平实验小学召开。会议由中国教育学会教学实践研究分会主办，昌平区教委承办。会议听取昌平实验小学课改工作汇报，观摩广东、山东、江苏、河南、北京9名教师语文、数学、英语3个学科的“同课异构”展示。会议展示昌平实验小学抓住当前教学改革的关键问题和核心问题，聚焦自主学习的有效成果。昌平区教委领导、外省市学校干部、教师500人参加大会。

（王凤云）

【召开全国普通高中通用技术实验工作研讨会】 12月20至21日，市教

委举办第十届全国普通高中通用技术课程实验工作研讨会暨北京市通用技术课程实验五周年成果展示会。会议听取北京市、海南省、浙江省、重庆市的省市级教研员分别介绍各地的通用技术课程实施的主要举措、基本经验、存在问题以及下一步计划等内容。会议举办教师技能展示，根据组委会设计的球体包装盒的设计与制作、取碗器的设计与制作、多功能拐杖的设计与制作三个题目，教师将提前准备好的半成品工件进行精细加工，专家现场指导并对教师作品进行评价。会议组织到北京汇文中学、北京市第二中学、北京育才学校、北京市十一学校、北京市第十八中学和北京师范大学附属实验中学进行现场参观和听课活动。教育部、市教委、北京教育科学研究院、各区县教委和教研部门的领导、全国各省市高中校的校长代表、技术课程或通用技术教研员、一线优秀骨干教师以及高等学校、科研机构的技术教育专家、科研人员、博硕士研究生等500人参加会议。会议由教育部基础教育课程教材发展中心和市教委主办、北京教育科学研究院承办，北京师范大学附属实验中学、南京师范大学和地质出版社协办。

（沈俊楠）

【参加全国中小学体育教师教学技能比赛】 12月27至28日，北京市中小学体育教师代表团参加第二届全国中小学体育教师教学技能比赛。比赛由教育部体卫艺司主办，内容涉及教育教学理论、体育教学实践技能、专项运动技能、民族民间特色体育项目展示和队列队形5个部分，全面考察教师的教学能力和专业素养。北京代表团由来自6个区县17个单位的23名体育教师组成，获得团体总分一等奖第一名、优秀组织奖和民族民间传统体育展示一等奖等奖项。其中，3人获得一等奖、2人获得二等奖、1人获得三等奖，整体成绩较上届有所提升。比赛设有团体奖、个人奖、展示奖和优秀组织奖，来自全国30个省（市、区）教师代表队参加比赛。该比赛每两年举办一次。

（张志华）

（本栏责任编校　邱小培）

师资建设

综　述

2013年，北京教育人才人事工作坚持"优先建设、优势引领、优质提升、优化机制"的人才工作方针，深化人事制度改革，按照分类分层原则，培养和造就一支师德高尚、业务精湛、结构优化、充满活力的高素质、创新型、国际化教育人才队伍。

健全和完善人才工作体制机制，优化工作格局和发展环境。高度重视教育人才工作，统筹研究规划人才工作的全局性、战略性问题，不断完善党政统一领导、人事部门牵头抓总、有关部门各司其责、协调配合、有效运转的工作体制和运行机制，定时召开由人事、教学、科研、财务、有关培训机构等多个部门参加的工作联席会，组织实施各项工作。不断完善人才引进、管理和发展服务体系，研究制定分层分类培养方案，构建规范有序的人才培养机制，提高人才资源配置效益。充分发挥高层次人才的引领、示范、辐射作用，支持、鼓励他们发挥积极作用。坚持立德树人、教书育人，大力宣传典范，营造尊重知识、尊重人才的良好环境。

完善制度、加大投入，保障人才培养持续健康发展。进一步贯彻落实《北京市属高等学校高层次人才引进与培养三年行动计划（2013年～2015年）》《北京市属高校创新团队建设与教师职业发展计划实施意见》《关于实施北京高等学校"青年英才计划"的意见》《十二五时期北京市职业院校教师素质提升工程》《关于实施北京市中小学名师名校长发展工程意见》精神，保证对各类人才培养培训的投入力度。人才培养经费市财政本级拨款高校4.5亿元，职业院校3千余万元，中小学、幼儿园教师1.07亿元，中小学校长、幼儿园园长3967万元。

以高层次人才队伍建设为重点，推动人才队伍全面、均衡发展。在高校教师队伍建设方面，实施《北京市属高等学校高层次人才引进与培养三年行动计划（2013年～2015年）》《北京市属高校创新团队建设与教师职业发展计划实施意见》《关于实施北京高等学校"青年英才计划"的意见》与市属高校优秀青年教师发展基地研修计划，加大对杰出人才和高层次人才的引进和资助力度，加强创新人才和创新团队建设力度，从教学、科研、管理等方面加强高校人才队伍建设，对批准的特聘教授、高层次人才、拔尖人才、创新团队、中青年骨干教师继续给予资助。为加大对高校青年学术骨干的支持和培养力度，在北京大学、清华大学等中央高校建设一批市属高校青年教师发展基地，选派近百名优秀青年教师作为教学名师、教学创新团队带头人和学术（科）带头人的人才后备力量，在教师发展基地进行为期一年的研修，培养和提升市属高校优秀青年教师的教育教学能力、科研能力。继续做好国家"千人计划"和北京市"海聚工程"人选的推荐、报送工作以及引进海外高层次人才规划工作。加强高校教师基础能力建设，继续开展多方位的教学技能培训项目，支持更多人才参与国内、国际交流。此外，根据《北京市属高等学校高层次人才引进与培养三年行动计划（2013年～2015年）》《北京市属高校创新团队建设与教师职业发展计划实施意见》《关于实施北京高等学校"青年英才计划"的意见》，按照有关程序，遴选3名高层次引进人才、36名特聘教授、31名长城学者培养人选、15个创新团队、198名青年拔尖人才培养人选，有138名优秀青年教师进入高校发展基地开展研修。

在职业院校教师队伍建设方面，继续实施"北京市职业院校教师素质提高工程"，依托全市15个职业院校教师培训基地，共开展32个专业教师培训项目和6个教师培训试点项目，共计完成4万人次的培训任务。组织建筑专业和青年骨干教师2个教师国外培训团组，共计40名教师，分别赴英国和新加坡，参加为期28天的国外培训。对26名职教名师、50名专业带头人、180名优秀青年骨干教师的培养分别给予每人每年5万元、3万元和1万元的资助，对20名来自行业企业的特聘专家给予每人每年5万元的资助，对29个全市选拔产生的专业创新团队给予每个团队每年15万元建设资金资助。

在中小学教师队伍建设方面，按照"面向全体、突出骨干、倾斜农村、服务急需"的培训思路，根据《北京市"十二五"期间中小学教师培训实施意见》，共设计38个培训项目，涉及16个区县和燕山地区的中小学教师。

一是高端教师培训，促进名师成长。启动"北京市中小学名师发展工程"，从北京市中小学学科教学带头人、骨干教师中选拔部分中青年教师进行重点培养，71名中小学名师培养对象进入基地进行研修；评选市中小学、幼儿园、中等职业学校学科教学带头人416名、骨干教师2005人、农村骨干教师219人。设立"北京市中小学特级教师研修工作室"，加强北京市中小学高层次人才队伍建设。

二是继续实施面向农村中小学教师的远郊区县区域教育合作项目、京郊教师"绿色耕耘"培训、北京市农村中小学教师研修工作站、提升北京市农村小学英语教师教学能力等培训项目，更大范围地发挥城区优质学校和首都高校、研究机构优质教育资源的作用，为农村教师的专业发展提供较大力度的支持，以促进城乡教育均衡发展，共培训1万余人。

三是教师专题培训，满足教育急需。通过各种专题培训，解决教师教育教学中的共性问题，并提供前沿的教学技能技巧培训，为全体教师的成长提供重要的补充，共培训教师6000余人。为促进义务教育均衡发展，进一步加强中小学教师队伍建设，对义务教育阶段学校教师交流问题进行深入研究，积极探索区域内、区域间教师流动机制，进一步落实《关于进一步推进义务教育优质学校干部教师向普通学校流动的意见》，明确教师交流工作以缩小区域内城乡、校际之间教育发展差距、促进区域教育均衡发展、全面提高教育教学质量为宗旨，遵循“政策引导、区域统筹、形式多样、合理流动、促进均衡”的原则，与学校的岗位设置、人员编制、学科建设相结合，充分发挥干部、人事政策的导向性作用，积极推动干部教师交流工作。

在幼儿师资队伍建设方面，根据幼儿教师专业发展需求，开展全员参与的分层分类培训，促进教师教育素养和教育教学能力的全面提高。建立学前教育教师培养工作室制度，培养市区级骨干教师。组织教师基本功大赛、半日评优等系列活动，引导幼儿园关注教师队伍建设，促进教师关注教育活动，关注保教结合和技能培养，引导全市幼儿教师专业化发展。为促进农村教师队伍发展，开展示范幼儿园与农村幼儿园“手拉手”活动。通过系列活动，示范园帮助农村幼儿园干部教师树立先进的教学理念，提高教学水平。

在中小学校长和幼儿园园长培训方面，紧密围绕实施素质教育的中心任务，继续开展以中小学校长、幼儿园园长任职资格培训、提高培训、高级研修和专题培训为主要形式的全员培训，包括中小学名校长工作室、中小学校长国内名校高级访问研修、中小学骨干校长境外研修、小学中青年骨干校长专业发展研修等近 20 个培训项目，培训 1600 人。

为全面实施素质教育，促进城乡教育均衡发展，解决北京市中小学教师队伍结构性短缺问题，特别是郊区和农村地区非常突出的结构性短缺问题。5 月，市教委和市人力社保局联合制定《北京市公开招聘农村中小学音、体、美等学科教师三年行动计划（2013 年～2015 年）》，进一步加强北京市农村教师队伍建设，促进教育均衡发展，市教委在开展北京市幼儿园、中小学、中等职业学校学科教学带头人和骨干教师评选工作的同时，设立 200 个专项指标，开展北京市农村中小学骨干教师评选工作，适当降低评选条件，以鼓励优秀教师从事农村教育工作，努力成为农村教育专家，提高农村基础教育水平。

开展中小学教师职称制度改革试点工作。根据《关于印发深化中小学教师职称制度改革扩大试点指导意见的通知》《关于印发深化中小学教师职称制度改革扩大试点工作方案的通知》和《北京市深化中小学教师职称制度改革扩大试点实施方案》，市教委选取西城区、朝阳区、通州区作为试点区县开展中小学教师职称制度改革试点工作，对 3 个区的 34395 名在职教师按照新的职称体系进行过渡。在区县评议推荐的基础上，经北京市中小学教师系列（正高级教师）高级专业技术职务评审委员会评审通过，最终评选出 18 名北京市第一批中小学正高级教师。

进一步加强师德建设，开展优秀教师的评选表彰工作。师德是教师队伍的灵魂和基础，采取多种形式开展师德师风建设，营造良好的师德建设工作氛围。一是以市委教育工委、市教委、市人力社保局、市财政局名义组织开展北京市优秀教师和优秀教育工作者评选表彰活动，评选优秀教师 638 人、优秀教育工作者 79 人。二是利用报纸、媒体等对优秀教师进行宣传报道。三是利用现代教育报发行《教师周刊》，将提高教师师德修养，提升教师职业道德素养作为周刊的重要定位之一，通过树典型、设专题、报新闻等多种形式进行宣传报道，开设“打造明星教师”栏目宣传师德优秀教师、开设“文武教师”版面展现教师风采、设置师德话题圆桌论道、发表师德文章交流师德经验等。四是联合相关部门，完成“北京教育教学成果奖”评选工作，评选表彰“北京市教育教学成果奖”890 项，其中，高等教育 663 项、中等职业教育 67 项、基础教育 160 项。

（吴武）

【81 人入选 2011 年度长江学者奖励计划】 2 月 7 日，教育部公布 2011 年度长江学者特聘教授、讲座教授名单。北京高校 81 人入选，其中，特聘教授 72 人、讲座教授 9 人。该评选经学校推荐、通讯评审、会议答辩、人选公示、评审委员会审定、聘任合同签订等程序，共确定北京大学陈晓明等 241 人为 2011 年度长江学者，其中，特聘教授 194 人、讲座教授 47 人。

（张晓兰）

2011 年度长江学者
特聘教授（北京高校）

北京大学

陈晓明	中国现当代文学
方方	认知心理学
郭志刚	人口学
韩水法	外国哲学
黄桂田	政治经济学
黄晓军	内科学
蒋争凡	细胞生物学
裴坚	有机化学
朴世龙	自然地理学
施章杰	有机化学
史宇光	基础数学
谭文长	流体力学
夏定国	材料学
俞孔坚	设计学

清华大学

陈国权	企业管理学
陈曦	凝聚态物理
崔建远	民商法学
方红卫	水力学及河流动力学
姜开利	材料物理
金峰	水工结构工程
李广涛	物理化学
刘云浩	计算机系统结构
刘铮	生物化工
戚益军	植物学
孙宏斌	电力系统及其自动化

王立平　机械制造及其自动化
王宁　英语语言文学
王小群　管理科学与工程
吴嘉炜　生物化学与分子生物学
杨华中　电路与系统
余刚　环境工程
袁宏永　安全技术及工程
张明楷　刑法学

中国人民大学
曾湘泉　劳动经济学
韩大元　宪法学与行政法学
李路路　社会学
马俊峰　马克思主义哲学
毛基业　技术经济及管理学
张杰　金融学

北京师范大学
李实　应用经济学
薛贵　基础心理学
张斌贤　教育史

中国农业大学
呙于明　动物营养学与饲料科学
黄冠华　农业水土工程
王福军　水利水电工程

北京科技大学
王戈　材料物理与化学

北京化工大学
杨卫民　聚合物成型加工原理及设备

北京交通大学
李德才　机械工程

北京邮电大学
马华东　计算机应用技术

中国矿业大学（北京）
韩敏芳　清洁能源学
周宏伟　采矿工程

中国石油大学（北京）
赵震　工业催化

中央财经大学
李海峥　应用经济学

北京中医药大学
陈家旭　中医诊断学

华北电力大学
牛东晓　技术经济及管理

北京航空航天大学
樊瑜波　生物医学工程
郭雷　控制理论与控制工程
郭林　无机化学
蒋成保　材料学
李波　计算机应用技术

北京理工大学
陈杰　控制理论与控制工程
赵维谦　测试计量技术及仪器

北京工业大学
郭霞　微电子与固体电子学
韩晓东　材料物理与化学
李小军　防灾减灾工程与防护工程
石照耀　机械制造及其自动化

北京建筑工程学院
戚承志　岩土工程

首都师范大学
左东岭　中国古代文学

首都医科大学
李汇华　病理学与病理生理学
张罗　耳鼻咽喉科学

（张晓兰）

2011年度长江学者讲座教授（北京高校）

北京大学
李宝生　地球化学
张冰　天体物理
赵宏宇　生物统计学

清华大学
林明浩　计算机应用技术

中国人民大学
陈毅恒　统计学

北京语言大学
潘海华　外国语言文学

中央财经大学
陈嵘　统计学

北京航空航天大学
杨海　管理科学与工程

北京协和医学院
吕志民　肿瘤学

（张晓兰）

【制定市属高校人才引进与培养计划项目管理办法】　2月19日，市教委印发《北京市属高等学校高层次人才引进与培养三年行动计划（2013年～2015年）项目管理办法》。办法规定，市属高校高层次人才引进和培养工作实行市教委、高等学校和项目责任人三级管理体制。申报立项中，由市教委布置工作要求、各高等学校提出申请、市教委组织立项评审。项目实施过程中实行学校统一领导下的项目责任人负责制，由市教委联合相关部门组织专家在项目建设过程中和完成后进行检查和验收。项目成果归项目所在学校所有。《北京市属高等学校高层次人才引进与培养三年行动计划（2013年～2015年）》于2012年9月5日颁布，项目建设内容包括高层次人才引进计划、“长城学者”培养计划、特聘教授计划和青年拔尖人才培育计划。

（吴武　纪奇明）

【入选全国三八红旗称号】　2月28日，中华全国妇女联合会公布全国三八红旗手及全国三八红旗集体名单，北京1人和2个单位入选。其中，首都经济贸易大学劳动经济学院教授、教务处处长张琪入选全国三八红旗手，北京市第五幼儿园和北京外国语大学社会性别与全球问题研究中心入选全国三八红旗集体。此次评选共有10人入选全国三八红旗手标兵、300人入选全国三八红旗手、200个单位入选全国三八红旗集体称号。

（华蕾　林青）

【启动中小学名师发展工程】　3月16

日，市教委召开北京市中小学名师发展工程启动会。会议听取名师培养基地、学术导师、实践导师和名师培养对象代表以及北京教育科学研究院院长分别发言。该工程计划自2011至2020年，从市中小学学科教学带头人、骨干教师中选拔500余名师德高尚、专业素养较强和发展潜力较大的中青年教师进行重点培养。培养工作依托北京师范大学、北京外国语大学、首都师范大学等高校作为培养基地，为名师培养对象配备在教育理论、教学研究和教学实践领域中有突出成就的专家教授、特级教师作为学术导师和实践导师，为学员制定个性化培养方案。市教委、北京教育科学研究院，各区县委教工委、教委主管人事工作的书记、主任，区县教委人事科长，名师培养基地负责人，以及首批入选名师发展工程的名师培养对象及其所在学校校长近180人参加启动会。至年底，71名中小学名师培养对象进入基地进行研修。

（张晓兰　沈俊楠）

【实施高校青年英才计划】　3月20日，市委教育工委、市教委联合印发《关于实施北京高等学校“青年英才计划”的通知》。“青年英才计划”从本年开始，3年为一周期，每周期一次性遴选2000余名35岁（含）以下的优秀青年教师给予重点支持。市财政对入选的教师，给予每人每年5万元的项目经费资助。资助经费主要用于教学、科研、社会实践等项目。

（纪奇明）

【完成直属单位及农村中小学公开招聘工作】　3至10月，人才交流中心协助市教委完成直属事业单位及农村中小学公开招聘工作。其中，市教委18家直属事业单位111个岗位进行公开招聘，最终18家单位有66个岗位共招聘77人；229所农村中小学310个岗位进行公开招聘，最终有186所学校的240个岗位共招聘250人。此次招聘通过“北京市教育系统公招服务平台”，对所有报考人员信息进行网上统一管理，实现考生报名、资格审核、生成准考证、成绩查询、面试查询等环节的连续服务。

（侯文磊）

【37人获首都劳动奖章】　4月10日，北京市总工会公布2013年首都劳动奖状、首都劳动奖章获奖者名单。北京教育系统37人获首都劳动奖章，中国政法大学和北京农学院获首都劳动奖状。该评选旨在表彰首都工人阶级伟大品格，弘扬劳动光荣、知识崇高、人才宝贵、创造伟大的社会风尚，由市总工会组织评选。2013年共授予北京台湖出版物会展贸易中心有限责任公司等71个集体首都劳动奖状，授予于文等389人首都劳动奖章，授予中国移动通信集团北京有限公司三元桥营业厅等137个集体北京市工人先锋号。

（张晓兰）

2013年首都劳动奖章

姓名	单位
于文	北京市海淀区培智中心学校
王小萍	北京市昌平区第一中学
王彩娥	北京市商业学校
王淑合	中国人民公安大学
王琦	北京中医药大学
王颖	北京市顺义区特殊教育学校
毕明辉	北京大学
任军	首都医科大学附属北京世纪坛医院
刘大占	北京光明小学
刘杏林	中央戏剧学院
刘松	北京林业大学
刘畅	北京市海淀区中关村第一小学
刘诚	北京林业大学
刘振宇	北京化工大学
祁颖	北京城市学院
孙丞	北京市朝阳区第一少儿业余体校
孙贵合	北京小学大兴分校
杜军	北京市东城区黑芝麻胡同小学
李珂	北京大学第一医院
李根生	中国石油大学（北京）
李颖	首都师范大学附属丽泽中学
杨春林	北京市第五中学分校
宋翠翠	国际关系学院
张洁	北京市石景山区培智中心学校
陈立华	北京市朝阳区实验小学
邵正亮	北京市大峪中学
邵春福	北京交通大学
金杨	北京印刷学院
郑明伟	首都医科大学附属北京友谊医院
郑嵘	北京服装学院
赵红心	首都医科大学附属北京地坛医院
胡欣燕	首都医科大学附属北京中医医院
胡凌燕	北京教育学院朝阳分院
夏娟	北京世青国际学校
崔永学	北京市密云县太师庄中学
梁雅珠	北京教育科学研究院
蒙景雯	北京大学第一医院

（张晓兰）

【4人获全国五一劳动奖章】　4月23日，中华全国总工会公布2013年全国五一劳动奖章、奖状及全国工人先锋号名单。北京教育系统4人获全国五一劳动奖章，分别是北京师范大学社会发展与公共政策学院张秀兰、北京市广渠门中学吴甡、北京市第八中学王俊成、北京市电气工程学校权福苗，北京工业大学获全国五一劳动奖状，中国人民大学财政金融学院货币金融系和昌平区南邵中学英语教研组获全国工人先锋号。该评选经初审、地方公示、全国复审等程序，共授予31个省（区、市）和10个全国产业工会以及国直、中直机关工会等43个单位奖状312个、奖章1224个、工人先锋号1084个。

（张晓白）

【招聘农村中小学音、体、美教师237人】　4月，北京市中小学幼儿园统一

招聘农村中小学音、体、美等学科教师237人。此次招聘面向北京地区全日制普通高校本科及以上学历应届毕业生，要求非北京生源毕业生符合进京落户条件。招聘范围包括10个远郊区县和朝阳区、海淀区、丰台区的农村地区中小学，主要招聘音乐、体育、美术、历史、地理等学科教师。招聘按照“一次考试，一次补充调剂”的方式组织实施，经过报名、资格审查、笔试、面试等程序，共招聘农村中小学音、体、美等学科教师237人。全市应届毕业生2713人报名参加考试。

（侯文磊　房卫青）

【97人获市高等学校教学名师奖】　7月31日，市教委公布第九届北京市高等学校教学名师奖获得者名单。经学校推荐、课堂教学录像评价、现场教学观摩课评价、评审专家组评议、评审委员会投票，市教委决定授予北京大学李彦等97名教师第九届北京市高等学校教学名师奖。

（张晓白）

第九届北京市高等学校教学名师奖

北京大学

李彦　牛军　董志勇　王韵

中国人民大学

郭星华　何平　陈享光　马中

清华大学

季林红　安宇　张明楷　白重恩

北京交通大学

李德才　郭雪萌
北京航空航天大学
贾玉红　熊庆旭
北京理工大学
张卫正　金伟其　孙华飞
北京科技大学
林海
北京化工大学
苏海佳　祁欣
北京邮电大学
纽云霄　刘宝玲
中国农业大学
张昕　杨海莲
北京林业大学
赵东　王向荣
北京中医药大学
赵吉平
北京师范大学
赵烨　包景东　刘永平　沈越
北京外国语大学
丁超
北京语言大学
刘谦功
中国传媒大学
柴剑平　潘桦
中央财经大学
冯秀军　朱建明
对外经济贸易大学
王军　蒋先玲
外交学院
江国青
中国人民公安大学
李玫瑾
国际关系学院
高红玲
北京体育大学
胡晓飞
中央音乐学院
高建进
中央美术学院
尹吉男
中央戏剧学院
章抗美
中央民族大学
王建民　李鸿宾　黄秀兰
中国政法大学
阮齐林
华北电力大学
王泽忠　林碧英
中国矿业大学（北京）
王聪　宋彦琦
中国石油大学（北京）
季汉成
中国地质大学（北京）
于炳松
中国青年政治学院
马竹青
北京工业大学
李晓阳　李静
北方工业大学
赵继新
北京工商大学
姜同强
北京服装学院
郑嵘
北京印刷学院
金杨
北京建筑大学
张怀静
北京农学院
刘凤华
首都医科大学
贾建平　吴瑛
首都师范大学
何书元　张飞雄
首都体育学院
杨铁黎
北京第二外国语学院
杨玲
北京物资学院
吴尚义
首都经济贸易大学
刘文辉　张梦霞
中国音乐学院
姚艺君
北京舞蹈学院
李春华
北京信息科技大学
王红军
北京联合大学
顾军　葛喜珍
北京城市学院
韩建新
北京工业职业技术学院
朱元忠　李长青
北京信息职业技术学院
汪赵强
北京电子科技职业学院
王冬琳　兰蓉
北京京北职业技术学院
靳梅媚
北京农业职业学院
肖海峻
北京财贸职业学院
王琦　滑锡林
北京戏曲艺术职业学院
周志强
北京经济管理职业学院
贾辉艳
北京劳动保障职业学院
姜宏
北京汇佳职业学院
李毓明
北京吉利大学
刘青波
北京教育学院
迟希新

（张晓白）

【717人获优秀教师和优秀教育工作者称号】　8月20日，市委教育工委、市教委、市人力社保局、市财政局、市教育工会联合印发《关于表彰北京市优秀教师北京市优秀教育工作者的决定》，公布2013年度“北京市优秀教师”和“北京市优秀教育工作者”获得者名单。经过学校推荐、市评选表彰工作领导小组审定、市政府批准等程序，共有来自北京大学李伟固等638人获得“北京市优秀教师”称号、北京大学彭小瑜等79人获得“北京市优秀教育工作者”称号。该评选表彰长期工作在教育教学第一线并作出突出成绩和贡献的北京各级各类学校教师，每四年评选一次。

（郭宏伟）

【公布2014高层次人才及创新团队资助名单】　11月4日，市教委印发2014年度北京市属高等学校高层次人才引进与培养及创新团队建设计划资助名单。在学校推荐、专家评议基础上，经北京教育系统人才工作领导小组审定，新评市属高等学校高层次人才引进计划3人、特聘教授36人、长城学者31人、青年拔尖人才198人、创新团队15个。

（纪奇明）

2014年度北京市属高等学校高层次人才引进计划入选人员资助名单

北京工业大学
于澍燕
首都师范大学

邹国华
中国音乐学院
秦文琛

（纪奇明）

2014年度北京市属高等学校特聘教授计划入选人员资助名单

北方工业大学
廖越峰　刘恒
北京工业大学
曹睿　罗笑南　陈基湘　李建强
马恩　冯雨生　白勇
北京印刷学院
杨力　崔铮
首都医科大学
詹斌　张博论　谈金东　汪兆琦
董平　詹福瑞　傅金钟
首都经济贸易大学
汪旭光　林志军　姚琦伟　李奇
北京联合大学
黄和　徐常胜　袁其朋
北京电影学院
鲍德熹
中国音乐学院
马蒂亚斯·包格纳　迪里拜尔
北京第二外国语学院
黄少敏
北京服装学院
范金土　李当歧
北京建筑大学
顾金才　吴海洲　赵东叶
北京舞蹈学院
欧建平
北京信息科技大学
叶声华

（纪奇明）

2014年度北京市属高等学校长城学者培养计划入选人员资助名单

北方工业大学
朱远志　何广平
北京第二外国语学院
谷慧敏
北京电影学院
张辉
北京服装学院
郑嵘
北京工商大学
田红玉　孙永波
北京工业大学
李冬　汪夏燕　陈树君
北京建筑大学
刘永峰
北京联合大学
冯小波　张宝秀
北京农学院
何忠伟　张红星
北京石油化工学院
周灿丰
北京舞蹈学院
郭磊
北京信息科技大学
张健
北京印刷学院
王关义　李仲晓
首都经济贸易大学
王文举　柳学信
首都师范大学
李海梁　李志鹏　夏静
首都体育学院
殷小川　郑晓鸿
首都医科大学
刘均娥　王蕾
中国戏曲学院
张尧
中国音乐学院
李月红

（纪奇明）

【26人入选职教名师】　11月4日，市教委公布2013年北京市职业院校特聘专家、名师、专业带头人、专业创新团队和优秀青年骨干教师名单。经个人申报、学校推荐、专家评议、公示程序，共评选出职业院校特聘专家20人、职教名师26人、专业带头人50人、创新团队29个、优秀青年骨干教师180人。

（纪奇明）

2013年北京市职业院校特聘专家计划人选

吴小兵　北京电子科技职业学院
罗云波　北京农业职业学院
刑颖　北京财贸职业学院
宋全厚　北京市工业技师学院
秦英瑞　北京市商业学校
卫建平　首钢技师学院
李胜素　中国戏曲学院附属中等戏曲学校
张铁城　北京市工艺美术高级技工学校
赵晋荣　北京信息职业技术学院
韩宇峰　北京工业职业技术学院
魏世峰　北京卫生职业学院
史彦林　北京政法职业学院
桑建　北京市劲松职业高中
董振祥　延庆县第一职业学校
杨建勋　北京市市政管理学校
陶雨　北京市丰台区职业教育中心学校
马靖昊　北京市商务管理学校
邵清东　北京市商务科技学校
方薇　北京地铁技术学校
刘建　北京北大方正软件技术学院

（纪奇明）

2013年北京市职业院校职教名师计划人选

王京　北京电子科技职业学院
缑庆伟　北京交通运输职业学院
李慧凤　北京联合大学
程伟　北京财贸职业学院
唐文晶　北京信息职业技术学院
付忠勇　北京政法职业学院
杨胜敏　北京农业职业学院
郑春英　北京市外事学校
江洁　北京青年政治学院
张丽丽　北京工业职业技术学院
王红蕾　北京市商业学校
邢雷　延庆职业技术教育中心
李黎华　北京市昌平职业学校
马宪红　北京市园林学校
权福苗　北京市电气工程学校
岳丽英　北京铁路电气化学校
王汝梅　北京市财会学校
杨秀茹　北京市商务科技学校
王利荣　延庆县第一职业学校
徐超　中国戏曲学院附属中等戏曲学校
郭贺彬　北京京北职业技术学院
阎萍　北京卫生职业学院
王绍武　中央音乐学院附中
张美荣　北京一轻高级技术学校
任燕军　北京市信息管理学校
杨朝辉　北京市工贸技师学院

（纪奇明）

【举行“紫禁杯”教育奖励基金捐赠仪式】　11月7日，市教委与北京银行全面战略合作暨“紫禁杯”教育奖励基金捐赠仪式举行。市教委与北京银行签署《北京市中小学“紫禁杯”教育奖励基金捐赠协议》，北京银行在自2006年以来出资240万元的基础上，再出资240万元捐助北京市“紫禁杯”教育奖励基金，用于2014至2017年每年奖励400名中小学优秀班主任。在捐赠仪式现场，表彰第26届北京市中小学“紫禁杯”获奖班主任，10名获奖班主任代表上台领奖。会议听取北京理工大学附属中学张德宝代表获奖班主任发言，讲述他对班主任工作的思考和感悟。市委教育工委书记苟仲文，市教委主任线联平，北京银行董事长闫冰竹及市教委有关部门负责人出席签字仪式。

（王昱人）

【20个团队入选2013年度“创新团队发展计划”】 11月7日，教育部公布2013年度“创新团队发展计划”入选名单。北京地区共有20个团队入选。该项评选经过有关高校、教育主管部门的推荐、专家通讯评审、会议答辩评审、公示等程序，共有102个团队入选2013年度“创新团队发展计划”。根据规定入选团队资助期限为2014年1月至2016年12月，资助经费自然科学领域300万元、哲学社会科学领域150万元。“985工程”高校所属团队的资助经费由所在高校“985工程”建设经费支持，非“985工程”高校所属团队的资助经费由教育部和所在单位按照1∶1比例共同支持。

（张晓兰）

2013年度“创新团队发展计划”入选名单

北京大学
- 干细胞与再生生物学
- 动力系统与常微分方程
- 基因分型为基础的肺癌个体化诊治研究

北京航空航天大学
- 长航时无人机关键技术

北京师范大学
- 能量转换与存储材料

北京协和医学院
- 食管癌的转化医学研究
- 病原系统生物学及其应用

清华大学
- 水资源与水安全
- 核废物处理
- 飞行动力学与飞行控制

中国农业大学
- 保护性耕作技术与装备

中国人民大学
- 稀土——过渡金属化合物量子关联新功能材料及其新奇量子效应的研究

北京工业大学
- 土木抗震减震

北京化工大学
- 生物资源的高效转化与利用

北京交通大学
- 载运工具关键设备的磁性液体密封研究

北京林业大学
- 树木发育遗传调控与抗逆分子机制

首都师范大学
- 昆虫演化与环境变迁

首都医科大学
- 鼻病基础和临床研究

中国矿业大学（北京）
- 煤的微量元素地球化学

中国青年政治学院
- 少年司法制度研究

（张晓兰）

【45人入选国培计划专家库】 12月11日，教育部公布“国培计划”专家库第三批人员名单，北京学校及教育单位45人入选。经各省（区、市）教育行政部门和有关院校（机构）推荐、教育部评审、公示等程序，共500人入选。

（张晓兰）

“国培计划”专家库第三批人选

思想政治
- 吴国英 北京师范大学附属实验中学
- 金利 北京教育科学研究院
- 胡云琬 北京汇文中学

语文
- 沈献章 中国人民大学附属中学
- 肖远骑 中国人民大学附属中学
- 陈延军 北京师范大学实验小学
- 赵景瑞 北京东城区教育研修学院

数学
- 丁大伟 北京市第一六一中学
- 王建民 中国人民大学附属中学
- 闫云梅 北京教育学院石景山分院
- 张鹤 北京市海淀区教师进修学校
- 李大永 北京市海淀区教师进修学校
- 李青霞 北京教育科学研究院
- 陆剑鸣 中国人民大学附属中学
- 闻岩 北京市西城区教育研修学院
- 钱守旺 中国人民大学附属小学

英语
- 朱京力 中国人民大学附属中学
- 毕勤 北京市西城区教育研修学院
- 尉小珑 北京市西城外国语学校
- 崔旸 北京市东城区史家胡同小学

物理
- 方习鹏 北京市十一学校
- 任炜东 北京市朝阳区教育研究中心
- 张国 北京汇文中学
- 高江涛 中国人民大学附属中学

生物
- 周然 北京市海淀区教师进修学校

历史
- 李明赞 北京市第四中学

体育与健康
- 张立新 北京市东城区教育研修学院

综合实践活动
- 周庆林 中国人民大学附属中学
- 徐军 北京市中关村中学

信息技术与通用技术
- 李雪梅 北京市第四中学

教师培训理论与实践
- 王健 北京师范大学
- 过常宝 北京师范大学
- 李相如 首都体育学院
- 张虹 北京大学
- 胡新懿 北京市海淀区教育委员会
- 洪秀敏 北京师范大学
- 康杰 北京教育科学研究院

教育理论与实践
- 王宁 北京师范大学
- 任翔 北京师范大学
- 刘玲 北京教育科学研究院
- 童庆炳 北京师范大学

班主任工作
- 何杰 北京师范大学第二附属中学

郑丹娜　北京市朝阳区垂杨柳中心小学

特殊教育

于文　北京市海淀区培智中心学校

心理健康教育

张渝鸿　中国地质大学附属中学

（张晓兰）

【54人入选2012年度长江学者奖励计划】 12月16日，教育部公布2012年度长江学者特聘教授、讲座教授名单。北京高校54人入选，其中，特聘教授45人、讲座教授9人。该评选经学校推荐、通讯评审、会议答辩、人选公示、评审委员会审定、聘任合同签订等程序，共确定北京大学陈晓明等210人为2012年度长江学者，其中，特聘教授163人、讲座教授47人。

（张晓兰）

2012年度长江学者特聘教授（北京高校）

北京大学

段志生　力学系统与控制

龚六堂　国民经济学

胡敏　环境科学

李彦　无机化学

钱志熙　中国古代文学

孙庆丰　凝聚态物理

王浦劬　政治学理论

王韵　神经生物学

王中江　中国哲学

张锦　纳米材料

张泽民　生物信息学

赵跃辉　经济学

周德敏　药学

周晓林　基础心理学

清华大学

李路明　人机与环境工程

林元华　材料学

任天令　微电子学与固体电子学

史元春　计算机应用技术

徐迎庆　设计学

杨大文　水文学及水资源

中国人民大学

包伟民　中国古代史

刘建军　思想政治教育

刘元春　世界经济

卢仲毅　凝聚态物理

王化成　会计学

北京师范大学

董文杰　气候变化

方维规　比较文学

赖德胜　应用经济学

刘嘉　基础心理学

刘彦随　土地资源管理

中国农业大学

刘金华　预防兽医学

北京化工大学

仲崇立　化学工程

北京交通大学

赵耀　计算机科学与技术

中国地质大学（北京）

朱弟成　地质学

中国石油大学（北京）

邱楠生　矿产普查与勘探

北京林业大学

李建章　木材科学与技术

中国传媒大学

高晓虹　新闻学

对外经济贸易大学

汤谷良　会计学

华北电力大学

徐进良　工程热物理

北京航空航天大学

康锐　系统工程

孙志梅　材料学

王少萍　机械电子工程

云鹏　交通信息工程及控制

北京理工大学

龙腾　信号与信息处理

姚裕贵　计算物理与凝聚态理论

（张晓兰）

2012年度长江学者讲座教授（北京高校）

北京大学

胡振江　计算机软件与理论

章云　摄影测量与遥感

清华大学

Daren Chen　环境工程

Johan van Benthem　逻辑学

吴建中　化学工程

北京外国语大学

Alister Cumming　英语语言文学

中国传媒大学

HEINDERYCKX Fran ois 传播学

北京航空航天大学

陈文华　导航、制导与控制

北京理工大学

肖益民　概率论与数理统计

（张晓兰）

【投入6.2667亿元开展人才培养】 至年底，市财政本级拨款6.2667亿元开展人才培养。投入旨在保证对各类人才培养培训力度，其中，高校4.5亿元，职业院校3000万元，中小学、幼儿园教师1.07亿元，中小学校长、幼儿园园长3967万元。

（纪奇明）

师　资　管　理

【开展中小学骨干校长中期境外培训】 1月11日至3月21日，北京教育学院组织北京市中小学骨干校长首次赴境外中期研修培训。该研修班赴美国加州富乐敦州立大学（California State University，Fullerton）研修学习，培训人员是“北京中小学骨干校长境外研修培训项目美国高级研修班”全部16名校级领导干部。研修班以“国际化视野下，先进学校管理理论在促进学生全面发展中的实践与研究”为主题，课程包括美国教育概览、美国中小学管理、美国中小学校课程开发、学生发展理论与实践、教师专业发展、教育技术发展6个学习板块。采取专题理论学习、中小学现场浸润式学习、当地教育行政机构访问交流、文化社会考察等方式，强调兼容性，坚持教育管理前沿理论与学校管理实践相结合、宏观把握与专题深入学习相结合，要求学员从中美教育比较视角，分别以“中国教育历史发展”“中国中小学课程开发”“中美中小学课外活动比较”和“中国未来教育展望”为专题开展教育科学研究。

（刘琳）

【首批中小学教师培训实践基地授牌】

1 月 23 日，2012 年北京市中小学教师培训工作总结暨教师培训实践基地授牌会议举行。会议宣读市教委《关于设立中小学教师培训实践基地的决定》，并为首批 43 所入选“十二五”时期北京市中小学教师培训实践基地的学校授牌。首批培训基地经学校申报、区县推荐、专家评审选出，主要承担全市中小学教师培训现场实践、跟岗学习、教学观摩、考察交流等任务。会议同时总结上年全市中小学教师培训工作，认为上年以提高教师师德水平和专业素养为重点，有针对性地开展高端教师培训、农村教师培训、专题培训等项目，在教师培训工作的信息化管理、教师培训课题研究、市级交流平台建设与培训机构间的交流与研讨等方面取得预期成效。各区县教委、教师培训机构负责人和全市部分中小学校长 120 人参会。

（刘琳）

【举办城区中小学教师专业促进培训】 2 月 23 日和 8 月 28 日，北京市城区中小学教师“专业促进培训”项目分两期在北京教育学院开班。该项目以“拓展学科教学知识，提高教学和研究能力”为培训主题，旨在提升城区中小学学科教师的教育教学能力和教学研究能力。至年底，项目在 6 个城区 17 个学科 810 名中小学学科教师中进行，共计 120 至 144 个学时，包括集中学习、分组实践和成果展示交流三个阶段。

（刘琳）

【举办京郊教师“绿色耕耘”培训】 3 月 16 日，2013 年京郊教师“绿色耕耘”培训开班。来自 11 个远郊区县 720 名农村教师参加培训。京郊教师“绿色耕耘”培训项目于 2004 年 6 月启动已连续举办十年。该项目由市财政全额拨款、市教委统筹规划、北京教育学院负责组织实施。该培训项目持续 10 年，惠及北京远郊区县所有小学、初中和部分高中，参训学员 1.5 万人次。该培训确定“三段式”实施模式，围绕集中理论学习、下校实践指导、成果展示交流有机融合和整体推进展开。培训加强优质师资整合，聘请课程标准研制组核心成员、高校和科研院所教授和研究员、知名中小学一线教师和教研员组成学科授课和指导专家库，实行“1＋1”双导师制。进入“十二五”以来，项目组按照分层次、主题式的思路，把教师专业发展阶段细化为适应期、熟练期、发展前期、发展后期和创造期，基于农村教师队伍结构现状，以关注急需、抓关键人群为原则，以熟练期、发展前期、“教非所学”教师为培训对象，提高培训实效性。

（刘琳）

【举办第三期中小学书记高研班】 3

月 19 日，北京教育学院举办北京市“十二五”第三期中小学书记高级研修班。研修班围绕“高站位、高起点、高要求、高标准，政治素质和业务能力同步培训，理论水平和实践水平同步提升”的宗旨，坚持“研训一体、理实结合，市区联动、总分结合”总体培训模式，通过专题讲座、案例教学、合作学习、实践学习等形式开展学习。30 名中小学骨干书记参加研修班学习，为期一年。

（刘琳）

【国内访学计划第三期开班】 3月23日，北京市中小学干部教师“国内访学计划”第三期开班。该班由北京教育学院承办，访学班为期 1 年，开展全员脱产学习，通过学校推荐、区县审核、专家面试等方式共录取学员40人。

该班与国际学校合作，共同设计课程，通过前期理论学习、中期国际学校深度访学、后期总结提炼三个环节，研究和探讨国际学校组织管理、课程设置、学生社团活动和教师发展。“国内访学计划”项目培养形成四个“一”模式，即一年的学习时间、一个月国际学校访学、一周外省市考察、一个研究课题，学习方式注重体验，打破理论与实践的脱节。2013 年，该项目基地校共 9 个。中小学干部教师“国内访学计划”（第二期）于 4 月 15 日结业，共有来自 16 个区县和燕山地区的 40 名中小学干部教师完成学习任务。

（刘琳）

【增建 21 所中小学校长培训基地】 5 月 3 日，北京市中小学校长培训实践基地建设工作会在北京教育学院召开。会议传达市委教育工委、市教委关于增建校长培训实践基地的相关文件精神，通报培训实践基地建设工作情况，介绍 2012 年基地学校发挥作用检查评估情况和 2013 年相关工作思路。通州区潞河中学、北京市广渠门中学代表第一批基地学校和新设基地学校发言。会议同时为新增建的 21 所中小学校长培训实践基地授牌。各区县教育工委、教委组织干部部门负责人、基地校校长等 100 人参会。

（刘琳）

【评估验收市级干部、教师培训项目】 5 月 23 至 24 日和 6 月 8 日，2012 年市级教师培训、干部培训项目评估验收会分别在北京教育学院召开。本次评估验收是对 21 个市级教师培训项目和 17 个干部培训项目的绩效考评。市级教师培训项目包括中小学教师培训项目 13 个、幼儿园教师培训项目 8

个。会上，各项目负责人从项目基本情况、培训资源投入分析、培训产出结果分析、经费使用情况、培训反思与启示等方面进行汇报，并回答专家问题。专家组根据各项目组提交的绩效报告、自评报告、培训成果材料，审定上述各项目均通过评审。

（刘琳）

【设立中小学特级教师研修工作室】 6月8日，市教委和首都师范大学共同召开“北京市中小学特级教师研修工作室项目”启动大会。会议分别听取市教委相关负责人、学校代表、学员代表、导师代表发言。首都师大导师和首批学员等共30人参加会议。工作室由首都师大承办，主要面向特级教师，由首都师大组建导师组，主要通过专题讲座、课题研究等形式对特级教师加以指导，通过项目研修，使学员深入理解学校教育与学科教学的本质，总结和提炼自身的教育思想与教学风格，形成理论自觉意识，增长特级教师的可持续发展能力，为成为北京市名师和教育名家奠定基础。首批17名学员经过学校推荐、区县选拔、统一面试等环节，最终脱颖而出，参加为期3年的研修学习。

（崔亚超）

【召开小学数学教师专业成长研讨会】 6月18日，北京市小学数学教师专业成长研讨会在顺义区召开。会议听取数学特级教师吴正宪作《研究的力量，让我们步履坚实》主题汇报，回顾反思吴正宪小学数学教师工作站五年研修历程。北京小学长阳分校、北京小学教师分别汇报个人成长经历，顺义区研修团队报告顺义区吴正宪儿童数学教育思想推广研究基地工作经验，大兴区小学数学工作分站作《团队研修，让梦想更绚丽》工作总结。教育部、市教委、北京教科院、顺义区教委领导，“吴正宪小学数学教师工作站”各分站教师、全国各地教育同行320人参加会议。

（魏金辉　闫宝利）

【开展中小学班主任基本功培训与展示活动】 6月18日，北京市第二届中小学班主任基本功培训与展示活动启动暨培训会在北京教育学院召开。活动以“实践智慧、专业理性、教育情怀”为主题，体现校本培训活动全员参与、提高针对性、突出实效性三个特点。各区县教委主管主任、中小教科及区县培训部门和德育研究室负责人、中小学德育校长、骨干班主任代表等260余人参加会议。

（刘琳）

【高校教师及博士生（后）293人挂职锻炼】 7至12月，市委组织部、市委教育工委组织高校博士（后）和高校青年教师及辅导员到市党政机关或企事业单位挂职锻炼。北京高等学校及科研院所829人报名，经初审、单位和报名人员双向选择、调剂等程序，293人进入63家党政机关及企事业单位挂职锻炼，其中，两委机关接收挂职锻炼人员14人。根据规定，挂职期间，博士生每周保证到挂职单位工作2至3天，暑期全职工作；博士后、青年教师、辅导员须全职工作。从2007至2012年，全市共组织6批次1876名高校优秀人才挂职锻炼，本年首次引入高校青年教师队伍。

（张波　于海）

【农村教师研修工作站第八期结业】 9月11日，北京市农村教师研修工作站第八期结业表彰暨第九期开班仪式及通识培训在北京教育学院举行。第八期结业学员共220人，活动表彰优秀学员55人、优秀指导教师60人，并宣布第九期北京市农村教师研修班开班。通识培训邀请中学历史教师胡小彬作《北京的历史渊源和文明进程》专题文化讲座，邀请工作站专家委员会主任讲解教学能力要点、学科教学知识（PCK）、“2＋2评价反思法”、案例制作等。培训中，各学科专家分别对城区8个培训机构的11个学科通识培训方案进行指导。来自42个工作站的第八期、第九期学员部分带队教师，10个远郊区县及燕山教委工作站负责人400人参加会议。从9月2日起，第九期学员231人分别进入42所工作站开展研修活动，为期一年。

（刘琳）

【表彰首届学生喜爱的班主任】 9月27日，北京市教育学会在朝阳区师范学校附属小学太阳宫校区举办首届北京市中小学“学生喜爱的班主任”表彰会。会议表彰34名班主任。会议强调组织学生评选自己喜爱的班主任活动在北京市尚属首次，这是弘扬全社会尊师重教的创新之举。来自全市16个区县和燕山地区的230人参加会议。该评选活动始于5月，16个区县4万名班主任参加评选，通过校级初选、区级复选、市级票选，最终评选出34名学生喜爱的班主任。

（王昱人）

【138人进入教师发展研修基地学习】 9月，北京市属高校教师138人进入教师发展研修基地学习。学员通过集中学习、导师带教、学员助教等方式，学习优秀教育教学专家的教学思想和教学科研方法，丰富教学科研实践，提升教学能力和科研能力。研修时间为期一年，学习分为脱产学习和半脱产学习两个阶段。市教委在北京大学、清华大学、北京师范大学、中国人民大学、北京外国语大学和北京交通大学6所部属高校设立教师发展基地，至年底，共累计355人参加基地研修。

（纪奇明）

【组织3个职业教师国外培训团】 10月和11月，市教委组织职业院校3个教师培训班赴国外开展培训。3个培训班分别面向职业院校建筑专业教师、轨道交通与汽修专业教师和青年骨干教师，共56名教师参加培训。其中，建筑专业教师赴英国，主要培训内容为建筑专业教学法、建筑资格证书标准及内容框架等，为期28天；轨道交通与汽修专业教师赴德国，主要培训内容为轨道交通与汽修专业教学法和课程设计方法等，为期28天；青年骨干教师培训班赴新加坡，主要培训内容为项目教学、教学设计及教学评价的方法等，为期28天。

（纪奇明）

【组织中小学校长异地名校跟岗访学】 11月18日，北京市中小学校长异地名校跟岗访学班在苏州开学。该班由北京教育学院组织，以“搭建名校学习平台，促进校长专业发展”为研修主题，以异地学习、名校跟岗和访问学习的形式进行。该班学员走访苏州第十中学、振华中学、善耕实验小学、金阊实验小学等学校，通过参观考察、与当地学校教师交流等方式，学习其治校理教的思路和方法策略。16个区县的20名中小学教学副校长参加培训。“异地名校跟岗访学班”是市教委举办的中小学高层次人才培养项目“北京市中小学校长国内名校高级访问研修”项目的子项目之一。

（刘琳）

【启动首期中小学党建科学化研究室】 11月22日，北京市区（县）委教育工委、教育党校领导干部研修班暨北京市首期中小学党建科学化研究室启动仪式在北京教育学院举行。仪式上，刘建为研究室特聘导师9人颁发聘书并讲话。市委教育工委、北京教育学院领导及首期中小学党建科学化研究室特聘导师与入室成员，参加研修培训的区（县）委教育工委、教育党校领导干部等50余人参加开班启动仪式。“区（县）委教育工委、教育党校领导干部研修班”以全面提升推进教育发展改革的领导能力为目标，来自16个区县的区委教育工委书记、副书记，教育党校常务副校长、副校长36人参加研修培训。“首期中小学党建科学化研究室”研修时间为期两年。研究室学员在特聘党建专家带领指导下，结合中小学党建特点，开展党建科学化的理论研修与实践探索。首批入室成员9人，均为首批党建示范点及党建工作先进校的党组织负责人。

（刘琳）

【成立知名特级教师学术研讨基地】 12月12至13日，全国知名特级教师学术基地启动仪式暨首届全国知名特级教师高端学术研讨活动数学专场在陈经纶中学举行。学术基地采取“深而专”学术研讨模式，每年开展4至6次学术研讨活动，每次聚焦1至2个学科，从课程、课堂、学科等角度组织研讨，计划三年完成两轮学科研讨。在数学专场研讨活动中，中国教育学会中学数学教学专业发展委员会作《数学教育的取势明道优术》学术报告，山东杜郎口中学特级教师徐利、北京教科院特级教师吴正宪、深圳中学特级教师郭慧清、上海七宝中学特级教师分别作观摩课。陈经纶中学交流学校数学教研组学科建设经验。活动由中国教师报、朝阳区教研中心和陈经纶中学联合举办。全国知名特级教师学术研讨基地由中国教师报、朝阳区教研中心、朝阳区名师工作领导小组办公室和陈经纶中学联合主办。学术研讨基地旨在凝聚全国知名特级教师和专家高端资源，通过研讨课程、课堂、学科建设系列问题，为优秀教师搭建学术研讨平台。中国教育学会、北京教科院、中国教师报等领导，全国各地中小学校的特级教师、骨干教师和教研组长代表600人参加活动。

（黄杰）

【召开高校教学管理干部培训会】 12月19至20日，市教委召开2013年北京高校教学管理干部培训会。会议从首都高等教育现状出发，从综合性教育教学改革、央属高校与市属高校共建、突出学校特色提升高校社会服务能力等方面对教学改革的成效进行总结，并对改革中存在问题进行反思，对如何做好教学管理工作提出要求。会上，首都师范大学、北京交通大学、北京工业职业技术学院相关负责人分别就人才培养综合改革、专业与产业对接，特色发展机制生成与优化作交流发言。在京82所高校主管教学的校（院）领导和教务处处长的170人参加会议。

（张驰）

【资助优秀教师及团队】 至年底，市教委资助职业教育优秀教师及专业创新团队。其中，资助25名职教名师、50名专业带头人、161名优秀青年骨干教师，分别给予每人每年5万元、3万元和1万元，经费主要用于参加专业进修、企业实践、教育科研及学术会议等活动；资助13名来自行业企业的特聘专家，给予每人每年5万元，经费主要用于技术开发、团队建设及专业建设等方面；资助21个全市选拔产生的专业创新团队，给予每个团队每年15万元建设资金，经费主要用于以队伍建设为核心的课程改革、技能培训与竞赛、教科研活动、学术交流、成果出版、进修、考察等项目。

（纪奇明）

【安置军转干部53人】 至年底，市教委安置军转干部。通过双向选择、指令派遣等方式，市教育系统相关单位安置军转干部共计53人。

（房卫青）

【开展幼儿师资队伍培训】 至年底，市教委开展全员参与的幼儿师资分层分类培训。培训旨在促进教师教育素养和教育教学能力的全面提高。培训根据幼儿教师专业发展需求分为，主要内容包括新任教师、转岗教师、青年骨干教师、市级学科带头人和骨干教师、成熟期教师和教师培训人员培训等。至年底，1286人参加培训。

（崔亚超）

职称评定与资格认定

【完成中小学体育教师专业技能考核】 1月18至20日，市教委、北京教育科学研究院组织完成第七批中小学体育教师专业技能考核。来自全市16个区县的193名小学体育教师、310名中学体育教师在北京小学、北京市育才学校参加广播体操、田径、体操、武术、球类等内容考试。其中，429人考核合格。至年底，市教委、北京教科院完成全市5571名中小学体育教师考核工作。

（沈俊楠）

【组织中小学、幼儿园教师资格认定考试】 3月24日，市教委分别委托北京教育学院、北京市幼教师资培训中心组织北京市2013年中小学和幼儿园教师资格认定考试。该考试分别面向中小学、中等职业学校及学前非师范教育类专业考生，采用闭卷笔试方式，设立教育学（幼儿教育学）和教育心理学（幼儿心理学）两个科目。考试分数均为100分，考试时间各120分钟。考试在东城区、西城区、海淀区、朝阳区、丰台区和顺义区47个考点共设置893个考场。共有22749人参加教育学、教育心理学考试，5116人参加幼儿教育学、幼儿心理学考试。其中，中小学教师资格考试双科合格2222人、教育学单科合格1237人、教育心理学单科合格1608人；幼儿园教师资格考试双科合格727人、幼儿教育学单科合格465人、幼儿心理学单科合格325人。

（崔亚超　刘琳）

【认定教师资格13451人】　7月和12月，北京市13451人通过教师资格认定。全市各级教师资格认定机构和依法接受委托的普通高等学校共受理教师资格认定申请14998人，通过个人申请、教育教学能力测试等环节，共认定13451人。其中，市教委和依法接受委托的普通高等学校共认定7287人，包括高级中学教师资格3356人、中等职业学校教师资格220人、中等职业学校实习指导教师资格3人、高等学校教师资格3708人；区县教委认定6164人，包括幼儿园教师资格3815人、小学教师资格1465人、初级中学教师资格884人。

（崔亚超　刘琳）

【中专教师122人晋升专业技术职称】　9月27日，北京市中等专业学校122人晋升专业技术职称。本年中等专业学校教师共148人申报晋升专业技术职称，其中，申报高级讲师75人、讲师56人、助理讲师9人，实验师7人，助理实验师1人。经教师高、中级职务评委会召开评审会议认定，共122人晋升专业技术职称，其中，高级讲师49人、讲师56人、助理讲师9人、实验师7人、助理实验师1人。

（刘国庆　陈静）

【首批18人获评中小学正高级职称】

10月27日，市教委认定首批18名中小学教师为正高级专业技术职称。在区县推荐、评议的基础上，经北京市中小学教师系列（正高级教师）高级专业技术职务评审委员会评审通过，共有来自北京市第十四中学等学校及教育单位的18名中小学教师获评晋升正高级专业技术职称。其中，中学10人、小学3人、学前教育1人、教育研究中心及教育学院4人。

（刘国庆　陈静）

北京市第一批中小学
正高级教师

安彩凰　北京市第十四中学　数学
高萍　朝阳区教育研究中心　数学
李烈　北京第二实验小学　教育管理
李京燕　北京市第四中学　地理
李明新　北京小学　语文
刘长铭　北京市第四中学　教育管理
芦德芹　北京市朝阳区劲松第一幼儿园　学前教育
唐挈　北京市第八中学　物理
田树林　北京市第八十中学　教育管理
王贵军　北京市第八十中学　数学
王苹　北京市陈经纶中学　政治
闻岩　西城区教育研修学院　数学
薛贵　北京市通州区潞河中学　体育
俞伟顺　北京市第七中学　体育
袁志勇　北京教育学院宣武分院　语文
翟京华　北京市西城区育民小学　语文
张佳春　北京市通州区运河中学　教育管理
周岗　北京市朝阳区教育研究中心　物理

（刘国庆　陈静）

【中学教师（管理）199人晋升专业技术职称】　12月8日，北京市中学教师（管理）199人晋升专业技术职称。本年各区县共推荐申报中学教师（管理）高级职称205人，经中学教师（管理）高级职务评委会评审会议认定，199人晋升专业技术职称。其中，彭巍等107人任职资格从本年9月1日起计算，王宏岩等92人任职资格从2012年9月1日起计算。

（刘国庆　陈静）

【高校教师290人晋升专业技术职务】　12月12日，北京市高等学校290人晋升专业技术职务。本年共有394人申报晋升高校教师、科研（含高校教育管理研究）两个系列专业技术职务。经高校教师职务专业学术评议委员会评议审定，共290人晋升专业技术职务，其中，晋升高级专业技术职务54人、副高级职务182人、中级职务54人。

（刘国庆　陈静）

（本栏责任编校　张晓兰　张晓白）

学生管理

综　述

2013年，市教委坚持“完善机制、提高质量”的指导思想，创新工作思路，重点提升高校毕业生就业、学籍学历管理和大学生征兵工作质量，各项工作进展有序，并取得新的突破。

毕业生就业工作。完成工作任务和目标。市教委在深入落实高校毕业生就业政策同时，努力拓宽毕业生就业渠道，加强毕业生创新创业教育，注重内涵发展，总体进展平稳顺利，毕业生就业状况与上年同期基本持平，完成年初制定的工作任务和工作目标。

与相关部门协作。在北京高校毕业生就业各项工作中，密切配合市人力社保局，引导鼓励更多的毕业生应聘“村官”工作；认真做好科研项目研究助理选聘工作，共有18所高校221名应届毕业生申报，相比上年有所增加；与市人力社保局、市财政局共同完成普通高等学校毕业生求职补贴文件的印发工作；与征兵部门通力协作，积极完成本年度的大学生征兵工作。

提升特色项目质量。市教委组织专家组分别听取部委属高校和市属高校特色项目建设情况汇报，反馈加强建设的意见，要求各高校认真按照计划全面开展工作，加强保障与配套，确保取得成效，为形成特色成果和工作品牌、提升就业质量和构建质量体系标准奠定基础，打造北京就业工作品牌。

开展毕业生就业调研工作。举办北京高校和专业毕业生就业调查，重点调研2000家用人单位，形成《北京地区高校毕业生就业调研报告》两份，推动人才培养、社会需求和就业工作的良性互动。

加强就业工作人员队伍建设。分层次、按类别开展就业队伍培训，从内容、方法和模式上提高培训质量，推动队伍专业化。全年共开展各类培训和交流活动10次，北京地区各高校915人参加培训。

不断完善课程体系建设。印发《大学生职业发展与就业指导课程提升项目建设的通知》，对各高校毕业生就业指导和教育提出更高标准的要求。评选出北京大学、北京语言大学、北京电子科技职业学院等54所公办高校，北京经贸职业学院、北京科技经济管理学院等8所民办高校入围项目建设，提供项目支持经费共1200万元。

加强毕业生就业市场建设。依托北京高校毕业生就业指导中心举办双选会94场，参会用人单位7726家，提供就业岗位20.6万个，服务参会毕业生13万人。

实施“就业困难毕业生帮扶项目”。对困难毕业生开展“就业能力、职场英语、办公软件和公务员备考”等四类培训课程共150场，培训人数9500人，确保就业困难帮扶工作的落实力度。

探索创新创业教育。在12所高校开展创业培训，累计培训大学生1072人；在北京地区高校开展创业讲座、创业沙龙和创业项目展示等活动，参加学生累计2300人次；为20所高校创业师资进行系统培训，累计培训60人次；累计为北京地区普通高校毕业生办理自主创业证845个，其中，普通本科662个、普通专科25个、博士12个、硕士145个、成人本科1个。

提升毕业生就业理论水平。开展“高校毕业生就业质量研究（以北京地区高校为例）”课题研究工作，初步构建符合北京实际的就业质量指标体系，为教育行政部门评价高校、高校自我评价及高校间的比较提供依据。课题被全国高校学生信息咨询与就业指导中心评为优秀课题。

截至10月31日，北京市共有90所普通高等学校、83所科研单位的22.1万名毕业生办理就业手续。其中，毕业研究生7.2万人、本科毕业生11.2万人、高职（专科）毕业生3.7万人。

学籍学历管理工作。开展政策解读、队伍建设、交流研讨、提升服务等工作，创新工作思路和举措，推进北京高校学籍学历管理工作，提升整体工作水平和质量。

加强队伍建设，提升高校学籍学历管理工作整体水平。2013年，市教委组织电子注册工作业务培训，对公文写作、学籍政策和电子注册等业务进行培训，提升工作队伍素质和水平。完善研讨交流机制，加强学校间的学习与研讨，交流各校在学籍学历管理方面的做法和经验。

高质量完成北京地区各类高等教育和普通中等专业教育学籍学历电子注册工作。认真按照教育部规定，在做好日常学籍管理工作同时，重点做好新生电子注册、学年电子注册、学历证书电子注册等工作，质量逐步提高。全年共审核注册各类高等教育学历证书47.8万本。建立电子注册工作进度公示制度。市教委建立对新生学籍电子注册工作按时完成情况进行公示的制度。将各高校的工作完成情况在“北京高校学籍学历服务平台”上公布，并通过短信方式告知各高校相关工作人员和负责人上网核实、查看。至年底，北京地区28所高校按时完成工作，103个研究生培养单位按时完成工作。

大学生征兵及毕业生入伍工作。完成2013届高校毕业生征兵工作，共征集大学毕业生846人，在校大学生1467人。18所高校被北京市评为“高校征兵工作先进单位”。

召开动员部署会。北京市召开“2013年北京地区高校征兵工作动员部署会”“首都高校大学生征兵工作启动仪式”和“北京市2013年夏秋季征兵工作动员部署大会”，开展多种形式的征兵宣传和咨询活动。市教委根据征兵时间的调整，印发《北京地区普通高等学校在校生和应届毕业生入伍征集工作的通知》，高度重视征兵工作。

完善专升本升学优惠条件。制定《关于做好专科学生退役后免试专升本工作的通知》，将在服役期间综合表现良好，被评为一次三等功和两次“优秀士兵”（含）以上的条件，放宽为一次“优秀士兵”（含）以上，同时将应届毕业生纳入到享受政策的范围内。

开展业务培训。采取以会代训的形式，重点学习相关政策规定、工作流程办理、征兵报名系统操作等方面的知识，编印发放《2013年夏秋季征兵文化审查业务培训辅助材料》，征兵宣传手册等，作为工作人员和大学生了解政策的依据。

开通北京市征兵报名系统，符合条件的适龄青年均可登录 www.bjzbb.com 进行报名。征兵系统适用的对象范围扩宽，不仅适用于广大高等学校在校生、应届毕业生，同时大学新生、普通高中、中等职业学校、社会青年等符合应征入伍的男、女青年也可登录此系统参加网上报名，有利于把更多高素质高学历优秀青年输送到部队。

落实征兵优抚政策，做好退役大学生士兵的安置工作。在北京高校毕业生就业指导中心举办的退役大学生士兵专场招聘会上，287家企事业单位，为586名符合条件的退役大学生士兵提供1493个工作岗位。

奖贷助学工作。2007至2013年，北京市学生资助工作按照“政策导向明确、财政加大投入、经费合理分担、资助多元、责任清晰”的基本原则，逐步建立健全覆盖大学、高中、义务教育和学前教育四个教育阶段以及普通教育和职业教育两大教育类型的学生资助政策体系。七年间，在京高校学生5万名获国家励志奖学金、22万名学生获国家助学金、36万名学生获在校期间饮水电话洗澡补助，另有224万人次家庭经济困难学生享受物价补贴。中央财政、北京市、区财政共投入36.7亿元，用于北京地区高校、中职学校和高中家庭经济困难学生资助，其中，市级财政投入30.1亿元。

完善奖贷助学体系。市教委印发文件完善研究生奖助体系；规范中职学校学生资助资金管理；调整民族班生均定额补助标准；实施高校学生境外学习奖学金项目。

（沈聪伟　罗芳）

总　类

【开展首都大学生诚信楷模评选活动】

2月20至4月23日，诚信中国节组委会开展“诚信中国节”之诚信助学行动暨首都大学生诚信楷模评选活动。各高校163名学生申报参选，经资格审查、网络投票、组委会综合评审、名单公示等流程，评选出10名诚信楷模，每人获2万元诚信助学基金；10名诚信标兵，每人获1万元诚信助学基金。该活动作为第二届诚信中国节主题活动之一，由诚信中国节组委会、共青团北京市委员会、北京市学生联合会、北京青年报社联合主办。以首都各大高校在校大学生为评选对象，采取学生自荐、网络投票、综合评审及第三方评选等形式，以学业诚信、社会诚信、经济诚信为参选标准。

（邱小培）

【15人入选市优秀学生】　4月10日，市教委认定15人为2012～2013年度北京市优秀学生。根据教育部和北京市关于评选省级优秀学生的有关精神开展评选工作，经学校和区县推荐，市教委组织初审和复审，充分听取市教委有关处室以及人大代表、政协委员的意见，报市教委主任办公会审议通过，并在学生本人所在学校公示无异议后，市教委认定15人为2012～2013年度北京市优秀学生。

（冯雪）

2012～2013年度

北京市优秀学生

丁安迪　北京市东直门中学
刁旭昊　北京市广渠门中学
魏思甜　北京市汇文中学
杨森　北京师范大学附属中学
孙雪　北京市第四中学
郭湛　北京市第八十中学
赵文　北京市第一零一中学
姜一柳　北京市第十二中学
王震南　北京市京源学校
刘华裕　北京市顺义牛栏山第一中学
江巴　北京西藏中学
杨海花　北京市劲松职业高中
刘熠涵　延庆县第一职业学校
牛瑞祺　北京市商业学校
曹丽霞　北京金隅科技学校

（冯雪）

【举办首届高校大学生创业展】　5月

24至25日，市教委主办2013年首届北京地区高校大学生创业展。展会旨在通过宣传创业政策，展示各高校创业教育成果和部分大学生创业团队的创业项目来推动创业教育工作和大学生自主创业的发展。活动现场设有专家咨询台，为参展的创业企业和观众提供创业辅导和创业咨询。共有大学生创业团队80家，高校50所，高校科技园12家，参会大学生以及社会各界代表2000人参加会展。活动由北京高校毕业生就业指导中心承办。

（侯文磊）

【学位证书网上查询系统启用】 12月1日，中国学位与研究生教育信息网正式启用。该网站由教育部学位与研究生教育发展中心主办，利用网站面向社会推出学位证书网上查询服务，通过“学位查询”专栏，可查询自2008年9月1日以来中国境内高等学校和科研院所颁发的学士、硕士、博士学位（不含名誉博士学位）证书信息。学位证书网上查询主要是为用人单位招聘、学校招生验证学位证书真伪和查询相关信息提供的网络信息服务。学位获得者本人也可通过实名注册，查询验证本人所获得的学位证书相关信息。学位证书网上查询是国家统一面向社会提供的一项信息服务，作为国家对学位授予结果予以承认和保护的重要手段，对规范学位授予管理、维护国家学位制度具有重要意义；同时，对进一步遏制学位证书造假、保护学位获得者合法权益、维护公平竞争的社会环境将发挥积极作用。

（华蕾）

【完成全年学生卡发放工作】 12月31日，市教委完成中小学学生卡发放工作。对新入学学生免费发放学生卡，对丢卡的学生进行补制和发放，全年共发放证件卡46万张，学籍卡36万张。

（周凯）

【批准高校聘用科研项目助理221人】 至12月，市教委与市人力社保局审核批准北京地区18所高校聘用2013届研究生毕业生担任科研助理。共聘用毕业生221人，其中，博士生14人、硕士生207人。高校聘用科研项目助理工作开始于2009年，北京地区各普通高校和研究生培养单位在所承担的国家重大科研项目实施过程中，可聘用本校应届优秀毕业生参与研究。聘用单位按照国家有关规定，与聘用的高校毕业生签订服务协议，协议期限一般为两年。聘用期间，聘用单位要向聘用的毕业生支付劳务性费用，费用标准由聘用单位按相应岗位实际情况自行确定。同时，要为聘用的高校毕业生办理参加基本养老保险、基本医疗保险、失业保险、工伤保险、生育保险。聘用期间，毕业生档案、户口保留在毕业院校。聘用期结束后，毕业生根据工作需要可以续聘或到其他用人单位工作，工龄与参与项目研究期间的工作时间合并计算，社会保险缴费年限连续计算。9月，市教委、市人力社保局联合召开北京市2011届科研助理落户手续办理培训会。会议讲解有关毕业生进京审批及落户工作流程。要求各高校重视落户手续办理工作，推动科研助理项目顺利开展。来自北京大学、清华大学、中国人民大学、北京师范大学等21所涉及科研助理工作院校的26人参加培训。

（张海涛）

学籍管理

【完成成人高等教育新生学籍电子注册】 4月，市教委完成成人高等教育新生学籍电子注册工作。共审核注册80所成人高等教育学校新生110213人，比上年减少5836人，降低5.03%。其中，本科62852人，专科47361人。

（张道明）

【中小学学籍管理系统实现全国联网】 7月3日，市教委召开北京市中小学管理信息系统建设工作部署会。会议编制自建学籍系统与全国学籍系统的对接方案，明确数据对接范围，审核、补录学籍信息，部署数据对接平台。至年底，市教委在规定时间内与全国中小学生学籍信息管理系统联网，并实现功能对接。按照《教育部关于做好全国中小学生学籍信息管理系统建设工作的通知》和《全国中小学生学籍信息管理系统部署实施工作方案》的部署要求，经教育部审核同意，北京市继续使用中小学管理信息系统进行电子化学籍管理。年内，市教委完成1762所学校1099617名学生学籍数据的录入管理工作。10月，市教委启动基于云技术的管理信息系统的升级改造。以北京市中小学管理信息系统为核心，进一步规范和完善数据体系，建立数据核查和监管机制，在全市范围内建起一套完整、规范的学生学籍基本数据库；在数据的基础上，配合教育行政部门做好各项日常学籍管理工作。

（周凯　陆小红）

【完成本专科毕业生学历证书电子注册】 7月，市教委完成普通高等教育本专科毕业生学历证书电子注册工作。共审核注册90所普通高等教育学校（按教育部国标代码计算）毕业生学历证书150056本，比上年减少4586本，降低2.97%。其中，本科109362本，专科（含高职）3234本，第二学士学位408本。

（张道明）

【完成成人高等教育学历证书电子注册】 7月，市教委完成成人高等教育毕业生学历证书电子注册工作。共审核注册83所成人高等教育学校毕业生学历证书95780本，比上年增加1001本，增长1.06%。其中，本科52733本，专科43047本。

（张道明）

【完成普通中等专业教育学历证书电子注册】 7月，市教委完成普通中等专业教育学历证书电子注册工作。共审核注册42所普通中等专业学校毕业生学历证书15466本，比上年增加20本，增长0.13%。其中，毕业证书15333本、结业证书133本。

（张海涛）

【完成网络高等教育学历证书电子注册】 7月，市教委完成网络高等教育毕业生学历证书电子注册工作。共审核注册17所高校网络教育学院毕业生学历证书153991本，比上年增加16390本，增长11.91%。其中，本科 61816 本，专科 92175 本。

（张道明）

【完成研究生教育毕业生学历证书电子注册】　7 月，市教委完成研究生教育毕业生学历证书电子注册工作。共审核注册 136 个研究生培养单位毕业生学历证书 77677 本，比上年增加 2802 本，增长 3.74%。其中，博士 16304 本，硕士 61373 本。

（张道明）

【公示新生学籍电子注册工作完成情况】　9 月，市教委公示新生学籍电子注册工作按时完成情况。将各高校的工作完成情况在“北京高校学籍学历服务平台”上公布，并通过短信方式告知各高校相关工作人员和负责人上网核实、查看。2013 年，北京地区 28 所高校按时完成工作，103 个研究生培养单位按时完成工作。

（邱小培）

【召开高校学籍学历管理工作交流会】　11 月 28 日，市教委召开 2013 年北京地区高等教育学生学籍学历管理工作交流会。会议总结 2013 年北京高校学生学籍学历管理工作，分别听取北京科技大学、北京工商大学、北京电子科技职业学院等高校代表介绍好经

验、好做法，并就如何在新形势下做好学生学籍学历工作提出创新思路和举措。来自各高校教务处、学生处、研究生院（部）及科研单位主管学生学籍学历工作的负责人和工作人员共 300 人参加会议。

（张宪国）

【完成本专科新生学籍电子注册】　11 月，市教委完成普通高等教育本专科新生学籍电子注册工作。共审核注册 92 所普通高等教育学校（按教育部国标代码计算）新生 161328 人，比上年增加 4148 人，增长 2.64%。其中，本科 119479 人、专科（高职）37383 人、第二学士学位 422 人、预科生 1424 人。

（张道明）

【完成网络高等教育新生学籍电子注册】　11 月，市教委完成网络高等教育新生学籍电子注册工作。该工作共审核注册 17 所高校网络教育学院新生 270168 人，比上年增加 23361 人，增长 9.47%。其中，本科 113023 人，专科 157145 人。

（张道明）

【完成研究生教育新生学籍电子注册】　11 月，市教委完成研究生新生学籍电子注册工作。共审核注册 145 个研究生培养单位新生 97956 人，比上年增加 4639 人，增长 4.97%。其中，博士 21399 人，硕士 76557 人。

（张道明）

【编印《北京高校学生学籍学历管理工作案例解析》】　11 月，市教委编印《北京高校学生学籍学历管理工作案例解析（一）》，创新高校学生学籍学历管理工作方式。57 所高校上报 65 个案例，该书收录市教委学生学籍学历管理工作过程中的典型案例 10 个，并进行分析和指导，主要应用于高校学生学籍学历管理实际工作中，遇到与案例相似问题时有所参照。该书免费发放给北京地区各高校和科研单位。

（张宪国）

毕业与就业

【召开艺术体育类院校就业工作会】　1 月 4 至 5 日，北京舞蹈学院牵头召开 2013 年北京地区艺术体育类院校就业工作会。会议研讨就业指导课程建设、就业信息网更新改版、如何更好的拓宽毕业生就业渠道和提高毕业生就业指导与服务工作水平。会议认为，艺体类院校毕业生就业工作有人才培养周期长、专业性强，择业就业特殊性，应适应其特点。市教委以及北京地区 10 所艺体类院校毕业生就业工作负责人参加会议。

（陈玉玉）

【召开独立学院联合招聘会】　4 月 14 日，北京第二外国语学院中瑞酒店管理学院召开北京地区独立学院联合招聘会。五所独立学院共同推荐传媒、电信、金融、教育等行业 80 家单位参与此次招聘。招聘会期间，北京市教委学生处处长、北京市高校毕业生就业指导中心主任召集与会高校领导和就业工作人员，就招聘会规模、单位选择、时间确定、学生组织、志愿者挑选、后勤保障、招聘会宣传等问题进行座谈。五所独立学院分别为北京邮电大学世纪学院、北京工商大学嘉华学院、首都师范大学科德学院、北京工业大学耿丹学院、北京第二外国语学院中瑞酒店管理学院。

（于世春）

【召开高校毕业生就业推进会】　4 月

25 日，市教委、市人力社保局联合召开北京市高校毕业生就业推进会。会议详细分析高校毕业生就业的整体形势、面临的困难，总结就业进展和工作开展情况。要求各有关单位加强领导，明确责任，重点研究解决当前毕业生就业工作中的突出矛盾和问题，特别是对有就业愿望而没有落实就业去向的毕业生进行重点帮扶，实现就业。区县人力社保局、各高校和科研单位毕业生就业工作部门、各公共就

业和人才服务机构部门、市属各主要用人单位负责人 300 人参加会议。

（张海涛）

【开展就业特色工作项目中期检查汇报】 5 月 14 日和 11 月 6 日，市教

委分别组织 22 所部属高校和 10 所市属院校开展就业特色工作项目中期检查汇报。各高校系统梳理项目建设情况，汇报项目建设目标、工作保障、经费配套、项目开展情况、阶段性成果及下一阶段拟开展的工作等内容，专家评委就相关问题进行提问，并提出进一步加强建设的意见。60 所高校 230 人参加汇报。

（庄玉琳）

【高校学生创业展受关注】 5 月 24 日，在 2013 年北京地区高校大学生创业展上，北京农业职业学院经济管理系毕业生黄正世创业成果受关注。该学生为电子商务专业 2013 届毕业生，从大二年级开始创办北京世通宝网络科技公司，主营移动广告、移动营销策划和手机游戏发行，与全球 10 个国家和地区开展业务合作并在香港开设分公司，2012 年度营收超过 500 万元，在职员工 20 人，并招聘学院电子商务毕业生就业。2013 年，黄正世作为企业代表回校展开校企合作，出资与学院共同筹建电子商务创业实验室。

（宋国云　耿乔科）

【召开市大学生科研与创业成果展示与经验交流会】 5 月 25 至 26 日，市教委召开北京市第二届大学生科学研究与创业行动计划成果展示与经验交流会。会议面向北京高校开展科技成果展示和科技论文交流活动，共展示成果 213 项，交流论文 53 篇。来自北京市 56 所高校 2000 名师生参观展示活动。本届成果展示与经验交流

会由市教委主办、北京交通大学承办、北京工业大学协办。自 2008 年，北京市财政累计投入经费近 1 亿元，支持 9157 项市级创新创业项目，带动院校支持项目 28396 项，参与学生累计达到 137621 人，参与指导的教师达 39902 人次。共有 7759 项（人）在省部级以上竞赛中获奖，公开发表各类论文 6351 篇，其中 741 篇发表在 EI 或 SCI 收录刊源，另有 404 个项目获发明、实用新型或外观专利。

（刘玮）

【召开全国毕业生就业典型经验座谈会】 6 月 26 日，在 2012～2013 年

度全国毕业生就业典型经验高校座谈会上，北京科技大学入选全国毕业生就业典型经验高校。全国共有 50 所高校入选。该评选工作由教育部主持，自 2009 年开始实施，每年宣传推广 50 所典型高校。

（邱小培）

【开展毕业生就业工作研讨交流会】 10 月，市教委开展毕业生就业工作研讨交流会。交流会分析高校毕业生就业工作的主要困难和问题，预测 2014 年高校毕业生就业形势。9 个就业工作研讨交流组结合各组特点自拟专题进行讨论，并提出对做好就业率统计（尤其是灵活就业情况）、毕业生就业工作的建议等。98 所高校及科研单位 200 人参加会议。

（庄玉琳）

【高等教育培养毕业生 220865 人】 至 10 月 31 日，北京地区普通高等学校、研究生培养单位共培养毕业生 220865 人。其中，北京生源毕业生 73173 人，占毕业生总数 33.13%，就业人数 70972 人，北京生源毕业生就业率 97%。毕业去向统计显示，升学 31090 人，出国 15119 人，拟继续升学 695 人，拟出国 455 人，申请暂不就业 77 人。扣除上述各种情况，实际参加就业人数 173429 人，占毕业生总数 78.5%。按教育部统计口径，截至 10 月 31 日，毕业生就业率为 96%，其中，研究生 95.9%、本科生 95.7%、高职（专科）97.2%。北京地区各高校家庭经济困难等特殊困难毕业生 19602 人，就业率 96.4%，高于整体就业率。北京地区高校毕业生到西部地区就业 11312 人，录用为北京村官 1912 人，录用为北京社区工作者 30 人。

（张海涛）

【举办毕业生就业服务季】 10 至 12 月，北京市教育系统人才交流服务中心举办 2013 年北京地区高校毕业生就业服务季。活动主要为北京地区各高校、毕业生及用人单位提供求职招聘、信息推送及就业指导服务。至年底，该中心共举办各类毕业生双选会 140 场，参会单位 1 万家，提供需求岗位超过 10 万个；邀请就业指导及人力资源管理专家开展毕业生就业政策解析、一对一就业咨询等各具特色的就业指导活动 200 场。

（侯文磊）

【召开毕业生就业工作会】 12 月 23 日，市教委、市人力社保局联合召开北京市 2014 年毕业生就业工作会。会议总结 2013 年北京地区高校毕业生就业工作，充分肯定各高校的毕业生就业工作成绩，并部署 2014 年毕业生就业工作。会议对各高校 2014 年毕业生就业工作提出明确要求：一是要继续高度重视毕业生就业工作；二是狠抓政策落实，从制度上保障高

校毕业生充分就业；三是推动内涵发展，提高人才培养质量和就业能力；四是强化指导服务，帮助毕业生实现更高质量就业创业；五是营造良好环境，确保就业安全和校园稳定。清华大学、北京航空航天学和石景山区人力社保局作经验交流发言。各高校和科研单位毕业生就业工作部门，各区县人力社保局，市政府各委办局、总公司，各有关单位人事处负责人共400人参加会议。

（张海涛）

【完成高校毕业生自主创业证核发工作】　至年底，市教委完成北京高校毕业生自主创业证核发工作。北京地区各普通高等学校、研究生培养单位、独立建制成人高等学校共审核和发放《高校毕业生自主创业证》845个。其中，普通本科662个、普通专科25个、博士12个、硕士145个、成人本科1个。

（张海涛）

【开展北京高校毕业生就业状况监测与研究】　至年底，北京市高校毕业生就业指导中心开展北京高校毕业生就业状况监测与研究。该中心面向北京地区88所高校2.2万名应届毕业生和2000家用人单位开展问卷调查，经过分析研究，分别形成《2013届北京高校毕业生就业状况调查报告》和《2013年北京地区高校毕业生用人单位调查报告》。就业状况调查报告显示，2013届毕业生整体就业状况良好，对学校提供的各项就业服务及求职结果比较满意，高校是毕业生求职的主要渠道。用人单位调查报告显示，用人单位对毕业生及高校就业服务总体满意度较高，高校是用人单位招聘的主要渠道。同时，该中心向参与调查的高校反馈各校调查结果和报告。

（朱况）

【组织退役大学生士兵专场招聘会】
5月21日，市教委与市征兵办等相关委办局共同组织退役大学生士兵专场招聘会。267家企事业单位在北京高校毕业生就业指导中心，为586名符合条件的退役大学生士兵定向提供1493个工作岗位。其中，公务员岗位84个、事业单位岗位136个、市属国有企业岗位644个，非公经济组织岗位629个。

（孙世光）

【征兵报名系统开通】　6月7日，市政府征兵办公室开通北京市征兵报名系统。符合条件的适龄青年均可登录www.bjzbb.com进行报名。征兵系统适用的对象范围扩宽，不仅适用于高等学校在校生、应届毕业生，大学新生、普通高中、中等职业学校、社会青年等符合应征入伍的男、女青年也可登录系统参加网上报名。

（邱小培）

【放宽专科学生退役后免试专升本政策】　6月13日，市教委放宽专科学生退役后免试专升本政策，完善专升本升学优惠条件。出台《关于做好专科学生退役后免试专升本工作的通知》，将在服役期间综合表现良好，被评为一次三等功和两次“优秀士兵”（含）以上的条件，放宽为一次“优秀士兵”（含）以上，同时将应届毕业生纳入到享受政策范围内。

（邱小培）

【启动首都高校大学生征兵工作】　6

月19日，市教委与市征兵办在中国人民大学进行首都高校大学生征兵工作启动仪式。启动仪式上，退役复学的大学生士兵、优秀现役大学生军人、已就业的退役大学生士兵代表发言，通过讲述自身在部队服役和成长的经历，引导大学生士兵在部队发挥知识优势，教育和鼓励大学生参军入伍。本年市教委通过开展多种形式的征兵宣传和咨询活动，鼓励大学生承担责任与义务。

（孙世光）

【制订高校入伍学生退役后入学办法】
7月13日，教育部和总参谋部制订《应征入伍普通高等学校录取新生保留入学资格及退役后入学办法（试行）》。该办法明确应征入伍普通高等学校录取新生，是指通过全国普通高等学校统一考试或研究生招生考试、已被普通高等学校或研究生招生单位（以下简称高校）录取但因同时依法应征入伍未到录取高校报到入学的学生；规定应征入伍普通高等学校录取新生可申请保留入学资格，且在退役后2年内，可以在退役当年或者第2年高校新生入学期间，持《保留入学资格通知书》和高校录取通知书，到录取高校办理入学手续，入伍高校新生重新报名参加高考或研究生招生考试的，视为自动放弃原入学机会，入学资格不再保留。同时该办法规范入伍新生退役后入学相关手续的办理办法和流程以及相关单位的责任。

（张驰）

【部署夏秋季征兵工作】　7月19日，市教委与市征兵办召开北京市2013年夏秋季征兵工作动员部署大会。会议总结2012年征兵工作情况，部署2013年任务。介绍2013年征兵时间由冬季调整为夏秋季，新兵9月1日

批准入伍，老兵退役时间仍为12月等政策。征兵工作自6月报名，7至8月开始，9月1日入伍，9月30日结束。共征集大学毕业生846人，在校大学生1467人，占总征集量61%，比上年提高5个百分点。18所高校被北京市评为“2012年度高校征兵工作先进单位”。

（孙世光）

2012年度高校征兵工作先进单位名单

北京化工大学
北京政法职业学院
北京交通大学
北京工商大学
北京建筑大学
北京联合大学
北京电子科技职业学院
北京经济管理职业学院
北京信息职业技术学院
北京劳动保障职业学院
中华女子学院
北京城市学院
中国人民大学
北京科技大学
北京工业职业技术学院
首钢工学院
北京现代职业技术学院
北京工业大学耿丹学院

（孙世光）

奖贷助学

【召开北京市学生资助工作会议】 3

月28日，市教委召开北京市学生资助工作会议。会议听取《认真贯彻落实党的十八大精神、全面推进北京市学生资助工作上新水平》工作报告，及房山区教委、首都师范大学经验介绍。区县教委、高校分管领导和学生资助部门负责人、市教委相关处室负责人，共220人参加会议。会议由北京市学生资助事务管理中心承办。自2007年，北京市学生资助工作按照“政策导向明确、财政加大投入、经费合理分担、资助多元、责任清晰”的基本原则，逐步建立健全覆盖大学、高中、义务教育和学前教育四个教育阶段以及普通教育和职业教育两大教育类型的学生资助政策体系。七年间，在京高校学生5万名获国家励志奖学金、22万名学生获国家助学金、36万名学生获在校期间饮水电话洗澡补助，另有224万名家庭经济困难学生享受物价补贴。中央财政、北京市、区财政共投入36.7亿元，用于北京地区高校、中职学校和高中家庭经济困难学生资助，其中，市级财政投入30.1亿元。

（罗芳）

【完成第15届宏志奖学金发放工作】 5月，市教委完成第15届普通高中宏志奖学金评选工作。此次评选采取报名推荐、民主评议、材料审核、公示程序，面向普通高中在校生中城乡低保家庭、低收入家庭子女，享受社会优抚待遇家庭子女、烈士子女及经民政部门认定的其他困难家庭子女，要求在校期间品行良好、关心集体、乐于助人、学业成绩及学生综合素质评价优良。至年底，全市共资助学生3500人、每人奖励金额800元。普通高中宏志奖学金评选活动始办于1997年，每年评选一次，至2013年北京市享受宏志奖学金学生共计43776人。

（王雪青）

【评选首届中华法学硕博英才奖】 9月17日，中国政法大学完成首届“中华法学硕博英才奖”评选。该奖项是由政法大学设立，与法制日报社共同主办，面向全国（含港澳台地区）

高等学校、科研院所全日制在读法学专业研究生和法律硕士专业学位研究生开放申报的学术成果奖，旨在鼓励法学专业研究生积极探索法学理论和实践，提高研究水平和实践能力。该奖项每两年评选一次，首届评选历时4个月，共征集来自全国36所大学或研究机构法学院（所）的168篇论文。经过对申报人及申报成果进行资格审查、形式审查和学术规范审查，“法学英才奖”评审委员会对申报成果进行通讯评审和会议评审，评选2篇论文获一等奖、10篇论文获二等奖、20篇论文获三等奖。

（刘旭）

【完善研究生奖助体系】 10月，市

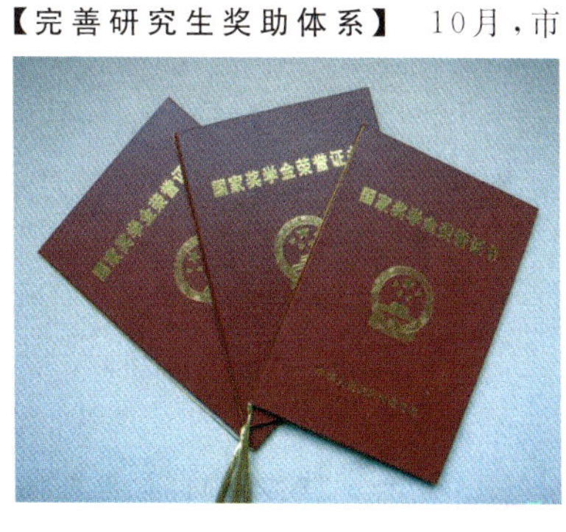

教委与市财政局联合印发《关于完善研究生奖助政策体系的通知》和《关于印发〈北京市研究生国家奖学金、学业奖学金、国家助学金管理暂行办法〉的通知》。文件提出要继续执行国家奖学金、留学生奖学金政策。拟从2014年秋季学期起，把研究生普通奖学金和学生生活物价补贴合并调整为研究生国家助学金，硕士研究生补助标准由200～240元/月/人调整至700元/月/人、博士研究生补助标准由1000元/月/人调整至1200元/月/人。全年按10个月发放。覆盖范围由国家任务学术型学位研究生调整为研究生招生计划内的所有全日制研究生。文件同时提出要提高助学贷款年度最高限额，原则上不超过年度学费和住宿费标准总和。要求各市属高校综合采取减免学费、发放特殊困难补助、开辟入学“绿色通道”等方式，加大对家庭经济困难研究生资助力度；进一步落实完善捐资助学的优惠政策；积极拓宽研究生奖助资金来源渠道，按规定统筹利用自筹经费、科研经费、社会捐助等资金，通过多种形式增加投入；从学费收入中足额提取5%的经费用于包括研究生在内的学生奖助工作。提出要增设学业奖学金制度，市财政局按博士研究生每生每年10000元、硕士研究生每生每年8000元的标准，同时参照在校生人数的固定比例（博士80%，硕士50%）给予经费支持。本年，市教委建立健全研究生教育收费制度，规范研究生培养单位的收费行为，维护学生的正当权益，促进高等教育事业持续健康发展，根据国家发展改革委、财政部、教育部《关于加强研究生教育学费标准管理及有关问题的通知》，研究制定北京地区研究生教育学费收费标准及相关政策。2012年11月启动研究生国家奖学金工作。2013年3月评选出首批获得2012年研究生国家奖学金学生710人。其中，博士生98人，奖励标准为每生每年3万元；硕士生612人，奖励标准为每生每年2万元。

（刘伟　李奇）

【规范中职学校学生资助资金管理】　11月1日，市财政局、市教委、市人力社保局联合印发新修订的《北京中等职业学校学生资助资金管理办法》。办法规定中等职业学校学生资助资金包括北京市中等职业学校政府奖学金、免学费补助资金和国家助学金，实行资金分担的原则。其中，政府奖学金由市政府出资设立，所需经费由市财政全额负担；中等职业学校免学费补助资金和国家助学金经费按照现行经费隶属关系由市、区（县）财政分级负担。同时对奖助学金申报与发放、资金管理、监督检查等做出规定。办法自印发之日起30日后实施，同时废止《北京市中等职业学校学生资助资金管理暂行办法》。

（徐达）

【调整民族班生均定额补助标准】　11月14日，市财政局、市教委调整内地民族班生均综合定额补助标准。按照规定，2014年1月1日开始，市级财政对内地民族班生均综合定额补助标准由原来每年17000元/生调整为每年25060元/生。综合定额补助内容包括承担内地民族班教育教学任务人员经费、内地民族班公用支出、内地民族班学生支出三大项，所需经费由市级财政全额负担，纳入市级财政年度预算。

（徐达）

【实施北京市高校学生境外学习奖学金项目】　至年底，市教委投入专项资金1500万元实施北京市高校学生境外学习奖学金项目。资助20所市属高校的1000名学生赴境外进行课程学习、课题研究以及参加国际竞赛、学术及文化交流活动。自上年实施该项目以来，共有2000名学生参加项目。该项目的实施，对于高校改革人才培养模式、促进拔尖创新人才培养、提升高校国际化水平、进一步加快北京教育对外开放进程具有重要意义。

（杨洋）

（本栏责任编校　邱小培）

招生与考试

综　述

2013年，在市委市政府、市委教育工委市教委的领导下，考试院认真学习贯彻党的十八大、十八届三中全会和市委有关精神，落实教育发展规划纲要，把确保考试安全作为首要任务，将标准化要求贯穿于各项工作始终，坚持推动改革促进发展，围绕中心服务大局，务实服务加强管理，紧紧依靠全市招考战线同志共同努力，依靠市区两级招考委和国家考试局际联席会议成员单位密切配合协同保障，实现既定工作目标，推动首都教育考试招生事业的科学发展。

2013年，北京市共组织各级各类考试563次，涉及考生181.7万人次，全年共命制各类试题1076套，印制试卷375万份，发放各类证书26.4万份，为各级各类招生单位录取新生29.2万人。

各项招考任务顺利完成

中招会考工作更加规范。深化质量管理理念，将标准化管理融入各个工作环节，保证各项政策落实到位，措施执行到位。首次平稳实施进城务工人员随迁子女在京考试并参加中职学校录取工作，积累有益经验；首次独立全程负责组织实施体育特长生统一测试；落实首都义务教育均衡发展要求，调整示范高中“名额分配”和择校生比例；加强新形势下会考改革研究，着重加强对自主课程建设实验学校学业水平考试管理，进一步规范会考数据信息应用，突出规范管理，促进工作质量稳步提高。

高招以“三化”推进三项工程。以精细化推进安全工程，规范实施报名、组考、评卷、录取等环节工作，高标准高质量落实《高考安全工作方案》，平稳完成统考及艺术特长生等专项统测工作；以规范化推进阳光工程，严格执行“六公开”“六不准”“十严禁”等项规定，制定并严格落实《北京市2013年高招录取工作集体议事规则》；以科学化推进改革工程，经过充分调研论证，广泛听取相关部门意见，制定完成《2014年进城务工人员随迁子女在京参加高等职业学校招生考试实施办法》，拟定完成《北京市艺术学门类统测工作方案》，为顺利开展后续工作奠定良好基础。

本市中高考改革稳步推进。提出2014至2016年中考高考招生考试改革框架方案，对本市中高考改革进行系统设计，整体推进。2013年适度调整高考试题难度，较好发挥高考的正确导向作用。

研招适应变化多措并举保平安。研招主动适应考务管理新要求，顶住压力，沉着应战，确保考试平安。一方面加强考务管理研究，针对首次实施“一题多卷”“大袋包装”、包装覆膜等多项创新改革，重新设计试卷、答题卡包装模式、试题印制方案及封装程序，细化组考工作流程；另一方面重点开展考务培训，强化工作责任，确保30项考务工作新举措逐条落实到位。高校标准化考点正式投入使用和防范高科技作弊装备合理配置，为平安研考的实现提供有力支撑。同时研招还克服困难，顺利完成北京地区全部统考科目试卷扫描及17科统考网上评卷任务。

成招小步快跑促改革。成招办按照规范化要求改进工作，首次在专升本验证方式上实现网上学历验证，并使用二代身份证识别仪辅助现场确认工作，在切实服务区县和考生的同时，又从源头上防范替考。加强成人学士学位英语考点建设，加大巡视检查力度，改进外埠考点试卷发放方式，最大程度降低试卷失密隐患。首次实施“一题多卷”试点，探索遏制替考、作弊有效手段。通过改革促进发展，实现“考试无事，招生无声”。

自考创新发展闯出新路子。自考主动适应学习型社会需要，在发展理念、发展定位、发展主体方面实现新转变，重点推进两个工程建设。以提升职工文化素质与学历层次为目标，与行业开展合作，实施职工素质工程，先后与北京公交集团、市农委等部门合作，开考面向行业一线职工的职业型、应用型新专业。实施学习成果认证工程，对行业职工已有学历和获奖、获得非学历证书以及参加行业培训等情况进行综合论证，与自考课程学分实现转换，为市民终身学习创造有利条件。围绕两个工程建设，自考在专业课程设计、教材大纲编写、考试标准制定、考试评价方式等方面进行全面综合改革，为自考二次创业闯出新路子。

社考勇于担当承接考试改革新任务。为适应创新型人才选拔培养和首都经济社会科学发展需求，根据新一轮高考改革中关于“英语科实行社会化考试，一年两考”的要求，结合本市高中新课程实验的实施情况，由考试院研究制定高考英语科改革方案。社考办迎难而上，勇挑重担，主动承接这项改革任务。作为牵头负责处室，社考办在前期调研论证的基础上，短时间内完成方案设计及软件开发，实施三次不同规模的试测工作，并组织研究制定包括指导思想、基本原则、目标内容、前期调研、保障措施等内容的改革方案，确保2015年能顺利迈出第一步。加大推介考试项目力度，积极拓展多领域合作，成功举办“第三届剑桥少儿英语大奖赛北京选拔赛”，项目品牌社会影响力进一步扩大。

非学历考试克服困难稳步发展。指导中心妥善处理由于考试方式发生变化而产生的遗留问题，圆满完成2012年北京地区6.2万名应届毕业生会计从业资格考试。按照“严格管理，规范操作”要求，顺利完成英语四六级考试、雅思、托福等15个考试项目的考务组织工作。发展中心有效应对考试项目调整，主动拓展考试项目合作，探索针对中小学教师和职业类学校学生开展三一口语考试的可行性，与英国剑桥大学考试委员会、美国考试服务中心（ETS）、英国大使馆教育处等机构深化考试项目合作。

考试招生专业化建设水平进一步提高

命题改革迎接新挑战。适当调整2013年北京高考的命题思路和试题结构，各批次录取分数线均有所提升；对继续深化命题改革的思路和重点进行研究论证，并对考试说明作较大幅度修订调整；研究改进基于计算机的英语考试测评方法；改进诊断性评价方案，优化评价报告生成系统。

考务统筹协调作用明显。全年加大统筹协调力度，妥善协调解决研招、成招、自考因考试时间冲突带来的一系列问题；完成研究生考场监控系统建设和高考考场的升级改造工程；同时，在全国率先实现高清视频监控，完成清华大学标准化评卷点建设并投入使用。

信息技术保障水平有新提高。建成考务综合管理平台，加强网络系统运维监控保障；市委教育工委维稳指挥中心二期工程建设顺利完成，实现巡查系统、维稳指挥系统和视频会议系统互联互通。

科研评价服务功能有新拓展。面向全市16个区县教研员和教师开展教育统计与测量、评价思想与方法的专题培训；组织专家为区县提供考试数据解读服务，为上级教育行政部门决策和区县学校开展教育教学提供科研数据支撑。

宣传信访工作经受新考验。针对今年高考录取分数线整体提高、随迁子女在京参加考试录取、考生照顾加分政策调整等情况，加强宣传信访工作统筹力度，重点关注考生和社会反应，主动加强与新闻宣传部门沟通，开展正面宣传，引导社会舆论，积极争取新闻媒体配合。通过考试院网站、北京考试报及时准确发布权威信息，唱响主旋律。加强对网络有害信息监控，及时发现并处置各种涉考网络有害信息。对可能产生信访的情况，进行事前风险评估，精心制定信访应急处置方案，加强信访接待培训，妥善处置信访事件，切实保障考试招生工作有序开展。

（蒋来）

【召开招考委年度首次委员会议】　4月2日，北京市招生考试委员会2013年第一次会议召开。会议听取2012年高招工作汇报，审议并通过《北京市2013年普通高校招生工作规定》。同时，会议对本年北京市高招工作提出“平安高考”的工作要求。市政府、市招考委成员单位相关负责人参加会议。

（卢杰）

【召开教育考试招生工作电视电话会议】　5月15日，2013年北京市教育考试招生工作电视电话会议召开。会议部署本年高等学校招生考试工作，提出要提高对国家教育考试面临的形势的认识以及做好招生考试工作的要求。会议主会场设在市政府，分会场设在北京教育考试院和各区县。市教委、市公安局、市国家保密局、市无线电管理局，市招考委委员、市国家教育考试局际联席会议成员单位负责人，各区县招考委委员、区县教育考试局际联席会议成员单位负责人，在京高校领导和招生办主任共计300人参加会议。

（卢杰）

【召开高考入闱命题动员会】　5月17日，2013年普通高等学校招生全国统一考试北京卷入闱命题动员会在北京教育考试院召开。会议提出做好本年高考北京卷命题工作、实现“平安高考”的要求。并于会后，全体命题人员前往入闱场所，开始命题工作。市教委、北京教育考试院、高考命题教师及相关负责人参加会议。

（赵海燕）

【落实高考安全保障措施】　6月1日，市政府召开北京市国家教育考试局际联席会议。会议由市政府秘书长主持，听取北京市2013年高考准备工作情况的汇报，并逐项检查高考安全各项保障工作的落实情况。来自教育、公安、交通、供电、保密、卫生、住建委、气象、公交、城管、无线电、应急办和新闻宣传13个职能部门的相关负责人参加会议。

（卢杰）

【召开中考统一评卷标准报告会】　6月25至27日，北京教育考试院召开高级中等学校招生考试统一评卷标准报告会。会议听取命题组教师介绍语文、数学、外语、物理、化学5个学科的评分标准，提出网上评卷应注意的问题。16个区县和燕山地区中考评卷负责人300人参加会议。

（郭振铎）

【终止北京英语水平考试项目】　7月17日，北京教育考试院公告终止北京英语水平考试（BETS）项目。该项工作依照北京市民讲外语活动组委会办公室的《市政府外办关于终止“北京英语水平考试”项目的函》，宣布终止该项考试的运行，由北京教育考试院制定收尾处置的工作方案。北京英语水平考试由市民讲外语活动组委会与英国剑桥大学考试委员会外语考试部于2006年共同推出，由北京考试院承办。该项目旨在营造良好的首都国际语言环境，服务于2008年北京奥运会、残奥会。

（徐卫红）

【召开自主会考试卷评价结果研讨会】　9月26日，2013年春季自主会考试卷评价结果研讨会召开。会议主要介绍自主会考试卷评价工作方案以及评价报告的撰写工作程序、评审《命题蓝图》以及汇报自主会考巡视组考情况。同时，会议向参加2013年春季自主会考的10所学校反馈各学科试卷评价结果。市教委领导提出各校要重视自主会考试卷的命题工作，提高试题质量，确保自主课程实验改革效果的要求。共收到来自10所自主课程建设学校的42份调查试卷，其中，良好以上等级占70%以上。北京教育考试院，北京教育科学研究院相关负责人以及24所自主会考校的负责人参加会议。

（任涛）

【召开全国硕士研究生招生考试考务工作视频会议】 12月5日，2014年全国硕士研究生招生考试安全工作视频会暨北京市硕士研究生招生考试考务工作会在北京教育考试院召开。教育部副部长出席会议，分析研究生招生考试形势，部署全国组考工作。同时，会上北京市考务工作会对本市研究生招生考试相关工作进行具体布置。共有来自市招考委相关成员单位负责人及157家招生单位的相关负责人300人参加会议。

（李青文）

【召开中考中招和高中会考年度工作总结会】 12月18至20日，北京教育考试院召开中考中招、高中会考年度工作总结会。会议邀请中央党校经济管理教研室主任作题为《学习三中全会关于经济体制改革的体会》的专题报告。会议表彰2013年度中考中招和高中会考目标管理评比获优秀奖的18个单位。共有来自市教委有关处室、市人力社保局、市体检中心，部分区县教委主管主任及各区县考试中心、中招办、会考办主任等130人参加会议。

（郭振铎）

高级中等学校招生

【概况】 2013年，北京市共有初三年级学生93152人通过登录北京教育考试院网站进行中考网上报名，其中86496人进行网上报考，包括具有升学资格的考生69842人填报升学志愿，不具有升学资格的考生13417人选择在京借考。全年参加招生的各类高级中等学校有392所，计划招生85986人，其中，普通高中272所计划招生52342人，中专、技校、职高和五年高职等职技类学校120所计划招生33644人，计划普职比为6∶4。各类高级中等学校共录取新生68370人，完成招生计划的79.51%，录取率为93.9%。其中，普通高中录取新生50667人、职技类学校录取新生17703人，录取普职比为7.4∶2.6。本年首次批准符合条件的进城务工人员随迁子女在京参加中职学校考试和录取。提出升学申请考生2850人，通过资格审核705人，录取531人，占符合条件考生的75.3%。

（郭振铎）

【完成中考体育现场考试】 5月4至22日，2013年北京市高级中等学校统一招生考试体育现场考试举行。全市84769名初中毕业生在18个考点参加体育现场考试。体育考试分值为满分40分，其中，现场考试成绩30分、过程性考核成绩10分。过程性考核成绩由两部分组成：一部分是学生学习态度的考核成绩，主要考核体

育课的出勤率；另一部分是平时体育课学业水平成绩，主要考核体育课堂教学目标的达成情况。两部分考核成绩相加除以2，即为学生该学期的过程性考核成绩；初三两学期成绩之和，即为考生过程性考核的总成绩。现场体育测试原始成绩与过程性考核成绩相加后再进行“四舍五入”处理，即为考生体育成绩。

（郭振铎）

【完成考生照顾加分和资格审核工作】 5月9日，北京教育考试院完成中考照顾加分资格审核工作。照顾加分资格包括烈士子女考生，获得市级三好学生称号的考生，经主管部门认定的在艺术、体育、科技等方面获奖的考生，少数民族考生四大类。全市共有19589名考生享受各类照顾加分和优先录取资格，占有升学资格考生的26.07%。

（郭振铎）

【完成中招文化课考试】 6月24至26

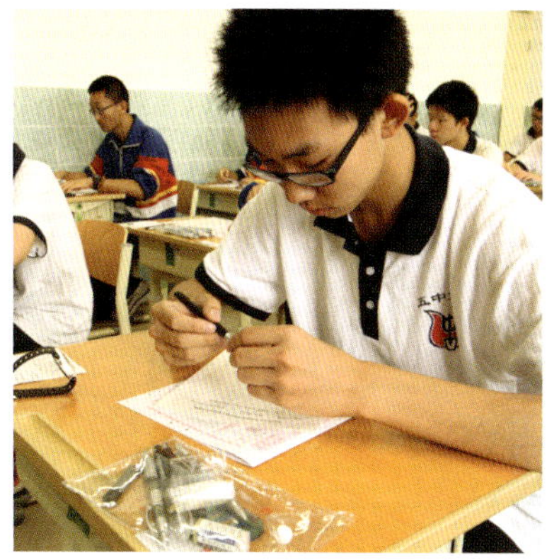

日，2013年北京市高级中等学校招生文化课考试举行。考试采用全市统一命题，统一考试，分区县网上评卷的方式进行。考试科目为语文（120分）、数学（120分）、外语（120分）、物理（100分）、化学（80分）共计5个科目。考试时间为语文150分钟，数学、外语、物理120分钟，化学100分钟。全市共设考点187个，考场2964个，考生85686人。在参加考试的学生中有7名盲人考生使用盲卷、5名视障考生使用大字卷参加考试；部分区县为患传染性疾病、骨折等考生准备特殊考场。

（郭振铎）

【完成提前招生录取审批】 7月14日，2013年北京市高级中等学校提前招生录取审批工作完成。全市124所提前招生学校共录取考生9635人，其中，普通高中录取1808人、职技类学校录取7827人。

（郭振铎）

【完成特殊学生录取资格审核】 7月19日，2013年北京市高级中等学校统一招生录取特殊学生的资格审核工作完成。全市120所有招收特殊学生任务的普通高中学校，共录取特殊考生6174人，其中，市级三好生279

人、金银帆奖学生 4 人、文艺特长生 720 人、体育特长生 678 人、科技特长生 133 人、大学教职工子女 258 人、集训队员 43 人、直升实验班 666 人、特色实验班 184 人、外交人员子女 82 人、“名额分配” 3047 人、异校推荐 80 人。

（郭振铎）

【完成统一招生录取审批】　7 月 28 至 30 日，2013 年北京市高级中等学校统一招生录取审批工作完成。录取按照考生招生考试总成绩从高分到低分，依照考生的志愿顺序择优录取。参加统一招生的学校共 356 所，招生计划 73492 人，录取考生 58735 人，其中，普通高中录取 48859 人、职技类学校和五年高职学校录取 9876 人。

（郭振铎）

【完成中招补录和调剂录取】　10 月 13 日，北京市部分高级中等学校完成招生补录和调剂录取工作。全市共补录死档考生 617 人，调剂录取考生 1692 人。

（郭振铎）

【完成未升学高中毕业生录取审核】　10 月 16 日，部分高级中等学校完成录取未升学高中毕业生审核备案工作。根据市教委关于《在部分中等职业学校中开展面向未升学高中毕业生进行中等职业教育的试点工作》的要求，全市共有 8 所中等职业学校，录取未升学高中毕业生 13 人。

（郭振铎）

【15 所中专学校招收外省市考生】　11 月 5 日和 12 月 3 日，北京教育考试院为 15 所中专学校招收的外省市考生办理审核备案手续。分别完成外省录取新生备案及户口迁京审核工作，共为 15 所中专学校招收的 2842 名外省市考生办理审核备案手续。为完成审核备案并办理完学籍注册手续的外地考生办理外省市新生户口迁京审核手续，共办理户口迁京 1530 人，占审核备案新生 54%。

（郭振铎）

高中毕业会考

【概况】　2013 年，北京教育考试院组织完成春季和夏季两次高中会考。两次会考分别开设语文、数学、外语、地理、历史、政治、物理、化学、生物 9 科文化课考试。全年参加高中会考的考生共计 194887 人，比上年减少 4573 人，下降 2.29%；报考 574786 科次，比上年减少 20622 科次，下降 3.46%。全年共颁发《北京市高中会考合格证》59420 份。

（郭振铎）

【完成春季高中会考】　1 月 8 至 10 日，北京市 2013 年春季高中会考举行。123707 人报考 428432 科次，其中，122428 名在校学生和 1227 名职技类及社会类考生参加 9 科会考。全市共安排考点 115 个。与上年春季相比，报考人数下降 0.72%，报考科次下降 1.79%。此外，经市教委批准的自主会考和替代科目的学校也同期进行考试，共有考生人数 11065 人，25198 科次。考试期间，发现并处理违规考生 89 人。

（郭振铎）

【完成春季高中会考评卷】　1 月 17 日，北京市 2013 年春季高中会考评卷工作完成。该评卷工作由北京教育考试院组织评卷教师在北京市教工休养院完成，共选聘评卷教师 372 人，阅评试卷 42.8 万份。

（郭振铎）

【完成夏季高中会考】　7 月 3 至 5 日，北京市完成 2013 年夏季高中会考工作。共有 71180 人报考 146354 科次。全市共安排考点 108 个。与上年夏季相比，报考人数下降 4.90%，报考科次下降 8.06%。此外，自主会考及替代科目考试的学校也同期进行考试，考生人数 17526 人，报考 47397 科次。考试期间，发现并处理违规考生 102 人。

（郭振铎）

【完成夏季高中会考评卷】　7 月 3 至 8 日，北京市 2013 年夏季高中会考评卷工作完成。该评卷工作由北京教育考试院组织评卷教师在北京市教工休养院完成，共选聘评卷教师 153 人，阅评试卷 14.6 万份。

（郭振铎）

【颁发高中会考合格证】　至年底，北京教育考试院颁发 2013 年《北京市高中会考合格证》59420 份。其中，颁发普高类合格证 59409 份、职技类合格证 11 份。全市共有应届高中毕业生 68420 人参加会考，57320 人取得合格证，占毕业生总人数的 83.78%。

（郭振铎）

普通高等学校招生

【概况】　2013 年，全国共有 790 所高等学校在京招生。全市高考报名 72736 人，录取 63856 人，高考升学率稳定在 80%以上。在统招部分中，报名人数为 67368 人，招生计划人数为 52018 人，实际录取新生 56887 人，比计划增加 4869 人。其中，文史类录取 17166 人，占录取总数 30.18%；理工类录取 39721 人，占录取总数 69.82%。在高职单独招生部分中，报名 5368 人，计划招生 2277 人，实际录取新生 1945 人，比计划减少 332 人。全市共有 18 所高职院校实施自主招生试点改革，计划招生 4480 人，实际录取 5024 人，比计划增加 544 人。

（卢杰）

【完成美术类专业统一测试】 1月5日，北京市2013年美术类专业统一考试举行。考点设在北京城市学院、北京青年政治学院附属中学、北京信息工程学院附属中学（高中部）、北京市三里屯一中（百子园校区）、北京市垂杨柳中学（高中部）、北京市东方德才学校（初中部）6个考点，共有5898人报名，实际参加考试5653人，缺考率4.15％。考试依照《北京市2013年美术类专业统一考试实施办法》和《北京市2013年美术类专业统一考试考试大纲》等文件实施。1月6至10日，美术类专业统一考试评卷工作在首都师范大学和北京服装学院进行。经评定，5593名考生取得美术统考合格资格，合格率为94.83％。其中，取得本科合格资格考生人数4430人，占取得合格资格考生79.21％。

（卢杰）

【完成高水平运动员体育测试】 3月30日，北京市2013年高水平运动员体育测试在北京体育大学举行。测试项目包括田径、篮球、排球、足球、乒乓球、游泳、健美操、武术、羽毛球、跆拳道、网球、棒球、垒球13个项目，413人报名参加考试，实际测试365人。经认定，达到测试A级标准131人、B级203人、C级31人，48人自动放弃测试。

（卢杰）

【举办高招咨询系列活动】 4月1至29日，6月24日至7月7日，北京市举办高考招生本科、专科院校广播电台资讯系列活动。活动由北京教育考试院、北京城市服务管理广播和北京考试报社分两个阶段举办。咨询节目通过北京城市服务管理广播“教育面对面”栏目介绍学校办学情况和本年度招生信息，每天播出1小时。全市共有75所本科高校、29所高职院校以及市体检中心、部分区县考试中心高招办负责人参加招生咨询。同时，北京教育考试院、北京城市服务管理广播、北京考试报社于12月16至22日联合开播“艺考面对面”广播电台咨询节目，中央戏剧学院等15所在京艺术类院校通过广播电台向考生介绍学校情况，宣传艺术类招生政策，解答考生疑问。

（卢杰）

【完成报考体育专业考生测试】 4月13日，北京市2013年普通高等学校体育教育、社会体育专业体育测试在首都体育学院举行。测试项目包括田径、篮球、排球、足球、体操、艺术体操（女）、武术、游泳和乒乓球等项目，1351名考生参加考试。经测试，成绩90分以上41人、80分以上190人、70分以上390人、70分以下人员730人。

（卢杰）

【实施高中体育竞赛优胜者及等级运动员统一测试】 4月20日，北京市2013年高中体育竞赛优胜者及等级运动员测试在首都体育学院举办。测试项目包括田径、游泳、足球、篮球、排球、手球、棒球、垒球、乒乓球、羽毛球、网球、武术、跆拳道、健美操和定向越野15项。共有691人报名，实际参加测试609人，实测率88.13％；缺测82人，缺测率11.87％。经测试，478人合格，合格率78.49％；131人不合格，不合格率21.51％。

（卢杰）

【完成外语口试】 4月20至21日，北京市完成2013年普通高校招生外语口试工作。考试设在北京外国语大学、北京语言大学、中国传媒大学、对外经济贸易大学、首都师范大学、北京第二外国语学院6个考点，共有47032名考生参加外语口试。

（卢杰）

【完成高职自主招生考试试点工作】 4月，北京市完成2013年度高职自主招生考试试点工作。根据《2013年北京市试行高等职业教育自主招生实施办法》规定，各试点院校可自主采取笔试和面试等考试形式，考试内容以综合能力测试为主。录取中各试点院校按照德智体全面衡量、择优录取的原则，结合考生高中阶段的学习情况及综合测试成绩，自主确定录取方案。全市共有18所高职院校参加自主招生试点工作，计划招生4480人，实际录取5024人，比计划增加544人，增长12.14％。

（卢杰）

【完成高职升本科试点工作】 4月，北京市完成选拔高等职业教育（专科层次）优秀应届毕业生进入本科阶段继续学习的试点工作。41所高校推荐的4787名专科毕业生在中国劳动关系学院、北京联合大学、北京城市学院和北京工业大学通州分校4个考点参加“高职升本科”文化课考试。全市共有12所高校参加招生，计划招生2821人，实际录取2794人。

（卢杰）

【完成高等学校招生考试及阅卷】 6

月7至8日，2013年北京市普通高等学校招生考试在18个考区举行。共设立考点105个考场2344个，67730名考生参加考试。6月9至23日，高考评卷工作在北京大学、清华大学、北京师范大学、首都师范大学、北京第二外国语学院和北京工业大学6个评卷点进行，共评阅考生答卷255934份，1160名教师参加评卷工作。

（卢杰）

【确定普通高校最低录取控制分数线】 6月23日，北京市招生考试委员会第二次会议确定北京市普通高校招生各批次录取最低控制分数线。本科一批录取最低控制分数线：文科549分、理科550分；本科二批录取最低控制分数线：文科494分、理科505分；本科三批录取控制分数线：文科454分、理科475分。艺术类本科录取控制分数线：文科321分、理科328分。体育专业（体育成绩75分）：文科350分、理科370分。高职专科：文科150分、理科180分。艺术类高职：文科105分、理科126分。高职单招分数线为150分；艺术高职分数线为105分。

（卢杰）

【完成高招录取】 7月5日至8月6日，北京市完成高招录取工作。其中，统考统招部分计划招生52018

人，实际录取56887人，包括艺术院校（专业）、港台高校等录取新生5441人；高职单独考试招生部分计划招生2277人，实际录取1945人，比计划减少332人。高考升学率达到84.44%。

（卢杰）

【召开高考招生工作总结研讨会】 11月28至29日，2013年北京市普通高校招生工作总结研讨会召开。会议总结北京市2013年普通高校招生工作，表彰2013年普通高等学校招生考试区县工作目标管理考评一等奖的18个考区、133名优秀评卷员和先进工作者以及北京大学等17所"北京市2013年高考工作特殊贡献奖"的获奖单位；研讨2014年北京市普通高校考试招生工作。市教委、北京教育考试院有关职能部门负责人，各在京高校招生办主任，各区县考试中心主任、高招办主任170人参会。

（卢杰）

【完成2014年高考报名】 至11月，北京市完成2014年高考报名工作。报名分网上提交报名申请、网上填报个人信息并缴费和报名资格现场确认3个阶段进行。同时，首次实施进城务工人员随迁子女在京参加高职招生考试政策，共有考生409人提出申请。经市教委、市公安局、市人力社保局和各区县街道、乡镇政府等相关职能部门的共同审核，有考生121人符合标准，114人报名参加高考。经确认，2014年高考报名人数共计70517人，比上年减少2219人，下降3.05%。其中，全国统考报名64484人，比上年减少2884人，下降4.28%；高职单考单招报名6033人，比上年增加665人，增长12.39%。

（卢杰）

【完成2014年艺术特长生统一测试】 12月14至15日和21日，北京市2014年艺术特长生统一测试工作在清华大学举行。该测试共设置声乐、管乐、弦乐、键盘、民乐、舞蹈、书画、戏剧8大类60个小项。测试共计2315人报名参加，实测1988人，缺考327人，缺测率14.13%。经测试，考生1903人取得合格等级成绩，通过率为95.72%。其中，取得合格一级成绩的考生770人，占实考人数的38.73%；取得合格二级成绩的考生731人，占实考人数的36.77%；取得合格三级成绩的考生402人，占实考人数的20.22%。不合格考生85人，占实考人数的4.28%。

（卢杰）

【完成2014年美术类专业统一测试】 12月28日，北京市2014年美术类专业统一考试举行。考点设在北京工业大学、首都师范大学和北京城市学院3所学校。共有6001人报名，实际参加考试5875人，全科缺考126人，缺考率2.10%。12月29日至次年1月8日，美术类专业统一考试评卷工作在首都师范大学和北京服装学院进行。经评定，2014年全市共有5424名考生取得美术统考合格资格，合格率达到92.32%。其中，取得本科合格资格考生4197人，占全部考生的71.44%。

（卢杰）

研究生招生

【概况】 2013年，北京市研究生（博士生、硕士生）招生94596人，比上年增加4472人，增长4.96%。研究生招生中，国家计划78873人，比上年增加3215人，增长4.25%。硕士研究生招生73839人，比上年增加3480人，增长4.95%。其中，国家计划59239人，比上年增加2604人，增长4.60%。博士生招生规模为20757人，比上年增加992人，增长5.02%。其中，国家计划19634人，比上年增加611人，增长3.21%。全国报考北京143个招生单位的考生共计271238人，比上年增加1683人，增长0.62%。报考北京80家招生单位（不含解放军在京单位）的考生共计62681人，比上年增加488人，增长0.78%。北京硕士生单位（不含军队院校）共招收硕士生73919人，比上年增加3804人，增长5.43%。招收博士生21195人，比上年增加772人，增长3.53%。北京地区非全日制攻读硕士学位全国考试报考人数47993人，比上年增加3628人，增长8.18%，报考69336科次，比上年增加5694科次，增长8.95%。

（李青文）

【举行硕士研究生统一入学考试】 1月5至7日，北京地区2013年全国硕士研究生统一入学考试举行。考试共设置57个考点，3216个考场。应试考生107860人，比上年减少174人，下降0.16%。1月20至24日，北京教育考试院组织硕士研究生统一入学考试17个科目的网上评卷工作，6个评卷点共评阅试卷52万份。

（李青文）

【举行同等学力申请硕士学位全国统考】 5月26日，北京地区2013年同等学力人员申请硕士学位外国语水平和学科综合水平全国统一考试举行。考试设在中国人民大学、北京师范大学、北京科技大学、中国地质大学、国际关系学院、北京工业大学及西城区教育考试中心7个考点，其中北京工业大学为新增考点。考试采用指纹验证的方式入场，共有4.1万名考生参加考试。3月1日至4月7日，该项考试报名，经确认，北京市报名考生26059人，比上年增加3791人，增长17.02%。共报考41076科次，比上年增加5747科次，增长

16.27%。报考外国语水平考试考生21380人，比上年增加2712人，增长14.53%；报考学科综合水平考试考生19696人，比上年增加3035人，增长18.22%。

（李青文）

【完成硕士研究生录取工作】 6月，北京市2013年硕士研究生录取工作完成。除军队院校以外，北京143个高等学校、科研机构共招收硕士生73919人，比上年增加3804人，增长5.43%。其中，共招收全日制专业学位硕士生31149人，比上年增加4802人，增长18.23%。

（李青文）

【完成博士生录取工作】 8月，北京市2013年博士生录取工作完成。北京高等学校、科研机构（不含解放军在京单位）共招收博士生21195人，比上年增加722人，增长3.53%。教育部下达招生规模20757人（不含少数民族骨干计划），比上年增加992人，增长5.02%。

（李青文）

【完成硕士生报名工作】 10月10至31日，2014年全国招收攻读硕士学位研究生统一入学考试进行网上报名。11月10至14日，北京共有57个报考点组织考生进行现场确认，共确认112448人，比上年减少8637人，下降7.13%。其中，报考京内招生单位的考生103914人，占京内报名总人数的92.41%；报考外埠513个招生单位的考生8534人，占7.59%。2014年，全国报考北京招生单位的考生249937人，比上年减少21301人，下降7.85%。其中，报考学术型专业的考生154075人，占61.65%；报考专业学位的考生95862人，占38.35%。

（李青文）

【完成在职攻读硕士学位全国联考】 10月27日，北京地区2013年在职人员攻读硕士学位全国联考举行。全市共设7个考点748个考场，2.2万余人参加2.8万余科次的考试。6月20日至7月10日，在职人员攻读硕士学位全国联考报名；7月12至15日，5个报名点组织考生进行现场确认，共确认考生21907人，比上年减少50人，下降0.23%。本年新增学位类别示范性软件学院软件工程领域工程硕士，确认考生186人。

（李青文）

成人高等学校招生

【概况】 2013年，在京招生成人高等学校共有90所。其中，市属院校46所，部（委）及外埠院校44所。网上报名考生103452人，比上年减少20485人；全市报名确认考试生84534人，比上年减少11806人。其中，高中起点本科8750人，比上年减少400人；高中起点专科36590人，比上年减少5206人；专科起点升本科39194人，比上年减少6200人。招生专业1716个，比上年减少71个。其中，市属高校招生专业731个，比上年减少61个；部属高校招生专业985个，比上年减少10个。按专业层次分，高起本专业216个，比上年增加17个，高起专专业932个，比上年减少97个，专升本专业568个，比上年增加9个。招生计划总数69946人，（不含单考单招计划1287人），比上年减少8691人。其中，高中起点专科计划29823人，占计划总数的42.64%，高中起点本科计划7519人，占计划总数的10.75%；专科起点升本科计划32604人，占计划总数的46.61%。调整后计划总数70177人（不含单考单招1744人），本次实考考生76861人，实际录取新生70579人（不含单考单招），录取率91.83%。其中，高中起点本科及专升本专业共录取新生39630人，高中起点专科专业共录取新生30949人。上半年北京地区成人本科学士学位英语统一考试共有99679人报考，实考考生72059人，及格12538人，及格率17.40%；缺考考生27620人，缺考率27.71%，下半年共有104660人报考，实考考生75251人，及格12266人，及格率为16.30%，缺考考生29409人，缺考率28.10%。

（陈进生）

【完成上半年成人本科学士学位英语考试】 5月11日，上半年北京地区成人本科学士学位英语考试举行。考试共设考点90个考场3378个，其中，本市考点46个考场2177个、外埠考点44个考场1201个。实考考生72059人，及格12538人，及格率17.40%；缺考考生27620人，缺考率27.71%。上半年成人本科学位英语共阅卷扫描99679份，其中，北京考点试卷共64536份，外地考点试卷共35143份。3月18至22日，该项考试报名，62所学校的99679人报考，其中，北京考生64536人，占全部考生64.74%；外埠考生35143人，占全部考生的35.26%。成考考生66979人，占67.19%；电大考生19953人，占20.02%；网络学院考生12747人，占12.79%。6月7日，发布北京地区成人本科学士学位英语统一考试考生成绩。

（陈进生）

【完成成人高校招生专业汇总】 8月19日，北京地区成人高校招生专业核对汇总工作结束。共有90所高校在京招生，比上年减少3所。招生专业1716个，比上年减少71个。其中，市属高校招生专业数731个，比上年减少61个；部属高校招生专业数985个，比上年减少10个。按学习形式分，脱产专业数92个比上年增加13个，业余专业数1545比上年减少88个，函授专业数79个比上年增加4个；按专业层次分，高起本专业数216个比上年增加17个，高起专专业数932个比上年减少97个，专升本专业数568个比上年增加9个。总体专业规模中单考单招专业11个，比上年增加5个。

（陈进生）

【完成成人高校招生考试报名工作】

8月25至31日，北京市完成成人高校招生考试网上报名及网上缴费等相关工作。网上报名考生103452人，比上年减少20485人；9月5至9日，组织考生进行现场确认。确认考试生84534人，比上年减少11806人，下降12.25%。其中，报考高中起点本科8750人，比上年减少400人，下降4.37%；报考高中起点专科36590人，比上年减少5206人，下降12.46%；报考专科起点升本科39194人，比上年减少6200人，下降13.66%。本市考生34947人，其中，高中起点14000人、专升本20947人；外埠考生、港澳台及军人49587人，其中，高中起点31339人、专升本18248人。

（陈进生）

【完成成人高校招生统考及阅卷工作】 10月26至27日，北京市举行成人高校招生全国统一考试。本次考试共设18个考区，125个考点，3107个考场，确认违规考生182人，其中，违纪考生22人，违纪人数比率0.03%；作弊考生160人，作弊人数比率0.21%。按照教育部《国家教育考试违规处理办法》，依据《北京教育考试国家教育考试考生违规办法实施细则》的规定，对违规考生作出相应处理。10月28日至11月12日，该项考试进行阅卷，北京师范大学、首都师范大学、北京教育学院和北京广播电视大学4所高校共评阅19科30万份试卷。11月14日，考试成绩通过北京教育考试院网站发布。

（陈进生）

【完成下半年成人本科学士学位英语考试】 11月2日，下半年北京地区成人本科学士学位英语考试举行。共有60所学校的104660人报考，其中，北京考生69356人，占全部考生的66.27%；外地考生35304人，占全部考生的33.73%。成考考生52660人，占50.32%，电大考生21558人，占20.60%，网络学院考生29936人，占28.60%，自考考生506人，占0.48%。共有实考考生75251人，及格率16.3%；缺考考生29409人，缺考率28.10%，其中，北京考点缺考率26.4%、外埠考点缺考率31.4%。本次考试共设考点90个，考场3536个，其中，北京市考点46个，考场2335个；外地考点44个，考场1201个。

（陈进生）

【完成成人高校招生计划编制工作】 11月20日，北京市完成成人高校招生计划编制工作。根据教育部招生计划编制的先报名后下计划的方式，北京市招生计划总数为69946人（不含单考单招计划1744人），比上年减少8691人；其中，高中起点专科计划29823人，占计划总数的42.64%，高中起点本科计划7519人，占计划总数的10.75%；专科起点升本科计划32604人，占计划总数的46.61%。

（陈进生）

【划定成人高校招生录取最低控制分数线】 11月29日，经北京市招生考试委员会批准，北京市划定成人高校招生录取的最低控制分数线。高中起点专科：文史外语类131分、艺术类75分、理工类106分、体育类80分；高中起点本科：文史外语类160分、艺术类114分、理工类116分、体育类110分。专科起点升本科：文史中医类162分、艺术类137分、理工类100分、经济管理类100分、法学类170分、教育学类133分、农学类124分、医学类162分。

（陈进生）

【完成成人高校招生录取工作】 12月10至26日，北京市完成成人高校招生考试录取工作。招生原始计划68749人（不含单考单招1287人），调整后计划总数为70177人（不含单考单招1744人），实考考生共有76861人，实际录取新生共有70579人（不含单考单招），录取率91.83%，比上年有所增长。其中，高中起点本科及专升本专业共录取新生39630人，高中起点专科专业共录取新生30949人。

（陈进生）

高等教育自学考试

【概况】 2013年，北京市共组织完成高等教育自学考试32次。共有19.8万人报考54万科次，注册新生3.4万人。全年开设专业总计106个，其中，专科专业56个、本科专业50个，证书项目15个，各级证书32种。全年共评阅试卷33.5万份。毕业生8996人，其中，本科毕业生4617人、专科毕业生4379人，3756人获取学士学位。

（李佳）

【1月自学考试结束】 1月11至13日，北京市组织完成1月高等教育自学考试。考试在全市13个考区进行，设立考点53个、考场843个，共开考40门课程。本次考试共有45601名考生报考88908科次。

（李佳）

【4月自学考试结束】 4月13至14日、20至21日，北京市组织完成4月高等教育自学考试工作。共有66304名考生报考184924科次。注册新生9660人。共开考109个专业、365门课程。考试工作在18个考区同时进行，共设立考点100个、考场1378个。

（李佳）

【举行两次计算机应用基础考试】 5月11日和11月9日，北京市举行两次北京市自学考试计算机应用基础考试。上半年考试在7个考区进行，2885人报名参加考试。下半年考试在7个考区进行，2506人报名参加考试。

（李佳）

【举行两次自学考试非学历证书考试】 5月18至19日和11月16至17日，北京市举行两次北京市高等教育自学考试非学历证书考试。上半年考试共开考43门课程，涉及17个证书，5366名考生报考10467科次。下半年考试共开考54门课程，涉及17个证书，10706名考生报考31794科次。

（李佳）

【7月自学考试结束】 7月13至14日，北京市组织完成7月高等教育自学考试。全市共有2627名考生报考笔试课程6285科次，注册新生339人。共开考2个专业、6门课程。考试工作在朝阳区、延庆县2个考区进行，设立考点5个。

（李佳）

【10月自学考试结束】 10月19至20日和26至27日，北京市组织完成10月高等教育自学考试。共有62796名考生报考笔试课程180563科次，注册新生13494人。考试采用笔试方式，共开考107个专业、378门课程。考试工作在18个考区同行进行，设立考点86个、考场1293个。

（李佳）

【自学考试8996人毕业】 至年底，北京市高等教育自学考试共有毕业生8996人，其中，本科毕业生4617人、专科毕业生4379人。3756人获取学士学位。

（李佳）

社　会　考　试

【概况】 2013年，北京教育考试院举办7个考试项目，共组织考试16次，报考总人数148243人，比上年180852人减少32609人，下降18.03%。北京英语口语证书考试（BOEC）报考21722人，比上年22678人减少956人，下降4.22%；北京英语水平考试（BETS）报考3748人，比上年8406人减少4658人，下降55.41%；剑桥少儿英语（CYLET）报考人数为22061人，比上年25105人减少3044人，下降12.13%；全国计算机等级考试（NCRE）报考93171人，比上年115476人减少22305人，下降19.32%；全国计算机应用技术证书考试（NIT）报考4346人，比上年5007人减少661人，下降13.20%；全国青少年计算机考试（YNIT）报考408人，比上年1037人减少629人，下降60.66%；中国书画等级考试（CCPT）报考2787人，比上年3143人减少356人，下降11.33%。同时，北京市终止北京英语水平考试（BETS）的举办。

（徐卫红）

【举行北京英语口语证书考试】 3月16日、5月18至19日、8月25日、10月25日和11月16至17日，北京教育考试院分别举办5次北京英语口语证书考试（BOEC）。该考试采用考官对考生一对一口试形式，分为初、中、高3个等级，考试时间分别为初级5至7分钟/人，中级8至10分钟/人，高级12至15分钟/人。5次考试全市共有21722人报名参加考试，比上年22678人减少956人，下降4.22%。其中，初级14250人、中级6310人、高级1162人。

（伍亚娜）

【举行剑桥少儿英语考试】 3月和9月，北京教育考试院举办两次剑桥少儿英语全国统一考试。该考试采用笔试和口试两种方式，共有22061人报名参加考试，比上年25105人减少3044人，下降12.13%。其中，一级10553人、二级7299人、三级4209人。12月，经教育部考试中心同意，北京考试院从2014年起不再承办剑桥少儿英语考试。

（金辉）

【举行全国计算机等级考试】 3月和9月，北京教育考试院举办两次全国计算机等级考试（NCRE）。3月考试首次实行二级无纸化考试。9月考试全部实施无纸化上机考试，并使用2013版考试大纲和新版证书认证体系。全市共有93171人参加考试，比上年115476人减少22305人，下降19.32%。考试包括一级、二级、三级、四级共4个级别考试。39472人获得全国计算机等级考试合格证书。

（姜树森）

【举行北京英语水平考试】 5月，北京教育考试院举办北京英语水平考试。共设立23个考点组织考试。考试采用笔试和口试的方式，通过的考生均可获得一张中文证书和一张英文证书。全市共有3748人报名参加考试，其中，一级1729人、二级1744人、三级275人。

（姜树森）

【举行中国书画等级考试】 5月和

11月，北京教育考试院举办两次中国书画等级考试（CCPT）。该考试设书法、硬笔书法、素描、动漫画、色彩5个科目，其中书法、硬笔书法分9个级别，素描、动漫画、色彩分6个级别，新开考国画人物、国画花鸟和国画山水3个新科目。全市共有2787人报名参加考试，比上年3143人减少356人，下降11.33%。其中，书法772人、硬笔书法321人、素描

559人、色彩819人、动漫248人、国画68人。

（全辉）

【举行全国计算机应用技术证书考试】 6月和12月，北京教育考试院举办两次全国计算机应用技术证书考试。该考试采用系统及题签考试方式，累计开考文字处理、电子表格和演示文稿制作等共计12个模块。全市共有4346人报名参加考试，比上年5007人减少661人，下降13.20%；

（姜树森）

【举行全国青少年计算机考试】 6月和12月，北京教育考试院举办两次全国青少年计算机考试（YNIT）。考试分别采用题签考试方式，开考操作基础、文字处理和多媒体制作等11个模块。全市共有408人报名参加考试，比上年1037人减少629人，下降60.66%。

（姜树森）

中外合作考试

【概况】 2013年，北京教育考试院举办中英合作英语口语等级考试（GESE）400场、英国剑桥通用英语证书考试（MSE）6场、英国剑桥英语教学能力证书考试（TKT）24场。全市共有49708名考生参加考试。全年举办中英合作英语口语等级考试（GESE）考前培训、英国剑桥英语教学能力（TKT）考前培训、北京地区成人学士学位英语考试考前培训共21期，1132人参加培训。

（庞博）

【举办英国剑桥通用英语证书考试】 至年底，北京教育考试院举办英国剑桥通用英语证书考试（MSE）6场。全市共有12803名考生参加三个级别的考试。其中，一级（KET）5135人、二级（PET）6821人、三级（FCE）847人。

（庞博）

【举办中英合作英语口语等级考试】 至年底，北京教育考试院举办英语口语等级考试（GESE）400场。全市共有35777名考生参加12个级别的考试，总体通过率为71.3%。

（庞博）

【举办英国剑桥英语教学能力证书考试】 至年底，北京教育考试院举办英国剑桥英语教学能力证书考试（TKT）24场。全市共有1128名考生参加4个证书的考试。其中，证书一333人、证书二226人、证书三291人、证书五278人，所有人均获得成绩证书。

（庞博）

社会委托考试

【概况】 2013年，北京教育考试院共完成15个考试项目58个科目125考次，总计748897人/科次的考务组织工作；组织发放各类考试合格证书及成绩单共385849份。全年完成4个科目8套试卷的命题工作；完成试卷答题卡数据扫描1390856张；组织评阅试卷（含网上评卷）1579556份；打印条形码679065枚。承办雅思考试（IELTS）服务，为27104名考生提供考试服务。社会委托考试由北京教育考试院直属单位北京市教育考试指导中心完成。

（胡泊）

【主办北京地区全国英语等级考试】 3月、9月，北京教育考试院主办北京地区全国英语等级考试（PETS）考务组织工作。共计7427人报名参加考试。完成答题卡数据扫描18539张，评阅试卷11294份，发放成绩单7427份。

（胡海）

【主办北京地区全国计算机等级考试】 3月、9月，北京教育考试院负责北京地区全国计算机等级考试（NCRE）考务组织工作。该考试采用笔试和上机考试的形式，共计92943人次参加考试，评卷9183份。

（胡海）

【主办北京地区全国大学英语四、六级考试】 6月、12月，北京教育考试院负责北京地区全国大学英语四、六级考试考务组织工作。6月，考生共计275016人；12月，考生共计242533人。全年考生共计517549人。

（胡海）

【承办国家公派留学人员全国外语水平考试】 6月、12月，北京教育考试院负责国家公派留学人员全国外语水平考试（WSK）考点考务组织工作。6月，考生共计1079人；12月，考生共计1491人，全年考生共计2570人。

（胡海）

（本栏责任编校　张晓白）

交流与合作

综　述

2013年，市教委大力推进首都教育对外开放，拓展国际合作领域，为首都教育系统引进资源，促进首都教育现代化和国际化发展，提升教育外事队伍建设水平，加强对全市教育外事工作的宏观指导和统筹协调，加强决策前瞻性和科学性，加强宏观管理，全面扩大和提升首都教育对外合作与交流水平，推动首都教育外事工作创新发展。

国际交流与合作

对外交往不断深入。市教委以领导率团出访和接待国外代表团来访为核心，以举办大型教育活动和开展师生交流项目等方式为载体，继续推进与北京市友好城市之间的教育合作，在继续做好与巴黎、伦敦、首尔、柏林等友好城市交流基础上，和渥太华、曼谷、墨西哥城等友好城市教育部门建立联系，市教委与澳大利亚维多利亚州教育局、德国科隆市教育局、美国北卡大学就加强师生交流、项目合作、学习培训等内容探讨合作签约事宜，参加第二届中美省州教育厅长对话活动，促成北京第二实验小学和巴黎龙尚小学等4对中小学友好校签约。10月，联合有关单位承办教育部、联合国教科文组织、市政府主办的“首届国际学习型城市大会”。

对外交往规模继续扩大。市教委协助北京市有关单位接待哈佛大学肯尼迪学院院长访问团、爱尔兰教育与技能部长代表团等友好访问团组，协助安排法国巴黎学区代表团，印度职业教育代表团，西班牙教育、文化与体育部代表团，伊朗莫拉特教育创新中心代表团等到有关学校的访问；接待澳大利亚维多利亚州教育部代表团、拉脱维亚里加市教育文化和体育部教育理事会、芬兰赫尔辛基市教育局代表团等国（境）外友好单位的来访。全年向37个国家和地区派出因公出国（境）团组98个592人次，全年接待国（境）外28个国家和地区来访团组70个800人次。

对外交往内容更加丰富。市教委加大对学生参与境内外交流活动的支持力度，并重点开展一批学生交流品牌活动，进一步提升首都教育的国际影响力，加强与国外的交往、交流。继续成功举办国际学生北京夏令营中华文化小使者项目、北京—首尔青少年体育交流大会等一系列暑期学生交流活动，共涉及国内外师生2500人，其中，1665名师生在京活动，835名师生赴外交流，16个区县60所学校1200名师生参与相关活动。

外国学生管理。来华留学继续保持良好增长态势：全年高校和中小学学校的外国留学生达11万人次，高校学历生比例达到36%。接受外国留学生学校规模进一步扩大，高校达到85所、中小学达到104所。进一步完善来华留学课程体系建设：北京市的27所院校（其中部委院校21所，市属院校6所）开设400个英文授课项目，涉及166个专业。举办外国留学生中华文化大课堂、来华留学生汉语之星大赛、外国留学生中国文化节陶艺创作体验赛等外国学生的第二课堂活动。进一步加大北京市外国留学生奖学金支持力度，北京市投入7000万元奖学金，以吸引更多优秀外国学生来京留学。北京市外国留学生奖学金自2006年设立以来，8年共投入3.65亿元，共有3万名学生通过奖学金资助到北京市高校就读。

中外合作办学。高水平中外合作办学项目取得新进展。市教委支持首都高校积极与国外知名学校通过多种方式合作办学，共有1个机构（中国科学院大学中丹学院）、11个项目获得教育部批准；市教委批准5个高中项目、2个非学历培训项目。目前，北京市中外合作办学机构和项目分别达到22个和117个。

国际汉语教育。孔子学院（课堂）规模保持稳步增长。市教委进一步加大对孔子学院（课堂）建设布局的指导和支持力度，新增孔子学院13个、孔子课堂3个。北京共有35所高校和16所中小学在48个国家和地区举办216个孔子学院和孔子课堂，其中，孔子学院119个，孔子课堂97个。完成汉语教师和志愿者招募及派出任务，协助国家汉办完成汉语教师招募项目13个，志愿者派出项目3个。共招募、派出300名汉语教师和志愿者。通过孔子学院奖学金项目推动汉语国际推广，市教委完成指导首都师范大学等5所市属高校开展孔子学院奖学金宣传、招生和材料审核上报工作。共完成招收孔子学院奖学金生110人，其中汉语国际教育硕士20人，一学年研修生50人，一学期研修生40人。继续开展境外汉语教师培训项目。

国家公派出国留学。2013年，共受理国家公派出国申请499人，其中，国家公派访问学者（含博士后）项目、与有关国家互换奖学金项目、中加学者交流项目共465人，录取240人。艺术类人才培养项目3人，录取2人。国家建设高水平大学公派研究生项目18人，录取10人。国外合作项目——日本政府（文部科学省）博士生奖学金项目2人，录取候选人1人。国家公派硕士研究生项目11人，录取1人。

引智工作。按照“请进来，走出去”的工作要求，2013年北京市452个教育机构聘请外国文教专家4680人次，派出出国（境）培训团组18个，涉及双语教学能力、中学教育管理以及各专业骨干教学培训等项目，共166人赴境外参加教育管理和教学专业培训，取得良好效果。

港澳台侨交流与合作

2013年，北京市具有接收港澳台侨学生资质的高校和科研院所有55所。在京高校就读的港澳台侨学生4174人，其中，香港学生1593人、澳门学生709人、台湾学生1839人、侨生33人。港澳台侨学生规模进一步扩大，层次明显提高，管理与服务形式也不断创新。

市教委继续加大对港澳台侨学生

工作的指导和服务。举办北京高校优秀港澳台学生西部行项目；举办“激扬华夏情，共圆中国梦”2013北京高校港澳台侨学生迎新暨中秋联欢会；与香港教育局、澳门教育暨青年局共同举办“2013青春祖国行——京港澳学生交流夏令营”；与澳门教育暨青年局、澳门科学馆股份有限公司举办“北京—澳门中学生科技合作交流”活动。

进一步推动青少年涉台教育工作的开展。市教委在坚持和完善传统教育交流形式的基础上，积极创新形式和内容，不断拓宽对台教育文化交流合作渠道。市教委组织8个团组214人次赴台交流学习。与市外办联合验收通州区第三中学市级涉台教育基地校申请；与市台办成功举办“2013年京台青少年教育研讨会”；与市台办在北京科技大学举办以“追求卓越，发展共赢”为主题的海峡两岸教育论坛；举办海峡两岸优质高中“北京—阿里山夏令营”；选派8所中小学校长赴厦门参加第七届海峡两岸百名中小学校长论坛。对台活动实现深入交流，增进双方理解与友谊。

继续做好教育部港澳台侨学生奖学金生遴选工作。经学校评审推荐，市教委审核，共有来自北京服装学院等9所市属高校的77名港澳台侨学生获得教育部奖学金，其中，博士奖学金2人、硕士奖学金5人、本科奖学金70人。

对口支援

把教育对口支援工作作为重要政治任务，纳入首都教育整体工作部署，进一步加大支援合作力度，认真做好教育对口支援新疆、西藏、青海和内蒙古等地有关工作，做好与河北、天津、山西、河南和湖北等地协作合作工作，积极组织开展并协调推动援助项目的实施落地，促进受援地教育事业快速发展。

以“双语”教育为重点，开展针对受援地区教育管理干部和骨干教师培训工作，组织北京教育专家和优秀教师赴受援地区开展送教上门、巡回报告和专题讲座、视导评课、教师培训等支教活动，累计为受援地区培训干部教师2000人次。

组织大中小幼学校与受援地学校开展校际间“手拉手”支援与合作工作，研制《北京市教育对口支援中小学结对帮扶工作指导意见》，组织安排北京—青海16对学校和北京—和田21对学校开展结对交流。

促进北京与受援地交流交往，加强民族团结教育。做好受援地干部教师来京挂职交流与受援地领导干部来京考察访问接待工作；选派第7期第3批46名北京教育管理干部和教师赴疆开展挂职支教；组织300名新疆和田与西藏拉萨中小学师生参加北京夏令营活动；在举办内地新疆、西藏、青海高中班的4所中学开展“民族一家亲”活动试点，安排104个北京学生家庭与民族学生结对子并开展相关活动。

继续办好80人的内地青海高中班和300人的新疆和田高中班；同时，安排北京师范大学大兴附属中学和北京市昌平职业学校从9月起连续3年分别举办内地青海玉树高中班和中职班，每年各招收80人来京就读。完成1400名新疆和田未就业大学毕业生在京培养培训任务。

安排资金2000万元，用于支持青海省三江源民族中学3栋教学楼建设。投入300万元开发建设北京教育对口支援合作网，打造远程教育培训资源平台，积极利用网络信息资源优势，力争实现受援地区与北京共享首都优质教育资源。

（付浩奎）

总　类

【澳大利亚教育部部长来访】　2月25日，姜沛民会见澳大利亚维多利亚州教育部部长马丁·迪克森一行。双方就北京和维多利亚州教育发展过程中的经验和面临的挑战等问题开展讨论和交流，并同意在学生交流项目、语言教学、建立友好校等方面加强合作，并在学前教育、终身教育、学习型城市建设三方面加强交流，建立长效工作机制。

（杨洋）

【召开外事工作会议】　3月1至6日，市教委分别召开2013年区县教委、部（委）属高校、市属高校3个专题外事工作会议。会议分别通报2013年北京教育外事重点工作和主要活动。与会人员围绕近年来教育外事工作过程中出现的新趋势、新动向以及面临的突出问题和困难开展广泛交流，并为进一步做好教育外事工作提出建议。会议对新学期的外事工作提出以下要求：紧抓机遇，大力推进教育国际化；加强研究，高度关注国际化进程中的新情况和新问题；探索规律，不断提升首都教育国际化水平。市教委、各区县教委外事工作负责人及各高校外事部门负责人参加会议。

（彭艳波）

【举办首都学生外语展示系列活动】

3月1日至12月31日，市教委举办第二届首都学生外语展示系列活动。该活动面向小学生、初中生和高中生，分别以童话剧表演、英文影视片段配音和原创英语戏剧表演的比赛形式进行展示。小学组参赛学校151所，涉及16个区县的学校；初中组参赛学校67所，覆盖15个区县的学校；高中组原创英语戏剧比赛参赛学校为13个区县的39所学校。参加师生共计2500人。与上年的第一届活动相比，本次活动更加注重考察学生的英语实际应用能力。

（杨洋）

【法国巴黎学区总长来访】 3月5日，姜沛民会见法国巴黎学区总长弗朗索瓦·维耶率领的代表团一行。姜沛民和弗朗索瓦·维耶分别介绍北京和巴黎的教育基本情况，双方在已有良好合作基础上就深入开展校际交流、师生互访、合作科研、信息技术和教师终身学习培训等方面达成共识。会见结束后，举行“北京—巴黎中小学友好校签约仪式”，北京师范大学附属中学与法国亨利四世高中等4所友好校签约。

（杨洋）

【参加两次国际教育展】 3月15至26日和3月26至31日，市教委分别组织参加南美教育展和韩国海外留学春季展览。南美教育展，北京交通大学、中国传媒大学等9所高校和4所中小学29人组成的代表团参加在巴西圣保罗召开的国际教育博览会，介绍北京高等、基础和职业教育情况以及在北京留学的前景；在秘鲁首都利马举办北京教育推介会，秘鲁国家议会教育委员会主席丹尼尔·莫拉（Daniel Mora Zevallos）等参加推介会开幕式；访问巴西里约热内卢的高校、中小学及秘鲁的高校。韩国教育展，中国石油大学、北京航空航天大学等8所学校共17人参加，发出各类宣传材料2200份，现场咨询意向来华超过650人次。两项活动由北京市国际教育交流中心承办。

（邱瑀璐）

【阿联酋议长访问北外】 3月25日，北京外国语大学接待阿拉伯联合酋长国国民议会议长穆罕默德·艾哈迈德·莫尔率团来访。北外校长回顾中阿长期友好关系，并就阿方对扎耶德中心的长期支持表达诚挚的谢意。穆罕默德·艾哈迈德·莫尔议长在答谢词中赞扬中国在探索传统与现代化有机结合上所取得的巨大成就。

（丁夕）

【澳大利亚总理访问陈经伦中学】 4月9日，澳大利亚总理茱莉亚·吉拉德一行友好访问北京市陈经纶中学。茱莉亚·吉拉德听取校长关于陈经纶中学90年办学历程介绍，与学生开展交流，提议陈经纶中学和澳洲麦特罗伊中学开展视屏连线交流。学生就关心的问题与茱莉亚·吉拉德交谈。茱莉亚·吉拉德为同学介绍自己从律师到总理成长历程，并询问学生对前途和理想的认识。

（周一繁）

【新西兰总理访问北大】 4月11日，新西兰总理约翰·基（John Key）访问北京大学并发表演讲。约翰·基主题演讲以“双边教育关系”为题，谈及双方合作及发展，介绍两国经济贸易合作现状，表达对深化两国教育合作的期待，并展望中新两国合作发展。北大领导与新西兰总理及代表团会谈，就两国交流关系交换意见，表达进一步加深文化教育交流的愿望。

（刘鹏）

【举办非洲总统顾问研讨班】 5月13至23日，中国社会科学院研究生院举办非洲国家经济与社会发展总统顾问研讨班。研讨班由商务部主办，面向非洲国家部级干部，以“经济与社会发展”为主题，邀请中国相关领域专家学者举办8次讲座和座谈。来自埃塞俄比亚、利比里亚、卢旺达等8个国家的15名官员参加学习。

（周兴君）

【乌拉圭总统访问北外】 5月27日，北京外国语大学组织接待乌拉圭总统何塞·穆希卡来访。穆希卡作题为《拉丁美洲视角下的乌拉圭》的演讲，介绍乌拉圭历史、政治、经济、文化等方面的情况，阐述对全球化、环境保护、人类文明可持续发展、个人生存目标、教育等问题的看法。巴西、阿根廷、智利、新西兰等23个国家的驻华使节，外交部、教育部、文化部、中联部等部委官员，中国驻乌拉圭大使、该校校友严邦华，多位前中国驻乌拉圭大使，在华乌拉圭留学生以及该校师生代表参加演讲会。

（丁夕）

【埃塞俄比亚总理访问北外】 6月14日，北京外国语大学接待埃塞俄比亚总理海尔马里亚姆·德萨莱尼来访。德萨莱尼作题为《建立新型中非战略伙伴关系和友好关系以利发展与变革》的演讲，从历史和现实的角度阐述中非新型战略伙伴关系的内涵和重要意义，指出当前中非关系面临的新挑战和新问题，就如何进一步发展中非新型战略伙伴关系提出自己的看法。来自非洲50个国家驻华大使和使馆官员、国内从事非洲研究的专家学者和该校相关专业学生参加活动。

（丁夕）

【朴槿惠访问清华】 6月29日，韩国总统朴槿惠访问清华大学。朴槿惠参观学校，发表题为《韩中心信之旅，共创新20年》的主题演讲。朴槿惠回顾清华校史和1992年建交以来中韩交流史，与在场师生分享成长经历和人生感悟，勉励学生不屈不挠，向更宏伟的未来、更宽广的世界奋勇前进，希望中韩两国年轻人今后通过文化和人文方面的交流，使两国关系进一步发展。

（许亮）

【承办诺奖嘉宾与首都学生面对面专题活动】 9月9至12日，市教委承办“诺奖嘉宾与首都学生面对面专题活动”。邀请诺贝尔经济学奖获得者

举办诺奖嘉宾与首都学生面对面专题活动

詹姆斯·莫里斯、罗伯特·蒙代尔分别前往北京汇文中学和首都医科大学，与500名师生开展面对面的交流互动。该活动是2013年诺贝尔奖获得者北京论坛内容之一。论坛由中国科学院与市政府共同举办。

（杨洋）

【芬兰总理访问人民大学】 9月10日，中国人民大学接待芬兰共和国总理于尔基·卡泰宁访问。于尔基·卡泰宁发表题为《芬兰与欧盟前景展望》的演讲，介绍芬兰自然环境、人文环境、教育情况以及政治经济发展基本情况。人民大学校长就进一步推进中芬两国教育、文化交流与于尔基·卡泰宁座谈。人民大学与芬兰高校间保持着长期友好合作，先后与图尔库大学、赫尔辛基大学和拉普兰大学建立校级合作关系，并开展校际学生交换项目，协助赫尔辛基大学成立孔子学院。自1987年至今，共有92名芬兰籍留学生从该校毕业或结业。

（段蕾）

【举办北京市民讲外语游园会】 10月19至20日，市外办和市教委主办的2013年北京外语游园会国际语言文化交流展示区活动在北京朝阳公园举行。活动突破以往形式，首次推出西班牙语、德语、法语3个小语种的节目展演及现场教授。此外，特别设计市民参与互动环节，邀请市民上台现场学习多语种日常会话、英语配音、多国舞蹈，吸引市民的积极参与。北京市22所大中小学校的400名中外师生参加演出，参与市民1000人次。该活动由北京市国际教育交流中心和北京市民讲外语活动组委会办公室承办。

（杨洋）

【伊朗伊斯兰议会议长访问北外】 10月29日，北京外国语大学接待伊朗伊斯兰议会议长阿里·拉里贾尼博士来访。拉里贾尼作题为《伊中关系：四季常青》的演讲，回顾丝绸之路的重要意义以及中伊两国悠久的交往历史，并从当今国际政治格局、地缘外交、国家利益等角度阐述中伊两国保持并发展友好关系的重要性。中伊相关政府官员、该校师生代表及伊朗在华留学生代表参加活动。

（丁夕）

【举办3次北京教育说明会】 11月14至23日、11月26日至12月3日和12月12至19日，市教委赴境外举办3场北京教育说明会。11月14至23日赴西班牙、葡萄牙举办北京教育推介会，市教委及2所高校和9所中小学共16人组成代表团，在葡萄牙首都马德里举办北京教育推介会。11月26日至12月3日赴白俄罗斯、蒙古举办北京教育推介会，市教委相关处室及朝阳区教委、10所高校17人组成代表团，分别在白俄罗斯国立大学和蒙古乌兰巴托市举办北京教育推介会，介绍北京教育、留学概况，并对参加推介会的北京院校进行介绍。12月12至19日赴马来西亚、印度尼西亚参加国际教育展和举办北京教育说明会，由市教委及6所学校组成的代表团，参加在马来西亚吉隆坡举办的FACON教育展；在马来西亚吉隆坡、印度尼西亚雅加达国家博物馆、日惹市智慧园举办北京教育说明会。当地中小学生700人和大学生150人参加，出访期间，发放留学北京等材料4000份。活动由北京市国际教育交流中心承办。

（邱瑀璐）

【人大附中获批在美国办学】 11月，中国人民大学附属中学获得教育部批准，在美国新泽西州成立普林斯顿国际数理学校。至此，北京市共有9所学校与12个国家和地区的24所学校合作开展25个境外办学项目，2所学校在境外独立开设办学机构。其中，境外办学机构涉及小学、初中、高中3个阶段；境外办学项目中，非学历项目5个、学历项目18个，包括硕博项目2个、硕士项目4个、本硕项目1个、本科项目8个、专科项目2个、中专项目1个，涉及中文、中医、体育、音乐、法律等13个专业。

（杨洋）

【开展外事交流前瞻性研究】 至年底，市教委开展外事交流前瞻性引导和研究工作。研究工作结合首都教育外事和港澳台侨工作发展的新要求，针对首都教育对外交流的重点领域，开展“北京市教育系统外事干部队伍建设状况调研”“基础教育国际化人才培养国际比较研究”“中小学国际合作与交流评价指标体系研究”和“构建研究首都高校留管干部现状调研”4项专题调研。

（杨洋）

国际交流与合作

中外合作办学

【开展高校中外合作办学评估】 3月1日至10月10日，市教委开展北京地区高校中外合作办学评估。评估结合办学单位实际办学情况，通过审核自评报告、广泛征询用人单位、网上公示信息反馈等环节，考察中外合作办学所引起的教育资源与本地区科技、经济、教育发展结合情况及产生的作用。30个中外合作办学项目和1个中外合作办学机构参加评估，经过市教委专家组评审，27个项目评估合格，1个机构和3个项目评估为有条件合格。有条件合格的机构和项目要进行整改，并于1年后参加再评估。

（杨洋）

【中科院中丹学院获教育部批准成立】 6月5日，中国科学院大学中丹学院成立申请获教育部批准。学院由中科院大学与丹麦哥本哈根大学、奥胡斯大学、南丹麦大学、奥尔堡大学、洛斯基勒大学、丹麦科技大学、哥本哈根商学院和哥本哈根信息技术大学8所丹麦大学合作设立，开展研究生层次学历教育，涉及4个博士专业和4个硕士专业，每年招收博士生25人、硕士生100人。至此，北京市中外合作办学机构达22个，其中，硕博教育机构1个、硕士教育机构2个、本科和硕士教育机构1个、专科教育机构3个、中等学历教育机构5个、学前教育机构4个、培训机构6个。

（杨洋）

【批准2个非学历中外合作办学项目】 6月，市教委批准2个非学历中外合作办学项目。2个项目分别是北京市朝阳区艾思蒙特高级时装艺术培训学校与法国巴黎艺术文化管理学院合作举办艺术市场管理项目，北京市朝阳区艾思蒙特高级时装艺术培训学校与法国巴黎时尚营销管理学院合作举办时尚营销项目。

（杨洋）

【批准2个高中中外合作办学机构】 12月，市教委批准2个高中中外合作办学机构。2个机构是：北京师范大学附属实验中学与加拿大加皇国际教育投资集团合作举办北京中加学校，北京法政实业集团有限公司与EIC加拿大教育学院合作举办北京王府学校。2个机构均为续办。

（杨洋）

【批准8个高中中外合作办学项目】 至年底，市教委批准8个高中中外合作办学项目。8个项目分别是：北京市第八中学与美国蒙哥马利贝尔中学合作举办美国大学预修课程（AP）项目、北京市八一中学与美国莎杜克圣玛丽高中合作举办AP课程项目、中国人民大学附属中学与英国惠灵顿中学合作举办国际文凭课程教育项目；中国人民大学附属中学西山学校与美国泰伯中学合作举办AP课程高中项目、北京市海淀外国语实验学校与美国密歇根州湖区公立学校合作举办AP课程项目、北京市第二十五中学与加拿大谢尔伯尼地区高中合作举办中加英文高中课程项目（续办）、北京市第八十中学与英国埃克赛特公学合作举办中英高中实验课程项目（续办）、北京市第二十一世纪国际学校与美国费尔蒙特私立学校合作举办AP课程项目（续办）。

（杨洋）

【16个高校中外合作办学事项获批】 至年底，北京市有16个高校中外合作办学事项获教育部批准。分别为：中国科学院大学与丹麦8所大学合作成立中丹学院；中国农业科学院研究生院与比利时列日大学合作举办农学和生物工程博士学位教育项目；中国人民大学与加拿大女王大学合作举办金融学专业硕士学位教育项目；中国传媒大学与美国纽约理工学院合作举办广播电视艺术学（计算机图形与动画）专业硕士学位教育项目；北京城市学院与英国华威大学合作举办项目管理专业硕士教育项目；清华大学与法国国立民航大学合作举办航空管理（机场管理）专业硕士学位教育项目；清华大学与法国国立路桥大学、法国国立民航大学合作举办高级管理人员工商管理（航空管理）专业硕士学位教育项目；中国传媒大学与英国威斯敏斯特大学合作举办国际媒体商务专业硕士教育项目；北京外国语大学与韩国又松大学合作举办国际经济与贸易专业本科教育项目；北京工商大学与爱尔兰考克大学合作举办应用统计学（风险与精算）专业本科学位教育项目；北京理工大学与英国瑞丁大学合作举办会计学专业本科教育项目；北京交通大学与澳大利亚卧龙岗大学合作举办机械电子工程专业本科教育项目；首都师范大学与澳大利亚佛林德斯大学合作举办教育学专业硕士教育项目（续办）；清华大学与麦考瑞大学中外合作举办应用金融学专业硕士教育项目（续办）；对外经济贸易大学与法国兰斯高等工商管理学院合作举办零售管理专业硕士教育项目（续办）；北京理工大学与英国中央兰开夏大学合作举办电子工程本科学位教育项目（变更）。

（杨洋）

友好往来

【举办“问候全世界”中小学生多语种进校园活动】 3月1日至12月31日，市教委举办“问候全世界”中小学生多语种进校园活动。活动在6区11所学校开设教学班40个，开展德语、法语、西班牙语、韩语4个语种的教学，学生1200人次。在完成编写德、法、西、韩、德第一册教材基础上，本年度完成法语第二册、德语第二册教材编写工作。活动于2009年启动，经过4年的发展，多语种进校园项目在教师配置、教学方法探索、特色教材使用、成果展示等方面愈趋成熟，教学效果也日益显现。

（杨洋）

【4对中外中小学友好校签约】 3月5

日，市教委促成4对中小学签署友好学校协议。这4对友好学校是：北京师范大学附属中学与法国亨利四世高中、北京市第二十五中学与法国莫奈高中、北京市劲松职业高中与法国提莱尔餐饮职业高中和北京市第二实验小学与法国龙尚小学。

（杨洋）

【举办北京—曼谷结好20周年青少年乒乓球交流活动】 3月20至24日，市教委举办纪念北京—曼谷建立友好城市关系20周年系列活动之两市青少年乒乓球交流活动。活动在北京市第六十六中学举办。来自泰国曼谷市体育学校20名学生乒乓球运动员与六十六中学生开展友好交流活动。曼谷市体育学校是曼谷最有影响力的体育专科中学，其乒乓球队代表着泰国青少年乒乓球的最高水平，是培养泰国青少年乒乓球冠军的摇篮。六十六中是北京市唯一乒乓球项目传统校、奥林匹克体育后备人才培养基地，拥有国家一级运动员7人，国家二级运动员30人，共为高校输送合格的乒乓球体育特长生18人，多次在国际、全国教育领域青少年乒乓球比赛中取得优异成绩。北京市和曼谷市于1993年6月建立友好城市关系，20年来，中泰两国经贸、文化、教育和体育等各领域合作稳步发展。

（杨洋）

【举办中美比较教育专题校长论坛】 4月2日，东花市—崇文门—前门学区承办中美比较教育专题论坛。论坛由北京市教育学会、东城区青少年国际教育学院、美国教育联合会驻华代表处主办。北京市广渠门中学承办。论坛以中美比较教育为主题，围绕课程供给、课堂教学方式、教师培养3个层面展开研讨。来自美国斯尔拉多高中、胡克中学、加利福尼亚小学校长，以及广渠门中学、北京理工大学附属中学、北京小学校长分别作主题演讲交流，美国胡克中学校长做示范教学。来自市教委，东城区委、区政府领导，以及学区片内15所学校校长300人参加论坛。

（曹珊　吴臻）

【举办中美基础教育校长论坛】　4月26至27日，中美基础教育校长论坛在顺义区第一中学举办。论坛主题是“全球化、信息化背景下的基础教育改革、自我教育与拔尖创新人才培养”，美国加利福尼亚州洛杉矶市以及宾夕法尼亚州大约翰市地区教委官员与两名中学校长就基础教育如何以学生为中心、尊重学生的学习风格、为学生提供个性化教育、促进学生个性发展、改革测试与人才选拔方式、天才儿童培养等方面作报告。中国人民大学、中育教育发展研究中心、河南省濮阳市教育局、上海远东学校、北京四海孔子书院、顺义一中专家、校长发言，就拔尖人才培养等方面工作作专题介绍。教育专家、各校干部、教师300人参加活动。

（辛加伟）

【中英合作开展“梦想与团队”项目】　5月17日至12月11日，市教委和英国驻华使馆文化教育处共同举办“梦想与团队”青年领导力项目。该项目由英国文化协会与英国青年体育基金会提供经费支持，项目核心内容是打造以体育运动和人文艺术为载体的交流平台，在这个平台上，中英两国的青年学生可以共同探讨研究诸如“公平公正、互利互惠、文化多样性、宗教、种族、全球沟通”等问题，从而提高青年学生的领导能力、团队合作能力和对多元文化的包容意识。本届活动由朝阳区教委承办，来自朝阳区10所学校的4000名学生参加。至此，该项目连续两年在北京举办。

（杨洋）

【举办国际学生北京夏令营】　7月12至21日，市教委举办2013国际学生北京夏令营。夏令营包括开闭营式、汉语体验课程、国际友谊之夜、参观游览等内容。来自加拿大、俄罗斯和美国等32个国家的学生对中国功夫、京剧、皮影戏、剪纸、中国书画等课程开展体验式学习，并通过参观游览、美食等活动体验首都北京的特色生活。夏令营由北京市国际教育交流中心承办，线联平等市教委领导以及多国驻华使馆官员出席在北京园博园举行的开营仪式。1140名中外师生参加活动。国际学生北京夏令营由市教委于2011年创立，3年来累计有3500名中外师生参加活动。

（邱璃璐）

【举办中华文化小使者交流项目】　7月13日至8月22日，市教委举办“中华文化小使者交流项目”。全部师生分15个团组分批次赴美国、英国、加拿大和俄罗斯开展文化交流活动。

举办国际学生北京夏令营

中华文化小使者交流项目的活动主要形式包括文艺表演、儿童博物馆宣传、营地宣传、课堂讲解、社区推广、学校交流、住宿交通交流等。来自15个区县34所中小学的646名学生和61名教师参加活动。活动由北京市国际教育交流中心承办。

（杨洋）

【举办北京—首尔青少年体育友好交流大会】　7月23至27日，市教委和首尔特别市教育厅共同主办的第14届北京—首尔青少年体育友好交流大会在首尔召开。北京工业大学附属中学和北京市陈经纶中学的学生，代表北京青少年前往韩国，与首尔学生开展羽毛球和篮球项目的比赛交流。该项交流活动自1996年举办，是市教委与首尔特别市教育厅友好交流的传统项目和品牌项目，至年底，累计有中韩学生1035人次参与活动。

（杨洋）

【举办北京市与首尔市友好交流年闭幕演出】　10月30日，“北京市与首

尔市友好交流年”闭幕演出在韩国首尔世宗文化会馆举行。演出由市政府外事办和市教委主办，北京学生活动管理中心承办。北京市副市长杨晓超率领北京市8所学校的金帆艺术团160名在校生参加演出，年龄最小的9岁，演出《夜深沉》《祥云》《盛世华章》《茉莉花》《阿里郎》和《北京欢迎你》等节目，涉及演唱、舞蹈和器乐合奏等表演类型。两市及中国驻韩国使馆领导观看演出。

（林清）

【举办4所大学联合新年音乐会】　12月13日，中国音乐学院与奥地利萨尔茨堡莫扎特音乐与表演艺术大学、德国萨尔布吕肯音乐大学、韩国梨花女子大学联合举办新年音乐会。音乐会上下半场分别为室内乐专场和管弦乐专场，上半场中国音乐学院师

生共同演奏《a小调三重奏鸣曲》《c小调第一弦乐四重奏 op.51》，韩国梨花女子大学学生演奏《A大调长笛四重奏 K.198》，下半场中国音乐学院中国青年爱乐乐团与奥地利、德国、韩国的青年艺术家共同演奏莫扎特的《序曲——歌剧“费加罗婚礼”》，贝多芬的《第三“英雄”交响曲》。来自中国、奥地利、德国、韩国知名院团演奏家、各高校艺术团代表和管弦乐爱好者900人观看演出。

（田婷）

外国学生教育与管理

【举办“留动中国”活动北京地区选拔赛】　4月27日至28日，市教委

举办“留动中国——在华留学生阳光运动文化之旅”活动北京地区选拔赛。选拔赛共包括4个项目，比赛内容为定向越野、篮球三对三、运动形体展示和武术表演。来自北京语言大学、北京大学和北京外国语大学等22所北京高校的22支队伍参赛，每支队伍均由8名外国留学生和2名中国学生组成，参赛队员来自53个国家。首都体育学院·北京舞蹈学院校际联队、北京师范大学、北京语言大学、对外经济贸易大学和北京体育大学5支代表队脱颖而出，代表北京赴内蒙古呼和浩特参加九州赛。比赛由北京语言大学承办，市大学生体育协会、北京市国际教育交流中心协办。

（杨洋）

【举办高校外国留学生中华文化大课堂】　5月14日至11月19日，市教委举办4次北京高校外国留学生中华文化大课堂活动。其中，5月14日，举办中国菜烹饪体验活动，21所高校30个国家的留学生参与，比赛分为包饺子、炒菜两个部分。10月14日，举办陶艺创作体验活动，来自北京语言大学、对外经济贸易大学等12所高校的1000名留学生报名参加，留学生来自30个国家，体验拉坯、泥塑、彩绘等活动。10月，在北京中医药大学和中国戏曲学院分别开设有关中医养生和京剧的系列讲座，提供5项体验课程，来自30所高校留学生1000人参与其中。11月19日，举办外国留学生进社区交流活动，组织中国传媒大学和北京第二外国语学院70名外国留学生到朝阳区十里堡南里社区服务中心，参与居民健身活动、分组到居民家参观交流和互动。活动由北京市国际教育交流中心承办。

（邱瑀璐）

【举办北京外国留学生汉语之星大赛】　6月15日，第五届北京外国留学生汉语之星大赛决赛在对外经济贸易大学举办。决赛设“情景对对碰”和“才艺竞华章”2个比赛环节。来自中央财经大学等9所高校的10名留学生获2013年度“十大汉语之星”称号，另有10名学生获最佳表现奖。比赛于3月启动，来自40所高校94个国家700名留学生参加比赛，经过两轮海选、初赛、复赛，20名选手进入决赛。比赛由市教委主办、北京市汉语国际推广中心承办、北京汉语网和北京市高等教育学会协办。

（杨洋　邱瑀璐）

【101名留学生获中国政府奖学金】　6月，国家留学基金委批准北京高校101名留学生获得中国政府奖学金全额奖学金——支持地方奖学金。该评选根据高校申请，经市教委推荐，国家留学基金委审核同意，来自30个国家在北京26所高校68个专业学习的60名硕士生和41名博士生获得奖学金。该奖学金由教育部出资设立。

（杨洋）

【7所高校成为首批来华留学示范基地】　7月16日，教育部发布《关于启动首批来华留学示范基地建设工作的通知》，公布首批来华留学示范基地名单，北京7所高校入选。入选基地分为两类，第一类为教育部及其他部委直属高等院校，全国16所高校入选，北京6所，分别为北京大学、清华大学、北京语言大学、北京科技大学、北京中医药大学教育部来华留学英语授课师资培训中心（中医药学）、中央民族大学；第二类为地方院校，全国16所院校入选，北京1所，为首都师范大学。入选院校在国际学生规模、结构、发展速度、培养质量等指标和国际学生管理服务体系等方面具有引领示范作用。

（杨洋）

【举办外国留学生中国文化节】　10月，市教委举办第五届北京高校外国留学生中国文化节。文化节分为陶艺创作体验赛和中国菜烹饪比赛两个部分，对外经济贸易大学、北京语言大学等33所学校来自60个国家的留学生参加活动。文化节由北京市国际教育交流中心承办。

（杨洋）

【举办中小学外国学生汉语节】　12月10日，市教委举办第六届北京市

举办北京外国留学生汉语之星大赛

中小学外国学生汉语节成果展示及总结会。汉语节活动贯穿全年，以“魅力北京”为主题，以体验式学习为主要形式，内容包括外国学生陶艺创作体验赛、中国文化体验日（学习体验中国书法、国画、茶艺、烹饪、太极拳等）、外国学生摄影、汉语作文评选和中华才艺大比拼等多种形式的中华文化学习体验活动，2000名外国学生参加活动。活动由北京市国际教育交流中心和北京市中小学外籍学生教育研究会承办。

（杨洋）

【留学北京一站式服务平台与北京汉语网合并】 至年底，北京市国际教育交流中心完成留学北京一站式服务平台与北京汉语网合并在线服务。合并后，加强提供留学服务的平台功能。平台发布涉及留学北京公共信息、留学北京择校信息和高校留学动态信息1000篇；全年组织实施“留动中国”“国际学生北京夏令营”和“镜头中的北京”3个专题报道及活动；举办6场留学生服务志愿者培训课程，走访30所高校开展线下推广讲座和活动，发放调查问卷3000份。

（邱瑀璐）

【认定10所学校接受来华留学生】 至年底，市教委新认定10所学校招收来华留学生。其中，4所高等学校，分别是北京农业职业学院、北京工业大学耿丹学院、长江商学院、北京第二外国语学院中瑞酒店管理学院；6所中学，分别是中央工艺美术学院附属中学、北京国际职业教育学校、北京市第一零九中学、北京市第十八中学、北京市古城高级中学、北京王府外国语学校。至此，北京市共有85所普通高校和104所中小学具有招收境外外国学生资格。

（杨洋）

汉语国际推广

【新增1所汉语国际推广武术培训与研究基地】 1月，国家汉办同意首都体育学院建立汉语国际推广武术培训与研究基地。该基地主要开展推广中华传统武术活动，承担海外孔子学院总部专业培训等任务。

（杨洋）

【举办驻华使馆官员汉语学习课堂】 3至12月，市教委举办驻华使馆官员汉语学习课堂。共有25个国家122名使馆官员参加学习，培训内容包括汉语课程和中医药、中国饮食、中国武术、中国茶艺等文化体验课程。驻华使馆官员汉语学习课堂连续举办3届，来自30个国家的306名驻华使馆官员参加学习。

（邱瑀璐）

【组织汉语国际教育专业学生教学实习】 7月7至20日，市教委组织高校汉语国际教育专业学生对外汉语教学实践活动。来自中国传媒大学、首都师范大学、北京第二外国语学院、北京工业大学耿丹学院67名对外汉语专业学生分别到马来西亚25所中小学、新加坡10所学校参加教学实习。实习内容包括听课、备课、上课、辅导、作业、总结以及学生活动组织等。实习结束后40名学生获得马来西亚学校的工作推荐信。该活动由北京市国际教育交流中心承办。

（邱瑀璐）

【开展高校小语种专业学生培训】 7至9月，市教委举办高校小语种专业学生对外汉语培训。开设课程包括对外汉语专业基础理论、汉语教学法、中国文化传播等培训。来自首都师范大学、北京第二外国语学院等高校，法语、德语、西班牙语、俄语等小语种专业学生200人参加培训。该培训由北京市国际教育交流中心承办。

（邱瑀璐）

【招收孔子学院奖学金学生】 10月，市教委完成5所市属高校孔子学院奖学金学生招生工作。共招收来自45个国家和地区孔子学院奖学金学生110人，其中，汉语国际教育硕士20人、一学年研修生50人、一学期研修生40人。5所学校分别是首都师范大学、北京工业大学、北京第二外国语学院、北京联合大学和首都经济贸易大学。孔子学院奖学金由国家汉办颁发，主要用于资助外国学生、学者和汉语教师来华学习对外汉语。

（杨洋）

【首次开展中小学国际汉语教师资格考试】 12月，北京市汉语国际推广中心首次开展中小学国际汉语教师资格考试。考试依据新《中小学国际汉语教师资格证书（A类）标准》和《考试大纲》，完成命题、审题、拼卷、试测等考试准备工作。考点设在首都师范大学和北京第二外国语学院。相关专业学生350人参加培训，257人参加考试，141人获得证书。同时，该中心完成《中小学国际汉语教师资格证书（B卷）》（母语为非汉语教师颁发）的前期试卷调研工作。

（邱瑀璐）

【北京汉语网改版】 至年底，北京汉语网改版。新版本实现汉语网与北京市国际教育交流中心官网的统一运行，设立国际教育交流中心、新闻与活动、培训与资源、择校与服务、中国文化公开课和考试与证书6个频道。全年共发布2200篇新闻报道；全市高校完成20次专题推广活动；发布汉语国际培训与教学资源1028

举办驻华使馆官员汉语学习课堂

篇；更新发布国内外优秀师资120人、境内外汉语教学机构60个、境内外汉语教学学科的信息资源库60篇。同时，该网站与“留学北京一站式服务平台”合并在线服务。网址：www. bjchinese. bjedu. cn。

（邱瑀璐）

【建设汉语国际推广基地校】 至年底，市教委继续建设汉语国际推广基地校。18所汉语国际推广基地校邀请来自18个国家的525名外国师生来京学习汉语言文化并参加国际学生北京夏令营活动，基地校共派出16名汉语教师赴英国、法国、美国、澳大利亚等国家的友好学校开展汉语教学工作，同时，接收首都师范大学等4所高校的125名对外汉语专业学生开展教学实习。

（邱瑀璐）

【举办国际学生北京家庭寄宿文化体验营活动】 至年底，市教委组织外

国师生参加国际学生北京家庭寄宿文化体验营活动。接待学校为外国师生安排汉语课程、中国文化课学习、游览北京的名胜古迹等活动，还安排国际学生前往中国学生家庭开展寄宿家庭体验。来自8个国家10所学校的260名外国师生参加活动。该活动由北京市国际教育交流中心承办。

（邱瑀璐）

【完成中华文化与跨文化理解课件制作与培训项目】 至年底，市教委完

成中华文化与跨文化理解课件制作并开展培训项目。课件制作项目完成总体框架建设，包括20门精品课程设计和多媒体课件制作。针对留学生、对外汉语专业学生和对外汉语教师开展19次专题课程培训；完成并上传至汉语网中国文化课程课件100份，原创课件17份，完成多媒体课件模板9套和课件制作工具软件。项目由北京市国际教育交流中心完成。

（邱瑀璐）

【新增孔子学院13所、孔子课堂3所】 至年底，北京市新增孔子学院13所、孔子课堂3所。13所孔子学院分别为北京外国语大学承办的阿尔巴尼亚地拉那大学孔子学院、北京外国语大学承办的德国哥廷根大学孔子学院（与南京大学合办）、北京大学承办的以色列希伯来大学孔子学院、对外经济贸易大学承办的马拉维大学孔子学院、中国政法大学承办的罗马尼亚布加勒斯特大学孔子学院、北京科技大学承办的英国德蒙福特大学孔子学院、北京化工大学承办的匈牙利米什科尔茨大学孔子学院、中央财经大学承办的巴西伯南布哥大学孔子学院、中国农业大学承办的特立尼达和多巴哥共和国西印度大学圣奥古斯丁分校孔子学院、外交学院承办的法属波立尼西亚大学孔子学院、外交学院承办的俄罗斯外交学院孔子学院、首都师范大学承办的德国不来梅孔子学院、北京教育学院承办的塞浦路斯大学孔子学院。3所新增孔子课堂分别为北京市第八十中学、北京市第一七一中学以及朝阳区芳草地国际学校联合承办的加拿大素里教育局孔子课堂，北京师范大学附属实验中学承办的美国亚洲协会华盛顿国际学校孔子课堂，北京大学附属小学承办的美国亚洲协会休斯敦科特小学孔子课堂。至此，北京共有34所高校和16所中小学在48个国家和地区举办119个孔子学院和97个孔子课堂。

（杨洋）

【开展境外汉语教师培训项目】 至年底，市教委举办境外汉语教师培训班。培训班聘请首都高校一线汉语教学专家担任授课教师，培训内容分为汉语教学理论课程和中国文化体验课程两部分，针对部分境外汉语教师提供有针对性的项目说明服务，就《中小学国际教师资格证书》以及未来有合作前景的项目进行介绍和推广。共有来自越南、泰国、韩国、马来西亚、日本、印尼等国家的277名汉语教师参加学习。该培训由北京市国际教育交流中心承办。

（邱瑀璐）

引智培训及因公派出

【加强中小学体育艺术科技社团出国管理】 7月5日，市教委加强中小学体育艺术科技社团赴境外参加交流竞赛活动管理。市教委要求组织相关活动的中小学提前半年以上（或按相关时限规定）向区县教委业务、外事部门报批；受相关部委办局、各级政府委派参加的，参与组织的工作人员必须办理因公手续，并按照因公出国（境）相关规定执行出访任务；活动不得以营利为目的；学校应指派校级领导全程随团开展工作，做好出访学生安全保障等工作；出访前和出访中做好各方面教育，明确工作职责和出访纪律；组织落实竞赛、交流内容，确保工作实效；做好工作预案，避免发生涉外事件；按照“谁派出、谁负责”的原则，落实责任追究制度。至年底，市教委派出的中小学体育艺术科技社团赴境外参加交流竞赛活动团组未发生安全事故和涉外事件。

（彭艳波）

【254人获准公派出国留学】 至年底，北京高校254人获得教育部批准公派出国留学。本年共受理国家公派出国申请499人，其中，国家公派访问学者（含博士后）项目、与有关国家互换奖学金项目、中加学者交流项目共465人，录取240人；艺术类人才培养项目3人，录取2人；国家建设高水平大学公派研究生项目18人，录取10人；国外合作项目——日本政府（文部科学省）博士生奖学金项目2人，录取候选人1人；国家公派硕士研究生项目11人，录取1人。

（杨洋）

【开展公派出国留学人员培训】 至年底，市教委继续举办公派出国留学人员汉语及中国文化宣传推广传播能力培训。培训课程主要从汉语教学法和

中国文化概论两方面入手，着重讲述汉语教学知识要点，并开设中国文化与跨文化交际讲座。该培训由北京市国际教育交流中心承办，共 80 学时，831 人参加。此项培训课程自 2007 年开始，累计培训 3800 人。

（邱瑀璐）

【加强因公出访引导与服务】　至年底，市教委加强因公出访引导与服务。共派出因公出国（境）团组 98 个 592 人次，包括赴境外培训团组 18 个 166 人次。出访内容以洽谈合作项目、推介北京教育、参加国际会议、国际竞赛、执行汉语国际推广任务和合作交流任务为主，培训涵盖教育国际化能力建设培训、职业院校骨干教师培训、小学英语教师骨干教师培训、高等工程教育及人才培养培训、中小学骨干校长境外研修项目培训等系列培训项目。

（彭艳波）

【聘请外国文教专家 4680 人次】　至年底，北京市 452 个教育机构聘请外国文教专家共计 4680 人次。专家主要从事高等学校、中学及小学英语教学工作。

（杨洋）

港澳台侨交流与合作

【举办海峡两岸及港澳高校学生体育文化交流活动】　6 月 26 日，北京体育大学举办 2013 年海峡两岸及港澳高校学生体育文化交流活动。台湾体育大学、香港中文大学、香港教育学院、澳门大学以及北京体育大学 5 所高校代表队参加篮球友谊赛、体育文化座谈等活动。来自 5 所高校 85 名学生参加活动。

（董健）

【开展“寰宇暑期实习计划”】　6 月，“香港与内地高校师生交流计划项目之首都医科大学临床见习项目”在首都医科大学完成。该项目由市教委和香港中文大学合作实施，为期 4 周，共有 33 名香港中文大学学生及 1 名教师在首都医科大学宣武医院开展“临床见习项目”交流活动。

（杨洋）

【举办京港澳学生交流夏令营】　7 月 12 至 18 日，市教委、香港特区教育局和澳门特区教育暨青年局主办的“2013 青春祖国行——京港澳学生交流夏令营”在北京举办。夏令营组织参观北京大学，访问北京市三里屯第一中学和北京市第十中学，聆听北京当代特色文化讲座，参观故宫、长城等历史文化古迹等活动。216 名港澳师生与 162 名北京师生参加活动。夏令营由北京市港澳台教育交流中心承办。该活动是京港澳教育交流传统项目，自 2005 年起每年举办 1 次。

（杨洋）

【召开京台青少年教育研讨会】　7 月 13 至 15 日，市教委与市台办举办 2013 年京台青少年教育研讨会。会议以“传承文化，共同发展”为主题，共同探讨教育问题。来自台湾的 38 名中小学校长与门头沟区中小学校长及北京市其他区县涉台教育基地的代表共计 238 人参加会议。至年底，市教委继续推动京台两地青少年之间的交流与校际合作，市教委组织 8 个团组 214 人次赴台交流学习。

（杨洋）

【举办第五届京澳中学生科技合作交流活动】　7 月 25 至 28 日，市教委举办“2012/2013 北京——澳门中学生互联网上交流计划——‘互联网改变我们的生活’科普网站设计与交流活动”。活动在北京市第一七一中学举办，分研究主题、撰写主题报告、设计主题网页和展示、答辩 4 个环节。来自北京、澳门各 5 所学校 69 名师生参加交流活动，建设围绕“互联网改变我们的生活”主题科普网站 5 个，提交深度研究报告 15 份。北京育才学校与澳门教业中学联队囊括“最佳吸引力奖”及“最佳知识演示奖”，北京市牛栏山第一中学与澳门培道中学联队获得“最佳探究过程奖”，丰台区第二中学与澳门同善堂中联队获得“最佳科学表达力奖”，一七一中学与澳门东南中学联队获得“最佳团体精神奖”，北京师范大学大兴附属中学与澳门劳工子弟学校联队获得“最佳网页表达奖”。活动与澳门教育暨青年局、澳门科学馆股份有限公司联合主办，北京学生活动管理中心承办，北京教育网络和信息中心提供技术支持。该活动共举办 5 届，前 4 届在两地轮流举办。

（周凯　杨洋）

【举办海峡两岸红十字青少年夏令营】　7 月 25 日至 8 月 1 日，中国红十字会主办，北京市红十字会承办的第 23 届海峡两岸红十字青少年夏令营在北

举办海峡两岸红十字青少年夏令营

京举办。来自北京、台湾两地高校60名红十字青少年参加活动。活动分北京和湖北两地开展，两岸红十字青少年围绕志愿服务、应急救护培训等红十字活动开展经验交流，并参与志愿服务实践活动。该项活动自1993年起每年在大陆和台湾轮流举办。

（李胜华 康新）

【举办海峡两岸优质高中夏令营活动】

8月11至17日，市教委举办的海峡两岸优质高中“北京——阿里山夏令营”活动在台湾举行。来自北京市11所学校的117名师生参观台湾自然、历史景区，访问当地多所知名大中小学校。该夏令营由北京国际教育交流中心承办。

（邱璃璐）

【举办高校优秀港澳台学生西部行】 8月24日至9月2日，市教委举办北京高校港澳台学生赴西部文化之旅活动。北京高校优秀港澳台学生代表46人赴西安、甘肃，参观鄂尔多斯博物馆、藏医药文化博物馆、塔尔寺、东关清真大寺、互助土族风情，访问访问鄂尔多斯一中、西宁二十一中、内蒙古大学和青海大学。活动由北京市国际教育交流中心承办。

（杨洋）

【举办海峡两岸教育论坛】 10月13至17日，市教委与市台办在北京科技大学举办海峡两岸教育论坛。论坛以“追求卓越，发展共赢”为主题，共同探讨两岸高等教育合作与发展。来自台湾15所高校和北京9所高校师生150人参加论坛。

（杨洋）

【举办京港创新型人才培养交流会】 10月23日，京港创新型人才培养交流会在北京饭店举行。会议由市人才工作领导小组主办，市委组织部、市人力资源和社会保障局、市教委承办。京港有关领导、专家、学校校长代表围绕创新人才培养作发言。市委组织部、市人力社保局、市教委、北京教育科学研究院，部分中小学校校长，香港中联办、香港教育局、香港民政事务局以及香港有关学校的领导、专家等60人出席会议。

（张强）

【77名港澳台侨学生获教育部奖学金】 至年底，北京市77名市属高校港澳台侨学生获教育部港澳台侨学生奖学金。经学校评审推荐，市教委审核，共有来自北京服装学院等9所市属高校的77名港澳台侨学生获得教育部奖学金，其中，博士生2人、硕士生5人、本科生70人。

（杨洋）

区域交流与合作

【发布京津冀发展报告蓝皮书】 3月19日，首都经济贸易大学发布《京津冀发展报告（2013）——承载力测度与对策》。该蓝皮书与社会科学文献出版社联合完成，中国社科院、国家发改委、市发改委专家参与研究。蓝皮书对京津冀区域的人口、土地、水资源、生态环境、基础设施等方面的承载力开展实证研究，指出该地区水资源短缺和人口数量超出承载力等问题，提出应对“未富先老”问题、从“开源”和“节流”两方面入手拓展水资源承载力、开发河北的土地资源综合承载力、建立低碳消费方式、加快区域联防联控机制等对策、建议和解决方案。

（刘江霞）

【参加京津冀特教联盟研讨会】 4月10日，平谷特教中心参加“京津冀特教学校成长联盟成立暨信息技术与课程整合研讨会”。会议在天津市宝坻区博爱学校举行，通过《京津冀特教学校成长联盟章程》，选举秘书长、理事，平谷特教中心校长张晓成当选为理事长。会上观摩4节培智课程，并组织教师交流研讨。来自京津冀地区9所特教学校校长、教师共40人参加活动。

（王红梅）

【举办天津滨海新区教坛能手培训】 4月15至28日，2013年天津滨海新区教坛能手培训项目在北京教育学院举办。该项目是天津滨海新区委托教育学院开展教坛能手培训项目的第二期，以“基于学科本质的教学有效性提升”为培训主题，在北京、天津两地对滨海新区初中及小学语、数、英等8个学科共100名骨干教师开展为期9个月168课时培训，分为集中学习、实践追踪指导、交流展示3个阶段。培训通过专家讲座、下校观摩、小组研讨及学科论坛等形式开展，旨在突出各学科教坛能手的能力建构，提高其实践转化能力和课堂教学有效性。12月23日，该项目结业，33名优秀成果奖获得者受到表彰。

（刘琳）

【召开教育督导与评价研讨会】 6月14日，“北京2013教育督导与评价研讨会”在京举行。会议由教育部教育督导团办公室、市教育督导室、市教委联合主办，以“教师队伍建设与督导评价”为主题，来自北京、上海、吉林、山东等地的教育行政官员、督学、专家学者分享本地教师队伍建设的理论研究、政策设计与实践探索，以及教师队伍建设与督导评价的思想和理念、评价内容和标准、评价技术和工具、评价方法和结果的使用等成果。研讨会连续举办5届。

（杨洋）

【召开教育纪检监察区域交流研讨会】 6月19日，2013年京津沪渝四市教育纪检监察工作交流研讨会在北京召开。四市教育纪工委（纪检组）围绕党的十八大精神、着力于提高教育系统反腐倡廉的科学化水平，重点交流和探讨教育系统廉政风险防控管理工作。北京航空航天大学、北京体育大学、北京协和医学院纪委分别就科研经费管理、特殊类型招生、廉政风险防控清权确权等问题介绍经验，北京舞蹈学院侧重展示廉政风险防控和廉政文化建设的成果。京津沪渝四市教育纪检监察工作交流机制创建于2004年，旨在增进直辖市间沟通和交流，提高教育纪检监察工作水平。

（钟巍盛）

【赴重庆丰都县交流考察】　9月22日

至26日，北京市民族教育学会赴重庆市丰都县交流考察。在丰都县第一小学展示东城区和平里第一小学等学校8名教师语文、数学、英语和科学课的研究课并开展课后研讨。考察期间，西城区陶然亭小学和丰都县第一小学、北京市护国寺小学和丰都县滨江小学分别结成友好学校，丰都县政府、教委和北京市民族教育学会领导参加友好牵手仪式。北京市10所学校的校长、教师等18人参加活动。

（王振清）

【开展京苏粤中小学优秀中青年校长高研班北京阶段研修活动】　10月9日，第二期京苏粤中小学优秀中青年校长高级研修班第二阶段的研修活动在北京开班。京苏粤160名中小学校长参加研修活动，其中初中校长和小学校长各80人。研修活动为期10天。该培训发挥首都教育资源优势，进一步拓展研修课程领域，同时结合北京教育学院建院60周年，开展京苏粤校长高级研修成果交流暨院庆学术论坛。研修班第一阶段和第三阶段研修活动分别于5月和12月在江苏和广东开展。

（刘琳）

【举办全国九市区职教年会】　10月，西城区教委承办全国九市区职业教育交流协作会第26届年会。来自全国各地200名代表参加年会。会议主题是注重特色建设，促进内涵发展；注重交流学习，实现合作共赢；研究现代职教理论，推动区域职教发展。全国九市区职业教育协作会以省会城市的区或市教育行政部门组团参加，共举办年会26届。

（王娜娜）

【举办京津冀首都圈发展论坛】　12月6至8日，首都经济贸易大学举办2013首都圈发展高层论坛。论坛以“京津冀城市群空间结构优化与质量提升”为主题，听取题为《北京城市功能疏解》《中国城市化规模格局：困境与重构》和《中国未来城市群选择的再探索及京津冀城市群建设的影响》等10个报告，研讨京津冀区域空间优化、协同发展、提升质量等问题。来自北京大学首都发展研究院、中国人民大学区域与城市经济研究所、天津滨海综合发展研究院、河北工业大学京津冀发展研究中心和北京市经济社会发展政策研究基地专家学者120人参加论坛。

（刘江霞）

对口支援

【开展“民族一家亲”活动试点】　1月29日，市教委决定在4所中学开展“民族一家亲”活动试点。“民族一家亲”活动是指在举办内地新疆、西藏、青海高中班的中学少数民族学生和北京学生家庭结成对子并开展相关交流活动。市教委印发《关于开展“民族一家亲”活动试点工作方案的通知》，选定顺义区杨镇第一中学、密云县第二中学、北京师范大学大兴附属中学和北京市第八十中学4所中学开展试点，安排104个北京学生家庭与民族学生结对子并开展相关活动，让少数民族学生了解北京历史民俗文化，感受北京家庭的温暖。此项工作得到俞正声和刘延东等中央领导的充分肯定，要求总结经验做法并在全国推广。

（付浩奎）

【37对学校结对交流】　4月17日，市教委印发《关于做好2013年教育对口支援工作的通知》，安排37对北京和青海、新疆学校结对交流。结对学校分别是北京与青海8对高校、8对中等职业学校共16对学校，北京与和田21对学校。市教委共协调落实229万元支持结对交流工作。12月23日，市教委印发《北京市教育对口支援中小学结对帮扶工作指导意见》，对结对帮扶工作提出指导意见。北京与和田学校结对交流活动始于2012年，是2011年北京援助和田地区示范校建设工程的延续项目，结对双方通过开展下列活动实现帮扶：开展教育教学科研、学校管理和师资队伍建设等方面的交流；北京学校把教材、教辅材料、备课资源库、网上图书馆、音视频教学资源等教学资料和网上教育教学资源供对口牵手学校使用，组织教育专家团队为受援学校制定学校长远发展规划、打造特色校园文化提供咨询指导；组织学生、班级和社团之间的互动活动，开展民族团结教育；成立对口支援与合作工作领导小组，每年定期召开联席会议，总结研究重点、难点工作，研究确定具体工作项目内容，并组织落实。

（付浩奎）

【青海省玉树考察团到北师大大兴附中考察】　4月25日，北京师范大学大兴附属中学接待青海省玉树考察团来访。考察团一行13人，考察青海内地高中班情况，内容包括参观学校为青海内地高中班学生提供的教育教学和生活设施，听取学校的基本情况以及内高班学生的学习、生活情况和取得的成绩介绍，与玉树州学生座谈。市委、市教委以及区委区政府、区教委等相关领导陪同考察。市、区领导对青海内地高中班给予高度重视和大力支持，区教委专门成立工作领导小组，学校选派精英干部教师承担青海学生的管理和教学工作，在“严、细、爱”的三字方针指导下，学校以民族团结教育为主旋律，为内高班的学生提供优质的教育资源、无微不至的服务保障。北师大大兴附中自2010年起承办青海内地高中班，共开办3届。

（陈钟楠）

【培训玉树教育管理干部和骨干教师】 5月30日至6月30日，市教委投入60万元，组织玉树60名教育管理干部和骨干教师来京参加培训，培训为期1个月，内容为现代教育管理和中小学基础教育研究与实践。至年底，市教委首次采取送教上门方式，组织16名北京市教育专家和优秀教师赴玉树短期支教。

（付浩奎）

【举办首期“中南海爱心学校”小学语文骨干教师培训】 6月3日，北京教育学院受北京青少年发展基金会委托举办首期“中南海爱心学校”小学语文骨干教师培训。26名学员分别来自青海、云南、贵州、四川等省6所中南海爱心学校，培训为期7天，总计56学时。培训主题是基于师德修养与学科素养提升的骨干教师培训，旨在为学员专业发展提供专业引领与专业支持，为其开展有效教学提供方向与途径策略支持。培训内容分为师德素养、教师专业发展、学科理论学习，下校观摩及教学实践学习，总结反思交流学习3个部分。

（刘琳）

【双语培训和田幼儿教师】 6月3日，市教委开设的学前教育双语“北京提高班”新疆和田培训项目开班。培训班由北京市15名优秀学前教育教研员和一线教师主讲，来自和田地区一市三县及兵团第十四师的200名幼儿园教师参加培训。培训班开设健康、语言、社会、科学、艺术等幼儿园5大领域课程，通过课堂学习和下园实习，采用理论讲授、案例分析、活动观摩、小组讨论、作品展示、上示范课等方式，将学员分成两批轮换培训。探索实施“以奖带训”和“以赛带训”的培训模式，实施双语教师能力提升奖励计划，连续3年举办和田地区“京和杯”学前及中小学双语教师教学及基本功大赛，激发教师学习双语的内在动力。通过培训，和田一市三县和兵团农十四师幼儿园双语教育普及率达到98%。2013年9月至2014年6月，市教委实施新疆和田地区中小学双语骨干教师北京培训项目，和田地区60名双语骨干教师来京参加培训。培训为期1年，学员汉语水平等级测试由培训前4至6级提升到10级。至年底，通过在京培训和送教上门培训，市教委为新疆和田培训双语教师1200人。

（付浩奎）

【培训新疆双语骨干教师】 6月17日，市教委主办的国家第二期第四批新疆双语骨干教师培训班毕业典礼暨成果展示会在北京教育学院举行。学员以教学片段展示、双语教育论坛、文艺汇演等形式汇报学习成果。教育部民族司、国家民委、市教委和北京教育学院等有关单位负责人和107名学员参加仪式。该培训班由教育学院承办，于2012年9月开班，新疆11个地区107名“双语”骨干教师以及和田地区和田市、和田县、洛浦县、墨玉县和农十四师54名双语骨干教师参加培训。培训为期1年，共开设汉语课、专业课1280课时，组织学员到19所学校开展6至8周教学实习。9月24日和10月14日，国家第三期第一批新疆双语教师培训班开班，与和田地区双语骨干教师培训分别开班，均是为期1年的脱产培训。全疆班学员为自治区12个地州的维吾尔族、哈萨克族、蒙古族、回族共93名少数民族双语骨干教师，和田班学员为该地区“一市三县”58名维吾尔族、蒙古族双语骨干教师。培训分汉语学习及考试、诊断与专业学习、深化与总结、教学实习4个阶段。新疆双语骨干教师培训工作是根据教育部国培计划开展的，自2013年以来共组织3期7批，为新疆地区培养中小学双语骨干教师700名。

（付浩奎　刘琳）

【举办内蒙古党政青年干部培训班】 6月17至23日，北京青年政治学院举办2013年内蒙古自治区党政青年干部（北京）培训班。培训班与内蒙古党委组织部干教处共同承办，是内蒙古党委组织部和北京青年政治学院年度计划重点工作，也是北京市对口支援内蒙古建设工作组成部分。培训以增强党政干部实际工作能力为目标，就干部作风建设、加强和创新社会管理、优化资源配置实现区域和谐发展、领导干部能力建设等方面，安排5次专题讲座、1次团队建设。内蒙古各盟市和自治区有关厅局机关干部48人参加学习。

（杨跃辉）

【在京培训和田未就业大学生】 7月1日，北京市对口支援和经济合作工作领导小组办公室举办新疆和田未就业大学生在京培养毕业仪式。仪式在首都师范大学京疆学院举行。市支援合作办、市教委和首都师范大学有关负责人及培训班第二批251名学员参加仪式。新疆和田未就业大学生毕业生在京培养培训工作始于2011年，是

培训新疆双语骨干教师

根据新疆“少数民族高校毕业生赴对口援疆省市培养计划”开展的，旨在解决2002年以来新疆沉淀的未就业普通高校全日制本科毕业及少部分应届本科毕业生的就业问题。该计划采取自愿报名、以岗定人的方式，选派新疆少数民族未就业学员赴对口援疆省市培养1至2年。至年底，北京市完成1400名新疆和田未就业大学毕业生在京培养培训任务。

（彭艳波）

【赴西藏开展校外教育培训】 7月5至8日，北京教育学院受西藏自治区教育厅委托，第3次组织培训专家团队赴西藏开展校外教育培训。自治区7个地区74名青少年学生校外活动中心主任参加培训。培训以提升新建校外活动场所中心主任的管理能力和领导力为主题，由教育部、高校和少年宫校外教育专家围绕“校外教育政策理论”“校外教育活动场所发展”“校外教育活动创意与实施”“宫本发展与宫本开发”“校外教育管理与队伍建设”等问题开展专题讲座、观摩考察和交流研讨等活动。

（刘琳）

【举办和田、拉萨中小学生北京夏令营】

7月18日，2013年“热爱祖国，感受北京”新疆和田地区少数民族中小学生民族团结北京夏令营开营。开营仪式在北京市盲人学校举行。夏令营由北京市对口支援和经济合作工作领导小组办公室、新疆和田指挥部、市委教育工委和市教委主办，北京学生活动管理中心承办。相关单位负责人、来自新疆和田地区的250名中小学师生参加开营仪式。夏令营为期1周，是继2011年、2012年之后的第3期，参训师生来自新疆和田地区和田市、和田县、墨玉县、洛浦县和新疆生产建设兵团农十四师。夏令营围绕“中国心·中国梦”“爱北京·民族情”“手拉手·心连心”等15个主题营日活动，组织营员观看升旗仪式，参观游览国家博物馆、中国科技馆和清华大学等，组织两地师生互动和开展营地趣味活动。7月24日夏令营闭营，同一天，2013年“热爱祖国，感受北京”西藏拉萨中小学生北京夏令营开营，该夏令营为期1周，西藏拉萨40名中小学师生参加。

（付浩奎　林清）

【玉树高中班和中职班开班】 9月3日，青海玉树内地高中班和中职班开班。两班分别从玉树招收学生80人，分别开设在北京师范大学大兴附属中学和昌平区职业学校，自本年起连续3年每年招收80名玉树学生，计划分别投入2160万元和1800万元，3年分别为玉树培养高中生和中职生240人。北师大大兴附中青海玉树内地高中班学制两年半，学习期满后回青海复习半年，在当地参加高考。此前，北京市在北师大大兴附中举办内地青海高中班3届，2013年首届80名学生回青海参加高考，一本上线率40%。昌平职校青海玉树内地中职班分园林绿化、学前教育、数字影像技术3个专业，学制3年，玉树州教育局委派带队教师，配合学校做好学生日常教育培养和管理工作。同日，80人的内地青海高中班和300人的新疆和田高中班开课。至此，北京内地青海高中班项目已连续招生3年，共招收240人，累计投入经费2000万元。北京市共有11个区县15所高中承担内地民族班办学任务。

（付浩奎）

【走进四川什邡支教】 9月25至27日，北京教育科学研究院32名教研员第5次走进四川什邡开展支教活动。中学语文、数学、信息、音乐、体育、英语、化学、历史、美术、生物、地理、物理，小学语文、品德与社会、美术、科学、英语、数学、体育等学科教研员到什邡市中小学开展专题讲座及交流研讨。

（佟德）

【调整西藏、新疆高中班学费标准】 9月，北京调整西藏、新疆高中班学费。根据规定，自本年秋季起，本市西藏、新疆高中班学费标准统一为每生每学年700元，同时对家庭经济困难的农牧民或城镇职工子女所需费用，可按有关规定予以减免。各有关学校可持相关文件到所在区县发展改革委办理《收费许可证》，收费收入管理按照财政部门有关规定执行。

（刘伟）

【培训拉萨小学骨干教师】 至年底，市教委培训拉萨小学骨干教师30人。培训委托北京教育学院举行，培训内容为素质教育方法、理论、教育动态以及教育教学研究理论。培训为期1个月，市财政投入29万元。

（付浩奎）

【援助青海学校硬件建设】 至年底，市教委投资2000万元援助青海省三江源民族中学硬件建设。市教委援助建设3栋教学楼，总建筑面积1.4万平方米，内设72间普通教室和3间多功能专用教室，可容纳学生3600人，总投资2692万元，其中市教委援助2000万元。至年底，市教委援建的3栋教学楼封顶。此外，市教委投资1.1亿元，为青海玉树州援建的结古镇中心寄宿小学、隆宝镇中心小学、哈秀乡中心小学、结古镇幼儿园和尕羊乡麦永联村小学投入使用。

（付浩奎）

【完成援建干部遴选工作】 至年底，市委教育工委协助市委组织部完成援建干部遴选工作。根据市委组织部要求，本年教育系统援建干部遴选包括第7批援藏干部3人、第8批援疆干部2人、第2批援青干部1人。其中，两委机关选派4人，首都师范大学、北京物资学院各选派1人。

（张波）

（本栏责任编校　彭艳波）

区县教育

东　　城　　区

总　　类

【班主任宣讲团走进学区】 1月8日和3月22日，东城区小学紫禁杯优秀班主任宣讲团分别走进学区举办报告会。1月8日，宣讲团走进龙潭——体育馆路学区和安定门——交道口学区，分别在体育馆路小学和分司厅小学举办报告会；3月22日，宣讲团走进景山——东华门学区、东直门——朝阳门——建国门学区，在校尉胡同小学举办报告会。报告会上，8名宣讲团成员以“提升班主任职业道德修养实现师德建设和教师专业发展相结合”为主题，汇报班主任工作经验。4个学区德育干部、骨干班主任200人听讲。东城区小学紫禁杯优秀班主任宣讲团由近3年北京市紫禁杯特等奖和一等奖教师代表组成。

（高翔　李银姬）

【启动“安全燃放”教育活动】 1月

25日，东城区地坛小学举办“少放一挂鞭，增添一抹蓝”主题安全教育活动。东城公安分局和交通支队警官现场介绍安全燃放烟花爆竹和交通安全知识，向全校756名学生赠送防护眼镜。地坛小学学生代表全区学生接受礼物，现场试戴防护眼镜，学习掌握安全避险知识和技能，在“少放一挂鞭，增添一抹蓝”横幅上签字承诺，号召全区学生少放烟花爆竹，度过安全、快乐的春节和假期。

（李银姬　周良）

【成立“阳光少年交警队”】 3月25日，

东城区阳光少年交警队成立仪式在景泰小学举行。该活动是东城区“普及安全知识确保生命安全”主题系列教育活动内容之一。活动宣布成立东城区第一支阳光少年交警队，小交警代表向全区中小学生发出“文明交通从我做起、从小做起”倡议。少年交警队将以带头学好安全知识、执行交规、维护校园秩序活动为主，开展学做交通引导员等实践活动。东城区有条件的学校均可申请成立“阳光少年交警队”。东城区文明办、区教委、区交通安委会、东城交通支队领导和景泰小学师生参加成立仪式。年内，东城区教委还举办交通安全绘画比赛、演讲比赛、知识竞赛等专题教育活动，推动校园安全文化建设。

（程桂生　李银姬　周良）

【开展干部走进学校系列活动】 3月27日，东城区开展中学教学干部“走进学校”活动，71名中学教学干部走进北京汇文中学。活动邀请北京教科院专家举办专题讲座，听取汇文中学全人教育思想专题汇报，观摩该校横纵结合五方向立体课程结构。当天学校开放初高中英语、生物、化学、历史、地理6节常态课程。活动中，汇文中学重点报告对行政管理干部的三项基本要求以及对学生的三点建议。此前，东城区教委先后举办走进一七一中、广渠门中学、二中等干部交流活动。

（杨学银　李银姬）

【举办中美比较教育专题论坛】 4月2日，东城区教委在广渠门中学举办中美比较教育专题论坛。论坛以中美比较教育为主题，美国斯尔拉多高中、加利福尼亚小学、胡克中学，北京理工大学附属中学、北京小学、广渠门中学分别围绕高中课程供给、课堂教学呈现方式和教师培养等话题演讲。与会人员现场观摩广渠门中学初二年级示范课。论坛由东城区青少年国际教育学院、北京教育学会、美国教师联合会驻华代表处主办。市、区教委有关领导，全区各中小学校长、部分区县校长和美国校长300人参加活动。

（张蕾　李银姬）

【成立美育研究会】 4月10日，东城区

美育研究会成立大会暨第一届会员大会在东城区少年宫召开。研究会是区域内中学、小学、幼儿园、职业教育及校外教育单位干部教师队伍美育研究平台，将以课题方式开展研究，并探索“学院制”人才培养模式，统筹、利用、整合校内外、国内外优质教育资源，形成精品特色课程体系。东城区中小学、幼儿园、职业学校、校外教育单位共130个单位成为第一届会员单位。市教委、东城区政府等领导，国家博物馆、中央美术学院、中国传媒大学等合作单位和教育系统干部教师代表900人参加活动。

（伊传锦　李银姬　周良）

【新闻发言人高级研修班结业】 5月16至17日，东城区教委举办教育系统新闻发言人第四次培训暨高级研修班结业典礼。培训以“全媒体时代的教育舆论环境——怎么看、怎么办”为题，分析当前教育舆论环境和应对措施，提出教育新闻宣传要与业务工

作同部署、同安排、同落实。培训还邀请中央电视台专家举办“如何面对媒体——国际化时代职场人媒体形象设计”讲座，从“形”“色”“韵”三个方面讲授如何塑造得体的职场形象。教育部、区教委有关领导，教育系统各单位新闻发言人200人参加结业典礼。东城区教育系统新闻发言人培训项目由区教委、清华大学新闻与传播学院联合举办，2012年11月举办首次培训，共培训4次50个学时。全区各单位151名新闻发言人参加学习获得清华大学结业证书。

（胡雅婷　李银娅）

【举办国际儿童节主题活动】　5月30

日，东城区举办第五届“我们共同成长”庆祝六一国际儿童节主题活动。活动分为“追逐梦想”“拥抱梦想”“收获梦想”“放飞梦想”4个篇章，表彰“三好学生”“礼仪小标兵”“十佳少先队员”等12类奖项共计16343名优秀学生和241个先进集体。部分小学优秀艺术联盟团队表演《新书包》《幸福》《感恩的心》等节目。教育部、首都精神文明办、团市委、市教委、市教育督导室、东城区有关领导，获奖学生代表以及家长、教师代表1000余人参加活动。

（李银娅　周良）

【举办国学文化节】　9月9日，第四届北京孔庙国子监国学文化节开幕式暨东城区庆祝第29个教师节表彰活动在孔庙大成殿前广场举行。活动宣读《2012～2013学年度东城区教育系统先进个人表彰决定》，表彰20名“师德标兵”、103名“教育新秀”、501个“育人奖”。地坛小学100名学生代表全区10余万名学生三鞠躬行拜师礼，全体与会者起立，向孔子像行三拜礼。活动同时宣布第四届北京孔庙国子监国学文化节开幕。国学文化节延续“国学圣地，德化天下”活动主题，持续20天，举办“国学普及与推广”“国学文化与经济”“国学精粹展示”三大板块共9项重要活动，包括“第二届教育家成长论坛”暨“教育微创新”主题教育高端研讨活动、“国学进校园进社区”系列活动、五道营胡同体验游等。全国政协、中国文联、文化部等单位领导和全区教职工代表参加活动。

（何娟　李银娅）

【首届教育人才大会召开】　9月29日，东城区教委在五十中召开首届教育人才大会。会议作《人力资源是教育改革与发展之基》主题报告，宣布成立新一批8个“名校长工作室”和28个“名师工作室”。会议明确教育人才队伍建设基本任务是：用十年左右的时间，培养数以十计的教育家式干部教师，数以百计的教育拔尖人才，数以千计的骨干教师，数以万计的优秀教师，形成教育思想涌流、骨干教师引领、专业教师齐备、梯队建设合理、名师名家云集、教育新秀辈出的良好局面。会议提出要在三个方面大力推进：一是要加强“师德规范”引领，让“师德为先”成为习惯；二是要以“十百千万工程”为契机，形成“人人皆是教育家”发展空间；三是建立健全人才工作机制，探索有利于人力资源开发与管理工作模式。会上，二中、一师附小、一幼、现代职业学校分别作交流发言。区委、区政府有关领导和教育系统教师代表300余人参加会议。

（李银娅）

【验收健康促进学校窗口校】　11月6至8日，东城区教委完成健康促进学校窗口校验收工作。验收小组复验首批通过验收的5所窗口校，同时验收史家胡同小学、东高房小学、和平里第二小学、一六六中、一零九中、十一中6所新申报学校。6所学校均全部通过验收。至此，全区健康促进学校窗口校11所。

（单聪　李银娅）

【召开年度教育工作会】　12月22日，东城区委教育工委、区教委召开2013～2014学年度教育工作会。会议作《落实党的十八届三中全会精神，深化教育领域综合改革，将东城教育的国际化、现代化提升到一个新水平》主题报告，听取中考高考质量分析报告，听取2013年学生体质健康分析报告。会议为新一期名校长、名教师工作室主持人授牌，向工作室成员颁发聘书。新一期名校长、名教师工作室共设立36个工作室，200名优秀中青年骨干教师参加研修。区政府、区委教育工委、区教委、区教育督导室有关领导，教育系统各单位负责人650人参加会议。

（李银娅）

【招标确定学生营养餐供餐单位】　12月，东城区教委实施学生营养餐准入管理。经过发布招标公告、收集投标企业材料、随机抽取评委专家、评委现场评审、公示结果，确定北京春之光营养配餐食品中心等28家单位为定点单位。这是东城区首次公开招标营养餐供餐单位。

（单聪　李银娅）

学前教育

【概况】　2013年，东城区托幼园所51所（教育部门办园22所、街道园9所、社会办园15所、民办园5所），入园幼儿4079人，离园幼儿3475人，在园幼儿12722人。教职工2228人，其中，专任教师1274人。北京市示范园16所，市级早教示范基地25个，一级一类幼儿园36所。

（关英）

【举办市级骨干教师教育交流展示】　4月26日和28日，东城区教委举办市级骨干教师教育实践研究经验交流展示活动。光明幼儿园和北京市第一幼儿园两名市级骨干教师为全区幼儿教师举办报告，交流专业成长历程和教育实践研究经验，并与现场教师互动交流。全区幼儿园教师代表120人参加活动。该活动是东城区骨干教师系列展示活动之一。

（王克朵　吴瑞华　李银娅）

【成立男教师“沙龙小组”】　6月18日，东城区幼儿园男教师“沙龙小组”成立。“沙龙小组”由区教委、区教研

中心牵头组建，首批28名幼儿园男教师参加小组活动。“沙龙小组”定期开展参观、学习，组织实地观摩与评课、专题研讨、才艺展示等活动。

（王克朵　吴瑞华　李银姬）

【举办学前教育宣传月公益日】 6月19日，东城区“学前教育宣传月公益日”活动在崇文幼儿园举行。活动中，园长、教师及家长总结《3～6岁儿童学习与发展指南》工作，以“尊重·发展”为主题互动交流，教育、心理、卫生保健专家为家长答疑解惑，免费发放《3～6岁儿童学习与发展指南》。崇文幼儿园家长代表和社区居民参加活动。

（王克朵　杨巍　李银姬）

【育翔幼儿园新园落成】 9月4日，中国人民解放军北京军区空军育翔幼儿园举行抗震加固工程落成开园活动。新园占地面积6500平方米，建筑面积7900平方米，设22个教学班，招收幼儿770人。工程为期6个月，投资3700余万元。

（王克朵　高瑞清　李银姬）

【第二批健康促进园颁牌】 10月31

日，东城区教委与区卫生局联合召开第二批健康促进幼儿园颁牌仪式暨创建标准培训会。会议宣布第二批健康促进幼儿园名单，3所幼儿园入选。会议还交流创建工作体会，举办《健康促进幼儿园标准》培训。市、区有关领导和专家，全区43所幼儿园代表参加会议。东城区1995年开始健康促进幼儿园建设，2009年开始评审健康促进园，两次共评选健康促进幼儿园6所。

（王克朵　高瑞清　李银姬）

【市一幼与魏家幼儿园签署托管协议】

11月7日，北京市第一幼儿园和东城区景山魏家街道幼儿园就合作委托办园事宜签订托管协议。依据协议，北京市第一幼儿园承办魏家街道幼儿园，魏家街道幼儿园改称北京市第一幼儿园魏家分园。

（王克朵　高瑞清　李银姬）

【学前三年行动计划全面落实】 至年底，东城区教委全面完成学前三年行动计划各项任务。自2011年，东城区共投入2.1亿元，新建、改扩建幼儿园13所，全区幼儿园增至51所63址，增加学位近3000个，呈现各类型园所协调发展、优质多样的办园格局，基本缓解入园难问题。年内，崇文回民幼儿园和大方家回民幼儿园通过北京市示范幼儿园评审验收，市级示范园增至16所；永定门幼儿园和景山魏家幼儿园通过一级一类验收，一级一类幼儿园增至36所；空后蓝天幼儿园通过市级早教基地验收，市级早教基地增至25个。

（王克朵　高瑞清　李银姬）

基础教育

【概况】 2013年，东城区小学64所，1469个教学班，毕业7557人，招生10071人，在校生49091人；教职工4531人，其中，专任教师3673人；小学入学率100%，巩固率100%，毕业及格率100%。中学43所（初中7所、高中4所、完全中学27所、九年一贯制学校2所、十二年一贯制学校3所）；教学班1261个（初中682个、高中579个），毕业13102人（初中7713人、高中5389人），招生13820人（初中8078人、高中5742人），在校生42248人（初中24308人、高中17940人）；教职工6280人，其中，专任教师4459人；初中入学率100%，巩固率100%。工读学校1所，在校生120人，教学班6个，招生75人，毕业50人。特教学校2所，在校生256人。校外教育单位8所，教职工313人。全区中小学教师学历合格率100%，高级专业技术职务教师594人（小学55人、初高中539人）。中小学校舍占地总面积110.56万平方米，建筑面积123.05万平方米，图书馆藏书477.67万册，固定资产总值24.86亿元。全年教育经费投入49.84亿元，其中，国拨经费47.31亿元，自筹经费2.53亿元。

（关英）

【召开教育质量分析会】 1月24日，东城区教委召开初三高三教育质量分析会。会议从命题指导思想、学校总体情况、学科考试情况以及教学工作建议方面，分析高三、初三质量。分析报告首次从学科出发，以优点和反思形式反馈各中学教学工作。会议作《学校发展和课程改革新动态》报告，强调以百姓需求为服务导向，组合区域优质资源，办人民满意教育。区教委有关领导，各中学校长、教学干部和年级组长以及学科教研员近200人参加会议。

（杨学银　李银姬）

【举办中学生志愿服务月】 3月3日，

东城区教委举办中学生志愿服务月。活动期间，一中、国子监中学等学校到实践基地开展双语导游志愿者活动，东城数字德育网以“五十载春秋光焰长”为主题举办网上“学雷锋”

活动。双语导游志愿服务活动是东城区中学生实践活动的品牌，起始于2007年奥运前夕，她依托学生英语语言优势，拓展综合实践课程，以钟鼓楼、国子监文化馆，以及天坛公园等著名历史、文化场所为窗口，引导青少年学生了解历史、传承文化。6年间，每周六、日全区共有37所中学活动近500次，参与活动及培养双语志愿者近万人。该活动被评为“东城区精神文明建设最佳活动”“首都未成年人思想道德建设创新案例”。网上“学雷锋”活动为全区各学校“学雷锋”活动提供交流、展示、推优平台，包括新时代的雷锋精神、永流传的雷锋之歌、我身边的雷锋故事等5个板块，号召全区学生思考新时代雷锋精神、传唱雷锋歌曲、传看雷锋影视作品、关注身边助人榜样、完善志愿服务长效机制。

（王梦娜　耿玺超　李银娅）

【二十四中举办国际教育节】　3月29日，北京市第二十四中学举办第二届国际教育节。活动中，学校宣布国际部正式成立，并举行揭牌仪式。活动还以国际教育嘉年华形式，举行国际教育咨询与展示、英语猜谜活动、世界多国服装展示、世界校服流行趋势及服装制作展示，举办英语演讲、动画片翻译、英语小品等表演。全校1000名师生、家长代表及部分学校师生参加活动。

（周良　李银娅）

【青少年科技学院实施学区选课】　3月29日，东城区青少年科技学院东直门——朝阳门——建国门学区选课工作在二中分校启动，学区内12所小学校长和200名学生参加启动仪式。该项工作整合学区内部科技教育资源，由优质资源校承担青少年科技学院课程相关工作，学区中小学生通过网上选课方式，即可进入青少年科技学院学习。此后，东城区青少年科技学院安定门——交道口学区、龙潭——体育馆路学区选课工作分别于4月19日和4月26日在五中分校和汇文中学启动。

（周末　李银娅）

【开展儿童伤害干预项目交流】　4月27日，东城区教委联合区妇女儿童工作委员会在崇文小学举办“安全同行，健康成长”儿童伤害干预项目交流展示活动。联合国儿基会驻华办事处、区教委有关领导，北京教科院有关专家，以及中小学、幼儿园、街道等单位代表100余人参加活动。活动中，崇文小学展示防震自护安全教育课，地坛小学和东直门街道分别作大会交流。活动总结2012年项目工作并部署2013年工作，向新一轮参与项目实验的12个单位赠送《安全教育日志》。

（高翔　李银娅）

【召开“减负增效”工作阶段总结会】　5月10日，东城区教委召开“减负增效”工作阶段总结会暨小学教育质量分析会。会议以“科学减负，提升质量，全面育人”为主题，分析2012～2013学年度第一学期学生学业质量，交流小学“减负增效”成果与体会。会议要求各学校将质量监控工作做到常态化、系列化、目标化、丰富化，并确定9所学校为第一批课程创新基地校。全区小学校长、教学干部、教研员共180人参加会议。

（王军　李银娅）

【外来务工子女展示才艺】　5月10日，

东城区春江胡同小学举办“蓝天下的多彩童年牵手中国梦”主题才艺展示。百余名在该校就读的外来务工人员子女及家长代表同台表演舞蹈、合唱、器乐合奏、课本剧。区教委领导和中小学代表与该校师生家长代表观看演出。春江胡同小学85%的学生来自外来务工人员家庭。学校高度重视学生艺术教育工作，配备丰富教学经验的美术、音乐教师担任教学。在美术教学中，开展水墨画、十字绣、吹画教学，音乐课开发手风琴、笛子、打击乐等民族特色校本课程。

（李银娅　周良）

【举办小主持人大赛】　6月15日，东城区少年宫举办“校园金话筒”第四届中小学生主持人大赛。比赛设小学中年级组、小学高年级组、初中组和高中组四个组别，全区80所中小学293名学生参加比赛。初赛采取自我介绍、模拟主持两个环节展现个人才能和艺术素养，决赛通过模拟主持、才艺展示和即兴问答三个环节，考察选手主持基本能力及综合素质。7月11日决赛后，评选出各组别“十佳小主持人”42人，一等奖95人，二等奖128人，三等奖26人。

（伊传锦　李银娅）

【举办“小壮壮”暑期训练营】　7月14日，东城区教委在地坛体育中心举办小学生“小壮壮”暑期训练营。训练营为期一周，通过趣味游戏、球类项目培训及健康知识讲座等多种方式，提高体重超标学生健康意识，帮助他们养成健康习惯，提高身体素质。全区40余所小学近150名体重超标学生参加活动。

（单聪　李银娅）

【举办随班就读教师培训】　9月23日至12月10日，东城区教委举办2013～2014学年度第23期特殊教育理论培训。培训为期10周，邀请北师大有关专家通过融合教育专题讲座，以“研训一体”方式开展智力障碍和听力障碍教育理论培训。全区中小学随班就读工作主管干部和教师共100人参加培训。

（杨学银　李银娅）

【举办民族团结教育周】　9月26日，东城区第七届中小学民族团结教育周启动仪式在东城区和平里第一小学举行。活动主题为“舞动生命课程，共圆民族团结梦”，通过三级课程开展民族团结教育。活动中，和平里一小、回民实验小学、东城区回民小学、六十五中分别作7节公开课。与会领导和来宾参观民族苑，向学生赠送《青少年民族教育读本》。有关领导和全区中小学代表参加活动。

（高翔　李银娅）

【成立人才培养协作体】　9至12月，东城区成立6个人才培养协作体。协作体以培养拔尖创新人才为目标，通过各成员单位共同开发课程，实施资源共享、课程融通。协作体内学校结合各自优势，组织学生跨学校、跨学段、跨区域的交流与合作，探索“内外结合、多元合作”创新人才培养模式。6个人才培养协作体分别由五中、二十二中、六十五中、汇文中学、宏志中学、东直门中学牵头成立，涵盖“人文与社会科学”“物理与地球科学”“数学与信息科学”“化学与生命科学”领域。

（肖菲　李银娅）

【举办“金帆日”演出活动】　10月13日，东城区22个金帆艺术团与金帆艺术团联盟校分别奔赴农村、部队、街道、音乐厅、文化广场开展北京市学生金帆艺术团金帆日专场演出活动。“金帆日”活动旨在展示中小学艺术教育成果，展现金帆风采，传播民族文化，推动校园文化建设，号召师生走进社会、回报社会、服务社会。全区师生2000人参加演出。

（周末　李银娅）

【召开中学生模拟联合国大会】　12月

8日，东城区第五届中学生模拟联合国大会在二中举行。会议设置“裁军与国际安全委员会”“社会、人道主义和文化委员会”“特别政治与非殖民化委员会”和“联合国经社理事会”4个分会场，“各国参会代表”分别就“叙利亚国内安全局势”“消除对女性的歧视”“低碳经济中的核电问题”和“文化产品的保护与回归”进行讨论与磋商，最终达成共识形成决议草案。大会评选和表彰优秀组织和个人。全区33所中学选派280名代表82名指导教师参加活动

（王梦娜　耿玺超　李银娅）

【举办音乐教师系列培训】　12月12至27日，东城区教委举办音乐教师和合唱团指挥系列培训。培训结合北京市和东城区学生艺术节合唱比赛工作安排以及教学需要，聘请国内外著名指挥主讲，内容涉及世界童声合唱发展趋势、国际合唱比赛最新规则、合唱团训练等。全区各类学校合唱团指挥或音乐教师130人参加培训。

（周末　李银娅）

【体操类体育活动进入校园】　12月15日，东城区教委在地坛体育馆举办“打造东城体育特色，推动体操走进校园”体操类项目进校园授牌仪式。活动为24所体操类体育活动项目进校园示范学校授牌。会议指出，体操项目进校园活动对于学生体质健康发展具有现实意义，学校应继续进行有益尝试，为培养学生特长和个性发展提供更加优质的服务。活动中，东城区9所学校举办体操汇报展示。国家体育总局、市教委、市体育局有关领导、全区中小学校代表参加活动。

（单聪　李银娅）

【举办新童谣大赛】　12月21日，东城

区教委举办“话童谣颂祖国”东城区第二届小学生新童谣表演比赛。参赛学生以朗诵、表演唱、曲艺等形式展示55个原创新童谣作品和14个非原创新童谣作品。来自东城区27所小学480名小学生参加比赛。本届新童谣大赛还举办新童谣征集，共有42所小学参赛，征集小学生自主创编新童谣作品1360首。

（高翔　李银娅　周良）

职业与成人教育

【概况】　2013年，东城区职业高中6所（教育部门办3所、民办3所），职普联合设校3所，开设专业77个，教学班199个。招生1292人（职高794人、成人中专498人），毕业1684人，在校生4346人（职高3759人、成人中专587人）。教职工787人，其中，专任教师412人。专任教师学历合格率100%，高级专业技术职务172人。成人高等教育学校4所，开设专业71个，教学班263个，在校生4758人。教职工218人，其中，专任教师118人。

（关英）

【骨干教师培训班汇报成果】　7月13日，东城区教委举办中职骨干教师培训班成果汇报暨结业典礼。会议回顾和总结当年骨干教师培训班项目。4名优秀学员、优秀课例获奖代表汇报学习成果，有关专家进行教学设计点评。会议为受训教师颁发结业证书，为13名优秀学员、18名优秀课例获奖者颁发荣誉证书。职业学校校长、骨干教师以及区教委代表70人参加会议。该培训班为期1年，采取面授与讨论、实践与指导、成果交流与展示等方式进行，总计140课时。

（覃玉玲　李银娅）

【联合国官员考察学习型城区建设】

10月23日，联合国教科文组织官员到孔庙和国子监博物馆参观北京大学国子监大讲堂活动。嘉宾观看《昔日皇家学府，今日百姓学堂》宣传片，了解东城区依托北京大学与国子监、孔庙文化资源优势，面向社区居民开展以中国传统文化为主要内容的“北京大学国子监大讲堂”，以及她的成长发展历程，并参观东城区学习型城区建设成果展，体验书法、编织、脸谱、茶艺、面人、绢花6个市民学习项目。联合国教科文组织官员、会员国各城市政府和教育部门官员共130人参加活动。

（陈红　李银娅　周良）

【故宫学院成立】　11月4日，故宫学院成立典礼在北京国际职业教育学校举行。故宫学院是为提升故宫在文化传播和社会教育方面的功能，由故宫

博物院与东城区政府合作创建，校址在北京国际职业教育学校东总部校区。故宫学院是一所业务培训和教育机构，根据中国文博事业、故宫博物院整体事业发展，面向自身、行业、全国、世界开展培训项目，培训内容包括故宫博物院内员工培训、国内博物馆界及相关业界培训、公众教育和国际培训。培训领域涉及宫廷历史文化、文物鉴定、文物修复与保护等；兼顾知识与技能、理论与实践。学院师资以故宫博物院研究人员和具有资深实践经验的人员为基础，并广泛吸纳国内外专家力量。当日，国际博物馆协会国际博物馆培训中心第一期培训班和故宫博物院满文初级培训班分别举行开班仪式，标志故宫学院正式“开学”。

（刘燕　李银娅）

【举办全民终身学习活动周】　11月7至

16日，东城区教委举办“梦想引领未来，学习成就人生”第九届全民终身学习活动周。活动周开幕式表彰安定门街道和龙潭街道两个全国社区教育示范街道，以及4名首都市民学习之星、1个首都市民学习品牌（东城社区学院“四时五行话养生讲堂”）、20名区级市民学习之星、20个区级学习品牌、43名优秀市民学习指导教师、11个创建学习型社区先进单位、22所创建学习型学校先进单位。活动周共举办“第四届清风墨韵书画展”“第九届市民业余棋类比赛”“首届市民厨艺大赛”“2013年东城区第四届中老年市民计算机应用能力竞赛”4个大型市民学习展示活动。其间，各街道、社区、学校分别举办市民学习活动。学习周内，直接参与活动群众47335人次。

（陈红　李银娅　周良）

【举办名师风采展示】　11月8日，东城区教委在一七九中举办中等职业学校名师风采展。活动展示一七九中教师公开课，听取《坚守职业教育，成就美好人生》和《圆满职教，铸就名师》教学思想报告。活动还观看该校《用心育人，共同成长》教学专题片，邀请北京市特级教师举办专题讲座。来自全区8所职业学校的校长、教学副校长及骨干教师代表40余人参加活动。

（覃玉玲　李银娅）

【举办青年教师基本功比赛】　11月15日，东城区教委举办中等职业学校青年教师基本功比赛决赛。在学校初赛的基础上18名教师参加决赛。决赛分为日常考评和现场比赛两部分。日常考评包括教师在规定时间内上交一本完整学生作业、一学期完整教案、一张板书照片、一本教师工作手册。现场比赛分为说课和才艺展示两个环节，由教师完成指定教材篇目教学设计，并现场说课展示。最终4名教师获得一等奖、6名教师获得二等奖、8名教师获得三等奖。来自全区7所职业学校校长和骨干教师代表100人现场观摩比赛。

（覃玉玲　李银娅）

【总结社区教育实验项目】　11月26日，东城区教委召开社区教育实验项目结题总结会。会议总结2012至2013年开展社区教育实验情况，表彰2013年区级社区教育实验项目结题评审一等奖2个、二等奖3个、三等奖5个。会上，安定门街道交流社区教育经验。各街道、社区学院、市民学习基地负责人及部分单位项目代表30人参加总结会。2012年，全区18个单位申报社区教育实验项目，经专家评审，10个项目被确定为区级社区教育实验项目。其中，社区学院“社区教育网站开发与建设实验研究”和安定门街道“教育资源整合的实验”项目被教育部确定为“2013年全国社区教育重点实验项目”。

（陈红　李银娅）

教育督导

【概况】　2013年，东城区政府教育督导室全面落实市、区“十二五”教育发展规划，围绕区委区政府“实施精品特色战略，建设国际化、现代化教育首善区”总体工作思路，发挥教育督导“监督、检查、评估、指导”职能，完善督导评估体系。坚持以评促建、以评促改、以评促发展，为教育行政部门相关决策提供依据，促进东城教育事业健康发展。年内，专职督学6人，见习督学3人，兼职督学21人。

（李菊　李银娅）

【开展课业负担专项督导】　4月8至19日，东城区教育督导室完成小学学生课业负担情况专项随访督导。28名专兼职督学分成14个工作小组，随访督导全区59所小学。督导通过访谈学校干部、教师和学生代表，查看学校作息时间和课程表，查阅学校“减负”相关文件和资料，查阅学生作业的方式进行。督导发现各校严格落实全市“减负”通知八项规定，“减负”工作有特色。

（李菊　李银娅）

【开展综合督导评价】　5月15日，东城区委教育工委、区教委、区教育督导室召开2012～2013学年度教育系统综合评价工作动员培训大会，启动年度综合督导评价工作。督导评价工作组由“两委一室”领导带队，由督导室专兼职督学和行政人员组成。5月20至26日，完成41所普通中学（含职教）以及8个校外单位集中评价。各评价工作组通过听取校长工作汇报，查阅相关资料，与教职工、学生座谈等方式收集信息。7月中旬完成评价意见回复工作。

（李菊　李银娅）

【召开教育督导工作会】　7月1至2日，东城区教育督导室召开2012～2013学年度第二学期工作会。会议研讨本学期“减负”督导工作、“综合评价”工作、“学校文化建设”督导调研工作、督学责任区工作及督政工作。讨论2013～2014学年督导室工作计划及督学责任区等问题，提出具体建议。区教育督导室领导和全体专兼职督学参加会议。

（李菊　李银娅）

【完成文化建设专项督导】　10至11月，东城区教育督导室完成学校文化建设专项督导调研工作。10月9至18日，完成和平里二小等8所小学文化建设

专项督导调研。11月11至20日，完成东华门幼儿园等8所幼儿园文化建设督导调研。调研采取听取汇报、听课、查阅资料、访谈、座谈和实地考察方式进行。调研引导学校总结提炼学校文化，全面提升学校文化建设整体水平。

（李菊　李银娅）

【接受北京市校外教育督导检查】 11月6至7日，北京市校外教育督导组督导检查东城区校外教育工作。督导检查组由20人组成，听取东城区政府推进校外教育工作情况汇报，查阅相关资料并召开座谈会，实地检查广渠门中学、东四九条小学、崇文少年宫等单位。经过综合分析，督导检查组肯定东城区校外教育工作五个方面的成绩，提出加强和改进校外教育工作的建议。

（李菊　李银娅）

【督导财政投入使用情况】 12月13日，国务院教育督导委员会督导组专项督导检查东城区财政教育投入使用管理情况。东城区政府、相关委办局领导，以及部分人大代表、政协委员，部分中小学代表等20余人参加汇报会。东城区政府结合“教育经费管理年”工作，重点围绕2011至2013年财政教育投入及使用管理情况向督导组作专题汇报。督导组召开学校教育经费使用情况座谈会并到学校实地考察。督导组在北京共实地督导检查东城、顺义、海淀和大兴4个区。督导组认为，4个区都能够严格落实国务院《关于进一步加大财政教育投入的意见》，在努力增加预算内教育经费的基础上，积极拓宽经费来源渠道，严格执行教育附加费征收范围和标准，全面开征地方教育附加和从土地出让收益中计提教育资金，确保应征尽征，形成教育投入的多元化格局。在经费安排使用上，做到高起点规划，高要求精细化管理，高标准配备，大手笔投入，大幅度增加教师队伍建设投入，提升北京市教育的整体实力。

（李菊　李银娅）

中共东城区委教育工委

书　记　张京明

东城区教育委员会

主　任　冯洪荣

东城区政府教育督导室

主　任　刘顺利

西　城　区

总　类

【全国中小学艺术展演成绩优异】 2月，西城区参加全国第四届中小学艺术展演获得好成绩。艺术表演比赛北师大二附中的朗诵、北京小学的合唱、实验二小的管乐3个节目获一等奖。艺术作品比赛送展6件作品，获一等奖3个、二等奖2个、三等奖1个。艺术教育论文报告获得一等奖两个、三等奖一个。全国中小学艺术展演活动每三年举办一届，是教育部组织的最高规格中小学艺术类比赛，包括艺术表演、艺术作品、艺术教育论文报告三项内容。

（芦炳杉）

【寻找美德少年】 3月3日，西城区教委启动“寻找身边雷锋式的好少年”活动。该活动由中国宋庆龄基金会、西城区教委、西城区志愿者联合会联合主办，8所中小学校领导和学生、家长代表近100人参加启动仪式。活动旨在启迪少年儿童对雷锋精神即奉献、友爱、互助、进步、志愿精神的理解，引导他们弘扬生活中的“真、善、美”，争当具有“爱心、责任、知识、能力”的“时代小先生”。活动共征集“美德故事”100余篇，选出“美德少年”51人。

（杨海蓉）

【青少年科技创新赛金牌全市第一】 3月24日，西城区师生参加第33届北京青少年科技创新大赛金牌总数再次居全市首位。在中学生科技创新成果竞赛中获得一等奖25项、二等奖32项、三等奖6项；在小学生创新成果竞赛中获得一等奖7项、二等奖6项、三等奖6项。此外，北师大实验

中学4名学生获得北京青少年科技创新活动的最高荣誉“北京青少年科技创新市长奖”，西城区代表队还获得“北大先锋辅导教师奖”“安捷伦英才奖”“自然与生命探索奖”“发明创新奖”多个专项奖项，在少年儿童科技幻想绘画评比中获得一等奖8项、在科技教师创新竞赛中获得一等奖10项。8月6日，西城区参加第28届全国青少年科技创新大赛获得青少年科技创新项目一等奖5项、二等奖3项、大赛专项奖6项，两名教师获得“全国十佳科技辅导员”称号。

（马志洪）

【修订完善财务管理制度】 4月，西城区教委重新印制财务管理制度汇编（事业版、教委本级版），共38个财

务管理制度。同时整理历年学生资助政策，编制《学生资助管理工作手册》。2010年西城区、宣武区合并后，原有的制度、文件、执行标准不尽相同，经过两年磨合，西城区教委按现行管理制度要求，重新修改、补充完善教育系统财务管理制度。

（孙燕军）

【举办“博物馆之春”教学展示】 5月28日，西城区教委在中国地质博物馆举办“博物馆之春”教学展示活动。宏庙小学、十四中、四十一中参加现场教学，在博物馆讲解员的带领下，通过“看、听、问、感、摸”参与体验教学。教学展示后，西城区教委还举办西城区教育资源单位研讨会，首都博物馆、宋庆龄故居、李大钊故居等单位部门负责人参加会议。“博物馆之春”是北京市开展的百万中小学生“社会大课堂”实事工程的重要组成部分，全市150家博物馆联合各中小学开展一系列走进博物馆的体验教育活动。

（王笑菲）

【舞蹈名师工作室成立】 6月20日，潘志涛教授舞蹈名师工作室在北师大附属实验中学揭牌，这是全国教育系统首次为舞蹈家成立工作室。工作室负责指导学校舞蹈教师开展教学研究、团队建设等工作。成立仪式上，西城区中小学20名舞蹈教师现场向潘教授拜师。潘志涛，北京舞蹈学院学术委员会副主任，中国民族民间舞考级中心专家委员会主任、教材编委会主编，享受国务院特殊津贴。

（芦炳杉）

【举办“中国梦”系列教育活动】 6月，

西城区教委开展“我的教育梦想”系列教育活动。活动包括“提升学习力、共筑中国梦”主题学习教育，“美丽中国——我的中国梦”和“我的教育梦想”主题征文，“红领巾共绘美丽中国梦”主题绘画大赛，“与人生对话——我的中国梦”主题教育实践活动，“中国梦——争做责任小公民”中学生论坛以及“我的梦·中国梦”主题宣讲活动。至年底，12所初中校27名学生的27篇文章、15所高中校47名学生的43篇文章入围区级评比，评选出初中组征文一等奖6篇、二等奖9篇、三等奖12篇，高中组一等奖10篇、二等奖14篇、三等奖19篇。

（杨海蓉）

【加强营养餐管理工作】 9月，西城区教委加强营养餐管理工作。区教委制定《西城区中小学实行配送学生营养餐工作管理办法（试行）》《西城区中小学实行配送学生营养餐合同书》《西城区中小学自办食堂工作管理办法（试行）》《西城区中小学食堂委托管理合同书》，完善《北京市西城区教育委员会食品安全突发事件应急预案（试行）》。在区政府的领导下进行应急演练，为做好学校食品卫生安全工作提供保证。9月，北京市校外供餐工作实行市、区县、学校三级管理，以区县为主的工作模式。

（郭家燊）

【校外艺术节获奖率全市第一】 10

月，西城区参加第六届北京阳光少年艺术节市级展演活动。西城区承办合唱、朗诵、戏剧专场。西城区8个校外教育机构共选派38个节目参加角逐，获得市级一等奖5个、二等奖9个、三等奖17个。一等奖、二等奖获奖率分别居全市之首。

（傅晓月）

【完成教育网络云平台二期建设】 10月，西城区教委完成教育云平台二期建设工程。该平台可为全区教育单位提供虚拟服务器500台，虚拟桌面服务700台。至年底，80所学校及4个直属单位在平台上搭建服务器230台，210名用户使用教育云平台虚拟桌面，内容涉及学籍管理、数字校园应用、网站平台、电子图书馆、公共存储多项应用。

（刘杨）

【加强骨干教师队伍建设】 11月，市教委公布2013年北京市学科带头人、北京市骨干教师评选结果。西城区教育系统44人被评为北京市学科教学带头人，196人被评为北京市骨干教师。此外，经区教委评选，718人被评为区级学科带头人。至年底，西城区在职特级教师共有45人。

（张捷莹）

【教育单位全部接入城域网】 至12月，西城教育城域网实现与中国电信、中国联通、北京市教育信息网、歌华有线多个网络的互联互通，出口带宽累计2GB。接入单位从中小学扩展到少年宫、幼儿园，全区所有教育单位全部接入城域网。城域网实现高考巡考、远程教育教学系统、平安校园、财务、人事专业平台和区教委办公系统的信息传输工作。

（岳鹏）

【推进绩效工资改革】 至12月，西城区教委推进绩效工资改革，分项落实2013年绩效工资。其中，2013年义务教育绩效总额82352万元，非义务教育绩效总额21292万元；补发2012年核增绩效工资人均1000元共1477万元；调节事业单位收入分配人均4000元共6299万元。进一步完善事业单位工资政策，按年人均5684元增加义务教育学校绩效工资总量8640万元。调节事业单位收入分配，一次性增加绩效工资总量人均3000元/年，共4726万元。此外，落实区教育大会提出的六项特殊补助措施（骨干教师激励机制、班主任激励机制、校长职级激励机制、评优评先激励机制、绩效考核激励机制、优秀人才引进机制）共计8347万元。

（王栋）

【接收应届毕业生442人】 至年底，西城区教委共接收应届各类毕业生442人（含非京生源毕业生70人）。其中博士生7人，硕士生111人，本科生258人，大、中专生66人（学前教育专业学生）。全年办理调入337人，调出140人，区教委所属单位间流动186人，安置随军家属35人。

（陈跃进）

学前教育

【概况】　2013年，西城区共有幼儿园69所，其中区教育部门办园25所、集体办园11所、其他部门办园14所、地方企业办2个、部队办3个、民办园14所。离园幼儿3977人，入园幼儿5178人，在园幼儿16385人。教职工2773人，其中，专任教师1538人。一级一类幼儿园41所，市级示范幼儿园17所，市级社区早期教育示范基地幼儿园32所。

（王丽萍）

【撤销1所幼儿园】　1月2日，西城区撤销国务院国有资产监督管理委员会商业机关服务中心下属商业三里河幼儿园。该园教职员工划入国务院国有资产监督管理委员会新闻中心。商业三里河幼儿园建于1957年，办园地址在西城区三里河二区18号。

（王丽萍）

【新增两所小规模幼儿园】　3月，西城区教委审批设立亲育代双语幼儿园、官园幼儿园两所小规模民办幼儿园。亲育代双语幼儿园位于西城区北礼士路135号35号楼，引入加拿大语言教育课程，运用自然呼吸学习法进行早期语言开发。官园幼儿园位于西城区南小街188号，致力于幼儿德、智、体、美全面教育，培养双语能力。两所幼儿园可开设教学班12个，招收幼儿360人。

（王丽萍）

【举办幼儿教师评优活动】　3至6月，

西城区教委举办第二届"西城杯"幼儿教师评优活动。评选采取各幼儿园组织初赛、示范园牵头分片组织小组复赛、区教委统一组织决赛方式进行。全区140名教师参加评比，评选出一等奖10人、二等奖20人、三等奖56人、表扬奖54人。获奖教师经过选拔纳入区幼儿园骨干教师培养计划，优秀者纳入区名师工作室培养。

（王丽萍）

【完成幼儿园考核】　4月16日至5月

22日，10月22日至11月29日，西城区教委分两批完成幼儿园年度考核。考核组实地检查不同办园体制、不同级类幼儿园35所。重点帮助查找制约幼儿园建设和发展的问题，挖掘办园优势，形成办园特色，促进幼儿园制定发展规划。

（王丽萍）

【接受市教委财政绩效检查】　6月17日，西城区教委接受市教委财政绩效检查。检查内容重点是西城区教委、棉花胡同幼儿园和果子市幼儿园2012年幼儿园办园达标项目。检查组听取西城区教委和两所幼儿园项目实施及效果汇报，实地察看两所幼儿园，查阅区教委项目资金管理有关制度。检查组对西城区办园达标项目绩效工作给予高度评价。

（王丽萍）

【3所幼儿园入选市级示范园】　8月，西城区民族团结幼儿园、和平门幼儿园、名苑幼儿园通过市级示范园验收考核组的验收考核，被评定为市级示范幼儿园。至此，西城区示范幼儿园达到17所。

（王丽萍　张娟）

【示范园和社会园结对】　10月25日至11月8日，西城区教委组织市级示范园骨干教师与社会园教师结对互助活动。社会园根据园所需求选派一名有带动力和发展潜力的教师到市级示范园相应班级学习一周，通过观察和实践，全面学习示范园骨干教师在班级管理、环境创设、教育教学、区域游戏方面带班的方式。8所市级示范园和9所社会园参与活动。

（张娟）

【发放区级财政办园补贴】　10月，西城区教委与区财政局协调，申请其他部门办园生均补贴专项资金。补助范围为西城户籍在园幼儿，补助标准为1800元/生/年。至年底，发放专项补助款共计579.96万元。

（张娟）

【展示优秀课题成果】　12月3日，西城区教委举办教师何桂香"成长在路上——职初期幼儿教师专业需求与主动发展策略研究"优秀课题成果展示活动。会上，何桂香报告课题研究成果，课题组青年教师展示教学技能，园长代表汇报课题研究提升青年教师专业水平的效果。西城区教委领导和各区县教委、示范园园长等200人参加会议。何桂香，北京教育学院宣武分院教研员。何桂香主持的"职初期幼儿教师专业需求与主动发展策略研究"课题，通过案例研究法提升教师教学活动的组织和设计能力，通过行动研究法帮助教师获取教学经验，通过文献研究法补充相关理论。西城区15所幼儿园参与研究实践。

（张娟）

基础教育

【概况】　2013年，西城区小学72所，其中教育部门办71所（不含一贯制学校小学部）、民办1所；毕业8314人，招生13382人，在校生60685人，在校生中北京市户籍学生43310人；教职工4644人，其中，专任教师4310人，小学入学率、巩固率、毕业率均为100%。中学51所，其中教育部门办49所（含北师大附中4所）、民办1所、其他部门办学1所；毕业16634人（初中8908人、高中7726人），招生16931人（初中9721人、高中7210人），在校生52222人（初中28956人、高中23266人），在校生中北京市户籍学生44649人（初中22684人、高中21965人），非北京市户籍学生7603人（初中

6272人、高中1301人）；初中入学率、巩固率、毕业及格率均为100%，应届毕业生高考上线率（本科）88.24%；教职工8119人（含一贯制学校小学部），其中，专任教师5827人（初中2756人、高中3071人）。特殊教育学校3所，结业72人，招生49人，在校生677人，另有小学随班就读学生180人，初中随班就读学生130人，开设教学班64个，教职工232人，其中，专任教师205人。校外教育单位12个，教职工310人，其中，专职辅导员189人。全区中小学教师学历合格率98.22%。中小学占地面积178.96万平方米、建筑面积177.46万平方米，图书馆（室）藏书584.80万册，固定资产总值29.27亿元。全年教育经费投入63.75亿元，其中，国家拨款62.14亿元、自筹经费1.61亿元。

（杨海蓉）

【举办小学校长“减负”工作论坛】 3月22日，西城区教委在进步小学举办主题为“减轻过重课业负担全面落实素质教育”小学校长论坛。会议系统解读市、区教委“减负”文件精神，各学校校长报告以书法教育、艺术教育、体育工作、科技教育为突破口，落实“减负”精神，全面推进素质教育经验。西城区小学校级干部150人参加论坛活动。此前，3月19日，区教委印发《关于落实北京市减轻中小学生过重课业负担实施方案的通知》，要求各中小学以积极的心态推进“减负”工作，以严格的要求规范管理，以有效的“教”促进高效的“学”，加强检查、督导，确保“减负”有效落实。

（皮拥军　谢歆）

【启动中高考心理服务】 3月27日，西城区中高考心理服务工作启动暨心理咨询卡发放仪式在八中启动。区教委领导为中高考心理咨询服务志愿者颁发聘书，向西城区师生代表赠送心理咨询卡及致考生家长的一封信。心理服务工作4月8日开始，至6月26日结束，面向全区所有中学发放心理咨询卡及致家长的一封信共计18000张。来自10所学校的志愿者加入服务团队，为初、高三考生、家长及教师提供电话咨询、网络咨询、面询等多种形式心理服务。

（王冉冉）

【评审教育集团建设项目】 3月28日，西城区教委召开四中、八中教育集团项目建设专家评审会。北师大、首都师大教授，区教委领导和两个中学教育集团牵头校领导以及成员校代表参加会议。会议完成四中教育集团2012至2015三年发展规划以及北京四中教育集团组织运行、机构建设、内部招生制度改革、内部教师交流培养、内部学生交流培养、内部课程共享5个项目论证，完成八中教育集团组织运行机制建设、成员校初中学生联合培养、集团内部教师队伍建设、集团特色课程建设与教学方式改革4个项目的论证。与会专家认为两集团的项目书准备认真、充分，并就项目中具体问题提出建议。两个教育集团成立于2012年9月。四中教育集团成员校包括四中、三十九中、五十六中、一五六中。八中教育集团成员校包括八中、四十四中、鲁迅中学、八中分校。2013年3月，根据西城区政府要求，教育集团推进工作以项目研究的方式进行。

（张雷）

【举办中学骨干班主任培训】 3月，西城区教委举办中学骨干班主任培训班。培训班为期一年。上半年，培训以专题讲座、主题研修、现场班会、交流研讨多种方式，就如何开展课题研究、教育心理学基础、危机情况应对与处理等问题进行专题培训与研修。下半年根据学员志向分组，在专家指导下，通过组内头脑风暴、交流研讨、自主研修等方式完成小组研修成果及个人研究论文。同时，培训班在海淀青少年心理中心接受心理减压和团体辅导。全区17所中学、职高校32名骨干班主任参加培训。

（王冉冉）

【召开杨英校长办学思想研讨会】 5月14日，西城区教委在宣师一附小召开杨英校长办学思想研讨会。会议观看专题片《生命，在这里绽放》，听取杨英校长《坚守童真：让学生享受自然而完整的教育》大会主报告，学校师生、家长以亲身感受报告杨英校长办学思想。中国教育学会、北京教科院、西城区政府领导，全区中小学校长、幼儿园园长、校外和直属单位代表300人参加会议。杨英，宣师一附小校长，总结出“把儿童当做儿童，把儿童看做不同，让儿童成为儿童，让儿童成就儿童”核心教育理念。在杨英校长带领下，学校先后被评为全国教育系统先进单位、全国现代教育技术优秀学校、全国群众体育先进单位、全国书法优秀学校，获得北京市首届德育成果奖和第三届教育教学成果奖等。

（石虹）

【评选区级主题班会】 5月22至24日，西城区教委开展第七届区级主题班会评优活动。活动以心理健康教育为主题，采取现场作课与撰写心理健康教育案例相结合的方式进行。全区中小学依照比例共推荐54节参加区级评选，最终评选出一等奖16节、二等奖26节、三等奖12节。

（石虹）

【高中实验班建设取得新进展】 6月6日，市教委批复同意四中的“道元实验班”和北师大实验中学的“理科实验班”进行新一轮实验。两校自2010年开始实验工作以来，在理论探索、选拔方式、课程建设、培养方式、队伍建设、制度建设、评价方式、班级建设方面进行一系列实验，取得预期成果。四中“道元实验班”实施特别学分制，依据国家新课程标准，由“道元班管理办公室”根据“道元班”培养目标整合教材内容，优化设置课程体系。实行“双导师制”，由四中聘请中科院、社科院教授和学校教师成立“道元班”导师组，学生在导师指导下以特殊的人才培养计划为基础，自主设计个性化人才培养方案。教学方式上采取“引导＋探究＋自主”方式，引导学生主动学习。北师大实验中学“理科实验班”采用初中、高中、大学教育打通的方式，在学校初中义务教育基础上，探索高中教育、高中教育与大学的衔接培养，采用“2.5+2.5+1学制”的模式，即2.5年完成初中三年义务教育的目标，2.5年完成高中三年的教育目标，最后1年探索大学先修课程学习。

（皮拥军）

【完成中考中招工作】 6月24至26日，西城区教委完成北京市高级中等学校招生统一升学考试工作。全区报考8616人，具有升学资格的考生7761人，不具备升学条件的考生855人。中考共设考点24个，考场298个。录取工作中，提前录取新生989人，其中示范高中411人、一般高中90人、中专138人、技校31人、职高309人、五年制高职10人；统一招生录取6098人，其中普高录取5563人（示范高中2899人、一般高中录取2664人）、中专102人、技校21人、职高217人、高职195人；未录取考生612人。录取总计7087人，升学率91.30%。本年，符合条件进城务工人员随迁子女可以参加北京市中等职业学校考试录取，西城区75名随迁子女通过审核参加中考和录取工作。

（白冰）

【高考成绩优异】 6月，高考成绩公布，西城区2013年高考继续保持北京市领先地位。四中文科实验班学生张韵凝高考695分，全市文科考生第一。北师大二附中、四中、八中、北师大实验中学、一六一中、十三中6所学校进入北京市文科前十名。四中、北师大实验中学、北师大二附中、八中4所学校进入北京市理科前五名。18所学校上线率100%。本年，西城区高考报名10075人，其中，普通高考报名9442人（文科3340人、理科6102人）。应届毕业生实考人数6056人，本科上线5344人，上线率88.24%。截至10月底，普通高考共计录取8465人，录取率92.56%。

（皮拥军　马华）

【举办小学班主任基本功培训展示】 6月，西城区教委举办西城区第二届小学班主任基本功培训与展示活动。活动以“实践智慧、专业理性、教育情怀”为主题，分为校级培训与展示、区级培训与展示两个阶段，重点考核班主任基础理论知识、班会设计、教育情景问答分析和个人魅力展现。至2014年1月，在全区班主任全员参与的基础上，28名选手进入区级决赛，最终产生9名选手进入市级决赛。

（谢歆）

【完成义务教育阶段招生】 6月，西城区完成义务教育阶段招生工作。本年招生工作继续坚持“义务教育阶段入学免试就近，区域教育均衡、和谐、可持续发展，公正、公平、公开”原则。初中入学采取多种招生方式与计算机派位相结合办法，按照招生计划要求，进行文艺、体育、科技特长生、住宿生、小语种、特色学校招生，推荐派位入学，共建班、双拥班、子弟班招生，划片派位入学四个批次招生，取消双向选择入学。共计录取学生10249人，比上年增加15人，其中3939名学生参加划片派位入学，约占西城区升学人数的38%。全区各小学共招收本市户口新生10083人，外省市借读生3233人，共计招生13316人（未含兴华小学）。

（刘卫东）

【组织新教师入职培训】 7月12至21日，西城区举办新入职教师区级通识培训。培训包括专题讲座培训、学科教学实践指导两类共80学时，内容涉及教育理念、教师发展、教学技能等20个专题，80名专家和骨干教师担任授课教师和指导教师，西城区区长参加授课。全区中小学、幼儿园新入职教师600人参加培训。西城区新教师入职培训包括区级通识培训、学校岗位培训和考核总结三部分。

（李晓琳）

【创设“开学一课”】 8月28日至9月

5日，八中、十三中、北师大实验中学等9所学校分别开设“开学一课”。西城区教委为学校邀请谢军、欧阳中石、王亚平等9名专家、学者，以“对话智者”为主题分别走进9所中学授课。西城区30所学校近5000名高中生在现场或通过网络视频参加学习。“开学一课”是西城区委、区政府策划的区域教育品牌，主要内容是在每学年9月开学第一周，邀请各领域顶级专家学者、科学家、社会名人讲授个人成长经历及时事热点。“开学一课”通过现场授课和视频授课同时进行。

（张洁　邢艳茹）

【举办校园集体舞展示】 9月26日，西城区教委在十五中举办校园集体舞展示活动。全区14所小学、7所中学参加展示。与上届展示不同的是，本届参赛学校不但展示规定舞蹈，还需要自创一支舞蹈。从展示效果看，自创舞蹈的质量较高，学生精神面貌和表现力比上届大幅提高。活动共评选出一等奖9个、二等奖9个、三等奖3个。10月下旬，5所学校参加市级校园集体舞展示。

（芦炳杉）

【切实解决薄弱校实际问题】 9月，西城区教委、区教育研修学院调研8所生源薄弱校和私立汇才中学。区教委领导和相关科室负责人参加调研，并到高三年级课堂听课。针对调研中发现的问题，区教委制定有针对性的工作方案，切实解决学校实际问题。具体措施一是针对个别学校同一年级、同一学科只有一名任课教师，无法开展集体备课、集体教研情况，协调相关学校，建立校际间共同备课工作机制；二是区教委拨出专项经费成立优秀教师专家顾问团，指导薄弱学校教学；三是利用假期，选派区内骨干教师为生源薄弱学校学生开设学科专题讲座，分享西城优秀教育资源。

（皮拥军）

【3校入选开放式重点实验室】 10月，市教委启动第二轮开放式重点实验室申报，西城区3所学校通过答辩入围。3所学校是：十四中、西城外国语学校、北师大二附中。每校获得市教委250万元建设经费。至此，西城区共有12所学校入围该项目，入选学校数量全市领先。

（皮拥军）

【召开武术进校园研讨会】 11月6日，西城区教委在展览路第一小学召开“武术进校园”活动研讨会。会议研讨体育课程中武术教学内容，研讨如何让学生对武术产生浓厚兴趣，如何有效落实体育课程中的武术教学内容，研讨建设武术教师队伍的有效途径。会议观摩展览路一小课间操和武术操。教育部、市教委、西城区政府领导，教育部“武术进校园”专家组成员和部分学校校长、体育教师参加会议。

（刘瑶）

【召开见培炎校长办学思想研讨会】

11月15日，西城区教委在奋斗小学召开见培炎校长办学思想研讨会。会上，奋斗小学校长见培炎作《用发展的方法成就教师队伍的高素质》报告，两名校长代表分别阐述他们眼中的见培炎校长与奋斗小学。从奋斗小学走出的4名教研员讲述自身成长经历，奋斗小学干部教师代表讲述自己的成长故事。区委教育工委、区教委机关干部，中小学校长等领导共150人参加会议。见培炎，1970至1991年西城区中华路小学任教师，1991至1999年阜成门外第一小学任校长兼党支部书记，1999年奋斗小学任校长兼党支部书记。

（曹琼）

【高中特色发展项目结题】　11月22日，西城区教委召开国家级教育体制改革项目“高中特色发展试验项目”结题交流大会。全区高中校校长及其他区县项目学校代表共100余人参加会议。会议听取西城区教委《以特色建设促西城教育多彩发展》主报告，全面梳理西城区项目学校以特色促发展的成果以及经验。会上3所项目学校交流经验，10所项目学校以视频短片形式展示项目成果。市教委领导及项目组专家对西城区项目推进情况及和成果给予肯定。该课题2010年11月开题，西城区是市级教育体制改革实验区之一。

（皮拥军）

职业与成人教育

【概况】　2013年，西城区职业高中4所，毕业1496人，招生787人，在校生4845人。教职工1043人，其中，专任教师728人。专任教师中，高级专业技术职务540人，特级教师1人，市级学科带头人1人，市级骨干教师3人，区级学科带头人26人，区级骨干教师106人。学校占地面积121877万平方米、建筑面积144285万平方米，图书馆藏书36.88万册，固定资产总值21807万元。全年教育经费投入37670万元，其中，国家拨款36416万元，自筹经费1254万元。全区成人教育学校3所，开设专业74个，毕业生2511人，招生2600人，在校生9435人。成人学校占地面积8.38万平方米，总建筑面积8.70万平方米。

（王娜娜）

【月坛社区教育学校搬迁】　1月17日，月坛社区教育学校迁至西城区青少年科学技术馆。月坛社区教育学校成立于2005年4月，因资源调整，重新挂牌落户新址。

（王珍）

【承办全市专业技能比赛】　5月，西

城区教委承办2013年北京市中等职业学校技能比赛美容美发、酒店管理、职业英语3项专业比赛。作为承办单位，西城区落实比赛工作方案，负责提供场地、基本设施和赛务工作人员，负责比赛现场的组织、安全、接待、交通、宣传工作。同时，西城区180名学生参加2013年北京市中等职业学校技能比赛，取得市级比赛一等奖11个。

（王娜娜）

【举办成教管理干部培训班】　5月，西城区教委、区职成教中心、区成人教育学会举办成人教育管理干部培训班。培训班聘请成人教育专家举办成人教育政策形势专题讲座，内容涉及成人教育理论和发展形势等问题。全区职业教育、成人教育学校负责人60人参加学习。

（王娜娜）

【举办学习型城市建设论坛】　6月15

日，西城区教委举办学习型城市建设论坛。会上，西城区区长发表主旨讲话，指出教育应该是“一体两翼”的教育，“一体”指基础教育，“两翼”一是指社区教育，二是指特殊教育。会议还为广外、牛街、天桥、白纸坊、大栅栏、椿树社区教育学校揭牌，至此，西城区15个街道全部成立社区教育学校。来自全区有关单位、街道代表150人参加会议。

（王珍）

【高职班单独招生372人】　9月，西城区考试中心完成高职班单独招生工作。高职单考单招报名633人，其中，167人参加18所高职自主招生并被提前录取，444名考生参加师资班、高职班单独招生考试。截止10月底，高职班单独招生共计录取372人，录取率87.12%。

（马华）

【举办市民学习周】　11月15日，西城区第11届市民学习周活动在北京天文馆开幕。开幕式上，西城区政府表彰市民学习之星、优秀学员、市民终身学习服务基地优秀特色项目（活动）、2013年学习型学校先进集体和个人、2013年西城区教育系统“十百千”工程先进集体和个人。同时举办

市民终身学习服务基地优秀特色项目（活动）成果展览、西城区市民文明学校第12届书画摄影手工艺作品展。本届市民学习周以“中国梦·终身学习精彩人生”为主题。

（王珍）

【完成高等教育自学考试工作】 至11月，西城区教育考试中心完成高等教育自学考试的报名、组考、成绩发放及论文申请工作。共受理各类考试报名共27005人次67194科次，新生注册2954人，使用42所（次）中学作为考点校，组考2131场次。办理自考毕业初审1990人（专科454人、本科1536人）。根据市自考办安排，本年开始，西城区不再承接1月自考常规考试和5月计算机应用基础上机考试组考工作。

（欧阳丽）

【完成成人高校招生工作】 至12月30日，西城区教育考试中心完成成人高等学校招生工作。招生类型分为高中起点升本科、高中起点升专科和专科起点升本科三种，包括脱产、业余（半脱产、夜大学）和函授三种形式。本年专升本验证工作首次采用网上验证的方式，学历证书相关信息经高等教育学生信息网数据库比对，通过后才能确认报名信息。全区网上报名交费7577人，参加资格确认考生7146人，比上年总人数减少767人。报名人数中，高中起点升专科2728人，高中起点升本科729人，专科起点升本科3689人。报名科次22167科次，比上年减少2482科次。共设置成人考试考点校14所，考场246个。

（马华）

【入选全国学习型社区示范街道】 12月，西城区陶然亭街道、月坛街道入选首批全国创建学习型社区示范街镇。该评选由中国成人教育协会社区教育专业委员会主持评选，全国共评出37个社区教育示范街镇。

（王珍）

教育督导

【概况】 2013年，西城区政府教育督导室专职督学17人，兼职督学28人。西城区教育督导室是区政府加强教育行政监督，行使教育督导职能的专门机构，代表区政府开展区内教育督导工作。年内，区教育督导完成12个单位全面实施素质教育综合督导，对4个街道办事处进行履行素质教育目标责任的随访督导，综合督导评价5所民办幼儿园，综合督导1所社区教育学校，调研27所集体和其他部门举办幼儿园，随访3个区教委直属单位和1个校外教育单位。

（王锦红）

【开展“减负”专项督导】 2月，西城区教育督导室制定切实减轻中小学生过重课业负担督导工作方案。文件要求，各项督导工作努力做到将“减负”工作专项督导与综合督导相结合、与督导学校的回访和复查工作相结合、与督学深入责任区进行经常性的检查工作相结合、与学校年度自评工作相结合，对全区绝大多数中小学进行“减负”工作专项督导。至年底，区教育督导室完成22所中小学“减负”工作专项督导。专项督导采取听主管领导汇报，访谈干部、教师，座谈，查看课程设置方案、课表、学校“减负”措施、行政会记录、全体会记录、作息时间表、家长通知，全面检查学校减轻中小学生过重课业负担情况。

（王锦红）

【制定督学责任区制度】 8月，西城区教育督导制定督学责任区制度。该制度明确，以责任督学挂牌督导的学校为基础，按照“因地制宜、全面覆盖、注重实效”的原则划分督学责任区。每名责任督学负责3～5所学校，每3～4名责任督学组成一个督学小组，负责一个督学责任区。责任督学的工作职责是：监督检查学校贯彻执行相关教育法律法规和教育方针政策的情况；了解学校常规管理工作情况，提出工作意见和建议，发现、总结和推介学校管理及教育教学工作的典型经验；指导学校开展年度自评工作，审阅学校年度《自评报告书》，督促学校落实综合督导、专项督导提出的整改意见和建议；对教育改革发展中的重点、难点和热点问题进行研究，参加相关调研活动，完成相应调研任务。

（王锦红）

【接待深圳教育督导团考察交流】 9月24日，西城区教育督导室接待深圳宝安区教育督导考察团一行30人考察交流。西城区教育督导室介绍督导室基本情况、主要工作以及督导工作体会等。双方交流督学责任区制度建设、督导队伍建设等问题。双方表示，今后将进一步加强沟通和交流，相互取长补短，共同提高。

（王锦红）

【学前教育接受北京市专项督导】 9

月25至26日，市教育督导室督导评估组专项督导评估西城区学前教育发展状况。督导评估组由20名领导和专家组成。督导评估组查阅学前教育档案资料，观看学前教育工作专题片，听取学前教育工作汇报，召开委办局、教委相关科室、幼儿园园长代表等不同层面座谈会，实地考察不同类型幼儿园，开展幼儿园干部教师问卷调查和家长问卷调查。督导评估组全面了解西城区学前教育三年行动计划落实情况，认为西城区在学前教育发展过程中，发挥政府主导作用，切实履行政府职责；挖掘资源，多措并举，加快园所建设；重视建立教育经费投入的有效机制，投入力度大；构建不同层次的教师培养、培训体系，保障教师专业发展，教师整体水平较高；加强规范管理，多种方式提升幼儿园办园质量，效果显著。

（王锦红）

【开展社区教育学校督导】 11月，西城区教育督导室督导检查德胜社区教育学校。督导依据新制定的《西城区社区教育学校全面实施素质教育工作评价体系（试行）》进行，重点检查规划计划、队伍建设、教学工作、学习型学校创建、办学质量、特色创新。督导工作重在规范社区学校，促进社区学校健康、规范、高水平发展。

（王锦红）

【完成实施素质教育综合督导工作】 至年底，西城区教育督导室完成全面实施素质教育自评和综合督导年度工作。全区39所中学、64所小学、16所幼儿园和4所职业高中共计123个单位开展每学年一次的全面实施素质教育自评工作。自评工作重点是：围绕规划和计划的制定和落实、“减负”工作采取的措施和成效、“三个一”行动计划的落实情况和成效、提高教学质量的措施和成效、针对督导提出问题与建议的整改情况等。在自评基础上，区教育督导室会同区教委、区教育研修学院、教育学院宣武分院、区教育信息中心、区教育考试中心、区中小学卫生保健所和相关街道办事处完成12个单位综合督导。经过分析，督导组认为：各校在依法办学、规范管理、提高质量、特色发展方面做出不懈努力。各校办学思路清晰，办学理念深入人心，办学各具特色，干部教师积极向上，学习、科研氛围浓厚，传统优势得到继承和发展，办学整体水平得到不断提高。

（王锦红）

【督导5所民办幼儿园】 至年底，西城区教育督导室完成广电银河艺术幼儿园、幸福时光陶然幼儿园、里仁街幼儿园、中铁信达经贸有限公司幼儿园、幸福泉幼儿园5所幼儿园综合督导工作。重点检查幼儿园办学方向、办园条件、各项工作管理、办园绩效和办园特色五个方面。结果表明，各民办幼儿园坚持依法办园，不断改善办园条件，提高保教质量。幼儿园还需进一步加强管理工作，进一步加强教师队伍建设。

（王锦红）

【随访督导区教委直属单位】 至年底，

西城区教育督导室完成区教委直属单位随访督导工作。会同区教委相关部门，区教育督导室随访督导西城区中小学劳动技术教育中心、区中小学卫生保健所（南）和北京教育学院宣武分院。随访督导重在了解直属单位业务职能，促进各单位发挥应有的作用，为落实素质教育提供服务和保障。随访工作中，督导组听取相关单位汇报，查阅相关档案资料，就各单位发展方向和工作重点提出建议。

（王锦红）

【综合督导街道办事处】 至年底，西城区教育督导室综合督导月坛街道办事处、椿树街道办事处、德胜街道办事处以及展览路街道办事处。督导工作依据《西城区进一步推进全面实施素质教育评价工作方案》进行。督导工作注重挖掘街道素质教育工作特色和成绩，同时依据评价方案和街道开展教育工作中出现的不足，提出工作建议。

（王锦红）

中共西城区委教育工委

书　　记　张军（9月免）
　　　　　韩星桥（9月任）

西城区教育委员会

主　　任　田京生（4月免）
　　　　　丁大伟（4月任）

西城区政府教育督导室

主　　任　牟东棋

朝　　阳　　区

总　　类

【3所学校入选可持续发展实验学校】 1月12日，在首都可持续发展教育2013年春节团拜会暨北京可持续发展教育协会常务理事会上，朝阳区3所学校入选“联合国教科文组织中国可持续发展教育项目国家实验学校”。3所学校分别是八十中、白家庄小学和牌坊小学。至此，北京市共有23所国家实验校。可持续发展教育项目旨在通过对青少年和全体社会成员进行环境教育、人口教育和可持续发展教育，促进改善环境、提高人口素质和社会的可持续发展。

（赵艳玲）

【成立合作学校理事会】 1月18日，朝

阳区教委召开合作学校理事会工作启动会。会议宣布，北师大附中朝阳学校、人大附中朝阳学校等14所学校成立合作学校理事会。合作学校理事会是区教委、引进名校校本部、合作学校三方共同组建的监督指导机构，其主要职能包括审议学校发展规划及年度工作计划、监督指导学校的教学和管理等方面。理事会由7至9人组成，其中，引进名校校本部3人，区教委1人，合作学校3至5人。

（石淳）

【第一批教育外事窗口学校颁牌】 3

月14日，朝阳区教委第一批教育外事窗口学校颁牌。首批窗口学校包括芳草地国际学校、八十中、日坛中学等15所。窗口学校建设工作将纳入区教委对学校的教育国际化发展评价。区教委对窗口学校进行业务指导和日常监管，同时组织经验总结及交流展示活动；对窗口学校国际化发展予以政策倾斜；对窗口学校国际交流与合作项目立项优先审批；对窗口学校教育外事予以专项经费支持；推荐学校参加“北京市中小学教育外事示范校”等评审。窗口学校义务包括主动承担教育外事接待任务，展示朝阳教育特色；积极组织或参加教育国际交流活动，扩大朝阳教育国际影响力；整合国际教育资源，积极开展国际教育实践，提升办学品质；做好教育外事工作，服务公共外交。

（赵光）

【举办全国校长论坛】 4月17至18日，

“全国课程改革与学校特色发展校长论坛”在朝阳区举行。论坛由北京师范大学教育学部、朝阳区教委“基础教育未来发展特征研究”课题组联合主办，朝阳区教委承办。论坛以课程改革为切入点，以学校特色发展与校长领导力为主题。会上，教育部基础教育司代表以《新时期下我国基础教育改革发展及思考》为题发表主旨报告，清华大学等专家围绕学生学习力等问题作主题报告。北师大领导和课题总负责人分别从不同侧面报告课题两年来进展。报告认为，该研究课题形成以区域性决策力、校长领导力和学生学习力组成的基础教育未来发展的基本模型，借助北京朝阳区、海淀区，浙江杭州等地区课改平台，取得实质性进展。中国教育学会、教育部、北师大等领导，北京、浙江、四川等省市代表约350人参加论坛。

（赵光）

【建立民办学校计算机日常监管模块】 5月，北京市朝阳区自办学校管理系统投入使用。该系统是朝阳区社会力量办学管理所在现有信息化管理系统基础上研发的民办学校日常监管平台。主要功能包括接收工作通知、报送各种材料等，对全区420所民办学校实行量化管理。该系统有效降低工作量，方便民办学校配合管理部门相关工作，为管理部门年度评优、考核等提供参数。

（杨杨）

【学校资源向社区开放】 7月12日，朝阳区教委在芳草地国际学校双花园校区举行“学校放假社区开学”启动仪式。会议宣布确定46所中小学作为首批试点学校，开展学校资源面向社区服务试点。试点工作针对社区未成年人需求，以社区教育项目为载体，采用“菜单＋订单”的派送模式，重点探索解决社区青少年放学后、节假日和寒暑假失管失教问题，丰富学生课余生活，兼顾家长学习需求，做到学生课业“减负”，家长时间和经济减负。会上，奥运冠军钱红、杨影作为社区教育志愿者为学生举办游泳、乒乓知识培训。29个街乡社区教育管理委员会领导，46所试点校代表以及社区教育志愿者和学生代表200人参加仪式。

（韩斌）

【城乡教育一体化发展项目结题】 9月26日，市教委召开“探索城乡教育一体化发展的有效途径”项目推进暨朝阳区结题现场会。会议听取项目组工作报告，从研究和区县实践两个层面总结项目阶段性成果；听取朝阳区教委项目结题报告，以及城乡学校共同体和小学学区化管理典型经验。专家组现场点评认为，朝阳区在推进城乡一体化工作方面重政府统筹，重体制机制建设，工作有重点、有创新，具有典型示范意义。市教委等领导及专家，东城、西城、海淀等11个实验区县实验项目负责人等150人参加会议。“探索城乡教育一体化发展有效途径”项目2010年11月由教育部立项，北京是实验省市之一，朝阳区是北京市实验区县之一。

（王月胜）

【启动校外教育集团化管理模式】 10月8日，朝阳区教委启动校外教育集团化管理模式建设。该管理模式以朝阳区学生活动管理中心、朝阳区青少年活动中心为领导核心，统一管理朝阳区垂杨柳教辅中心、幸福村教辅中心等6个教辅中心。负责统筹安排校外教育活动，促进学生主动多样化发展。集团化管理模式统筹规划校外教育工作体系，统筹校外教育场地、师资、项目等资源，统筹校外教育工作标准，整体提升校外教育工作水平，努力实现校外教育高效运转和规模发展。实行集团化管理模式后，学生活动管理中心、青少年活动中心负责组织制定2014年校外教育工作计划，编制经费预算。

（鄂建一）

【首次举办老教育工作者体育节】 10月25日，首届朝阳区老教育工作者体育节闭幕。体育节由朝阳区委教育工委、区教委主办，区教委老干部管理服务中心承办。体育节以“美丽朝阳健康夕阳”为主题，分为初赛、复赛及总结表彰三个阶段，历时近一年。教育系统160余个基层单位4000人次参加体育节活动。首届体育节是继朝阳老教育工作者艺术节、歌舞节以后的一次创新，为朝阳老教师“走出来、动起来、学起来、乐起来”搭建平台。

（李蕊）

【两免一补3338.48万元】 11月11日，朝阳区教育系统2013年“两免一补”资金发放到位。共发放资金3338.48万元，扶助项目包括减免书费、杂费、住宿费，发放学习补助及伙食费补助等，惠及全区14万余名中小学生。

（胡楠）

【与联大职业技术学院共建合作】 12月12日，朝阳区教委与北京联合大学职业技术师范学院签署合作共建框架协议。依据协议，双方将在人才培养、教师培训、毕业生就业、教科研方面开展合作共建。双方领导参加协议签字仪式。

（石淳）

【与贵阳市教育局共建合作】 12月13日，朝阳区教委与贵阳市教育局签署两地教育共建合作协议。协议期限为5年，双方将在干部教师队伍建设、教育教学科研、社区教育等方面开展深入交流。在干部教师队伍建设方面，双方将建立挂职互派机制，建立名校长工作室，建立骨干教师培训机制；在教育教学交流方面，建立联合教研机制，开展暑期教育大讲堂活动，开展校际交流活动；在社区教育方面，双方联合探索终身教育体系构建，联合培养社区教育骨干，建立社区教育课程共享机制。

（石淳）

学前教育

【概况】　2013 年，朝阳区幼儿园 191 所，其中，教育部门办园 33 所，其他部门办园 5 所，地方企业办园 12 所，事业单位办园 9 所，部队办园 6 所，集体办园 28 所，民办园 98 所，全部为日托制。开设 2290 个教学班，其中，托班 190 个、小班 789 个、中班 753 个、大班 558 个。离园幼儿 12342 人、入园幼儿 21971 人、在园幼儿 58653 人。全区公办幼儿园占地面积 15.20 万平方米，校舍建筑面积 11.88 万平方米。

（郝晋）

【三里屯幼儿园变更办园地址】　1 月 29 日，朝阳区教委变更朝阳区三里屯幼儿园本部地址。朝外吉庆小区配套幼儿园由三里屯幼儿园承办，该园址作为三里屯幼儿园本部地址。该园址占地面积 3107.87 平方米，建筑面积 2872 平方米，规模 10 个班。三里屯幼儿园隶属区教委管理，属于全额拨款事业单位。

（吴蕊）

【扶持乡村中心幼儿园建设】　2 月 20 日，朝阳区教委制定政策扶持乡（村）中心幼儿园建设。一是联合区农委成立 2013 年首批扶持乡（村）中心幼儿园建设领导小组，下设专项工作办公室。二是出台管理办法，在建设标准、项目申报、专家评审、施工监管、评估验收方面做出明确规定。三是计划在外来人口聚集地区重点扶持建设一批乡（村）中心幼儿园，同步分流一批存在严重安全隐患的自办家庭托幼场所。全区 12 所乡（村）中心园预计提供学位 6130 个。

（孙婷婷）

【争创市级示范园】　2 月 28 日，朝阳区教委召开争创市级示范园工作启动会。会议强调争创工作的意义和程序，分析解读市级示范园标准，并就市级示范园创建具体工作做出部署。2013 年朝阳区 8 幼儿园申报市级示范园。7 月，市教委公布第八批北京市示范幼儿园名单，朝阳区 4 所幼儿园入选。至此，全区市级示范园共 14 所。

（何爱英）

【落实“儿童学习与发展指南”】　10 月 28 日，朝阳区教委召开学习与贯彻《3～6 岁儿童学习与发展指南》启动会。会议以“全员学习深入贯彻指南，科学保教提升学前教育质量”为主题，从学前教育区情出发，介绍学习与落实《3～6 岁儿童学习与发展指南》的紧迫性、必要性，以及“全员参与、分层组织、逐步推进，在全区范围内持续、深入地贯彻落实，提升全区学前教育质量”工作思路。会上，教育学院朝阳分院、朝阳教研中心分别从培训和教研的角度介绍学习与落实文件精神的具体方案。市教委、北京市早期教育研究所、《学前教育》杂志社代表，朝阳区教委、区学前办以及全区各级各类幼儿园代表 400 人参加会议。

（何爱英）

【研讨幼儿园教师队伍建设策略】　10 月 30 日，朝阳区教委召开“幼儿园教师队伍建设策略”专题研讨会。会议分为 5 个学习小组，围绕“幼儿园教师队伍建设策略”就“教科训一体化策略”“制度机制保障策略”“目标引领策略”“分层分类培养策略”“项目推进策略”5 个关键策略开展讨论，北师大等专家分别进行点评。区教委领导和全区 33 所公办园园长、教师代表约 50 人参加会议。

（何爱英）

基础教育

【概况】　2013 年，朝阳区小学 134 所，开设 3859 个教学班，毕业 14914 人、招生 27021 人、在校生 118780 人，在校生中北京市户籍 46000 人；教职工 8326 人，其中，专任教师 7887 人；专任教师中，特级教师 3 人、北京市骨干教师 138 人、北京市学科教学带头人 16 人。中学 81 所（公办 72 所、民办 9 所），其中，初中 31 所、完中 17 所、高中 2 所、一贯制学校 31 所；开设 1936 个教学班（初中 1370 个、高中 566 个），毕业 14267 人（初中 9595 人、高中 4672 人），招生 20044 人（初中 15014 人、高中 5030 人），在校生 56337 人（初中 40382 人、高中 15995 人）；初中入学率 100%，巩固率 100%，中考及格率 96.82%，应届毕业生高考本科上线率 89.54%；教职工 9481 人，其中，专任教师 7652 人；专任教师中，高级职务 1668 人，特级教师 38 人，北京市骨干教师 102 人，北京市学科教学带头人 32 人。特殊教育学校（含小学附设特教班）7 所，在校学生 270 人，教职工 95 人，其中，专任教师 86 人；残疾儿童入学率 100%，巩固率 100%。工读学校 1 所，在校学生 228 人，教职工 36 人，其中，专任教师 24 人。校外教育单位 7 个，教职工 168 人，其中，专任教师 136 人。全区中小学总占地面积 374.10 万平方米，建筑面积 228.32 万平方米，图书馆藏书 737 万册。全年教育经费投入 65.40 亿元。

（赵光）

【两校变更办学地址】　1 月 29 日和 3 月 19 日，朝阳区教委决定变更两所学校办学地址。1 月变更朝阳区垂杨柳第四小学本部地址，由垂杨柳四小承办朝阳区金泰先锋小区配套学校，校址作为垂杨柳四小本部地址。新校址占地面积 7200 平方米、建筑面积 3578.88 平方米，办学规模 12 个班。3 月变更朝阳区光华路小学校址，将光华路小学迁至建国门外砖场胡同甲 33 号的配套学校内。该校址占地面积 3505 平方米、建筑面积 3988 平方米，规模 14 个班。

（吴蕊）

【多措并举减轻学生课业负担】　2月

28日，朝阳区教委召开视频会议落实切实减轻中小学生过重课业负担专项任务。会议提出实现五个转变，将“减负”工作全面落到实处。一是要转变观念，推动教育观念的变革与创新；二是转变人才培养模式，探索建立新型人才培养模式；三是转变学校管理方式，推动教育教学管理方式创新；四是转变评价方式，构建全面质量检测标准；五是转变作风，强化教师职业操守和使命感，为学生的一生发展服务。全区中小学书记、校长和德育干部480人在各校分会场参加视频会议。3月26日，区委教育工委制定《关于对违反“减轻中小学生过重课业负担”规定责任追究办法（试行）》。

（赵光）

【开设关爱农民工子女教育基地】　4月12日，朝阳区望京教辅中心以“相约教辅走进春天”为主题，举办“七彩小屋”启动仪式。“七彩小屋”设在望京花家地西里社区，依托望京教辅中心专业师资力量，组织青年志愿者面向农民工子女开展课业辅导、心理辅导、文体文化等活动。管理人员由望京教辅中心工作人员、花家地西里社区工作人员、望京社区青年汇专职社工共同组成。

（李魏永）

【评选特殊儿童优秀书画作品】　4月，朝阳区教委、朝阳区特殊教育中心举办首届“希望杯”特殊儿童、青少年优秀书画作品评选。活动面向朝阳区特殊教育学校、普通小学附设特教班及小学、中学、职高学校随班就读学生和送教上门学生，征集书法、绘画和手工作品。共征集特殊教育学生作品324幅，其中职高2幅、中学21幅、小学264幅、送教上门学生7幅、安华学校30幅。评选以“特殊学生自主创作、具有一定艺术性以及主题内容健康向上”为标准，依据学生年龄、残疾类别、残疾程度等具体情况，分别评选出一等奖50份、二等奖67份、三等奖91份。其中部分优秀作品汇集成册，印制《“希望杯”朝阳区特殊学生优秀书画、手工作品集》。

（李艳艳）

【召开模拟联合国（扩大）会议】　5月4至5日，2013朝阳区中学生校际模拟联合国（扩大）会议在陈经纶中学

举行。会议以“青年使命与世界和平”为主题，旨在培养关心国际大事、有思想、有爱国心、有社会责任感的新一代青年。在联合国环境规划署、联合国开发计划署、联合国安全理事会三个会场上，会议代表分别代表105个国家就叙利亚危机、全球范围内降低温室气体排放等问题展开讨论。北京市30多所学校180名模联大会代表及观摩团成员参加会议。

（黄杰）

【启动网络媒体进校园活动】　5月10

日，“网络媒体进校园——探访身边的特色校”教育均衡发展主题宣传活动启动仪式在北京青年政治学院附属中学举行。活动由市委教育工委、市教委、市互联网宣传管理办公室联合各区县教委举办。活动邀请门户网络媒体深入特色校进行采访宣传，集中展示北京市义务教育均衡发展的举措和成果，帮助首都市民了解身边的学校。活动范围涉及东城区、西城区、朝阳区、海淀区、丰台区、石景山区共计60多所特色鲜明的小学、初中，宣传学校办学特色以及教育均衡发展过程中显著变化。

（王爽）

【实验“1+3+1”教研模式】　5月18日，朝阳区教委召开2013年“名师工程”导师带教工作新一轮启动会。导师带教工作聘请全市18名优秀学科导师，采用“1+3+1”模式对学员进行分学科、分层次重点培养，促进学员提升教育教学能力，并辐射到学员所在学校教研组，促进教师队伍整体提升。“1+3+1”模式即1名导师，带领3名左右的骨干学员，带动1个区域教师队伍的整体提升。

（邓芳）

【全国柔力球邀请赛获奖】　6月18至20日，朝阳区第二实验小学获得2013年“久久星杯全国柔力球邀请赛”金奖第一名。比赛由市民委、市体育局、市教委联合主办。来自全国21个省市，以及香港、台湾地区等地1000名柔力球爱好者参加比赛。

（赵海东）

【区特教中心成立】　7月9日，朝阳区特殊教育中心在安华学校成立。该中心为区教委直属全额拨款事业单位。中心位于朝阳区安华西里二区十二楼，办公面积100平方米。主要职责是全面负责朝阳区盲、聋及培智等特殊教育工作，对随班就读学生进行评估和诊断，开展特殊教育专业培训，以巡回指导方式为随班就读单位、教师及家长提供教育与康复技术支持和咨询服务，开展全区特殊教育教研、科研，引导统筹资源教室建设工作。特殊教育中心编制5人。

（李汀）

【成立北京中学】　9月2日，北京中学

在朝阳区西坝河校区宣布成立并举行开学典礼。北京中学是由市政府批准、朝阳区政府举办的一所全日制公办中学。按照北京中学总体办学方案，学校将构建符合现代教育观念的教育模式，探索实施素质教育和国际化办学的有效路径，培养适应未来社会需求、个性化发展的学生。北京中学西坝河校区位于香河园西坝河东里1号，占地面积14155平方米，建筑面积12828平方米，办学规模18个班。北京中学办学将分为两个阶段推进，第一阶段实验阶段在西坝河校区先期办学，第

二阶段拟在东坝地区选址建设一所现代化学校，该校区正在规划中。

（吴蕊）

【表彰小学优秀班主任工作室】 10月12日，朝阳区教委在酒仙桥学区召开首届小学优秀班主任工作室表彰与展示会。会议表彰17个优秀班主任工作室，发放酒仙桥和安贞里学区班主任工作室研究成果《学校班主任工作指南》和《小学生道德讲堂读本》，作为全区小学班主任工作室研究成果在全区进行推广。区教委领导、班主任工作室和各小学代表参加会议。朝阳区小学班主任工作室145个，其中区级1个、学区级9个、学校级135个。

（唐京文）

【组建体育项目联合体】 11月2日，

在朝阳区中小学武术比赛开幕式上，十八里店中心小学等10所武术项目优势校和30所中小学组建武术项目联合体。项目联合体以项目优势校为龙头，发挥其优势带动一般校推广武术项目。十八里店中心小学武术运动成绩突出。该校聘请专业体操、武术教练，在全校学生中普及体操、武术知识，在市级和国家级武术比赛中多次获奖。组建体育项目联合体是朝阳区教委为促进学生体质健康出台的新举措，除武术项目联合体区，朝阳区中小学还结成花样跳绳项目联合体和花式篮球项目联合体。

（张桂忠）

【举办消防技能主题宣传】 11月8日，朝阳区教委、区公安消防支队在朝阳区垡头第二小学联合举办“认识火灾 学会逃生”消防安全技能展示主题宣传活动。活动包括紧急疏散、救护表演、消防技能实践等环节，普及师生消防安全知识，清除各种消防安全隐

患。活动还发布“小手拉大手消防一起走”倡议书。垡头第二小学400名师生参加活动，全区30多所学校安全保卫工作负责人参加观摩。

（赵宏）

【高中特色发展项目结题】 11月8日，北京市国家级基础教育体制改革“高中特色发展”项目朝阳区结题展示会在十七中召开。会议听取朝阳区基础教育综合改革办公室关于朝阳区“高中特色发展”项目结题报告，观摩十七中3节融合课程展示，观看该校学生自编、自导、自演素养展示活动《阿Q正传》片段。市教委、北京教科院领导，全市特色项目学校代表和朝阳区各中学代表200人参加会议。朝阳区是市级体制改革实验区之一，2010年11月立项研究“高中特色发展”，十七中作为实验校参与实验研究。

（王月胜）

【首次举办小学生天文辩论赛】 12月19日，朝阳区学生活动管理中心、区青少年活动中心在芳草地国际学校远洋小学举办第一届朝阳区小学生天文辩论赛决赛。4所学校参赛队参加决赛，辩论题目分别是“真的有外星人吗”和“美国人真的登上过月球吗”。比赛邀请北师大天文系教授担任裁判并从天文专业角度点评。经专家、教师和学生三组评委综合评选，芳草地国际学校远洋小学和星河实验小学被评为优胜辩论队，6名学生被评为最佳小辩手。天文辩论赛以小学生感兴趣的天文现象或天文热点展开辩论，参赛学生是小学四至六年级学生，男女不限。每校一队，每队4名辩手。比赛分初赛和决赛两个阶段，全区十余所学校组队参加比赛。

（鄂健一）

职业与成人教育

【概况】 2013年，朝阳区职业高中6所，其中，国家级重点学校3所。开设专业48个，毕业2714人，招生980人，在校生7406人。教职工1044人，其中，专任教师709人；专任教师中，市级学科带头人6人，市级骨干教师19人，区级学科带头人29人，区级骨干教师57人；高级专业技术职务212人、中级354人。学校占地面积33.71万平方米，产权建筑面积23.77万平方米、非产权建筑面积0.84万平方米，藏书48.76万册，计算机6076台，固定资产总值50301.52万元，其中，教学、科研仪器设备总值14593.42万元。全年教育经费投入66161万元，其中，国家拨款64414万元、自筹经费1747万元。全区成人教育中等专业学校2所，开设专业22个，在校生910人（中专）；开设短期培训班67个，培训20729人次。成人学校（职工大学）占地面积3.47万平方米，总建筑面积1.04万平方米，非产权建筑面积2.43万平方米，图书室藏书7.70万册。

（李联启）

【评比学生社团】 1月5日，朝阳区教委召开职业高中学生社团展示评比暨第六届校园之星表彰大会。经过学校推荐、区教委初审和复审，全区职业高中有11个社团10个节目参加展示评比。最后，东方职业学校花之韵社团的花艺创作展示和电气工程学校古曲新辞曲艺社的快板节目获得一等奖。会议还表彰第六届朝阳区职业高中校园之星，12名学生获奖。

（李联启）

【入选全国社区数字化学习实验基地】 5月17日，朝阳社区学院举行“全国城乡社区数字化学习实验基地”挂牌仪式。该实验基地以远程教育与面授课程相结合、骨干重点培养带动的方式，为老年人提供高层次、大范围教育服务。自2001年，北京东方妇女老年大学和朝阳社区学院合作设立203个教学基地，推广九大系列共3000多学时的“幸福养老大课堂”数字化精品网络教学课程。同时针对社

区老年人实际需要，开设面授培训班，年均13万人次参加活动。

（韩雨倩）

【评比专业创新团队】 5月17至18日，朝阳区教委、区教研中心评比职业学校专业创新团队。评比分为材料评审、现场竞赛、答辩评审三个环节。其中现场竞赛创新性教研活动设计评比、说课评比、专业团队合作能力测评三个项目。全区职业学校10项目申报评比，最终，评出5个区级专业创新团队。

（李联启）

【举办社区教育工作者培训】 7月3至5日，朝阳区教委举办首期社区教育工作者岗位资格培训班。培训涉及“社区教育理论”和“社区教育项目开发与管理”等课程，总计80课时。来自朝阳区43个街乡200多名社区教育工作者参加培训。10月，区教委举办第二期社区教育工作者岗位资格培训班。

（韩斌）

【两专业入选市级示范专业】 7月19日，市教委公布2013年认定的北京市中等职业学校示范专业名单，北京市求实职业学校的文秘专业和金融事务专业被认定为市级示范专业。至此，朝阳区市级示范专业达到6个。另外4个专业分别是：北京市电气工程学校的制冷和空调设备运行与维修专业、楼宇智能化设备安装与运行，北京市劲松职业高中的烹饪专业、美容美发与形象设计专业。

（李联启）

【五项目入选全国社区教育实验项目】 9月5日，教育部公布2013至2014年全国社区教育实验项目名单，朝阳区5个项目入选。5个项目分别是朝阳区教委“区域家庭教育社会支持体系建设实验项目”，潘家园街道“老年大学创新发展实验项目”，亚运村街道“社区老年、残疾人心理健康教育实验项目”，团结湖街道“建设团结湖地区数字学习园实验项目”，望京街道“七彩小屋——农民工子女关爱实验项目”。全国共有422个项目入选，实验项目自公布之日起开始实施，至2014年底结束。

（韩斌）

【召开职业教育发展研讨会】 9月22日，朝阳区教委召开职业教育发展研讨会。会议听取各职业高中工作汇报，研讨招生政策变化、生源缩减背景下职业教育发展等问题。会上，区教委报告整合职业教育资源、建立职教信息整合机制和综合平台等项工作思路。区教委领导和全区职业学校领导20人参加会议。

（李联启）

【召开中小学生职业能力培养工作会】 9月29至30日，朝阳区教委召开中小学生职业能力培养工作培训会议。会议总结中小学生职业能力培养工程阶段工作，布置下一阶段工作，就职业能力培养实践中存在的问题组织研讨。会议还为第一批42所实验学校干部、教师举办“如何开展中小学生职业能力培养”专题培训。区教委领导和实验学校代表78人参加会议。2011年，朝阳区实施中小学生职业能力培养工程，目标是通过5年的时间，构建朝阳区中小学生职业能力培养体系，使学生职业能力有显著提高；建立健全工作机制，保障学生职业能力培养工程扎实有效推进；构建职业能力培养课程和活动体系，深化职业生涯教育；创新培养模式，增强职业能力培养实效；提升教师培养能力，构建专兼职教师队伍；建立职业能力培养基地，促进学生职业能力的形成和提升。年内，朝阳区评选中小学生职业能力培养工程先进单位、先进个人和优秀论文，评出先进单位20个，先进个人30人，优秀论文20篇。

（李联启）

教育督导

【概况】 2013年，朝阳区政府教育督导室专职督学9人，兼职督学146人，督政兼职督学25人，主要负责监督、检查、评估和指导各类学校的办学方向、管理水平和教育质量；监督检查有关委办局、街道办事处和镇政府落实教育法律法规职责、实施素质教育目标责任制情况；督导有关行政部门领导管理教育工作情况；对教育工作中重大问题进行调查研究，提出意见和建议。

（苏纪玲）

【完成中小学“减负”情况督导】 3月

11至15日，朝阳区教育督导室专项督导普通中小学减轻学生过重课业负担工作。通过听取校长汇报、查阅档案材料、访谈教师和学生、问卷调查，督导检查全区212所公办学校，其中，小学142所、中学69所。参加督导检查的专兼职督学共620人次，访谈干部教师1645人，访谈学生1948人，学生问卷调查8605人次，家长问卷调查8710人次。

（苏纪玲）

【研讨职业高中人才培养模式】 4月25日，朝阳区教育督导室召开职业高中人才培养模式交流研讨会暨督导调研培训会。会上，3所职高学校分别围绕楼宇、金融、美容美发重点专业报告学校的人才培养模式，有关职教专家结合职业学校人才培养模式举办“中职人才培养模式探索”专题培训。区教育督导室专兼职督学和全区职业高中代表50多人参加会议。

（苏纪玲）

【聘任兼职督学】 5月14日，朝阳区教育督导室召开第五届兼职督学聘任会。会议总结第四届兼职督学工作，表彰第四届教育网络优秀督导站，宣布第五届兼职督学聘任名单，区领导为新一届兼职督学146人颁发聘书。区教育督导室领导和新聘任督学参加会议。

（苏纪玲）

【完成校外教育机构督导】 5至6月，朝阳区教育督导室区随访督导校外教育机构。督导涉及黑庄户教辅中心、香河园少年之家、区青少年活动中心、垂杨柳教辅中心、酒仙桥少年之家、望京教辅中心、芳草地教辅中心共7家单位。随访督导重点考察上一年度综合督导问题改进情况等内容。督导工作就规范校外教育机构办学行为提出建议。

（苏纪玲）

【调研教育国际化发展工作】　6月14日，朝阳区教育督导室组织区政府特约督导员专题研讨朝阳区“十二五”教育国际化目标推进情况。活动通过听取《朝阳区教育国际化发展现状分析》报告，全面了解朝阳区教育国际化发展的背景、现状和未来发展目标。8名区政府特约督导员参加研讨，并就教育国际化发展提出建议。

（苏纪玲）

【接受北京市学前教育专项督导】　6月18至19日，市教育督导室专项督导检查朝阳区学前教育工作。督导评价组由有关专家20人组成。督导评价组听取朝阳区政府《关注教育民生，加快推动学前教育持续健康发展》工作报告，观看《为儿童终身发展奠基》专题片，召开相关委办局负责人、区教委相关科室（部门）及幼儿园园长座谈会。督导评价组还采取听取汇报、召开座谈会、查阅档案、问卷调查、查看相关教育活动实地考察6所幼儿园，全面了解朝阳区《朝阳区学前教育发展三年行动计划》落实情况。

（苏纪玲）

【评选“十二五”期间优秀论文】　11月26至27日，朝阳区教育督导室完成“十二五”期间教育督导与评价优秀论文（案例）征集和评选工作。评审专家组对各督导责任区推荐的89篇论文、122篇案例进行认真评选。共评选出优秀论文21篇，其中一等奖4篇、二等奖8篇、三等奖9篇，优秀案例42篇，其中一等奖4篇、二等奖13篇、三等奖25篇。

（苏纪玲）

【完成职高学生体质健康专项督导】　11月，朝阳区教育督导室专项督导职业高中学生体质健康工作情况。督导组实地考察3所学校，通过听取学校专题汇报，查阅相关文档材料，查看两操一课、阳光体育活动，查看体育器配备情况，全面评价学生体质健康工作。结果显示，朝阳区职业高中学校通过丰富的社团活动，调动学生参与体育活动积极性；结合职业教育专业特点和职业需要，开设特色体育课程，探索体育课及课间操新形式，提高学生体质健康教育实效性；对体质健康存在问题学生，细化干预措施，初步形成体质健康追踪指导机制，学生体质健康教育实效性进一步提高。

（苏纪玲）

【中小学校责任督学挂牌】　12月27日，北京市义务教育均衡发展国家级评估暨中小学校挂牌督导工作推进会在朝阳区实验小学召开。会上，市领导为朝阳实验小学“责任督学公示牌”揭牌，朝阳区实验小学成为北京市第一家实施挂牌督学学校。挂牌督导是区县人民政府教育督导部门以标牌形式向社会公布责任督学的相关信息，并组织责任督学依法对学校办学行为进行经常性监督与指导。此后，各区县都将结合区域实际，陆续在所属的中小学校实施责任督学挂牌督导工作。国家督导办和北京市领导，全市各区县政府、区教委、区教育督导室等250人参加会议。

（苏纪玲）

中共朝阳区委教育工委

书　　记　周炜

朝阳区教育委员会

主　　任　孙其军

朝阳区政府教育督导室

主　　任　滕国清（5月免）
　　　　　王世元（6月任）

丰　台　区

总　类

【举办教师法律知识竞赛】　3至5月，丰台区法宣办、区委教育工委、区教委、区司法局联合举办2013年丰台区教育系统教师法律知识竞赛。竞赛以“美好校园与法同行”为主题，分为预赛和决赛两个部分。全区50所学校（中学23所、小学21所、幼儿园6所）250名教师参加预赛。5月17日，6所学校18人参加现场总决赛，最终，十中获得一等奖，两名教师获得最佳选手奖。

（张晓莞）

【成立英国教育集团培训中心】　4月

10日，丰台区教委举行英国第一教育集团（One Education）北京丰台教育培训中心成立及培训基地校授牌仪式。英国第一教育集团总裁、英国驻华使馆文化教育处官员，以及区教委领导、有关学校代表参加授牌仪式。培训中心设在教育学院丰台分院，同时下设草桥小学、芳草地小学、新发地小学、芳古园小学、教科院实验小学5所培训基地校。该培训中心工作职责主要为：协助丰台区教育系统开展合作与交流工作；承担丰台教育系统干部、教师的培训工作；协调组织英方来华考察培训；指导第一教育集团丰台培训基地校开展国际教育合作与交流；协助组织双方学生开展艺术、体育、科技等文化活动交流，举办学生冬、夏令营等实践活动；协助中英学校建立友好学校，提高中英校际交流与合作的广度和深度；共同开展两地区教育科研合作等。第一教育集团是一家面向学校、专业学院及所属管理团队和学生提供高质量专业教育服务的教育机构。“将孩子们放在第一位”是他们的宗旨和教育理念。集团隶属于英国曼彻斯特市政府，其团队由183名有着丰富经验的全职专家和专业教师、超过80名其他方面的教育专家组成，面向400多家英国学校提供教育服务。2012年，丰台区教委与第一教育集团签署合作备忘录。

（武卫华）

【举办教师桥牌赛】 5月12日，丰台区教育系统首届“园丁杯”桥牌双人赛比赛暨丰台区教师桥牌协会成立仪式在十八中举行。丰台区教师桥牌协会全体会员，及来自基层的25个工会的桥牌爱好者近100人参加比赛。32名选手分获一、二、三等奖，同时评出优秀组织奖5名，参与奖20名。比赛结束后，举行丰台区教师桥牌协会成立仪式。

（孙桂荣）

【召开中学师慧杯竞赛总结表彰会】 5月17日，丰台区教委召开第五届中学教师基本功“师慧杯”竞赛总结表彰会。会议表彰获奖教师和学校。其中，初中组13个学科80人获奖，高中组13个学科46人获奖，职业高中组14人获奖，初中组团体一等奖3名，高中组团体一等奖1名。来自全区各中学、职业中心校校长，主管教学干部及部分教师代表共计200人参加会议。“师慧杯”竞赛包括校级初赛、区级复赛、区级决赛等三个阶段，比赛内容包括计算机考核、笔试、说课及答辩，全区36所学校460名教师参加比赛。

（孙震）

【评选优秀班主任】 5至6月，丰台区教委开展2013年市、区级优秀班主任评选活动。共评出北京市紫禁杯优秀班主任候选人26人（中学10人、小学14人、职高2人），推荐北京市紫禁杯优秀班主任特等奖候选人2人（中学1人、小学1人），评选出丰台区优秀班主任215人（中学61人、小学143人、职高11人）。

（董锟）

【开展园博会主题教育活动】 5至11月，丰台区教委组织全区中小学生参加园博会系列主题教育活动。区教委制定《丰台区教育系统第九届中国（北京）国际园林博览会系列主题教育活动方案》，引导全区中小学师生通

过画笔、相机、文字等多种形式记录园博会美景，了解中国和世界园林文化。通过组织志愿活动和文艺演出、主题游览等活动积极关注园博会。最后根据教师、学生上交的摄影作品、征文作品和教师教学设计案例，评选出摄影优秀教师作品一等奖8人，学生优秀摄影作品一等奖28人，优秀教学案例一等奖4人，优秀学生征文25人。此外，利用园博会契机，区少工委举办“园博知识小达人”竞赛、“我是小小园林设计师”模型制作等活动，团教工委举办“青春梦园博情”青年教师风采大赛暨青年教师社团展示活动。

（柳志英　李晓季　廖媛）

【举办暑期校长书记培训】 8月21至23日，丰台区委教育工委举办校长书记培训。培训以党建工作为重点内容，通过系列专题讲座和研讨等形式，为全系统干部明确党建工作思路、提升党建工作水平。培训邀请北京小学党总支书记、北京教育学院党委书记、中央党校教授举办3个专题报告，并安排两次专题研讨。丰台区教育系统党政干部300人参加学习。

（刘笑梅　胡博）

【完成少先队组织规范化建设验收】 9至11月，丰台区少工委开展全区少先队组织规范化建设检查。经检查，授予10所学校“丰台区少先队组织规范化建设标兵校”称号，授予31所学校“丰台区少先队组织规范化建设优秀校”称号，授予10所学校队室“丰台区少先队组织规范化建设优秀队室”，授予20所学校队室“丰台区少先队组织规范化建设特色队室”，授予32所学校队室“丰台区少先队组织规范化建设达标队室”；授予97人“少先队活动课观摩交流活动先进个人”称号。少先队组织规范化建设验收每3年一次。

（李晓季）

【总结后备干部培养锻炼工作】 11月20日，丰台区委教育工委召开2013年后备干部赴市内外优质校培养锻炼总结会。会议为完成培训的15名学员颁发结业证书，学员代表汇报培养锻炼心得、感悟。会议肯定培训效果，并对学员们提出要善于思考鉴别、吸取精华、实践躬行的希望与要求。年内，丰台区建立北京十一学校、芳草地国际学校、青岛四十七中等7个市内外优质校基地。通过让后备干部走进优质校培养锻炼的形式，每年重点培养10至20名年轻干部。

（杨璐）

【举办法制联络员培训】 12月3至4

日，丰台区教委举办中小学法制联络员培训。丰台区中小学115名法制联络员参加培训。培训分为课程培训和经验交流。课程培训由高校、律师事务所等专家主讲，涉及预防青少年犯罪、校园常见法律问题、法律咨询答疑等内容。会上，4所学校交流法制工作措施和经验。2008年，丰台区建立教育系统法制联络员制度，各中小学、职高、幼儿园（含民办学校）选配具有一定法律基础知识或法制宣传工作经验、热爱法制工作的干部、教师担任法制联络员，在区教育系统法制宣传教育领导小组指导下，协助学校领导开展法制宣传教育工作。

（张晓莞）

【评选“教育创新工程”】 12月，丰台区教育工会完成“教育创新工程”评选。评选共收集各类申报资料共计301份。其中创新标兵资料175份，创新先进单位（班组）40所学校60份，优秀成果32所学校64份，合理化建议2项。经过专家评审，评出11个创新先进单位、9个创新先进班组、20项教育创新成果、54名教育创新标兵。丰台区“教育创新工程”始自2007年，每年评选表彰一次。

（孙桂荣）

学前教育

【概况】 2013年，丰台区托幼园127所，其中教育部门办23所，集体办园31所，民办49所，其他部门办园24所。离园幼儿10625人，入园幼儿13369人，在园幼儿40694人。教职工6084人，其中，专任教师3134人；学前三年教育普及率100%。全区北京市一级一类幼儿园49所。

（陶慧贤）

【新增3所北京市示范园】 4月15至19日，丰台区方庄第一幼儿园、丰台区第五幼儿园、丰台区嘉园第一幼儿园迎接市验收组市级示范园验收。经检查，3所园的保教工作、人才培养、教科研、社区早教各项工作在全市起到示范与辐射作用，被认定为北京市示范幼儿园。至此，丰台区北京市示范幼儿园达到12所。

（吴文静）

【新增3所一级一类园】 6至10月，丰台区槐房艺术幼儿园、卢沟桥幼儿园、阳光起点幼儿园迎接区验收组一级一类幼儿园验收。经检查，3所园在园所管理、教育质量、卫生保健工作方面达到北京市一级一类幼儿园标准，被认定为北京市一级一类园。此外，丰台区意馨艺术幼儿园新发地分园、东罗园幼儿园宣祥园两所双一园的分园通过一级一类验收。至此，丰台区一级一类幼儿园达到49所。

（吴文静）

【新增2所早教示范基地】 9月14日，丰台区意馨艺术幼儿园、北京开发区红黄蓝双语幼儿园经市验收组验收，被认定为北京市早教示范基地。至此，丰台区市级早教示范基地达到35所。

（吴文静）

【新增4所幼儿园700个学位】 9月，丰台区4所幼儿园开园，共新增700个学位。4所幼儿园包括芳草地国际学校丽泽分校附属幼儿园，位于丰台区丽泽路1号院金泰丽湾小区，入园名额120人；丰台区糖果双语幼儿园，位于右安门外大街右安门街道办事处社区服务中心，入园名额100人；丰台区万恒幼儿园，位于丰台区小屯西路66号院5号楼，入园名额240人；丰台区邦尼幼儿园，位于丰台区宋庄路26号院红狮家园，入园名额240人。

（袁富文　胡博）

【举办创新杯说课大赛】 10月17至18日，丰台区教委在蓝天幼儿园华凯分园举办幼儿园第四届创新杯说课大赛。全区54名市、区级骨干教师参加比赛。经说课、答辩两个项目评比，评出一等奖17人、二等奖17人、三等奖11人、表扬奖9人。丰台区幼儿园保教主任和骨干教师400人观摩比赛。创新杯说课大赛始自2010年，每两年举办一次。

（宗文革）

【召开丰台一幼办学实践研讨会】

10月23日，丰台区委教育工委、区教委召开丰台第一幼儿园办学实践研讨会。研讨会以“参天红杉滋养七彩儿童绽放”为主题，总结办园历程，梳理园所特色。研讨会分课堂展示和研讨交流两个环节。在展示阶段，丰台一幼师生通过室内外课堂教学活动全方位展示“七乐教育”特色（乐于锻炼以健康为乐，乐于交往以合作为乐，乐于表达以分享为乐，乐于探索以发现为乐，乐于欣赏以表现为乐，乐于读书以思考为乐，乐于劳动以助人为乐）。研讨阶段，丰台一幼汇报以“红杉文化”为引领，以“养成教育”为抓手，以成就“七彩儿童”为教育目标，注重实践、多元发展，最终锻造“人和园美”的办园理念。该园将“红杉”作为一幼的文化象征，其内涵包括团结、奉献、求实、创新。市教委、北京教科院、北师大等代表，以及各区县代表、丰台区幼儿园代表300人参加会议。

（杨璐）

【举办骨干教师培训】 11月26至28日，丰台区教委举办幼儿园骨干教师培训班。培训班邀请有关教研员讲解语言领域、健康领域、艺术领域教学方法，并结合实际工作情况布置作业和自学内容。全区52名市、区级骨干教师参加培训。

（宗文革）

【举办音乐课题观摩活动】 12月10日，教育学院丰台分院音乐课题研究组举办音乐课题观摩活动。活动分别在3所幼儿园举办，结合音乐教育研究进行3节音乐教育课展示。全区幼儿园教师200人参加活动。同时，蓝天华凯幼儿园还接待全市合作片区教师参与活动，合作片区由海淀、石景山、门头沟和丰台4个区组成。

（宗文革）

基础教育

【概况】 2013年，丰台区小学84所，教学班2001个，毕业10603人，招生14360人，在校生68840人，在校生中，北京市户籍学生24239人；教职工4701人，其中，专任教师3969人；小学入学率99.96%，巩固率100%，毕业及格率100%。中学46所（初中16所、高中4所、完中12所、一贯制学校14所），教学班972个（初中648个、高中324个），毕业9024人（初中6050人、高中2974人），招生10853人（初中7758人、高中3095人），在校生29903人（初中20624人、高中9279人）；在校生中，北京市户籍学生18793人（初中10653人、高中8140人）；初中入学率100%，巩固率100%，毕业合格率98.13%，高中入学率89.99%；教职工5416人，其中，专任教师3815人。特殊学校1所，10个教学班，招生4人，在校生100人，教职工38人，其中，专任教师33人。特殊教育残疾儿童入学率100%，巩固率100%，毕业率100%。校外教育单位4个，教职工265人，其中，专任教师195人。全区中小学专任教师学历合格率100%，特级教师26人（小学2人、中学24人），高级专业技术职务教师1307人（小学82人、初中879人、高中346

人）。中小学占地面积194.91万平方米，建筑面积108.21万平方米，图书馆藏书346.91万册，电子图书26998.6GB，固定资产总值17.30亿元。全年教育投入29.70亿元，其中，国家拨款29.19亿元，自筹经费0.51亿元。

（陶慧贤　王沁艳）

【举办小学校长论坛】 1月7至8日，丰台区教委举办第四届小学校长论坛。会上，5名校长以“队伍建设与学校文化”为主题交流教育管理经验，有关专家举办“校长在学校文化建设中的作用”专题讲座。活动中，教育学院丰台分院从科研、教学、行政三方面布置下学期的工作。会议提出，用学校文化引领干部、教师和谐发展；坚持科学发展观，依法治校、科学管理、民主管理，促进丰台区小学教育均衡发展。全区小学校长120人参加会议。

（黎雪）

【召开中小学德育工作年会】 1月18至19日，丰台区教委召开中小学德育工作年会暨项目推进会。会议总结2012年中小学生社会大课堂建设、学习困难学生研究、班主任培训等工作，表彰校本课程建设、高中学生领导力培养、学生社团建设工作中表现突出的集体和个人，解读2013年重点工作。会议组织中小学德育工作经验交流，邀请北京市德育研究中心举办“社会主义核心价值体系教育内容和策略”讲座。全区中小学德育干部168人参加会议。

（刘建）

【编制“社会大课堂活动指南”】 3月，

丰台区教委编制完成《丰台区中小学生社会大课堂活动指南》。“活动指南”汇集丰台区市、区级资源单位的基本信息，并从爱国主义教育类、法律法制类、国防教育类8个类别分别编排。“活动指南”发放至区内中小学每个班级。

（刘建）

【总结小学规范化建设工程】 4月25日，丰台区教委在丰台五小鸿业兴园校区召开小学规范化建设工程总结会。会议总结小学规范化建设工程成果，播放丰台区小学文化建设专题片，表彰21所示范性学校、32所特色发展学校和184名先进个人。会上，41所学校以展板形式展示规范化建设成果，5所学校7名教师结合学校文化特色发展及课程改革成果作汇报课。区教委领导和全区小学代表180人参加会议。2007年起丰台区实施小学规范化建设工程。工程重点项目是改善办学条件，提高教育质量，共涉及91所学校。至2013年，市、区两级共投入资金4.52亿元，新建学校8所，改扩建学校14所。

（黎雪）

【召开丰师附小办学实践研讨会】 6月28日，中国下一代教育基金会、丰台区委教育工委、区教委联合召开丰台师范学校附属小学办学实践研讨会。会议主题为“数字校园智慧课堂”，包括课程展示、研讨交流两个环节。会上，丰师附小汇报学校实践创新成果，交流创设数字化物理环境构建新型校园等教学理念，展示单元整体教学、互动反馈技术和iPad在课堂教学中的应用等教育教学成果。北师大、传媒大学、北京教育网络信息中心专家肯定学校信息技术与学科教学整合成果，为学校发展提出建议。会议还举办校园数字化建设专题研讨。中国下一代教育基金会等单位代表，其他省市和区县代表，丰台区教师代表200人参加会议。

（杨璐）

【举办初中教师基本功展示活动】 7月7日，丰台区教委举办北京市初中教师基本功及实验技能基本功培训与展示活动笔试。考试设71个考场，1919名教师参加。经笔试选拔43名教师代表丰台区15个学科参加北京市初中基本功培训和展示活动，组建15个学科96名教师参加的学科指导团队。同时，选拔12名教师和6名实验员代表丰台区参加北京市初中理化生实验基本功培训和展示活动。最终，丰台区选手参加全市实验基本功培训和展示活动成绩突出，4人获得一等奖，7人获得二等奖，7人获得三等奖。

（余琴）

【评选优秀模拟法庭】 7至12月，丰台区教委举办2013年中小学模拟法庭展示活动。全区12所学校参加展示活动。经过视频材料评审，评选出中学组一、二、三等奖和优秀奖，小学组一等奖，以及优秀个人、优秀指导教师奖项若干。组委会还将所有参赛学校视频上传至丰台教育视频资源在线，供各校观看学习。

（张晓莞）

【北京四中璞瑅学校开学】 8月31日，北京第四中学璞瑅学校开学。学校位于方庄桥东北，是由丰台区教委主办，西城区教委支持，与四中、西城区黄城根小学合作办学的一所新建九年制义务教育学校。小学一年级招生4个班，约100人，初中一年级招生1个班，近40人。市教委、丰台区教委领导，四中、黄城根小学校长以及相关单位领导参加开学典礼。该校是丰台区教委引进优质教育资源的重大举措。学校建设规模为36个教学班，其中，小学24个班，初中12个班。

（袁富文）

【完成义务教育阶段入学工作】 至9月15日，丰台区完成义务教育阶段入学工作。小学一年级入学14360人，其中非京籍学生7568人。小学毕业生（含符合就学条件的非京籍毕业生）采用寄宿制、推荐、特长生、民办校、“共建”、片内双选和统一分配七种入学方式升入初中。初中一年级入学7758人，其中非京籍学生3331人。5月，丰台区义务教育阶段入学工作全面启动。在小学一年级入学工作中首次通过“北京市义务教育阶段入学服务平台”完成信息采集和审核工作。

（严华）

【探索城乡教育一体化发展研究结题】 9月17日，丰台区教委召开“丰台区探索城乡教育一体化发展有效途径项目研究”结题会。会议参观互动反馈教学协作组项目研究成果展板，观摩协作组 8 所学校 8 节常态课，观看丰台区“探索城乡教育一体化发展项目研究”专题片。丰台区教委作《探索新途径实现新发展——丰台区探索城乡教育一体化发展的有效途径课题研究》报告。该项目 2010 年立项，研究重点内容是城乡教育一体，优质均衡发展，全区 91 所学校参与研究。项目通过实施“五横四纵”城乡教育一体化发展战略，优化教育资源配置。区教委和有关实验学校代表 200 人参加会议。

（崔德跃）

【召开芳古园小学办学实践研讨会】 9 月 24 日，丰台区委教育工委、区教委召开芳古园小学办学实践探讨会。研讨会主题为“精教精育，各美共美”，通过课程观摩、研讨交流两个环节，展示芳古园小学 13 年来的发展历程、办学成果和未来愿景，全方位多角度诠释学校“精美教育”理念。“精美教育”关键是“四精两美”，分别是精准、精细、精简、精练，各美、共美。北京教科院、北师大等专家肯定学校办学理念和办学特色。市教委、北京教科院等代表和丰台区代表近 200 人参加会议。会议由北京教科院协办。

（杨璐）

【首次举办小学心理活动课大赛】 10

月 15 日，丰台区小学首届“育心杯”心理活动课大赛决赛暨颁奖仪式在丰台一小举行。比赛由丰台区教委和教育学院丰台分院共同主办。比赛当年 3 月启动，历经培训、初赛、半决赛和 3 场决赛，评选出一等奖 7 人、二等奖 9 人、三等奖 15 人。全区小学专兼职心理教师 60 人观摩决赛。

（程忠智）

【举办中英校长论坛】 10月23日，丰

台区教委在十八中举办 21 世纪“中英基础教育对话”校长论坛。会上，中国和英国 6 名校长介绍学校的办学理念。论坛旨在深化中英双方合作，共同探讨双方的教育教学新理念，拓宽丰台区干部教师的国际视野。丰台区教委、英国曼彻斯特第一教育集团（One Education）代表，以及全区中小学校长 200 多人参加活动。

（武卫华）

【启动“春晖行动”项目】 10 月 25 日，丰台区教委在西罗园六小举办“春晖行动”启动仪式。“春晖行动”由区教委与联合大学特殊教育学院合作举办，是面向丰台区公办小学有特殊教育需要的学生和辅导教师的培训项目。该项目通过学生评估、教师培训、家长辅导、亲子活动，探索有特殊教育需要学生辅导和教育培训的有效方法。丰台区教委领导，11 所第一批“春晖行动”项目校负责人和教师 110 人参加启动仪式。

（黎雪）

【举办第五届中学校长论坛】 11 月 12 日，丰台区教委举办第五届校长论坛。论坛聚焦学校德育，以“主题·途径·模式”为主题，采用主题报告、现场提问、专家点评及播放宣传视频的方式，交流德育教育新思想。全区中学校长、教育教学干部 120 人参加论坛活动。校长论坛旨在培养一支教师满意的校长队伍，通过校长论教育、谈管理、话改革，促进校长对学校办学思想和实践的深入思考，有效解决学校的重点、热点、难点问题，推进中学教育可持续发展。

（余琴）

【举办教育管理与领导力提升研修班】 11 月 25 日，丰台区委教育工委、区教委、北京大学联合举办教育管理与领导力提升高级研修班。该研修班是丰台区与北京大学联合举办的第二期研修班，采取全脱产封闭学习研讨方式，历时 4 周。课程包括教育管理学、中国传统文化、现代教育技术等内容。丰台区中小学校长 50 人参加研修。

（袁富文）

【举办德育干部基本功培训】 11 月，丰台区举办小学德育干部基本功培训和展示活动。该活动评出小学德育干部一等奖 18 人、二等奖 18 人、三等奖 13 人，大队辅导员一等奖 14 人、二等奖 14 人、三等奖 10 人。活动始自上年 9 月，包括笔试、命题演讲、活动设计等环节，小学德育干部及少先队大队辅导员 111 人参加活动。

（黎雪）

【举办“青蓝杯”说课展示】 12 月 7 日，丰台区教委和区特级骨干教师工作室举办首届“青蓝杯”说课展示评优活动。该项活动面向丰台区中小学幼儿园参与导师带教的被带教教师，旨在不断促进和提高被带教师的教学基本功和教育教学水平，提高教学质量，同时为学员搭建一个展现自我才能的平台。全区中小学和幼儿园 17 个学科 221 名教师参加评优展示。通过教学设计说明、教学片断和答辩等环节评比，评选产生一、二、三等奖共 170 人。

（吴莹）

【召开学校体育工作会】 12月17日，

丰台区教委召开学校体育工作大会。会议部署推进中小学校体育工作三年行动计划相关工作，表彰实施《学校体育工作条例》十佳校、优秀学校体育工作者、优秀学校体育优秀教练、优秀学校体育裁判员、《国家学生体质健康标准》测试赛优秀校和北京市体育科研论文获奖者。全区中小学领导、体育教研员、体育教师 400 人参加会议。

（吴莹）

【召开特教工作会】 12月25日，丰台区教委召开2013年特殊教育工作会。会议表彰2013年丰台区特殊教育教学设计和论文评比获奖教师，总结2013年特教工作，并布置2014年工作要点。会议还听取特殊教育学院专家主题报告。丰台区教委领导，全区各中小学和培智中心校教师代表85人参加会议。

（黎雪）

职业与成人教育

【概况】 2013年，丰台区职业高中5所，开设专业24个，教学班150个。毕业1143人，招生1158人，完成招生计划63%，在校生4295人。教职工653人，其中，专任教师392人。专任教师学历合格率91.84%，高级专业技术职务89人。学校占地面积128939平方米，建筑面积71948平方米，图书馆藏书94395册，电子图书284GB，固定资产总值12307.23万元。全区各级各类成人学校18所。其中，成人高校（社区学院）1所，开设26个专业，毕业367人，招生397人，在校生1131人。教职工89人，其中，专任教师67人。乡办成人学校5所，村办成人学校12所。社会力量办学单位187所，全年培训125238人，教职工7056人，其中，专任教师3043人。

（陶慧贤）

【召开校企联盟年会】 1月17日，首都"厚德精工"校企联盟年会在丰台区职业教育中心学校举行。会议总结联盟年度工作报告，为新加入的7个联盟成员授牌，并为联盟特聘专家颁发聘书。会议还按行业分为5个小组研讨学校专业教学和专业建设。丰台区教委领导和联盟成员协会、企业的代表39人参加会议。"厚德精工"校企联盟2012年成立，首批成员包括行业协会、企业、丰台区职业教育中心学校共29家。联盟旨在通过学校与企业、专业与企业、企业与企业互动，形成各方合作办学共同育人的长效机制。

（林京秋）

【召开职教中心办学实践研讨会】 6月18日，丰台区委教育工委、区教委召开丰台职业教育中心学校办学实践研讨会。研讨会主题为"塑造一双会思考的手"，包括课程展示、学生技能展示、研讨交流三个环节。会上，丰台职业教育中心学校展示近30年的发展历程、办学成果和对未来的构想，全方位展示学校办学特色，就多元开放办学、校企共育机制、双师型教师队伍建设等内容与有关专家交流。市教委、区教委、北京教科院领导，有关学校代表200人参加会议。

（杨璐）

【职教中心与万豪国际集团合作】 9月12日，丰台职业教育中心学校与万豪国际集团签署校企合作协议。依据协议，双方将在校企合作培养人才规格定位、对象、人数、方式、教学计划，以及教学大纲制定、学生实习等方面开展合作。学校负责为企业培养应用型高级技能型人才，企业负责为学校提供企业人力资源结构状况、职业岗位标准及要求等。协议有效期3年。

（林京秋）

【举办职教骨干教师培训班】 9至10月，教育学院丰台分院举办职业教育骨干教师研修班。培训面向区级、校级骨干教师以及区级兼职教研员，采取集中培训方式进行。培训包括3次通识性讲座，内容涉及经典教学理论在现代教学中的有机融合、中职教育发展趋势、说课技巧和课题研究方法。全区职教骨干教师和兼职教研员60人参加学习。

（焦德禄　刘晓强）

【举办骨干教师教学基本功比赛】 12月7日和12月14日，丰台区教委举办职教系统2013年"创新杯"骨干教师教学基本功大赛文化课组、专业课组决赛。20名教师参加决赛，其中，文化课教师8人、专业课教师12人，涉及语文、数学、英语、德育、体育、计算机、汽车修理、烹饪、幼儿教育、音乐赏析、财会学科和课程。参赛教师通过说课、教学片断和答辩等环节阐述教学设计、教学理念、教学实践和教学反思。最终，文化课组评出一等奖1人、二等奖2人、三等奖3人，专业课组评出一等奖2人、二等奖3人、三等奖4人。

（刘小强　王恩）

【评估创建学习型社区先进】 12月9至24日，丰台区学习型城区建设领导小组办公室开展创建学习型社区工作评估验收活动。结合"丰台区学习型城市建设三年行动计划"目标要求，验收小组检查16个社区创建学习型社区工作。通过听取自评报告、查阅资料、实地考察、召开居民座谈会、专家组合议以及回复总体意见，最终评出10个创建学习型社区先进单位、6个达标社区。

（林京秋）

教育督导

【概况】 2013年，丰台区政府教育督导室以十八大精神为指导，深入学习贯彻《教育督导条例》，坚持督政与督学并重、监督与指导并重原则，全面落实"十二五"规划任务目标，发挥督导职能作用，服务教育发展，助力丰台教育强区建设。年内，区教育督导室专职督学8人，兼职督学13人，特约教育督导员18人，督学顾问1人，督政顾问2人。

（钟小军）

【发布小学规范化督导验收材料汇编】 1月10日，丰台区教育督导室召开《北京市丰台区普通小学全面实施素质教育暨小学规范化建设督导验收材料汇编》丛书发布会。材料汇编分督导文件、督导验收报告、督导自评报告、校长汇报、教学设计、督导随笔、督导心语7个分册，约227万字，这是丰台区首次以文字汇编形式反映督导验收成果。区教育督导室、教育学院丰台分院领导，以及丛书作者150人参加发布会。

（钟小军）

【召开幼儿园督导现场会】 2月28日，

丰台区教育督导室在嘉园第一幼儿园召开现场会。会议针对幼儿园全面实施素质教育督导评价自评工作和迎检工作举办系统培训，讲解评价工作重点内容。会议还邀请嘉园一幼交流迎接督导工作的经验与体会。区教育督导室领导和10所参与年度督导工作的幼儿园园长及相关负责人参加会议。这是丰台区连续第三年对幼儿园全面实施素质教育进行督导评价，督导重点是一级一类以上的非教育部门办园。

（高小芳）

【开展素质教育督导回访工作】 4月9日，丰台区教育督导室召开2013年全面实施素质教育督导回访工作布置会，启动第二阶段回访工作。会议布置督导回访具体内容，介绍基本步骤和注意事项，两所学校交流接受督导回访工作体会。区教育督导室领导和参与督导回访的38所小学、10所中学校长参加会议。丰台区全面实施素质教育督导回访工作，从2012年开始，计划分三年完成。

（吴海梅）

【召开履行教育法律法规职责工作会】 4月18日，丰台区教育督导室在十八中召开“履行教育法律法规职责，推进义务教育均衡发展”专题工作会。会议以开展义务教育均衡发展自查自评为重点，布置2013年丰台区教育法律法规执行情况督导检查工作。市、区教育督导室领导，全体特约教育督导员和全区21个街道乡镇、19个委办局领导80人参加会议。

（钟小军）

【接受市级义务教育均衡发展督导】

10月21日，丰台区接受市教育督导室义务教育均衡发展达标情况。评估组听取丰台区《落实责任，办有特色，促进丰台区义务教育均衡发展》专题报告，查阅档案资料，召开人大代表政协委员、委办局、教委科室和中小学校长座谈会，实地考察3所中学3所小学，与学校教师和学生家长座谈，问卷调查。评估组全面了解丰台区义务教育均衡发展推进情况，反馈意见认为：丰台区能够落实教育优先发展战略，通过多种途径扩大优质教育资源，注重干部教师队伍建设，注重学校内涵发展，师资队伍水平整体提升，办学水平明显提高，有效促进城乡之间、区域之间、校际之间均衡发展。

（钟小军）

【发布中小学满意度调查数据】 10月30日，丰台区教育督导室召开2013年中小学满意度调查数据发布会，发布学校教育满意度评价结果。调查数据显示，3年来全区中小学教育满意度调查成绩逐年提高。2011至2013年满意度总体成绩、小学成绩、初中成绩，均达到比较满意水平。全区学校总体满意度成绩、初中成绩、普通高中成绩连续3年上升。发布会还邀请3所学校介绍如何科学分析调查数据、采取有力措施提升学校满意度的经验。区教委、区教育督导室领导和全区中小学代表参加会议。

（钟小军）

中共丰台区委教育工委

书　记　宋金忠

丰台区教育委员会

主　任　张立新

丰台区政府教育督导室

主　任　张婕（12月免）
狄涛（12月任）

石　景　山　区

总　类

【切实减轻学生负担】 4月9日，石景山区教委召开“减负增效”工作交流研讨会。会上，10所学校分别汇报切实减轻中小学生过重课业负担工作经验，研讨课程设置、课外活动、作息安排等问题。会上，区教委下发区教委、区教育督导室《关于切实减轻中小学生过重课业负担工作实施细则》。文件要求，规范课程计划实施行为，科学制定学生在校作息时间，优化教学行为提高教学质量，规范考试评价与禁止违规补课、竞赛管理等。区教委、区教育督导室领导和全区中小学代表20人参加会议。

（王贤鑫）

【举办庆六一主题教育】 5月31日，石景山区庆祝六一国际儿童节“中国梦”主题教育活动在景山学校远洋分校举行。活动包括欢乐迎宾、奠基梦想舞台、播种梦想仪式3个部分48项活动，从人文、科技、艺术、体育方面展示区域教育成果。其中，“梦

想大课堂”展示学校人文教育活动，“梦想实验室”展示学校科技创新教育活动，“梦之队竞技场”展示体育教育发展成果，“梦想艺术馆”展示艺术教育和社团教育成果，“梦想行动家”以红领巾环保时装秀、红领巾志愿者行动、红领巾环保节目录制等内容展示德育和少先队教育成果。区教委还面向全体少先队员征集摄影及绘画作品，并刊印成册赠送全区师生。全区少先队员1300人参加活动。

（张蕾　李强）

【举办可持续发展教育论坛】　7月2日，石景山区教委举办可持续发展教育专题论坛。会上，区教委作《区域推进可持续发展教育》专题发言，提出可持续发展教育的关键，即促进人的可持续发展。来自3所学校、1个社区、1所幼儿园的领导分别作专题发言，阐述“培养学生基础学习能力和可持续学习能力”“促进教学与学习方式的创新”等方面研究成果。区教委领导和石景山区部分中小学、社区教育中心、幼儿园代表60人参加会议。

（王贤鑫）

【成立三方教育联合会】　7月13日，

石景山区教委召开家长、教师、社区教育联合会成立大会。会议表决通过联合会章程，章程内容包括总则、成员、权利与义务、执行委员会、制度、经费共6章25款。联合会由全区各学校家长委员会会长、学校主管负责人、各街道文教科长、区内教育资源单位负责人组成。执行委员会作为联合会日常办公机构，设会长1人，由家长担任；设副会长4人，分别由学生家长、教师、社区三方面人员担任；在5个教育片区（永乐、古城、苹果园、金顶街、五里坨）分设家长委员和教师委员各1人，在9个街道设社区委员各1人。联合会成立后，将通过提案、议事方式，促进学校、家庭、社会等各方面沟通与了解，营造良好的教育氛围，促进学生全面健康成长。

（曹艳玲　林臻　李强）

【首次评估学校绿色发展指数】　9月，石景山区教委首次向全区各中小学发放“绿色发展指数”教育体检表。“学校绿色发展指数”包括学生发展、教师发展、学校支持性条件三个维度。其中，学生发展含品德行为、学业水平、学业相对增值、体质健康、艺术素养、科学素养、学业负担、心理健康8项指标；教师发展含师德、教学能力、研究能力3项指标；学校支持性条件含学校课程状况、学生餐、家校协同、学校舒适度、学校美誉度5项指标。每项分值为1至10分。“学校绿色发展指数”计划每学年公布一次，为学校以及教育行政部门改进工作和改善管理提供依据。

（魏莉曹艳玲）

【完成十项教育实事】　至12月，石景山区教委牵头完成年度十项教育实事。一是开工建设五里坨规模学校和黄庄职高改扩建工程。申请1020万元中央补助专项资金支持黄庄职高创建国家中等职业教育发展改革示范校。二是完成北京市城乡新区一体化学校（九中、九中分校）建设项目。三是新建4所配套幼儿园，年内新增学前教育学位1080个，3年共增加学位5400个，全面完成学前教育三年行动计划。四是推进第二期“双名工程”，安排1批干部教师境外培训项目。五是深化绩效工资改革，提高教师薪酬待遇。建成教育系统老干部活动中心并投入使用。六是投入专项资金884.50万元加强学校平安校园建设，完善校园人防、技防、物防体系；七是投入市、区专项资金4700万元，实施8所学校（幼儿园）综合维修工程和11所学校电力增容改造工程。八是安排1250万元市级专项资金，开展校园文化建设。九是7所学校被认定为北京市科技示范校，8所学校被认定为北京市中小学艺术教育特色学校。十是安排1200万元专项资金，用于数字化校园建设以及学校网络运行、现代教育技术整合、设备维护和技术培训，进一步提升教育信息化水平。2011年起，石景山区政府开始实施年度教育实事项目。实事项目以区政府文件下达、区政府督查室按时间节点督查考核。

（曹艳玲　魏莉）

【加强教育人才队伍建设】　至年底，石景山区教委继续加强教育人才队伍建设。全年接收硕士研究生51人、博士研究生4人（含博士后2人）。完成新一届370名骨干教师、青年教学能手推选工作。全面推进教师成长阶梯研修计划，选派优秀干部教师参加北京市中小学干部教师“国内访学计划”；与北京教育学院合作开展青年硕士人才培养项目，40名教师参加培训。开发“石景山区中小学干部在线学习平台”，区内2所学校入选北京市中小学校长培训实践基地。实施“双名工程”，成立5个博士后工作室，成立“石景山可持续发展教育专家工作室”，成立5个“名校长工作室”，15名中青年校长进入工作室研修。深化师德教育活动，评选市级师德先进2人、优秀教师7人、“紫禁杯”优秀班主任10人，评选第四届教师奖励基金“梦想领路人——晨曦之光”奖1人、“魅力教师”1人，评选市职业院校专业带头人1人、优秀青年骨干教师3人。全区“年度人民满意学校”整体满意率达92.17%。

（王蕾）

学前教育

【概况】　2013年，石景山区各级各类幼儿园50所，离园幼儿2445人，入园幼儿4584人，在园幼儿13319人。教职工2137人，其中，专任教师1165人。幼儿园占地面积214600平方米。全区市级示范园5所，一级一类幼儿园15所，市级早期教育示范基地16所，市级特殊儿童教育示范基地2所。年内，学前教育总投入26909.20万元，其中财政性学前教育投入25357万元，本级财政投入4764.30万元，财政性学前教育投入占财政性教育总投入的比例为17.30%。

（黎铮）

【实施学前教育名师工程】　3月1日，石景山区教委制定《石景山区学前教育“名师培养工程”实施方案》。学前教育“名师培养工程”通过以老带新、观摩学习等方式，培养青年骨干教师，提升教师队伍专业水平。年内，16名学前教育骨干教师参加首批“名师培养工程”研修。该项研修为期2年，教育学院石景山分院负责常规管理工作，北师大教育学部学前教育研究所7名专家指导教学。

（曹艳玲、黎铮）

【接收北师大教师挂职锻炼】　4月23日，石景山区教委接收北师大教师挂职锻炼。北师大学前教育专业青年教师分别与石景山区二幼、三幼、八角幼儿园和师范学校附属幼儿园，签订挂职锻炼协议。依据协议，该校教师8人入园挂职2年。挂职锻炼期间，青年教师一般任业务园长或保教主任职务。

（黎铮）

【举办儿童学习与发展培训】　5月，石景山区教委举办《3～6岁儿童学习与发展指南》培训。培训举办运用“指南”提高幼儿园教学质量讲座，交流价值导向、内容框架、教育要点等教育经验。全区各类幼儿园园长、教师200人参加培训。

（黎铮）

【举办“萌芽杯”教学评比】　5至11月，石景山区教委举办第十届“萌芽杯”教育教学系列评比活动。活动包括学习《3～6岁儿童学习与发展指南》征文、教学案例评优、优秀教研组评选三项。全区152名教师参加征文活动，62人参加教学案例评优，17个教研组参加优秀教研组评选，共有151名教师获奖。最终，优秀征文和优秀教学案例结集出版《2013年石景山区学前系统第十届“萌芽杯”教育研究系列活动优秀作品集》。

（黎铮）

【启动流动儿童幼儿园教师培训】　6至12月，石景山区教委联合国际救助儿童会北京代表处启动2013年石景山区流动儿童幼儿园教师提高性培训项目。培训利用周六时间授课，开设《3～6岁儿童学习与发展指南》分领域解读、儿童认知发展规律与幼儿园教学、幼儿意外伤害事故预防与处理等6门课程，共16学时。13所幼儿园教师50人参加理念知识培训、现场教学观摩和实习锻炼活动，教师34人结业。

（黎铮）

【组织三大单元培训】　9至11月，石景山区教委举办学前教育系统三大单元培训。一是举办情绪管理、课程建构等专题讲座，全区教师260人参加活动。二是组织参加“中国幼教南北精品展示”活动，通过观摩学习增强教学实践能力，全区骨干教师15人参加活动。三是赴广州、东莞、深圳优质幼儿园考察学习，教研员、园长、骨干教师19人参加活动。

（黎铮）

【完成一级一类幼儿园年度考核】　12月11至13日，石景山区教委完成一级一类幼儿园年度考核。考核涉及15所幼儿园。通过听取汇报、实地检查、检查档案等，15所幼儿园全部考核合格，其中，8所幼儿园考核优秀。

（黎铮）

【交流民办园办学经验】　12月19日，石景山区教委在希望之星幼儿园召开民办幼儿园办学经验研讨会。会议通过开放区域游戏、观摩教学活动、园所汇报3个环节，展示希望之星幼儿园发展历程，总结“达级上类”工作经验。区教委领导和民办园代表250人参加会议。

（黎铮）

基础教育

【概况】　2013年，石景山区小学31所，教学班709个，毕业3269人，招生4613人，在校生22903人，在校生中北京市户籍9934人；教职工1534人，其中专任教师1345人；小学入学率100%，巩固率100%，毕业及格率100%。中学24所（初中11所、高中3所、完全中学2所、一贯制学校8所），教学班482个（初中323个、高中159个），毕业4197人（初中2860人、高中1337人），招生5064人（初中3341人、高中1723人），在校生15217人（初中10048人、高中5169人），在校生中北京市户籍9005人（初中5264人、高中3741人）；初中入学率100%，普通高中入学率88.69%，应届高考录取率95.4%；教职工2551人，其中，专任教师1607人。特殊教育学校1所，10个教学班，招生7人、结业14人、在校生100人，教职工31人，其中，专任教师27人；残疾儿童入学率100%，巩固率100%，结业率100%。校外教育单位1个，教职工63人，其中，专任教师35人。小学教师学历合格率99%、初中教师合格率99%、高中教师合格率99.8%，中小学高级技术职务教师488人。全区中小学图书馆藏书168.79万册，固定资产总值9.37亿元。全年教育经费投入15.67亿元，其中，国家拨款14.65亿元，自筹经费1.02亿元。

（施爽）

【中学生体协柔道分会落户】1月5日，中国中学生体育协会柔道分会在苹果园中学成立。

教育部学生体育协会联合秘书处等领导和全国58所会员单位代表参加成立仪式。柔道分会是中国中学生体育协会下属分会，宗旨是带动更多的青少年投身柔道运动，强健体魄、磨炼意志和弘扬奥运精神，加强全国中学生柔道教育交流发展。

（赵丽娜　金铭）

【交流资源教室建设经验】1月11日，石景山区教委召开随班就读资源教室交流研讨会。会议听取北京市资源教室指导专家“资源教室方案的实施”主题讲座，内容涉及资源教室和资源教室方案、资源教室应具备资源、实施资源教室方案步骤、应注意的问题四个方面。会上，4所建有资源教室学校分别交流学校资源教室基础建设情况、资源教室组织管理体系、功能开发等工作经验。区教委领导和有关学校代表32人参加会议。

（周冬）

【召开特殊教育工作联席会】3月14日，石景山区特殊教育工作联席会在区教委召开。会上，区教委、区残联、区培智中心校等相关人员研讨“送教上门”的生源情况、师资配备、资源教室建设，社区、学校、资源支持中心联动措施等专题，通过《2013年度区域特殊教育工作要点》。工作重点是贯彻落实北京市《关于进一步加强随班就读工作的意见》和《北京市中小学融合教育行动计划》文件精神，组织随班就读教师培训，举办随班就读评优课活动，加强资源教室管理。区特殊教育工作联席会单位代表6人参加会议。

（周冬）

【举办教育教学研讨月】3至5月，石景山区教委举办“关注绿色成长，奠基美好人生”第七届教育教学研讨月。研讨月启动仪式举办教育教学论坛，围绕“减负增效”“带题授课”“习惯养成”“阳光体育”主题，交流学校课程建设、“减负增效”经验。研讨月期间，全区中小学通过培训、展示课、说课、评课、研讨、竞赛举办各类教研活动，涉及思想道德教育、课程体系建设、学校特色建设等领域，共推出196项活动。其中，区、校组织的综合性活动80项、科研带题授课60项、德育心理活动18项、学科教研活动38项。

（施爽）

【评选基础教育课程建设优秀成果】3至6月，石景山区教委评选2012至2013学年度基础教育课程建设优秀成果。全区21所学校共报送50项成果参评。经课程成果申报理由、课程成果呈现、课程成果价值和作用体现、课程成果支撑和印证4项指标综合评审，评选出手球校本课程、文物模型制作校本课程等10项优秀成果。

（王贤鑫）

【高中特色校举办开放活动】4月22日，石景山区教委、京源学校举办“走进高中特色校——京源学校”活动。该活动由市教委、北京教育学会主办，是全市“走进高中特色校”系列活动之一。活动包括翱翔特别论坛、主题辩论会、初高中衔接特色课程展示，以及“世界地球日”主题绘画、摄影、图片、手工创意和建言作品展示。会议提出特色高中建设“深入调研准确定位”“专家引领视点先行”“且思且行纵深发展”等发展策略。市教委、各区县教委相关领导、高中校校长等320人参加活动。

（魏莉）

【评选随班就读优秀课】4至5月，石景山区教委、区教育分院、区特教中心举办随班就读评优课活动。该活动包括课堂教学和教学设计两项评比，涉及小学、初中的语文、数学、英语3个学科。全区35所学校教师47

人参加评比，10人获一等奖。

（周冬）

【举办武林大会】5月17日，石景山区教委举办中小学第四届武林大会。

运动会由金顶街第二小学与山东莱州中华武校联合承办。全区20所中小学699人参加拳术、长短器械、传统器械等项目的比赛。最终，评出最佳表演奖、最佳创意奖、精神风貌奖、最佳组织奖、突出贡献奖。2007年9月，石景山区启动武术进校园项目，至2013年试点校22所，涉及140个教学班、中小学生5000人。

（王贤鑫　李强）

【举办第五届模拟联合国大会】5月18至19日，石景山区第五届模拟联合国大会在北师大励耘实验学校举行。

大会设安全理事会、经济与社会理事会、环境规划署3个委员会，分别就叙利亚危机、朝鲜核问题、全球就业市场恢复、新能源推广与应用4个议题进行研讨与交流。来自全区5所高中学校160名学生参加活动。

（林臻　李强）

【展示“跨越式发展创新”阶段成果】 5月27日，石景山区教委与昌平区教委联合举办“基础教育跨越式发展创新试验研究”项目阶段性成果现场展示会。展示会包括现场课分享、经验分享、共享课堂、专家点评、现场互动五个单元，充分展示全市“基础教育跨越式发展创新试验研究”阶段性成果和信息化与学科教学深层次推进应用成果。其中，石景山区学校推出展示课8节。来自石景山区、昌平区教委和实验学校等单位代表172人参加会议。

（王贤鑫）

【召开课程建设现场会】 5月28日，石景山区教委在区实验中学召开“为学生选择未来奠基”课程建设现场会。会上，实验中学推出“自我探索之我的能力”“旗之舞”“太阳能DIY”等8节研究课，从不同维度展现身心健康类、生涯规划类、科学技术类、社会人文类、文学艺术类、环境资源类六大系列校本课程建设成果。会上，区实验中学、北师大励耘实验学校和京源学校交流课程建设实践经验。区教委领导和全区中小学代表120人参加会议。

（王贤鑫）

【举办中小幼师生“四联展”】 5至6月，石景山区教委、区精神文明办联合举办“创新课程育人模式，促进学生全面健康发展”第27届中小幼师生“四联展”。全区中学、小学、幼儿园师生选送绘画、书法、篆刻、工艺四类作品共1754件参加展览。展览在全区9个街道130个社区精神文明建设宣传栏展出。

（武瑞）

【召开课改项目联席会】 7月8日，石景山区教委召开2013年石景山区课改项目负责人联席工作会。会议交流高中课改实施研究与推进、义务教育课程改革、地方课程开发管理、学习方式系统变革、义务教育教材实验、特色专题教育、优质课程资源的引进实验与管理、中小学生涯发展指导课程8个课程改革研究项目进展，研讨《2012至2013学年度石景山区基础教育课程改革总结》初稿，认为全区在依托课改项目构建完善绿色课程体系，关注常态与质量打造绿色人文高效课堂，落实科研引领与指导作用提升科研水平等方面取得显著成效。区教委领导和有关学校代表15人参加会议。

（王贤鑫）

【举办教育教学培训】 9至10月，石景山区教委举办第11届教育教学培训与展示活动。活动围绕“强化教师基本功，促进教师专业发展”主题，举办教学设计和课堂组织两个方面培训，并分中学、小学举办各学科竞赛。全区教师520人参加学科竞赛，最终，评出教学设计一等奖113人、二等奖172人、三等奖168人，课堂教学一等奖113人、二等奖172人、三等奖170人。

（施爽）

【召开校章建设交流会】 10月18日，北京市中小学校章建设与学校管理改进研究项目推进会暨石景山区经验交流会在古城第二小学召开。会议从整体上介绍石景山区校章建设工作情况；古城二小、六一小学、同文中学3所项目校交流校章建设经验。会上，北京市中小学章程建设与学校管理改进研究项目组专家总结全市校章建设工作成绩、存在问题以及下一步工作思路，举办校章建设基础知识培训。会议由市教委主办，石景山区教委承办，来自全市各区县教委代表和石景山区项目样本实验学校代表参加会议。

（武瑞）

【研讨高中校特色建设】 10月25日，石景山区教委召开高中校特色建设研讨会。会上，国家级高中特色建设项目实验学校京源学校作《对学校特色建设和发展策略的思考》报告，围绕为什么要发展学校特色、什么是学校特色和怎样发展学校特色三个方面交流对学校特色建设的认识，九中、苹果园中学、北师大励耘实验学校、古城高级中学和景山学校远洋分校介绍学校特色建设具体措施。会议分析全区高中学校特色发展优势和未来发展方向，要求在扎实开展学校工作的同时选准学校特色发展方向和突破点。区教委领导和全区中学代表参加会议。石景山区2010年开始实施高中校特色建设，全区6所中学参加高中特色建设项目实验。

（王贤鑫）

【汇报国防教育成果】 10月25日，石景山区少年国防教育基地召开2013学年国防教育成果汇报暨表彰大会。会上，古城第二小学举办训练成果汇报，展示队列表演、打背包、叠被子、打军体拳、防空救护演习。区文明办、武装部、双拥办、区教委领导和部队首长，全区中小学生代表参加会议。本学期国防教育实践活动从8月12日启动，为期3个月，共有27所学校近4000名学生参加训练。

（吕宝红）

【分析科学艺术教育质量】 11月15日，石景山区教委召开义务教育科学、艺术（音乐、美术）质量分析会。会议总结义务教育科学、艺术（音乐、美术）工作，具体分析科学、艺术学科水平监测结果。此前，石景山区为了解区域内学生科学、艺术素养举办科学、艺术学科水平监测。其中，初中二年级进行艺术学科（音乐、美术）监测，小学六年级进行科学、艺术学科（音乐、美术）监测。测试结果显示，科学、艺术（音乐、美术）等学科重视程度需进一步增强，学生艺术素养有待提高，教师队伍建设需进一步加强。区教委领导和全区初中、小学代表55人参加会议。

（周冬）

【推介教研“两奖”成果】 12月4日，石景山区教委召开北京市优秀教育成果推广会石景山分会。会议总结全区参加北京市第四届基础教育教学优秀成果奖和北京市第六届教育科学研究优秀成果奖评选情况，交流、展示石景山区获奖成果。其中，获第四届基础教育教学优秀成果奖7项，分别是：“整合资源构建中、小、幼一体生涯教育课程体系的实践研究”“高中职业生涯规划教育研究”“基于无边界学习理念构建学校综合实践活动课程体系”“开展文物模型制作活动，提高初中生综合实践能力”“依托课程实现六一育人模式的实践研究”“经典阅读地方课程的实施模式与有效策略”“经验型和新手型教师课堂提问技能对比个案及追踪研究”；获第六届教育科学研究优秀成果2项，分别是：“高中生职业生涯规划辅导研究”“经验型和新手型教师课堂提问技能对比个案研究”。区教委和全区中小学代表 200 人参加会议。

（王贤鑫）

【召开小学规范化建设工作总结会】

12 月 12 日，石景山区教委召开小学规范化建设工程总结会暨小学教育品质提升工作启动会。会议听取区教委《加强小学规范化建设，提升小学教育品质》总结汇报，六一小学、爱乐实验小学、教育技术装备中心分别交流小学规范化建设经验。会议表彰市级先进个人 9 人、市级先进单位 3 个，区级先进个人 41 人、区级先进集体 15 个。会议就进一步推进小学教育品质提升工作提出要求：以突出公平、优质、特色、和谐为工作导向，以建立公共服务保障体系、实现育人质量提升、提升学校文化品质、推动教育生态和谐发展为具体目标，促进小学教育科学发展，创造适合学生的教育。区政府和区教委领导，全区中小学相关人员 150 人参加会议。2007 年，石景山区启动小学规范化建设工程。工程实施五年，涉及学校 37 所，累计投入资金 22563 万元。

（武瑞　李强）

【承办全市学困生干预研究交流会】 12 月 20 日，北京市第六届“关注差异关爱学生，促进学生与教师共同发展”交流研修会暨名师大讲堂在石景山区召开。会议听取石景山区教委《绿色教育理念引领，区域推进学困生干预研究》主题发言，重点介绍石景山区在推进学困生干预研究中的六项策略，即：促进学科教学与德育相结合、学习辅导与心理辅导相结合、教师个人辅导与群体辅导相结合、教师帮扶与家长帮扶相结合、课堂关注与课后关注相结合、教学育人与环境育人相结合。北京教科院专家点评对六点实施策略给予肯定，并提出建议，关注差异要树立差异的教育观、实施差异教学、实行差异评价。会议表彰“关注差异关爱学生，促进师生共同发展”研究优秀论文，为各区县获奖代表颁奖。会上，石景山区学校分别展示初中、小学各 6 节研究课，6 所学校在分论坛交流发言。会议还邀请北师大教授举办“尊重规律科学育人”专题讲座。会议由市教委、市教育学会、北师大首都基础教育研究院主办，市教育学会学习障碍研究分会、石景山区教委和教育学院石景山分院承办。全市各区县教研员、中小学校长共 350 人参加会议。

（周冬）

【总结基础教育课程改革工作】 12月

24 日，石景山区教委召开 2012 至 2013 学年度基础教育课程改革总结会。会议听取年度教育课程改革总结报告和区教育教学设计课堂教学竞赛总结报告，交流 3 所学校推进课程改革经验。会议表彰市、区基础教育课程改革建设先进单位 15 个，综合素质评价先进单位 12 个，2013 年石景山区教育教学竞赛群星奖单位 41 个。全区教育行政、教研、科研单位代表和中小学校长 130 人参加会议。

（王贤鑫　李强）

职业与成人教育

【概况】 2013 年，石景山区职业高中 3 所，毕业 420 人，招生 381 人，在校生 2674 人；教职工 191 人，其中，专任教师 161 人。职业高中学校总占地面积 9.06 万平方米，总建筑面积 4.42 万平方米。全年教育经费投入 11786 万元，其中，国家拨款 11281 万元，自筹经费 505 万元。区属成人高校 2 所，即石景山区业余大学、北京电大石景山分校。两校合署办学统一管理，教职工 122 人，其中，专任教师 35 人。学校划分八角、鲁谷、八大处 3 个教学区，占地面积 10636.30 平方米，建筑面积 24529.41 平方米。区业大毕业 310 人，招生 574 人，在校生 888 人；电大石景山分校毕业生 712 人，春季招生 409 人，秋季招生 521 人，在校生 2335 人。石景山区社区教育学校 142 所。全年成人教育共开设短期培训班 2350 个，培训学生 72388 人；开展社区教育培训 37 项，培训人数 7720 人。

（姜葵葵）

【召开学习型城区建设工作会】 4月

9 日，石景山区学习型城区建设领导小组工作会暨职业与社区教育联席会在黄庄职业高中举行。会议听取黄庄职业高中《以示范校建设为契机，推进学校高品质发展》报告，通报 2013 年石景山区学习型城区建设与社区教育工作要点，提出建设黄庄职高玉泉校区市民学习体验中心，开展以生活和职业技能为主题的体验式学习活动。区学习型城区建设领导小组成员，各委办局处街道领导 40 人参加会议。

（文昌敏　姜玮）

【业大举办校园招聘会】 5 月 25 日和 10 月 19 日，石景山区业余大学举办 2013 年春、秋两季学生就业大型校园招聘会。两次招聘会共有 100 余家企业参加，提供 2000 个就业岗位。业大、电大在校生、毕业生及附近市民 2000 人到场咨询求职。两次招聘会初步签订聘用意向 155 人。

（许怀达）

【入选继续教育优秀教学团队】 8 月，石景山区业余大学会计专业教学团队被市教委评为“2013 年北京高等学校继续教育优秀教学团队”及“2013 年北京高校继续教育重点建设教学团队”。这是该校财会教研室继 2012 年获得北京市高等教育教学成果二等奖后又一重大成果。该校会计专业教学团队以满足成人学生的需求为出发点，以培养成人学生的会计岗位职业技能，提高成人学生的职业竞争力和创业能力作为专业教育的根本目标，着力建设并实施“会计专业理论教学与会计岗位职业技能实训教学平行互动”的会计专业教学体系。先后完成区农委、区国资委、区国税局等单位会计岗位技能培训，发挥学校在地区经济发展中的作用，树立学校在石景山地区会计继续教育、会计职业资格、会计初级职称和中级职称培训的核心地位。

（许怀达）

【业余大学设立少年之家】　9月23日，石景山区教委在区业余大学八大处校区举行“石景山区少年之家”授牌仪式。仪式上，区教委主要领导向八大处、鲁谷、八角三个校区授牌。少年之家成立后，将利用石景山区业余大学暨社区学院资源为青少年开展高质量、有计划、有组织的校外活动，搭建青少年校外教育成长的平台。多年来，石景山区业余大学坚持在青少年校外教育方面进行探索和实践，每年到业大参加各类文化、艺术、体育培训青少年近5000人次左右，有100多名教师参与青少年校外教育培训工作。少年之家首批开设文化、艺术、体育3个大类30余个项目课程。

（胡敏敏）

【开发朗诵主持项目】　9月24日，北方艺术学校开设朗诵主持、口才表演两个新的培训课程。两个课程主要面向8岁以上少年，其中，朗诵主持人培训班聘请中央广播电台一线栏目主持人授课。首期两个班各招生11人。北方艺术学校是石景山区业余大学主办的艺术培训学校。

（许怀达）

教育督导

【概况】　2013年，石景山区政府教育督导室完成7所幼儿园督导随访，完成学前教育发展状况监测统计和《石景山区学前教育调研报告》。完成6校小学规范化建设工程督导回访复查，完成减轻学生过重课业负担与落实体育锻炼一小时、义务教育均衡发展与初中内涵建设、高中多样化建设特色办学等专题督导随访，综合督导民办学校1所，督导随访4所，回访复查1所。开展石景山区艺术、体育类民办学校办学状况调研，完成《石景山区校外教育工作督导评价方案（试行版）》研制，并综合督导第四纪冰川遗迹陈列馆，督导随访八角街道、区少儿图书馆、区青少年活动中心等校外教育机构。会同区教委制定中小学校责任督学挂牌督导工作实施方案，完成10所学校挂牌。完成全区执行教育法律法规情况自查，考核相关34个委办局党政干部78人，上报《2013年石景山区教育执法自查报告》。会同区教委完成“人民满意学校”测评工作，评选“石景山区人民满意学校”55所。年内，区教育督导室专职督学8人，兼职督学16人，特约督学14人，挂职督学2人。

（王桂洋）

【随访高中多样化建设】　4月9日，石景山区教育督导室随访督导古城中学。随访督导重点检查高中多样化特色发展和落实“减负”工作情况。区教育督导室听取学校工作汇报、巡视校园环境、观看两操、查看档案资料、听课7节、访谈干部教师7人。在收集学校多方面信息基础上，区教育督导室向学校反馈意见，认为学校在扁平化管理、班主任模式、走班制等方面显示办学特色。专兼职督学和特约督学11人参加督导。

（武凤鸣）

【督导义务教育均衡发展工作】　4月11至18日，石景山区教育督导室督导随访苹果园中学分校、九中分校、杨庄中学“义务教育均衡发展和减负增效”工作情况。督导组依据《北京市区县政府推进义务教育均衡发展工作督导评估指标体系》，听取学校工作汇报、分组听课、观看课间阳光体育活动、访谈干部教师，查看档案资料，了解软硬件建设、队伍建设、德育工作、教学工作、教科研工作，最终完成各校义务教育均衡发展状况书面意见，向学校反馈。督导组对学校取得成效给予充分肯定，建议学校领导梳理工作思路、总结经验，着眼区域教育大局，提高现有资源利用效率，开足开齐课程。专兼职督学9人参加督导。

（武凤鸣）

【完成人民满意校问卷调查】　6月，石景山区教育督导室会同区教委完成2012至2013学年度人民满意学校问卷调查。调查对象覆盖全区公办中小学、幼儿园除高三年级外所有学生家长，中学生和4至6年级小学生，以及派出所、街道和社区工作人员。问卷共五套，包括学生在校学习、生活状况、学校管理。调查总计向家长、派出所、街道和社区发出问卷35716份，回收有效问卷33729份；向学生发出问卷15662份，回收有效问卷15515份，总体有效回收率95.85%。统计结果表明，全区整体满意率达92.17%。最终，经统计数据筛选，评出“石景山区2013年人民满意学校”55个。

（王桂洋）

【举办“十二五”课题培训】　7月3日，石景山区教育督导室举办教育评价与督导研究“十二五”课题培训。培训邀请有关专家举办课题研究中期报告撰写讲座，从课题概述、文献综述、目标研究与假设、后期研究计划等8个方面讲解课题报告撰写有关知识。区教育督导室专兼职督学和12所学校科研主任、课题负责人参加培训。此后，区教育督导室在12月召开“十二五”立项科研课题中期推进会，交流9所学校课题阶段性成果。

（千文芳）

【督导冰川遗迹陈列馆】　7月10日，石景山区教育督导室综合督导中国第四纪冰川遗迹陈列馆校外教育工作。督导组听取该馆校外教育组织领导、科学规划、队伍建设、活动开展、工作亮点及特色情况汇报，视察冰川馆展馆设施，查阅档案资料，问卷调查，访谈工作人员和学生。督导组肯定陈列馆校外教育成绩，认为陈列馆不断加强软硬件建设，积极搭建校外教育平台，挖掘资源及人员优势服务于中小学生；立足科研、科教、科普的功能定位，多角度发挥博物馆功能，突出实践育人。近年来陈列馆坚持开展的“流动的博物馆——科普大篷车”巡展、“青少年勘探队”地质勘探夏令营、“博物馆里过大年”等特色课外活动取得一定成绩。督导组同时对其校外教育工作管理、档案管理等提出改进意见。

（厉丽　刘国峰）

【随访校外教育机构】　9月12至24日，石景山区教育督导室随访区少儿图书馆、八角街道办事处、青少年活动中心校外教育工作。随访内容主要包括单位组织领导、校外教育工作规划、校外教育工作亮点和特色等方面情况。随访人员听取3个单位工作情况介绍，查看活动场所环境、设备实施及安全情况，与负责人、职工个别访谈。随访人员了解到，3个单位重视校外教育工作，制定年内活动计划和长远规划；开展活动组织严密，措施得当，能够挖掘资源优势，通过配备专业教师（辅导员）、聘请兼职辅导员或校外教育志愿者方式加强师资队伍建设，满足校外教育需求。最后，督导室随访人员对相关单位校外教育管理、校内外教育的有效衔接、档案的留存等方面提出建议。

（厉丽　刘国峰）

【接受北京市校外教育督导】　10月23

至24日，石景山区政府接受市政府教育督导室校外教育专题督导。区政府以《统筹规划，办有特色，全面提升青少年校外教育质量》为题，从加强领导、强化责任、建立校外教育保障体系，加强培训、锤炼师资、提升校外教育质量，科学统筹、追求成效、形成校外教育工作特色三个方面汇报校外教育工作。市督导评价组一行17人，实地考察区青少年活动中心、京源学校、金顶街第二小学等单位，与相关委办局、区校外教育机构和未成年人校外活动场所代表座谈。市督导评价组认为，石景山区校外教育工作做到“落实责任、统筹管理，整合资源、合理布局，建设队伍、提升素质，发挥职能、规范管理，特色突出、成效明显”，建议进一步加强校外活动场所的统筹管理及校外教育骨干教师队伍建设，为青少年健康、全面成长搭建平台。

（王桂洋　李强）

【总结小学规范化督导工作】　11月28日，石景山区教育督导室总结小学规范化建设工程督导验收工作。在汇总专兼职督学意见后，区教育督导室完成《石景山区人民政府教育督导室关于区小学规范化建设工作总结》，并印发全区各小学。2009年至2012年间，区教育督导室完成全区31所公办小学“小学规范化建设工程”督导验收。督导验收工作规范有序，程序完整。督导验收工作肯定全区公办小学在改善校舍条件、加强学校科学管理方面取得的成绩。

（千文芳）

【随访调研学前教育】　11月，石景山区教育督导室完成《2013年石景山区学前教育调研报告》。该报告整理分析《2010至2012年石景山区教育事业基本情况》有关幼儿园建设相关数据，统计全区幼儿园数量及分布情况，针对幼儿园区域分布不均衡，民办幼儿园教师教育教学能力有待提高等问题，提出加大学前教育投入力度，科学合理配置学前教育资源，加强对民办幼儿园的监督管理，提高学前教育师资水平等建议。

（荆林　千文芳）

【制定责任督学挂牌方案】　12月2日，石景山区教育督导室制定《石景山区中小学责任督学挂牌督导实施方案（征求意见稿）》。方案明确责任督学聘请方式、督导内容、相关责任等工作内容。根据督导实施方案，区教育督导室首批从石景山教育分院聘请3名教师，担任区内6所学校的责任督学。

（千文芳）

中共石景山区委教育工委

书　记　邢俊毅（9月免）
　　　　叶向红（9月任）

石景山区教育委员会

主　任　叶向红（9月免）
　　　　郝显军（9月任）

石景山区政府教育督导室

主　任　刘志成（1月免）

海　淀　区

总　类

【评选首批德育五星级学校】　1月7日，海淀区教委评选首批德育特色五星级学校。评选活动由区教委中教科组织开展，旨在推进德育创新，激活学校德育工作机制，挖掘学校德育工作潜能，通过德育特色建设，提升学校核心竞争力。活动以3年为一个循环，每3年评选一批五星级、四星级和三星级德育特色学校。经学校自主申报、初审，专家组进校实地考察，通过深入课堂听课、学校特色活动展示、召开教师和学生座谈会，以及查阅学校档案资料等方式，对学校全面评估，共评选出五星级、四星级、三星级德育特色学校各10所。

（宋亚甫）

【首批海淀教育记者站成立】　5月14日，海淀区教委成立首批海淀教育记者站。区教委选择发展态势良好、重视宣传工作、具备校园宣传阵地的学校和单位15个，成立首批记者站，共拥有具备一定专业能力、热爱新闻

宣传工作特邀记者75名。

（宋亚甫）

【召开第10届教育科研工作会】 7月8日，海淀区教委召开第10届教育科研工作会。会议以创新学校教育科研工作方式为主题，全面总结“十二五”期间工作，表彰教育科研先进单位、个人及优秀教育科研成果，颁布《海淀区教育科研优秀成果的评审与奖励办法》，海淀区实验小学和清华附中代表学校作科研经验发言。中国教科院、北京教科院及海淀区有关单位领导专家，海淀区中小学校长、获奖教师300人参加会议。海淀区自1993年5月首次召开教育科研工作会，每两年一次。

（严星林）

【举办戏剧教育周】 10月15至19日，

海淀区教委举办教育系统戏剧教育周。戏剧周由海淀区委教育工委、区教委、区教育督导室主办。启动仪式上，区教委作《挖掘戏剧育人功能，创新德育新途径》主报告，全面总结海淀区教育系统开展戏剧教育的思考、做法、经验及成果，对下阶段戏剧教育工作提出普及戏剧教育等要求。会议授予33所学校为戏剧教育基地校，宣布成立海淀区戏剧教育专家顾问团，聘请26名戏剧教育专家、表演艺术家为戏剧教育特邀顾问。会上，八一中学、区教师进修学校附属实验学校、中关村一小分别围绕整合戏剧课程、话剧社团课程化育人模式、演绎世界经典名剧等主题作会议发言。开幕式后，会议举办“戏剧梦人生梦中国梦”中小学戏剧教育剧目展演。戏剧周期间，西颐小学、清华附中、二十中等分别举办开放展示活动。

（宋亚甫）

【推出科研“种子教师”283人】 12月10日，海淀区教委推出教育科研“种子教师”。依据《海淀区教育科研“种子教师”推荐与评选办法（试行）》，经课题负责人推荐和学校推选两种方式，中小学、幼儿园教师315人申请“种子教师”。区教科所依据评选标准，通过初评、中评和终审环节，最终认定283人为首批“种子教师”。该项工作由区教委主办，海淀区教科所承办，旨在激励更多教师参与教科研工作，发现骨干分子，形成“种子教师”团队，带动更多教师走上教科研道路。

（宋亚甫）

【召开食堂承包管理工作会】 12月19日，海淀区教委召开中小学食堂承包管理工作会。会议学习《海淀区中小学食堂承包经营管理办法（试行）》，明确要求中小学食堂经营管理原则上不得对外承包，客观存在自主经营困难的学校，经申请允许承包，但必须严格落实餐饮企业资质审查、实地考察、现场答辩、集体决定、签订合同、上报审核备案程序。中学师生人数在2000人以上，食堂存在自主经营困难学校，需向区教委学校食品安全管理科提交食堂承包经营管理申请。小学食堂必须自主经营，禁止承包经营管理。海淀区有关学校主管领导和食堂管理员50人参加会议。至年底，海淀区中小学食堂承包36所，其中，小学5所，中学31所。

（宋亚甫）

【区青少年法制教育基地落成】 12月25日，海淀区青少年法制教育基地在海淀寄读学校落成。该基地由海淀区教委和区司法局共同建设，位于学校西侧心理中心三层，建筑面积800平方米，拥有主展厅、楼道法制文化展区和青少年模拟法庭专区3个部分。主展区设有序厅、法制史展区、知法守法展区、依法自护展区、普法成果展区和AB剧场6个主要部分，可接纳学生200人参加活动。该基地作为全区青少年法制宣传教育实践活动专门场所和青少年普法工作平台，承担举办法制宣传教育活动、青少年模拟法庭活动、法制教育成果展，接待参观和法制教师培训任务。

（王常智）

【创建全国文明城区】 至年底，海淀

区委教育工委、区教委、区教育督导室开展创建文明城区工作。年内，海淀教育系统9项重点工作纳入海淀区政府折子工程，着力解决校园周边治安和交通安全、义务教育均衡发展、提高市民对义务教育的满意度等问题，在全区中小学启动道德学堂、美德少年、美丽校园、戏剧教育周、家庭教育大讲堂、学生原创文明短剧特色活动。2012年6月1日，海淀区启动创建全国文明城区工作，区教育系统在文明城区指标体系中承担108项指标任务，其中主责指标13项，占全区任务近40%。未成年人思想道德建设指标体系中主责指标137个，配合指标40项，占指标总数63%。海淀区委教育工委、区教委、区教育督导室成立创建工作领导小组及10个指挥部，强化工作责任；利用海淀教育“一报、一刊、一台”以及学校宣传栏、广播、电视、网络进行宣传报道；以创建工作为契机，加强机关工作规范化管理，机关科室和学校把创建工作纳入绩效考核评价中，形成创建工作的常态管理机制，力争创建工作做到与常规工作相结合、与学校教育教学工作相结合、与办人民满意教育相结合。

（宋亚甫）

【5项教育体制改革国家级课题结题】 至年底，海淀区教委承担的5项教育体制改革基础教育项目国家级课题结题。其中，“探索城乡教育一体化发展的有效途径项目”采取“筑巢引凤”名校分址办学模式，将城区优质

资源直接引入北部地区，涌现出红英小学和北部新区实验学校两所本土化优质校，拓展本土优质教育资源辐射面。“基础教育课程教材改革实验项目”在课程、教学、评价及资源建设等领域取得阶段性突破，初步实现课程建设由自发向自觉迈进，初步完成常态课教学评价标准，建设一批高中选修模块精品课程资源。“探索拔尖创新人才培养模式项目”通过统筹区域资源，联合人大附中等4所普通中学、北京大学等6所高校和中科院等3家科研院所，共同组建海淀区“拔尖创新人才”改革实验协作体。“高中特色发展实验项目”通过项目合作、科研课题、特色活动、管理创新，在9所实验校形成独特的教育理念和办学风格，并在全区范围内发挥积极辐射引领作用。“推进中小学德育内容、方法和机制创新项目”探索构建大德育工作体系，举办德育干部研修班、家庭教育大讲堂、道德学堂等公益活动，探索学校主导、家长参与、社区配合的德育协作机制。海淀区作为国家级教育体制改革基础教育项目实验区，承担7项国家级课题实验工作。

（宋亚甫）

学前教育

【概况】　2013年，海淀区托幼园所153所，其中，教育部门办园13所，地方企业办园2所，事业单位办园25所，部队办园37所，集体办园24所，民办幼儿园34所，其他部门办园18所。离园幼儿12473人，入园幼儿19445人，在园幼儿56424人，其中外省市户籍幼儿12117人，占在园幼儿总数的21%；教职工8693人，其中，专任教师4359人。年内，海淀区改扩建幼儿园65所（址）。新接收唐家岭新城配套幼儿园、温泉限价商品房配套幼儿园。全区入园学位增加2300个。14所（址）幼儿园通过市级示范园验收，全区市级示范幼儿园总数达21所（30处园址），一级一类幼儿园69所，一级以上等级幼儿园在园幼儿占全区总在园幼儿的85%。

（宋亚甫）

【开展幼儿园安全检查】　2月26日，海淀区教委开展幼儿园安全检查。活动由区教委安全专项检查小组组织，要求全区各类幼儿园全面开展安全工作自查、自纠。全区153所幼儿园参加活动。在自查基础上，安全专项检查小组实地调研六一幼儿院、美和园幼儿园，重点查看幼儿早晚接送环节、幼儿园人防和物防等安全工作落实情况，并做安全监督指导。

（宋亚甫）

【召开早教示范基地工作会】　3月29日，海淀区教委召开早教示范基地工作会。会议总结海淀区早教工作发展情况，要求早教基地健全规范性管理，通过多种形式早教服务为社区提供普及优质的早期教育指导。会议听取明天幼稚集团《发挥集团优势，推进早教可持续发展》经验报告，参观海淀区儿童教育发展中心，观摩早教活动。全区80所早教示范基地负责人参加会议。

（宋亚甫）

【举办教育信息化培训】　3月，海淀区教委举办幼儿园教师教育信息化培训。培训由海淀区教师进修学校组织，邀请高校技术教育专家介绍信息技术发展基础理论与各领域的应用、交互式电子白板在教学应用的核心价值、信息技术专业课实用制作技巧。培训共40课时，教师学习掌握音视频素材采集运用、演示文稿软件（PPT）制作技巧等。区内幼儿园教师80人参加培训。

（宋亚甫）

【举办幼儿园园长培训】　4月15至17日，海淀区教委举办幼儿园园长培训。培训邀请海淀学前教育干部教师培训共同体讲师讲解幼儿园管理理念、制度建设、队伍建设及家园共育等方面内容，5名园长、副园长介绍管理经验。海淀区幼儿园园长、业务园长和干部教师300人参加培训。

（宋亚甫）

【推进实施儿童学习与发展指南】　5至6月，海淀区教委推进实施《3～6岁儿童学习与发展指南》。组织各类型幼儿园园长、业务园长、市级骨干教师74人参加市教委举办的“指南”解读培训会，学习“指南”出台背景、价值导向、内容框架、五大领域教育要点。召开园长会部署宣传活动要求，为全区8000名教职工和家长委员会成员每人发放一本“指南”，班均一本“指南解读”，园均一套专家培训光盘，向全区各街道、社区配发近千册“指南”；在区教委统一安排下，各幼儿园在园内开展系列宣传活动，通过家长会、宣传栏、专家讲座等形式，宣传“指南”教育理念。联合区妇女儿童工作委员会举办学习“指南”宣传月，全区150所幼儿园面向29个镇、584个社区、84个村开展宣传活动。召开推进实施“指南”座谈会，交流有关理论与实践问题，全区部分园长、市级骨干教师参加会议。

（宋亚甫）

【12人入选早教工作坊】　6月，海淀区早教工作坊选拔讲师参与研修。通过教师自荐、早期教育互动小组推荐、优秀早教活动案例评选等程序，最终12名教师入选。海淀区教委早教基地教师工作坊2012年12月启动。工作坊围绕“专业引领、同伴互助、实践研究、共同成长”主题，以实践为基点，以提高教师家庭教育指导能力为目标，通过开展问题研究，为工作坊团队搭建专业成长平台，带动骨干教师专业化发展。

（宋亚甫）

【14所幼儿园入选示范园】　7月18日，海淀区14所幼儿园获得市级示范园称号。本年度海淀区14所幼儿园（含明天幼稚集团9所分园）申报第八批北京市市级示范园，全部通过验收。14所幼儿园分别是明天幼稚集团9所分园、海军机关幼儿园、北京航空航天大学幼儿园、石油集团科学技术研究院幼儿园、海淀新区恩济幼儿园、海淀区立新幼儿园。至此，全区市级示范园数量增至21所（园址数量增至30个）。

（宋亚甫）

【成立学前融合教育康复基地】　11月12日，海淀区教委成立学前融合教育康复基地。基地位于明天幼稚集团总部，占地面积180平方米，拥有电教类、益智类、拼插类、书籍类、感统器材设施。基地可为10名幼儿提供区域活动、小组教育活动、户外融合活动、游戏活动、个别训练、班级融合训练。

（盛利华）

【完成学前教育三年行动计划】 至年

2011-2013	新建幼儿园数	接收配套幼儿园数	改扩建幼儿园数	新增入园名额
计划	2	17	35	13800
完成	13	17	106	14100

底，海淀区教委完成《海淀区学前教育三年行动计划（2011～2013年）》提出的年度工作目标。学前三年行动计划共新建幼儿园13所（址），接收配套幼儿园17所，改扩建幼儿园106所（址），新增园舍建筑面积62416平方米，增长12.6%，新增14100个入园名额，全区在园幼儿三年净增长20%，其中三岁以上适龄儿童增长30.2%。学前教育质量稳步提升，基本构建布局合理、形式多样、优质均衡的学前教育服务体系，形成政府办园为示范、公办园为主体、公办民办并举的学前教育发展格局。

（宋亚甫）

基础教育

【概况】 2013年，海淀区小学122所（含14个一贯制学校小学部），其中区属公办小学102所，其他部门办小学9所，民办小学11所；教学班3899个，毕业20621人，招生29544人，在校生141429人；在校生中，北京市户籍学生87792人；教职工7491人，其中，专任教师6941人；小学入学率100%，巩固率100%，毕业及格率100%。中学76所（初中10所、高中3所、完中49所、九年一贯制学校3所、十二年一贯制学校11所），教学班3033个（初中1701个、高中1332个），毕业30950人（初中18273人、高中12677人），招生34985人（初中20835人、高中14150人），在校生103749人（初中61638人、高中42111人）；在校生中，北京市户籍学生78893人；初中入学率100%，巩固率100%，毕业率100%；初中毕业升学率98%，应届高考录取率90.56%；中学教职工12687人，其中，专任教师8577人（初中4785人、高中3792人）。特殊教育学校3所，开设教学班73个，结业96人，招生92人，特殊教育在校学生1372人（特殊教育学校680人、随班就读学生692人）；教职工308人，其中，专任教师222人。工读教育学校1所，开设教学班16个，离校139人，入校129人，在校生315人；教职工82人，其中，专任教师69人。校外教育单位582个，有金鹏科技团8个，市级科技示范校22所，北京学生金帆艺术团31个，承办校25所，金帆书画院11个，市级艺术教育特色校36所。教职工894人，其中，专任辅导员（教师）693人。中小学教师学历合格率99.6%，其中，小学教师合格率99.3%，中学教师合格率99.9%；特级教师121人（在职），其中，小学7人、中学112人、职高1人；高级专业技术职务教师2893人，其中，小学136人、初中1201人、高中1556人；研究生以上学历教师占13%。全区中小学图书馆藏书941.39万册，学校总占地面积530.12万平方米，总建筑面积349.50万平方米，固定资产总值91.26亿元。全年教育经费投入87.61亿元，其中，国家拨款85.63亿元，自筹经费1.98亿元。

（尹涛　宋亚甫）

【召开张鹤教育教学实践研讨会】 1

月11日，海淀区委教育工委、区教委召开张鹤教育教学实践研讨会。会议通过短片《分享数学教育智慧的人——走近名师张鹤》、教师和教研员代表访谈、专家教授点评，共同分享张鹤“有意义的教学”理念。会上，张鹤作《分享数学教育智慧》报告，汇报他对数学知识本质的思考、对课堂教学规律的研究、对数学教育改革的认识以及在教研活动中的实践。区政府、区教委、北京教科院、首都师大、北京教育学院代表，海淀区各中学教学副校长、数学教师以及各区县数学教研员参加会议。张鹤，海淀区教师进修学校教研员，数学特级教师，北京市中学市级学科带头人，海淀区名师工作站导师组数学组组长。1986年毕业于北京师范大学，同年到四中任教，1994年进入十一学校，2008年调入海淀区教师进修学校任专职教研员。

（宋亚甫）

【落实“减负增效”工作】 3至12月，海淀区教委落实“减负增效”工作。3月1日，召开落实减轻中小学过重课业负担工作会，印发《关于切实减轻我区中小学生过重课业负担的意见》。成立“减负”工作领导小组，建立“减负”工作联动和督查工作机制。全区范围内开展“减负增效”征文活动。区教委联合区教育督导室开展“减负”工作检查，督促各学校落实“减负”措施。组织10所实验校开展“学习困难学生预警和干预”市级行动项目研究，关注学困生个体差异，探索建立个别学业指导机制。9月，联合市教育督导室、市教委在理工附中召开“北京市中小学减负督导监测工作现场会”，宣传推广海淀区“减负”经验。

（宋亚甫）

【召开索玉华教学实践研讨会】 4月

26日，海淀区委教育工委、区教委召开索玉华教育教学实践研讨会。研讨会以“让生命在体育教学中延伸”为主题，播放短片《让生命在体育教学中延伸》，听取索玉华教育教学实践报告，展示索玉华和她的教学团队现

场体育教学。索玉华，北京市体育特级教师，北京石油学院附属中学体育教研组组长，海淀区教育督导室兼职督学，海淀区名师工作站导师组组长，海淀区中学体育兼职教研员。先后获得北京市普教系统先进工作者、北京市优秀教师、北京市师德先进个人、全国百名优秀体育教师等荣誉。索玉华31年来坚守体育教学一线，将合作学习方法应用于体育教学，设计发明双杠保护带，在体育课安全问题上进行有益探索。研讨会是区教委继人大附中历史教师李晓风、十一学校生物教师王春易、教师进修学校数学教研员张鹤之后推出的第四位名师，也是“十二五”期间海淀名师活动推出的第一名体育教师。

（宋亚甫）

【制定心理健康教育行动计划】　5月21至23日，在北京市中小学心理健康教育交流会暨海淀区第六届中小学心理健康教育活动周上，海淀区教委发布“心理健康教育工作行动计划”。该计划旨在更好地服务于学生心理发展，推动心理健康教育工作健康发展。计划由教育部、中小学心理健康教育指导委员会、北京师范大学、北京教育学院、北京教科院专家与海淀区心理健康教育科研人员共同研究制定，是未来三年海淀区心理健康教育工作的行动指南。

（宋亚甫）

【召开北大附小教育家办学实践研讨会】　5月23日，海淀区委教育工委、区教委召开北大附小教育家办学实践研讨会。会议由北大附小承办，以“为了爱和自由的教育”为主题。会议观看北大附小专题片《放飞理想》，观摩《校园三字经》学生诵读表演。《放飞理想》通过梳理学校办学历程，真实展现北大附小历史传承和办学特色。《校园三字经》则用童谣形式表达北大附小的育人理念、核心价值观以及对理想教育的追求。会议听取北大附小校长《为了爱和自由的教育》主题演讲。演讲指出，爱和自由是北大附小追求的核心价值，也是小学教育应努力追求的方向。校长的使命就是给大家带来希望；教师也有享受生活的权力；人生的真谛就是专心地学习，痛快地游玩。会议还通过教育情景回放、教育问题对话、教育沙龙，从课堂教学、课程建设、新型师生关系、班主任管理多方面，展示北大附小教育改革探索与实践。市教委、北大、海淀区委教育工委、区教委、区教育督导室以及部分中小学校长300人参加研讨会。

（宋亚甫）

【举办艺术教育推进会】　6月6日，海

淀区教委举办艺术教育推进会暨翠微小学现场会。会议观摩翠微小学面塑、国画、篆刻、书法、纸艺5节美术校本课程，听取学校校园文化、学科艺术、社团活动课程成果报告，相关专家现场作点评。会上，市教委、北京市金帆团组秘书处为学校颁发金帆艺术团民乐联盟基地校牌匾。市教委、海淀区教委领导，艺术教育专家及市民乐承办校、中小学校艺术教育主管500人参加会议。翠微小学以“构建艺术课程完美学生人格”为目标，从校园文化课程、艺术学科课程、活动课程三个维度构建艺术教育课程体系，在艺术教育领域取得成绩。

（宋亚甫）

【中高考成绩保持领先】　6月，海淀区中高考成绩保持领先。2013年海淀区中考报考考生18498人，普通高中提前招生录取1818人，通过“名额分配”、特长生等特殊方式录取1958人，统招录取9861人。各学科平均分、优秀率均高于北京市平均水平，其中优秀率39.20%，高于北京市优秀率11个百分点，高分段考生人数占全市19.98%，500分以上学生人数占全市36.30%，8所学校及格率达到100%。2013年海淀区参加高考总人数12651人（文科3611人、理科9040人），占北京市考生总数19.60%。普通高等院校统考统招录取考生11457人（本科9626人、专科1831人），录取率90.56%。另外，单考单招录取考生287人。全区700分以上考生142人，占北京市55%。文科重点本科上线率34.26%，理科重点本科上线率56.62%。高考文理科各科平均分均高于北京市，全市语文、英语、政治最高分均为海淀区考生，理科数学、生物、物理学科满分人数均占到北京市一半以上。

（宋亚甫）

【举办随班就读评优课】　7月，海淀区教委举办随班就读评优课。活动由区教委特教管理中心主办，全区特殊教育学校和随班就读学校上报评优课39节，其中，小学29节、中学10节、特殊教育学校4节，覆盖小学语文、数学、英语，中学语文、心理、物理和思品学科。评审专家依据课堂教学、教学活动设计和个别教育计划三方面综合评定，最终评出一等奖8节、二等奖10节、三等奖12节。

（盛利华）

【知春里小学更名】　8月31日，海淀区

知春里小学更名。经区教委与人大附中联合总校、人大附中协商同意，并报请海淀区政府、中国人民大学批准备案，人大附中承办海淀区知春里小学，承办后知春里小学更名为人大附中实验小学。知春里小学为海淀区教委直属小学，属全额拨款事业单位，占地面积9546平方米，建筑面积8901平方米，31个教学班，在校生1180人，教职工73人，其中，专任教师66人。

（宋亚甫）

【设立心理健康教育研究与指导中心】　9月1日，海淀区中小学心理健康教育研究与指导中心建成。该中心位于海淀区教科所四层，建筑面积807.8平方米，总投资460万元。中心开设预约接待、心理咨询、心理援助、心理调适、团体活动与潜能开发6个功能室。其中，预约接待室配备校园心

理健康信息化管理平台，心理接待室配备档案柜、心理测试量表等专业设备，心理援助室配备6套电话接听设备，开通免费心理咨询热线电话4006101286，心理调适室配备有生物反馈调节仪、数字虚拟情景人机放松机、反馈型音乐放松系统等专业设备，潜能开发室配备注意力训练反馈仪、注意力训练组合套装、创造力训练组合套装等专业工具。该中心以研究指导为主，兼顾预防与发展，面向全区中小学师生开展服务。中心拥有专职心理研究人员6人，聘请北师大教授等8人为顾问、18人为专家。9至11月，中心为心理志愿者团队举办3期心理热线及心理仪器使用培训，为德育校长、心理教师、小学班主任带头人举办“中小学心理健康教育工作计划”培训，为小学心理教师举办沙盘游戏疗法体验式培训。

（宋亚甫）

【召开中学教学工作会】 9月24至25日，海淀区教委召开中学教学工作会。会议听取《海淀区2013年中高考质量分析及初高中教学工作建议》《为学生发展而教——探索基于“减轻学习负担”的课堂教学改革》报告，理工大附中和科大附中分别就“减负增效”和教学常规管理工作发言。北师大教授围绕课堂教学中学科核心素养举办专题报告。会议强调，教育行政部门应充分尊重、相信校长和学校，通过进一步完善制度，为学校教学管理的完善和科学提供必要的服务和支持。有关领导及全区中学校长、教学副校长等300人参加会议。

（宋亚甫）

【召开窦桂梅教育教学实践研讨会】 10月17日，海淀区召开窦桂梅教育教学实践研讨会。研讨会由海淀区委教育工委、区教委主办，是海淀区教育名师工程小学段首次名师研讨会。会议以“超越·主题·整合，为聪慧

与高尚的人生奠基”为主题，从成长经历、课堂实践、理念探索等方面总结窦桂梅教育教学思想。与会者观看讲述窦桂梅成长经历的专题片《行走的玫瑰》，观摩窦桂梅公开课《皇帝的新装》，听取《为聪慧与高尚的人生奠基》专题报告。会上中国教育学会、清华大学、东北师范大学等专家，高度评价窦桂梅从“三个超越”到“主题教学”，再到“课程整合”的教育理念，认为清华附小坚持为儿童聪慧与高尚的人生奠基的办学理念，积极构建“1＋X课程”体系，紧跟课程改革步伐，紧走课程整合之路，是基础教育课程改革的范例。来自教育部、中国教育学会、清华大学、东北师大、市教委、北京教育学院、北京教科院领导和专家，以及有关区县代表和海淀区骨干教师1000人参加会议。会议通过清华大学教育扶贫远程教学站，为边远地区教师2000人同步直播。窦桂梅，清华附小党总支书记、校长，特级教师，北京教育学院兼职教授，东北师大、首都师大硕士研究生导师，清华大学教育研究院基础教育研究所副所长，国家重点课题语文教材编写组的编委及编写人员。

（宋亚甫）

【召开中华文化教育研讨会】 10月18日，海淀区教委召开高中开展中华文化教育沙龙研讨会。研讨会旨在研究国学教育的文化精神价值和实施途径，加快高中实施中华文化教育的步伐，促进高中办学模式的多样化、特色化和个性化。会议介绍海淀区中小学开展国学教育和传统文化教育的案例和经验，围绕高中阶段开展中华文化教育的必要性和可行性，教育目标、内容和评价体系，实践模式和操作建议，古代书院教育对当今高中教育的影响与启示，中华文化教育借鉴古代书院教育的可行性和必要性6个议题展开讨论。与会校长认为，在中学开展国学教育，要特别注重经典；学习国学要精，不要泛化，不要因为学习中华文化教育再增加学生的负担。专家提出，在中小学进行国学教育是很有必要的，在传统文化教育中，要处理好中西关系、文理关系、学习儒学与诸子百家的关系。区教委领导以及来自北师大、北大、清华等高校专家、海淀区部分高中学校校长40人参加会议。

（宋亚甫）

【评选文明礼仪剧及微电影】 10月

19日，海淀区“以我文明行、绘我中国梦”中学生原创文明礼仪短剧、微电影展演活动落幕。该活动由区委教育工委组织，以中国梦、正能量、北京精神、文明礼仪、志愿服务为主题。活动覆盖海淀区所有中学，10万名中学生参与创作。经校内展演、区级展演，推选60部原创文明礼仪短剧作品、58部微电影作品参加区级评比，剧目全部由学生自编、自导、自演。活动设置大众评审团，由教师、学生、家长担任评委，最终评选出最佳剧本奖、最佳演员奖、最佳导演奖、最佳服装道具奖、最佳创新奖、最佳摄影奖、最佳音效奖和优秀指导教师八项大奖。

（宋亚甫）

【开展随班就读教研活动】 10月24日，海淀区教委开展小学随班就读教学研讨活动。活动由市特教中心主办，海淀区教委、巨山小学承办，观摩巨山小学1节公开课，听取海淀区特教中心题为《建立机制完善体系科学监管》随班就读工作报告，巨山小学《关爱学生，呵护成长》经验汇报。市区有关专家、各区县随班就读教研员46人参加活动。

（盛利华）

【召开张亚红教育教学实践研讨会】

10月29日，海淀区委教育工委、区教委在八一中学召开张亚红教育教学实践研讨会。与会者观看专题片《艺“树”人生》，听取张亚红《谱写生命的乐章》主题发言，首都师大音乐系教授现场以《勤耕不辍、梦想成真》为题点评。会议认为张亚红在音乐课堂教学展示教师的魄力、智慧和独特魅力。教育部、首都师大、人民音乐出版社代表，海淀区中小学代表，各区县和外省市音乐教研员及骨干教师，八一中学毕业生和家长代表以及首都师大师生1000人参加会议。张亚红，八一中学音乐教师，特级教师，北京市先进工作者，北京市学科教学带头人。她长期坚持课内课外两手抓，在艺术实践活动中提出“活动中育人”理念，被称为“执着于追求音乐教育的人”，组织编写《中小学管乐团的组织管理与训练》《中小学音乐新课程教学法》《新课程理念下的创新教学设计》等论著。

（宋亚甫）

【举办语言障碍儿童教育策略培训】 11月14至15日，海淀区教委举办语言障碍儿童教育策略专题培训。培训由区教委特教管理中心组织，旨在宣传儿童语言发展、语言障碍及其诊断、治疗与康复的最新理论、前沿研究成果以及具体干预策略，促使教师了解儿童语言发展问题，掌握基本干预策略，促进教师专业化水平的提高和融合教育发展。培训分为5个专题，包括儿童语言障碍、儿童阅读障碍、儿童语言健康、儿童语言发展及自闭症儿童的语言治疗，培训专家由北京语言大学教授及澳大利亚语言治疗师3人组成。海淀区资源教师、随班就读教师130人参加培训。

（盛利华）

【总结教学资源建设工作】 11月21日，海淀区教委召开课改教学资源建设10年总结暨微教学研究项目启动会。会议作《建设课改教学资源，服务教与学方式变革》报告，总结课改教学资源建设基本特点，提出坚持文本与视频并重、坚持学科与学段相结合、坚持课例呈现与教学研究并重的建设思想。会议以《基于现象学视角的微教学研究》为题，作微教学研究项目推介报告，启动“微教学”研究项目。北京教科院、北师大教育学部、海淀区政府、区教委领导以及全区主管教学副校长、教科研主任等300人参加会议。海淀区2003年启动新课改教学资源建设工作，10年来录制光盘1500多盘，中小学参与录课学校113所，占学校总数67%。其中，中学参与学校61所，占学校总数77%，小学参与学校72所，占学校总数61%，涉及中小学全部学科。光盘内容包括五部分：课堂实录、实录课点评、教师自评、授课教案和相关资料部分。同时，编辑《尝试与实践》《重塑课堂教学》《追求有效课堂》等文集。

（宋亚甫）

【推广中关村二小办学经验】 12月5日，海淀区教委召开现场会，推广中关村二小“一校多址”办学经验。会上，中关村二小通过远程视频会议系统，演示多校区同步、优质、均衡办学做法，3个校区同步开展平行四边形“微课堂”学习，中关村、华清和百旺校区依次进行教学演示、点评、讨论，实现三个校区即时对话。该校家园文化下的网状管理结构，以横为主、以纵为辅，横纵结合，构成立体管理网络。“横”体现学校在教育、教学、教研、后勤方面对各个校区实行统一的扁平式管理，保证校区间同步优质发展。“纵”体现学校对各个校区发展的科学放权，允许校区结合自身特点因地制宜，实现校区的特色发展。同时利用现代信息技术，实现三校区教育教学和行政工作全面、实时、零距离沟通。教育部、市教委、区教委领导，海淀区各中小学校长，相关媒体代表参加会议。中关村二小1998年承办上地实验小学，2001年承办海淀外国语实验学校小学寄宿部，2003年合并成府小学、承接华清嘉园配套小学，2009年合并西北旺小学、承接百旺新城配套小学，最终拥有中关村、华清、百旺三个校区，111个教学班、262名教职工、4688名学生。

（宋亚甫）

【召开罗滨教育教学实践研讨会】 12月17日，海淀区委教育工委、区教委召开罗滨教育教学实践研讨会。研讨会通过短片《22年一堂课》、罗滨教育教学实践报告《着眼未来的化学教育》、专家点评等环节，探讨罗滨成长历程，分享她在化学教育、课程建设、教师研修等方面实践成果。罗滨，海淀区教师进修学校校长、化学特级教师，国家教师教育课程资源委员会委员、“国培计划”专家库首批专家、全国中小学教师教育技术水平考试委员会委员、北京化学教学研究会理事、北师大化学学院教育硕士导师、首都师大化学学院教育硕士导师。罗滨从事化学教育和教研工作23年，曾被评为全国优秀教师、北京优秀教师、北京市有突出贡献的科学技术管理人才、全国教育科研先进工作者、全国高中化学新课程实施十佳先进个人。她主持国家级和北京市课题5项，参加编写化学教材3册，著作3部，发表论文60篇。教育部、市教委、海淀区政府领导，有关高校教授、专家，各区县代表和海淀区特级教师、骨干教师700人参加会议。

（宋亚甫）

职业与成人教育

【概况】 2013年，海淀区中等职业学校13所，其中，普通中等专业学校6

所，成人中等专业学校3所，职业高中学校4所，其他学校附设中职班6所（不计校数）。中等职业教育在校学生14838人，其中，普通中专在校生4465人，成人中专在校生469人，职业高中在校生7558人，其他学校附设中职班在校生2346人（含工读学校和第三聋人学校附设职高班在校生184人）。中等职业学校毕业33314人，招生2707人，教职工1128人，专任教师719人。其中，职业高中招生808人，毕业1986人，教职工640人，专任教师449人。全区职业高中占地面积13.85万平方米，建筑面积14.57万平方米。各类职业技术培训机构445家，招生108.03万人，结业93.53万人，在校生108.03万人，教职工26480人，专任教师8418人。全区社区学院1所，区级社区教育中心10个，社区学校6个，居委会教学点670家。全年累计开展各级各类社区教育培训98.9万人次，其中，农民实用技术培训6.7万余人次，外来务工人员培训22.3万余人次，下岗失业人员培训2.8万人次，老年教育培训26.7万余人次，参加中等职业学校开展的短期文化生活培训及岗位技术培训4.6万余人次。

（宋亚甫）

【召开社区教育工作会】　1月15日，海淀区教委召开社区教育年度工作会。会议听取社区教育年度工作报告，提出2013年应加强多层次、多功能的终身教育体系建设；加强广泛覆盖、惠及全民的终身学习服务体系建设，继续做好全民终身学习周暨“教育进社区”活动；加强学习品牌建设项目，开发具有海淀特色的社区教育系列教材，加强“学习型海淀”网建设，办好《学习型海淀》报；加强社区教育科研机制建设，推进学习型组织建设。会议表彰16个先进单位，9篇社区教育科研成果优秀论文，10个社区教育培训优秀项目，10部社区教育优秀自编教材。市教委、区教委、中关村学院、社区教育学校，以及全区29个街道、镇的主管领导、有关人员80人参加会议。

（宋亚甫）

【举办安卓工程师岗位能力培训】　1月22日，海淀区教委举办安卓项目工程师岗位能力培训。培训由区教委职教中心主办，旨在提高专业教师岗位能力，加强人才培养实用性。培训内容涉及安卓系统搭建、功能设计、界面实现、发布测试。海淀区计算机教师50人参加学习。

（宋亚甫）

【社区学院成立学前教育研究中心】　4月12日，中关村学院成立学前教育研究中心。该中心旨在创新学前教育研究与实践，帮助幼儿教师专业化成长，促进海淀区学前教育事业发展。中心为区教委指导下的学前教育教学科研机构和幼儿教师培养培训基地，是自愿参与的非盈利性质、无任何宗教与政治色彩、专业化程度较好的学前教育学术组织。中心聘有主任、副主任各1人，以及专兼职研究人员，下设北航附属幼儿园、克里斯幼儿园、万花筒幼儿园3个实训基地。

（宋亚甫）

【调研社区教育工作】　4月16日和25日，海淀区教委调研社区教育工作。16日，区教委调研东升镇社区教育工作，听取该镇开展社区教育工作情况介绍，并研讨外来人口教育、农民工在岗教育、居委会职能等问题。25日，区教委调研万寿路街道社区教育，听取万寿路地区基本状况及社区教育情况介绍，研讨社区教育机构设置、经费使用、社区教育活动的组织实施等问题。区教委20人次参加调研。年内，海淀区教委摸索社区教育发展途径，研究各类推进措施，提出社区教育工作重点放在整合各类资源，社区教育要搭建平台，通过平台组织各类教育。

（宋亚甫）

【召开社区教育培训工作会】　7月11日，海淀区教委召开社区教育培训工作研讨会。会议听取社区教育学校、街镇社区教育中心工作汇报，研讨推动社区教育发展新举措。会上，5个街镇社区教育培训中心和6所社区教育学校展示社区教育培训活动成果。与会专家认为社区教育学校（培训中心）建设应加强社区教育三级网络间的统筹协调，不仅有高、中、低层位设计，还要加强分工合作，形成联动机制；实现课程创新，建立社区教育课程超市，实现全区社区教育资源共享；建立人才库，实现学校（培训中心）师资共享；加强督导，完善评价机制。区教委、区社区教育专家组成员、区社区教育学校、街镇社区教育中心代表等30人参加会议。

（宋亚甫）

【举办全民终身学习周】　10月29日，

海淀区教委举办全民终身学习周暨教育进社区活动。围绕“为实现中国梦——终身学习，人人成才”“争创全国文明区，文明风尚进社区”主题，29个街道、镇社区开展系列教育培训、技能培训、技能大赛等活动。全区居民6.5万人参加活动。活动开幕式为青龙桥街道、北下关街道、八里庄街道、温泉镇、海淀镇5个社区教育中心授牌，为获得“海淀区市民学习品牌”和“海淀学习之星”单位和个人代表颁发奖状。

（宋亚甫）

教育督导

【概况】　2013年，海淀区政府教育督导室坚持督政督学并重，不断提高教育督导工作水平。年内，充实督学队伍，增聘23名中小学兼职督学和10名学前教育兼职督学，提升督导队伍整体水平。开展督学评价员培训，提升督导队伍专业水平。修订督导评价指标体系，完善各级各类教育督导方案和实施细则，开展学前教育督导试点。建立中学督学责任区，推进督学工作模式改革。成立学校体育卫生专项督导办公室，制定专项督导方案，启动学校体育卫生专项督导试点。成立社区教育督导办公室，制定社区教育督导工作方案。修订海淀区学习型学校评估体系，开展教育系统学习型学校评估。开展中小学督导复查和学校文化建设专项试点评估。完成教育部义务教育均衡发展调研、北京市学前教育专项督导、民办校督导调研等专项工作。

（宋亚甫）

【中英督导第二阶段项目签约】　2月26日，海淀区教育督导室与英国剑桥教育集团签署“中英海淀督导人员能力建设项目第二阶段项目活动协议书”。根据协议，双方继续开展督导人员能力建设国际合作项目，剑桥教育专家组成6至8人核心小组，以项目第一阶段英国督学培训及督导观摩为基础，结合海淀区教育教学实践，开发适用于海淀区学校的《海淀学校督导指南》，并根据督导指南，开发《海淀学校督导培训手册》，海淀区督学提供反馈支持并参与部分技术活动。2011年10月20日，海淀区教育督导室与英国剑桥教育集团实施督导人员能力建设项目第一阶段项目。

（宋亚甫）

【调研民办学校工作】　3月27日，4

月10至11日，海淀区教育督导室调研民办学校工作。督导调研组一行包括专兼职督学20人，共督导调研清华志清中学、科迪实验学校、二十一世纪国际学校3所民办学校。调研采取听校长工作汇报、考察学校教育环境、观看课间操、课堂观课、召开座谈会方式，了解学校办学现状、发展需求，调研内容涉及学校近3年学校管理、干部教师队伍建设、德育工作、教学工作、特色办学五个方面。

（宋亚甫）

【成立社区教育督导办公室】　4月3日，海淀区教育督导室成立社区教育督导办公室。该办公室设立在中关村学院，受区教育督导室领导，是其下属机构。揭牌仪式上，有关领导宣读《关于成立海淀区人民政府教育督导室社区教育督导办公室的决定》，指出设立督导办公室是加强海淀区社区教育督导，将社区教育督导工作长期化、常态化，保障社区教育规范、有效发展的创新举措。海淀区教育督导室、中关村学院领导及相关人员30人参加仪式。

（宋亚甫）

【举办督学培训】　4月16日，海淀区教育督导室举办“走近校长走近特级教师”专题督学培训。培训由区教育督导室、区教育党校、区中小学干部研修中心联合在十一学校、建华实验学校举办。培训听取十一学校校长“学校转型——从管理走向领导”管理思想和“扁平化、联邦制、分布式、制衡型”办学思路，听取建华实验学校校长“人生中心、教育学校”教育理念，观摩十一学校特级教师课堂教学。海淀区教育督导室领导及专兼职督学70人参加培训。

（宋亚甫）

【成立体育卫生督导办公室】　5月3日，海淀区教育督导室成立中小学体育卫生工作专项督导办公室。启动会上，有关领导宣读专项督导办公室成立决定，为中小学体育卫生工作专项督导办公室、中小学体育专项督导工作站、中小学卫生专项督导工作站揭牌，并为专家指导组成员和专项督导巡视员颁发聘书。该办公室旨在加强中小学体育卫生督导工作，保障体育卫生工作规范、有效发展，推进中小学体育卫生工作创新。办公室设在区中小学体育卫生研究中心、区教委中小学卫生保健所，受区教育督导室领导，是其下属机构。市教育督导室、北京教科院、海淀区教育督导室等领导，全区中小学主管副校长200人参加启动会。

（宋亚甫）

【学前教育接受北京市专项督导】　5月22至23日，海淀区学前教育接受北京市专项督导评估。督导评估组由市教育督导室、市专兼职督学及有关部门代表20人组成。评估组观看专题片《落实“海淀区学前教育三年行动计划”发展优质普惠的学前教育》，听取海淀区《落实政府责任，坚持学前教育优质普惠发展》汇报，分三组围绕组织领导、园所建设、经费投入等问题，与相关单位主管领导、区教委相关科室及直属单位负责人、部分幼儿园园长座谈，查阅文档资料。督导评估组实地考察相关幼儿园，全面了解幼儿园保教工作。海淀区政府等22个单位和22个街道7个镇领导，区委教育工委、区教委、区教育督导室各部门负责人100人参加会议及实地考察。

（宋亚甫）

【调查学生学习生活状况】　5月24日，海淀区教育督导室完成北京市义务教育阶段学生学习生活状况调查。调查旨在了解学生在校学习基本现状，收集学生生活、学习、家庭等情况信息，为判断学生综合素质发展提供全面、科学的依据，为教育行政部门、督导部门等了解现状、制定教育政策、诊断问题、提升质量提供数据和决策依据。调查分为动员信息上报阶段、信息汇总协调阶段、指导检查阶段和正式调查阶段4个阶段，涉及海淀区中学26所、小学31所，共57所样本校。

（宋亚甫）

【召开教育督导工作会】　9月6日，海淀区教育督导室召开教育督导工作会。会议要求教育督导工作要紧贴教育工作重点，直面教育热点难点问题，倾听人民群众呼声，坚持教育满意度调查。希望督学认真学习教育政策法规，全面准确了解教育方针和政策；提高自身专业知识和能力，更有效开展教育督导工作；要具有高度的责任感和良好的政治思想素质，具备教育督导执行能力和研究能力，以及敏锐的洞察力、全面深刻的理解力和恰到好处的表达能力。会议增聘兼职督学33人。有关领导及督学顾问、专兼职督学120人参加会议。

（宋亚甫）

【召开社区教育督导工作研讨会】　10月23日，海淀区教育督导室召开社区教育督导工作研讨会。会议解读《海淀区街镇社区教育工作评价方案》，介绍社区教育发展情况以及存在问题，与会街镇领导介绍社区教育工作开展情况，结合实际对“评价方案”提出修改建议。社区教育专家提出增设量化考核指标、建立学习激励机制等意见。海淀区教育督导室、社区教育专家组成员、社区教育督学以及有关街镇社区教育主管领导30人参加会议。

（宋亚甫）

【举办体育卫生专项模拟督导】 12月11至12日，海淀区教育督导室举办中小学体育卫生专项模拟督导。模拟督导活动由区教育督导室组织，涉及4所中小学。督导组根据督导指标体系，听取学校体育卫生工作汇报，了解学校课程设置、课时安排，深入课堂听课，分别组织教师、学生问卷和随机访谈，查阅相关档案资料，全面察看学校体育、卫生工作。区体育卫生兼职督学、巡视员15人参加活动。模拟督导为以后的中小学体卫专项督导积累经验。

（宋亚甫）

中共海淀区委教育工委

书　　记　张卫光

海淀区教育委员会

主　　任　孙鹏（9月免）

　　　　　尹丽君（9月任）

海淀区政府教育督导室

主　　任　尹丽君

门　头　沟　区

总　类

【完成2012年财政决算】 2月，门头沟区教委完成2012年财政决算和全国教育经费报表工作。决算确认，区财政教育经费总拨款111337.5万元，比上年84836.5万元增加26501万元，增长31.24%。其中：教育事业费61861.4万元，教育费附加16017.2万元，离退休经费14469.7万元，技术推广与培训24.7万元，科研拨款6.3万元，地方基金8665.5万元。教育经费总支出96362.7万元，比上年71200.94万元，增加25161.76万元，增长19.26%。其中人员经费支出59133.2万元，占总支出的61.37%，公用经费总支出37229.5万元，占总支出的38.63%。

（章若诗）

【聘任教育政风行风监督员】 4月2日，门头沟区委教育工委、区教委举办教育系统政风行风监督员聘任仪式。政风行风监督员共6人，包括社区党委书记、人大代表、政协委员、教师代表以及其他机关人员。其主要职责是，及时发现纠正门头沟区教育系统存在的损坏群众利益的不正之风，切实解决人民群众关注的热点、难点问题，不断促进教育系统党风廉政和政风行风建设。

（许中山）

【开展春季收费检查工作】 4月15至17日，门头沟区治理教育乱收费联席会议办公室开展中小学、幼儿园春季收费检查工作。检查分为三个大组，组长由区发改委、区审计局、区纠风办检查人员担任。每个大组再分为六个小组，采取先分组检查，后总结整理的方式，发现问题及时整改。共检查高中3所、初中13所、小学21所、公立幼儿园3所、附属幼儿园5所、民办幼儿园1所、培训机构1个。检查结果显示，被检查单位能够遵守市区教育收费相关政策规定，未发现违规收费行为。

（许中山）

【举办师德演讲比赛】 4月19日，门头沟区教育工会举办“闪光的教育故事”师德演讲比赛决赛。17名选手参加决赛，经过角逐，区中等职业学校、王平中学、大台中心小学3个单位参赛教师获得一等奖，另有6个单位参赛教师获得二等奖，8个单位参赛教师获得三等奖。比赛分学校初赛和区级决赛，60个单位100余人参加初赛。

（石明廷）

【举办“我的梦中国梦”宣讲报告会】 6月9日，门头沟区“我的梦中国梦”教育宣讲团举办首次宣讲。宣讲团8名宣讲员来自门头沟区学校，结合亲身经历，向200多名教育同仁讲述自己追逐和实现教育梦想的经历。至年

底，宣讲团共举办宣讲会2场。

（赵文娜）

【评选市级骨干教师】 6至7月，门头沟区教委开展2013至2016届市级骨干教师评选推荐工作。经过学校推荐、民主测评、区级量化考核等环节，共推荐12名市级学科教学带头人、50名市级骨干教师、10名农村中小学骨干教师。经过市级评选，门头沟区最终产生9名市级学科教学带头人、47名市级骨干教师、8名北京市农村中小学骨干教师。

（梁国锋）

【举办京台青少年教育研讨会】 7月

13至15日，门头沟区教委举办2013年京台青少年教育研讨会。研讨会主题为“传承文化，共同发展”，会上两岸教育工作者交流教育教学方式方法，为两地教育合作打下基础。会议组织参观以中华传统文化为办学特色的潭柘寺中学、以琉璃文化传承为办学特色的琉璃渠小学。市台办、区政

府、区教委领导，来自台湾的38名中小学校长与门头沟区中小学校长及北京市其他区县涉台教育基地代表参加会议。

（赵文娜 陈明欣）

【实行干部任期制】 7月，门头沟区委教育工委、区教委改革干部管理方式，实行干部任期制。全区基层学校中层以上领导干部实行任期制管理和任期目标考核，每个任期3年。依据《关于实行中小学（幼儿园）校长（园长）任期制的意见》和《关于实行副校级和中层干部聘任制的意见》，区教委和学校按照干部管理权限分别与干部签订目标责任书。任期期满，依据目标完成情况，决定是否聘任。

（孙亚茹）

【完成基层领导班子调配工作】 8月，门头沟区委教育工委、区教委按照人岗相宜原则完成基层领导班子调配工作。共完成33个基层单位68名干部调配。其中，面向全国招聘高中校长2人，调整交流干部23人，提拔使用21人，正校级提前离岗13人，派入合作办学单位干部2人，试用期转正干部7人。

（孙亚茹）

【成立教育巡视组】 8月，门头沟区委教育工委、区教委成立教育巡视组。巡视组将有计划地对各基层单位开展巡视工作，为区委教育工委、区教委提供决策咨询。教育巡视组成员从提前离岗校级正职干部中聘任，首批11人受聘。

（孙亚茹）

【召开教师节庆祝大会】 9月6日，

门头沟区委区政府召开2013年教师节庆祝大会暨梦想教师颁奖典礼，区委书记、区长、区人大主任、区政协主席、区教委领导及教育系统干部教师300人参加会议。会议向全区教育工作者表示慰问，回顾总结过去一年全区教育工作。会议指出，过去一年全区教育系统坚持引进与改革双轮驱动策略，以开拓创新的精神，在优化教育布局、深化人事改革和教育教学改革、引进优质教育资源等方面出实招、求实效，人民群众对门头沟教育的满意度越来越高。会议首次表彰10名梦想教师。梦想教师由区教委评选，每年评选1次。会议还表彰153名优秀教师和优秀教育工作者。

（赵文娜）

【干部竞争上岗】 9月26日至12月10日，门头沟区委教育工委、区教委完成48家基层单位副校级和中层干部竞争上岗工作。通过竞聘，产生副校级领导干部39人，中层干部218人。竞争上岗干部试用期1年，任期3年。

（孙亚茹）

【启动小学全员竞聘工作】 12月，门头沟区教委启动教育系统教职工岗位全员竞聘工作。区教委决定2014年全区小学实行全员竞聘。竞聘以“六步工作法”为基础，即：第一步宣传动员、统一思想，第二步定编定岗、按编设岗，第三步反复研讨、制订方案，第四步实施方案、竞聘上岗，第五步科学安置、转岗分流，第六步签订合同、岗变薪变。全区小学设置三类1511个岗位，编制总数1511人。竞聘工作中落聘教师转岗到其他小学、附属幼儿园及直属单位。

（梁国锋）

【优化校园及周边治安环境】 至年底，门头沟区教委开展校园周边200米范围综合治理。其中，与综治办、城管、交通、卫生、工商部门联合开展综合治理游商小贩、违规经营、乱停车辆、垃圾堆放综合治理，与公安、办事处、社区居委会等部门联合开展上下学高峰警务执勤、社区志愿者服务、学校带班执勤等活动。综合治理工作提高安全防范能力，优化校园及周边环境。

（王冬冬）

学前教育

【概况】 2013年，门头沟区幼儿园23所，开设教学班196个。离园幼儿1156人，入园幼儿1779人，在园幼儿5442人。教职工644人，其中专任教师406人。学前三年教育普及率94.20%。全区一级园4所，市级示范园1所，北京市早教基地7所，北京市特殊教育基地2所。

（何苗）

【两所政府委托办园开园】 4月23日，门头沟区金色摇篮幼儿园、龙泉大地幼儿园两所政府委托办园开园。其中，金色摇篮幼儿园位于永定镇石门营地区，占地面积8558平方米。建筑面积4999平方米，学位450个。该园由金色摇篮潜能教育集团承办。龙泉大地幼儿园位于石泉砖厂居住区，占地面积7500平方米。建筑面积4983平方米，学位450个。该园由珠海大地教育咨询服务有限公司承办。政府委托办园即政府用购买服务的形式，选择具有办园实力和良好社会知名度的办园机构，承办住宅小区学前教育配套幼儿园。

（何苗）

【育园小学附属幼儿园开园】 6月14日，育园小学附属幼儿园开园，同时，梨园地区4个非法园被取缔。育园小学附属幼儿园位于门头沟区育新学校内，为教育部门办园。4个非法园被取缔后，育园小学附属幼儿园承担起接收梨园地区幼儿入学的责任。至年底，该园开设4个班，收托幼儿120人。

（何苗）

【实施学前教育队伍提升项目】 6月25日，门头沟区教委召开学前教育队伍提升项目启动会。该项目针对干部教师队伍现状，探索干部教师培养新途径、新形式，以高质量幼儿干部教师队伍建设带动幼儿园保教质量、办园水平上新台阶。会议宣布成立学前教育管理研修站和青年教师研修站。研修站设在门头沟区教师进修学校学前教研室，主持人由学前教研员担任，同时邀请首都师大专家和市级优秀教研员担任指导专家。

（何苗）

【斋堂中心小学附属幼儿园迁址】 8月，斋堂中心小学附属幼儿园迁址。幼儿园新址地处门头沟深山区斋堂镇中心地段，占地面积8000平方米，建筑面积7000平方米，规模6个班，可以容纳 180 名幼儿。斋堂中心小学附属幼儿园 2010 年被评为北京市一级一类幼儿园。

（何苗）

【扶持奖励民办幼儿园】 9 至 10 月，门头沟区教委落实民办教育发展政策，按时足额拨付民办学前教育支持经费。9 月，按照《门头沟区政府委托办园协议书》约定，拨付金色摇篮及龙泉大地两所政府委托办园第一次经费补助共计 127.7 万元。10 月，拨付民办幼儿园扶持奖励经费共计 20.78 万元。

（赵盈春）

【召开校园文化建设研讨会】 11 月 26 日和 12 月 21 日，门头沟区教委两次召开校园文化建设研讨会。会议组织参观龙泉大地幼儿园、门头沟区幼儿园，通过走进园所，感受园所文化，听取园所文化建设工作报告，研讨园所文化建设相关问题。会上，北师大专家提出，校园文化建设应从环境文化、教师文化、制度文化、活动文化四个层面提炼和梳理思路，形成独特校园文化体系。区教委、区进修学校领导和 23 所各类型园所代表 80 余人参加会议。

（何苗）

【两所小学附属幼儿园开园】 11月，

妙峰山民族学校附属幼儿园、军庄中心小学附属幼儿园开园。妙峰山民族学校附属幼儿园开设 6 个教学班，学位 120 个，是门头沟区唯一一所民族学校附属幼儿园。军庄中心小学附属幼儿园开设 4 个教学班，学位 100 个。至此，全区小学附属幼儿园达到 10 所。自 2010 年实施学前教育三年行动计划以来，门头沟区盘活教育资源，扩大公办园比例，在城乡结合部和人口集中乡镇建设优质小学附属幼儿园，实现就近入园，全区公办幼儿园比例达到 75%。

（何苗）

【举办“三杯”评优活动】 11至12月，

门头沟区教委举办第五届幼儿园“三杯”评优活动。比赛分为任教 5 年以下、6 至 15 年、16 年以上三个组别，包括理论考试、教学技能测试、课堂教学实践评比三个阶段，最终评出全能奖和单项奖。比赛还设置干部评课环节，促进干部提升教学指导能力。

（何苗）

【中科绿岛幼儿园入选早教示范基地】 12 月 9 日，北京市早教基地验收组验收中科绿岛幼儿园社区早教示范基地建设工作。验收组专家实地考察社区早教活动站，观看 0 至 3 岁亲子现场活动，查阅早教工作相关档案资料，同时听取园长的早教工作汇报。专家对幼儿园早教工作给予肯定，并对早教工作提出更高标准。最终，该园通过北京市社区早教示范基地验收。至此，全区早教示范基地共 7 所。

（何苗）

基础教育

【概况】 2013 年，门头沟区小学 29 所，开设教学班 384 个，毕业 1846 人，招生 2017 人，在校生 11100 人，在校生中北京市户籍学生 7167 人；教职工 1481 人，其中，专任教师 1081 人。中学 16 所，开设教学班 230 个（初中 164 个、高中 66 个），毕业 2344 人（初中 1540 人、高中 804 人），招生 2400 人（初中 1671 人、高中 729 人），在校生 7284 人（初中 4794 人、高中 2490 人），在校生中，北京市户籍学生 5996 人；初中入学率 100%，巩固率 100%，毕业及格率 100%，升学率 98.7%，高中应届毕业生高考录取率 91.25%。教职工 1330 人，其中，专任教师 891 人。特殊教育学校 1 所，毕业生 4 人，招生 12 人，在校生 65 人，教职工 17 人，其中，专任教师 14 人。校外教育单位 5 个，教职工 125 人，其中，专任教师 96 人。工读学校 1 所，毕业 9 人，招生 2 人，在校生 2 人，教职工 38 人，其中，专任教师 23 人。全区中小学教师学历合格率 100%，高级技术职务教师 903 人（小学 685 人、中学 218 人）。中小学占地面积 72.68 万平方米，建筑面积 32.50 万平方米，图书馆藏书 98.84 万册，固定资产总值 52718.12 万元。全年教育经费投入 163128.90 万元，其中，国家拨款 159354.60 万元，自筹经费 3774.30 万元。

（周文涛）

【召开德育工作会】 1 月 7 日，门头沟区教委召开德育工作会。会上，区教委作题为《立德树人努力提高全区德育工作实效》工作报告，回顾过去五年德育工作，展示近年来门头沟区在家长教师协会实践探索、以四个教育基地为依托推进社会大课堂建设、整合社会多方资源建立协同教育机制等方面所取得的成果，阐明未来三年德育工作的推进思路。会议提出，2013 年的德育工作一要注重加强课程育人、文化育人、实践育人；二要改进理想信念教育、公民意识教育、心理健康教育和网络环境下的德育；三要完善德育工作责任机制、研究机制、协同机制和评价机制。教育部、市教委、门头沟区政府领导及北师大、北京教科院专家，全区中小学代表 260 人参加会议。

（刘亚丽）

【成立两个名师工作站】 1月11日，门

头沟区教委成立物理特级教师陶昌宏、语文特级教师李卫东名师工作站门头沟分站。工作站旨在引进专家资源，借助名师带动和辐射作用，促进

教师专业化成长，推动学科教学质量提升。会议解读工作站活动方案，分别举办“当一名学生欢迎的物理老师”“成为一个有故事的人”讲座。来自全区各中学的校长、教学领导、语文及物理学科部分教师共230人参加启动仪式。至年底，工作站开展研修活动20余次，明显提升物理、语文教师的教学能力，多名教师在竞赛中获奖。

（王艳）

【合并成立龙泉小学】 1月，门头沟区工人子弟小学与河南街小学合并成立龙泉小学。合并后，学校搬入门头沟区石泉砖厂B9地块耿王路西口新址。新址用地面积1.35万平方米、建设规模1.08万平方米，共计24个班，学位960个。原工人子弟小学、河南街小学两校教师共108人，合并后，提前选岗分流26人，参加龙泉小学岗位竞聘72人，聘用上岗67人，其余人员转岗到其他小学、附属幼儿园及区教委直属单位。

（梁国锋）

【京师实验小学揭牌】 3月1日，门

头沟区京师实验小学揭牌。该校是门头沟区教委和北师大教育学部战略合作内容之一，由双方合作共同建设。北师大教育学部选派校长作为执行法人，对学校进行实质性管理。区教委按照高于北京市办学条件标准（满足实验学校需要）对实验学校办学提供便利条件。2012年11月，京师实验小学在坡头小学原址建成并投入使用。2013年起，学校全面进入实验状态。实验内容包括课程、教材、教法改革、长短课设置、教育技术应用和管理诸多方面。学校确定全新的办学理念和发展方向，将学校价值理念确定为“爱、责任、宽容”。把“文化立校、科研兴校、人才强校”作为学校发展战略。开展“研究性学习”新型课程教学改革模式，在语文、数学学科打破学年、课时和教材顺序界限，将一年或几年的课程内容进行跨年级整合，实现课堂内容高度浓缩。针对小学生注意力集中时间短的特点，学校进行课程和长短课时结合的改革实验，每天以30分钟短课时为主，40分钟传统课时为辅，并穿插15至20分钟小课时，提高教师选择性、创造性使用教材能力。

（刘亚丽　梁国红）

【举办中小学生艺术节】 3月8日、9日、16日，门头沟区教委举办2013年中小学生艺术节。艺术节以“阳光下成长”为主题，分为动态表演类和静态作品类比赛，涵盖舞蹈、声乐、器乐、校园剧、戏剧、曲艺、朗诵、绘画、书法多种艺术形式。其中，动态表演类节目694个，静态作品类874幅（件）。全区42所中小学全部参加艺术节活动。

（王曦）

【实施课程德育工作】 3月15日，门头沟区教委召开2013年课程德育工作启动会。会议解读《门头沟区关于加强课程德育工作的实施意见》，明确今后几年区域课程德育工作的方向和重点举措。会议指出，课程德育工作要充分发挥课堂育人主渠道作用，挖掘国家、地方、校本三级课程资源中的德育资源，在传授知识与技能的同时实施德育。会议要求从学科德育落实和德育课程建设两个方面落实课程德育提升行动，推进区域德育工作，实现教师师德水平和学生综合素养的提升。区教委、区教师进修学校，中小学教育教学干部200余人参加会议。

（陈明欣）

【召开校外教育联席会】 4月18日，门头沟区召开2013年青少年学生校外教育联席会。会议总结上年校外教育工作，部署本年校外教育工作重点，表彰上年度校外教育先进集体和先进个人，交流先进集体代表典型经验。会议从提高对青少年校外教育工作认识、加强对青少年校外活动场所建设和管理、抓好青少年校外教育队伍建设、落实校外教育各项职责任务四个方面，对门头沟区校外教育工作提出要求。区校外教育联席会成员单位和部分校外教育资源单位领导，2012年校外教育先进个人代表共60人参加会议。

（王曦）

【举办小学班主任基本功竞赛】 5月25日，门头沟区教委、区教师进修学校举办第二届小学班主任基本功竞赛。比赛分1至3年级组和4至6年级组两个组别，通过情景问题分析和才艺展示两个项目评比教师教学基本功。全区各校47名小学班主任参赛，其中年龄最长的40岁，最小的25岁。最终，43名班主任受到表彰。

（刘亚丽）

【举办体质健康标准测试赛】 5月25至26日，门头沟区教委在新桥路中学体育馆举办国家学生体质健康标准测试赛。测试赛项目以《国家学生体质健康标准解读》为标准，测试内容包括身高、体重、肺活量、台阶试验、立定跳远、坐位体前屈、50米跑步、正常视力检出率、标准体重检出率。小学四五年级、初一年级、高一年级在册学生近6000人参加测试。

（王曦）

【交流初中综合素质评价成果】 6月30日，门头沟区教委在王平中学举办“搭建实现梦想的阶梯”——2013年初中学生综合素质评价成果展示与工作交流活动。王平中学初一年级四个班分别从“审美与表现”“研究性学习”“个性与特长”和“学业成就”四个领域，以“书法展示修身育德”等主题，通过调查报告、才艺表演、硬笔书法等形式，展示综合素质评价成果。会上，王平中学报告使用电子平台推进综合素质评价工作经验。会议认为，初中学生综合素质评价成果展示活动有利于学生树立信心，积累正能量，引领学校、班主任及任课教师实现专业化发展，是实施素质教育的有力抓手。区教委、区教师进修学校及全区所有中学德育管理干部、部分班主任50人参加活动。

（陈明欣）

【举办中学班主任基本功培训与展示】 7月，门头沟区教委召开第三届中学班主任基本功培训与展示活动启动会。会议印发《第三届中学基本功培训与展示活动实施方案》。该活动在全区中学班主任全员理论培训基础上，分区

级、校级两个阶段举办展示活动。至年底，全区所有在职班主任参与校级展示活动，20余名优秀班主任参加区级展示活动，最终23人获奖，其中2人代表门头沟区参加市级展示。

（陈明欣）

【人大附小京西校区开学】 8月31日，

人大附小京西校区开学。该校位于门头沟区石门营棚改安置地块，用地面积1.20万平方米、建筑面积1.10万平方米，共计24个班，学位960个。学校是北京市城乡一体化学校，由人大附小校长直接担任京西校区法人代表。在师资方面，人大附小对每个学科至少派出1至2名骨干教师。同时，学校通过竞聘的方式选拔教师到门头沟任教。

（王洪婴　关旻）

【召开学生营养餐工作约见会】 9月5日，门头沟区教委召开2013年下半年学生营养餐工作约见会。4家中小学生营养餐配送公司法人参加会议，并以原材料采购、生产流程、运输环节安全措施为重点，汇报提高营养餐质量和服务水平的具体做法。区教委领导要求各企业严格每一道流程，加强与学校相关人员沟通，在保证安全的基础上，在科学配餐上下工夫，照顾学生个性化需求，做到保证质量、价格稳定、服务优质。

（王曦）

【启动中小学文明礼仪主题教育】 9

月13日，门头沟区教委在三家店铁路中学举办“我行我愿，晒一晒我的好习惯”文明礼仪教育活动启动仪式。活动中社区、家长、教师和学生代表对全区中小学生发出遵守文明礼仪倡议，号召大家行动起来，用实际行动争做文明使者。活动要求，学校、家庭、社会要形成教育合力，进一步提升学生、教师和家长文明素质，在全区营造出“讲文明、树新风”良好社会氛围及教育环境。区教委、学校、家长、社区、学生代表500人参加启动仪式。

（陈明欣）

【开展山区学生励志教育】 9月，门头沟区教委制定山区中学生励志教育实施方案。方案针对山区学生特点采取“放飞梦想你我同行”主题活动、优质高中游学、职业教育中心职业体验等形式，开展心理教育、励志主题演讲、课程资源学习与体验、与优秀学生座谈交流、职业体验活动。门头沟区山区中学7所，在校生890人。

（陈明欣）

【召开中学班主任表彰交流会】 10月15日，门头沟区教委在大峪中学召开中学班主任表彰交流会。会议表彰紫禁杯班主任、十佳班主任、学生喜爱的班主任和优秀班主任，优秀班主任代表交流教育理念和育人经验。会议号召全体班主任丰富教育策略，把握教育的科学性与艺术性，不断提升育人水平和管理能力，成为一名具有实践智慧、专业理性和教育情怀的班主任。区教委、区教师进修学校及全区中学德育主任、班主任200余人参加会议。

（陈明欣）

【总结吴正宪小学数学工作站工作】 10月15日，门头沟区教委召开吴正宪小学数学教师工作站门头沟分站一周年总结会暨基于学生研究的课堂教学交流研讨会。研讨会第一阶段是基于学生研究的课堂教学交流研讨活动。潭柘寺小学等5名教师在主会场和学校分会场授课，5个联盟校学员现场观察学生学习过程，从知识角度、学习习惯、情感态度、数学思想方法方面量化记录教师行为以及学生学习行为。研讨会第二阶段是门头沟分站一周年总结会，总结分站一年来研修工作。会议认为，门头沟分站自2012年成立以来研修工作取得显著成绩。其主要标志是全区骨干教师队伍不断壮大、教师教学能力提升、课堂趋于开放和生动、学生学习主动权增强。特级教师吴正宪、区教委领导，顺义、房山、密云等区县代表和河北省部分学校代表，门头沟分站第一批160名成员参加会议。

（刘亚丽）

【研讨农村寄宿制学校管理办法】 10月17日，门头沟区教委在付家台中心小学召开“农村寄宿制管理项目”培训研讨会。区教委领导和付家台、军响、斋堂、清水4所小学领导参加研讨会。会上，4所学校交流项目研究方案，分享学校实践经验，如参观军营、建立住宿生家长联系手册、评选优秀宿舍、开展“整理内务”比赛。会议还针对学校寄宿制存在的问题、不同时间段管理、学校保障机制3个议题展开讨论。会议认为，对寄宿学生的管理要从培养学生习惯入手，通过制定住宿生一日作息活动表规范学生在校生活，通过成立住宿生家长教师协会推进寄宿制管理工作。本学期开学初，依据门头沟区德育工作体系构建方案，4所学校组建“寄宿制管理德育研究共同体”，开展寄宿管理方面德育研究项目。

（杨帆）

【举办小学课堂教学大赛】 10月19日，门头沟区第五届小学“三杯”课堂教学大赛评优综合知识测试在城子小学举行。全区223名干部教师分学科参加理论和专业知识测试。“三杯”课堂教学大赛分山区和城镇组，开展语文、数学、英语、科任学科4个项目比赛。至12月，439人次在活动中获奖。

（杜飞）

【校园集体舞比赛获奖】 10月21日，

在北京市第16届学生艺术节校园集

体舞比赛中，门头沟区代表队获奖。其中，新桥路中学代表队获得初中组一等奖，大峪一小代表队和大峪中学分校代表队分别获得小学组和初中组二等奖。新桥路中学1987年组建北京市学生金帆舞蹈三团，是远郊区县唯一的金帆舞蹈团。学校以金帆舞蹈团为龙头，带动声乐、器乐、美术等多门类艺术学科的特色发展，形成艺术教育办学特色。

（王曦）

【举办首期“雏鹰翱翔”时事论坛】 11月27日，门头沟区教委举办首期中学生“雏鹰翱翔”时事论坛。论坛主题为“传承文化书写文明”，包括主题演讲和汉字听写大赛两个环节。3所高中校4名学生分别从“汉字之美”“汉字与中国梦”“汉字流变之伤”及“做汉字小英雄”方面发表主题演讲，3名学生代表参加汉字听写大赛。区教委领导和学校师生代表共300人参加活动。

（裴军）

【举办融合教育“双走进”系列活动】 12月25日，门头沟区教委在特殊教育学校举办融合教育“双走进”系列活动暨黑山小学走进特殊教育学校主题教育活动。活动以趣味运动会的形式开展。运动会上，两校学生共同参与模拟投篮、串珠子、电子拼图、双人协力车活动。黑山小学学生作为志愿者，为特教学校学生提供服务与帮助，感受特殊教育学生生活中存在的障碍。12月31日，特殊教育学校学生回访黑山小学参与新年活动。融合教育“双走进”活动即普通学校学生和特殊教育学生相互走进对方学校、相互体验学习。

（李执）

【成立创新实践人才培养协作体】 12月25日，门头沟区教委召开基础教育“生态山水”创新实践人才培养工作推进会暨协作体成立大会。会议宣布成立3个创新人才培养协作体：门头沟区基础教育“生态山水”创新实践人才培养协作体，“化学与生命科学领域”大峪中学创新人才培养协作体，“地球科学领域”首都师大附中永定分校创新人才培养协作体。协作体主要任务是建立市、区、校三位一体和大学中学小学纵向衔接的创新人才培养网络和运行机制，培养专业领域广、研究水平高、辅导能力强的创新人才培养师资队伍，构建能满足不同学生需求的、学校之间优势互补的创新人才培养课程体系。会议解读《门头沟区基础教育“生态山水”创新实践人才培养行动方案（2014至2016）》，明确门头沟区创新人才培养的核心价值观与培养目标，工作原则与培养模式。市教委领导、高校院所专家、区内外中小学教师共230人参加会议。

（裴军）

职业与成人教育

【概况】 2013年，门头沟区中等职业学校是该区唯一一所职业学校。开设中餐、幼儿教育、汽车运用与维修等9个专业，27个教学班。毕业生667人，就业率95%，职业资格证书取证率98%。毕业667人，招生12人，在校生502人。教职工149人，其中，专任教师94人、教辅人员55人。专任教师中高级专业技术职务23人、中级45人。学校占地面积2.17万平方米，产权校舍建筑面积1.92万平方米。固定资产总值5827.56万元，其中，教学、科研仪器设备总值789.50万元。图书馆藏书4.45万册。全年教育经费投入3352万元，其中，国家拨款3294万元、自筹经费58万元。高等成人教育学校1所（北京广播电视大学门头沟分校），开设专业13个，学历教育在校生2000人。教职工32人，其中，专任教师16人。外聘教师70人。教育经费投入653万元，其中，国家拨款343万元、自筹经费310万元。社区学院教职工48人，其中，管理人员7人，专任教师35人，工人6人。全年教育经费投入771.88万元。

（赵盈春）

【开展“智慧社区”培训工作】 6至7月，门头沟区教委为配合全区智慧社区建设，为蓝龙家园社区、南路二社区等8个试点社区配置60台培训用计算机。同时，社区学院面向8个试点社区开展计算机基础及网络培训，共培训320人。

（赵盈春）

【举办中职学生实习就业指导论坛】 10月25日，门头沟区教委举办第三届中职学生实习就业指导论坛。论坛包括优秀毕业生主题报告、就业指导讲座和校企合作代表座谈三个环节。通过优秀毕业生典型案例教育、就业指导讲座，为中职学校专业课程建设和专业人才培养提供建议。历届优秀毕业生、相关合作企业和用人单位负责人、全区职业教育学生300人参加活动。

（赵盈春）

【农广校设置镇村工作站】 11月，北京市农业广播电视学校门头沟区分校在斋堂镇马兰村、雁翅镇淤白村、永定镇万佛堂村、王平镇东马各庄村、军庄镇军庄村5个村设置村级工作站。村级工作站主要采取送教到村，集中面授的形式，完成每年1000人次的培养任务。年内，区农广校还在清水镇、斋堂镇、雁翅镇、王平镇、军庄镇设置镇级工作站。

（赵盈春）

【举办职成教师基本功竞赛】 12月

13至25日，门头沟区教委、区进修学校举办2013年门头沟区职业教育成人教育教师基本功竞赛。比赛分为笔试和现场演示两个环节。100余名教师参加比赛，通过两轮竞赛，37名教师获一至三等奖。

（赵盈春）

【成立创建学习型城市示范区顾问团】

12月27日，门头沟区创建学习型城市示范区市级专家顾问团聘任仪式在区教委举行。区教委领导为首批专家马仲良、诸平、李永涛、张翠珠、马成奎颁发聘书。专家顾问团主要职责是指导学习型城市示范区创建工作，进行政策引领、理论辅导、项目提升，推进建设学习型城市工作。

（赵盈春）

【举办阳光工程培训】　12月30日，门头沟区农村劳动力阳光工程培训通过市教委验收。年内，门头沟区教委依托社区学院开设蔬菜园艺工、农村经纪人和乡村旅游服务员工种培训，培训600人次。在辖区9个镇举办19个培训班，发放相关技术资料2400份，培训600人次。

（赵盈春）

【实施市民素质提高教育工程】　至年底，门头沟区教委依托社区学院继续开展市民素质提高教育工程。工程以“提升市民素养，助力学习型城市示范区建设”为主题，开设盆栽花卉、工艺插花、市民英语、书法、国画、摄影、计算机网络应用、广场舞、葫芦丝、声乐、行政公文写作12个班的培训课程。445人次参加培训班学习。

（赵盈春）

【实施心理健康教育工程】　至年底，门头沟区教委通过政府购买服务方式，开展市民心理健康教育培训工程。全年共组织邻里关系、老年人健康、情绪减压等心理健康调试活动20场，3000人次参加活动。9月，门头沟区心理健康教育工程被评为北京市“首都市民学习品牌”。

（赵盈春）

【实施艺术教育进社区下农村工程】　至年底，门头沟区教委继续实施艺术教育进社区下农村工程。在上年开办19个农广校社会文化艺术专业中专班的基础上，本年在王平镇、妙峰山镇陇家庄村、军庄镇军庄村、潭柘寺镇南辛房村开办4个文化艺术专业中专班，招收学员225人。同时，与区农业局合作举办“现代农艺师”定向培训班，招收学员30人。至年底，共培养会计、经济管理专业毕业生152人。本年，区农广校有文化艺术、物业管理、现代农艺师专业注册学员1042人。

（赵盈春）

教育督导

【概况】　2013年，门头沟区政府教育督导室按照工作计划，按时完成全市教育法律法规督导检查接待任务。针对教育热点难点问题，开展减轻中小学生课业负担专项督导以及全区高校课堂项目开展情况调研。开展委托办园和民办幼儿园社会评价和满意度调查，全面总结小学规范化建设工程。配合市教育督导室完成国家义务教育均衡发展督导检查前期准备调研工作，协助市教育督导室、北京教科院完成义务教育阶段小学五年级、初中二年级学生生活状况抽样调查，实施督学挂牌督导试点。

（陈菊新）

【反馈德育督导回复意见】　1月29日，市教育督导室和区教育督导室联合对门头沟区中等职业学校进行德育督导回复意见反馈。会上，区责任督学宣读反馈意见，市教育督导专家就反馈意见提出具体意见和建议。市教育督导专家认为中等职业学校积极接纳问题学生，通过大量工作使之转变为偏常生，为门头沟区社会稳定和经济发展做出贡献。同时，会议指出学校职业道德教育工作还要在突出职业教育的特点上下工夫。市教育督导室与区教育督导室督导组专家、中等职业学校领导参加会议。

（陈菊新）

【总结校外教育督导工作经验】　2月21日，门头沟区教育督导室在北京市督导主任会上交流校外教育督导工作经验，报告门头沟区校外教育三条经验和四点体会。三条经验一是区政府起步早，站位高，自1994年，逐步建立雁翅、斋堂、灵溪、琉璃渠等中小学综合素质教育基地，涵盖革命传统、科学探究、劳动艺术、综合实践教育内容；二是完善校外教育工作机制，扎实开展丰富多彩的学生校外教育活动；三是各相关部门配合与支持。四点体会，即四个提高：一是进一步提高区政府对督导工作的重视程度；二是进一步提高委办局履行教育职责的意识。三是进一步提高全区教育工作者校外教育工作认识。四是进一步提高教育督导室履职能力。

（陈菊新）

【开展高效课堂建设专项督导调研】　3月18至29日，门头沟区教育督导室专项督导调研中小学高效课堂建设工作。调研涉及18所中小学，共访谈教师271人。其中，41%教师反映实施高效课堂以来课堂教学效益提高，52%教师反映学生课业负担明显减轻，43%教师反映学生对课堂更感兴趣，课堂上学生思维更活跃，34%教师认为在构建高效课堂过程中自己专业水平、专业素养有提高。调研还听课155节，优秀率67%。调研结果表明，“深化课堂教学方式改革，构建高效课堂教学”课题研究，为门头沟区教育改革找到突破口，在一定程度上减轻学生的课业负担，调动学生学习积极性和主动性，提高教师的专业水平。

（陈菊新）

【检查减轻学生过重课业负担工作】

3月18至29日和5月7至9日，门头沟区教育督导室督导检查义务教育阶段学校减轻中小学生过重课业负担工作。区教育督导室专兼职督学和部分学校教学主管领导、骨干教师参加督导检查。督导组调研学校38所，涵盖全部义务教育学校，包括24所小学、14所初中，共听课138节，访谈271人，发放调研问卷2270份。检查结果表明，全区落实“减负”工作要求情况良好；学生学业负担适中；学校重视课堂教学管理，努力做到“减负增效”，课堂教学效果良好。检查结果与历年社会满意度调查结果相吻合。

（陈菊新）

【聘任兼职督学】　10月17日，门头沟区教育督导室召开2013至2014学年兼职督学聘任会。会议为受聘兼职督学颁发聘书，并结合国家《教育督导条例》以及北京市教育督导法律法规、文件的内容，举办督学义务和权力初任培训。本年，区教育督导室根据人员和专业分类需要，面向全区教育系统退休及在职人员公开遴选，最终聘任36名兼职督学。

（陈菊新）

【实施督学挂牌督导试点】 12月30日，门头沟区首批10所学校实行督学挂牌督导试点，学校配置“挂牌”责任督学或督学联系人。试点学校责任督学的照片、姓名、工作职责、联系电话、接待来电来访时间在学校门口显著位置公开。责任督学将承担试点学校的监督、指导的责任，对学校的招生、管理、课程设置、师德建设以及学生“减负”问题等项工作进行经常性督导。

（陈菊新）

中共门头沟区委教育工委

书　　记　何渊

门头沟区教育委员会

主　　任　李永生

门头沟区政府教育督导室

主　　任　杨玉柱

房　山　区

总　类

【交流教育创新经验】 1月15日，房山区委教育工委、区教委、区教育工会、铁路二中长阳分校联合召开房山区教育创新总结交流会。与会人员观看教育创新成果展览。展览分为展板区、首届基础教育成果奖展区、教学成果实物展区和综合展区，采用多种信息技术手段、分不同形式展示近年来房山区教育教学、科学研究、学校管理等方面创新成果。区教育系统所有单位均参与展览活动。会议指出，教育工会长期坚持搭建平台，定期总结教育创新成果，推广教育创新经验，培植教育创新人才，在区域教育发展当中起到不可替代的作用。区教委各科室及教育系统各基层单位负责人400人参加会议。

（姜爱林）

【落实学生“减负”工作】 3月，房山区教委落实减轻中小学过重课业负担工作。一是建立校长负总责的工作机制，成立工作小组，督查小组，加强自查，做到职责明确，落实到人。二是严格执行课程计划。开齐课程、开足课时，严格控制周课时总量。三是严格控制学生在校时间。加强学校负责人上下学执勤，监护学生的安全。四是学校与教师签订“减负”工作责任书。规范管理，严禁违规补课、介绍学生到辅导班补习班上课、向学生推荐教辅材料、体罚或变相体罚学生，一经发现严格按相关规定处理。五是严格考试与评价。合理安排教学与检测，控制考试数量，不组织选拔性考试，不通过考试对班级、教师、学生进行比对排名。六是严格控制作业量。预留作业需提前一周上报学校教务部门审核，并接受家长监督。

（姜爱林）

【召开外事工作会】 7月11日，房山区教委与区公安分局联合召开外事工作会。会上，房山区教委相关负责人介绍区教育系统外籍教师管理工作情况，区公安分局出入境管理处负责人介绍贯彻执行《中华人民共和国出入境管理法》相关情况，讲解外籍教师管理工作相关注意事项。与会人员就存在的问题展开讨论。区委教育工委、区公安局出入境管理处领导和区教育系统有关单位主管外事工作负责人参加会议。

（姜爱林）

【新成立3个直属单位】 8月14日，房山区教委成立3个直属单位。经区编办批准，教育技术装备站更名为北京市房山区教育技术装备中心，撤销房山区教育委员会仓库，原仓库的职责划入教育技术装备中心；校办产业管理中心更名为北京市房山区教育后勤服务中心，撤销房山区教育委员会房管所，原房管所职责划入教育后勤服务中心。成立北京市房山区教育财务审计服务中心，负责教育系统各级各类学校财务审计监督工作。

（姜爱林）

【举办党政正职领导力提升培训】 8月16至19日，房山区教委在国家教育行政学院举办2013年教育系统党政正职领导力提升培训。培训以“全面提升校长文化引领力”为主题，以“提升校长领导力”为总目标，以“理论与实践相结合、专家引领与自主构建相结合、学校发展与个人发展相结合、全面培训和重点提高相结合”为指导原则，采取专家讲座、小组研讨、大会交流等形式，学习校长专业标准与职责要求，研讨学校文化建设途径与方法，提升学校文化建设实践探索能力。房山区教委领导班子成员，区教委各科室、区教师进修学校相关负责人及区教育系统各单位党政正职参加培训。

（姜爱林）

【组织城乡一体化学校建设主题采访】 8月31日，房山区教委举办北京市城乡一体化学校建设主题采访活动。中央人民广播电台、中国教育电视台、中国教育报等20余家媒体参加活动。铁二中分校教师、学生、学生家长代表接受采访。活动中，区教委介绍区域教育整体发展情况以及城乡一体化学校建设情况。媒体一行参观铁二中分校校园环境，走进课堂听课，就相关问题对房山区教委相关负责人和学校教师、学生及家长单独采访。年内，房山区教委制订城乡新区一体化学校建设管理方案，完成岳各庄中学（北京市育才学校）、石楼中学（北京市广渠门中学）和葫芦堡中学（北京市第三十五中学）城乡新区一体化办学建设。

（姜爱林）

【人大代表视察教育议案办理情况】 9月26日，市、区人大代表视察房山区有关教育议案办理情况。代表一行先后到三十五中房山分校、长阳镇中心幼儿园实地检察校园建设情况，听取学校负责人关于校园建设的汇报。在随后举办的座谈会上，房山区教委负责人汇报区七届二次会议“加强中小学校及幼儿园建设，提高全区教育设施建设水平”议案办理情况。代表们表示，房山区教育水平有较大的提高，民众对于教育发展满意度较高，希望相关部门继续高度关注、支持教育，在政策、人力、物力各方面给予支持，尤其是在教育重大项目建设过程中加强统筹协调，确保项目按时完成。房山区政府、区教委、长阳镇政府相关负责人陪同视察。

（姜爱林）

【整治高校园区环境】 10月11日，房

山区教委、区城管执法监察局、拱辰街道办事处等多部门就校园及周边治安综合治理工作联合执法。联合执法在北京理工大学（良乡校区）门口进行，共出动执法车辆5辆，执法人员20多人，清理非法经营小商小贩4家，规范和整改正规合法早餐点3家，进一步优化理工大学（良乡校区）周边环境。

（姜爱林）

【总结与固安县合作经验】 11月12日，房山区教委与固安县教育局召开2013年合作交流汇报会。会议观看交流合作回顾专题片，总结一年来18对帮扶学校合作交流工作情况。固安县公主府乡中心校、渠沟乡中学和房山区西潞中心园负责人作典型发言。会议肯定一年来合作所取得的成绩，并对未来的合作提出希望。房山区教委、固安县教育局领导和相关帮扶学校代表参加会议。

（姜爱林）

学前教育

【概况】 2013年，房山区幼儿园96所，其中，教育部门办园32所，集体办园10所，其他部门办园3所，社会办园51所。离园幼儿7660人，入园幼儿10328人，在园幼儿27253人（含外省市幼儿7676人）。全区幼儿园教职工3772人，其中，专任教师2396人。学前三年儿童入园率97.12%。全区幼儿园中，市级示范幼儿园2所，一级一类幼儿园11所，市级早教基地22所。

（姜爱林）

【举办幼儿教师再提高培训班】 4月，房山区教委举办非学前教育专业幼儿教师专业技能再提高培训班。培训共设19个教学班，分3期完成。每期培训班为期5天，共50课时，涉及美术、舞蹈、声乐、键盘、体育健康5个专业内容。全区468名非学前教育专业幼儿教师参加培训。

（姜爱林）

【张坊镇中心幼儿园开园】 9月13日，张坊镇中心幼儿园举行落成暨开园典礼仪式。张坊镇中心幼儿园坐落于张坊镇张坊村，占地面积4282平方米，建筑面积2446平方米。特色专用教室3个，设计规模12个班，学位360个。至年底，幼儿园教师26人，开设6个班，在园幼儿180人。

（姜爱林）

【四幼长阳分园开园】 10月11日，

北京市第四幼儿园长阳分园开园。长阳分园由西城区教委、房山区教委、四幼、北京万科企业有限公司合作举办。房山区教委负责该分园日常管理，并与西城区教委一起监督指导两园合作协议的落实。四幼负责对分园进行多层次、全方位的办学指导与质量督导。北京万科企业有限公司每年以项目的方式支持总园教育事业的发展，并以资金方式支持分园发展。分园为三年制学园，占地面积3553平方米、建筑面积3242平方米，地上三层，配备12个教学班，预计招收幼儿360人。幼儿园做为长阳半岛小区配套幼儿园，优先满足长阳半岛小区内部业主子女入学。开学初期该园开设7个教学班，招生225人。

（姜爱林）

【推进村办幼儿园建设】 至年底，房山区教委采取措施推进村办幼儿园建设。一是明确划分区、乡政府办学、管学责任，将各乡镇政府推动乡镇中心园建设情况纳入区委、区政府对各乡镇的考核评价中。二是区相关部门统筹协调，简化流程，优先确保幼儿园项目建设有序推进。三是深入调研，合理布点，确保幼儿上下学距离不超过10公里。四是新建村办幼儿园6所，新增学位900个，年底前村办幼儿园达到44所，实现农村地区公办园全覆盖。五是实施园所级类管理，加强干部教师培训，提高幼儿园整体办学水平。

（姜爱林）

基础教育

【概况】 2013年，房山区小学102所，1325个班；毕业5971人，招生

8518人，在校生41602人，在校生中北京市户籍26876人；教职工3338人，其中，专任教师2883人；小学入学率100%，巩固率100%，毕业及格率100%。中学42所（初中22所、完全中学8所、高中4所、九年一贯制学校6所、十二年一贯制学校2所），教学班802个（初中553个、高中249个），毕业7996人（初中5461人、高中2535人），招生7954人（初中5377人、高中2577人），在校生24590人（初中16344人、高中8246人），在校生中北京市户籍20276人；初中毕业合格率100%，普通高考升学率97.42%；教职工7533人，其中，专任教师5694人。特殊教育班7个，招生8人，毕业4人，在校生38人。校外教育单位1家，教职工67人，其中，专任教师44人。小学教师学历合格率92.91%，初中教师学历合格率97.27%，高中教师学历合格率99.67%。中小学高级专业技术职务409人，其中，小学26人，初、高中383人。全年教育经费投入19.70亿元，其中，国家拨款19.10亿元，自筹经费0.60亿元。

（姜爱林）

【举办中小学生乒乓球比赛】 1月21至22日，房山区教委、区体育局在区少年宫举办中小学生第25届“春节杯”暨第15届“米兰杯”乒乓球比赛。22所学校的219名运动员分别参加团体和单打等12个竞赛项目比赛。24支代表队获得团体竞赛项目名次奖，39名运动员获得单打竞赛项目名次奖。

（姜爱林）

【杜绝假期违规补课行为】 1至2月，房山区教委寒假期间采取“三禁三查”措施，杜绝违规补课行为。一是严禁以任何理由利用寒假时间组织学生进行违规补课、上新课或以各种名目举办文化补习班、培优班、提高班。二是严禁在职教师参与假期有偿补课、有偿家教、开办课外辅导班或在课外辅导班授课。三是严禁学校出借场所或是与校外机构合作举办各类补习班。四是积极联系区工商、公安等部门加强管理和监督检查民办教育机构。五是通过明察暗访等形式排查各种寒假违规补课行为。六是严格查处，对查实确有违规补课行为的，将对学校综合素质评价给予减分，并追究属地管理责任。

（姜爱林）

【实施高考考点标准化升级改造】 2月27日，房山区教委召开高考考点标准化升级改造工作布置会。会议传达教育部及北京教育考试院相关文件精神，要求着力提升考点校的考务指挥及处置突发事件能力。会议明确高考前完成高考考点标准化升级改造项目。一是考场监控设施由标清升级到高清，二是增加考务指挥平台系统，三是将考点校原监控室升级为指挥监控室。房山区教委主管领导、区考试中心负责人、区教育信息负责人、5所高考考点校主考及工程施工方负责人参加会议。

（姜爱林）

【举办中学生中英双语演讲比赛】 3月15日，房山区教委举办中学生环保主题中英双语演讲比赛。共有13所学校的13名选手报名参加比赛。北师大良乡附中、良乡三中、良乡二中、实验中学和夏村中学的选手获得前五名，并将代表房山区参加北京市中英双语演讲比赛。

（姜爱林）

【举办“学习课标优化教法”活动】

4月19日，房山区教委召开中小学教师“学习课标、研究教材、优化教法”活动启动仪式。会议解读活动实施方案，要求坚持三个原则。一是全员参与、整体推进原则。每一所中小学都要组织活动，每一名教师都要参加活动，每一门学科都要纳入活动，实现学校、教师、学科全覆盖。二是聚焦课堂，提高质量原则。要遵从教学实际，把学习研究、技能提升、常规落实的着眼点放到课堂教学行为的转变上，放在课堂教学效果的体现上。三是循序渐进，注重实效的原则。要以落实课堂教学质量标准为导向，开展全员、全科的学习、培训和实践。该活动包括说课、课堂教学和评价三个环节，旨在以说课、课堂教学和教学质量有机统一为目标，发挥课堂教学评价的导向、激励和调控作用，有效评析教师课堂教学状况。

（姜爱林）

【举办青少年读书演讲比赛】 4月23日，房山区青少年“五好小公民”主题教育活动“复兴中华从我做起”暨“我的中国梦”读书演讲比赛区级总决赛结束。比赛分为小学和中学两个组别，聘请10名退休老领导、老教师作为评委。经过两天评比，12名学生获得一等奖，20名学生获得二等奖，40名学生获得三等奖。

（姜爱林）

【举办首届高效课堂论坛】 4月，房山区教委举办首届高效课堂论坛。主题论坛听取房山二中、南召中学、韩村河中学、四零一学校实施高效课堂经验和思考。论坛指出，推进课改要抓住五个关键环节：一是领导者的紧迫感和理论勇气、实践勇气是课改推进基本前提。二是独立思考、借鉴他人是课改推进基本模式。三是认识、实践、再认识、再实践是课改推进基本路径。四是师生和家长参与的积极性是课改成功关键要素。五是课堂改革有效推进是现代学校制度建设的起点。活动中，与会人员参观房山二中校园建设、文化建设并深入课堂听课。区教委、区教师进修学校领导，全区中学教师、学生130人参加活动。

（姜爱林）

【举办首届青年教师风采大赛】 5月

3日，房山区教委举办首届“魅力房山活力青春”青年教师风采大赛决赛。决赛分为三大部分。第一竞赛单元“我的中国梦、我的教育梦”演讲比赛，第二竞赛单元“秀我才艺炫我风采”才艺展示，第三竞赛单元“智慧大比拼”知识问答。最终，经评议，4 名教师获得一等奖，5 名教师获得二等奖，17 名教师获得三等奖，100 名教师获得优秀奖。比赛由房山区委教育工委、区团教工委、区少工委、区教育工会联合举办，全区 120 所学校 120 人参加预赛，26 人晋级复赛，9 人进入决赛。

（姜爱林）

【五项措施做好高考志愿指导工作】 5 月，房山区教委实行五项措施全面做好高考志愿指导工作。一是组织志愿填报工作的培训和经验交流活动，收集和宣传高考志愿填报工作经验，提高志愿填报工作水平。二是加大高考政策解读和宣传力度，为考生和家长解答问题，全面宣传高考政策。三帮助考生准确把握招生政策，掌握各校招生信息。举办 2013 年高考志愿填报公益咨询会，40 余所高校和教育机构参与宣传，近 3000 名考生和家长参加咨询活动。四是充分发挥房山区教委和招考办信息网以及新闻媒体的作用，保证政策宣传工作的及时、准确。五是及时发放北京教育考试院《报考指南》等材料，同时印制《2013 年房山区普通高校招生考生手册》，为考生提供政策咨询和准确信息。

（姜爱林）

【高考成绩稳步提高】 7 月，房山区高考升学率 97.42%。本年 2839 人参加全国普通高等学校招生统一考试，2766 人被各高校录取，比上年提高 3.21 个百分点，连续十年超市平均水平，稳居郊区前列。其中，本科共录取 1733 人，本科录取率 61.04%，比上年提高 6.73 个百分点，首次超过市平均水平。此外，有 650 人参加单考高职和自主招生考试，升学人数 613 人，升学率 94.31%。

（姜爱林）

【北京小学长阳分校落成】 8 月 30

日，北京小学长阳分校开学。北京小学长阳分校是北京小学的第 9 所分校，坐落于房山区长阳镇，占地面积 1.22 万平方米，总建筑面积 1.58 万平方米，其中，地上 9700 平方米、地下 6091 平方米，班级设置 24 个班。学校建有音乐、美术、形体等多部专用教室及地上操场和地下风雨操场。开学初期学校教职工 24 人，教学班 6 个，学生 221 人。

（姜爱林）

【检查学校食堂安全卫生】 10 月 8

日，房山区教委与区食品药品监督管理局联合检查学校食堂安全卫生工作。检查组全面检查北师大良乡附中、房山实验中学、房山中学 3 所学校食堂安全卫生工作。检查发现，各学校制定卫生管理制度，加强食品安全管理，卫生工作安全、有序。针对检查中存在的问题，卫生监督人员提出卫生监督意见，要求学校加强对食品原料采购索证制度、卫生管理制度、从业人员健康证的检查，严把食品采购关、加工关、餐具洗消关等环节，保证食品安全卫生。

（姜爱林）

【城乡教育一体化发展项目结题】 10 月 24 日，房山区教委在铁二中长阳分校召开“探索城乡教育一体化发展有效途径”国家级教育体制改革试点项目推进暨房山区结题会。会上，项目组以《全力推进一体化项目，促进城乡教育均衡发展》为题作结题总结报告，铁二中长阳分校等学校交流项目成果。会议肯定房山区“探索城乡教育一体化发展有效途径”项目成果，同意该项目结题。市教委、北师大代表，房山区教委领导，项目负责人和全体成员和部分中学校校长参加会议。该项目 2011 年立项。通过一体化项目的拉动，全区学校从外延质量型发展模式向内涵效益型发展模式迅速转变，在全面推进教育一体化均衡发展的同时，助推教育质量全面提升。主要表现在全区小学质量，包括山区、平原、农村和城镇地区，基本上一致；山区学生中考质量持续上升，基本上同城镇地区持平，12 所高中录取率全部在 95%以上；全区学生身体发育、品质养成、交流沟通、综合素质发展实现全区学生的基本平衡。

（姜爱林）

【开展“五个一”安全教育活动】 至年底，房山区教委开展“五个一”安全教育日活动。一是上好一堂安全教育课，与公安、交通、应急救援和主管部门联合，开展交通安全、消防安全、防灾减灾演练等主题活动。二是进行一次隐患排查。各学校组成专门检查小组排查校舍、安全设施、宿舍等重点部位，力争消除各项安全隐患。三是召开一次法制大会。聘请法制副校长到校，宣讲法制安全教育。四是组织一次疏散演练。各校结合地域特点，组织师生开展火灾、防震等逃生疏散演练。五是向学生家长发放一封《安全致家长信》，提醒和指导家长加强学生的安全教育和管理。

（姜爱林）

职业与成人教育

【概况】 2013 年，房山区职业中学 4 所，均为独立设校。开设专业 19 个，教学班 81 个。在校学生 22512 人，招生 887 人。教职工 279 人，其中，专任教师 208 人，专任教师学历合格率 100%，高级专业技术职务 36 人。职业学校占地面积 100940 平方米，建筑面积 54709 平方米，固定资产总值 84633 万元。各级各类成人学校 4 所，其中，成人高校（社区学院）1 所，开设 74 个专业，招生 1026 人，毕业 1512 人，在校生 3996 人；教职工 112 人，其中，专任教师 64 人。成人中等学校 2 所，开设 16 个专业，招生 14228 人，毕业 9947 人，在校生 22420 人；教职工 232

人，其中，专任教师186人，全年培训19983人次。市民学校87所，全年培训19969人次。乡村办成人学校（站）430所。成人学校教师学历合格率98%，高级专业技术职务44人。全区成人学校占地面积249029平方米，固定资产总值46430.50万元。

（姜爱林）

【召开学习型先进区争创总结会】 1

月16日，房山区召开学习型房山先进区争创总结会。会议传达北京市建设学习型城市工作领导小组《关于认定房山区为北京市创建学习型城区工作先进区的通知》和专家组的反馈意见。会议指出，自2011年6月区委做出争创学习型先进区决定以来，学习型房山建设工作领导小组、区学习办、各专门工作组及各成员单位、区创建工作指导中心团结协作，以迎评争创为契机，扎实推进学习型房山建设工作，并通过评估验收工作。在实现学习型先进区的基础上，经区委研究决定启动学习型示范区建设，力争利用2年时间实现争创学习型示范区目标。区领导、学习型房山先进区争创工作领导小组成员单位负责人参加会议。

（姜爱林）

【房山职业学校入选市重点中职学校】 12月4日，房山职业学校被市教委认定为北京市重点中等职业学校。该校创建于1975年10月，历经艰苦创业积淀期、适应市场探索期和健康快速发展期三个阶段。学校“以评促建、以评促改、以评促提高、以评促发展”，实现各项工作整体推进，在办学思想、办学条件、队伍建设、德育管理、专业建设、办学渠道及社会培训7个方面取得进展。11月7至8日，市教委评估检查房山职业学校，完成学校办学方向、基础条件、教学改革、管理水平、质量效益综合评价。

（姜爱林）

【房山二职签署合作办学协议】 12月16日，房山区第二职业高中与北京新亚研修学院签署合作协议。协议规定自从2013年12月至2018年12月，双方在“民航服务”“网络通信技术”两个专业采用“2+3”模式开展合作。合作办学提升房山二职学生的学历层次，拓宽就业渠道，是学校探索中高职衔接的有益尝试。

（姜爱林）

【两校接受北京市示范性乡校验收】 12月19日，市教委评估专家组评估验收西潞街道成人职业学校与城关街道社区成人学校北京市示范性乡镇成人学校创建工作。专家组观看学校发展专题片、听取学校负责人的自评报告及自评分说明，实地查看学校的专业功能教室、实训基地等，分组召开学校管理人员、教师座谈会。专家组肯定两所街道社区学校成绩，认为学校在师资队伍建设上配置达标，在推进城市化建设过程中，围绕区域经济发展开展多种培训课程，满足镇域内居民多样化需求，在创建学习型社会过程中发挥突出作用。

（姜爱林）

【完成各类成人培训15万人次】 至年底，房山区教委完成各类成人培训15万人次。其中，实用技术培训73166人次、社区培训25714人次、职工培训16450人次、农村管理人员培训8768人次、农村富余劳动力培训14358人次、农村通数字化远程教育14408人次。

（姜爱林）

【推进职高重点项目建设】 至年底，房山区教委推进职高重点项目建设，进一步加快职成教育发展。年内投入2300万元，加强两所职业学校硬件建设和教师队伍建设，使房山二职达到国家级重点职业学校的办学标准，房山职业学校通过省部级重点职业学校评估，两所职业学校的服务能力进一步提升。年内，两校为长安汽车输送近百名员工，为华嬉公司培训员工近千人次，与京西重工等多家企业签署合作协议。

（姜爱林）

【职业高中毕业生就业超95%】 至年底，房山区教委采取措施提升职业高中毕业生就业率，全区职业高中毕业生就业超过95%。一是提高学校教学设施现代化水平，投入2000多万元建设实训基地，提供学生实践环境。二是学校与企业开展“订单式”培养，以需定学，通过开展基本功竞赛、到企业实习等形式，提高学生的业务能力。三是在就业单位选择上实施抓大放小策略，重点联系长安汽车、北汽福田、首都高速公路发展有限公司等单位，解决大部分学生就业。四是集中力量打造拳头专业，提高专业化水平。其中，计算机、建筑、印刷专业就业率100%，汽车修理专业95%。

（姜爱林）

教育督导

【概况】 2013年，房山区教育督导室以科学发展观为指导，按照市、区教育工作与教育督导工作总体部署，坚持从区域教育发展的大局出发，坚持督政与督学相结合，以落实房山教育“整合、完善、深化”年度主题为重点，发挥教育督导监督、检查、评估、指导的保障推动作用，切实发挥教育督导职能作用。全年工作以综合评价工作为中心，教育督导与评价工作扎实深入开展，综合评价各个工作环节得到加强。年内，完成责任片内各单位校园周边安全检查工作，提供样本校和实践支撑，并完成初期各项报表工作和阶段性调研报告撰写上报工作。按照市年度教育执法督导检查要求，完成政府自查报告和数据上报工作，完成义务教育均衡发展情况数据统计上报工作。

（姜爱林）

【接受北京市学前教育督导评估】

10月16日，房山区接受北京市学前教育专项督导评估。经过实地检查和

听取汇报、问卷调查，督导组肯定房山区学前教育三年行动计划所取得成果，要求房山区不断改革创新，在保证教育覆盖程度的基础上，提高教学质量，促进教学发展。督导组提出，房山区要从以下两方面着手继续努力。一是扩大公办幼儿园的供给，包括农村地区名园建分园、改扩建现有公办园规模；二是不断提高办学质量，加强教师队伍建设，以级类升级为载体，强化管理，不断推动学前教育健康有序发展。

（姜爱林）

【迎接义务教育均衡发展督导】 11月4日，市教育督导室督导评估房山区义务教育均衡发展工作。督导组听取房山区义务教育均衡发展情况工作，肯定房山区义务教育均衡发展工作。督导组指出，房山通过十年不懈努力和探索，义务教育发展取得显著成绩和巨大进步，城乡教育日趋均衡，实现区域内基本均衡。

（姜爱林）

【创建国家级农村职成教示范区】 11月26至27日，市教委评估验收房山区创建国家级农村职业教育和成人教育示范县工作。与会领导肯定房山区职成教育工作成绩，认为房山区立足区域实际，创造性提出工作思路，以职成教育为区域经济社会发展提供服务为办学目标，明确职成教育定位，把职成教育纳入到房山教育整体发展规划之中。

（姜爱林）

【完成全年督导评价活动】 至年底，房山区教育督导室完成全年督导评价活动。全年督导评估总计196个单位，其中，民办学校8所、民办及厂矿幼儿园23所、公办幼儿园30所、普通中小学77所、直属教辅单位10个、乡镇成人学校及职业学校25所、乡镇政府23个，实现区内教育单位督导评价全覆盖。

（姜爱林）

【完成社会评价工作】 至年底，房山区教育督导室完成社会满意度评价工作。其中，问卷抽测学校140所，抽测班级432个，抽测总人数12620人。全区公办与民办各类教育总满意度98.66%，其中，各类教育总满意度分别是：公办中学99.70%，小学99.57%，职业学校99.07%，幼儿园99.37%；民办中小学95.60%，民办幼儿园95.60%。

（姜爱林）

中共房山区委教育工委

书　　记　杜成喜

房山区教育委员会

主　　任　郭志族

房山区政府教育督导室

主　　任　徐维珍（4月免）
　　　　　米忠诚（7月任）

通　州　区

总　类

【改革教师职称制度】 1月19日，通州区教委召开深化中小学教师职称制度改革启动会。会议宣读《通州区深化中小学教师职称制度改革实施方案》。改革重点是将原来独立的中学教师职务系列与小学教师职务系列统一并入新设置的中小学教师职称（职务）系列。在职称等级上，设置从正高级职称到员级5个等级，依次为正高级教师、高级教师、一级教师、二级教师、三级教师。改革共涉及8000名中小学教师。通州区是北京市深化中小学教师职称制度改革3个试点区县之一。至11月，通州区潞河中学教师薛贵（体育学科）、运河中学校长张佳春（教育管理学科）成为全市第一批正高级教师人选。

（勾庆祥　武兴俊）

【表彰青年先进】 5月4日，“文明城区志愿先行”通州区教育系统共青团五四表彰大会在育才学校通州分校举行。会议表彰教育系统红旗团委、红旗团支部、优秀团干部、优秀团员、青年文明号、岗位能手、星级志愿服务队7个项目400名优秀青年。会议宣布“文明城区志愿先行”志愿服务活动启动，为志愿服务队授旗。区委教育工委、区教委等领导和全区各学校共青团主管领导、团支部书记、青年教师代表200人参加会议。

（陈冠宇）

【召开校外教育联席会议】 5月7日，2013年通州区青少年学生校外教育联席会议召开。会议总结2012年通州区校外教育工作，表彰12家校外教育集体、10所校外教育场所、12名校外教育先进个人。通州区文化委和马驹桥镇教委交流校外教育工作经验。会议部署本年校外教育工作计划，包括制定校外活动场所建设和管理办法等。区校外教育联席会议成员单位代表和校外教育工作者代表110人参加会议。

（刘万松）

【召开教育工会代表大会】 5月18日，通州区教育工会第三次代表大会在区教委举行。会议审议通过第二届工会委员会《以党的十八大精神统领工会工作，为建设首都教育强区而努力奋斗》工作报告，审议通过《通州区教育工会第二届经费审查委员会工作报告》。选举产生通州区教育工会第三届委员会委员21人，经费审查委员会委员5人，女职工委员会委员5人。随后召开的三届一次委员会议，选举产生通州区教育工会主席、副主席，经费审查委员会主任和女职工委员会主任。来自基层72个单位117名代表、9名列席代表和4名特邀代表参加会议。市教育工会、区总工会、区委教育工委、区教委领导参加会议开幕式。

（郭威）

【举办舞墨生香庆六一活动】 6月1

日，通州区书法家协会、通州区书法教育研究会、通州区东方小学在通州区教师研修中心举办"舞墨生香"庆"六一"暨通州区小学生第二届"东方墨韵杯"优秀书法作品展。开幕式上，与会领导为获奖学生、汉字书写优秀班集体、优秀指导教师、优秀组织单位颁发获奖证书，东方小学8名学生进行现场书法长卷书写。作品展共收到全区小学生来稿2500件，经过书法家、书法教师评审，遴选出80件软笔书法作品、120件硬笔书法作品入展，其中102件书法作品入选《第二届"东方墨韵杯"优秀书法作品选》。区教委、区教育督导室、区书协等单位领导和家长、学生、教师代表500人参加开幕式。

（王伟）

【评选感动校园好老师】 6月18日，通州区委教育工委、区教委、区教育工会召开"校园因你而美丽——通州区感动校园好老师"宣讲会。会议为10名获得"感动校园好老师"称号教师，63名入围奖获得者和57名演讲获奖者颁奖。潞河中学等5所学校宣讲教师以亲身经历和身边教师感人事迹为主题发表"感动校园好老师"主题演讲。区委宣传部、区文明办、区总工会等单位代表和全区教师代表400人参加会议。2012年6至12月，区委教育工委、区教委、区教育工会举办"感动校园好老师"评选。

（郭薇）

【庆祝教师节】 9月9日，通州区教委在通州三中召开2013年教师节庆祝大会。会议宣读区政府关于授予13人通州区名校长、名教师称号的决定，为名校长和名教师颁奖。会议宣布，从2014年起提高优秀教育人才考核奖励标准，将现有北京市特级教师、学科教学带头人以及市、区骨干教师等各类教育人才1040人的奖金总额从1200万元增加到1800万元；在职和离退休教师体检费支出标准从每人每年200元增加到400元。未来3年，投入6000万元实施中小学办学条件和服务水平提升工程，改造校园内水、电、气、热等基础设施。会上教师代表还表演歌曲、舞蹈、民乐合奏等文艺节目。区委、区人大、区政协、区政府领导，部分委办局主要负责人，各乡镇街道、办事处和各学校代表600人参加会议。

（勾庆祥）

【举办教职工运动会】 9月28日，通州区教委在张家湾中学举办第六届教职工运动会。开幕式上，中学、小学和幼儿园教师1700人参加广播操表演，1563人次运动员参加田径、跳绳、拔河等47个项目比赛。通州区第一实验小学获得团体总分第一名。全区教育系统104个单位近3000名运动员参加运动会。2001年5月，通州区举办首届教职工运动会，此后每两年举办一次。

（勾庆祥）

【举办安全知识竞赛】 10月15日，通州区教委召开"欢乐一夏，暑期安全知识竞赛"表彰会。会议为幼儿园、小学、中学获奖学生颁奖，交流获奖学生安全知识学习经验。区教委、区交通支队、广电中心等单位负责人和全区幼儿园、小学、中学师生代表150人参加会议。"欢乐一夏"暑期安全知识大竞赛由区教委、区交通支队、区消防支队、区气象局、区卫生局、区安监局、大运通州网联合举办，全区幼儿园、小学、中学8万名学生通过网络参与活动，其中1.4万名学生报名参赛。幼儿园、小学、中学各评选50名优秀奖、30名安全小明星、3个优秀组织奖。

（刘森）

【城乡一体化发展项目结题】 10月24日，通州区教委召开"探索城乡教育一体化发展的有效途径"项目结题会。会议作项目结题报告，从项目推进及达标情况、项目实施过程中形成的典型经验和有效做法、推进城乡教育一体化发展的效果及产生的社会影响、探索的有效途径模式和建立的相应机制、当前问题及政策建议五个维度对通州区教育城乡一体化发展进行全面总结。会议听取漷县镇和运河中学项目实施成果汇报。市教委、北师大、市教育督导与评价中心代表对通州区探索城乡教育一体化发展所取得的成绩给予肯定，认为通州区能够准确把握本地区发展及区域定位，根据规划抓住资源进行整合，不断引入优质教育资源，教育布局逐步合理，发挥乡镇政府统筹作用，教育投入不断向农村地区倾斜，注重农村学校师资队伍建设，城乡教育差距不断缩小，适龄儿童接受优质教育的满意度逐渐提高。"探索城乡教育一体化发展的有效途径"是北京市承担的国家教育体制改革项目之一，2011年实施，全市11个区县纳入项目试点范围。

（刘森）

【入选学习型工作先进区】 12月23日，北京市建设学习型城市工作领导小组认定通州区为北京市创建学习型城市工作先进区。此前，北京市建设学习型城市工作领导小组评估通州区创建学习型城区工作。评估专家组认为，通州区委、区政府高度重视学习

型城区创建工作，紧紧围绕建设“北京城市副中心”的区域功能定位，提出“学习·创新·发展，圆美丽通州梦”的共同愿景。实践中，通州区委、区政府领导率先带头学习，提出以学习创新精神推动通州新城建设的思路；积极完善创建工作组织协调机构，健全创建工作机制；基本构建各类教育相互沟通和相互衔接的终身教育体系；扎实推进覆盖全区的各类学习型组织创建活动；注重和谐文化建设，传播“北京精神”正能量，使学习和创新成为通州发展的不竭动力，形成通州经济建设和社会发展的良好态势。

（勾庆祥）

【承办“读美德故事”现场观摩会】　12月25日，通州区教委在北京小学通州分校召开“读美德故事做有德之人”主题实践活动现场观摩会。会议总结“读美德故事做有德之人”主题实践活动开展情况，交流学校活动经验，表彰主题实践活动优秀征文、优秀校园剧和优秀学生。会上，7所学校学生通过表演美德故事校园剧、读后感演讲、宣讲身边的美德故事等形式展示活动成果。首都文明办、各区县文明办，通州区相关单位以及各中小学德育干部和学生代表共380人参加活动。7至9月，通州区教委以小学四年级和初中一年级学生为重点，开展“读美德故事做有德之人”读书活动，全区小学四年级、初中一年级共1.5万名学生参加。活动中，区教委免费发放《中华美德故事》丛书4600套。

（王晓宇）

学前教育

【概况】　2013年，通州区幼儿园126所，离园幼儿4679人，入园幼儿9981人，在园幼儿20894人。其中，教育部门办园40所，在园幼儿6126人。民办幼儿园29所，在园幼儿9017人。其他部门办园（含村办）57所，在园幼儿5751人。全区幼教职工2808人。其中，园长125人，专任教师1533人，保健员（含保健医）593人，其他557人。专任教师中，本科学历194人，专科学历1010人。教师中高级教师12人、一级教师125人、二级教师94人、三级教师135人。全区一级一类幼儿园10所，北京市示范幼儿园1所，市级早教基地8所。

（勾庆祥）

【召开民办园考核结果表彰会】　3月6日，通州区教委召开民办幼儿园考核结果表彰会。运乔蓝天幼儿园等7所幼儿园被评为优秀，启智贝尔幼儿园等7所幼儿园良好，13所幼儿园合格。此外6所申报级类幼儿园中，3所幼儿园被评为二级二类，2所幼儿园被评为二级三类。该考核上年12月11至26日依据市教委民办幼儿园年度考核评价细则进行，重点检查办园行为、办园质量两项内容。

（刘雪燕）

【加强村办园建设管理】　4月1日，通州区教委召开村办园建设管理工作会。会议传达市教委关于加强2013年村办园建设管理精神，解读村办园建设和资金管理相关手续，具体讲解乡镇建设项目修缮程序、设备购置流程、计划编制等内容，解答乡镇村办园建设中的共性问题。会议要求乡镇政府重视村办园建设，加快推进步伐。区教委、区财政局领导和全区乡镇教委办主任、村办园负责人近百人参加会议。

（石春江）

【4所幼儿园晋升一级一类】　4月26

日，通州区教委召开2013年一级一类幼儿园验收工作总结现场会。会议全面总结2013年一级一类幼儿园验收工作，宣布4所幼儿园晋升市级一级一类。会上，两所幼儿园代表交流晋级工作经验。市教委、区教委和张家湾镇领导，全区幼儿园代表参加会议。3月22至29日，市专家组采取入园检查方式验收4所幼儿园晋升一级一类园工作。

（刘雪燕）

【张家湾中心园接待斯里兰卡客人】

5月28日，通州区张家湾中心幼儿园接待斯里兰卡总统夫人施蓝蒂·拉贾帕克萨参观。施蓝蒂夫人听取幼儿园办园汇报，观摩幼儿文化区域活动，参观幼儿剪纸、国画、泥塑等手工作品，观看幼儿武术、合唱表演。施兰蒂夫人和师生合影留念，对张家湾中心幼儿园民族文化的传承活动给予肯定，对幼儿园健康教育环境给予高度赞扬。

（岳都俊）

【大方居幼儿园北园投入使用】　9月1日，通州区大方居幼儿园北园投入使用。该园由区教委投资656万元建设，包括教室13间，以及校园网信息化改造、室内办学设施购置、电子技防监控设备安装等，可容纳幼儿200人。北园建成后与上年建成的南园统一为大方居幼儿园。大方居幼儿园位于大方居小区内，是区教委利用小区配套设施举办的公办幼儿园，总占地面积8200平方米，总建筑面积5490平方米。

（龚春玲）

【组织园所联片教研】　9月30日，通州区教委和区研修中心组织园所联片教研活动。该活动以一级一类园通州区幼儿园为牵头园，包括民办园在内的附近7所幼儿园参加，通过互相学习达到共同提高目的。活动中8所幼儿园分别交流办园条件、师资等情况，研讨保教工作中的难点问题。区教委和区研修中心领导，幼儿园园长、教师 48 人参加活动。

（王妍慧）

【表彰第五届半日活动评优先进】 10 月 25 日，通州区教委召开第五届“启蒙杯”半日活动评优总结表彰会。会议总结第五届“启蒙杯”半日活动评优工作，报告活动取得的成绩，分析出现的问题，并提出工作建议。会议宣布获奖者名单，为 11 名一等奖获奖教师颁发获奖证书和“启蒙杯”奖杯。会议根据学前教育发展形势，提出三点要求：一是新成立幼儿园要尽快步入正轨，加强园所管理；二是新入职教师要尽快适应工作岗位，提升专业素养；三是纳入级类管理的园所要良性发展，不断提升办园质量。区教委领导，全区幼儿园园长、业务园长、保教主任和教师代表 100 人参加会议。

（王妍慧）

【如意幼儿园改造工程完工】 12月

26 日，通州区如意幼儿园全面维修改造任务完工。该项工程 5 月动工，由区教委投资 450 万元建设。其中，投入 100 万元添置各种室内外玩具、幼儿桌椅、电教设备等器材 400 件；投入 350 万元装修改造教育教学环境，包括幼儿活动室地面更换木地板 600 平方米，食堂、盥洗室和儿童厕所改造，水、电、暖气改造等。

（陈子静）

基础教育

【概况】 2013 年，通州区小学 82 所（公办校 73 所、厂办校 1 所、民办校 8 所），教学班 1597 个。毕业 7373 人，招生 13105 人，在校生 59413 人，在校生中北京市户籍学生 24795 人。教职工 3789 人，其中，专任教师 3305 人。中学 42 所（完中 11 所、高中 1 所、初中 16 所、一贯制学校 14 所），教学班 841 个（初中 526 个、高中 315 个），毕业 7862 人（初中 5009 人、高中 2853 人），招生 9489 人（初中 6259 人、高中 3230 人），在校生 28262 人（初中 17727 人、高中 10535 人），在校生中北京市户籍学生 19657 人（初中 11149 人、高中 8508 人）。教职工 4956 人，其中，专任教师 3562 人。特殊教育学校 1 所，在校生 140 人。校外教育单位 1 个，教职工 79 人。教育部门办中小学专任教师学历合格率 100%，高级教师 1004 人。全区中小学占地面积 318.55 万平方米，建筑面积 136.28 万平方米，固定资产总值 19.85 亿元。图书 29.53 万册，信息化数字资源量 31497.47GB。全年教育经费投入 24.41 亿元，其中，国家拨款 22.05 亿元，自筹经费 2.36 亿元。

（勾庆祥）

【表彰优秀班主任和教学管理干部】

3 月 12 日和 14 日，通州区教委分别表彰优秀班主任和教学管理干部。12 日，区教委召开第六届中小学优秀班主任表彰会，表彰优秀班主任 145 人，为优秀班主任颁发证书。会议邀请区委党校以《构建社会主义核心价值体系》为题作辅导报告。区教委领导和全区中小学校长、优秀教师代表 260 人参加会议。14 日，区教委召开第六届优秀教学工作管理干部表彰会，表彰 10 名优秀教学工作管理干部。会议邀请北京一零一中学语文特级教师以《教育情怀我们共同的心灵守望》为题作报告。区教委领导和各中小学教学干部、语文教师代表近百人参加会议。中小学优秀班主任和优秀教学管理干部经过校级和区级两个阶段评选，最终由区教委相关部门集体研究确定。

（刘森）

【培训青年班主任】 3 月 20 日至 5 月 29 日，通州区教师研修中心完成年度青年班主任培训任务。任期三年以下的中小学青年班主任 76 人参加学习。培训内容包括教育的人文属性、班级德育体系构建、德育主题活动课实效性研究与探索、生涯教育、班级管理、教育叙事以及班主任工作常见问题和解决策略。培训采取专题讲座，案例分析，体验互动，经验介绍等方式进行，其中安排讲座 9 讲。

（田桂霞）

【召开初三教学现场会】 3 月 27 日，通州区教委在张家湾中学召开 2013 届初三教学现场会。会议以“创新教学模式，提高课堂有效性”为主题，听取张家湾中学语文、数学、英语、物理、化学展示课，分学科进行评课，并在主会场总结交流。在分学科评课中，主讲教师阐述教学思路，学科研修员现场评课；在主会场总结交流中，张家湾中学等 4 所中学交流教学管理、学生管理、集体备课经验。全区中学主管教学领导、初三年级组长、学科备课组长 200 人参加会议。

（朱艳春）

【交流中小学三年行动计划】 4月2日

和 9 日，通州区教委分别召开会议交流中小学三年行动计划实施情况。2 日，通州区中小学建设三年行动计划中学实施方案交流会在育才学校通州分校召开，4 所中学分别汇报三年行动计划实施方案。会议就 4 所学校实施方案进行现场点评。北京教育学院、北京教科院、北师大代表，区政府、区教委领导以及全区各小学校长、中学校长及干部和教师代表共 350 人参加会议。9 日，小学建设三年行动计划交流研讨会在区教师研修中心召开，3 所小学分别汇报学校实施方案。会议邀请北京市有关专家就

3所学校实施方案集中点评与指导。区教委结合专家意见和通州区小学实际情况，提出民主决策与强化过程管理相结合、分步实施与突出重点相结合、硬件建设与软件建设相结合的要求。区教委领导和全区小学校长和干部教师代表160人参加会议。

（刘森）

【举办干部专业素养培训班】 4月2至11日，通州区在上海华东师范大学开放教育学院举办小学中层干部专业素养培训班，全区36所小学48名中层干部参加学习。培训班课程包括安全与法律问题研究、新课程背景下的德育工作、传统文化教育等。培训班采取系统学习与专题讲座相结合、专家授课与学员交流相结合、理论学习与实践考察相结合的方式进行。培训由上海华东师范大学与通州区教委联合举办。

（刘会民）

【举办随班就读课堂教学评优】 4月8至12日，通州区教委、通州区培智学校（特教中心）举办第五届通州区中学“启慧杯”随班就读课堂教学评优活动。14所随班就读学校参加评优，涉及语文、数学、英语、物理学科共计14节课程，其中，语文5节、数学4节、英语3节、物理2节。12月13日，通州区教委召开随班就读课堂教学评优活动总结表彰暨随班就读师资培训会。会议表彰课堂教学评优获奖教师36人，其中，13人获得“启慧杯”及证书。

（丁秋宇）

【组织小学课堂教学现场评课】 4月15至25日，通州区小学第八届“春华杯”课堂教学现场评优活动在官园小学等4所小学举行。各基层校推选36名参赛教师分为农村组、城镇组两个组别，采取异校上课、会场赛课、现场评分方式参加评课。经教学副校长和小学研修员评课，最终评出获奖教师20人。

（刘惠民）

【举办中学课堂教学评优】 4月16日，通州区教委召开中学第五届“秋实杯”课堂教学评优活动总结表彰会。会议表彰评优获奖教师，其中，24人获得“秋实杯”，105人获得优秀奖，179人获得表扬奖。区教委领

导以及全区中学副校长和教师代表参加会议。上年10月，通州区中学1300名35岁以上教师全员参加课堂教学评优。经校级选拔推荐，区教委、区教师研修中心联合复评，区教委最终认定获奖人员。

（张晓航）

【召开伤害预防教育推广会】 5月3日，通州区教委在北京小学分校和史家小学分校召开北京市学生伤害预防教育推广实验研究现场会。会议通过课例展示和点评指导两个阶段，观摩“乘坐机动车辆的安全”等8节研究课，展示安全教育新理念、新方法。项目组专家肯定研究课效果，认为课程通过体验与合作的学习方式培养学生安全技能和安全习惯。北京教科院、市交管局代表和通州区项目实验校教师及部分家长参加会议。

（刘文胜）

【马驹桥镇完成小学入学预测调查】 5月，通州区马驹桥镇教委办公室完成未来三年适龄儿童调查。调查涉及全镇75所幼儿园，通过在园幼儿统计得出未来三年小学入学适龄儿童数据。统计数据表明，马驹桥镇在园幼儿6006人。2013年入学适龄儿童1473人，其中，本市户籍幼儿399人，非本市户籍幼儿1074人。2014年入学适龄儿童1694人，其中，本市户籍幼儿411人，非本市户籍幼儿1283人。2015年入学适龄儿童1743人，其中，本市户籍幼儿394人，非本市户籍幼儿1349人。2016年入学适龄儿童1096人，其中，本市户籍幼儿192人，非本市户籍幼儿904人。2013年至2015年，入学适龄儿童逐年增加，非本市户籍幼儿3倍于本市户籍幼儿。

（张强）

【牛堡屯学校建民俗文化展馆】 6月14日，通州区牛堡屯学校民俗文化教育展馆揭牌。展馆由学校投资17万元建设，占地面积200平方米。馆内展出清朝以来当地农村的生产工具、生活用品和室内装饰品共两百余件。展馆内设置3间上世纪六七十年代当地民居，里边的土炕、灶台、橱柜以及生活用品再现当年农户生活状况。至6月底，近千名学生参观。该馆于2011年暑假动工修建。

（王晓宇）

【3校新校舍投入使用】 8月29日，

通州区教师研修中心实验学校、西集中学、西集镇中心小学新校舍投入使用。通州区教师研修中心实验学校是一所九年制公办学校，新校园在原东关小学校址上改扩建，总投资7568万元，占地面积22276平方米，建筑面积16748平方米，办学规模36个教学班。西集中学新校舍建设总投资6000万元，占地面积5万平方米，建设面积1.4万平方米，办学规模24个教学班。工程包括办公楼、教学楼、400米塑胶跑道田径场等。西集镇中心小学新校舍建设总投资5000万元，占地面积2.4万平方米，建设面积1.1万平方米，办学规模24个教学班。工程包括教学楼、教师宿舍、报告厅等。

（勾庆祥）

【马驹桥镇发放乘车上学补助】 9月15日，通州区马驹桥镇为解决家长接送小学生上下学困难，决定由村委会每学期给予定量补助。补助标准根据学生家庭住址与就读学校距离、公共交通状况等因素综合制定，分为150元、300元、350元、400元四个档级。本学期共有1585名小学生享受乘车补助，共计39.98万元。

（张强）

【举办学校文化建设现场会】 10月18日，市教委、通州区教委、北京师范大学联合举办“走进通州——北京市中小学学校文化建设现场会”。会议听取潞河中学校长围绕“百年学校的使命与担当”主题，介绍学校课程

体系建构中的文化视角、学校社团文化营造等经验，北师大教授解读学校文化建设示范校标准并作专题培训。与会人员参观潞河中学校史馆和校园文化环境。市教委、各区县教委领导，全市中小学校长、教研员代表400人参加会议。

（苏培）

【总结“名师培养工程”】 10月26日，通州区教委召开“名师培养工程”总结展示会。会上，区教委汇报“名师培养工程”工作，总结理论学习、实践研究、反思提升、再学习再提高培训模式。会议组织参观学科工作室展板，观看通州区“名师培养工程”回顾短片，观摩中学语文名师工作室、小学数学名师工作室以及小学语文名师工作室课堂展示，交流中学语文、小学数学、中学生物等学科工作室工作经验。市教委、首都师大和区教委领导，全市各区县代表，全区中小学教师代表500人参加会议。通州区2011年开始实施“名师培养工程”，成立23个学科工作室开展培训。学科工作室分别由首都师大等高校专家担任指导教师，采取专家讲授、案例研究、网络参与研讨与交流、现场观摩、参观考察方式开展培训。

（王晓宇）

【合作举办教科院通州第一实验小学】 10月，通州区教委、北京教科院就继续合作举办北京教育科学研究院通州区第一实验小学签订协议。协议明确，通州区教委利用北京教科院品牌设立北京教科院通州第一实验小学，并将学校作为北京教科院科研实践基地，北京教科院利用资源优势对学校发展提供智力支持。双方每学年召开实验学校工作会沟通合作进展与需求，将学校办成北京市知名、通州区一流、科研特色鲜明的学校。协议合作周期6年。该校2003年10月成立，建校伊始即与北京教科院合作举办。

（张如燕）

职业与成人教育

【概况】 2013年，通州区职业高中3所，其中，教育部门办学1所、民办2所。毕业615人，招生89人，在校生1252人。教职工174人，其中，专任教师124人。3所职业高中占地面积1.92万平方米，建筑面积8万平方米，图书室藏书11.73万册，固定资产总值4200.13万元。成人教育单位57个，其中，成人教育中心1个、区教委辖管乡镇成人学校11个、其他培训机构45个。教职工972人（不含外聘教师），其中，专任教师652人。乡镇成人学校总占地面积6.82万平方米、总建筑面积1.48万平方米，图书馆藏书4.63万册，计算机480台，固定资产总值849.63万元。

（勾庆祥）

【召开建设学习型新城区工作会议】

1月17日，通州区召开学习型新城区领导小组工作会议。会议总结2010年以来创建工作情况，部署2013年创建学习型新城区工作计划。会议希望领导小组各成员单位要加强领导、提高认识，强化管理、落实责任，加大督导检查和培训工作，以学习促发展、以学习促改革、以学习促和谐，为打造功能完备的首都城市副中心和建设学习型新城区营造更活跃的学习氛围。会议集中表彰46个市、区级创建学习型组织先进单位，14个市、区级首都市民学习品牌，53名市、区级“首都市民学习之星”。马驹桥镇、区药监局、区教师研修中心从不同角度交流创建学习型组织工作经验。区建设学习型新城区工作领导小组和领导小组办公室全体成员，区创建学习型组织先进单位，各乡镇教委办主任、成人学校校长160人参加会议。

（姜梦笔）

【组织毕业生顶岗实习】 3至6月，北京新城职业学校应届毕业生参加顶岗实习。通过学生自愿报名，用人单位面试，该校4个专业101名学生参

加实习。其中，学前教育专业19名毕业生在通州区瑞丁国际双语幼稚园等3个幼儿园顶岗实习。汽车运用与维修专业42名毕业生在东方时尚驾校修理厂等6个单位顶岗实习。计算机专业5名毕业生在联想集团等3个单位顶岗实习等。

（何华）

【举办家政服务培训班】 4月2至28日，通州区于家务成人文化技术学校与乡社保所联合举办家政服务培训班。培训班共两期，每期12天，聘请北京中房职业技术学校专业教师授课。学习内容包括食品烹饪、家用电器保养、老人与婴儿护理等，每期96学时，合格后发给学校结业证。全乡76名以家庭妇女为主的学员参加学习。

（王欢）

【举办纵横码输入法培训】 4月15日至7月10日，通州区永顺成人文化技术学校举办纵横码输入法实用技能培训。该培训班每周安排一次集中培训学习，每次3课时，由学校专职教师负责授课、辅导。学习结束经过考核发给结业证书。潞邑社区30名居民参加学习。

（苏维进）

【开展行业管理安全培训】 4月17至19日，通州区成人教育中心开展商务行业安全生产培训。培训聘请首都师范大学讲师讲解《安全生产法》《消防法》《北京市安全生产条例》等法律法规。区属商业零售及餐饮经营单位主要负责人和安全管理人员257人参加培训，经考试全部获得安全生产管理资格证书。

（刘晓龙）

【举办美丽的职业梦演讲比赛】 4至6月，通州区教委举办“通州区中等职业学校我美丽的职业梦”演讲比赛。比赛以“中国梦、我的梦”为主题。经学校推荐，9名选手参加全区

决赛，最终评出一等奖2人、二等奖3人、三等奖4人。新城职业学校300名学生观摩决赛。

（何华）

【举办科学育婴培训班】 5月7日，通州区永顺成人文化技术学校举办科学育婴培训班。培训班通过北京育婴培训之家聘请的高级育婴师担任授课教师，每周授课2次，每次4学时，共5周40学时。培训通过实际案例介绍、面授辅导，讲解科学育婴知识。结业后发给学校培训证书。辖区内35名居民学员参加学习。

（苏维进）

【举办农民文艺中专班】 5月17日，通州区农广校农民文艺中专班台湖镇东下营村班开学。农民文艺中专班是市农广校组织实施的文化驻乡工程，属于中等专业3年学历教育。招生对象为农民，采取集中授课与分散自主学习相结合方式教学，实行弹性学制。开设课程包括曲艺创编、电子琴、计算机等5门。修业期满，成绩合格学员可以取得市农广校社会文化艺术专业中等学历证书。台湖镇25名农民学员参加学习。

（刘晓龙）

【召开创建学习型新城区现场会】 9月18日，通州区召开创建学习型新城区开放单位及参观单位现场会，学习、观摩优秀开放单位的创建经验。会上，区人力社保局介绍创建学习型机关经验，播放《学习实践追梦》学习型机关建设专题片。会议肯定人力社保局学习型机关创建工作经验，要求各单位对照北京市评估指标体系查找不足，“定责任、定时间、定标准”，迎接北京市创建学习型城市检查。市教委、区委、区学习办领导，学习型城区建设工作开放单位、参观单位负责人共50人参加会议。

（姜梦笔）

【组织成人高考】 10月26至27日，通州区教委组织2013年北京市成人高校招生统一考试。成人高考分为高起专、高起本、专升本三种类型。通州区考生总数7662人，设有10个考点共262个考场。至12月，成人高校录取6458人。

（王晓宇）

【召开创建学习型组织表彰会】 11月1日，通州区召开2013年创建学习型组织总结表彰会暨全民终身学习活动周启动会。会议总结2013年创建学习型组织工作，认为全区各单位坚持在实践中探索、在创新中发展，在深化中形成“工作学习化、学习工作化、工作学习一体化”良好氛围，形成全区各单位齐抓共建、积极参与和全区多元组织、全民参与创建良好局面。会议表彰各类创建学习型组织先进单位72个，区级市民学习品牌9个，通州区“市民学习之星”103人。会议宣布通州区全民终身学习活动周启动。活动周期间，各单位采取网络学习、数字化学习等多种方式开展主题学习活动。会议还邀请学习型城市研究中心讲师举办创建学习型城区迎评工作培训。区委、区政府领导，全区委办局和乡镇街道代表等180人参加会议。

（杨海涛）

【成立成人学校联合工会】 12月10日，通州区乡镇成人文化技术学校联合工会委员会成立大会在台湖成人文化技术学校召开。11所乡镇成人文化技术学校全体教职员工参加会议。会议选举产生通州区乡镇成人文化技术学校联合工会委员会主席、经费审查委员、女职工委员和执行委员。联合工会是维护成教职工合法权益，保持职工队伍团结稳定，促进区成人教育发展的公共组织。区总工会、区教委、区教育工会等负责人参加会议。

（王莉）

教育督导

【概况】 2013年，通州区政府教育督导室设1室（办公室）2科（督政科、督学科），工作人员8人，兼职督学4人。年内，教育督导室以促进教育质量提高为核心，以改革创新为动力，推进教育督导的科学化、专业化和规范化发展，完成教育督导管理制度汇编，聘请4名兼职督学。加强督政工作，完成乡镇政府、街道办事处、有关委办局落实素质教育责任目标年度考核工作，完成11个乡镇落实学前教育三年行动计划、中小学三年行动计划及校外教育工作情况随访督导，完成4个街道办事处落实学前教育三年行动计划情况和学习型组织建设情况随访督导工作。做好督学工作，开展全面实施素质教育综合督导和各类专项督导，完成素质教育年度绩效考核工作，开展学前教育三年行动计划落实情况专项督导，对部分民办学校进行随访督导，完成特殊教育、职业教育随访督导以及校外教育工作督导。完成国家基础教育质量监测工作，协助北京教科院完成通州区义务教育阶段学生学习生活状况调查工作等。

（董迎春）

【举办专兼职督学业务培训】 3月26日，通州区教育督导室举办业务学习培训。培训邀请督政工作负责人以讲座方式讲解督政工作的内涵、工作内容、工作范围、工作方式。结合通州实际学习《关于对各乡镇、街道、有关委办局及其领导干部落实素质教育责任目标情况进行考核的意见》等相关文件及教育法律法规。区教育督导室全体专兼职督学12人参加学习。

（董迎春）

【随访督导民办小学】 4月18日，通州区教育督导室随访督导马驹桥镇红星小学和潞城镇古城小学。随访期间，督导组听取校长工作汇报、查阅相关档案资料、察看校园环境和教育教学设施设备，了解学校全面实施素质教育情况。督导组肯定学校的办学方向，就学校管理和教学工作提出相关指导性意见。区教育督导室专兼职督学10人参加督导。

（董迎春）

【随访督导6所幼儿园】 4月23至25日，通州区教育督导室随访督导张家湾镇中心园等6所不同类型幼儿园。督导组通过听取园长汇报、交流座谈、查阅相关档案资料、观看幼儿活动、察看幼儿园环境、设施设备，了解幼儿园全面实施素质教育情况。督导组就幼儿园两支队伍建设、一日生活、家园共建等进行指导规范。区教育督导室专兼职督学11人参加督导。

（董迎春）

【考核全面实施素质教育工作】 6至8月，通州区教育督导室完成2012至2013学年度教育单位全面实施素质教育工作考核。考核涉及全区中小学、幼儿园、职业学校、成人学校、区教委直属单位共98个单位。经学校申报、区教育督导室初评、领导综合评议等程序，32个单位获得优秀（只评优秀级）。全面实施素质教育工作年度考核始自2009年。

（董迎春）

【市督导组考察学前教育】 10月9日，

市教育督导室督导组考察通州区学前教育工作。督导组查阅相关资料，实地考察张家湾中心园等5所幼儿园。督导组对通州区学前教育工作予以肯定，对学前教育三年行动计划实施成果给予高度评价。自2011年实施学前教育三年行动计划以来，通州区新增幼儿园53所，增加学位16440个，户籍适龄儿童学前三年入园率达到96.6%。

（董迎春）

【专项督导学校体育工作】 10月11至25日，通州区教育督导室专项督导全区中小学校体育工作。督导组通过听取校长汇报、与学校领导干部座谈交流、查阅相关资料、组织教师和学生问卷调查，全面了解学生每天一小时校园体育活动落实情况。在肯定成绩的同时，督导组提出进一步提高体育教学实效性等建议。区教育督导室专兼职督学12人参加督导。

（董迎春）

【交流乡镇素质教育工作】 11月28日，通州区教育督导室召开2013年落实素质教育乡镇责任目标工作汇报会。会上，各乡镇主管教育工作乡镇长从教育地位、经费投入、教育资源等方面，交流汇报落实素质教育责任目标情况。区教育督导室总结各乡镇工作成绩，希望各乡镇注重镇域内各类教育内涵发展，逐步打造教育品牌，形成新的亮点。区教育督导室、区教委领导，全区各乡镇代表34人参加会议。

（董迎春）

【视导特教中心工作】 12月3日，通州区教育督导室视导区特教中心。视导组听取特教中心工作汇报，视察校园文化和校园环境，检查中心档案工作，观看师生课间操，参与师生健身活动，随机走进课堂听课。视导组就学校工作成绩和不足与学校充分交流意见。区教育督导室专兼职督学10余人参加视导。

（董迎春）

中共通州区委教育工委

书　　记　张绍武

通州区教育委员会

主　　任　张绍武

通州区政府教育督导室

主　　任　李少杰

顺　义　区

总　类

【教育工会召开年度工作会】 3月1日，顺义区教育工会召开年度工作会。会议部署2013年重点工作，表彰工会工作先进集体。邀请市教育工会作《全面贯彻十八大精神，做好工会教代会工作》专题报告，围绕“全面把握十八大精神”“十八大新意”“努力做好工会教代会工作”三个板块，分析十八大召开历史背景，指出各级工会要在维护教职工权益、推进民主管理、建设职工之家工作中有所作为，办好师生满意的学校。区总工会、区委教育工委、区教育工会领导和全区教育系统200名基层工会干部参加会议。

（黄杰）

【完成教育系统技防监控普查】 3至7月，顺义区教委完成教育系统技防监控调研普查工作。普查面向全区中小学校、幼儿园及有关单位，共118家单位上报数据。统计结果显示，全区教育系统监控摄像机共2767台，其中，正常使用2602台。大多数单位监控状况使用正常，仅有少部分单位技防系统设备老化、维护不当，很难达到使用效果。对不能使用的摄像机区教委要求限期修复。

（闫志杰）

【举办全国班主任高峰论坛】 4月27

至28日，全国第三届班主任高峰论坛暨“杨镇一中”杯全国中小学班主任风采展示赛举行。活动由《中国教师报》、顺义区教委主办，比赛分为“我的教育故事”“情境问答”两个环节。其中“我的教育故事”班主任风采展示活动，评出特等奖4人、一等奖10人、二等奖20人。来自北京、天津、河北等省市的中小学校长、德育干部、中小学班主任800人参加活动。论坛期间，校长、学生、家长代表以及中国特色品牌学校共同体负责人分别发言，北京市十一学校亦庄分校校长作“寻找另外一种教育力量”专题讲座。

（刘晓英　金英　张晓宪）

【区教委与两所师范院校合作办学】 6月18日，顺义区教委分别与首都师范大学、北京师范大学签订合作办学协议。依据协议，首都师大在顺义区第十三中学（原北小营中学）设立“首都师范大学首都基础教育发展研究院教育研究基地”，北师大在顺义区第十一中学（原俸伯中学）设立“北京师范大学教育管理学院教学与研究基地”。顺义区有关领导和北师大、首都师大领导参加签字仪式。

（李士文　徐振阳）

【西辛小学教育集团成立】 8月7日，西辛小学教育集团成立。经顺义区教委批准，西辛小学教育集团由西辛小学、仁和中心小学组成，实行分年级分校区级部办学。即集团内成员校法人及行政隶属关系不变，各校区挂集团学校校牌；实行集团校长负责制，集团校长对各校区实行一体化管理，集团内学校实行管理互通、人员流动、研训联动、质量同进、文化共建、项目合作、捆绑考核。

（关爱民）

【石园小学教育集团成立】 8月26日，石园小学教育集团成立。石园小学教育集团由石园小学、港馨小学、河南村中小组成，实行分年级分校区级部办学。石园小学1993年建成并投入使用，开设教学班12个，在校生330人，教职工39人。学校1994年更名为顺义师范附小，1998年顺义师范停办，复名为石园小学。港馨小学2007年9月1日建成并投入使用，学校占地面积10000平方米、建筑面积8000平方米，开设教学班12个，在校生400人，教职工38人。河南村小学始建于1931年，1999年前隶属于平各庄乡辖中心小学，后隶属于仁和镇辖中心小学，设有初级小学和幼稚班，教职工8人。

（周君姝　张梅）

【规范合同审核和备案管理工作】 8月27日，顺义区教委制定《顺义区教育委员会合同备案审核管理办法》。管理办法从合同审核备案办公室职责、合同签订单位职责、送审合同类型、合同标的金额标准、报表报送、合同审核备案三级管理制度对合同审核备案进行严格规定。对不按规定报送审核备案合同的，视情节和造成的后果，由有关部门追究其行政责任。全年所属基层单位送审合同559份，律师出具法律意见书521份，修改后备案合同429份，其中重大合同149份在区法制办备案。

（杜鹏程）

【成立教育宣传中心】 9月1日，顺义区教育宣传中心成立。该中心主要工作职责：负责教育宣传工作，协助监测教育舆情，应对突发教育新闻事件，编辑出版内部教育刊物，指导学校宣传工作。该中心为正科级单位，编制5人。至年底，编辑《教育动态》5期、编发顺义教育信息14期，在顺义教育网站刊载动态新闻71条、图片新闻16条，在《顺义区情》（普刊）发表信息9条，在顺义网城发表新闻7条，组织基层学校师生在市级媒体刊发作品近30篇，组织基层单位征订2013年教育报刊《中国教师报》1344份，与顺义电视台合作拍摄《丰碑铸就绿港魂——顺义教育30年掠影》专题片。2011年1月20日，顺义区机构编制委员会批复成立教育宣传中心，批复后该中心没有启动运行。

（王艳霞　徐振阳　许立新）

【表彰首届十大师德楷模】 9月6日，顺义区委、区政府召开教师节庆祝暨首届十大师德表彰大会。会议表彰首届十大师德楷模，十大楷模代表交流先进事迹。首届十大师德楷模评选由区教育工会牵头组织，经单位推荐、专家评审、教职工网上投票产生。配合评选活动，区教育宣传中心与《现代教育报》、顺义电视台、顺义电台、《顺义时讯》联手，以专版、专题的形式报道“十大师德楷模”先进事迹。

（王艳霞）

【中小学生模拟法庭展示走进顺义】 10月30日，“北京市中小学生模拟法庭展示走进顺义”在西辛小学教育集团仁和校区举行。会议听取顺义区“六五”普法及法制工作汇报，观摩模拟法庭展示。活动中，学生模拟审判员、律师、原告和被告，严格遵照

法律程序，审理一起“校园伤害案件”并当庭宣判。市律师协会律师、区法院法官现场点评。市教委、市司法局领导，各区县教委主管领导，区内中小学主管法制工作干部教师，部分学生家长100余人参加会议。

（闫志杰　彭伟　马红莲）

【第三期名师工作室启动】 11月17

日，顺义区教委召开第二期名师工作室总结暨第三期名师工作室启动会。会议总结第二期名师工作室工作，宣布成立第三期名师工作室。会议表彰3名工作室优秀主持人，表彰7个杰出工作室，表彰73名优秀学员，为第二期288名学员颁发结业证书。启动仪式后，第三期名师工作室主持人及学员听取北京市中小学教师培训中心《教师自主成长的动力之源》主题报告。市教委、北京教育学院和顺义区教育督导室领导，全区各中小学校长、幼儿园园长和新老名师工作室主持人及其成员、中小学教师代表800人参加会议。

（方树东）

【支持民办学校发展】 至年底，顺义区教委采取措施鼓励支持民办学校发展。一是为民办学校配备党建学习资料。二是投资9万余元为15所民办幼儿园配备儿童读物3375册，各类适合儿童发展特点的儿童玩具135套。三是支持指导民办学校做好卫生防疫工作，区教委及中小学卫生保健所专业人员赴各民办学校业务指导，投资2

万元为学校配备消毒液和体温计。年内，顺义区共受理并办结各种民办许可事项7件。其中，新审批事项2件，终止办学事项1件，变更举办者、法人、校园长3件，变更办学地址1件。另有学校审批及终止办学事项4件正在办理中。民办学校总数94所。

（杨广田）

学前教育

【概况】　2013年，顺义区幼儿园78所，其中教育部门办园46所、集体办园17所、民办园13所、其他部门办园2所。离园幼儿4656人（教育部门办园3433人），入园幼儿5394人（教育部门办园4493人），在园幼儿16962人（教育部门办园13605人）；教职工2188人（教育部门办园1659人），其中，专任教师1229人（教育部门办园965人）。教育部门办园专任教师学历合格率100%，市级学科带头人1人，市级骨干教师4人，高级专业技术职务教师3人。全区一级一类幼儿园33所，北京市示范园5所，市级早教基地34所。学前三年教育普及率100%，0至3岁幼儿受教育率90%以上。幼儿园藏书23.95万册，园舍总占地面积27.54万平方米，总建筑面积12.77万平方米。

（周君姝）

【举办幼儿教师合唱比赛】　6月15日，

顺义区教委举办“贯彻十八大唱响中国梦——北京幼儿教师之歌合唱比赛”。比赛以公平、公开、公正为原则，采用现场打分形式进行。全区40所教育部门办幼儿园教职员工表演80个合唱节目。评出一等奖3个，二等奖5个，三等奖10个。

（李淑芳）

【新教师走进市级示范园】　6月25日，顺义区教委组织新教师走进市级示范园学习交流。活动中，新教师走进区内5所市级示范幼儿园观摩五大领域特色教学活动，区教研员针对幼儿五大领域发展特点、领域教学的核心价值进行现场讲解。该活动是顺义区新教师实习培训活动之一。全区200名新任教师参加活动。

（单小红）

【召开家庭教育空中课堂座谈会】　8月20日，顺义区教委召开儿童早期家庭教育空中课堂园长座谈会。会议听取儿童早期家庭教育空中课堂项目介绍和具体工作安排。该课堂为区教委与全国心系好儿童组委会合作举办的项目，为全区幼儿家长免费开通“儿童早期家庭教育空中课堂”，以免费彩信形式为不同年龄段幼儿家长发送育儿信息。全区万余名家长参与该项活动。会议认为，该课堂提高家长的教育观念和教育水平，使家园共育工作更加协调、统一。家长代表、幼儿园代表及相关机构人员代表近百人参加会议。

（单小红）

【举办“绘画与手工”基本功竞赛】

8月29至30日，顺义区教委举办幼儿教师“绘画与手工”基本功比赛。竞赛考核三项内容：现场命题的绘画和手工制作活动、回答问题、结合作品说课。全区42所幼儿园通过园内选拔共推荐44名教师参加区级竞赛。经评比，10人获得一等奖。

（祁静）

【3所幼儿园新园舍竣工】　8月，顺义区3所幼儿园新园舍竣工。其中，后沙峪幼儿园新园舍占地面积7666平方米，建筑面积3840平方米，可容纳班级12个，建园投入资金1495万元。北石槽中心幼儿园新园舍占地面积10575平方米，建筑面积2937平方米，可容纳班级9个，建园投入资金1280万元。西辛幼儿园新园舍占地面积3993平方米，建筑面积2830平方米，可容纳班级9个，建园投入资金1103万元。

（韩晓景）

【15所村办幼儿园开园】　9月1日，顺义区15所村办幼儿园开园。15所幼儿园共招收1042名适龄儿童入园，有效扩大公办性质学前教育资源覆盖面。15所幼儿园环境优美、生活设施与教学设备齐全、幼儿活动场地安全宽敞、图书玩具丰富。2012年，顺义区借北京市推进村办园建设契机，争取市级资金6800万元，在牛栏山镇、高丽营镇、后沙峪镇等11个试点镇28个村推动村办园建设工作。

（陈民强）

【举办园本教研现场展评】　10至12月，顺义区教委举办园本教研现场展评。活动突出全面性、开放性、互动性特点。全面性：通过听取业务园长教研工作汇报、查看教研档案资料、观看现场教研活动，全面了解园所教研工作开展过程、质量、时效性以及存在问题。开放性：展评现场向其他园所业务干部开放，引导姊妹园互相学习。互动性：教研员结合现场教研情况与业务干部和教师互动交流，以问题探讨、引领提升方式启发业务干部梳理工作思路。全区48所教育部门举办幼儿园参加活动，评出最佳展示奖20个、优秀展示奖28个。

（祁静）

【完成民办幼儿园年度考核】　11月19至25日，顺义区教委、区妇幼保健院、区民政局等部门组成考核小组，完成民办幼儿园年度考核。考核内容涉及依法办园、财务管理、食堂及安全、教学管理、卫生保健五个方面。检查组深入园所，通过听园长汇报、查看档案资料、教师座谈，对照“考核评价标准及细则”评审、打分。考核工作对特色工作给予肯定，对存在问题逐一指出，并提出限期整改意见。考核结果表明，各民办园能够坚持依法办园、保障教职工的合法权益，财务管理规范，办园条件逐年改善，教育教学质量有所提高，保教活动丰富多彩，卫生保健符合要求，安全保卫方案翔实、设施齐备。全区15

所民办幼儿园参加考核，全部合格。

（陈艳清　杨广田）

【新增幼儿园学位 5570 个】　至年底，顺义区新增幼儿园学位 5570 个。其中，改扩建公办园 4 所新增学位 320 个，新接收小区配套公办园 4 所新增学位 1080 个，新建村办园 15 所新增学位 3750 个，新建部门办园和民办园 2 所新增学位 40 个。

（陈民强）

基础教育

【概况】　2013 年，顺义区小学 42 所，教学班 1045 个；毕业 5317 人，招生 7451 人，在校生 38146 人，在校生中北京市户籍学生 21369 人；教职工 2815 人，其中，专任教师 2262 人；小学入学率 100%，巩固率 100%，毕业率 100%，及格率 100%。中学 38 所（初中 23 所、完中 3 所、高中 5 所、一贯制 7 所），教学班 787 个（初中 467 个、高中 320 个）；毕业 9484 人（初中 5295 人、高中 4189 人），招生 9780 人（初中 5787 人、高中 3993 人），在校生 28484 人（初中 16656 人、高中 11828 人），在校生中北京市户籍学生 22515 人；初中入学率 100%，巩固率 100%，毕业率 100%，及格率 100%；高中入学率 86.7%，毕业合格率 77.86%，应届毕业生高考录取率 93.40%；教职工 4397 人，其中，专任教师 3312 人。特殊教育学校 2 所，开设班级 25 个，结业 18 人，招生 72 人，在校生 261 人；教职工 132 人，其中，专任教师 79 人；另有随班就读生 164 人（小学 96 人、初中 68 人）。校外教育单位及其他教育单位 10 个，教职工 339 人，专任教师 322 人。公办中小学专任教师学历合格率 100%，特级教师 15 人（小学 1 人、中学 14 人），高级专业技术职务教师 1094 人（小学 21 人、中学 1073 人）。校舍总占地面积 329.45 万平方米，总建筑面积 106.06 万平方米。公办中小学图书馆藏书 272.47 万册，电子图书 2433 片，中小学固定资产总值 150242 万元。全年教育经费投入 14.52 亿元，其中，国家拨款 14.39 亿元，自筹经费 0.13 亿元。

（周君姝）

【总结基础教育课程建设工作】　1 月 15 日，顺义区教委召开基础教育课程建设工作总结暨表彰大会。会议表彰 3 所“北京市基础教育课程建设先进单位”学校、7 名北京市基础教育课程建设优秀成果一等奖获奖教师，15 名北京市基础教育优秀课堂教学设计一等奖获奖教师、8 名顺义区首届校本课程优质录像课一等奖获奖教师。会议总结上年基础教育课程建设工作，就本年基础教育课程建设工作提出具体要求，邀请北京十一学校举办《从问题出发，构建适合学生个性化发展的课程体系》专题讲座。区教委、区教研中心领导，各中小学代表 240 人参加会议。

（王沛慧　王继霞）

【推进协商式视导工作】　4 月 8 日，顺义区教研中心协商式视导工作小组到石园小学视导。中心 11 个学科 20 名教研员针对该校 38 名教师的课堂教学活动进行针对性诊断指导，并与授课教师及参与听课教师分组研讨，肯定教师授课中的亮点，针对课堂教学过程中存在问题提出改进建议。学校汇总反馈意见，并与教研人员共同制定具体改进措施。协商式视导是顺义区教研中心近两年提出的视导新举措，通过视导前协商主题、视导中针对主题明确诊断、视导后总结问题协商制定改进措施，提高视导针对性与时效性。

（许冬梅）

【举办走进特色校活动】　5 月 15 日，

顺义区教委在光明小学举办“走进特色校建设示范校暨优质校建设成果展示”活动。活动分为社团展示、现场课、特色校建设论坛三个板块。首都师大优质校建设项目组专家，区教委领导和区内各小学负责特色建设领导 60 人参加活动。12 月 11 日，顺义区教委再次开展特色校展示活动——走进李桥中心小学。

（刘强　王秀伶　霍艳华）

【举办“做智慧型班主任”专题论坛】　6 月 5 日，顺义区教委举办“做智慧型班主任”专题论坛暨顺义区首届中学骨干班主任研修班结业展示活动。会议听取研修班《智慧型班主任专业成长的研修实施》总结发言，交流 3 名教师教育故事，观摩 9 名教师“做智慧的班主任”现场辩论赛，为 33 名学员和 10 名优秀学员颁发证书。首都师大、顺义区教委、区教研中心领导，各中学代表及该研修班全体学员参加会议。中学骨干班主任研修班由顺义区教委和首都师大联合举办，区教育研究考试中心承办。2010 年经过学校推荐、区教委审核和面试，16 所中学 36 名中学班主任参加培训。两年来，培训班学员在专家引领下，通过听取专家讲座、观摩考察、下校实践等方式，研究智慧型班主任成长道路。最终研修成果《班主任专业智慧：基于培训的实践与思考》由首都师大出版社出版。

（杜学芬）

【名校深度培训结业】　6 月 28 日，

顺义区名校深度培训结业仪式在史家胡同小学举行。会议围绕名校深度培训工作，听取培训学员代表《深度浸润、体悟和谐、逐梦教育》汇报。会议要求要求挂职干部教师认真梳理培训收获，立足本职岗位，在实践中不断深化学习内容，将培训效果转化为工作效率。顺义区教委、史家胡同小学有关领导，10 名挂职培训学员参加会议。2012 年，顺义区教委与史家胡同小学联合开展“名校深度”岗位挂职培训。每期培训 1 年，10 名来自顺义不同学校教师在史家胡同小学挂职学习。其间，挂职学员通过随堂听课、参加座谈、观摩活动、列席会议，以及到校长办公室、教务处、教导处等部门办公，走访东城区特色小学等多种形式，学习史家胡同小学优秀办学经验。年内，顺义区还与黄城根小学联合实施“名校深度”培训，与史家小学实施第二届“名校深度”培训。

（杨树华　王志良）

【推进食堂食品原材料集中采购】 7月11日，顺义区教委召开食堂食品原材料集中采购座谈会。会议总结上年食品原材料集中采购工作经验教训，决定通过职能部门联动，严格招标程序推进学生食堂食品原材料集中采购工作。会议确定12家学生食堂食品原材料供货单位，其中新增3家蔬菜供货商和1家鸡肉供应商。全区教育系统基层单位主管领导和相关职能部门代表参加会议。

（闫志杰）

【4所学校新校舍竣工】 7月和8月，顺义区4所学校新建校舍竣工。其中，俸伯中心小学新校舍7月竣工，占地面积1.82万平方米、建筑面积1.08万平方米，可容纳班级24个，建校投入资金5548万元。仁和中心小学新校舍8月竣工，占地面积2.13万平方米、建筑面积1.08万平方米，可容纳班级24个，建校投入资金3857万元。木林中心小学新校舍8月竣工，占地面积4.19万平方米、建筑面积1.92万平方米，可容纳班级36个，建校投入资金7895万元。南彩学校新校舍8月竣工，占地面积5.86万平方米、建筑面积2.23万平方米，可容纳班级36个，建校投入资金7915万元。

（韩晓景）

【首家半寄宿制小学运行良好】 9月，顺义区木林中心小学改扩建后投入使用，该校是顺义区首家半寄宿制小学。半寄宿制是指学生在学校吃一顿午饭，从早上到校一直到下午放学，学生的学习、娱乐都在校园里进行，中午学校安排学生在校进行午休。学校设有可容纳800人同时就餐的餐厅和可供1000人住宿的学生公寓。年内，学校在校生600人，其中，520人在校就餐并午休。午餐费按高中低年级分别收取。高年级每人每月200元，中年级190元，低年级180元。午餐搭配科学，每顿菜品一荤一素，主食不限量，外加水果和酸奶。木林中心小学为顺义区规划建设的6所寄宿制（半寄宿制）学校中的一所。

（徐振阳）

【总结优质学校建设项目工作】 10月

11日，顺义区教委召开优质学校建设项目总结交流会。会议报告项目总体研究情况。杨镇二中、李桥中学、顺义五中等校围绕系统思考的思维方式、自主文化建设、办学能力提升三个主题举办专题展示。会议指出，该项目激活教师工作创造力，促进学生自主合作式学习开展，让学生体验到学习的成功与喜悦。房山、密云、怀柔、平谷、延庆、大兴、通州、门头沟8个区县的区域教育合作项目组成员和区内各中小学等相关单位200人参加会议。该项目2009年5月由首都师大首都基础教育发展研究院与顺义区教委合作开展，重点内容是由双方人员组成联合项目组，对顺义五中、杨镇二中、李桥中学、南彩学校和俸伯中学开展持续、系统的优质学校建设。

（王艳霞　顾军荣　李广文）

【城乡教育一体化发展课题结题】 11月1日，顺义区教委在顺义十三中召开探索城乡教育一体化发展有效途径结题现场会。会议听取《城乡联动资源共享——大力推进区域教育一体化优质发展》结题汇报，牛栏山一中联盟、顺义一中联盟、杨镇一中联盟和顺义十三中就探索城乡教育一体化发展有效途径的实际情况分别交流经验。项目组专家肯定顺义区研究实验坚持高站位思考、高起点谋划、高标准要求，纵向上与高校和市区名校联合、横向上城乡学校区域联动，切实发挥示范校辐射带动作用，全面深化教育改革，有效推进区域教育现代化进程。会议同意课题结题。北师大等单位专家、北京市探索城乡教育一体化有效途径项目组，区教委领导和全区各中小学领导100人参加会议。

（王继红　杨华　孟海芹）

【18所学校操场向市民免费开放】 11月起，顺义区18所中小学校操场向市民免费开放。开放时间为双休日和节假日的6：00～11：00、14：00～20：00。18所学校均挂有“社区教育资源开放共享单位”标示牌，并将学校运动场开放使用须知提示牌悬挂于室外运动场地入口处，提醒社区居民场地开放时间、活动项目等规定与注意事项。

（徐振阳）

【成立特殊教育工作室】 12月10日，

顺义区教委成立特殊教育工作室。工作室任务是发挥优秀教师资源凝聚、辐射、指导作用，围绕“特殊教育发展”“教师专业发展”“随班就读发展”等问题，通过扎实有效的工作，将工作室建设为促进特殊教育教师专业发展的平台和教育科研的前沿阵地，推动全区特殊教育教师队伍建设。工作室首期聘请专家3人，12名教师参加培训。工作室3年一期。

（武红静　侯庆辉）

【接收两所配套小学】 至12月，顺义区教委完成两所配套小学接收工作。其中，顺义一中附小建筑面积1.73万平方米，占地面积2.21万平方米，可容纳班级24个。学校室内装修改造投入资金2198万元，其中市级资金500万元。牛栏山第二小学建筑面积9830平方米，占地面积12287平方米，可容纳班级24个。学校室内装修改造投入资金1162万元，其中市级资金500万元。

（韩晓景）

【三项措施治理有偿家教】 至年底，顺义区教委采取三项措施治理在职教师校外兼课和有偿家教行为。一是健全制度规定。制定《严禁在职公办教师有偿家教和违规办班补课的意见》，明确提出“八个严禁”要求，对违规教师师德考核实行“一票否决”。二是广泛宣传教育。通过全区教育系统视频会议，面向全体教师详细解读相关要求，强调违规行为界定与处罚措施。三是强化监督检查。安排各镇、街道教育助理，寒假期间对属地区域内社会办学情况摸底排查，同时组织人员对全区民办学校进行地毯式检查，及时查处公办教师兼职行为以及各类违规办班现象。

（杨守丰）

【落实中小学建设三年行动计划】 至年底，顺义区教委完成中小学建设三年行动计划年度工程。该计划共改造学校 24 所，总建筑面积约 38.7 万平方米，总投资约 17.1 亿元（计划争取市级资金 15.1 亿元，区级资金 2 亿元）。至年底，完工项目学校 2 所 30231 平方米（牛栏山一中实验学校 24333 平方米、仁和中学 5898 平方米）；在施工项目学校 4 所 57912 平方米，分别是沿河中心小学校 17357 平方米、杨镇中心小学校 4200 平方米、杨镇第一中学 30000 平方米、顺义九中 6355 平方米。

（韩晓景）

职业与成人教育

【概况】 2013 年，顺义区职业高中 5 所，毕业 731 人，招生 746 人，在校生 2307 人。职业高中占地面积 102.86 万平方米，建筑面积 4.71 万平方米，固定资产总值 7377 万元。公办中职学校全年教育经费投入 9842.90 万元，其中，国家拨款 9533.30 万元，自筹经费 309.60 万元。各级各类成人学校 485 所。其中，成人学历教育学校 3 所，各层次学历教育累计招生 4000 人，在校生 12300 余人；教职工 92 人，其中，专任教师 76 人；社区学校 6 所（无专职教师），农村成人教育学校 445 所，民办成人培训学校 31 所。

（李建生　王振宇）

【举办个人理财公益大讲堂】 3 月 31 日，顺义电大举办“个人理财公益大讲堂”。活动聘请北京电大金融学教授作为主讲教师，围绕赚钱花钱、投资理财、生涯规划等社会热点话题，结合常见理财问题案例，为学员讲解什么是理财，为什么要理财，怎样理财等方面的内容。200 名顺义电大学生听取讲座。

（张静）

【举办教师基本功竞赛】 3 月，顺义区教委举办职业院校教师基本功竞赛。竞赛内容包括公共项目和专业项目，其中公共项目为撰写教学设计、板书，专业项目为汽车运用与维修、计算机应用、财务管理等 12 个专业。竞赛采取现场抽签、现场做课、现场答辩方式进行。全区 7 所职业学校 40 名选手参加竞赛，最终 10 人获得一等奖。

（雒新颖　刘胜利）

【评选优秀教研组】 3 月，顺义区教委评选优秀教研组。评选采取学校初选上报、区级复选评比方式进行。评选将教研组建设、教研活动和教研绩效按照 1∶7∶2 的权重折合成百分评比。全区 5 所职业学校推荐 20 个教研组参加评选，最终评选出优秀教研组 10 个。

（雒新颖　刘胜利）

【顺义一职成立优秀毕业生演讲团】 4 月，顺义一职成立优秀毕业生演讲团。10 名该校优秀毕业生参加演讲团，通过职场感悟演讲，介绍职场应具备的礼仪礼貌、诚信、团队合作等知识。至年底，优秀毕业生演讲团演讲 3 次。

（刘胜利　聂立伟）

【举办社区志愿者管理培训】 6 月 18 至 21 日，顺义电大与顺义区民政局合作举办社区义工服务志愿者管理培训。培训聘请北京惠泽人咨询服务中心承担授课任务，采用参与式实战演练模式，通过团队建设、自我管理、头脑风暴、案例研讨、情景活动方式进行。顺义区各镇、街道办社区工作人员 185 人员参加培训。

（张静）

【举办家庭疾病预防公益大讲堂】 10 月 21 日，顺义电大分校在裕龙三区举办家庭疾病预防公益大讲堂。培训基于“保健重于预防，预防重于治疗”现代保健医疗理念，聘请区医院讲解家庭疾病预防知识，介绍常见老年疾病。裕龙三区离退休人员和社区老年居民 200 人参加学习。

（张静）

【开展阳光工程技能鉴定考试】 10 月 25 日和 29 日，顺义农广校开展阳光工程技能鉴定考试。考核由特有工种职业技能鉴定站（农业 015）组织，该校阳光工程农村劳动力培训班 680 名学员参加考核。考核工种包括蔬菜园艺工、动物疫病防治员、家畜饲养工。考场设在北石槽镇、杨镇和顺义农广校共 19 场次，分为笔试与实操两部分。最终，637 人通过考试职业技能等级鉴定考试，分别获得蔬菜园艺工、动物疫病防治员、家畜饲养工从业证书。

（陈更硕）

【举办农技员专项技术培训班】 11 月 11 日，顺义区全科农技员专项技术培训班在顺义农广校开班。第一期学员 160 人参加学习。本年顺义区劳动力培训阳光工程计划在全区范围内开展农业专项技术培训和农业职业技能培训，培训学员 600 人。该培训即劳动力培训阳光工程计划内容之一。

（陈更硕）

教育督导

【概况】 2013 年，顺义区政府教育督导室对 19 个镇政府和 6 个街道办事处进行“落实教育法规履行教育职责”联合督导。完成42所幼儿园全面实施素质教育情况综合督导。聘请市、区专家参与督导，探索普通高中借力式诊断性督导模式。对特殊教育学校、少年宫进行调研式督导，以督学责任区形式，对全区所有义务教育学校开展专项督导，对部分中小学校贯彻落实市区减轻学生过重课业负担情况进行专项督导。高水平接受市教育督导室对区教育督导工作专项督导。完成“中小学督导评价网络平台建设与应用的研究”等督导调研与科研项目15个。

（王跃文）

【考核乡镇街道履行教育职责情况】 1月21至24日，顺义区教育督导室完成2012年度镇政府街道办事处依法履行教育职责情况考核工作。依据顺义区2012年度镇（街道）绩效管理集中考核工作方案，区教育督导室统筹，区发改委牵头、各相关委办局参与，分三组对全区19个镇、6个街道办事处集中进行绩效考核。督导检查发现，各镇、街道均成立以镇党委书记、街道办事处工委书记为组长，以主管教育副职为副组长，由公安、工商、卫生等相关部门一把手为成员的教育工作领导小组，下设办公室负责推进素质教育各项具体工作。各镇、街道维护校园周边环境，为学生创造良好学习成长环境，保证学校教育教学秩序。市民学校在开展社区教育工作中，创新工作模式，通过开展丰富多彩文体活动提高市民素质。各镇、街道配合学校每学期对学生进行一至两次法制教育，各村设法治宣传员或青少年广播站，强化对青少年校外教育。2012年，区、镇两级政府和教育行政部门，加大农村幼儿园基础设施建设力度，改扩建村办园20所，有效缓解当地幼儿入园难问题。

（王跃文）

【调研式督导特殊教育】 3月22日，顺义区教育督导室对特殊教育学校进行调研式督导。督导主要内容是学校硬件建设与使用、经费投入与使用、干部教师队伍、学校管理、档案资料、工作绩效与特色。督导组听取特教学校工作汇报，实地考察学校设备、设施及环境，随机听课3节；访谈干部2人、教师6人。督导组经过汇总分析，向学校提出督导意见。

（王跃文）

【督导幼儿园素质教育工作】 5月9日，顺义区教育督导室召开幼儿园全面实施素质教育综合督导总结会。各组专兼职督学分别总结所负责项目，肯定各园工作亮点和特色，查摆有关问题。各组督导结果显示：全区幼儿园落实全面实施素质教育工作，工作有特色、有亮点。全体专兼职督学和各幼儿园代表参加会议。此前，顺义区教育督导室分三组对全区42所幼儿园进行全面实施素质教育情况综合督导。督导组通过听取园长汇报，查看半日活动，组织教师问卷、座谈，组织家长访谈，查看档案资料，查看幼儿园环境、食堂、睡眠室等途径，全方位、多角度了解幼儿园贯彻落实国家、北京市教育发展规划纲要和顺义区学前教育三年发展规划情况。

（王跃文）

【专项检查职成教工作】 6月13至14日，顺义区教育督导室开展职业教育成人教育工作专项检查。督导组检查顺义一职、汽车职高、农广校等全部区属职业教育、成人教育学校，通过听取各校校长工作汇报、开展师生座谈会、查看学校档案资料以及师生获奖情况等，评价各校一年来工作情况。其中，重点检查学生管理、班主任队伍建设、顶岗实习学生管理、提高学生技能方面的措施、成效、问题和工作设想。督导结果表明，各学校将德育与就业指导工作有机结合，树立多元人才观，发挥师生主观能动性、挖掘师生潜能，为顺义区经济社会发展作出贡献。

（王跃文）

【完成首次校外教育调研式督导】 7

月20日，顺义区教育督导室组织专兼职督学调研式督导顺义区少年宫校外教育工作。督导组依照《北京市校外教育机构全面实施素质教育评价指标体系》全面检查少年宫工作，听取少年宫三年来校外教育工作汇报，随机查看教育活动4节，实地考察教学设备、设施及环境，访谈干部2人、教师6人，查阅相关档案资料。督导结果表明，少年宫开设“绿港小天使”艺术团、开办学前艺校等做法丰富校外活动领域，取得成功经验。专兼职督学10余人参加督导调研。

（王跃文）

【开展义务教育均衡发展专项督导】

10月8日至11月6日，顺义区教育督导室开展义务教育均衡发展专项督导工作。专兼职督学分赴6个督学责任区，依照《顺义区义务教育均衡发展专项督导方案》，通过听取校长汇报，查看课程开设情况、“减负”情况等资料，实地查看专用教室、体育器材等配备及管理使用情况，开展学生问卷调查，专项督导全区义务教育学校。督导组肯定各学校在推进义务教育均衡发展方面取得成绩，提出部分学校存在的硬件设备配备管理不到位、学校特色不鲜明等问题。区教委领导和相关科室代表听取各组汇报。

（王跃文）

【接受财政教育投入使用专项督导】 12月13日，顺义区接受国务院教育督导团财政教育投入使用管理工作专项督导。督导组一行3人通过听汇报、座谈、实地考察等途径，了解顺义区财政教育投入使用情况。督导组认为，顺义区财政支出总额中教育经费所占比例随着国民经济发展逐步提高；教育财政拨款增长比例高于财政经常性收入增长比例、生均教育费用逐年增长、教师工资和生均公用经费逐年增长；财政教育投入向农村倾斜，向义务教育、职业教育倾斜，向困难家庭资助倾斜，向高素质师资队伍建设倾斜；统筹区域间教育协调发展、统筹城乡间一体化发展、统筹各类教育发展、统筹安排日常经费和专项经费、统筹硬件建设和软件建设的做法取得成功经验。

（王跃文）

【完成挂牌督导公示工作】 至12月31日，顺义区教育督导室完成挂牌督导公示工作。区教育督导室依据中小学校责任督学挂牌督导办法制订实施方案，设计、制作覆盖全区所有中小学的责任督学公示牌，面向社会公示责任督学督导职责。其督导主要内容包括校务管理和制度执行情况，招生、收费、择校情况，校园及周边环境整治情况，学生交通安全情况。

（王跃文）

中共顺义区委教育工委

书　　记　冯义国

顺义区教育委员会

主　　任　冯义国（10月免）

　　　　　刘克祥（10月任）

顺义区政府教育督导室

主　　任　姜华阳（10月免）

　　　　　李卫国（10月任）

昌　平　区

总　类

【召开史志工作座谈会】 1月18日，昌平区教委教育志办公室召开史志工作座谈会。会议邀请百善中学退休教师田世国交流编写《百善村史话》情况。田世国儿时因白石、白蛇、百善村名不同叫法的困惑而产生兴趣，1981年起坚持进行走访，利用业余时间逐渐收集文字、图片等资料，多方考证。退休后全身心投入到资料收集整理中，编辑完成《百善村史话》一书，填补村史研究的空白。田世国和区教育志办公室领导、教师8人参加座谈。

（韩玉霞）

【开展“社区文明小使者”实践活动】 2月，昌平区教委组织中小学开展“我的中国年——争当‘社区文明小使者’”主题实践活动。该活动包括六项内容：宣传中华传统美德知识及传统节日礼仪；开展文明用语、道祝福活动；参加公益活动；开展“春节——我身边的美德故事”征文活动；开展新春寄语网上征集活动；开展社区文明小使者先进个人评选活动。经过学校评选全区共上交征文308篇，其中，《不一样的暑假》入选《我的中国梦·北京少年美德故事汇》，并在国家大剧院参加宣讲。活动共评选2217名社区文明小使者先进个人。

（刘庆文）

【开展“我的中国梦”教育活动】 2至

12月，昌平区教委在全区中小学开展“我的中国梦”主题教育实践活动。一是开展中学生时事讲堂活动。二是组织“博物馆之春”活动。结合综合素质提升工程的推进实施，引导广大中小学生走进博物馆熟悉祖国历史。三是组织“我的梦·中国梦”网上畅谈活动。四是发挥“志愿服务”地方课程作用，开展学雷锋志愿服务月活动。五是开展“小人物正能量——寻找身边道德榜样活动”，通过同龄人的“中国梦”推动同伴教育，激发学生的正能量。六是评选学校文化建设示范校，推进学校文化建设。七是举办“美丽中国可爱北京”电子报设计活动，引导全区中学生通过设计和制作电子报，观察和体验北京生活。

（刘庆文　郎佩蔚）

【召开春夏季传染病防控工作会】 4月2日，昌平区教委、昌平区卫生局联合召开教育系统春夏季传染病防控、食品安全工作会。会议总结2012年卫生工作，并提出今后工作要求。区疾控中心、区结防所、区食品办领导分别就传染病、结核病防控工作和食堂卫生工作举办讲座。会议印发《关于加强春夏季传染病防控工作的通知》《昌平区创建北京市卫生应急综合示范区任务分解表》及《食堂卫生安全责任书》。全区公、民办中小学和幼儿园卫生主管领导、食堂管理员和校医近500人参加会议。

（赵红良）

【完成年度教师资格认定工作】 5月4至7日，10月10至12日，昌平区完成2013年教师资格认定现场确认工作。其中，夏季教师资格认定网上报名484人，现场确认实际受理申请444人，173人通过测试，认定总数429人。秋季网上报名40人，现场确认实际受理申请32人，26人通过测试，认定总数29人。

（任蓉）

【举办“诚实守信”主题教育】 6至7月，昌平区教委开展以“诚实守信”为主要内容的教育活动。一是把诚信教育作为弘扬和培育民族精神教育、思想道德建设的重要内容，纳入学校德育和师德建设工作计划。二是确定诚信价值导向，将诚信价值导向作为学校生活重要原则。三是加强师德教育，使教师成为诚信楷模，坚决杜绝弄虚作假、营私舞弊行为。四是以高考、初中毕业和升学考试、小学毕业考试、小学质量监控以及学期末考试为契机，通过校会、班会、组织德育活动等形式，加强中小学生纪律教育，培养诚实守信品质。五是根据中小学生的生理、心理特点和认知规律，将诚信教育渗透到学科教学中。

（黄长明）

【购置教师生活用车】 9月12日，昌平区教委举行“区政府为教师办实事，购置教师生活用车交车仪式”。区教委主管领导向15所山区、新建学校发放班车钥匙，15辆教师班车交付使用。该工程为山区、新建学校教师上下班解决实际困难。

（徐嘉翼）

【举办内蒙古后备干部研修班】 11月25日至12月4日，昌平区教师进修学校举办内蒙古克什克腾旗中小学后备干部研修班。内蒙古克什克腾旗中小学后备干部研修班学员66人参加培训。培训邀请区教师进修学校、昌平区中小学以及外区县教育系统专家团队教授学校管理、教育理论、教学管理等方面课程。学员还赴昌平区中小学现场考察和观摩。培训结束，学员以小组为单位汇报学习成果。

（张磊）

【召开教育史志工作会】 12月24日，昌平区教委召开教育史志工作会。会议总结2013年史志工作并布置2014年年鉴工作，表彰25个史志工作先进单位、40个史志工作先进个人、100个优秀年鉴条目（照片）作者。全区中小学、幼儿园、直属单位、教委各科室、民办单位史志工作主管领导、年鉴组稿人220人参加会议。

（韩玉霞）

学前教育

【概况】 2013年，昌平区幼儿园103所，其中区教委直属园6所，学校附属园6所，农村镇中心园12所，企业或单位办园6所，部队办园8所，社区、村办园23所，民办园42所，公办幼儿园占60%。教学班799个，离园幼儿5726人，入园幼儿7620人，在园幼儿20579人。教职工3566人，其中，专任教师1874人。专任教师中，专科以上学历1525人，占81.4%；中学高级教师7人，幼儿园高级教师204人，幼儿园一级教师318人。全区北京市示范幼儿园4所，北京市一级一类幼儿园20所，二级二类幼儿园6所，市级早教基地10所。年内新建、改扩建马池口镇楼自庄村幼儿园等11所幼儿园，新增2160个学位。

（谷长志）

【举办园本教研工作月】 3月26日，

昌平区幼儿园第四届园本教研工作展示月开幕。教研月活动主题是推广优秀教研组和7年以上非骨干教师集体教学评优活动成果。开幕式为优秀教研组和7年以上非骨干教师集体教学评优获奖单位、个人颁奖，现场展示评优课获奖作品，有关专家从课程内容选择、幼儿自主性发挥、学科特点把握等方面进行点评。北京教科院、昌平区教委领导，全区70所幼儿园干部、教师共110人参加活动。园本教研工作展示月共举办专场活动9场，全面展示各幼儿园园本教研工作成果。

（张春艳）

【开展移植课教研活动】 4月19日，昌平区教委举办幼儿园业务干部中班美术教学移植课教研活动。移植课是通过复制优秀教师课例，推广先进教学方法的教研形式。活动中，防化学院幼儿园教师展示中班美术移植课“各种各样的房子”，22名幼儿园业务干部参加观摩、诊断、研讨。研讨内容包括如何运用对比分析法、如何创设宽松感知体验空间、移植课中业务干部专业引领的侧重点等内容。

（李莉）

【召开民办园年度考核总结现场会】 4月26日，昌平区教委在二十一世纪幼儿园举办民办园年度考核总结现场会。会议组织观看园所环境、半日活动、档案资料，听取区教委民办园考核工作总结，内容涉及依法办园、行政管理、办园条件、财务情况、教学管理、卫生保健。会上，二十一世纪幼儿园、幸福童年幼儿园交流典型经验。会议指出，民办园是学前教育的重要组成部分，区教委积极推动民办园上级上类工作，促进园所保教质量提高。全区民办园园长和骨干教师80人参加活动。

（马鑫）

【回龙观中心园入选市级示范园】 7月8日，昌平区回龙观镇中心幼儿园接受北京市示范幼儿园验收。验收组由市教委领导、幼教专家、特级教师等18人组成。通过实地查看园所硬件设施，深入班级观摩环境创设、区域活动、集体教育活动、户外体育活动，听取园长汇报，查阅档案资料，全面检查幼儿园办园条件、队伍建设、教育教学、社区早教、卫生保健工作。经市教委认定，该园通过市级示范幼儿园验收。至此，昌平区北京市示范幼儿园达到4所。

（马鑫）

【召开暑期学前教育研讨会】 8月22日，昌平区教委召开暑期学前教育研讨会。会议交流上一学年全区各幼儿园工作，针对园所教育管理中的困惑，研讨如何实现资源共享，构建学习共同体的途径与策略；围绕提高干部、教师两支队伍素质，研讨教师培养途径方法。会议还就学前教育管理体制改革与机制创新进行讨论。区教委领导和区属幼儿园代表20人参加研讨会。

（马鑫）

【昌平实验幼儿园开园】 10月8日，昌

平实验幼儿园开园，77名幼儿入园。昌平实验幼儿园2012年8月28日批准成立，区教委直属园，全额拨款事业单位。园所占地面积4200平方米，建筑面积3800平方米，固定资产总值66.21万元。编制12个班，学位360个。在册教职工22人。至年底开设教学班4个，其中，小班2个、中班1个、大班1个。

（马鑫 邵丛聪）

【滨河幼儿园举办铺床单比赛】 11月7日，滨河幼儿园开展保育员教师

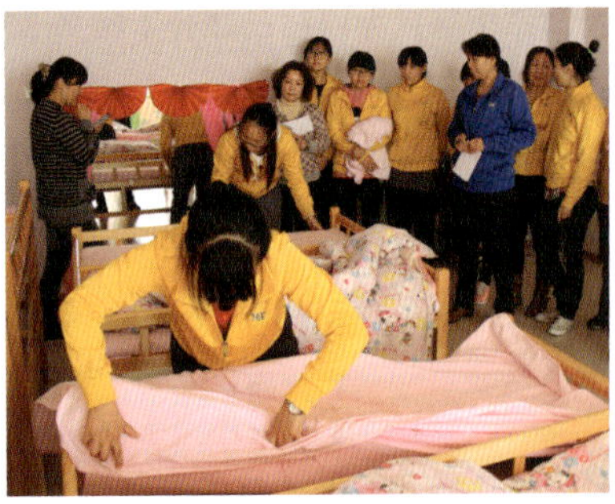

铺床单、叠被子技能技巧比赛。活动采取教师抽签分组方式，要求教师在规定时间内完成铺床单、叠被子、摆放被子、整理床铺工作。要求床单做到平整无皱痕；四边长短、宽窄均匀折入垫子下面；被子整齐摆放在床上。邀请园长、副园长、保教副主任、保健医担任评委，采取现场打分、现场报分方式评比。18 名保育员参加比赛，评选出一等奖 3 人、二等奖 5 人。

（尹东方）

【召开促进幼儿全面发展现场会】 11 月 28 日，昌平区教委召开促进幼儿全面发展——昌平区机关幼儿园现场会。会议通过观看该园宣传片，观摩中班音乐活动和开放式游戏活动，听取该园《打造美育特色、促进园所高品质发展》主题发言，交流区机关幼儿园促进幼儿全面发展经验。会议肯定该园高品质管理经验和促进幼儿全面发展有效举措。全区幼儿园园长及骨干教师 200 人参加会议。

（马鑫）

【完成民办园年度考核工作】 12 月 17 至 20 日，昌平区教委完成 2013 年民办园年度考核暨年检工作。考核组分四组实地考核华成幼儿园等 34 所民办幼儿园。通过听取园长汇报、实地检查、查阅相关档案资料，考核组从依法办园、行政管理、财务情况等方面全面考核园所工作。考核结果 12 所幼儿园优秀，22 所合格。

（马鑫）

基础教育

【概况】 2013 年，昌平区小学 55 所（公办 35 所、民办 20 所）；毕业 7301 人，招生 11327 人，在校生 53649 人；小学入学率 100%，巩固率 100%，毕业率 100%。中学 45 所，毕业 5118 人（初中 2662 人、高中 2456 人），招生 8872 人（初中 6017 人、高中 2855 人），在校生 21297 人（初中 16828 人、高中 4469 人）；初中入学率 100%，巩固率 100%，毕业及格率 100%。特殊教育学校 2 所（公办 1 所、民办 1 所），结业 20 人，招生 18 人，在校生 105 人，开设教学班 16 个；教职工 57 人，其中，专任教师 31 人。校外教育单位 1 个，教职工 42 人，其中，专任教师 37 人。全区中小学教职工 8366 人，其中，专任教师 6536 人。中小学教师学历合格率 98.3%，特级教师 10 人（小学 2 人、中学 8 人），高级专业技术职务教师 960 人（小学 55 人、中学 905 人）。中小学占地总面积 270.73 万平方米，校舍建筑面积 110.05 万平方米，图书馆藏书 259.32 万册，固定资产总值 14.36 亿元。全年教育经费投入 22.65 亿元，其中，国家拨款 22.40 亿元，自筹经费 0.25 亿元。

（李华民）

【举办优秀教研组展示活动】 3 月 12

日，昌平区教委在城北中心六街小学举办“问题驱动下的有效教研——昌平区优秀教研组展示”活动。四校联盟小学数学团队教研组围绕“聚焦方程——一道数学题引发我们不断地思考”主题进行活动展示，5 名优秀教研组长进行述职展示。活动总结上年小学优秀教研组评审工作，提出教研组工作建议，表彰 2012 年优秀教研组 55 个。全区各学校教学干部、各学科教研组长及小学部教研员 320 人参加活动。

（高春杰　周春雷）

【联合视导 17 所学校】 4 月和 11 月，昌平区教委和区教师进修学校、装备中心组成联合视导组，视导 17 所学校。其中，5 所中学、8 所小学、4 所一贯制学校。视导组分别听取学校汇报，走进课堂听课 545 节，发放学生问卷 340 份，访谈一线教师 103 人。视导组针对学校发展进行诊断，提炼优势，发现问题，最终撰写 6 万字的反馈报告。

（赵彩霞）

【召开有效课堂研讨会】 5 月 14 日，

昌平区教委在昌平实验小学召开“改变学习方式，追梦自主生态课堂”有效课堂研究系列活动研讨会。会议听取学校 3 年来研究情况汇报，观摩展示课 17 节，与会专家就该校研究成果给予高度评价。会议分析课堂教学存在问题，希望各学校提高课堂教学效率，建设高效课堂、活力课堂、生态课堂，有效提高义务教育教学质量。北京教科院、昌平区教委、区教师进修学校等领导和各学校教学干部、骨干教师 160 人参加会议。

（王凤云　周春雷）

【召开高中新课程作文教学研讨会】 5 月 16 日，北京市高中新课程作文教学有效实施研讨会在昌平二中召开。会议由北京教科院、昌平区教师进修学校主办，昌平二中承办。会议观摩昌平二中教师两节研究课。课后，区教研员作《昌平区作文教学发展概况及基本经验》专题报告，昌平二中交流高中语文作文经验。会议提出，作文教学要发展学生的思维，作文教学中教师要亲力亲为，作文教学教师要指导学生基本的方法。首都师大、北京教科院、昌平区教委等单位领导，全市各区县教研员和教师代表共 320 人参加会议。

（马国新）

【总结健康促进学校工作】 5 月 16 日，昌平区教委、区卫生局、区红十字会联合召开卫生工作总结会暨昌平区健康促进学校 10 年总结表彰会。25

所学校被授予“昌平区健康促进学校突出贡献奖”，72人被评为“昌平区健康促进学校工作先进个人”。会议作《携手共进全力推进健康促进工作，继往开来全面提高师生健康水平》工作报告，回顾10年来健康促进学校工作成绩，提出坚持树立健康第一的工作理念，保持健康促进工作，强化健康促进的长效机制，关注近视、肥胖等新问题。区教委和有关单位领导，全区中小学代表200人参加会议。

（赵红良）

【举办“与阳光有约”版画展示】　5月24日，昌平区教委在平西府中学举办“与阳光有约”版画展示活动。活动参观该校版画展室，观摩初一、初二年级学生版画技法展示，听取学生代表和美术教师参与版画公社经历，听取学校版画发展和版画特色校园文化建设工作总结。全区中小学主管领导和美术教师160人参加活动。

（兰秋图）

【骨干教师赴高校学习】　6至12月，昌平区教委组织骨干教师赴东北师范大学、华东师范大学、华南师范大学进行“教师专业发展与有效教学”专题研修。研修分7批进行，包括小学骨干教师培训班、信息技术骨干教师培训班、班主任骨干教师培训班等，470人参加学习。7批培训均由区教师进修学校继续教育办公室教师担任班主任，全程跟踪培训活动并负责日常管理工作。470名骨干教师全部取得高校颁发的结业证书。

（张丽芳）

【马池口中学新校舍竣工】　9月1日，昌平区马池口中学新校舍竣工并投入使用。该校位于马池口镇宏道村村西，占地面积4.19万平方米、建筑面积1.47万平方米，使用面积1.21万平方米。新建工程包括教学楼、行政楼、食堂、体育馆、操场，主要建筑地上4层、地下1层，设普通教室22个、专用教室8个、实验室8个。体育场（馆）面积1.56万平方米，操场设400米标准塑胶跑道。工程2012年7月25日开工，建设资金15700万元。马池口中学旧校址位于马池口镇马池口村村西，所有建筑均为平房，占地面积26600平方米，建筑面积4916平方米，使用面积3687平方米，操场面积9300平方米，设普通教室13个、专用教室3个、实验室3个。2007年11月，因修建京包高速路，学校被占，开始选择新校址重建新校。

（王冬梅）

【小汤山中心小学迁址】　9月1日，

昌平区小汤山中心小学迁入新校址。新校位于昌平区小汤山镇银街南1公里处，占地面积1.36万平方米、建筑面积1.08万平方米，办学规模24个教学班。教学楼共5层，设有24个学生教室，13个专用教室，同时设有教师视听阅览室、室内体育馆、教师健身房、食堂。室外配套建设有200米环形塑胶运动场及60米直道运动场。该工程2011年10月开始动工，2013年6月完工，总投入5972万元。

（邢丽　付兴）

【举办班主任理论与实践测试】　9月5日，昌平区教委举办中小学班主任全员教育理论与实践测试。全区中小学班主任及新任教师2000人参加测试。测试分中学和小学两类试卷，包括填空题、判断题、单项选择题、多项选择题、问答题、案例分析题和主题活动设计7种题型。测试采用开卷的形式，由各基层单位组考，区教师进修学校集中阅卷。经测试，及格率100%，优秀率51.6%。

（安凯杰）

【举办育人故事主题演讲】　9月28日，昌平区教委举办“我的育人故事”主

题演讲活动。活动围绕“没有爱就没有教育”主题确定演讲内容，评委从演讲内容、语言表达、形象风度、综合印象和现场效果5个方面评价。要求主题鲜明、深刻，内容充实具体、逻辑严密、富有启发性，有较强感染力和号召力，并能联系实际，贴近身边的人和事。经各校初赛，30名教师参加区级比赛。最终，评出一等奖8人、二等奖12人。

（安凯杰）

【召开中小学德育工作会】　11月26日，昌平区教委召开中小学德育工作会。会议主题是“加强养成教育，培育弘扬北京精神，把社会主义核心价值体系融入中小学教育”。会议总结全区过去五年德育工作，梳理中小学德育有效经验，部署今后三年工作。会议表彰首都未成年人思想道德建设先进集体和个人、北京市紫禁杯优秀班主任和昌平区德育工作先进单位、优秀干部、优秀教师。会上，先进单位和个人交流典型经验。会议提出提高认识，进一步增强做好德育工作的使命感责任感；突出重点，切实抓好德育工作关键环节；强化措施，努力提高德育工作的实效性；解放思想，实现德育工作的创新发展。全区中小学校长、德育干部、优秀班主任代表170人参加会议。

（刘庆文）

【数字化校园实验校通过区县级验收】　12月13日，昌平区验收第一批数字化校园实验校。验收组由市级专家4人、区级专家23人组成。验收组检查昌平一中、二毛小学数字化校园建设情况，通过查阅两所学校验收材料、观看数字化校园系统演示、检查数字校园应用情况，认为两所学校按照任务书完成数字化校园建设，验收材料齐全、管理过程规范、系统架构合理、运行安全稳定，取得初步成

果。两所实验校在全区树立典范，引领全区各校数字化校园建设。专家组同意两所学校通过区县级验收。

（朱向彤）

【完成学生健康体检工作】 至年底，昌平区中小学卫生保健站完成全区中小学生36906人体检。其中小学生23792人，中学生13114人。统计数据表明：昌平区学生贫血患病率、营养不良低体重率、沙眼患病率、龋齿患病率、肠道蠕虫感染率达到国家规定的控制指标；学生肥胖问题得到控制，小学生肥胖率17.24%，初中16.73%，高中13.10%。但学生的视力不良率上升，尤其小学生视力不良率上升较快，小学47.75%，初中75.88%，高中79.11%。

（李媛媛）

职业与成人教育

【概况】 2013年，昌平区职业高中3所，毕业1457人，招生1045人，在校生4525人。教职工365人，其中，专任教师279人。学校占地面积16.87万平方米、建筑面积10.96万平方米、使用面积15.10万平方米。图书馆藏书48万册，电子图书40万册，全年教育经费投入23129.74万元，其中，国家拨款23033.05万元，自筹经费96.69万元。昌平区成人教育中心学历班开设专业38个，短期培训项目有15个，社会化考试项目5个；学历教育毕业生786人、招生2760人、在校生4172人；短期培训5570人，组织各级各类社会化考试6194人，"农民教育大讲堂"培训15277人次。教职工73人，其中，专业技术人员60人，专业技术人员中高级职务15人；学校占地面积7500平方米，建筑面积6800平方米，使用面积5300平方米；图书室藏书7200册，订阅报刊杂志共22种180份；固定资产总值948万元，全年教育经费投入1592万元，其中国家拨款1298万元，自筹经费294万元。年内，昌平区首个"首都市民终身学习服务基地"建成，并免费向市民开放，昌平学习网也同期上线。学习网设资讯中心、课程中心、图书中心、资源中心、远程教育中心栏目，提供200多个视频资料、1000多本电子图书和4类课程。

（尚国荣）

【建立老年大学远程教育教学点】 2月1日，昌平社区学院与北京东方银龄老年大学合作，建立老年大学远程教育教学点。课程包括幸福导航、养生宝典、疾病防治、老年维权等。老年大学为老人排解内心的烦恼与不快，为老人搭建学习、交友和娱乐文化平台。

（闵霞）

【启动市民教育大讲堂】 3月5日，昌平区市民教育大讲堂启动。启动仪式上，区教委领导部署市民教育大讲堂工作和相关部门具体分工。区教委强调，市民教育大讲堂是惠民工程，各站校要把这项培训工作做实、做好、做出成效。昌平区15个镇、5个街道、北方企业集团的主管领导，以及昌平成教中心、昌平职业学校培训部等隶属教委的教育培训机构负责人参加启动仪式。

（尚国荣）

【农广校举办学历教育】 4月，昌平区农广校举办"农村领军人、农村实用人才、职业农民"大专班和半农半读涉农专业中专班学历教育。其中，大专班学历教育开设农林经济管理、农村区域发展、农业推广与创新管理3个专业。中专学历教育面向农村招收从事农业生产、经营、服务以及农村经济社会发展领域的职业农民，利用农闲时间授课。开设专业涉及林果、蔬菜、畜禽养殖、农村旅游。中专班招生实行"双免制度"即免收学费和教材费政策。

（吴洋）

【举办社会工作师培训班】 5月11

日和18日，昌平区社区学院与昌平区社工委联合举办社会工作师培训班。培训内容包括社会工作综合能力、社会工作实务两门课程。培训为学员配发教材和学习资料，聘请北京工业大学人文社会科学院教授讲课。昌平区社区居委会基层社区工作骨干人员70人参加培训。经考核，50人取得社会工作师资格证书。

（巩建文　王勇彬）

【首个市民终身学习服务基地挂牌】 10月23日，昌平区首个"首都市民终身学习服务基地"揭牌。该基地由区政府投资，区教委承建，面向全区市民开放，是市民免费学习的场所。基地设在昌平职业学校园林花卉实训基地，开设工艺、花艺、茶艺、书画、厨艺、摄影6门核心课程。

（尚国荣　张文琳）

【举办职业教育改革创新成果展】

10月25至26日，昌平区委教育工委、区教委、昌平职业教育集团、昌平职业学校共同举办昌平职业教育改革创新成果展暨校友联盟成立大会。会议以"凝聚、传承、创新、发展"为主题，包括首届全国中等职业学校和谐德育论坛、昌平职业教育成果展览、师生技能展示、校史展览和文化传承活动4项内容。论坛探讨中职德育相关问题，探索德育工作途径和方法，交流德育工作经验。职业教育成果展览和师生技能展示上，学校师生表演节目，展示职业教育改革创新成果，宣布成立校友联盟，启动"梦想合伙人——我的最美昌平"创意设计大赛。会议还表彰优秀教师和合作单位，其中，10人获得忠诚职教奖，12人获得改革创新奖，12家合作单位获得协同创新奖。教育部、市教委代表，昌平区委、区人大等单位代表，兄弟院校、合作企业、国际友人及校友代表800人参加会议。

（冯舒芳　吕巍）

【**总结市民教育大讲堂工作**】　11月27日，昌平区教委召开2013年市民教育大讲堂工作总结会。各站校分别汇报2013年市民教育大讲堂工作完成情况、不足与反思，乡镇社会事务科代表反馈村民和社区居民接受教育培训情况。会议肯定各站校工作，部署2014年市民教育大讲堂教育培训工作任务，要求各站校在听取乡镇意见反馈、深入农村社区调研后，制订工作方案，尽早开展教育培训工作。昌平职业学校培训部和昌平成教中心等承担教育培训任务的站校负责人，以及部分乡镇社会事务科负责人19人参加会议。

（尚国荣）

教育督导

【**概况**】　2013年，昌平区政府教育督导室坚持督政与督学相结合、以督学为主的工作思路，组织开展教育执法检查，继续开展镇街关心支持教育评价活动，通过全国义务教育基本均衡区县市级评估。加强督学队伍建设，完成昌平区第三届督学换届聘任和任职培训工作，督导力量明显加强、督学结构更趋合理。创建督学责任区管理制度和工作机制，启动中小学幼儿园经常性督导工作。全年开展21个主题的经常性督导活动，督导检查110校次，督学参加督导活动812人次，实现经常性督导活动广覆盖和经常化。督导检查13所民办学校，促进民办学校依法规范办学，完成11个市级督导评价研究课题中期评估检查，加强教育督导工作理论研究。年内，教育督导室设主任1人，副主任2人，专职督学3人。

（陈敏）

【**召开兼职督学座谈会**】　1月22日，昌平区教育督导室召开兼职督学座谈会。会议总结上年督学工作，通报督政工作，交流教育督导工作体会。会议提出围绕教育督导调研规划年、自身建设年工作目标，重点做好五个方面的工作：加强督学培训与研修、加强教育督导实践、加强督导规划调研、制订新的教育督导评价标准、迎接北京市义务教育均衡发展区县评估。兼职督学和教育督导室工作人员20人参加座谈会。

（陈敏）

【**召开第三届督学聘任会**】　3月20日，

昌平区教育督导室召开第三届督学聘任会。会议全面总结第二届督学工作，明确第三届督学工作任务和要求，宣布第三届46名督学聘任决定。区教育督导室领导和专兼职督学60人参加会议。昌平区第三届督学任期3年，督学队伍规模比上届扩大64.3%，在职督学人数首次超过退休督学，93.5%督学具有高级职称，市、区级学科带头人和中青年骨干教师占56.5%。

（陈敏　郎佩蘅）

【**督导检查13所民办学校**】　3月26至29日和4月9至11日，昌平区教育督导室与区教委组成联合督导组，全面督导检查辖区内经审批的13所民办学校规范办学情况。督导组通过听取汇报、随堂听课、查阅资料、实地考察，检查学校依法办学、队伍建设及行政管理、教育教学、体美健康教育、财务管理、校舍安全、食堂安全、校园安全、办学特色9个方面工作，并口头反馈检查结果。督导发现，与两年前相比较，民办学校规范办学意识、安全办学意识进一步提高，部分学校的办学质量和教学水平明显提升，有条件的学校正在逐步形成特色和品牌。

（陈敏）

【**开展督学工作研修活动**】　9月13日，昌平区教育督导室第二督学责任区自主开展督学研修活动。活动邀请海淀区特级教师为城关小学六年级学生上一节中小衔接公开课。课上，教师突破常规教学模式，从一个分数引入正题，逐步引导学生积极思考、大胆假设。教师课堂设计精妙、逻辑思维缜密、教学语言形象。课后举办《小学数学教学中的中小衔接和潜能生关注》专题讲座，现场解答教师问题。第二督学责任区内9所学校一线数学教师、数学教研组长及教学副校长，昌平区12个督学责任区督学共计100人参加活动。

（陈敏）

【**接受义务教育均衡发展督导评估**】

10月28至29日，昌平区义务教育均衡发展工作接受市教委、市教育督导室评估检查。市检查组由20人组成，观看昌平区《普惠全民》宣传片，听取《实施科教兴区战略，构建城乡一体格局，大力推进昌平区义务教育优质均衡发展》工作报告，召开相关委办局、人大代表、政协委员、义务教育学校校长、区教委机关科室座谈会，查阅档案资料，实地检查百善学校、城关小学、回龙观二小、长陵学校、昌平四中、南口铁小，全面评估昌平区义务教育均衡发展情况。昌平区政府相关委办局、人大代表、政协委员、区教委领导、义务教育学校校长、区教委机关科室科长100人参加工作会议。

（苏凤兰　聂墨哲）

【**启动民办学校经常性督导**】　11月13日，昌平区教育督导室召开第12督学责任区经常性督导工作启动会。会议宣布《关于第12督学责任区督导组内设机构和成员名单的决定》。第12督导组内设6个督导小组，每个小组2名兼职督学，分别承担8至10所民办学校经常性督导工作职责。会议就全区督学责任区设置、工作职责、督导程序提出要求，明确本学期内每所民办学校不少于2次经常性督导。昌平区行政区域内已经审批的26所民办中小学、45所民办幼儿园的校长、园长参加会议。

（陈敏）

【部署中小学校挂牌督导工作】 12月30日，昌平区教育督导室召开中小学校挂牌督导暨义务教育均衡发展满意度调查工作部署会。会议具体布置义务教育均衡发展公众满意度调查问卷工作，向10所试点学校颁发由市教育督导室统一制作的“责任督学公示牌”，就“挂牌督导”提出三点工作要求：要在2013年12月31日当天，将“责任督学公示牌”悬挂在学校大门外显著位置；要召开一次全校教职工会议，及时传达会议精神，统一思想，正确认识“挂牌督导”的重要意义；要确定一名学校主管领导负责与“公示牌”上的责任督学联系工作，配合区教育督导室做好“挂牌督导”后的相关工作。区教育督导室将及时总结试点学校挂牌督导的工作经验，适时在全区中小学校全面推行“挂牌督导”工作。区教育督导室领导和昌平区城关小学等13所中小学校校长参加会议。

（陈敏）

中共昌平区委教育工委

书　　记　隋彦玲

昌平区教育委员会

主　　任　李成旺

昌平区政府教育督导室

主　　任　刘淑华

大　　兴　　区

总　　类

【推广“主动防科学管”工作体系】

1月4日，市教委“主动防、科学管”工作体系现场会在大兴区教委召开。会议听取大兴区校园安全“主动防、科学管”工作体系介绍，观看该体系宣传片和管理平台，参观校园安全技防监控指挥系统。市教委领导和各位教育同行高度评价校园安全“主动防、科学管”工作体系，肯定该工作体系具有主动防范、科学管理、整体提升等多个方面积极作用，具有推广价值。市教委、市公安局以及全市各区县教委安全工作主管领导和科室干部35人参加会议。大兴区2011年开始实施校园安全“主动防、科学管”体系。该体系以“大兴区校园风险月历”“校园安全稳定的风险防范与应对指南”“校园安全主动防、科学管标准流程”和“校园安全稳定的能力提升规划”为核心内容，突出主动防范、强化科学应对，构建科学化、规范化、标准化的教育系统维稳体系。

（王建春）

【总结大兴教育年鉴编写工作】 1月

10日，大兴区教委召开2012年《大兴教育年鉴》工作总结会。会议听取区教师进修学校《总结经验，再接再厉，推进我区教育年鉴工作健康发展》总结报告，全面回顾《大兴教育年鉴》首卷编写工作成效和经验，为优秀组织奖和先进个人代表颁发证书，听取大兴一中、黄村镇第一中心小学工作交流发言。市教志办专家解读撰写年鉴的意义、写法和内容，对大兴教育年鉴工作提出建议和希望。会议要求通过年鉴编写工作推进全区教育事业发展。市教志办、大兴区史志办、区教委领导，全区教育系统各单位主管年鉴工作的领导和撰稿人共计300人参加会议。

（陈钟楠）

【实施城乡教育一体化综合改革研究】

3月28日，大兴区教委召开城乡一体化综合改革研究项目签约仪式暨项目启动会议。会上，区教委和北师大教育学部签署合作协议，共同开展城乡一体化综合改革研究项目。该项目为期3年，包括中小学课程改革与教学改进的实践与研究、提高校本教研与校本培训有效性的研究、中小学城乡学校发展共同体模式的实践与研究等10个子课题。课题组将每月编写一期项目工作简报，及时总结阶段性研究成果，推广、应用成功经验。北师大教育学部、区教委、区教师进修学校等单位领导，课题组专家，58所项目学校校长共126人参加会议。

（周稳）

【10名校长赴浙江挂职锻炼】 4月8日，大兴区教委实施校级干部赴浙江金华挂职锻炼活动。活动由区教委和区教师进修学校组织，共选派区内10名副校级干部分别在浙江金华四中、金华五中、金师附小、柳湖小学和浙江师范大学附属幼儿园挂职学习一个月。其中，中学4人，小学5人，幼儿园1人。

（周英姿）

【举办兴师教育论坛】 4月25日，大兴区委教育工委召开第10次中心组理论学习扩大会议暨第30场兴师教育论坛活动。活动邀请北京大学教授作《学校文化战略建构与校长文化使者修炼》专题报告。区委教育工委、区教委、区政府教育督导室领导，各镇教委办主任，全区教育系统各学校校级干部以及应邀的兄弟区县领导450人参加活动。兴师教育论坛始自2007年，每年举办3至6场活动。

（周稳）

【组建“我的梦·中国梦”百姓宣讲团】　5月，大兴区委教育工委组建

“我的梦·中国梦”百姓宣讲团。宣讲团成员由普通教师组成，主要任务是面向教育系统以“教育托起新区梦”为主题开展宣讲活动。至6月26日，宣讲团成员12人，宣讲场次6场，听众近1000人次。

（周稳）

【举办校级干部研究生课程班】　7月，大兴区教委举办在职校级干部研究生课程班。课程班与北师大教育管理学院合作举办，为期两年，开设主干课程10门及5个讲座，共344学时。两年内学员有2次机会参加全国硕士研究生入学考试，录取后学习合格可以获得北师大硕士研究生学位，未被录取者颁发北师大硕士研究生课程班结业证。全区63名干部参加课程班学习。

（周英姿　周稳）

【创办《兴教时报》】　9月10日，大兴区委教育工委、区教委与大兴报社合作创办《兴教时报》。报纸定位于区委教育工委、区教委机关报，每两周一期，每期8版，发放至每一个教师办公室和学生班级。至年底，出报7期，共计21万字。

（周稳）

【推广优秀教育成果】　10月29日，大兴区教委举办2013年教育科研周开幕式暨北京市优秀教育成果推广会。会议宣读第四届北京市基础教育教学成果奖、北京市第六届教育科学研究优秀成果奖大兴区获奖名单。在“两奖”成果评选中，大兴有9项成果获奖。会上，5名获奖代表交流获奖成果，有关专家进行点评。区教委、北京教育科学规划办领导，首都师大、北京教育学院专家，全区各学校负责科研工作的副校长、科研主任、区科研骨干150人参加会议。本年科研周主题是推广科研成果，促进教育发展，共举办7场分会场活动。

（王芳）

【举办“校长的教师领导力”论坛】

12月15至16日，大兴区教委、中国教育学会、《未来教育家》杂志社共同举办全国中小学校长（园长）“校长的教师领导力”高峰论坛暨大兴区第十二届校长教育思想论坛。会议听取四中、清华附小、北大附中河南分校外国语小学等校长主题报告，设中学、小学、幼儿园3个分论坛进行专题发言与交流研讨。中国教育学会、《未来教育家》杂志社、大兴区政府领导，来自北京、山东、黑龙江等全国14个省的教育专家、校长400人参加活动。

（周稳　周英姿）

【加大人才引进力度】　至年底，大兴区教委分四批招聘师范类毕业生、紧缺学科教师、音体美教师、非师范类毕业生共计417人。区教委制定《2013年面向社会公开招聘中小幼教师工作实施方案》，畅通渠道，采取现场办公、专题座谈、集中办理等形式加大人才引进力度。年内，引进双高人才11人，其中，特级教师6人，省级骨干教师1人。招聘教师中，博士3人，硕士101人，本科学历188人，本科及以上学历占70%。

（桂宗莲）

学前教育

【概况】　2013年，大兴区各类幼儿园65所，其中，公办幼儿园37所（教委直属幼儿园12所、镇中心幼儿园25所），部队企业园3所，民办幼儿园25所；离园幼儿8023人，入园7722人，在园幼儿23502人；教职工2377人，其中，专任教师1378人。另有小学附设学前班23个，收托幼儿2212人。全区学前教育普及率92.1%，北京市一级一类幼儿园19所（其中北京市示范幼儿园4所）、一级二类幼儿园12所、二级二类幼儿园11所，北京市社区早期教育基地7所。全区幼儿园校舍建筑面积20.07万平方米，占地面积36.33万平方米，运动场占地面积11.68万平方米；图书藏有19.25万册。全年教育经费投入21183.3万元，其中，国家拨款20872.7万元，自筹经费310.6万元。

（益建春）

【召开学前教育工作会】　3月6日，大兴区教委召开2013年学前教育工作会。会议作《看数字知发展，比数字找差距》专题报告，全面汇报2012年学前教育工作，部署2013年重点工作。会议表彰2012年各项工作中表现突出的单位和个人，交流先进单位和个人典型经验。区教育工委、区教委领导，各镇教委办主任，各类型幼儿园代表共150人参加会议。

（徐敏）

【举办教师远程培训】　4月9日，大兴区教委召开幼儿园教师远程培训项目启动会。会议解读培训内容、方式、进度、管理、考核、评优六个方面内容，希望学员能够学以致用，把线上学习内容运用到实际工作中。区教师进修学校、中国教师研修网服务中心负责人、参训教师代表30人参加会议。该项目通过网络分散自学与集中辅导相结合方式学习师德、幼儿教学理念、专业知识、专业能力四个模块内容。至7月底，共有162名教师完成160课时的学习任务获得结业证书。

（贾富华）

【完成公办幼儿园年度考核】 5月21日至6月25日，大兴区教委、区教师进修学校、区妇幼保健院组成区考核小组对24所镇中心幼儿园和7所小学附属幼儿园进行年度考核。考核采取自评与他评、检查与指导相结合的形式，通过听取园长汇报、查看室内外环境及活动、查看档案资料、汇总意见、评价并反馈意见等方式进行。经考核认定，31所幼儿园全部考核合格。

（徐敏）

【新增一所民办幼儿园】 5月，大兴区春蕾幼儿园正式成立。幼儿园位于北京经济技术开发区，占地面积3000平方米，建筑面积2600平方米，开设10个教学班。至此，大兴区民办幼儿园增至25所。

（宋长勇）

【举办优质园所开放活动】 6月5至6日、27至28日，大兴区教委举办优质园所开放活动。28所一级以上园所面向全区各类型幼儿园开放，各开放园所介绍园所基本情况、特色课程及活动等，并选出大、中、小班各1名骨干教师，介绍本班主题环境创设及区域材料投放的思路。参观教师通过观摩学习先进教育保育经验。活动共接待参观教师1400人次。

（徐敏）

【召开早期家庭教育空中课堂培训会】 8月24日，大兴区教委召开儿童早期家庭教育空中课堂培训会。会议听取“儿童早期家庭教育空中课堂”项目介绍和“空中课堂”工作安排。区教委和幼儿园代表93人参加会议。2013年9月至2014年8月，区教委开设儿童早期家庭教育空中课堂。课堂通过网上咨询、电话交流等途径，为0至6岁儿童的家长、幼儿教师提供儿童心理健康、儿童体能与健康、家庭亲子活动设计等咨询服务。

（徐敏）

【大兴十二幼建成】 9月，大兴区第十二幼儿园建成投入使用。该园位于大兴黄村镇兴盛街圣和北巷，由区政府投资2255万元建设，为全日制幼儿园。园所占地面积7823平方米，建筑面积5967平方米，运动场面积1134平方米。幼儿图书室等专用教室4个，普通教室17个，图书1000册。教室内设有计算机和触摸屏等教学设施，户外设有大型游戏器械。教职工11人，其中，教师10人、保健员1人。教学班4个，其中，中班1个、小班3个。入园幼儿122人。

（李金艳）

【完成民办幼儿园年度考核】 11月25日至12月3日，大兴区教委完成民办幼儿园年度考核。该工作由区教委、区教师进修学校、区妇幼保健院组成考核小组分两组进行。考核小组通过听取园长汇报、查看室内外环境及活动、查看档案资料、汇总意见、评价并反馈意见，全面检查各园所年度工作。全区25所民办园参加考核，经考核，24所民办幼儿园一次达标，1所经整改后复查合格。

（徐敏）

【举办城乡教育一体化项目培训】 11月27日，大兴区教委举办城乡教育一体化项目学前教育子项目培训。培训主题是幼儿园课程建设及教师专业化发展。其中，北京教科院研究员举办幼儿园园本课程编制讲座，阐述幼儿园园本课程编制的模式与方法；北京教育学院西城分院教研员举办“幼儿教师的观察与思考”讲座。区教委主管领导、部分幼儿园干部教师56人参加培训。

（徐敏）

基础教育

【概况】 2013年，大兴区小学96所，教学班1582个，毕业7648人，招生11529人，在校生56030人，在校生中北京市户籍学生23715人；小学入学率100%，巩固率100%，毕业及格率100%；教职工4326人，其中，专任教师3718人；专任教师中，北京市特级教师4人、学科带头人5人、骨干教师43人，区级学科带头人138人、骨干教师437人。中学43所，教学班883个（初中581个、高中302个）；毕业8391人（初中5488人、高中2903人），招生9473人（初中6357人、高中3116人），在校生28547人（初中18469人、高中10078人），在校生中北京市户籍学生20206人（初中11370人、高中8836人）；初中入学率100%，巩固率99.9%，毕业及格率100%；高中入学率48.67%，毕业及格率88.7%，应届高考录取率93.5%；教职工4636人，其中专任教师3570人（初中2395人，高中1175人）。特殊教育学校1所，教学班14个，毕业生6人，招生7人，在校生88人，教职工29人，其中，专任教师21人；残疾儿童入学率99%，巩固率100%。校外教育单位1个，教职工89人，其中专任教师49人。教师进修学校1所，教职工205人，其中专任教师191人。全区中小学教师学历合格率92.5%，特级教师13人（小学4人、中学9人），高级专业技术职务1236人（小学37人、中学1199人）。中小学校舍占地面积130.87万平方米，建筑面积312.78万平方米，图书馆藏书287.62万册，计算机26444台。全年教育经费共投入14.18亿元，其中，国家拨款14.11亿元，自筹经费0.7亿元。

（益建春）

【召开中学“减负”工作会】 3月4日，大兴区教委召开中学“减负”工作会。会议听取区教委、区教育督导室切实减轻中小学过重课业负担实施方案，详细说明“减负”工作的指导思想、工作目标、工作措施和工作要求。会议就“减负”工作提出要求：

第一，要提高对学校“减负”工作认识；第二，要不折不扣落实各项措施，认真学习文件，明确工作要求；第三要科学“减负”，加强教学研讨，努力提高课堂教学实效性。全区中学主管教学工作的副校长、教务主任63人参加会议。

（张英）

【举办小学领导干部听评课活动】 3月14日，大兴区教委、区教师进修学校在北京师范大学大兴附属小学举办小学领导干部听评课活动。活动旨在进一步提升小学领导干部的课程领导力，加强领导干部对教学工作指导与管理。活动观摩北师大大兴附小数学现场课，课后与会人员现场填写《课堂教学听课评价表》，进行现场评课。特级教师刘德武进行点评，从不同角度讲解如何评课。区教委领导，区教师进修学校小学教研室数学组教研员，各小学校长、教导主任和完小低年级数学教师164人参加活动。

（董翠娟）

【举办我爱地球妈妈演讲比赛】 3月19日，大兴区少工委与区环保局第十次举办“我爱地球妈妈”演讲比赛。比赛主题是“美丽北京我的家”，经过学校初选，32人参加区级现场决赛。比赛中，少先队员结合所学知识和参与建设美丽北京美丽新区的实践，谈对保护自然、保护环境的认识，倡导人们从我做起，从身边小事做起，积极参与绿色生活行动。经内容、语气语调、表达、速度及台风方面量化打分，评出一等奖5人，二等奖10人，三等奖15人。

（李伟）

【召开“欢乐足球游戏”培训会】 3月19日，大兴区教委在枣园小学召开小学“欢乐足球游戏”活动教师培训会。会议介绍欢乐足球运动在世界各地开展情况，讲解五个游戏（一年级“小兔子钻山洞”、二年级“小熊猫回家”、三年级“小松鼠绕树”、四年级“小海狮戏球”、五年级“小猴子接水果”）的规则，并与枣园小学学生现场进行游戏展示。全区30所小学体育教研组长36人参加培训。

（李晶）

【举办微格教学展示活动】 4月2日，大兴区教师进修学校举办初中历史教师教学基本功微格教学展示。5所学校教师分别就《德先生与赛先生》《曲折探索》《西欧联合》三课作15分钟教学展示，并现场进行专业知识和课堂教学答辩。教研员总结教学展示特点，肯定教师工作成效，对存在的问题提出改进意见，并鼓励教师借助网络教研广开言路，交流心得，共同提高。区教师进修学校教研员和全区初中历史教师60人参加活动。

（王桂利）

【召开创新人才培养工作会】 4月24日，大兴区教委召开基础教育阶段创新人才培养工作会。会议听取兴华中学、大兴五小典型经验，听取区教委《关于加强基础教育阶段创新人才培养工作的实施意见》，安排和部署2013年工作。会议就“翱翔培养计划”“雏鹰谏言行动”提出工作要求：一是各校要进一步提高认识；二是要建立相应的领导小组和保障机制；三是创新人才培养工作要立足课堂，通过课堂教学培养学生创新意识；四是要有务实的计划、措施；五是要有经费保障。区教委领导和中小学代表140人参加会议。

（张英）

【举办国学课题分片教研】 4月24日，大兴区教师进修学校在大兴二小举办“传统文化与当代教育”课题分片教研活动。第一节课由大兴二小教师执教五（1）班国学小讲堂活动。整堂课完全由学生主持、讲解，首先由两位主持人简要介绍孔子及其弟子，引出《论语》，其后分组对《论语》中所记载的八则典故进行讨论。第二节课由大兴二小教师执教《声律启蒙》。课上，李雪莲引导学生运用多种朗读方式训练学生熟读成诵，并经过层层点拨，引导学生对对联。课后，区教师进修学校组织教学研讨。全区教师代表80余人参加教研活动。

（孙冬）

【北师大大兴附中入选民族示范校】 5月16日，北师大大兴附中接受北京市民族示范校验收活动。验收组由市民族教育学会、市教委、有关学校代表组成。验收组听取《举全校之力，育民族团结之花》工作汇报，从“组织保障、队伍建设、教育教学、学校管理、示范辐射作用”五个方面评估

学校民族团结教育工作。验收组认为：学校注重对内地高中班学生进行学习、生活、心理方面的指导，成立青海班管乐队、合唱队、舞蹈队，收到较好效果。内高班学生对学校有较强的认同感和归属感。学校充分利用教师培训、课堂教学、环境建设等途径对全校师生进行民族团结教育，取得良好效果。6月26日，北师大大兴附中入选北京市民族示范校。北师大大兴附中2010年起承担北京市与青海省对口支援工作，承办青海内地高中班。学校因此成为由汉族、满族、回族、藏族、蒙古族、土族、撒拉族多民族组成的大家庭。

（郭志兰）

【获得“木梁承重”项目全国第一】

5月19至25日，在第八届全国青少年未来工程师博览与竞赛活动中，北师大大兴附中获得“木梁承重”项目全国第一名。“木梁承重”竞赛要求学生在四个小时的时间内现场制作一个不超过50克的木梁，用于加载杠铃片。该校学生通过312公斤测试夺得全国第一名。该校是北京市金鹏科技团分团承办校，一直将未来工程师竞赛作为一项重点科技竞赛，2010年在“绿色节能型场馆”项目中获得全国第一。

（郭志兰）

【举办“说教材”录像评优活动】 6月1至7日，大兴教师进修学校举办学科教师“说教材”录像评优活动。

“说教材”展示评比活动分为校级展示评比和区级展示评比两个阶段。各学校在开展“说教材”展示评比活动的基础上，按照一定比例择优推荐教师参加区级展示评比。比赛要求参赛教师从理解新课标、把握教材与教学建议与评价等方面阐述对课标的理解、对教材的解读以及具体教学建议。全区391名教师参加活动，共评出一等奖79人、二等奖157人和三等奖155人。

（龚常玉）

【举办导师示范课及专家讲座】 6月14日，大兴区初中、高中化学名师工作室在北师大大兴附中举办指导教师示范课和专家讲座。活动中，初中工作室指导教师作“中考化学实验题解题指导”示范课，通过典型实例引导学生分析归纳解题思路、方法。高中工作室指导教师作“几种重要有机物复习”示范课，引导学生分析有机物的结构特点、官能团特性，揭示有机物“结构决定性质”的核心概念。陈经纶中学特级教师应邀参加活动，对两节示范课及工作室工作思路给予肯定，并举办讲座，阐述化学教学设计基本框架、教学目标设计、教学目标合理表述等问题。工作室全体成员及全区高三、高二部分教师62人参加活动。

（王桂利）

【开学“排堵保畅”】 8月25日，大兴区教委联合区公安分局联合开展2013年秋季开学“排堵保畅”工作。工作重点包括：一是重新统计易发拥堵校园信息，建立2013年校园周边安全隐患台账；二是召开全区各校园保卫干部会，明确校园周边排堵保畅工作任务、工作要求，易拥堵的校园悬挂宣传横幅，提前告知家长尽量不要驾车接送学生上下学；三是与区公安分局交通支队、内保大队沟通，协调警力，保障易堵路段畅通；四是与区广电中心联系，8月28日开始连续两周以上在黄金时段播放交通提示；五是通过电视台采访交通支队领导，向社会明确上下学高峰时段严禁在校门口及两侧停车，告知交通支队将加大维护和处罚力度。

（王建春）

【印刷学院附属小学成立】 9月2日，北京印刷学院附属小学举行成立签约

仪式暨开学典礼。仪式上，大兴区教委和北京印刷学院签署协议，合作举办北京印刷学院附属小学。仪式宣布“北京印刷学院附属小学”成立，并向学校授旗。该校位于黄村镇康庄东巷1号。学校占地面积7839平方米，建筑面积7873平方米，体育场面积1886平方米。普通教室18个，专用教室8个。教职工45人，其中，专任教师39人。该校前身是大兴区第十二小学。

（李书凤）

【首师大附中大兴北校区落成】 9月

3日，首都师范大学附属中学大兴北校区落成并举行第一次开学典礼。该校是首师大附中和大兴区教委合作共同创办的12年制学校，与首师大附中实施一体化管理。学校位于大兴新城兴华大街十段，占地面积3.9万平方米，建筑面积2.2万平方米，固定资产总值33000万元。拥有计算机146台，多媒体教室座位45个，校园网出口总带宽20Mbps，数字资源量2000GB。普通教室42个、专用教室13个、实验室6个。教职工34人，其中，专任教师29人。开设教学班8个（小学4个、初中4个），在校生189人（小学108人、初中81人）。

（邱影）

【举办中学班主任基本功竞赛】 9月5日至12月27日，大兴区举办中学班主任基本功竞赛。活动旨在提高中学班主任理论水平、业务能力，包括主题培训、笔试考核（综合测试和主题班会设计）、基本功展示活动。全区中学800余名班主任参加活动，评出一等奖31人，二等奖47人，三等奖48人。

（李金艳）

【完成随迁子女招生工作】 9月15日，

大兴区共有44931名随迁子女接受义务教育。学习渠道包括公办中小学、已审批自办学校、未审批自办学校三部分。其中，公办小学20044人，公办中学6080人；10所已审批自办学校10573人，11所未审批自办学校8234人。公办中小学、已审批自办学校、未审批自办学校接收随迁子女的比例分别占九年义务教育阶段随迁子女总数的58%、24%和18%。

（宋长勇）

【举办首批民办教师培训】 10月19日至12月31日，大兴区教委举办首批民办小学教师“学科教学素养与能力提升”培训。培训以“基础教育课程改革和新课标的要求”为依据，以“提高民办教师实施新课程的能力”为重点，遵循“按需施训、强化实践、关注实效”原则，安排“理论研修、实践研修、自主研修”三个模块培训，分专题、分学科（语文、数学、英语）、分小组进行。培训共100课时。全区12所民办小学340名教师参加培训，全部结业。

（贾富华）

【3所学校完成地源热泵试点建设】 10月，大兴区教委完成定福庄中学、凤河营中学、采育第一中心小学辛店完小地源热泵建设。工程建设面积634.67平方米，投入资金76.03万元。该工程利用地源热泵取代传统的燃煤取暖和夏季制冷方式，采用这种技术可以有效减少燃煤量，减少二氧化碳等污染物排放量。

（张伟）

【举办小学教师课堂教学展示】 11月12日至12月6日，大兴区教委、区教师进修学校举办小学教师“新星杯”“卓越杯”“秋实杯”课堂教学展示。三项比赛分别面向工作五年以下、40岁以下、40岁以上三个不同年段教师，涉及13个学科，分6个分会场进行。比赛在校级评比基础上开展区级比赛。区级比赛第一个阶段为笔试，221名教师参赛，其中131名教师进入第二阶段课堂教学展示。最终，评出一等奖52人、二等奖75人、三等奖94人。

（龚常玉）

职业与成人教育

【概况】 2013年，大兴区职业高中6所，毕业生1814人，招生87人，在校生2500人，教职工656人，其中，专业教师418人。各级各类成人学校531所，其中成人综合院校（社区学院）1所，开设专业11个，在校生4138人，招生604人，毕业864人；教职工102人，其中，专任教师69人。镇成人学校14所，村成人学校516所；成人学历教育毕业1673人，招生3006人，在校生7307人；开展农民种养殖技术和转移技能培训2.79万人次，企业职工培训3.8万人次，安全培训4.06万人次，外来农民工培训1.06万人次。社会力量办学138所，在校生207378人。全区成人学校图书馆藏书83.49万册，校舍占地面积944794平方米；成人教育全年教育经费投入2346.70万元，其中，国拨经费1827万元，自筹经费519.70万元。

（益建春）

【入选第五批全国社区教育实验区】 3月，大兴区入选第五批全国社区教育实验区。该评选由教育部主持，全国共评选45个区（市），北京市包括大兴区和延庆县两个区县入选。大兴区社区教育通过科学规划，整合远程教育信息化服务资源，建设信息化教育服务网络，成立社区学院，构筑区、镇（街道）、村（社区）三级社区教育培训网络。2006年获得北京市创建学习型区县先进区称号，2009年被教育部确定为“全国新型农民培训联系点”，2010年被评为“全国农村教育先进单位”。

（宋薇）

【文化驻乡工程启动】 4月10日，大

兴区文化驻乡工程启动。该工程由区委组织部牵头组织，区教委、区文委负责落实，区社工委等部门协助实施。文化驻乡工程是大兴区农村实用人才队伍建设重要组成部分，由农广校文艺中专班和文化千人培训工程两部分构成。各镇、街道主管副镇长，宣传部长、各镇文体中心主任以及镇成人学校校长77人参加启动会。

（宋薇）

【举办园林绿化培训】 4月16日至5月17日，大兴区人力资源实训基地协助庞各庄镇开展园林绿化培训。授课内容包括理论和实操两部分。培训中，大兴二职教师通过实例和图片讲解常见园林植物分类识别、园林病虫害防治、园林植物养护、园林花卉、园林苗圃技术相关知识，并通过现场观摩、演示、点评等形式指导学员实际操作。培训结束后，庞各庄镇就业服务中心根据平原造林工程安排学员实现绿色就业。庞各庄镇5个村90名农民参加培训。大兴区人力资源实训基地由大兴二职和大兴区人力社保局共同建立。

（史玉玲）

【两专业入选北京市示范专业】 5月7至10日，北京市中等职业学校示范专业评估专家组评估大兴一职、大兴二职示范专业建设。评估依据“北京市中等职业学校示范专业评估指标体系”，听取校长自评报告、分组听课、考察实训基地、召开座谈会及查阅相关材料，全面评估大兴一职动漫游戏专业和大兴二职生物技术制药专业的专业设置、办学条件、教学改革与质

量监控、质量与效益、特色与创新五个方面建设情况。7月19日，两个专业被认定为北京市中等职业学校示范专业。

（宋薇）

【举办学科带头人和骨干教师展示课】 5月10至27日和10月21至25日，大兴教师进修学校两次举办职业教育公开课展示活动。5月举办职业学校学科带头人和骨干教师展示课活动，18名专业课教师举办展示课。活动结束后展示课在网上进行交流研讨，依据同行意见再次修改。10月举办公开课展示周，经各校推荐，25节课参加全区展示活动。

（王秋萍）

【社区学院开展示范课活动】 5月28日至6月5日，大兴社区学院在法律、中文、英语、理工4个教研室分别开展示范课活动。示范课由每个教研室推荐，重点在教学方法、课堂掌控、引导学生自主学习方面起到示范作用。院领导和4个教研室全体教师共34人听课。

（李文新）

【开展“阳光培训工程”技能鉴定】 10月17日，大兴区北臧村镇、安定镇完成“阳光培训工程”技能鉴定工作。技能鉴定结合“阳光培训工程”职业技能培训进行，包括理论考试和技能面试。其中，技能面试由特殊工种职业技能鉴定站专家单独面试并打分。两个镇共686人参加鉴定，其中农机维修工36人、蔬菜园艺工650人。最终，有621人通过考核，获得职业技能鉴定证书。

（李文新）

【与财经专修学院联合办学】 11月8日，大兴二职与北京财经专修学院签署联合办学协议。协议明确双方本

着合作、发展、共赢原则共享资源，共建北京电子商务人才促进中心。合作初定5年，合作期内大兴二职将根据财经专修学院招生情况和实际要求，进行教学和办公资源配备，负责提供后勤服务支持，并根据其岗位需要委派教师协助教学及管理。财经专修学院将发挥自身行业及电商专业培养优势，与大兴二职进行项目合作研究，根据大兴二职实际在人才培养与业务合作方面予以支持与协助。

（史玉玲）

【通过农村职成教示范区评估】　11月28至29日，大兴区创建"国家级农村职业教育与成人教育示范区"工作接受专家组评估。评估专家组认为，大兴区对职成教育高度重视，统筹到位，体制机制健全，投入力度大，部门协调有力，职成教育有特色、有创新，成效显著。形成"政府推动、部门联动、校企互动、项目带动"运行机制和"上下衔接、横向联动、职责清晰、齐抓共管"职成教育格局。示范区创建工作由教育部主持，北京市具体评估，教育部审核并公布。

（宋薇）

【瀛海镇实施"阳光培训工程"】　12

月10日，大兴区瀛海镇成人学校举办"阳光培训工程"启动仪式暨食品检验工培训班开班仪式。"阳光培训工程"是农村劳动力转移到非农领域就业前的职业技能培训示范项目。按照"政府推动、学校主办、部门监管、农民受益"原则，瀛海镇"阳光培训工程"首批培训工种为食品检验工，分两期进行，每期50人。

（刘贵贤）

【职业技能实训基地分基地揭牌】　12月18日，大兴区职业技能实训基地礼贤和榆垡分基地揭牌。分基地旨在为农村富余劳动力提供优质的职业技能培训，并针对北京新机场建设岗位需求开展培训，促进劳动力就业。分基地包括两个建设目标。在机场建设期，满足提升劳动力的劳动技能培训需求；在机场运行期，满足拆迁劳动力就地就近就业培训需求。结合机场未来用工需求初期设置摆渡车、物流等专业，计划用1至2年时间具备基本运作能力，用3年左右的时间将分基地建设为专业成熟、运作规范、口碑良好技能人才培训和供给基地。

（宋薇）

教育督导

【概况】　2013年，大兴区政府督导室坚持依法督导，积极推进义务教育均衡发展，完善教育督导评价制度，创新教育督导工作机制，推进教育督导队伍和教育督导工作的专业化建设，督导检查"义务教育阶段减负工作"的落实，促进大兴区教育事业的改革与发展。完成14个镇政府和5个街道办事处2012年履行教育职责情况督导考核；组织2013年教育执法检查区内自查工作；完成"2012年11所初中校全面实施素质教育综合督导评价结果"整改情况的回访，完成10所直属幼儿园"全面实施素质教育综合督导评价"工作，开展全区23所中学"实验教学""学科德育""体育达标"专项督导，进行"关于切实减轻中小学过重课业负担"督导检查工作；组织北京市"特殊教育督导评价"区内自查工作；完成第一批28所学校"责任督学"挂牌工作。

（杨伟民）

【督导初中校整改措施落实情况】　2月28日至3月21日，大兴区教育督导室调研督导11所初中校，检查2012年"全面实施素质教育综合督导评价"整改措施落实情况。督导发现，学校普遍重视"综合督导评价结果"，把整改措施写入新学期工作计划，并在教职工会议上进行整改工作宣传布置，整改工作初见成效。对普遍存在的"实验教学"问题，各校均采取有效措施保证严格按要求，开足开齐实验课。对普遍存在的"对非中考科目重视不够"问题，各校从保证"学生全面可持续发展"的高度认识非中考科目教学重要性，积极采取有效措施，保证按要求开足、开齐课程，平时加强听课、检查，期末把非中考科目成绩纳入教师绩效考核范畴。

（杨伟民）

【抽查义务教育"减负"工作】　3月11至30日，大兴区教育督导室完成"义务教育阶段减负"专项督导抽查工作。共抽查18所学校，结果显示各校对"减负"意义的认识到位，措施得力，没有应付和走过场，落实情况良好。具体表现在能够严格执行国家课程计划，课时没有超标现象；在校学习时间没有超过8小时，8点前没有安排统一的教学活动，对到校比较早的学生引导自由活动；对作业量问题，各校根据本校学生学习程度，制定可行的控制方法，如每天各科作业均写在黑板上，教师根据他科课业情况控制本科目作业量，班主任统筹协调；考试评价工作、教辅管理工作、竞赛管理工作符合上级文件要求；各校未发现违规补课现象。

（杨伟民）

【督导10所直属幼儿园】　4月2至24

日，大兴区教育督导室完成10所直属园督导工作。督导工作联合装备站和区教委相关科室、区教师进修学校、区妇幼保健院12人组成督导组。通过听课、查看户外体育活动、查阅业务相关资料、座谈，重点督导检查幼儿园教育教学工作，并完成教育教学督导报告。

（杨伟民　吕艳静）

【完成年度科研督导工作】　5月和11月，大兴区教师进修学校完成年度科研督导工作。督导工作共检查20所中小学校，通过查阅相关资料、观摩课题研究课、与课题组交流课题研究进展情况等，检查学校科研机构设置、硬件条件、科研规划及计划、科研管理、科研活动、学校课题研究、工作经验和成效、特点和问题，最终完成科研督导报告，并反馈学校。

（王芳）

【完成教育执法检查自查工作】 7月5日至9月27日，大兴区教育督导室完成2013年教育执法检查区内自查工作。自查工作依据市教育督导室开展2013年教育法律法规执行情况督导检查通知进行，并按要求撰写本区2013年教育法律法规执行情况自查报告。共检查区内单位4个，检查结果显示：该区2013年在学生体育、校外教育、社会大课堂、职业教育、教育财务工作取得成果，但也存在一些问题，如各校对体育活动的重视程度不同、体育教师队伍急需补充，课外教育中科技和艺术教育普及率亟待加强，职业教育专业设置不能适应新形势需要、师资队伍需要加强，教育费附加需要调整等。

（杨伟民）

【完成23所中学专项督导工作】 10月10日至12月11日，大兴区教育督导室完成23所中学“实验教学”“学科德育”“体育达标”专项督导工作。

督导通过听取校长汇报、听评课、查看相关档案材料、访谈干部教师学生、师生问卷调查和学生抽样检测进行，其中，学生抽样检测包括460名学生物理、化学、生物动手能力测试，652名学生体质健康标准检测。督导结果显示，在实验教学方面，学校领导重视程度普遍提高，初中实验测试成绩得到显著提升，特别是初中物理成绩喜人。在学科德育方面，“学科德育”概念清晰，分工明确，学校对“学科德育”重视程度增强，教师课堂教学育德意识增强。在体育达标方面，学校更加重视《国家学生体质健康标准》落实工作，所有学校都能有效利用“一操两课”及各种竞赛活动提高学生身体素质，学生体质健康检测及格率有所提升。

（杨伟民）

【接受财政教育投入专项督导检查】 12月14日，大兴区接受国务院财政教育投入使用管理专项督导检查。督导组通过听取汇报、举行座谈、查阅相关档案资料等方式检查大兴区财政教育投入的使用管理情况。督导组认为，大兴区有先进的理念、足额的投入、规范的管理、均衡的配置，效果显著。近年来，大兴区坚持在规划上优先安排教育，在财政资金上优先保障教育，在资源配置上优先满足教育，实现教育总投入逐年增长，区内教育优质均衡发展扎实推进。

（姚林春）

中共大兴区委教育工委

书　　记　李达（5月免）

　　　　　荣俊艳（5月任）

大兴区教育委员会

主　　任　李达（5月免）

　　　　　荣俊艳（5月任）

大兴区政府教育督导室

主　　任　李广成

怀　　柔　　区

总　　类

【召开财务工作培训会】 1月4至5日，怀柔区教委召开2012年度财务工作总结暨业务培训会。会议举办党风廉政建设专题讲座，听取财政局政府采购政策讲解，通报2012年度财务审计检查、信访工作情况，总结部署教育系统财务工作。会议强调，各学校要贯彻落实好会议精神，加强廉洁自律，规范财务工作。会议还举办2012年度财务知识竞赛及阳光财务汇报展示，表彰获奖人员。区教委、区教育纪工委领导及各学校、各单位负责人和财会人员100人参加会议。至年底，区教委共召开教育系统财务人员培训会4次。

（缐金秋）

【召开教育科研年会】 1月11日，怀柔区教委召开2012年教育科研年会。会议总结怀柔区“十一五”以来的教育科研工作，表彰18所科研先进单位、70名科研先进个人、242项优秀研究成果和研究论文、8所2011年北京市中小学教育科研先进学校。会议提出，区教科研中心要积极组织教育科研活动，提高教育科研整体水平；各学校要抓好教育科研工作，鼓励校长、教师进行教育科研活动展现学校教科研成果。各学校校长、科研室主任、教育科研先进个人代表等200人参加会议。

（缐金秋）

【怀柔阳光教育网开通】 6月1日，

怀柔阳光教育网开通。网站以阳光教育工作为主线，及时发布阳光教育政策，报道教育系统重点工作和重大事件，展示阳光教育成果，交流阳光教育工作经验。网站设置13个板块。北京教育网络信息中心、区政府信息中心、区教委等领导和师生代表20人参加开通仪式。

（缐金秋）

【深化与美国教育交流合作】 6月26

日，怀柔区教委与美国加州洛杉矶联合学区第五学区签订教育战略合作协议。协议明确，双方在基础教育、社区教育和职业教育的国际化等方面开展合作，通过领导互访、师生交流、资源共享等形式开展教育理念、教育改革、教育方法及教育资源等领域交流。7月4日，怀柔区一中、二中、首师大附属红螺寺中学、渤海中学、区实验小学、区第三幼儿园分别与美国加州洛杉矶联合学区第五学区部分学校园所签订教育交流协议书，建立“姊妹校”关系。

（缐金秋）

【启动“建设美丽怀柔”主题教育】

7月12日，怀柔区教委启动“成就合宜责任，建设美丽怀柔”主题教育实践活动。活动持续至年底，教育系统各学校成立志愿服务队，采取多种形式宣传建设美丽怀柔意义，纠正身边不文明行为，让“成就合宜责任，建设美丽怀柔”理念深入人心，不断提高“阳光教育”在推动怀柔区域发展过程中的社会贡献力。

（缐金秋）

【召开走进雁栖教育座谈会】 8月22日，怀柔区教委召开走进雁栖教育座谈会。区教委介绍怀柔教育发展整体情况，听取企业代表对教育工作的希望，了解企业在技术人才培养、组织员工接受继续教育、加强企业文化建设和员工子女入学等方面的需求。会议表示将结合企业代表提出的建议与希望，认真开展调研工作，积极改进工作，提高怀柔教育的社会贡献力；加强教育基础设施建设，增加学位，缓解员工子女入学难问题；搭建沟通交往的平台，通过共同开展爱心教育活动、企业出资冠名赛事活动等方式加强双方联系，共同推进怀柔区域经济发展。怀柔区教委、雁栖经济开发区管委会、雁栖经济开发区企业家联谊会领导和17家企业代表30人参加座谈会。

（缐金秋）

【开展秋季教育收费检查】 10月，怀柔区教委会同治理教育乱收费联席会成员单位开展秋季教育收费检查工作，全面检查12所学校、幼儿园教育收费情况。检查内容包括教育收费公示、代收费管理、教辅材料管理等情况。检查中，对个别存在违规行为的学校印发整改通知书，督促其整改落实，并在全区教育系统内部办公平台印发秋季教育收费检查情况通报，要求相关单位比照自查，规范教育收费行为。检查在全区各校自查自纠的基础上进行。

（缐金秋）

【召开“两奖”成果推广会】 11月29日，怀柔区召开“北京市基础教育教学优秀成果”及“北京市教育科学研究优秀成果”宣传推广会怀柔分会。会议由市教育科学规划办公室主办，怀柔区教科研中心协办。会议重点推广怀柔区“十一五”期间4项获奖成果，从成果简介、形成过程、基本经验几方面交流研究工作经验，中国教育科学院和北京教科院教育督导与评价中心专家点评科研成果，肯定4项科研成果的理论和实践价值。中国教育科学院、北京教科院、怀柔区教委领导，怀柔区各中小学主管科研校长和科研主任以及“十二五”市级立项课题负责人80人参加会议。

（缐金秋）

【实施合作办学新举措】 12月，怀柔区教委实施合作办学新举措。怀柔区教委将全区42所学校按照合作办学模式，分为名校分校、教育集团成员校、大学附中和一般合作校4种模式，根据不同模式为每所学校制定相应的发展方案，分层次引导合作办学工作向纵深发展。同时，依托优质教育资源加强干部教师队伍建设。区教委每学期选派15名校长后备干部到市区优质资源校挂职锻炼，选派21名市区级骨干教师到合作校交流学习。区教委要求区内各校建立合作办学备忘录机制，跟踪记录合作办学的阶段性成果及存在问题，推动合作办学模式良性发展。区教委还将建立合作办学成果评优机制，对全区合作办学情况进行阶段式考核，学年末表彰工作突出学校，并给予奖励。

（缐金秋）

【实现校警服务全覆盖】 至年底，怀柔区中小学实现校警服务全覆盖。区教委和区公安分局共同研究决定在全区14个镇乡学校内建立“一警多校”警务工作室。“一警多校”模式在借鉴怀柔城区校园“一校一警”的基础上，由属地派出所选派值班民警，实行定期和不定期在岗执勤，全面负责属地学校治安防控工作，加强学校保安、校园周边环境和违法违纪青少年教育管理，保证师生人身安全和学校财产安全。至此，怀柔区15所城区学校通过“一校一警”制，山区和平原学校通过“一警多校”制，实现全区校警服务全覆盖。

（缐金秋）

【民族体育艺术品牌项目初见成效】

至年底，怀柔区地域特色民族体育、艺术品牌项目建设初见成效。区教委为打造民族体育、艺术品牌，专门聘请北京教育学院、北京朗诵团以及体育、艺术领域的多名专家担任指导教师，同时鼓励学校发展自身的特色项目，争创校校有特色、班班有项目、人人有特长。年内，区教委积极带领青少年参加各级各类竞赛、展示、交流活动，其中，长哨营小学“杨木竿”、怀柔一小舞蹈、红螺寺中学四重唱分别参加国家大剧院等市级展演活动；怀柔五中的行进管乐团在上海参加全国非职业竞赛，以优异成绩获得金奖、优秀编导奖、行进管乐发展奖；渤海小学高跷项目走出国门，应邀参加希腊国际民俗艺术节。

（缐全秋）

【改善办学硬件条件】 至年底，怀柔区教委全面提升全区办学硬件条件。全年完成19所学校土操场改造工程、7所学校续建工程和14所学校的旱厕改造工程，彻底改善学校体育、卫生条件。同时推进重点工程项目建设。完成北京光明小学怀柔分校改扩建工程、海淀区教师进修学校附属实验学校怀柔分校改扩建工程、城乡一体化学校建设项目，投资4847万元开工建设区域内第四所公办幼儿园，工程完成后将有力缓解公办幼儿园学位压力。

（缐全秋）

学前教育

【概况】 2013年，怀柔区幼儿园68所，开设教学班326个，离园幼儿3407人，入园幼儿3361人，在园幼儿9547人。教职工1007人，其中专任教师621人。全区学前三年教育普及率100%，北京市示范性幼儿园2所，北京市一级一类园6所，一级二类0所，二级一类园0所，二级二类园9所，北京市社区儿童早期教育示范基地5个。

（缐全秋）

【召开幼儿园业务干部工作会】 3月22日，怀柔区教委、区教科研中心召开幼儿园业务干部工作会。会议发布“十二五”期间幼儿教师继续教育课程方案和课程内容，解读“十二五”继续教育工作具体要求。会议向7名业务干部和8名教师颁发观摩证书，组织《怀柔区幼儿园业务管理手册》专项研讨。怀柔区幼儿园代表30人参加会议。

（缐全秋）

【举办业务干部培训】 4月11日，怀柔教委举办幼儿园业务干部学习实践《3～6岁儿童学习与发展指南》培训活动。培训采取参与式培训与小组分析案例相结合培训形式，讲解“指南”制订背景、价值定位、如何理解目标、学习原则，引领参训教师们寻找理解、实践的具体思路与方向。全区各级各类幼儿园的园长、业务园长、教研组长等54人参加学习。

（缐全秋）

【赵兰香工作室开展教研活动】 4月24日，北京市“赵兰香教师培养工作室”走进顺义双兴幼儿园、张镇中心园开展教学研究。研究活动分为观摩和研讨两部分。上午观摩顺义双兴幼儿园科学活动“给植物搬家”，下午观摩张镇中心园科学活动“我会制造风”。活动后赵兰香组织讨论，交流科学活动中幼儿的表现和教学经验。赵兰香教师培养工作室首批18名成员参加活动。

（缐全秋）

【举办教师基本功理论考试】 9月28日，怀柔区教委举办2013年怀柔区幼儿教师基本功比赛理论考试。考试设3个考场，全区28所幼儿园334名教师参加考试。参加考试的教师年龄在45岁以下，考核内容为《幼儿园教育指导纲要（试行）》《3～6岁儿童学习与发展指南》。最终，通过理论考核与微格教学综合评价，5人获一等奖，7人获二等奖，13人获三等奖。

（缐全秋）

【召开综合实践课程现场会】 10月

16至17日，怀柔区教委在九渡河镇中心幼儿园和怀北镇中心幼儿园召开“走近自然快乐成长”综合实践课程现场会。会议观摩两所幼儿园利用农村自然资源开展的游戏活动，就两所幼儿园环境建设、农村自然资源利用和课程设置给予充分肯定，要求全区幼儿园以幼儿活动为基点，全面开展“亲近自然、快乐成长”综合实践活动研究。中国学前教育研究会、怀柔区教委领导全区28所幼儿园代表50人参与活动。

（缐全秋）

【完成民办幼儿园年度考核】 11月，怀柔区教委、区教科研中心、区妇幼保健院完成全区15所民办幼儿园年度考核。考核通过听取园长工作汇报、座谈交流、查阅档案资料、观摩半日活动，了解园所依法办园、财务管理、行政管理与办园条件、教育教学管理和卫生保健五个方面情况，并根据幼儿园存在的实际问题和提出的具体需求给予及时指导。15所民办幼儿园考核全部合格。

（缐全秋）

【两所民办园通过级类验收】 12月11日，怀柔区教委、区教科研中心、区妇幼保健院对民办博雅幼儿园、万家童乐幼儿园进行二级二类幼儿园验收。验收工作组通过听取园长工作汇报、检查园所环境设施、查阅档案资料、观摩半日活动，了解两园在办园方向、物质条件、人员条件、管理工作、保育教育、卫生保健、幼儿发展七个方面的工作情况，并进行评价打分。两所民办幼儿园均达到二级二类园办园标准。

（缐全秋）

【召开艺术领域实践研讨会】 12月25

日，怀柔区教委、区教科研中心在怀柔二幼召开“让幼儿成为艺术活动的主人——《3～6岁儿童学习与发展指南》走进二幼实践研讨会”。会议观摩该园大班艺术领域活动课，组织“幼儿园艺术领域追求的核心价值”主题研讨。认为幼儿对周围世界有独特感受美的方式，教师要尊重幼儿的感受并提供让幼儿充分感受的机会，给予幼儿自主表达的机会，让幼儿真正成为艺术活动的主人。市教委、北京教科院、首都师大代表，怀柔区教委、区教科研中心和区内部分幼儿园代表70人参加会议。

（缐全秋　韩爱萍）

基础教育

【概况】　2013年，怀柔区小学25所，教学班465个，毕业2345人，招生2980人，在校生16143人，在校生中北京市户籍学生10478人；教职工1705人，其中，专任教师1162人。小学入学率100%，巩固率100%，毕业及格率100%。中学22所（初中14所、高中4所、九年一贯制学校4所），教学班378个（初中258个、高中120个），毕业3674人（初中2321人、高中1353人），招生3793人（初中2321人、高中1472人），在校生11669人（初中6995人、高中4674人），在校生中北京市户籍学生9778人（初中5334人、高中4344人）；教职工2470人，其中，专任教师1648人。初中入学率100%，巩固率100%，毕业及格率100%；高中入学率71.3%，毕业及格率75.38%。特殊教育学校1所，开设教学班6个，毕业8人，招生9人，在校生46人；教职工37人，其中，专任教师19人；残疾儿童入学率100%，巩固率100%，结业率100%。校外教育单位1个，教职工52人，其中，专任教师41人。中小学专任教师学历合格率小学100%、初中99.8%、高中98.8%，高级专业技术职务309人（小学17人、初中132人、高中160人），特级教师3人（小学2人、中学1人）。全区中小学藏书119.06万册，校舍总占地面积117.16万平方米，总建筑面积51.92万平方米，固定资产总值96228.56万元。全年教育经费投入77450.8万元，全部为国家拨款。

（缐全秋）

【两校加入实验二小集团】　1月15日，北京第二实验小学教育集团为成员校颁牌暨视导活动在北房镇中心小学举行。实验二小宣布怀柔三小、北房小学为实验二小成员校，并就合作形式、内容、深度等方面提出具体要求。怀柔区委、北房镇政府领导及实验二小、怀柔三小、北房小学干部教师共40人参加活动。

（缐全秋）

【成立小学骨干教师发展工作室】　1月17日，怀柔区小学骨干教师发展工作室成立。工作室依托北京教科院聘请语文、数学、英语、音乐、体育、美术6个学科23名市级专家为导师，首批发展学员54人。工作室设6个学科工作室，以通识培训为起点，采取集中培训、课堂研究、典型示范等形式，开展学科特色建设和骨干教师研修活动。工作室每月开展一次活动。至年底，每学科分别举办8次活动。

（缐全秋）

【举办百名校长才艺展示】　1月25日，怀柔区教委举办百名校长才艺展示活动。活动展出校长、书记以及区教委干部书画作品百余幅，在随后的文艺演出中，校长书记以诗歌朗诵、舞蹈、歌唱等形式展示校长、书记的艺术特长。活动2012年12月发起，以阳光教育为主题，表达教育工作者对阳光教育的理解和认同。

（缐全秋）

【召开班级心理辅导课推进会】　3月22日，怀柔区教委召开班级心理辅导课推进会。会议总结全区中小学班级心理辅导课的开展情况，部署下阶段工作要求。会议邀请7名团体辅导课基本功比赛获奖班主任，结合班级实际情况举办班级团体辅导说课展示。怀柔区中小学的德育干部、心理教师、骨干班主任共200人参加会议。

（缐全秋）

【举办“阳光课堂”展示】　3至5月，怀柔区教委举办“阳光课堂”展示月。展示分为两个阶段，3至4月为学校“阳光课堂”展示月，其间以学校为单位举办各类公开课、研究课和示范课，总结提炼“阳光课堂”教学模式，探讨“阳光课堂”规律。第一轮展示活动评选67节优秀课。5月为区级的“阳光课堂”展示月。各校上报优秀教学设计386节，教研员分学科、分学段推出典范课90节。5月30日，区教委召开首届“阳光课堂”展示总结表彰会，表彰优秀课一等奖34节、优秀奖23节、特别奖10节。

（缐全秋）

【举办科技助教活动】　7月24日，怀柔区教委与解放军装备指挥技术学院联合举办科技助教活动。区领导向16名装备学院优秀教员颁发科技副校长聘书。装备指挥技术学院从7个院系和2个重点实验室，遴选16名优秀教员作为中小学科技副校长，根据需要，定期到对口学校开展科技助教活动。科技助教活动通过为中小学生讲授军事科技知识，指导中小学生完成科技制作，接待学校师生参观等形式，对中小学生进行国防知识教育和爱国主义教育。怀柔区委、区政府、装备指挥技术学院领导、区教委和相关委办局领导70人参加活动。

（缐全秋）

【独轮车代表队全国比赛中获佳绩】

7月24至25日，怀柔区独轮车代表队27名队员参加第13届全国独轮车锦标赛。怀柔区独轮车代表队最终在独轮车技巧、独轮车篮球、独轮车竞速三大项目上获得金牌14枚、银牌17枚、铜牌18枚，并取得团体技巧第二名、独轮车篮球第三名、团体总分第二名的好成绩。比赛由国家体育总局自行车击剑运动管理中心、成都双流县政府主办，设置竞技、团体技巧等10余个比赛项目，来自全国13个代表队200余名队员参加比赛。这是怀柔区自2008年参加全国独轮车比赛以来取得的最好成绩。

（缐全秋）

【出版《教师成长课堂》】　7月，《教师成长课堂》由国家行政学院出版社出版发行。该书由怀柔区名师工作室特级教师朱凌霞编著，从探索课堂、构建课堂、明理课堂、磨砺课堂、感悟课堂、升华课堂六个方面具体阐述教师成长途径和方法。全书共31.7万字。

（缐全秋）

【海淀进校附属学校怀柔分校改扩建工程竣工】　9月，海淀进修学校附属实验学校怀柔分校改扩建工程竣工。该工程拆除旧址4080平方米，加固3972平方米，新建11868平方米。建成后，学校占地面积2.12万平方米、建筑面积1.19万平方米。改建前，该校有5个班、101名学生、43名教师住宿，改扩建后，能容纳18个班、720名学生、150名教师住宿。2009年5月20日，怀柔区汤河口中学与海淀进修学校附属实验学校签约，成为实验学校怀柔分校。2012年5月，市政府投资4886万元，用于分校改扩建项目。

（缐全秋）

【举办教师"三字一画"大赛】 9至12

月，怀柔区教委组织全区教师"三字一画"大赛。比赛设软笔、钢笔、粉笔、简笔画四项，其中，钢笔字比赛要求用A4有格或无格白纸书写简化汉字120到200字；粉笔字比赛在小黑板上写一段话，规范书写简化汉字；毛笔字要求四尺三裁竖式书写20字左右，有落款，各种字体均可；简笔画在A4无格白纸根据本学科要求画出十幅以上简笔画。经过学校初评，钢笔字272人、毛笔字109人、粉笔141人、简笔画144人进入复赛，各项选出10人参加现场决赛。最终，评出特等奖4人、一等奖8人、二等奖12人、三等奖16人。

（缐全秋）

【出版中小学生综合素质提升系列丛书】 10月，怀柔区教委及怀柔区中小学生综合素质提升工程领导小组编写的《怀柔区中小学生综合素质提升系列丛书》第一批共6册出版。出版的丛书包括《魅力杨宋》《五彩九渡河》《危岭雄关》《红梨之乡》《养生汤河》和《满乡情怀》。丛书编写依据《怀柔区中小学生综合素质提升工程实施方案》，坚持"教委统筹，学校具体实施"的原则，集基地资源介绍、课程开发建议、交通地理、典型案例为一体，旨在为全区各中小学开展社会大课堂活动提供资源支持，使社会实践活动课程化、规范化，为全面提升学生的综合素质服务。丛书共18册，拟分三批出版。

（缐全秋）

【举办秋季消防疏散演练示范活动】 11月5日，怀柔区教委在怀柔四中举办2013年秋季消防疏散演练示范活动。活动由怀柔区教委、怀柔区公安分局、怀柔区消防支队、怀柔京北消防器材公司和北京军训基地安全教育体验馆联合组织，以"认识火灾，学会逃生"为主题，向广大师生普及安全知识，提高应急自救能力为主题。演练活动内容涉及逃生疏散、搜救、滑绳逃生、消防车灭火、沉浸式远红外模拟火灾逃生、救护、灭火器油池灭火、参观消防器械8个单元。在活动现场，消防支队战士讲解消防法规和应急自救常识，推广消防安全隐患排查和火灾逃生救助工作经验。在演练过程中，师生按照引导有序疏散，消防官兵及时赶到，迅速搜救伤员并控制火情。怀柔区教育系统各单位主管安全工作领导及师生共1000人参加活动。

（缐全秋）

【首批节约型学校通过年检】 11月8日，市教委专家组对怀柔区首批北京市节约型学校进行年检。怀柔一小、怀柔三小、长哨营小学参加年检。3所学校分别汇报健全制度促节能降耗、量化管理等节约型学校创建工作。专家组肯定3所学校的成绩，并针对以后工作提出建议，最终3所学校通过年检。北京市节约型学校评比始自2010年，怀柔一小、怀柔三小、长哨营小学2010年入选，怀柔镇小学、杨宋中学2011年入选，怀柔二小、杨宋小学、怀柔一幼2012年入选。

（缐全秋）

【签约共建实验二小怀柔分校】 11月12日，怀柔区教委与北京第二实验小学签署共建实验二小怀柔分校协议。实验二小怀柔分校位于雁栖经济开发区，按30个教学班规划建设，每班40人，容纳1200学生。建成后，分校将按照本校的校园文化、行政模式进行管理，并与本校在骨干教师培养、教育资源共享、教学交流等方面深度对接。

（缐全秋）

【召开英语教学改革现场会】 12月6日，怀柔区教委在怀柔三中召开"开发英语学习潜能，提高学生综合素质"中学课堂教学改革现场会。会议首先观摩该校各年级英语公开课，听取学生海外游学汇报、演讲，观摩英语情景剧表演。随后，会议听取怀柔三中关于英语教研及教学管理汇报发言，首师大专家点评课堂教学改革品牌效果，并对下一步教学工作提出建议意见。怀柔区教委领导、首都师大专家，全区初中英语教研员、部分英语教师100人参加会议。

（缐全秋）

【召开新媒体应用工作现场会】 12月

10日，怀柔区教委在北房小学召开教育新媒体、新技术应用工作现场会。会议观摩北房小学"iPad智慧课堂"教学应用研讨课，听取北房小学校长《充分利用新技术新媒体，为师生搭建现代化高效学习平台》经验介绍，并体验"网络教研"平台应用。北京教育网络信息中心肯定研讨课效果，认为新媒体新技术应用提升学生学习兴趣，优化课堂教学结构，达到网络在线教学与课堂教学资源同步。会议邀请怀柔区电教馆长举办《如何把新媒体、新技术与教育教学进行深度融合》讲座。北京教育网络信息中心、怀柔区教委及区教科研中心领导，各中小学校主管校长100人参加会议。

（缐全秋）

【参加全国青年冰壶锦标赛获佳绩】 12月13至17日，在2013～2014年全国青年冰壶锦标赛上，怀柔区10名运动员参加B组比赛。最终男子一队获得B组冠军，女子一队获得B组亚军，这是怀柔区成立冰壶队以来取得的最好成绩。来自全国28支代表队140余名运动员参加比赛。其中，

A组为职业组比赛、B组为非职业组比赛（学生组）。怀柔区教委2012年4月开展冰壶项目培训，6月举办首届怀柔区中学生冰壶比赛，12月参加全国冰壶锦标赛，获得女子组第七名。至2013年底，5名学生获得冰壶国家二级运动员称号。

（缐金秋）

【展示教师基本功大赛成果】　12月18

日，怀柔区委教育工委、区教委、区教育工会召开2013年怀柔区教师基本功大赛成果展示暨总结表彰会。会议总结怀柔区小学、幼儿园教师教学基本功大赛总体情况，表彰基本功大赛特等奖3人、一等奖32人、二等奖45人、三等奖55人，以及优秀组织奖4个。会议举行教师才艺展示，展示怀柔区幼儿园、小学教师基本功水平。比赛历时3个多月，经过笔试、计算机考试、学科微格教学评比，1568名教师参加比赛。

（缐金秋）

职业与成人教育

【概况】　2013年，怀柔区职业高中2所，毕业828人，招生359人，在校生2045人，教职工463人，其中，专任教师280人。镇乡成人文化技术培训学校14所，教职工51人，其中，专任教师36人。村级成人文化技术培训学校298所，教职工367人，其中，专任教师317人。社会力量办学61所，教职工1092人，其中，专任教师429人。农村成人文化技术培训学校占地面积31700平方米，建筑面积30450平方米，固定资产总值1788万元；社会力量办学占地面积34650平方米，建筑面积29800平方米，固定资产总值410万元。怀柔区社区教育中心是怀柔区成人教育管理与培训机构，教职工22人，兼职教师30人，占地面积11300平方米，建筑面积8210平方米。

（缐金秋）

【怀北镇入选创建学习型先进乡镇】　1月，怀柔区怀北镇通过北京市创建学习型乡镇专家评估团检查验收，获得“北京市创建学习型先进乡镇”称号。怀北镇2011年启动创建学习型乡镇工作，制定《怀北镇学习型乡镇迎评工作方案》，聘请专家教授举办创建知识讲座和调研指导，并深入开展学习型领导班子、学习型党支部、学习型新村和学习型家庭创建活动，涌现出一批先进单位和学习之星。

（缐金秋）

【举办家庭教育大讲堂】　3月25日，怀柔区家庭教育和社会教育领导小组举办“携手共育阳光新人，办人民满意教育”家庭教育大讲堂首讲活动。活动邀请专家讲授家庭教育重要意义、家庭教育面临的问题及对策等问题。活动设主会场和分会场，主会场设在怀柔二中，使用怀柔区网络视频会议系统在山区学校设立分会场。区教育系统各基层单位领导、班主任、教师、学生家长代表共600人现场听取讲座，宝山镇、琉璃庙镇、长哨营满族乡、喇叭沟门满族乡、汤河口镇、九渡河镇、渤海镇部分干部教师和家长通过视频同步观看讲座。至年底，家庭教育大讲堂共举办5场家庭教育讲座。

（缐金秋）

【培养农村初级实用人才】　3至12月，怀柔区社区教育中心举办农村初级实用人才培训。培训涉及4个乡镇，其中，雁栖镇举办民俗接待实用技能培训，宝山镇举办民俗接待实用技能培训，桥梓镇举办文艺表演培训，汤河口镇举办金银花种植管理培训。培养历时10个月，4个镇111人参加培训。

（缐金秋）

【评选职业学校优秀教学设计】　4至6月，怀柔区教委、区教科研中心举办职业学校优秀教学设计评选。评选按照教学目标10分、教学内容10分、教学实施50分、教学效果20分、教师素养10分的评分标准评比。怀柔区职业学校和百汇演艺学校190名教师参与校级初评，8人参加全区评比。最终评出一等奖2人，二等奖2人，三等奖4人。

（缐金秋）

【全民阅读活动颁奖】　7月10日，“我的梦·中国梦——美好生活从阅读开始”演讲比赛决赛暨第六届怀柔区全民阅读活动颁奖仪式举行。180名读书活动中表现优异的单位代表和个人受到表彰。比赛是第六届怀柔区全民阅读活动的重点内容之一。经过预赛和复赛选拔，来自不同单位的8名选手进入决赛，决出一等奖1人、二等奖2人、三等奖5人。第六届怀柔区全民阅读活动由怀柔区委宣传部、区文委主办，以“美好生活从阅读开始”为主题。

（缐金秋）

【开发农民特色课程资源】　8月，怀

柔社区教育中心完成农民特色课程资源开发工作。该工作包括前期调研、制订计划、开展培训、编写教材4个阶段，工作成果包括调研报告、工作报告、研究报告和自编培训教材《柳编技巧》。2012年11月，怀柔区社区教育中心承担北京教科院委托的农民特色课程资源开发工作。

（缐金秋）

【举办全民终身学习活动月】　11月5日至12月5日，怀柔区举办全民终身学习月。活动开幕式表彰25个学习型组织先进单位、11名“首都学习之星”先进个人、19名“优秀社区工作者”、21个“学习型家庭”，以及6个学习品牌。市民代表宣读终身学习倡议书。活动观看教育宣传电影，参观学习型怀柔成果展。全民终身学习月以“e学习，新生活”为主题，由创建学习型怀柔工作领导小组主办，活动办公室设在社区教育中心。

（缐金秋）

【农广校举办社会文化艺术中专班】 11月19日，怀柔区农广校社会文化艺术中专班在怀北镇开班。中专班为期两年，开设15门课程，考核合格将颁发毕业证、技能鉴定证和结业证。来自东庄、西庄、新峰等村105名学员参加学习。

（缐全秋）

【举办创建学习品牌培训】 12月12日，怀柔区教委举办创建学习品牌培训活动。培训邀请北京市创建学习型城市专家组成员讲解学习品牌概念、学习品牌必备条件、学习品牌特点，培训还就申报学习品牌程序进行具体分析和讲解。5个申报市级学习品牌的单位代表参加培训。

（缐全秋）

【举办农村富余劳动力转移培训】 至

年底，怀柔区社区教育中心完成农村富余劳动力转移培训年度工作。培训涵盖9个乡镇11个班次总计900多人。培训工种包括中式烹调师（初中级）、计算机操作员（初级）、民俗旅游（非等级）、手工编织（非等级）4个工种。鉴定考试班级合格率95%以上，学员就业率80%以上。

（缐全秋）

教育督导

【概况】 2013年，怀柔区政府教育督导室以促进义务教育均衡发展和两委中心工作为中心，充分发挥教育督导职能作用，促进各项教育法律法规贯彻落实，积极推动教育全面、协调、均衡、可持续发展。制定并下发年度工作计划要点，修订完善“阳光教育行政考核方案”及中小学、职业学校、幼儿园、区直单位4套考核指标，制定“初中、小学义务教育均衡发展达标行政考核办法”。改进工作作风，做好督学责任区随访督导工作，制定“关于进一步完善督学责任区及督学随访督导制度的意见”，完成全区40所中小学联合开展义务教育均衡发展专项督导工作，协助区政府、区教委完成义务教育基本均衡区县市级评估验收工作。学习贯彻市职业教育督导会精神，做好职业学校市区联合综合督导评价工作。组织教育法律法规执行情况检查，部署镇乡政府做好教育工作自评报告撰写和上报工作。贯彻落实《中小学校责任督学挂牌督导办法》，制定怀柔区中小学校责任督学挂牌督导实施方案，启动6所中小学校责任督学挂牌督导试点工作。以科研课题中期验收为契机，推进督导科研工作，同时推进督导机构建设及督导队伍建设，做好督导评价宣传工作。

（缐全秋）

【召开镇乡教育工作总结会】 1月11日，怀柔区教育督导室召开2012年镇乡教育工作总结会。会议总结2012年镇乡教育督导检查工作。怀柔镇、怀北镇、渤海镇、宝山镇主管教育镇长交流典型经验，并就如何创建学习型镇乡和推动教育工作发展提出建议。区教育督导室、14个镇乡主管教育副镇长共20人参加会议。

（缐全秋）

【新疆教育督导室考察内高班工作】 2月28日，新疆维吾尔自治区教育督导室视察首师大附属红螺寺中学内高班工作。新疆教育督导室领导听取内高班总体情况和内高班思想政治教育、混班教学、学生伙食等具体工作汇报，参观学生班级、清真餐厅和学生宿舍。新疆教育督导室领导对学校内高班工作给予高度评价，特别对混班教学和学生伙食给予肯定。该校自2007年举办新疆内高班，内高班在校生300人。

（缐全秋）

【召开教育督导工作部署会】 3月12日和9月26日，怀柔区教育督导室两次召开教育督导工作部署会。3月的会议通报教育督导工作计划，部署上半年督学责任区随访督导和义务教育均衡发展专项督导等工作安排，明确工作思路。9月的会议总结上半年教育督导工作、部署义务教育均衡发展督导验收推进工作和督学责任区随访督导等重点工作安排。会议为补聘的专兼职督学颁发聘书。区教育督导室全体专兼职督学、特约教育督导员参加会议。

（缐全秋）

【举办义务教育均衡发展专题培训】 4月19日，怀柔区教委与区教育督导室联合召开2013年推进义务教育均衡发展专题培训会。会议邀请市教育督导室领导从国家层面、北京市层面解读义务教育均衡发展工作的背景、任务，报告北京市义务教育发展督导评估工作要求和注意事项，并结合怀柔区义务教育均衡发展督导监测结果，讲解学校如何科学填报基础数据。会议要求，各单位要确保提前通过“义务教育发展基本均衡区县”评估验收，完成《推进义务教育均衡发展责任书》工作任务。区教育督导室专兼职督学和义务教育阶段中小学校长、资产管理员等120人参加会议。

（缐全秋）

【通过义务教育均衡发展达标验收】

10月31日至11月1日，市教委、市教育督导室联合督导组督导评估怀柔区义务教育均衡发展情况。怀柔区政府从科学调整资源布局切实保障教育公平、加大教育投入力度积极改善办学条件、加强教师队伍建设促进教育均衡发展、提升教育管理水平全面实施素质教育、积极落实开放合作引进优质教育资源五个方面汇报推进义务教育均衡发展的措施和成效。市督导专家分四组召开座谈会，并查阅义务教育均衡档案资料，实地检查8所学校。经量化评估，怀柔区通过北京市义务教育均衡发展达标验收。

（缐全秋）

【市区联合督导评估职业学校】 11月13至14日，市教育督导室和怀柔区教育督导室联合督导评估怀柔区职业学校全面实施素质教育情况。督评组通过听取校长汇报、查阅档案、实地考察、听课、问卷、座谈，全面了解学校教育教学、队伍建设、专业设置、硬件建设、特色发展情况。市区两级督评组针对督导情况进行交流沟通，统一督评意见，提出有针对性的指导建议。市教育督导室及怀柔区教育督导室督学20人参加督导评价。

（缐金秋）

中共怀柔区委教育工委

书　记　刘生勃（9月免）
　　　　张福利（9月任）

怀柔区教育委员会

主　任　夏占利（9月免）
　　　　李连鑫（9月任）

怀柔区政府教育督导室

主　任　夏占利（9月免）
　　　　张福利（9月任）

平　谷　区

总　类

【召开新学期工作部署会】　1月10日，平谷区委教育工委、区教委召开机关干部工作会议。会议部署2013年度重点工作。一是以改革创新为动力，继续深化三项改革。即：深化课堂教学改革，坚持方向不偏移不动摇；深化评价体制改革，以学生为主体展开评价，适时引入第三方评价；深化干部体制改革。二是认真推动三项工作，即：实现管理精细化，切实减轻学生过重不合理课业负担，推动教育信息化建设。三是启动三项改革，即：教师人事制度改革、办学体制改革、乡镇公办幼儿园体制改革。四是重点研究推动三项工作，即财务管理工作、学生活动、以“为民务实清廉”为主题的作风建设活动。区委教育工委、区教委领导和全体职工参加会议。

（张东安　吴玉仙）

【调研乡村学校少年宫建设】　2月27日，平谷区教委和区文明办相关领导到马昌营学区、大华山学区调研乡村学校少年宫建设及活动情况。调研组参观少年宫活动教室及学生剪纸、葫芦彩绘、布贴画、手工制作、十字绣作品。区文明办领导建议两所少年宫在原有设施的基础上不断丰富活动项目，开展适合本地域学生喜欢的活动项目。区教委领导要求两所学校以特色活动项目为突破口，通过开展丰富多彩的乡村学校少年宫活动，办出乡村学校少年宫特色。

（张东安　吴玉仙）

【加强教育信息化建设】　3月，平谷区教育信息中心加强教育信息管理。一是加强管理体制建设，构建“建、管、用”相结合的管理模式，加强部门协调沟通，保证教育信息化工作顺利推进。二是加强优质教育资源建设。接入500M互联网带宽，并进行实时检测；完善资源库平台建设，初步充实课堂实录、电子试卷、习题、课件、案例教育资源。三是提高信息化管理水平，进一步完善、整合和集成教育管理信息系统，完善基础数据平台建设，完成应用系统建设和整合工作。四是打造高水平信息技术应用教师队伍，建立评价激励及考核机制，实施区、校两级分层培训，提升信息技术手段在课堂教学中运用效果。五是推动信息技术与教育教学深度融合，积极推进计算机网络互动学习，创建新型网络教研模式。

（张东安　吴玉仙）

【举办首届教职工健身节】　4月20至

21日，平谷区教委举办第一届教职工健身节。健身节设第九套广播体操展示、拔河、沙包掷准等18个趣味项目比赛。全系统60个单位5500名在职及退休教职工参加活动。

（张东安　吴玉仙　王玉梅）

【召开区域联动研修工作交流会】　5月3日，平谷区教育研修中心召开首都师大与密云、怀柔、平谷三区县区域联动研修工作交流会。会议交流密云、怀柔、平谷三个区县教师研修工作，首都师大教授就研修方案进行点评，并希望各区县整理上报最亟须解决问题，增强区域合作研训实效性和针对性。区教委、首都师大领导，密云、怀柔、平谷教育研修中心干部教职工代表150人参加活动。2013年2月，密云、怀柔、平谷三个区县教育研修中心建立区域联动研修工作机制，在首都师大基础教育学院专家指导下，合作开展教师研修工作。

（张东安　吴玉仙）

【召开百姓故事宣讲报告会】　6月21日，

平谷区教育系统“教育梦·幸福梦”百姓故事宣讲首场报告会在北师大平谷附中举行。来自教育系统9个单位11名宣讲员以“教育梦·幸福梦”为主题，宣讲普通教育工作者和基层党组织在党的领导下不懈奋斗的感人故事。区委宣传部、区委教育工委、区教委领导，教育系统基层单位代表650人参加会议。宣讲员还将赴各学校进行巡讲。

（张东安　吴玉仙　王玉梅）

【表彰主题教育读书活动先进】　7月10日，平谷区教育关工委召开“复兴中华从我做起”主题教育读书活动总结表彰展示会。会议宣读获奖名单，表彰优秀征文、优秀辅导教师、优秀组织单位。读书活动共收到各基层单位稿件460篇，中学、小学组分别评选出一等奖10篇、二等奖20篇、三等奖30篇。

（张东安　吴玉仙）

【开展“民族教育进校园”活动】　9至11月，平谷区教委开展“民族艺术进校园”活动。活动由市委宣传部、市教委、市文化局、平谷区教委共同主办，组织北京儿童艺术团、北京歌舞剧院、北京曲剧团、北京敦善交响乐团、中国杂技团、红樱束打击乐团、北京残疾人艺术团分别走进平谷五小、平谷七小、金海湖一小、金海湖二小、夏各庄学区、黄松峪学区、东高村学校、张各庄中学8所学校举办民族艺术表演。该活动始于2005年，采取组织剧团在学校举办演出或组织学生进剧场观摩的方式进行，旨在推进民族艺术普及，推动学校艺术教育发展。

（张东安　吴玉仙）

【举办教师书法培训作品展】　10月10日，平谷区首届教师书法培训班毕业作品展在区文化馆开幕。展览由区教育研修中心与平谷书法家协会联合举办，共展出30多名教师的书法作品60余件。2012年9月至2013年5月，平谷区教育研修中心举办平谷区首届教师书法培训班，来自29所小学的36名书法教师参加学习。

（张东安　吴玉仙）

【区政府与北师大合作共建】　11月

30日，平谷区政府、区教委与北京师范大学签署北京市城乡中小学建设项目合作协议。其中，区政府与北师大签署“北京市平谷区人民政府与北京师范大学合作协议”，区教委与北师大附中签署“北京市城乡中小学建设项目合作协议”，平谷区政府、区教委与北师大共建北京师范大学附属中学平谷分校、北京师范大学平谷附属幼儿园。合作建设学校包括北师大附中平谷一分校、二分校和北师大平谷附属幼儿园。北师大附中平谷一分校于9月1日开学，北师大附中平谷二分校将设在夏各庄新城，北师大平谷附属幼儿园设在兴谷开发区。

（张东安　吴玉仙　王玉梅）

【召开优秀科研成果推广会】　12月

5日，平谷区教委召开北京市第四届基础教育教学优秀成果平谷区推广会暨平谷区优秀科研成果展示会。会上，平谷二中宣讲优秀课题成果，北师大平谷附中、平谷九小分别交流高中特色学校建设和关于农村家校合作教育的研究课题经验介绍。北京教科院和首都师大专家分别就各校经验进行点评。会议希望学校教育科研工作做到“四要”：要建立动力机制、要以校本教研为首要形式、要以教育反思为最基础性工作、要立足于课堂。希望教科研人员做到：多下校、多指导、多调研，特别是多进行教学实践过程的指导，便于及时发现问题、解决问题。会议提出，坚持每年举行一次教育科研成果评奖活动，采用灵活方式总结和推广研究成果。全区中小幼教学副校长、教研主任、重点课题组负责人200人参加推广会。

（张东安　吴玉仙　王玉梅）

【举办“中国乐谷名师课堂”】　12月18日，平谷区教委举办“中国乐谷名师课堂”。名师课堂邀请歌唱家蒋大为举办《心态与声乐的艺术》专题讲座。区教委领导和师生436人听取讲座。6月，小香玉艺术学校首届音乐艺术节上，国内十余名音乐教育家受聘加盟“中国乐谷名师课堂”，对在校

师生进行专业指导。

（张东安　吴玉仙　王玉梅）

学前教育

【概况】　2013年，平谷区幼儿园58所，其中，教育部门办园8所，集体办园31所，民办园19所。园所占地面积140235平方米。入园幼儿2939人，在园幼儿8113人，毕业幼儿2569人。教职工1146人，其中，专任教师702人。学前三年教育普及率99%。全区北京市示范幼儿园4所，一级一类幼儿园4所，一级二类幼儿园5所。

（张东安　吴玉仙）

【研讨特色园建设方案】　1月10日，平谷区教委举办幼儿园特色建设实施方案研讨活动。区教委领导和有关学校校长分别点评区内4所市立园和6所乡镇中心园特色建设方案，并就办园特色、办园理念、办学目标、园训、教风、教师发展目标、幼儿培养目标及实施途径与步骤，进行重点评价及指导培训。区教委领导，4所市立园和6所乡镇中心园、有关小学代表参加会议。

（张东安　吴玉仙）

【召开幼儿园五大领域分析会】　1月11日，平谷区教委召开幼儿园五大领域教学问题分析会。会上，区教育研修中心教研员通过案例分析、问卷调研、常规指导等方式梳理出幼儿园五大领域教学中存在的主要问题，提出改进措施，明确指导策略，定位研究方向。区教委领导听取幼儿园五大领域教学问题分析，要求教研员做到加强教学策略研究，构建新型教与学方式；加强专题研究，切实解决教学中实际问题；加强评价研究，科学公平

公正评价办园质量；加强教育资源建设，提供有价值教育资源。区教委领导、区教育研修中心教研员和有关园所代表10人参加会议。

（张东安　吴玉仙）

【综合评价幼儿园保教质量】　6月，平谷区教委举办幼儿园保教质量综合评价活动。区教委和区教育研修中心相关人员组成检查组，通过实地检查幼儿园室内外环境创设、观摩幼儿一日活动、教职工问卷调查、查阅档案材料，全面了解幼儿园保教工作情况。检查组重点检查幼儿进餐、如厕、洗手等生活活动，建构、角色、美工等区域活动，数学、科学、语言等集体教学活动和体操队列锻炼活动。全区24所公办幼儿园参与检查，综合评估，全部通过评价。

（张东安　吴玉仙）

【装备数字图书馆】　10月，平谷区教委为20所幼儿园安装数字图书馆。其中，4所市立园、16所乡镇中心园。幼儿园数字图书馆涵盖图书、期刊、音频、视频、图片、儿童绘本、教学实践多项内容，提供阅读、检索、引用等在线服务。

（张东安　吴玉仙）

【2所幼儿园晋升级类】　11月26至27日，市教委验收专家组检查验收平谷四园、平谷七园。专家组通过观看园所环境、听课、查阅档案资料、听取园长工作汇报，对两所幼儿园的管理工作、保教工作、卫生保健等工作进行全面检查。经验收，平谷四园晋升为北京市示范幼儿园，平谷七园晋升为北京市一级一类幼儿园。平谷第七幼儿园，即原平谷第二幼儿园上纸寨分园，成立于2011年10月，2013年9月，从平谷第二幼儿园独立分出，更名为平谷第七幼儿园，与平谷第二幼儿园实行两园一个法人代表的一体化管理。

（张东安　吴玉仙）

【评估特色幼儿园】　12月24至26日，平谷区教委组织首批特色幼儿园创建评估活动。评估组由区教委和区教育研修中心相关人员组成，分别查看幼儿园室内外环境、观摩幼儿园教学活动、查阅特色建设相关材料、组织教职工座谈。经评价，平谷一园、平谷二园、大华山中心幼儿园、南独乐河幼儿园、王辛庄中心幼儿园5所幼儿园通过评估，入选平谷区首批特色幼儿园。

（张东安　吴玉仙）

基础教育

【概况】　2013年，平谷区小学43所，教学班544个，毕业2218人，招生2476人，在校生16037人，在校生中北京市户籍学生12088人；教职工2522人，其中，专任教师1578人；小学入学率100%，巩固率100%，毕业及格率100%。中学20所（初中13所、完中4所、九年一贯制2所、高中1所），教学班380个（初中244个、高中136个），毕业5156人（初中2904人、高中2252人），招生3823人（初中2179人、高中1626人），在校生12653人（初中7075人、高中5578人），在校生中北京市户籍学生12088人；初中入学率100%，巩固率99.8%，毕业及格率100%；高中入学率59.59%，应届毕业生高考录取率91.63%；教职工3334人，其中，专任教师1731人（初中942人、高中651人）。特殊教育学校1所，开设教学班16个，在校生269人，招生39人，毕业39人。教职工66人，其中，专任教师43人；残疾儿童入学率100%，巩固率100%，结业率100%。全区中学教师学历合格率98%，小学教师学历合格率97%；特级教师4人（小学1人、中学3人），高级专业技术职务教师586人（小学7人、中学579人）。中小学校舍总占地面积156.62万平方米，总建筑面积50.87万平方米，固定资产总值9.18亿元，图书馆藏书235万册。全年教育经费投入15.83亿元，其中，国家拨款15.71亿元，自筹经费0.12亿元。

（张东安　吴玉仙）

【举办小学生活指导课培训】　1月8日，平谷区教委在平谷八小举办小学体验式班主任生活指导课研讨培训。培训观摩平谷一小、平谷八小的研究课；听取区教育研修中心《怎样上好班主任生活指导课》专题讲座，重点内容是“怎样上好班主任生活指导课”。区教委领导和各学区、直属小学教学副校长、德育主任、骨干班主任180人参加活动。

（张东安　吴玉仙）

【召开体卫艺工作会】　2月28日，平谷区教委召开中小学体育、卫生、艺术、科技、校外教育工作会议。会议部署食品卫生、体育、近视防控等工作，就学校体育、卫生、艺术、科技、校外教育提出明确要求，希望各学校在工作中正确处理好三种关系：多与少的辩证关系、减与增的关系、虚与实的关系。全区中小学负责以上工作的副校级领导、校医及体音美学科教研员共计120人参加会议。

（张东安　吴玉仙）

【调研小学“减负”工作情况】　3月5至6日，平谷区教委调研全区29所学区（直属小学）落实“减负”及课改情况。调研工作成立10个调研组检查29所学校。调研组通过听常态课了解学校课程开设及课改推进情况；通过检查班级课程表、作息时间表、与师生代表座谈，了解学校“减负”工作落实情况；通过听取校长“减负”工作具体措施，了解执行过程中存在的问题及困惑。调研组对发现的问题及时提出整改意见，并汇总调研情况报告，为区教委研究制定“减负”实施细则提供依据。

（张东安　吴玉仙）

【调研中学课改实验校】　3月14日，平谷区教委调研中学课堂教学改革实验校落实“减负”与推进课改情况。区教委与区教育研修中心联合组成4个调研组，调研8所课堂教学改革实验校，听取课改课9节，随机抽取教师、学生代表180人座谈。调研显示，课堂教学改革实验取得成绩。各学校的非考试科目和校本课程不仅按照课程设置计划开设有序，而且丰富课改内容、活跃课改氛围。教师坚守15分钟“讲”课底线，灵活驾驭课改课堂能力明显提高。生生之间的互助合作有效性进一步得到增强。存在问题主要是教师的三维目标设计与学生学习目标达成有待合拍，精品课程数量、质量有待增加。

（张东安　吴玉仙）

【举办跳绳踢毽比赛】　3月15日，平谷区教委举办2013年中小学生跳绳踢

毽比赛。来自全区46所中小学和职业学校的1000余名运动员参加踢毽、双人单摇跳、八字穿梭跳等11个大项4个组别的比赛。比赛设中学组、小学组，分别评出前三名。

（张东安　吴玉仙　王玉梅）

【举办环保主题演讲比赛】 3月27日，平谷区教委、区环保局联合举办2013年度平谷区中小学生环保主题演讲比赛。全区47所中小学的60多名学生在校内初赛基础上参加区级比赛。比赛通过多媒体展演，以节约用水、环保购物、文明出行、环境卫生及可持续再循环利用为主题进行演讲。中学组要求采用中英双语演讲。比赛共评出一等奖10人、二等奖22人、三等奖30人。

（张东安　吴玉仙）

【召开“减负”专题报告会】 4月2日，平谷区教委召开“面对减负，我们应该做什么”专题报告会。平谷八小、山东庄学区、大兴庄学区、金海湖二小分别交流“减负”工作经验。原光明小学校长刘永胜作《面对“减负”，我们应该做什么》专题讲座，肯定平谷区在“减负”工作方面采取的措施和取得的成效。平区教委领导和各学区（直属小学）校长、小学教研员等200人参加报告会。

（张东安　吴玉仙）

【召开小学幸福教育现场会】 4月17

日，平谷区教委召开“走进八小——平谷区小学推进幸福教育科学发展，全面提高教育质量现场观摩会”。会议以“学生评价”为专题，包括展示课、学生评价展示、学生评价工作交流三部分内容。会议观摩平谷八小低中高年级语文、数学、英语、美术共8节展示课，参观平谷八小学生评价展示墙、学校教育教学成果展，观看10所学校学生评价亮点展示，交流平谷八小、平谷九小、平谷四小推进学生评价工作经验。会议强调，教育要向高效课堂要质量，向管理要质量，向减负要质量，向活动要质量，向均衡发展要质量，向信息化要质量，向教科研要质量。区教委领导和全区小学校干部教师代表等150人参加会议。平谷区教委2012年开始实施幸福教育，幸福教育是指要立足于学生的全面发展和综合素质的提高，实现“减负提质”，让教师和学生都能在“教”与“学”的过程中享受快乐，体验幸福。要求教师在平凡的工作中体现出创造性劳动，学生能在有限的时间内提高学习质量。

（张东安　吴玉仙　王玉梅）

【召开中学幸福教育现场会】 4月24日，平谷区教委召开中学“推进幸福教育科学发展，全面提高教育质量”现场观摩会。会议主会场设在平谷区教委，分会场设在平谷四中、北师大平谷附中。会议考察平谷四中班级文化建设、学生评价、学校制度建设，观摩北师大平谷附中文化展示课和校本选修展示课，听取刘家河中学、平谷四中、北师大平谷附中推进新课改及学生评价工作经验报告。区教委领导和各中学干部教师等130人参加会议。

（张东安　吴玉仙　盛景瑞）

【召开高三一模分析会】 4月25日，平谷区教委召开高三一模分析会。各学科教研员结合考试情况，与西城区有关数据分析比较，指出存在的差距，提出下一阶段复习工作建议。区教育研修中心建议学校对数据冷静分析，淡化复习统一性，增强学生针对性复习指导。会议提出，要向管理要质量，注重“临界生”管理，关注艺体类学生，以学科教研员为核心的全区高中统一互助组要形成合力，并适时聘请区外专家指导。区教委、区教育研修中心和全区中学代表25人参加会议。

（张东安　吴玉仙）

【举办中小学生跆拳道比赛】 4月25

日，平谷区举办阳光体育中小学生跆拳道比赛。比赛由区教委主办，松滔青少年体育俱乐部承办，全区44所学校300名学生参加比赛。比赛分为小学、初中男女共4个组别，设品势个人赛、竞技个人赛、品势团体赛三个大项。经过激烈角逐，平谷三中、刘家河中学、北师大平谷附中获中学组团体总分前三名；平谷二小、平谷八小、平谷六小获小学组团体总分前三名。

（张东安　吴玉仙　王玉梅）

【召开课堂教学改革现场观摩会】 5

月14日，平谷区教委召开“走进二小——加强校本化研究与实践，推进区域课堂教学改革现场观摩会”。平谷二小以《课堂教学改革，从校本教研做起》为题交流课改经验，5名教师报告深化课堂教学改革中的感受、成长与进步。会议分组观摩平谷二小9节展示课和语文教研组基于教师评价与学生参与的主题校本教研活动，教研员对展示课进行点评，北京市名校长第三工作室导师结合展示课，从知识把握、学生评价、学生参与三方面进行具体分析与指导。区教委领导、北京市名校长第三工作室成员，内蒙古商都县干部教师，平谷区教研员和有关教师260人参加活动。

（张东安　吴玉仙　王玉梅）

【观摩海淀小学校园文化建设】　5月

21日，平谷区教委组织小学校长赴海淀区观摩学习校园文化建设。该区一行35人先后走进中关村二小百旺校区、定慧里小学和北京市实验小学苏州街分部3所学校，听取各校办学特色和校园文化建设汇报，参观学校专业教室、班级楼道文化展板、餐厅环境以及学生、教师个性化作品展。活动还邀请优秀校长对每所学校进行点评，引导校长对校园文化建设的人性化、系统化、个性化、精细化和科学化进行更深刻的理解和思考。

（张东安　吴玉仙　王玉梅）

【召开学生伤害预防现场会】　5月23日，“北京市义务教育阶段学生伤害预防实验推广项目”现场会在平谷二小举行。会议由区教委主办，北京市妇儿工委协办。平谷一小、平谷二小、金海湖二小和山东庄学区4名教师分别以交通安全、预防意外摔伤、预防动物咬伤、预防烟花爆竹伤害为主题讲授4节观摩课，市交通管理局举办交通安全知识讲座，区教委、平谷二小分别交流经验。会议还组织参观平谷二小校园文化及安全教育展板，观看以预防儿童意外伤害为主题的文艺表演。市教委、北京6个区县教委领导，区内各小学代表200人参加会议。

（张东安　吴玉仙）

【小学名校（园）长工作室开展活动】6月25日，平谷区小学名校（园）长工作室开展走进南独乐河学区活动。工作室成员旁听一节语文复习课，了解校园文化建设情况，观看学校专题片，听取校长学校特色建设情况汇报。工作室导师刘永胜结合学校办学理念、学校特色，对学校校园文化建设、课堂教学进行详细诊断，就学校办学方向、校园文化设计方案、学校地域及文化特色逐一进行指导。工作室成员10人参加活动。

（张东安　吴玉仙）

【完成中考高考工作】　7月，平谷区中考高考工作结束。中考考生3006人，其中，应届考生2828人、往届考生178人。考试分为文化课5科和体育学科，满分580分。全区最高分551分。高考考生2257人，其中，统考考生2229人、高职单考考生28人。本科上线率55.97%，同比增长5.33个百分点，高于北京市本科计划录取率3.27个百分点。

（张东安　吴玉仙）

【举办初中基本功微格教学选拔赛】9月14日，平谷区教委举办初中学科基本功微格教学展示暨市级比赛选拔活动。14个学科253名初中教师参加比赛，完成15分钟的微格说课和现代教育技术运用与展示。比赛共评出一等奖31人，并推荐参加市级比赛。

（张东安　吴玉仙）

【举办校长专业标准培训】　9月18日，平谷区教委召开《义务教育学校校长专业标准》解读培训会。会议聘请光明小学原校长刘永胜就教育部2月颁发的《义务教育学校校长专业标准》进行解读，帮助校长进一步明确自身职责、任务和发展方向，提高校长专业素养。区教委要求校长一要加强学习，深刻领悟标准的丰富内涵；二要自我反思，针对薄弱方面予以加强改进；三要身体力行，提升实践智慧和专业素质。区委教育工委、区教委领导，各中小学、幼儿园校（园）长，教育教学副校（园）长，全体教研员等130人参加培训。

（张东安　吴玉仙）

【举办综合素质评价电子平台培训】9月25日，平谷区教委召开“北京市初中学生综合素质评价电子平台”使用培训会。培训会总结平谷区2012至2013学年度初中学生综合素质评价工作，解读综合素质评价电子平台操作规范、有关栏目内容填写说明。会议要求各校要转变观念，高度重视，克服困难，落实到位，以评价促发展，发挥激励导向功能。区教委领导，各初中校代表100人参加会议。

（张东安　吴玉仙）

【举办校长观摩精品课活动】　11月4日，平谷区教委在平谷一小举办校长观摩精品课研讨交流活动。活动听取平谷一小数学和英语课各1节。全区中小学校长和教研员120人参加活动。5名校长和2个学科教研员就两节课进行点评。该活动是校长观摩精品课研讨交流第一站。活动要求全区中小学校长、教研员利用每周一下午走进1所学校进行听课研讨交流活动。至年底，共走进5所中学、4所小学开展活动。

（张东安　吴玉仙　盛景瑞）

【检查评比课间操】　11月4至13日，平谷区教委检查评比全区各中小学体育大课间和课间操情况。共评出课间操优秀校26所，其中，小学16所、中学10所。区教委依据检查评比情况分别对各校体育大课间和课间操开展情况提出有针对性的建议，要求各校积极采取多种形式和有效办法，保证课间操、大课间、课外体育活动实效性，切实提高中小学生身体素质。

（张东安　吴玉仙）

【开展领导干部听评课活动】　11月5日，平谷区教委举办领导干部听评课活动。该活动在小学区级评优课基础上，推荐一节数学课、一节语文课进行现场课堂教学展示。名校长工作室成员从践行区域模式、变革学习方式、转变教师观念等方面对课堂进行现场点评；语文、数学教研员结合学科进行有针对性的评议。区教委领导，各中小学校长、教育教学副校长，区教育研修中心教研员200人参加听评课活动。

（张东安　吴玉仙）

【开展课改研讨活动】　12月4日，平谷区教委举办“把握课改动态，倾听课改心声”暨走进山东庄中学“聚集正能量，专心做课改”展示研讨活动。活动观摩学生诵读、年级晨训、班级文化展示和课堂教学展示，教研员进行课堂教学评议，全国高效课堂交流协作网专家就学校课改活动进行点评。区教委、区教育研修中心领导，各中学干部教师130人参加活动。

（张东安　吴玉仙）

【举办音乐教师培训成果展】　12月17日，平谷区教委在小香玉艺术学校

举办首届音乐教师培训班培训成果展示活动。29所小学40名音乐教师与小香玉艺术学校舞蹈教师利用新疆舞、蒙古族舞、傣族舞、东北秧歌、云南花灯表演，展示音乐教师培训班培训成果。区教委领导、全区中小学艺术教育分管领导、部分音乐教师及区教育研修中心、青少年活动中心代表110人观看演出。10月，区教委依托小香玉艺术学校优秀音乐教师资源，举办首期音乐教师继续教育培训，课程包括中西方音乐史赏析课、演奏技巧提升课、演奏实践等，从理论、欣赏、实践和创作方面进行全方位系统培训。培训面向全区音乐教师，分批次举办。

（张东安　吴玉仙　王玉梅）

【召开德育现场会】 12月18日，平谷区教委在平谷四小召开国家教育体制改革试点项目“推进中小学德育内容、方法与机制创新教育试验”现场会。会议观摩班主任生活指导课，听取区级课题组研究成果汇报，组织研讨中小学德育内容、方法与机制等问题。北京教科院研究员肯定平谷区课题研究成果，结合研究课题举办相关讲座。区教委有关领导和区教育研修中心教研员，各中小学德育主任共计60人参加会议。

（张东安　吴玉仙）

【举办阳光体育乒乓球比赛】 12月

19至20日，平谷区教委举办阳光体育2013年平谷区中小学生乒乓球比赛。来自全区45所学校的500多名选手参加小学、初中、高中组团体、单打项目比赛，北师大附中平谷一分校获高中男子团体第一名，平谷六中获高中女子团体第一名，平谷三中获初中男、女团体第一名，平谷一小获小学男、女团体第一名。

（张东安　吴玉仙　王玉梅）

职业与成人教育

【概况】 2013年，平谷区职业教育学校1所，设置专业8个，开设教学班15个。毕业125人，招生85人，在校生318人。教职工189人，其中专任教师61人。学校占地面积7.5万平方米，建筑面积4.1万平方米，固定资产总值7650.56万元。各级各类成人学校276所，开设专业24个。毕业1037人，招生1142人，在校生3659人。教职工713人，其中，专任教师353人。成人学校占地面积593703平方米，建筑面积89524平方米，固定资产总值9298.3万元。

（张东安　吴玉仙）

【举办纵横汉字输入法比赛】 5月28日，平谷区纵横汉字输入技能大奖赛在平谷一职举行。来自15个乡镇（街道）和平谷一职的41名选手参加纵横汉字输入速度、词语接龙比赛。比赛分青年组、中年组、职校组、教师组。比赛评出6个先进单位、41名先进个人和9篇优秀学术研讨论文。比赛选拔出的优秀选手被推荐参加全市纵横汉字输入技能大奖赛。

（张东安　吴玉仙）

【社区教师竞聘上岗】 6月17日，平谷区教委召开社区教师竞聘工作会。会议传达区教委关于2013年社区教师竞聘办法，部署社区教师竞聘指标分配、竞聘报名等工作。区教委要求竞聘工作要公平、公正、规范、有序，促进教师合理流动，优化教师结构，进一步推进社区教育工作深入开展。全区18个乡镇、街道的125名社区干部教师参加会议。至年底，全区18个单位实施社区教师竞聘工作，竞聘上岗教师126人。

（张东安　吴玉仙）

【完成社区教师职称考核】 7月2日，平谷区教委召开社区教师职评考核工作会。会议部署社区教师职称考核工作，要求要以建立健全教师发展激励机制为核心，科学、规范抓好社区教师职称评定考核工作。区教委相关人员及18个乡镇、街道社教办主任参加会议。年内，全区24名教师申报参加高级教师评定，18名教师申报参加中级教师评定，经评定，2人被推荐参加高级教师评定，3人被推荐参加中级教师评定。

（张东安　吴玉仙）

【举办转岗教师烹饪培训班】 9月9日至10月8日，平谷区教委面向系统内转岗教师举办中餐烹饪理论与技能培训。培训由平谷一职承担，共培训4期，每期培训1周。培训采用分组轮换方式，每组15至16人，内容包括50种热炒烹调方法及53种主食、面点制作方法。全区转岗教师125人参加培训。

（张东安　吴玉仙）

【召开创建学习型学校现场会】 9月17日，平谷区教委在大华山学区召开创建学习型学校现场会。会议听取大华山学区校长《加强学习型学校建设推进学校和谐发展》典型发言，查看大华山学区学习型学校创建档案，参观该校校园文化建设和特色展示。会议就近年来各校创建过程中存在的共性问题提出工作意见：深入学习学习型组织理论知识，把创建活动与解决学校实际问题相结合；以各类学习型组织创建为抓手，全面推进创建工作；建立长效机制，落实各项制度。区教委领导和8个单位代表30人参加会议。

（张东安　吴玉仙）

【验收学习型学校】 12月，平谷区教委组织区级学习型学校评估验收工作。验收评估组依据《平谷区创建学习型学校先进单位评估指标体系》，通过听取自评报告及自评分说明，实地察看校园环境及硬件设施建设情况，查阅两年来的档案资料，全面评估8所区级学习型学校申报校。经评估，8所学校全部被认定为区级学习型学校。至此，平谷区认定区级学习型学校39所。

（张东安　吴玉仙）

教育督导

【概况】 2013年，平谷区政府教育督导室主任1人，专职督学2人。年内，教育督导室加强教育督导队伍建设，提高督导人员专业化水平，补充聘任兼职督学36人。成立督导检查组，深入16个乡镇、2个街道办事处进行督导检查。在原有“减负”工作督导制度的基础上，结合市区有关要求制定关于“减负提质”工作督导检查方案，把学校“减负提质”工作纳入教育督导工作体系。完成全区市立幼儿园、中小学校、职业高中、特教中心责任督学挂牌工作，实现责任督学挂牌全覆盖。

（张东安 吴玉仙）

【督导乡镇街道落实教育职责情况】 5月14至30日，平谷区教育督导室督导检查各乡镇、街道落实教育职责情况。该工作由专兼职督学和区教委相关科室人员组成督导检查组，检查16个乡镇和2个街道办事处。通过听取主管领导汇报，实地查看乡镇成人学校、幼儿园、中小学办学条件和校园周边环境，查阅相关档案资料，组织座谈和问卷调查，检查组全面检查乡镇政府、街道办事处履行教育职责情况和存在问题。检查发现，各乡镇、街道认真落实教育职责，加大教育投入，尤其对学前教育、成人教育投入力度明显加大，重视加强校园周边安全环境治理，促进区域内各级各类教育高效均衡发展，加快幸福教育推进步伐。

（张东安 吴玉仙）

【补充聘任兼职督学】 6月5日，平谷区教育督导室召开补充聘任兼职督学会议。依据《平谷区兼职督学聘任管理办法（试行）》，区教育督导室在原有特约督学1人、兼职督学16人基础上，补充聘任36名兼职督学。会议决定成立由专兼职督学组成的评价工作调研小组，分别调研中小学、幼儿园、区教委直属单位“中小学教育质量评价方案（试行）”施行情况。区教育督导室领导和全体专兼职督学参加会议。

（张东安 吴玉仙）

【督导评价区教委直属单位】 10月29日至11月4日，平谷区教育督导室督导评价区委教育工委、区教委直属单位履行教育职责情况。督评组通过听汇报、查看档案、审阅各单位自评报告、问卷座谈，督导评价9个直属单位2012至2013学年度履行教育

职责情况。并通过中小学校长、幼儿园园长、教育教学副校长、后勤副校长、乡镇街道社教办主任、学员问卷调查，征求社会对直属单位工作的意见和建议。最终，督评组分别完成各单位督导评价报告，督导结果将作为各直属单位绩效工资发放和单位评优的依据。

（张东安 吴玉仙 王玉梅）

中共平谷区委教育工委

书　记 李正

平谷区教育委员会

主　任 徐素芝

平谷区政府教育督导室

主　任 赵志刚（7月免）
　　　 王福胜（8月任）

密　云　县

总　类

【校级干部竞争上岗】 1月5至6日，密云县教委举办校级干部竞争上岗面试。面试按照规定程序进行，由县人力社保局及县教委领导共同担任考官，科学、民主选拔符合教委系统需求的优秀人才。获得面试资格的81名应试者参加面试，经过考核，30人获得校级干部上岗资格并于1月中旬走上岗位。

（黄维国）

【举办中国传统文化讲座】 2月22日，密云县教委举办中国传统文化讲座。东北师大教授以《中国传统的启发教学思想及现代意义》为题，讲授因材施教、启发教学、遵循教育对象发展水平及规律等教育思想，对提高实际教育教学水平起到促进作用。全县小学骨干教师及部分幼儿园教师共计400人听取讲座。

（黄维国）

【教育工会召开工作会】 2月28日，密云县教育工会召开2013年工作会。会议总结2012年教育工会工作，部署2013年工作。会议要求，年内制定《密云县中小学师德建设三年行动计划》，大力加强师德建设；加大教工之家建设力度，坚持“常态建家、动态管理、常抓不懈”的原则，扶持“特色小家”建设；积极开展文体活动，帮助基层工会组建职工社团，举办全县教职工运动会；开展“厚德善行”巾帼建功活动。县教育工会、县教委领导和全县教职工代表80人参加会议。

（黄维国）

【座谈未成年人思想道德建设】 4月16日，密云县教委、县关工委召开未成年人思想道德建设工作座谈会。会议观看《立德树人开拓创新——密云县中小学德育工作回顾与展望》专题片，听取县教委“十二五”时期德育工作总体规划，听取《密云县中小学德育工作行动计划》和《密云县美丽少年教育实施方案》说明，听取2013

年学生德育工作、团队工作汇报。会议就建立学生寒暑假期社区报到制度、组建家校社协同教育机制、加强中小学生理想信念和心理健康教育等工作提出指导性建议。县关工委领导肯定密云县教委近年来在学生思想道德建设方面所取得的成就，同时表示将积极发挥所能，针对教育所需，协助密云县教委做好未成年人思想道德建设工作。县教委和县关工委领导参加会议。

（黄维国）

【评价中小学社会大课堂工作】 4月17至18日，密云县教委在各校自查的基础上，开展全县中小学社会大课堂工作专项评价。评价依据北京市中小学综合素质提升工程项目管理办法进行，设立组织管理、过程管理、课程管理、安全管理、经费管理5个方面20个评价指标。评价组检查全县50所中小学，对发现的问题及时反馈并给予具体指导，明确提出整改要求。评价结果显示：学校社会大课堂工作规范，在大课堂工作评价机制建设方面取得初步成果，南菜园、密云二小等十几所学校社会大课堂实践活动效果评价研究成果突出，过程性资料翔实。依据评价情况，县教委制定《密云县中小学社会大课堂档案整理工作指导意见》。

（黄维国）

【举办青年教师演讲比赛】 5月6至7日，密云县教委举办“点亮中国梦，畅想人生愿景”青年教师主题演讲比赛。来自全县中小学、幼儿园、职业学校、直属单位的162名青年教师结合成长经历，从不同角度阐释对教育事业和教师职业的理解，畅谈各自的教育梦，表达为实现理想不懈奋斗的决心。该活动是2013年县级青年骨干教师评选的重要环节，演讲比赛成绩和个人申报材料共同作为评选的重要依据。

（黄维国）

【召开校志编纂工作培训会】 6月5日，密云县教委召开校志编纂工作培训会。会议邀请市教育志编委会办公室专家就校志编纂工作的重要性、流程、基本要求举办专题讲座。会议就校志编纂工作提出三点要求：一是各单位要切实掌握培训内容，将所学知识与实际工作相结合，提升校志编纂工作水平；二是单位领导要提高认识，高度重视，把校志编纂工作纳入整体工作计划，确保领导到位、人员到位、保障措施到位；三是工作人员要克服困难、强化责任，扎实推进各项工作，确保校志编纂质量，经得起历史检验。县教育志鉴办公室负责同志、教委系统各单位主管领导及相关工作人员50人参加会议。3月，县教委为加强教育志鉴编纂工作管理，提出深入推进校志编纂工作，实现“校校（园园）有志”工作目标。

（黄维国）

【交流少年军校建设工作】 6月28日，

密云县教委在北庄中心小学召开“打造军旅文化，培养英雄少年”少年军校建设工作交流研讨会。会议宣布密云县少年军校总校章程，观看北庄中心小学少年军校建设工作专题片，参观学校军旅文化建设情况，听取北庄中心小学、檀营小学、高岭中学以及总参北庄司机训练大队共建少年军校情况的工作汇报。会议部署县少年军校建设工作，提出三点要求：一是提高认识，整体规划，将少年军校建设纳入学校计划，作为开展社会主义核心价值体系教育的重要抓手。二是健全机制，科学运行，进一步明确职责，探索有效途径，逐步实现军校建设工作规范化、常态化、科学化。三是创新形式，办出特色，将少年军校建设作为实施素质教育的有效载体，用积极向上的军校文化影响学生，引导学生，培养学生。密云县教委、县精神文明办、总参北庄司机训练大队、北庄镇政府代表，以及全县中小学少年军校主管领导参加会议。

（黄维国）

【实施学校发展提升工程】 7月15至16日，密云县教委举办“学校发展提升工程项目”启动仪式暨“为教师发展领航”暑期领导干部研修活动。学校发展提升工程由密云县教委与首都师大联合实施。项目以密云县基础教育发展为目标，利用首都师大在中小学干部教师专业发展、学校整体建设方面资源，发挥学校的办学主体性，计划2至3年时间，通过有针对性解决学校发展中的问题与困难，打造一批教育思想先进、办学特色鲜明、文化底蕴深厚、成为区域内具有较强影响力学校。首师大附属密云中学、密云二中、密云三中、太师庄中学、穆家峪中学、不老屯中学、西田各庄中学7所学校被列为项目学校。启动仪式后，与会人员参加首都师大专家团举办的“为教师发展领航”主题工作坊研修活动。县教委领导、首都师大项目负责人，以及7所项目校代表共计80人参加会议。

（黄维国）

【城乡教育一体化发展项目结题】

11月2日，密云县教委在北交大附中密云分校召开“探索城乡教育一体化发展有效途径”实验项目结题报告会。会议听取县教委课题结题报告，北京市项目专家组评议项目实验成果、实验工作特色，认为密云县项目实验在探索有效途径、创新工作机制等方面取得经验。该项目是北京市承担的国家级教育体制改革试点项目，密云县是11个实验区县之一，2010年下半年启动项目研究。

（黄维国）

【总结新入职教师培训工作】 11月2日，密云县教委召开新入职教师培训工作总结表彰大会。县教师培训中心全面总结近几年新入职教师培训工作，12名新入职教师进行钢笔字、粉笔字、简笔画、教学片断、主题演讲五项基本功展示。会议表彰写字、绘画、教学片断展示、教育反思练笔赛及“我的成长之路”演讲比赛获奖教师95人和8个优秀组织单位。全县各中小学、幼儿园、职业学校、直属单位主管领导及2010年至2013年入职教师近600人参加会议。

（黄维国）

【蝉联七届学生体质测试赛团体冠军】 12月21日，北京市青少年体育卫生工作局际联席会议公布2013年北京市第七届国家学生体质健康标准测试赛结果，密云县连续第七年蝉联团体总分冠军。在连续六届赛冠军的基础上，密云县教委采取六项措施进一步强化《国家学生体质健康标准》测试工作。一是投入400万元为所有中小学购买体质测试器材，确保每一所学校都能够使用专业设备进行测试练习；二是制定《关于进一步加强学校体育工作的意见》《国家学生体质健康标准年度实施办法》等文件，规范学校测试工作管理；三是聘请专家为教师讲解测试规则、程序，对教师进行测试仪器使用、数据上报程序专项培训，提高学校监测水平；四是建立密云县国家学生体质健康标准数据库，对全县学生测试数据进行统计、分析、存档，并100%将数据报送至教育部学生体质健康网及北京市国家学生体质健康标准服务网。五是将县级标准测试赛列为学校常规工作，为参加北京市测试赛打下基础。六是通过公开展示体育课、召开家长会等形式向家长宣传健康标准重要意义，争取家长对测试工作的支持，监督学生主动练习，关注学生的身体健康状况。

（黄维国）

学前教育

【概况】 2013年，密云县幼儿园67所，比上年增加7所。幼儿园中教育部门办园48所，集体办园2所，地方企业办园1所，民办园16所。幼儿班391个，比上年增加27个，增幅7.4%。幼儿园离园幼儿3535人，入园幼儿3337人，在园幼儿10253人。教职工1673人，其中，专任教师876人。幼儿园总占地面积23.74万平方米，园舍建筑面积12.57万平方米。

（黄维国）

【检查村办园建设项目】 1月8日，市教委检查密云县村办园建设项目实施情况。市教委检查组实地查看河南寨镇两河幼儿园和开发区管委会幼儿园基础设施建设及设备配备情况。两所幼儿园硬件建设全部完成，人员招聘已到位，设备配备、招生登记工作正在进行当中。两园3月正式开园，提供学位450个。村办园建设项目是2012年市教委实施的扩大学前教育资源、提高学位供给能力的新举措。密云县根据实际情况，申报河南寨镇两河幼儿园、开发区管委会幼儿园两所村办园建设项目。

（黄维国）

【举办教学能手送教到园活动】 2月21日，密云县教委举办教学能手送教到园活动。县级骨干教师蔡玉梅以“读书学楷模，苦练促发展”为题，为县第二幼儿园全体教职工介绍工作经验，并进行自制玩教具培训，现场演示制作过程。至年底，县教委举办教学能手送教到园活动8次。

（黄维国）

【密云六幼与市五幼“手拉手”合作】 2月22日，密云县第六幼儿园与北京市第五幼儿园签订“手拉手”活动协议书。两所幼儿园本着资源共享、互助互利、优势互补的原则，按计划定期开展活动。北京五幼将选派优秀骨干教师及管理人员，指导密云六幼管理工作、教学活动，参与密云六幼的园本培训和教科研活动，并通过多种形式与密云六幼沟通教育教学改革信息，接纳密云六幼干部教师考察学习。3月，密云六幼部分教师到北京五幼观摩学习。

（黄维国）

【举办教师摄录器材使用培训】 3月15日，密云县教委为提高幼儿园电教教师摄录器材使用水平，举办器材使用培训。培训邀请县摄影家协会专业人士主讲，内容涉及摄影、摄录像器材使用常识、基本技巧等。全县幼儿园专兼职电教教师60人参加学习。

（黄维国）

【举办首届幼儿体育节】 5月3日，密云县首届幼儿体育节闭幕。体育节为期1个月，以“健康第一”为理念，组织幼儿、教职工、家长开展多种形式体育活动，促进幼儿体、智、德、

美全面发展。体育节期间，各幼儿园举办幼儿运动会、幼儿体操展评、师幼同乐游戏等活动。

（黄维国）

【认定首家市级示范园】 7月5日，密云县第四幼儿园接受北京市示范幼儿园验收。验收组通过听汇报、看实践、查资料等形式，全面评估办园条件、队伍建设、管理、保教、教科研、早期教育、卫生保健工作。验收组对第四幼儿园的各项工作给予充分肯定。7月18日，市教委公布北京市示范幼儿园名单，密云县第四幼儿园入选，成为密云县第一所北京市示范幼儿园。同时，溪翁庄镇东智幼儿园通过北京市二级二类园验收。至此，全县级类幼儿园30所。

（黄维国）

【举办奥尔夫音乐课例展示】 7月8日，密云县教委举办奥尔夫音乐课例展示活动。活动通过远程视频系统观摩密云三幼《捕鱼歌》、密云四幼《阿里巴巴——芝麻开门》等奥尔夫音乐示范课程，帮助教师开阔组织奥尔夫音乐活动的思路。全县37所幼儿园教师通过远程视频系统观摩展示活动。

（黄维国）

【召开“学习与发展指南”研讨会】 7月9日，密云县教委召开学习《3～6岁儿童学习与发展指南》研讨会。会议从园所管理、专业引领、具体实践方面，交流学习“儿童学习与发展指南”收获与体会。市教委对密云县落实“儿童学习与发展指南”工作给予充分肯定，希望继续深入研究，用好指南，帮助幼儿健康成长、科学发展。市教委、密云县教委领导，全县幼儿园代表30人参加会议。3月7日，密云县教委为检测《3～6岁儿童学习与发展指南》学习效果，举办幼儿园业务干部、骨干教师和新教师进

行专业知识测试。

（黄维国）

【举办幼儿园早期阅读培训】 9月24

日和12月5日，密云县教委举办幼儿园早期阅读培训活动。9月邀请南京师大宁谊幼儿教育研究发展中心“早期阅读指导研究”课题组为全县幼儿教师举办幼儿早期阅读读本分析和教学指导策略讲座，分析早期阅读活动中的困惑，明确课题研究目标，传授激发幼儿阅读兴趣、帮助幼儿掌握早期阅读技能的方法。12月举办幼儿园早期阅读观摩研讨活动，顺义区、昌平区及密云县幼儿园骨干教师87人共同观摩密云二幼、六幼、四幼3节早期阅读课。活动还邀请中国学前教育研究会举办“故事类读本与知识类读本在研究过程中的差异性”专题讲座，提高教师阅读指导能力。

（黄维国）

【22所幼儿园装备数字图书馆】 9月26日，密云县教委举办幼儿园数字图书馆安装培训。培训邀请中国数字图书馆、学标教育科技中心讲解图书馆安装、使用、维护技术。培训后，全县22所幼儿园安装学前教育数字图书馆分馆。数字图书馆涵盖图书、期刊、音频、视频、图片、儿童绘本、教学实践多项内容，提供阅读、检索、引用等在线服务。

（黄维国）

【表彰园本教研优秀教研组】 10月15日，密云县教委召开幼儿园园本教研优秀教研组展评总结表彰会。会议总结上学年园本教研工作及优秀教研组展评情况，表彰密云五幼等12个获奖教研组。会议交流密云五幼、密云三幼、太师屯中心园典型经验，邀请北京教科院举办“园本教研基本概念与技能”专题讲座。县教委领导和全县幼儿园教师126人参加会议。

（黄维国）

【接待民办园参观交流】 10月30日，

市教委组织北京市民办园举办者观摩密云县园所文化建设。密云县教委介绍学前教育发展情况，组织参观信远阳光幼儿园等5所幼儿园，密云5所幼儿园汇报促进幼儿园专业化、特色化发展的有效途径，全面展示密云县民办与公办、县城与农村、平原与山区幼儿园优质均衡发展的特点。市教委领导，北京市民办园举办者68人参加活动。

（黄维国）

【扩充公办幼儿园资源】 至年底，密云县通过转制、新建等方式扩充公办教育资源。北京空军蓝天宇锋蔡家洼幼儿园、嘉士博幼儿园两所民办幼儿园先后转为公办性质，增加公办园学位810个。密云七幼、密云九幼、穆家峪镇庄头峪幼儿园、宁静之都德惠幼儿园4所新建幼儿园相继开园，新增学位1350个。

（黄维国）

基础教育

【概况】 2013年，密云县小学40所（其中少数民族学校4所），教学班603个，毕业3176人，招生3961人，在校生20436人，在校生中北京市户籍学生16158人；小学教职工2208人，其中，专任教师2522人。中学23所，教学班460个（初中308个、高中152个），毕业5683人（初中3529人、高中2154人），招生4916人（初中3064人、高中1852人），在校生16226人（初中9897人、高中6329人），在校生中北京市户籍学生15062人；普通中学共有教职工2602人，其中，专任教师1817人，占教职工总数69.8%。全县中小学总占地面积149.52万平方米，总建筑面积47.30万平方米；固定资产总值86529.24万元，图书馆藏书151.38万册。全年教育经费投入16.38亿元，均为国家拨款。

（夏早顺）

【表彰优秀中学生成长导师】 1月2日，密云县教委召开学生成长导师制工作总结暨优秀导师表彰会。会议全面总结2013年学生成长导师制工作，交流太师庄中学、河南寨中学、东邵渠中学、密云二中、北师大密云实验中学5所学校导师制工作经验。会议表彰《我与学生的故事》教育案例获奖导师，密云二中、十里堡中学、北交大附中密云分校、密云五中4名一等奖优秀导师交流工作经验。县教委领导和全县中学代表85人参加会议。

（黄维国）

【数字化教研中心建设课题结题】 1月15日，“数字化学习型教研中心建设课题”通过专家鉴定结题。该课题为北京市教育科学规划办2009年度重点课题，经过3年来探究、实践，课题初步建成数字化教研平台，有效加强教研中心与学校之间的沟通和交流，基本形成数字化教研的氛围和具有区域特色的教学资源体系。

（黄维国）

【密云三小加入实验二小教育集团】

1月15日，密云三小与北京实验二小签约，加入北京实验二小教育集团。签约仪式上，实验二小校长李烈为密云三小师生报告实验二小教育集团“以爱育爱”“双主体育人”品牌理念，表示支持将密云三小建设成为密云名校，带动密云基础教育整体发展。县教委感谢北京实验二小教育集团对密云教育发展的大力支持，要求密云三小抓住机遇，扎实有效开展交流与合作；希望北京实验二小教育集团在帮带好密云三小基础上，指导、带动密云县基础教育的整体发展。

（黄维国）

【农村中学科技馆开馆】 1月24日，高岭中学科技馆揭牌运营。该科技馆建有科普展品、数字科技馆、科普图书、学生科技创意作品和多媒体投影5个区域，配备科普图书500余册，展示科普展品16件，面向全县中小学生免费开放。科技馆建设投资30万元。

（黄维国）

【小学校长赴境外研修】 2月17日至

3月10日，密云县教委选派16名小学校长赴美国哈佛大学等4所名校参观考察。赴美期间，密云校长学习先进教育理念，从教育体系建立、学校管理、课程设置、师资队伍建设、质量监控方面与外方教育专家进行研讨交流。10月15日，县教委举办“学习·实践·提升”赴美国培训小学校长论坛，交流赴美所学、所感及根据学校特点做出的探索。

（黄维国）

【召开“减负”工作专题会议】 3月14日，密云县教委召开小学“减负”工作专题会议。会议解读课程计划、在校学习时间、有偿家教等关键问题，分析各校“减负”工作实施方案，提出进一步修改、完善建议，对学校课程表、作息时间表审核备案工作提出明确要求。县教委领导和全县小学主管副校长30人参加会议。

（黄维国）

【举办小学副校长展示课】 4月23日，密云县教委在南菜园小学举办小学副校长展示课。南菜园小学副校长、石城小学副校长、东邵渠小学副校长各上一节展示课，县教研中心教研员进行点评。全县各小学副校长、教导主任、副主任105人参加活动。年内，密云县教委小教科分别举办副校长、骨干教师、学科优秀教师展示课活动，活动是密云县“三名工程”内容之一。

（黄维国）

【密云六小与首师大附小合作】 4月24日，密云县第六小学与首都师范大学附属小学签署友好合作学校协议。依据协议，密云六小与首师大附小在教师培训、教学管理和学生活动等方面开展合作。其中，首师大附小为密云六小教师提供挂职学习机会；双方共享教育信息；双方进行合作交流，达到互通有无目的。密云六小反馈双方合作交流的信息、成果，对交流的结果提出改进建议；负责双方合作交流中发生的部分经费；提供双方大型合作交流活动场所、生源等。

（黄维国）

【名师工作室赴无锡跟岗研修】 5月26日至6月1日，密云县教委组织小学语文、数学、英语、科学4个名师工作室22名教师赴江苏省无锡市跟岗研修。密云县教师考察无锡育红小学和育英实验小学，参观学校校园文化建设，听取学校办学理念、教育管理、办学特色等经验，现场观摩名师课堂教学，参加学校教研活动，与学校干部教师就“提质减负”、家校合育、课题研究等座谈。研修活动学习名校办学理念、高效课堂教学方式，提升名师工作室成员专业素养和创新意识。

（黄维国）

【举办“大世界阅读梦想之旅”社会实践】 5月28日，密云县教委团工

委为迎接“六一”儿童节，体验多元化阅读模式，举办“大世界阅读梦想之旅”社会实践活动。该活动在青少年阅读体验大世界举办，通过经典儿童图书阅读和电影作品观赏，组织学生体验文学、绘画、电影三种不同手法对相同故事内容的反映。阅读和观赏活动后，组织学生根据体会分组创作自己的故事，锻炼创作能力和团体协作能力。全县2012至2013学年度“十佳少先队员”和“十佳少先队辅导员”获奖者，县级创意故事比赛、“校园金话筒”小主持人大赛等活动中表现突出的少先队员共39人参加活动。青少年阅读体验大世界坐落于建国门外中央商务区，总面积近6000平方米，是专业性强、品种全的青少年主题书店。

（黄维国）

【综合评价校本培训工作】 6月8至9日，密云县教委举办2012至2013学年度校本培训评估交流活动。全县各小学、幼儿园校本培训主管领导按学段分组汇报本校学年度校本培训实施情况，重点交流校本培训工作亮点、效果、成功经验、存在问题及下一学年工作设想。该活动是校本培训评估的一部分。此后，县教委评估组在听取汇报的基础上，下校查阅各校的校本培训档案，并进行综合评价打分。最终20个单位被评为校本培训工作先进单位。

（黄维国）

【展示习作研究阶段成果】 6月18日，密云县教委在季庄小学举办“小学习作生活化、个性化研究”阶段性总结与成果展示活动。活动观摩密云三小、季庄小学等校的7节展示课，欣赏各校学生习作作品。教育部课程教材研究所专家点评展示课，指出习作教学进一步发展的方向，希望教师做好课堂观察和案例分析，进一步加强对学生价值观的引导，加强习作教学深层次研究，探索科学课堂教学模式，让学生习作更加生活化、个性化。教育部课程教材研究所、北京教科院教研员和密云县小学教师200人参加活动。2011年，密云县教委根据语文课程标准对习作教学要求，实施小学“习作工程”，确定“小学习作生活化、个性化研究”研究课题。三年来，通过专家引领、课堂实践等途径，逐步培养学生在习作中说真话、说实话，写真实感受，取得阶段成果。

（黄维国）

【发放新民奖学助困基金】 8月10日，密云县教委发放2013年新民奖学助困基金。6名考入清华、北大的优秀生每人发放4万元奖学金，40名

考入一类本院校的家庭困难生每人发放1万元助学金。新民奖学助困基金出资人向即将迈进大学校门的优秀考生表示祝贺，希望受到奖励和资助的学生注重自我修炼，争取早日回报父母、学校和社会。

（黄维国）

【“乡村学校少年宫”挂牌】 9月26

日，在2013年中央专项彩票公益金支持“乡村学校少年宫”建设启动暨辅导员培训会上，密云县太师屯中心小学被授予“乡村学校少年宫”称号。“乡村学校少年宫”是依托农村学校现有资源条件，适当添置相应设备，使其成为学生课外、校外活动场所。北京市2011年启动第一批“乡村学校少年宫”项目建设，太师屯中心小学成为继东邵渠中心小学、穆家峪中心小学后密云县第3所北京市“乡村学校少年宫”学校。

（黄维国）

【新成立两个校长工作室】 9月，密云县教委分别组建中学校长工作室和小学校长工作室。其中，中学校长工作室以北京育英学校校长余会祥为导师，小学校长工作室以北京光明小学校长廖文胜为导师。全县13名中小学校长成为工作室成员。至此，密云县成立学前教育、小学、初中、职业教育15个名师工作室，成员194人。

（黄维国）

【专项检查小学行为习惯培养】 10月14至24日，密云县教委专项检查小学行为习惯培养。检查内容包括学生学习、卫生、体育锻炼三种习惯培养方面的工作举措、效果以及存在的问题，检查组查看学校环境卫生、个人卫生、物品摆放、师生礼仪、精神面貌、文化建设、课堂习惯、课间秩序，并向学校反馈检查结果。全县27所小学及聋人学校参加检查。检查结果显示，各学校普遍重视行为习惯培养工作，将习惯培养纳入学校总体工作计划和德育工作计划，有制度、有要求、有措施、有活动、有特色。

（黄维国）

【举办校园小主持人大赛】 10月18

日，密云县教委团工委举办第五届“校园金话筒”小主持人大赛。来自全县24所小学、16所中学64名校园小主持人参加比赛。比赛通过绕口令、新闻播报、辩论赛三个环节，考察选手的组织编稿能力、语言表达能力、应急思辨能力、逻辑思维能力。经过角逐，4组选手获得一等奖。

（黄维国）

【专项检查学校艺术教育工作】 11月12至15日，密云县教委专项检查学校落实《学校艺术教育工作规程》情况。检查组由东城、西城、海淀、朝阳、大兴的艺术教育专家，与县教委、县教研中心、县青少年宫相关人员共同组成，分四组检查全县52所中小学和职业高中。检查通过听取汇报、集体座谈、查阅资料、察看场地及活动开展，全面了解学校艺术教育工作，并进行点评，指导学校整改。检查结果显示，学校对艺术教育重视程度不断提升，艺术教育水平显著提高，9所学校被市教委确定为艺术教育特色学校。

（黄维国）

【西田各庄镇为学生开通公交专线】 12月2日，西田各庄镇政府为学生开通公交专线。为解决学生上学交通问题，西田各庄镇政府、学校协调公交公司等部门，在大辛庄、沿村、建新3个没有直通学校公交车的行政村开设专线接送学生上下学。同时，学校加强学生安全乘车教育，与镇、村干部共同做好学生乘车过程中的安全保护工作。公交专线共11辆交通车，每日早7点、下午5点（节假日除外）接送辖区内23个村学生上下学。

（黄维国）

【首都师大专家指导名师工作室】 12月17日，密云县教委邀请首都师大专家指导初高中名师工作室活动。首都师大基础教育发展研究院5名教授，分别参加初高中数学、语文等8个工作室的活动。通过听课、评课、研讨、交流，对工作室活动提出指导性意见，并就工作室建设有关问题同领衔教师及成员进行交流。密云县8个工作室成员104人参与活动。

（黄维国）

【评选“美丽中学生”】 12月19日，密云县教委在密云七中召开“美丽中学生”评选表彰会。会议表彰县级“美丽中学生”50人，并从感恩父母、直面挫折、自立坚强、服务社会、勇于担当方面展示9名美丽中学生感人事迹。4月，密云县教委启动“美丽少年教育”，提炼出“爱己、爱家、爱社会、爱祖国、爱自然”的美丽少年“五爱”特征。

（黄维国）

职业与成人教育

【概况】 2013年，密云县职业高中1所，分为3个校区。职业高中开设16个专业，成人非全日制中专开设2个专业。职业高中毕业生729人，招生564人，在校生1925人。教职工262人，其中，专任教师159人。学校占地面积14.82万平方米，校舍建筑面积5.44万平方米，计算机1272台。全县各类成人学校376所，年培训总数16.89万人次。学历教育开设专业13个，毕业836人，招生834人，在校生2806人次。教职工142人，其中，专任教师78人。成人学校占地面积13.11万平方米，建筑面积4.5万平方米，固定资产总值2350万元。

（夏早顺）

【召开成教社教工作汇报会】 2月27日，密云县教委召开2013年成人教育、社区教育工作汇报会。会议全面布置2013年工作，通报农民学历教育招生情况，听取各镇、街道教委2013年成人教育、社区教育重点工作汇报。县教委对各镇街成人学校、社区教育中心工作提出要求。全县各乡镇、社区成人教育、社区教育领导 87 人参加会议。

（黄维国）

【市教委检查农民教育资源建设】 4 月 26 日，密云县农民教育资源建设情况接受市教委检查。检查组听取县职业学校、社区教育中心农民教育资源建设情况汇报。检查组认为，密云县在深入调研基础上，针对农民文化技术现状及学习需求，加强教育资源建设，在水库鱼街、古北水镇农民学习资源建设和农民教育办学模式等工作上取得较大的成绩。希望密云县进一步强化师资队伍建设，深入农村开展教育培训，加大农民教育资源建设力度，推动各项工作取得新进展。

（黄维国）

【启动农村大学生培养工程】 5 月，密云县社区教育中心按照首都新农村建设农民大学生培养工程要求，启动农村大学生培养工程。该工程面向全县农民招生，与北京开放大学合作举办农村行政管理专科班。首批 130 名青年农民通过成人高等学校全国统一招生考试入学。

（黄维国）

【表彰学习型村(居)委会】 7月5日，

密云县教委召开 2013 年创建学习型村（居）委会总结表彰会。会议宣读表彰决定，表彰 20 个获奖村（居）委会。会上，十里堡镇十里堡村、巨各庄镇前焦家务村、果园街道康居社区代表获奖单位交流典型经验。会议总结 2013 年上半年创建学习型村（居）委会工作，指出创建过程中存在的问题，并提出具体工作要求。县学习办领导，各村、街道有关人员共 175 人参加会议。

（黄维国）

【表彰县级学习品牌之星】 10 月 28 日，密云县学习办举办第九届全民终身学习周启动仪式暨县级学习品牌和学习之星表彰会。会议表彰积极参与学习型密云建设工作的市民和先进单位，其中，县人口计生委“人口教育大课堂”、县社区教育中心“密云县新型农民培养工程”、石城镇教委“社会公德大讲堂”被认定为县级学习品牌，8 名市民被评为县级学习之星。县学习办、县委宣传部、县农委、溪翁庄镇主要领导以及市民代表 400 人参加启动仪式。10 月 28 日至 11 月 3 日，密云县举办第九届全民终身学习周，活动周主题是“开放学习资源，为市民终身学习服务”。

（黄维国）

【县社教中心向水库民俗户赠书】

12 月 19 日，密云县社区教育中心在溪翁庄镇成人学校举办《密云水库鱼致富经》赠书仪式。各镇成人学校教师、溪翁庄镇民俗户代表 152 人参加赠书仪式。《密云水库鱼致富经》一书是县社区教育中心承担的北京教科院教学资源建设研究项目，由县社区教育中心组织人员利用两年时间编写完成。该书包括领您认、带您吃、教您做、帮您赚 4 个部分。图书作为农民旅游培训的乡土教材，将陆续发放到水库周边民俗户手中，传播密云水库鱼文化，促进农民增收致富。

（黄维国）

教育督导

【概况】 2013 年，密云县政府教育督导室编制 5 人，在岗 5 人，兼职督学 10 人。年内，县教育督导室配合市教育督导室完成县职业学校实习实训基地建设管理使用情况专项督导；开展学前教育监测统计工作和县教育工作满意度调查以及镇（街）教育工作责任制考核；完成镇、街学校、幼儿园教育安全管理工作专项督导及回访等工作。

（李广栋）

【完成学前教育监测统计】 3 至 5 月，密云县教育督导室、县教委协调公安、人口计生、流动人口管理等部门完成学前教育发展状况监测统计表填写、报送工作。统计数据显示：密云县幼儿园 67 所，比上年增加 7 所。幼儿园中教育部门办园 48 所，集体办园 2 所，地方企业办园 1 所，民办园 16 所。共有幼儿班 391 个，比上年 364 个增加 27 个，增幅 7.4%。学前教育数据监测统计是市政府对区县学前教育三年行动计划取得成果进行评估的重要依据之一，由市教委统一组织。

（李广栋）

【调查教育工作社会满意度】 7 月 3 至 4 日，密云县教育督导室面向全县中小学、幼儿园、职业学校学生家长开展教育社会满意度问卷调查。县教育督导室和县教研中心抽调 8 人分成 4 组开展工作，共发放、回收有效调查问卷 3724 份。调研结果分析显示，密云义务教育均衡发展公众综合满意度 93.7%。针对调查中回收的意见、建议，教育督导室整理后，及时反馈相关学校。

（李广栋）

【督导检查教育安全管理】 9 月 16 至 18 日，密云县教育督导室回访督导县域教育安全管理工作。督导组根据此前专项督导整改情况进行回访督导，分片召开座谈会，听取各镇街安全管理隐患排查整改落实情况。根据督导回访情况，县教育督导室向县政府提交督导回访报告，建议成立县、镇两级教育安全管理工作领导小组，统一协调解决山区乡镇学生上下学交通安全问题、城区“小饭桌”问题、县城及周边地区非法民办教育机构治理等安全隐患。12 月，县政府印发《密云县教育安全问题治理工作方案》，成立县教育安全问题治理工作领导小组，实施部门联动综合治理，逐步消除教育安全隐患。此前，5 月 7 至 9 日，县教育督导室联合教委、公安、城管等部门专项督导检查县域教育安全管理工作，并完成专项督导报告。依据报告，县政府专门召开镇街安全管理督导评价结果通报会，督促有关单位整改。

（李广栋）

【接受教育法律法规执行情况督导】 11月18至19日，密云县教育法律法规执行情况接受市教育督导室督导检查。督导检查组听取县政府教育法律法规执行情况自评报告，分别召开义务教育、职业教育座谈会，并实地督导检查2所中学、2所小学，观摩中小学校课间操开展情况。市督导检查组对密云县教育法律法规执行情况给予肯定，认为密云县各级政府教育工作中遵法守法，依法履职，各相关职能部门教育法律法规执行得力，成效显著，有效保障县域范围教育事业健康快速发展。

（李广栋）

【专项督导实训基地建设】 11月19日，市教育督导室、密云县教育督导室专项督导密云县职业学校实习实训基地管理与使用情况。督导组分别召开学生、教师座谈会，参观主校区、东校区实训基地，听取实训课2节，并查阅档案资料。联合督导组对密云职业学校实习实训基地建设管理工作给予肯定，希望密云县职业学校继续发挥县域职业教育示范带动作用，进一步加大县域职业教育教学的改革步伐，加强“双师型”教师培训，探索校企合作办学途径，推进全县职业教育工作再上新台阶。

（李广栋）

【评价镇街教育管理工作】 11月，密云县教育督导室修订镇街管理教育工作责任考核指标体系及办法。规定考核采取镇街自评、教委科室评价、教育督导室现场检查等方式进行，考核分数采取百分制。考核结果按一定分值计入县政府对镇街2013年经济社会发展目标责任制考核总成绩。至12月底，县教育督导室完成20个镇街管理教育工作责任考核，各镇街教育管理履职情况均为100分。

（李广栋）

【推进责任督学挂牌督导工作】 12月，密云县教育督导室会同县委教育工委、县教委研究推进中小学责任督学挂牌督导工作具体措施，拟定责任督学挂牌督导时间表和实施意见。实施意见明确，加强组织领导，进一步完善县级挂牌督导工作体制，制定责任督学挂牌督导实施方案、工作规程，推进责任督学遴选、培训和管理制度落实。按照一名督学负责3至5所学校的原则，组建专兼职结合的责任督学队伍，坚持专项督导和常规性督导相结合，落实辖区64所中小学校责任督学挂牌督导工作。至12月底，县教育督导室在县域内10所中小学校试点责任督学挂牌工作。

（李广栋）

中共密云县委教育工委

书　　记　张文亮

密云县教育委员会

主　　任　杨华利

密云县政府教育督导室

主　　任　王树生

延　庆　县

总　类

【青年后备干部培训班结业】 4月12日，延庆县教育系统2012年青年后备干部培训班结业。培训班2012年5月11日开班，课程涉及政策理论、教育管理基本理论、各学段教育管理知识及实践三大类别，共23个主题300学时。延庆县中小学幼儿园、直属单位及机关科室优秀青年后备干部101人参加培训，全部结业。

（张美丽）

【遴选方音发言人】 5月7日，延庆县语言文字工作委员会完成“中国语言资源有声数据库北京库”延庆地区发言人遴选工作。数据库专家通过方言读字词句、话语测试（讲民间故事、传说、民谣、儿歌、顺口溜）、与专家交流等形式，面试延庆语委办初选的17名发言人。面试全程录音、录像。经过专家组讨论，确定“中国语言资源有声数据库北京库”延庆地区发言人5人。该项目由北京市语言文字工作委员会组织，通过对北京各区县方言发音人进行纸笔记录、录音、摄像，全面调查采集北京话原始数据，并进行科学整理、开发和展示。全市共设11个采录点。

（李晶华　刘德华）

【入选全国社区教育实验区】 5月22至23日，第五批全国社区教育实验区培训班在北京市海淀区中关村学院举办。培训班上，教育部、全国成教协会社区教育专业委员会为全国第五批社区教育实验区颁牌，延庆县入选全国社区教育实验区。第五批实验区包括全国24个省市的45个区县。至此，全国共有社区教育实验区181个，其中示范区68个。

（司育红　吴铁华）

【举办校级干部研修培训】 6月20日至7月25日，延庆县教委组织校级干部分赴东北师大和华南师大研修培训。全县校级干部86人参加培训。其中，中学校长和教委机关干部在东北师范大学参加现代型校长高级研修班，听取“现代信息技术与课堂教学整合”“信息化条件下的课程建设与管理”“信息化背景下校长应具备的领导力”等12场专题讲座。小学校长和幼儿园园长在华南师大参加“加强学校管理，提升校长领导力”研修培训。其间，学员还实地考察当地学校，了解办学理念和办学特色。86名学员全部获得结业证书。

（张美丽）

【启动地质知识进校园工程】 7月5日，延庆县教委在县地质博物馆启动“地质知识进校园工程”。仪式上，县委宣传部领导为志愿者授旗并赠送志愿服，206名师生成为“地质知识进校园工程”志愿者。其主要工作是在周末和假期为游人义务讲解。有关领导为延庆县地质博物馆“延庆县中小学生社会大课堂实践活动基地”“延庆县中小学地质科普知识实训基地”授牌。县委宣传部、县教委领导和206名“地质知识进校园工程”志愿者参加启动仪式。

（高天学）

【评选师德标兵】 9月1日至11月18日，延庆县教委以“践行师德规范 做人民满意教师”为主题评选师德标兵。评选以爱岗敬业、关爱学生、业绩突出、团结协作为原则，经学校推荐、专家初审、现场评审，评出县级“师德标兵”10人，县级“师德标兵提名奖”12人，县级“师德先进个人”111人。至此，延庆县连续8年评选师德标兵。师德标兵评选期间，延庆县教育工会还举办青年教师师德演讲比赛，评出一等奖18人，二等奖20人，三等奖16人，优秀奖23人。

（张美丽）

【表彰教育系统先进】 9月8日，延庆

县教委召开教师节庆祝大会，表彰延庆县优秀教师100人、延庆县优秀教育工作者39人。会议同时表彰北京市优秀教育工作者1人和北京市优秀教师12人。此次县级先进个人评选，以“出色履行岗位职责、师德高尚、坚持工作在教学第一线、在教育教学以及科研方面取得成果、在管理上勇于创新”为基本条件，评选范围包括教委所属中小学、幼儿园、职（成）学校、教科研机构、校外教育机构和其他教育机构教育工作者，重点是在教育教学第一线教师。

（张美丽）

【召开教育科研年会】 10月19日，延庆县教委召开教育科研年会。会议以“转变教与学方式构建智慧课堂”为主题，从态度、措施、课题研究、取得成果、存在问题和工作设想五方面总结全县教育科研工作。会议表彰市级和县级科研先进校和在国家、市、县论文评比中获奖教师，以及在市级以上刊物发表文章的教师。会议宣讲《2013～2014学年延庆县教育科研研究课题指南》《智慧课堂指导意见》，首都师大、吉林省第二实验学校专家和特级教师分别作“智慧课堂教学模式研究”科研报告。全县各中小学校长、幼儿园园长、学科教研组长和教科研中心全体研训员280人参加会议。

（张美丽　王尊利）

【开展国家文化周系列活动】 11月4

至11日，2013年北京市中小学生国际理解教育系列活动分别在延庆三中和延庆五中举行。延庆五中开展俄罗斯国家文化周活动，延庆三中开展哈萨克斯坦国家文化周活动。两校分年级和班级多种渠道搜集资料，研究俄罗斯和哈萨克斯坦饮食文化、歌舞文化、建筑文化等。学校还召开以国家文化交流为主题的班会，举办国家文化讲座，培养学生尊重、了解其他国家文化。

（赵文新）

【举办汉字应用水平测试】 11月30日，延庆县委在延庆二小设立考点，举办第二批全国汉字应用水平测试。全县报考877人，实际参考866人，设考场30个，无一例违纪。此前，

延庆县语委联合县教委成立汉字应用水平测试领导小组，制定《2013年延庆县汉字应用水平测试工作方案》及《延庆县汉字应用水平测试考务工作安排》，明确考务组、保卫组、后勤医疗组、宣传监察组、场外联络员、引导员、监考员工作职责，为各单位考务人员举办3次培训。

（李晶华　刘德华）

【召开教育年鉴工作会】 12月30日，延庆县教育宣传中心召开教育年鉴工作会。会议总结2013年工作，并表彰教育年鉴先进工作者。会上，宣传中心史志工作负责人从年鉴编写基本要求、年鉴行文规范等方面举办年鉴知识培训。县教委直属单位和中小学、幼儿园代表30人参加会议。2013年，延庆县教委为《北京教育年鉴》报送稿件8.5万字、图片115幅，13所中小学参加撰写工作。年鉴工作得到市教委表扬，是市教委表彰的4个区县之一。

（赵文新）

【实现教育经费三个增长】 至12月，延庆县实现教育经费三个增长。延庆县财政经常性收入268264万元，比上年的255875万元增加12389万元，增长4.84%。预算内教育拨款88053.6万元，比上年的82830.2万元增加5223.4万元，增长6.31%，高于财政经常性收入的增长幅度。其中，义务教育预算内教育拨款49537.9万元，比上年的49910.5万元减少372.6万元，增长－0.75%，低于财政经常性收入的增长幅度。同时，全县各类生均预算内教育事业费和生均预算内公用经费继续增长。

（赵文新）

【完成设备购置和修缮工程】 至12月，延庆县教委完成年度教育教学设施设备配备工程和中小学修缮工程。其中，设施设备配备工程总投资5931

万元。主要涉及落实校办条件达标、改善师生生活条件、数字校园建设、信息化设备、机房改造及广播和音响系统改造。中小学修缮工程投资16014.92万元，涉及70个单位修缮、操场及供暖维修改造工程。

（赵文新　李雪军）

【落实各项减免政策】　至12月，延庆县继续落实九年义务教育阶段各项减免政策，落实资金1743.11万元，惠及学生63113人次。其中，落实义务教育阶段“两免一补”减免资金1151.38万元，惠及57048人次；发放高中国家助学金53.87万元，惠及1232人次；发放高中宏志奖学金20万元，惠及250人；发放职业学校国家助学金113.94万元，惠及1307人次；发放职业学校政府奖学金20.4万元，惠及102人次；职业学校免学费370.6万元，惠及3121人次；学前教育免保育费12.93万元，惠及53人次。

（赵文新）

【完成4所学校改扩建工程】　至12月，延庆县教委完成4所中小学、幼儿园改扩建工程，总建筑面积9056平方米，总投资3762.86万元。其中，延庆特殊教育中心平房翻建，包括教室、会议室、食堂、宿舍工程，总建筑面积3513平方米，总投资1365万元。八达岭小学专用教室楼及食堂改扩建工程，地上3层，局部2层，框架结构，总建筑面积2045平方米，总投资734万元。大柏老幼儿园扩建工程总建筑面积2193平方米，总投资1034.86万元。太平庄幼儿园改扩建工程总建筑面积1305平方米，总投资629万元。

（赵文新李雪军）

【教师资格认定398人】　至12月，延庆县教委认定教师资格398人。全县春季、秋季两次共303人申请教师资格认定。经评审，284人认定教师资格，其中，初级中学教师资格87人、小学教师资格127人、幼儿园教师资格70人。此外，非师范类专业毕业人员133人参加能力测试，114人通过测试被认定教师资格，其中初中教师资格30人、小学教师资格52人、幼儿园教师资格32人。年内，延庆县教委还通过社会公开招聘104人补充师资队伍。其中，高中教师40人（北京市16人、京外24人），补充幼儿教师60人，小学紧缺学科教师4人（北京市1人、京外3人）。

（张美丽）

学前教育

【概况】　2013年，延庆县托幼园所55所，其中直属园8所，乡镇中心园和校办园27所，民办园20所；另有3所小学附设学前班。教学班230个，离园幼儿2333人，入园幼儿2610人，在园幼儿6440人。教职工755人，其中专任教师545人。幼儿入园率90%。至年底，全县北京市示范园3所、一级一类幼儿园7所、一级二类园3所，北京市社区儿童早期教育示范基地13所。

（高天学）

【一幼回迁新教学楼】　3月1日，延

庆一幼回迁到原址，全园12个教学班在新落成的教学楼内开学。2010年，延庆一幼改扩建工程被市发展改革委列入学前教育三年行动计划第一批新建改扩建工程，2011年9月开工建设，2012年12月完工，共投资2213万元，其中市发展改革委投资1831万元，县政府投资382万元。改扩建后，综合教学楼建筑面积4244平方米，户外活动场地2000平方米，绿化面积1200平方米，可容纳12个教学班360名幼儿入托。新楼同时建有音体教室、“宝贝当家”体验馆、幼儿阅览室及办公用房。

（高天学）

【一幼通过市级示范园验收】　6月28日，市教委验收组对延庆一幼进行北京市示范幼儿园达标验收。验收组分为7个小组，通过巡视园所环境、观看半日活动、查阅档案、听取园长汇报、领导班子答辩，验收该园教育教学管理、保教质量、卫生保健等工作。验收组对该园管理理念、特色建设、教科研等工作给予肯定，针对“0至1岁早期教育”“平衡膳食”等工作提出发展性建议。经评定，该园通过验收，并于8月获得“北京市示范幼儿园”牌匾和证书。延庆一幼始建于1957年。

（高天学）

【一幼面向全市幼儿园开放】　10月24日，延庆一幼面向全市幼儿园举办开放日，全市20所幼儿园67名园长、教师走进延庆一幼参观学习。他们观摩延庆一幼教育活动、特色专室游戏、区域游戏和户外游戏活动共12节课，参观幼儿园校园文化，了解该园“五小儿童”（生活小主人、文明小标兵、环保小卫士、探索小能手、首都小公民）养成教育的环境特色，考察“宝贝当家社会体验馆”“宝贝当家科学体验园”“小小种植园”等幼儿体验活动基地。开放活动由市教委组织，是全市示范幼儿园验收活动中成绩突出、特色显著的12所幼儿园开放活动之一。

（高天学）

【推广优秀教科研成果】　12月13日，延庆县教委召开北京市第六届教育科学研究优秀成果和北京市第四届基础教育教学成果宣传推广会（延庆分会）。会上，延庆三幼科研课题组交流研究成果“以纪录为手段，提高郊区幼儿教师自主反思能力”，县教科研中心学前工作教研员交流学前教育工作思路和方法。北京教科院、县教委领导和部分幼教教师60人参加会议。年内，县教科研中心研究课题“延庆县初中课堂教学设计的研究与实践”获得第四届北京市基础教育教学成果二等奖，延庆三幼和延庆二中分别研究的课题“以纪录为手段，提高郊区幼儿教师自主反思能力”“培养郊区县高中宏志生积极生活心态的实践研究”获得北京市第六届教育科学研究优秀成果基础教育专项奖。

（高天学）

【开放语言领域工作室】　12月20日，延庆县教委在延庆二幼举办学前教育语言领域工作室展示活动。活动

中，与会人员观摩 3 节教育活动，听取工作室阶段总结汇报，并分组研讨交流。北京市学前教育杂志社代表，县教委领导和全县幼教骨干教师 75 人参加活动。学前教育语言领域工作室 2010 年在延庆县教育科学研究中心成立。工作室通过“理论熏陶、潜心研究、实践磨砺、展示交流、任务驱动、广泛阅读、埋头写作”，培养语言教学领域的首席教师、学科带头人、骨干教师，力争成为打造延庆县名师的摇篮。

（高天学）

【考核民办幼儿园】 12 月 20 日，延庆县教委、县教研中心和县妇幼保健院组成考核小组，对诚远幼儿园和红苹果艺术幼儿园两所民办园进行年度考核。考核依据《北京市民办幼儿园年度考核评价标准及细则》，通过参观园所环境、深入班级听课、观摩室内外游戏活动、查阅档案资料、听取园长工作汇报，检查两园依法办园、财务管理、行政管理与办园条件、教育教学管理和卫生保健五个方面工作，并进行评估意见反馈。经考核组评定，两所民办园年度考核合格。

（高天学）

基础教育

【概况】 2013 年，延庆县小学 34 所（中心校 26 所、完小 8 所），教学班 454 个，毕业 2319 人，招生 2064 人，在校生 11626 人，在校生中北京市户籍学生 9428 人；教职工 1457 人，其中，专任教师 1185 人；小学入学率 100%，巩固率 100%，毕业及格率 100%。中学 21 所，其中教育部门办 20 所（初中 12 所、完中 2 所、高中 2 所、一贯制学校 4 所），民办一贯制学校 1 所；公办学校开设教学班 335 个（初中 221 个、高中 114 个），毕业 3886 人（初中 2365 人、高中 1521 人），招生 3593 人（初中 2310 人、高中 1283 人），在校生 11498 人（初中 7347 人、高中 4151 人），在校生中北京市户籍学生 10773 人；初中入学率 100%，巩固率 99.6%，毕业合格率 99.96%；高中入学率（初中升学率）99.48%，毕业合格率 86.92%，普通高考专科以上录取率 91.96%；公办学校教职工 2322 人，其中，专任教师 1330 人。特殊教育单位 1 个，教学班 6 个（小学班 4 个、初中班 2 个），在校生 83 人（小学 55 人、初中 28 人），教职工 30 人，其中，专任教师 21 人；残疾儿童入学率 100%。校外教育单位 2 个，教职工 54 人，其中，专任教师 35 人。全县中小学专任教师学历合格率 99.59%（小学 99.71%、初中 100%、高中 98.53%），特级教师 5 人，高级专业技术职务教师 311 人（小学 3 人、初中 145 人、高中 163 人）；图书馆藏书 143.32 万册，校舍占地面积 124.15 万平方米，建筑面积 38.98 万平方米，固定资产总值 79727.02 万元。全年教育经费投入 14.28 亿元，其中，国家拨款 14.11 亿元，自筹经费 0.17 亿元。

（郤占华　李晶华　高天学）

【表彰优秀班主任】 1 月 7 日，延庆县教委召开 2012 年“长城杯”优秀班主任表彰会。会议播放专题片《2012 年延庆县德育队伍专业化建设专题纪实》，宣读 2012 年北京市“紫禁杯”、延庆县“长城杯”优秀班主任评选结果，表彰“紫禁杯”优秀班主任 13 人，“长城杯”优秀班主任一等奖 46 人、二等奖 69 人，“长城杯”优秀德育干部 13 人，并为获奖优秀班主任颁发证书。会上，3 名优秀班主任代表分别交流经验。县教委、八达岭特区领导以及各学校单位负责人、优秀班主任 270 人参加表彰会。“长城杯”优秀班主任奖 1991 年由延庆县八达岭特区和县教委联合创设，每年评选一次。

（高天学）

【召开体育综合评价表彰会】 1 月 8 日，延庆县教委召开“体育三个一综合评价”优秀学校表彰会。会议表彰市、县国家学生体质健康标准测试赛和 2012 年“体育三个一”综合评价优秀学校。县教委领导和中小学代表 80 人参加会议。2012 年 10 月 10 至 31 日，县教委检查全县中小学开展“体育三个一”综合评价工作，即：听取学校汇报学生在校一小时体育活动情况；测试一个班级学生的体质健康情况；观看一项能够代表学校体育特色项目的展示活动。

（赵文新）

【成立学习困难研究会延庆分会】 1 月 10 日，延庆县教委召开北京市中小学生学习困难研究会延庆分会成立大会。会议宣布成立中小学生学习困难研究会延庆分会。延庆分会是在县教委领导下，致力于有关中小学生学习困难研究的群众性学术团体，通过开展课题研究、学术交流、人员培训等活动构建研究网络，为学习困难的学生服务，为全县中小学教师教育教学工作服务。全县中小学德育干部教师 80 人参加会议。

（高天学）

【落实“减负”实施方案】 3 月 19 日，延庆县教委召开落实“减负”工作部署会。会议明确 6 条“减负”实施方案：严格执行课程计划，开齐课程、开足课时；科学安排学生在校时间，确保学生身心健康发展；规范学科作业管理，控制课外作业量与作业难度；严肃纪律，规范行为，禁止违规补课；完善质量监测体系，规范考试，科学评价；加强教辅用书管理，规范教辅用书行为。会议还提出建立扎实有序推进“减负”工作长效机制、建立学校课程计划公示制度等 6 项保证“减负”工作实施的督导评价机制。县教委、县教育督导室领导及全县中小学副校长以上干部 95 人参加会议。

（赵文新）

【延庆二中与清华附中合作】 3月21

日，延庆二中与清华附中签订教育合作协议。依据协议，清华附中在办学思想、办学策略等方面，对延庆二中进行指导培训，延庆二中为清华附中考察京郊农村中学办学理念、文化、策略提供支持。清华附中派出“名师指导团”对延庆二中进行中考、高考备考指导，组织骨干教师每学期在延庆二中举办一次专题讲座、听课评课活动，支持延庆二中骨干教师队伍建设，培养潜能超常学生。延庆二中为清华附中学生开展社会实践活动提供全面支持。协议期限3年，自2013年至2016年。

（赵文新）

【汇报开放式办学成果】 4月1至9日，延庆县教委分别召开中学、小学、幼儿园“深化开放办学，促进科学发展”三年规划和年度实施方案交流汇报会。会议总结学校实施“开放式办学”成果，分析学校、教师、学生发展现状，交流“聚焦合作内容，优选合作对象，采用项目合作的推进方式，发挥区域外优质教育资源引领作用，构建区域内优质教育资源”工作思路。县教委、县教科研中心和有关学校校长90人次参加会议。2006年，延庆县教委提出“开放式”办学意见，其主旨是通过交流合作均衡教育发展。

（赵文新 高天学）

【研讨学区化管理工作】 4月23日，延庆县教委在延庆三小召开推进学区化管理工作研讨会。会上，5个协作区汇报队伍建设、专题教研、课堂研究、专家引领方面工作，与会人员就如何推进学区化管理工作进行研讨。会议要求各协作区要注重提升教师专业素养和提高教学水平，承担全县教育均衡发展责任，共享优质教育资源。全县小学校长等相关人员40人参加会议。2012年3月，延庆县小学实行学区化管理，将全县小学划分为5个协作区。

（高天学）

【首次网上采集学龄儿童信息】 5月9日，延庆县教委召开延庆县小学招生入学工作会。会议布置2013年小学招生入学和学龄信息采集工作。按照市教委统一部署，本年小学招生工作增加学龄人口网上信息采集工作，凡2006年8月31日至2007年8月31日出生，且户籍或家庭实际居住地在延庆县，欲在延庆县就读小学的适龄儿童，均需在5月31日17时前进行网上信息采集。全县小学校长、幼儿园园长、乡镇教育助理100人参加会议。

（高天学）

【检测六年级教学质量】 6月6至9日，延庆县教科研中心检测全县小学六年级教学质量。全县30所学校89个教学班2200名学生参加测试。依据“减负”要求，检测涉及语文、数学、英语3个学科。经过全县统考、阅卷分析、成绩统计，全县小学六年级达到课程标准良好水平。

（高天学）

【举办健康教育评优活动】 6月14日，延庆县教委在延庆三小举办健康教育课堂教学评优总结汇报活动。活动中，2名教师各上1节健康教育展示课，课后县中小学保健站教师进行点评。市教委、市疾控中心学校卫生所、全县小学代表80人参加活动。4月2日至5月9日延庆县举办小学健康教育课堂教学评优活动。活动分为课堂教学评优及教案设计评优两项内容。经过选拔、评选，8人获课堂教学一等奖，12人获教案设计一等奖。

（高天学）

【召开班主任工作思想研讨会】 6月14日和10月11日，延庆县教委分别在延庆八中、延庆二小召开马晓辉和杨清梅班主任工作思想研讨会。会上，马晓辉和杨清梅分别以《用专业理性与实践智慧书写教育情怀》和《赏识——让学生拥有幸福美好的人生》为题，阐述赏识教育、激励教育和以学生为主体参与教学的教育思想。全县中小学德育主任及优秀班主任代表240人参加研讨会。自2007年，延庆县先后举办9名中小学、职业教育优秀班主任工作思想研讨会。

（张美丽）

【举办“生态文化进校园”活动】 6月27日，延庆县教委在延庆四小举办“生态文化进校园”活动。活动由中国生态文化协会主办。会上，中国生态文化协会授予延庆120名小学生“生态文化小标兵”称号，为学生代表颁发证书和学习机，延庆四小报告学校开展生态教育情况，中国生态文化协会专家举办“森林与人类的故事”“花卉的故事”生态教育讲座。中国生态文化协会、国家林业局以及县政府、县教委领导，延庆四小师生共300人参加活动。“生态文化进校园”活动号召全国中小学生参与弘扬生态文化、倡导绿色生活、共建生态文明的行动，为建设和谐幸福的美好家园贡献力量。

（张美丽）

【举办景泰蓝工艺制作培训】 7月8至

11日，延庆县教委与首都师范大学联合举办中小学美术教师景泰蓝工艺制作实践制作阶段培训。中小学美术教师55人参加培训，学习铜胎打磨、点蓝、烧蓝等全部制作过程。该项培训是延庆县教委“十二五”期间艺术类教师培养项目之一，与首都师大美术学院美术教育实验中心联合举办。培训包括两个阶段，第一阶段的设计课程学习2012年暑假完成。

（张美丽）

【举办在职英语硕士研究生班】 7月

15日，延庆县教委与北京第二外国语学院联合举办英语教学方向在职硕士研究生班。研究生班利用寒暑假在延庆县组班培训，学制2至4年，修完12门专业课（共计192学时）和2门公共必修课，通过国家统一外语考试，完成学位论文撰写并通过答辩，将获得外国语言学及应用语言学硕士研究生学位。延庆县在职中小学英语教师33人参加学习。培训是延庆县教委与二外“培训延庆县英语教师”合作项目之一。同期，双方利用暑假举办两期口语听力培训班，延庆中小学教师316人参加培训。

（张美丽 李雪艳）

【本科录取率首次超过全市录取率】 8月18日，延庆县召开高考表彰大会，

总结高考工作。本年延庆县高考成绩稳步提升，录取率91.69%，本科录取815人，比上年增加41人，录取率56.05%，同比提高3.11个百分点，首次超过全市录取率。特别是在新东方教育科技集团的支持和帮助下，文科英语平均分第一次超过全市平均分，理科英语平均分比全市平均分缩小5.98分差距，取得历届高考英语最好成绩。

（赵文新）

【测试中学教师专业能力】 8月28日，延庆县教委、县教科研中心在延庆七中举办中学教师专业能力测试。测试按照正规考试要求组考，从考试到阅卷、登统成绩，整个过程力争做到公平、公正，确保成绩分析的真实、准确。研训员对教师答题情况进行梳理、分析，以强化教师培训的针对性，不断提高教师培训的实效性。全县高中9个学科和初中8个学科教师800人参加测试。

（赵文新）

【深化与新东方教育合作】 9至12月，北京新东方教育集团为延庆师生培训98学时，受训教师800人次，学生11350人次。其中，9月17日和24日，北京新东方教育集团物理、数学教师两次赴延庆县为高中物理、数学教师举办2013年高考试题分析及专题复习培训，并为延庆一中、延庆五中高三学生现场授课。9月27日起，新东方两名优秀英语教师围绕"语法、写作、阅读"等主题，7次为高三年级全体学生进行分层集中培训，并为全体师生印发复习教材。2012年，延庆县教委与北京新东方教育集团签署教育合作协议，新东方集团选派优秀教师为延庆县中小学英语教师、研训员和学生授课，为高三英语教师和学生进行备考辅导。

（赵文新 解维）

【总结小学规范化建设工程】 10月12日，延庆县教委召开延庆县小学规范化建设工程总结会。会议总结小学规范化建设工程，交流3所学校典型经验交流，观看《延庆县小学规范化建设工程纪实》专题片。会议就延庆县小学规范化五年建设成果给予肯定，并就义务教育阶段实现优质均衡发展目标提出工作要求。县教委领导，全县小学校长、德育干部80人参加会议。延庆县小学规范化建设工程2008年3月启动，全县共撤并中心小学8所、完小5所、村小11所，实现区域规模办学，合理配置教育资源。工程累计投资2.9亿元，在房屋建筑、基础设施、校园环境、仪器设备、图书资料、网络信息化方面改善学校办学条件。截至2012年9月，共有29所直属小学和中心小学、8所农村完全小学接受小学规范化建设验收，并全面达到验收指标，标志着全县小学规范化建设任务完成。

（高天学）

【启动体育工作三年行动计划】 11月19日，延庆县教委召开中小学体育工作三年行动计划启动会。会议传达《关于推进中小学体育工作三年行动计划的通知》。从2013至2015年，计划通过强化师资队伍建设、实施学生体质健康监控、实施体育场馆设施共享与建设等方式，达到"三提高、两确保、一下降"的目标。即：学校体育工作的管理水平明显提高，青少年体质健康的基本公共服务水平明显提高，体育与健康教育教学水平明显提高；确保全县100%的中小学校落实学生每天一小时校园体育活动，确保90%以上的中小学生达到《国家学生体质健康标准》及格等级以上，并掌握至少两项体育技能；全县中小学生视力低下和肥胖检出率的增长幅度有所下降。

（赵文新）

【展示国家级高中特色发展试验成果】 11月21日，市教委在延庆一中举办延庆县国家级高中特色发展试验展示活动。活动以"特色试验助力内涵发展，整体推进构建教育生态"为主题，包括特色课程与课堂展示和专题论坛两个阶段。延庆县4所高中校通过展板展示特色试验过程和成果，其中，延庆一中展示必修课、选修课、班会、心理活动课、学子讲堂共18节现场课。专题论坛活动中，延庆县教委总结整体推进高中特色发展试验工作，延庆五中作试验研究报告，延庆一中交流特色建设项目经验和英语课堂教学经验。全市各区县代表，延庆县中学教师代表、教科研中心教研员150人参加活动。

（赵文新 吴东华）

【首都特级教师走进延庆】 12月17至20日，市教委在延庆举办"首都特级教师京郊行动计划"走进延庆活动。来自北京实验二小、北师大实验小学、朝阳区教研中心和北京小学4名特级教师在延庆一小、二小、四小分别上示范课、听课、举办讲座。延庆县教师230人次参加活动。"首都特级教师京郊行动计划"2012年开始实施，目的是发挥北京市特级教师优质资源，为远郊区县中小学教师成长提供智力支持。

（高天学）

职业与成人教育

【概况】 2013年，延庆县职业高中1所，开设专业19个，教学班79个，毕业907人，招生679人，在校生3438人；教职工273人，其中，专任教师193人。学校占地面积12.08万平方米，建筑面积7.08万平方米。固定资产总值10230.20万元。全年教育经费投入6518.42万元，其中，国家拨款6255.86万元，自筹经费262.56万元。县级成人学校3所，开设专业29个，招生2900人，在校生7963人；教职工158人，其中，专任教师95人；全年学历教育毕业1423人，各类培训结业4万人次。乡镇、街道成人学校15所，市级示范性乡镇成人学校6所，市级示范村成人学校35所，全年开展各类培训活动17万人次。县级成人学校占地总面积2.90万平方米，建筑总面积2.36万平方米，固定资产总值6319.30万元。全年教育经费投入3483.37万元，其中，国家拨款3198.20万元，自筹经费258.17万元。

（吴铁华）

【召开职成教育工作会】 2月19日，延庆县教委召开2013年职业成人教育工作会。会议总结2012年职业教育、成人教育工作，部署2013年工作要点。会议指出：中等职业教育要抓住延庆一职创建国家改革发展示范校契机，促进学校内涵发展再上新台阶；积极推进学习型示范区县创建工作，争取有新的突破；围绕创建国家级农村职业教育示范县推动农村成人教育；成人高等教育稳定招生规模、加强内部管理、挖掘潜力、保持旺盛的状态；进一步加强和推进成人教育三级网络机制建设，加强成人学校建设，创新培训内容；乡镇教育助理要充分发挥作用，做好成人教育的协调管理工作。县教委领导和4所职成学校领导和18个乡镇街道教育助理、部分民办学校代表60人参加会议。

（吴铁华）

【举办全民读书日外语演讲】 4月23日，延庆县社区教育中心与延庆县外语协会利用2013年“全民读书日”举办外语演讲展示活动。经学校、社区初赛选拔，12人参加读书日英文演讲展示。县学习办领导和成教系统教师及社区学员120人参加活动。2013年“全民读书日”以“用知识点亮智慧人生”为主题，倡导市民养成爱读书读好书、终身学习的良好习惯。

（吴铁华）

【职业学校科研课题结题】 6月，延庆县职业学校县级科研课题结题评审结果揭晓。经县教委评审，22项县级课题结题。其中，2012年立项课题19项，2011年立项课题3项。同时，依据课题组课题结题资料，评出一等奖5项，二等奖7项，三等奖10项。

（吴铁华）

【举办玫瑰修剪技能大赛】 7月6日，

“阳光工程杯”延庆县珍珠山水玫瑰修剪技能大赛在珍珠泉乡下水沟村举行。比赛由县职教中心主办、珍珠泉乡政府承办。比赛中，选手在规定30分钟时间内，完成8株玫瑰修剪。评委从树姿、除萌去残去叶、剪口、操作与安全、工效5个方面现场评分。阳光工程培训农民中专班的40名学员参加比赛，共评出一等奖2人，二等奖4人，三等奖10人，优秀奖24人，同时，2个村获优秀组织奖。中央农业广播电视学校、市农业局、市教委，以及延庆县有关领导，全市各郊区县农广校校长共60人观摩比赛。

（吴铁华）

【特色教材评选全市第一】 8月，延庆县参加北京市农村成人教育特色教材和优秀论文评选活动获奖。全县4所职成学校选送特色教材13本、优秀论文31篇参加评比。其中，11本教材获奖，一等奖2本，二等奖5本，三等奖4本；24篇论文获奖，一等奖4篇，二等奖6篇，三等奖14篇。总成绩列全市第一名，延庆县获得优秀组织奖。

（吴铁华）

【举办葡萄评比大赛】 9月24日，延庆县职教中心在张山营镇胡家营村举办葡萄田间学校学员毕业典礼暨葡萄评比大赛。参赛葡萄品种是红地球，25名葡萄种植选手选送产品参加比赛。农业专家根据葡萄果穗大小、紧密度、果粒大小、光洁度、果皮色泽以及肉质、糖度、风味进行科学评选。评出一等奖1个，二等奖2个，三等奖3个，最大串葡萄王1个，最甜葡萄粒状元奖1个。该村葡萄田间学校2011年开办，招收学员共37人，2013年全部结业。

（吴铁华）

【召开成人教育工作现场会】 9月30日，延庆县教委在张山营镇召开成人教育工作现场会。会议播放张山营镇农民教育培训专题片，听取相关负责人汇报，举办文艺中专班学员汇报表演。与会人员还观摩成人培训授课现场，考察西五里营村成人学校和成人教育葡萄实训基地。县教委和张山营镇有关领导，各乡镇教育助理、成人学校校长以及职教中心相关人员50人参加会议。自2006年，张山营镇成人学校累计举办培训项目43类156期，培训学员3.5万人次。

（吴铁华）

【“幸福养老大课堂”下乡开课】 10

月28日，延庆县社区教育中心“幸福养老大课堂”首次下乡授课。在四海镇海口村，社区教育中心利用网络播放“关于老年人健康知识”视频，向村民推荐“幸福大课堂网站”，并介绍该网站“老年维权”“养生宝典”“疾病防治”等9类课程。延庆县2012年引进“幸福养老大课堂”项目。该项目在北京东方妇女老年大学帮助下，在全县建立20个远程教育站点，面向老年人专门开设培训课程。年内，县社区教育中心工作人员携带着大课堂的用户名和密码到偏远乡镇安装、调试，首站定在四海镇。

（吴铁华）

【实施市民终身学习积分卡】 10月，延庆县社区教育中心启动延庆县市民终身学习积分卡试点。首批参加试点项目包括社教中心课程班、儒林街道康安社区市民学习班、百泉街道湖南社区市民学习班、香水园街道川北东社区市民学习班。市民参加一次学习可以刷卡记分，累计分数将作为发奖鼓励和评选学习之星依据。年内，社区教育中心累计发放市民终身学习积分卡480张。

（吴铁华）

【评选学习型先进】 至12月，创建学习型延庆领导小组办公室（县学习办）评选学习型先进单位90个。其中，学习型先进乡镇2个，学习型先进机关6个，学习型先进学校12所，学习型先进新村21个，学习型先进家庭49户。至此，全县共创建学习型先进学校54所，学习型先进乡镇14个，学习型先进机关36个，学习型先进新村143个，学习型先进企业7个，学习型先进社团1个，学习型先进医院3个，学习型先进社区12个，学习型先进家庭1258户。全县各类学习型组织先进率达到27%。

（吴铁华）

教育督导

【概况】 2013年，延庆县政府教育督导工作坚持以科学发展观为指导，围绕延庆教育发展“主题主线”，积极开展综合督导、专项督导和经常性督导，督导机制与队伍进一步完善，督导工作更加规范，督导专业化水平不断提高，各项工作任务如期完成。开展全县校外教育专项督导自查，接受市政府教育督导室校外教育工作随访督导检查；完成15个乡镇、3个街道、26个委办局、47所学校（中小学、幼儿园、职业学校）素质教育和教育执法自查工作，接受市政府教育督导室教育规律法规执行情况督导检查；总结、分析、通报北京市和延庆县教育工作群众满意度调查结果；随访督导44所义务教育阶段中小学校“减负”和“一标两率”落实情况，以及相关乡镇、委办局等教育法律法规执行情况，综合督导17所中小学校、幼儿园素质教育工作，完成学前教育监测统计工作；深入课题研究，完善督导队伍，完成义务教育实施与均衡发展状况监测统计工作。年内，教育督导室工作人员6人，其中主任1人，责任督学2人，借调专职督学3人。另有12名兼职督学。

（李晶华　李树敏）

【开展“减负”专项督导】 3至5月，延庆县教育督导室分两组完成义务教育阶段中小学减轻学生过重课业负担专项督导。督导组通过查看学校“减负”工作方案、自查表、课程表、作息时间表，随堂听课，访谈干部、教师、学生，听取校长汇报，全面了解学校落实“减负”情况。检查后，县教育督导室召开中小学校长“减负”工作专项汇报会，反馈检查意见。督导工作共检查义务教育阶段学校43所，其中，中学18所，小学25所。

（李晶华　李树敏）

【随访督导校外教育工作】 4月17至25日，延庆县教育督导室随访督导长城博物馆、野鸭湖湿地公园、青少年活动中心、科技馆、香营学校、延庆三小校外教育工作。督导内容包括校外教育机构经费保障、校外教育场所建设与管理、加强校外教育队伍建设等。督导检查后，督导组与学校交换意见，分析存在问题，提出发展建议。

（李晶华　李树敏）

【教育工作群众满意度四连冠】 5月15日，延庆县教育督导室召开教育工作满意度调查情况通报会。会议通报“北京市关于对延庆县教育工作满意度调查情况”和“延庆县教育工作群众满意度调查情况”，重点分析4年来满意度在全市高位稳定的项目、连续提高、连续降低和增降幅度较大的项目，以及家长的意见和建议。县教委、县教育督导室领导，各乡镇、街道教育助理，教育单位代表206人参加会议。延庆县自2009年以来教育工作满意度连续4年在北京市排名第一。其中，在全市高位稳定的10个项目是：学生心理健康状况、学生身体健康状况、学生的思想道德状况、学生的安全状况、学生是否喜欢上学、学校组织的体育锻炼、师生关系、学校组织的班团教育活动、学生的收费规范状况、教师的工作态度；连续提高的5个项目是：学校的安全状况、学校组织的体育锻炼、教师与家长的沟通、学校的校风、学校心理健康教育；连续降低的1个项目是：学生的睡眠时间；增幅较大的15个项目是：统筹社会资源用于教育、教育信息公开状况、入学办法、学校美术课开设情况、学校音乐课开设情况、统筹规划教育部局、学生课后作业量、学校收费规范情况、学校周边环境治理、学生动手操作能力、教师对学生及时指导和帮助情况、学校课外校外活动、学校心理健康教育工作、学生学业成就状况、教育设施条件；降幅较大的1个项目是：寒暑假是否有违规补课现象。

（李晶华　李树敏）

【接受北京市校外教育督导评价】 5月29至30日，延庆县接受北京市教育督导室校外教育工作督导评价。督导组观看延庆县校外教育工作专题片，听取延庆县校外教育工作自查报告，就校外教育开展情况分组座谈，查阅档案资料。督导组分成三组，实地考察校外教育机构。督导组肯定延庆县在构建校外教育管理运行机制、构建校外教育活动场所网络、发挥校外教育机构示范带动作用、依托综合素质提升工程实现校内外教育有效衔接方面取得的成绩。同时提出建议：加大校外教育机构办学条件的投入，进一步加强校外教师队伍建设，提高校外教师综合素质和专业化水平。

（李晶华　李树敏）

【调研义务教育均衡发展情况】 5至10月，延庆县教育督导室专项调研义务教育均衡发展问题。调研组走访全县所有义务教育学校，调查学校干部教师队伍情况、学校办学条件达标情况、专室设备数量（含存储量）及使用情况。通过分析对比义务教育均衡发展12项指标2011至2013年差异情况，调研组完成《延庆县推进义务教育均衡发展情况的调研报告》。报告就延庆县义务教育均衡发展中问题提出改进意见：针对适度规模学校少而产生的项目差异数情况，建议进一步进行布局调整；针对生均设备、图书等项目差异数大，建议加大统筹力度；针对骨干教师不均衡、干部教师学历不达标、专业不对口的问题，建议县人力社保局制定新政策，拓宽教师引进渠道、补充学科缺编，同时建议县教委加大培训力度，增强骨干调配机制，建立干部教师定期轮换制，形成师资配备均衡发展的新格局。

（李晶华　李树敏）

【完成首轮校级干部民主测评】 6月25日至7月12日，延庆县教育督导室联合县教委组成评价组，首次开展教育系统校级干部民主测评工作。测评涉及教育系统各单位副校级以上领导干部，测评内容包括“德、能、勤、绩、廉”5个方面，按照优秀、称职、基本称职、不称职4个等次进行总体评价。测评工作委托县教育信息中心设计测评软件系统，在各单位召开民主测评会，副校级以上干部个人述职述德述廉后，各单位职工利用网上测评系统评价打分。全县教育系统70个单位校级干部225人参加民主测评。

（李晶华　李树敏）

【开展教育法律法规执行情况自查】 7至10月，延庆县教育督导室在全县开展教育法律法规执行情况自查工作。在各相关单位上交自评报告基础上，县教育督导室对全县履行教育法律法规职责，实施素质教育情况作出客观分析和工作总结，完成自查报告和工作总结。通过总结，县教育督导室对存在问题提出建议：各单位要高度重视素质教育自评工作，将开展素质教育自评工作与依法履职、依法行政结合起来，纳入工作议程。

（李晶华　李树敏）

【聘任9名兼职督学】 8月26日，在

延庆县教育系统领导干部大会上，延庆县教育督导室宣布2013年专兼职督学聘任决定，聘任兼职督学9人。兼职督学的工作职责是：认真履职，责任到人；按要求完成督导随访、调研等工作任务，对学校管理以及教育教学等方面进行客观分析，提出发展建议；在教育督导工作中做到依法办事，勤奋好学，深入基层，科学督导。专兼职督学聘期3年。

（李晶华　李树敏）

【综合督导素质教育工作】 12月，延庆县教育督导室开展素质教育综合督导评估。督导组分别检查9所小学、6所中学、2所幼儿园，听取各学校全面实施素质教育工作汇报，实地察看校内环境及办学条件，对部分师生、家长进行调查问卷，查阅相关档案资料，并就教学工作情况听取县教科研中心学科教研员意见。经全面检查，督导组依据《延庆县中小学、幼儿园全面实施素质教育评价细则》完成综合督导评价意见。

（李晶华　李树敏）

中共延庆县委教育工委

书　　记　马铁铃（10月免）

延庆县教育委员会

主　　任　马铁铃（10月免）
　　　　　魏旭斌（12月任）

延庆县政府教育督导室

主　　任　王书忠

燕　山　地　区

【概况】 2013年，燕山地区托幼园所7所（全部为市立园），离园幼儿445人，入园幼儿418人，在园幼儿1499人；教职工188人，其中，专任教师102人。小学7所，开设90个教学班，毕业649人，招生753人，在校生3185人；小学入学率100%，巩固率100%，毕业及格率100%；教职工293人，其中，专任教师258人。中学5所（初中4所、高中1所），教学班94个（初中68个、高中26个），毕业869人（初中573人、高中296人），招生990人（初中662人、高中328人），在校生3479人（初中2456人、高中1023人）；初中入学率100%，巩固率100%，毕业合格率100%；高中入学率100%，毕业及格率100%，应届毕业生高考录取率99.71%；教职工448人，其中，专任教师367人。特教班2个，在校生23人；残疾儿童入学率100%，巩固率100%，毕业率100%。校外教育单位1个，教职工26人，其中，专任教师23人。中小学教师学历合格率100%，高级专业技术职务87人（小学1人、中学86人）。中小学图书馆藏书34.74万册，校舍总占地面积33.28万平方米，总建筑面积11.19万平方米，固定资产2.70亿元。全年教育经费总投入2.46亿元（全部为国家拨款）。

（白聪）

【召开校外教育工作会】 1月22日，燕山教委召开2013年青少年校外教育工作会。会议由燕山办事处主办，燕山教委承办。会议总结校外教育工

作经验，提出工作思路，部署相关工作。会议表彰15家先进集体、42名先进工作者、43名优秀活动获奖辅导员，燕山妇联、燕山敬老院、前进中学和向阳小学分别交流典型经验。燕山校外教育联席会议25家成员单位、各中小学代表100人参加会议。

（刘海霞）

【举办骨干教师和新任教师培训】 1月28至30日，燕山教委举办2013年骨干教师和新任教师培训。培训由北京师范大学教育培训中心承办，燕山地区市、区级学科带头人、骨干教师，燕山教研中心教研员，各中小学校长、教学副校长，以及2010年以后参加工作的中小学、幼儿园教师共208人参加培训。培训采取专家讲座、

互动研讨、集中交流等多种培训形式，采用“合、分、合”的教学模式进行。培训满意度问卷调查显示，骨干教师和青年教师培训满意率94.3%。

（侯兰涛）

【召开德育工作推进会】 3月5日，燕山教委召开德育行动计划推进会。会议表彰2012年度10名优秀班主任、188名“好家长”和661名优秀学生。会议对进一步做好德育工作提出意见。一是要以人为本，树立正确的德育观；二是通过实施全员、全方位、全过程的教育管理，建立学校、家庭、社会紧密联系的德育网络；三是加强学生行为习惯养成教育；四是重视校园文化建设；五是加强班主任队伍建设；六是推进德育课程改革；七是充分利用燕化公司及周边地区资源；八是实施好心理健康教育。市教委、燕山教委领导，各中小学德育副校长等300人会议。

（毕玉）

【完成教育法律法规督导意见反馈】 3月14日，燕山教育督导室召开教育法律法规执行情况督导检查反馈会。会议通报《北京市人民政府教育督导室关于燕山地区2012年教育法律法规执行情况督导检查的回复意见》，并就问题与建议进行讨论研究，提出整改措施。会议就相关问题制定整改方案，保障教育法律法规贯彻落实。教育督导室领导和燕山教委相关科室代表参加会议。

（张艳平）

【召开党风廉政建设工作会】 3月19

日，燕山教委召开2013年党风廉政建设工作会。会议总结回顾2012年燕山教委党风廉政建设主要工作，解读2013年党风廉政建设工作要点，对重点工作进行部署。会上，燕山教委与北师大燕化附中、星城中学、星城小学、燕山幼儿园4个基层单位代表签订党风廉政建设责任书。燕山工委、燕山教委领导和有关中小学代表参加会议。

（李秀丽）

【表彰校园卫生工作先进】 4月2日，燕山教委召开校园卫生工作先进表彰会。会议表彰5个卫生工作先进单位、17名卫生防病先进个人、22名环境卫生先进个人、13名食品安全先进个人，交流先进单位、先进个人典型经验。会上，燕山教委与各中小学幼儿园签订《卫生与食品安全责任书》。燕山教委和各直属单位领导，以及学校代表100人参加会议。

（李焱）

【举办外教精品口语课程】 4月25日，燕山教委举办外籍教师精品口语课程启动仪式。仪式介绍“中小学外教精品口语培训方案”，讲解教材匹配、课程方案、教学优势、评价体系、师资配备、教师管理和教学考核问题，举办“家庭教育——你的孩子真棒”家庭教育讲座。燕山教委领导，中小学代表和学生家长300人参加启动仪式。外籍教师精品口语课程邀请新东方教育集团举办，外籍教师授课，针对小学三、四、五年级，初中二、三年级，高中一、二年级，共设立7个级别课程，教学主要内容是剑桥少儿英语、三一口语、英语听说体验与锻炼。

（迟晓丽）

【青年后备干部培训班开班】 5月3

日，燕山教委青年后备干部培训班开班。培训班为期7个月，举办讲座、拓展训练、实地考察参观、研讨交流活动18次。燕山地区中小学、幼儿园推荐的后备干部42人参加培训。

（张昊　白聪）

【开展学前教育专项督导】 5月7至13日，燕山教育督导室完成7所幼儿园专项督导。督导工作重点是2012年专项督导反馈意见整改落实情况，以及学前教育中心落实学前教育工作督导评价指标体系情况。督导组听取各幼儿园整改情况工作汇报，与部分教师座谈，实地考察幼儿教学区、活动区，查阅相关档案资料，全面了解各项整改工作的落实情况。督导组认为，各幼儿园认真落实整改方案，在园所规范管理、教师队伍建设、教科研、教师评价、幼儿评价方面开展大量工作，办园行为进一步规范，办园质量进一步提升。

（张艳平）

【督导随访“减负”落实情况】 5月15至21日，燕山教育督导室督导随访燕山前进二小、星城小学、东风小学，检查各学校“减负”落实情况。通过进课堂、查看作业、与干部和教师座谈，督导组了解各学校减轻学生过重课业负担情况。督导组认为，各学校在严格执行国家课程计划，开齐课程开足课时的同时，从课堂入手，优化作业，在落实“减负”要求方面采取有效措施。督导组建议各学校聚焦课堂教学改革，探求切实减轻学生课业负担、深层次推进素质教育的有效方式，促进学生的可持续发展和教师的专业化发展。

（张艳平）

【举办科技周】 5月18至24日，燕山教委举办科技周。科技周引导各校利用报刊、广播、电视、展板、横幅、网络、板报、画廊、录像、展览，加大科技周宣传力度，宣传科普知识，开展科技活动。活动突出“三结合”。一是将科技周活动与社会实践活动相结合；二是将科技周活动与课程相结合，在相关学科中开展延伸性的科技教育活动；三是将科技周活动与搞好学校社团建设相结合，根据学生年龄特点，开展科技社团建设。

（刘海霞）

【开展特殊教育专项督导】 6月28日，燕山教育督导室开展特殊教育工作专项督导。督导组听取燕山教委特殊教育工作汇报，查看相关资料，了解政府职能部门在统筹规划、科学管理、提高特殊教育质量和办学水平方面工作情况。督导组还走进羊耳峪小学实地考察，听课、座谈、听校长工作汇报，检查各项工作在特教学校的落实情况。督导组认为特教学校在硬件建设过程中能够合理使用资金，提高办学质量，关注特教学生身心健康，注重对学生能力的培养；教委高度重视特教工作，能够坚持普特相融的发展方向，以特教促普教，以普教助特教，地区特教事业取得新发展。

（张艳平）

【老年大学首届学员结业】 7月5日，燕山老年大学在燕山成人教育中心举行首届结业典礼暨教学成果展示。燕山老年大学2012年5月成立。首届开设计算机、书法、舞蹈3个专业，103名学员参加学习并结业。至2013年底，学校开设舞蹈、书法、计算机、合唱、摄影、绘画6个专业9个教学班，学员213人。

（朱宗宗）

【暑假举办中小学教师全员培训】 8月22至24日，燕山教委举办2013年暑假中小学教师全员培训。培训邀请国内知名专家从课程改革、学习方式变革、课程建设与教师自主学习等方面举办专题讲座，引导教师研读课标和教材。为加强培训效果，燕山教委将培训纳入继续教育公共必修课管理，考核成绩与教师年度考核挂钩。同时，每天安排30分钟回顾环节，随机抽取教师参与课程回顾，强化学习效果。燕山地区全体中小学校长、一线教师、教研中心教研员共650人参加培训。

（白聪）

【3所幼儿园完成安全隐患治理】 8月28日，星城幼儿园、小天使幼儿园、阳光幼儿园安全隐患治理工程通过房山区政府验收。工程本着“排除安全隐患、坚守办园标准”指导思想，依据“节约、省时、高效、普惠”原则实施，内容涉及教学楼改造、电气工程改造、水暖工程改造、配备相应设施，改造面积共10178平方米。该工程是房山区实事工程，7月6日开工，8月25日完工。

（白聪）

【举办教职工运动会】 9月8日，燕山教委举办第13届职工运动会。开幕式上，向阳小学、东风小学及东风中学分别进行轮滑表演和武术健身操表演，13支教职工代表队近600人进行广播操比赛。运动会设2个组13个项目，共400人次参加比赛。经过比赛，评选出团体总分前六名、精神文明奖及广播操优胜奖等奖项。

（白聪）

【接受校外教育督导检查】 10月30至31日，燕山地区校外教育工作接受北京市校外教育工作督导。督导组听取燕山办事处校外教育工作督导评价自评报告，查阅校外教育工作档案材料，召开座谈会，实地考察燕山少年宫、前进中学、燕化威立雅水务公司等单位。督导组肯定燕山地区校外教育工作成绩，认为燕山地区校外教育工作扎实，内容丰富，活动生动。

（张艳平）

【开展科技教育督导随访】 11月11日，燕山教育督导室、燕山教委、燕山校外教育办公室督导随访燕山前进二小科技教育工作。督导组在前进二小参加第31届燕山地区学生科技节开幕仪式，向各校学生代表赠送科普图书，观看学生科技展示活动。督导组检查学校科技教育专业教室及辅导员配备情况，对学校科技教育工作提出建设性意见。

（张艳平）

【督导随访艺术教育工作】 11月18日，燕山教育督导室督导随访燕山星城小学、星城中学艺术教育工作。督导组依据《北京市学校艺术教育工作规程》评价指标体系，了解学校课程建设与课堂教学、课外校外艺术教育活动、校园文化艺术环境等方面情况。通过听取汇报、查看资料、召开座谈会、实地考察，督导组就学校开展艺术教育工作提出建设性意见。督导组通过随访了解到，学校高度重视艺术教育工作，在校园文化创设上注重艺术氛围的熏陶，注重软硬件建设，开展丰富多彩艺术教育活动。

（张艳平）

【举办“燕翔杯”优课大赛】 11月19至22日，燕山教委在星城中学和星城小学举办第二届“燕翔杯”优课大赛。比赛以“锤炼教师基本功，提升教师专业素养”为主题，设集体奖和个人奖两个评比项目。燕山地区中小学58名教师参加比赛。比赛评委由教研中心教研员和中小学教学副校长担任，最终，评出一等奖12人、二等奖18人、三等奖28人和3个优秀组织奖。

（来淑英　白聪）

【举办科技创意体验活动】 11月20日，燕山地区模型构建比赛活动在东风中学举办。该活动由燕山教委主办，燕山少年宫承办。燕山地区中小学18支队伍参加比赛。比赛分两个环节，其中，展示模型评比中，向阳小学《新材料基地》、东风中学《摩擦力的机器及其他太阳能的模型装置》、星城中学《梦想中的校园》被评为一等奖；竞技模型比赛中，各队在规定时间内，利用有限的模型组件进行搭高比赛，最终，前进二小、星城小学和星城中学获得金奖。

（靳卫华）

【召开模拟法庭走进燕山现场会】

11月20日，北京市中小学模拟法庭展示活动——走进燕山现场会在燕山前进中学举行。会议由市教委主办，燕山教委承办。展示活动以“法律护航幸福成长”为主题，展示前进中学法制教育班会。围绕法制教育主题，班会模拟法庭现场，还原真实案例，重现模拟法庭审判过程。班会中学生齐诵《正气歌》，并宣誓做一名遵纪守法的中学生。活动后，燕山教委报告地区法宣工作开展情况。北京市各区县教育部门负责人、燕山地区中小学领导以及燕山前进中学、前进二小师生参加活动。

（杨全秋 白聪）

【召开王玉凤办学思想交流展示会】 12月12日，燕山教委在羊耳峪小学召开“让书香溢满校园——我的教育梦”展示交流会。会议听取羊耳峪小学校长王玉凤《在读书中成就自己、在读书中成就教师》工作报告，现代教育报社记者与学校教师及其家属、学生和家长、教研员进行现场互动访谈。北京教科院专家点评认为，王玉凤通过个人兴趣爱好影响所在学校、教师、学生，彰显她的教育梦和献身精神。会议由燕山教委主办，羊耳峪小学承办。市教委、北京教科院、燕山办事处、燕山教委领导，燕山中小学、幼儿园以及直属单位代表共计130人参加会议。

（白聪）

【表彰优秀班主任】 12月13日，燕山教委召开燕山地区中小学优秀班主任经验交流总结表彰会暨班主任基本功培训会。会议表彰2013年度优秀班主任，为17名优秀班主任颁发荣誉证书，交流班主任外出考察团队学习心得，总结班主任队伍建设及基本功展示工作成果，提出班主任基本功培训具体要求。会议邀请全国优秀教师、德育专家举办班主任基本功专业素养培训，讲解班级教育管理的内容、方法、途径。燕山教委领导和中小学代表参加会议。

（张岳川）

【开展体育工作调研督导】 12月18日，燕山教育督导室会同燕山教委调研督导燕山向阳中学、前进二小体育工作。调研组听取学校校长、主管领导、体育教师代表情况汇报，了解学校体育教师配备、体育场地建设、体育器材配备和使用情况，对学校体育工作亟须解决问题进行交流并给予指导性意见。调研组建议，学校要充分发挥体育教师特长，借助燕山体育中心开发学校体育工作特色，用特色体育带动学校体育工作开展。同时，要提高体育锻炼一小时实效性，遵循“教委指导、学校制定、班主任选择”原则开展体育活动，全面提高学生身体素质。

（张艳平）

【推广“两奖”优秀成果】 12月30

日，燕山教委在燕山星城小学召开北京市“两奖”优秀成果（北京市基础教育教学优秀成果、北京市教育科学研究优秀成果）燕山地区宣传推广会。会议交流燕山地区获奖成果，聘请首都师大、北师大对成果点评。燕山教委、教研中心领导、各单位主管代表和“两奖”区级申报教师80人参加会议。本年，燕山星城小学5名教师完成的《养正教育理念下“做人与作文”教育教学的探索与实践》论文获得北京市第四届基础教育教学优秀成果二等奖；前进二小左玉霞所著《生命价值教育》获得第六届教育科学研究优秀成果著作类三等奖。

（王欣晖 白聪）

【中小学督学公示牌揭牌】 12月31

日，燕山教育督导室在燕山向阳小学举行北京市中小学责任督学公示牌揭牌仪式。会议为向阳小学责任督学公示牌揭牌，要求责任督学认真履行职责，依法督导，及时反馈督导情况；学校要有专人负责督导工作，加强学校自我检查，积极配合责任督学开展督导工作，认真整改落实督导意见。燕山教育督导室、燕山教委领导、责任督学，以及向阳小学部分干部、教师代表参加活动。

（张艳平 白聪）

房山区燕山教育委员会

党委书记 李守业

主　　任 曾辉

房山区燕山办事处教育督导室

主　　任 张凤玲

（本栏责任编校 林业）

社会团体

学　术　团　体

北京市教育学会

【概况】　2013年，北京市教育学会设办公室、学术委员会、会刊编辑部。有常务理事21人、理事137人，学术委员会42人，下设18个区县教育学会和67个学科专业研究会，共有会员72000人。市教育学会承担市教委委托的“随迁子女学习生活状况调查及其对策研究”等9个研究项目。举办“学科英语师资培养论坛”“京蒙学前教育论坛”；召开“让奥尔夫艺术教育放飞孩子的心灵”等主题年会5次，共1277人次参加；召开“基于育人目标与课堂教学”等研讨会、报告会、现场会、座谈会等19次，共3030人参加；开展科普宣传、科学知识讲座7次，受益人员3068人；赴内蒙古送教培训54场次，受益人员9000人次；开展教育科研、专业培训19次，6038人次参加；举办第六届“京研杯”教育科研论文评选活动，共收到论文15848篇，评出一等奖1364篇。

（李文鸾）

【举办学科英语师资培养论坛】　1月19日，市教育学会举办2013学科英语教育师资培养与发展论坛暨师资培养合作项目签约仪式。论坛对英语教学的现状、问题与努力方向、双语教育对师资的需求与当前存在的问题及学科英语教育师资标准等方面问题进行分析；提出学科英语师资培养现阶段主要矛盾和解决方法。论坛形成建立优质、稳定的英语教学师资来源是实现教学目标的基础。论坛宣布“学科英语教育师资培养合作项目”在长春师范学院内开设学科英语教育专业，在本科生中定向培养学科英语教育师资，并指定瑞思学科英语作为长春师范学院“学科英语教育师资实习就业基地”。来自吉林省教育学院、东北师范大学、长春师范大学、北华大学、东北师大附中和北京市部分中小学校长、教师，以及课外教育机构等共200人参加论坛。

（陈龙侠　李文鸾）

【召开艺术教育主题年会】　3月17日，市教育学会召开“让奥尔夫艺术教育放飞孩子的心灵”主题年会。会议总结上一年工作中的经验和成果，提出“通过戏剧的形式挖掘奥尔夫艺术教育精华”新的研究课题，并呼吁广大艺术教育工作者共同参与研究，共同促进学前艺术教育的创新与良性发展。来自北京市幼儿教育界的领导及幼儿教师共520人参加会议。

（王迎凯　李文鸾）

【增设三个研究分会】　3月30日和4月10日，市教育学会新增三个研究分会。其中，3月30日，市教育学会召开学校文化研究分会成立大会。会议宣读成立市教育学会学校文化研究分会的批复，听取研究分会负责人汇报学校文化研究分会筹备基本情况，并对分会章程进行说明。会议选举产生第一届理事会以及常务理事、理事长、副理事长、秘书长人选。来自市教育学会、市教委等单位领导及各区县学校代表参加会议。4月10日，经市民政局审核批准，同意市教育学会增设中小学校报校刊研究分会和学校发展与学生学业评价研究分会。校报校刊研究分会工作职责是围绕学校办报办刊工作实际，用系统、专业的理论和科学思维方式指导学校工作实践，坚持科学性、针对性、实效性相结合原则，做好校报校刊专业指导、研究和交流工作。提供教师专业成长和学生全面个性化发展服务；学校特色化内涵化发展服务；推进素质教育，贯彻落实国家教育方针政策服务。学校发展与学生学业评价研究分会工作职责是对校长提出学校发展问题和方向，对学校自身的管理“盲点”，提出思考和建议，拓宽学校发展选项及科学决策，提升校长办学理念。

（夏鹏　李文鸾）

【举办课程改革研讨活动】　5月16日，市教育学会举办课程改革研讨活动。活动以“基于育人目标与课堂教学”为主题，听取朝阳区芳草地国际学校题为《以“国家课程校本化实施”为主要思路，整体建构学校课程体系》主题发言，展示《THE HOBBIT》《关爱残疾人》和《地球主题探索》等12节观摩课。活动结合芳草地国际学校课程改革经验，提出要根据学生需求差异，探索出重组教育要素、丰富教育供给策略方法；芳草地国际学校的育人理念、课程理念、课程建设策略及项目推进方式等作为精华和亮点起到示范引领作用，可进行有效迁移；打破学科、学段等育人壁垒，聚焦基本的育人单元，是综合、整体育人的有效载体。聚焦基本问题，探索解决问题的策略方法。来自市教委相关领导，芳草地国际学校及市教育学会等单位共260人参加活动。

（张宏　李文鸾）

【召开学习与思维教育现场会】　5月17日，市教育学会召开学习与思维教育现场研讨会。会议听取北京教育学院题为《现代信息技术与学科教学的整合同发展学生思维的关系》专题报告，观摩数学课《七巧板的拼组》和美术课《七巧板的想象世界》两节校本课程活动课，并听取专家现场点评。会议对两节活动课给予肯定，并提出教师要有为学生终生发展奠基意识，要采取到学校、到课堂的研究方式，切实解决教育教学中实际问题。来自市教育学会、学习与思维研究会及团体会员单位的领导与教师共60人参加会议。

（李文鸾）

【召开教育科研规划课题成果展示会】　5月29日，市教育学会召开“北京市教育学会中小学后勤管理研究会‘十二五’教育科研规划课题”通州区阶段成果展示会。会议听取梨园镇中心小学校长从课题研究背景、研究内容、研究方法、研究结果、讨论与分析、结论与建议等方面，分别展示“小学校园内消防安全处理方式及其教育策略的研究”“小学特色教室建设策略的研究”和“农村小学节能减排策略的研究”3个课题研究成果；听取“学生小导游”介绍美德教室、书香教室、生态教室的建设与使用情况。“北京市教育学会中小学后勤管理研究会‘十二五’教育科研规划课题”于2010年3月立项，课题采用联系实际工作需要而开展的研究及跨区联合研究或相互交流的方式进行研究，研究的主要方面涉及后勤管理、校园建设、饮食卫生、节能减排、物业服务、学校安全、财务管理、设备配置、交通运输、资产管理等方面。课题的研究取得阶段性成果。通过课题的研究，推动各区县中小学后勤的改革与发展，强化中小学后勤管理，提高工作质量；每年将陆续呈现的研究成果编印成册，在全国范围内进行交流，实现资源共享；并计划编印《北京市教育学会中小学后勤管理研究会“十二五”科研成果集》。来自通州区教育学会、研修中心教科研部和68项市级后勤立项课题的负责人参加会议。

（孙广学　李文骞）

【召开课外美术教学经验交流会】　6月28日，市教育学会召开年度北京市课外美术教学评优专项教学经验交流会。会议总结课外美术教学教研和管理经验；展示课外美术教师美术教学基本功、教学设计“说课”优秀课件。北京市课外美术教学评优活动自5月开始收集作品，历时2个月，来自北京31所美术培训学校的150名教师参加美术教学基本功和说课评优。共评出“说课”一等奖3人，绘画～素描速写一等奖11人。活动由市教育学会美术教育研究会承办。

（刘大军　李文骞）

【赴内蒙古开展送教培训活动】　7月13至16日，市教育学会组织北京特级教师赴内蒙古乌兰察布市和呼和浩特市开展送教培训活动。送教小组由9名特级教师组成，涉及语文、数学、物理、化学、生物、地理、历史、政治8个学科。活动旨在提高内蒙古基础教育质量和高中教育业务水平。活动共举办培训54场，参加培训活动人员共9000人次。

（吴慧贞　李文骞）

【举办京蒙学前教育论坛】　10月28至29日，市教育学会举办京蒙学前教育发展论坛。论坛以“学习贯彻十八大精神，密切联系人民群众，办好人民满意的学前教育”为主题，邀请学前教育专家作题为《办高质量幼儿园，让人民满意》专题讲座；北京、内蒙古两地幼儿园教师对当前学前教育热点、难点问题进行交流和探讨。该论坛是由市教育学会和内蒙古自治区教育学会共同举办。来自内蒙古及市教育学会学前教育工作者共220人参加论坛。

（梁雅珠　李文骞）

北京市高等教育学会

【概况】　2013年，北京市高等教育学会有团体会员单位96个，其中，普通本科院校59所、高职院校26所、独立院校5所、教育管理科研院所6所；所属研究会62个。全年举办各类学术年会、研讨会、成果表彰72场次；学术报告会、学术论坛8场次；立项课题25项；出版书籍、论文汇编11册；组织考察交流活动26次；组织完成竞赛、评比活动27次。网址：www.bjgjxh.org.cn。

（刘晖）

【召开年度秘书长工作会】　1月22日，市高教学会召开2013年所属研究会秘书长工作会议。会议听取中国化马克思主义教学研究会、心理咨询研究会、实践教学研究会工作经验交流；讨论研究2014年学会工作要点。来自市高教学会所属研究会秘书长和部分理事长60人参加会议。

（刘晖）

【表彰先进研究会和优秀学会工作者】　9月6日，市高教学会印发《关于表彰先进研究会和优秀学会工作者的决定》。经各研究会申报推荐，专家评审，共选出（2011～2013）先进研究会27个、（2009～2013）优秀学会工作者70人，并在学会第九次会员代表大会上进行表彰。

（刘晖）

【表彰教育科研成果】　9月25日，市高教学会举办教育科研成果表彰活动。活动依据市高教学会印发的《关于表彰第八次优秀高等教育科研成果的决定》，表彰第八次优秀高等教育科研成果，共有196项成果入选，其中，专著或教材22项、论文174项。经评定，获得一等奖19项，其中，专著5项、论文14项；获得二等奖35项，其中，专著或教材4项、论文31项；获得三等奖142项，其中，专著或教材13项、论文129项。

（刘晖）

【召开第九次会员代表大会】　9月25日，市高教学会召开第九次会员代表大会。会议听取第八届理事会会长作题为《提升教育科学研究水平，为全面实现教育现代化贡献力量》的工作报告，监事会监事长作监事会工作报告，常务副会长作理事会财务收支报告，理事会常务理事、常务副秘书长作关于《北京市高等教育学会章程》（修正案草案）的说明。会议根据学会章程规定完成换届选举工作，产生新一届理事会常务理事87人、监事3人。在九届一次常务理事会和三届一次监事会上，选举市高教学会第九届理事会会长、常务副会长兼秘书长、监事长各1人，副会长14人。来自市委、中国高教学会、市教委、市社科联等单位有关领导及会员单位会员共227人参加会议。

（刘晖）

北京市职业技术教育学会

【概况】　2013年，北京市职业技术教育学会有团体会员109个，其中，高职院校19个、中专校19个、职高校35个、技工学校18个，市、区县科研与服务机构18个。有常务理事49人、理事161人，下设31个研究会和专业委员会。共有个人会员400人。

（胡以伦）

【举办主题征文活动】　4月10日至6月10日，市职教学会举办“我的中国梦”主题征文活动。活动共收到15所会员院校报送论文132篇。经专家评审，评选出教师组获奖文章32篇，其中，一等奖5篇、二等奖10篇、三等奖17篇；学生组获奖文章30

篇，其中，一等奖5篇、二等奖10篇、三等奖15篇。

（胡以伦）

【举办汽修专业技能比赛】 5月17至19日，市职教学会举办2013年北京市中等职业学校“广达杯”汽车运用与维修技能比赛。比赛由北京广达汽车维修设备有限公司、世达工具（上海）有限公司、上海景格汽车科技有限公司联合举办。比赛设立二级维护和车轮定位、汽车维修基本技能、车身修复（钣金）、车身涂装（涂装）、汽车空调维修5个项目，其中，二级维护和车轮定位为团体项目，其余4个项目为个人项目，每个项目均有理论考试和实训操作两部分考核内容。10所职业院校的88名选手参赛。最终评出一等奖7个、二等奖15个、三等奖22个。根据比赛规则北京交通运输职业学院、北京市昌平职业学校相关获奖选手组成北京代表队参加2013年全国中职汽车运用与维修技能大赛。

（胡以伦）

【表彰优秀课题研究成果】 5月24日，市职教学会召开优秀课题研究成果表彰会。会议表彰学会第二届科研课题立项项目优秀研究成果，其中，一等奖17项、二等奖48项、三等奖38项。该批课题于2011年立项，共有171项课题，至2013年，经专家审核后结题141项。

（胡以伦）

【举办财经类专业教师国际培训】 5月27日，市职教学会举办2013年财经类专业教师国际交流培训。培训邀请英国相关职业院校培训专家玛丽（Marie）作题为《英国职业教育和培训的发展状况》专题讲座，介绍英国职教院校在课程开发方面成功经验、案例和运作方法，为中国中职学校专业建设、课程开发提供借鉴。来自北京商贸学校、北京市商业学校、北京市财会学校等10所中职学校专业教师共30人参加学习。

（胡以伦）

【举办图书馆管理与服务培训】 5月28日，市职教学会举办国际职业教育图书馆管理与服务专题培训。培训邀请英国威根利学院高级讲师玛丽·特蕾莎·约翰逊（Marie Teresa Johnson）讲解图书馆功能定位、配套设施、资源配置和服务理念等方面内容，重点介绍校园卡的使用和管理、网络存储空间的配置和使用及网络学习环境等内容。来自18家会员单位的32名教师参加学习。

（胡以伦）

【召开文秘教师校企合作会议】 6月20日，市职教学会召开文秘教师企业实践校企合作会议。会议听取同方威视技术股份有限公司、三荣企业形象策划有限公司、朝阳区规划局、中外会展杂志社、北京人才开发协会5家单位负责人介绍单位基本情况；向5家单位颁发“教师企业实践培训基地”奖牌，并向企业专家颁发教师行业指导师证书。会议提出校企要建立长期稳固的合作关系。来自北京高等秘书学院、北京市商业学校、北京市昌平职业学校、北京市顺义第一职业学校、北京市求实职业学校5所职业院校教师参加会议。

（胡以伦）

【召开会员代表大会】 9月26日，市职教学会召开第四届会员代表大会暨四届一次理事会议。会议审议通过第三届理事会工作报告、财务审计报告、监事会的监事工作报告以及调整会费标准建议，选举产生新一届学会理事会、监事会、常务理事会及领导成员。会议应到代表223人，实到166人。

（胡以伦）

【举办财经类专业教师说课比赛】 9月27日，市职教学会金融事务专业委员在北京商贸学校举办2013年北京市中等职业学校财经类专业教师说课比赛。10所中职学校16名金融、财会专业教师参加比赛，经过激烈的角逐，来自北京商贸学校、北京市财会学校、北京外事学校、北京市实美职业学校和北京国际职业教育学校5名教师获得一等奖，并代表北京市参加“创新杯”全国中等职业学校财经类专业教师信息化教学设计和说课比赛。其中，1人获得一等奖，4人获得二等奖。

（胡以伦）

群　众　团　体

北京民办教育协会

【概况】 2013年，北京民办教育协会有团体会员单位595个，基础教育分会和农民工子女教育分会2个分支机构。全年共编辑印发《北京民办教育信息》25期，其中，普刊19期、专刊6期。发至会员单位、相关民办教育机构及其他省市民办教育行业组织等500家，并有通讯员队伍100人。组织专家完成85所民办高等教育机构办学状况评估检查工作；完成70所民办学校招生简章和广告备案，占应备案院校的100%；组织各类活动27次；内部举办专题讲座9场。

（李苗）

【召开二届二次常务理事会】 1月22日，民教协会召开二届二次常务理事会。会议听取秘书处2012年工作情况汇报，并审议通过4名协会副秘书长人选，授予秘书处有关职权和成立北京民办教育协会国际汉语推广分会的3项决议事项。会议通过增加1家理事单位和4家常务理事单位的申请。来自协会监事长、副会长、秘书长、常务理事和理事，协会监事会的全体成员共115人参加会议。

（李苗）

【市教委委托课题结题】 3月，民教协会承担的市教委委托课题《北京市民办高等教育机构评估研究》结题。该课题研究北京市民办高等教育机构转型，走公益、优质、特色办学之路，满足北京市经济社会发展需要，为市政府、市教委及相关部门对民办高等教育宏观管理、宏观指导与宏观调控方面的决策提供咨询意见。课题于 2012 年 7 月立项，10 月出版并发行《北京市民办高等教育机构办学状况评估的研究与实践》。

（李苗）

【初审招生简章和广告备案】　3 至 12 月，民教协会受市教委委托初审民办高校招生简章和广告备案。备案程序包括网络预审、纸质备案材料初审及复审、材料报送、材料公示、样刊搜集、招生宣传检查和院校整改检查等内容，应备案院校 70 所全部完成。本年，民教协会继续加大对学校招生宣传监测力度，5 次集中监测学校网站，多次监测校外综合性网站及学校以二级学院名义单独招生宣传相关网站。监测时间由 4 月延续至 8 月。监测结果显示，具有招生资格且有违规宣传现象的院校共 52 所。

（李苗）

【16 个政府采购监督项目通过验收】　5 月 6 日，民教协会负责监督落实的 16 个政府采购服务项目通过督查验收。督查小组由市社会建设工作领导小组办公室专家组成，检查 2012 年获得市社会建设专项资金支持的扶贫助困服务、支教助学服务、就业创业帮扶服务以及特殊人群服务等政府采购服务项目实施绩效完成情况，16 个项目全部通过验收。其中，“北京民办高校大学生创业设计大赛”获得 2012 年度政府购买社会组织服务项目优秀项目，该项目由民教协会实施。该协会作为主责单位，负责对北京市民办教育领域 2012 年获得市社会建设专项资金支持的 16 个项目的实施过程进行监督。

（李苗）

【组织民办高校赴台访问】　5 月 18 至 27 日，民教协会联合中国民办教育协会事业部、台湾私立大学文教协会组织全国民办高等学校赴台湾参观访问。参访团由全国 24 所民办高校的 44 人组成，访问台湾德明科技大学、建国科技大学、台南应用科技大学，了解台湾私立大学的办学历史和发展现状，并在教学质量管理、师资招聘和发展、教学与科研的商业合作等多个领域与台方展开交流。该协会将根据此次参访双方学校意向，搭建平台，促成大陆与台湾地区民办学校以《项目合作备忘录》的形式建立双方学校合作伙伴关系。

（李苗）

【批准 16 个政府购买服务项目】　6 月，北京市社会建设工作领导小组正式发布 2013 年社会建设专项资金项目批复情况，协会申报的 16 个政府购买服务项目获得批复。获得批复的政府购买项目包括“一校一团队，实现全覆盖——建立农民工子弟学校心理疏导工作体系”“北京民办教育行业退休老教师人文关怀计划”和北京城市学院申报的“社区可持续发展促进计划”等 16 个项目。民教协会承担北京民办教育领域政府购买服务项目的申报、汇总、审核等工作，并负责对项目落实和资金使用情况进行监督管理。本年，北京民办教育行业共有帮助大学生创业就业、关爱弱势群体、文化艺术宣传、维护安全稳定、普及法律常识、提高首都人民幸福指数等 61 个服务项目通过审核。

（李苗）

【组织签署招生诚信公约】　7月17日，

民办教育协会与北京市消费者协会教育系统分会联合举办 2013 年北京民办高校诚信公约签字仪式。北京共有 33 所民办高校签署招生诚信公约，并将学校相关办学信息放在协会和市消协教育系统分会联合搭建的网络平台上公示，供家长、考生和社会查证、监督。来自中央电视台、北京电视台、新华社、新浪教育频道等中央在京及市属 10 家媒体及 33 所民办高校参加活动。

（李苗）

【举办京华明星教师大赛】　8 月 2 日至 10 月 20 日，民教协会联合京华时报共同组织举办 2013 年“京华明星教师大赛”活动。比赛分为初审、复赛和决赛，设立学前教育组、少儿英语组、素质教育组、课外辅导组四个组别，来自北京 50 家民办机构 200 人参加比赛。评出一、二、三等奖各 3 人。

（李苗）

【组织民办高校考察英国高等教育】

9 月 19 至 28 日，民教协会组织民办高等学校考察英国高等教育。考察团由来自全国 15 所民办高校 29 人组成，考察英国高等教育发展状况，实地参观华威大学、班戈大学、斯旺西大学、卡迪夫城市大学、亚伯大学，学习英国高等学校运行管理机制，校长、院长、教师在学校发展中的角色定位，并重点洽谈硕士预科项目、国际特色班、师生交流等方面合作，双方院校就硕士预科项目达成初步合作意向。

（李苗）

【组织全国中学校长代表团赴美考察】

12 月 1 至 10 日，民教协会组织全国中学校长代表团赴美国考察。该考察团与中国民办教育协会事业部、美中世纪教育集团联合举办，考察团由 28 名中学校长组成，参访美国布隆菲尔德教育局、美国和平皇后高中（Queen of Peace High School）、美国伯克曼中学（Perkiomen School）、美国花园城华尔道夫学校（The Waldorf School of Garden City）等单位，深入学校课堂观摩教学，同时洽谈在留学、友好学校、交换生等方面的国际合作项目。中国驻纽约总领馆领事、新泽西州州议员、布隆菲尔德市教育局教育委员会副主席、美特克莱尔州立大学教授、伯克利学院大学教授及美国当地华人媒体代表等 60 人参加迎接代表团招待活动。

（李苗）

【举办心理辅导培训班】　12 月 8 日，

民教协会举办“农民工子弟学校教师

心理辅导培训班”。培训班邀请心理专家，以如何加强心理建设、幸福高效生活做个幸福的教师和积极心理学视野下的教育观念与教学方式为题，讲解流动儿童的特点及形成原因、如何理解流动儿童的心理需求、教育观念转变的意义、积极心理学的“心观念”、积极心理学的“心技能”等方面内容。来自北京15所农民工子弟学校的120名教师参加学习。

（李苗）

【组织大学生暑期社会实践】 至12月，民教协会与美国国际教育交流协会合作组织暑期大学生赴美社会实践活动。活动设立前期宣传、英语能力测试和培训、与雇主见面定岗、办理签证等流程，共组织进校讲座50场，提供各类免费语言文化培训总计时长80课时。初试共有300人报名，其中，104人获得赴美实习资格，被分配到美国26个州41家知名企业开展12周学习活动。该活动连续成功举办六届，已发展成为协会有社会影响力品牌项目。

（李苗）

北京市学前儿童保教工作者协会

【概况】 2013年，北京市学前儿童保教工作者协会有单位会员269个，其中，从事保教工作10686人；个人会员160人。理事65人。全年组织开展幼儿园教师、保健人员专业培训；传承张雪门幼儿园行为课程研究系列活动；倡导会员单位为外来务工人员子女提供多种形式的早教服务；举办首届幼儿园食堂营养餐制作技能比赛活动。来自会员单位保教工作者共2000人次参加活动。

（简尔贤）

【举办幼儿园营养餐制作技能比赛】 1月12至13日和19至20日，保教协会、中国关心下一代工作委员会健体中心、北京烹饪协会联合举办北京市第一届幼儿园食堂营养餐制作技能比赛。比赛共举办八场，采用现场制作，现场点评与指导的方式，设立面点制作组和菜肴烹饪组两个组别。来自全市100所幼儿园共计237人参加比赛，其中，参加面点制作100人、参加菜肴烹饪137人。比赛评出面点制作组特等奖1人、一等奖22人、二等奖45人、三等奖32人；菜肴烹饪组评出特等奖1人、一等奖35人、二等奖54人、三等奖47人。60所幼儿园获组织奖。

（简尔贤）

【陈剑戈逝世】 1月13日，保教协会创始人陈剑戈逝世，享年99岁。陈剑戈，原名陈玉英，1914年出生，山西省五台县东冶镇人。早年就读于山西省立女子师范学校，1933年10月参加革命工作，1937年10月加入中国共产党。革命战争时期，曾任五台县妇救会主任、五台县四区动委会唯一的妇女委员、抗日军政干部学校训练班女生队指导员、抗大二分校文化教员、延安第二保育院保教科科长、北京市六一幼儿院院长、北京市教育局副局长等职。1984年离休，1985年创建北京市学前儿童保教工作者协会，曾任第四届理事会会长，第五、六、七、八届理事会名誉会长。

（简尔贤）

【举办幼儿园管理高级研修班】 4月，保教协会举办幼儿园管理高级研修班。研修班听取幼儿园园长介绍办园理念、课程架构及幼儿园安全工作管理经验，分析幼儿园在参加分级分类验收过程中遇到问题与困惑，研讨如何提高管理实效性。来自全市学前教育机构共180人参加学习。

（简尔贤）

【举办幼儿园初级救护员复训】 4月，保教协会举办幼儿园初级救护员复训。复训依据卫生部门颁布的“初级救护员证书需复训才能继续有效”规定，面对全市各类幼儿园中曾经取得初级救护员资格的人员开展，涉及儿童急救知识、心肺复苏和应急处理方法等救护内容。复训内容及实操考核由中国红十字会总会培训中心承担。来自全市学前教育机构近百人参加学习。

（简尔贤）

【举办幼儿教师专业培训】 10月，保教协会举办幼儿教师专业培训。培训依据教育部颁发《3～6岁儿童学习与发展指南》规定，采取聘请专家授课，邀请全国优秀教师传授实践工作经验，到示范幼儿园实地观摩等方式。来自全市学前教育机构共计200人参加学习。

（简尔贤）

【举办幼儿园保健医培训】 至年底，保教协会举办幼儿园保健医培训。培训邀请北京市妇幼保健院专家，讲解儿童保健常规、膳食营养、传染病预防、保健医工作要求等方面内容。该培训项目是市教委委托项目，并获得市财政专项资金48万元。年内，培训共举办5期，包括城区4期、远郊区县1期，累计免费培训各类托幼机构保健人员1000人。同时，编印《2013年北京市幼儿园保健医培训手册》，免费向学员提供。

（简尔贤）

北京老教育工作者总会

【概况】 2013年，北京老教育工作者总会有团体会员单位41个，共有会员109996人，比上年增加2060人。全年举办歌唱中国共产党第十八次代表大会文艺演出6场，召开学习党的十八大精神研讨会、北京纵横码十周年纪念会、“开心聊天”现场会、“三老进校园”研讨会。表彰“敬老文明模范学校”222所，成立“三老”社团联盟。

（李守德）

【召开学习党的十八大精神研讨会】 3月5日，老教总会召开学习贯彻党的十八大精神研讨会和年初工作会。会议传达市委教育工委、市教委领导在市教育系统第24次老干部座谈会上的讲话，研讨本年老教总会工作计划。会议听取7名会长发言，就推动老教协的“三型社团”建设，落实老教总会工作计划提出设想、建议和补充。来自老教总会和北京高校、区县老教协会会长共35人参加会议。

（李守德）

【举办歌唱十八大文艺演出】 5月、6月和9月，老教总会共举办6场歌唱党的十八大文艺演出。演出以“共筑中国梦、欢歌乐晚年”为主题，由市委教育工委、市教委离退休干部处、北京教育老干部活动中心、北京老教育工作者总会主办，分别在中国石油大学、中国农业大学东区、中央民族大学、对外经济贸易大学、石景山青少年活动中心剧场和昌平区前锋学校6个地点，表演合唱、独唱、表演唱等90个节目。来自16个区县和60所高校共2900人参加活动。

（李守德）

【召开北京纵横码十周年纪念会】　8月8日，老教总会召开北京纵横码十周年纪念会和2013年“CKCIM杯”北京纵横汉字输入技能大奖赛暨纵横码学术研讨颁奖会。会议总结十年纵横码推广和研究的成绩和经验，表彰获奖选手，宣读获奖论文。来自北京和外省市教师、获奖选手、获奖论文作者共计300人参加会议。“纵横码”是一种汉字输入技术，更适合市民、农民学习计算机使用。北京纵横汉字信息技术应用研究会自2003年成立十年来，年均义务培训1.50万人，并出版发行《纵横码在北京十周年》。

（李守德）

【成立“三老”社团联盟】　10月11日，老教总会、北京老科技工作者总会、北京老医药卫生协会召开“三老”社团联盟成立大会暨首届高峰论坛。会议审议通过《“三老”社团联盟工作规则》，宣读致首都老专业技术人员倡议书，听取“三老”社团领导及其基层组织代表介绍工作经验。“三老”社团联盟，是为贯彻“积极应对人口老龄化”战略部署，发挥北京地区离退休专业技术人员作用，服务首都科学发展。来自“三老”社团代表80人参加会议。

（李守德）

【召开“开心聊天”现场会】　11月8日，老教总会召开北京信息科技大学老教育工作者“开心聊天”现场会”。会议推广该校“开心聊天”活动经验。来自区县、高校老教协会会长、分管文化社团的负责人、优秀文化社团代表共计125人参加会议。信息科大组织老教育工作者“开心聊天”活动8年，通过“开心聊天”活动，聊出友谊和谐，聊出感情沟通，聊出高尚情操。可以解除孤独沉默，增进身心健康，达到心情舒畅，促进和谐的效果。

（李守德）

【召开“三老进校园”研讨会】　11月14日，老教总会召开“老科技工作者、老教育工作者、老医药工作者进校园”研讨会。会议研讨如何解决中小学学生每日下午3点半至5点半放学时段的活动安排，帮助家长解决接孩子的困难。会议提出具体实施建议，形成《关于“科技专家进校园”》的调研报告。来自老教总会的老科技工作者、老教育工作者、老医药工作者及学生家长共50人参加会议。

（李守德）

【表彰敬老文明模范学校】　12月19日，老教总会召开“敬老文明模范学校”表彰会。会议授予北京市第一中学等222所学校2010～2013年度“敬老文明模范学校”称号。会议认为获表彰单位工作特点是领导重视离退休工作，列入年度工作计划并认真落实；老教协分会组织健全，工作表现突出；认真落实上级关于离退休人员在政治、生活、医疗等待遇，并努力帮助解决离退休教职工中的特殊困难；为离退休人员实现“五老”积极创造条件；尊老敬老风气好；工作得到广大离退休人员好评。该活动自2005年起评选“敬老文明模范学校”，每三年举办一次。此次获表彰的学校是经各区县老教协会评比、推荐，老教总会研究确定。获表彰学校数占区县中小学总数的10%。

（李守德）

北京校外教育协会

【概况】　2013年，北京校外教育协会有会员单位211个，常务理事单位35个，理事单位81个。其中，校外教育机构72个，场馆42个，社会企事业单位39个，学校及乡镇校外活动站58个。召开第三届会员大会，组织开展第八届北京阳光少年活动，与市教委、市青少年学生校外教育联席会议办公室联合主办第二届阳光少年文化节活动，组织会员单位专项培训活动和交流活动等。全年组织117个会员单位开展活动1331项，257万人次参加活动。

（王媛媛）

【召开第三届会员大会】　1月8日，校外教育协会召开第三届会员大会暨第三届第一次常务理事会和监事会议。会议审议通过关于北京校外教育协会第二届理事会工作报告、监事会报告和关于修改《北京校外教育协会章程》的工作报告；以无记名投票的方式，选举产生新一届理事会、常务理事会、监事会成员。在校外教育协会第三届第一次常务理事会和监事会上，分别选举产生新一届正副会长、秘书长、监事长。来自教育部、市教委、市社团办等有关领导及181家会员单位代表参加会议。

（王媛媛　谢薇）

【编辑出版优秀文集】　1月，校外教

育协会编辑出版《第四届北京校外教育理论与实践研究优秀文集》。文集从第四届“北京校外教育理论与实践研究论文/活动案例评选暨研讨活动”中，遴选出53篇优秀征文汇编成集，其中，优秀论文28篇、活动案例25篇。入选论文内容涉及广泛，体现教师对教育理论、心理学理论的关注，而且与自身教育实践相结合；入选活动案例展示近两年优秀校外教育活动成果。文集为32开本，共31万字，由学苑出版社出版。

（王媛媛　谢薇）

【举办4项校外教育比赛】　3至11月，校外教育协会举办4项校外教育活动。其中，3至6月，与市环境保护宣传中心联合举办2013年度北京市中小学生环保主题演讲比赛——北京市第17届小学生“我爱地球妈妈”和第13届中学生中英双语演讲比赛。550所小学的1万名小学生和300所

中学的1万名中学生参加比赛。4至6月，举办“阳光少年——北京市中小学生绘画、书法、摄影比赛”，570所中小学校和协会37家会员单位共计9800人参加比赛。5月30日，举办“圆梦中国，美丽北京——北京阳光少年活动中小学生摄影作品展”，展览共展出150幅作品。9至11月，举办“2013年北京阳光少年——科普进校园活动”，活动联合中国科技馆、中国电影博物馆、中国长城博物馆、北京天文馆、北京自然博物馆、北京市气象台气象科普馆、索尼探梦科技馆7家会员单位共同举办，在12个区县的55所中小学校，共开展活动81次，累计活动时间109.5小时，参与活动工作人员361人次，志愿者101人次，媒体宣传54次，参加活动学生24200人。

（王媛媛　阴少萌）

【编印校外教育活动指南】　4月，校外教育协会编印《放飞梦想——2013年北京校外教育活动指南》。指南设立文化博览、科技探索、艺术风采、阅读交流、游艺体验5个板块，收录市文化局、市妇联、市环境保护宣传中心、市新闻出版局等市青少年学生校外教育联席会议办公室，各委办局，各区县教委，各校外活动场所117家单位的129项活动信息。指南印制2000册，免费发送给各区县中小学生。

（阴少萌）

【举办校外教师摄影培训】　5月23日，

校外教育协会举办校外教师摄影培训。培训班参观门头沟灵溪中小学生生态教育基地，听取北京儿童摄影学校的摄影教师讲解照片构图、摄影基础等内容，并完成现场照片拍摄点评。来自博物馆、科技馆等会员单位共30名教师参加培训。

（王媛媛）

【举办校外场所中层管理培训】　5至6月，市青少年学生校外教育联席会议办公室、校外教育协会共同举办北京市校外教育活动场所中层管理工作者研修班培训活动。培训分专题讲座和研讨交流两个部分。其中，专题讲座邀请国内校外教育研究领域专家学者，就国内外校外教育改革与发展新动态、校外教育政策和发展趋势、校内外教育基本规律等方面作专题介绍。交流研讨部分组织学员走进校外场馆实地体验校外活动，进行交流研讨。研修班培训共计40学时，纳入北京市“十二五”时期校外教师培训管理体系。来自各校外教育机构、社会场馆中层骨干，包括活动部长、教学部长、社教主任以及有关副职骨干等共130人参加学习。

（王媛媛　谢薇）

【举办会员单位交流活动】　6月19日，校外教育协会举办会员单位校外教育交流研讨活动。活动听取社教部工作经验介绍，分组体验国博教育体验区课程，并参观特色展区。来自54家会员单位教师共90人参加活动。

（王媛媛）

【编印《北京校外教育报》】　至年底，

校外教育协会共编辑4期《北京校外教育报》。报刊开设校外教育新闻、校外工作动态、活动场所风采、阳光少年活动等栏目，每期共有4个专版，通过校外教育网发布电子版。

（王媛媛　谢薇）

北京高校国防教育协会

【概况】　2013年，北京高校国防教育协会有清华大学、北京大学、北京工业大学等高校会员单位66个，新增4个；服务于学校国防教育的军训基地、军训服装厂等相关企业会员单位16个，减少3个；有会员理事单位82个。全年举办国防教育活动9项，参加学生共16万人次。

（王德峰）

【召开五届二次会员代表大会】　4月7日，国防教育协会召开五届二次会员代表大会。会议审议通过上年协会工作总结报告、监事会工作报告，部署本年工作要点。会议应到会员单位理事102人，实到84人。

（王德峰）

【举办国防教育调研活动】　5月22至

26日，国防教育协会举办学校国防教育调研活动。调研围绕学校国防教育、学生军训、征兵工作和国防生培养等方面开展，并实地参观百色市中国工农红军第七军军部遗址、百色起义纪念馆，了解创建中国工农红军第七军、建立右江革命根据地革命历史。来自28个会员单位的32名高校专武干部、军事教师及广西大学、广西中医药大学、广西民族大学等7所高校武装部负责人参加活动。

（王德峰）

【举办国旗仪仗队规范化培训】　6月8日，国防教育协会举办首都高校国旗仪仗队领队、教练培训班。重点培训各高校的国旗仪仗队统一动作要领，规范升降旗程序，并开展观摩交流活动。中国地质大学（北京）、北京经济管理职业学院等36所高校的98名师生参加学习。

（王德峰）

【召开高校国防教育研讨会】　9月29日，国防教育协会召开2013北京高校国防教育研讨会。会议围绕学生军训、高校征兵等国防教育工作展开讨论；会议宣布征集国防教育论文69篇，其中，一等奖11篇，二等奖20篇。来自30所高校武装部、学生处负责人和军事理论课教师等共83人参加会议。

（王德峰）

北京教学仪器设备协会（北京教育装备行业协会）

【概况】 2013年，北京教学仪器设备协会（北京教育装备行业协会）有会员单位180个，其中，新增26个。举办北京教育装备展示会，举办优秀新产品推荐活动等共计11次。

（徐锦拓）

【召开第五届会员大会】 3月20日，教学仪器设备协会召开第五届会员大会。会议表决通过协会工作报告、财务报告、监事会报告及协会章程、协会发展规划纲要、行规行约和会费调整标准，选举产生协会第五届理事会理事21人、第五届监事会监事3人，11人当选常务理事会理事，选举产生新一届会长、副会长、秘书长和监事会监事长。来自122家会员代表共122人参加会议。

（徐锦拓）

【举办北京教育装备展示会】 3月28

至31日，教学仪器设备协会与北京高教学会技术物资研究会联合举办北京教育装备展示会暨第四届北京教育装备论坛。展会涵盖幼教、基教、高教、职教等不同领域，展品包括教育信息化产品及解决方案、通用实验室设备、分析测试仪器、学校体育器械、办公家具、学前玩教具等。展会展区面积2万平方米，参展企业300家、设立展位500个。展会同期举办7场学术论坛会。

（徐锦拓）

【更名为北京教育装备行业协会】 7月4日，经北京市民政局批准，北京教学仪器设备协会更名为北京教育装备行业协会。更名后，隶属关系和工作职责不变。更名的原因是现有工作内容已远远超出“教学仪器设备”名称所涵盖的范围。

（徐锦拓）

【召开五次二届常务理事会】 8月3日，教育装备行业协会召开五届二次常务理事会议。会议听取北京市教育技术设备中心上半年工作介绍、协会评估准备工作和第65届中国教育装备展示会北京团工作汇报，审议通过《2013年北京教育装备行业协会主要工作草案》《北京教育装备行业协会工作人员薪酬管理制度》和《北京教育装备行业协会优秀会员评选办法》。来自常务理事会、监事会成员16人参加会议。

（徐锦拓）

【通过北京行业协会评估】 9月25日，教育装备行业协会通过北京行业协会评估。评估小组由市民政局社会组织评估专家组成，听取协会汇报工作情况，并就协会工作的专业性、教育属性及更名的必要性作说明。按照评估工作的要求，重点检查基本条件、内部治理、工作业绩和社会评价四个方面工作，并给予肯定。

（徐锦拓）

【组织参加中国教育装备展示会】 10月31日至11月4日，教育装备行业协会组织北京企业参加第65届中国教育装备展示会。北京共有49家企业参展，设立展位247个，其中，特展展位105个，展品涵盖各级各类教育所需仪器、设备、教具、标本、模型、计算机及软件、信息化设备、教学用图书、挂图等产品。展会期间，会员企业向全国14个省市捐赠价值300万元的软件产品。

（徐锦拓）

北京市红十字会

【概况】 2013年，北京市红十字会学校红十字会基层组织有2311个，其中，高等院校89所、中等专业学校27所、中小学2195所。红十字青少年80.78万人，其中，教工会员2.5万人，12个区县建会率100%。与市教委合作，在托幼机构和中小学举办6次普及培训，3000名中小学师生掌握应急避险技能。12个区县红十字会共组织应急演练76次，参与人数6.6万人次。造血干细胞志愿者招募血样入库6000人份，志愿捐献者HLA数据资料11万人份，实现造血干细胞捐献22人，其中，来自北京城市学院、北京科技大学、北京师范大学、北京交通大学、北京大学等6名志愿者成功捐献造血干细胞。邀请造血干细胞捐献者、志愿者讲师在13所高校开展科普讲座，1300名在校大学生参加讲座，其中，727人报名留样，成为入库志愿者。基金会共筹资5281.35万元，公益项目支出5292.55万元。

（李胜华）

【举办续写雷锋日记活动】 3月15日

至11月20日，市红十字会举办首都红十字青少年续写雷锋日记系列活动。活动以“人道感言、博爱寄语”为主题，公布续写雷锋日记安排，宣读倡议书。推出诵读雷锋日记、传颂雷锋精神及续写雷锋日记等活动。截至11月20日，共收到全市大中小学推选的优秀雷锋日记5000篇，共计100万字。续写雷锋日记活动是市红十字会2013年学雷锋系列活动的内容之一，面向全市大中小学生。活动由市红十字会主办，市红十字会学校工作委员会、朝阳区教委、朝阳区红十字会承办。

（李胜华）

【举办首都高校红十字会高峰论坛】 4月20日，市红十字会举办第十届首都高校红十字会高峰论坛。论坛以“创新发展模式，铸就公益文化——学习两会精神建设学习型、服务型、创新型红十字会学生组织”为主题，设立5个分论坛，听取首都医科大学、中央财经大学等4所学校红十字会代表交流活动经验。论坛分别就如何扩大红十字会组织在校内外影响力、如何丰富活动内容和形式、如何更好服务社会，如何提高红十字会的公信力，如何更有创新力等分议题展开讨论。来自北京50所高校红十字分会 150 名骨干成员参加活动。自 2008 年以来，首都高校红十字会高峰论坛成功举办 9 届。

（胜华）

【中央财大举办红十字日宣传活动】

5 月 4 日，中央财经大学举办世界红十字日宣传外展活动。活动以“当爱遇上红十字”为主题，分为展台区宣传和定向越野活动宣传两部分，以定向越野活动宣传为主。定向越野活动推出体验缺憾活动、手语培训、急救培训、心愿树制作和红十字会基本知识小问答等宣传活动。展台区宣传活动传播“人道、博爱、奉献”的红十字精神。该校共有 40 名会员参加活动，宣传受益人群 500 人。

（侯凯轩）

【门头沟举办主题绘画比赛】 5 月 8 日，门头沟区教委举办中小学“我心中的红十字”主题绘画比赛。30 所学校的中小学生选送参赛作品 200 幅，经专家评审，最终评选小学组一等奖 8 人、二等奖 16 人、三等奖 26 人、优秀奖 32 人；中学组一等奖 7 人、二等奖 12 人、三等奖 20 人、优秀奖 25 人。同时评选出优秀辅导教师奖和最佳校园组织奖。

（索登福）

【举办首都高校红十字运动知识大赛】 5 月 12 日，市红十字会举办首都高校红十字运动知识大赛。比赛以“唱响主题曲、共筑中国梦——人道、博爱、奉献”为主题，采用自愿报名方式，分为预赛和决赛两部分，来自北京 60 所高校红十字会组织代表 300 人参加活动。预赛区分为 5 个赛场，分别设在清华大学、北京航空航天大学、中国传媒大学、中国人民公安大学和北京科技大学，各分赛区共 10 支代表队进入决赛。决赛设立有问必答、眼疾手快、争分夺秒、勇往直前和实战演练 5 个环节，最终，中国人民公安大学红十字会获得冠军，华北电力大学红十字会和北京青年政治学院红十字会分别为亚军和季军。同时，比赛评出 7 名优胜奖和 5 个分赛区承办单位优秀组织奖。

（李胜华）

【举办中日韩青少年交流营活动】 7 月 22 至 27 日，市红十字会举办第 11 届中、日、韩三国首都红十字青少年交流营活动。活动分别听取中、日、韩三国介绍红十字青少年工作开展情况，访问市红十字会紧急救援中心，参观天安门广场、首都博物馆、北京园博会和长城，体验北京文化。来自中、日、韩三国首都红十字青少年、教师和工作人员共 54 人参加活动。其中，北京 15 人参加。中、日、韩三国首都红十字青少年交流营是根据中、日、韩三国首都红十字会友好交流协议，自 2002 年起，由北京市红十字会、东京都赤十字会和首尔市红十字会在每年暑期，轮值举办红十字青少年中学生交流营活动。

（李胜华）

【参加中日韩三国首都大学生交流营】 8 月 19 至 23 日，市红十字会组织参加第二届中、日、韩三国首都红十字青年大学生交流营活动。活动听取中、日、韩三国首都红十字青年大学生分别做红十字青少年工作交流和展示，学习灾难预防，听取东京都赤十字会成员关于灾后重建与救护工作报告，及日本大地震、福岛核辐射红十字志愿者参与救援介绍，并就红十字会如何做好备灾救灾工作展开讨论。活动参观东京都赤十字社医疗中心，走访养老院、福利院、灾难救助医院，在日本“天空树”献血室体验给献血者提供服务。来自中国、韩国、日本三国首都红十字会大学生代表和带队教师共 20 人参加活动。其中，北京科技大学、北京航空航天、首都经济贸易大学、北京建筑大学等 5 名青年会员代表首都 80 万名红十字青少年参加交流营活动。中、日、韩三国首都大学生交流营两年举办一届，首届交流营于 2011 年在北京举办，此次交流活动由日本东京都赤十字社举办。

（李胜华）

【举办青年骨干培训班】 10 月 18 至 20 日，市红十字会举办 2013 年首都高校红十字工作会议暨青年骨干培训班。培训班设立“生命意义、领袖魅力、认识本我”三个专题，并邀请红十字国际委员会专家讲解“红十字运动知识”。来自全市 70 所高校红十字会青年骨干 150 人参加学习。

（李胜华）

【女子学院举办“16 日”反暴力活动】 11 月 25 日至 12 月 5 日，中华女子学院举办“16 日”反暴力活动。活动推出千人大签名、漂流书角、学术沙龙、白丝带佩戴及观影活动，学习反对暴力相关知识，树立平等观念，反对性别暴力。活动由中华女子学院、中国女性图书馆、女子学院红十字会、农村妇女发展协会、援边志愿社以及社会工作实践团联合举办，来自该校女院师生参加活动。自 2008 年开始，中华女子学院每年举办反暴力“16 日”活动。

（秦玉玲　杨灵洁）

【举办艾滋病日系列宣传活动】 11 月 1 日至 12 月 1 日，中国红十字会总会、市红十字会、市教委联合举办艾滋病日系列宣传活动。活动分“为爱·接力”“爱·传递”和“爱·凝聚”三个板块。31 所高等院校 4300 名会员将带有艾滋病宣传资料的明信片填写祝福语录，发放至首都医科大学附属北京地坛医院、北京佑安医院等 500 名艾滋病患者、医护工作者、红十字志愿者手中，并发至全国患者手中。市红十字会将防艾明信片优秀作品制作防艾扑克牌陆续发放至北京 14 所社区青年汇与 3 所打工子弟小学，使北京青年人和外来务工人员在娱乐时掌握了解防艾基本知识，参与人员 2 万人。20 所高校 80 名红十字志愿者参加在北京佑安医院开展的爱心家园志愿活动与艾滋病患者亲切接触，并听取艾滋病相关知识讲座，了解艾滋病患者真实生活情况。北京 31 所高校红十字会参与传递活动。

（李胜华　李丹）

北京市民族教育学会

【概况】 2013 年，北京市民族教育学会有单位会员 135 个，其中，小学

65所，中学48所，大学2所，幼儿园、特殊教育学校13所，校外单位7个；个人会员166人；常务理事82人。全年开展各种活动25次，参加人数4300人次。

（王振清）

【举办“美丽中国·美丽祝福”系列活动】　1月10日，市民族教育学会主办“美丽中国·美丽祝福——祝福全国56个民族小朋友2013年春节快乐”系列活动。该活动与中国民族报、中国民族宗教网、中国网教育频道、搜狐新闻中心、海淀区中关村第三小学等单位共同发起，北京市宣武回民小学等27所小学的学生亲手绘制近万张新年贺卡，送给全国各地56个民族的小朋友，送去节日的祝福。收到贺卡的学生回信表示感谢，表达祝福。该活动一直持续到2013年春节后。5月30日，市民族教育学会表彰在活动中获得先进组织奖的海淀区中关村第三小学等6所学校和获得优秀指导教师奖的26名教师。

（王振清）

【举办小学干部教师培训班】　4月17日，市民族教育学会与西城区教工委、教委、民宗侨办公室联合举办贯彻落实《学校民族团结教育指导纲要（试行）》小学干部教师培训班。培训班听取题为《开展民族团结教育的历史针对性、现实针对性、国际针对性》专题报告，听取北京市民族学校等7所学校作经验介绍。观摩北京市宣武回民小学二年级语文课《难忘的泼水节》、四年级主题班会《民族服饰知多少》、五年级民族团结教育课《多彩民居、多种风情》、五年级校本课《我眼中的民族帽饰》4节教学活动课，参观宣武回民小学博物馆、中关村三小展览馆。100名干部教师参加学习。

（王振清）

【赴甘肃少数民族地区交流考察】　5月2至6日，市民族教育学会组织教

师赴少数民族地区交流考察。考察小组由小学校长、骨干教师共计20人组成，在甘肃积石山保安族东乡族撒拉族自治县吹麻滩小学和大敦小学，展示西城区民族小学等教师的语文、数学、英语、校本课程教学观摩课。考察期间，东城区和平里第一小学与吹麻滩小学、北京市红莲小学与大墩小学分别结成友好学校。

（王振清）

【组织观摩市级骨干教师语文课】　10月17日，市民族教育学会组织观摩市级骨干教师语文教学活动课。活动观摩海淀区民族小学三年级语文《一只小鸟》、海淀区前进小学四年级语文《井底之蛙》、北京大学附属小学六年级语文《梅花魂》三节语文课，听取中国少年作文系列教材主编、“中少作文网”首席专家从教师对文本教材的准确把握、课堂教学良好的方法策略、教师的基本功素养等几方面进行现场点评，并对某些教学环节提出建议。来自全市各校100名语文教师参加活动。

（王振清）

【举办民族教育进课堂观摩活动】　10月24日，市民族教育学会举办民族团结教育进课堂观摩活动。活动由大会交流、特色展示、课程观摩三部分组成，听取北京市第五十六中学介绍学校开展民族团结教育做法及经验，观摩该校从“民族团结教育课程”“民族团结教育融入”和“民族团结教育校本”课程三个方面展示涉及10个学科共计11节课。活动与西城区教委联合主办，北京市第五十六中学承办。来自市民委、市教委、西城区教育工委、西城区民宗侨办、市民族教育学会领导以及各区县40所学校120名学校领导和教师参加活动。

（王振清）

【召开第五届“巨人杯”颁奖会】

12月5日，市民族教育学会召开北京市第五届“巨人杯”小学青年教师教学大赛总结表彰会。会议表彰获得一等奖教师23人、二等奖26人、三等奖22人，颁发荣誉证书。来自市教委、市民委、昌平区教委、昌平区民族宗教侨务办公室、北京巨人教育集团领导以及会员学校100名校长及教师参加会议。该比赛于2012年10月29至31日举办，全市50所小学教师代表参加比赛。比赛通过语文、数学、英语等学科现场做课展示、实践课标答辩、科学课程实录评优、专家评价及对优秀项目观摩等方式，展示青年教师课堂教学风采。

（王振清）

【评选优秀民族教育论文】　10月31日至12月30日，市民族教育学会举办2013年民族教育论文申报评审活动。活动共征集29所理事校（园）上交的论文126篇，其中，幼儿园34篇、小学（包含外地3所）41篇、中学51篇。经专家评审，26篇获得一等奖、35篇获得二等奖、58篇获得三等奖。

（王振清）

（本栏责任编校　董素宅）

市教委直属单位

北京教育科学研究院

【概况】 2013年，北京教育科学研究院设有研究机构16个，行政处室10个，挂靠单位4个。在职职工345人，包括高级专业技术职务158人、中级114人；具有本科以上学历314人，包括博士39人、硕士137人；享受政府特殊津贴专家3人，全国模范教师2人，全国优秀教师3人，“北京市人民教师”荣誉称号获得者1人，北京市先进工作者1人，首都劳动奖章获得者1人，北京市“五四”奖章获得者1人，北京市有突出贡献的科学、技术、管理人才1人，北京市特级教师9人，北京市优秀教师9人，北京市中小学中青年学科教学带头人17人，北京市中小学骨干教师12人。该院主要开展教育宏观决策研究、教育教学研究、教育理论研究；加强对教育科学、教学研究的领导和管理；为政府教育行政部门宏观决策以及学校管理提供服务，为提高学校的教育教学质量提供服务。全年共承担222项重要课题和项目的研究任务，其中，各级各类规划课题87项、两委委托项目107项、自身发展项目28项；承担教育部、两委一室等上级部门临时性委托任务150项。全年共有15项基础教育成果获得北京市第四届基础教育教学成果奖，1项成果获得北京市高等教育教学成果一等奖，1项成果获北京市中等职业教育教学成果奖。网址：www.bjesr.cn。

（倪永娟）

【首届《论语》研修班开班】 3月23

日，北京教科院联合北京什刹海书院共同举办首届《论语》研修班开班仪式。此研修班旨在为北京市的中小学校长和骨干教师搭建学习国学经典的平台，通过研读国学经典著作提高中小学德育骨干的国学素养。研修班采用“塾学”的方式，聘请相关高校和研究会的导师及教授共同授课。共有来自国家宗教事务局、中国教育科学研究院、什刹海书院的相关领导及学者，北京广化寺及雍和宫方丈等50人参加开班仪式。

（任敬华）

【开展中学教学视导工作】 3月26日，北京教科院开展初中教学视导工作。视导工作涉及15个学科，共到房山区良乡二中、良乡三中、良乡五中3所学校听取30名教师的研究课，并与授课教师及听课教师就初中课堂教学改革进行研讨。房山区教师进修学校、良乡三所中学的有关领导及房山、燕山地区初中各学科的教师500人参加活动。

（沈俊楠）

【开展首都中小学教师德育图书捐赠工程】 4至11月，北京教科院发起

并实施首都中小学教师德育图书捐赠工程。此项工程旨在通过向中小学校捐赠德育图书提高教师的德育素质。共先后向海淀区北方交通大学附属小学、大兴区教师进修学校、昌平区百善学校、房山区张坊中心校、房山区长阳中心小学、西城区徐悲鸿中学初中部、西城区宏庙小学、丰台区第二中学、东城区府学胡同小学、密云县水库中学、通州区教师研修中心实验学校、朝阳区十八里店小学、延庆县教委、北京拔萃双语学校和东城区回民实验小学15所中小学捐赠德育图书8500万册。

（冷雪玲）

【举办中小学德育名家名师讲堂】 4至11月，北京教科院举办北京市中小学德育名家名师讲堂系列活动。活动分别邀请来自中国社会科学院世界宗教研究所、中国宗教学会、中国社会科学院哲学研究所、中国社会科学院社会发展研究中心、京源学校、北京十一学校的相关领导及专家对中小学的德育研究思路及方法、德育理论及理念、学校德育管理工作等方面的问题进行专题讲座。全市有3000人次参加活动。

（冷雪玲）

【召开学术年会】 5月9至10日，北京教科院召开2013年学术年会。会议分为开幕式、分会场研讨、大会场研讨、闭幕式四个环节。会议期间，按照学科领域和论文类型设立大会场和分会场，对70篇学术年会获奖论文进行交流讨论。有教科院290人参加会议。

（姜继军）

【组织市区学科教研联动活动】 5月29至30日，北京教科院组织开展市区学科教研联动活动。市区教研员分成8个小组，分别赴大兴区8所小学听课32节，并于课后进行评课交流及讲座活动。来自北京教科院基教研中心小学学科教研员，以及大兴、房山、通州、燕山教委教研中心领导及学科教研员80人参加活动。

（沈俊楠）

【1人获得突出贡献专家荣誉】 6月，北京教科院1人获得“有突出贡献的科学、技术、管理人才”荣誉。该评选工作根据中共北京市委组织部、市人力社保局组织的“北京市有突出贡献的科学、技术、管理人才”开展。经各系统推荐、评选工作办公室初评、专家评审和市人才工作领导小组审定等程序，最终评出有特殊贡献的人才54人并予以表彰。教科院张毅获得此荣誉。

（张强）

【获市高等教育教学成果奖一等奖】 9月，“基于四合作的本科人才培养北京模式的理论与实践探索”获得第七届北京市高等教育教学成果奖一等奖。该项目是由北京教科院牵头，联合北京化工大学、中国传媒大学、北京工业大学、北京石油化工学院、北京联合大学5所高校开展的理论研究和教学实践实验推广项目。

（孙毅颖）

【完成两委课题结题鉴定和验收】 至年底，北京教科院完成市委教育工委、市教委委托的课题结题鉴定和验收工作。该工作通过课题研究单位对研究过程、主要研究成果及相关政策的建议汇报，邀请结题鉴定专家、课题委托人针对研究中存在的问题点评，并提出修改意见及建议。全年共完成34项委托课题的结题验收，并完成《2012年度两委委托课题研究纪要》的编辑工作。

（庞立场）

【出版发行《教育快报》】 至年底，北京教科院编辑出版《教育快报》（研究版）。全年共编发22期。起草《关于加强〈教育快报〉建设的若干意见》，解决《教育快报》（研究版）的工作制度和激励机制问题。全年《教育快报》（动态版）出刊31期，其中，专刊14期、编译12篇、摘编2篇，动态信息17期。共采集教育动态信息计673条，其中，编译国外教育信息362条、摘编中文教育信息311条。

（李震英）

【完成主要国际组织教育发展重要报告分析项目】 至年底，北京教科院完成《主要国际组织重要教育发展报告分析》项目。该项目关注国际组织推动全球教育发展的理念与行动，把握全球化时代世界教育发展的趋势和潮流，通过对主要国际组织发布的有关教育发展的报告进行筛选、翻译、摘编及分析，研究成果汇编成同名分析报告分《编译篇》（上册）、《编译篇》（下册）和《分析篇》三册，共计145万字。该项目目的在于为世界城市建设进程中的北京教育的改革与发展提供借鉴。

（李震英）

北京教育科学研究院
院长、副院长
党委书记、副书记

院　　长 方中雄（1月任）
副 院 长 吴晓川　桑锦龙（1月任）
马　波（1月任）
褚宏启（11月任）
党委书记 唐亦勤
党委副书记 甘北林

北京教育考试院

【概况】 2013年，北京教育考试院占地面积1.43万平方米、建筑面积3.25万平方米。设有20个部门，其中，综合处室5个、综合业务处室5个、业务处室6个以及直属单位4个，包括北京市教育考试指导中心、北京高等学校教育科技发展中心、北京市教育考试招生服务中心、北京考试报社。全额拨款在职人员178人，专业技术人员72人。高级职称18人，中级职称47人。全年共命制各类试题1076套，印制试卷375万份，组织各级各类考试563次，涉及考生181.7万人次，发放各类证书26.4万份，为各类学校录取新生29.2万人。形成数据分析报告文件2000个。命制中考、高考、成人学位英语考试及委托命题等共计68套，命制自考全国卷及北京卷共计1008套。考试院网站静态页点击数近5亿次，向社会发布各类信息4369条。利用公众服务平台向社会提供130.5万科次成绩查询服务。完成30次网上报名，组织4次网上咨询活动。处理网上意见箱留言近2万条。全年报纸刊物发行605万份，编制中招、高招、成招等特刊20期。

（蒋来）

【编印中考参考资料】 3月18至30日，北京考试院完成2013年度中考参考资料的编印工作。参考资料包括《招生简章》《报考指南》和《部分学校情况介绍》三本报考资料的编写。其中，《招生简章》刊载全市120所提前招生学校和356所统一招生学校的招生计划；《部分学校情况介绍》收录220所学校情况介绍，占招生学校总数的61.80%。

（郭振铎）

【举办高招网上咨询】 4月14至18日、6月29日，北京考试院分别组织举办在京招生的本科、专科院校开展高考网上咨询活动。咨询活动通过北京考试院网站（www.bjeea.edu.cn和www.bjeea.cn）举办，考生登录网站提出问题，各学校招生人员给予回答，咨询期间，网站点击数260万次，提出问题10676个，回答问题10303个，问题回复率96.51%。共有85所本、专科招生院校参加咨询活动。

（卢杰）

【举办中招网络及电话咨询活动】 5月5日，北京考试院举办2013年北京市高级中等学校招生网上咨询活动。活动主会场设在北京考试院，分会场设在各区县中招办和279所咨询学校。咨询系统点击数为68万次，共有家长307人进行电话咨询。提出问题3567个，问题回答率91.31%。市教委、市人力社保局、市体检中心和各区县中招办以及咨询学校工作人员900人参加活动。

（郭振铎）

【召开高考学科秘书座谈会】 11月6日和8日，北京考试院召开高考学科秘书座谈会。会议听取高考各学科关于进一步深化考试内容与形式改革以及修订调整2014年考试说明情况的汇报。同时，通过组织专题研讨、调阅资料，与命题教师、教研员和一线教师代表座谈等方式，持续关注高考内容与形式改革研究工作，并作出具体指示。

（赵海燕）

【召开教育考试评价培训研讨会】 11月27至30日，北京考试院组织召开北京教育考试评价培训研讨会。会议以“深入研究需求，推进考试评价再上新台阶”为主题，以结构分析的再认识、学科能力划分为重点开展培训和研讨。市教委、北京考试院相关领导出席会议并讲话，来自高中会考、中考和高考评价课题组全体成员参加会议。

（周欣）

【完成中、高、会考考试评价研究】 至年底，北京考试院完成2013年北京市中考、高考、高中会考各学科命题质量与考生水平评价研究工作。考试院科研办共组织23个学科83位专家在对北京市中、高、会考生全样本数据定量分析的基础上，结合北京市教育教学实际进行定性研究分析，形成各学科试题评价研究报告25篇、考生水平评价报告24篇，共计110万字。

（王翊）

【首次开展自主会考试卷评价工作】 至年底，北京考试院首次开展自主会

考试卷评价工作。该项工作受市教委委托，为完善自主实验学校学业水平考试管理机制而进行。该院共组织9个学科评价专家72人次，评价研究24所自主实验学校春夏两季9个学科的127份试卷，形成127份《试卷评价反馈报告》，约22万字。

（任涛）

北京教育考试院
院长、副院长
党委书记、副书记

院　　长　王健
副 院 长　臧铁军　李鸿江　徐宝力　高福勤
党委书记　王健
党委副书记　张泉利

北京教育音像报刊总社

【概况】　2013年，北京教育音像报刊总社下辖《现代教育报》社和《健康咨询报》社，《学前教育》《北京教育》《中小学信息技术教育》以及北京高教电子音像出版社有限责任公司。所属法人单位3个，内设部门6个，《中国教育报》北京记者站挂靠音像报刊总社。共有在岗职工158人，具有高级专业技术职务22人。总社共发行报刊847万份（册），包括《教师周刊》22万份、《学在北京》周刊6.6万份；出版发行音像出版物120种193万盘（碟），电子出版物120种。全年举办多项教育讲座、论坛及研讨会，承办多项培训。完成《现代教育报》《北京教育》《学前教育》《中小学信息技术教育》报刊出版许可证年度核验及换发工作。

（李蔓）

【更名总社微博】　3月25日，音像报刊总社法人微博“首教微讯”更名为“北京教育播报”。新版微博重点体现新闻时效、互动参与等环节，力求贴近北京教育改革和发展、宣传和提升报刊总社社会形象、推送各报刊重点策划及微博内容。新版微博包括“线教平评论”“历史上的今天”“教育快报”“微话题”“微评论”“教育名人堂，微语录”“每日最播报”等常规栏目。网址：http：//weibo.com/shoujiaoweixun。

（辛晓磊）

【举办“妈妈评审团”系列活动】　3月30日，音像报刊总社举办2013年首次“妈妈评审团”角色体验活动。活动以“妈妈评审团春季第一行”为主题，通过刊登广告、建立网上群组等形式邀请亲子20人参加。角色体验内容包括服装表演T台、食品工坊和飞机驾驶舱等职业。《现代教育报》教育周末栏目对活动进行报道。至年底，总社共举办2次“妈妈评审团”活动。“妈妈评审团”由《现代教育报》组织发起，为公益组织，主要职责为组织各种活动，邀请评审团的妈妈和孩子们走进教育机构、免费体验和教育相关的产品与服务，由家长代表组成。

（郝彬）

【举办现代教育大讲堂系列活动】　3

至12月，音像报刊总社举办现代教育大课堂系列活动。活动包括6场名校长讲座、7场专家讲座以及“现代教育大讲堂郊区行”8场家教系列讲座。名校长讲座分别邀请刘长铭、刘畅、刘可钦、王殿军、刘雪梅和胡华校（园）长，作题为《教育始于家庭》《家校携手，共促学生成长》《我们一起来读懂孩子》《创造教育大舞台》《培养良好习惯奠基幸福人生》《父母——影响儿童学习与发展的重要TA人》的讲座，共有1200人现场聆听讲座；专家讲座分别邀请赵忠心、赵澜波、孙云晓和孙宏艳等7名专家，作题为《调整心态，摆脱新学期焦虑症》《家长如何与学校、与老师合作交流》《新学期，让孩子养成良好行为习惯的5个步骤》《孩子上网怎么办？——网络时代科学有效的家庭教育》讲座，共有家长、学生1100人参加。“现代教育大讲堂郊区行”家教系列讲座包括在北京市赵登禹学校举办以“教育孩子，父亲不能缺位”为主题的讲座；在北京市长辛店学校举办以“初中的特点及教育”为主题的讲座；在北京市王佐学校举办现代教育大讲堂郊区行启动仪式暨家教论坛，以及在其他5所学校举办的讲座。

（张建平）

【参与六一儿童节庆祝活动】　6月1

至2日，音像报刊总社现代教育报社参与六一儿童节庆祝活动暨“第13届红领巾科普游园会”活动。活动以“又学习，又玩耍”为主题，共设置“七巧板，七个梦”主题，包括“微观世界，航海梦”“动手世界，科学梦”“色彩世界，艺术梦”“绿色世界，环保梦”“安全世界，平安梦”“阅读世界，知识梦”“媒体世界，探索梦”7个主题。现代教育报社主要承办“媒体世界，探索梦”场馆活动和“少儿绘梦想，盛世谱华章”少儿绘画活动。其中，“媒体世界，探索梦”部分邀请参加活动的中小学生加入《现代教育报社》“九点通讯社”组建的小记者团。邀请报社的专业记者就媒体从业者的基本常识、报纸的出版流程、记者从业经历等方面进行现场培训，并配合讲解、互动游戏、专注力测试等形式实地进行采访；“少儿绘梦想，盛世谱华章”少儿绘画活动部分组织中小学生在画布上进行现场绘画。此次活动共有1万人次参加，包括50名学生参加绘画活动、500名学生加入《现代教育报》“九点通讯社”、200名学生参加现场培训。

（郝彬）

【庆祝教师节】　9月7至8日，音像教育报刊总社组织开展北京市庆祝第29个教师节大型公益活动。活动以“师爱无尘——我和老师有个约会”为主题，以“服务奉献过一个充实的教师节”为目标，邀请知名校长和资深教师现场为市民提供教育咨询和讲座。共举办“现代教育大课堂”6场，邀请来自北京市第四中学等学校的知名校长（园长）围绕家庭教育存在的误区进行讲座；邀请百余名优秀教师针对教育热点和问题进行免费咨询。有来自4所职业学校的烹饪、服装、珠宝养护、金融理财等专业的名师为百姓现场答疑。同时，报刊总社免费发放“幼升小”“小升初”“大学生新生”3个阶段的家长指导手册；通过网络和现场对“两报”——《现代教育报》《健康咨询报》，“三刊”——《北京教育》《学前教育》和《中小学信息技术教育》进行调研，发放相关问题的调查问卷，有效率84.7%；建立首都人民教师教师节奉献社会长效机制，成立“首都教师志愿者服务联盟”，共建“青少教育公共服务基地”。北京电视台《北京您早》节目进行新闻报道，北京日报、北京晚报、法制晚报、等多家主流媒体进行重点报道。

（郝彬）

【《北京教育手机报》改版】 11月1日，音像报刊总社《北京教育手机报》完成信息发布平台转换。此次改版主要在于提高文字和图片量的发送需求，扩大发送对象覆盖面。改变原来周三报为周五报，每天确保7个栏目20条信息的发布。该平台由卓望公司提供相应服务。

（冯安华）

【召开庆祝记者节暨编辑经营业务表彰会】 11月8日，音像报刊总社召开庆祝记者节暨编辑经营业务表彰大会。会议表彰本年度5个单项奖以及“好编辑、好记者”“年度经营贡献奖”获得者。总社及获奖者100人参加会议。该社42件作品申报评选，经专家评审，8件作品入围5个单项奖，其中，作品奖2项、编辑奖2项、栏目奖2项、选题策划与实施奖1项、版式设计与美术设计奖1项。

（辛晓磊）

【主办《中小学数学教学》报】 11月，经国家广电新闻出版总局批准，《中小学数学教学》报由北京市教育学会划归北京教育音像报刊总社主办，主管单位为北京市教育委员会。报纸为周刊，每期四开八版。报社分别成立中小学数学学业指导专家委员会及《中小学数学教学》报理事大会，邀请数学特级教师、教育专家及公办民办教育机构共同为报社的发展建言献策。

（张雪莲）

北京教育音像报刊总社党委书记、社长

党委书记 狄涛

社　　长 狄涛

北京市教工休养院

【概况】 2013年，北京市教工休养院占地面积17.21万平方米、建筑面积4万平方米，绿化面积10万平方米，覆盖率70%，树种200种。设有客房241间、525张床位，分为三人间、标准间、单人间、家庭套间、豪华套间、残疾人房间；有大中小餐厅15个，能容纳1000人就餐；有康乐项目12种，包括大中小歌厅14个、会议室11个、计算机教室7个；有员工290人，包括在职98人。全年接待总人数11.5万人次，包括接待教师休养4.2万人次。全年完成经营收入3875万元。先后获得“第14届首都旅游紫禁杯最佳集体奖”“北京敬老、爱老、为老服务示范单位”“北京市安全生产标准化三级认证单位”和“中国教育接待服务协会先进集体”荣誉称号。

（王彦彦）

【增调项目价格】 3至5月，教工休养院增调项目价格。推出娱乐会员年卡，每张3000元（不计次数，不含保健项目，有效期1年）；增加婚宴包桌项目，价格定为1280元/桌、1580元/桌和1680元/桌三个档次，不设上限；康乐部游泳计次卡年票价格由1500元30次调至1600元20次。5月，客房部三人间房价由560元/间调至720元/间。

（王彦彦）

【完成内部审核工作】 5月15日，教工休养院完成内部审核的相应工作。组织内审员和副经理以上管理人员分3组对院内12个部室的质量、环境管理体系运行情况进行审核。共开具《观察项报告》20项，《内部质量不合格确认、处置、验证报告》8项，并规定期限整改。内部审核由每年一次增至每一季度开展一次。

（王彦彦）

【通过兴原认证中心监督审核】 6月22至23日，教工休养院通过兴原认证中心监督审核。兴原认证中心对ISO9001质量管理体系、ISO14001环境管理体系进行监督审核。审核过程中未出现不合格项，顺利通过。该监督审核每年一次。

（王彦彦）

【通过安全生产标准化评审】 12月13日，教工休养院通过安全生产标准化的评审。评审由北京中安质环技术评价中心专家组一行3人对院内安全生产标准化进行评审验收。专家组实地考察院内各经营场所的安全、消防等设备设施，最终休养院以790分的成绩被评为“北京市安全生产标准化三级认证单位”。

（王彦彦）

【投资1504万元改善硬件设施】 至

年底，教工休养院投资1504万元改善硬件设施。改造工程包括投资100.7万元完成6号楼装修改造；投资58.5万元完成南厨房和南餐厅各雅间装修改造工程；投资170万元完成1号客楼装修改造；投资350.4万元完成198盏环院路灯的装修改造；投资68万元完成南保龄球馆改造健身房工程；投资151.8万元完成体训馆加固改造工程；投资41.3万元完成环湖路甬道的铺装工程；投资38.8万元完成2号、4号客楼地毯和床垫更新改造；投资122.4万元完成监控设备改造；投资118.7万元完成消防中控系统升级改造；投资72万元完成电话交换机系统更换；投资47.7

万元完成投影设备更换；投资163.7万元完成文化广场五尊雕像工程。

（王彦彦）

北京市校办产业管理中心

【概况】　2013年，北京市校办产业管理中心设办公室、国资企管部、学装管理部、科技成果推广部4个部门。职工16人，全部在编。高校校办产业持续健康发展。2008年开展全市高校企业法人治理结构的完善监督检查，已设立的高校资产公司有18家，已划转到资产公司的企业有127户；2009年资产公司增加到21家，已划转到资产公司的企业有125家；2010年资产公司增加到22家，已划转到资产公司的企业有125家；2011年资产公司增加到25家，已划转到资产公司的企业有109家；2012年资产公司有25家，已划转到资产公司的企业有143家，初步形成新型教育国有资产管理体制。2010年开展全市高校校办企业制度建设专项检查工作，完成非公司制企业改制为公司制企业9户，公司制企业数增加为308家；2011年，完成非公司制企业改制为公司制企业1户，公司制企业数增加到340家；2012年，完成非公司制企业改制为公司制企业8户，公司制企业数增加到353家，公司制企业占校方所投资企业的72.48%，基本完成校办企业的公司制改造。2012年开展全市高校校办企业内部控制审计评价工作，对43所高校66家校办企业进行试点，评价内容包括企业财务管理，组织构架、发展战略、人力资源、企业文化等内容。参加试点企业内控评价平均得分为82.14分，其中在平均分以上的企业40家，占被评价企业总数的60.61%；在平均分以下的26家单位，占被评价企业总数的39.39%。2012年高校校办企业资产保值增值率113.40%；净资产收益率14.18%，利润增长率1.59%、盈余现金保障倍数1.22，对学校的现金贡献率0.27%。2000至2013年间的资产状况、经营状况、科技创新、培养学生等方面的经济指标均呈上升趋势。

（宋慧宇）

【召开校办产业工作会】　3月7日，校产中心召开2013年北京市校办产业工作会。会议部署年度六个方面工作，并提出“抓发展、抓规范、抓学习”三点要求；总结上年校办产业主要工作和内部控制审计评价试点工作来自市教委、校产中心以及相关单位校办产业管理部门的负责人100人参加会议。

（宋慧宇）

【完成学生装生产定点企业推荐工作】　3月，校产中心完成2013年学生装生产定点企业推荐工作。该工作根据《北京市学生装管理办法》和《北京市学生装生产企业管理规定》，16个区县共推荐34家学生装生产企业。经中心审核、专家实地考察验厂和市学生装领导小组批准，34家企业全部通过审核并与中心签订《学生装生产定点企业推荐合同》、印发《2013年学生装生产定点企业推荐名单的通知》。

（宋慧宇）

【高校校办企业内控制度建设与风险防控研究课题结题】　3月，校产中心承担的“高校校办企业内控制度建设与风险防控研究”课题结题。该项课题由市教育纪工委委托，通过市教育纪工委、北京教育科学研究院验收结题。该课题以加强高校校办企业内部控制制度建设与加强高校校办企业外部监督作为重点方向，结合高校校办企业内部控制审计评价试点工作开展研究，得出“内控制度是企业生存和发展的必要保障”的结论，形成1万字课题主报告、两个子报告及10个附件。同时，中心编印汇集北京市高校校办企业党风廉政建设经验的《完善内控制度建设促进企业规范发展》一书，收录论文及经验成果40篇，课题研究成果在北京高校校办企业中应用推广。

（宋慧宇）

【完成校办企业资产管理审核审批工作】　4月8日至12月31日，校产中心完成13个校办企业资产管理审核审批工作。其中，4月8日，完成北京首医临床医学科技中心改制为有限责任公司、完成北京高校育新绿化中心有限公司增资两项改制审批。5月28日，完成教育艺术杂志社清产核资审批。6月3日，完成北京工业大学转让所持北京天图设计工程有限公司股权审批。7月5日，完成北京工业大学世通留学咨询服务中心有限公司增资审批。7月12日，完成北京工业大学及所属企业转让所持北京天图设计工程有限公司股权和北京建筑工程学院所属企业转让股审批。9月21日，完成北京工大中宇智能信息系统工程中心改制有限责任公司审批。12月9日，完成注销北京瀛宫宾馆审批。12月27日，完成健康咨询报社改制并进行净资产处置审批。12月31日，启动北京印刷学院将“高阻抗、抗迁移绿色包装薄膜”产业化项目无形资产对外投资和北京印刷学院将“纳微米尺度导电油墨”产业化项目无形资产对外投资两项股权激励审核。同时，全年完成办理国有资产产权登记事项5项。

（宋慧宇）

【完成年度校办产业统计分析报告】　9月，校产中心完成《2012年北京校办产业统计分析报告》。从统计数据来看，北京高校校办产业发展良好，主要表现在五个方面：一是高校校办产业主要经济指标呈平稳趋势，2012年高校校办企业资产保值增值率113.40%；净资产收益率14.18%，利润增长率1.59%、盈余现金保障倍数1.22，对学校的现金贡献率0.27%，校办产业整体运营呈平稳趋势。二是文化智力型企业发展稳中有升，2012年文化智力型校办企业64家，占年末投资企业总数13.14%。三是市属高校科技型企业发展较快。四是高校校办产业占有稳定的国际市场，2012年校办企业的出口创汇收入增加到65.11亿元，比2011年63.37亿元增长1.74亿元。五是高校校办产业科技成果产业化步伐加快，2012年全市校办企业依托本校的学科优势，高校校办企业获授权的专利有564项，登记的计算机软件及集成电路版权176项，获省市部委、国家级的奖项316项。2012年北京地区高校校办产业的高新技术产品销售总收入334.74亿元，占主营业务收入28.55%。

（宋慧宇）

【完成学生装管理抽查及质量检查工作】　10至12月，校产中心完成区县和学校学生装管理抽查及质量检查工作。抽查工作在14个区县的40所学校开展。经过抽查，被查学校均与生产企业签订合同；企业均提供产品质量检测报告。检查结果显示：学校基本形成学生装由校领导主管，职能放在一个科室、有专人管理的格局。质量检查工作与北京市服装质量监督检验一站联合开展，对34家学生装生产企业生产的81个学生装产品开展行业质量监督检查。

（宋慧宇）

【完成学生装征订数量统计工作】 至年底，校产中心完成2013年学生装征订数量统计工作。据各区县统计，本年北京市共征订学生装770470套，包括体育装645859套、制式装55064套、其他款57508套，减免特困生费用841人。从统计情况看，制式装征订数量比上年增加12039套，增长21%；体育装征订数量比上年增加122198套，增长21%；其他款式比上年增加46943套，增长440%。

（宋慧宇）

【网络信息平台投入使用】 至年底，校产中心网络信息平台投入使用。该网站是集北京教育科技产业信息网与科技成果管理系统、国资管理系统、风险管理系统、后勤管理系统、视频会议系统、信息投稿系统、中心办公系统的网络信息平台，全年点击量突破100万次。北京教育科技产业信息网发布工作动态217条，包括头条新闻85条、信息公告42条；中心职工利用办公系统作为季度绩效考核依据，并进行日常办公交流、考勤、发布工作动态与工作日志。全年累计发布工作动态与日志千条。同时，网站启用视频会议系统。

（宋慧宇）

【完成校办企业内控审计评价工作】 至年底，校产中心完成北京市校办企业内控审计评价工作。各企业自行选择确定外聘审计机构或单位内审机构承担评价工作并报送校产中心。中心通过组织企业内部控制应用指引和审计评价标准与工作程序等培训，组织召开工作会议及经验交流会议，实地调研7所高校校办企业等方式，开展调控工作。至年底，部分高校、区县校产管理部门和直属管单位已提交工作报告，评价企业总数超过应评企业80%，达到年初制定的工作目标。

（宋慧宇）

北京教育网络和信息中心

【概况】 2013年，北京教育网络和信息中心设有综合管理办公室、财务与资产管理部、网络与电子政务部、研究指导部等9个部门，有职工127人，其中，在职65人，包括高级专业技术职务13人、中级21人。全年为市委教育工委、市教委及教育系统各相关单位提供技术服务，受理率100%；完成中小学学生卡的发放、服务和管理工作，共发放证件卡46万张、学籍卡36万张；完成共计1762所学校、1099617名学生数据的区校培训工作；对基于云技术的管理信息系统进行升级和改造。全年组织编写《关于进一步加强北京市中小学数字校园实验项目的指导意见》，对100所实验校项目建设的全过程提供指导；组织参加全国第14届师生电脑制作活动，共获得一等奖13个、二等奖25个、三等奖37个及最佳组织奖；组织参加第十届全国校园影视评比活动，共获得两个金犊提名奖和12个金奖；协办第七届北京市中小学体能测试活动，共制作学籍卡711张，完成3000名学生的检录工作；完成全体网管教师能力提升项目，组织开发3门教材；开展北京数字学校高中名师同步课程2000节课程的摄制工作，并获得第五届中国中小学校园影视节暨第十届中国中小学校园影视奖优秀组织奖。全年完成与中国教育和科研计算机网（CERNET）带宽扩容工作，链路升级至2G；实施北京市数字学校建设与应用、义务教育入学管理平台、体卫艺综合管理服务平台的教育信息化工程。北京教育资源网共有条目类资源69万条，其中，免费资源31万条、计费资源38万条；资源服务频道18个，包括国家基础教育资源网、高校特色资源网、中小学数字图书馆、龙源期刊、读秀知识库、人大附中网校等。

（沈亚玲）

【承办6项市级信息类比赛活动】 3月2日至10月20日，信息中心承办6项北京市信息类比赛活动。3月2日至10月8日，举办北京市学前教育技术专业委员会第六届“四优联评”评优活动；3月25至28日，举办北京市第14届师生电脑作品评选活动以及北京市教学资源评审活动；5月4至5日，举办北京市第14届学生机器人竞赛活动；3月2日至10月20日，举办北京市小学专业委员会第14届年会“三优”评选工作；6月13至14日，举办北京市第14届教师作品评选活动。

（潘东庭）

【举办北京教育信息技术高峰论坛】 5月28日，信息中心联合北京远程教育专业委员会共同举办2013北京教育信息技术高峰论坛。论坛以“大数据时代的教育信息化整合创新”为主题，探讨与主题相关的新技术趋势，组织2013年北京教育信息技术高峰论坛的会刊和特刊的征文活动。并与中小学信息技术教育杂志社合作出版《2013年北京教育信息技术高峰论坛特刊专集》。来自市教委、市经信委、网络和信息中心领导，市属市管高校信息中心、部分部属高校的信息中心主任，以及来自16个区县的教育信息中心主任、北京远程教育专业委员会相关专家、数字化校园试验学校校长等300人参加此次论坛。

（覃祖军）

【完成市教委安全保密及信息安全检查】 10至11月，信息中心完成市教委办公设备涉密、非涉密载体的全面检查。检查共投入技术工作人员6人，内容涉及信息安全检测软件调试、计算机信息安全检测、信息采集、统计等工作。全程使用专用工具，共检查机关处室25个，包括督导室一处、二处和综合处，涉密计算机设备26台，非涉密计算机设备176台。检查后形成《市教委机关办公设备涉密检查情况汇总》。同时，中心配合市教委办公室完成2013年电子政务信息安全检查；完成北京市教育系统信息安全等保障工作，并在特殊时期完成网站页面监控服务，确保及时发现网站页面异常；联系公安机关为首都部分高校提供网站监测服务。

（陈昊）

【完成市三通两平台工程技术指南】 12月，信息中心完成并发布北京市三通两平台工程建设的相关技术指南。该指南为北京市三通两平台的相关建设提供技术指导和参考依据。本次共发布《北京市“宽带网络校校通”网络升级优化技术指南》和《北京市“优质资源班班通”教室无线接入技术指南》。三通两平台为教育部2012年提出的“宽带网络校校通、优质资源班班通、网络学习空间人人通”及教育资源公共服务平台和教育管理公共服务平台的建设任务。

（李波）

【升级维护北京教育信息网】 至12月，信息中心完成北京教育信息网（BJENET）骨干节点及各区县汇聚节点网络的万兆升级及维护工作。主要有主干网络维护工作，包括BJENET出口网络、骨干网络和区县主干节点网络设备的运行维护及日常管理；和平门网络临时机房和厂桥IDC机房基础设施设备的维护管理；两地机房相应服务系统的管理维护；接入用户的技术支持及协助；与网络运行维护紧密相关的项目建设及规划协助。维护骨干光纤总长度为698公里（5125芯公里），对不具备入地的架空线采取合缆并线方式进行规范，共整治4个城区的9个路段的光缆链路。

（冯慷）

【完成学籍数据渗透教育行政综合管理工作】 至年底，信息中心以学籍

数据综合应用为突破点，尝试市区校层面数据和应用整合。全年开展学生身份认定、学生综合素质评价、学生体质健康评价、健康体检、招生考试、校外教育等综合应用；利用CMIS中学籍数据及学生卡作为身份证明，确保“第七届北京市中小学生国家体质健康标准测试赛”公平公正；完成2013届北京市高中学生综合素质评价各阶段数据采集工作，并形成报告册；完成2013年度会考报名信息提取工作，并为会考成绩回传预留技术接口；完成2013年中考、高考信息提取的数据检验和准备工作。

（周航）

【组织参加多项信息类活动】 至年底，信息中心组织参加多项信息类活动。其中，组织参加2013年第12期全国中小学生国际小行星搜寻远程天文培训与观测活动，共有来自16个学校的师生52人参加；参加第五届2013年北京—澳门学生互联网交流计划——“互联网改变我们的生活”科普网站设计与交流活动，活动共建设5个围绕“互联网改变我们的生活”主题的科普网站，并形成15份深度研究报告；组织参加第十届全国校园影视评比活动，北京市共获得2个金犊提名奖和12个金奖。

（章祖军　马东）

【完成市教委门户网站运维保障工作】 至年底，信息中心完成市教委门户网站的运维保障工作。网站全年可利用率达100%，页面响应时间平均小于25毫秒，点击量1.69亿次，浏览量2889.68万次，更新网站内容509条。同时，中心完成网站改版的全部技术支持工作，包括服务器部署、迁移，数据迁移，日志同步，页面同步等内容。网址：www.bjedu.gov.cn。

（陈昊）

【完成市教委机关电子政务系统支撑】 至年底，信息中心完善市教委机关电子政务系统。主要有系统监控、系统维护、账号管理、技术支持等工作。全年综合管理平台实现各类公文流转1301次；档案系统收录有1996年至今共52900条的档案条目；通过文件传输系统共享信息10条，印发各类应急、重要通知27个；通过教育部视频会议系统，组织北京市教育系统各级单位召开网络视频会议共计14次；通过市政府应急视频会议系统，组织教育相关部门，参加市政府应急视频会议共52次。按照市教委审批流程共开设新邮箱47个，密码重置共7人次；领导决策平台更新50条；多次协调档案系统和OA接口开发问题；全年“7×24”小时技术支持与网络维护。全年为市教委进行各类服务共639次，包括会议支持93次，桌面支持489次、电子政务46次。技术支持受理率100%，一次解决率98%，剩余问题解决时间不超过4个工作日。重要电子政务服务器可用性保持100%（不包含有计划的中断维护）。同时，完成特殊时期、各节日放假期间的市教委网站、网络值班值守工作。电子政务相关系统未出现重大事故，对各种突发事件和发现的信息安全问题及时做出响应和处置，对市教委电子政务工作的开展提供支持和保障。

（陈昊）

【完成学籍数据基础建设和日常业务工作】 至年底，信息中心完成学籍数据基础建设和日常业务工作。该项工作以北京市中小学管理信息系统为核心，规范和完善数据体系，建立数据核查和监管机制，在全市范围内建起一套完整、规范的学生学籍基本数据库；在数据基础上，配合教育行政部门做好各项日常学籍管理工作；与教育部的全国中小学生学籍数据库实现学籍数据对接。至11月，完成共计1762所学校，1099617名学生数据；10月启动基于云技术的管理信息系统的升级改造。

（周航）

北京教育综合服务中心

【概况】 2013年，北京教育综合服务中心设有机构4个，有职工28人，在编27人。全年完成教育系统专业技术人员职称评审组织工作、高等院校及科研院所学位证书发放工作、高等院校及科研院所学位信息年报统计工作；完成市教委政府信息公开和行政许可事务性工作、首都教育咨询服务热线（96391）工作。承担北京市人民教育基金会常务理事会办公室日常管理工作。表彰2013年度学位授予信息报送工作先进集体30个、先进个人23人。

（罗芳）

【报送学位证书网上查询系统数据】 至10月，综合服务中心完成4个学年度北京市学位证书网上查询系统数据报送工作。该中心组织北京市学位授予单位，完成2008～2009、2011～

2012共4个学年度相关数据整理报送工作，并上报中国学位与研究生教育信息网（www.chinadegrees.cn）。12月，中心完成2013年学位信息报送，北京地区共有学位授予单位145所，其中，高校64所、科研单位81所。2012～2013学年度第一学期北京地区学位授予总人数34955人，其中，博士学位3121人、硕士学位15655人、学士学位16179人；2012～2013学年度第二学期北京地区学位授予总人数220039人，其中，博士学位14072人、硕士学位66001人、学士学位139966人。全年共向征订单位发放学位证书342361份。中国学位与研究生教育信息网由教育部学位与研究生教育发展中心主办，利用该网站面向社会推出学位证书网上查询服务，通过"学位查询"专栏，可查询自2008年9月1日以来中国境内高等学校和科研院所颁发的学士、硕士、博士学位（不含名誉博士学位）证书信息。该网站于12月1日正式开通。

（罗芳）

【完成职称备案工作】　至年底，综合服务中心完成2012年市教委直属单位的职称评审结果备案工作。北京教育科学研究院、北京学生活动管理中心及市属中专学校等13个市教委直属单位职称评审参加备案人数共103人，领证人数81人，其中，正高职称2人、副高职称27人、中级职称35人、初级职称17人。

（罗芳）

【承担教育热线和政务公开工作】　至年底，综合服务中心受市教委委托承担政府信息公开和行政许可事务性工作、首都教育咨询服务热线（96391）工作。其中，教育服务热线解答工作咨询74480件；接听电话68555件，其中，咨询类电话67622件、诉求类电话851件、个人建议类82件；网上在线问答回复问题5088件；市非紧急救助服务中心（12345）网络派单837件。市教委机关政府信息公开共整理、收集市教委机关已发文件1054件，其中，网上主动公开文件365件、依申请公开文件19件、不予公开文件655件、行政规范性文件移送15件。发布信息公开月报12期。政风行风热线共处理转来件78件，已办结73件，其中，已办结咨询信件38件、业务建议29件、业务投诉举报件5件，政风投诉举报件1件。信件反映内容主要涉及学前教育、基础教育与高等教育等方面。"行政许可"类全程办事代理事项7913件。

（罗芳）

【创新评审工作方式】　至年底，综合服务中心创新教师职称评审和学位评审工作方式。该中心设计申报人一览表，将其主要业绩和资历统计、分类，摘录到表内，简洁明了的将参评人的主要业绩提供给评委；首次为每个答辩评议组安排专门联络员，直接为评委和答辩人服务，并负责记录组内的答辩情况，掌控答辩全程；合理安排高级职称评审工作，将试点与非试点的评审答辩分成相邻的两天，既有利于评委的集中评审，精简会议天数，又使试点与非试点的申报人分开，有助于评委掌握不同的评价标准和尺度。

（罗芳）

北京市教育系统人才交流服务中心

【概况】　2013年，北京市教育系统人才交流服务中心（北京高校毕业生就业指导中心）在职职工75人，包括编制内25人。中心设办公室、学籍与就业事务部、人事代理部、市场发展部、宣传推广部、培训交流部、研究室、创业服务部、人事业务部9个部门。全年服务存档单位数1073家，管理教师档案数已达31500份，未转档毕业生档案8000份。全年完成北京高校毕业生就业信息网新增用人单位注册2516家，提供就业岗位数12815个，岗位需求88145人，网站累计注册用人单位用户17967家。协助市教委完成91所高校和83所科研单位的22万名2013届高校毕业生就业手续集中办理工作，共出具报到证19.9万张。协助市教委完成北京市416名学科教学带头人、2005名骨干教师及219名农村中小学骨干教师的评选工作。协助市委教育工委完成3期598名辅导员专业化培训和279名博士生（后）、高校青年教师和辅导员挂职锻炼的组织、管理与服务工作。协助市教委直属事业单位、区县教委完成管理岗位、教师岗位的公开招聘工作。组织北京高校就业困难及家庭经济困难毕业生1.8万人次参加就业帮扶培训。组织北京100所高校和科研单位的1110人次的就业工作人员参加培训学习。完成市教委直属事业单位和中专学校、区县教委以及市属高校人事干部的专业化培训3期。举办首届北京地区高校大学生创业展。北京高校毕业生就业信息网：www.bjbys.net.cn；北京教育人才网：www.jyrc.com.cn。

（侯文磊）

【完成区县教委委托的公开招聘】　3至12月，人才交流中心受区县教委委托完成相应的公开招聘工作。完成朝阳区教委3个批次共计2225人的公务员招考务工作；丰台区教委220名新教师的公招综合知识测试的考试组织、阅卷及成绩汇总录入等工作；石景山区教委174名新进教师的综合知识测试命题、考务、阅卷及成绩汇总录入工作；西城区教委380名新进教师的综合知识测试命题、考务、阅卷及成绩汇总录入工作。

（侯文磊）

【开展教育系统人事干部培训】　5至10月，人才交流中心完成教育系统人事干部培训。其中，完成市教委直属事业单位和中专学校、区县教委以及市属高校人事干部的专业化培训3期，完成海淀区教委中小学人事干部培训2期，累计535人参加。本年，该中心结合事业单位分类改革大背景，调整培训内容，强调视野开拓与业务工作紧密结合，提升培训的针对性和实效性。

（侯文磊）

【毕业生就业信息网改版】　8月，就业指导中心完成北京高校毕业生就业信息网的改版及建设工作。改版工作主要优化版面设计，突出职位信息、招聘信息等版本的展示力度，共制作17期就业指导与服务网络专题，并通过教育部"三合一"系统同步推送到各高校的就业信息网。同时，中心升级短信平台，为74所学校提供短信发送服务，共发送短信18.30万条。

（侯文磊）

【举办103场毕业生双选会】 至年底，中心共举办各类毕业生就业双选会 103 场，参会用人单位 8332 家次，提供需求岗位数量为 46740 个，招聘需求人数为 219860 人，服务参会毕业生 142941 人次。

（侯文磊）

【开展高校就业工作人员专业化培训】 至年底，人才交流中心开展系列高校就业工作人员专业化培训。通过建立高校毕业生就业工作台账，了解北京地区高校就业工作人员数，共举办包括新入职就业工作人员培训、中高级职业指导师培训、KAB 项目师资培训、就业指导骨干教师等各类培训与交流考察活动 12 次，来自北京 100 所高校和科研单位的就业工作人员 1110 人次参加培训。至年底，北京地区高校在岗的校级就业工作人员有 400 人，据统计，该中心 3 年来举办各类培训平均每人参加 2 次，90%以上的人员参加至少 1 次培训。

（侯文磊）

【拓宽就业政策及信息宣传渠道】

至年底，人才交流中心加大力度拓宽就业政策及就业信息的宣传渠道。中心通过手机彩信、微信、微博等新媒体手段为毕业生提供指导和帮助。全年共发送《成功就业》彩信 26 期，覆盖毕业生 1044921 人次；通过北京高校毕业生就业信息网的微信平台与 7000 名毕业生实现实时互动；通过搜狐、新浪等 4 个网站的微博平台，每日同步发送就业信息资讯。

（侯文磊）

【出版培训教材及手册】 至年底，人才交流中心出版内容涉及心理辅导的培训教材和挂职人员手册。通过总结前四年培训工作经验，出版有关心理辅导的《北京市高校心理危机预防干预手册》和《心灵深处的关爱——高校辅导员心理疏导的理论与方法》两本培训教材，并修订完善挂职人员手册内容、考核办法。同时，设计开发挂职报名管理系统。

（侯文磊）

【完成学历认证协查工作】 至年底，人才交流中心协助市教委完成学历认证协查工作。通过建设“北京高校学历认证网上申请和管理平台”解决服务窗口申请人等候时间过长、因重复解释导致错误率高和办理效率不足等问题，实现办理过程公开透明。全年中心共受理学历认证申请 1 万份，出具学历报告 8663 份，通知单 592 份，没收各类伪造学历证书 73 本，协查学历 830 份。

（侯文磊）

【开展就业困难毕业生就业帮扶工作】 至年底，就业指导中心开展系列就业困难毕业生的就业帮扶工作。中心整合中公教育、英孚教育和“V 播堂”等社会优秀培训资源，统一课程手册模版，从就业力训练、沟通能力训练、职业英语训练、计算机技术应用训练 4 个部分进行专题讲座。全年为 44 所高校开展家庭经济困难及就业困难大学生就业帮扶讲座 187 场次，参加培训学生有 1.8 万人。

（侯文磊）

北京市国际教育交流中心 北京市汉语国际推广中心

【概况】 2013 年，北京市国际教育交流中心（北京市港澳台教育交流中心、北京市汉语国际推广中心）有教职工 23 人，全部在编。全年接待来访团组和机构 42 个，累计接待 971 人次。提供护签手续及机票服务的团组 36 个，共计 206 人次。全年完成首届国际学习型城市大会联合国嘉宾 252 人的接待服务工作；完成国家公派出国留学材料初审及发放录取通知工作，共收取申报材料 499 份、录取 254 人。全年累计开展 18 批次境内外交流活动，来自 32 个国家和地区的中外师生 2000 人参加；举办 10 次境外教育展和说明会，来自全市 46 所大、中、小学校的师生 80 人参加；组织高校留学生和中小学外国学生活动共计 30 次，有百余个国家的 8000 人次参加，覆盖全市 30 所高校及 30 所中小学；开展汉语及中国文化培训，来自 25 个国家的官员 122 人参加。全年组织各类北京学生国际理解教育、语言环境建设活动 15 次，共计 6000 人次参加；组织各类国际汉语推广培训以及 12 项对外汉语教学推广工作，涉及 3400 人次；完成国家汉办招募项目 11 个，志愿者派出项目 3 个，招募派出汉语教师 295 人。与 17 个省市自治区的国际教育交流中心签署《学生境外修学旅行文明素质公约》。

（邱瑀璐）

【参加国际教育展和教育说明会】 3 月 15 至 26 日、3 月 26 至 31 日、11 月 14 至 23 日、11 月 26 日至 12 月 3 日和 12 月 12 至 19 日，国际教育交流中心分别组织代表团参加南美教育展和韩国海外留学春季展览并举办 3 次北京教育说明会。南美教育展中，北京交通大学、中国传媒大学等 9 所高校和 4 所中小学共 29 人组成的代表团参加在巴西圣保罗召开的国际教育博览会，并在秘鲁首都利马举办北京教育推介会。韩国教育展中，中国石油大学、北京航空航天大学等 8 所学校共 17 人参加。赴西班牙、葡萄牙举办北京教育推介会，市教委及 2 所高校和 9 所中小学共 16 人组成代表团。赴白俄罗斯、蒙古举办北京教育推介会，市教委相关处室及朝阳区教委、10 所高校共计 17 人组成代表团。赴马来西亚、印度尼西亚参加国际教育展和举办北京教育说明会，由市教委及 6 所学校

组成代表团，参加在马来西亚吉隆坡举办的FACON教育展；在马来西亚吉隆坡、印度尼西亚雅加达、日惹市举办北京教育说明会。

（邱瑀璐）

【举办5项外国留学生活动】 3至11

月，国际教育交流中心举办5项外国留学生活动。3至6月中心举办第五届北京外国留学生汉语之星大赛，共有来自94个国家的留学生700人参加活动；5月开展中国菜烹饪体验活动，全市21所高校中来自30个国家的留学生千余人参加；10月14日开展陶艺创作体验活动，共有来自北京语言大学、对外经济贸易大学等12所高校的留学生千余人参加；10月开展北京高校留学生中华文化大课堂，共有来自30所高校的留学生千余人参加；11月19日开展外国留学生进社区交流活动，共有来自中国传媒大学和北京第二外国语学院的留学生70人参加。

（邱瑀璐）

【组织两次北京夏令营】 7月12至18日和12至21日，国际教育交流中心分别举办京港澳学生北京夏令营和2013国际学生北京夏令营。京港澳学生北京夏令营共有来自京、港、澳三地师生385人参加，其中，香港155人、澳门65人、北京165人。国际学生北京夏令营组织各国学生开展汉语体验课程、国际友谊之夜、参观游览等内容，共有来自32个国家的国际学生1200人参加。该中心还举办国际学生北京家庭寄宿文化体验营活动，共有来自8个国家10所学校的外国师生260人参加。

（邱瑀璐）

【组织北京学生赴境外交流】 7至8月，8月11至17日，国际教育交流中心分别组织北京学生赴境外开展夏令营交流活动。7至8月，开展中华文化小使者、第14届首尔体育大会、澳大利亚职业学生交流等交流活动，来自15个区县36所中小学的教师60人、学生737人及相关工作人员分批次赴美国、英国、加拿大、俄罗斯、韩国开展交流活动。8月，承办2013北京学生赴台湾交流夏令营，来自北京11所高中的师生108人及工作人员9人参加，参观自然及历史景区，并访问多所台湾地区知名学校。

（邱瑀璐）

【完成国际学习型城市大会接待工作】

10月，国际教育交流中心组织完成首届国际学习型城市大会接待工作。接待来自71个国家的参会嘉宾252人，招募、培训志愿者290人，接待组的志愿者累计工作1500小时，预订房间180间，提供会议用车90次。会议由中国联合国教科文组织全国委员会、教育部和市政府联合举办。

（邱瑀璐）

【承担中小学国际汉语教师资格证书体系建设项目】 至12月，汉语国际推广中心承担中小学国际汉语教师资格证书体系建设项目。经调研和专家研讨，制定《中小学国际汉语教师资格证书（A类）标准》和《考试大纲》，完成命题、审题、拼卷、试测等考试准备工作。首都师范大学、北京第二外国语学院作为考试试点，共培训相关专业学生350人。参加考试257人，141人获得证书。该中心完成《中小学国际汉语教师资格证书（B卷）》前期试卷调研工作。

（邱瑀璐）

【完成国家汉办招募项目】 至12月，汉语国际推广中心完成国家汉语国际推广领导小组办公室招募项目工作任务。完成招募项目11个，志愿者派出项目3个。共招募派出汉语教师295人。

（邱瑀璐）

【承担汉语网和留学北京平台工作】 至年底，汉语国际推广中心承担北京汉语网和留学北京一站式服务平台工作。汉语网完成改版，新版本实现汉语网与该中心官网的统一运行，设立6个频道。网址：www.bjchinese.bjedu.cn。服务平台与汉语网合并运行加强提供留学服务的平台功能。

（邱瑀璐）

【举办国际理解教育系列工程活动】 至年底，国际教育交流中心举办3次国际理解教育系列工程活动。其中，举办第七届北京市中小学外国学生汉语节，内容包括陶艺创作体验赛、中国文化体验日、外国学生摄影和汉语作文评选、中华才艺大比拼等中华文化学习体验活动，共有2000人次参加。举办国家文化周活动，通过文化讲座、节目展演、图片物品风情展、社区实践、课程共建等活动向师生展示各国文化，共有学生2000人参加活动；与北京市高等教育学会联合举办北京高校心理咨询教师培训讲座活动，共有学员180人次参加。

（邱瑀璐）

【开展首都国际语言环境建设活动】 至年底，国际教育交流中心组织开展多次首都国际语言环境建设系列活动。该中心举办“问候全世界”中小学生多种语言培训，在6个区县的11所学校开设德语、法语、韩语、西班牙语4个语种的教学班40个，有学生1200人次参加培训；举办首都学生外语展示系列活动，以童话剧表演、英文影视片段配音和原创英语戏剧表演的比赛形式进行展示，有来自全市各中小学校的师生2500人参加；举办北京市民讲外语游园会活动，推出西班牙语、德语、法语3个小语种的节目展演及现场教授，有来自7所高校的外国留学生和15所中小学的中外学生400人参加演出，参与市民千余人次。

（邱瑀璐）

【举办多次汉语及中国文化培训】 至年底，国际教育交流中心举办多次汉语及中国文化培训。举办为期14天的友好城市官员及汉语教师培训班，邀请来自越南、新加坡、韩国、马来西亚、日本、印尼等国家的汉语教师277人到京进行培训。举办为期

6周80学时的公派出国留学人员的汉语及中国文化宣传推广传播能力的培训，内容包括讲述汉语教学法和中国文化概论两方面知识、开设中国文化与跨文化交际讲座等，共有831人参加培训；对来自25个国家的官员122人进行汉语及中国文化培训，内容包括汉语课程和中医药、中国饮食、中国武术、中国茶艺等文化体验课程。

（邱瑀璐）

【举办对外汉语教师继续教育培训】

至年底，国际交流中心举办中小学对外汉语教师继续教育培训。举办4次汉语国际教育大讲堂讲座，针对全市中小学对外汉语教师进行分级培训。培训内容包括：汉语本体知识、汉语教学方法和语言教学相关理论及技术等10个教学专题；组织4次对外汉语教学观摩课，共有来自十一学校、芳草地国际学校等8所中小学的16名教师进行教学观摩课展示。全年共有教师2064人次参加培训。该中心还举办2013北京中小学国际汉语教学优质课例评选活动，共收到参评课例38个，评选出优质课例24个，并收录到《2013北京市中小学国际汉语教学优质课例评选获奖作品集》。

（邱瑀璐）

北京学生活动管理中心
北京市少年宫

【概况】　2013年4月26日前，北京学生活动管理中心（北京市少年宫、北京市青少年科技馆）占地面积5万平方米、建筑面积1.5万平方米。共有教职工148人，包括有博士、硕士研究生学历14人，高级职称28人，特级教师1人，市级骨干教师2人。设有文艺、科技、体育等学生课外校外活动小组项目46个，兴趣小组500个，学员8750人。4月26日，学生活动中心与北京教学植物园合并，成立新的北京学生活动管理中心。合并后，该中心占地面积14.42万平方米、建筑面积4.92万平方米。共有教职工185人，包括有博士、硕士研究生学历28人，高级职称35人，特级教师2人，市级骨干教师2人。设有文艺、科技、体育等学生课外校外活动小组项目58个，兴趣小组400个，学员8000人。全年组织全市少年儿童进行参观、报告、讲座、演讲、座谈、夏令营以及各类型的汇演、比赛及娱乐活动，参加人数300万人次。学员参加各类型国际、国内比赛，获国际奖、全国金奖和北京市一等奖66项。全年完成北京市少年宫新址建设工作。

（祁国章）

【庄则栋病逝】　2月10日，市少年宫特级教师庄则栋因治疗无效，在北京佑安医院病逝，终年73岁。庄则栋，1940年8月出生，1958年毕业于北京市第二十二中学，1958年3月入选北京市乒乓球队，1959年12月入选国家乒乓球队，荣获第26、27、28届世界乒乓球锦标赛男子单打冠军；与徐寅生合作获第28届世界乒乓球锦标赛男子双打冠军。1984年8月到少年宫任教，1994年9月被评为北京市特级教师。

（张萍）

【参加全国艺术展演活动】　2月20至26日，学生活动中心组织北京代表团参加全国第四届中小学生艺术展演活动。其中，中小学生艺术表演类共有19个节目参赛，中学生组声乐、器乐、舞蹈、戏剧、朗诵有千余名师生参加现场展演。经评审，有19个艺术表演类节目、17幅艺术作品类作品获得一等奖。

（刘弦）

【获多项市级、全国科技类比赛奖】　2至7月，学生活动中心教师指导的学生科技类项目获市级、全国科技比赛一等奖11项、专项奖4项，锦标赛夺得冠亚军各1个。2月，在第13届北京青少年机器人竞赛中，北京市青少年科技馆代表队获小学组一等奖3项、初中组一等奖2项、高中组一等奖2项；3月，在第33届北京青少年科技创新大赛中，“新型智能窗”项目获小学组一等奖、“超声波耦合剂自动加温进给装置”“一种能实时监测河海波浪浪高及频率的测量装置”和“基于多元传感技术的光伏智能窗户”项目获中学组一等奖，同时“超声波耦合剂自动加温进给装置”获得理工博益创新奖及未来技术精英奖、“基于多元传感技术的光伏智能窗户”获得北京航空航天大学“冯如”青少年科技创新奖及博思最佳科技创新奖；7月，市少年宫在2013年全国青少年车辆模型锦标赛夺得1/10内燃机房车竞速赛U12组冠军、1/16电动越野车竞速赛U18组亚军。

（张文龙）

【参加全国及市级艺术展演比赛】　2

至10月，学生活动中心组织学员参加全国、市级少年儿童艺术展演及比赛共6次。其中，交响管乐团赴承德参加2013《春节序曲》音乐会；佰笛手风琴乐团赴天津参加《佰笛之声》2场；舞蹈团参加第七届全国“小荷风采”儿童舞蹈大赛；组织区县“艺术之星”一行42人赴青岛市第三十九中学进行交流演出；舞蹈团参加中央电视台第七届CCTV电视舞蹈大赛；组织学员参加第六届校外艺术节展演活动。

（陈思）

【参加11项国际交流与合作活动】　3

至12月，学生活动中心组织参加11项国际交流与合作活动。3月，市少

年宫管乐团与美国华盛顿州音乐学院管乐团在寿皇殿举行交流活动，来自海淀区教师进修学校附属中学管乐团、前门小学管乐团团员及丰台区少年宫管乐团的教师参加活动。6月，市少年宫代表队与澳门坊众学校组成的“北京—澳门”联队参加2013青少年机器人世界杯大赛，并获得冠军。7月，市少年宫交响管乐团师生76人赴德国、奥地利、荷兰3国，进行管乐交流及培训活动；市少年宫合唱团50人赴英国牛津参加音乐培训及交流活动；80名京澳师生参加第五届京澳学生科技合作交流活动。7至8月，组织金帆艺术团70人参加爱丁堡国际艺术节开幕巡游演出及爱丁堡边缘艺术节。8月，市少年宫佰笛手风琴乐团赴朝鲜与平壤万景台少年宫举办专场音乐会；组织大学生艺术团40人代表中国参加第51届莱夫卡斯民俗艺术节。10月，中心在韩国首尔世宗文化会馆举行“北京市与首尔市友好交流年”演出交流活动。11至12月，市少年宫美术部学生在“Panasonic环保绘画日记大赛”2013年中国赛区上获得多项国内、国际奖。

（陈思　吴文）

【承办高雅、民族艺术进校园活动】

3至12月，学生活动中心承办2013年高雅艺术、民族艺术进校园活动。共组织演出664场。同时，组织北京人民艺术剧院、解放军军乐团等专业院团下校演出。组织民族艺术进校园活动共演出640场，邀请艺术团体30家赴中小学演出430场、高校演出150场、专场演出60场，艺术形式涉及昆曲、曲剧、曲艺、合唱等，活动覆盖16个区县近千所学校。活动由市委宣传部、市文化局、市教委主办。学生活动中心承办民族艺术进校园活动已连续开展9年。

（张君）

【主办6项阳光体育比赛】　4至8月，学生活动中心主办阳光体育2013年比赛6项。其中，主办阳光体育2013北京市中小学生踢毽比赛、跳绳比赛、轮滑比赛、绑腿跑比赛，16个区县中小学3850人次参加；主办2013年北京市学生街舞比赛，12个区县63所学校650人参加；主办2013年北京市少年儿童跳皮筋比赛，10个区县49

支代表队691人参加。

（傅玥　池飞龙）

【新学生活动管理中心成立】　5月17日，学生活动中心召开与北京教学植物园重新组建北京学生活动管理中心大会。会议宣布《北京市机构编制委员会办公室关于同意重新组建北京学生活动管理中心的函》和《北京学生活动管理中心与北京教学植物园合并方案》，确定新学生活动管理中心领导班子，核定全额拨款事业编制232人，包括处级领导职数为1正4副。4月26日，市编办发布《北京市机构编制委员会办公室关于同意重新组建北京学生活动管理中心的函》。

（祁国章）

【新址投入使用】　5月，学生活动中

心新址投入使用。新址位于东城区左安门西街11号，工程包括剧场、展厅、报告厅、开放活动区、艺术活动区、美术活动区、科技活动区、体育活动区等部分，总体布局呈花瓣形，地上5层、地下2层，占地1.10万平方米，建筑面积4.04万平方米。设有各类教室81间、会议室6间、办公室20间。新址工程于2007年10月开工，由北京建筑设计研究院承担设计，由市发改委投资2.9555亿元建成。11月18至28日，中心完成从西城区景山后街11号迁入新址工作。12月27日，中心完成旧少年宫古建腾退与交接工作。摘下使用57年的“北京市少年宫”牌子，将寿皇殿建筑群移交北京景山公园。腾退院落包括市少年宫科技院、艺术院、开放活动院、观德殿院落、市少年宫职工宿舍等地，共占地2.79万平方米。根据协议，市少年宫体育院及网络机房共占地24418平方米将于2014年12月移交。

（贾彦刚　祁国章）

【举办“小苗杯”青少年书画大赛】

5月，市少年宫联合北京日报举办首届“小苗杯”青少年书画大赛。活动以“爱北京画北京”为主题，采取月评入围和年度决赛的方式确定入围的作品200件，并在《北京日报》“小苗”周刊上刊登展示。经评选，5件作品获得一等奖、10件作品获得二等奖、30件作品获得三等奖。北京日报第18版共刊登24期学员美术作品45幅。该活动于2012年9月启动，是面对青少年开展的公益性活动。

（纪东）

【承办5项市级科技类校外教育活动】

5至12月，学生活动中心承办5项市级科技类校外教育活动。承办第四届北京市高中生技术设计创意大赛，近百所学校1000名高中学生参加悬臂梁结构、服装再造设计、三维立体设计与制作3个项目比赛；承办北京市中小学生科技英语创意大赛，经选拔134个团队，师生1406人参加决赛；承办第五届北京市中小学生科学建议奖活动，上千名中小学生参加网上申报，687个建议项目获初评资格；承办第三届北京市中小学生低碳环保系列教育活动，5.17万人参加活动；承办第二届北京市学生机器人智能大赛，13个区县180所学校和校外教育机构师生2000人参加。

（蒋小建　李晨　牛文国）

【植物园入选全国中小学环境教育社会实践基地】　6月8日，教学植物园入选首批全国中小学生环境教育社会实践基地。活动由环境保护部、教

育部联合组织专家评审，确定全国首批中小学环境教育社会实践基地80个，北京地区入选3家。

（段洁）

【代表队在国际比赛中夺冠】 6月24至30日，在荷兰埃因霍温市举行的2013青少年机器人世界杯大赛（2013RCJ）上，市少年宫代表队与澳门坊众学校组成的“北京—澳门”联队参赛。经过答辩、场地赛等环节，夺得机器人足球项目冠军。该赛事是一项国际交流活动，连续举办15届，目的是通过提供一个标准的易于评价的技术交流平台，促进人工智能技术和机器人技术的发展。市少年宫连续两年组织学生参赛并夺冠。

（张文龙）

【举办少年儿童暑期主题活动】 7至

8月，学生活动中心举办少年儿童暑期主题活动。活动以“我眼中的新少年宫”为主题，举办美术作品征集活动，征集学员书法、绘画、摄影作品100幅。同时，举办“一双灵巧手描绘七彩梦”主题活动，进行手工绘画和手工书签、蝴蝶制作等活动，共有学员及家长400人参加活动。

（乔超新）

【举办野外考察夏令营活动】 8月5至21日，教学植物园举办4期“小植物学家野外考察夏令营”活动。活动包括体验自然小径（神农辨百草），制作、展示植物标本，植物知识竞赛，举办昆虫、鸟类知识讲座，夜色下观看昆虫灯光舞会，捕捉、制作、展示昆虫标本，汉石桥湿地观鸟，野外露营、野外GPS定位徒步体验，参观新农村等内容。共有来自10个区县的获年度中小学生植物栽培实践活动奖的师生代表200人参加活动。

（段洁）

【举办科普日主题活动】 9月，教学植物园配合全国科普日活动举办3期主题科普活动。活动以“五谷与粮食安全”“生态科学探索方法传播活动”为主题，用“读与思、看与听、瞧与做、编与讲”的方式，开展观察和识别农作物形态、观看《五谷与粮食安全》《PM与我》展板、观看实物画五谷、听录音娃娃介绍五谷小知识及《绿色消费如何走进我们的生活》科普讲座、编讲五谷小故事或背诵五谷古诗、做小讲解员引导其他同学参观环境监测站或讲解身边最喜欢的药用植物、粮食作物等活动。共有家长及学生250人参加活动。

（段洁）

【学生环保日记画获国内、国际奖】 11月3日、12月5日，市少年宫美术部学生在“Panasonic环保绘画日记大赛”2013年中国区颁奖及全球奖颁奖典礼上获多项大奖。11月，11岁的钟海晴获比赛唯一的特等奖，另有4人获优秀奖（全国评选优秀奖15人），来自北京、上海、天津和河北等地近12万名儿童参赛。12月，钟海晴在巴黎联合国教科文组织总部举行的“2013年松下儿童学校奖仪式”上获“环保绘画日记（EPD）”全球大赛积极进取生态奖（Proactive Eco Award）。“Panasonic环保绘画日记大赛”是松下电器公司在全球范围内开展的儿童环保绘画比赛，由松下电器免费向参加比赛的学校和学生提供“绘画日记本”，邀请学生将自己的环保行动或者环保创意，以绘画搭配文字的形式记录下来，并每年在各个国家开展评选活动。借此提高儿童的环保意识，从小树立“保护地球，从我做起”的环保理念。

（纪东）

【承办18项市级体育比赛】 至12月，学生活动中心承办由市教委和市体育总局主办的市级体育比赛18项。比赛包括2013年“阳光体育”北京市中小学生乒乓球比赛、长跑比赛、体育舞蹈比赛、毽球比赛；2013年“金帆杯”北京市中学生篮球比赛、排球比赛、足球比赛；2013年北京市中小学生网球比赛、足球联赛、排球联赛、篮球联赛、羽毛球比赛、健美操比赛；北京市第51届中学生田径运动会；2013年北京市中学生棒球比赛；北京市中小学生第七届国家学生体质健康标准测试赛；北京市第七届“和谐杯”乒乓球比赛暨北京市中小学生乒乓球联赛；2013～2014赛季中国中学生篮球联赛北京赛区比赛。

（董默轩 傅玥 池飞龙）

【承办5项市级艺术类活动】 至12月，学生活动中心承办5项市级艺术类活动。活动包括承办由市教委主办的北京市第16届学生艺术节活动，包括金帆团组展演、行进管乐展演、国家大剧院北京青少年艺术周活动；承办由市教委、市教育工委主办的第四届北京大学生艺术展演活动，共组织舞蹈、合唱、器乐及戏剧展演19场，共有来自66所高校万余名大学生参加；承办由市教委主办的第六届北京阳光少年艺术节，共有来自16个区县48个校外教育机构的227个节目参演；承办由市教委主办的2013年首都学生演出季活动，共举办演出9场，并首次邀请广东实验中学合唱团和深圳市高级中学舞蹈团的学生艺术团来京进行交流演出；承办由市委教育工委、市教委主办的“青春梦中国梦——2013北京艺术院校教学成果展演活动”，共有10所艺术院校参加演出，演出分为梦想起航、育梦青春、筑梦青春、逐梦青春和圆梦青春5个篇章。

（谢丹 刘弦 曹璐 林清）

【开展多项教学服务活动】 至12月，教学植物园开展多项教学服务活动。活动以专题讲座、技能培训、现场教学、参观讲解、业务支持等形式，为大中小学师生、社区居民开展专题讲座6次，各类专业技能培训27次，现场教学及指导实践活动26次，接待参观学习24次，服务学校师生及社区居民6600人。

（段洁）

【提供教学实验实习材料】 至12月，教学植物园完成教学实验实习材料工作。为城六区及昌平、门头沟区148所中小学提供教学实验实习材料共28种，服务师生4.1万人次。其中，提供天竺葵、肾蕨、葫芦藓、鼠妇、蚯蚓等生物实验材料12种，服务学校121所；提供芽苗菜种子、花卉苗、营养土等劳技实习材料16种，服务学校27所。

（段洁）

北京市教育技术设备中心

【概况】　2013年，北京市教育技术设备中心建筑面积3144平方米。包括标准教学设备展示厅300平方米、库房700平方米。有职工39人。中心设有发展规划科、采购科、技术科、管理科。主要负责北京市中小学校实验室（专用教室）和教学仪器设备的建设、配备、管理、质量检测及技术服务。全年参加全国或区域性装备工作研讨会、论坛3次；赴外省市考察、学习教育技术装备工作做法和经验9次；与业务支撑机构学习交流2次。中心与江苏省教育装备与勤工俭学管理中心签署战略合作协议，建立教学仪器质量管理互通机制；与南京市教育装备与勤工俭学办公室和成都市教育技术装备管理所签订“中小学教育装备协同创新工作共同体合作协议”。全年撰写《北京市地理教室建设基本原则的研究》《中美小学科学教室对比分析》等四篇学术论文。

（徐锦拓）

【开展中小学阅读指导活动】　4月23日至10月，设备中心举办第三届“书香燕京”——北京市中小学阅读指导活动。该项活动以“中国梦——我的梦”为主题，通过引导师生阅读、观看图书馆以及数字图书馆馆藏的各种书籍、期刊杂志、视频等各种资料，撰写如何实现“中华民族伟大复兴——我的中国梦”的心得体会，通过撰写抒发自己的理想和表达爱国之心、强国之愿、报国之志。活动共收集来自16个区县和燕山地区561所中小学师生的征文46818篇。经过评审，共评审出教师组征文一等奖104个、二等奖186个、三等奖643个；学生组征文一等奖770个、二等奖1414个、三等奖4596个。区县组织先进单位18个（有一个区县的教研和装备部门同时获奖），学校先进组织奖216个，先进组织工作者321人，优秀辅导教师1113人。同时，中心组织优秀阅读指导课评比和相关主题活动。该项活动始于2011年，已连续举办3年。

（徐锦拓）

【召开自制教具培训会】　4月26日，

设备中心召开2013年北京市自制教具培训会。会议邀请两名全国自制教具能手针对开发设计自制教具的经验、体会以及在教学实践中寻找自制教具创意的心得，分别作题为《自制教具的实践与思考》和《我的自制教具梦》的专题报告。同时，来自丰台二中和北京教育学院石景山分院的代表交流自制教具的工作经验和方法。共有市级骨干教师和区县相关人员120人参加培训会。

（徐锦拓）

【开展办学条件管理系统升级培训会】　6月4至28日，设备中心举办《北京市中小学校办学条件管理系统（网络版）》升级培训会，听取设备中心教师介绍管理系统，包括升级的背景、意义及作用；对与义务教育均衡发展相关模块的填写，包括录入有误数据调整、仪器代码填写、配标内数据保真等内容进行讲解。来自东城、西城和石景山等区县的校产管理员513人参加学习。此次升级要以封禁原繁杂的自定义产品库，将所谓的自定义产品分流到其他类，确保义务教育均衡发展测评和达标工作基础数据准确为目的，升级内容包括资产库、义务教育均衡发展测评相关模块等内容以及提升软件的可操作性。

（徐锦拓）

【与江苏签署战略合作协议】　7月9日，设备中心与江苏省教育装备与勤工俭学管理中心签署战略合作协议。根据协议，双方开展教育装备规范发展和理论建设方面合作，通过交流、学习、研究等形式，对教育装备发展的全局性、长远性等问题进行合作。

（徐锦拓）

【举办教育装备队伍系列培训班】　9至12月，设备中心举办或与区县教育技术装备部门、有关高校院系联合举办教育装备队伍系列培训班。培训包括理化生学科教师和专兼职实验员实验技能和专业化提升培训、中小学教育装备管理人员培训、美术教师实践技能培训。全年完成培训752课时，共培训学科教师、实验员（实验室管理员）486人，校长、后勤主任130人，师范生30人。并结合单位的业务工作、各岗位要求和日常管理开展内部培训。

（徐锦拓）

【签署教育装备协同创新体合作协议】

11月2日，设备中心与南京市教育装备与勤工俭学办公室、成都市教育技术装备管理所签署“中小学教育装备协同创新工作共同体合作协议”。根据协议，三方在政策研究、理论研究、项目实践、人才培养、政府采购等方面协同创新合作，发挥三方优势和特色，实现信息互通、项目共研、成果共享、优势互补，加强教育装备标准化、规范化、信息化的建设。

（徐锦拓）

【参加实验教学优秀案例展演】　11月2至4日，设备中心组织参加在成都市举办的首届全国中小学实验教学优秀案例展演活动。展览共分为4个区域，北京市展区以“实验、实践、创新、成长”为展演主题，通过展板展示、视频演播、实物展示、交流互动等形式，展现实验室和专用教室建设、实验室装备配备、实验教学开展等方面的优秀案例。展板内容涉及12所学校的建设与应用案例，共征集实验教学具体案例300个。共有来自4家企业，16个区县60所学校的教师100人参加活动。

（徐锦拓）

【举办师范生教育技术能力实践活动】11月22日，设备中心举办师范生教育技术能力实践系列活动。本期活动与首都师范大学联合举办，以电子白板的教学应用技术作为首次课时的开讲主题，邀请专家讲授交互式电子白板的发展历程、技术分类及课件应用；活动组织学员参观北京市标准教学仪器设备展示厅、亲手操作体验各种仪器设备。共有来自首师大的学生30人参加学习。全年共举办2次活动，有66名学生参加学习实践。

（徐锦拓）

【召开中小学图书馆骨干培训班】12月11至12日，设备中心召开2013年北京市中小学图书馆骨干培训班。培训邀请教育部基础教育课程发展中心负责人和北京日坛中学图书馆馆长分别作《教育国际化背景下的中小学图书工作》和《优秀专题服务操作案例》专题报告。同时，围绕图书馆发展趋势、资源建设与整合、图书馆服务理念、国际化图书装备等9个图书馆建设专题报告进行培训。此次活动的相关内容以“慕课”的形式在北京教育装备网进行专题展示。网址：www.bjjyzb.com。共有来自全市16个区县相关人员100人参加培训。

（徐锦拓）

北京教育老干部活动中心

【概况】2013年，北京教育老干部活动中心有正式教职工16人。共设有办公室、活动部、生活服务部、宣传教育科4个部门，建筑面积达4300平方米，按功能划分为办公、活动、教学3类厅室。活动厅室包括保健咨询、图书阅览、康复健身、棋牌、沙狐球、台球、乒乓球、卡拉OK、书画、舞美、茶艺等，日均接待人次达310人。教学厅室供北京教育老干部大学面向北京市教育系统离退休人员开设非学历教育课程。全年，老干部大学根据教学管理的需要，组织教师编写书法、绘画、计算机、中医基础4个专业的教材，举办教学研讨会、班长培训会。全年共开设书法、国画、摄影、英语口语等8个专业，28个教学班次，在校学员986人，参加活动人次达3万人，参与服务教育系统涉老部门举办的各类会议及活动20次，面向教育系统离退休同志组建时装、舞蹈、合唱等兴趣队26个，队员800人。

（范安娜）

【举办老教育工作者门球赛】4月14至15日，老干部活动中心在地坛公园门球场举办2013年北京老教育工作者门球赛。比赛采取单循环淘汰赛制，共有各高校、区县的27支代表队200名运动员参加比赛。经过两天比赛，北京协和医学院队获第一名，北京体育大学、育新花园老教协、北京科技大学、北京邮电大学、怀柔区教委、房山区教委、大兴区教委代表队分获第二至八名，清华大学和北京航空航天大学队获道德风尚奖。

（张浩）

【协办两委机关离退休干部运动会】

5月8日，市委教育工委、市教委机关主办，老干部活动中心协办第七届两委机关离退休干部运动会，北京教育系统老领导及两委机关200名老同志参加此次活动。市教委委员致开幕词，北京教育系统离退休干部工作领导小组副组长宣布运动会开幕。运动会共设有猜谜、飞镖、踢球射门、飞球打金钟等12个趣味运动项目。活动中心还邀请心血管、骨科、营养保健等方面的医学专家、理发师、盲人按摩师等为老同志提供免费健康咨询和理发、按摩服务。

（张浩）

【承办3项市级活动】5月8日至11月25日，老干部活动中心承办3项市委教育工委、市教委主办的活动。其中，5月22日，举办北京高校离退休人员健身风采展示活动，以“共筑中国梦健身奔小康”为主题，项目包括健身操、太极扇、广场舞等。7月15至17日，举办北京高校离退休干部工作人员培训班，来自北京各高校的70名离退休干部工作人员参加此次学习。11月5至25日，承办“共筑中国梦笔墨绘小康”北京高校老同志书画作品展，展示48所高校的300件老同志作品，接待2000名老同志参观。

（张浩）

【举办保健咨询义诊活动】5月15日

和11月9日，老干部活动中心分别在首都师范大学、北京科技大学举办“共筑中国梦真情送健康”北京教育系统老同志保健咨询义诊活动。活动中心邀请积水潭医院、阜外医院、天坛医院、中医药大学301医院的多位专家为400名老同志进行眼科、心内科、心血管科、中医科、骨科、内分泌科等多个项目的诊疗及健康指导。此次义诊活动利用学校资源，通过开展诊疗及保健指导，举办健康常识图片展、发放防病手册等，帮助老同志解决看病就医的实际困难。该项活动是活动中心创新服务模式，实现“走出家门、走进基层”，推进老同志“四就近”工作的具体举措。

（张浩）

北京教学植物园

【概况】2013年4月26日前，北京教学植物园有教职工43人，其中，具有生物、园艺、生态、林学、环境科学、自然资源等专业特长的教师及其他专业技术人员26人。全园规划用地 11.65 万平方米、房屋面积及构筑物面积 11276.54 平方米，含温室面积 4408.63 平方米。拥有树木分类区、水生植物区与人工模拟湿地、草本植物区、农作物区、木化石区、阴生植物区、五谷园、盆景园、热带亚热带植物展览温室、沙生植物展示温室共 10 个专类园区，科普知识展览室、开放实验室、多功能教室、多媒体报告厅、植物组织培养室、实验材料繁育室等教学设施。园区内，根据中小学教学需要选择和配置植物，共收集引种露地栽培木本、水生、草本植物，热带亚热带等活体标本植物 1500 种；设有每种植物说明牌、特殊植物和类群植物说明牌、各专类园区简介牌和科普橱窗、太阳能利用、雨水收集、黑光杀虫灯、人工和自动气象站、城市生态环境监测站等科普设施。全年开展“绿色北京青少年体验活动”“中小学生植物栽培实践活动”“小植物学家野外考察夏令营”等专项活动及其他主题科普活动；举办教师业务培训、参与青少年科普竞赛活动、辅导学生科技项目、开展现场教学及科技实践活动、接待参观学习等，服务师生和社区居民 9.15 万人次；指导学校开展校园植物种植、为中小学提供校园植物鉴定、生物实验及劳动技术课实习材料，服务师生 4.25 万人。完成“植物科普展厅布展”等 9 个专项工作。教师及指导的学生科技项目等获全国竞赛一等奖 2 项、二、三等奖各 1 项、科技辅导员创新奖 1 项；获市级竞赛一等奖 11 项、二等奖 8 项、三等奖 11 项、专项奖 3 项。4 月 26 日，教学植物园与北京学生活动管理中心合并成立新的学生活动管理中心。

（段洁）

【出版《青少年实践教学和科普活动读本》】　1 月，教学植物园组织教师编写《青少年实践教学和科普活动读本》。读本分上下两篇，共 34 章，30 万字，北京师范大学出版社出版发行。上篇收录该园教师综合北京市中小学现行生物课、科学课、劳技课等学科的多版本教材知识点，从植物学基础知识、植物与人类、植物与环境 3 个方面编写的实践教学方案；下篇汇集近年来该园教师策划、组织科普活动采用的典型案例。

（段洁）

【完成植物科普展厅布展工作】　2 至 6 月，教学植物园完成植物科普展厅布展专项工作。该展厅建筑面积 1500 平方米，总投资 1034.67 万元。展厅包括植物基础知识、人与植物关系两部分展览。植物的生命活动展厅展示植物的根、茎、叶、花、果实和种子形态及相应的生命活动，内容包括奔向新生活、植物的茎年轮与考古等主题展览；多样性展厅设有植物多样性、时光倒流、奇特植物、灭绝与濒危植物等展项；植物与环境、植物与人类关系展厅设有：是敌是友、入侵植物、植物特警等主题展览。展览共接待 3000 人参观。

（张卫民　段洁）

【承办中外教师与学生论坛】　3 月 22 日，教学植物园承办第 33 届“安捷伦”北京市青少年科技创新大赛“中外教师与学生论坛”。论坛以“成人成才成功”为主题，采用主题发言和互动讨论的形式，围绕如何开展青少年科学素质教育、激发创新思维、锻炼科学实践能力、培养科技后备人才等内容进行交流。来自中外的科技教育专家与学生 300 人参加活动。本论坛由市科协主办，北京青少年科技活动中心、北京科技教育促进会与教学植物园共同承办。

（段洁）

【获创新大赛奖项 38 个】　3 至 8 月，教学植物园在北京市及全国青少年科技创新大赛中获奖 38 个。其中，在第 28 届全国青少年科技创新大赛中，该园“拍摄植物照片讲科学故事”主题科普活动获优秀科技实践活动一等奖；教师设计的《PM 与我》活动方案获一等奖及科技辅导员创新奖，《我的百草园“吉尼斯”》《触摸、观察、想象——植物科学体验活动》获一、二等奖；在第 33 届北京市青少年科技创新大赛中，该园申报的主题活动获“十佳优秀科技实践活动”奖；教师参赛的 10 个项目获科技创新成果竞赛科教方案类一等奖 3 个、二等奖 3 个，三等奖 4 个；教师指导、选送的 20 个学生科技项目获创新成果一等奖 8 个、二等奖 5 个、三等奖 7 个；获“北京汽车青少年科技英才奖”“北京地理学会地理科学奖”各 1 个。

（段洁）

【与学生活动中心合并】　4 月 26 日，市编办发布《北京市机构编制委员会办公室关于同意重新组建北京学生活动管理中心的函》。在整合原北京学生活动管理中心（北京市少年宫、北京市青少年科技馆）和北京教学植物园的基础上，重新组建北京学生活动管理中心，挂牌北京市少年宫、北京市青少年科技馆、北京教学植物园，为市教委所属相当正处级全额拨款事业单位，且不再单独保留北京教学植物园。5 月 17 日，北京学生活动管理中心召开重新组建大会。教学植物园位于东城区龙潭湖百果园 3 号，占地 11.65 万平方米，隶属于北京市教委，是全国唯一专门为中小学相关学科教学实习、科普及环境教育、中小学师资培训、生物实验和劳技实习材料繁育供应、校园绿化美化提供服务的教育教学单位。1957 年创建，名为“北京市龙潭植物园”，由北京市教育局和市园林局共同领导。1958 年，龙潭公园的筹建和管理划归龙潭植物园统一领导。1962 年 2 月，龙潭植物园由市教育局直接领导和管理。1963 年 2 月，北京市龙潭植物园更名为“北京教学植物园”。1963 年 5 月，改变两局共管体制，由市教育局单独领导。1966 年 5 月，教学植物园被撤销办“五七农场”。1980 年 10 月，市教育局成立“北京教学植物园筹备组”。1985 年 11 月，市教育局批准恢复北京教学植物园原机构名称。2013 年 5 至 11 月 11 日，完成与北京学生活动管理中心机构重组、教职工岗位聘任合并工作。

（段洁）

【承办科普开放活动】　4月29日至5

月1日，教学植物园承办“我的自然之旅”——绿色北京青少年体验活动。活动以“春天花花同学会”为主题，开展百草园万花筒、市花大搜寻、木艺、阳台种植等16项集教育、娱乐和实践为一体的活动。同时，设有科普教具互动展示、科普展览、绿色电影循环放映等科教宣传活动，免费接待来自各区县及部分外省市中小学生及社会公众1.97万人次。

（段洁）

【开展主题科普活动】 4至5月，教

学植物园开展多项主题科普活动。活动以观察讲解、专题展览、动手实践等形式为主，共服务师生740人。其中，4月开展“春季野花大搜索”“我的绿色之旅”“植物观察亲近自然”“小小园艺师——种、赏、品、鉴”等主题科技体验活动，来自团结湖二小、中国儿童中心、东城区崇文青少年科技馆等8所学校及3个团体共290人参加；5月，开展“球根花卉欣赏”“生态站探秘之旅”“舌尖上的温室”主题或科普周活动，北京市十一学校等3所中小学450人参加。

（段洁）

北京高校房地产开发总公司

【概况】 2013年，北京高校房地产开发总公司总部有正式员工41人，包括具有高级职称员工5人、中级职称14人。公司内部机构设有办公室、财务部、工程部、合同预算部、资产经营部、市场开发部、贯标办、房改办，有下属北京育新物业管理公司等2家全资子公司、高房（北京）工程项目管理公司等3家控股子公司以及吉林怡恒伟业等5家参股公司。公司具有GB/T19001－2008新版质量管理体系认证资格，为国家一级资质房地产开发企业，下属北京育新物业管理公司为国家一级资质物业服务企业。

（程西台 谭栩）

【接管清华大学西北小区物业服务】 6月17日，高校房地产总公司下属育新物业管理公司接管清华大学西北小区项目的物业管理工作。该项工作受清华大学西北小区业委会及清华大学的委托，育新公司正式接管并进驻小区，为西北小区提供安保、保洁、绿化、停车等全方位物业管理服务。

（程西台 谭栩）

【通过华夏认证中心认证审核】 9月5至6日，高校房地产总公司接受华夏认证中心的外部审核。此次审核属于监督审核，过程中未出现不合格项。华夏认证中心同意保持公司质量管理体系认证注册资格。9月底，收到华夏认证中心的保持认证注册资格的通知书。

（程西台 谭栩）

【中标物业服务定点政府采购项目】 12月20日，高校房地产总公司下属育新物业管理公司中标北京市市级行政事业单位2014～2015年度物业服务定点政府采购项目。项目内容包括共用部位及共用设备设施维修养护、秩序维护（治安、消防、车辆）、环境绿化维护、保洁服务、综合服务以及其他服务等。

（程西台 谭栩）

【接管北京教科院后勤物业服务项目】 12月27日，高校房地产总公司下属育新物业管理公司接管北京教育科学研究院后勤服务政府采购项目。该项目规定自2014年1月起育新公司为北京教科院提供包括配电室值班、设备设施维修、公共秩序维护、传达室收发、清洁卫生以及食堂炊事等项目的后勤服务。

（程西台 谭栩）

北京市学生资助事务管理中心

【概况】 2013年，北京市学生资助事务管理中心设两个部门。全年完成各类学校学生资助有关信息汇集、统计和分析工作；监管、指导、检查区县和市属高校、市属中等职业学校学生资助工作；实现学前教育到高等教育的全部覆盖、学龄前儿童到研究生的全部纳入。中心加快资助工作信息化建设，启动北京市学生资助系统建设工作。全年构建探索规律、心理疏导、人文关怀、精神激励、学业帮扶、成长助推“六级联动”的育人体系。

（罗芳）

【举办诚信教育征文比赛】 5月16日，市学生资助管理中心启动市属高校学生资助诚信教育主题活动。该活动以“诚信人生、从我做起”为主题举办征文比赛。共收到推荐作品130篇，经评选30篇作品获奖。该活动是市教委举办的市属高校学生资助诚信教育主题系列活动之一。

（罗芳）

【出版学生资助工作文集】 至年底，市学生资助管理中心整理出版学生资助工作文集。出版文集包括《北京市学生资助新政策实施五年工作回顾》《北京学生资助工作探索与实践》《圆梦——北京市学生资助新政策实施五周年学生风采》及画册《资助育才成就梦想》和宣传片。该中心还通过《现代教育报》连续20期对受助学生事迹进行报道，联合北京教育新闻中心邀请17家媒体深入首都经济贸易大学实地拍摄，旨在通过此种方式宣传学生资助工作。

（罗芳）

【完成资助资金足额拨付】 至年底，市学生资助管理中心落实资助政策，完成资助资金的足额拨付工作。全年资助各类“奖、助、贷、勤、补、免”16项，受助学生200万人次，资金4亿元，包括中央财政6928.56万元、市财政32494.42万元。

（罗芳）

北京教育志编纂委员会办公室

【概况】 2013年，北京教育志编纂委员会办公室设有编辑一室、编辑二室和综合办公室，有教职工17人，在编12人，包括高级专业技术职务3人、中级专业技术职务3人。全年基本完成一轮修志收尾工作，开展二轮教育志试写工作；编辑出版《北京教育年鉴》（2013），收录文字150万字，图片1000幅；编辑出版《北京市教育委员会文件选编》（2012）、《北京教育年鉴编纂实务》《北京教育类年鉴要目》《北京教育档案文萃（中等职业教育）》《北京中小学修业证书图鉴》《北京教育史志丛刊》（4期）、《北京市教育委员会政报》（6期）；举办第二批“百年学校”授牌仪式、北京市中小学毕业证书专题展；与北京日报合作开展“我的校园记忆”征文活动；建设“北京学校巡礼平台”，记述全市各级各类学校史志以及综合发展情况。

（李晓秋）

【第二批“百年学校”授牌】 1月11

日，北京市第二批“百年学校”授牌仪式在北京一六一中学举行。洪峰出席仪式并讲话，希望此项活动能进一步总结“百年学校”的优良办学传统和办学经验，推动首都教育创新发展，办好人民满意的教育。会议介绍“百年学校”挂牌活动的缘起及评选情况，宣布授牌学校名单并授牌，播放“薪火相传历久弥新”——第二批北京市“百年学校”专题片；3名“百年学校”校长发言交流优秀教育文化的传承与创新经验。会议为第二批19所“百年学校”授牌。至此，北京市共有“百年学校”52所。

（王永刚）

第二批北京市“百年学校”名单（19所）

东城区

北京市东城区新开路东总布小学
北京市东城区西总布小学
北京市东城区新鲜胡同小学
北京市东城区方家胡同小学
北京市第二十一中学
北京市第一二五中学
北京市第一六五中学

西城区

北京市西城区厂桥小学
北京市西城区西单小学
北京市西城区西什库小学
北京市西城区进步小学
北京市西城区长安小学
北京市西城区陶然亭小学
北京市第三十九中学
北京一六一中学

丰台区

北京长辛店铁路小学

海淀区

中央民族大学附属中学

通州区

北京市通州区后南仓小学

顺义区

北京市顺义区第九中学

（王永刚）

【召开博物馆建设专家研讨会】 3月22日，教志办召开北京教育博物馆建设专家研讨会。会议邀请国家博物馆、故宫博物院等单位的6名专家研讨博物馆名称、建筑、内部功能布局、文物收集与保护、人才队伍建设等问题，明确今后筹建工作方案。教志办及专家15人参加会议。

（王永刚）

【组织二轮教育志试写工作】 6月18日，教志办召开《北京志·教育志》主编工作会。会议宣布正式启动《北京志·教育志》的编写工作。至年底，修志工作开展试写工作，各篇章主编分别试写部分章节，并召开篇章主编会，评议试写情况。

（张驰）

【出版著作4部】 6至9月，教志办共编辑出版著作4部。《北京教育年鉴编纂实务》由华艺出版社出版，全书21万字，介绍北京教育年鉴编纂工作流程、编写要求、条目选题原则以及行文规范等内容，全面介绍北京教育年鉴各方面工作情况及工作要求，便于指导编辑部责任编辑、各单位特约编辑和各级撰稿人的年鉴编撰工作，实施科学规范化管理。《北京教育类年鉴要目》由华艺出版社出版，全书20万字，介绍北京教育系统普通高校、区县教委、中小学等单位年鉴编写情况和经验，并附有图片，以图文并茂的形式，展示各单位年鉴的风貌，供各教育单位参考借鉴，提高年鉴编写水平。《北京教育档案文萃（中等职业教育）》由华艺出版社出版，全书110万字，收录1949年至1995年部分中央行政部门和北京地区行政部门关于中等职业教育工作有关文件档案470份，涵盖公文、报告、领导讲话、调研报告等，较全面地反映北京地区中等职业教育发展各阶段重要事件和主要工作。《北京中小学修业证书图鉴》由华艺出版社出版，收录清末新学开始至2012年各个时期各类中小学毕业证书183张，每件证书分别从规制、释文、颁发学校沿革等方面开展研究，做到以点串线、以线带面、点面结合，全面、真实地反映北京中小学毕业证书的发展历史。

（王永刚）

【年鉴获全国编校质量特等奖】 8月，

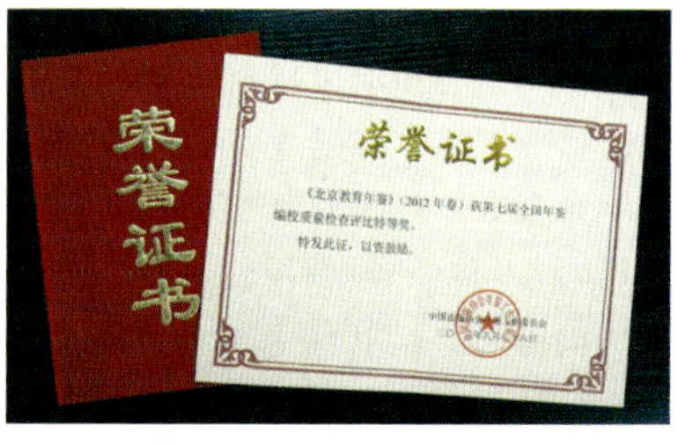

《北京教育年鉴》（2012）获得第七届全国年鉴编校质量检查评比的特等奖。该评比由中国出版协会年鉴工作委员会主办，全国共有54部年鉴获奖，其中，教育类年鉴3部，均在北京，另2部为《北京理工大学年鉴》和《北京林业大学年鉴》。《北京科技大学年鉴》获得三等奖。此外，北京教育年鉴编辑部成为中国出版协会年鉴工作委员会第三届理会单位，是6家地方专业年鉴常务理事单位之一，也是唯一的教育系统的年鉴单位。

（华蕾）

【举办中小学毕业证书专题展】 9至

12月，教志办举办“百年教育梦——北京中小学毕业证书专题展”。该展览在北京市方志馆展出，是北京教育史料展的系列展览之一，亦是北京市方志馆开馆后邀请北京市机关委办局主办的第一个专题展览。展室占地面积200平方米，展出从晚清时期到当代北京市中小学及大学毕业证书100张，包括北京中小学毕业证书的演变、中小学毕业证书与北京教育发展、高等学校毕业证书鉴赏三部分内容，力图通过展示不同时期的毕业证书，让参观者了解毕业证书发展历程，感受时代的变化、教育的发展。

（张驰）

【《北京教育年鉴》（2013）出版】 11月，《北京教育年鉴》（2013）出版。本书由华艺出版社出版，为889mm×1194mm大16开本，全书四色铜版纸印刷，文前配32页彩色插页，随文彩图1000幅。全书共150万字，条目4400条，全面记录2012年北京教育改革发展情况，电子版光盘配套发行。年初，编辑部共收到来自200个一级组稿单位文字稿320万字、图片7000幅，经编辑、七个校次和四次审稿，完成编纂工作。

（华蕾）

【基本完成一轮志书收尾工作】 至年底，教志办基本完成一轮志书收尾工作。完成首轮《北京志·普通教育志》和《北京志·高等教育志》的终审稿修改工作，增加普教志彩图32页125幅、高教志彩图24页127幅，完成编委会名单、前言、后记审定工作。经与北京地方志编纂委员会办公室协商，增补《北京志·职业教育志》，记录清末至1990年职业教育发展史，全书分13篇，约80万字，至年底，完成全书初稿总量的50%。

（王永刚）

【建设“北京学校巡礼平台”】 至年底，教志办建设“北京学校巡礼平台”。该平台记述全市各级各类学校的年鉴、史志以及发展综合情况，每校单独网络页面，内容包括学校概述、史志工作、年鉴工作、师资情况等内容；设置地图检索、分类检索和模糊查询等检索形式，便于读者查找信息；设置北京学校地图，公众可以通过地图位置查找学校，也可以通过关键字对学校数据进行查询。至年底，软件设计工作完成。

（华蕾）

【加强基层志鉴工作交流和指导】 至年底，教志办加强基层志鉴工作的交流和指导。共为北京大学、对外经济贸易大学、延庆县教委、密云县教委等单位开展年鉴交流讲座；在北京市地方志编纂委员会办公室举办的北京市年鉴编纂业务培训会上作题为《年鉴编纂科学化管理》的专题报告并进行经验交流发言；首次联合市地方志办举办北京市教育系统年鉴工作座谈会，交流和研讨年鉴的编纂工作经验和体会，并提出编纂过程中存在的困惑和问题。

（华蕾）

北京教育新闻中心

【概况】 2013年，北京教育新闻中心设有办公室、策划部、舆情部、网络视频部4个职能科室，有职工12人，全部在编。全年中心加强宣传策划工作的统筹规划，实现“重点宣传成系列，专栏专题日日有”，构建起“全媒体平台体系”；组织成立首都教育新闻宣传专家咨询委员会，推动形成教育新闻宣传专家咨询工作机制；启动首都教育网络评论员工作平台，加强网络舆论引导队伍体系建设；组织重点媒体开展系列“命题式”专题采访，推出“义务教育均衡发展”“优秀师生典型宣传”“网络媒体进校园——探访身边特色校”、首都教育援助青海以及庆祝第29个教师节等专题系列宣传，多角度宣传首都教育改革发展成果。

（赵园园）

【与媒体合办首都教育宣传专版专栏】 3月，新闻中心与中央及市属媒体合作推出宣传首都教育优秀典型事例、先进经验宣传和教育信息服务的专版专题。其中，与《中国青年报》合作推出“青春榜样”专栏，宣传首都高校优秀大学生事迹；与《北京青年报》合作推出“教育圆桌”专栏，宣传专家学者的教育理念；与《京华时报》合作推出“身边的好老师”专栏，宣传首都基础教育优秀教师；与《中国教育报》合作推出“师德楷模”专栏，宣传首都师德楷模先进事迹；与《北京晚报》合作推出“职通就业”专栏，宣传首都职业教育亮点工作；与《北京晨报》合作推出“晨报发现——特色点亮教育”专栏，宣传首都基础教育特色发展。同时，与北京人民广播电台合作推出日播节目《教育面对面》；与北京电视台科教频道合作推出周播节目《非常向上》。全年专栏稿件刊发量达288篇、专题节目播出量552期，基本实现“专栏专题日日有”，形成“全媒体平台体系”。

（赵园园）

【启用首都教育网络发言工作平台】 3月，新闻中心正式启动首都教育系统网络发言工作平台。该平台集指令发布、成果考核、短信通知、建议反馈和网络发言工作者档案管理等功能于一体。网络发言工作以平台为阵地，定期发出指令，对发布的网帖进行反馈，引导网评员开展网评“实战”，用网言网语对混淆视听的错误和煽动性言论进行驳斥和批判，引导正确理性的舆论走向。

（赵园园）

【开展首都教育改革发展成果采访】 4月，新闻中心与中央及市属媒体合作开展宣传首都教育改革发展成果系列专题采访。采访采取“命题式”，配合首都教育的重点工作、重大政策以及重要活动，坚持“每月有主题，全年成系列”的工作原则，组织“义务教育均衡发展”“优秀师生典型宣传”“高校学生资助”“学前教育发展”“城乡教育一体化建设”等专题集体采访12次，每次平均报道量保持在50篇，相关报道1000篇。

（赵园园）

【建立教育新闻宣传专家咨询委员会】 4月，新闻中心建立首都教育新闻宣传专家咨询委员会。该委员会邀请教育系统专家不定期召开专家咨询会议，主要对教育热点、难点、敏感等问题进行引导，实现“沟通各方、群策群力、凝结共识、正面引导、协同宣传”的目标。不定期召开专家咨询会议是完善首都教育新闻宣传专家咨询机制的一项重要工作。

（赵园园）

【开展网络媒体进校园宣传活动】 5月，新闻中心联合新浪网、网易、千龙网、人民网、新华网等主流网络媒体推出“网络媒体进校园——探访身边的特色校”专题网页。网页发挥网络媒体传播快捷、影响面广、海量信息的宣传优势，主要宣传城六区的优质特色中小学，总结宣传北京市近年来推进城区义务教育均衡发展的工作思路和举措及展示取得的成果。同时，网页对家长如何为孩子理性择校进行引导。

（赵园园）

【开展援助青海专题报道】 6月，新闻中心组织中央及市属媒体记者赴青海实地采访首都教育援建青海省中小学建设项目。通过与当地领导、师生代表座谈，电视台、网站及报刊报道，人物专访和网站专题等形式进行宣传。新华社、中央人民广播电台等中央级新闻媒体进行大篇幅报道；《北京晚报》等新闻单位发表关于北京市与青海省教育交流合作与对口支援玉树藏族自治州教育情况的评论性文章。

（赵园园）

【开展庆祝教师节主题宣传活动】 9

月，新闻中心开展庆祝第29个教师节主题活动。活动与人民网、新浪网等门户网站合作推出教师节网络专题，介绍首都教师队伍建设工作思路、措施、成效；策划“三行感恩信，寄语教师节”和“师爱无尘——我和老师有个约会”两大主题活动。

（赵园园）

北京学校后勤事务中心

【概况】 2013年9月18日，北京学校后勤事务中心成立。中心性质为市教委直属正处级全额拨款事业单位。受市教委委托，主要职责为承担北京学校后勤保障管理、校园安全管理、校车安全管理、学生统一着装管理和节能减排等方面的辅助性、事务性工作。中心设有办公室、高等教育科、基础教育科、综合科4个部门，有职工6人，全部在编。全年完成中心资质证书、办公场地、经费申报等组建筹备工作；完成高校学生食堂价格平抑资金统计及拨付工作；完成高校食堂食品安全检测仪组织配送工作；协助市教委学校后勤处完成中小学在校生营养餐展示会、平安校园验收及农校对接调研等工作。

（姜颖）

【学校后勤事务中心成立】 9月18日，经市编办批准，市教委正式成立北京学校后勤事务中心。该中心为市教委直属正处级全额拨款事业单位，设有一室三科，在职职工6人，全部在编。工作性质包括承担北京学校后勤保障管理、校园安全管理、校车安全管理、学生统一着装管理和节能减排等方面的辅助性、事务性工作。

（姜颖）

【开展高校学生食堂价格平抑资金统计及拨付工作】 10至12月，学校后勤事务中心开展高校学生食堂价格平抑资金统计及拨付工作。根据《市教委办公室关于开展2012～2013学年度高校学生食堂价格平抑资金建立和使用情况调查的通知》要求，统计2012～2013学年度北京高校学生食堂价格平抑资金管理使用情况，并拨付平抑资金。该学年度平抑资金补贴共覆盖市属高校、中央在京高校及民办高校93所，财政补贴总金额1.18亿元，惠及在校学生78.94万人。

（姜颖）

【配送食品安全监测仪】 11月，学校后勤事务中心配合市食安办开展为学校免费配备食品安全检测仪的工作。为完善全市教育系统食品安全保障体系，提升学校食堂统一采购食品原材料检验检测能力，根据2013年市政府“为民办实事”的相关安排，中心要求各有关学校按规定将配发的食品安全检测仪按固定资产统一入账管理，并及时下拨到学校后勤管理部门用于食堂食品原材料的检验检测。此次共为全市59所学校免费配备食品安全检测仪98台。

（姜颖）

（本栏责任编校　张晓白）

统计表

2013～2014学年度北京教育事业统计资料

一、综合

1－1　各级各类学校校数、教职工、专任教师情况

	学校数（所）			教职工数（人）			专任教师（人）		
	2013	2012	增长%	2013	2012	增长%	2013	2012	增长%
一、高等教育	**177**	**179**	**－1.12**	**146264**	**146801**	**－0.37**	**69625**	**64052**	**8.7**
（一）研究生培养机构（不计校数）	（136）	（135）	0.74				－47841	－45052	6.19
1. 普通高校	（56）	（56）	0				－38747	－36539	6.04
2. 科研机构	（80）	（79）	1.27				－9094	－8513	6.82
（二）普通高等学校	89	91	－2.2	137825	137277	0.4	66026	60004	10.04
1. 本科院校	63	65	－3.08	123923	125311	－1.11	58399	53843	8.46
其中：独立学院	5	5	0	2136	2081	2.64	1321	1267	4.26
2. 专科院校	26	26	0	11097	11331	－2.07	5712	5761	－0.85
其中：高等职业技术学校	25	25	0	10763	10986	－2.03	5473	5518	－0.82
3. 其他机构（点）（不计校数）	5	3	66.67	2805	635	341.73	1915	400	378.75
（三）成人高等学校	19	19	0	3403	3407	－0.12	1523	1527	－0.26
（四）民办的其他高等教育机构	69	69	0	5036	6117	－17.67	2076	2521	－17.65
二、中等教育	**757**	**760**	**－0.39**	**96012**	**94433**	**1.67**	**68175**	**66537**	**2.46**
（一）高中阶段教育	410	419	－2.15	96012	94433	1.67	47704	46569	2.44
1. 普通高中	291	289	0.69	80511	78730	2.26	38492	37411	2.89
2. 中等职业教育	119	130	－8.46	15501	15703	－1.29	9212	9158	0.59
普通中专	31	31	0	3701	3738	－0.99	1995	1984	0.55
成人中专	11	11	0	572	592	－3.38	313	342	－8.48
职业高中	55	54	1.85	7653	7834	－2.31	4872	4928	－1.14
技工学校	22	34	－35.29	3575	3539	1.02	2032	1904	6.72
（二）初中阶段教育	347	341	1.76				20471	19968	2.52
三、小学教育	**1093**	**1081**	**1.11**	**57832**	**55710**	**3.81**	**48726**	**46783**	**4.15**
四、工读学校	**6**	**6**	**0**	**294**	**300**	**－2**	**196**	**212**	**－7.55**
五、特殊教育	**22**	**22**	**0**	**1253**	**1231**	**1.79**	**935**	**898**	**4.12**
六、学前教育	**1384**	**1266**	**9.32**	**53049**	**48080**	**10.33**	**28806**	**26330**	**9.4**

注：1. “（）”内数据为不计校数。

2. 普通高中的教职工数中含普通初中的教职工数。

3. 2013年，教育部将中国地质大学（北京）和中国矿业大学（北京）作为分校进行统计，不单独计校数。

1－2　各级各类学历教育学生情况

	毕业生数（所）			招生数（人）			在校生数（人）		
	2013	2012	增长%	2013	2012	增长%	2013	2012	增长%
一、高等教育	**480612**	**466202**	**3.09**	**647871**	**595309**	**8.83**	**1882237**	**1777024**	**5.92**
（一）普通本专科	148689	152980	－2.8	163081	162042	0.64	589234	581844	1.27
专科	36780	41448	－11.26	37581	38792	－3.12	107128	108313	－1.09

续表

	毕业生数（所）			招生数（人）			在校生数（人）		
	2013	2012	增长%	2013	2012	增长%	2013	2012	增长%
本科	111909	111532	0.34	125500	123250	1.83	482106	473531	1.81
（二）成人本专科	94519	94728	-0.22	101654	107082	-5.07	258278	265049	-2.55
专科	42712	44939	-4.96	44571	47845	-6.84	104623	108283	-3.38
本科	51807	49789	4.05	57083	59237	-3.64	153655	156766	-1.98
（三）网络本专科生	164047	148003	10.84	268993	220001	22.27	688577	607880	13.28
专科	99249	86721	14.45	159499	130256	22.45	375880	328273	14.5
本科	64798	61282	5.74	109494	89745	22.01	312697	279607	11.83
（四）研究生	73357	70491	4.07	91399	87044	5	265656	252175	5.35
硕士	59552	57020	4.44	73437	69581	5.54	193452	183463	5.44
博士	13805	13471	2.48	17962	17463	2.86	72204	68712	5.08
（五）在职人员攻读硕士学位				22744	19140	18.83	80492	70076	14.86
二、中等教育	**240225**	**224938**	**6.8**	**239010**	**254790**	**-6.19**	**706713**	**732224**	**-3.48**
（一）高中阶段教育	147852	129156	14.48	132284	146657	-9.8	396145	426714	-7.16
1. 普通高中	58072	55657	4.34	59983	63381	-5.36	187586	193505	-3.06
其中：北京市户籍	53837	52208	3.12	51730	55728	-7.17	166221	174089	-4.52
2. 中等职业教育	89780	73499	22.15	72301	83276	-13.18	208559	233209	-10.57
普通中专.	17002	16111	5.53	14029	14753	-4.91	56275	59895	-6.04
成人中专	40786	23523	73.39	34392	27398	25.53	59871	64858	-7.69
职业高中	17999	19281	-6.65	7162	21925	-67.33	49255	64987	-24.21
技工学校	13993	14584	-4.05	16718	19200	-12.93	43158	43469	-0.72
（二）初中阶段教育	92373	95782	-3.56	106726	108133	-1.3	310568	305510	1.66
其中：北京市户籍	71077	79250	-10.31	65697	71109	-7.61	207098	212437	-2.51
三、小学教育	**111839**	**109492**	**2.14**	**165807**	**141738**	**16.98**	**789276**	**718655**	**9.83**
其中：北京市户籍	65651	71313	-7.94	90917	74550	21.95	419693	394472	6.39
四、工读学校	**346**	**294**	**17.69**	**351**	**299**	**17.39**	**748**	**728**	**2.75**
五、特殊教育	**1706**	**1747**	**-2.35**	**1156**	**1190**	**-2.86**	**8348**	**8118**	**2.83**
六、学前教育	**88322**	**79131**	**11.61**	**128106**	**115248**	**11.16**	**348681**	**331524**	**5.18**

注：特殊教育学生中包括普通中小学随班就读的学生。

1-3 各级各类非学历教育学生情况

	毕（结）业生数（人）			注册学生数（人/人次）		
	2013	2012	增长%	2013	2012	增长%
一、高等教育	**725164**	**590496**	**22.81**	**707641**	**410403**	**72.43**
（一）自考助学班	1770	4401	-59.78	2771	8018	-65.44
（二）普通预科生				2333	2534	-7.93
（三）研究生课程进修班	12980	12782	1.55	14982	18013	-16.83
（四）进修及培训	710414	573313	23.91	687555	381838	80.06
其中：资格证书培训	62693	50205	24.87	70889	33889	109.18
岗位证书培训	174968	118837	47.23	158168	45389	248.47
二、中等教育	**3265745**	**2699919**	**20.96**	**2963305**	**2580259**	**14.85**
其中：资格证书培训	416056	450958	-7.74	377325	389865	-3.22
岗位证书培训	786653	369291	113.02	801191	323816	147.42
（一）中等职业教育	63970	59864	6.86	34447	36752	-6.27

续表

	毕（结）业生数（人）			注册学生数（人/人次）		
	2013	2012	增长%	2013	2012	增长%
其中：资格证书培训	26451	24756	6.85	21160	20051	5.53
岗位证书培训	10167	16799	-39.48	5086	7389	-31.17
（二）职业技术培训机构	3201775	2640055	21.28	2928858	2543507	15.15
其中：资格证书培训	389605	426202	-8.59	356165	369814	-3.69
岗位证书培训	776486	352492	120.28	796105	316427	151.59

1-4 各级民办教育基本情况

	学校数（所）	毕业生数（人）	招生数（人）	在校生数（人）	教职工数（人）	专任教师（人）
一、民办高等教育	**84**	**18815**	**19979**	**67762**	**11678**	**5454**
（一）民办高校	15	18815	19979	67762	6642	3378
1. 本科学生		8409	10760	40604		
2. 专科学生		10406	9219	27158		
（二）民办其他高等教育机构	69				5036	2076
二、民办中等教育	**99**	**14340**	**17203**	**53017**	**9431**	**5801**
（一）高中阶段教育	79	6458	8298	26502	9431	5801
1. 民办普通高中	56	4631	7323	20743	8246	5188
2. 民办中等职业教育	23	1827	975	5759	1185	613
（二）初中阶段教育	20	7882	8905	26515		
三、民办小学	**61**	**10502**	**14120**	**13994**	**3046**	**2245**
四、民办幼儿园	**518**	**27946**	**42953**	**121687**	**22238**	**11009**
另有：民办职业技术培训机构	1225	1433351		1511276	35213	11913

注：1. 民办普通高中的教职工数、专任教师数中包含民办初中阶段教育的教职工数、专任教师数。
2. 民办培训机构毕业生数为结业人次数，在校生数为注册学生数。
3. 除民办其他高等教育机构外，其他各项数据均含在普通教育系列中。

二、高等教育

2-1 普通高等学校基本情况

单位：人

	学校数（所）		毕业生数			招生数			在校生数			预计毕业生数		
	计	其中：中央	合计	专科	本科	合计	专科	本科	合计	专科	本科	合计	专科	本科
总 计	**89**	**35**	**148689**	**36780**	**111909**	**163081**	**37581**	**125500**	**589234**	**107128**	**482106**	**153351**	**35525**	**117826**
按类型分														
本科院校	63	35	118482	9789	108693	130523	8681	121842	495125	27002	468123	123881	9493	114388
其中：独立学院	5		5554		5554	6027		6027	24111		24111	5361		5361
专科院校	26		25530	25530		27412	27412		75644	75644		24554	24554	
其中：高等职业学校	25		24264	24264		26089	26089		71707	71707		23226	23226	
其他机构（不计校数）	5	2	4677	1461	3216	5146	1488	3658	18465	4482	13983	4916	1478	3438
按性质类别分														
综合大学	5	3	19118	4340	14778	20486	3064	17422	74041	10670	63371	19823	3890	15933
理工院校	29	10	61289	15513	45776	67853	16376	51477	244970	46105	198865	63872	15397	48475
农业院校	3	1	6411	1681	4730	6316	1916	4400	23386	5263	18123	6517	1799	4718

续表

	学校数（所）		毕业生数			招生数			在校生数			预计毕业生数		
	计	其中：中央	合计	专科	本科	合计	专科	本科	合计	专科	本科	合计	专科	本科
林业院校	1	1	3195		3195	3441		3441	13282		13282	3294		3294
医药院校	4	2	3021	944	2077	3697	1286	2411	13244	3390	9854	2758	841	1917
师范院校	2	1	4530		4530	5400	168	5232	19930	271	19659	4839	103	4736
语文院校	9	5	11242	2958	8284	11825	3133	8692	42629	8712	33917	11167	3030	8137
财经院校	16	2	22128	8191	13937	23037	7966	15071	83633	23321	60312	22178	7376	14802
政法院校	8	5	9118	2819	6299	11462	3235	8227	37513	8245	29268	9902	2569	7333
体育院校	3	1	2555	73	2482	3092	71	3021	11343	196	11147	2665	107	2558
艺术院校	8	3	3359	261	3098	3623	366	3257	13951	955	12996	3541	413	3128
民族院校	1	1	2723		2723	2849		2849	11312		11312	2795		2795
按举办者分														
1. 中央部门	35	35	71725	3015	68710	79225	2885	76340	304179	8615	295564	75079	3245	71834
教育部	23	23	53971	1644	52327	57611	1154	56457	224820	4203	220617	55640	1746	53894
其他部门	12	12	17754	1371	16383	21614	1731	19883	79359	4412	74947	19439	1499	17940
2. 地方	39		58149	23359	34790	63877	25477	38400	217293	71355	145938	60344	23311	37033
教育部门	23		44661	11456	33205	47611	11784	35827	171233	33499	137734	46913	11556	35357
其他部门	16		13488	11903	1585	16266	13693	2573	46060	37856	8204	13431	11755	1676
3. 民办	15		18815	10406	8409	19979	9219	10760	67762	27158	40604	17928	8969	8959

2-2　分学科研究生数

单位：人

	毕业生数			招生数			在校生数		
	合计	硕士	博士	合计	硕士	博士	合计	硕士	博士
总计	**73357**	**59552**	**13805**	**91399**	**73437**	**17962**	**265656**	**193452**	**72204**
其中：女	36138	30889	5249	44473	37619	6854	125197	98524	26673
按学科分									
哲学	635	425	210	693	430	263	2300	1356	944
经济学	4926	4218	708	6064	5094	970	15523	11818	3705
法学	7212	6185	1027	7914	6753	1161	22512	17882	4630
教育学	2726	2474	252	4095	3721	374	10227	8692	1535
文学	4433	3863	570	4879	4204	675	13800	10953	2847
历史学	563	370	193	669	474	195	2063	1349	714
理学	6473	3671	2802	9599	5500	4099	29900	15283	14617
工学	27064	22398	4666	33554	27055	6499	103310	74697	28613
农学	2552	1952	600	2963	2276	687	8313	5690	2623
医学	4102	2599	1503	5044	3625	1419	14524	9645	4879
军事学	25	19	6	26	14	12	120	70	50
管理学	10166	9169	997	12874	11603	1271	34536	28669	5867
艺术学	2480	2209	271	3025	2688	337	8528	7348	1180
总计中：学术型学位	**54375**	**41119**	**13256**	**60596**	**43043**	**17553**	**194360**	**123936**	**70424**
专业学位	**18982**	**18433**	**549**	**30803**	**30394**	**409**	**71296**	**69516**	**1780**

2－3　普通高等学校教职工情况

单位：人

	校本部教职工					科研机构人员	校办企业职工	其他附设机构人员	合计
	计	专任教师	行政人员	教辅人员	工勤人员				
总计	**120337**	**66026**	**22395**	**17534**	**14382**	**7388**	**1674**	**8426**	**137825**
其中：女	57721	29686	12423	10749	4863	3107	425	5836	67089
按类型分									
本科院校	106713	58399	19254	16091	12969	7347	1577	8286	123923
其中：独立学院	2136	1321	297	135	383				2136
专科院校	10913	5712	2722	1223	1256	37	61	86	11097
其中：高等职业学校	10591	5473	2679	1195	1244	26	61	85	10763
其他机构	2711	1915	419	220	157	4	36	54	2805
按性质类别分									
综合大学	22710	12282	3733	3374	3321	1378	253	801	25142
理工院校	45601	25970	8338	5188	6105	3534	907	1394	51436
农业院校	4420	2471	939	522	488	18	137	315	4890
林业院校	1688	1180	249	187	72		59	34	1781
医药院校	9265	3069	1386	4054	756	2121	23	5129	16538
师范院校	5707	3542	936	816	413	33	130		5870
语文院校	6679	4048	1428	650	553	184	31	391	7285
财经院校	10939	6376	2314	1107	1142		95	42	11076
政法院校	6398	2943	1478	857	1120	2	2	124	6526
体育院校	1597	1012	357	88	140	21	11	55	1684
艺术院校	3507	2027	815	501	164	53	26	68	3654
民族院校	1826	1106	422	190	108	44		73	1943
按举办者分									
1. 中央部门	81152	44232	14040	13220	9660	7206	1256	7848	97462
教育部	56100	30135	10456	8172	7337	4614	1067	2438	64219
其他部门	25052	14097	3584	5048	2323	2592	189	5410	33243
2. 地方	32543	18416	6895	3792	3440	182	418	578	33721
教育部门	25262	14376	5295	2921	2670	155	312	544	26273
其他部门	7281	4040	1600	871	770	27	106	34	7448
3. 民办	6642	3378	1460	522	1282				6642

三、中等职业教育

3－1　中等职业学校（机构）数

单位：所

	计	中央部门	地方				民办
			计	教育部门	其他部门	地方企业	
总计	**97**	**7**	**67**	**42**	**20**	**5**	**23**
普通中等专业学校	31	6	25	8	15	2	
成人中等专业学校	11	1	9	2	4	3	1
职业高中学校	55		33	32	1		22
附设中职班（不计校数）	25	1	23	14	9		1

注：不含技工学校

3－2 中等职业学校分类型学生数

单位：人

	毕业生数		招生数			在校生数	预计毕业生数
				其中：应届毕业生			
	计	其中：获得职业资格证书	计	计	其中：初中毕业		
总计	**75787**	**60751**	**55583**	**25963**	**25584**	**165401**	**78612**
其中：女	41754	33539	34742	11488	11254	93955	53509
普通中专	17002	12165	14029	13535	13276	56275	16878
成人中专全日制	2604	2136	5948	5165	5123	11580	3179
成人中专非全日制	38182	31191	28444	379	379	48291	38764
职业高中	17999	15259	7162	6884	6806	49255	19791

注：不含技工学校

四、普通中学

4－1 普通中学分区县基本情况

单位：人

	学校数（所）					初中			高中			教职工数	专任教师
	合计	完全中学	高级中学	初级中学	九年一贯制学校	毕业生数	招生数	在校生数	毕业生数	招生数	在校生数		
总计	**638**	**250**	**41**	**254**	**93**	**92373**	**106726**	**310568**	**58072**	**59983**	**187586**	**80511**	**58963**
东城区	43	30	4	7	2	7713	8078	24308	5389	5742	17940	6421	4600
西城区	51	40	3	7	1	8908	9721	28956	7726	7210	23266	8119	6034
朝阳区	81	31	2	30	18	9595	15014	40382	4672	5030	15955	9481	7652
丰台区	46	15	4	16	11	6050	7758	20624	2974	3095	9279	5367	3770
石景山区	24	6	3	11	4	2860	3341	10048	1337	1723	5169	2551	1924
海淀区	76	60	3	10	3	18273	20835	61638	12677	14150	42111	12687	9565
门头沟区	16	3		11	2	1540	1671	4794	804	729	2490	1330	946
房山区	47	10	5	26	6	6034	6039	18800	2831	2905	9269	4643	3421
通州区	42	13	1	16	12	5009	6240	17727	2853	3208	10535	4956	3562
顺义区	38	4	5	23	6	5295	5787	16656	4189	3993	11828	4329	3273
昌平区	45	16	1	18	10	4529	5980	16828	2456	2849	8934	4922	3654
大兴区	43	14		22	7	5488	6357	18469	2903	3116	10078	4949	3832
怀柔区	22		4	14	4	2321	2321	6995	1353	1472	4674	2470	1648
平谷区	20	4	1	13	2	2847	2195	7075	2233	1626	5578	3334	1731
密云县	23	2	3	18		3529	3064	9897	2154	1852	6329	2602	1817
延庆县	21	2	2	12	5	2382	2325	7371	1521	1283	4151	2350	1534

五、小　　学

5－1 小学分区县基本情况

单位：人

	学校数（所）	毕业生数	招生数	在校学生数	教职工数	专任教师
总计	**1093**	**111839**	**165807**	**789276**	**57832**	**48726**
东城区	64	7557	10071	49091	4390	3532
西城区	72	8314	13382	60685	4644	4103
朝阳区	134	14914	27021	118780	8279	7571

续表

	学校数（所）	毕业生数	招生数	在校学生数	教职工数	专任教师
丰台区	84	10603	14360	68840	4750	4014
石景山区	31	3269	4613	22903	1534	1345
海淀区	108	20621	29544	141429	7491	6941
门头沟区	29	1846	2017	11100	1326	1026
房山区	109	6620	9271	44787	3631	2898
通州区	82	7373	13070	59413	3789	3305
顺义区	42	5317	7451	38146	2815	2283
昌平区	100	7301	11304	53649	3444	2897
大兴区	96	7648	11529	56030	4013	3405
怀柔区	25	2345	2980	16143	1705	1162
平谷区	43	2579	3141	16037	2522	1578
密云县	40	3176	3961	20436	2042	1481
延庆县	34	2356	2092	11807	1457	1185

六、工读学校

6－1 工读学校基本情况

单位：人

	学校数（所）	班数（个）	离校人数	入校人数	在校生数	教职工数	
						计	其中：专任教师
总计	**6**	**45**	**346**	**351**	**748**	**294**	**196**
其中：女			43	41	83	72	56

七、特殊教育

7－1 特殊教育学校基本情况

单位：人

	学校数（所）	班数（个）	毕业生数	招生数	在校生数	教职工数	
						合计	其中：专任教师
总计	**22**	**352**	**1706**	**1156**	**8348**	**1253**	**935**
东城区	2	28	127	93	625	105	84
西城区	3	64	173	106	887	232	205
朝阳区	1	36	472	232	1887	68	59
丰台区	1	10	70	36	370	38	33
石景山区	1	10	37	22	235	31	27
海淀区	3	73	259	220	1372	308	222
房山区	0	9	66	50	349	0	0
通州区	1	18	54	42	297	62	57
顺义区	2	25	64	35	407	129	75
昌平区	2	16	88	75	395	57	31
大兴区	1	14	52	81	385	29	21
门头沟区	1	9	34	25	159	17	14
怀柔区	1	6	12	23	79	37	19
平谷区	1	16	39	39	269	66	43

续表

	学校数（所）	班数（个）	毕业生数	招生数	在校生数	教职工数	
						合计	其中：专任教师
密云县	1	12	111	66	443	44	24
延庆县	1	6	48	11	189	30	21

八、幼儿教育

8-1 幼儿园分区县基本情况

单位：人

	园数（所）	离园（班）人数	入园（班）人数	在园（班）人数	教职工数	专任教师
总计	**1384**	**88322**	**128106**	**348681**	**53049**	**28806**
东城区	51	3475	4679	12722	2228	1274
西城区	69	3977	5178	16385	2773	1538
朝阳区	191	12342	21971	58653	11408	6030
丰台区	127	10625	13369	40694	6084	3134
石景山区	47	2445	4584	13319	2093	1128
海淀区	153	12473	19445	56424	8693	4359
门头沟区	23	2478	3204	5442	644	406
房山区	103	8105	10746	28752	3960	2498
通州区	126	4679	9981	20894	2808	1533
顺义区	78	4325	7230	16962	2188	1229
昌平区	103	5041	6308	20579	3566	1874
大兴区	65	6513	9164	23502	2377	1378
怀柔区	68	3407	3361	9547	1007	621
平谷区	58	2569	2939	8113	792	383
密云县	67	3535	3337	10253	1673	876
延庆县	55	2333	2610	6440	755	545

（本栏责任编校　林业）

附　录

基　础　教　育

第二批北京市“百年学校”

东城区

北京市东城区新开路东总布小学
北京市东城区西总布小学
北京市东城区新鲜胡同小学
北京市东城区方家胡同小学
北京市第二十一中学
北京市第一二五中学
北京市第一六五中学

西城区

北京市西城区厂桥小学
北京市西城区西单小学
北京市西城区西什库小学
北京市西城区进步小学
北京市西城区长安小学
北京市西城区陶然亭小学
北京市第三十九中学
北京市第一六一中学

丰台区

北京长辛店铁路小学

海淀区

中央民族大学附属中学

通州区

北京市通州区后南仓小学

顺义区

北京市顺义区第九中学

（华蕾）

北京市民族团结教育示范学校

北京市东城区和平里第一小学
北京市第六十五中学
北京市第十五中学
北京市第三十五中学
北京市民族学校
北京市第八十中学
北京市和平街第一中学
北京市海淀区中关村第三小学
北京市海淀区双榆树中心小学
北京农业大学附属中学
北京市丰台区第五小学
北京市第九中学
北京市门头沟区大峪第二小学
北京市房山区窦店民族小学
北京市通州区张家湾镇中心小学
北京市通州区于家务中学
北京市顺义牛栏山第一中学
北京市昌平区第二中学
北京市大兴区黄村镇狼各庄民族小学
北京师范大学大兴附属中学
首都师范大学附属红螺寺中学
北京市密云县檀营满族蒙古族小学

（华蕾）

高　等　教　育

北京市重点学科建设项目验收优秀学科

北京大学

纳米科学与技术
交叉学科北京市重点学科
理论与系统生物学
交叉学科北京市重点学科
外国语言文学
一级学科北京市重点学科
环境科学与工程
一级学科北京市重点学科
基础医学
一级学科北京市重点学科
金融学
二级学科北京市重点学科
马克思主义中国化研究
二级学科北京市重点学科
高等教育学
二级学科北京市重点学科
儿少卫生与妇幼保健学
二级学科北京市重点学科

中国人民大学

政治学
一级学科北京市重点学科
农林经济管理
一级学科北京市重点学科
比较文学与世界文学
二级学科北京市重点学科
社会保障
二级学科北京市重点学科
情报学
二级学科北京市重点学科

清华大学

艺术学
一级学科北京市重点学科
金融学（含保险学）
二级学科北京市重点学科
民商法学

二级学科北京市重点学科
国际关系
二级学科北京市重点学科
社会学
二级学科北京市重点学科
英语语言文学
二级学科北京市重点学科
有机化学
二级学科北京市重点学科
北京交通大学
信息安全学
交叉学科北京市重点学科
思想政治教育
二级学科北京市重点学科
系统分析与集成
二级学科北京市重点学科
电力电子与电力传动
二级学科北京市重点学科
企业管理
二级学科北京市重点学科
北京工业大学
光学工程
一级学科北京市重点学科
材料科学与工程
一级学科北京市重点学科
管理科学与工程
一级学科北京市重点学科
计算机应用技术
二级学科北京市重点学科
防灾减灾工程及防护工程
二级学科北京市重点学科
化学工程与技术
一级学科北京市重点建设学科
机械电子工程
二级学科北京市重点建设学科
模式识别与智能系统
二级学科北京市重点建设学科
计算机软件与理论
二级学科北京市重点建设学科
北京航空航天大学
光学工程
一级学科北京市重点学科
信息与通信工程
一级学科北京市重点学科
流体机械及工程
二级学科北京市重点学科
教育经济与管理
二级学科北京市重点学科
北京理工大学
数字表演与仿真技术
交叉学科北京市重点学科
材料科学与工程
一级学科北京市重点学科
控制科学与工程
一级学科北京市重点学科
管理科学与工程
一级学科北京市重点学科
企业管理
二级学科北京市重点学科
北京科技大学
机械工程
一级学科北京市重点学科
管理科学与工程
一级学科北京市重点学科
工程热物理
二级学科北京市重点学科
控制理论与控制工程
二级学科北京市重点学科
北方工业大学
电力电子与电力传动
二级学科北京市重点建设学科
北京化工大学
清洁能源学
交叉学科北京市重点学科
材料科学与工程
一级学科北京市重点学科
高分子化学与物理
二级学科北京市重点学科
北京工商大学
应用化学
二级学科北京市重点学科
计算机应用技术
二级学科北京市重点建设学科
北京服装学院
设计艺术学
二级学科北京市重点建设学科
北京邮电大学
数字内容传媒学
交叉学科北京市重点学科
管理科学与工程
一级学科北京市重点学科
计算机系统结构
二级学科北京市重点学科
中国农业大学
生物质工程
交叉学科北京市重点学科
食品科学与工程
一级学科北京市重点学科
动物学
二级学科北京市重点学科
水文学与水资源
二级学科北京市重点学科
土地资源管理
二级学科北京市重点学科

北京林业大学
林业工程
一级学科北京市重点学科
生态学
二级学科北京市重点学科
城市规划与设计
二级学科北京市重点学科
北京协和医学院
转化医学
交叉学科北京市重点学科
外科学（普外）
二级学科北京市重点学科
流行病与卫生统计学
二级学科北京市重点学科
首都医科大学
临床医学
一级学科北京市重点学科
生理学
二级学科北京市重点学科
口腔临床医学
二级学科北京市重点学科
公共卫生与预防医学
一级学科北京市重点建设学科
北京师范大学
自然资源
交叉学科北京市重点学科
历史学
一级学科北京市重点学科
外国哲学
二级学科北京市重点学科
电影学
二级学科北京市重点学科
首都师范大学
数学
一级学科北京市重点学科
思想政治教育
二级学科北京市重点学科
文艺学
二级学科北京市重点学科
中国古代史
二级学科北京市重点学科
地图学与地理信息系统
二级学科北京市重点学科
遗传学
二级学科北京市重点学科
教育学
一级学科北京市重点建设学科
基础心理学
二级学科北京市重点建设学科
通信与信息系统
二级学科北京市重点建设学科
首都体育学院
体育教育训练学
二级学科北京市重点学科
北京外国语大学
日语语言文学
二级学科北京市重点学科
比较文学与跨文化研究
二级学科北京市重点学科
中央财经大学
工商管理
一级学科北京市重点学科
政治经济学
二级学科北京市重点学科
对外经济贸易大学
法与经济学
交叉学科北京市重点学科
应用经济学
一级学科北京市重点学科
世界经济
二级学科北京市重点学科
企业管理
二级学科北京市重点学科
首都经济贸易大学
应用经济学
一级学科北京市重点学科
企业管理
二级学科北京市重点学科
外交学院
英语语言文学
二级学科北京市重点学科
中国人民公安大学
公共安全工程与技术
交叉学科北京市重点学科
中国音乐学院
音乐学
二级学科北京市重点学科
中央美术学院
设计艺术学
二级学科北京市重点学科
中央民族大学
民族学
一级学科北京市重点学科
语言学及应用语言学
二级学科北京市重点学科
中国政法大学
法与经济学
交叉学科北京市重点学科
世界经济
二级学科北京市重点学科
华北电力大学
清洁能源学
交叉学科北京市重点学科
电气工程

一级学科北京市重点学科
技术经济及管理
二级学科北京市重点学科
北京信息科技大学
精密仪器及机械
二级学科北京市重点学科
中国矿业大学（北京）
地球探测与信息技术
二级学科北京市重点学科
中国石油大学（北京）
低碳能源工程
交叉学科北京市重点学科
地质资源与地质工程
一级学科北京市重点学科
应用化学
二级学科北京市重点学科
中国科学院研究生院
应用数学
二级学科北京市重点学科
凝聚态物理
二级学科北京市重点学科
人文地理学
二级学科北京市重点学科
大气物理学与大气环境
二级学科北京市重点学科
生物物理学
二级学科北京市重点学科
环境工程
二级学科北京市重点学科
中国社会科学院研究生院
社会学
二级学科北京市重点学科
中国农业科学院研究生院
蔬菜学
二级学科北京市重点学科
装备指挥技术学院
通信与信息系统
二级学科北京市重点学科
装甲兵工程学院
材料加工工程
二级学科北京市重点学科
军事医学科学院
生物化学与分子生物学
二级学科北京市重点学科
药物化学
二级学科北京市重点学科
军医进修学院
外科学
二级学科北京市重点学科

（华蕾）

地方高校第一批本科专业综合改革试点（北京）

北京工业大学
新能源科学与工程
机械设计制造及其自动化
北京工商大学
金融学
北京服装学院
服装与服饰设计
北京印刷学院
印刷工程
北京建筑工程学院
测绘工程
北京石油化工学院
环境工程
北京农学院
园艺
首都医科大学
临床医学
首都师范大学
地理信息科学
首都体育学院
体育教育
北京第二外国语学院
日语
北京物资学院
物流管理
首都经济贸易大学
劳动与社会保障
中国音乐学院
音乐表演
北京电影学院
摄影
北京信息科技大学
自动化
北京联合大学
历史学

（华蕾）

地方所属高校“本科教学工程”大学生校外实践教育基地建设项目（北京）

北京工业大学—北京裕兴软件有限公司工程实践教育中心（工学）
北方工业大学—中关村科技园区石景山园工程实践教育中心（工学）
北京建筑工程学院—中国新兴建设开发总公司工程实践教育中心（工学）
北京石油化工学院（牵头）、北京工业大学—北京第二机床厂有限公司工程实践教育中心（工学）
北京工商大学—北京天利海香精香料有限公司工程实践教育中心（工学）
北京信息科技大学—中国电子科技集团公司第十五研究所工程实践教育中心（工学）
北京邮电大学世纪学院—北京邮区中心局工程实践教育中心（工学）
北京工业大学耿丹学院—北京升华电梯有限公司工程实

践教育中心（工学）
北京联合大学—北京首都旅游集团有限责任公司管理学实践教育基地（管理学）
北京城市学院—中共北京市委社会工作委员会管理学实践教育基地（管理学）
首都经济贸易大学—德勤华永会计师事务所有限公司北京分所管理学实践教育基地（管理学）
北京第二外国语学院中瑞酒店管理学院—中国国际贸易中心有限公司中国大饭店管理学实践教育基地（管理学）
首都师范大学教育学实践教育基地（教育学）
北京物资学院——德期货有限公司经济学实践教育基地（经济学）
北京农学院—北京首都农业集团有限公司农科教合作人才培养基地（农学）
北京印刷学院—中国科技出版传媒股份有限公司文学实践教育基地（文学）
北京第二外国语学院—中国外文出版发行事业局文学实践教育基地（文学）
首都医科大学临床技能综合培训中心（医学）
首都体育学院—北京老年医院临床技能综合培训中心（医学）
北京服装学院—北京爱慕内衣有限公司艺术学实践教育基地（艺术学）
中国戏曲学院—北京人民艺术剧院艺术学实践教育基地（艺术学）
北京电影学院—横店集团控股有限公司艺术学实践教育基地（艺术学）

（华蕾）

卓越工程师教育培养计划第三批学科专业（北京）

一、本科专业

北京交通大学
　交通工程
北京航空航天大学
　飞行器质量与可靠性
　生物医学工程
北京理工大学
　电子信息工程
　软件工程
　化学工程与工艺
　制药工程
北京科技大学
　能源与动力工程
　自动化
北方工业大学
　机械设计制造及其自动化
北京建筑大学
　能源与动力工程
　给排水科学与工程
北京信息科技大学
　网络工程
中国地质大学（北京）
　水文与水资源工程
　资源勘查工程

二、研究生层次学科领域

清华大学
　集成电路工程　工程硕士
　材料工程　工程硕士
　电气工程　工程硕士
　物流工程　工程硕士
北京交通大学
　交通运输工程　工程硕士
北京航空航天大学
　工业工程　工程硕士
北京科技大学
　动力工程　工程硕士
北京邮电大学
　电子与通信工程　工程硕士
　计算机技术　工程硕士
　软件工程　工程硕士
华北电力大学
　计算机技术　工程硕士
　控制工程　工程硕士

（华蕾）

2013年北京高等学校示范性校内创新实践基地建设单位

北京大学
　生物医学创新实践基地
清华大学
　校内工程创新实践基地
北京交通大学
　校内创新实践基地
北京航空航天大学
　经济管理创新实践基地
北京理工大学
　基础教育阶段创新实践基地
北京科技大学
　工程实践创新基地
北京邮电大学
　电子信息创新实践基地
中国农业大学
　信息与电气工程创新实践基地
中国传媒大学
　中传网络电视台创新实践基地
中央财经大学
　商业领袖实训营校内创新实践基地
对外经济贸易大学
　“国际商贸人才”校内创新实践基地
中国政法大学
　校内创新实践基地
华北电力大学
　电力之光创新实践基地
中国地质大学（北京）
　物理技能实践创新基地

北京工业大学

大学生校内综合创新实践基地

北京服装学院

基于工作室协作机制的时尚创新校内实践基地

北京印刷学院

数字艺术设计创新实践基地

北京建筑大学

大学生实践创新基地

北京农学院

种植类专业校内创新实践基地

首都医科大学

基础医学校内创新实践基地

首都师范大学

教师教育校内创新实践基地

首都经济贸易大学

文法类卓越人才培养创新实践基地

北京电影学院

电影创新实践基地

北京信息科技大学

大学生创新实践教学基地

北京联合大学

普通与特殊教育相结合的校内创新实践基地

（华蕾）

国家级实验教学示范中心（北京）

北京大学

基础物理实验教学中心

化学基础实验教学中心

生物基础实验教学中心

计算机实验教学中心

经济管理实验教学中心

地球科学实验教学中心

生物医学实验教学中心

考古实验实践教学中心

北京工商大学

经济管理实验中心

北京工业大学

工程力学实验中心

土木工程实验教学中心

北京航空航天大学

计算机学院教学实验中心

工程训练中心

航空航天实验教学中心

北京化工大学

化学化工教学实验中心

北京交通大学

物理实验中心

电工电子实验教学中心

土木工程实验中心

交通运输实验中心

北京科技大学

材料科学与工程学院实验中心

北京理工大学

电工电子教学实验中心

工程训练中心

北京联合大学

应用文科综合实验教学中心

北京师范大学

化学实验教学中心

生命科学与技术实验教学中心

北京体育大学

运动人体科学实验中心

北京协和医学院

基础医学实验教学中心

北京信息科技大学

电子信息与控制实验教学中心

北京邮电大学

电子信息实验教学中心

北京中医药大学

中医学实验教学中心

华北电力大学

工程训练中心

热能与动力工程实验教学中心

清华大学

现代生命科学实验教学中心

实验物理教学中心

基础工业训练中心

力学实验教学中心

计算机实验教学中心

电气工程实验教学中心

机械工程实验教学中心

环境科学与工程实验实践教学中心

艺术与设计实验教学中心

首都经济贸易大学

经济与管理实验教学中心

首都师范大学

地理科学与技术实验教学中心

首都医科大学

基础医学实验教学中心

临床技能中心

中国传媒大学

广播电视与新媒体实验教学中心

中国农业大学

生命科学实验教学中心

食品科学与工程实验教学中心

中国人民大学

经济与管理实验教学中心

新闻传播实验中心

中国人民公安大学

公安执法实验教学中心

中国政法大学

法学实验教学中心

中央音乐学院

乐队教学实训中心

（华蕾）

2013年北京市优秀博士学位论文（北京高校）

北京大学

匈奴考古学文化研究

面向能源高效利用的贵金属纳米材料：可控合成、性质研究以及应用探索

过渡金属催化的惰性碳氢键和碳氧键官能团化反应研究

东秦岭燕山期钼金属巨量堆积过程和机制

药物奖赏记忆系统巩固的神经生物学机制

构成要件论

能夏则大与渐慕华风：政治体视角下的华夏与华夏化

Dna2蛋白在维持细胞DNA复制叉及基因组稳定性中的作用机理研究

大气PM2.5污染对健康个体呼吸和心血管系统影响的追踪研究

可压缩各向同性湍流的数值模拟和分析

支持源代码回溯定位的字符串分析及其应用研究

中国人民大学

金融稳定与宏观审慎：理论框架及在中国的应用

领导－成员交换关系差异化的影响因素、影响效果及作用机制

清华大学

新刺激源响应大分子的构筑与可控自组装

图像内容的显著性与相似性研究

住房产权与社区政体——B市业主维权与自治的实证研究

硅和铋的第一原理研究：从能带结构到波函数特性

空气型微生物燃料电池分隔材料、阴极及构型优化

光谱与深度视频捕获研究

面向小型天线设计的多模谐振器理论

北京交通大学

聚乙烯基无机纳米复合电介质的陷阱特性与电性能研究

CBTC车地通信系统跨层设计研究

北京工业大学

原子尺度下低维纳米材料塑性行为的原位透射电镜研究

低维单体纳米材料原位变形方法及其力学行为的研究

周期性扩缩微通道单相及两相流动传热特性研究

北京航空航天大学

主动脉内旋动流和内皮细胞糖萼在抑制动脉粥样硬化中所起作用的数值模拟研究

基于区域率失真优化的自适应码率控制算法研究

北京理工大学

长码、带限MC－DS－CDMA系统的信道估计与多用户检测

自由曲面光学系统设计方法及其在头盔显示技术中的应用研究

电动车辆锂离子电池模型辨识、优化与状态估计

智能优化的探索－开发权衡与搜索空间压缩理论及方法研究

北京科技大学

冶金熔体物理性质的研究及模型预报

纳米氧化锌光阳极染料敏化太阳能电池性能研究

北京化工大学

无机/有机复合超分子层状光功能材料的组装及性能：实验与理论研究

表面可控/活性自由基接枝聚合制备功能聚合物膜的研究

北京邮电大学

半导体纳米材料生长机制和结构特性研究

中国农业大学

玉米育种过程中全基因组遗传变异规律的研究

花生玉米间作系统中麦根酸改善花生铁营养的分子机制研究

人工湿地污水处理中碳氮硫转化及相互作用研究

牛乳成分对枣多酚吸收及抗氧化活性的影响及机制研究

北京林业大学

三倍体毛白杨组分定量表征及均相改性研究

北京协和医学院

遗传变异与食管癌及T细胞淋巴瘤的关联研究

iPS细胞多能性与重编程机制的研究

首都医科大学

异基因间充质干细胞治疗舍格伦综合征及颌面部放射损伤研究

北京师范大学

分数阶的Nirenberg问题

遥感地表温度分解范式及其统一理论框架

首都师范大学

甲骨文字形类组差异现象研究

北京语言大学

豫北晋语语音研究

北京体育大学

兴奋剂生长激素检测方法的研究

中国政法大学

中世纪西欧议会代表观念研究

中国矿业大学（北京）

Ba1－x（M）xCo0.9－yFeyNb0.1O3－δ材料性能及电化学应用研究

中国石油大学（北京）

柴油炭烟燃烧新型大孔氧化物担载纳米贵金属催化剂研究

地震信号非稳态滤波方法及应用

中国地质大学

个旧超大型锡多金属矿区成岩成矿时空演化及一些关键问题探讨

天然及合成多孔性粘土材料对地下水中氟化物的吸附性能研究

（侯东云）

职业与成人教育

2013年高等学校在京成人高等教育校外教学站检查评估合格校外教学站

中国人民大学继续教育学院北京市海淀区教育考试培训中心教学工作站
中国人民大学继续教育学院书资教育培训中心校外教学站
中国人民大学继续教育学院北京市西城区教育考试中心培训学校校外教学站
北京交通大学北京汽车工业控股有限责任公司干部学校校外教学点
北京交通大学东城区职工大学校外教学点
北京交通大学北京市顺义区社区教育中心校外教学点
北京交通大学北京宣武红旗业余大学校外教学点
北京航空航天大学北京市海淀区金航教育培训学校校外教学点
北京航空航天大学成人高等教育北京市顺义区现代人职业技能培训学校校外教学点
北京理工大学北京宣武红旗业余大学校外教学点
北京科技大学北京市顺义区社区教育中心校外教学点
北京科技大学北京国际青年研修学院教学站
北京化工大学北京工业技师学院校外教学点
北京化工大学北京市昌平区成人学校教学站
北京化工大学中国石化集团北京燕山石油化工有限公司教育培训中心教学站
中国农业大学北京农业职业学院校外教学点
中国农业大学北京市房山区农业机械化学校教学站
中国农业大学北京市海淀区达德职业技能培训学校校外教学站
中国农业大学北京市顺义区社区教育中心校外教学点
中国农业大学北京水利水电学校教学点
中国农业大学南城教学点
北京林业大学北京广播电视大学房山分校校外教学点
北京林业大学北京市昌平区农业机械化学校校外教学点
北京林业大学北京市海淀区向导学校校外教学点
北京师范大学昌平函授站
北京师范大学东城区现代远程教育培训中心夜大学教学站
北京师范大学北京宣武红旗业余大学校外教学点
北京师范大学首都联合职工大学校外教学点
北京师范大学通州区教师研修中心校外教学点
北京语言大学西城教学站
北京语言大学北京市东城区职工大学校外教学点
北京语言大学北京市海淀区向导学校校外教学点
中国传媒大学北京金航新媒技术培训中心校外教学点
中国传媒大学北京西城经济科学大学校外教学点
中国传媒大学北京现代音乐研修学院校外业余教育教学中心
对外经济贸易大学北京市昌平区成人学校校外教学点
对外经济贸易大学首都联合职工大学校外教学点
对外经济贸易大学北京市海淀区向导学校校外教学点
北京体育大学国家体育总局训练局校外教学点
中央民族大学北京广播电视大学房山分校校外教学点
中央民族大学北京西城经济科学大学校外教学点
中央民族大学北京市音乐舞蹈学校教学站
华北电力大学北京供电培训学校校外教学点
华北电力大学北京市海淀区达德职业技能培训学校校外教学点
中华女子学院继续教育学院房职教学站
中国石油大学（北京）大兴教学点
中国石油大学（北京）丰台教学点
中国石油大学（北京）朝阳教学点
中国石油大学（北京）东城教学点
中国石油大学（北京）崇文教学点
中国地质大学（北京）北京翻译研修学院校外教学点
中国地质大学（北京）北京市商业学校校外教学点
中国青年政治学院北京市海淀区向导学校校外教学点
北京工业大学北京建工集团党校校外教学点
北京工业大学北京劳动保障职业学院校外教学点
北京工业大学北京信息职业技术学院校外教学点
北京工业大学北京市西城区财贸管理培训学校教学站
北方工业大学北京广播电视大学昌平分校校外教学点（成人）
北方工业大学房山职业学校校外教学站（成人）
北方工业大学北汽集团培训中心校外教学站（成人）
北方工业大学门头沟区社区学院校外教学站（成人）
北京石油化工学院中芯国际集成电路制造有限公司校外教学点
首都经济贸易大学朝阳区教学点
中国音乐学院北京现代音乐研修学院校外教学站
北京舞蹈学院北京现代音乐研修学院校外教学站
北京信息科技大学北京市工贸技师学院校外教学站
北京信息科技大学北京信息职业技术学院校外教学点
北京联合大学应用文理学院夜大学通州区教学点
北京信息职业技术学院北京市顺义区社区教育中心校外教学点
北京电子科技职业学院北京密云职业学校校外教学点
首钢工学院首钢矿业公司校外教学点
北京农业职业学院平谷区建筑职业技能培训学校教学站点
北京农业职业学院北京市昌平区成人学校校外教学点
北京农业职业学院北京市通州区东大文化培训学校校外教学点
北京经济管理职业学院北京广播电视大学房山分校校外教学点
北京经济管理职业学院继续教育学院商务分部
北京经济管理职业学院北京密云职业学校校外教学点
北京市总工会职工大学金隅集团北京金隅科技学校教学站

北京市总工会职工大学北京现代汽车有限公司校外教学点
北京市总工会职工大学北汽福田汽车股份有限公司校外教学站
北京市总工会职工大学燃气集团校外教学点
北京市总工会职工大学中国石化集团北京燕山石油化工有限公司教育培训中心教学站点
北京教育学院北京平谷教育培训中心校外教学点
北京教育学院北京市昌平区教师进修学校校外教学点
北京教育学院北京市密云县教师培训中心校外教学点
北京教育学院通州区教师研修中心校外教学点
北京教育学院延庆县教育科学研究中心校外教学点
北京广播电视大学北京市东城区现代远程教育培训中心工作站
北京广播电视大学供销学校工作站
北京广播电视大学北京一商干校校外教学点
北京广播电视大学房山分校校外教学点
北京广播电视大学首都图书馆校外教学点
北京市西城经济科学大学北京市实美职业学校校外教学点
长江大学北京市海淀区向导学校函授辅导站
长沙理工大学北京交通运输职业学院函授站
重庆大学中建一局北京技术培训中心函授教育辅导站
华东交通大学北京铁路电气化学校函授站
沈阳药科大学继续教育学院北京分院
武汉大学北京市测绘设计研究院函授教育辅导站
中国民航大学北京函授教育辅导站

检查评估暂缓通过校外教学点

华北电力大学北京翻译研修学院校外教学点
华北电力大学北京文理研修学院校外教学点
北京交通大学京煤集团党校校外教学点
北京科技大学华大研修学院校外教学站
北京林业大学北京市海淀区思德培训学校校外教学点
北京师范大学继续教育与教师培训学院北京市新东方烹饪职业技能培训学校夜大学教学站
北京体育大学国家体育总局冬季运动管理中心函授辅导站
中央民族大学北京旅游专修学院校外教学点
中央民族大学北京市海淀区职工大学教学站
中央民族大学北京市通州区东大文化培训学校校外教学点
中央民族大学北京市西城区实用信息培训学校教学站
中国政法大学北京吉利大学校外教学点
中华女子学院继续教育学院北京民族大学教学站
中华女子学院北京市西城区实用信息培训学校教学站
中国劳动关系学院北京市西城区实用信息培训学校教学站
北京印刷学院北京市新媒体技师学院校外教学点
北京石油化工学院北京市新媒体技师学院校外教学点
北京物资学院住总集团党校校外教学点
北京信息科技大学北京应用技术大学教学点
北京联合大学继续教育学院现代管理大学校外教学站
北京信息职业技术学院北京市应用高级技工学校校外教学点
北京信息职业技术学院北京市新媒体技师学院校外教学点
北京经济管理职业学院北京市机械工业管理局党校校外教学点
北京劳动保障职业学院北京市新媒体技师学院校外教学点
北京广播电视大学金融学院工作站

检查评估不合格校外教学站

长江大学北京市西城区实用信息培训学校函授教育辅导站
北京石油化工学院北京市西城区实用信息培训学校校外教学点

（华蕾）

第四批“首都市民学习之星”

市委宣传部：12人

邢鹏　首都博物馆
张树伟　北京艺术博物馆
郜雪梅　北京市新闻出版局出版物鉴定中心
黄峻雄　北京市国有文化资产监督管理办公室
吴云艳　北京零极限科技有限公司
吴玮　北京电视台
程宏　北京电视台
黄炜　北京电视台
谢先进　北京人民广播电台
王春美　北京人民广播电台
傅珊珊　北京人民广播电台
姚博　北京人民广播电台

市直机关工委：7人

刘小丰　中共北京市委干部理论教育讲师团
石维新　北京市水利规划设计研究院
杨全合　北京市地质勘察技术院
王金花　北京出入境检验检疫局
孙京　北京市第二中级人民法院
朱燕南　北京市统计局
张锦　北京市工会干部学院

市委社会工委：3人

张江　北京市委社会工委、市社会建设工作办公室
张大勇　北京新奥特集团有限公司
安娜　北京市西城区仁助社会工作事务所

市民政局：5人

唐世海　北京市建设工程造价管理协会
张鹏　北京同仁堂参茸有限责任公司（北京博物馆学会）
石洪喜　北京市天主教爱国会
何权瀛　北京医师协会
陈冬亮　北京工业设计促进会

市文化局：1人

顾伯岳　北京市曲剧团

市国资委：6人

赵斌　北京奔驰汽车有限公司

陶建伟　北京北安时代电梯安装工程有限公司
邢建华　北京住总第二开发建设有限公司
赵惠民　京煤集团长沟峪煤矿
田振勇　北京市首发集团京沈高速公路分公司
马海龙　京煤集团北京市昊华能源股份有限公司大安山煤矿

市政府研究室：1人
王磊　北京市人民政府研究室

市总工会：1人
娄敏　北京职工书画协会

团市委：4人
李超　北京市水政监察大队
张国亮　北京市琉璃河水泥有限公司
张必民　京煤集团鑫华源公司
赵彦伟　燕山石化公司

市妇联：3人
王淑敏　朝阳区首都机场街道西平街社区
吕德龙　海淀区曙光街道
马震　北京航天三院　北京航天工业学校

东城区：4人
李芳　东城区天坛街道永内东街中里社区
荣景娃　北京芳草地国际学校
谢亮　东城区东直门街道十字坡社区
张德光　北京建材机械厂

西城区：5人
尹智君　北京老舍茶馆有限公司
颜秉新　西城区月坛街道
时永进　西城区大栅栏街道三井社区
李连元　西城区广内街道办事处
成秉亮　西城区红莲中里社区

朝阳区：6人
李黎　朝阳区旅游发展委员会
杨兵　朝阳区人民法院
李雪柏　北京彩虹桥尚智国际教育咨询有限公司
李建军　朝阳区团结湖外语交流协会
王伟　朝阳区南磨房地区东郊社区软陶工作室
王燕　朝阳区管庄地区办事处

海淀区：3人
李登彪　北京赛科世纪数码科技有限公司
潘四发　北京市海淀区职工大学
汪海涛　北京市海淀区私立新东方学校

丰台区：3人
赵国才　丰台区长辛店街道
赵祥泉　丰台区丰台街道
贾胜锁　丰台区新村街道

石景山区：4人
苗天娍　石景山区文化馆
董宝晔　石景山区国有资产经营公司
陈彤　石景山区行政服务中心
王海霞　石景山区苹果园街道

门头沟区：2人
白璐　中共门头沟区委组织部
杨立娟　门头沟区人民法院

顺义区：5人
郭立芸　北京燕京啤酒集团公司
胡广星　顺义区文化委员会
胡国卿　顺义区马坡镇石家营村
寇蕊　顺义区人力资源和社会保障局
王金良　中北华宇建筑工程公司

通州区：3人
徐继福　通州区于家务中学
赵元安　通州区张家湾镇中心小学
苏金良　通州区教师研修中心

昌平区：2人
柏继明　昌平区城关小学
徐继新　昌平爱心图书馆

大兴区：1人
王永庆　大兴区教师进修学校

平谷区：3人
王广胜　北京华裕食品有限公司
刘建军　平谷区黄松峪乡黑豆峪村
彭晓林　平谷区东高村镇农业服务中心

怀柔区：1人
刘金荣　北京金荣升商贸有限责任公司

延庆县：2人
桂彩丽　延庆县教育科学研究中心
于海霞　北京富香民奶牛养殖专业合作社

密云县：2人
田金香　密云县教委督学室
王海明　密云县溪翁庄镇石马峪村

燕山地区：2人
贾春斌　北京燕山华龙建筑工程有限公司
刘建平　市公安局燕山分局

院校：9人
黄道秀　中国政法大学
尹斌斌　中国石油大学（北京）
韩振峰　北京交通大学人文社会科学学院
李毓佩　首都师范大学
张佐友　北京科技大学
周海霞　北京经贸职业学院
范晓虹　外语教学与研究出版社有限责任公司
杨焱博　中国戏曲学院附属中等戏曲学校
申莉　中国杂技团有限公司

（华蕾）

第四批“首都市民学习品牌”

京华读书会
　市委宣传部
　　京华时报社

出版原创推新工程
　市委宣传部
　　市新闻出版局

的士司机外语学堂
　市委宣传部
　　北京电台

电影学苑
市委宣传部
中国电影博物馆
女性·社会·家庭大讲堂
市直机关工委市委宣传部
市妇联
城建科技安全讲坛
市民政局
北京城建科技促进会
四时五行话养生讲堂
东城区教委
北京东城社区学院（北片）
“学茶艺，品生活”学习馆
西城区学习办
老舍茶馆
陶然地书
西城区学习办
陶然亭街道办事处
家庭服务训练营
朝阳区教委
朝阳区职工大学
东岳书院
朝阳区教委
北京民俗博物馆及朝阳区各街乡传承基地
中关村学院体验学堂
海淀区学习办
海淀区职工大学
“智慧社区”加油站
石景山区学习办
石景山区业余大学
市民心理健康教育工程
门头沟学习办
门头沟教师进修学校
乡村文明孵化园
学习型房山建设工作领导小组
房山区阎村镇人民政府
“绿港红盾”讲堂
顺义区学习办
市工商行政管理局顺义分局
大兴区“农民观念提升工程”
大兴区学习办
大兴区农村工作委员会
绿谷蜂农学习港
平谷建设学习型平谷工作领导小组
北京绿谷蜂农养蜂专业合作社
泉河“文化大观园”
怀柔区学习办
怀柔区泉河街道北园居委会
北外名师之窗
北京外国语大学
北京外国语大学网络与继续教育学院

（华蕾）

科　学　研　究

2012年度教育部自然科学奖二等奖（北京高校　第一完成单位）

北京大学
稀土生物效应的细胞无机化学研究
糖基化异常的IgA1分子在IgA肾病发病中的机制研究
清华大学
大气压介质阻挡均匀放电的研究
混凝土静动力损伤断裂与控制理论
北京邮电大学
超宽带微波光子信号处理与链路的基础研究
面向多业务的广覆盖光纤无线融合无源光网络基础理论
单信道超高速光传输及信号处理技术与理论
中国矿业大学（北京）
煤系高岭岩特性、纳米化制备理论及应用
大气颗粒物单颗粒的物理化学特征研究
北京理工大学
网络化控制系统分析与综合
北京航空航天大学
神经元及其网络系统的放电活动、节律和集群行为的动力学研究
光转换氧化物材料的设计、电子结构调控及性能的研究
北京工业大学
纳米光子结构的功能化及其在生物传感器和光电子技术中的应用
北京协和医学院
一项创新流行病学方法及应用－6735万人口中吸烟与死因关系研究
心肌缺血微环境致干细胞低存活的机制及干预策略
桑属植物及其代谢产物的化学和生物活性基础研究
传统中药丹参的水溶性成分现代药理学研究

（邱小培）

2012年度教育部技术发明奖二等奖（北京高校　第一完成单位）

清华大学
高性能低温共烧陶瓷（LTCC）材料及关键器件技术
中国农业大学
水产集约养殖数字化关键技术及装备
北京理工大学
（内部公布）
北京航空航天大学
载人航天地面话音设备
（内部公布）

（邱小培）

2012年度教育部科技进步奖二等奖（北京高校　第一完成单位）

北京大学

VHL基因相关肾细胞癌的基础研究及临床应用

肾外科疾病微创治疗的临床研究与应用

影像引导放射性碘－125粒子治疗肿瘤基础研究和临床应用推广

乳腺癌内分泌治疗不良反应的中药干预效果与机理研究

清华大学

大型铸锻件关键共性制造技术与应用

电力系统接地基础理论、关键技术及工程应用

复杂空化流动的机理研究及其工程应用

山区机场高填方地基稳定及变形控制关键技术研究

排污权有偿使用与交易制度的设计与实践－以嘉兴和上虞为例

北京师范大学

流域水量水质综合模拟技术及其应用平台

典型水资源区农业面源污染机制与防控技术

北京科技大学

金属板带表面缺陷在线检测技术的开发与应用

煤矿井下紧急避险技术与装备

新型烧结烟气脱硫集成技术

中国石油大学（北京）

中国海相碳酸盐岩层系油气富集规律与战略选区

高压天然气输送用高效节能过滤分离装备关键技术及应用

北京中医药大学

从毒治络调控微血管功能治疗疑难病新方法的建立与应用

中国矿业大学（北京）

中国煤田构造发育规律研究与应用

掘进机自动控制及远程遥控关键技术研究

地铁建设诱发地层环境损伤风险预控系统的研究与应用

复杂条件下巷道围岩变形破坏机理及支护对策研究

“十二五”能源供需总量和结构分析及系统优化研究

北京协和医学院

常见恶性肿瘤影像学检查优选路径的建立及诊断技术创新与应用

核医学分子影像的技术创新与临床应用

首都医科大学

听神经瘤微侵袭治疗技术体系的建立与临床应用

北京体育大学

国民运动健身的技术关键与效果评价

北京信息科技大学

复杂机电装备运行安全保障及故障预报技术

北京建筑工程学院

低品质掺合料优化技术及其在混凝土中的高效利用

（邱小培）

2012年度教育部科技进步奖（推广类）二等奖（北京高校　第一完成单位）

中国农业大学

绿色安全果蔬贮藏与品质控制新技术研发及产业化应用

（邱小培）

北京市科学技术奖二等奖（北京高校　第一完成单位）

北京工业大学

基于物联网的电力系统通用电气量智能采集技术与设备

电磁流体动力学方程的若干问题研究

清华大学

椭圆曲线密码及其国家算法标准SM2的集成电路实现

微生物聚羟基脂肪酸酯PHA的应用基础研究

北京信息科技大学

载体驱动陀螺的原理结构、设计制作与应用

北京大学

氧化钛（锌、铈）一维纳米复合材料制备及其应用研究

针刺治疗慢性痛的神经生物学机制研究

北京化工大学

固定源SO_2和NOX同时脱除的结构化催化剂的催化原理和反应工程

北京理工大学

基于驾驶行为的车辆人机交互安全理论与控制方法

北京航空航天大学

高精度光纤惯性组合连续测斜技术及工程应用

北京中医药大学

基于中医诊疗信息系统的集成可视化建模及其应用研究

中国科学院研究生院

重夸克偶素遍举产生与衰变研究

高精度遥感卫星图像定位分析关键技术与应用

（邱小培）

北京市科学技术奖三等奖（北京高校　第一完成单位）

清华大学

面向数据处理的软件生产线

可扩展、可重构的开放式路由交换软件平台与开发环境

面向白内障手术设备的超声驱动组合及控制系统技术

北京大学

基于非级联迭代加密相息图的盲水印鲁棒方案

走进清明上河图

gC1qR细胞抗病毒机制研究

北京师范大学

正则化方法及应用研究

北京航空航天大学

面向航天器自动化测试的通用测试语言及系统的研究与应用

北京科技大学

三种宽带隙半导体一维材料的生长和物性研究

烧结烟气双碱法脱硫技术及应用

化学驱多相渗流理论和开发方法及工业化应用

高性能全数字化交流异步伺服系统关键技术及应用

首都师范大学

SSW 车载激光建模测量系统

北京化工大学

炼化装置过程监控与控制器优化的关键技术及应用

中国石油大学（北京）

低幅度薄互层边底水油藏开发理论与实践

北京交通大学

铁路列车运行控制车地数据传输监测系统

供应链物流资源整合理论及应用研究

北京林业大学

芍药科植物迁地保护及开发利用

中国农业大学

芭蕾苹果新品种选育与应用

北京农学院

果园生态系统改良与控制技术研究

《玉米高产新技术》的出版及普及应用

北京中医药大学

九种中医体质类型的特征及系统生物学研究

治疗病毒性肝炎的中药颗粒剂产业化关键技术研究与突破

（邱小培）

第七届北京市高等教育教学成果奖一等奖（第一完成单位）

北京大学

突出实践—实验教学的环境、生态与地理创新人才培养模式

遵循全人教育思想，推进医学教育教学改革

实施引领式教学，推进网络教育改革创新

世界史通识教育课程体系建设

纸上得来终觉浅，绝知此事要躬行——北大中文系实习实践系列课程五十年

北京大学社会学创新人才培养与实践教学30年

探索建立大学生社会实践的长效机制，培养世界一流经济学本科人才

高层次研究型教育管理人才培养模式探索

北京大学代数类课程体系的综合改革

建设多元化教学体系，培养创新型化学后备人才

跨校的生物学野外实习教学资源共享平台建设与实践

实践创新推动学生自主发展：计算机学科栋梁人才成长环境建设10年

高素质工程应用型人才培养模式探索——构建工程硕士专业学位研究生培养体系

规律、体系、质量：研究生教育内涵式发展的探索与实践

坚持第一课堂和第二课堂协同并进、相互渗透，助推学生文化素质的全面提升

德育为先能力为重推进临床实践教学综合改革

科学、系统，可持续发展的医学研究生课程体系的构建与实践

基础医学阶段本科生创新人才培养体系的构建与实践

中国人民大学

因材施教分类培养——本科法律人才培养模式改革与创新工程

回归学术本源，夯实学术基础，全面建立博士点学科专业主文献制度

经济学拔尖创新人才培养模式探索与实践——经济学—数学实验班创办十年总结

财政金融专业拔尖创新人才培养体系的探索与推广

助力会计改革，强化能力培养，建设立体化会计精品教材体系（教材）

新形势下的“中共党史”本科特色专业建设与人才培养模式改革

基于文化科技园区，培养学生创新创业能力

全面提升国际性、推动国际政治本科人才培养体系改革

新型国学人才培养的机制及其成效

精算统计复合型教学体系的建设与实践

新时期哲学专业人才培养体系的构建与创新

中国传播案例教学与案例库建设

建立质量年报制度，推进高校继续教育质量保障体系建设

基于互联网的分布式社会化终身学习服务模式

清华大学

推动国际化培养体系建设，促进高水平创新人才成长

通识教育与个性发展相结合——经济管理本科教育改革的理念与实践

服务国家重大战略需求，创建现代服务业创新创业人才培养标准与体系

人才培养新质量观的认识与实践——国际化复合型工业工程人才培养十年探索

基于现代学习理论和专业知识架构的电子信息类课程体系改革

实验室科研探究课：转化科研优势，创新跨学科通识教学模式

弘扬乐水兴业的水利文化创新知行并举的育人体系

构建高水平教学支撑平台创新教学管理模式促进人才培养质量提升

以“拔尖创新、技指合一”为目标导向的国防人才培养体系建设与教育实践

瞄准国家新需求，适应行业大变革，构建电气工程学科拔尖创新人才培养体系

自动化专业创新型人才培养的本科实践教学体系与平台建设

“技术＋管理”型土木工程创新人才培养的改革与创新

基于思维与实践并行的综合造型设计基础课程群建设

课程教学创新之路——基础力学研究型教学十年创新实践

科研引领与创新实践并举，力促能源动力创新人才成长

构建文化交互平台，提升学生外文素养：清华大学外语文化活动月的创新与实践

国际型法律人才培养的模式与路径

生命科学创新人才培养模式的探索与实践

面向国家公共安全应急需求，创新培养一流工程硕士

人才

提升实践能力，放飞创新梦想－机械工程及自动化本科创新实践教育探索

创办全国大学生智能汽车竞赛，促进高等工程教育实践教学改革

北京交通大学

创新产学联合培养模式和机制全方位打造行业卓越工程人才

构建从“要我学”到“我要学”的工科物理全新教学模式

强认知、塑能力、求创新——大学计算机基础教学新模式的探索与实践

创新型人才培养及研究性教学法研究与实践

协同指导梯度递进——北京交通大学创新以课程建设为核心的就业指导模式

科研支撑、校企联合，建设高水平轨道交通特色车辆工程专业

有序递进、因材施教、自主发展：构建全程导师制本硕博会计人才综合培养模式

桥梁工程方向创新人才培养体系建设

北京航空航天大学

“重基础、强交叉、拓视野、推创新”的研究生培养体系构建与实践

材料科学与工程学科高水平创新型研究生人才培养模式的探索与实践

面向国家重大需求，培养具有空天特色的创新型电子工程人才

自动化专业本科生研究型人才培养模式研究与实践

实行学院级“选、育、评”综合改革，探索中国高等工程教育新模式

计算机系统核心课程群及其实验体系的研究与实践

北航数学公共课本研一体化课程体系的构建

基于拔尖创新人才培养的大学英语教学新课程体系研究与实践

具有国际竞争力人才培养模式的创新和国际通用工程师学历教育的研究与实践

突出“五个融合”，探索提升思想政治理论课实效性的方式方法改革

构建高等教育教材建设体系提高北京高等教育质量的十年创新实践

北京理工大学

基于创新能力型人才培养的实践教学体系的构建

国防特色本科专业人才协同培养模式探索与实践

面向新能源汽车国家战略需求的教学与人才培养体系建设

实施德学理工计划，构建全面发展育人模式

光电类创新型高级工程人才培养模式与创新体系构建

通过数学建模活动、培养大学生创新精神

以能力培养为核心的计算机公共课分类教学体系研究与课群改革实践

“理论与基础——实践与综合——创新与竞赛”，提升学生创新能力的方法与实践

基于影视课件理念的课程资源建设模式的创新与实践

北京科技大学

认知结构教学论的构造与实践——国际视野中教学理论体系的研究与实践

发扬特色与拓宽面向相结合的行业院校“热能与动力工程”专业建设

发挥材料学科优势，培养高水平创新型本科人才的探索与实践

国际化视角下“内外双驱”人才培养模式的探索与实践

强化实践和跨文化交流的创新人才培养体系构建与实施

行业特色高校研究生分类培养模式研究与实践

北京化工大学

依托行业优势实施基层就业战略工程的探索与实践

走理工融合之路培养应用化学专业高素质创新人才

依托学科与科研优势，构建生物类工程创新人才培养新模式

以强化工程教育为核心改革过程装备与控制工程专业教学体系

依托“大化工”学科优势，构建工程人才培养新模式

自动化专业拔尖工程人才培养体系的重构与实践

北京邮电大学

构建“四位一体”的创新实践教育机制，培养高素质创新人才

面向国家战略需求，多方位协同融合培养通信工程高水平人才

“三横三纵、四位一体”通信技术教学模式和创新平台的探索与实践

教学科研协同的信息安全人才培养模式构建

基于网络和课堂的大学英语实验教学创新体系的研究与实践

构建数字化实验创新平台，探索数理学科融合的人才培养模式

理论与实践一体化开放式教学模式的研究与实践

中国农业大学

“厚基强能，创新树德”——研究型农业大学本科人才培养体系的创建与实践

世界一流农业大学基础课教学体系的构建与实践

教科融合、理农结合，培养有鲜明农业特色的创新型化学人才

科教一体、产业对接——农业机械化及其自动化特色专业创新建设

农科应用型研究生培养模式改革与实践

农业院校四位一体工程拔尖人才创新能力培养模式构建与实践

校企共建实践教学基地、携手培养高素质会计人才

北京林业大学

构建多维实践育人体系，培育树型生态环境人才

以研促教培养森林保护人才创新实践能力的研究与实践

大众化教育背景下农林院校精英型人才培养模式的研

究与实践

北京协和医学院

教学模式改革创新——放射诊断学

北京中医药大学

基于实验班的研究与实践，创建“院校教育与传统教育”相结合的中医人才培养新模式

以教学团队建设为基础的教学人才培养模式研究与实践

构建基于中医学专业视角的高校自主选拔录取模式

北京师范大学

北京师范大学发展心理学专业建设与优秀人才培养模式

与时俱进的《普通心理学》(教材第三版)

学部制改革与高层次教育人才培养模式创新

全面建设计算物理课程，创新理论－实验－计算相结合的本科教学模式

免费师范生化学教学体系建设与创新型化学教育人才培养

自然资源学科创新人才培养体系建设与实践

北京师范大学

国家理科基地地理学“三维多元”创新型人才培养体系建设与实践

应对全球环境挑战的FIT&P能力培养与实践

以厚基础与强能力培养为核心的生物学基础课程建设与实践

在立足根底、注重会通、追求特色理念下构建历史学本科人才培养体系的新探索

汉语言文学专业研修式教学模式探索与实践

西方哲学课程体系改革的理论探索与实践

统筹规划，立项牵引，系统推进本科教学建设与改革

中国大学生足球人才培养改革与实践

以国际化为导向创新经管人才培养模式

信息化条件下增强思想政治理论课实效性的实践与创新

北京外国语大学

创建跨学科、跨文化、探究型培养模式造就英语专业创新型国际化战略人才

德语专业复合型、国际化人才培养模式的改革与实践

从单纯技能训练到综合全人教育：亚非非通用语人才培养模式研究与实践

北京语言大学

汉语国际教育教师专业发展实践探索

中国文化的国际化传播——教学模式的创新与实践

中国传媒大学

基于前沿需求的三个转型：传播学教育模式的创新实践

传媒类艺术人才培养模式的探索与实践

构建多元“协同创新”生态体系的新媒体人才培养模式

国际新闻传播人才培养模式研究与实践创新

中央财经大学

财经应用型创新人才培养模式改革与实践

以行动学习为导向，打造知行合一的会计硕士专业学位研究生人才培养模式

《营销风险管理》课程信息化立体教学资源建设

对外经济贸易大学

实施“本土国际化”战略培养具有国际竞争力经贸人才的探索与实践

经贸人才“三语”培养模式的创新与实践

国际化工商管理精英人才培养模式的探索与实践

国际贸易人才专业技能培养模式的设计与教学改革

外交学院

高年级英语笔译教学探索与实践——自主协作、多元评估、文化转向

中国人民公安大学

突出公安特色的“教学练战一体化”人才培养创新工程建设

求真尚德为公导向的公安院校社会学教学模式改革

北京体育大学

依托协同创新平台，构建体育院校创新型人才培养体系

体育教育国际化的探索与实践

整合资源，为提高本科生创新能力搭建平台

中央音乐学院

音乐数字化教学的创新与实践

中国传统音乐系列教材建设(教材)

中央美术学院

中西互补、多元并举——中央美术学院专业工作室教学

版画专业教学成果

中央戏剧学院

精品课程“完整舞台人物形象创造”

导演艺术课之多幕剧排演课程

中央民族大学

藏族舞蹈系列教材建设(教材)

复合型法律人才区分培养模式的探索与实践——中央民族大学法律人才培养模式改革成果总结

历史学研究型创新人才培养模式探索与实践

中国政法大学

协同创新多元合作创建特色鲜明的实践育人体系——法学专业“同步实践教学”模式的改革与探索

刑法学实践教学中理论与实践双教师授课模式的探索

模式改革着眼教学效率，理念创新面向未来发展——法学实验班英语教学改革

社会学特色专业人才建设的研究与实践

华北电力大学

能源电力高等工程创新人才培养体系的构建与实践

固学科之基开创新之源——面向电力行业的工程电磁场教学改革

面向行业需求校企研协同创新能源电力应用型研究生培养

能源与动力工程专业体系建设与创新人才培养

中国矿业大学(北京)

精英教育理念下煤炭工业创新人才培养模式研究与实

践

煤炭采矿安全特色专业建设与实施

煤炭地质专业本科生人才培养支撑体系建设

面向煤矿，突出特色，构建机电类专业本科实践教学平台

中国石油大学（北京）

适应国家海外油气战略的资源国留学生培养的探索与实践

满足行业需求，创新人才培养模式，培养多目标石油主干专业人才

全日制工程型硕士研究生实践能力协同培养体系的构建与实践

传承石油文化精髓，创新素质教育手段，引领学生服从服务国家重大战略需求

中国地质大学（北京）

面向国家行业重大需求，构建和实践地质学多元化人才培养体系

多元油气勘探与开发人才培养体系的构建与实践

地质工程领域工程硕士培养机制探索与实践

矿物岩石课程群教学体系与多元实验平台建设

北京工业大学

深化改革创新模式打造培育卓越工程师摇篮——北京工大工程教育改革的研究与实践

扬长补短，强化团队，寓教于研——地方高校提高研究生培养质量的研究与实践

构建学业辅导体系，促进学生成长成才——大学生思想政治教育模式的创新与实践

创建工程力学研究型实验平台，着力提高学生的实践技能

校政企协同创新共建本科校外实习新模式

地方院校土建类专业实践教学体系构建与学生工程素质培养的研究与实践

设置自学型课程，提高本科生自主学习能力

构建“名师、名专业、名课程、名教材”平台，可持续培养环境工程创新人才

砺剑十年创建精品激光课程体系，培养应用型创新人才

大规模多需求背景下计算机专业本科教育内涵建设的研究与实践

北方工业大学

“面向需求，校企合作，科教结合，协同育人”—自动化国家级特色专业建设成果

“规范课程、整体推进、开放建设”——文化素质教育课程建设的研究与实践

北京工商大学

基于集团化、国际化、金融化需求导向的财务管理人才培养模式创新

“经济管理类本科生跨专业、全流程、多岗位综合实验平台”建设

以科研创新促食品学科多元化人才培养的探索与实践

注册会计师专业方向国际化人才培养模式探索与创新

国际化、职业化、微观化：金融服务人才培养模式创新与实践

北京服装学院

服装艺术设计人才创造力培养的研究

创新大学生综合素质评价体系，深化艺工结合类院校教学改革与实践

新时期服装专业人才培养和教学内容改革的研究

北京印刷学院

面向印刷行业高级工程技术型人才培养体系的构建与实践

面向新闻出版行业的数字传媒艺术人才培养模式的探索与实践

出版应用人才培养体系的构建与实践

服务首都文化创意产业的印刷出版创新人才培养模式研究与实践

北京建筑大学

“行业导向，教科融合，强化工程”——土建类人才培养综合改革的实践与探索

数学类课程在工科院校创新人才培养中的作用研究与实践

注重中国文化传承的建筑学专业创新人才培养体系的探索与实践

基于“水质水量并重”的给水排水工程专业人才培养模式探索与实践

北京石油化工学院

“面向工程，校企协同”的高素质工程应用型人才培养模式研究与实践

“多校企联合，资源共享”的工程训练示范中心建设的创新与实践

北京农学院

都市型现代农业特色人才培养体系的研究与实践

面向都市型现代农业需求，改造植物生产类传统专业

首都医科大学

用科学研究的方法以校长基金立项课题为载体推动学校教学改革建设发展

医学拔尖创新人才培养模式的研究与实践

教育教学双轨并进构建医学生职业精神培养体系

系统建设实验教学中心的研究与实践

赤脚医生现象对当前乡村医生培养的启示研究

主动适应学习型社会建设的需求，创建并实践医学继续教育新模式

首都师范大学

创建教师教育协同发展机制，全面提高师范生专业素养

以“发展性”评估促进内涵深化，构建可持续性专业建设机制

多点分层、协同共享，构建“五互”型学生实践创新能力培养体系的实践

高师院校语言学学术优势向教学优势转化的探索

创设资源共享型人才培养合作体，构建师范生“双能力”提升机制

创设“1＋4＋X”课程体系，构建实践导向的生涯教育模式

双语教学、探究实验与科研实践三结合，培养具有国际视野的创新型人才
以“质量工程”建设为契机，培养计算机师范专业高素质教育人才
网络课程点评平台支持师范生教学实践能力培养的研究
高师与基础音乐教育“双核心”培养模式创新研究
首都体育学院
篮球网络教程创新与实践
北京第二外国语学院
日语专业国际化应用型人才培养模式创新与实践
北京物资学院
拓展时空课堂构建多维育人体系培养高素质应用型人才
多方联动的实战型物流人才培养模式的构建和实施
首都经济贸易大学
教师教学发展的研究与实践——以首都经济贸易大学OTA创建为例
地方财经院校人才培养体系创新与多样化培养模式实践
社会主义核心价值体系融入大学生思想政治教育全过程的实践
“实训—实践—实战”阶梯式驱动的工商管理实用型人才培养体系
经济学国际化人才培养模式的探索和实践
中国音乐学院
中国民族音乐教学资源数字化建设工程
中国音乐学院和声学理论研究及教学成果
中国戏曲学院
高端京剧表演人才培养机制的创新与实践
北京电影学院
导演创作
北京舞蹈学院
中国民族民间舞职业化人才培养体系的建构
舞蹈高等教育的学年学分制改革理论与实践探索研究
北京信息科技大学
地方高校应用型人才培养模式改革与实践
应用型人才培养目标下的实践教学改革——大实践创新教育体系的构建
建设机械设计制造及其自动化特色专业，提升应用型人才的工程实践和创新能力
更新理念强化实践深入推进校企合作构建通信工程特色专业人才培养体系
北京高校联合构建平台全面提升数学教师教学能力
北京联合大学
面向首都旅游业发展需求构建大旅游人才培养新体系
地方高校学科专业群与区域企业集群产学合作教育模式的创新与实践
面向机电类专业应用型创新人才工程能力培养的实践教学改革
建设高职、高职“专升本”一体化人才培养体系，提升高等职业教育教学品质
北京城市学院
基于“四教育”理念的社会服务驱动式民办本科应用型人才培养模式构建与实践
北京工业职业技术学院
高职学生职业基本素养培养体系的创建与实践
高职机电专业基于订单的工学结合人才培养模式深化创新
北京信息职业技术学院
基于ISO9000质量管理体系标准的高等职业教育教学质量管理与保障体系研究与实践
能力模型开发与通用能力教育
北京电子科技职业学院
服务首都经济转型，融合发展，产学协同，培养创新技能型人才
创建“迭代增量”教学体系，培养电子信息类专业高端技能人才
构建互融式校企合作机制，创新双元教学体系，培养高端汽车技能人才
北京京北职业技术学院
围绕区域经济发展，走“政校行企”四方联动办学之路
北京青年政治学院
服务首都社会建设，校企合作共同培养本土专业人才的“北青社工”教学模式
北京农业职业学院
都市型现代农业高技能人才培养改革与实践
北京政法职业学院
共享型应用法律“三元互动”实践教学资源平台建设探索与创新
北京财贸职业学院
高端技能型城市金融人才培养探索与实践
财贸高职“上班式”课程创新与实践
北京戏曲艺术职业学院
传承保护北京文化艺术、创新高职人才培养模式——《水牛儿·北京民歌音乐风俗画卷》
北京社会管理职业学院
创建生命文化课程体系提升殡葬专业人才培养质量
北京汇佳职业学院
三大特色专业群建设的理论与实践
国家开放大学
远程教学公共服务体系的构建与实践
现代远程教育部分公共基础课全国统一考试机（网）考的实践与创新
北京市东城区职工业余大学
立足首都、服务社区，办百姓身边大学——北京地区性独立设置成人高校办学模式创新
北京教育科学研究院
基于四合作的本科人才培养北京模式理论与实践探索

（华蕾）

第一届北京市中等职业教育教学成果奖

一等奖（第一完成单位）

北京市园林学校

花卉生产与应用专业实训基地建设研究与实践
北京金隅科技学校
水泥中央控制模拟仿真教学系统的开发与实践
北京市商业学校
学生综合职业素养成长模式
会计专业“人才培养模式”的实践与研究
北京商贸学校
全员参与教师教学质量测评系统开发与应用
北京铁路电气化学校
电气运行与控制专业“订单双核驱动＋双证融合”人才培养模式创新与实践
中国戏曲学院附属中等戏曲学校
大型儿童神话剧《九尾玄狐》
北京电子科技职业学院中专部
立足岗位机电技术应用专业课程体系的创新与实践
面向北京都市产业，构建产学结合的服装设计与工艺专业人才培养模式
搭建节能车创新平台，强化学生创新意识及职业能力培养的探索与实践
北京卫生职业学院中专部
药剂专业“五对准”的课程改革与实践成果
传统中药调剂人才培养模式及途径的研究与实践
北京市外事学校
北京市外事学校“产学一体工学交替”人才培养模式的研究与实践
北京市中等职业学校酒店服务与管理专业课程建设的研究与实践
北京市实美职业学校
运动训练专业（台球）教学资源的开发建设
北京市财会学校
工作过程导向专业核心课程排序模式建构
北京市劲松职业高中
中餐烹饪专业以工作过程为导向课程建设与实践
烹饪专业“双师型”教师多元培养模式建设与实践
北京市电气工程学校
“校企合作，学岗对接”人才培养模式的改革研究与实践
北京市信息管理学校
动画专业“任务一项目”教学模式的研究与实践
北京市商务管理学校
《税费申报与缴纳》教材
北京市盲人学校
北京市盲人学校中医康复保健专业多媒体教学辅助平台
北京市昌平职业学校
汽车运用与维修专业“校企一体、多点对接”人才培养模式的实践研究
创新“成长桥”育人途径实现学生幸福“成”长
北京市房山区第二职业高中
基于“工作过程导向”的“五个三”顶岗实习模式研究与实践
北京市丰台区职业教育中心学校
校企合作、工学结合“员工式”人才培养模式
北京市农业广播电视学校
科技文化融合，新型职业农民培养模式研究与实践
北京教育科学研究院
中高等职业教育衔接模式研究与实践
北京市职业技术教育学会
北京市中等职业学校借鉴多元智能理论开展教育教学实践研究

（华蕾）

第四届北京市基础教育教学成果奖一等奖（第一完成单位）

北京市东城区教师研修中心
东城区“社会大课堂”课程体系建设（小学）的创新实践
北京市东城区史家胡同小学
校本课程优质资源共享促进区域教育均衡发展的实践研究
北京市第五中学分校
初中全面性、基础性、发展性课程体系的校本构建与有效实施
北京市东城区教育委员会
提升尊重意识，培养尊重习惯
北京第一师范学校附属小学
基于儿童学习心理需求，促进有效学习的快乐教学体系
北京市第五幼儿园
创建研究型幼儿园的思考与实践
北京市第四中学
北京四中初中校本课程开发的研究与实践
北京师范大学附属实验中学
中学可持续发展教育特色课程建设的实践研究
北京第二实验小学
小学数学融错教育的实践研究
北京市第四中学
针对中学生课堂学习差异的地理学科教学情境创设研究
北京市西城区教育研修学院
混合式研修：信息时代的教师专业发展
园本教研支持策略的研究
北京市陈经纶中学
发展性的校本德育模式的实践研究
北京市第一零一中学
生物学概念教学实践研究
清华大学附属小学
《小学语文质量目标手册》
北京农业大学附属中学
基于科普阅读提升中学生科学素养的策略与实践
北京市十一学校
基于学生视角的普通高中学校组织氛围诊断研究
首都师范大学附属小学
童心教育的实践研究
北京市海淀区培智中心学校
个别化教育理念下自闭症儿童课程的实践研究

北京大学附属中学

依托网络的中学数学建模“双课堂”教与学的实践和探索

北京市京源学校

整合资源构建中、小、幼一体生涯教育课程体系的实践研究

北京教育学院石景山分院

高中职业生涯规划教育研究

北京师范大学良乡附属中学

农村普通校本课程建设课程开发与实施研究

北京市通州区教师研修中心

通州区中小学生形体健康四维干预体系构建与应用

北京市顺义区石园北区幼儿园

增强户外体育游戏的科学性，提高幼儿体能的研究

北京市顺义区天竺中心小学校

小学字源识字教学实践研究

北京市怀柔区红螺寺中学

音乐、美术实验班实验成果

北京市昌平区教育委员会

新农村建设背景下区域可持续发展教育综合实践与推进策略的研究

北京教育科学研究院

基于社会大课堂资源课程开发的实践

北京市普通高中自主课程实验研究

中学物理系列实验教学研究与展示活动的实践探索

小学数学骨干教师团队研修的创新实践研究

北京市中小学特色建设的模型构建与实践推广

让高中生“在科学家身边成长”的“翱翔计划”

北京市普通高中通用技术课程实施的实践研究

北京教育学院

基于义务教育均衡发展的农村教师城镇研修的实践与研究

“主题驱动的骨干教师工作室”模式的构建与实践

北京师范大学

薄弱学校的教学改进研究

儿童入学成熟水平提升方案研究

高校与基础教育英语教师合作行动研究

（华蕾）

师 资 管 理

2014 年度北京市属高等学校青年拔尖人才培育计划入选人员资助名单

北方工业大学

黄际政 徐礼文 梅杨 戴澜 段建勇 宋志飞
董哲 徐明刚 熊昌镇 何丽梅 王又佳 董树宝

北京财贸职业学院

杜海霞

北京第二外国语学院

李宁 李伟 秦宇 张晓东 肖凌

北京电影学院

张丽 郁笑丰 李忱

北京电子科技职业学院

李涥

北京服装学院

贾清秀 潘峰 姜延 田辉 吴琪 赵春华

北京工商大学

左敏 徐登辉 王小艺 叶宏 肖俊松 黄明泉
陈红敏 何玉润 马若微

北京工业大学

李洪义 杨金福 何浩祥 梁文俊 曹东兴 李晓光
王绽蕊 阚和庆 刘洋 苗红 顾春 刘金伟
王文杰 南群 杨震 杨春兰 韩强 陈戈
吕元 李庆丰 杨韡韡 王平 黄赛 张青
胡朝霞 袁莉敏 苏丽颖 桑丽霞 林健 赵慧
刘磊

北京工业职业技术学院

盖克荣

北京建筑大学

危双丰 焦朋朋 王建龙 李海燕 汪长征 陈志刚
王崇臣 刘建伟

北京经济管理职业学院

冯秀娟

北京联合大学

王静 蔡春 赵林惠 杭孝平 郑春芳 陈星
万鹰昕 冯霞 闫文杰 杨柳 徐凯波 尹贻梅
王淑芳 陈岩 田娥 朱永杰 汪昕宇 崔亚娟

北京农学院

苑嗣纯 邢宇 胡格 刘悦萍

北京青年政治学院

彭笑远

北京石油化工学院

师奇松 周翠红 郭丽峰 潘浩

北京舞蹈学院

许锐 武艳 马南

北京物资学院

褚晓琳 孙风林 田雪

北京信息科技大学

王立勇 周哲海 李学华 尹洁林 廉串德 吴丽花
谢保杰 肖滨 吴国新 孟海亮 贾豫东 王君
刘力双 陈雯柏 张利

北京印刷学院

黄敏 胡虹霞 梁智龙 刘忠伟 王瑞

首都经济贸易大学

朱超 刘强 杨华 徐天晟 刘业进
宋湛 张世君 朱俊生 周永强

首都师范大学

黄延敏 李怀涛 莫艾 李艳 赵星
陈雪竹 陈英杰 孙咏梅 于明清 王冠中
艾尤 杨光 钱益汇 杨波 王洁
尚媛园 张亚丽 李静 周庆莉 程世勇
吉琳 田洋 陈文新 薛海平 姚百慧
于开莲 张亮亮 黄贤军 朱琳

首都体育学院

邢晓燕 李骁天 张宏伟 李四化

首都医科大学

李晓蓉 邹海艳 李莉 闫松华 黄海霞
鲁玲玲 王红霞 于丽玲 严华刚 刘芬
李佳 宋曼旻 李琪 高艾 张海燕
董凌月 施致雄 梁立智 郭蕊

首都医科大学宣武医院
杨旗

中国戏曲学院
吴新苗 王彩云

中国音乐学院
刘青 赵嘉楠 马蕾

（纪奇明）

2013 年北京市职业院校专业带头人

北京市工业技师学院 李曙光
北京市工贸技师学院 刘加勇
北京电子科技职业学院 王晓杰
北京市劲松职业高中 王跃辉
北京市信息管理学校 唐茜
北京市黄庄职业高中 高震云
北京市供销学校 左振龙
北京财贸职业学院 杨蕊
北京市商务科技学校 康莹
北京国际职业教育学校 刘畅
北京市商业学校 田禾
延庆县第一职业学校 徐延文
北京工业职业技术学院 崔有祯
首钢技师学院 张金艳
北京市求实职业学校 张小芃
北京铁路电气化学校 刘惠英
北京电子科技职业学院 陈小荣
中国戏曲学院附属中等戏曲学校 李冬杰
北京青年政治学院 蔡大鹏
北京市昌平职业学校 周林娥
中央音乐学院 严涛
中国戏曲学院附属中等戏曲学校 叶强
北京市商业学校 王彩娥
北京劳动保障职业学院 谈玲芳
北京财贸职业学院 叶靖
北京金隅科技学校 张向京
北京电子信息高级技工学校 李丽
北京市应用高级技工学校 邓宁
北京电子信息高级技工学校 李磊
北京市丰台区职业教育中心学校 张瑶
北京市园林学校 林玉宝
北京铁路电气化学校 陈忠胜
北京市朝阳区职业技术学校 宋瑞
延庆县第一职业学校 吕晓光
北京青年政治学院 师静
首都铁路卫生学校 张建红
北京金隅科技学校 贺凤云
北京信息职业技术学院 李延廷
北京信息职业技术学院 万冬
北京市第一七九中学 张玉洁
北京市财会学校 满炜
北京联合大学 崔亚娟
北京工业职业技术学院 樊利军
北京劳动保障职业学院 王显廷
北京市实验职业学校 沈都
北京水利水电学校 王建民
北京市市政管理学校 高武
北京市经济管理学校 杨石磊
北京农业职业学院 耿红莉
北京政法职业学院 刘春霞

（纪奇明）

2013 年北京市职业院校专业创新团队计划入选名单

北京电子科技职业学院
数控技术应用专业创新团队

北京农业职业学院
园林技术专业创新团队

北京市劲松职业高中
美容美发与形象设计专业创新团队

北京市电气工程学校
楼宇智能化设备安装与运行专业创新团队

北京农业职业学院
生物技术及应用专业创新团队

北京市商业学校
电子商务专业创新团队

北京市商业学校
会计专业创新团队

北京工业职业技术学院
工程测量专业创新团队

北京市实美职业学校
美容美发与形象设计专业创新团队

北京交通运输职业学院
城市轨道交通专业创新团队

北京经济管理职业学院
宝石鉴定与加工专业创新团队

北京政法职业学院
司法信息安全专业创新团队

北京市求实职业学校
计算机网络技术专业创新团队

北京市供销学校
会计专业创新团队

北京劳动保障职业学院
城市管理与监察专业创新团队

北京市信息管理学校
网络技术专业创新团队

北京市工业技师学院
数控应用技术专业创新团队

北京青年政治学院
计算机应用专业高职产学研结合创新团队

丰台职业教育中心校
烹饪专业创新团队

首都铁路卫生学校
护理专业创新团队

北京电子科技职业学院
服装设计专业创新团队

北京市盲人学校
中医康复保健专业教学团队

北京财贸职业学院
连锁经营管理专业创新团队

北京市实验职业学校

中药专业创新团队
北京市经济管理学校
计算机网络技术专业创新团队
北京市东方职业学校
现代园艺专业创新团队
北京市延庆县第一职业学校
中餐烹饪与营养膳食专业创新团队
北京金隅科技学校
电气运行与控制专业创新团队
北京市实验技工学校
汽车检测与维修专业创新团队

（纪奇明）

北京市学前教育名师工作室

梁雅珠　北京市早期教育研究所（工作单位）
东城区分司厅幼儿园（工作室所在地）
徐明　北京市早期教育研究所（工作单位）
石景山区八角北路幼儿园（工作室所在地）
冯惠燕　北京市第一幼儿园（工作单位）
北京市第一幼儿园（东城区）（工作室所在地）
朱小娟　北京市第五幼儿园（工作单位）
北京市第五幼儿园（东城区）（工作室所在地）
沈心燕　西城区教研室（工作单位）
西城区洁民幼儿园（工作室所在地）
国秀华　北京师范大学实验幼儿园（工作单位）
解放军武警总部机关幼儿园（海淀区）（工作室所在地）
柳茹　北京市北海幼儿园（工作单位）
北京市北海幼儿园（西城区）（工作室所在地）
吴欣萍　宣武区实验幼儿园（工作单位）
宣武区实验幼儿园（工作室所在地）
刘红霞　丰台区教研室（工作单位）
丰台区第六幼儿园（工作室所在地）
刘占兰　中央教科所（工作单位）
朝阳区枣营幼儿园（工作室所在地）
张燕　北京师范大学（工作单位）
延庆县第三幼儿园（工作室所在地）
郝建秋　东城区东华门幼儿园（工作单位）
东城区东华门幼儿园（工作室所在地）
李岩　东城区崇文第二幼儿园（工作单位）
东城区崇文第二幼儿园（工作室所在地）
连玉华　东城区教委学前科（工作单位）
北京市第二幼儿园（东城区）（工作室所在地）
魏龑　东城区学前教育教研室（工作单位）
东城区卫生局一幼（工作室所在地）
李建丽　西城区棉花胡同幼儿园（工作单位）
西城区棉花胡同幼儿园（工作室所在地）
陈立　西城区幼教教研室（工作单位）
西城区曙光幼儿园（工作室所在地）
申桂红　西城区槐柏幼儿园（工作单位）
西城区槐柏幼儿园（工作室所在地）
于渊莘　朝阳劲松第一幼儿园（工作单位）
朝阳区劲松第一幼儿园（工作室所在地）
胡华　中华女子学院附属幼儿园（工作单位）
中华女子学院附属幼儿园（朝阳区）（工作室所在地）
刘燕　北京市六一幼儿院（工作单位）
北京市六一幼儿院（海淀区）（工作室所在地）
汪锦生　海淀本真双语幼儿园（工作单位）
海淀本真双语幼儿园（工作室所在地）
卢姗姗　西城区幼教教研室（工作单位）
空直蓝天幼儿园（海淀区）（工作室所在地）
姚兵岳　北京市早期教育研究所（工作单位）
海军机关幼儿园（海淀区）（工作室所在地）
黄姗　北京师范大学实验幼儿园（工作单位）
北京师范大学实验幼儿园（海淀区）（工作室所在地）
赵红梅　北京大学幼教中心（工作单位）
北京大学幼教中心（海淀区）（工作室所在地）
凌桂枝　首都师范大学（工作单位）
丰台区第二幼儿园（工作室所在地）
范惠静　丰台区进修学校学前教研室（工作单位）
丰台区嘉园第一幼儿园（工作室所在地）
马炳霞　石景山区学前教研室（工作单位）
北师大石景山附属幼儿园（工作室所在地）
赵兰香　怀柔区教研中心（工作单位）
怀柔区教研中心（工作室所在地）
王素梅　解放军总后五一幼儿园（工作单位）
门头沟区幼儿园（工作室所在地）
吴晓燕　朝阳区向日葵艺术幼儿园（工作单位）
朝阳区向日葵艺术幼儿园（工作室所在地）
孔震英　丰台区方庄第二幼儿园（工作单位）
丰台区方庄第二幼儿园（工作室所在地）
王建平　首都师范大学（工作单位）
北京幼师西红门幼儿园（工作室所在地）
白玛琳　伊顿国际教育集团（工作单位）
密云县伊顿绿地幼儿园（工作室所在地）
程淮　西城区幸福泉幼儿园（工作单位）
西城区幸福泉幼儿园（工作室所在地）
张澜　红黄蓝教育集团（工作单位）
丰台区红黄蓝紫芳园（工作室所在地）
朱继文　丰台区第一幼儿园（工作单位）
丰台区第一幼儿园（工作室所在地）
姚丽红　蓝天宇峰幼儿园（工作单位）
蓝天宇峰幼儿园（西城区）（工作室所在地）
马春杰　东城区教研中心（工作单位）
东城区教研中心（工作室所在地）

（华蕾）

北京市中小学教师培训实践基地

小学（19 所）
北京小学
北京光明小学
北京市东城区府学胡同小学
北京市朝阳区芳草地国际学校
北京市海淀区中关村第一小学
北京第一师范学校附属小学
北京市朝阳区实验小学
北京市宣武师范学校附属第一小学
北京市朝阳区白家庄小学
北京市东城区和平里第四小学
中国人民大学附属小学
北京市昌平区城关小学
北京市丰台区丰台第五小学

北京市大兴区黄村镇第一中心小学
北京市海淀区五一小学
北京市门头沟区大峪第二小学
北京市怀柔区第二小学
北京市燕山向阳小学
北京市平谷区第二小学

中学（24所）

北京市十一学校
中国人民大学附属中学
北京市第八十中学
北京师范大学附属中学
北京市第一零一中学
北京市第二中学
北京市第一七一中学
北京市陈经纶中学
北京市第十二中学
北京市顺义牛栏山第一中学
北京汇文中学
北京市第五中学
北京市日坛中学
北京市丰台区丰台第二中学
北京市昌平区第二中学
北京市大兴区第一中学
北京市八一中学
北京市昌平区第一中学
北京市密云县第二中学
北京市育才学校
北京市通州区运河中学
北京市第九中学
北京市房山区良乡第二中学
北京市延庆县第一中学

（张晓兰）

2013年增建北京市中小学校长培训实践基地

小学

北京市东城区和平里第四小学（东城区）
北京第一师范学校附属小学（东城区）
北京市西城区奋斗小学（西城区）
北京市西城区康乐里小学（西城区）
北京市朝阳区白家庄小学（朝阳区）
北京市朝阳区实验小学（朝阳区）
北京市芳草地国际学校（朝阳区）
北京市朝阳区呼家楼中心小学（朝阳区）
北京市海淀区中关村第二小学（海淀区）
北京市海淀区中关村第三小学（海淀区）
北京市丰台区第五小学（丰台区）
北京市石景山区实验小学（石景山区）
北京市史家胡同小学通州分校（通州区）
北京市昌平区城关小学（昌平区）

中学

北京市广渠门中学（东城区）
北京市中关村中学（海淀区）
北京市十一学校（海淀区）
北京市丰台区第二中学（丰台区）
北京市第九中学（石景山区）
北京市顺义区杨镇第一中学（顺义区）
北京市昌平区第一中学（昌平区）

（张晓兰）

学　生　管　理

第27届北京市中小学生银帆奖

高盎　北京市第二中学
胡晓璞　北京市第二中学
李涵仪　北京市第二中学分校
张笑辰　北京市第五中学分校
王宇澄　北京市第五十五中学
尹伯超　北京市第一零九中学
张帆　北京市第一零九中学
赵雅琪　北京市第一零九中学
张雨凝　北京市第一零九中学
江帆　北京市第一六六中学
刘元洋　北京市第一六六中学
李福成　北京市第一六六中学
郭睿诚　北京市第一六六中学
肖孟涵　北京市第一七一中学
狄心悦　北京市第一七一中学
李昱　北京市第一七一中学
乔大漠　北京市东直门中学
刘雨鑫　北京景山学校
李峥　北京景山学校
张义飞　北京景山学校
殷铭悦　东城区史家胡同小学
程凯琪　东城区史家胡同小学
王子芊　东城区分司厅小学
朱宣颖　东城区分司厅小学
覃思　北京市汇文第一小学
石瑀诺　北京市汇文第一小学
吕欣蔚　北京市汇文第一小学
孙萌泽　北京市汇文第一小学
赵嘉珩　北京市第四中学
赛罕娜　北京市第八中学
孙尧　北京市第八中学
李嘉东　北京市第三十五中学分校
李嘉岳　北京市第六十六中学
王天歌　北京师范大学附属中学
刘宏一　北京师范大学附属实验中学
李博洁　北京师范大学附属实验中学
马西薇　北京师范大学附属实验中学分校
乔中天　北京师范大学附属实验中学分校
苏宇　北京师范大学附属实验中学分校
袁玥　北京师范大学附属实验中学分校
侯雨杉　北京师范大学附属实验中学分校
李啸晨　北京师范大学附属实验中学分校
王妍　北京师范大学附属实验中学分校
王可含　北京师范大学第二附属中学
赵恒一　北京师范大学第二附属中学
桑雨菲　北京市育才学校
谭安生　北京市育才学校

杨博识　北京市育才学校
吴昊龙　北京第二实验小学
吴斯婕　北京第二实验小学
王轩昊　北京第二实验小学
刘子辰　北京第二实验小学
戚可舒　北京小学
王嘉仪　北京小学
杨子溪　北京小学
朱珠　北京小学
李程　北京市第八十中学
常一鸣　北京市第八十中学
李英俊　北京市第八十中学
杨思晓　北京市第八十中学
杨东麟　北京市第八十中学
石雅宁　北京市第八十中学
白云鹏　北京工业大学附属中学
赵天祚　北京工业大学附属中学
蒋知达　朝阳区定福庄第二小学
杨可欣　朝阳区安慧里中心小学
关典　朝阳区安慧里中心小学
吴家一　朝阳区安慧里中心小学
王雪翎　朝阳区安慧里中心小学
王梓轩　朝阳区花家地实验小学
马嘉凯　朝阳区花家地实验小学
王鹏月　朝阳区花家地实验小学
祁佳雨　朝阳区花家地实验小学
高贺然　朝阳师范学校附属小学
刘清扬　朝阳师范学校附属小学
付旭雯　朝阳师范学校附属小学
王思佳　朝阳师范学校附属小学
李天赐　北京市十一学校
王诣　北京市十一学校
胡雯萱　北京市十一学校
田晓田　北京市十一学校
穆心怡　北京市十一学校
温浩然　北京市八一中学
于德明　北京市八一中学
王子铭　北京市八一中学
张艺群　北京市八一中学
王兆宇　北京市八一中学
罗含艺　北京市第一零一中学
韩江雪　北京市第一零一中学
张睦譞　北京市第一零一中学
孙超然　北京市第一零一中学
李竹轩　北京市第一零一中学
陈子龙　北京市第一零一中学
张孟熹　北京市第一零一中学
闵萌　北京市第一零一中学
王真乙　北京市育英学校
龙依璇　中国人民大学附属中学
高昕瑜　中国人民大学附属中学
张浩博　中国人民大学附属中学
江健瑞　中国人民大学附属中学
王怡聪　中国人民大学附属中学
桑霓　中国人民大学附属中学
赵若辰　中国人民大学附属中学
傅彤　中国人民大学附属中学
辛琦　中国人民大学附属中学
荣之昊　中国人民大学附属中学
孟舜英　中国人民大学附属中学
曾睿　清华大学附属中学
张楚莹　清华大学附属中学
杜心邈　清华大学附属中学
张典　清华大学附属中学
于海涛　清华大学附属中学
方丽伟　清华大学附属中学
董耕　清华大学附属中学
杜洪昌　清华大学附属中学
杨陆晨宏　清华大学附属中学
谌玥　清华大学附属中学
王少杰　清华大学附属中学
潘熙文　清华大学附属中学
王谈　清华大学附属实验学校
何森格　清华大学附属实验学校
戎成文　清华大学附属实验学校
全橦　北京航空航天大学附属中学
赵辰阳　北京航空航天大学附属中学
苏曦轮　北方交通大学附属中学
张博文　北京市盲人学校
汪子馨　海淀区实验小学
王若卿　海淀区实验小学
殷梓哲　海淀区中关村第一小学
黄昊祥　海淀区中关村第一小学
陶美辰　海淀区中关村第二小学
付婧瑶　海淀区中关村第二小学
张博同　海淀区中关村第二小学
张润东　海淀区中关村第三小学
曹诗其　海淀区中关村第三小学
冯尤嘉　海淀区中关村第三小学
杨述　海淀区银燕小学
宋梓霖　清华大学附属小学
龚近琦　清华大学附属小学
邱云中　清华大学附属小学
李佳祎　清华大学附属小学
邓冉　北京市第十二中学
任铄　北京市第十二中学
王颐　北京市第十二中学
张晶晶　北京市第十二中学
李双兵　北京市大兴区第一中学
程子超　北京市牛栏山一中实验学校
阿布都热哈提·奴力　顺义区杨镇第一中学
肖天龙　顺义区杨镇第二中学
李晨赛　北京舞蹈学院附属中等舞蹈学校
董家铭　北京舞蹈学院附属中等舞蹈学校
张洪志　北京市商业学校
崔京燕　北京市商业学校
陆兰云　北京市商业学校

（华蕾）

北京市中小学艺术教育特色学校

东城区

北京市第二中学
北京市第五中学
北京市第二十二中学

北京市第二十七中学
北京市第六十五中学
北京市第一六六中学
北京市第一七一中学
北京市东直门中学
北京景山学校
北京汇文中学
北京市第一零九中学
北京市广渠门中学
北京市第二中学分校
北京市第五中学分校
北京市第五十中学
北京市第五十五中学
北京市第九十六中学
北京市文汇中学
北京市第二十五中学
北京市第十一中学
东城区地坛小学
东城区分司厅小学
东城区府学胡同小学
东城区灯市口小学
东城区史家胡同小学
北京光明小学
东城区革新里小学
东城区和平里第一小学
东城区回民实验小学
东城区东四九条小学
北京第一师范学校附属小学

西城区

北京市第四中学
北京市第八中学
北京市第十五中学
北京市第三十五中学
北京市第六十六中学
北京市育才学校
北京市回民学校
北京师范大学附属中学
北京师范大学附属实验中学
北京师范大学第二附属中学
北京市第三中学
北京市华夏女子中学
北京市第一五六中学
北京市第一六一中学
北京市第四十三中学
北京市第一五九中学
北京师范大学亚太实验学校
北京市西城外国语学校
北京师范大学附属实验中学分校
北京市第八中学分校
北京小学
北京第一实验小学
北京第二实验小学
北京市宣武师范学校附属第一小学
北京市西城区青龙桥小学
北京市西城区进步小学
北京市西城区展览路第一小学
北京市西城区五路通小学
北京市宣武回民小学
北京市西城区育民小学
北京市西城区银河小学

朝阳区

北京市第八十中学
北京市陈经纶中学
北京市日坛中学
北京市陈经纶中学分校
北京工业大学附属中学
北京信息工程学院附属中学
首都师范大学附属实验学校
北京青年政治学院附属中学
清华大学附属中学朝阳学校
北京市和平街第一中学
中国人民大学附属中学朝阳学校
北京市朝阳区望京实验学校
北京市芳草地国际学校
北京市第八十中学管庄分校
朝阳区安慧里中心小学
北京市朝阳区劲松第四小学
北京市朝阳区师范学校附属小学
北京市朝阳区定福庄第二小学
北京市朝阳区兴隆小学
北京市朝阳区安华里第一小学
北京市朝阳区花家地实验小学
北京市朝阳区白家庄小学

海淀区

清华大学附属中学
北方交通大学附属中学
北京市十一学校
北京市第十九中学
北京市八一中学
北京市中关村中学
北京市育英学校
北京理工大学附属中学
北京市第一零一中学
中国人民大学附属中学
北京市海淀区教师进修学校附属实验学校
北京市育英中学
北京市第五十七中学
北京大学附属中学
北京市立新学校
北京市第二十中学
首都师范大学第二附属中学
北京师范大学第三附属中学
首都师范大学附属育新学校
北京市陶行知中学
首都师范大学附属中学
北京市海淀区实验小学
北京市海淀区翠微小学
北京市海淀区万泉小学
北京市海淀区五一小学
中国农业科学院附属小学
北京市海淀区中关村第二小学
北京大学附属小学
北京市海淀区西颐小学
清华大学附属小学

北京市海淀区中关村第三小学
北京市海淀区中关村第一小学
中国人民大学附属小学
北京市海淀区七一小学
北京石油学院附属小学
北京医科大学附属小学

丰台区

北京市第十二中学
北京市丰台区丰台第二中学
北京市赵登禹学校
北京市芳星园中学
北京市第十八中学
北京市太平桥中学
北京市大成学校
北京市首都师范大学附属丽泽中学
北京市丰台区东高地第二小学
北京市丰台区翠林小学
北京市丰台区长辛店中心小学
北京市丰台区丰台第一小学
北京市丰台区丰台第五小学

石景山区

北京市第九中学
北京师范大学励耘实验学校
北京市同文中学
北京市京源学校
北京市苹果园中学
北京市石景山区实验中学
北京景山学校远洋分校
北京市石景山区电厂路小学
北京市石景山区银河小学

门头沟区

北京市大峪中学分校
北京市门头沟区育新学校
北京市三家店铁路中学
北京市门头沟区新桥路中学
北京市大峪中学
首都师范大学附属中学永定分校
北京市育园中学
北京市门头沟区大峪第二小学
北京市门头沟区大峪第一小学

大兴区

北京市大兴区第七中学
北京市大兴区第一中学
北京市大兴区德茂中学
北京小学翡翠城分校
北京市大兴区第七小学
北京市大兴区滨河小学
北京市大兴区长子营镇第一中心小学
北京市大兴区第三小学
北京市大兴区第五小学

房山区（含燕山）

北京师范大学良乡附属中学
北京市房山区良乡第二中学
北京市房山区良乡行宫园学校
北京市房山区房山第五中学
北京市房山区良乡第二小学
北京市房山区城关第二小学
北京市房山区良乡第四小学
北京市房山区良乡镇良乡中心小学
北京市燕山向阳小学
北京市燕山前进第二小学

顺义区

北京市顺义区第一中学
北京市顺义区杨镇第一中学
北京市顺义区第三中学
北京市顺义区第八中学
北京市牛栏山一中实验学校
北京市顺义区光明小学
北京市顺义区东风小学
北京市顺义区石园小学
北京市顺义区杨镇中心小学

通州区

北京市通州区潞河中学
北京市通州区中山街小学
北京市通州区第二中学
北京市通州区第四中学
北京市通州区第六中学
北京市育才学校通州分校
北京市通州区东方小学
北京市通州区运河小学
北京市通州区永顺镇中心小学
北京市通州区梨园镇中心小学

昌平区

北京市昌平区回龙观中学
北京市昌平区前锋学校
北京市昌平区沙河中学
北京市昌平实验中学
北京市昌平区第二中学
北京市昌平区二毛学校
北京市昌平区巩华中心小学
北京市昌平实验小学
北京市昌平第二实验小学
北京市昌平区马池口中心小学

平谷区

北京市平谷区第四中学
北京市平谷区第三中学
北京师范大附属平谷中学
北京市平谷区黄松峪中学
北京绿谷小香玉艺术学校
北京市平谷区大兴庄学区
北京市平谷区大华山学区
北京市平谷区第三小学
北京市平谷区金海湖第二小学

怀柔区

首都师范大学附属红螺寺中学
北京市怀柔区第二中学
北京市怀柔区第三中学
北京市怀柔区第五中学
北京市怀柔区第一小学
北京市怀柔区第二小学
北京市怀柔区第三小学
北京市怀柔区实验小学
北京市怀柔区九渡河镇中心小学

密云县

北京市密云县第二中学
北京市密云县第六中学
北京市密云县第一小学
北京市密云县第二小学
北京市密云县第三小学
北京市密云县果园小学
北京市密云县檀营满族蒙古族中心小学
北京市密云县太师屯镇中心小学
北京市密云县东邵渠镇中心小学

延庆县

北京市延庆县第一中学
北京市延庆县第四中学
北京市延庆县第五中学
北京市延庆县第一小学
北京市延庆县第二小学
北京市延庆县第三小学
北京市延庆县第四小学
北京市延庆县左所屯中心小学
北京市延庆县康庄中心小学

（华蕾）

其　他

部分党政机关全称简称对照表

由于篇幅有限，年鉴中党政机关及有关社会团体的名称，原则上使用规范简称。以下为部分单位全称简称对照表。

中共北京市委员会　市委
北京市人民政府　市政府
中共北京市委教育工作委员会　市委教育工委
北京市教育委员会　市教委
北京市人民政府教育督导室　市教育督导室
中共北京市委教育工作委员会、北京市教育委员会和北京市人民政府教育督导室　两委一室
北京市发展和改革委员会　市发展改革委
北京市科学技术委员会　市科委
北京市经济和信息化委员会　市经济信息化委
北京市民族事务委员会　市民委
北京市公安局　市公安局
北京市监察局　市监察局
北京市民政局　市民政局
北京市司法局　市司法局
北京市财政局　市财政局
北京市人力资源和社会保障局　市人力社保局
北京市国土资源局　市国土局
北京市环境保护局　市环保局
北京市规划委员会　市规划委
北京市住房和城乡建设委员会　市住房城乡建设委
北京市市政市容管理委员会　市市政市容委
北京市交通委员会　市交通委
北京市农村工作委员会　市农委
北京市水务局　市水务局
北京市商务委员会　市商务委
北京市旅游发展委员会　市旅游委
北京市文化局　市文化局
北京市卫生局　市卫生局
北京市人口和计划生育委员会　市人口计生委
北京市审计局　市审计局
北京市人民政府外事办公室　市政府外办
北京市社会建设工作办公室　市社会办
北京市人民政府国有资产监督管理委员会　市国资委
北京市地方税务局　市地税局
北京市工商行政管理局　市工商局
北京市质量技术监督局　市质监局
北京市安全生产监督管理局　市安全监管局
北京市广播电影电视局　市广电局
北京市新闻出版局　市新闻出版局
北京市文物局　市文物局
北京市体育局　市体育局
北京市统计局　市统计局
北京市园林绿化局　市园林绿化局
北京市金融工作局　市金融局
北京市知识产权局　市知识产权局
北京市民防局　市民防局
中国教育工会北京市委员会　市教育工会

（华蕾）

（本栏责任编校　华蕾）

索　　引

说　明：

一、本索引由主题词、单位名称和人名三部分组成。

二、索引词条均以汉语拼音顺序排列，第一字相同的，按第二字顺序排列，余类推。

三、主题词索引按类分为一、二级标题，如办学改革为一级标题，下设2011协同创新中心、合作办学、教学管理改革等15个二级标题。

四、本索引数码标记依次为：页码、栏序、本栏自上而下条目所处位置（自然段），三部分均用“/”隔开。如：2011协同创新中心　221/中/2，则表示在221页中栏第2个条目拥有涉及“2011协同创新中心”的内容。

五、本索引检索具有统计意义的数字均以2013年1月1日至12月31日时间为限，超出时间界限的不在检索范围。

六、本索引检索范围包括各级各类教育的主体部分，即本年鉴三栏编排的部分，其中，概况、表格、名单及一览表均不在检索范围。

七、主题词索引以教育教学为中心，并按照当年出版年鉴实际内容编制。

八、单位名称索引检索到单位名称标题栏以及除本栏以外的移至其他栏目的各单位报送条目。中小学幼儿园不单独设单位名称索引，相关内容在所辖区县索引内。

九、人名索引不含外国人（外籍华人除外）。

主题词索引

德育

教学改革

教学手段改革

教学研究与科学研究

教育单位变更

课程改革

孔子学院

群众路线教育与党风廉政建设

人才培养

师资建设

学科建设与专业建设

学习型城市建设

阳光体育

推进教育平等及义务教育均衡发展

招生与就业

职业学校技能培养

单位名称索引

B

人名索引

（本栏责任编校　李晓秋）

图书在版编目（CIP）数据

北京教育年鉴．2014/北京市教委著．—北京：华艺出版社，2014.10

ISBN 978－7－80252－506－1

Ⅰ．①北… Ⅱ．①北… Ⅲ．①教育事业—北京市—2014—年鉴 Ⅳ．①G527.1—54

中国版本图书馆 CIP 数据核字（2014）第 248401 号

北京教育年鉴（2014）

责任编辑：梅雨　　**封面装帧设计**：张慈中

彩图设计：任彧　汪玥　**英文翻译**：吴抒阳

华艺出版社出版发行

（北京市海淀区北四环中路 229 号海泰大厦 10 层）

邮　编　100083

印　刷　北京强华印刷厂

开　本 889×1194　1/大 16		2014 年 11 月第 1 版
印　张 51		2014 年 11 月第 1 次印刷
印　数 1—3，000 册		**字　数**：1500 千字

ISBN 978－7－80252－506－1

国内定价　200 元

版 权 声 明

编辑部地址：北京市东城区夕照寺街
东玖大厦B座802室
邮政编码：100061
电　　话：87194371
传　　真：87194370
电子信箱：szb@bjedu.gov.cn